DETEKTIV CONAN

FAN EDITION

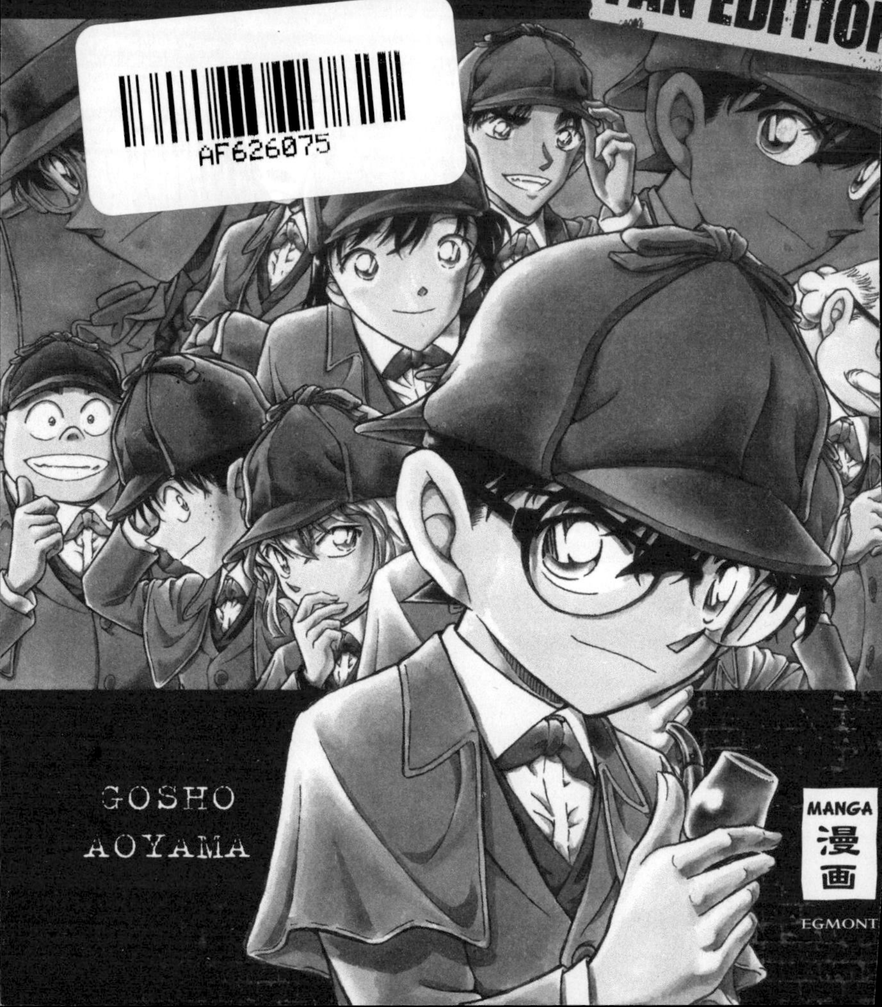

GOSHO AOYAMA

MANGA 漫画

EGMONT

GOSHO AOYAMA

DETEKTIV CONAN

FAN EDITION

INHALT

GOSHO AOYAMA

DETEKTIV CONAN

FAN EDITION

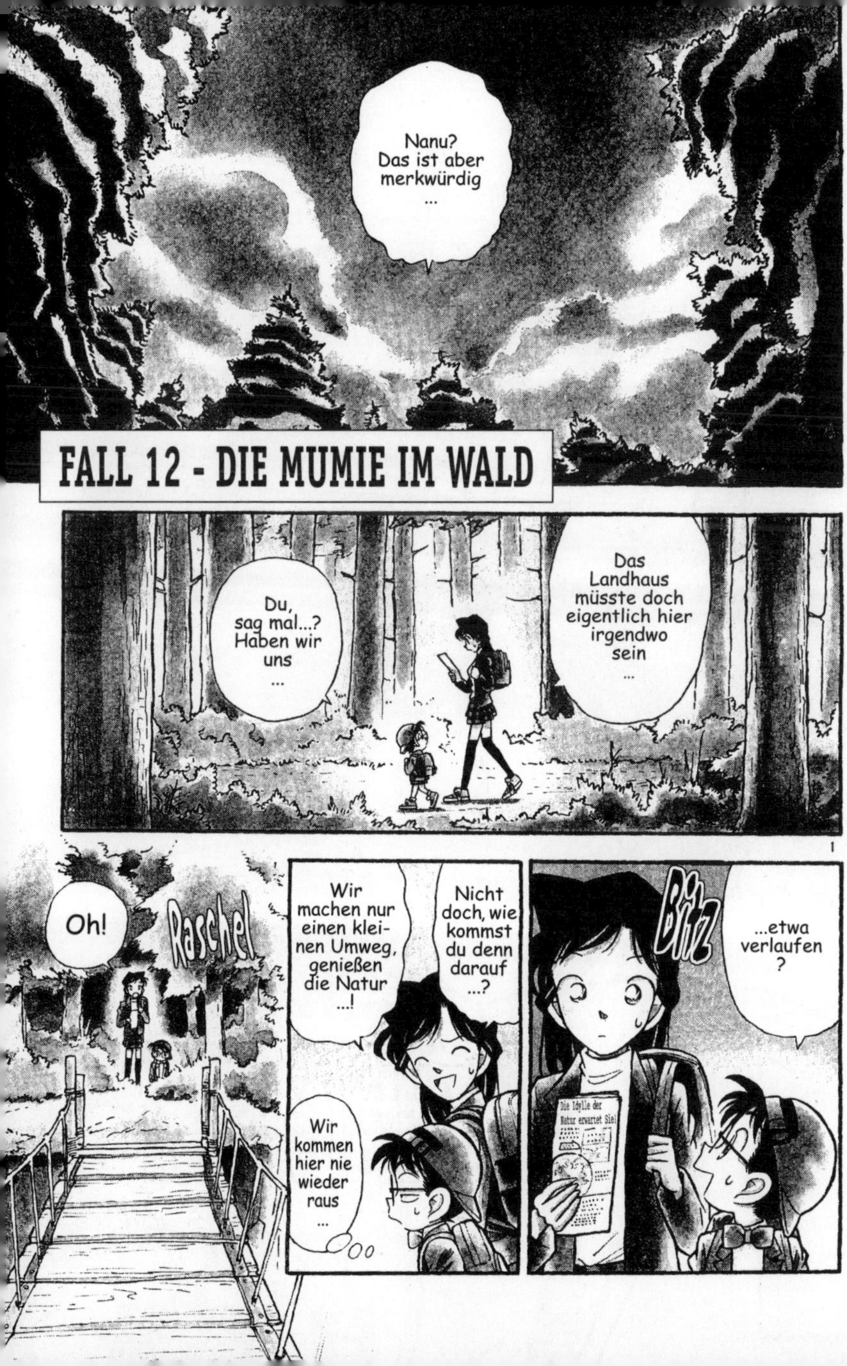
FALL 12 - DIE MUMIE IM WALD
Nanu? Das ist aber merkwürdig ...
Das Landhaus müsste doch eigentlich hier irgendwo sein ...
Du, sag mal...? Haben wir uns ...
Blitz
...etwa verlaufen ?
Die Idylle der Natur erwartet Sie!
Nicht doch, wie kommst du denn darauf ...?
Wir machen nur einen klei-nen Umweg, genießen die Natur ...!
Wir kommen hier nie wieder raus ...
Raschel
Oh!

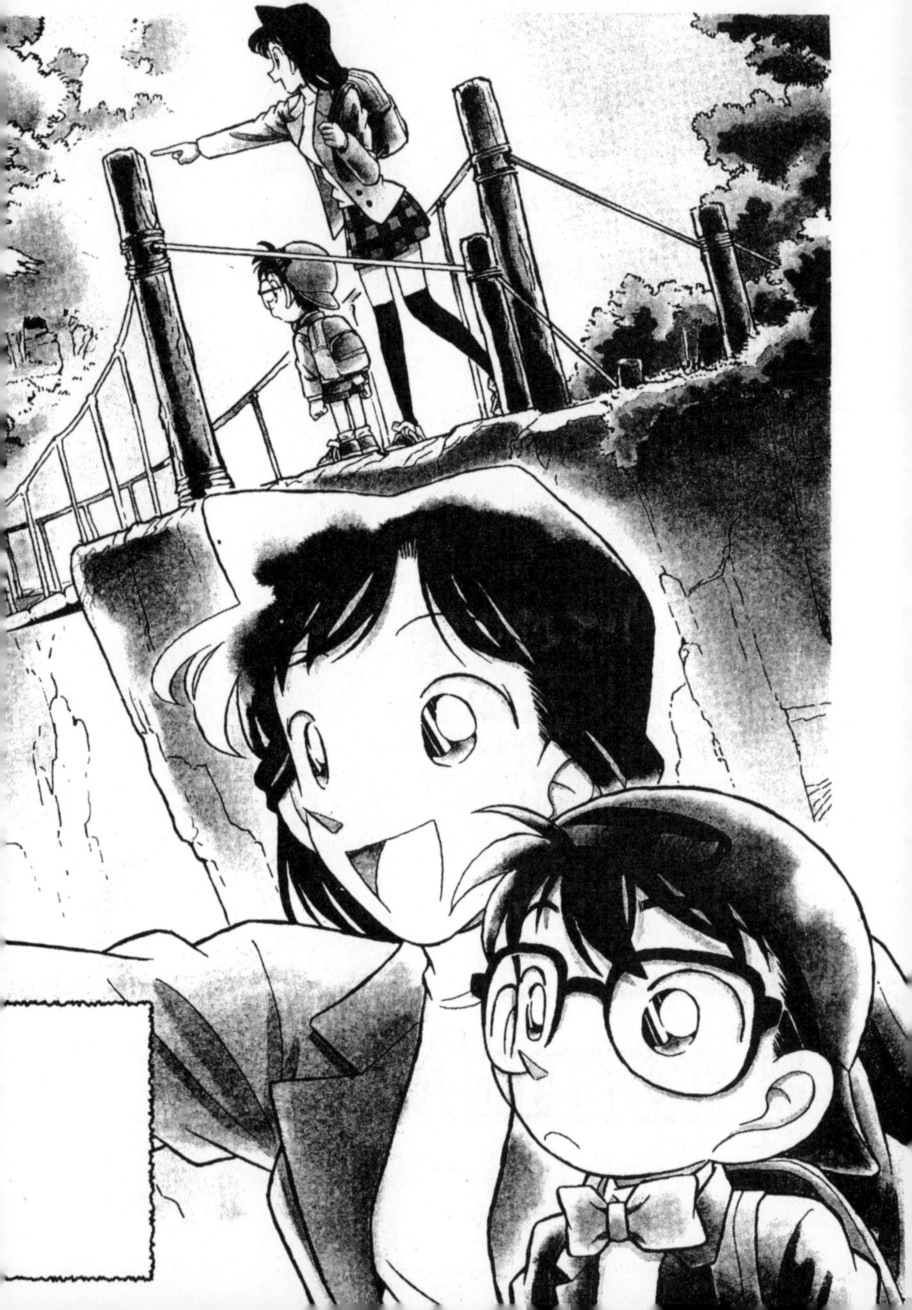

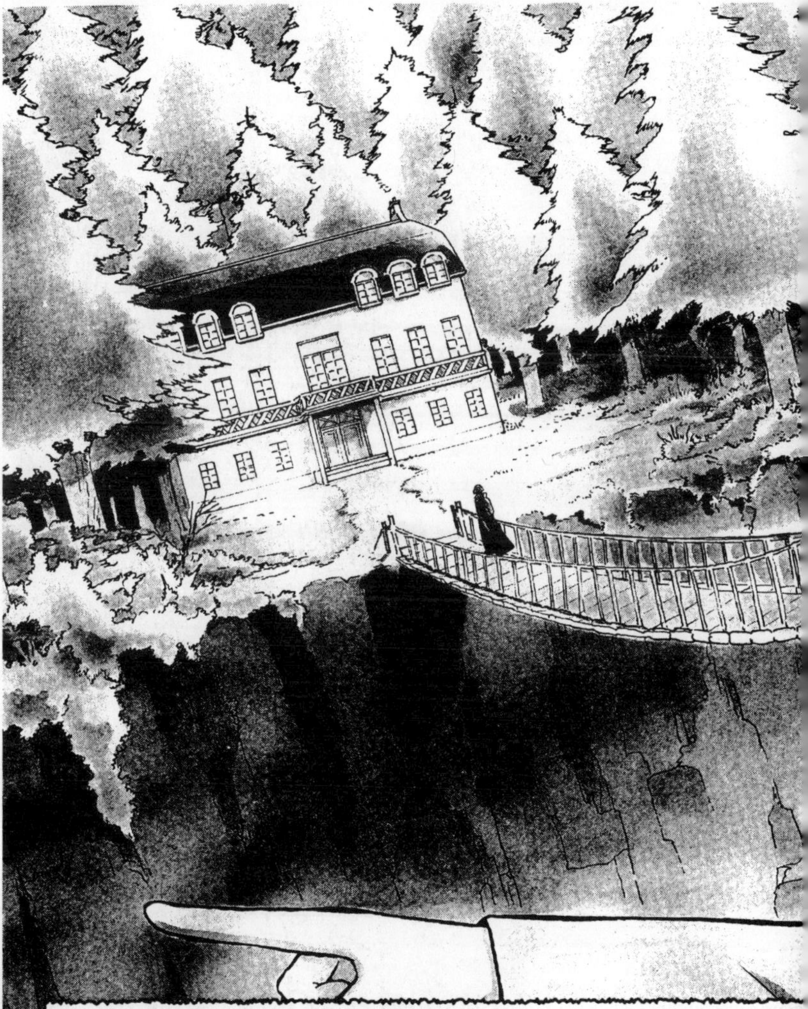

FALL 12

KAPITEL 1

Der unheimliche Mann mit dem Verband

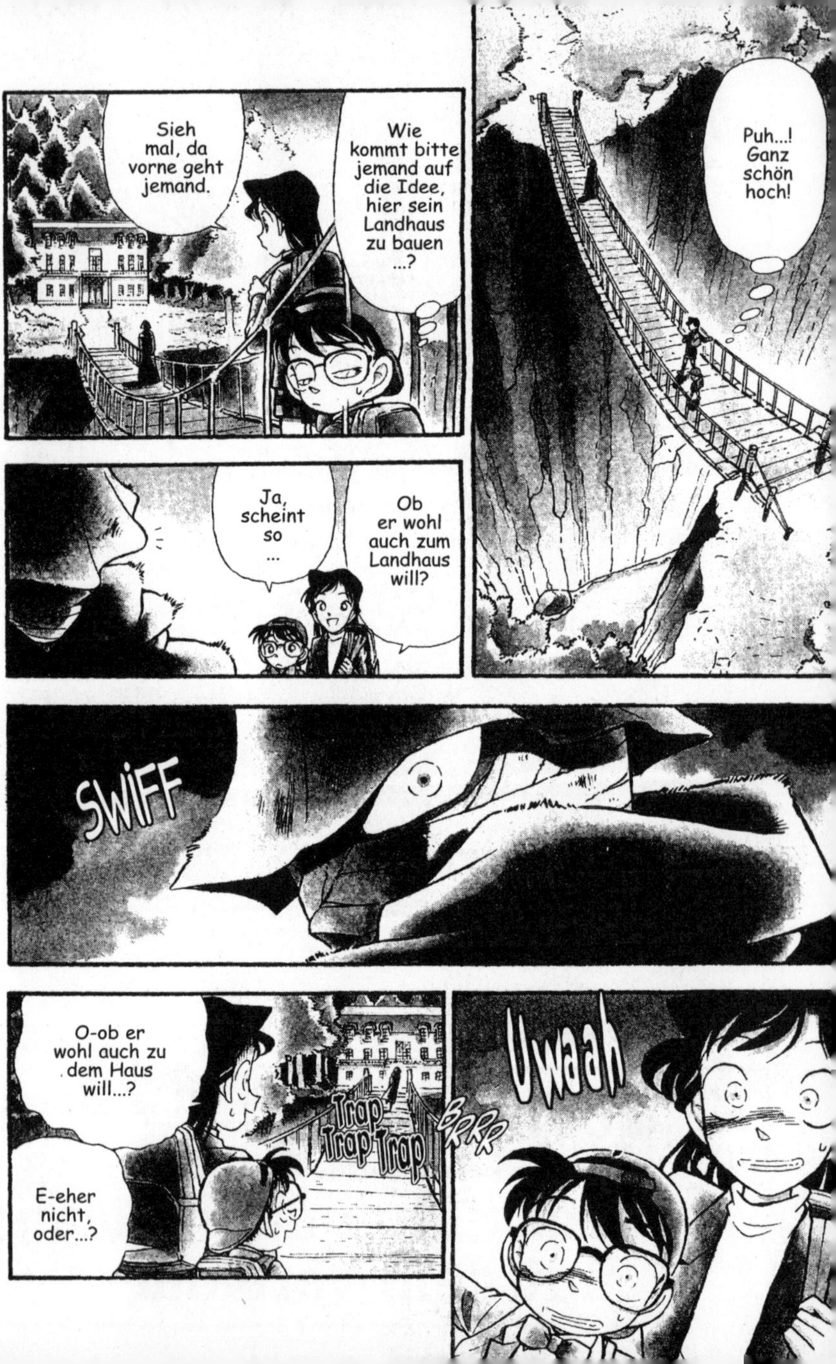

Puh...! Ganz schön hoch!
Wie kommt bitte jemand auf die Idee, hier sein Landhaus zu bauen ...?
Sieh mal, da vorne geht jemand.
Ob er wohl auch zum Landhaus will?
Ja, scheint so ...
SWIFF
Uwaah
BRRR
Trap Trap Trap Trap
O-ob er wohl auch zu dem Haus will...?
E-eher nicht, oder...?

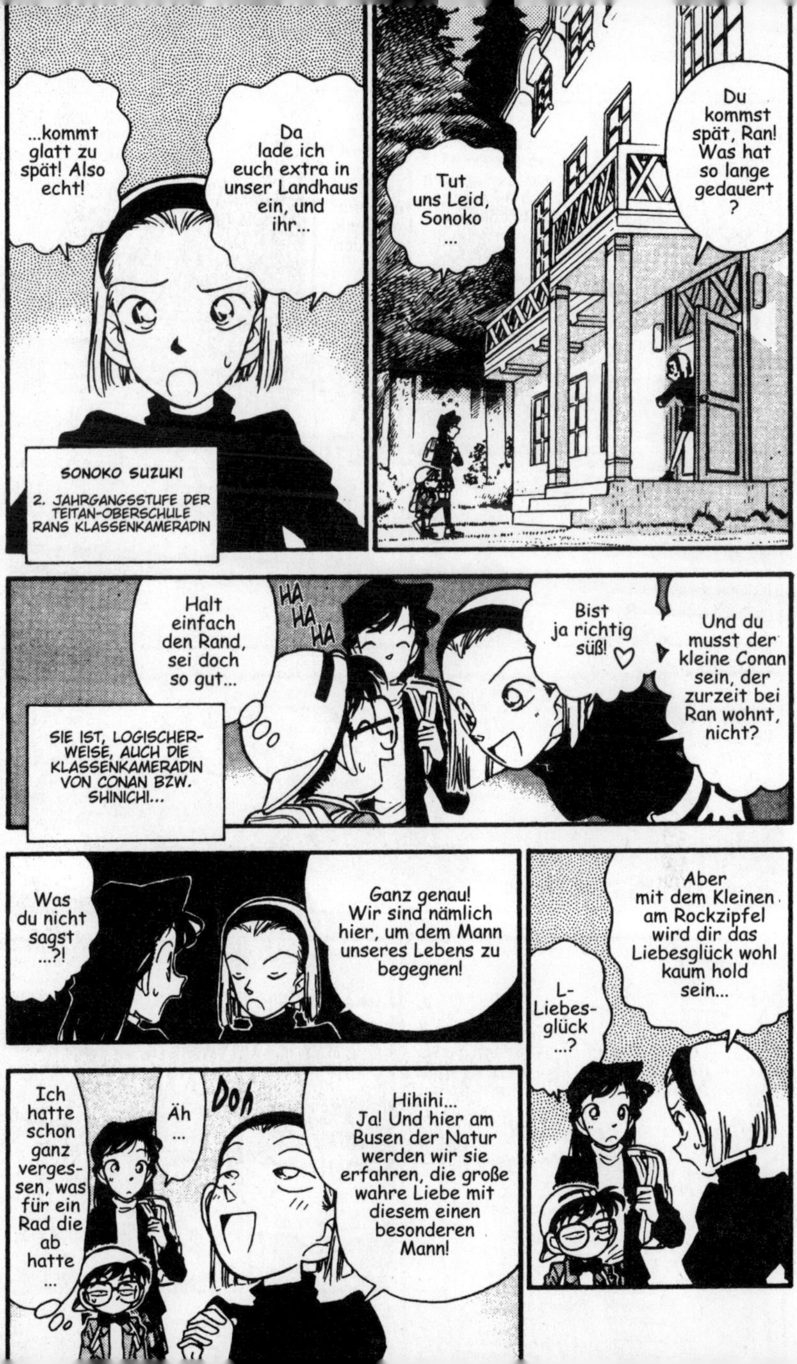
Du kommst spät, Ran! Was hat so lange gedauert?
Tut uns Leid, Sonoko ...
Da lade ich euch extra in unser Landhaus ein, und ihr...
...kommt glatt zu spät! Also echt!
SONOKO SUZUKI
2. JAHRGANGSSTUFE DER TEITAN-OBERSCHULE RANS KLASSENKAMERADIN
Und du musst der kleine Conan sein, der zurzeit bei Ran wohnt, nicht?
Bist ja richtig süß! ♡
HA HA HA
Halt einfach den Rand, sei doch so gut...
SIE IST, LOGISCHERWEISE, AUCH DIE KLASSENKAMERADIN VON CONAN BZW. SHINICHI...
Aber mit dem Kleinen am Rockzipfel wird dir das Liebesglück wohl kaum hold sein...
L-Liebesglück ...?
Ganz genau! Wir sind nämlich hier, um dem Mann unseres Lebens zu begegnen!
Was du nicht sagst ...?!
Hihihi... Ja! Und hier am Busen der Natur werden wir sie erfahren, die große wahre Liebe mit diesem einen besonderen Mann!
Doh
Äh ...
Ich hatte schon ganz vergessen, was für ein Rad die ab hatte ...

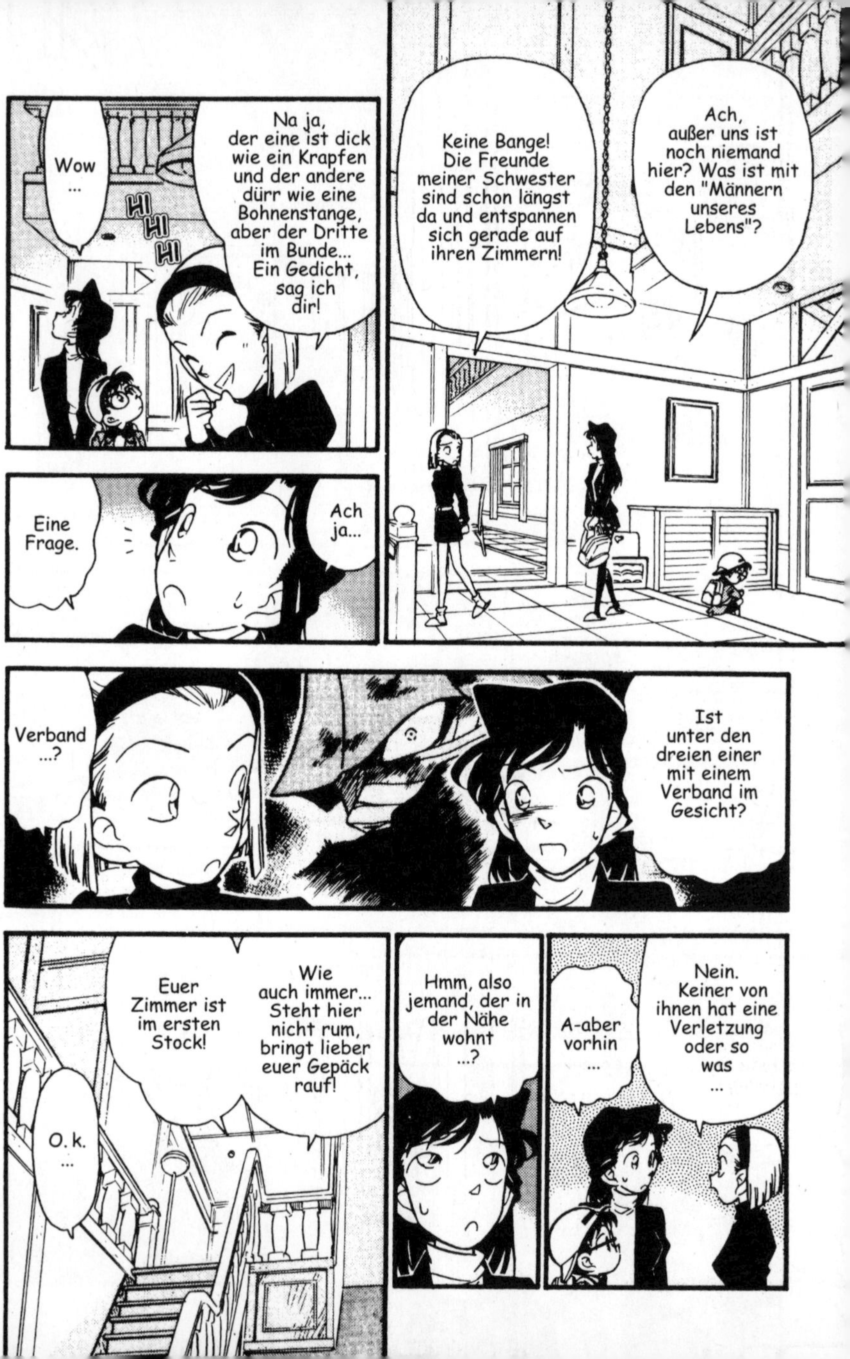
Ach, außer uns ist noch niemand hier? Was ist mit den "Männern unseres Lebens"?
Keine Bange! Die Freunde meiner Schwester sind schon längst da und entspannen sich gerade auf ihren Zimmern!
Na ja, der eine ist dick wie ein Krapfen und der andere dürr wie eine Bohnenstange, aber der Dritte im Bunde... Ein Gedicht, sag ich dir!
HI HI HI
Wow ...
Ach ja...
Eine Frage.
Ist unter den dreien einer mit einem Verband im Gesicht?
Verband ...?
Nein. Keiner von ihnen hat eine Verletzung oder so was ...
A-aber vorhin ...
Hmm, also jemand, der in der Nähe wohnt ...?
Wie auch immer... Steht hier nicht rum, bringt lieber euer Gepäck rauf!
Euer Zimmer ist im ersten Stock!
O.k. ...

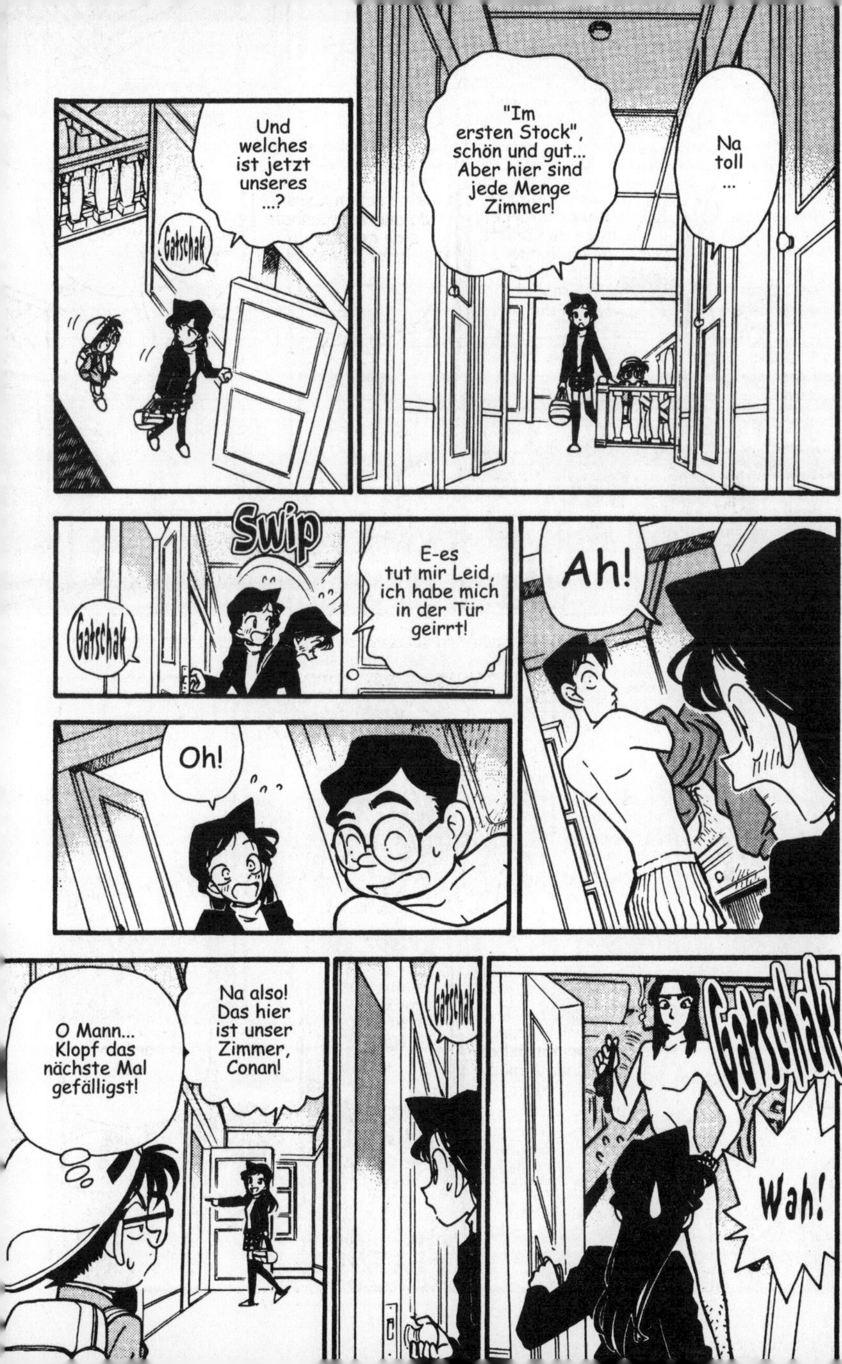
Na toll ...
"Im ersten Stock", schön und gut... Aber hier sind jede Menge Zimmer!
Und welches ist jetzt unseres ...?
Gatschak
Ah!
Swip
E-es tut mir Leid, ich habe mich in der Tür geirrt!
Gatschak
Oh!
Gatschak
Wah!
Gatschak
Na also! Das hier ist unser Zimmer, Conan!
O Mann... Klopf das nächste Mal gefälligst!

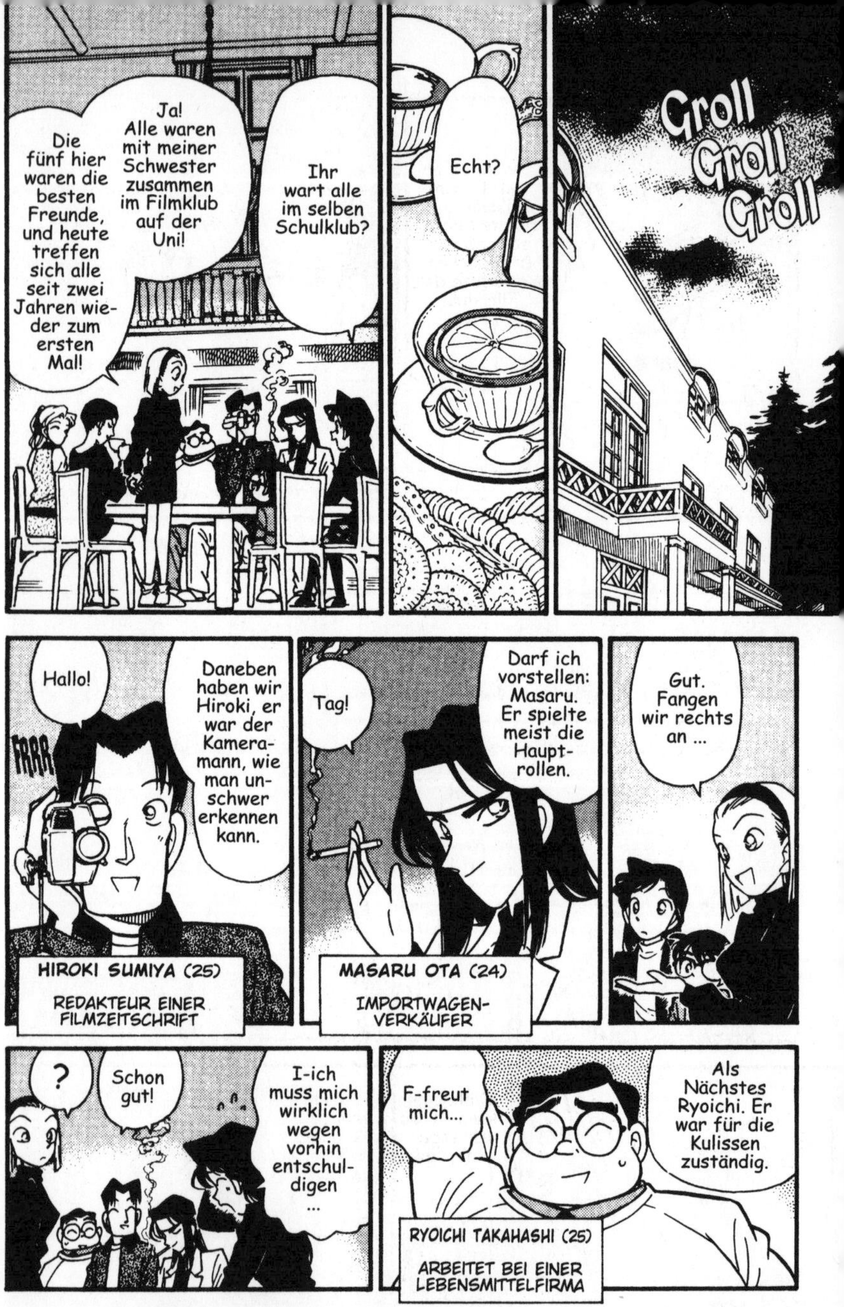
Groll Groll Groll
Echt?
Ihr wart alle im selben Schulklub?
Ja! Alle waren mit meiner Schwester zusammen im Filmklub auf der Uni!
Die fünf hier waren die besten Freunde, und heute treffen sich alle seit zwei Jahren wie-der zum ersten Mal!
Gut. Fangen wir rechts an ...
Darf ich vorstellen: Masaru. Er spielte meist die Haupt-rollen.
Tag!
MASARU OTA (24)
IMPORTWAGEN-VERKÄUFER
Daneben haben wir Hiroki, er war der Kamera-mann, wie man un-schwer erkennen kann.
Hallo!
FRRR
HIROKI SUMIYA (25)
REDAKTEUR EINER FILMZEITSCHRIFT
Als Nächstes Ryoichi. Er war für die Kulissen zuständig.
F-freut mich...
RYOICHI TAKAHASHI (25)
ARBEITET BEI EINER LEBENSMITTELFIRMA
I-ich muss mich wirklich wegen vorhin entschul-digen ...
Schon gut!
?

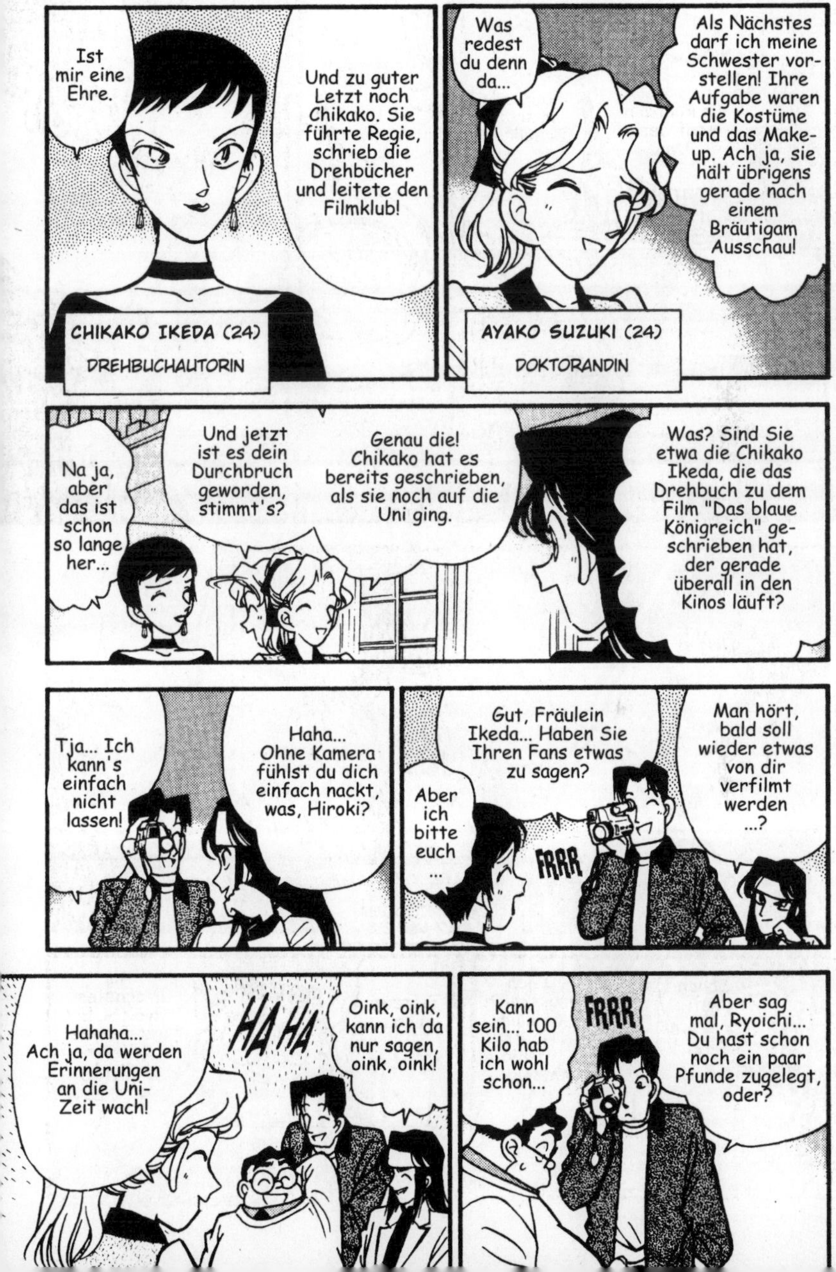

Als Nächstes darf ich meine Schwester vorstellen! Ihre Aufgabe waren die Kostüme und das Make-up. Ach ja, sie hält übrigens gerade nach einem Bräutigam Ausschau!
Was redest du denn da...
AYAKO SUZUKI (24)
DOKTORANDIN
Und zu guter Letzt noch Chikako. Sie führte Regie, schrieb die Drehbücher und leitete den Filmklub!
Ist mir eine Ehre.
CHIKAKO IKEDA (24)
DREHBUCHAUTORIN
Was? Sind Sie etwa die Chikako Ikeda, die das Drehbuch zu dem Film "Das blaue Königreich" geschrieben hat, der gerade überall in den Kinos läuft?
Genau die! Chikako hat es bereits geschrieben, als sie noch auf die Uni ging.
Und jetzt ist es dein Durchbruch geworden, stimmt's?
Na ja, aber das ist schon so lange her...
Man hört, bald soll wieder etwas von dir verfilmt werden ...?
Gut, Fräulein Ikeda... Haben Sie Ihren Fans etwas zu sagen?
FRRR
Aber ich bitte euch ...
Haha... Ohne Kamera fühlst du dich einfach nackt, was, Hiroki?
Tja... Ich kann's einfach nicht lassen!
Aber sag mal, Ryoichi... Du hast schon noch ein paar Pfunde zugelegt, oder?
FRRR
Kann sein... 100 Kilo hab ich wohl schon...
Oink, oink, kann ich da nur sagen, oink, oink!
HA HA
Hahaha... Ach ja, da werden Erinnerungen an die Uni-Zeit wach!

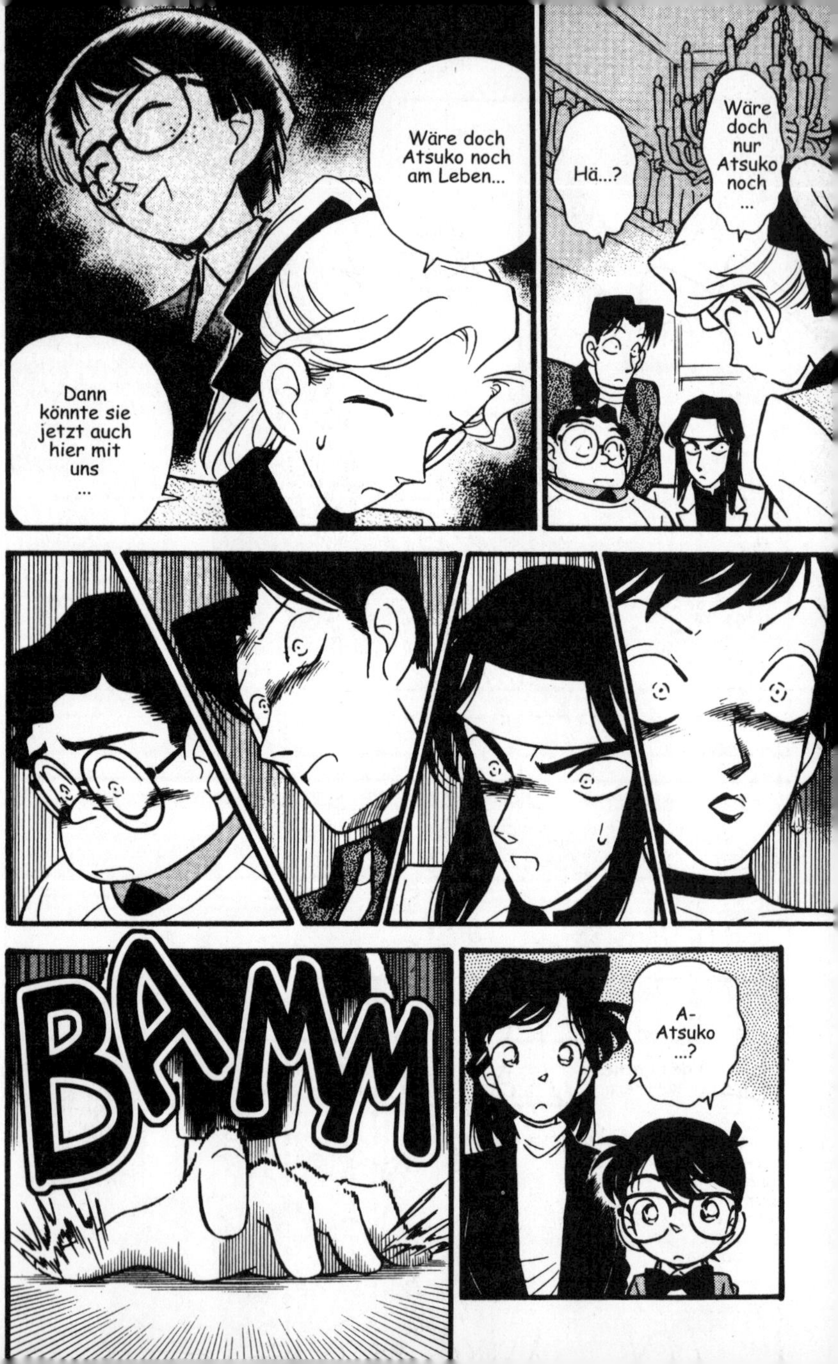
Wäre doch nur Atsuko noch ...
Hä...?
Wäre doch Atsuko noch am Leben...
Dann könnte sie jetzt auch hier mit uns ...
A- Atsuko ...?
BAMM

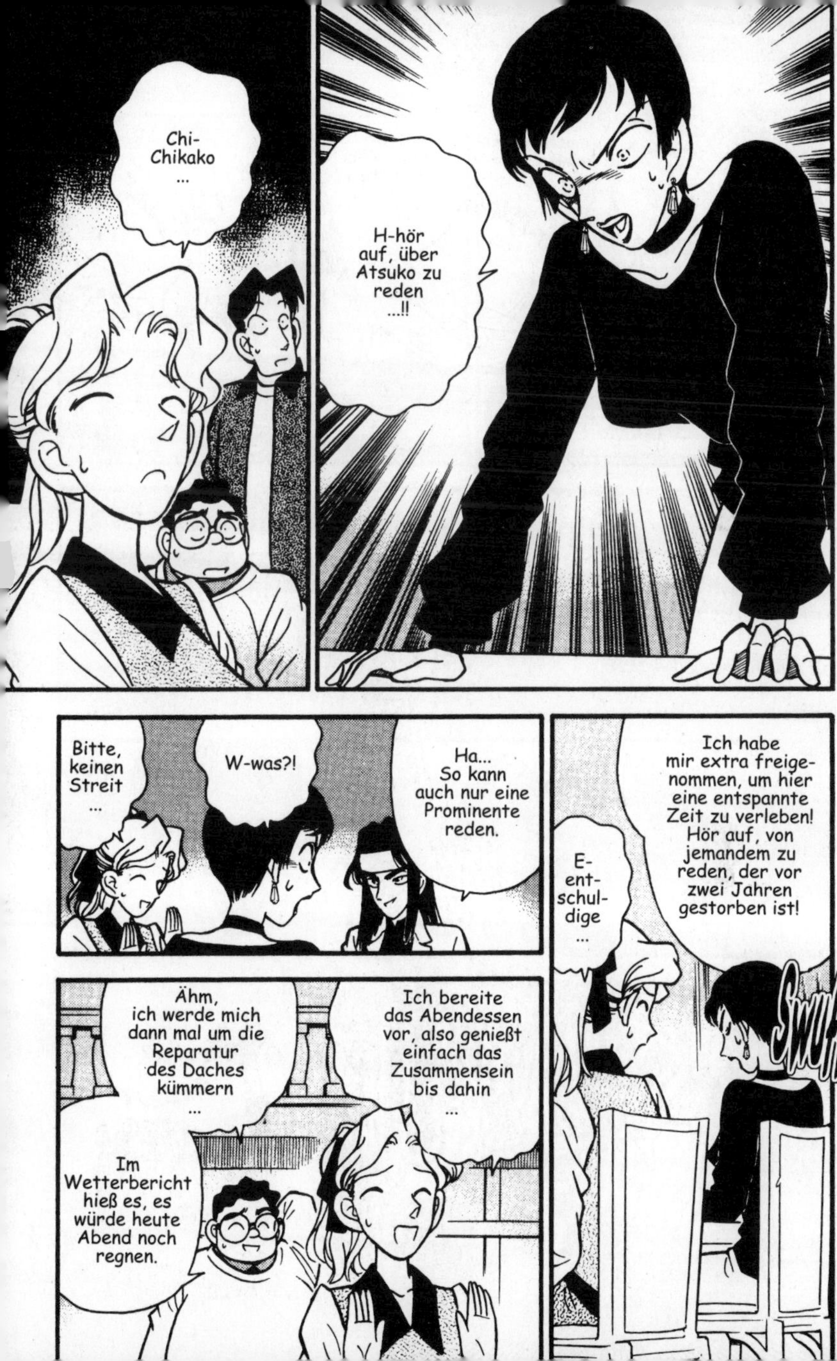
H-hör auf, über Atsuko zu reden ...!!
Chi-Chikako ...
Ich habe mir extra freigenommen, um hier eine entspannte Zeit zu verleben! Hör auf, von jemandem zu reden, der vor zwei Jahren gestorben ist!
E-entschuldige ...
Swuff
Ha... So kann auch nur eine Prominente reden.
W-was?!
Bitte, keinen Streit ...
Ich bereite das Abendessen vor, also genießt einfach das Zusammensein bis dahin ...
Ähm, ich werde mich dann mal um die Reparatur des Daches kümmern ...
Im Wetterbericht hieß es, es würde heute Abend noch regnen.

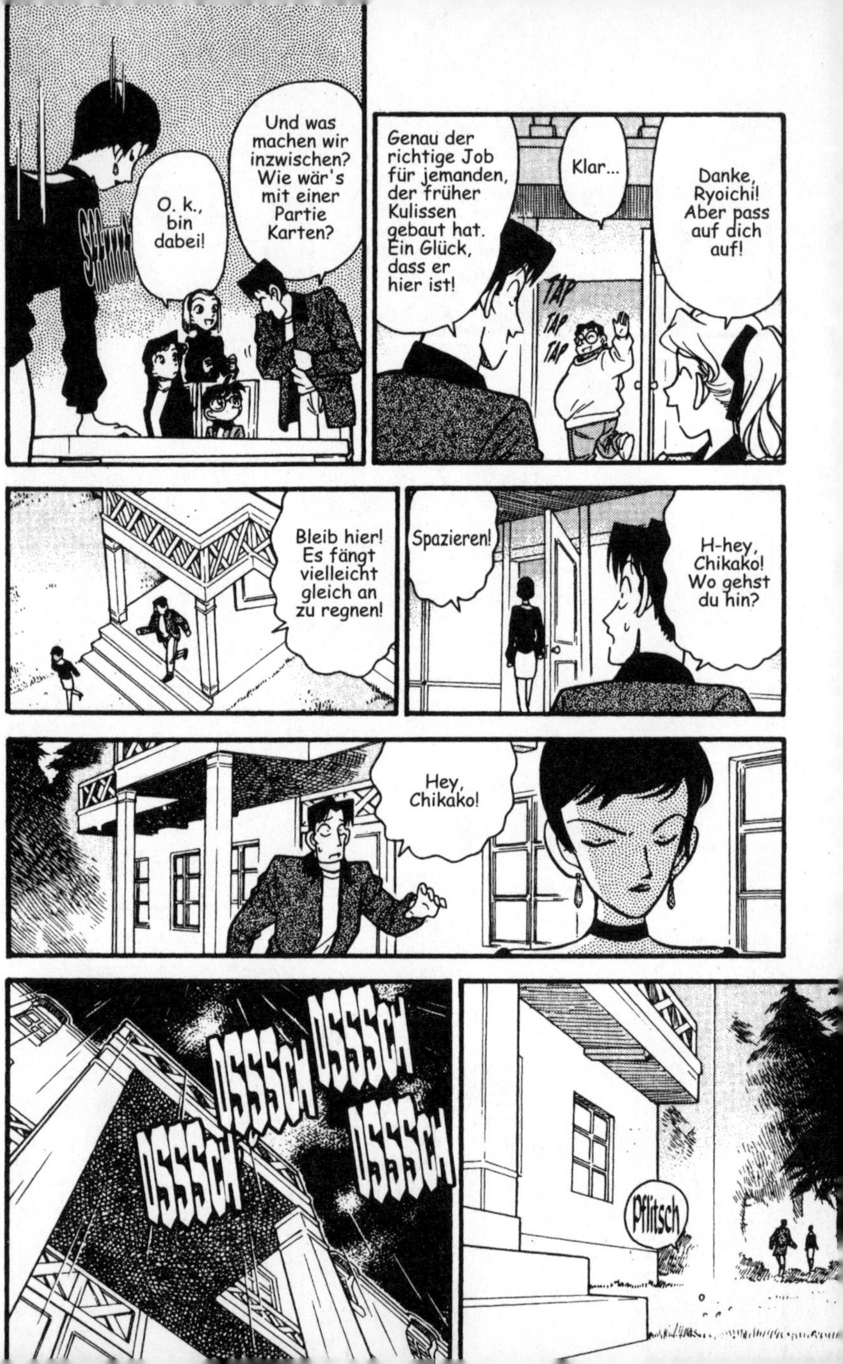
Danke, Ryoichi! Aber pass auf dich auf!
Klar...
Genau der richtige Job für jemanden, der früher Kulissen gebaut hat. Ein Glück, dass er hier ist!
TAP TAP TAP
Und was machen wir inzwischen? Wie wär's mit einer Partie Karten?
O. k., bin dabei!
H-hey, Chikako! Wo gehst du hin?
Spazieren!
Bleib hier! Es fängt vielleicht gleich an zu regnen!
Hey, Chikako!
Pflitsch
DSSSCH
DSSSCH
DSSSCH
DSSSCH

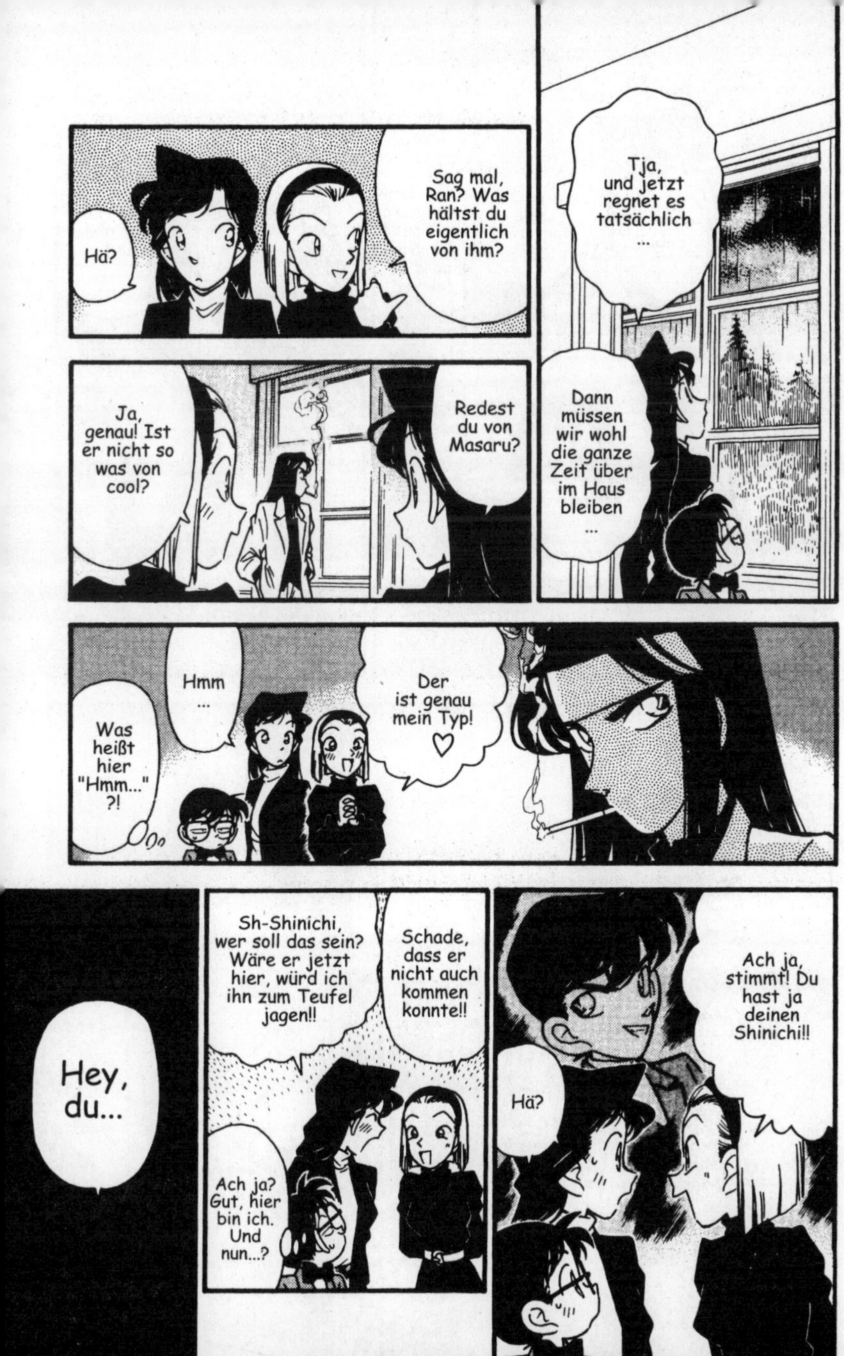
Tja, und jetzt regnet es tatsächlich ...
Dann müssen wir wohl die ganze Zeit über im Haus bleiben ...
Sag mal, Ran? Was hältst du eigentlich von ihm?
Hä?
Redest du von Masaru?
Ja, genau! Ist er nicht so was von cool?
Der ist genau mein Typ! ♥
Hmm ...
Was heißt hier "Hmm..." ?!
Ach ja, stimmt! Du hast ja deinen Shinichi!!
Hä?
Schade, dass er nicht auch kommen konnte!!
Sh-Shinichi, wer soll das sein? Wäre er jetzt hier, würd ich ihn zum Teufel jagen!!
Ach ja? Gut, hier bin ich. Und nun...?
Hey, du...

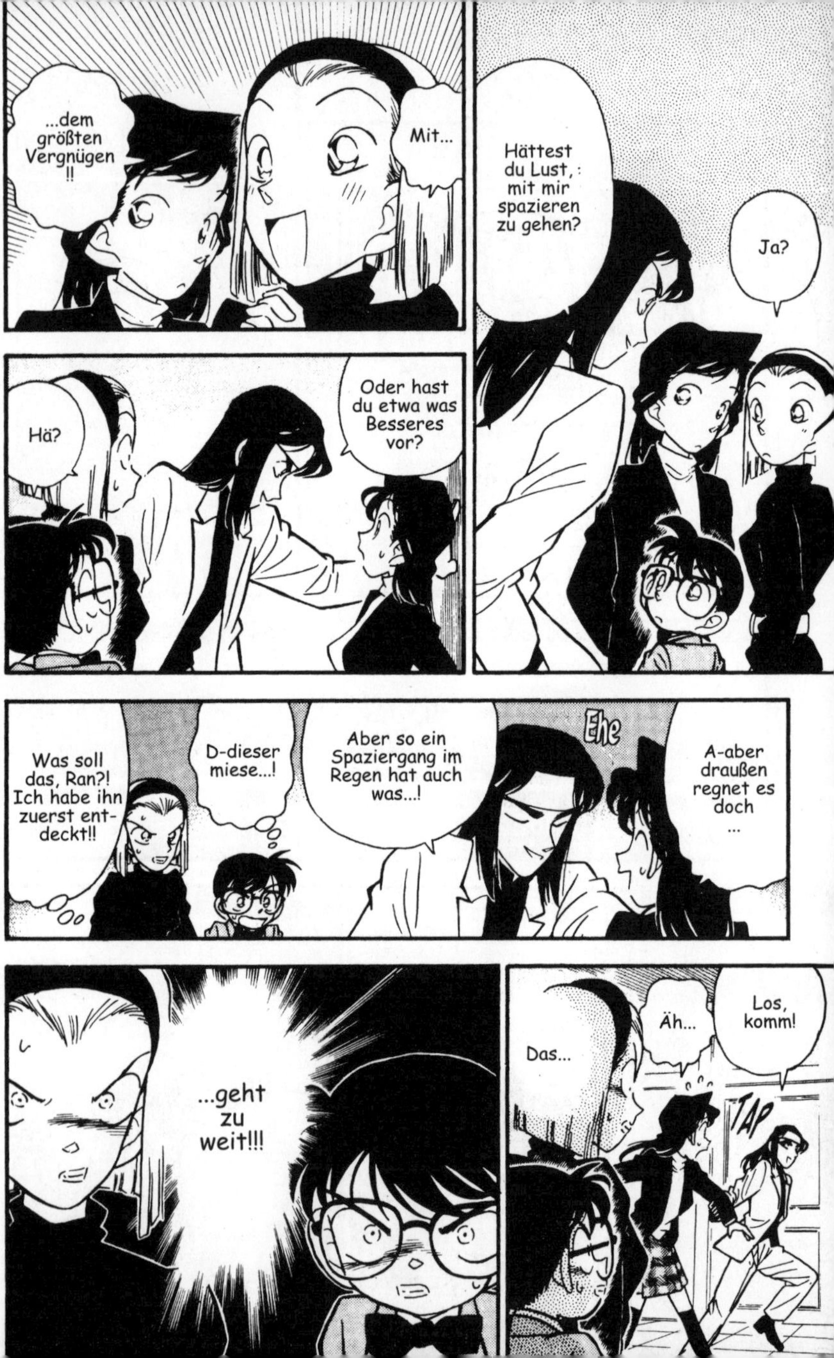
Ja?
Hättest du Lust, mit mir spazieren zu gehen?
Mit...
...dem größten Vergnügen !!
Oder hast du etwa was Besseres vor?
Hä?
A-aber draußen regnet es doch ...
Ehe
Aber so ein Spaziergang im Regen hat auch was...!
D-dieser miese...!
Was soll das, Ran?! Ich habe ihn zuerst entdeckt!!
Los, komm!
Äh...
TAP
Das...
...geht zu weit!!!

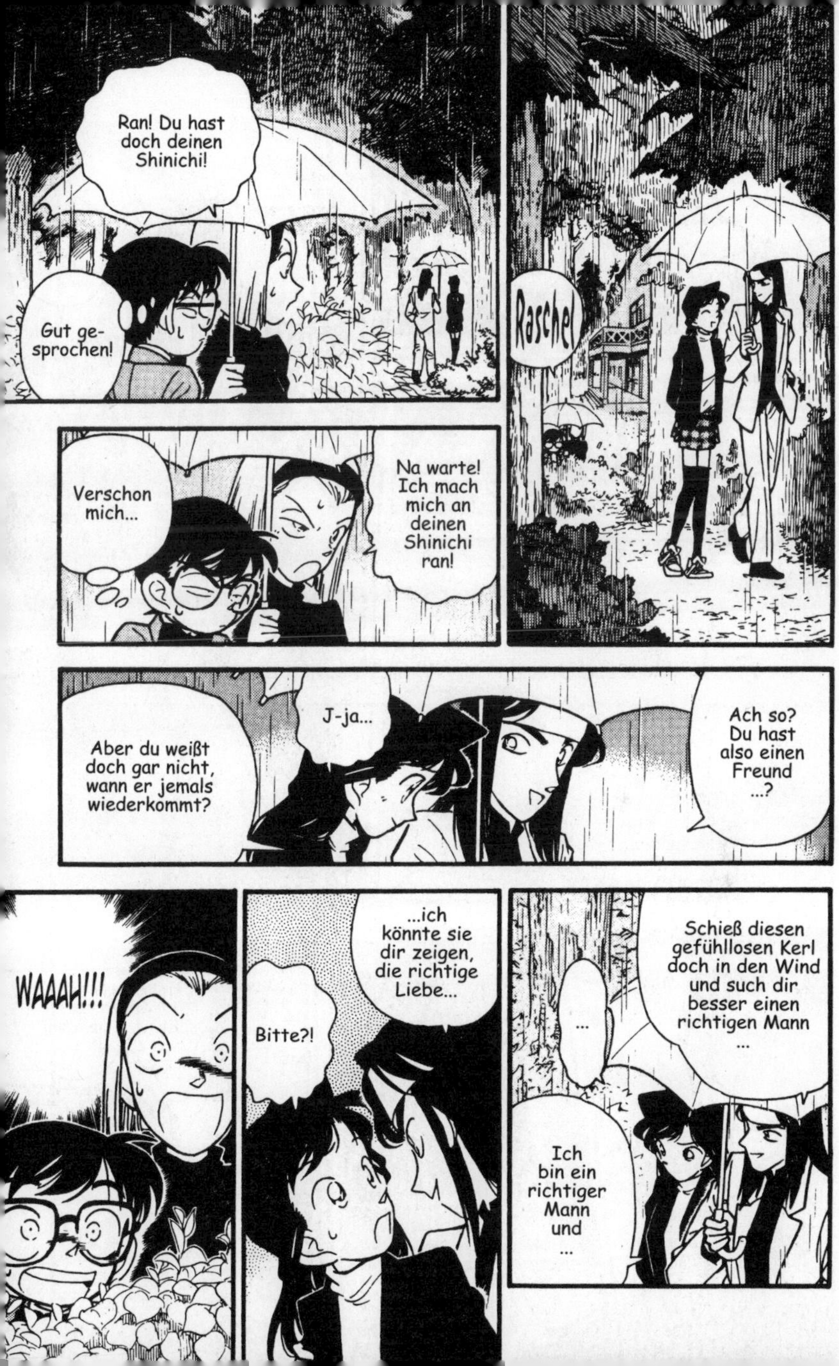

Raschel
Ran! Du hast doch deinen Shinichi!
Gut gesprochen!
Na warte! Ich mach mich an deinen Shinichi ran!
Verschon mich...
Ach so? Du hast also einen Freund ...?
J-ja...
Aber du weißt doch gar nicht, wann er jemals wiederkommt?
Schieß diesen gefühllosen Kerl doch in den Wind und such dir besser einen richtigen Mann ...
...
Ich bin ein richtiger Mann und ...
...ich könnte sie dir zeigen, die richtige Liebe...
Bitte?!
WAAAH!!!

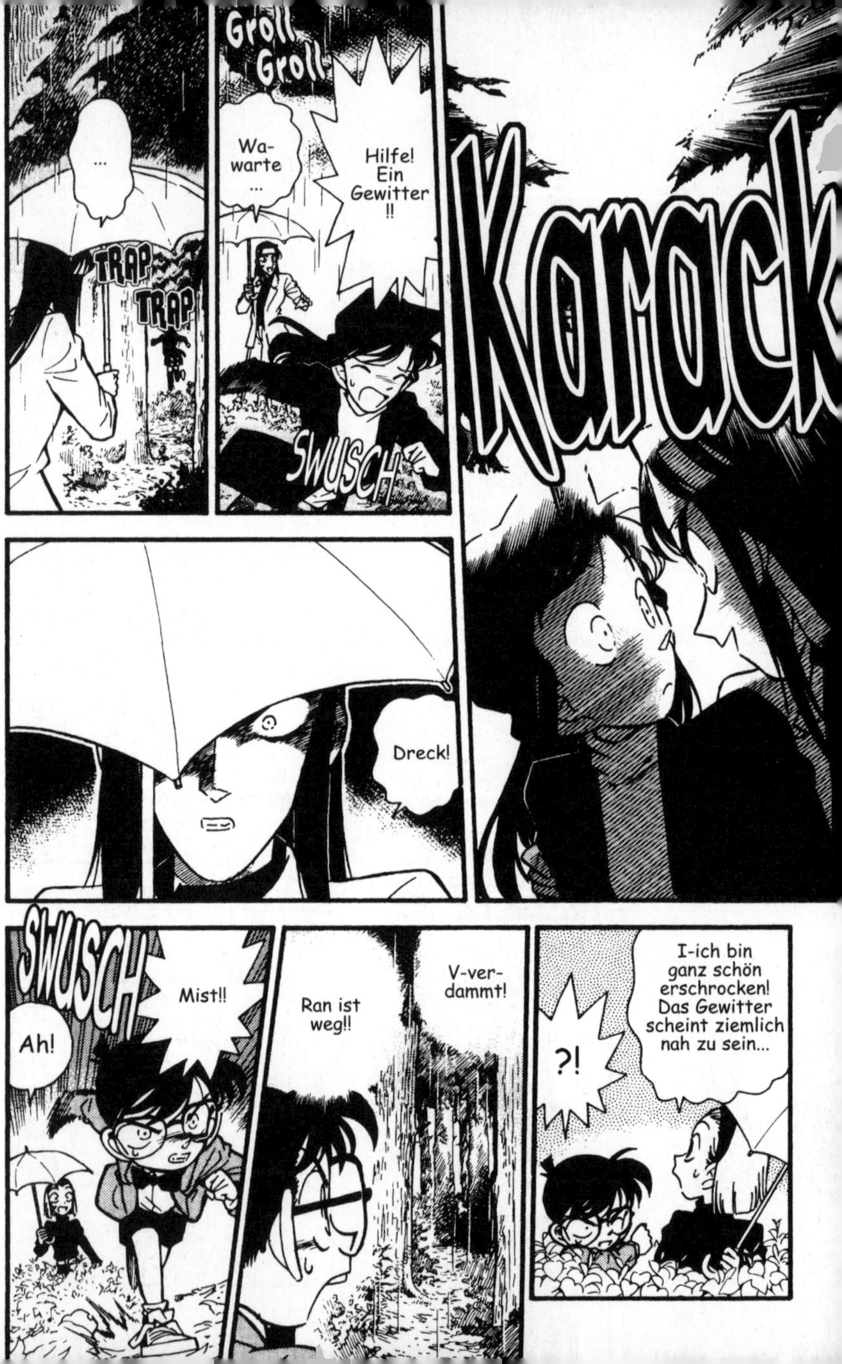
Karack
Groll
Groll
Hilfe! Ein Gewitter!!
Wa-warte...
SWUSCH
...
TRAP
TRAP
Dreck!
?!
I-ich bin ganz schön erschrocken! Das Gewitter scheint ziemlich nah zu sein...
V-ver-dammt!
Ran ist weg!!
SWUSCH
Mist!!
Ah!

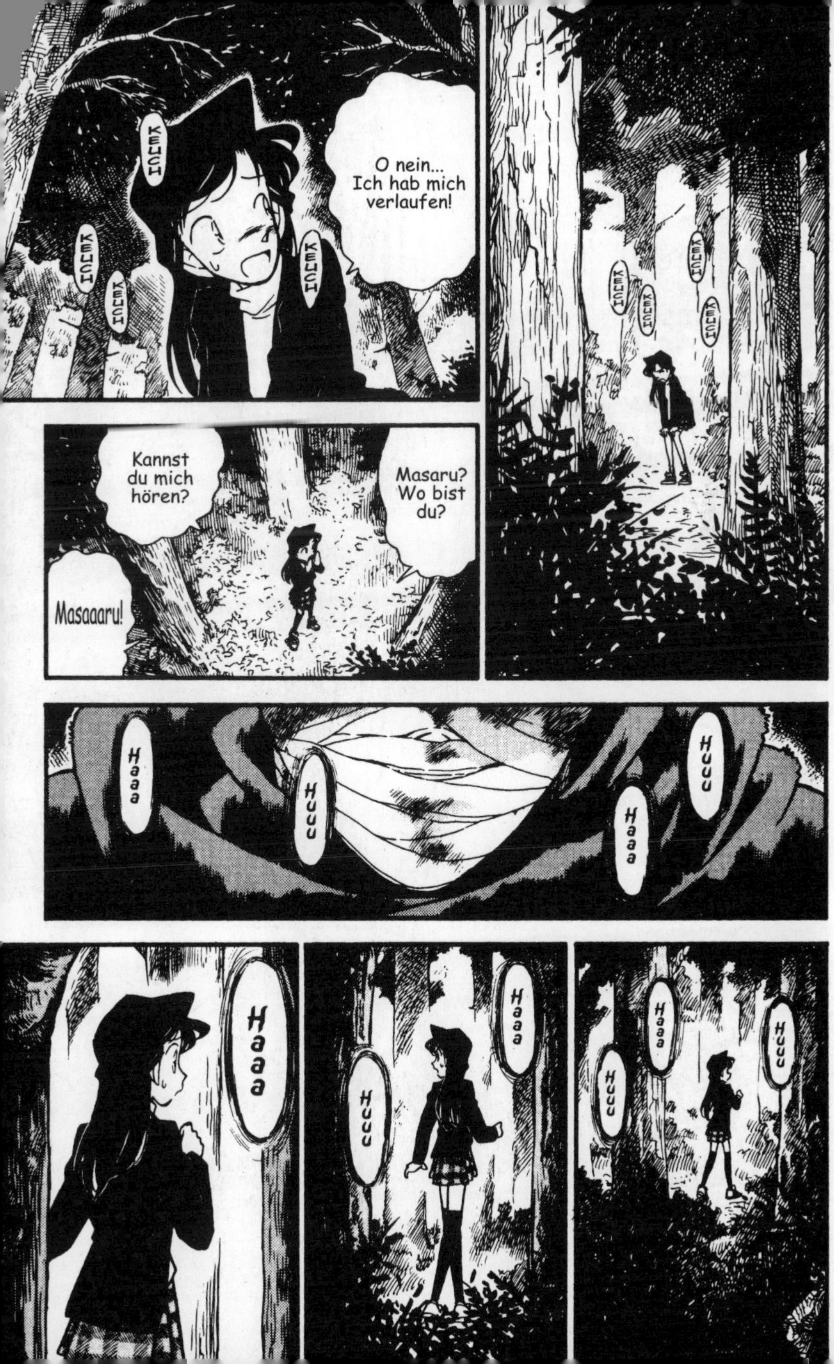
KEUCH
KEUCH
KEUCH
KEUCH
O nein... Ich hab mich verlaufen!
KEUCH
KEUCH
KEUCH
KEUCH
Masaru? Wo bist du?
Kannst du mich hören?
Masaaaru!
Huuu
Haaa
Huuu
Haaa
Huuu
Haaa
Haaa
Huuu
Haaa
Huuu
Haaa

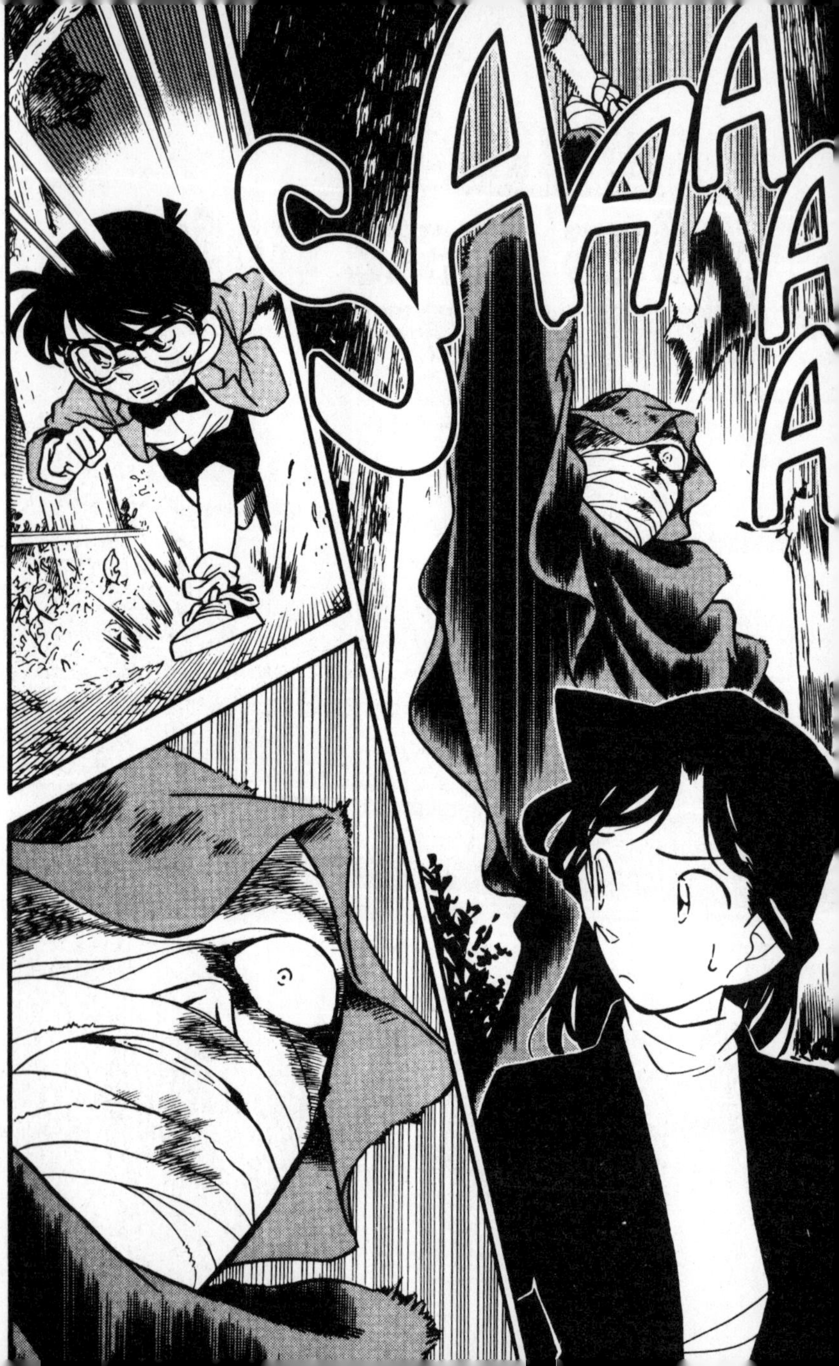
SAAAAA

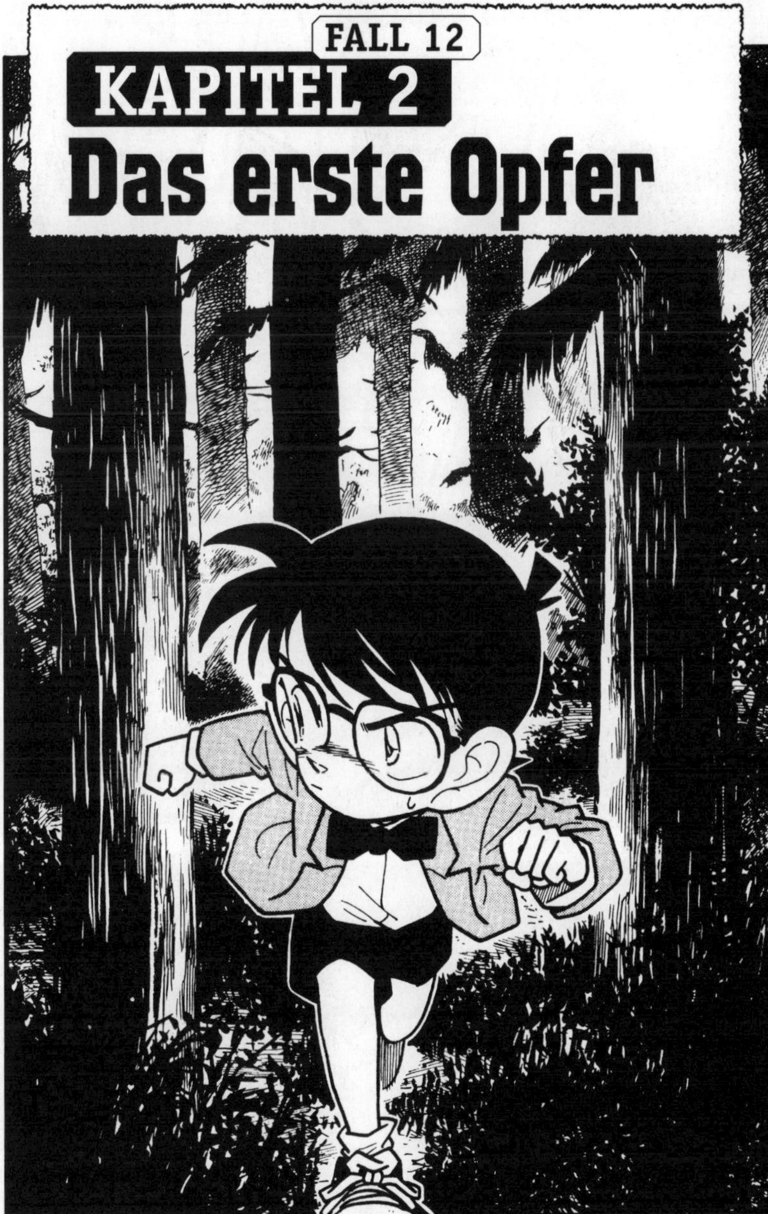
FALL 12
KAPITEL 2
Das erste Opfer

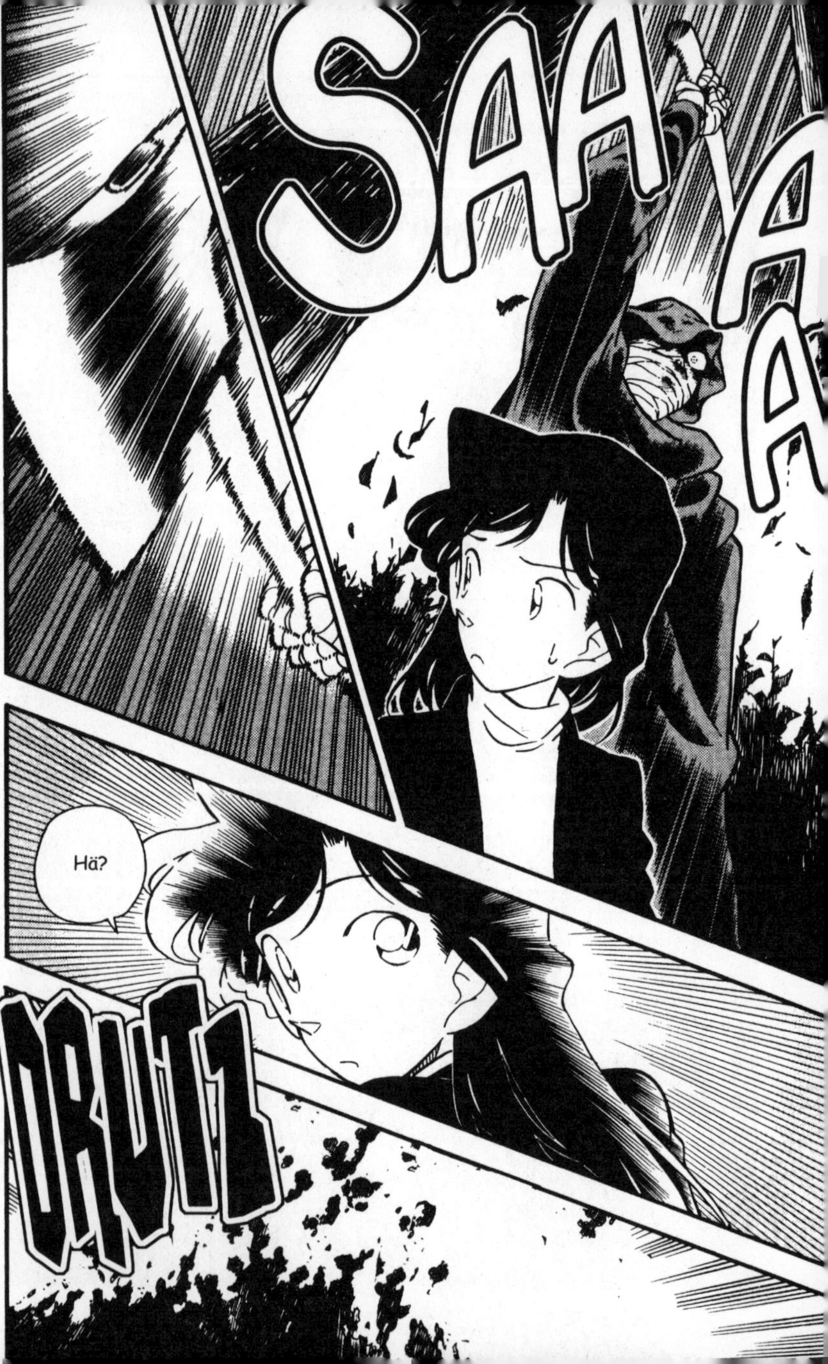
Hä?

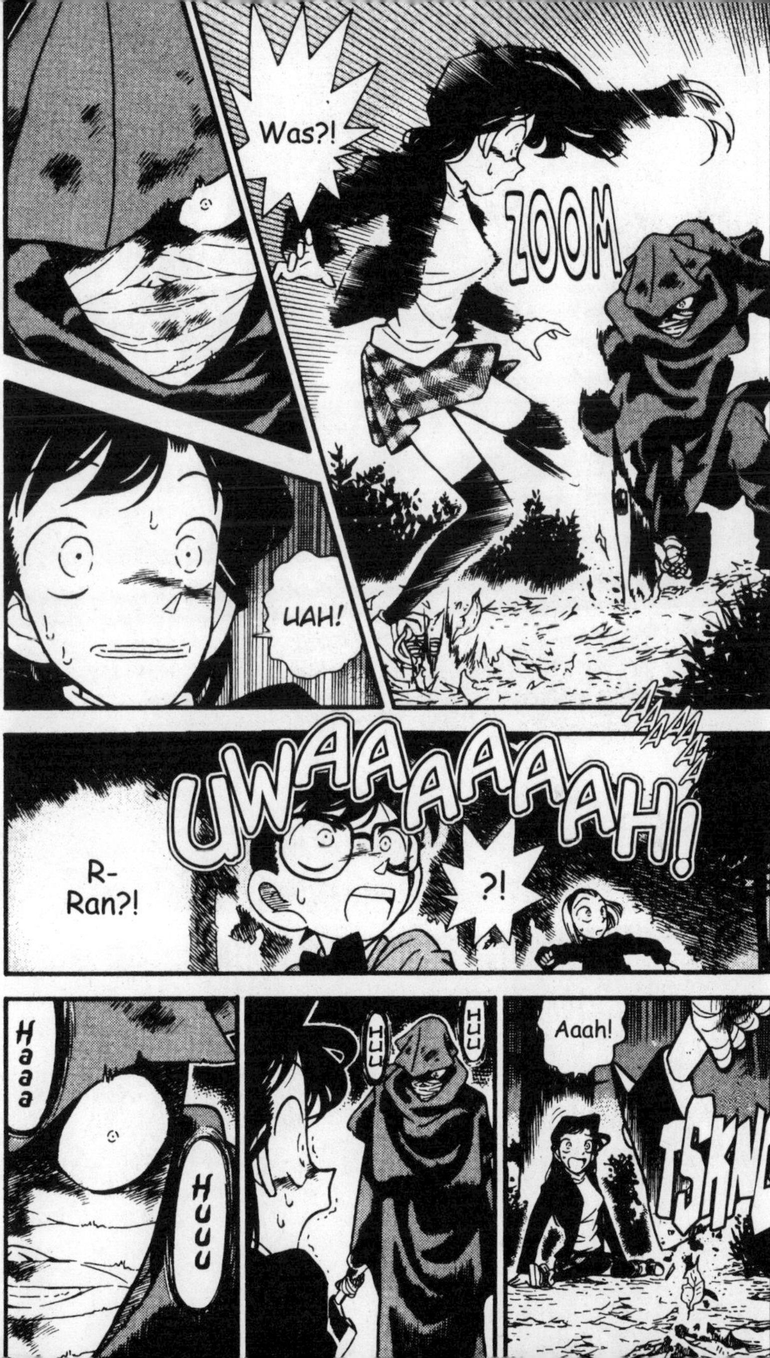

Was?!
ZOOM
UAH!
UWAAAAAAAH!
AAAAAA
?!
R-
Ran?!
Aaah!
TSKNG
HUU
HUU
Haaa
Huuu

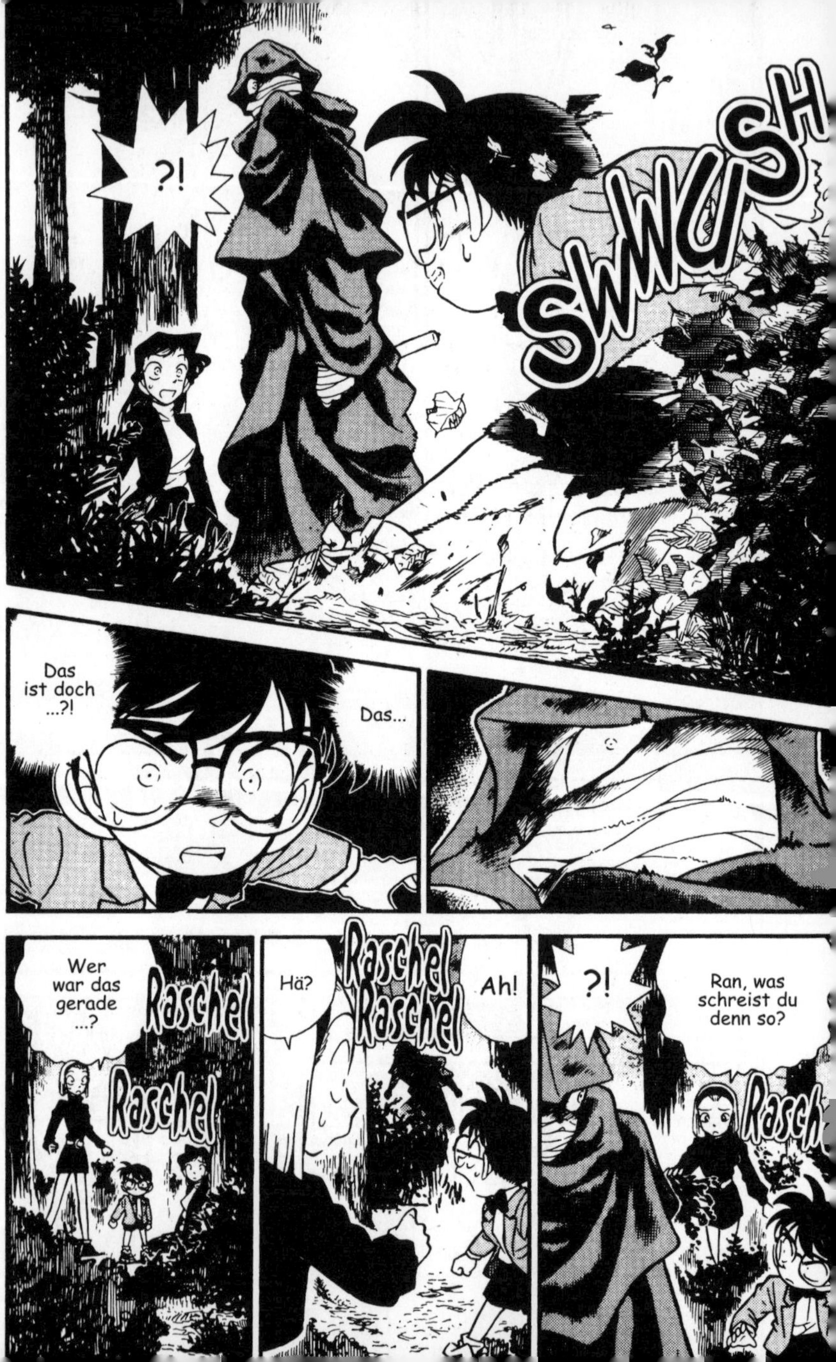
SWUSH
?!
Das...
Das ist doch ...?!
Ran, was schreist du denn so?
?!
Rasch
Ah!
Raschel Raschel
Hä?
Raschel
Raschel
Wer war das gerade ...?

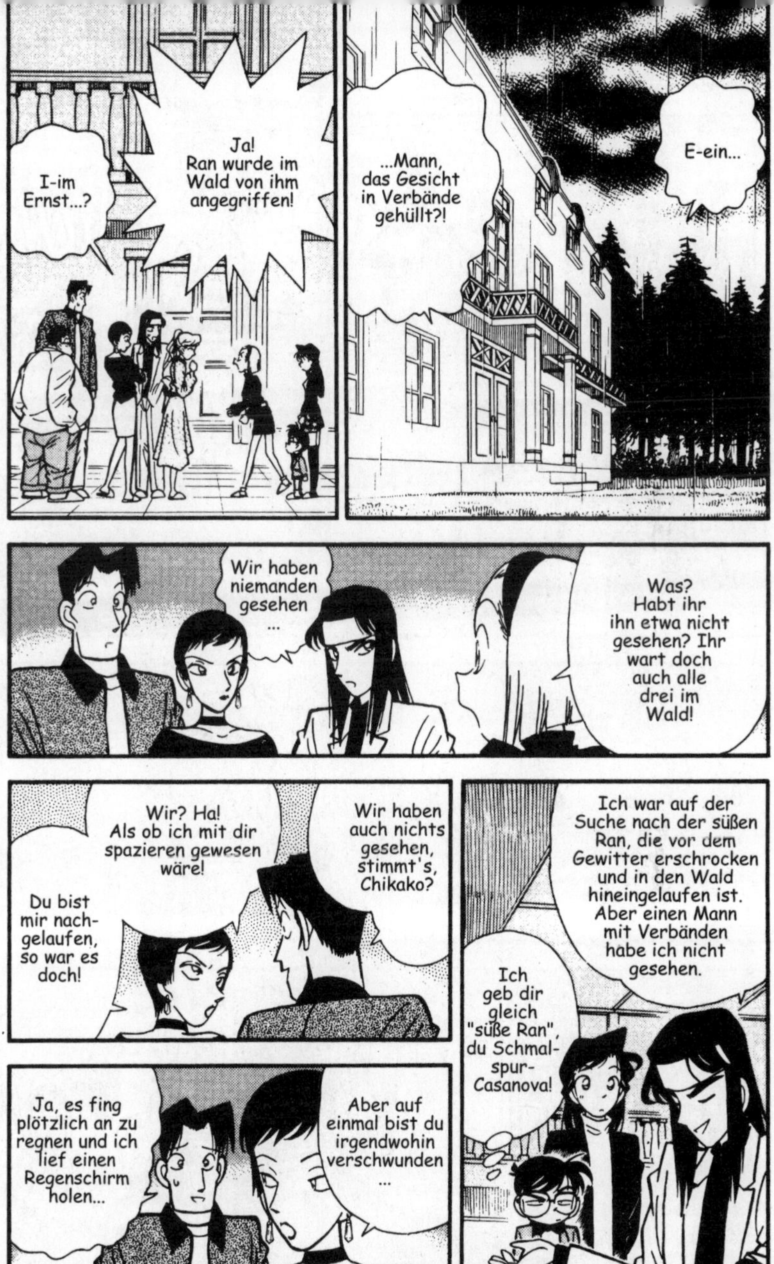
E-ein...
...Mann, das Gesicht in Verbände gehüllt?!
Ja! Ran wurde im Wald von ihm angegriffen!
I-im Ernst...?
Was? Habt ihr ihn etwa nicht gesehen? Ihr wart doch auch alle drei im Wald!
Wir haben niemanden gesehen ...
Ich war auf der Suche nach der süßen Ran, die vor dem Gewitter erschrocken und in den Wald hineingelaufen ist. Aber einen Mann mit Verbänden habe ich nicht gesehen.
Ich geb dir gleich "süße Ran", du Schmalspur-Casanova!
Wir haben auch nichts gesehen, stimmt's, Chikako?
Wir? Ha! Als ob ich mit dir spazieren gewesen wäre!
Du bist mir nachgelaufen, so war es doch!
Aber auf einmal bist du irgendwohin verschwunden ...
Ja, es fing plötzlich an zu regnen und ich lief einen Regenschirm holen...

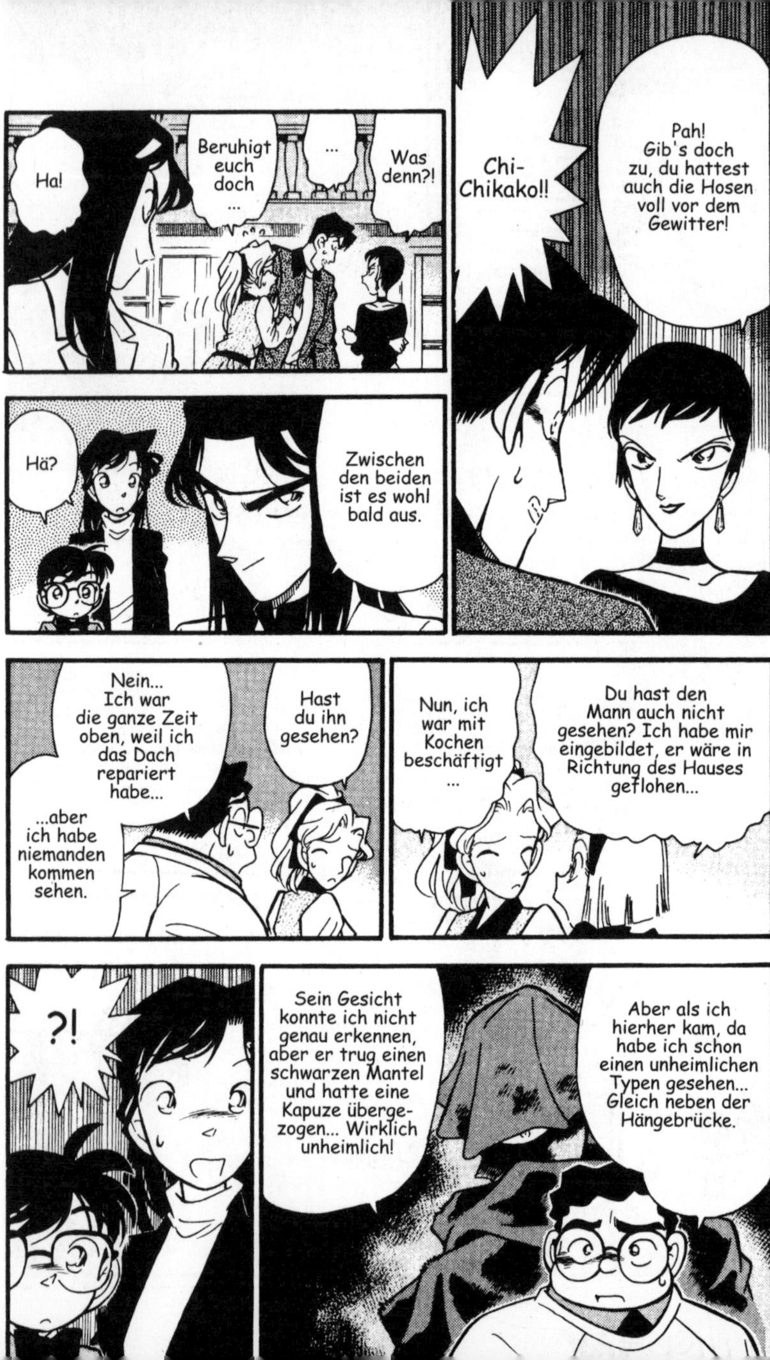
Pah! Gib's doch zu, du hattest auch die Hosen voll vor dem Gewitter!
Chi-Chikako!!
Was denn?!
...
Beruhigt euch doch ...
Ha!
Zwischen den beiden ist es wohl bald aus.
Hä?
Du hast den Mann auch nicht gesehen? Ich habe mir eingebildet, er wäre in Richtung des Hauses geflohen...
Nun, ich war mit Kochen beschäftigt ...
Hast du ihn gesehen?
Nein... Ich war die ganze Zeit oben, weil ich das Dach repariert habe...
...aber ich habe niemanden kommen sehen.
Aber als ich hierher kam, da habe ich schon einen unheimlichen Typen gesehen... Gleich neben der Hängebrücke.
Sein Gesicht konnte ich nicht genau erkennen, aber er trug einen schwarzen Mantel und hatte eine Kapuze überge-zogen... Wirklich unheimlich!
?!

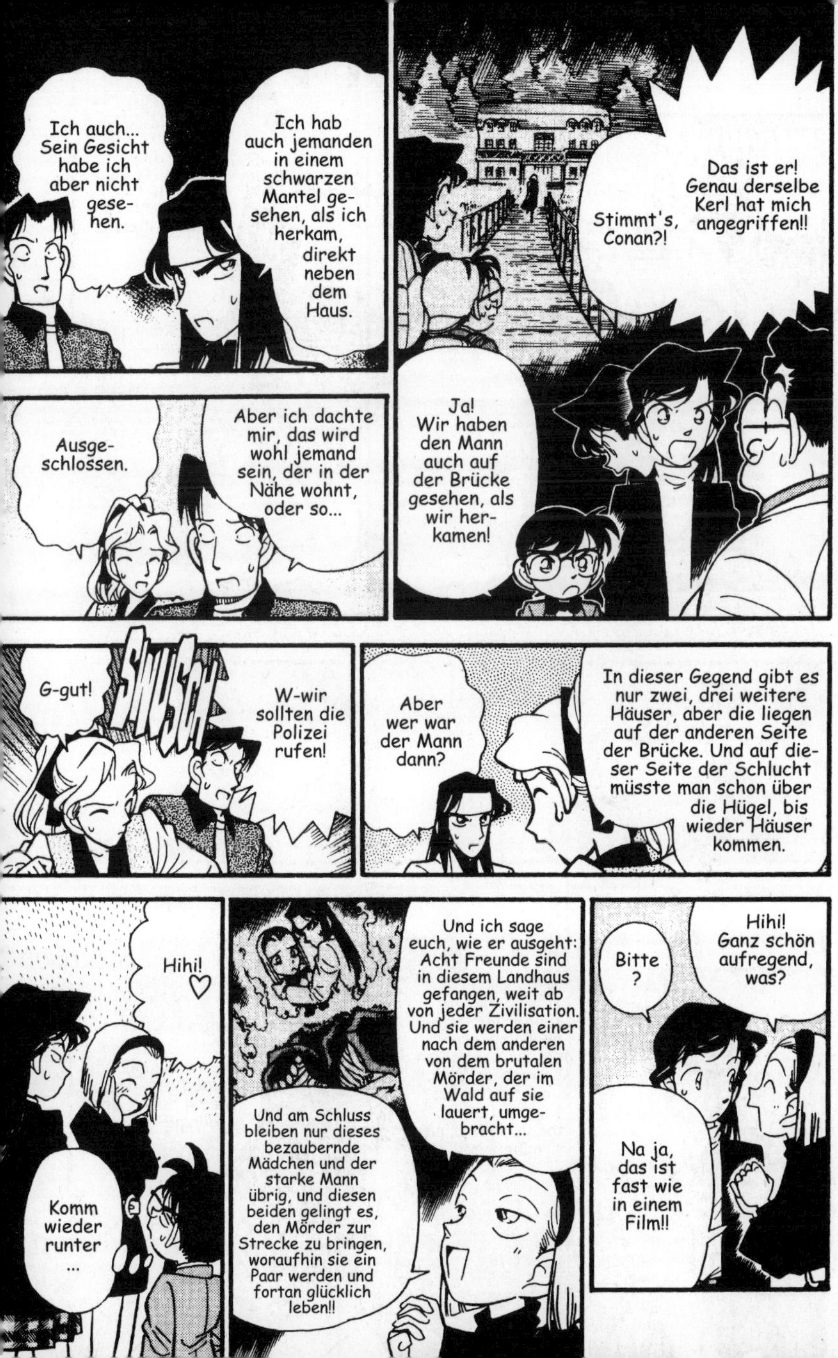
Das ist er! Genau derselbe Kerl hat mich angegriffen!!
Stimmt's, Conan?!
Ja! Wir haben den Mann auch auf der Brücke gesehen, als wir herkamen!
Ich hab auch jemanden in einem schwarzen Mantel gesehen, als ich herkam, direkt neben dem Haus.
Ich auch... Sein Gesicht habe ich aber nicht gesehen.
Aber ich dachte mir, das wird wohl jemand sein, der in der Nähe wohnt, oder so...
Ausgeschlossen.
In dieser Gegend gibt es nur zwei, drei weitere Häuser, aber die liegen auf der anderen Seite der Brücke. Und auf dieser Seite der Schlucht müsste man schon über die Hügel, bis wieder Häuser kommen.
Aber wer war der Mann dann?
W-wir sollten die Polizei rufen!
SWUSCH
G-gut!
Hihi! Ganz schön aufregend, was?
Bitte ?
Na ja, das ist fast wie in einem Film!!
Und ich sage euch, wie er ausgeht: Acht Freunde sind in diesem Landhaus gefangen, weit ab von jeder Zivilisation. Und sie werden einer nach dem anderen von dem brutalen Mörder, der im Wald auf sie lauert, umgebracht...
Und am Schluss bleiben nur dieses bezaubernde Mädchen und der starke Mann übrig, und diesen beiden gelingt es, den Mörder zur Strecke zu bringen, woraufhin sie ein Paar werden und fortan glücklich leben!!
Hihi! ♡
Komm wieder runter ...

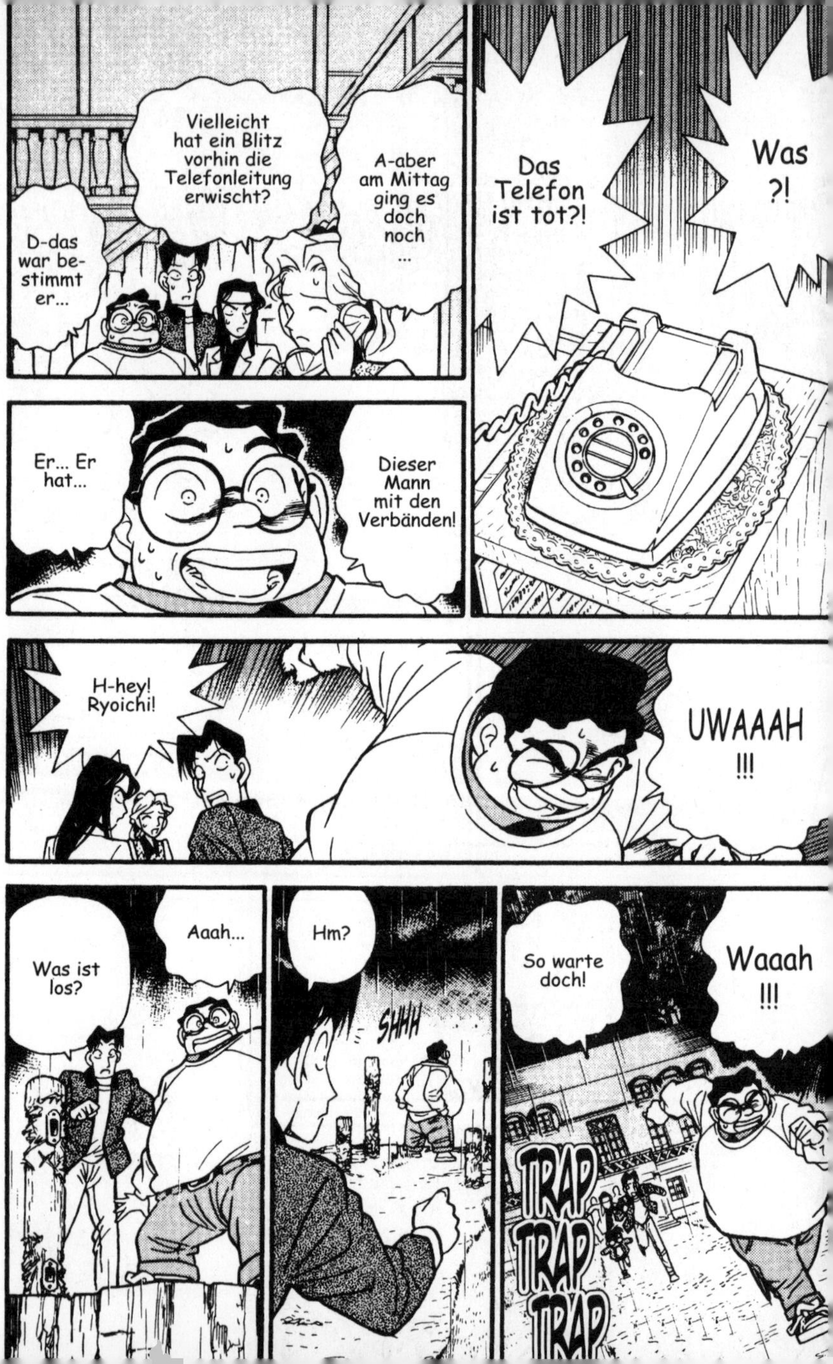
Was ?!
Das Telefon ist tot?!
A-aber am Mittag ging es doch noch ...
Vielleicht hat ein Blitz vorhin die Telefonleitung erwischt?
D-das war be-stimmt er...
Dieser Mann mit den Verbänden!
Er... Er hat...
UWAAAH !!!
H-hey! Ryoichi!
Waaah !!!
So warte doch!
TRAP TRAP TRAP
Hm?
SHHH
Aaah...
Was ist los?

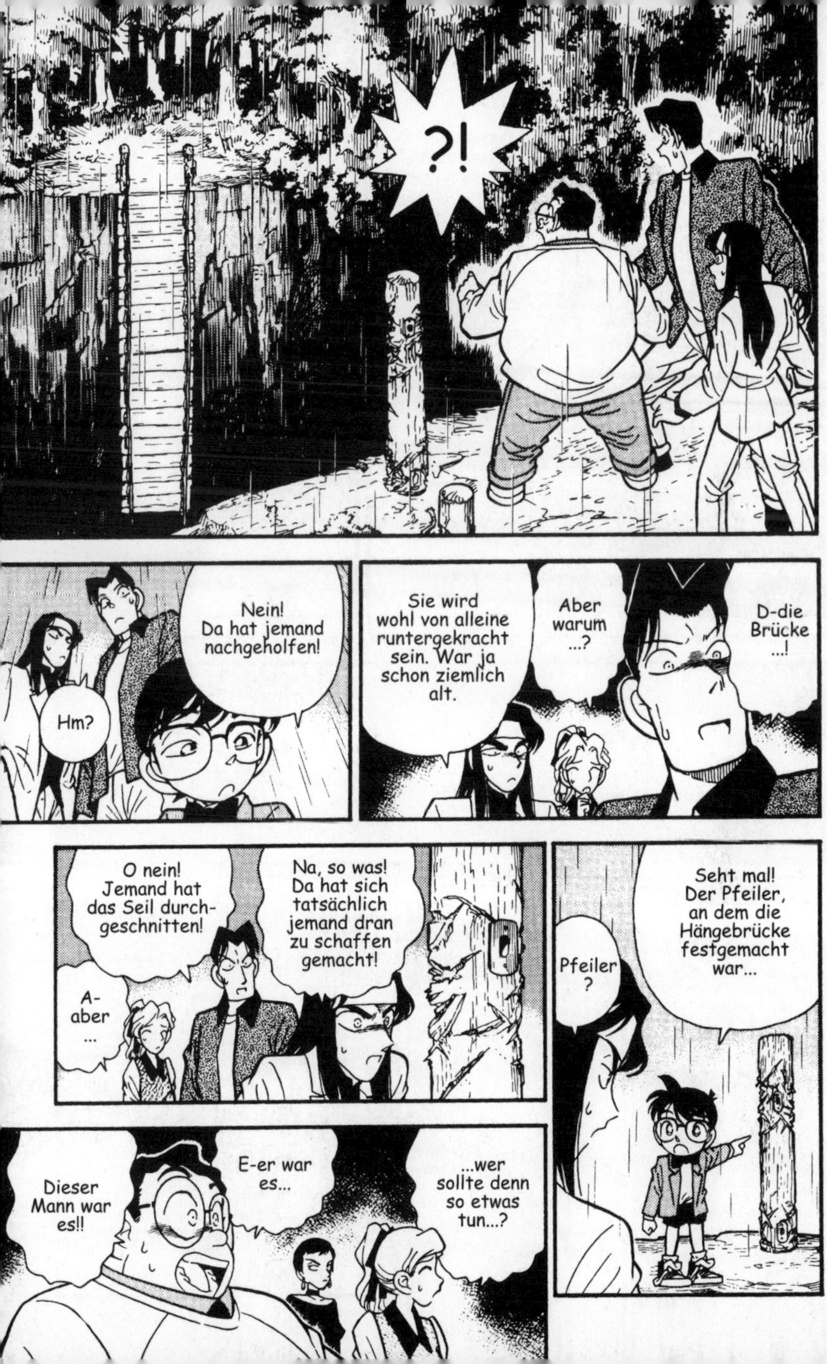
?!
D-die Brücke ...!
Aber warum ...?
Sie wird wohl von alleine runtergekracht sein. War ja schon ziemlich alt.
Nein! Da hat jemand nachgeholfen!
Hm?
Seht mal! Der Pfeiler, an dem die Hängebrücke festgemacht war...
Pfeiler ?
Na, so was! Da hat sich tatsächlich jemand dran zu schaffen gemacht!
O nein! Jemand hat das Seil durch-geschnitten!
A-aber ...
...wer sollte denn so etwas tun...?
E-er war es...
Dieser Mann war es!!

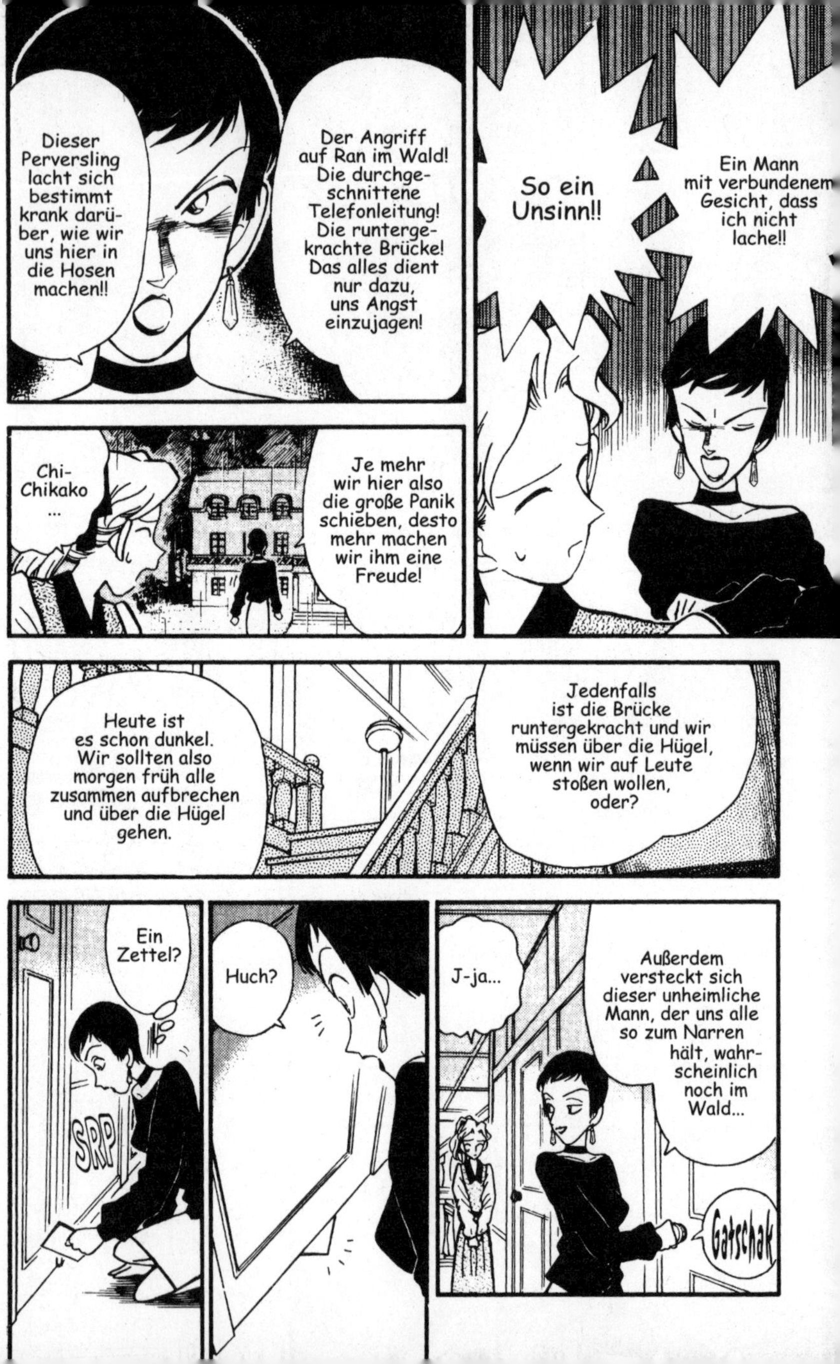

Ein Mann mit verbundenem Gesicht, dass ich nicht lache!!
So ein Unsinn!!
Der Angriff auf Ran im Wald! Die durchgeschnittene Telefonleitung! Die runtergekrachte Brücke! Das alles dient nur dazu, uns Angst einzujagen!
Dieser Perversling lacht sich bestimmt krank darüber, wie wir uns hier in die Hosen machen!!
Je mehr wir hier also die große Panik schieben, desto mehr machen wir ihm eine Freude!
Chi-Chikako ...
Jedenfalls ist die Brücke runtergekracht und wir müssen über die Hügel, wenn wir auf Leute stoßen wollen, oder?
Heute ist es schon dunkel. Wir sollten also morgen früh alle zusammen aufbrechen und über die Hügel gehen.
Außerdem versteckt sich dieser unheimliche Mann, der uns alle so zum Narren hält, wahrscheinlich noch im Wald...
Gatschak
J-ja...
Huch?
Ein Zettel?
SRP

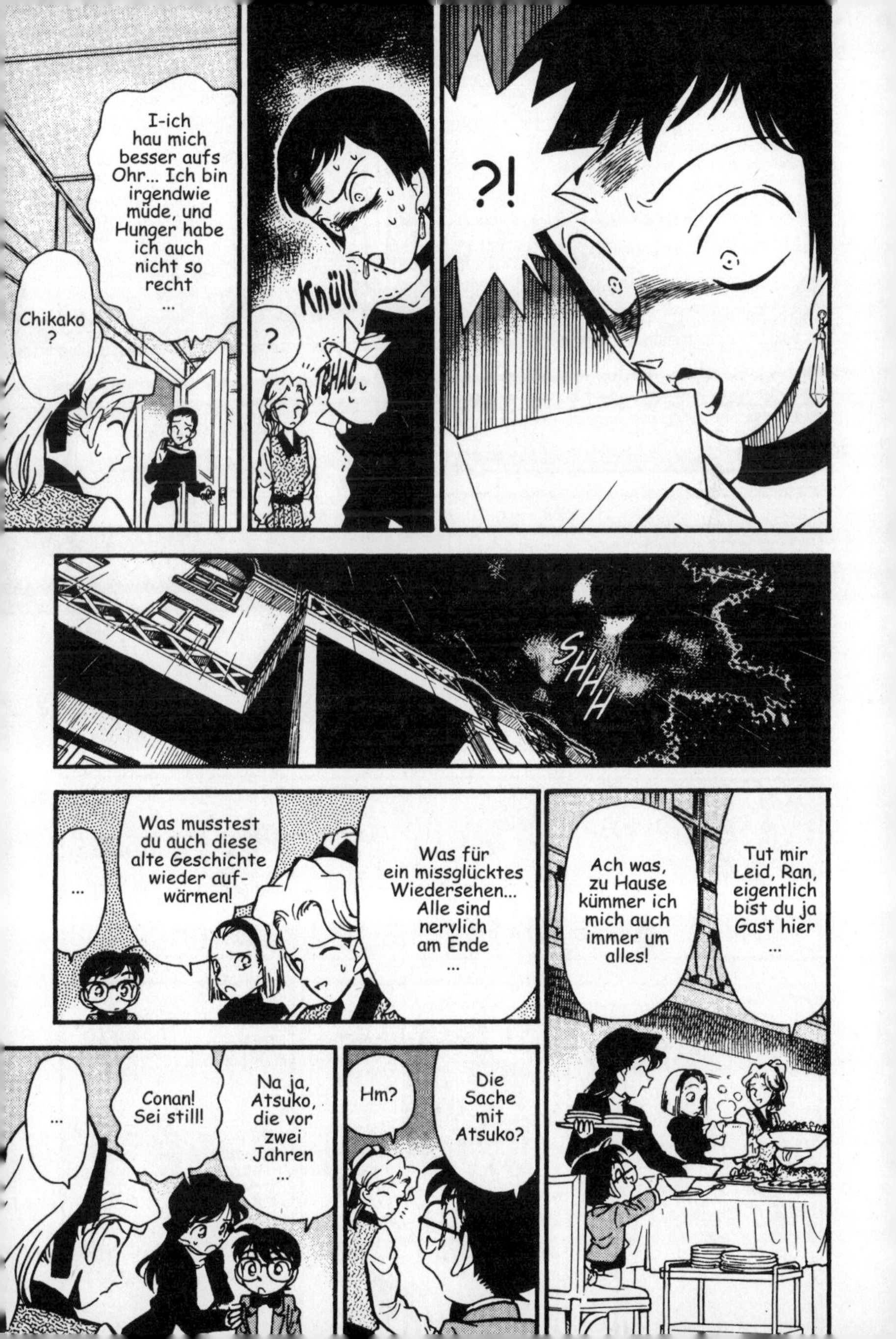
?!
Knüll
?
I-ich hau mich besser aufs Ohr... Ich bin irgendwie müde, und Hunger habe ich auch nicht so recht ...
Chikako ?
SHHH
Tut mir Leid, Ran, eigentlich bist du ja Gast hier ...
Ach was, zu Hause kümmer ich mich auch immer um alles!
Was für ein missglücktes Wiedersehen... Alle sind nervlich am Ende ...
Was musstest du auch diese alte Geschichte wieder auf-wärmen!
...
Die Sache mit Atsuko?
Hm?
Na ja, Atsuko, die vor zwei Jahren ...
Conan! Sei still!
...

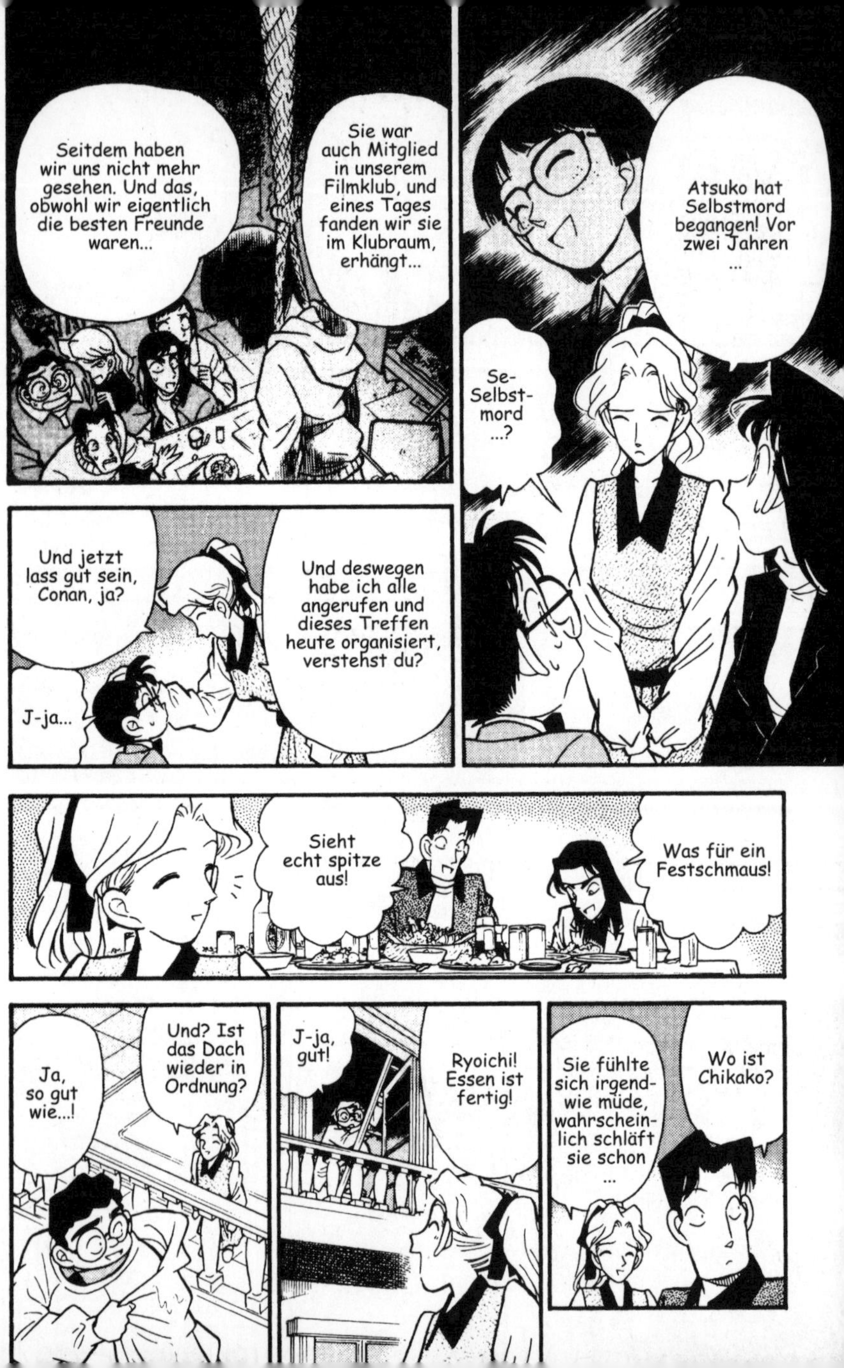

Atsuko hat Selbstmord begangen! Vor zwei Jahren ...
Se- Selbst- mord ...?
Sie war auch Mitglied in unserem Filmklub, und eines Tages fanden wir sie im Klubraum, erhängt...
Seitdem haben wir uns nicht mehr gesehen. Und das, obwohl wir eigentlich die besten Freunde waren...
Und deswegen habe ich alle angerufen und dieses Treffen heute organisiert, verstehst du?
Und jetzt lass gut sein, Conan, ja?
J-ja...
Was für ein Festschmaus!
Sieht echt spitze aus!
Wo ist Chikako?
Sie fühlte sich irgend- wie müde, wahrschein- lich schläft sie schon ...
Ryoichi! Essen ist fertig!
J-ja, gut!
Und? Ist das Dach wieder in Ordnung?
Ja, so gut wie...!

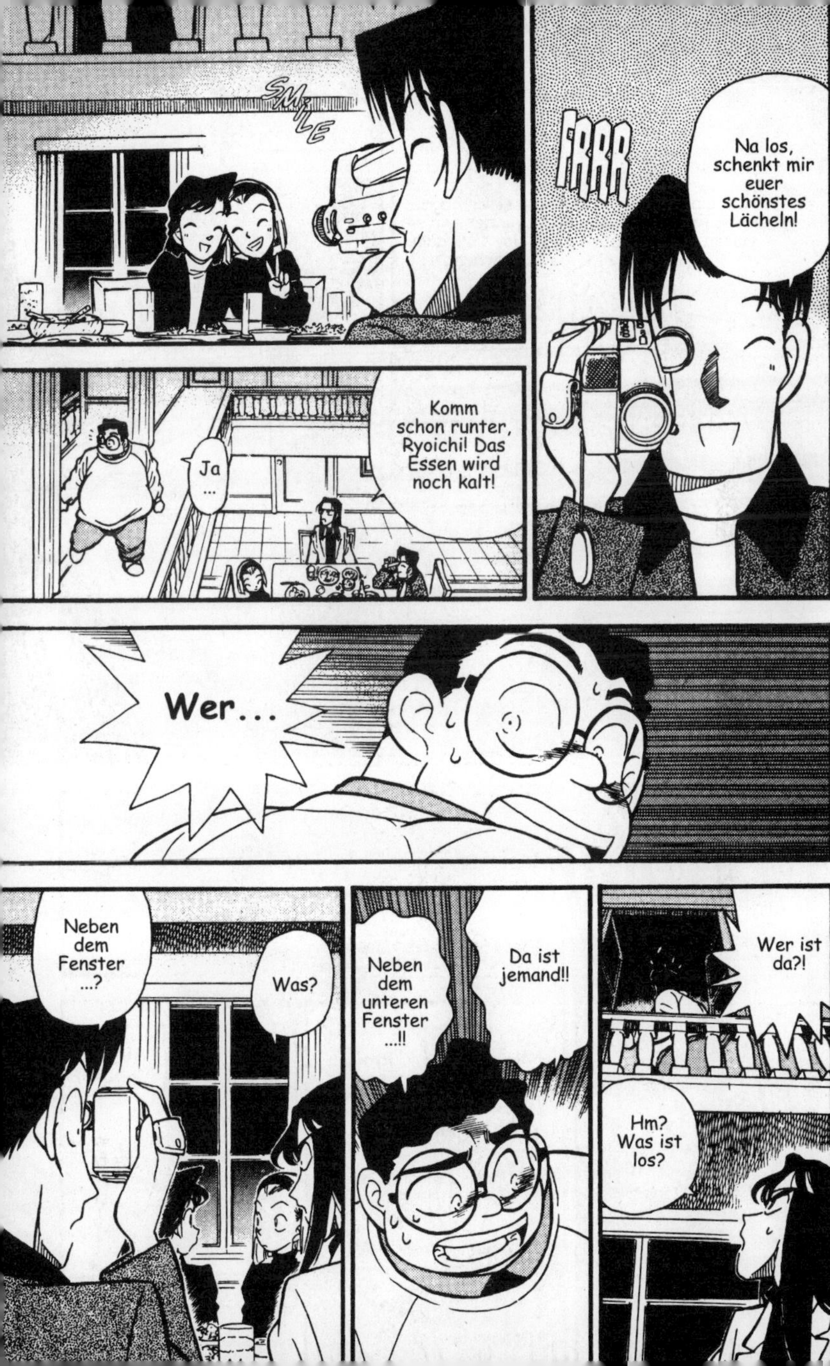
FRRR
Na los, schenkt mir euer schönstes Lächeln!
SMILE
Komm schon runter, Ryoichi! Das Essen wird noch kalt!
Ja ...
Wer...
Wer ist da?!
Hm? Was ist los?
Da ist jemand!!
Neben dem unteren Fenster ...!!
Was?
Neben dem Fenster ...?

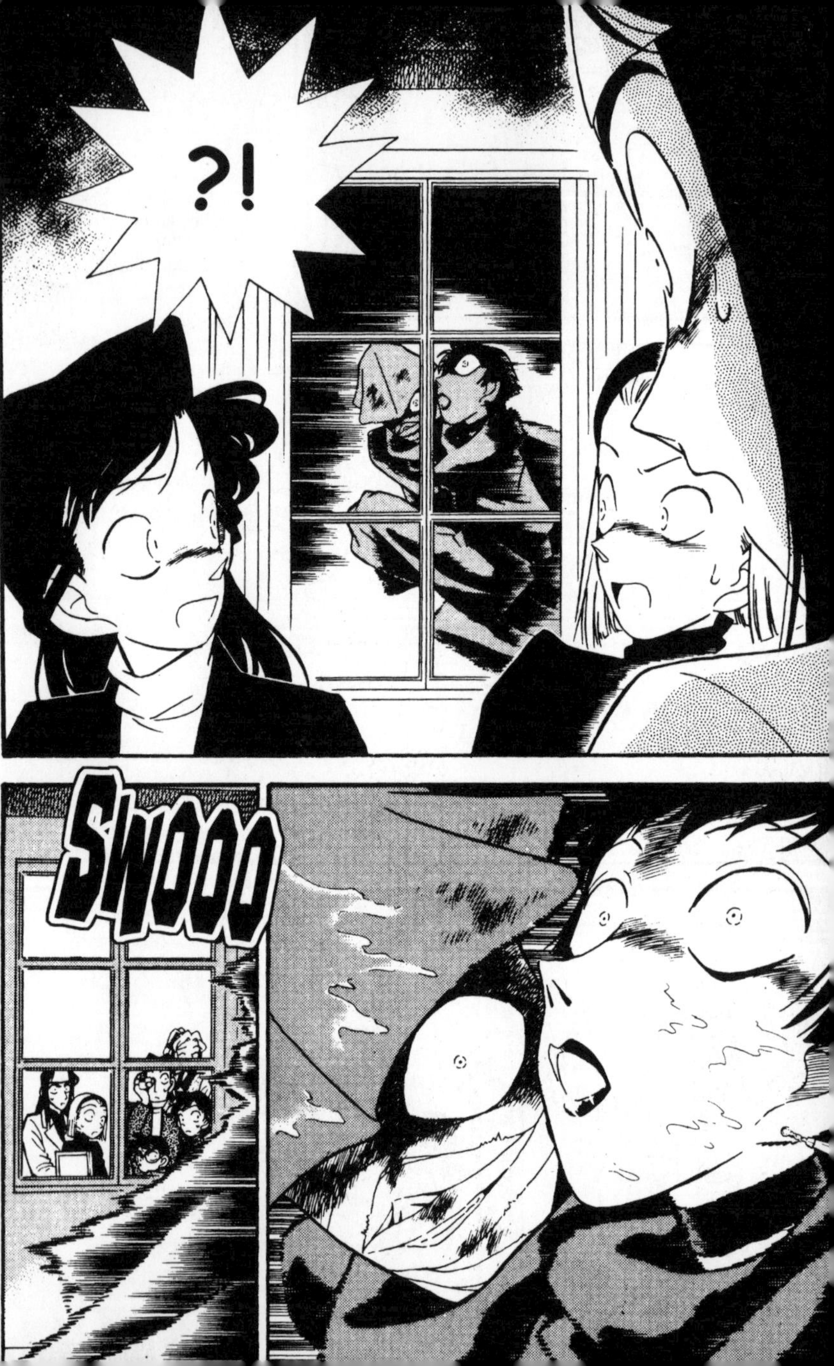
?!
SWOOO

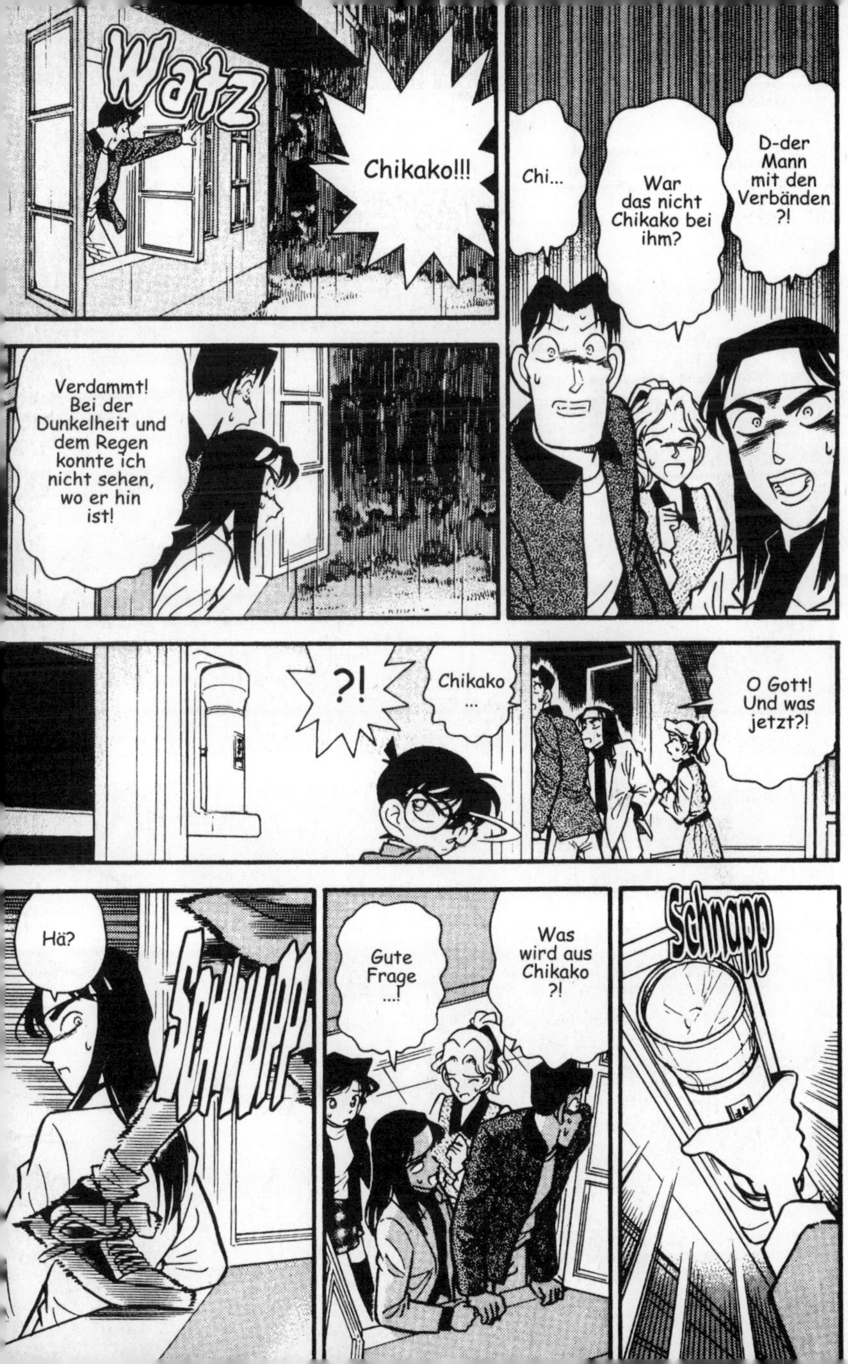

D-der Mann mit den Verbänden ?!
War das nicht Chikako bei ihm?
Chi...
Watz
Chikako!!!
Verdammt! Bei der Dunkelheit und dem Regen konnte ich nicht sehen, wo er hin ist!
O Gott! Und was jetzt?!
Chikako ...
?!
Was wird aus Chikako ?!
Gute Frage ...!
Schnapp
Hä?
Schwupp

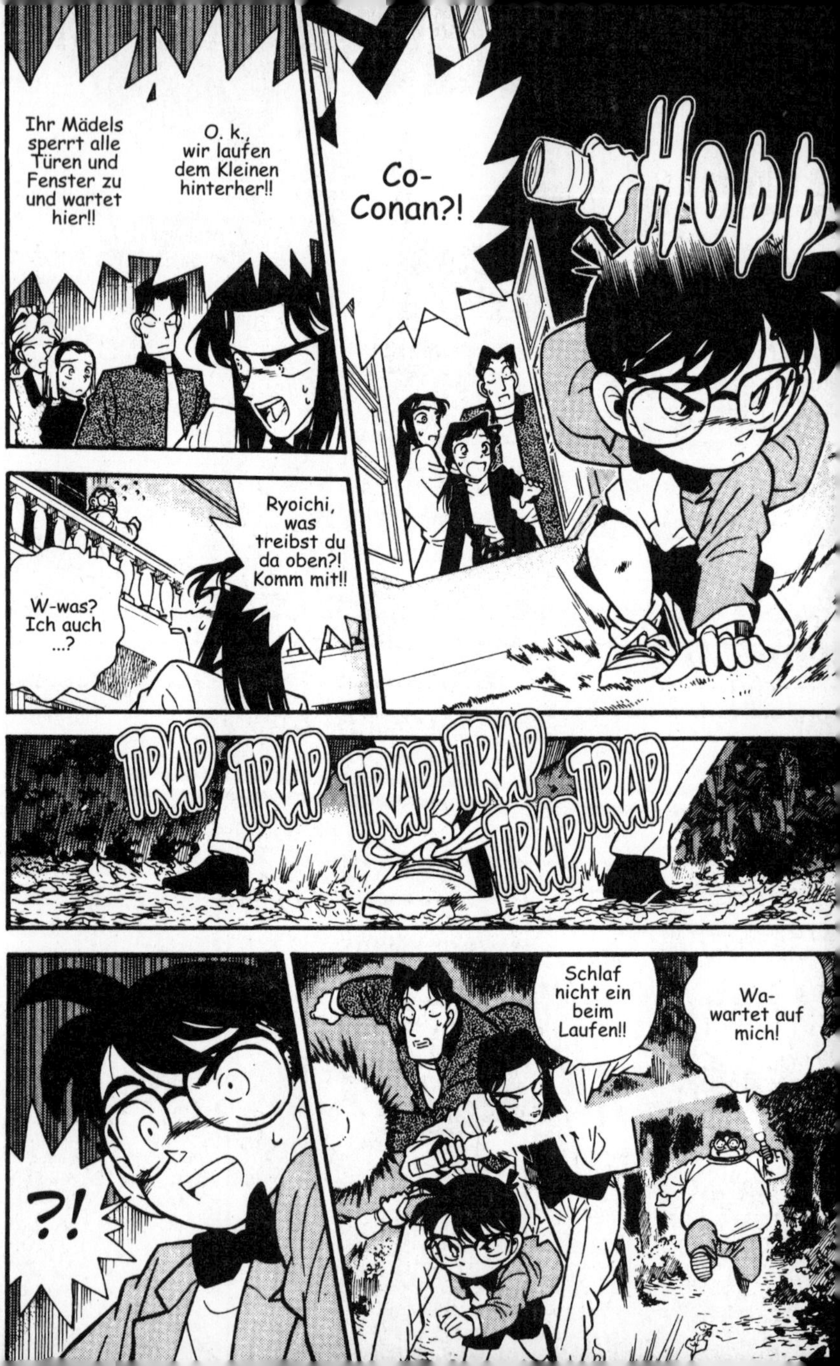
HOPP
Co-
Conan?!
O. k., wir laufen dem Kleinen hinterher!!
Ihr Mädels sperrt alle Türen und Fenster zu und wartet hier!!
Ryoichi, was treibst du da oben?! Komm mit!!
W-was? Ich auch ...?
TRAP TRAP TRAP TRAP TRAP TRAP
Wa- wartet auf mich!
Schlaf nicht ein beim Laufen!!
?!

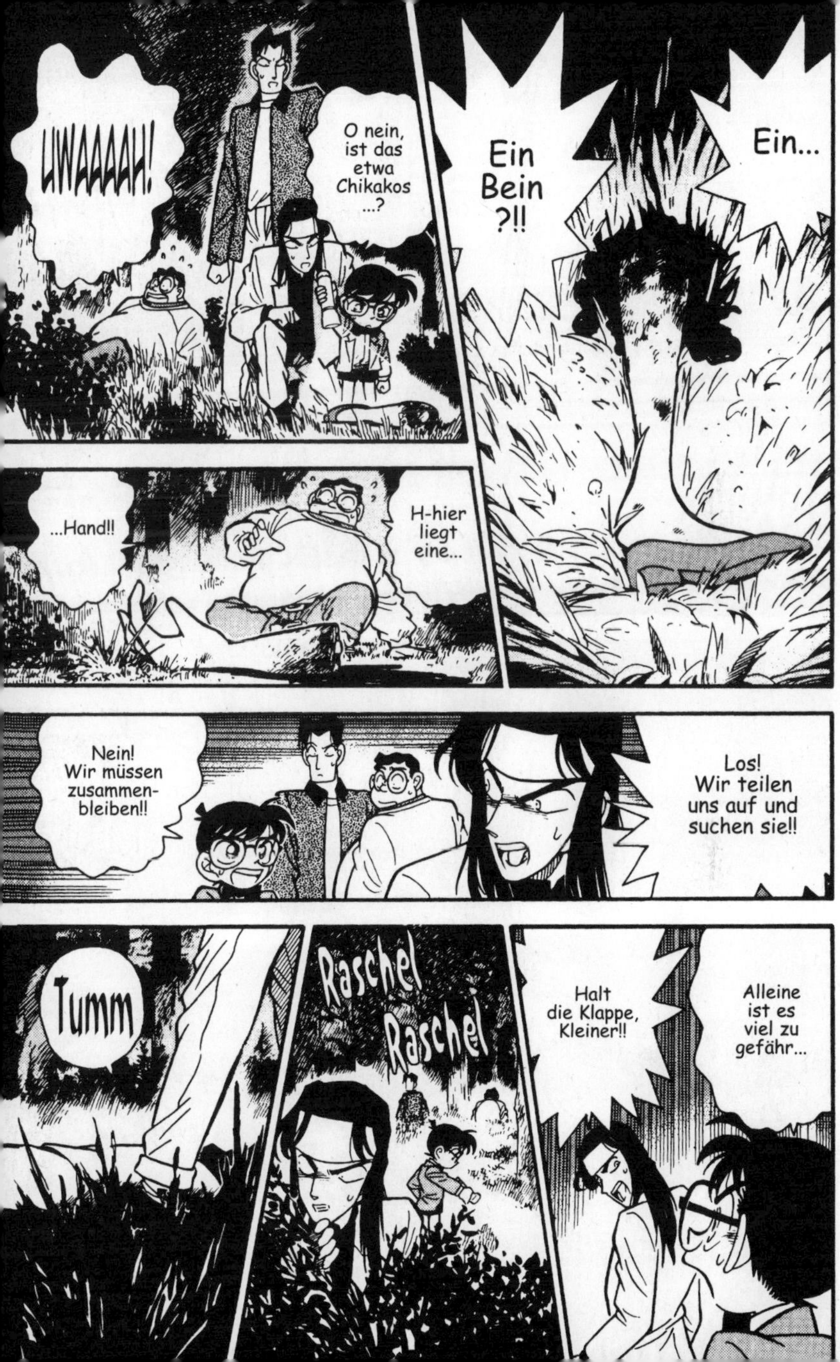

Ein...
Ein Bein ?!!
O nein, ist das etwa Chikakos ...?
UWAAAAH!
H-hier liegt eine...
...Hand!!
Los! Wir teilen uns auf und suchen sie!!
Nein! Wir müssen zusammen-bleiben!!
Alleine ist es viel zu gefähr...
Halt die Klappe, Kleiner!!
Raschel
Raschel
Tumm

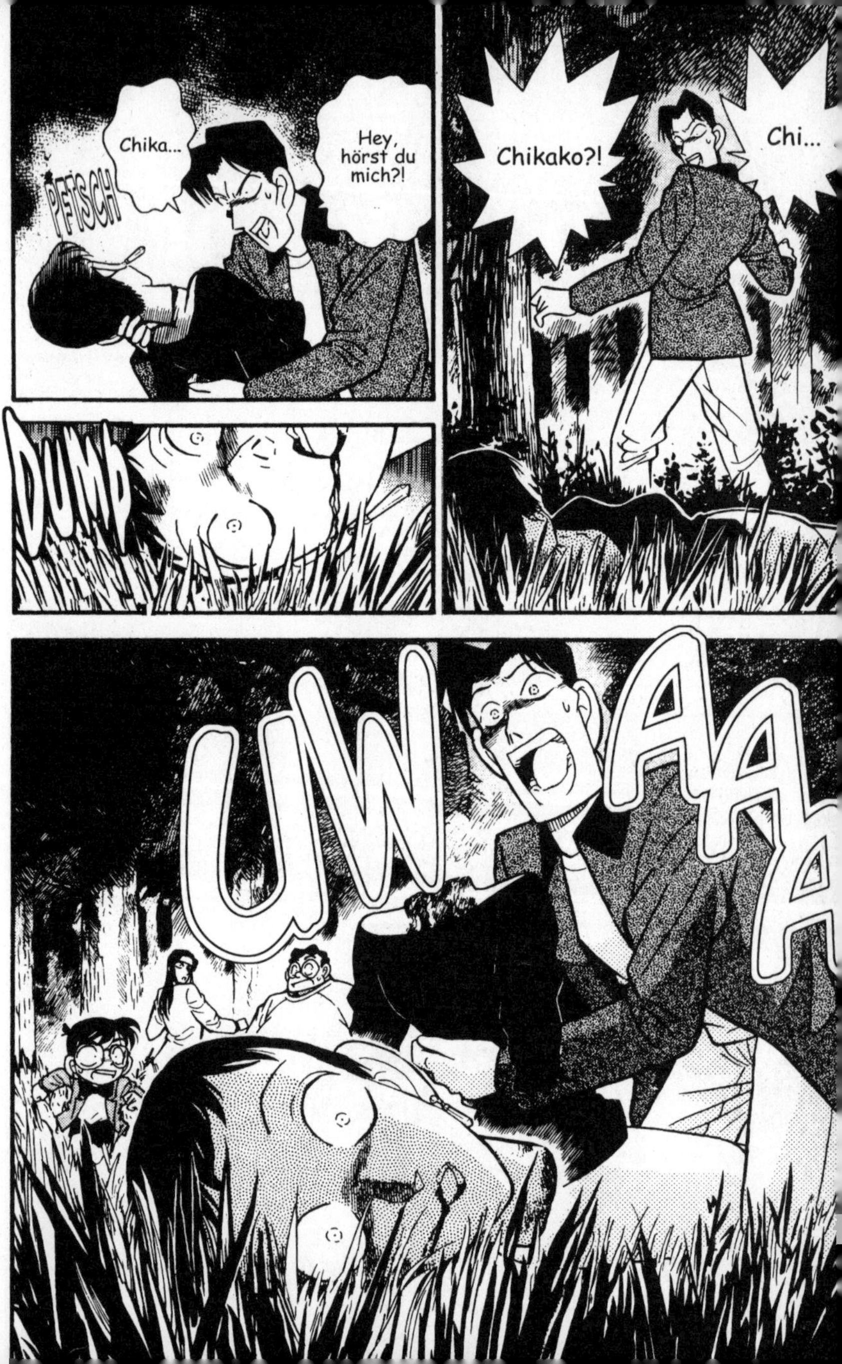
Chi...
Chikako?!
Hey, hörst du mich?!
Chika...
PFTSCH
DUMP
UWAAA

FALL 12

KAPITEL 3

Ran in Gefahr

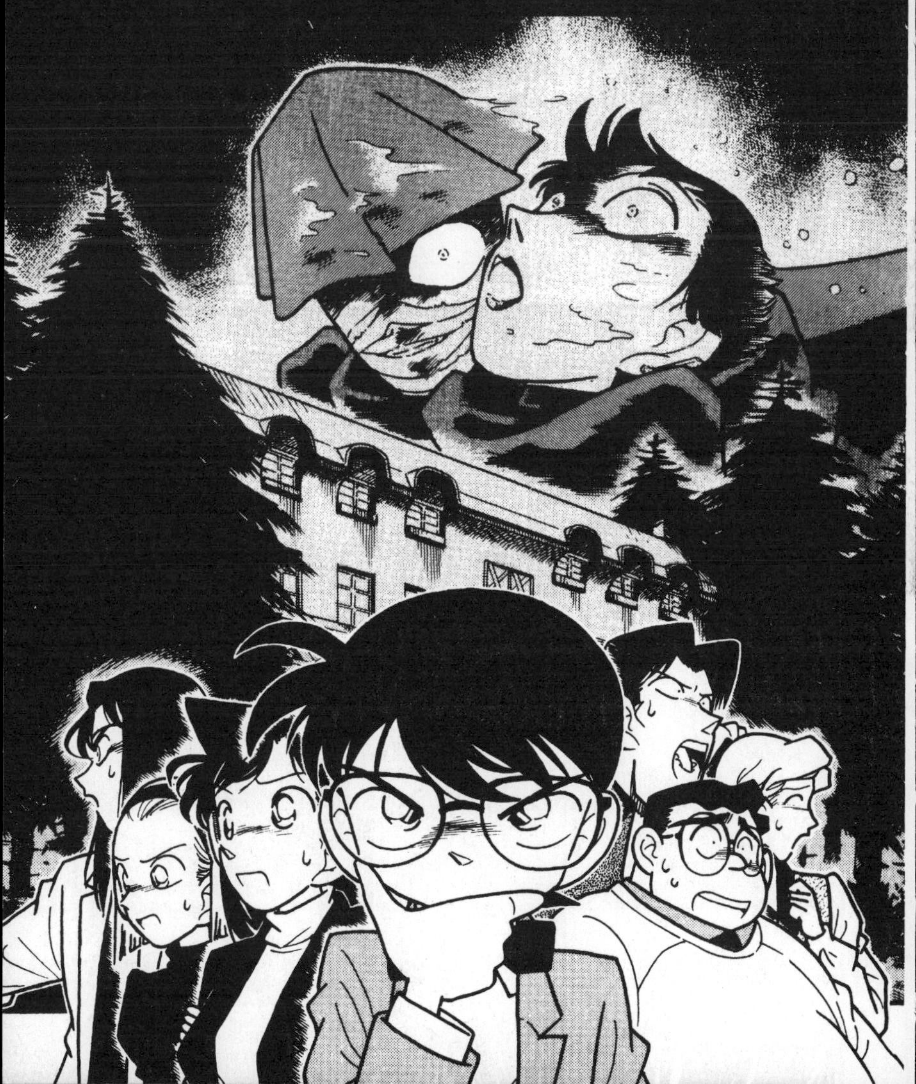

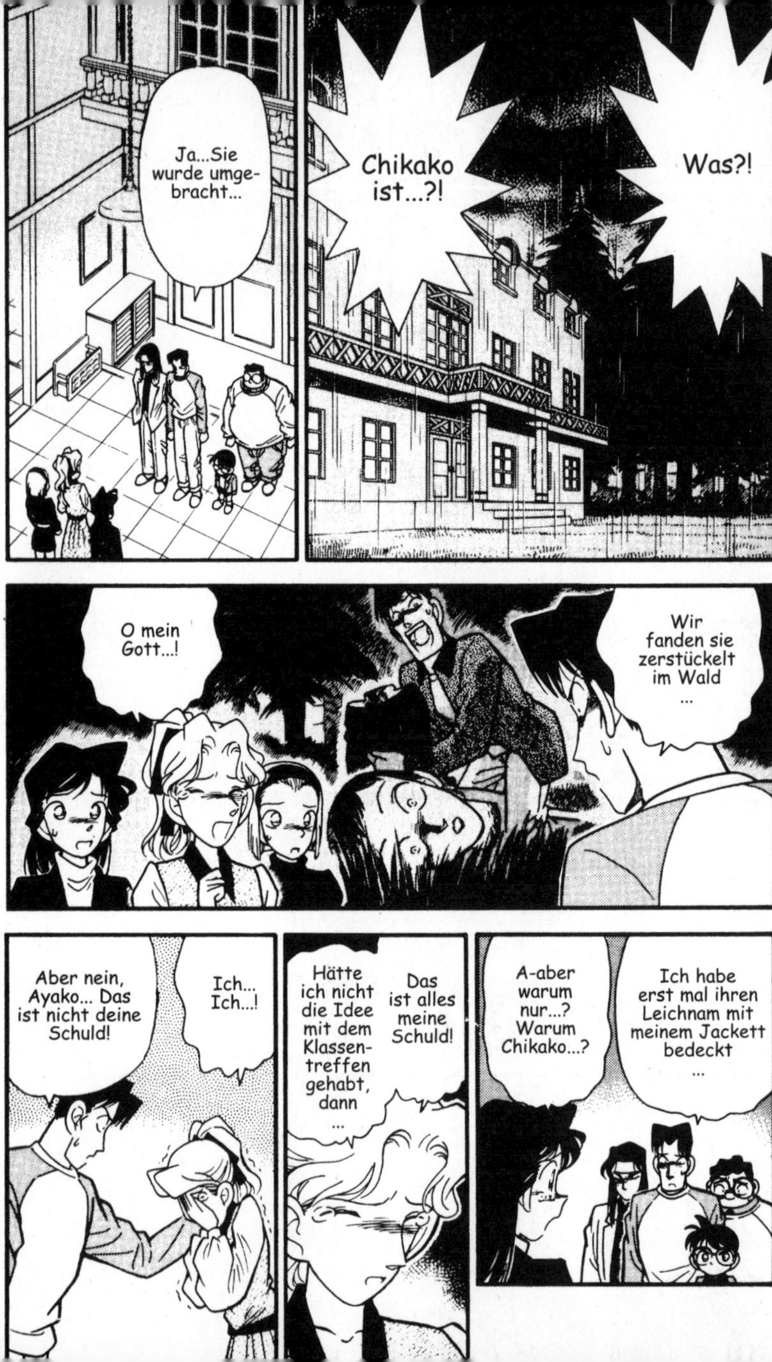
Was?!
Chikako ist...?!
Ja...Sie wurde umgebracht...
Wir fanden sie zerstückelt im Wald ...
O mein Gott...!
Ich habe erst mal ihren Leichnam mit meinem Jackett bedeckt ...
A-aber warum nur...? Warum Chikako...?
Das ist alles meine Schuld!
Hätte ich nicht die Idee mit dem Klassentreffen gehabt, dann ...
Ich... Ich...!
Aber nein, Ayako... Das ist nicht deine Schuld!

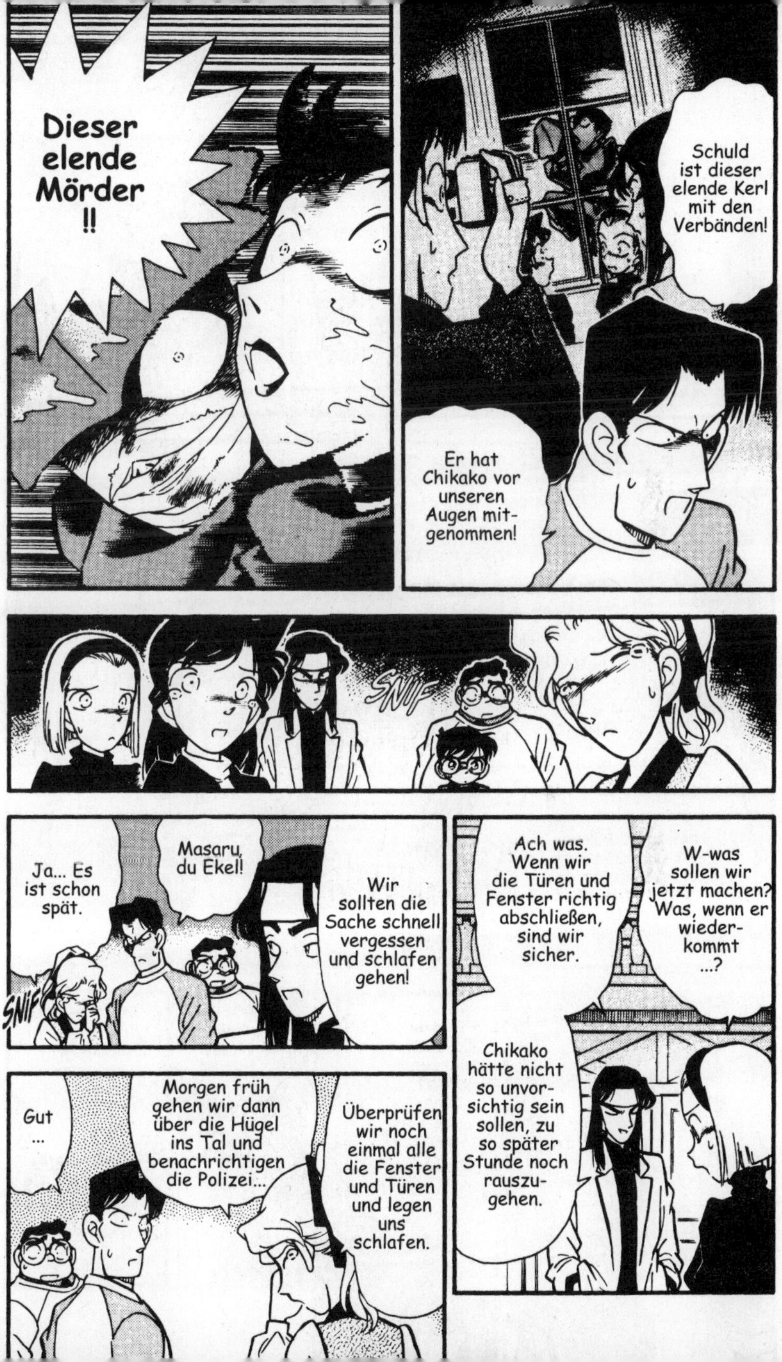
Schuld ist dieser elende Kerl mit den Verbänden!
Er hat Chikako vor unseren Augen mitgenommen!
Dieser elende Mörder !!
SNIF
W-was sollen wir jetzt machen? Was, wenn er wieder-kommt ...?
Ach was. Wenn wir die Türen und Fenster richtig abschließen, sind wir sicher.
Chikako hätte nicht so unvorsichtig sein sollen, zu so später Stunde noch rauszugehen.
Wir sollten die Sache schnell vergessen und schlafen gehen!
Masaru, du Ekel!
Ja... Es ist schon spät.
SNIF
Überprüfen wir noch einmal alle die Fenster und Türen und legen uns schlafen.
Morgen früh gehen wir dann über die Hügel ins Tal und benachrichtigen die Polizei...
Gut ...

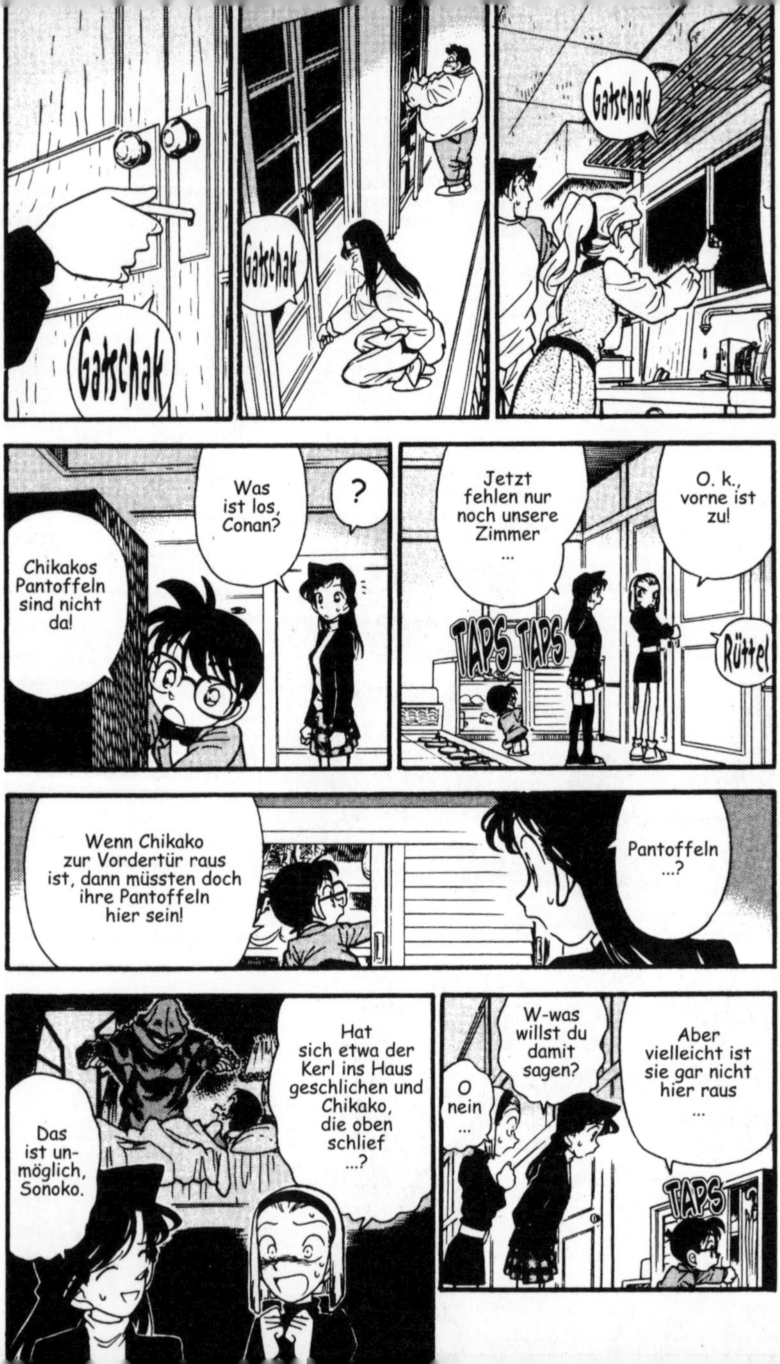
Gatschak
Gatschak
Gatschak
O. k., vorne ist zu!
Rüttel
Jetzt fehlen nur noch unsere Zimmer ...
TAPS TAPS
?
Was ist los, Conan?
Chikakos Pantoffeln sind nicht da!
Pantoffeln ...?
Wenn Chikako zur Vordertür raus ist, dann müssten doch ihre Pantoffeln hier sein!
Aber vielleicht ist sie gar nicht hier raus ...
TAPS
W-was willst du damit sagen?
O nein ...
Hat sich etwa der Kerl ins Haus geschlichen und Chikako, die oben schlief ...?
Das ist unmöglich, Sonoko.

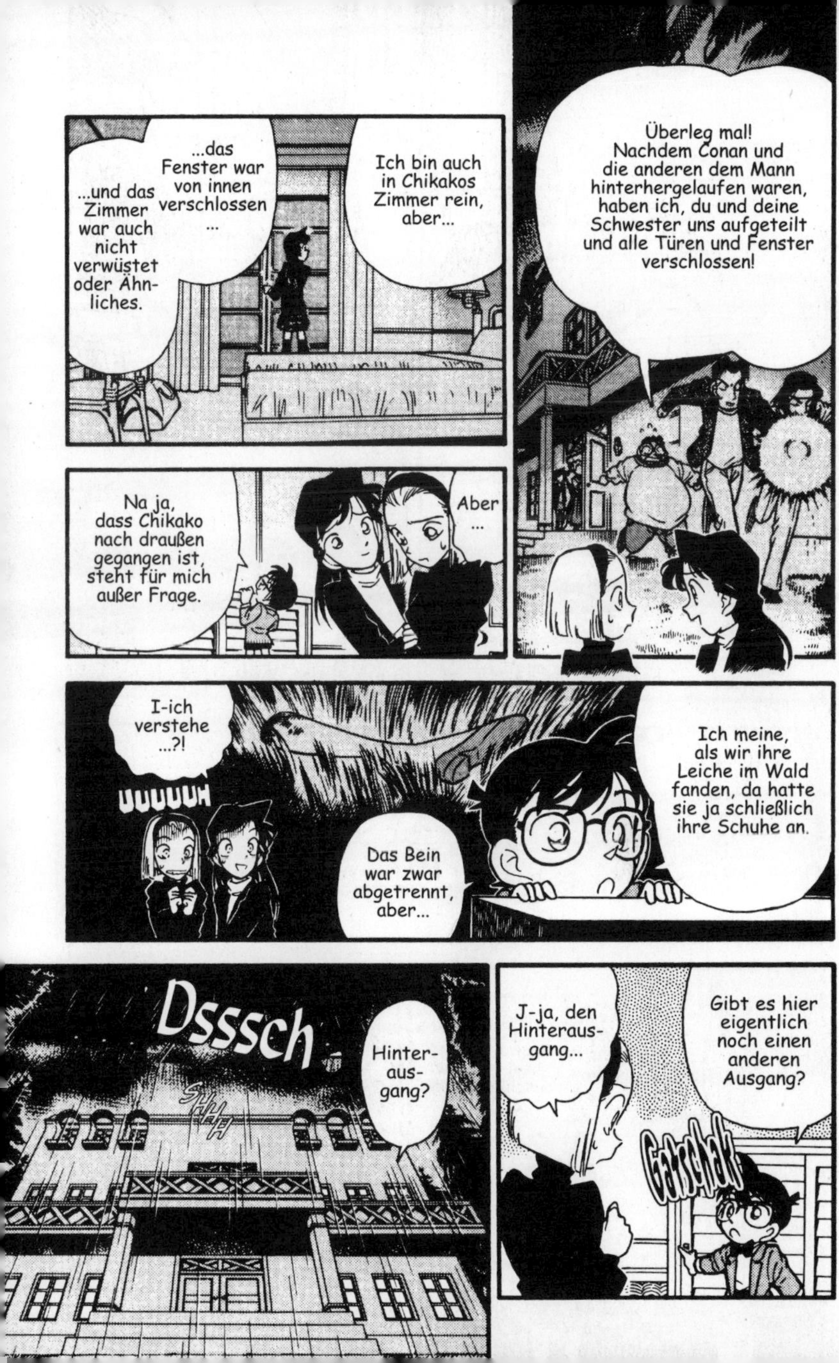
Überleg mal! Nachdem Conan und die anderen dem Mann hinterhergelaufen waren, haben ich, du und deine Schwester uns aufgeteilt und alle Türen und Fenster verschlossen!
Ich bin auch in Chikakos Zimmer rein, aber...
...das Fenster war von innen verschlossen ...
...und das Zimmer war auch nicht verwüstet oder Ähnliches.
Aber ...
Na ja, dass Chikako nach draußen gegangen ist, steht für mich außer Frage.
Ich meine, als wir ihre Leiche im Wald fanden, da hatte sie ja schließlich ihre Schuhe an.
Das Bein war zwar abgetrennt, aber...
I-ich verstehe ...?!
UUUUUH
Gibt es hier eigentlich noch einen anderen Ausgang?
Gatschak
J-ja, den Hinterausgang...
Hinter-ausgang?
Dsssch
SHHH

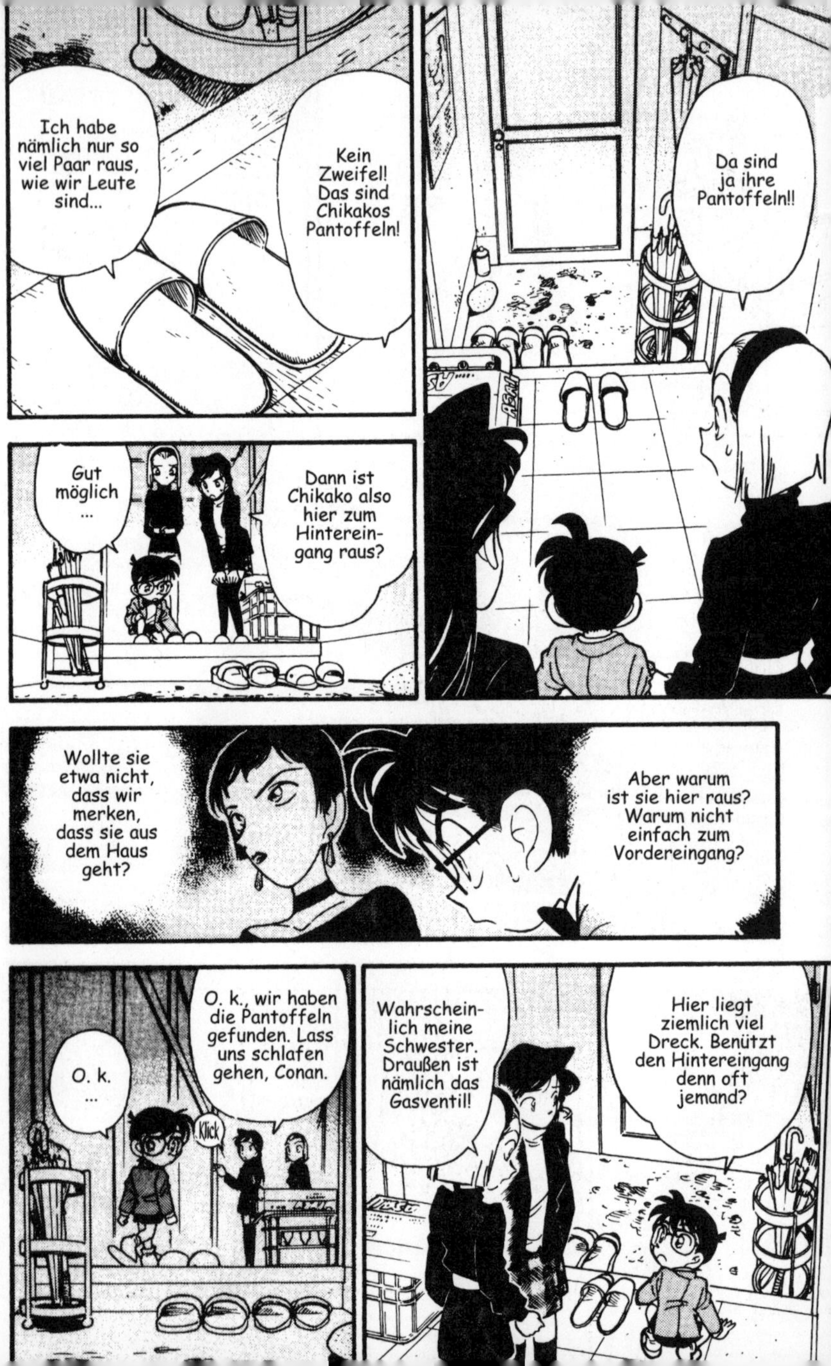
Da sind ja ihre Pantoffeln!!
Kein Zweifel! Das sind Chikakos Pantoffeln!
Ich habe nämlich nur so viel Paar raus, wie wir Leute sind...
Dann ist Chikako also hier zum Hinterein-gang raus?
Gut möglich ...
Aber warum ist sie hier raus? Warum nicht einfach zum Vordereingang?
Wollte sie etwa nicht, dass wir merken, dass sie aus dem Haus geht?
Hier liegt ziemlich viel Dreck. Benützt den Hintereingang denn oft jemand?
Wahrschein-lich meine Schwester. Draußen ist nämlich das Gasventil!
O. k., wir haben die Pantoffeln gefunden. Lass uns schlafen gehen, Conan.
Klick
O. k. ...

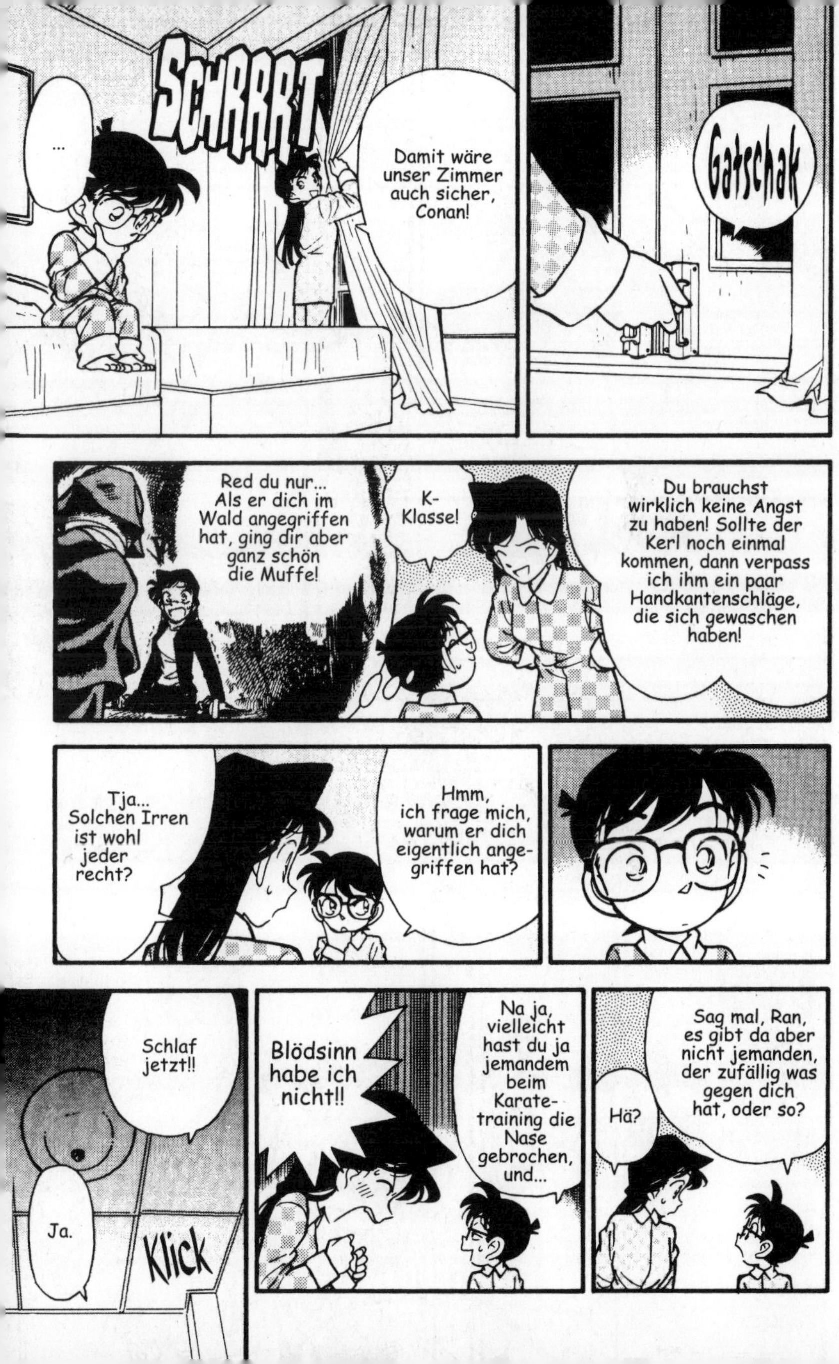
Gatschak
Damit wäre unser Zimmer auch sicher, Conan!
SCHRRRT
...
Du brauchst wirklich keine Angst zu haben! Sollte der Kerl noch einmal kommen, dann verpass ich ihm ein paar Handkantenschläge, die sich gewaschen haben!
K- Klasse!
Red du nur... Als er dich im Wald angegriffen hat, ging dir aber ganz schön die Muffe!
Hmm, ich frage mich, warum er dich eigentlich angegriffen hat?
Tja... Solchen Irren ist wohl jeder recht?
Sag mal, Ran, es gibt da aber nicht jemanden, der zufällig was gegen dich hat, oder so?
Hä?
Na ja, vielleicht hast du ja jemandem beim Karatetraining die Nase gebrochen, und...
Blödsinn habe ich nicht!!
Schlaf jetzt!!
Ja.
Klick

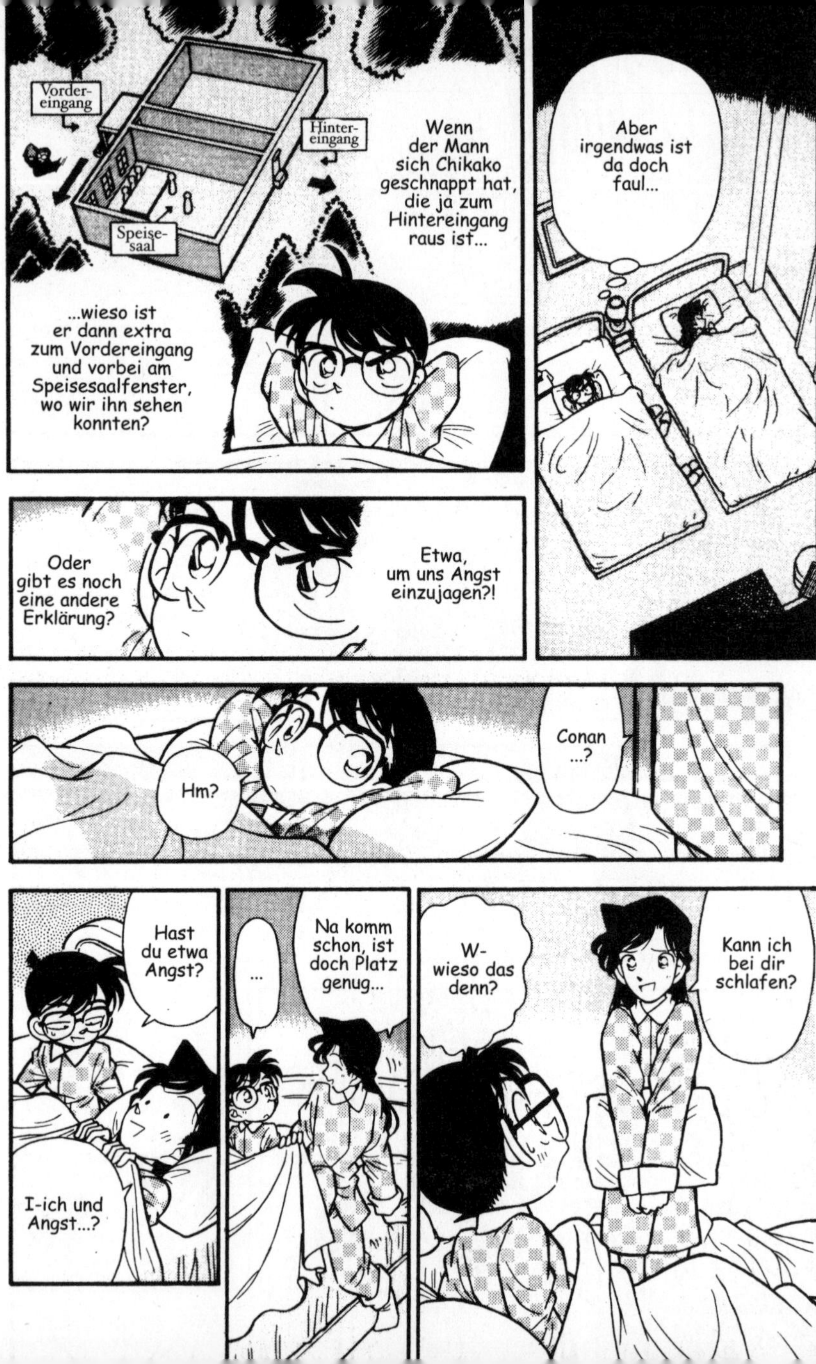
Aber irgendwas ist da doch faul...
Vorder-eingang
Hinter-eingang
Speise-saal
Wenn der Mann sich Chikako geschnappt hat, die ja zum Hintereingang raus ist...
...wieso ist er dann extra zum Vordereingang und vorbei am Speisesaalfenster, wo wir ihn sehen konnten?
Etwa, um uns Angst einzujagen?!
Oder gibt es noch eine andere Erklärung?
Conan ...?
Hm?
Kann ich bei dir schlafen?
W-wieso das denn?
Na komm schon, ist doch Platz genug...
...
Hast du etwa Angst?
I-ich und Angst...?

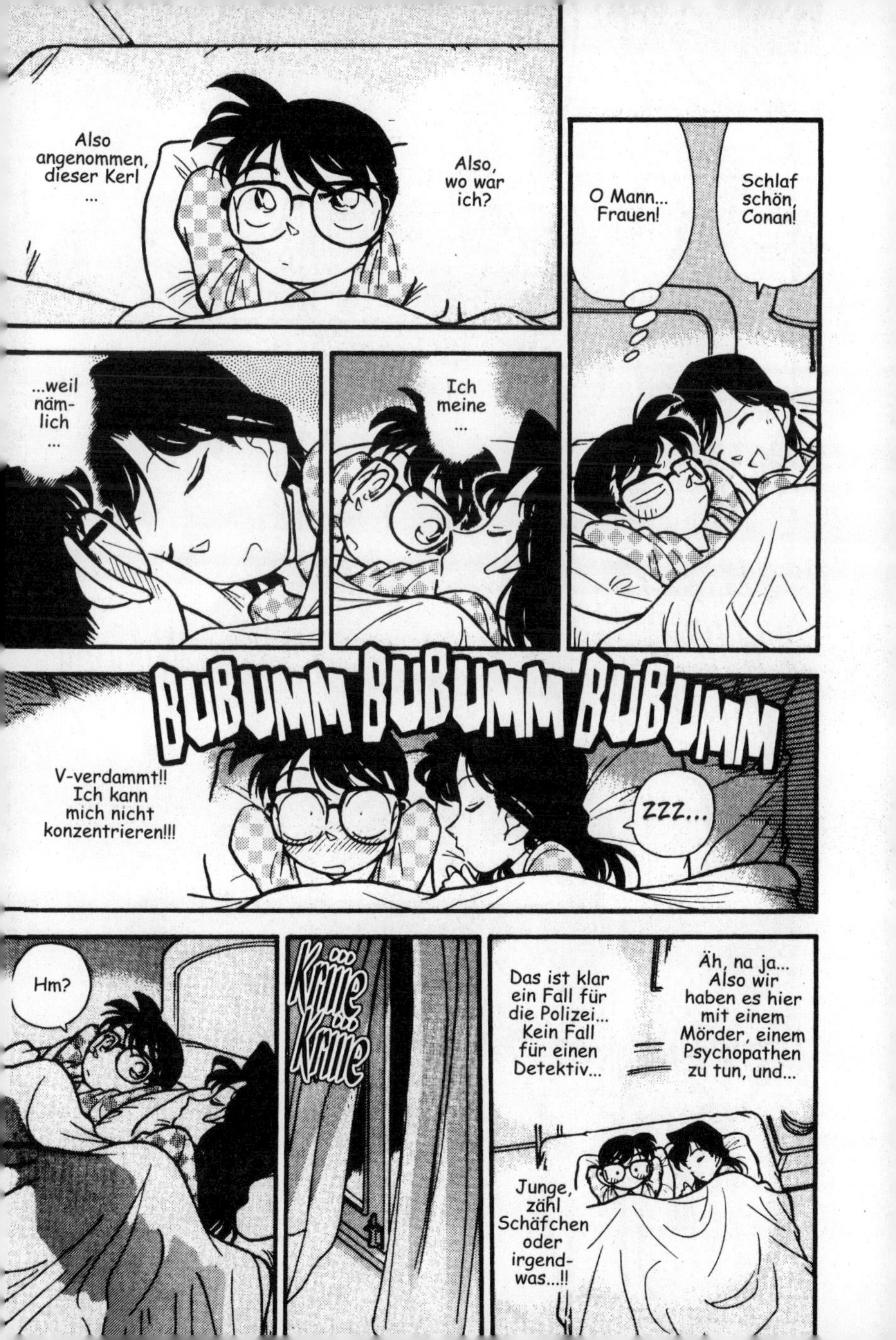
Schlaf schön, Conan!
O Mann... Frauen!
Also, wo war ich?
Also angenommen, dieser Kerl ...
Ich meine ...
...weil nämlich ...
BUBUMM BUBUMM BUBUMM
ZZZ...
V-verdammt!! Ich kann mich nicht konzentrieren!!!
Äh, na ja... Also wir haben es hier mit einem Mörder, einem Psychopathen zu tun, und...
Das ist klar ein Fall für die Polizei... Kein Fall für einen Detektiv...
Junge, zähl Schäfchen oder irgendwas...!!
Hm?

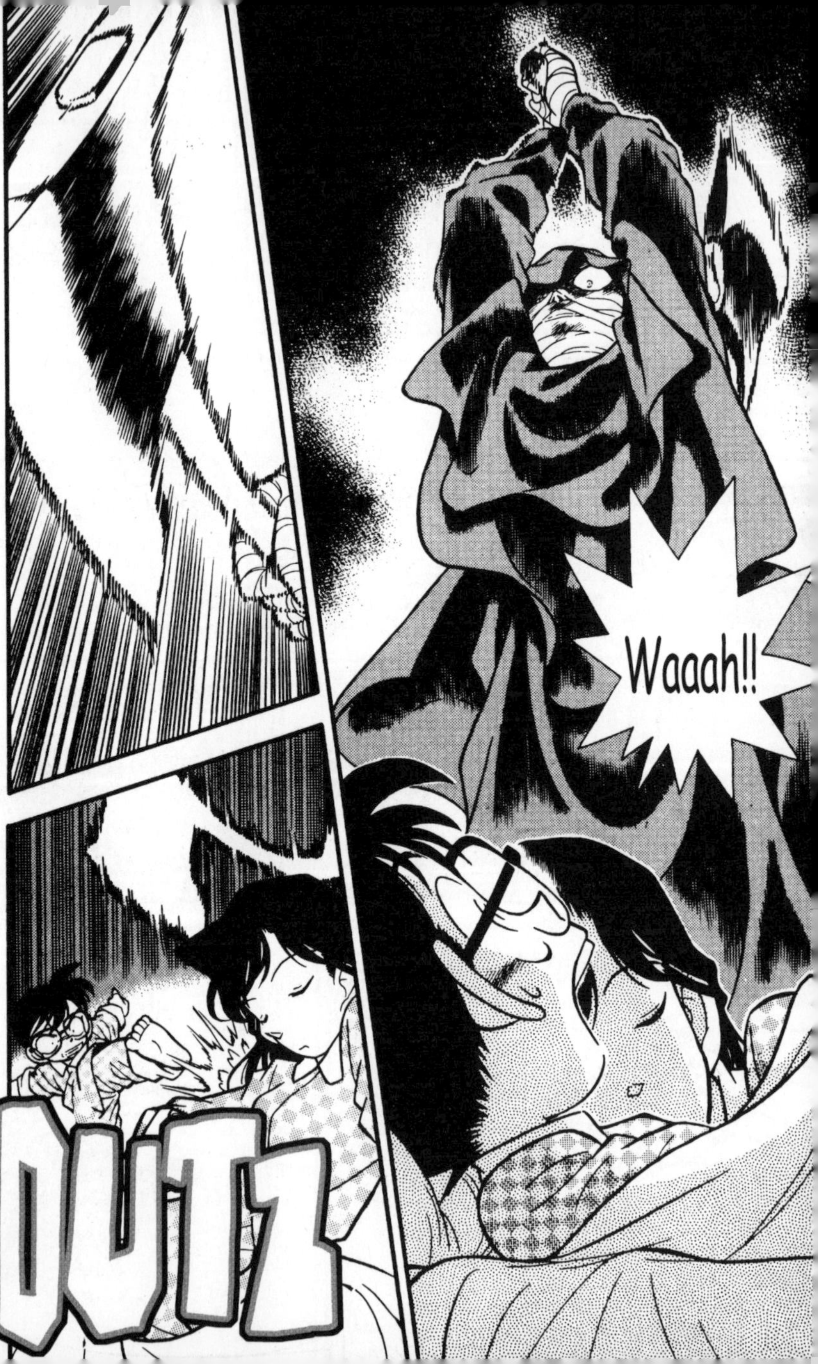
Waaah!!
DUTZ

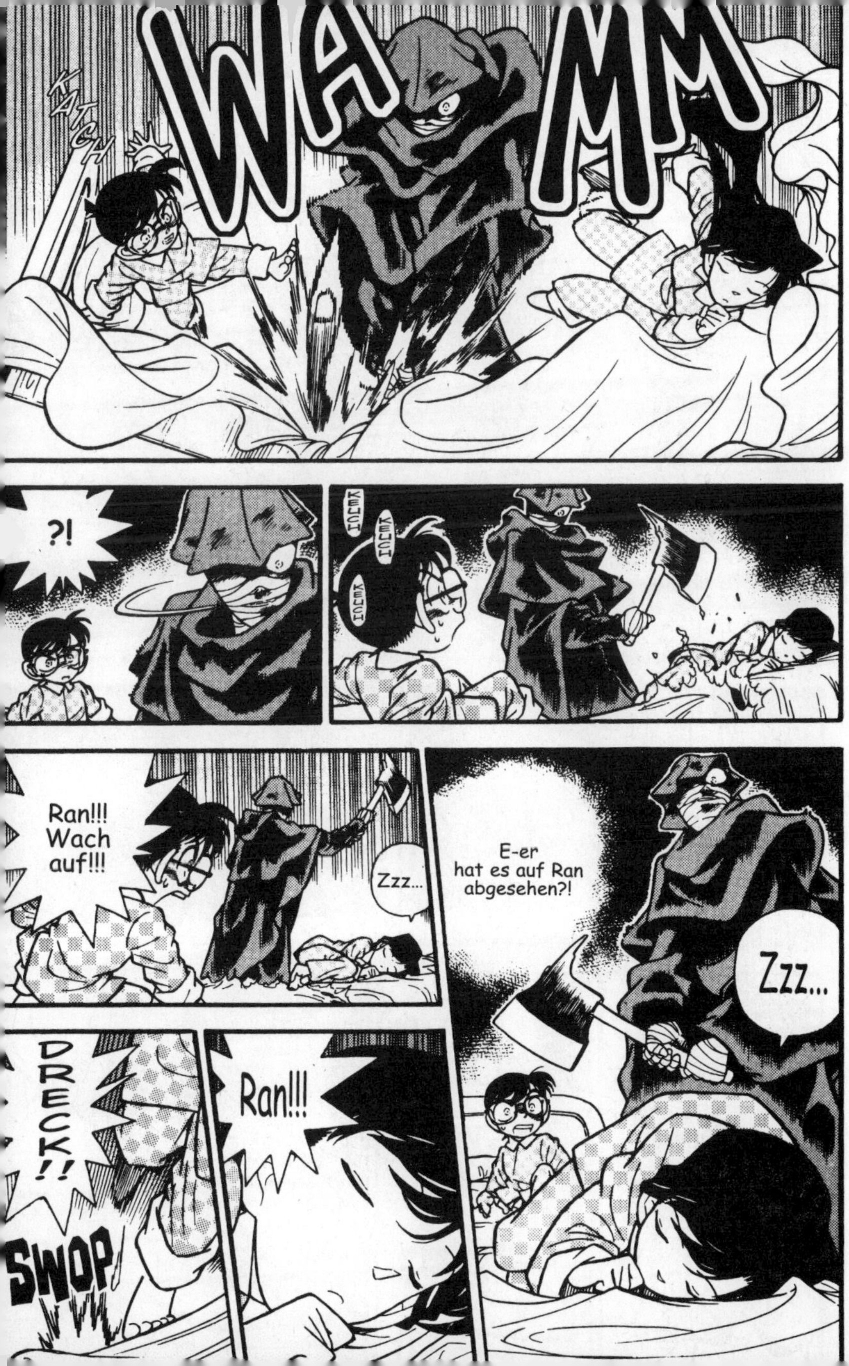
WA MM
KATCH
?!
KEUCH
KEUCH
KEUCH
E-er hat es auf Ran abgesehen?!
Zzz...
Zzz...
Ran!!! Wach auf!!!
Ran!!!
DRECK!!
SWOP

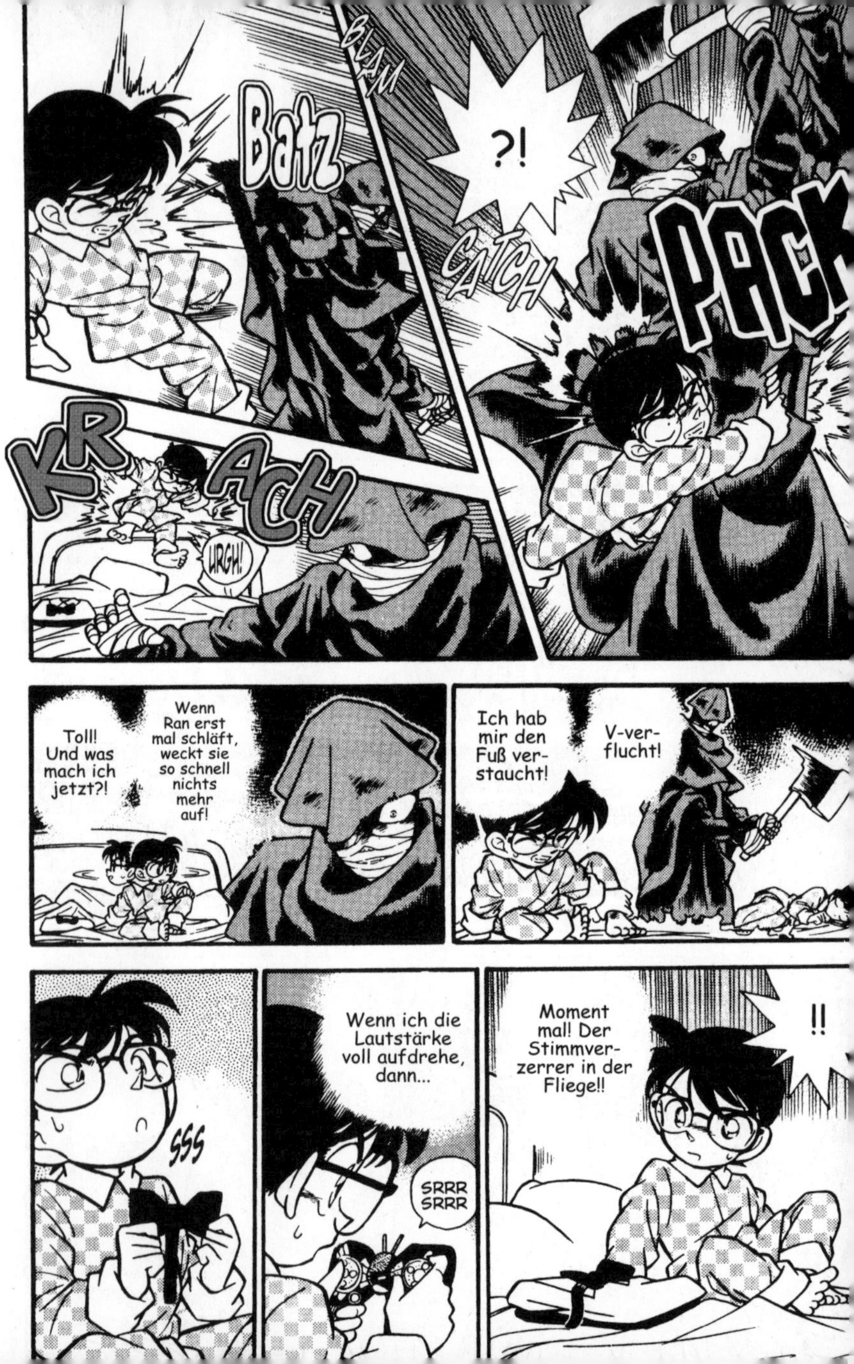
?!
BLAM
Batz
CATCH
PACK
KRACH
URGH!
V-ver-
flucht!
Ich hab
mir den
Fuß ver-
staucht!
Wenn
Ran erst
mal schläft,
weckt sie
so schnell
nichts
mehr
auf!
Toll!
Und was
mach ich
jetzt?!
!!
Moment
mal! Der
Stimmver-
zerrer in der
Fliege!!
Wenn ich die
Lautstärke
voll aufdrehe,
dann...
SRRR
SRRR
SSS

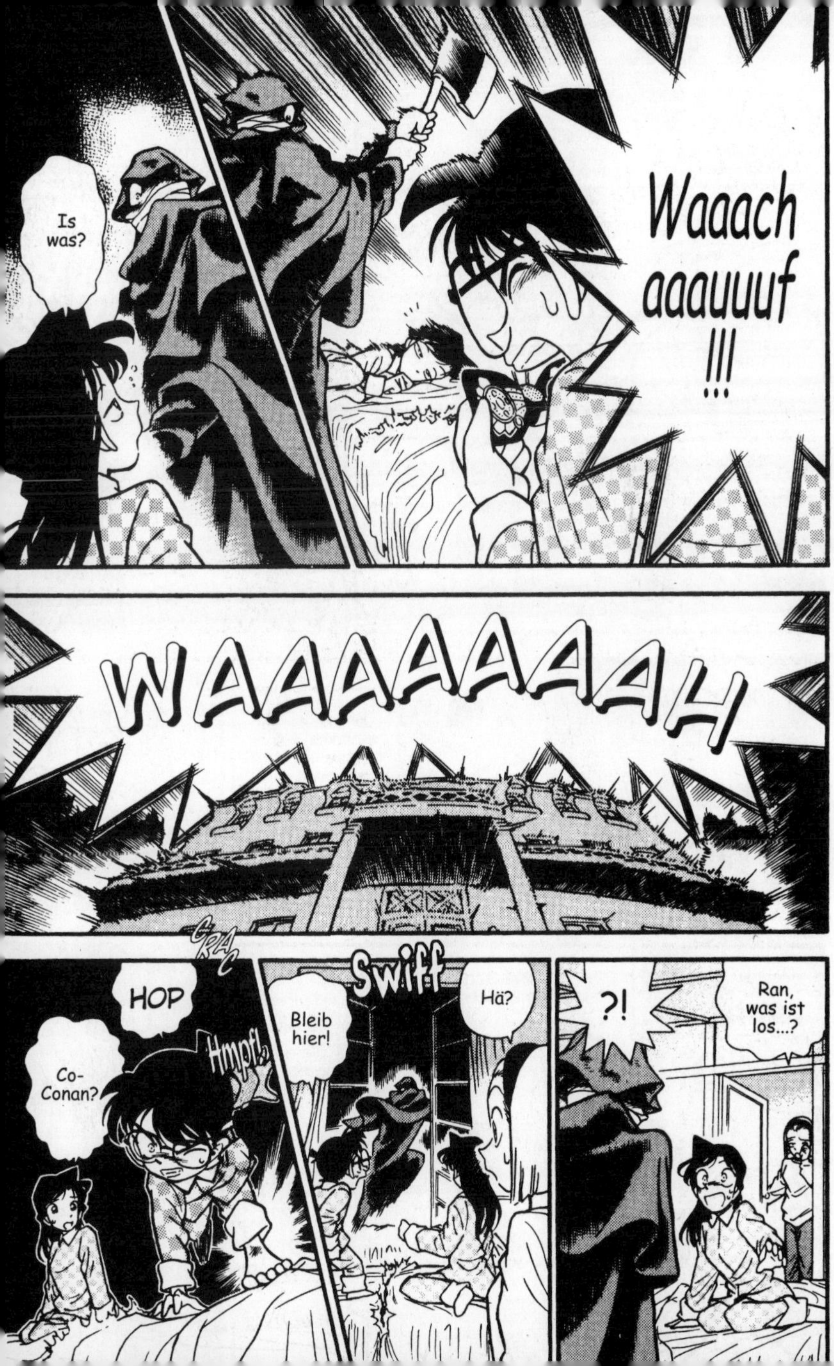
Waaach aaauuuf !!!
Is was?
WAAAAAAAH
CRAC
Ran, was ist los...?
?!
Hä?
Swiff
Bleib hier!
HOP
Hmpf!
Co-Conan?

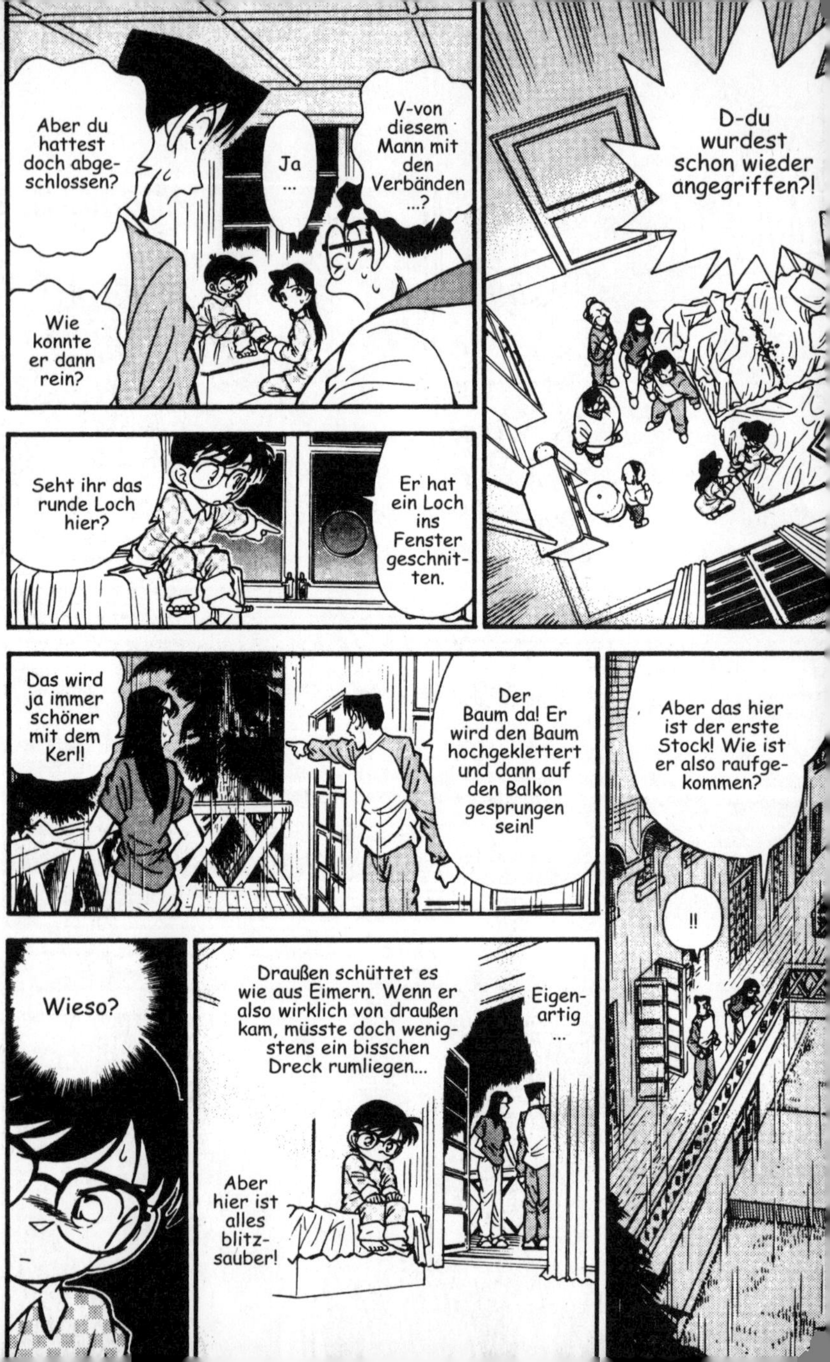
D-du wurdest schon wieder angegriffen?!
V-von diesem Mann mit den Verbänden ...?
Ja ...
Aber du hattest doch abgeschlossen?
Wie konnte er dann rein?
Seht ihr das runde Loch hier?
Er hat ein Loch ins Fenster geschnitten.
Aber das hier ist der erste Stock! Wie ist er also raufgekommen?
!!
Der Baum da! Er wird den Baum hochgeklettert und dann auf den Balkon gesprungen sein!
Das wird ja immer schöner mit dem Kerl!
Eigenartig ...
Draußen schüttet es wie aus Eimern. Wenn er also wirklich von draußen kam, müsste doch wenigstens ein bisschen Dreck rumliegen...
Aber hier ist alles blitzsauber!
Wieso?

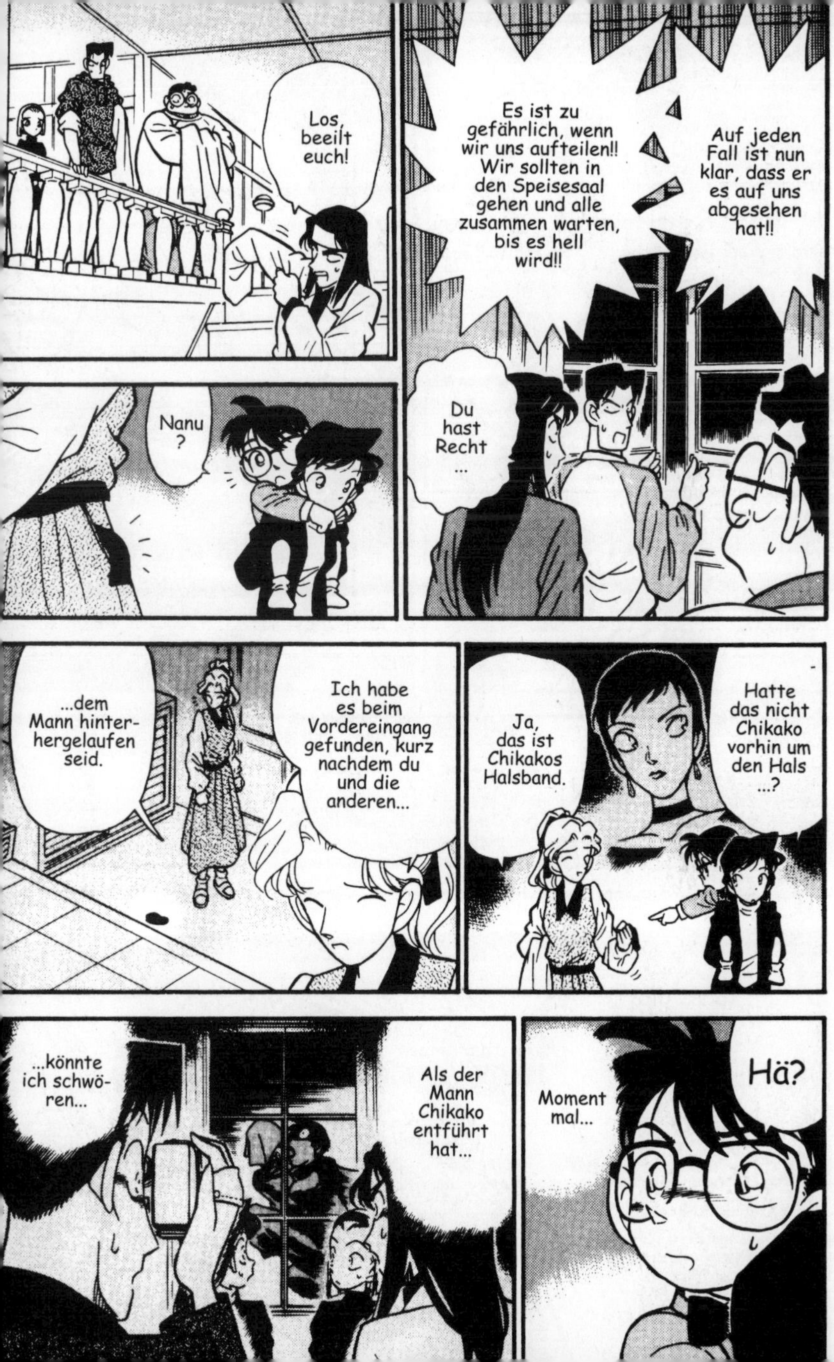

Auf jeden Fall ist nun klar, dass er es auf uns abgesehen hat!!
Es ist zu gefährlich, wenn wir uns aufteilen!! Wir sollten in den Speisesaal gehen und alle zusammen warten, bis es hell wird!!
Du hast Recht ...
Los, beeilt euch!
Nanu ?
Hatte das nicht Chikako vorhin um den Hals ...?
Ja, das ist Chikakos Halsband.
Ich habe es beim Vordereingang gefunden, kurz nachdem du und die anderen...
...dem Mann hinter-hergelaufen seid.
Hä?
Moment mal...
Als der Mann Chikako entführt hat...
...könnte ich schwö-ren...

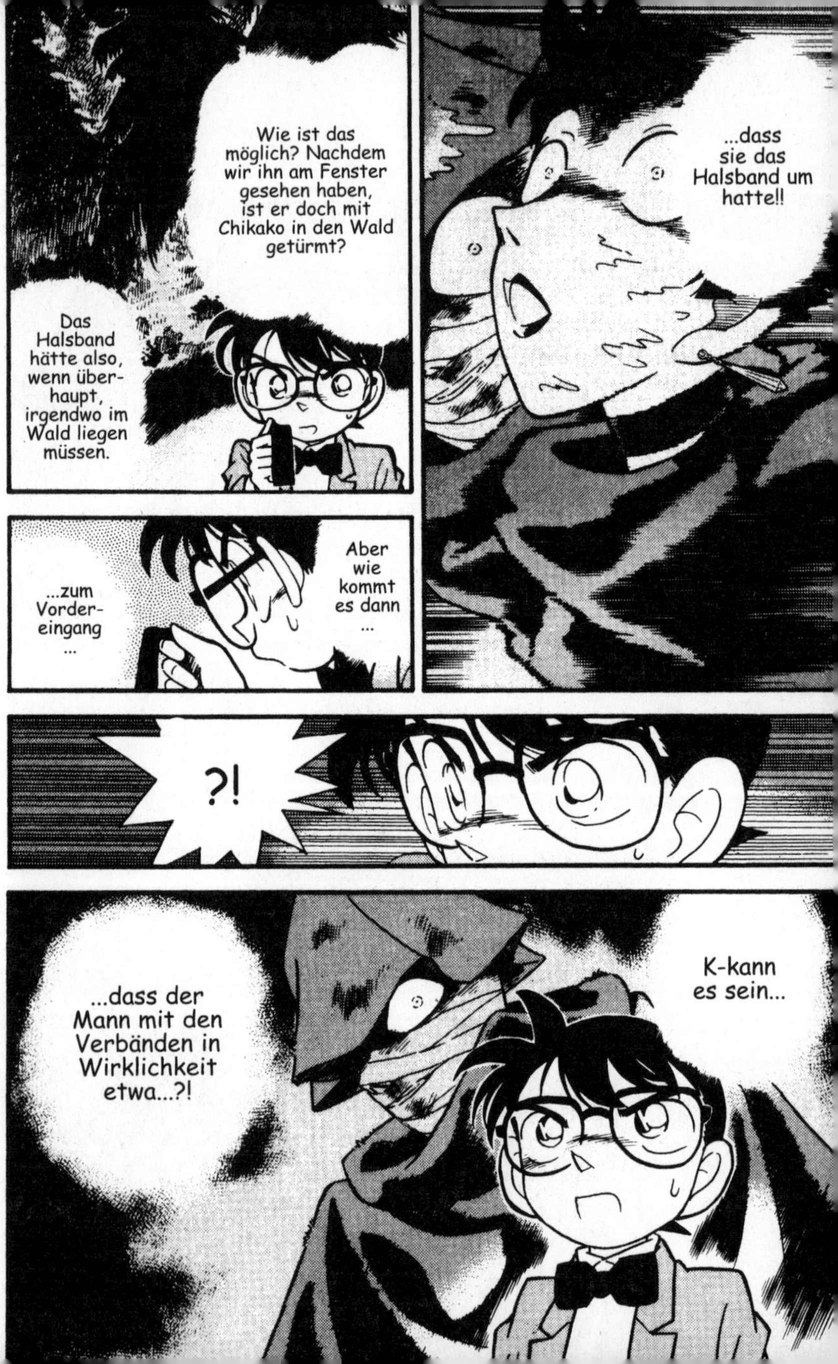
...dass sie das Halsband um hatte!!
Wie ist das möglich? Nachdem wir ihn am Fenster gesehen haben, ist er doch mit Chikako in den Wald getürmt?
Das Halsband hätte also, wenn überhaupt, irgendwo im Wald liegen müssen.
Aber wie kommt es dann ...
...zum Vordereingang ...
?!
K-kann es sein...
...dass der Mann mit den Verbänden in Wirklichkeit etwa...?!

FALL 12

KAPITEL 4

Angriff aus der Dunkelheit!

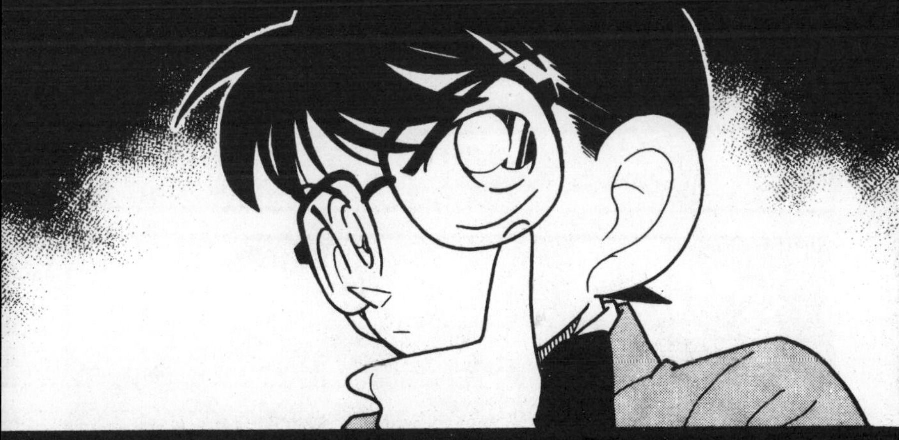

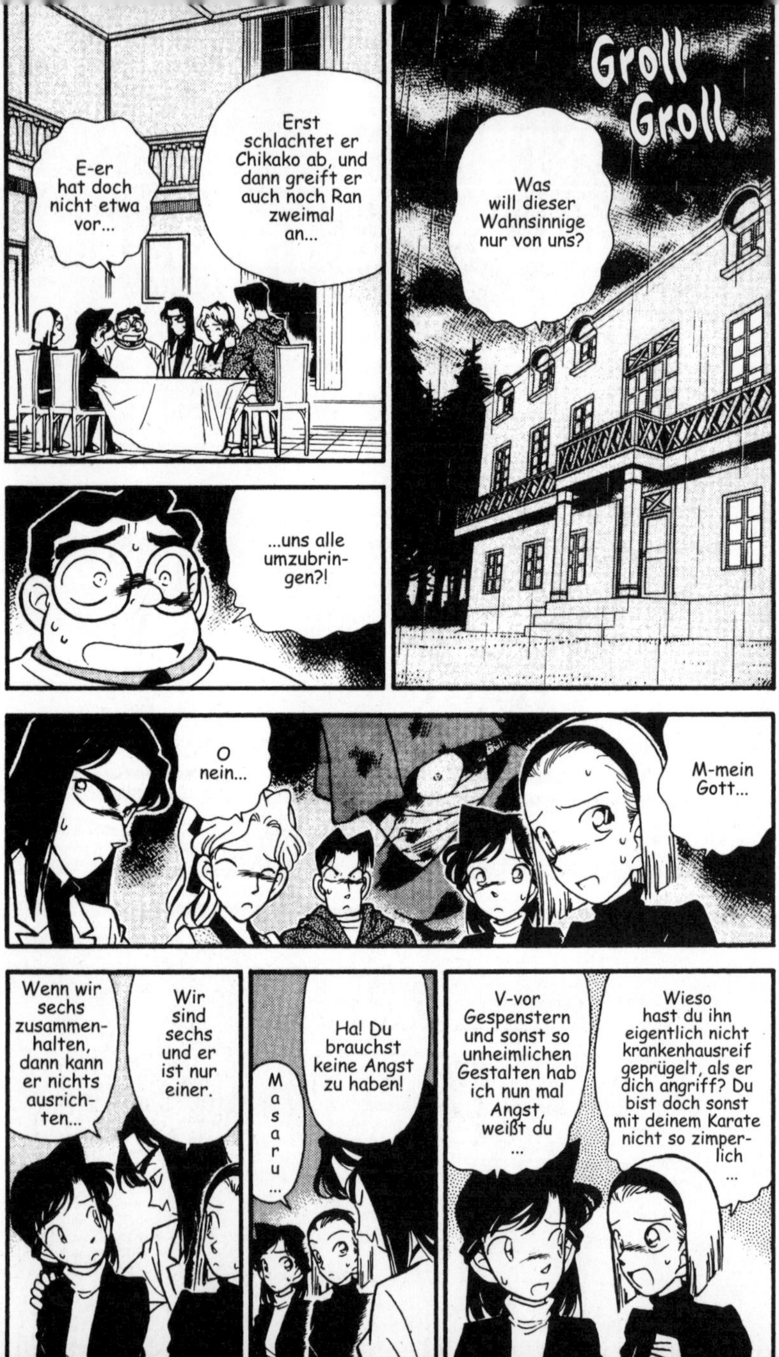
Groll Groll
Was will dieser Wahnsinnige nur von uns?
Erst schlachtet er Chikako ab, und dann greift er auch noch Ran zweimal an...
E-er hat doch nicht etwa vor...
...uns alle umzubringen?!
M-mein Gott...
O nein...
Wieso hast du ihn eigentlich nicht krankenhausreif geprügelt, als er dich angriff? Du bist doch sonst mit deinem Karate nicht so zimperlich ...
V-vor Gespenstern und sonst so unheimlichen Gestalten hab ich nun mal Angst, weißt du ...
Ha! Du brauchst keine Angst zu haben!
Masaru ...
Wir sind sechs und er ist nur einer.
Wenn wir sechs zusammenhalten, dann kann er nichts ausrichten...

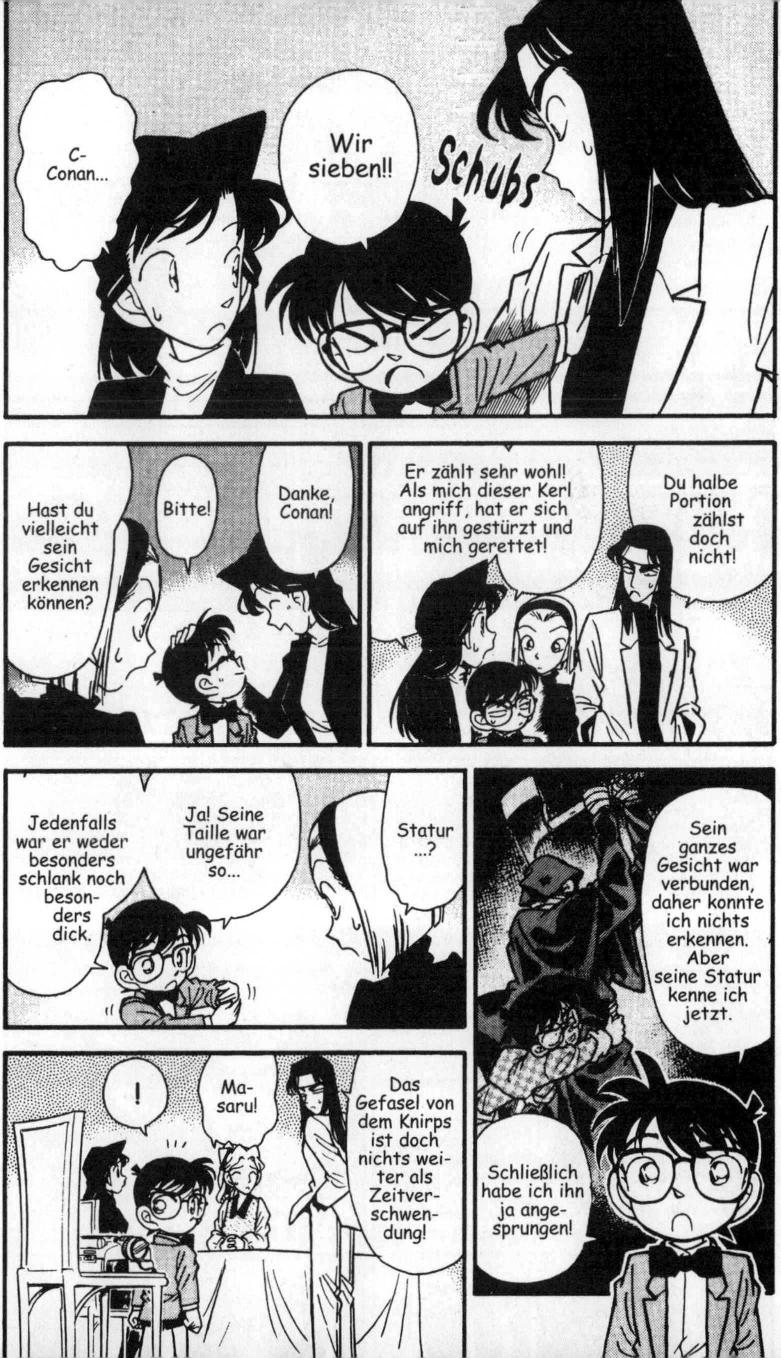
Schubs
Wir sieben!!
C- Conan...
Du halbe Portion zählst doch nicht!
Er zählt sehr wohl! Als mich dieser Kerl angriff, hat er sich auf ihn gestürzt und mich gerettet!
Danke, Conan!
Bitte!
Hast du vielleicht sein Gesicht erkennen können?
Sein ganzes Gesicht war verbunden, daher konnte ich nichts erkennen. Aber seine Statur kenne ich jetzt.
Schließlich habe ich ihn ja angesprungen!
Statur ...?
Ja! Seine Taille war ungefähr so...
Jedenfalls war er weder besonders schlank noch besonders dick.
Das Gefasel von dem Knirps ist doch nichts weiter als Zeitverschwendung!
Masaru!
!

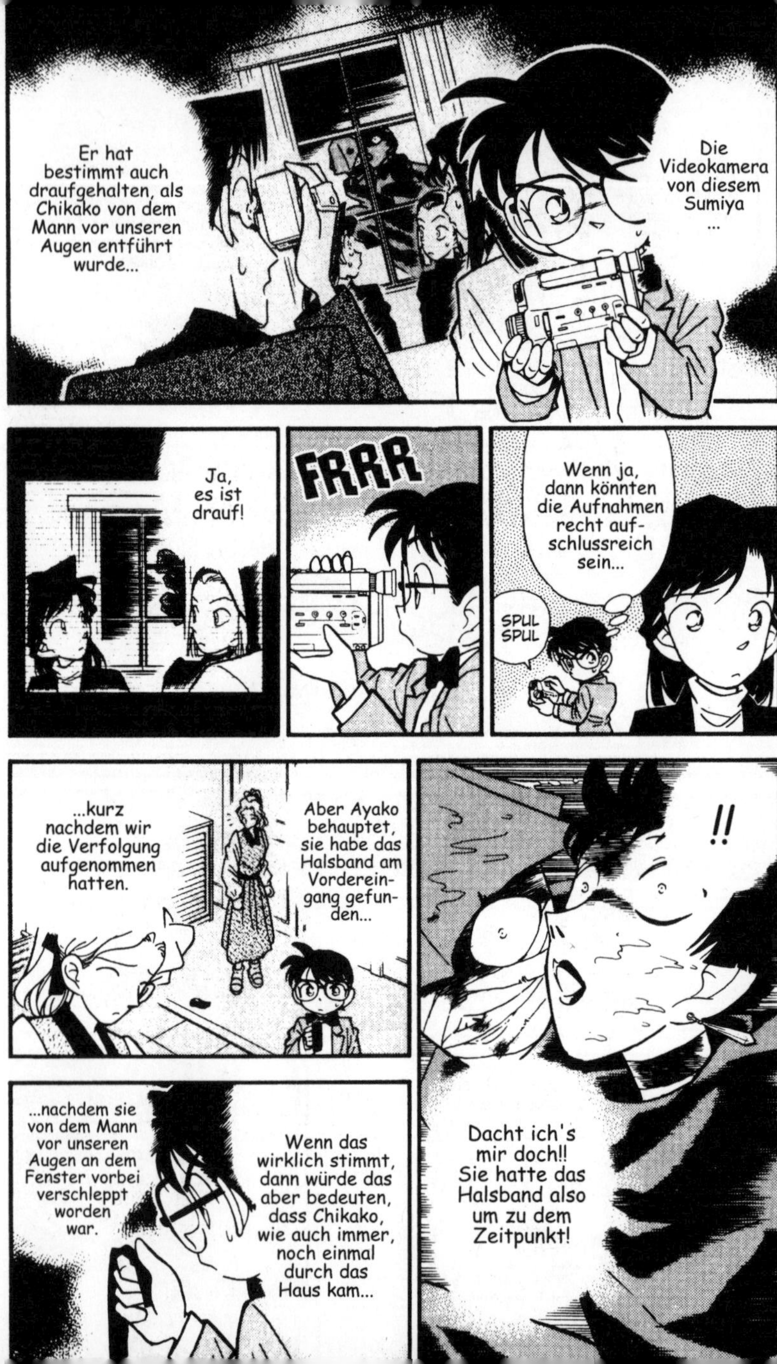

Die Videokamera von diesem Sumiya ...
Er hat bestimmt auch draufgehalten, als Chikako von dem Mann vor unseren Augen entführt wurde...
Wenn ja, dann könnten die Aufnahmen recht aufschlussreich sein...
SPUL SPUL
FRRR
Ja, es ist drauf!
Aber Ayako behauptet, sie habe das Halsband am Vordereingang gefunden...
...kurz nachdem wir die Verfolgung aufgenommen hatten.
Wenn das wirklich stimmt, dann würde das aber bedeuten, dass Chikako, wie auch immer, noch einmal durch das Haus kam...
...nachdem sie von dem Mann vor unseren Augen an dem Fenster vorbei verschleppt worden war.
!!
Dacht ich's mir doch!! Sie hatte das Halsband also um zu dem Zeitpunkt!

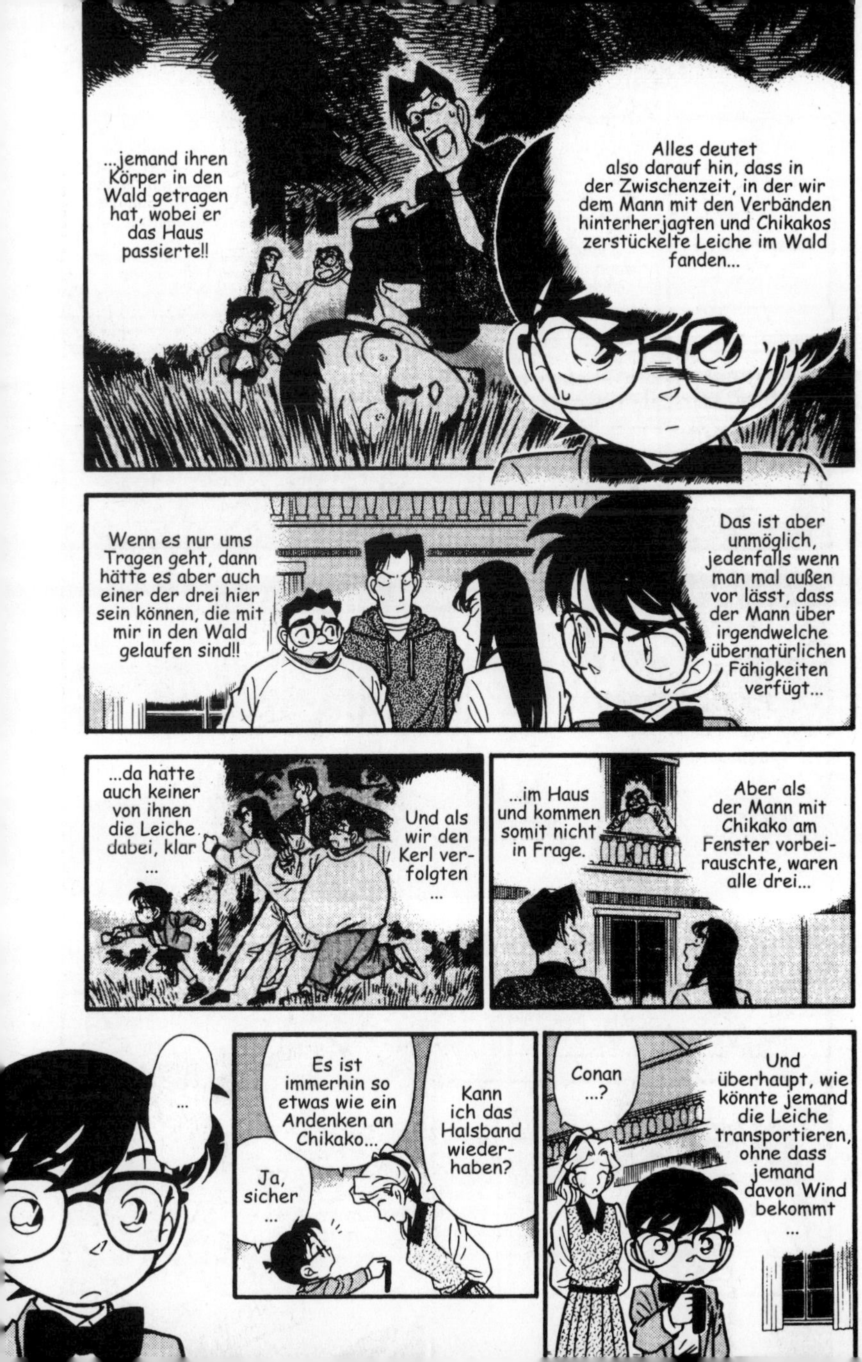
Alles deutet also darauf hin, dass in der Zwischenzeit, in der wir dem Mann mit den Verbänden hinterherjagten und Chikakos zerstückelte Leiche im Wald fanden...
...jemand ihren Körper in den Wald getragen hat, wobei er das Haus passierte!!
Das ist aber unmöglich, jedenfalls wenn man mal außen vor lässt, dass der Mann über irgendwelche übernatürlichen Fähigkeiten verfügt...
Wenn es nur ums Tragen geht, dann hätte es aber auch einer der drei hier sein können, die mit mir in den Wald gelaufen sind!!
Aber als der Mann mit Chikako am Fenster vorbeirauschte, waren alle drei...
...im Haus und kommen somit nicht in Frage.
Und als wir den Kerl verfolgten ...
...da hatte auch keiner von ihnen die Leiche dabei, klar ...
Und überhaupt, wie könnte jemand die Leiche transportieren, ohne dass jemand davon Wind bekommt ...
Conan ...?
Kann ich das Halsband wiederhaben?
Es ist immerhin so etwas wie ein Andenken an Chikako...
Ja, sicher ...
...

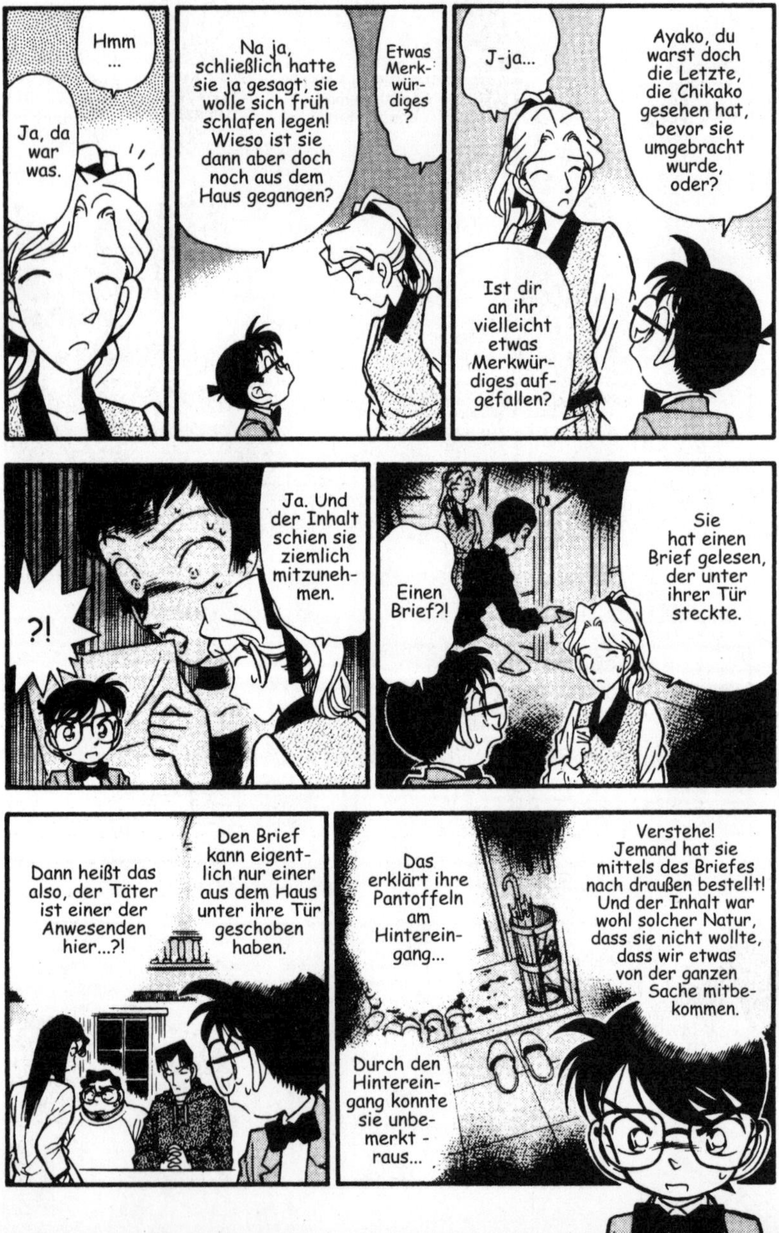

Ayako, du warst doch die Letzte, die Chikako gesehen hat, bevor sie umgebracht wurde, oder?
J-ja...
Ist dir an ihr vielleicht etwas Merkwürdiges aufgefallen?
Etwas Merkwürdiges?
Na ja, schließlich hatte sie ja gesagt, sie wolle sich früh schlafen legen! Wieso ist sie dann aber doch noch aus dem Haus gegangen?
Hmm ...
Ja, da war was.
Sie hat einen Brief gelesen, der unter ihrer Tür steckte.
Einen Brief?!
Ja. Und der Inhalt schien sie ziemlich mitzunehmen.
?!
Verstehe! Jemand hat sie mittels des Briefes nach draußen bestellt! Und der Inhalt war wohl solcher Natur, dass sie nicht wollte, dass wir etwas von der ganzen Sache mitbekommen.
Das erklärt ihre Pantoffeln am Hintereingang...
Durch den Hintereingang konnte sie unbemerkt raus...
Den Brief kann eigentlich nur einer aus dem Haus unter ihre Tür geschoben haben.
Dann heißt das also, der Täter ist einer der Anwesenden hier...?!

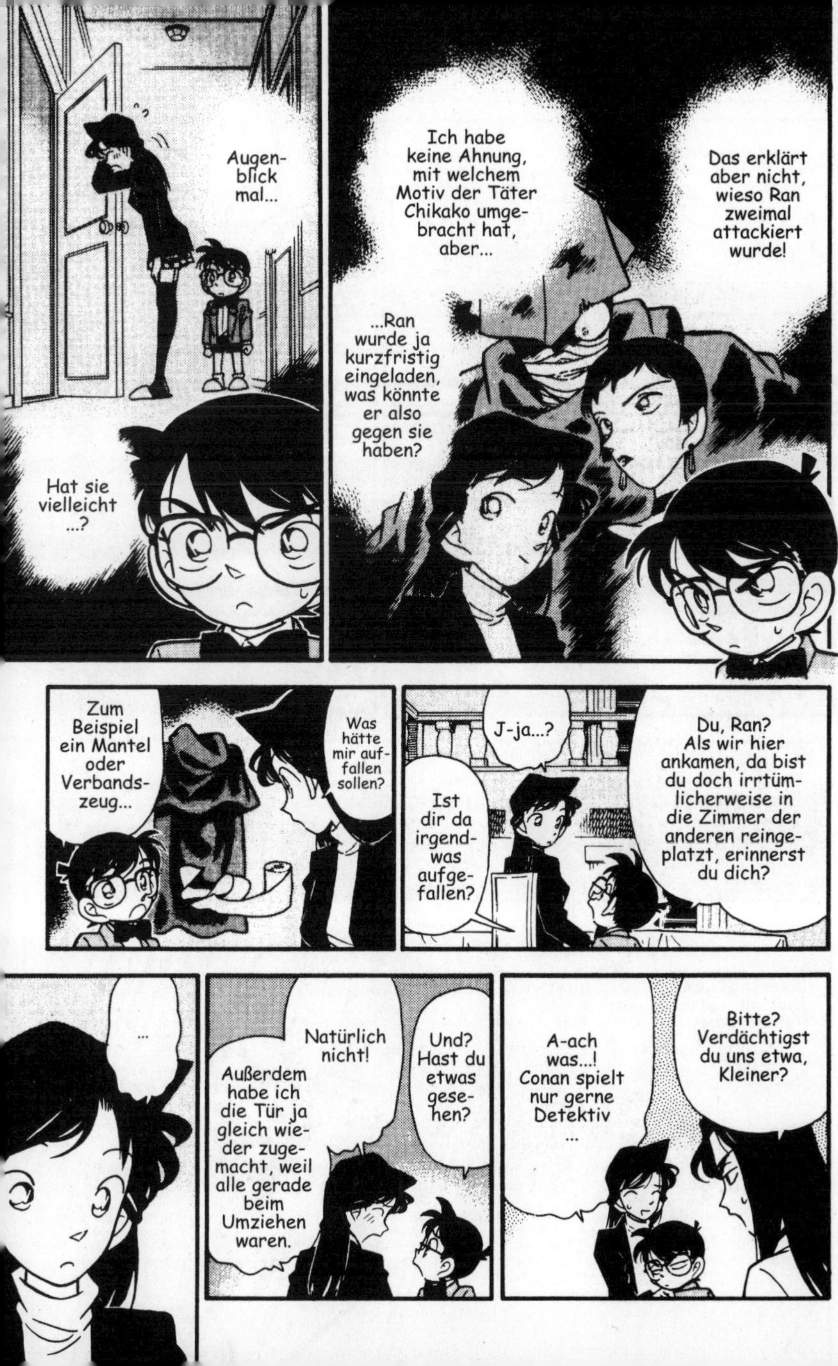
Das erklärt aber nicht, wieso Ran zweimal attackiert wurde!
Ich habe keine Ahnung, mit welchem Motiv der Täter Chikako umgebracht hat, aber...
...Ran wurde ja kurzfristig eingeladen, was könnte er also gegen sie haben?
Augen-blick mal...
Hat sie vielleicht ...?
Du, Ran? Als wir hier ankamen, da bist du doch irrtümlicherweise in die Zimmer der anderen reingeplatzt, erinnerst du dich?
J-ja...?
Ist dir da irgendwas aufgefallen?
Was hätte mir auffallen sollen?
Zum Beispiel ein Mantel oder Verbandszeug...
Bitte? Verdächtigst du uns etwa, Kleiner?
A-ach was...! Conan spielt nur gerne Detektiv ...
Und? Hast du etwas gesehen?
Natürlich nicht!
Außerdem habe ich die Tür ja gleich wieder zugemacht, weil alle gerade beim Umziehen waren.
...

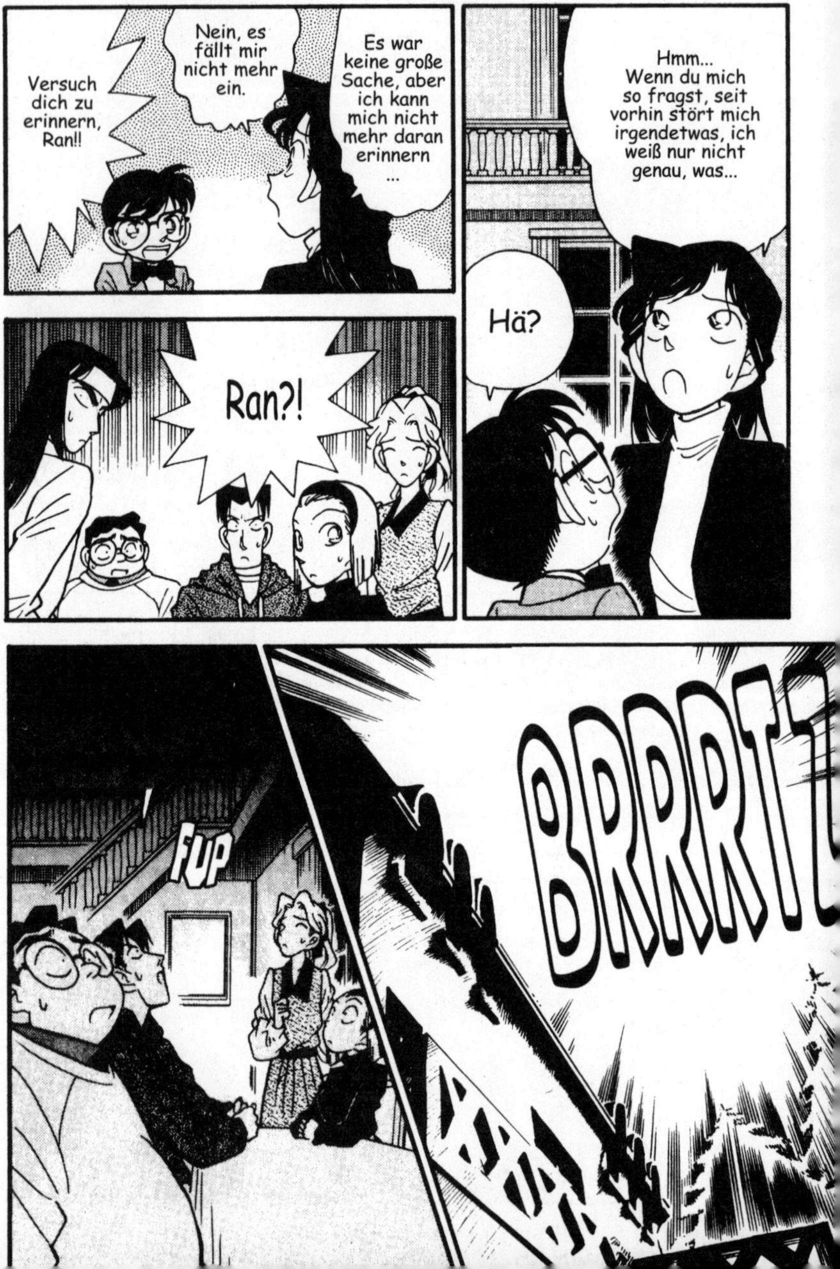
Hmm...
Wenn du mich so fragst, seit vorhin stört mich irgendetwas, ich weiß nur nicht genau, was...
Hä?
Es war keine große Sache, aber ich kann mich nicht mehr daran erinnern ...
Nein, es fällt mir nicht mehr ein.
Versuch dich zu erinnern, Ran!!
Ran?!
BRRRTZ
FUP

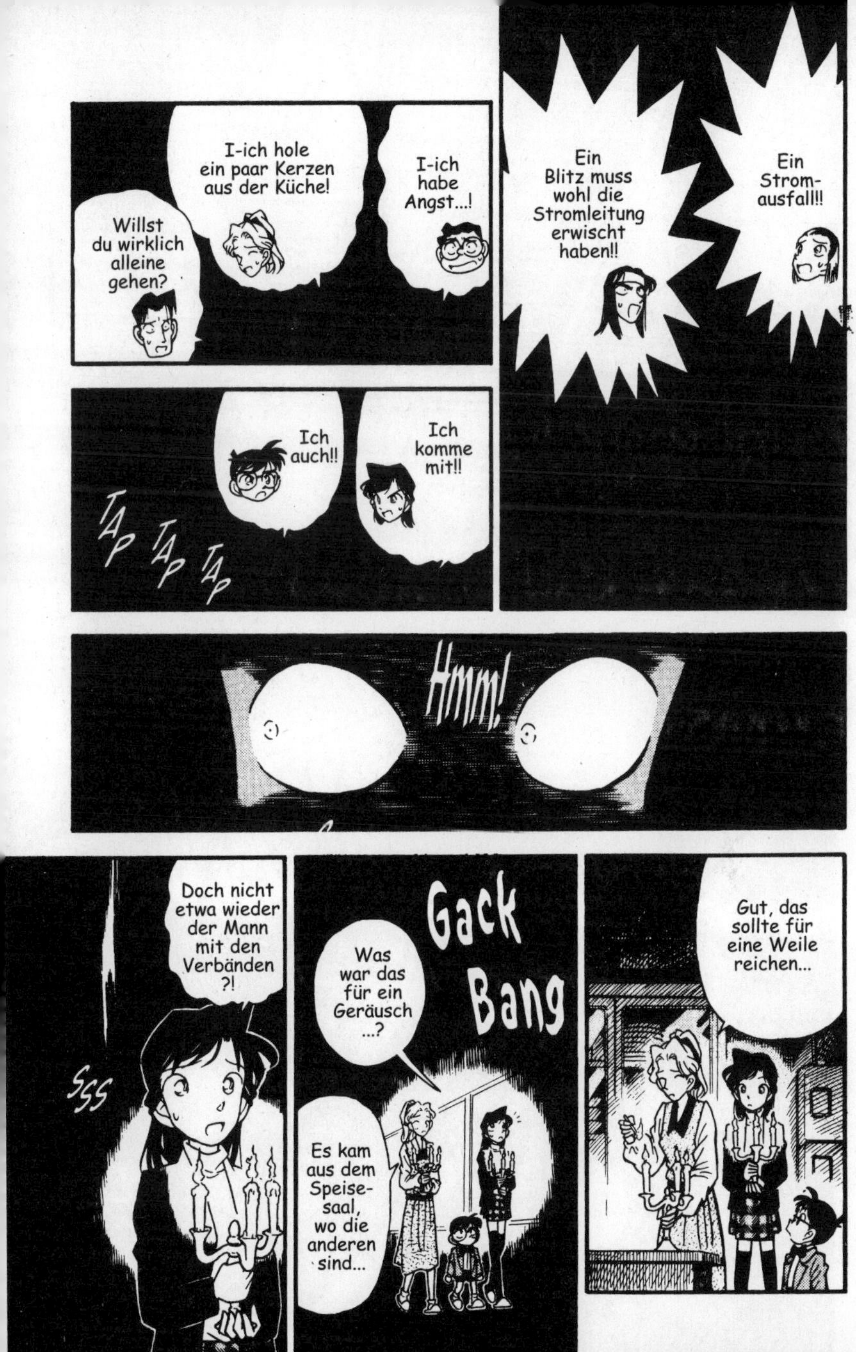
Ein Strom-ausfall!!
Ein Blitz muss wohl die Stromleitung erwischt haben!!
I-ich habe Angst...!
I-ich hole ein paar Kerzen aus der Küche!
Willst du wirklich alleine gehen?
Ich komme mit!!
Ich auch!!
TAP TAP TAP
Hmm!
Gut, das sollte für eine Weile reichen...
Gack
Bang
Was war das für ein Geräusch ...?
Es kam aus dem Speise-saal, wo die anderen sind...
SSS
Doch nicht etwa wieder der Mann mit den Verbänden ?!

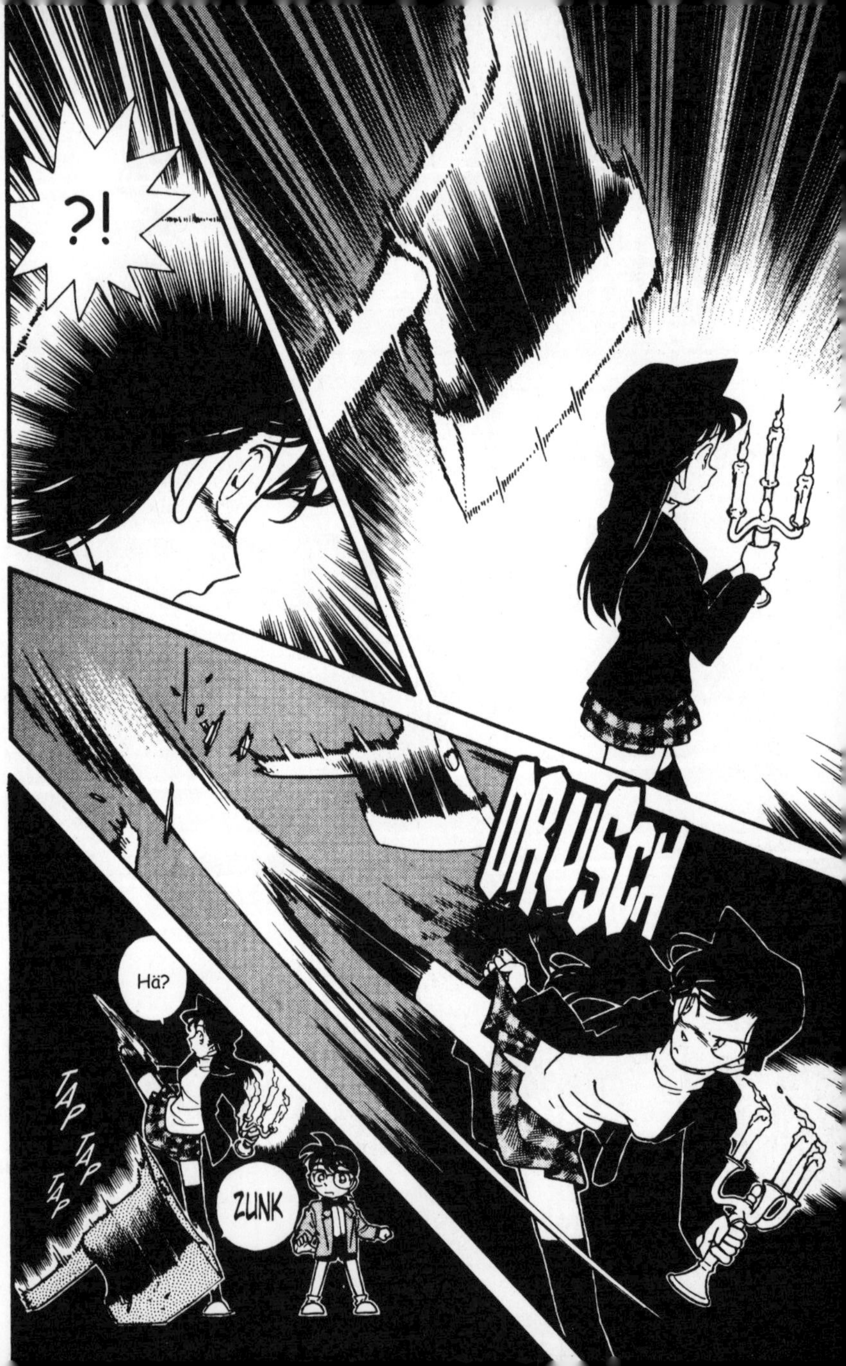
?!
DRUSCH
Hä?
TAP TAP TAP
ZUNK

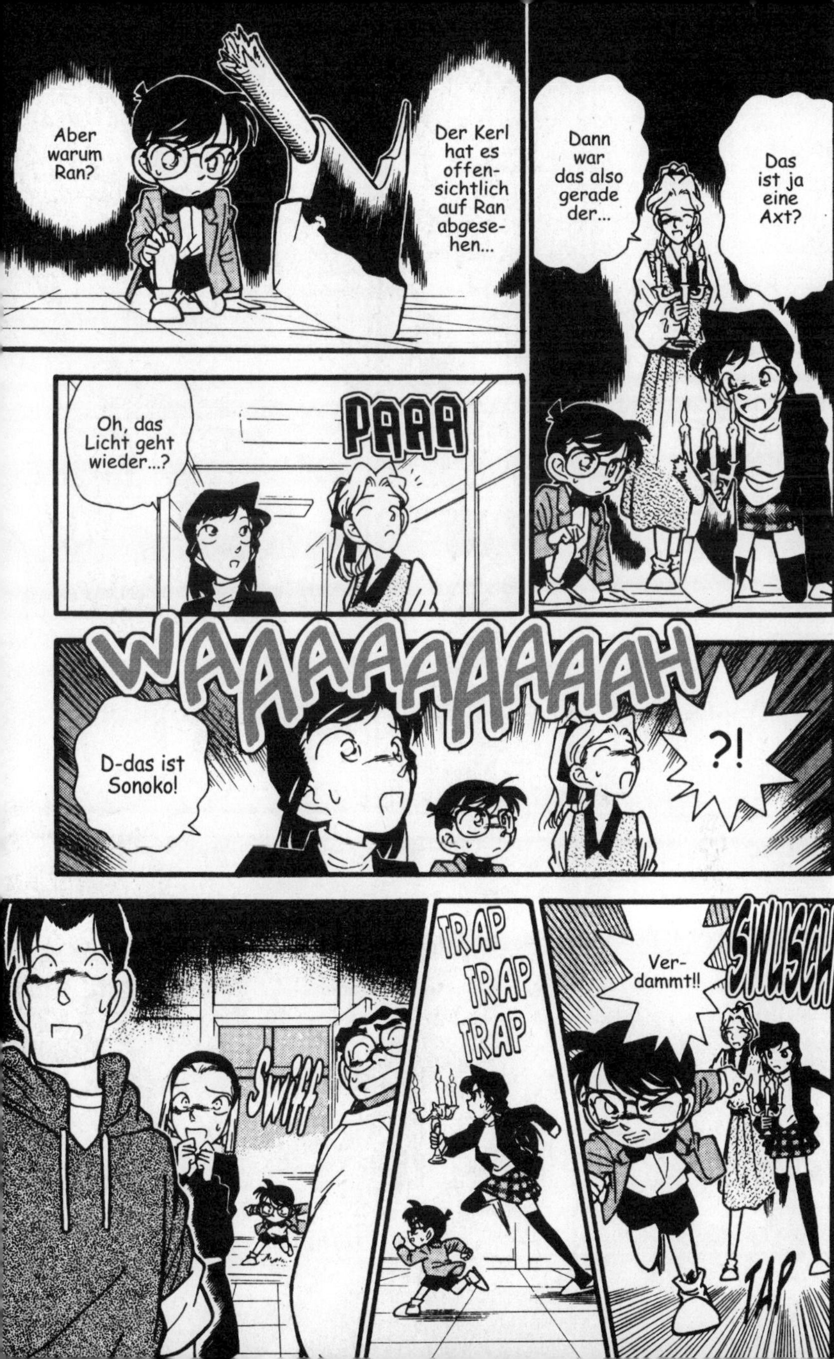
Das ist ja eine Axt?
Dann war das also gerade der...
Der Kerl hat es offensichtlich auf Ran abgesehen...
Aber warum Ran?
PAAA
Oh, das Licht geht wieder...?
WAAAAAAAAAH
?!
D-das ist Sonoko!
SWUSCH
Ver-dammt!!
TAP
TRAP TRAP TRAP
Swiff

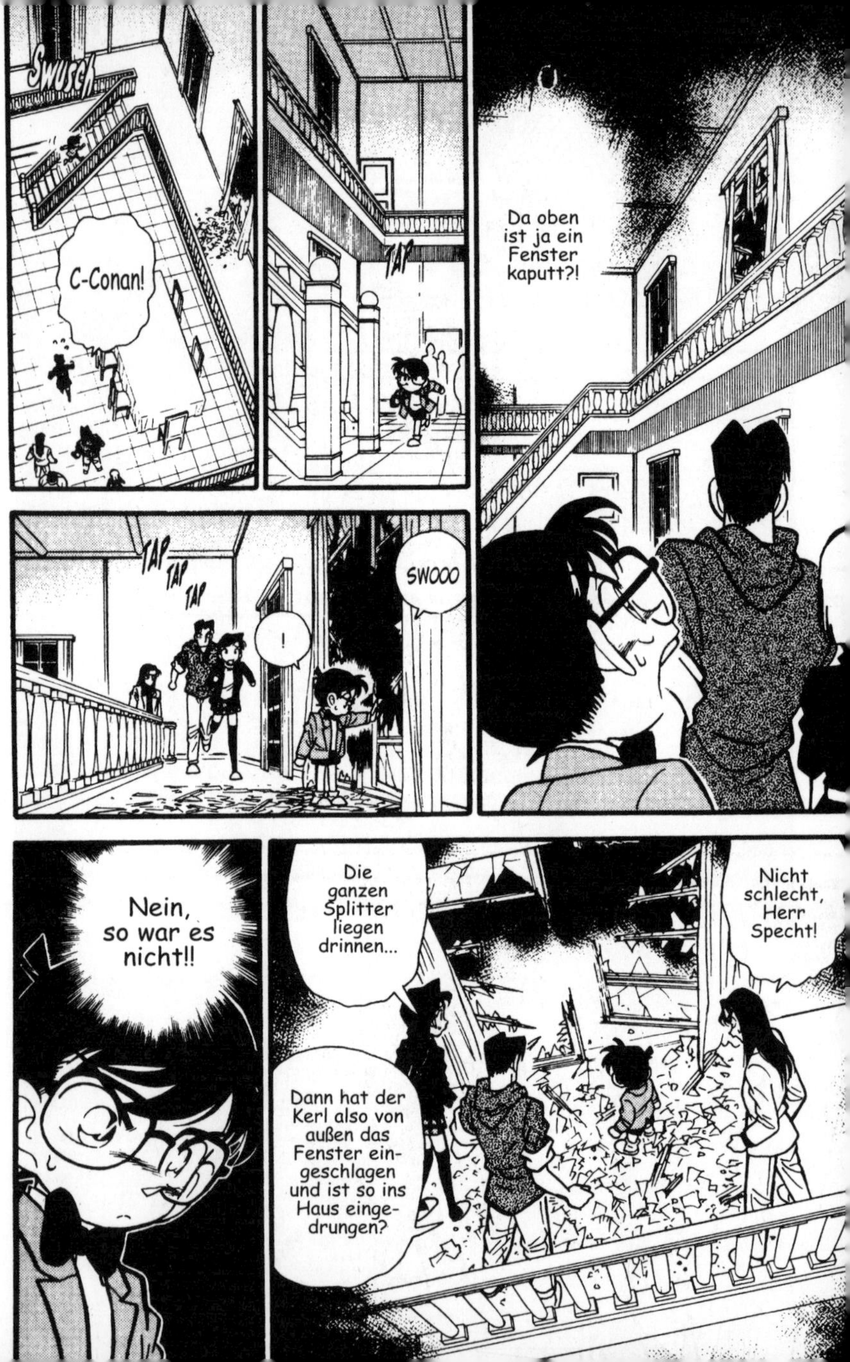
Da oben ist ja ein Fenster kaputt?!
TAP
Swusch
C-Conan!
SWOOO
!
TAP TAP TAP
Nicht schlecht, Herr Specht!
Die ganzen Splitter liegen drinnen...
Dann hat der Kerl also von außen das Fenster eingeschlagen und ist so ins Haus eingedrungen?
Nein, so war es nicht!!

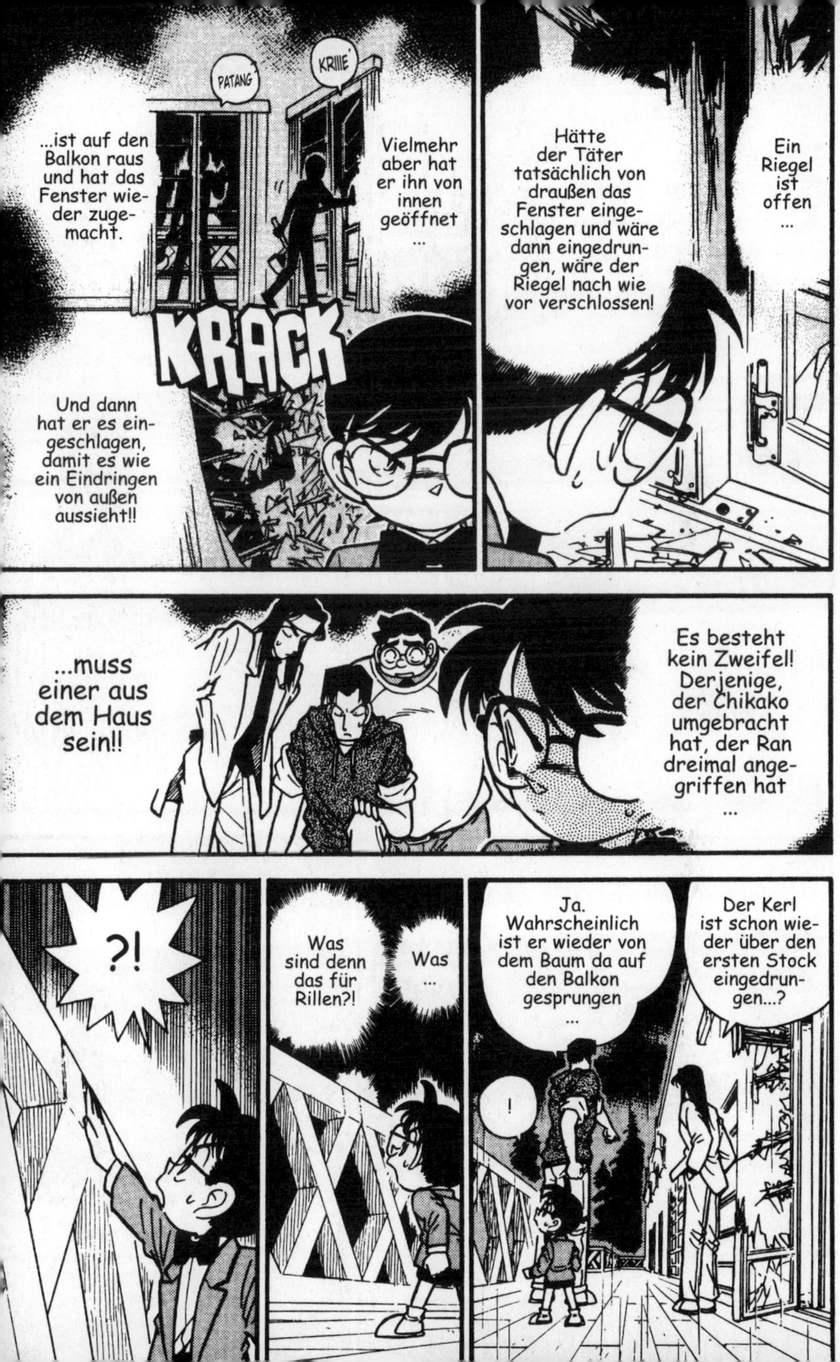

Ein Riegel ist offen ...
Hätte der Täter tatsächlich von draußen das Fenster eingeschlagen und wäre dann eingedrungen, wäre der Riegel nach wie vor verschlossen!
Vielmehr aber hat er ihn von innen geöffnet ...
KRIIE
PATANG
...ist auf den Balkon raus und hat das Fenster wieder zugemacht.
KRACK
Und dann hat er es eingeschlagen, damit es wie ein Eindringen von außen aussieht!!
Es besteht kein Zweifel! Derjenige, der Chikako umgebracht hat, der Ran dreimal angegriffen hat ...
...muss einer aus dem Haus sein!!
Der Kerl ist schon wieder über den ersten Stock eingedrungen...?
Ja. Wahrscheinlich ist er wieder von dem Baum da auf den Balkon gesprungen ...
!
Was ...
Was sind denn das für Rillen?!
?!

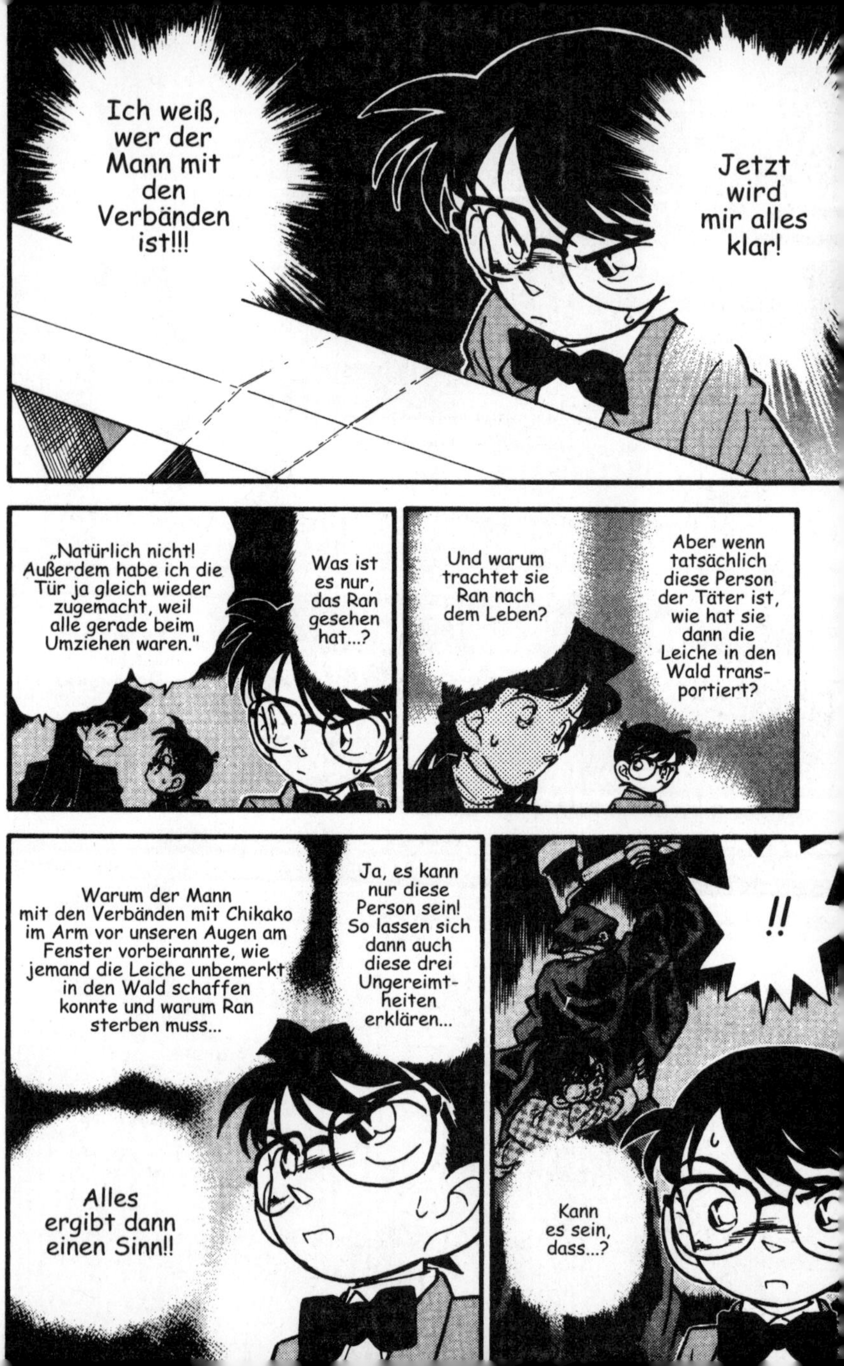
Jetzt wird mir alles klar!
Ich weiß, wer der Mann mit den Verbänden ist!!!
Aber wenn tatsächlich diese Person der Täter ist, wie hat sie dann die Leiche in den Wald transportiert?
Und warum trachtet sie Ran nach dem Leben?
Was ist es nur, das Ran gesehen hat...?
„Natürlich nicht! Außerdem habe ich die Tür ja gleich wieder zugemacht, weil alle gerade beim Umziehen waren."
!!
Kann es sein, dass...?
Ja, es kann nur diese Person sein! So lassen sich dann auch diese drei Ungereimtheiten erklären...
Warum der Mann mit den Verbänden mit Chikako im Arm vor unseren Augen am Fenster vorbeirannte, wie jemand die Leiche unbemerkt in den Wald schaffen konnte und warum Ran sterben muss...
Alles ergibt dann einen Sinn!!

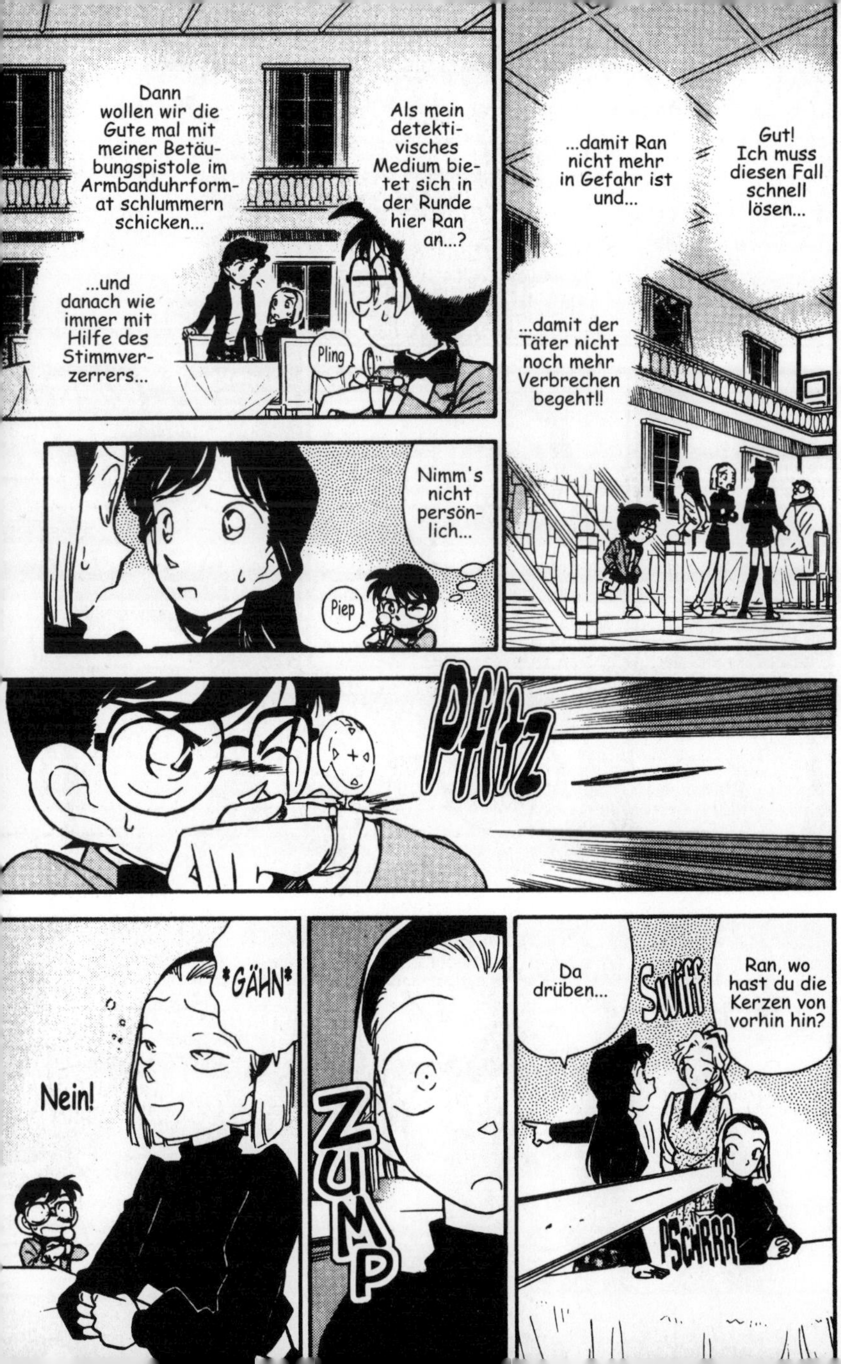
Gut!
Ich muss diesen Fall schnell lösen...
...damit Ran nicht mehr in Gefahr ist und...
...damit der Täter nicht noch mehr Verbrechen begeht!!
Als mein detektivisches Medium bietet sich in der Runde hier Ran an...?
Dann wollen wir die Gute mal mit meiner Betäubungspistole im Armbanduhrformat schlummern schicken...
...und danach wie immer mit Hilfe des Stimmverzerrers...
Pling
Nimm's nicht persönlich...
Piep
Pfltz
Ran, wo hast du die Kerzen von vorhin hin?
Swiff
Da drüben...
PSCHRRR
ZUMP
GÄHN
Nein!

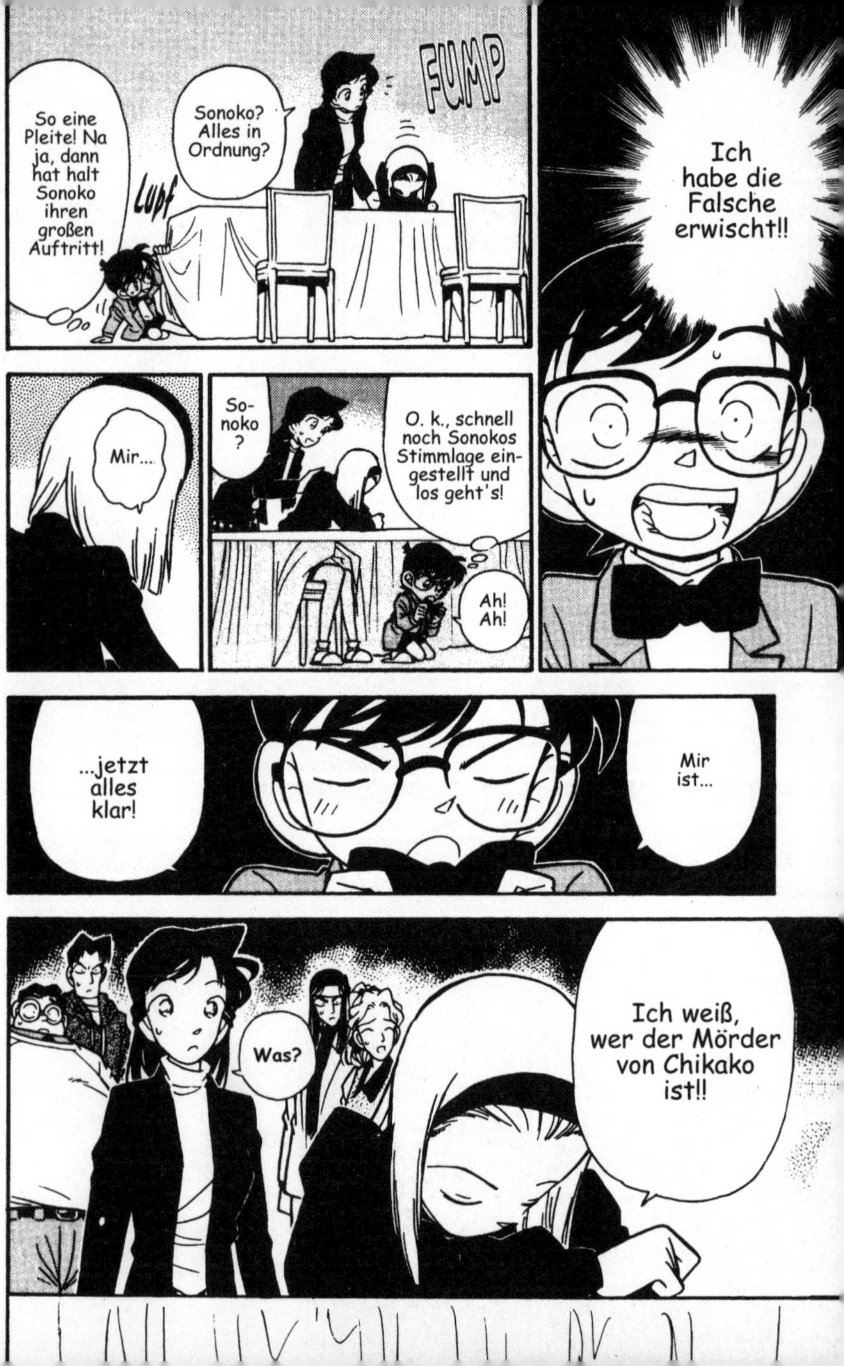
So eine Pleite! Na ja, dann hat halt Sonoko ihren großen Auftritt!
Lupf
Sonoko? Alles in Ordnung?
FUMP
Ich habe die Falsche erwischt!!
Mir...
So-noko?
O. k., schnell noch Sonokos Stimmlage ein-gestellt und los geht's!
Ah! Ah!
...jetzt alles klar!
Mir ist...
Was?
Ich weiß, wer der Mörder von Chikako ist!!

FALL 12

KAPITEL 5

Das wahre Gesicht des Schlächters!

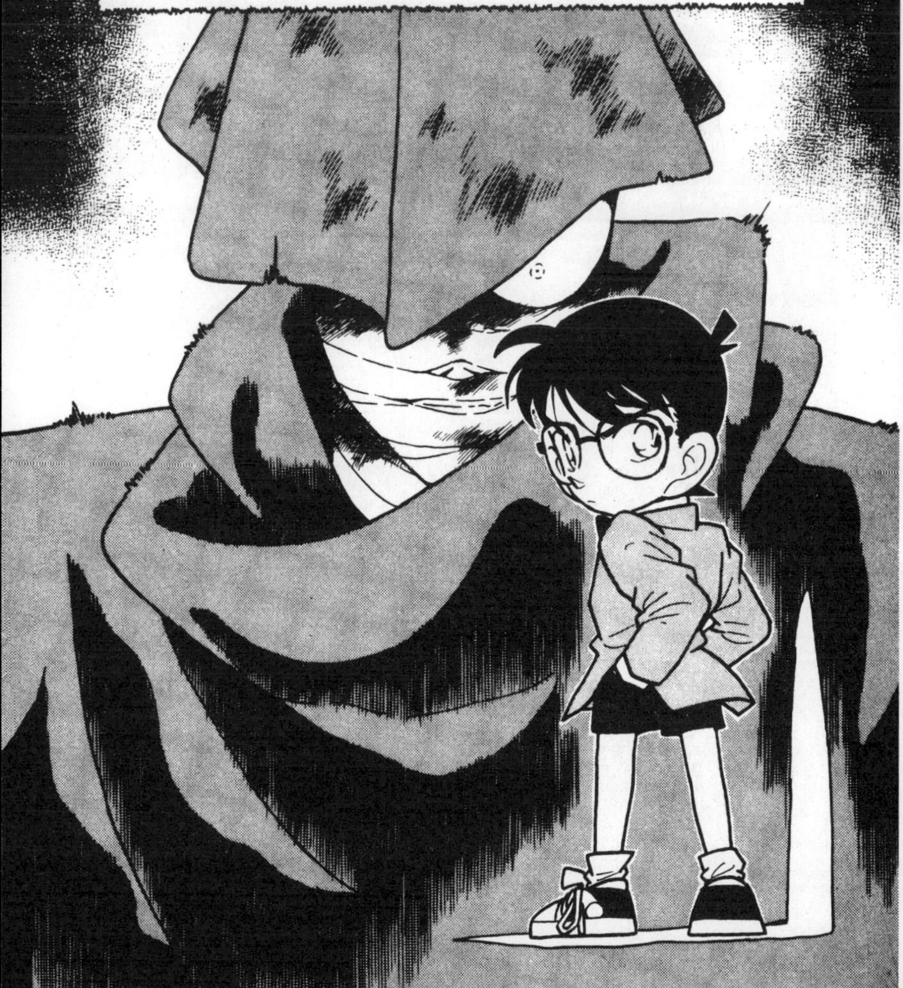

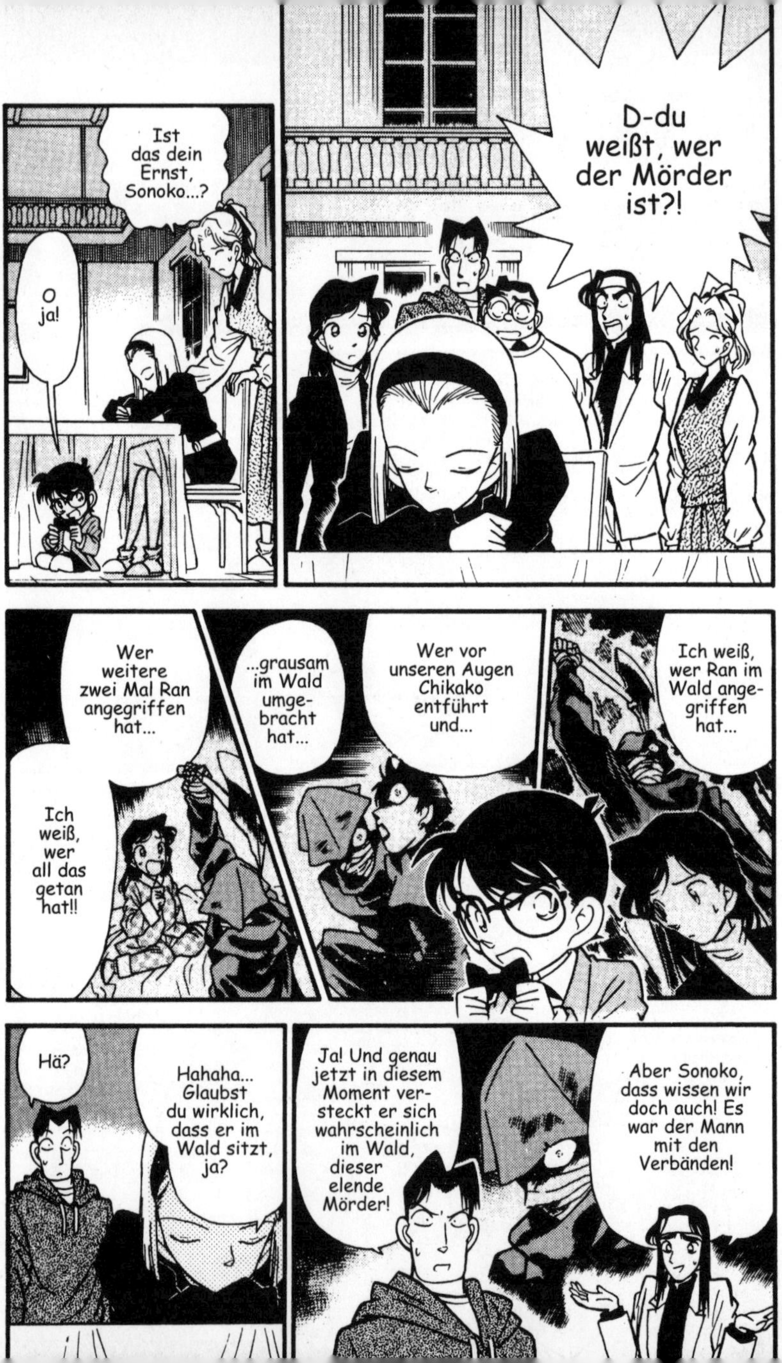
D-du weißt, wer der Mörder ist?!
Ist das dein Ernst, Sonoko...?
O ja!
Ich weiß, wer Ran im Wald angegriffen hat...
Wer vor unseren Augen Chikako entführt und...
...grausam im Wald umgebracht hat...
Wer weitere zwei Mal Ran angegriffen hat...
Ich weiß, wer all das getan hat!!
Aber Sonoko, dass wissen wir doch auch! Es war der Mann mit den Verbänden!
Ja! Und genau jetzt in diesem Moment versteckt er sich wahrscheinlich im Wald, dieser elende Mörder!
Hahaha... Glaubst du wirklich, dass er im Wald sitzt, ja?
Hä?

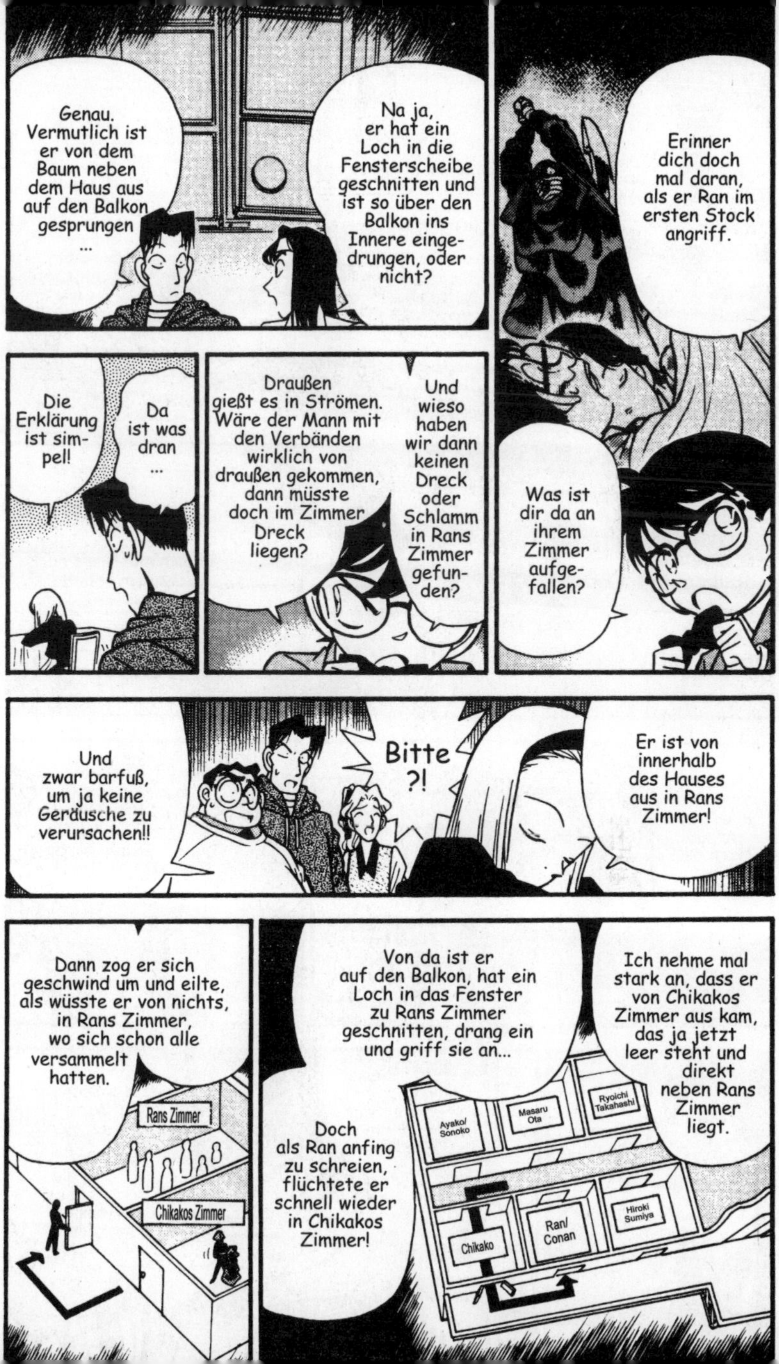

Na ja, er hat ein Loch in die Fensterscheibe geschnitten und ist so über den Balkon ins Innere eingedrungen, oder nicht?
Genau. Vermutlich ist er von dem Baum neben dem Haus aus auf den Balkon gesprungen ...
Erinner dich doch mal daran, als er Ran im ersten Stock angriff.
Was ist dir da an ihrem Zimmer aufgefallen?
Und wieso haben wir dann keinen Dreck oder Schlamm in Rans Zimmer gefunden?
Draußen gießt es in Strömen. Wäre der Mann mit den Verbänden wirklich von draußen gekommen, dann müsste doch im Zimmer Dreck liegen?
Da ist was dran ...
Die Erklärung ist simpel!
Er ist von innerhalb des Hauses aus in Rans Zimmer!
Bitte ?!
Und zwar barfuß, um ja keine Geräusche zu verursachen!!
Ich nehme mal stark an, dass er von Chikakos Zimmer aus kam, das ja jetzt leer steht und direkt neben Rans Zimmer liegt.
Von da ist er auf den Balkon, hat ein Loch in das Fenster zu Rans Zimmer geschnitten, drang ein und griff sie an...
Ayako/ Sonoko
Masaru Ota
Ryoichi Takahashi
Chikako
Ran/ Conan
Hiroki Sumiya
Doch als Ran anfing zu schreien, flüchtete er schnell wieder in Chikakos Zimmer!
Dann zog er sich geschwind um und eilte, als wüsste er von nichts, in Rans Zimmer, wo sich schon alle versammelt hatten.
Rans Zimmer
Chikakos Zimmer

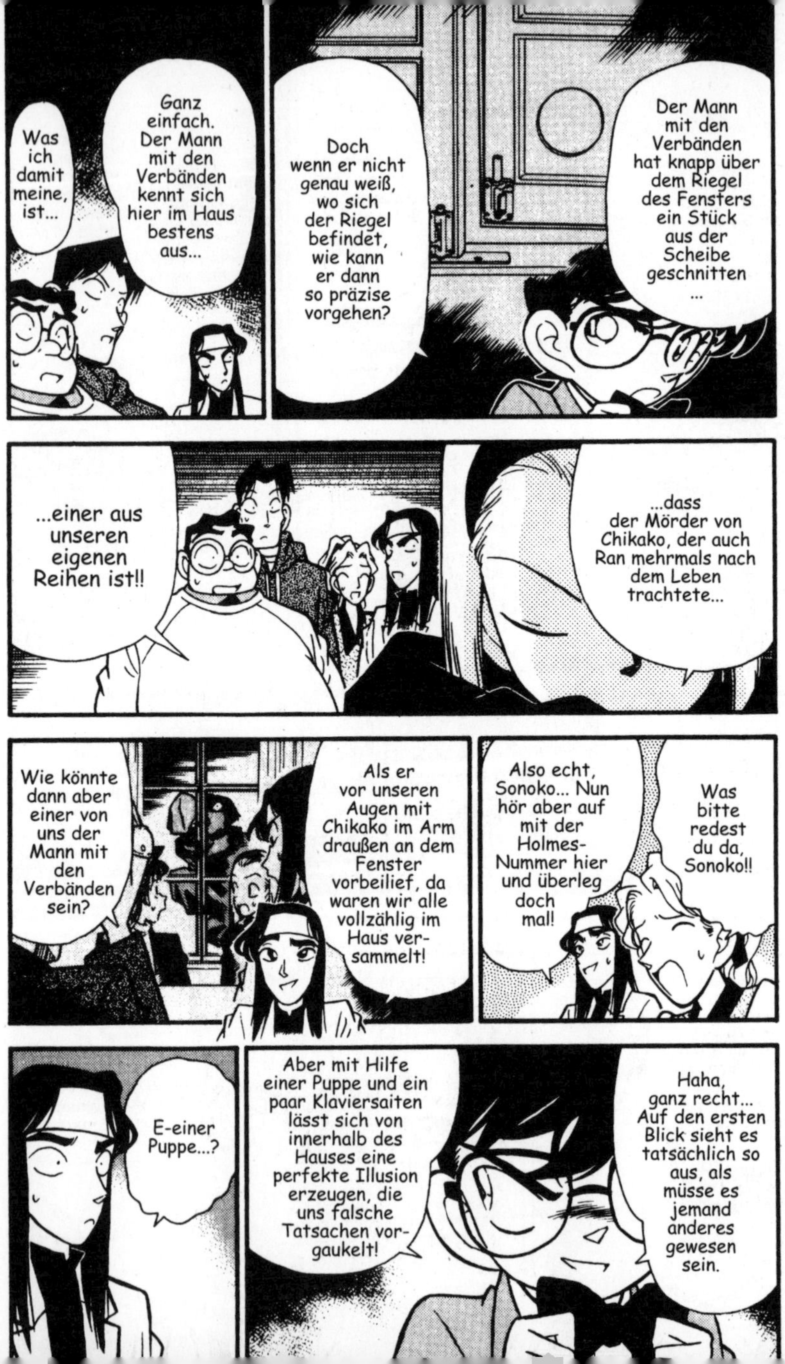
Der Mann mit den Verbänden hat knapp über dem Riegel des Fensters ein Stück aus der Scheibe geschnitten ...
Doch wenn er nicht genau weiß, wo sich der Riegel befindet, wie kann er dann so präzise vorgehen?
Ganz einfach. Der Mann mit den Verbänden kennt sich hier im Haus bestens aus...
Was ich damit meine, ist...
...dass der Mörder von Chikako, der auch Ran mehrmals nach dem Leben trachtete...
...einer aus unseren eigenen Reihen ist!!
Was bitte redest du da, Sonoko!!
Also echt, Sonoko... Nun hör aber auf mit der Holmes-Nummer hier und überleg doch mal!
Als er vor unseren Augen mit Chikako im Arm draußen an dem Fenster vorbeilief, da waren wir alle vollzählig im Haus versammelt!
Wie könnte dann aber einer von uns der Mann mit den Verbänden sein?
Haha, ganz recht... Auf den ersten Blick sieht es tatsächlich so aus, als müsse es jemand anderes gewesen sein.
Aber mit Hilfe einer Puppe und ein paar Klaviersaiten lässt sich von innerhalb des Hauses eine perfekte Illusion erzeugen, die uns falsche Tatsachen vorgaukelt!
E-einer Puppe...?

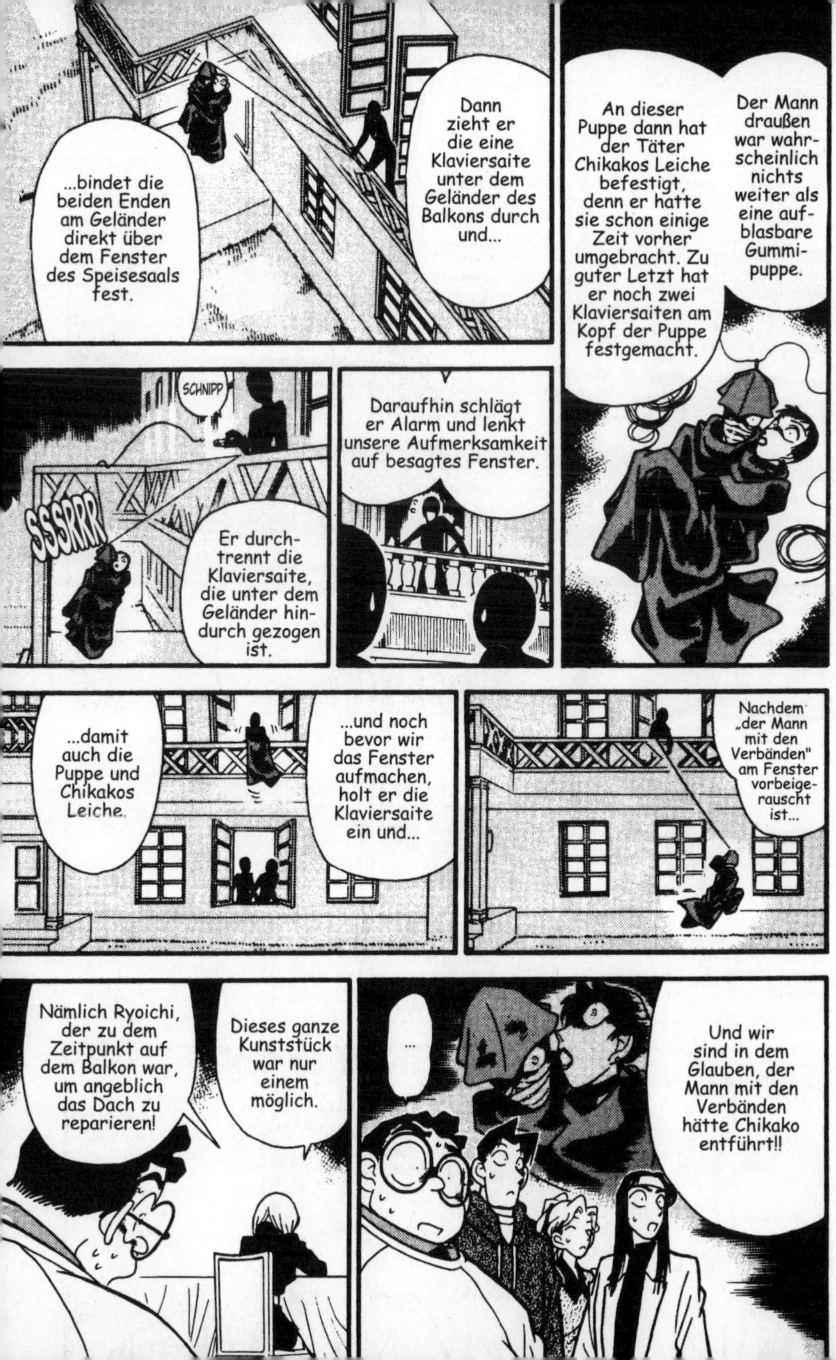

Der Mann draußen war wahrscheinlich nichts weiter als eine aufblasbare Gummipuppe.
An dieser Puppe dann hat der Täter Chikakos Leiche befestigt, denn er hatte sie schon einige Zeit vorher umgebracht. Zu guter Letzt hat er noch zwei Klaviersaiten am Kopf der Puppe festgemacht.
Dann zieht er die eine Klaviersaite unter dem Geländer des Balkons durch und...
...bindet die beiden Enden am Geländer direkt über dem Fenster des Speisesaals fest.
Daraufhin schlägt er Alarm und lenkt unsere Aufmerksamkeit auf besagtes Fenster.
SCHNIPP
Er durchtrennt die Klaviersaite, die unter dem Geländer hindurch gezogen ist.
SSSRRR
Nachdem „der Mann mit den Verbänden" am Fenster vorbeigerauscht ist...
...und noch bevor wir das Fenster aufmachen, holt er die Klaviersaite ein und...
...damit auch die Puppe und Chikakos Leiche.
Und wir sind in dem Glauben, der Mann mit den Verbänden hätte Chikako entführt!!
...
Dieses ganze Kunststück war nur einem möglich.
Nämlich Ryoichi, der zu dem Zeitpunkt auf dem Balkon war, um angeblich das Dach zu reparieren!

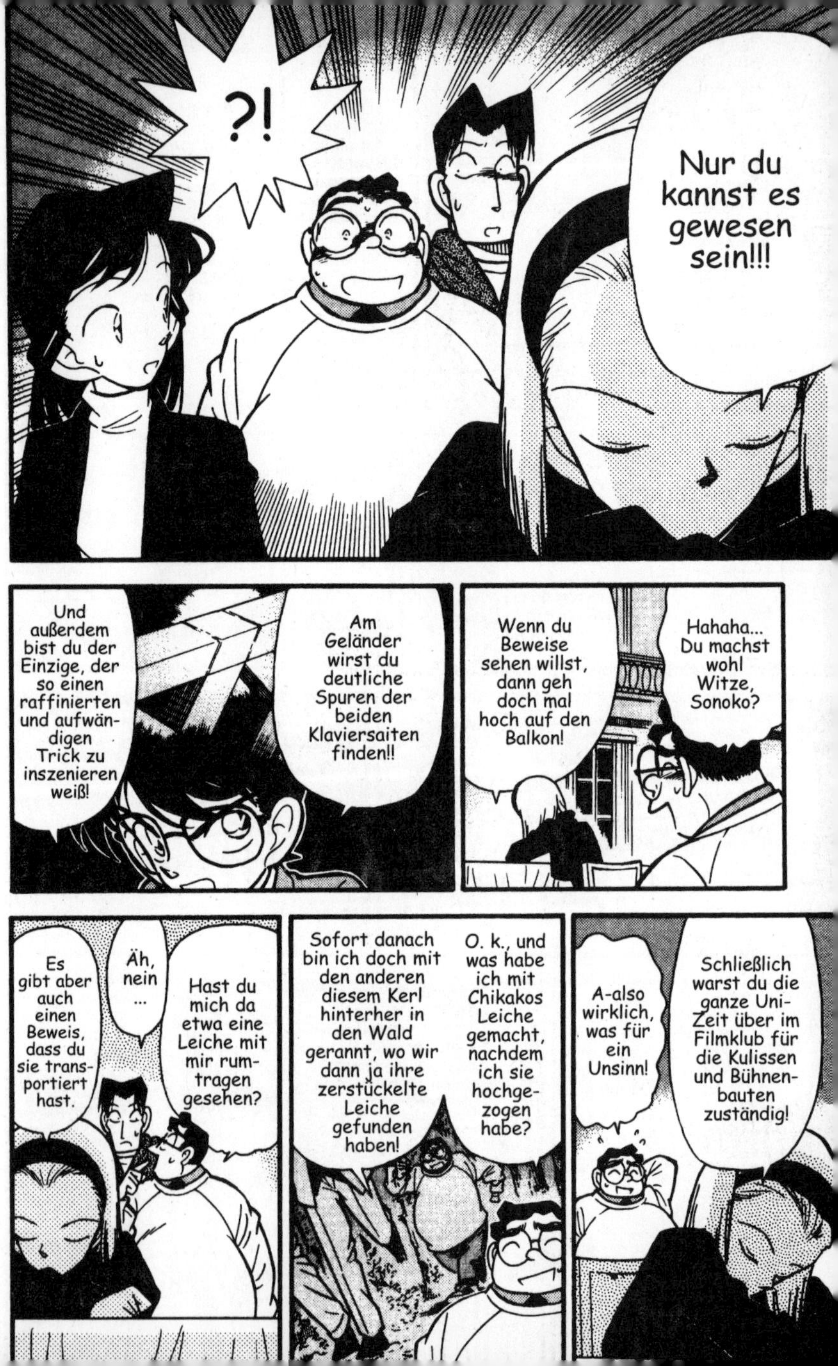

Nur du kannst es gewesen sein!!!
?!
Hahaha... Du machst wohl Witze, Sonoko?
Wenn du Beweise sehen willst, dann geh doch mal hoch auf den Balkon!
Am Geländer wirst du deutliche Spuren der beiden Klaviersaiten finden!!
Und außerdem bist du der Einzige, der so einen raffinierten und aufwändigen Trick zu inszenieren weiß!
Schließlich warst du die ganze Uni-Zeit über im Filmklub für die Kulissen und Bühnenbauten zuständig!
A-also wirklich, was für ein Unsinn!
O. k., und was habe ich mit Chikakos Leiche gemacht, nachdem ich sie hochgezogen habe?
Sofort danach bin ich doch mit den anderen diesem Kerl hinterher in den Wald gerannt, wo wir dann ja ihre zerstückelte Leiche gefunden haben!
Hast du mich da etwa eine Leiche mit mir rumtragen gesehen?
Äh, nein ...
Es gibt aber auch einen Beweis, dass du sie transportiert hast.

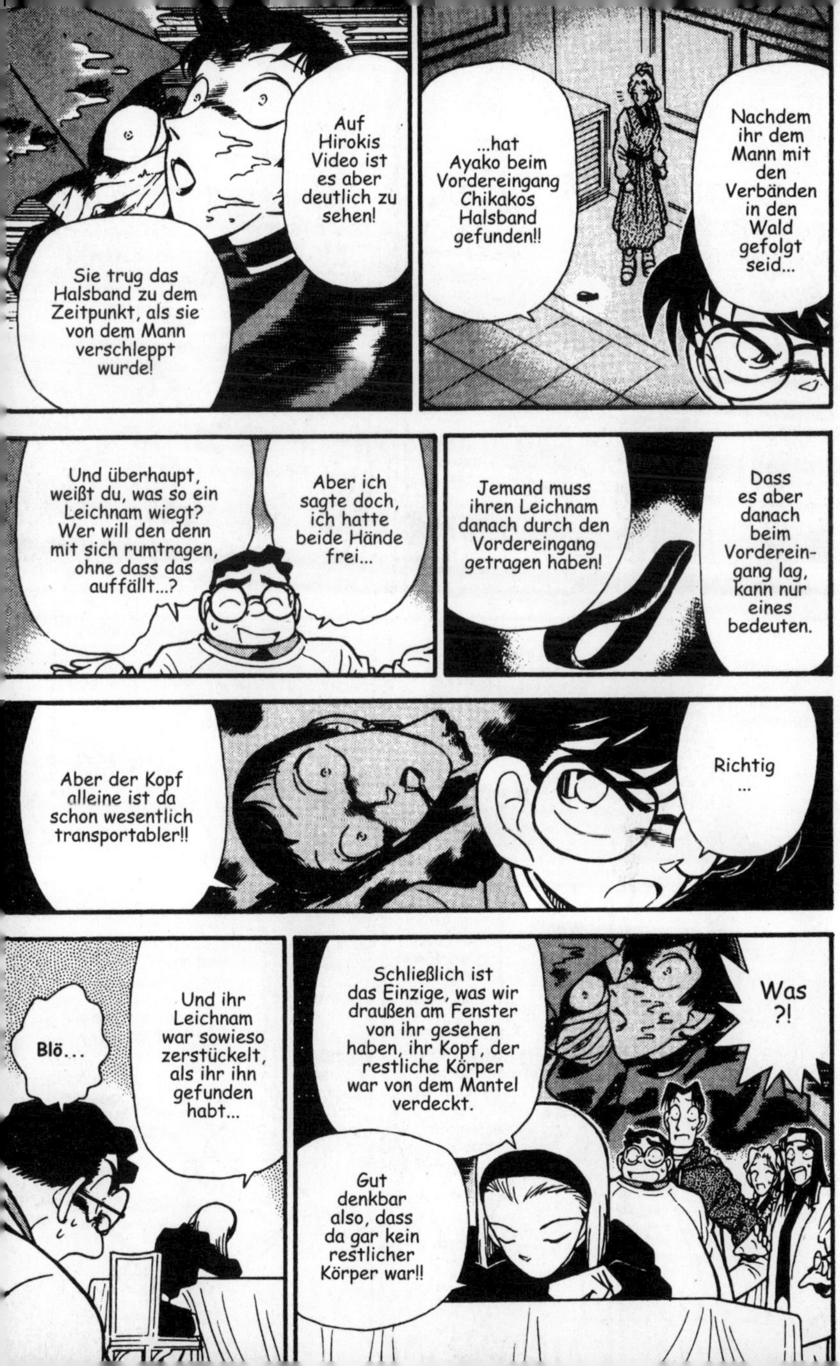
Nachdem ihr dem Mann mit den Verbänden in den Wald gefolgt seid...
...hat Ayako beim Vordereingang Chikakos Halsband gefunden!!
Auf Hirokis Video ist es aber deutlich zu sehen!
Sie trug das Halsband zu dem Zeitpunkt, als sie von dem Mann verschleppt wurde!
Dass es aber danach beim Vordereingang lag, kann nur eines bedeuten.
Jemand muss ihren Leichnam danach durch den Vordereingang getragen haben!
Aber ich sagte doch, ich hatte beide Hände frei...
Und überhaupt, weißt du, was so ein Leichnam wiegt? Wer will den denn mit sich rumtragen, ohne dass das auffällt...?
Richtig ...
Aber der Kopf alleine ist da schon wesentlich transportabler!!
Was ?!
Schließlich ist das Einzige, was wir draußen am Fenster von ihr gesehen haben, ihr Kopf, der restliche Körper war von dem Mantel verdeckt.
Gut denkbar also, dass da gar kein restlicher Körper war!!
Und ihr Leichnam war sowieso zerstückelt, als ihr ihn gefunden habt...
Blö...

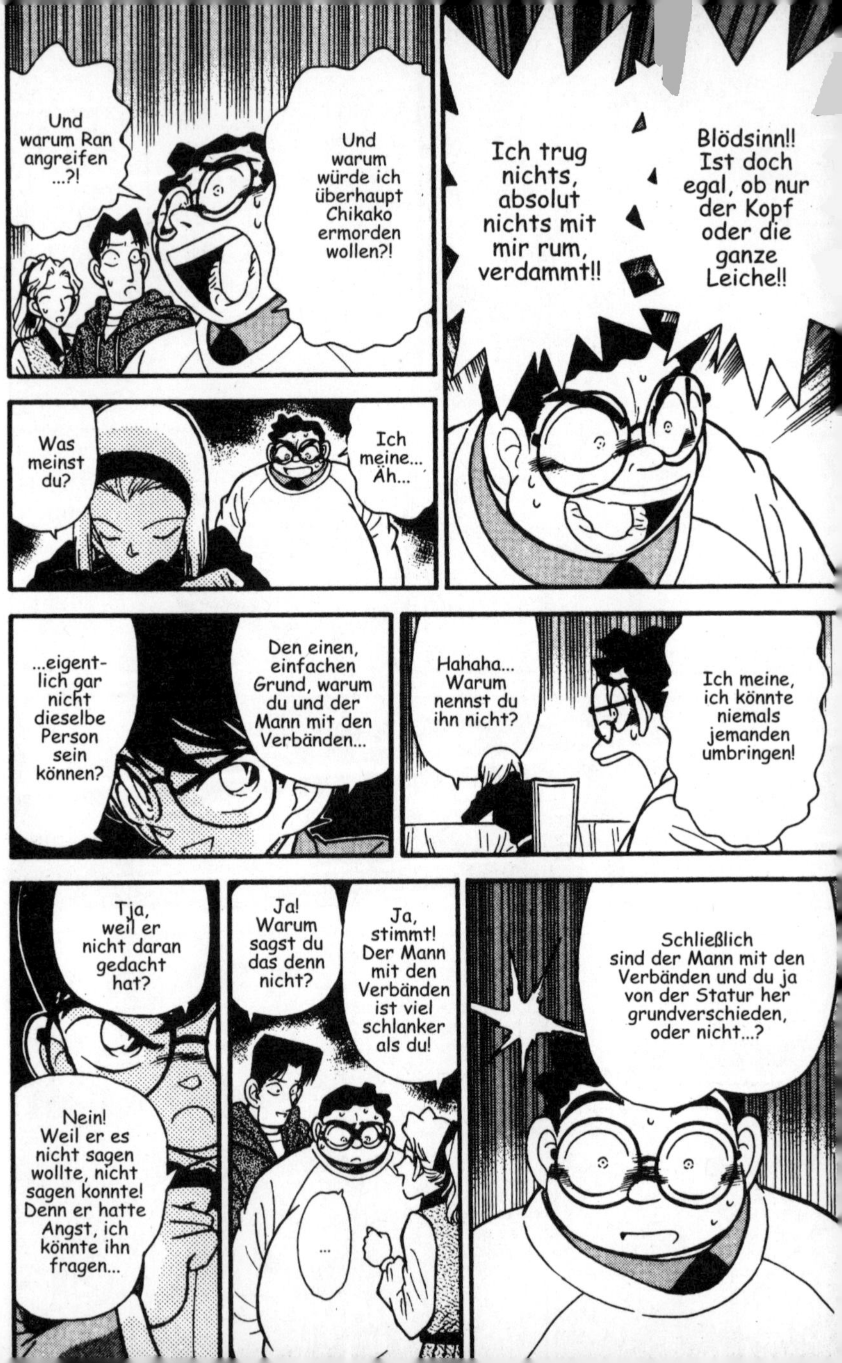

Blödsinn!! Ist doch egal, ob nur der Kopf oder die ganze Leiche!!
Ich trug nichts, absolut nichts mit mir rum, verdammt!!
Und warum würde ich überhaupt Chikako ermorden wollen?!
Und warum Ran angreifen ...?!
Ich meine... Äh...
Was meinst du?
Ich meine, ich könnte niemals jemanden umbringen!
Hahaha... Warum nennst du ihn nicht?
Den einen, einfachen Grund, warum du und der Mann mit den Verbänden...
...eigent-lich gar nicht dieselbe Person sein können?
Schließlich sind der Mann mit den Verbänden und du ja von der Statur her grundverschieden, oder nicht...?
Ja, stimmt! Der Mann mit den Verbänden ist viel schlanker als du!
Ja! Warum sagst du das denn nicht?
...
Tja, weil er nicht daran gedacht hat?
Nein! Weil er es nicht sagen wollte, nicht sagen konnte! Denn er hatte Angst, ich könnte ihn fragen...

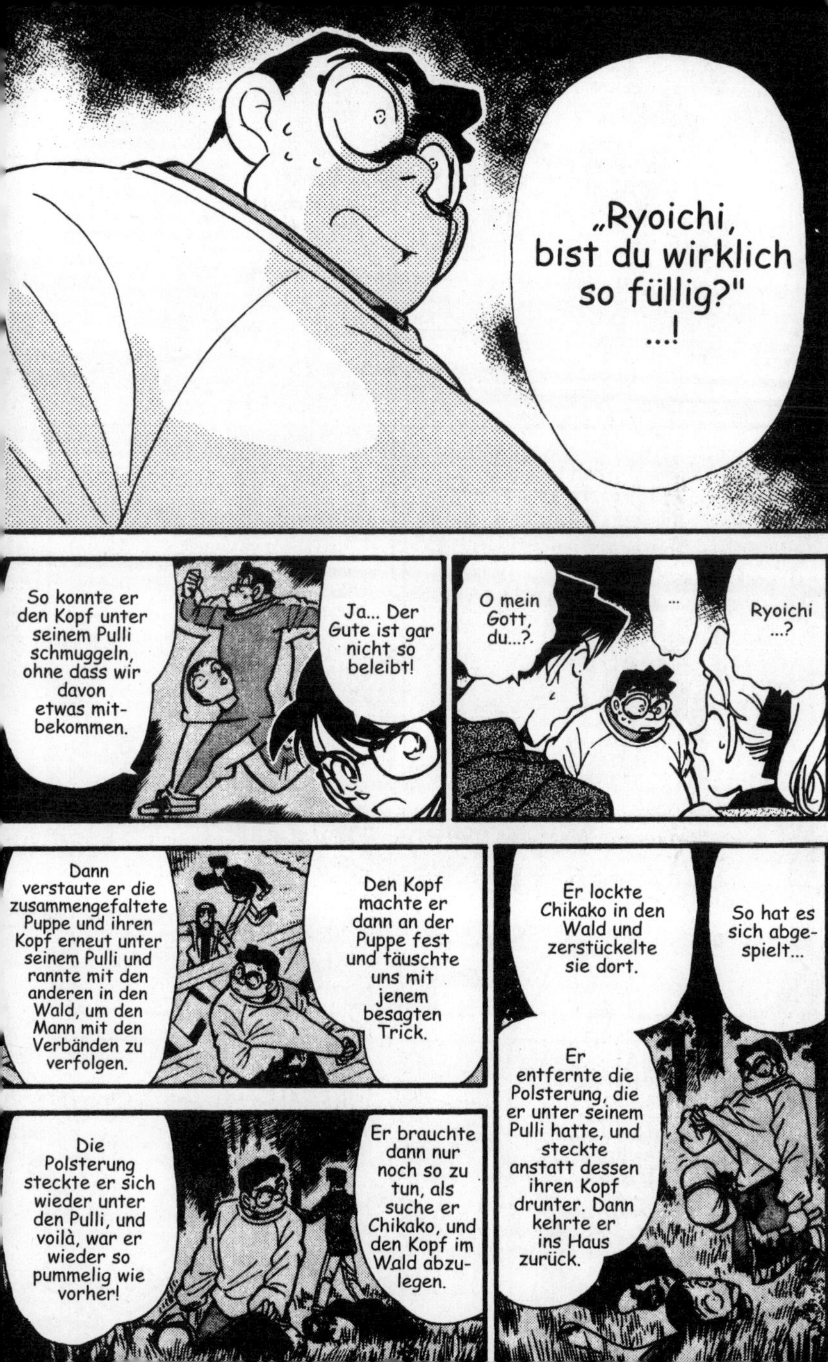

„Ryoichi, bist du wirklich so füllig?" ...!
Ryoichi ...?
...
O mein Gott, du...?.
Ja... Der Gute ist gar nicht so beleibt!
So konnte er den Kopf unter seinem Pulli schmuggeln, ohne dass wir davon etwas mitbekommen.
So hat es sich abgespielt...
Er lockte Chikako in den Wald und zerstückelte sie dort.
Er entfernte die Polsterung, die er unter seinem Pulli hatte, und steckte anstatt dessen ihren Kopf drunter. Dann kehrte er ins Haus zurück.
Den Kopf machte er dann an der Puppe fest und täuschte uns mit jenem besagten Trick.
Dann verstaute er die zusammengefaltete Puppe und ihren Kopf erneut unter seinem Pulli und rannte mit den anderen in den Wald, um den Mann mit den Verbänden zu verfolgen.
Er brauchte dann nur noch so zu tun, als suche er Chikako, und den Kopf im Wald abzulegen.
Die Polsterung steckte er sich wieder unter den Pulli, und voilà, war er wieder so pummelig wie vorher!

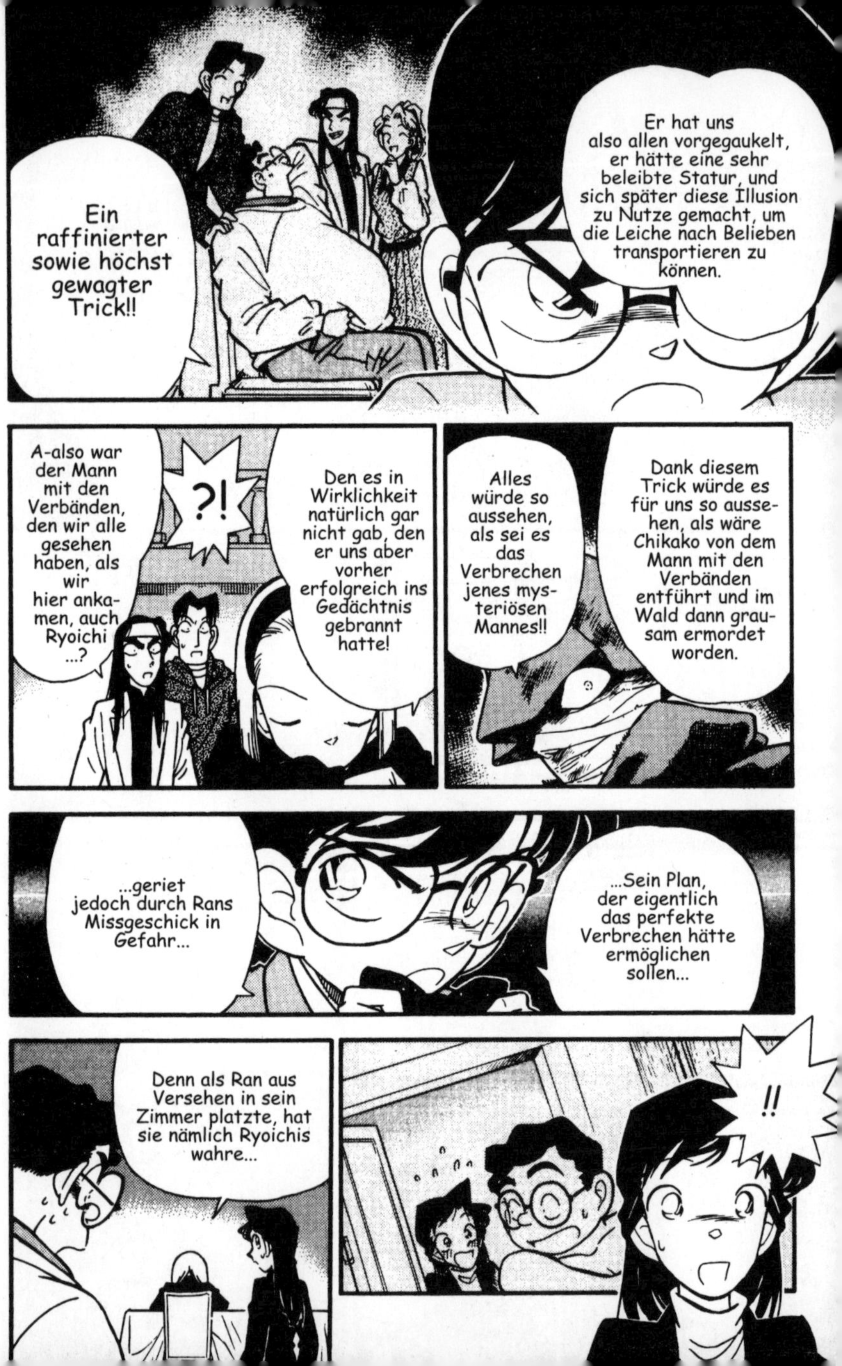

Er hat uns also allen vorgegaukelt, er hätte eine sehr beleibte Statur, und sich später diese Illusion zu Nutze gemacht, um die Leiche nach Belieben transportieren zu können.
Ein raffinierter sowie höchst gewagter Trick!!
Dank diesem Trick würde es für uns so aussehen, als wäre Chikako von dem Mann mit den Verbänden entführt und im Wald dann grausam ermordet worden.
Alles würde so aussehen, als sei es das Verbrechen jenes mysteriösen Mannes!!
Den es in Wirklichkeit natürlich gar nicht gab, den er uns aber vorher erfolgreich ins Gedächtnis gebrannt hatte!
?!
A-also war der Mann mit den Verbänden, den wir alle gesehen haben, als wir hier ankamen, auch Ryoichi ...?
...Sein Plan, der eigentlich das perfekte Verbrechen hätte ermöglichen sollen...
...geriet jedoch durch Rans Missgeschick in Gefahr...
!!
Denn als Ran aus Versehen in sein Zimmer platzte, hat sie nämlich Ryoichis wahre...

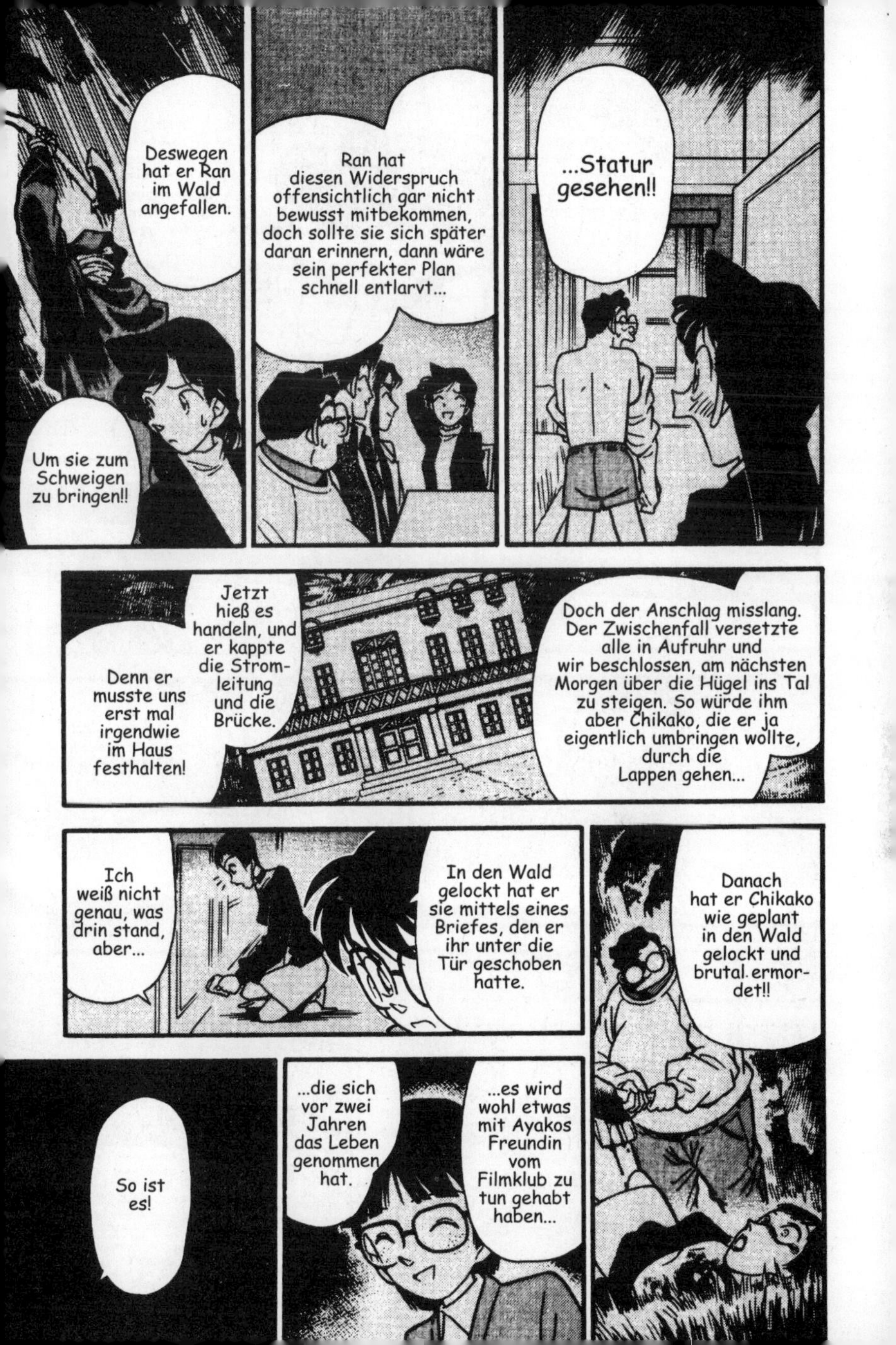

...Statur gesehen!!
Ran hat diesen Widerspruch offensichtlich gar nicht bewusst mitbekommen, doch sollte sie sich später daran erinnern, dann wäre sein perfekter Plan schnell entlarvt...
Deswegen hat er Ran im Wald angefallen.
Um sie zum Schweigen zu bringen!!
Doch der Anschlag misslang. Der Zwischenfall versetzte alle in Aufruhr und wir beschlossen, am nächsten Morgen über die Hügel ins Tal zu steigen. So würde ihm aber Chikako, die er ja eigentlich umbringen wollte, durch die Lappen gehen...
Jetzt hieß es handeln, und er kappte die Stromleitung und die Brücke.
Denn er musste uns erst mal irgendwie im Haus festhalten!
Danach hat er Chikako wie geplant in den Wald gelockt und brutal ermordet!!
In den Wald gelockt hat er sie mittels eines Briefes, den er ihr unter die Tür geschoben hatte.
Ich weiß nicht genau, was drin stand, aber...
...es wird wohl etwas mit Ayakos Freundin vom Filmklub zu tun gehabt haben...
...die sich vor zwei Jahren das Leben genommen hat.
So ist es!

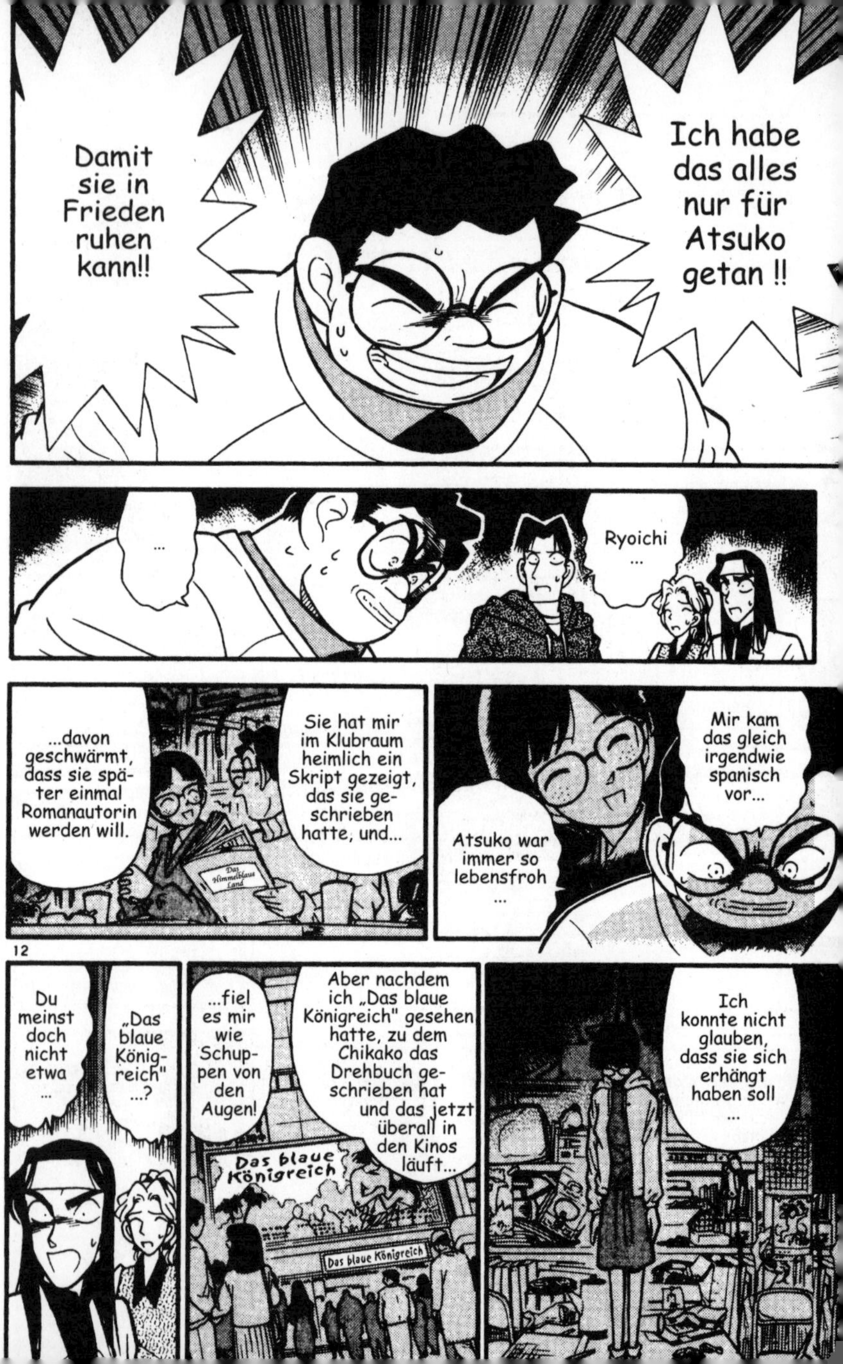

Ich habe das alles nur für Atsuko getan !!
Damit sie in Frieden ruhen kann!!
Ryoichi ...
...
Mir kam das gleich irgendwie spanisch vor...
Atsuko war immer so lebensfroh ...
Sie hat mir im Klubraum heimlich ein Skript gezeigt, das sie geschrieben hatte, und...
...davon geschwärmt, dass sie später einmal Romanautorin werden will.
Das Himmelblaue Land
Ich konnte nicht glauben, dass sie sich erhängt haben soll ...
Aber nachdem ich „Das blaue Königreich" gesehen hatte, zu dem Chikako das Drehbuch geschrieben hat und das jetzt überall in den Kinos läuft...
...fiel es mir wie Schuppen von den Augen!
Das blaue Königreich
Das blaue Königreich
„Das blaue Königreich" ...?
Du meinst doch nicht etwa ...

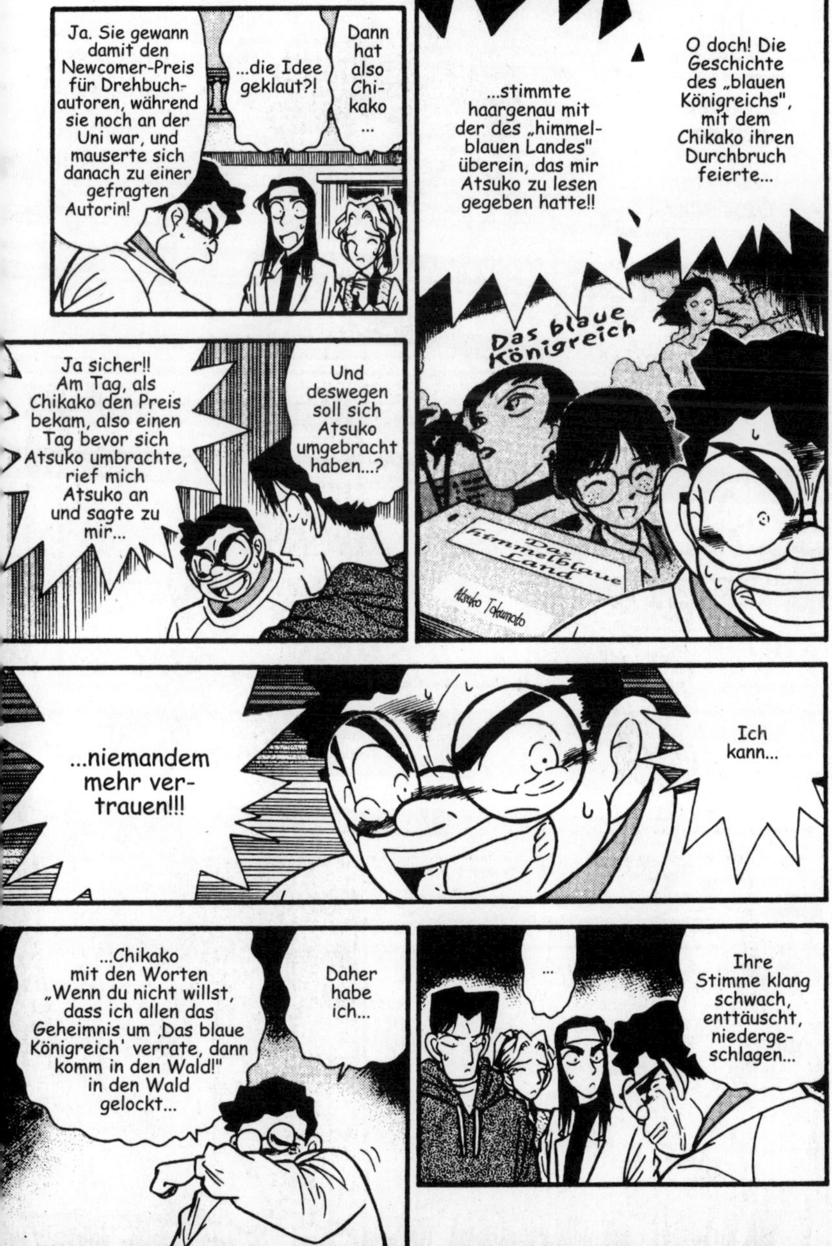
O doch! Die Geschichte des „blauen Königreichs", mit dem Chikako ihren Durchbruch feierte...
...stimmte haargenau mit der des „himmelblauen Landes" überein, das mir Atsuko zu lesen gegeben hatte!!
Das blaue Königreich
Das himmelblaue Land
Atsuko Takumoto
Dann hat also Chikako ...
...die Idee geklaut?!
Ja. Sie gewann damit den Newcomer-Preis für Drehbuchautoren, während sie noch an der Uni war, und mauserte sich danach zu einer gefragten Autorin!
Und deswegen soll sich Atsuko umgebracht haben...?
Ja sicher!! Am Tag, als Chikako den Preis bekam, also einen Tag bevor sich Atsuko umbrachte, rief mich Atsuko an und sagte zu mir...
Ich kann...
...niemandem mehr vertrauen!!!
Ihre Stimme klang schwach, enttäuscht, niedergeschlagen...
...
Daher habe ich...
...Chikako mit den Worten „Wenn du nicht willst, dass ich allen das Geheimnis um ‚Das blaue Königreich' verrate, dann komm in den Wald!" in den Wald gelockt...

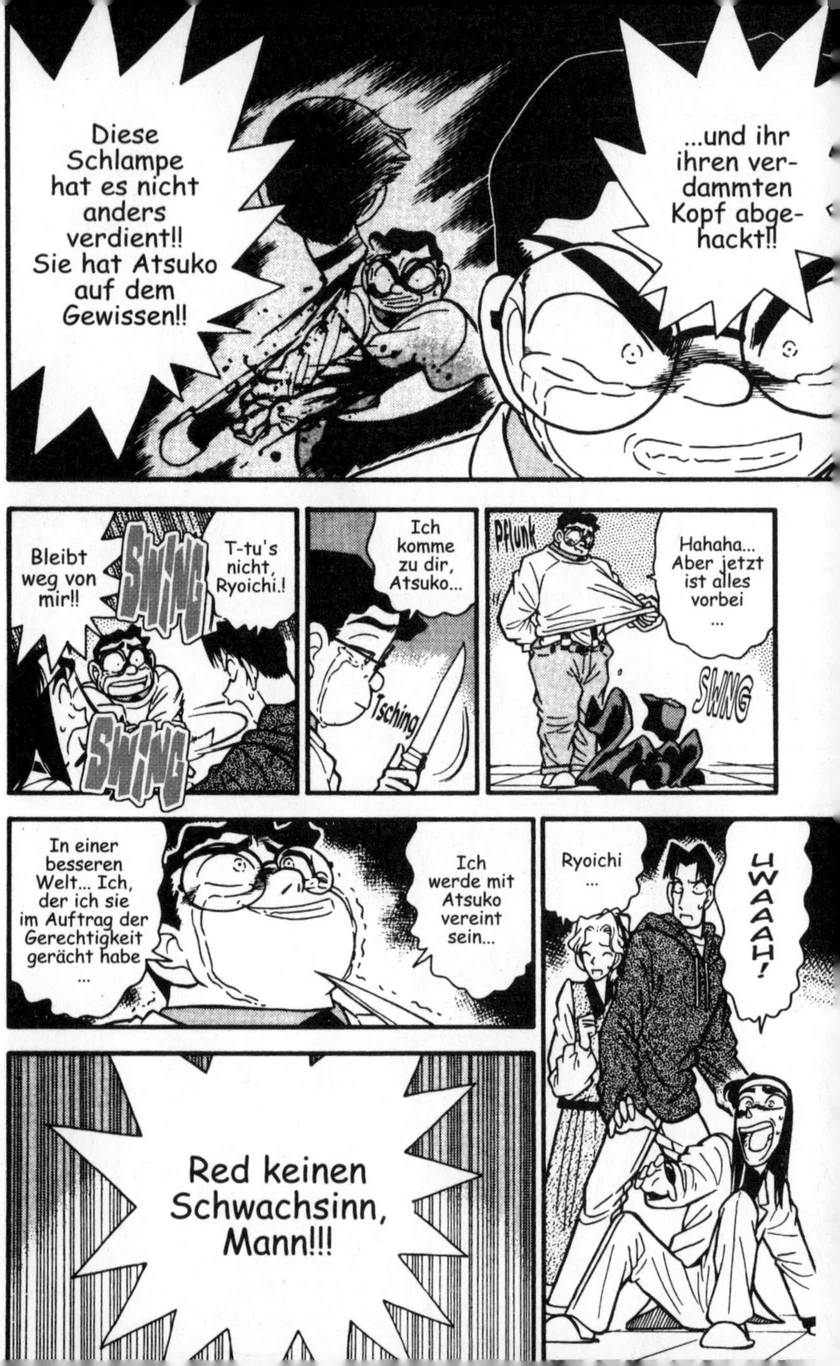
...und ihr ihren verdammten Kopf abgehackt!!
Diese Schlampe hat es nicht anders verdient!! Sie hat Atsuko auf dem Gewissen!!
Pflunk
Hahaha... Aber jetzt ist alles vorbei ...
SWING
Ich komme zu dir, Atsuko...
Tsching
T-tu's nicht, Ryoichi.!
SWING
Bleibt weg von mir!!
SWING
UWAAAAH!
Ryoichi ...
Ich werde mit Atsuko vereint sein...
In einer besseren Welt... Ich, der ich sie im Auftrag der Gerechtigkeit gerächt habe ...
Red keinen Schwachsinn, Mann!!!

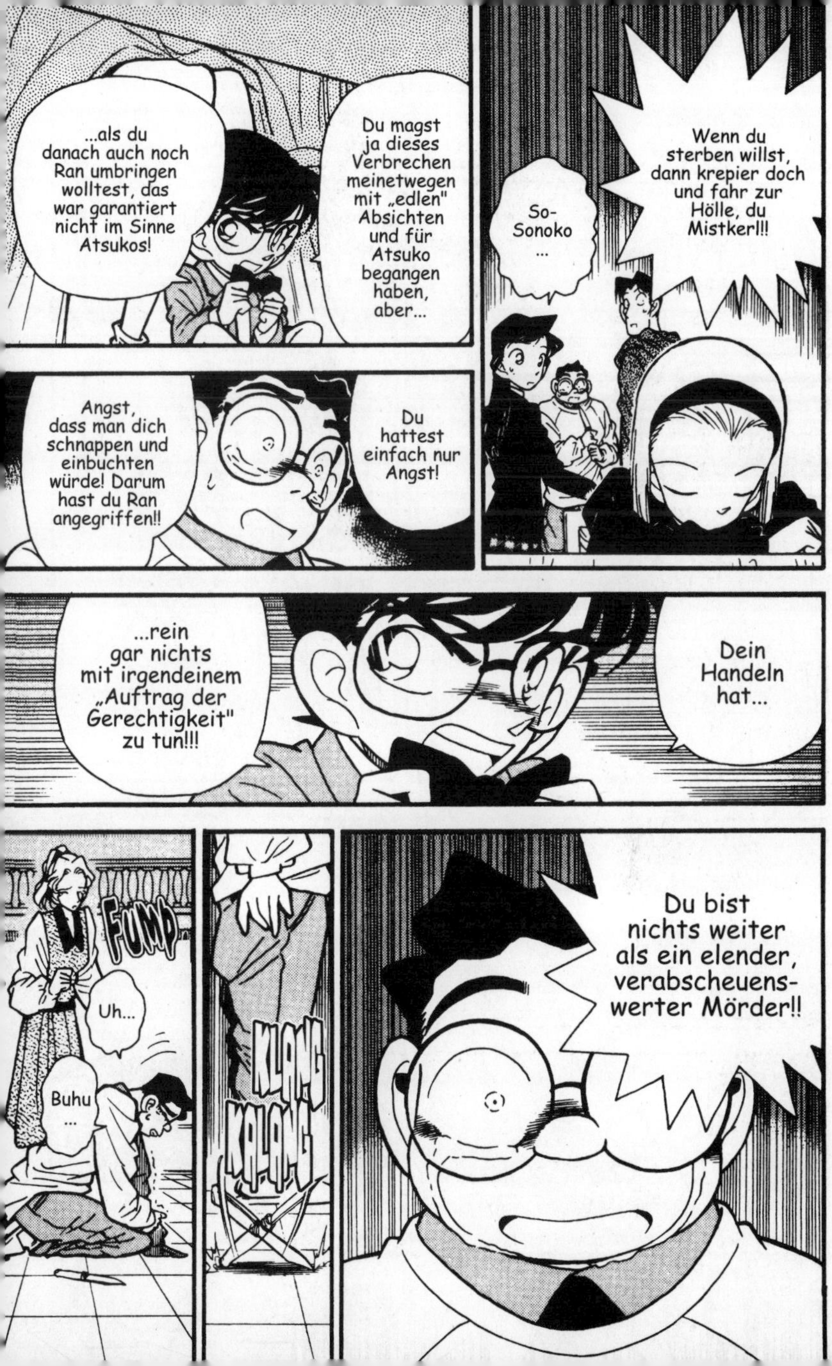
Wenn du sterben willst, dann krepier doch und fahr zur Hölle, du Mistkerl!!
So- Sonoko ...
Du magst ja dieses Verbrechen meinetwegen mit „edlen" Absichten und für Atsuko begangen haben, aber...
...als du danach auch noch Ran umbringen wolltest, das war garantiert nicht im Sinne Atsukos!
Du hattest einfach nur Angst!
Angst, dass man dich schnappen und einbuchten würde! Darum hast du Ran angegriffen!!
Dein Handeln hat...
...rein gar nichts mit irgendeinem „Auftrag der Gerechtigkeit" zu tun!!!
Du bist nichts weiter als ein elender, verabscheuenswerter Mörder!!
KLANG
KALANG
FUMP
Uh...
Buhu ...

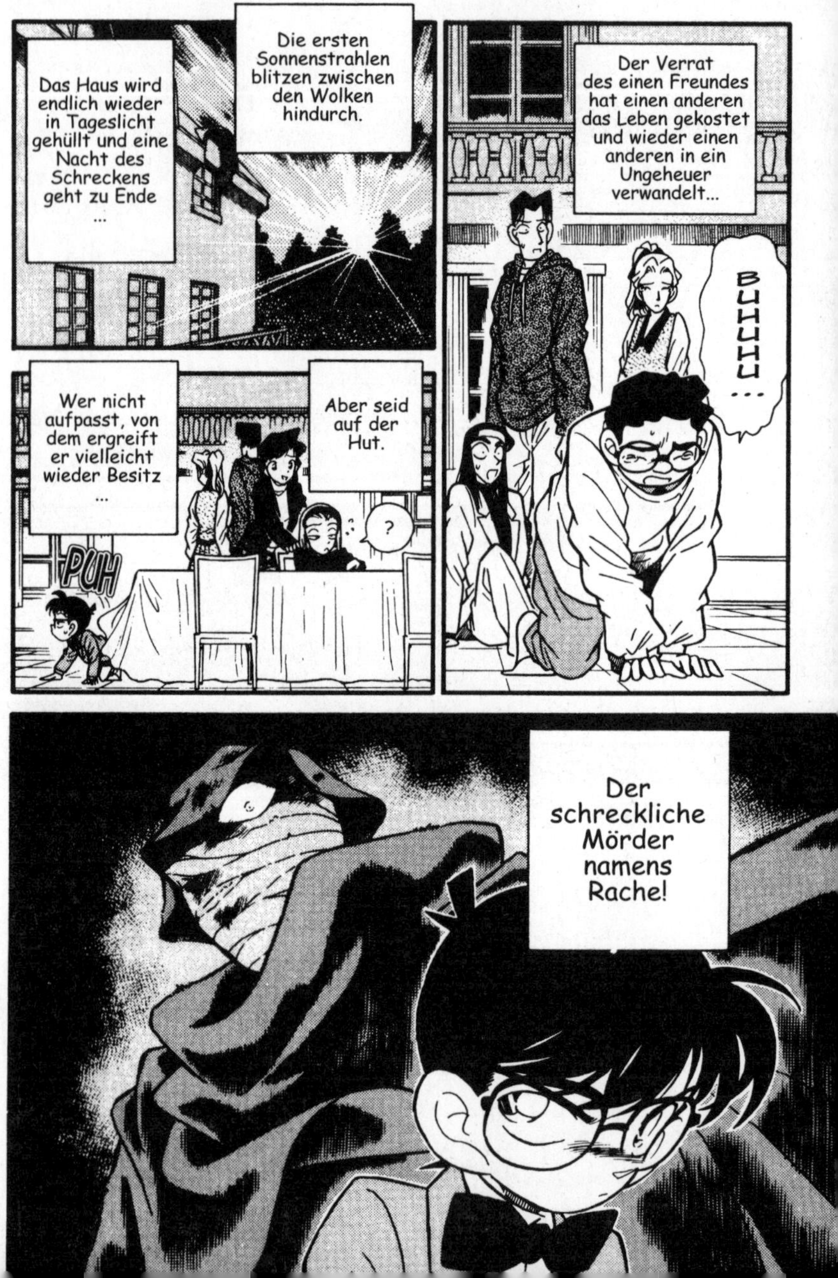
Die ersten Sonnenstrahlen blitzen zwischen den Wolken hindurch.
Das Haus wird endlich wieder in Tageslicht gehüllt und eine Nacht des Schreckens geht zu Ende ...
Der Verrat des einen Freundes hat einen anderen das Leben gekostet und wieder einen anderen in ein Ungeheuer verwandelt...
BUHUHU ...
Aber seid auf der Hut.
?
Wer nicht aufpasst, von dem ergreift er vielleicht wieder Besitz ...
PUH
Der schreckliche Mörder namens Rache!

PLATZ 1:
DIE MUMIE IM WALD

7 %
eurer Stimmen!

Das ist er also, der beliebteste Fall der deutschen Leser!

Der Fall „Die Mumie im Wald" ist geradezu berüchtigt für den brutalen und kompromisslosen Schurken, mit dem auch ganz abgesehen von seinem unheimlichen Look nicht zu spaßen ist. Wusstet ihr, dass es sich ausgerechnet bei diesem blutigen Verbrechen um das erste handelt, das von der „schlafenden Sonoko" aufgeklärt wird? Und das bei ihrem allerersten Auftritt im Detektiv-Conan-Manga! Außerdem wird mit Ayako erstmals eines ihrer Familienmitglieder vorgestellt. Also drei Suzuki-Premieren auf einen Schlag! Apropos Schlag: Ihre schlagkräftige „große wahre Liebe mit diesem einen besonderen Mann" erfährt sie erst später in Oberschüler und Karatemeister Makoto Kyogoku!

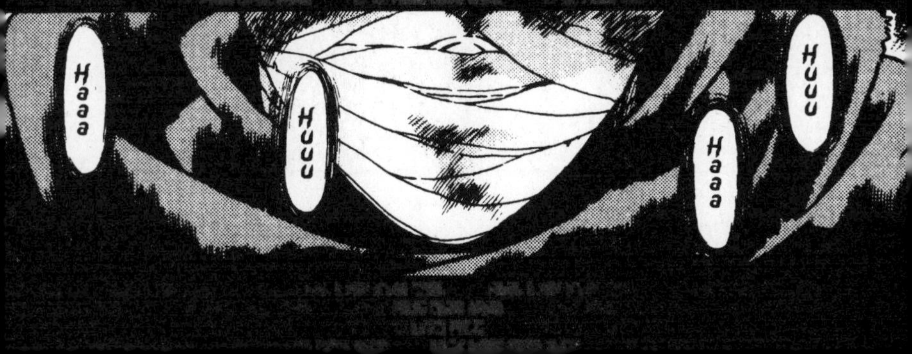

GOSHO AOYAMA

DETEKTIV CONAN

FAN EDITION

FALL 18

KAPITEL 1

Einladung auf die Mondschatteninsel

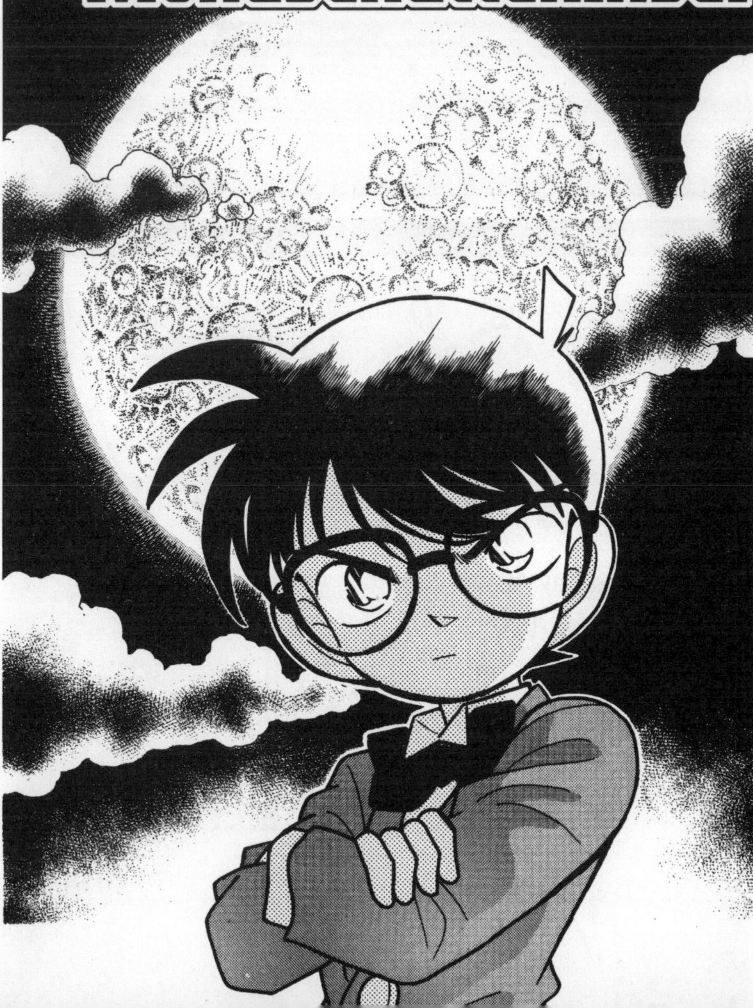

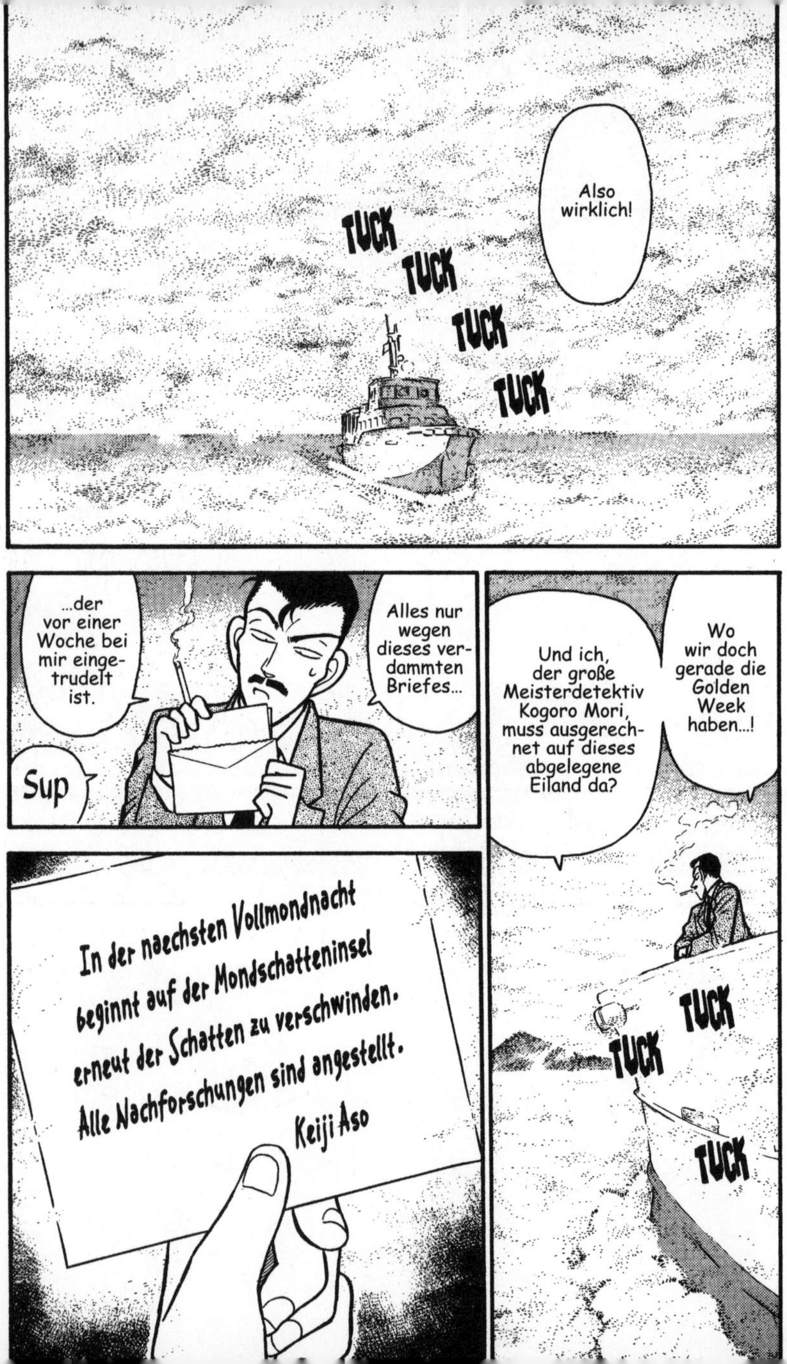
Also wirklich!
TUCK
TUCK
TUCK
TUCK
Wo wir doch gerade die Golden Week haben...!
Und ich, der große Meisterdetektiv Kogoro Mori, muss ausgerechnet auf dieses abgelegene Eiland da?
TUCK
TUCK
TUCK
Alles nur wegen dieses verdammten Briefes...
...der vor einer Woche bei mir eingetrudelt ist.
Sup
In der naechsten Vollmondnacht
beginnt auf der Mondschatteninsel
erneut der Schatten zu verschwinden.
Alle Nachforschungen sind angestellt.
Keiji Aso

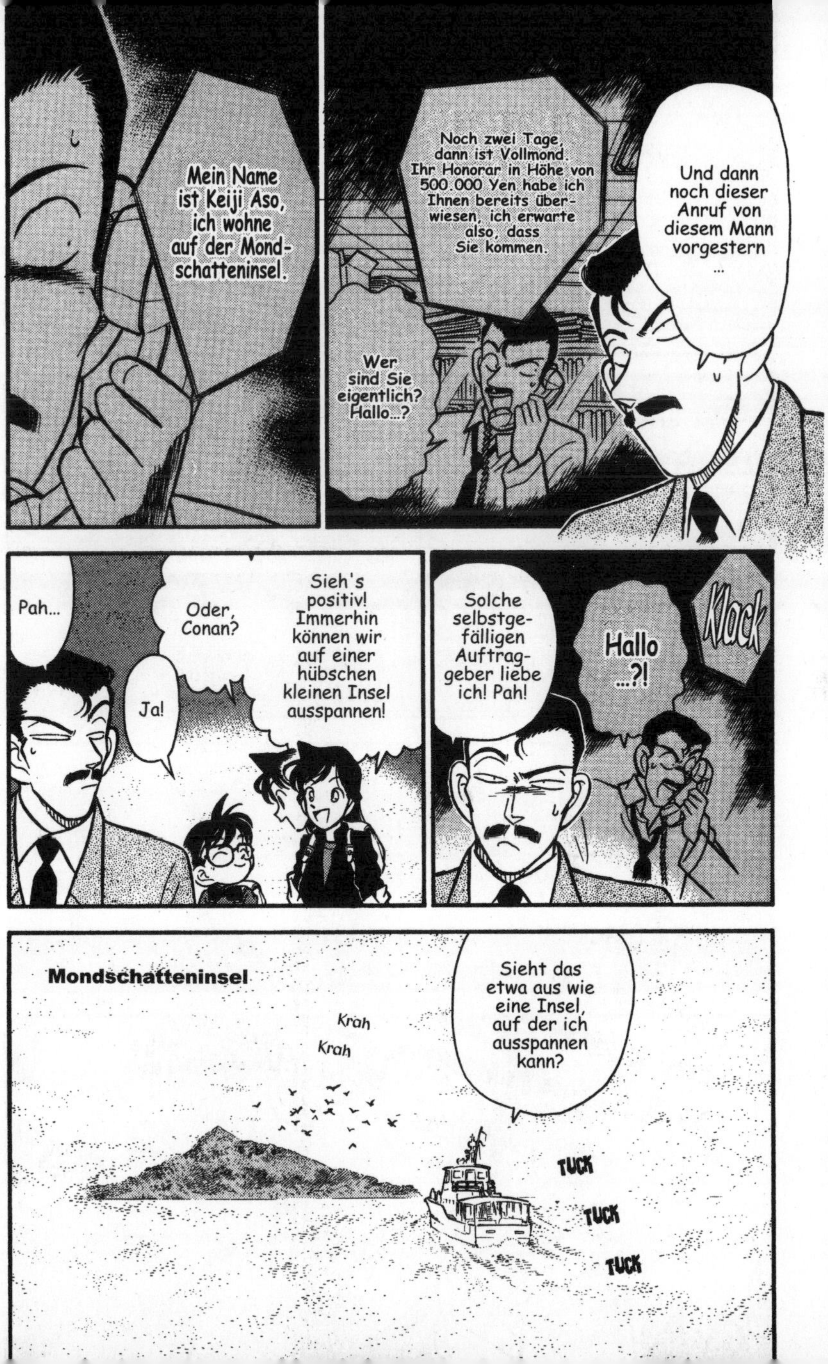

Und dann noch dieser Anruf von diesem Mann vorgestern ...
Noch zwei Tage, dann ist Vollmond. Ihr Honorar in Höhe von 500.000 Yen habe ich Ihnen bereits überwiesen, ich erwarte also, dass Sie kommen.
Wer sind Sie eigentlich? Hallo...?
Mein Name ist Keiji Aso, ich wohne auf der Mondschatteninsel.
Klack
Hallo ...?!
Solche selbstgefälligen Auftraggeber liebe ich! Pah!
Sieh's positiv! Immerhin können wir auf einer hübschen kleinen Insel ausspannen!
Oder, Conan?
Ja!
Pah...
Mondschatteninsel
Sieht das etwa aus wie eine Insel, auf der ich ausspannen kann?
Krah
Krah
TUCK
TUCK
TUCK

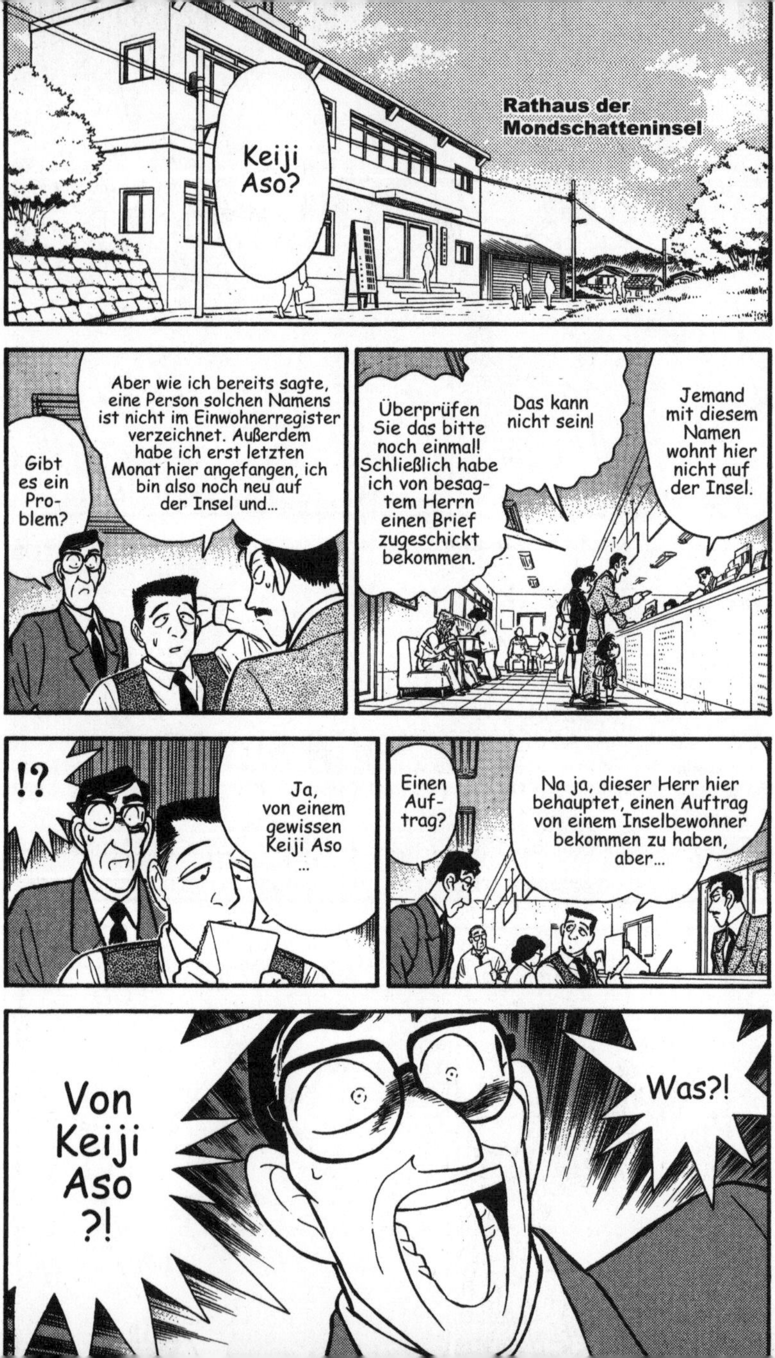
Rathaus der Mondschatteninsel
Keiji Aso?
Jemand mit diesem Namen wohnt hier nicht auf der Insel.
Das kann nicht sein!
Überprüfen Sie das bitte noch einmal! Schließlich habe ich von besagtem Herrn einen Brief zugeschickt bekommen.
Aber wie ich bereits sagte, eine Person solchen Namens ist nicht im Einwohnerregister verzeichnet. Außerdem habe ich erst letzten Monat hier angefangen, ich bin also noch neu auf der Insel und...
Gibt es ein Problem?
Na ja, dieser Herr hier behauptet, einen Auftrag von einem Inselbewohner bekommen zu haben, aber...
Einen Auftrag?
Ja, von einem gewissen Keiji Aso ...
!?
Was?!
Von Keiji Aso ?!

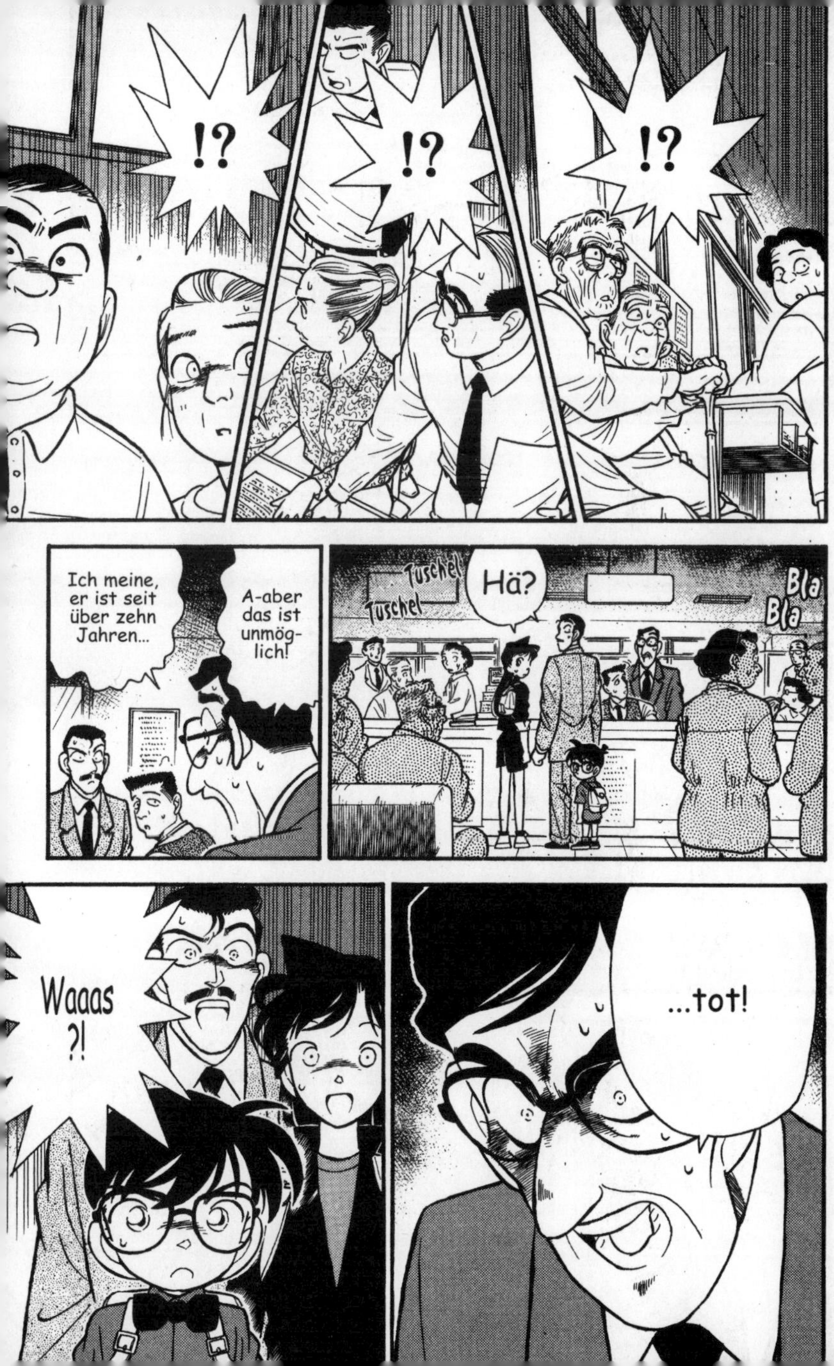
!?
!?
!?
Hä?
Tuschel
Tuschel
Bla
Bla
Ich meine, er ist seit über zehn Jahren...
A-aber das ist unmöglich!
...tot!
Waaas ?!

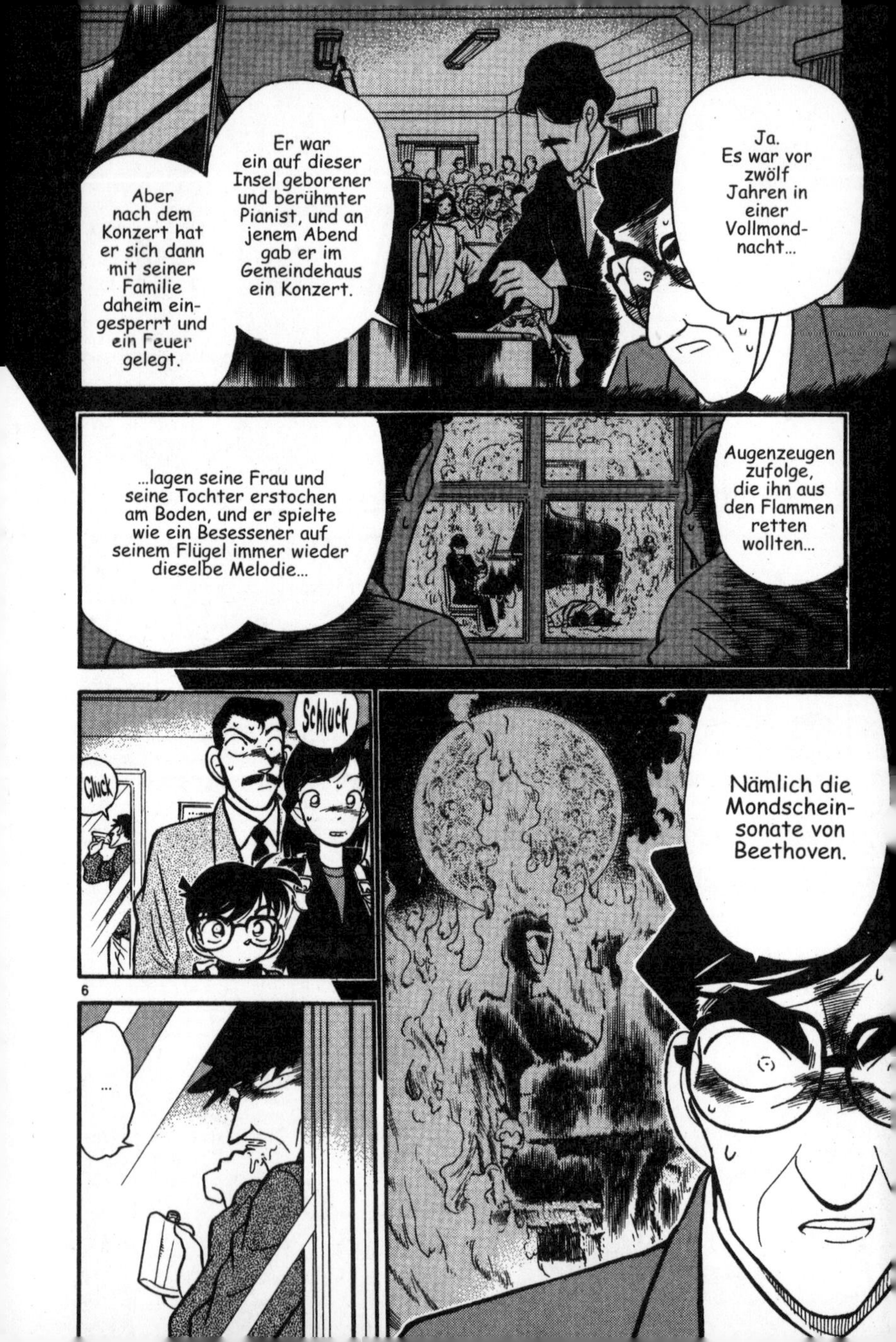
Ja.
Es war vor zwölf Jahren in einer Vollmondnacht...
Er war ein auf dieser Insel geborener und berühmter Pianist, und an jenem Abend gab er im Gemeindehaus ein Konzert.
Aber nach dem Konzert hat er sich dann mit seiner Familie daheim eingesperrt und ein Feuer gelegt.
Augenzeugen zufolge, die ihn aus den Flammen retten wollten...
...lagen seine Frau und seine Tochter erstochen am Boden, und er spielte wie ein Besessener auf seinem Flügel immer wieder dieselbe Melodie...
Nämlich die Mondscheinsonate von Beethoven.
Schluck
Gluck
...

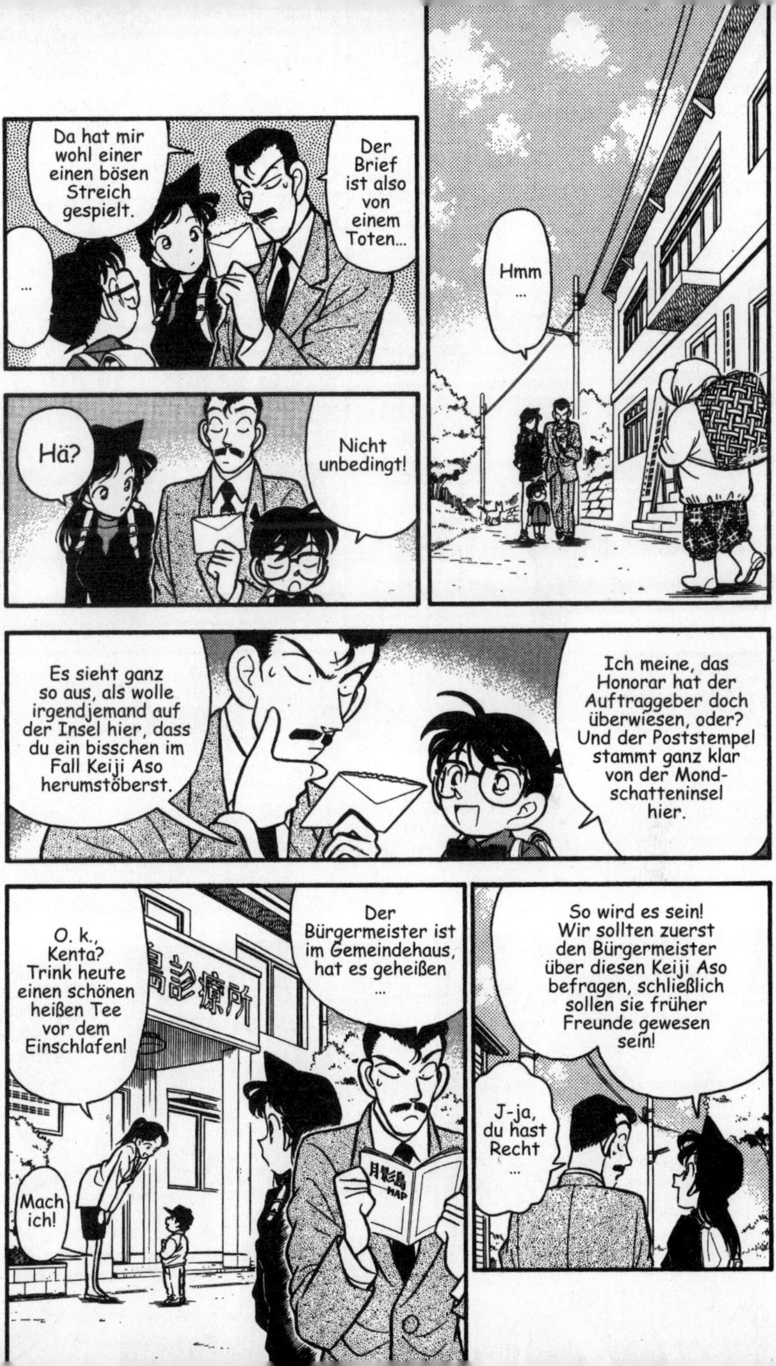

Hmm ...
Der Brief ist also von einem Toten...
Da hat mir wohl einer einen bösen Streich gespielt.
...
Nicht unbedingt!
Hä?
Ich meine, das Honorar hat der Auftraggeber doch überwiesen, oder? Und der Poststempel stammt ganz klar von der Mondschatteninsel hier.
Es sieht ganz so aus, als wolle irgendjemand auf der Insel hier, dass du ein bisschen im Fall Keiji Aso herumstöberst.
So wird es sein! Wir sollten zuerst den Bürgermeister über diesen Keiji Aso befragen, schließlich sollen sie früher Freunde gewesen sein!
J-ja, du hast Recht ...
Der Bürgermeister ist im Gemeindehaus, hat es geheißen ...
月影島 MAP
O. k., Kenta? Trink heute einen schönen heißen Tee vor dem Einschlafen!
Mach ich!

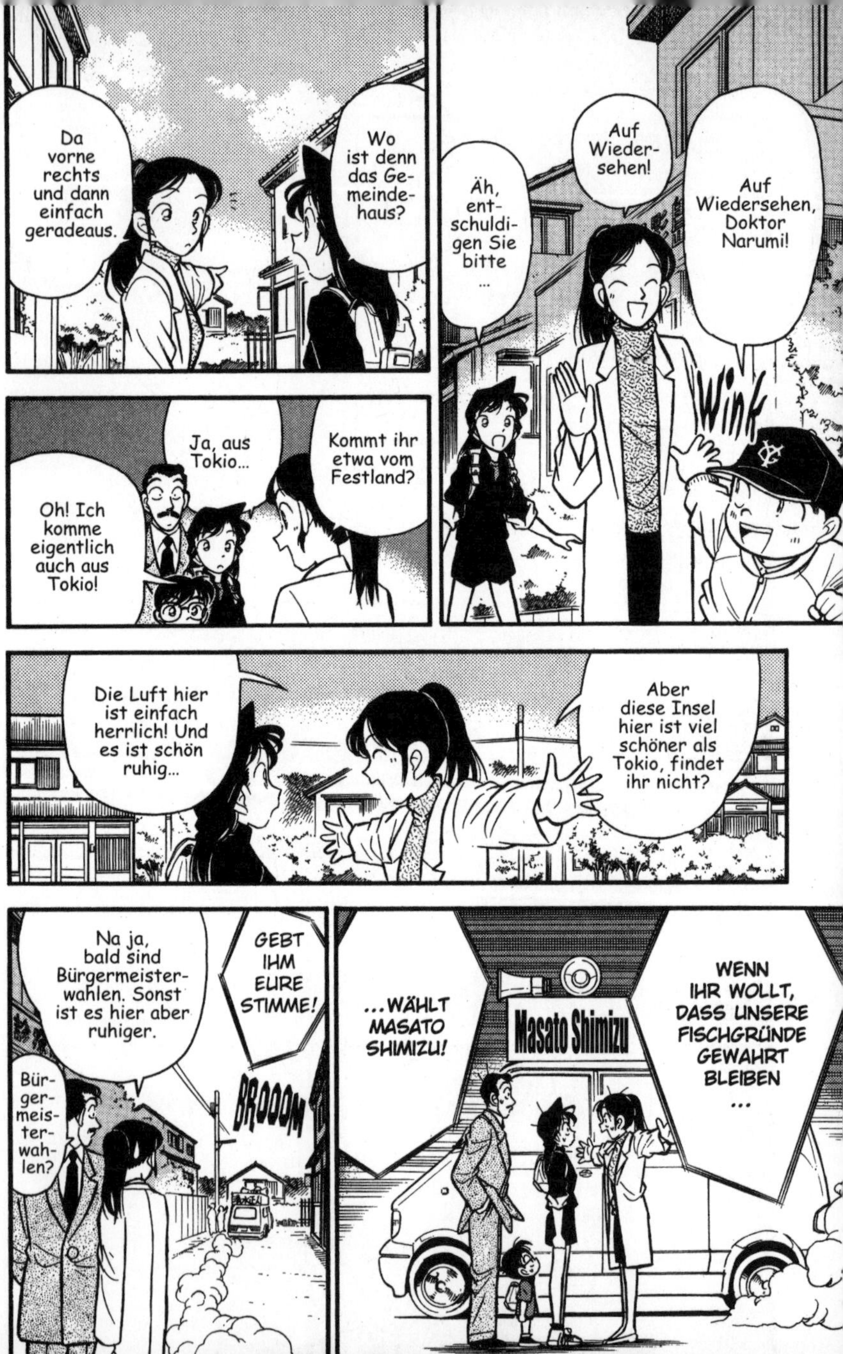
Auf Wiedersehen, Doktor Narumi!
Auf Wiedersehen!
Äh, entschuldigen Sie bitte ...
Wink
Wo ist denn das Gemeindehaus?
Da vorne rechts und dann einfach geradeaus.
Kommt ihr etwa vom Festland?
Ja, aus Tokio...
Oh! Ich komme eigentlich auch aus Tokio!
Aber diese Insel hier ist viel schöner als Tokio, findet ihr nicht?
Die Luft hier ist einfach herrlich! Und es ist schön ruhig...
WENN IHR WOLLT, DASS UNSERE FISCHGRÜNDE GEWAHRT BLEIBEN ...
Masato Shimizu
...WÄHLT MASATO SHIMIZU!
GEBT IHM EURE STIMME!
Na ja, bald sind Bürgermeisterwahlen. Sonst ist es hier aber ruhiger.
BROOOM
Bürgermeisterwahlen?

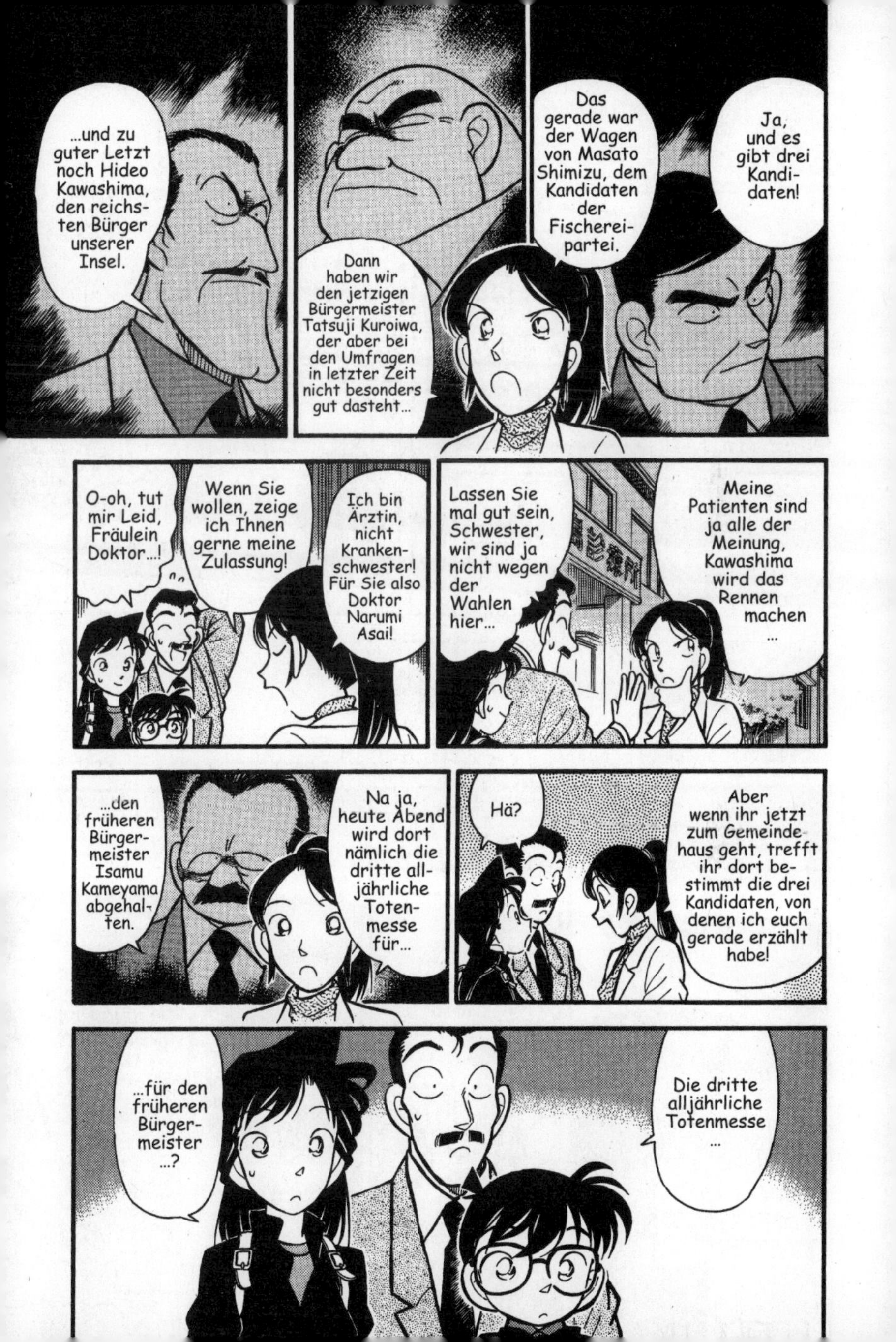

Ja, und es gibt drei Kandidaten!
Das gerade war der Wagen von Masato Shimizu, dem Kandidaten der Fischereipartei.
Dann haben wir den jetzigen Bürgermeister Tatsuji Kuroiwa, der aber bei den Umfragen in letzter Zeit nicht besonders gut dasteht...
...und zu guter Letzt noch Hideo Kawashima, den reichsten Bürger unserer Insel.
Meine Patienten sind ja alle der Meinung, Kawashima wird das Rennen machen ...
Lassen Sie mal gut sein, Schwester, wir sind ja nicht wegen der Wahlen hier...
Ich bin Ärztin, nicht Krankenschwester! Für Sie also Doktor Narumi Asai!
Wenn Sie wollen, zeige ich Ihnen gerne meine Zulassung!
O-oh, tut mir Leid, Fräulein Doktor...!
Aber wenn ihr jetzt zum Gemeindehaus geht, trefft ihr dort bestimmt die drei Kandidaten, von denen ich euch gerade erzählt habe!
Hä?
Na ja, heute Abend wird dort nämlich die dritte alljährliche Totenmesse für...
...den früheren Bürgermeister Isamu Kameyama abgehalten.
Die dritte alljährliche Totenmesse ...
...für den früheren Bürgermeister ...?

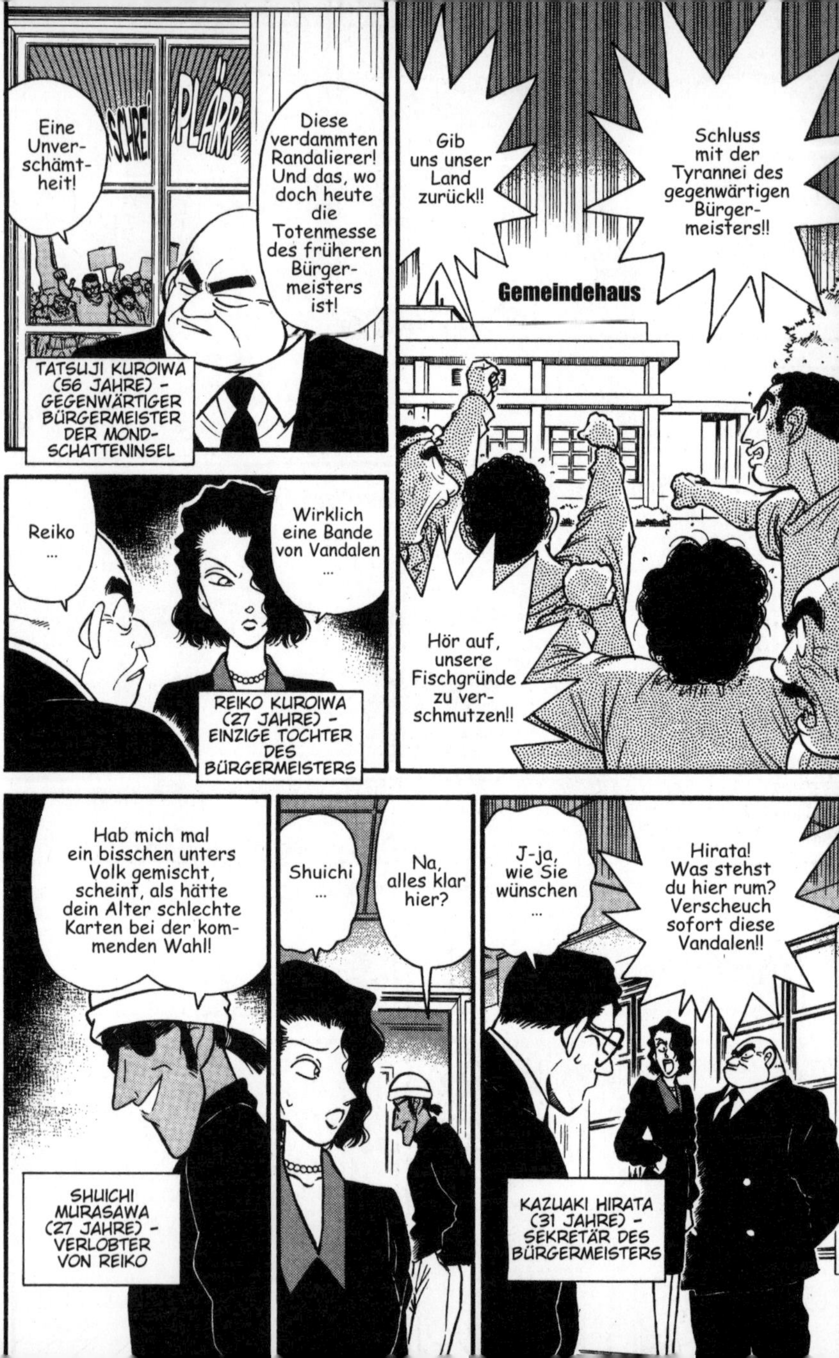
Schluss mit der Tyrannei des gegenwärtigen Bürger-meisters!!
Gib uns unser Land zurück!!
Gemeindehaus
Hör auf, unsere Fischgründe zu ver-schmutzen!!
Diese verdammten Randalierer! Und das, wo doch heute die Totenmesse des früheren Bürger-meisters ist!
PLÄRR
SCHREI
Eine Unver-schämt-heit!
TATSUJI KUROIWA (56 JAHRE) - GEGENWÄRTIGER BÜRGERMEISTER DER MOND-SCHATTENINSEL
Wirklich eine Bande von Vandalen ...
Reiko ...
REIKO KUROIWA (27 JAHRE) - EINZIGE TOCHTER DES BÜRGERMEISTERS
Hirata! Was stehst du hier rum? Verscheuch sofort diese Vandalen!!
J-ja, wie Sie wünschen ...
KAZUAKI HIRATA (31 JAHRE) - SEKRETÄR DES BÜRGERMEISTERS
Na, alles klar hier?
Shuichi ...
Hab mich mal ein bisschen unters Volk gemischt, scheint, als hätte dein Alter schlechte Karten bei der kom-menden Wahl!
SHUICHI MURASAWA (27 JAHRE) - VERLOBTER VON REIKO

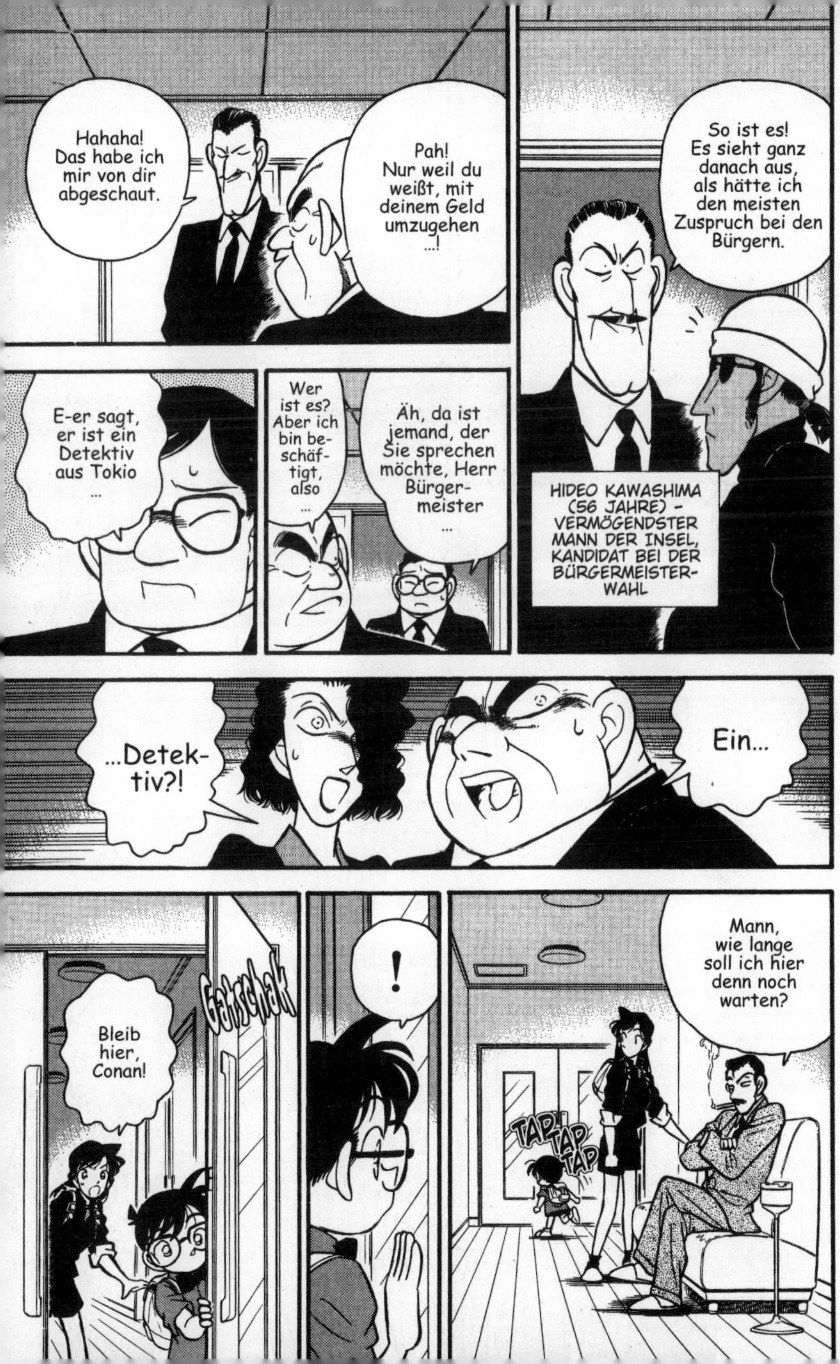
So ist es! Es sieht ganz danach aus, als hätte ich den meisten Zuspruch bei den Bürgern.
HIDEO KAWASHIMA (56 JAHRE) – VERMÖGENDSTER MANN DER INSEL, KANDIDAT BEI DER BÜRGERMEISTER-WAHL
Pah! Nur weil du weißt, mit deinem Geld umzugehen ...!
Hahaha! Das habe ich mir von dir abgeschaut.
Äh, da ist jemand, der Sie sprechen möchte, Herr Bürger-meister ...
Wer ist es? Aber ich bin be-schäf-tigt, also ...
E-er sagt, er ist ein Detektiv aus Tokio ...
Ein...
...Detek-tiv?!
Mann, wie lange soll ich hier denn noch warten?
TAP TAP TAP
!
Bleib hier, Conan!

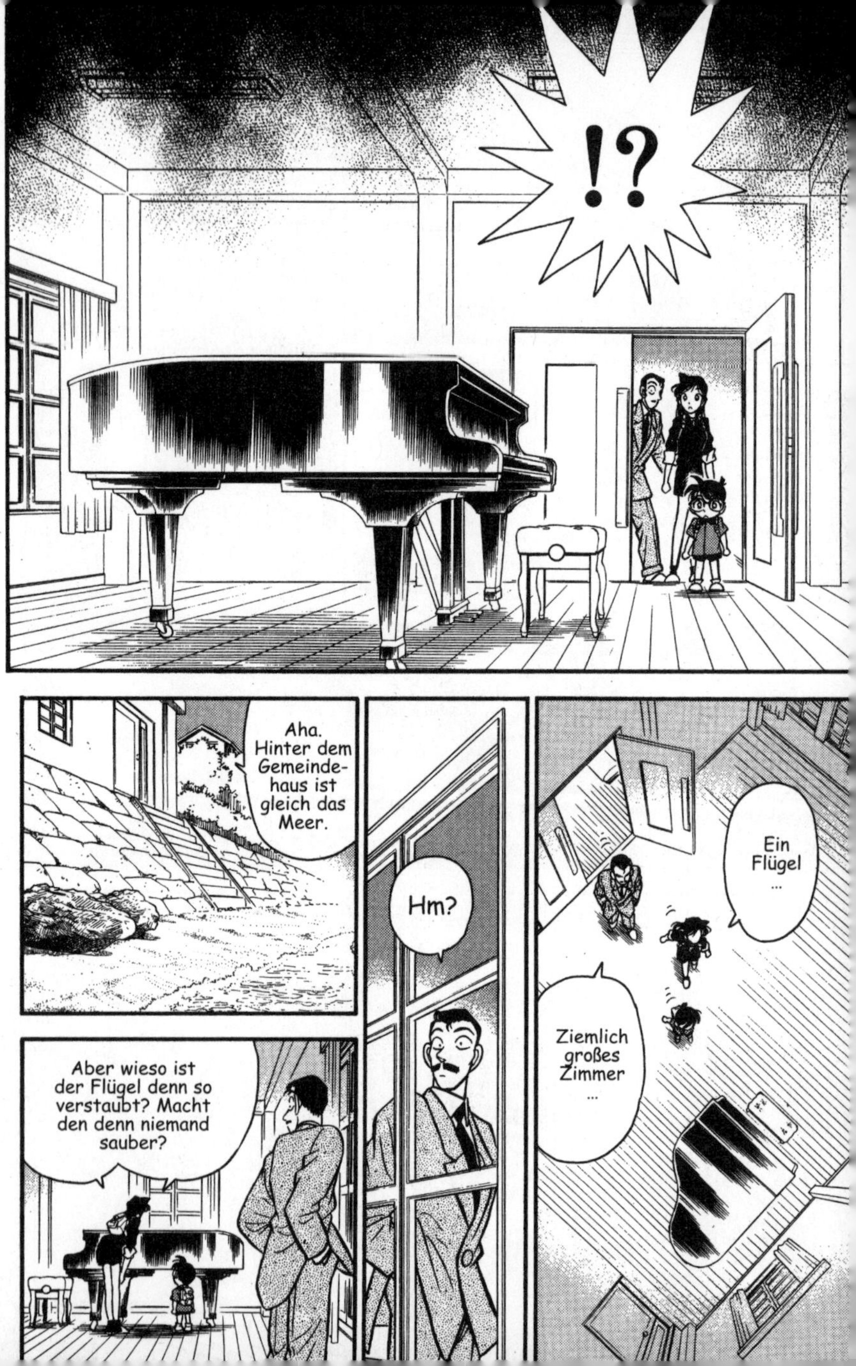
!?
Ein Flügel ...
Ziemlich großes Zimmer ...
Hm?
Aha. Hinter dem Gemeindehaus ist gleich das Meer.
Aber wieso ist der Flügel denn so verstaubt? Macht den denn niemand sauber?

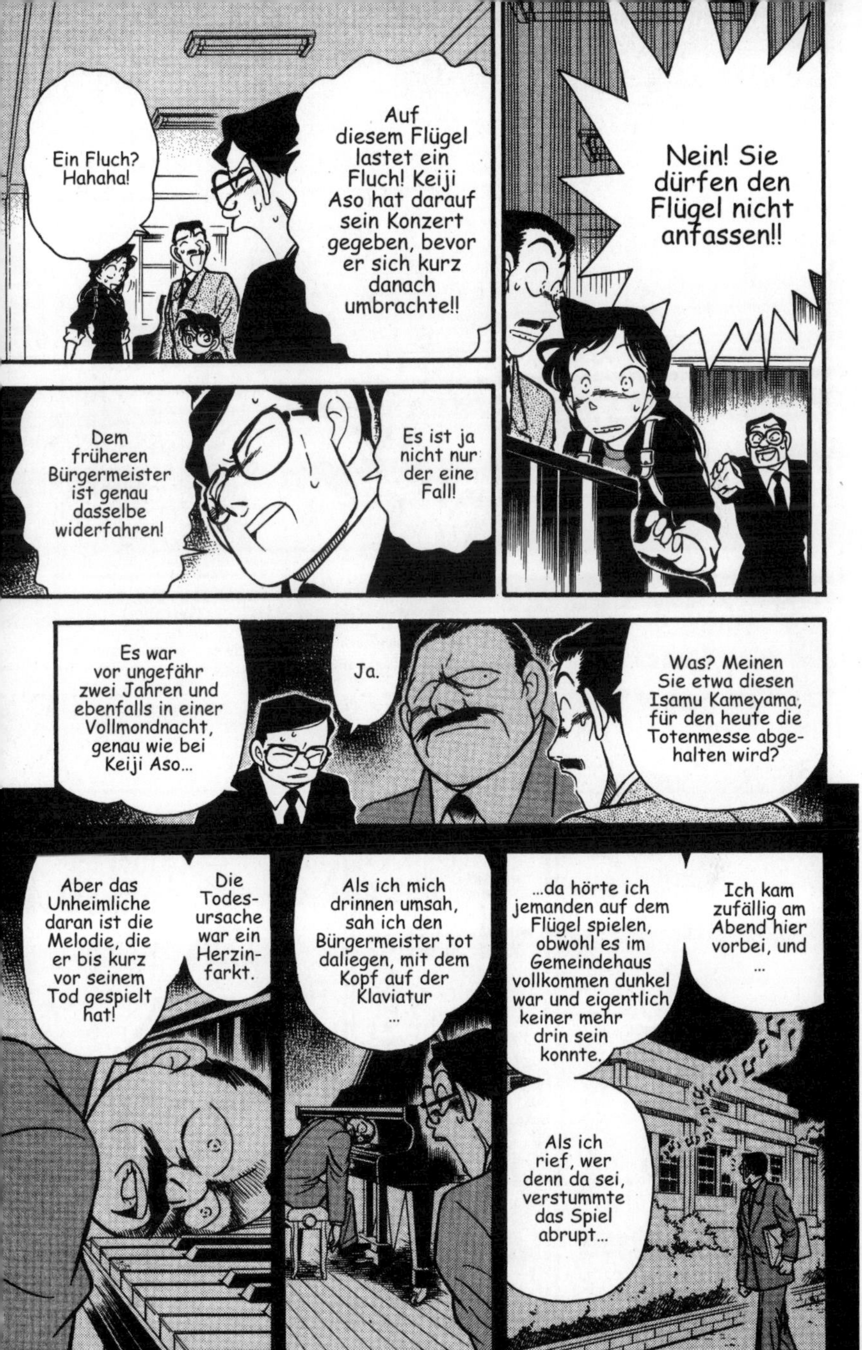

Nein! Sie dürfen den Flügel nicht anfassen!!
Auf diesem Flügel lastet ein Fluch! Keiji Aso hat darauf sein Konzert gegeben, bevor er sich kurz danach umbrachte!!
Ein Fluch? Hahaha!
Es ist ja nicht nur der eine Fall!
Dem früheren Bürgermeister ist genau dasselbe widerfahren!
Was? Meinen Sie etwa diesen Isamu Kameyama, für den heute die Totenmesse abgehalten wird?
Ja.
Es war vor ungefähr zwei Jahren und ebenfalls in einer Vollmondnacht, genau wie bei Keiji Aso…
Ich kam zufällig am Abend hier vorbei, und …
…da hörte ich jemanden auf dem Flügel spielen, obwohl es im Gemeindehaus vollkommen dunkel war und eigentlich keiner mehr drin sein konnte.
Als ich rief, wer denn da sei, verstummte das Spiel abrupt…
Als ich mich drinnen umsah, sah ich den Bürgermeister tot daliegen, mit dem Kopf auf der Klaviatur …
Die Todesursache war ein Herzinfarkt.
Aber das Unheimliche daran ist die Melodie, die er bis kurz vor seinem Tod gespielt hat!

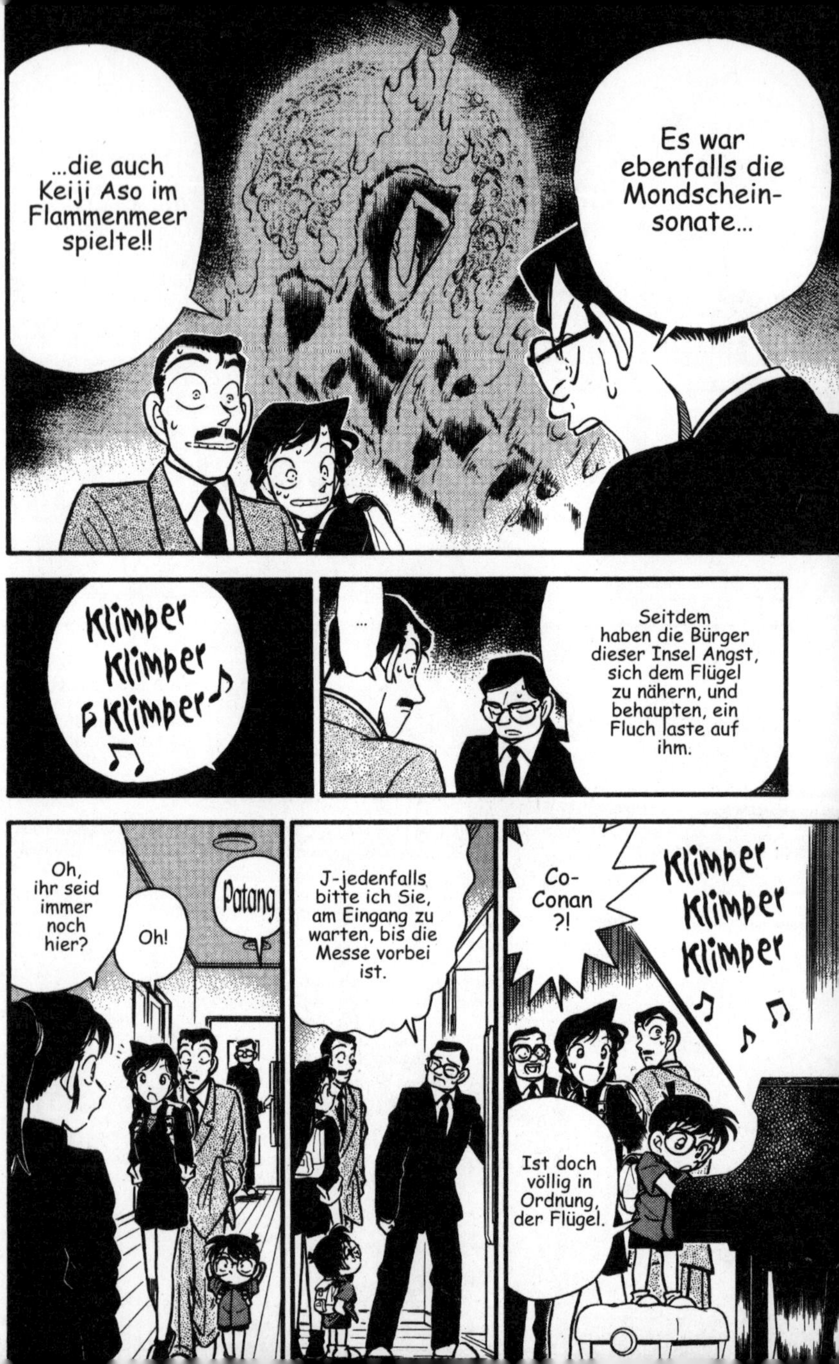
Es war ebenfalls die Mondschein-sonate...
...die auch Keiji Aso im Flammenmeer spielte!!
Seitdem haben die Bürger dieser Insel Angst, sich dem Flügel zu nähern, und behaupten, ein Fluch laste auf ihm.
...
Klimper Klimper Klimper
Klimper Klimper Klimper
Co-Conan ?!
Ist doch völlig in Ordnung, der Flügel.
J-jedenfalls bitte ich Sie, am Eingang zu warten, bis die Messe vorbei ist.
Patang
Oh!
Oh, ihr seid immer noch hier?

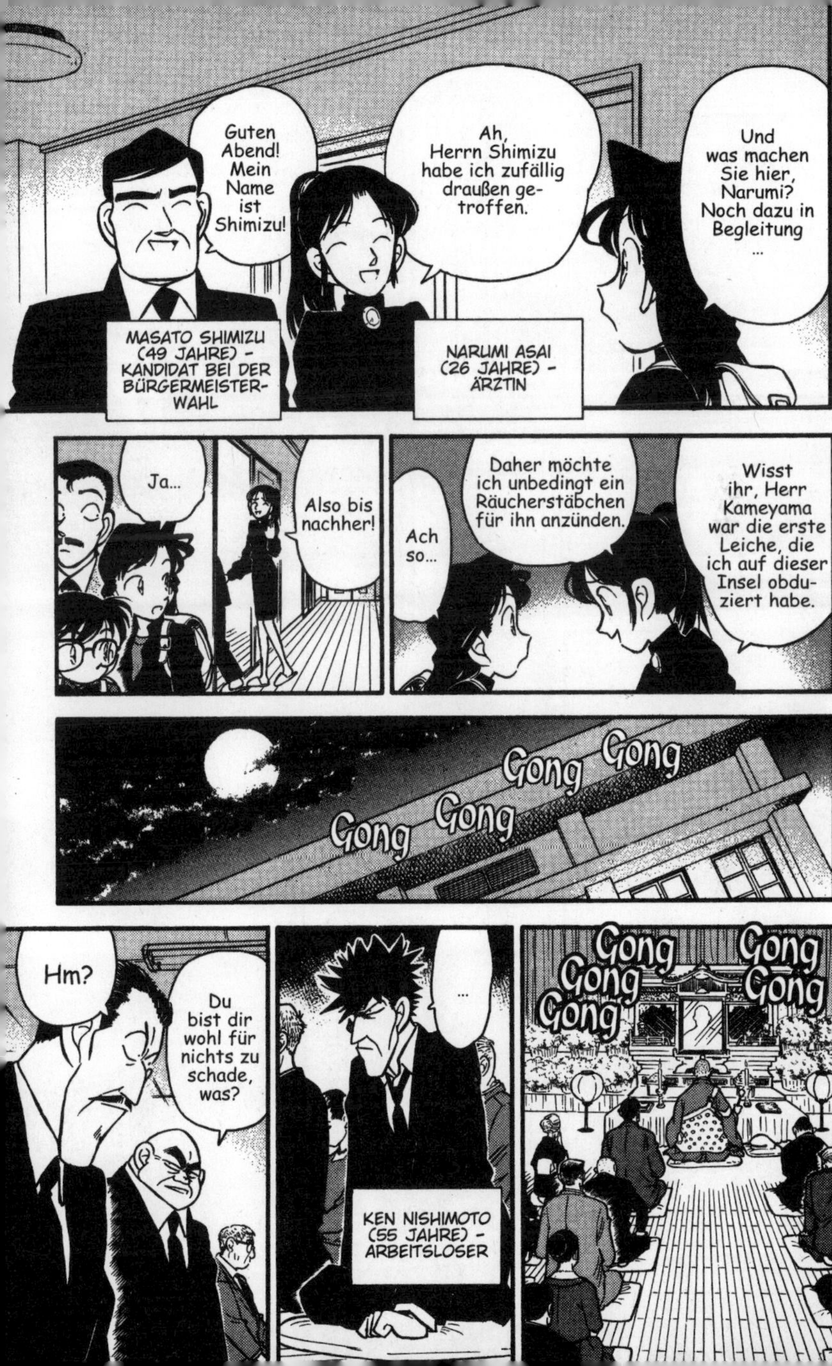
Und was machen Sie hier, Narumi? Noch dazu in Begleitung ...
Ah, Herrn Shimizu habe ich zufällig draußen getroffen.
NARUMI ASAI (26 JAHRE) - ÄRZTIN
Guten Abend! Mein Name ist Shimizu!
MASATO SHIMIZU (49 JAHRE) - KANDIDAT BEI DER BÜRGERMEISTERWAHL
Wisst ihr, Herr Kameyama war die erste Leiche, die ich auf dieser Insel obduziert habe.
Daher möchte ich unbedingt ein Räucherstäbchen für ihn anzünden.
Ach so...
Also bis nachher!
Ja...
Gong Gong
Gong Gong
Gong Gong Gong Gong Gong
...
KEN NISHIMOTO (55 JAHRE) - ARBEITSLOSER
Hm?
Du bist dir wohl für nichts zu schade, was?

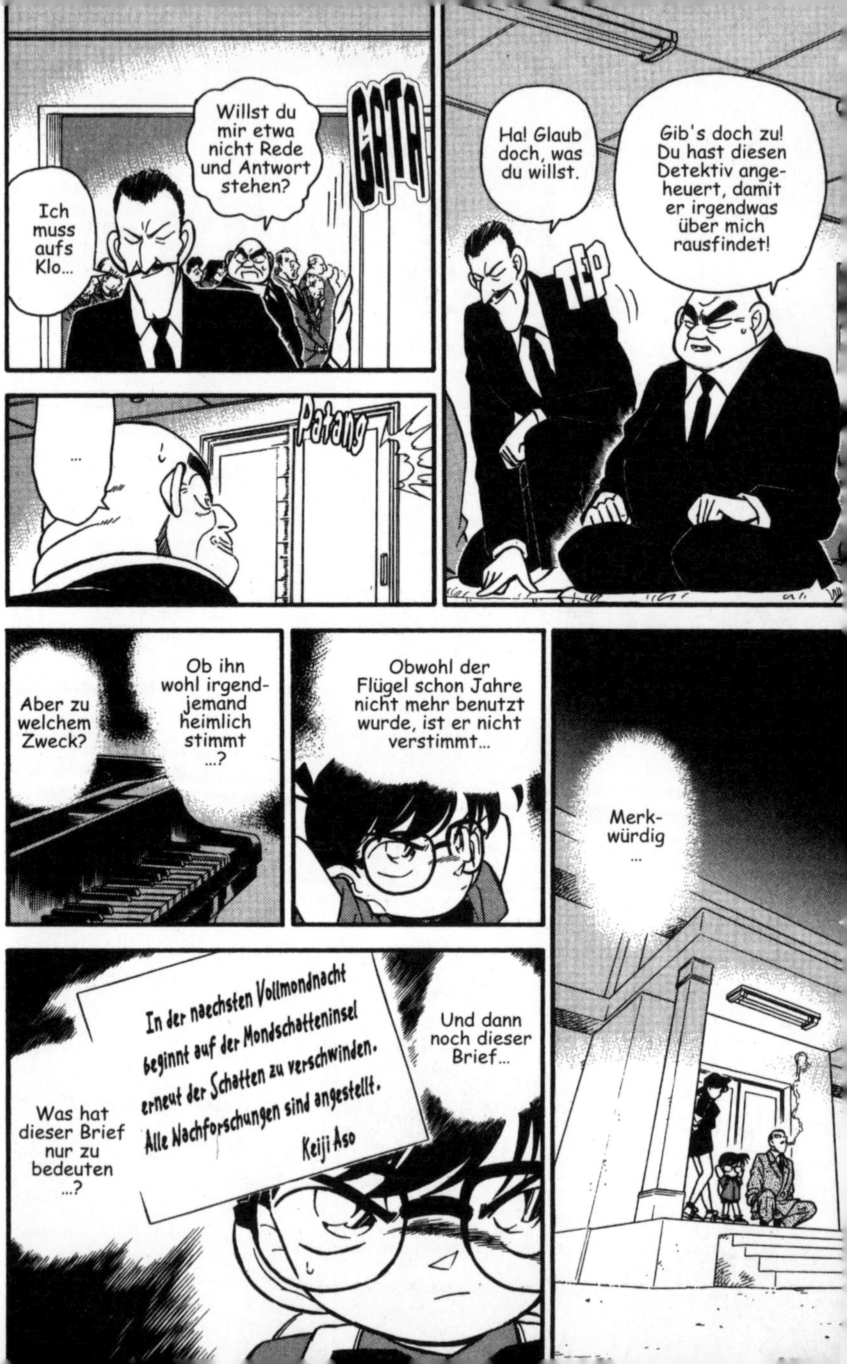

Gib's doch zu! Du hast diesen Detektiv angeheuert, damit er irgendwas über mich rausfindet!
Ha! Glaub doch, was du willst.
TEP
GATA
Willst du mir etwa nicht Rede und Antwort stehen?
Ich muss aufs Klo...
Patang
...
Obwohl der Flügel schon Jahre nicht mehr benutzt wurde, ist er nicht verstimmt...
Ob ihn wohl irgendjemand heimlich stimmt ...?
Aber zu welchem Zweck?
Merkwürdig ...
Und dann noch dieser Brief...
In der naechsten Vollmondnacht beginnt auf der Mondschatteninsel erneut der Schatten zu verschwinden. Alle Nachforschungen sind angestellt. Keiji Aso
Was hat dieser Brief nur zu bedeuten ...?

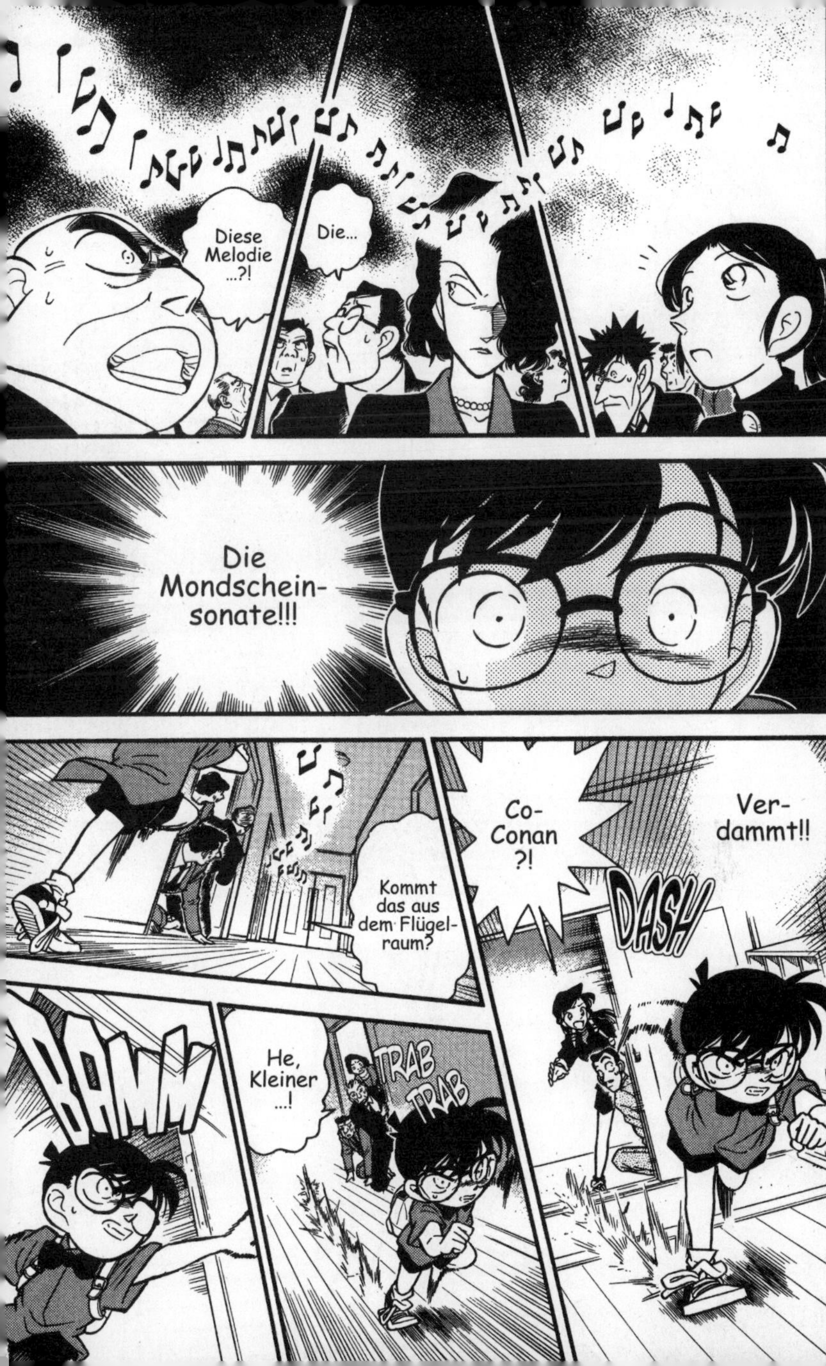
Die...
Diese Melodie ...?!
Die Mondschein-sonate!!!
Ver-dammt!!
Co-Conan ?!
DASH
Kommt das aus dem Flügel-raum?
TRAB TRAB
He, Kleiner ...!
BAMM

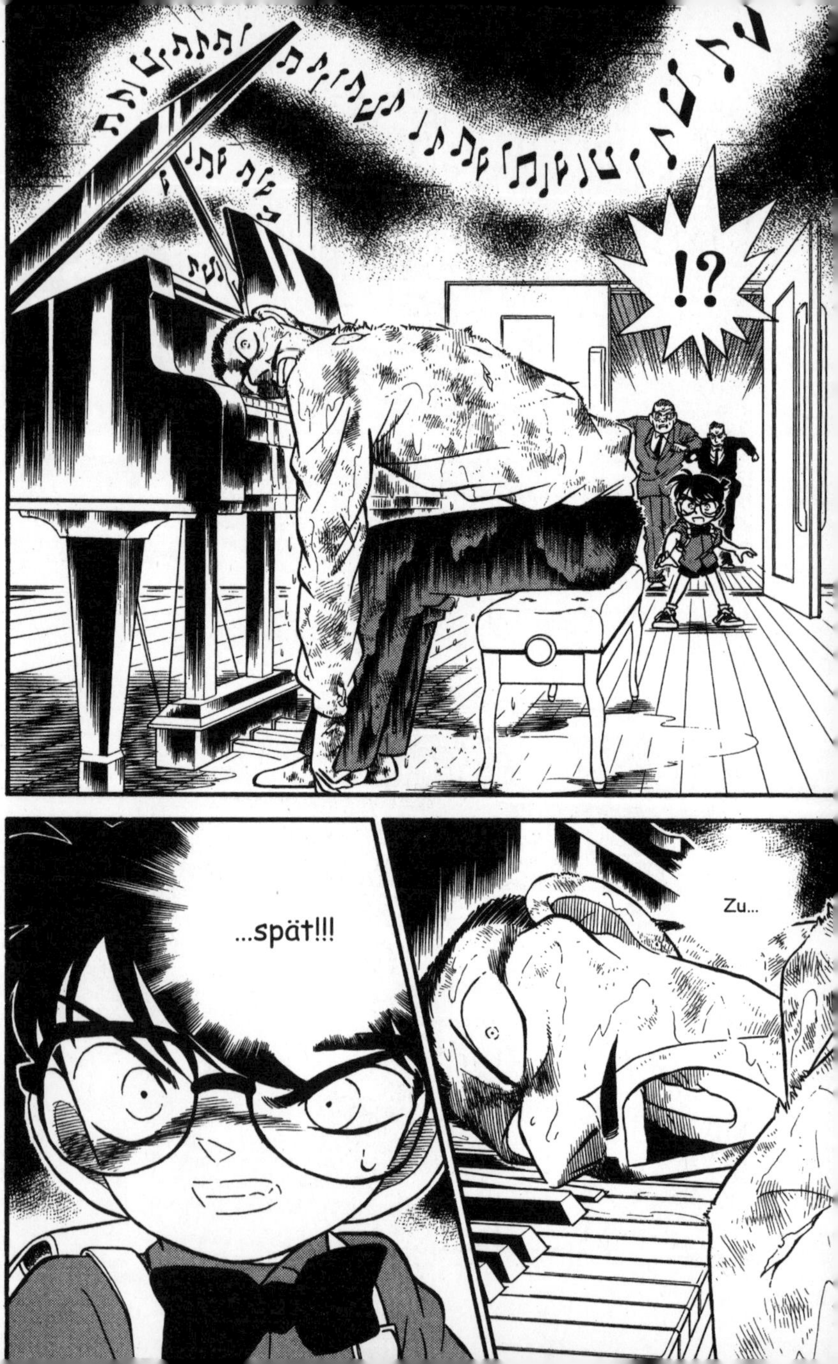
!?
Zu...
...spät!!!

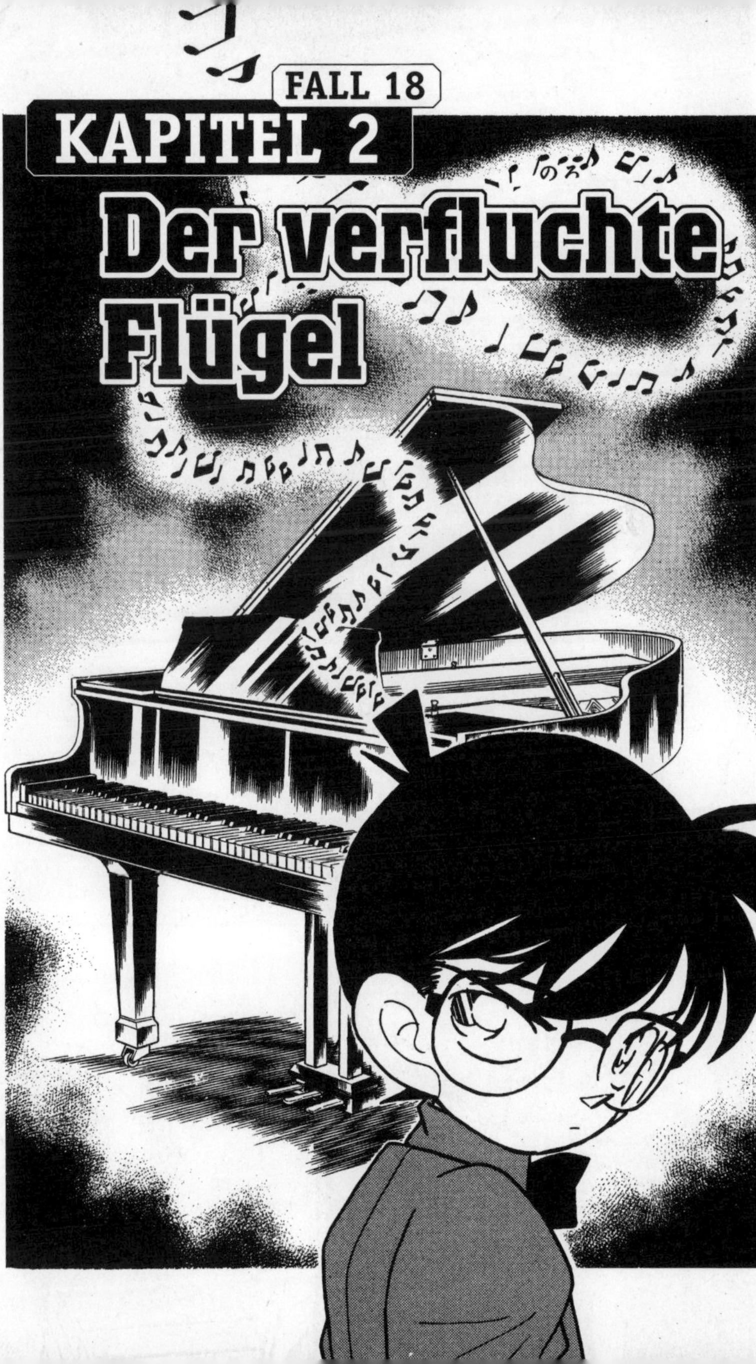
FALL 18
KAPITEL 2
Der verfluchte Flügel

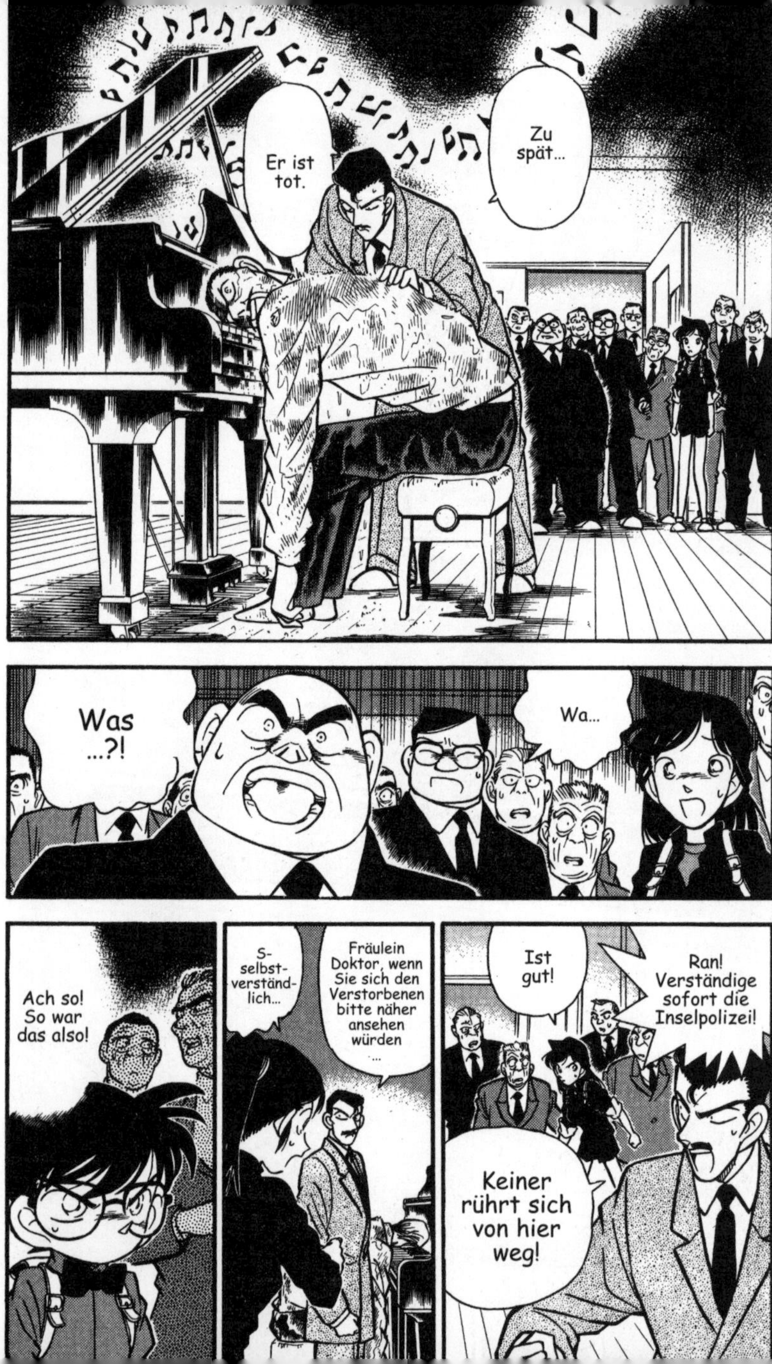
Zu spät...
Er ist tot.
Wa...
Was ...?!
Ran! Verständige sofort die Inselpolizei!
Ist gut!
Keiner rührt sich von hier weg!
Fräulein Doktor, wenn Sie sich den Verstorbenen bitte näher ansehen würden ...
S-selbstverständlich...
Ach so! So war das also!

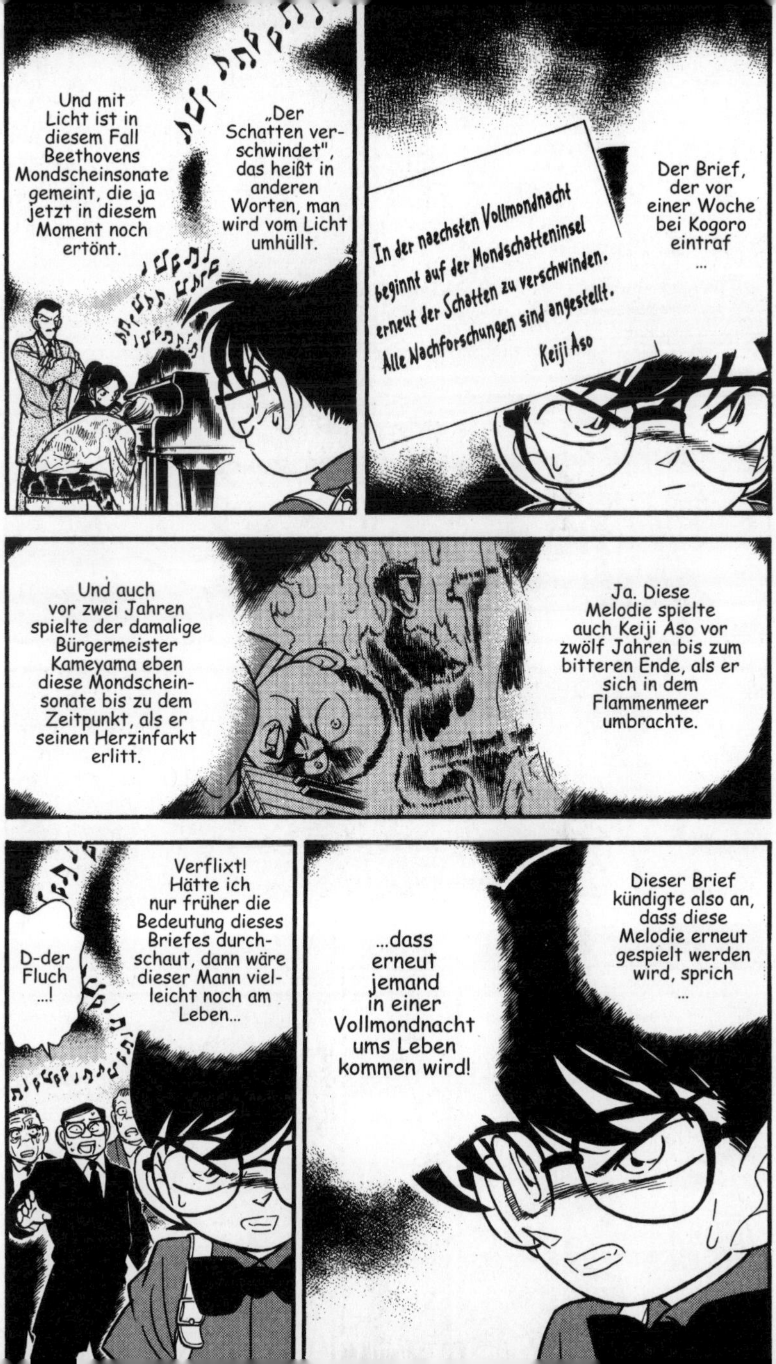
Der Brief, der vor einer Woche bei Kogoro eintraf ...
In der naechsten Vollmondnacht beginnt auf der Mondschatteninsel erneut der Schatten zu verschwinden. Alle Nachforschungen sind angestellt. Keiji Aso
„Der Schatten verschwindet", das heißt in anderen Worten, man wird vom Licht umhüllt.
Und mit Licht ist in diesem Fall Beethovens Mondscheinsonate gemeint, die ja jetzt in diesem Moment noch ertönt.
Ja. Diese Melodie spielte auch Keiji Aso vor zwölf Jahren bis zum bitteren Ende, als er sich in dem Flammenmeer umbrachte.
Und auch vor zwei Jahren spielte der damalige Bürgermeister Kameyama eben diese Mondscheinsonate bis zu dem Zeitpunkt, als er seinen Herzinfarkt erlitt.
Dieser Brief kündigte also an, dass diese Melodie erneut gespielt werden wird, sprich ...
...dass erneut jemand in einer Vollmondnacht ums Leben kommen wird!
Verflixt! Hätte ich nur früher die Bedeutung dieses Briefes durchschaut, dann wäre dieser Mann vielleicht noch am Leben...
D-der Fluch ...!

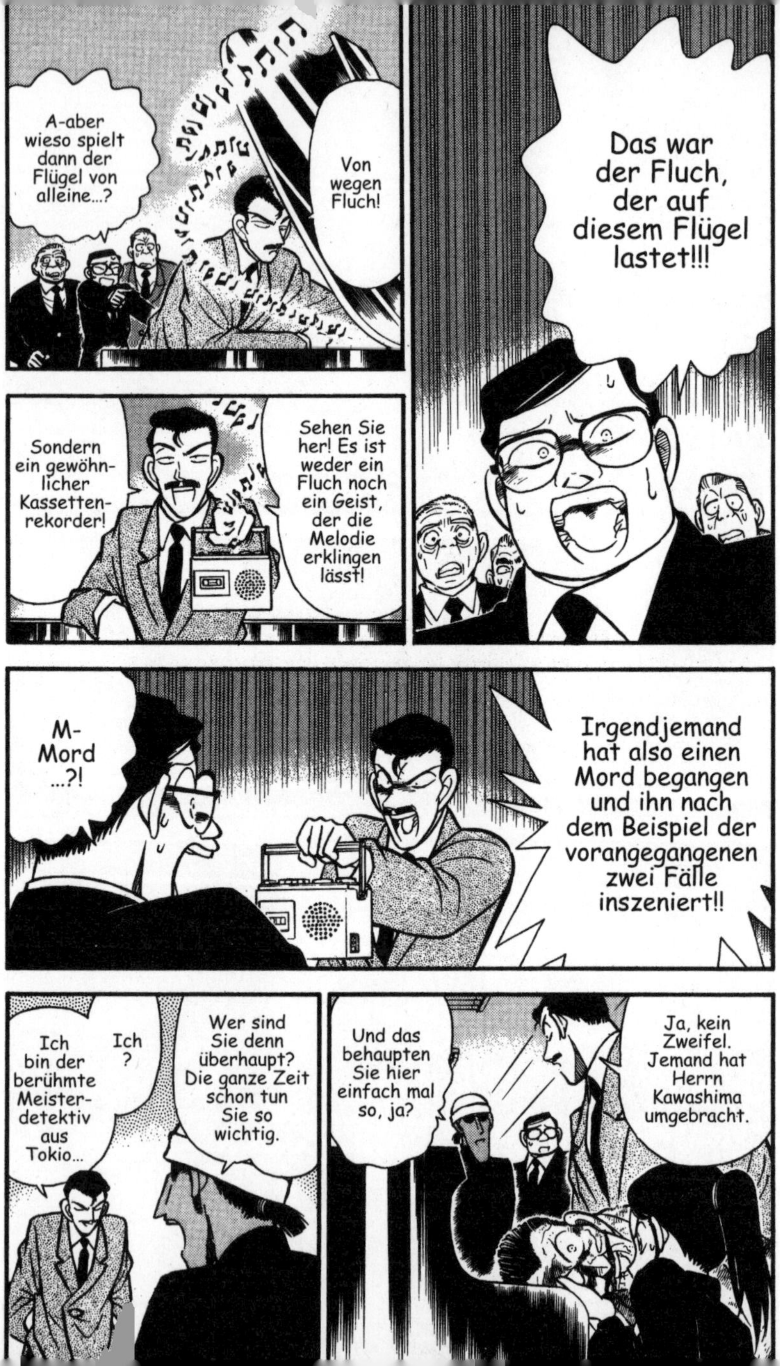
Das war der Fluch, der auf diesem Flügel lastet!!!
Von wegen Fluch!
A-aber wieso spielt dann der Flügel von alleine...?
Sehen Sie her! Es ist weder ein Fluch noch ein Geist, der die Melodie erklingen lässt!
Sondern ein gewöhnlicher Kassettenrekorder!
Irgendjemand hat also einen Mord begangen und ihn nach dem Beispiel der vorangegangenen zwei Fälle inszeniert!!
M-Mord ...?!
Ja, kein Zweifel. Jemand hat Herrn Kawashima umgebracht.
Und das behaupten Sie hier einfach mal so, ja?
Wer sind Sie denn überhaupt? Die ganze Zeit schon tun Sie so wichtig.
Ich?
Ich bin der berühmte Meisterdetektiv aus Tokio...

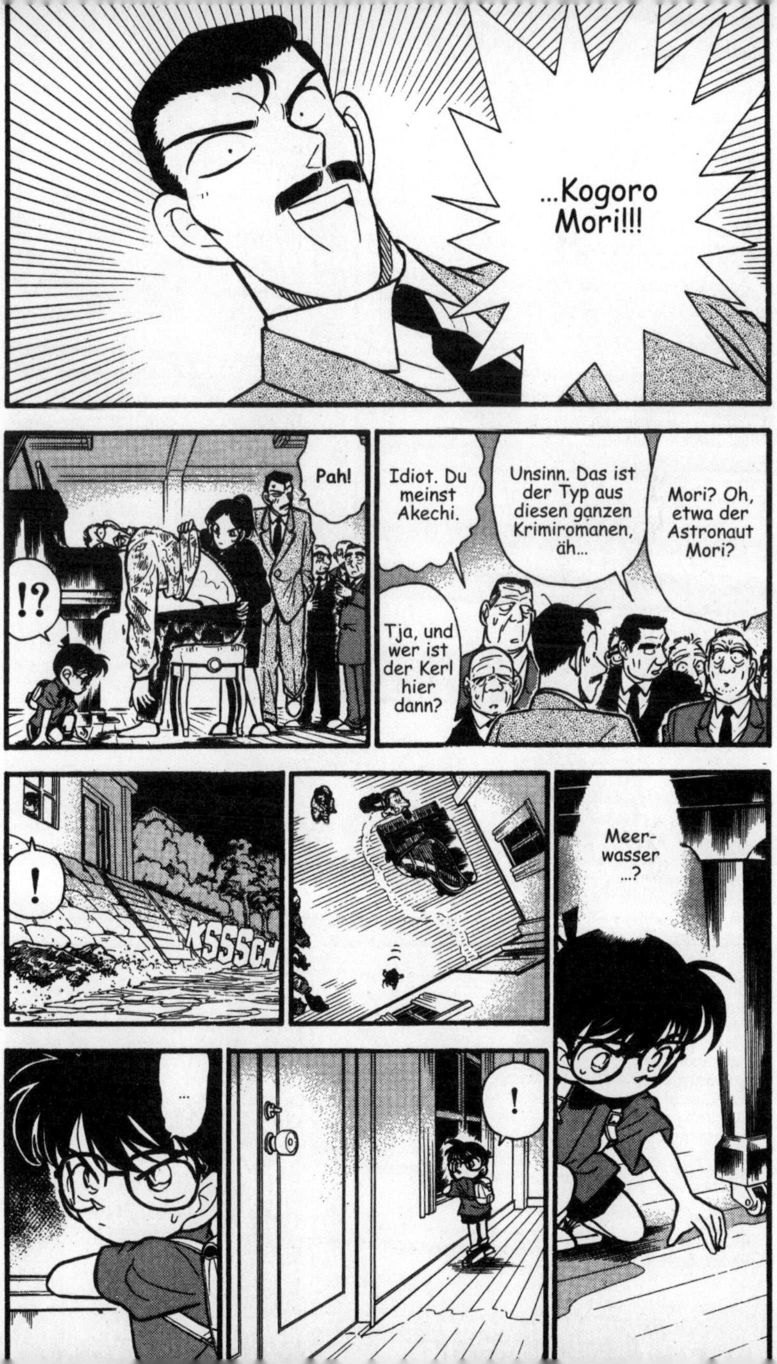
...Kogoro Mori!!!
Mori? Oh, etwa der Astronaut Mori?
Unsinn. Das ist der Typ aus diesen ganzen Krimiromanen, äh...
Idiot. Du meinst Akechi.
Tja, und wer ist der Kerl hier dann?
Pah!
!?
Meer-wasser ...?
!
KSSSCH
!
...

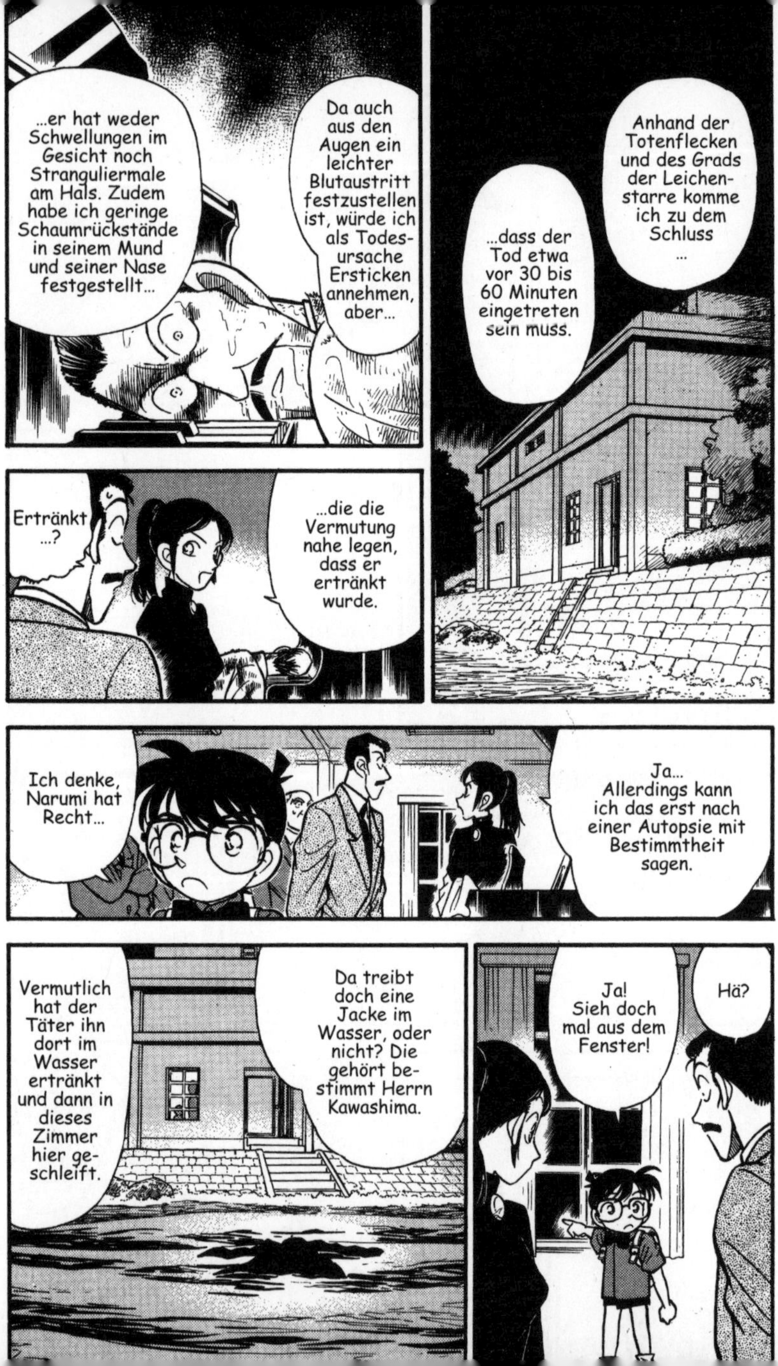

Anhand der Totenflecken und des Grads der Leichenstarre komme ich zu dem Schluss ...
...dass der Tod etwa vor 30 bis 60 Minuten eingetreten sein muss.
Da auch aus den Augen ein leichter Blutaustritt festzustellen ist, würde ich als Todesursache Ersticken annehmen, aber...
...er hat weder Schwellungen im Gesicht noch Stranguliermale am Hals. Zudem habe ich geringe Schaumrückstände in seinem Mund und seiner Nase festgestellt...
...die die Vermutung nahe legen, dass er ertränkt wurde.
Ertränkt ...?
Ja... Allerdings kann ich das erst nach einer Autopsie mit Bestimmtheit sagen.
Ich denke, Narumi hat Recht...
Hä?
Ja! Sieh doch mal aus dem Fenster!
Da treibt doch eine Jacke im Wasser, oder nicht? Die gehört bestimmt Herrn Kawashima.
Vermutlich hat der Täter ihn dort im Wasser ertränkt und dann in dieses Zimmer hier geschleift.

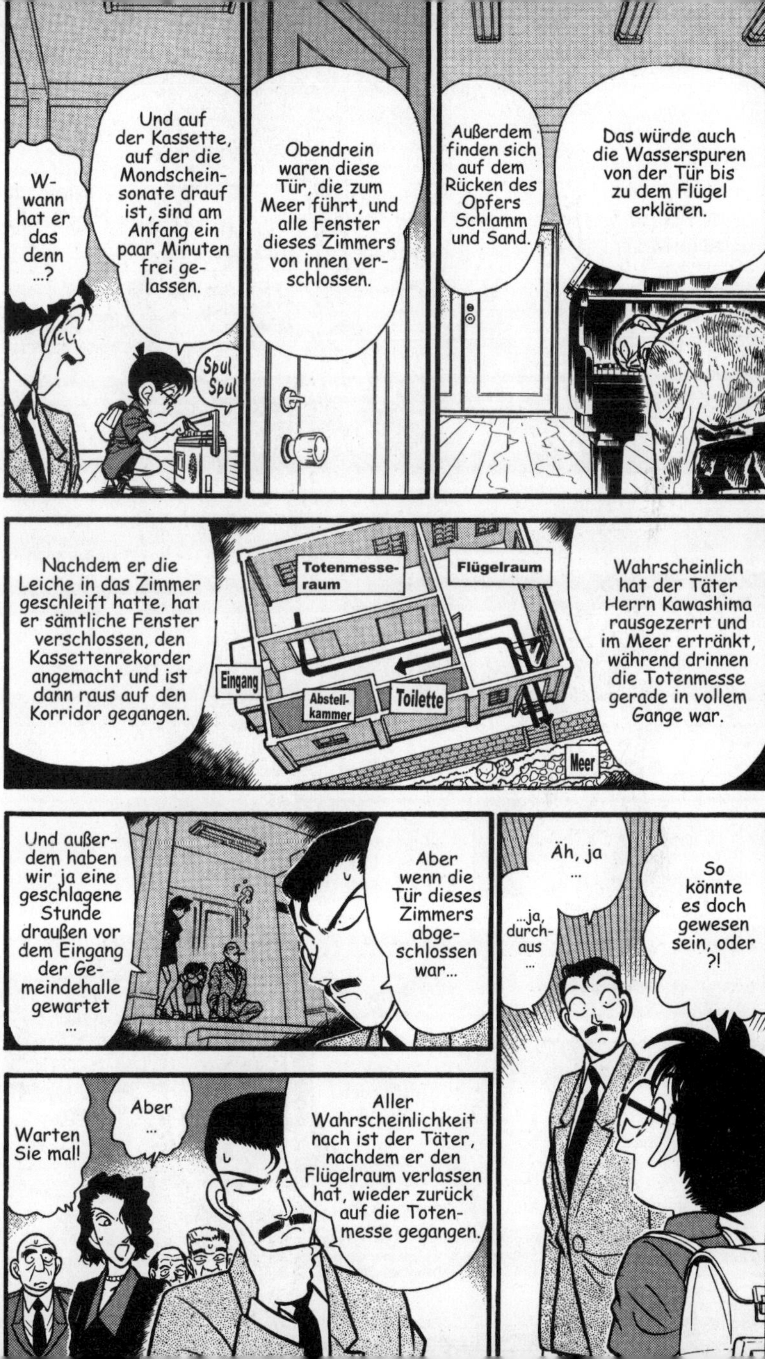
Das würde auch die Wasserspuren von der Tür bis zu dem Flügel erklären.
Außerdem finden sich auf dem Rücken des Opfers Schlamm und Sand.
Obendrein waren diese Tür, die zum Meer führt, und alle Fenster dieses Zimmers von innen verschlossen.
Und auf der Kassette, auf der die Mondscheinsonate drauf ist, sind am Anfang ein paar Minuten frei gelassen.
Spul Spul
W-wann hat er das denn ...?
Wahrscheinlich hat der Täter Herrn Kawashima rausgezerrt und im Meer ertränkt, während drinnen die Totenmesse gerade in vollem Gange war.
Flügelraum
Totenmesse-raum
Eingang
Abstell-kammer
Toilette
Meer
Nachdem er die Leiche in das Zimmer geschleift hatte, hat er sämtliche Fenster verschlossen, den Kassettenrekorder angemacht und ist dann raus auf den Korridor gegangen.
So könnte es doch gewesen sein, oder ?!
Äh, ja ...
...ja, durchaus ...
Aber wenn die Tür dieses Zimmers abgeschlossen war...
Und außerdem haben wir ja eine geschlagene Stunde draußen vor dem Eingang der Gemeindehalle gewartet ...
Aller Wahrscheinlichkeit nach ist der Täter, nachdem er den Flügelraum verlassen hat, wieder zurück auf die Totenmesse gegangen.
Aber ...
Warten Sie mal!

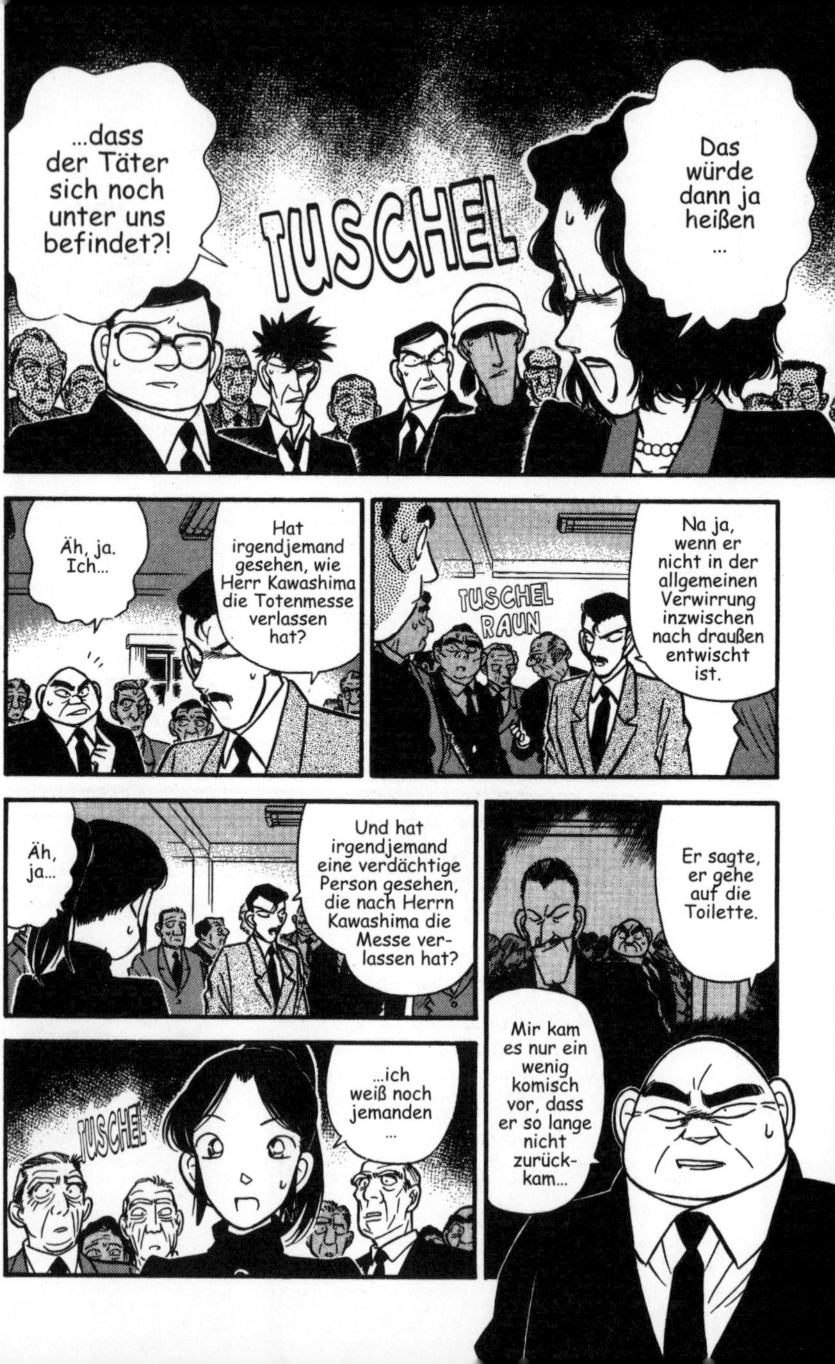
Das würde dann ja heißen ...
...dass der Täter sich noch unter uns befindet?!
TUSCHEL
Na ja, wenn er nicht in der allgemeinen Verwirrung inzwischen nach draußen entwischt ist.
TUSCHEL RAUN
Hat irgendjemand gesehen, wie Herr Kawashima die Totenmesse verlassen hat?
Äh, ja. Ich...
Er sagte, er gehe auf die Toilette.
Mir kam es nur ein wenig komisch vor, dass er so lange nicht zurückkam...
Und hat irgendjemand eine verdächtige Person gesehen, die nach Herrn Kawashima die Messe verlassen hat?
Äh, ja...
...ich weiß noch jemanden ...
TUSCHEL

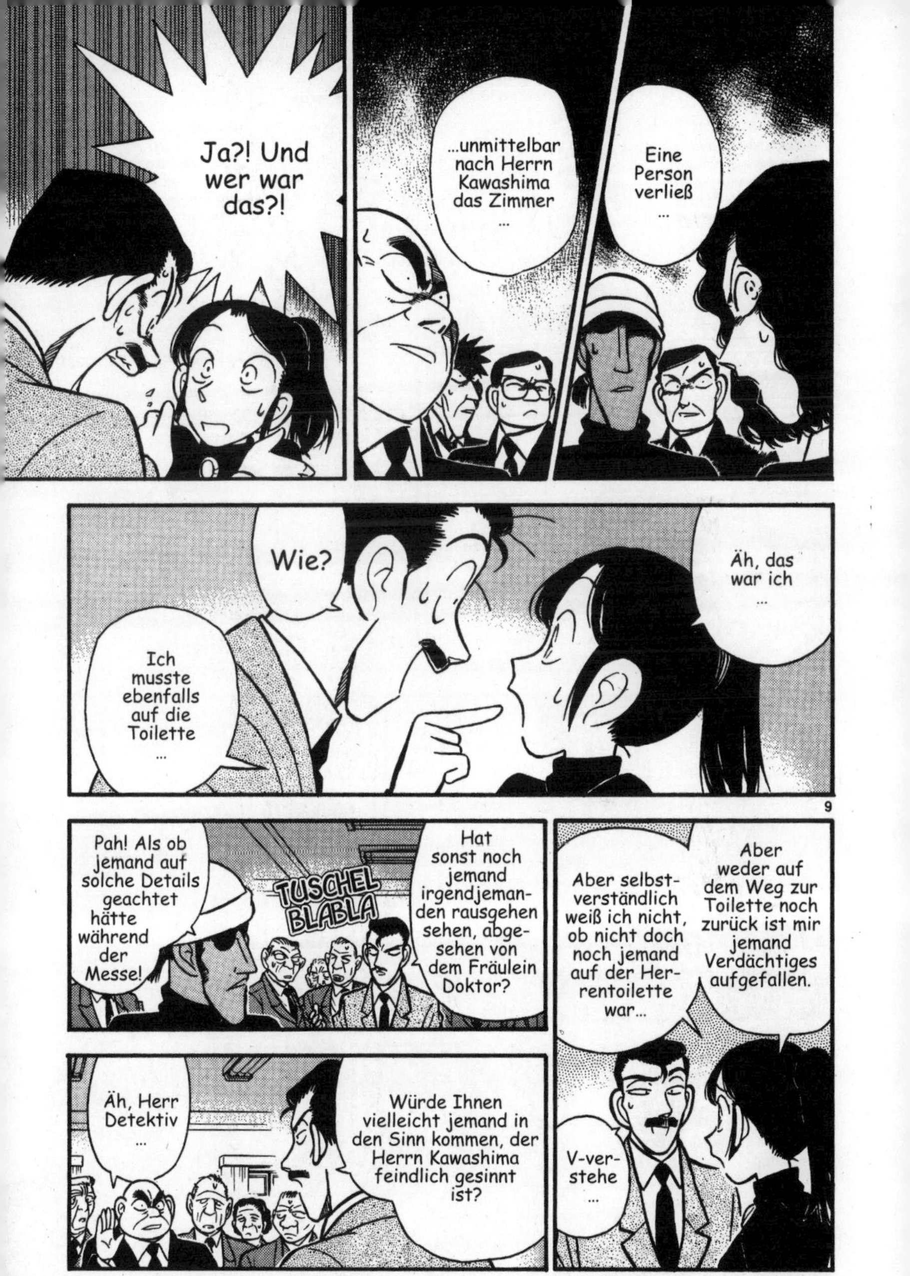

Ja?! Und wer war das?!
...unmittelbar nach Herrn Kawashima das Zimmer ...
Eine Person verließ ...
Wie?
Äh, das war ich ...
Ich musste ebenfalls auf die Toilette ...
9
Pah! Als ob jemand auf solche Details geachtet hätte während der Messe!
TUSCHEL BLABLA
Hat sonst noch jemand irgendjemanden rausgehen sehen, abgesehen von dem Fräulein Doktor?
Aber selbstverständlich weiß ich nicht, ob nicht doch noch jemand auf der Herrentoilette war...
Aber weder auf dem Weg zur Toilette noch zurück ist mir jemand Verdächtiges aufgefallen.
Äh, Herr Detektiv ...
Würde Ihnen vielleicht jemand in den Sinn kommen, der Herrn Kawashima feindlich gesinnt ist?
V-verstehe ...

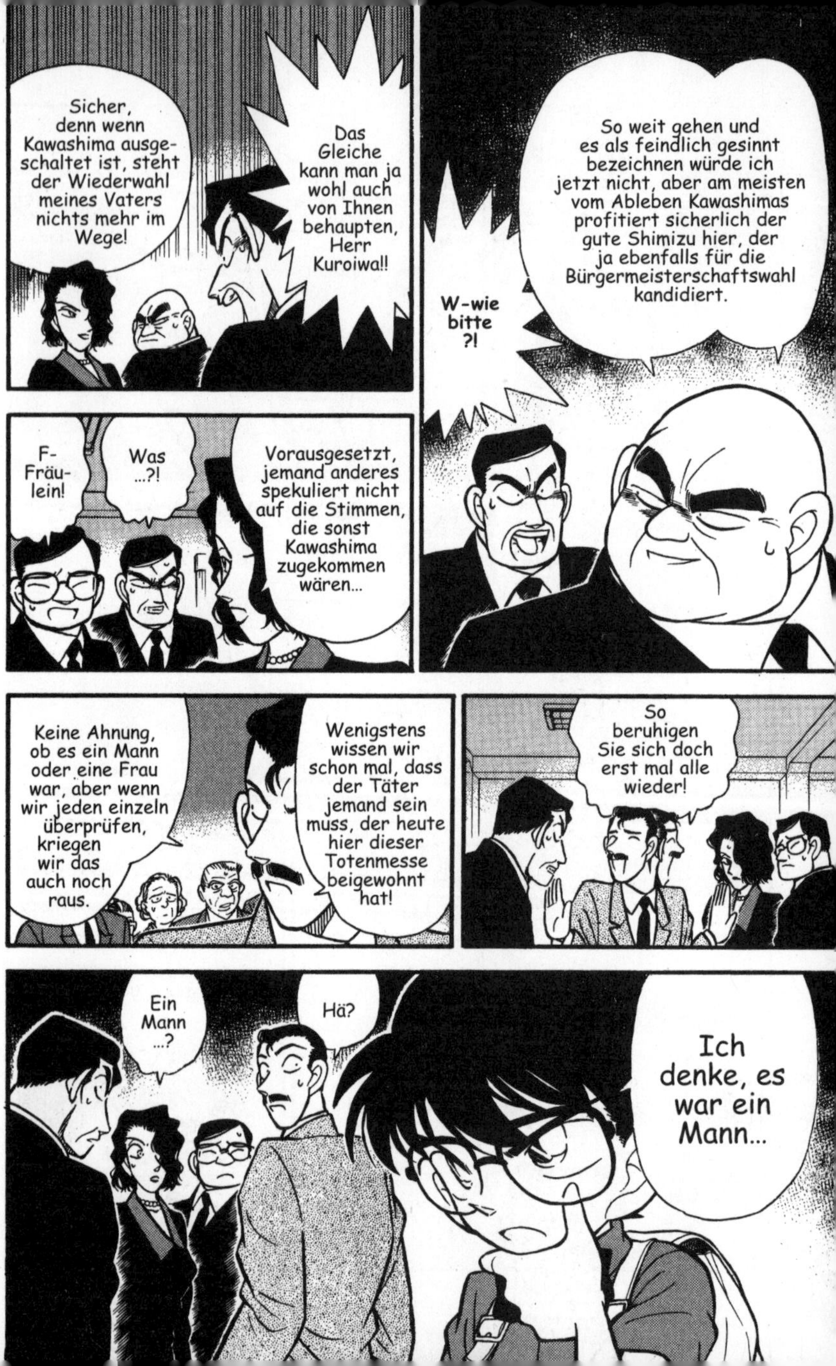
So weit gehen und es als feindlich gesinnt bezeichnen würde ich jetzt nicht, aber am meisten vom Ableben Kawashimas profitiert sicherlich der gute Shimizu hier, der ja ebenfalls für die Bürgermeisterschaftswahl kandidiert.
W-wie bitte ?!
Das Gleiche kann man ja wohl auch von Ihnen behaupten, Herr Kuroiwa!!
Sicher, denn wenn Kawashima ausge-schaltet ist, steht der Wiederwahl meines Vaters nichts mehr im Wege!
Vorausgesetzt, jemand anderes spekuliert nicht auf die Stimmen, die sonst Kawashima zugekommen wären...
Was ...?!
F-Fräu-lein!
So beruhigen Sie sich doch erst mal alle wieder!
Wenigstens wissen wir schon mal, dass der Täter jemand sein muss, der heute hier dieser Totenmesse beigewohnt hat!
Keine Ahnung, ob es ein Mann oder eine Frau war, aber wenn wir jeden einzeln überprüfen, kriegen wir das auch noch raus.
Ich denke, es war ein Mann...
Hä?
Ein Mann ...?

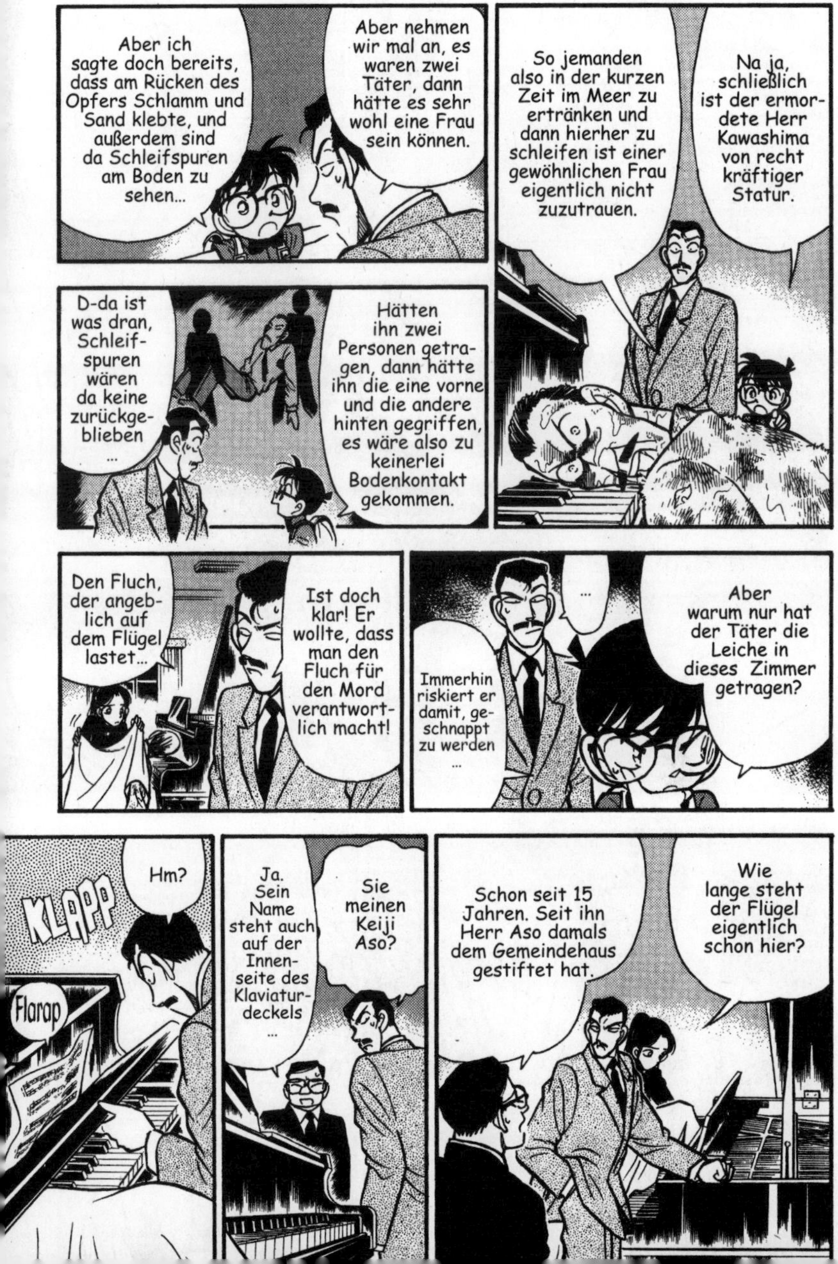
Na ja, schließlich ist der ermordete Herr Kawashima von recht kräftiger Statur.
So jemanden also in der kurzen Zeit im Meer zu ertränken und dann hierher zu schleifen ist einer gewöhnlichen Frau eigentlich nicht zuzutrauen.
Aber nehmen wir mal an, es waren zwei Täter, dann hätte es sehr wohl eine Frau sein können.
Aber ich sagte doch bereits, dass am Rücken des Opfers Schlamm und Sand klebte, und außerdem sind da Schleifspuren am Boden zu sehen...
Hätten ihn zwei Personen getragen, dann hätte ihn die eine vorne und die andere hinten gegriffen, es wäre also zu keinerlei Bodenkontakt gekommen.
D-da ist was dran, Schleifspuren wären da keine zurückgeblieben ...
Aber warum nur hat der Täter die Leiche in dieses Zimmer getragen?
...
Immerhin riskiert er damit, geschnappt zu werden ...
Ist doch klar! Er wollte, dass man den Fluch für den Mord verantwortlich macht!
Den Fluch, der angeblich auf dem Flügel lastet...
Wie lange steht der Flügel eigentlich schon hier?
Schon seit 15 Jahren. Seit ihn Herr Aso damals dem Gemeindehaus gestiftet hat.
Sie meinen Keiji Aso?
Ja. Sein Name steht auch auf der Innenseite des Klaviaturdeckels ...
Hm?
KLAPP
Flarap

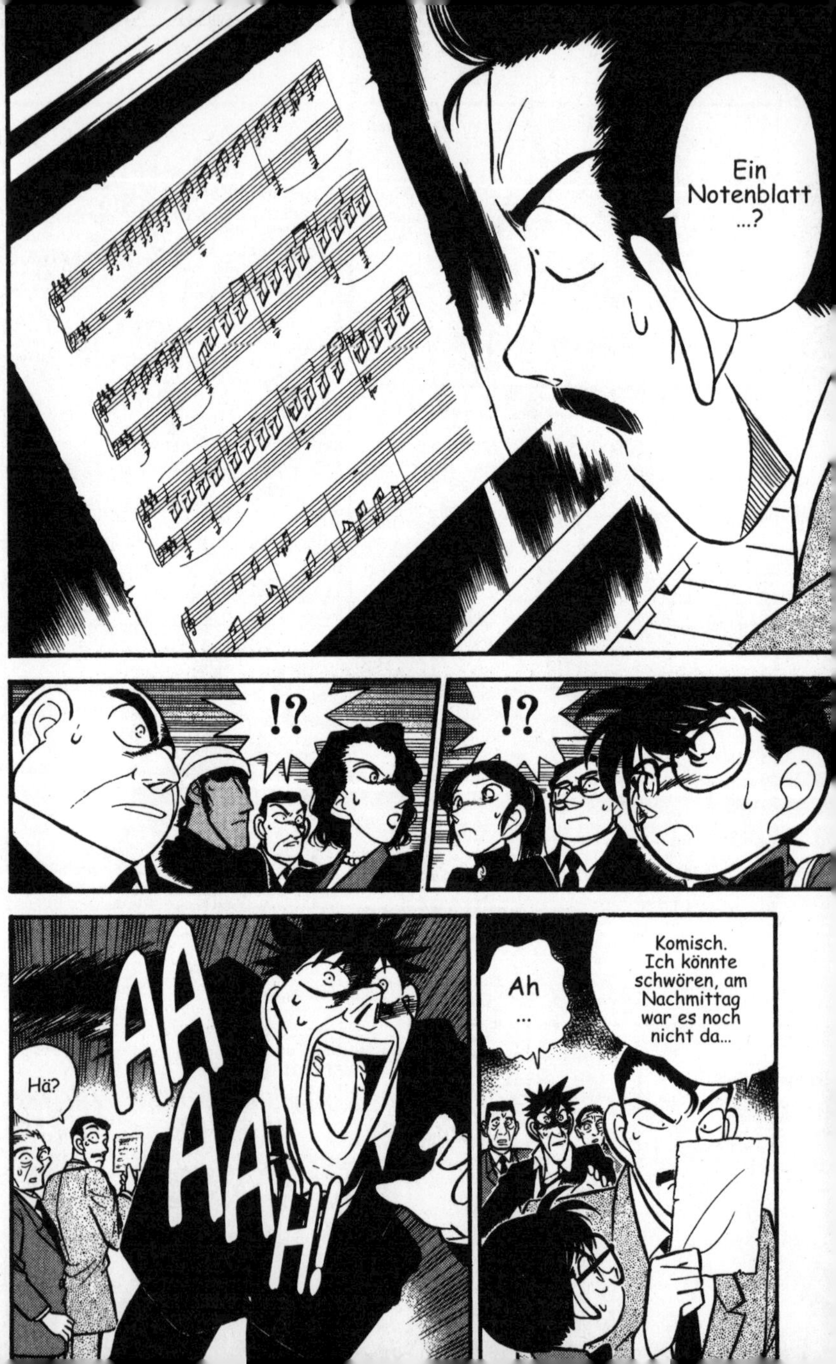
Ein Notenblatt ...?
!?
!?
Komisch. Ich könnte schwören, am Nachmittag war es noch nicht da...
Ah ...
AAAAAH!
Hä?

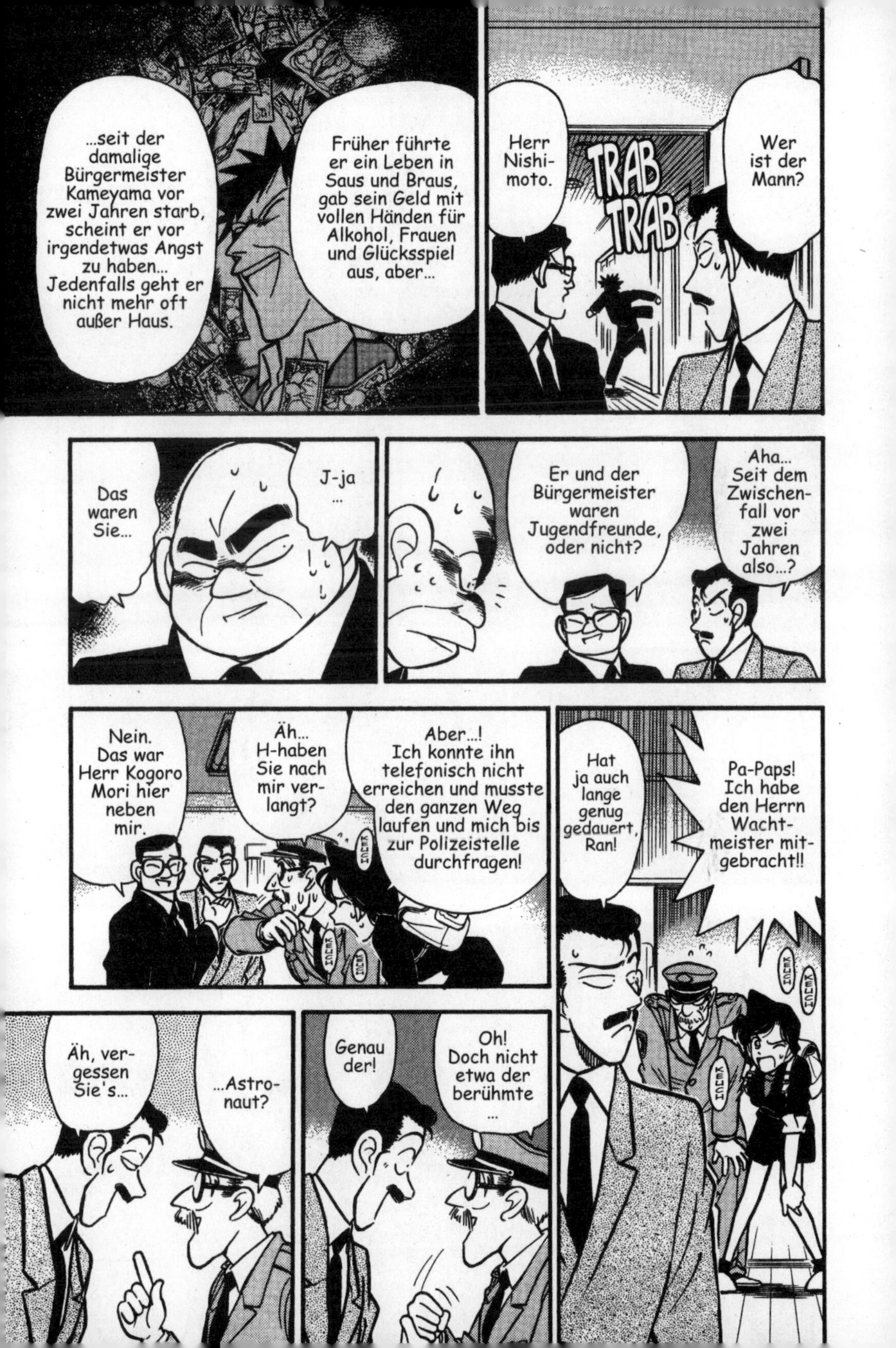
Wer ist der Mann?
Herr Nishimoto.
TRAB TRAB
Früher führte er ein Leben in Saus und Braus, gab sein Geld mit vollen Händen für Alkohol, Frauen und Glücksspiel aus, aber...
...seit der damalige Bürgermeister Kameyama vor zwei Jahren starb, scheint er vor irgendetwas Angst zu haben... Jedenfalls geht er nicht mehr oft außer Haus.
Aha... Seit dem Zwischenfall vor zwei Jahren also...?
Er und der Bürgermeister waren Jugendfreunde, oder nicht?
J-ja ...
Das waren Sie...
Pa-Paps! Ich habe den Herrn Wachtmeister mitgebracht!!
Hat ja auch lange genug gedauert, Ran!
KEUCH
KEUCH
KEUCH
Aber...! Ich konnte ihn telefonisch nicht erreichen und musste den ganzen Weg laufen und mich bis zur Polizeistelle durchfragen!
Äh... H-haben Sie nach mir verlangt?
Nein. Das war Herr Kogoro Mori hier neben mir.
KEUCH
KEUCH
KEUCH
Oh! Doch nicht etwa der berühmte ...
Genau der!
...Astronaut?
Äh, vergessen Sie's...

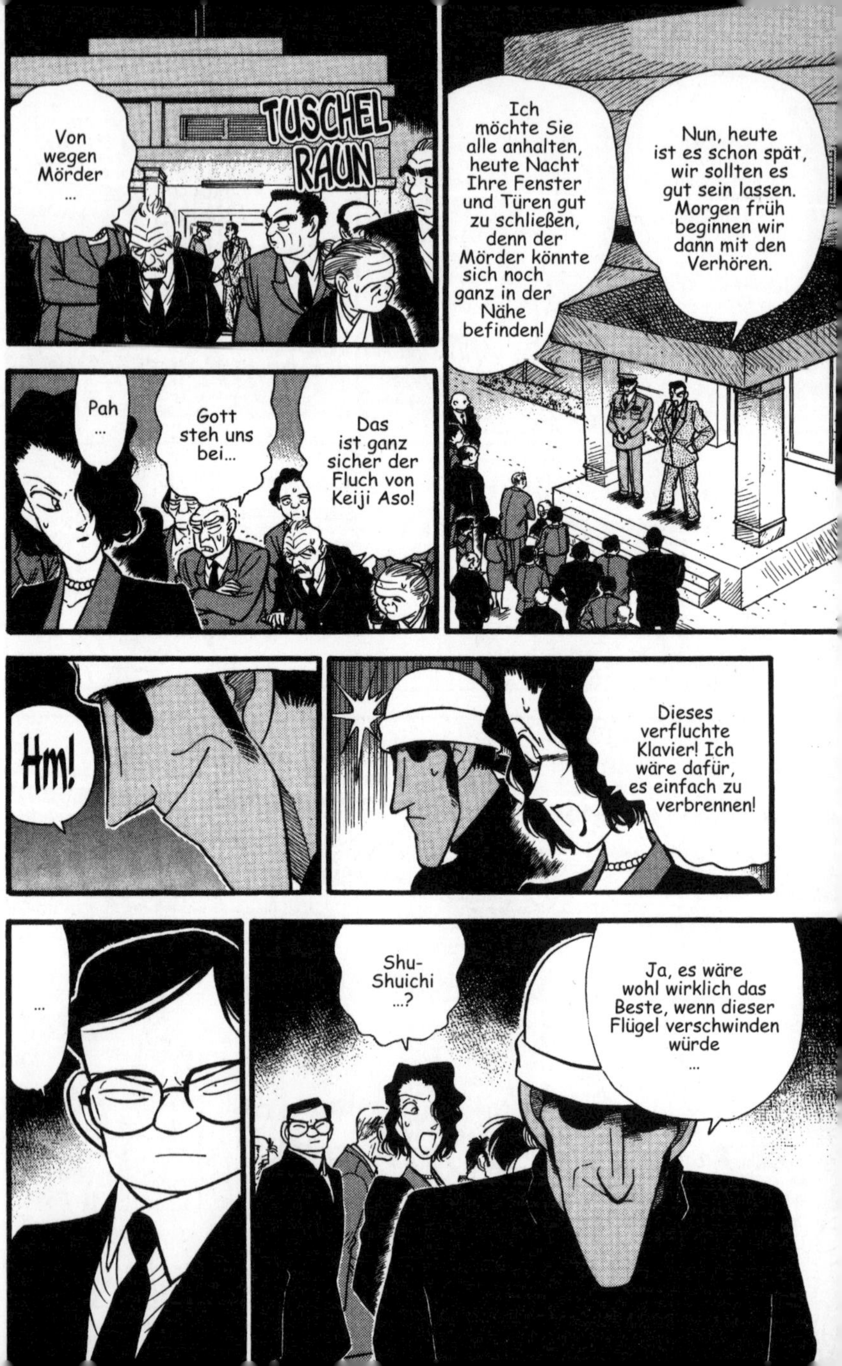
Nun, heute ist es schon spät, wir sollten es gut sein lassen. Morgen früh beginnen wir dann mit den Verhören.
Ich möchte Sie alle anhalten, heute Nacht Ihre Fenster und Türen gut zu schließen, denn der Mörder könnte sich noch ganz in der Nähe befinden!
TUSCHEL RAUN
Von wegen Mörder ...
Das ist ganz sicher der Fluch von Keiji Aso!
Gott steh uns bei...
Pah ...
Dieses verfluchte Klavier! Ich wäre dafür, es einfach zu verbrennen!
Hm!
Ja, es wäre wohl wirklich das Beste, wenn dieser Flügel verschwinden würde ...
Shu-Shuichi ...?
...

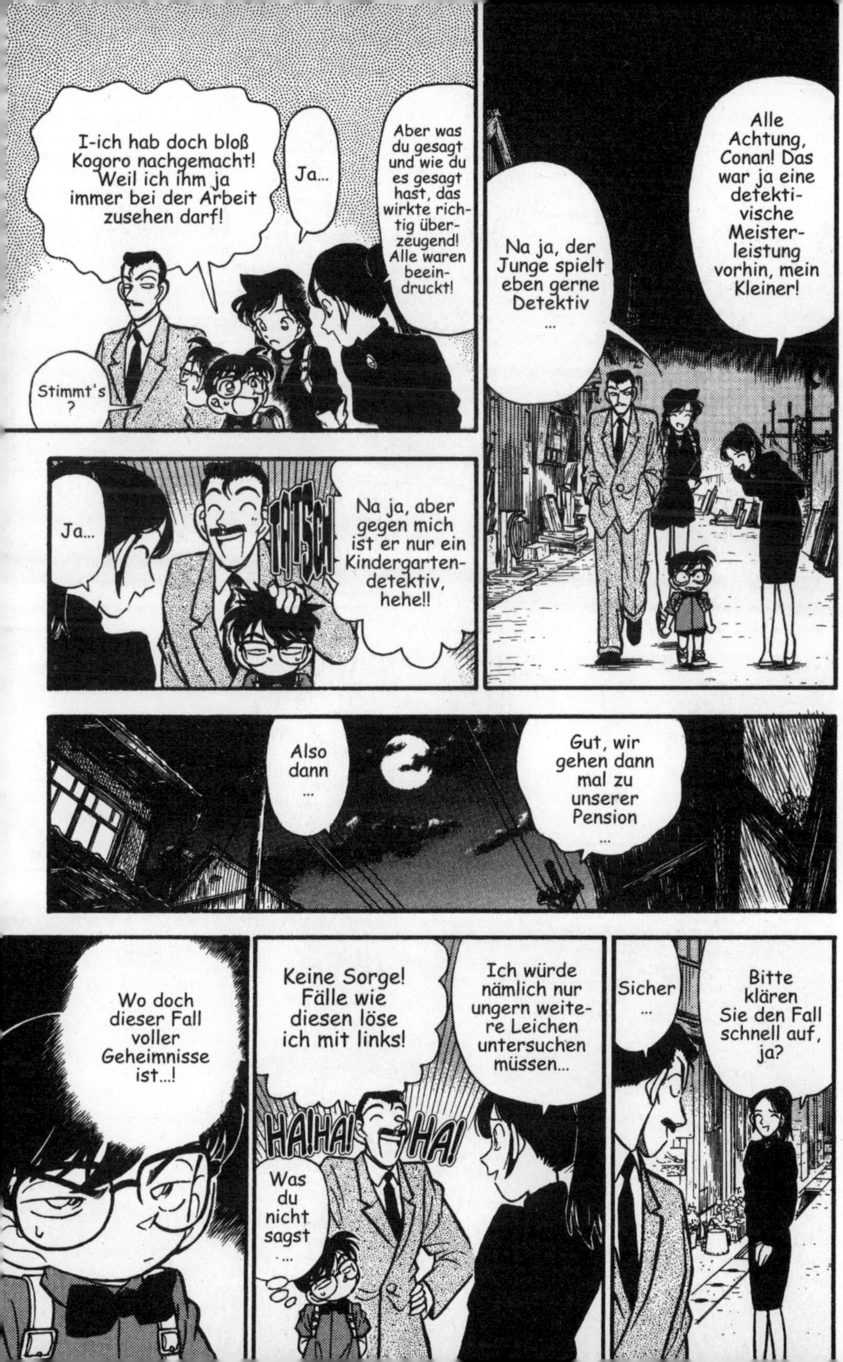
Alle Achtung, Conan! Das war ja eine detektivische Meisterleistung vorhin, mein Kleiner!
Na ja, der Junge spielt eben gerne Detektiv ...
Aber was du gesagt und wie du es gesagt hast, das wirkte richtig überzeugend! Alle waren beeindruckt!
Ja...
I-ich hab doch bloß Kogoro nachgemacht! Weil ich ihm ja immer bei der Arbeit zusehen darf!
Stimmt's?
Na ja, aber gegen mich ist er nur ein Kindergartendetektiv, hehe!!
TATSCH
Ja...
Gut, wir gehen dann mal zu unserer Pension ...
Also dann ...
Bitte klären Sie den Fall schnell auf, ja?
Sicher ...
Ich würde nämlich nur ungern weitere Leichen untersuchen müssen...
Keine Sorge! Fälle wie diesen löse ich mit links!
HA!HA! HA!
Was du nicht sagst ...
Wo doch dieser Fall voller Geheimnisse ist...!

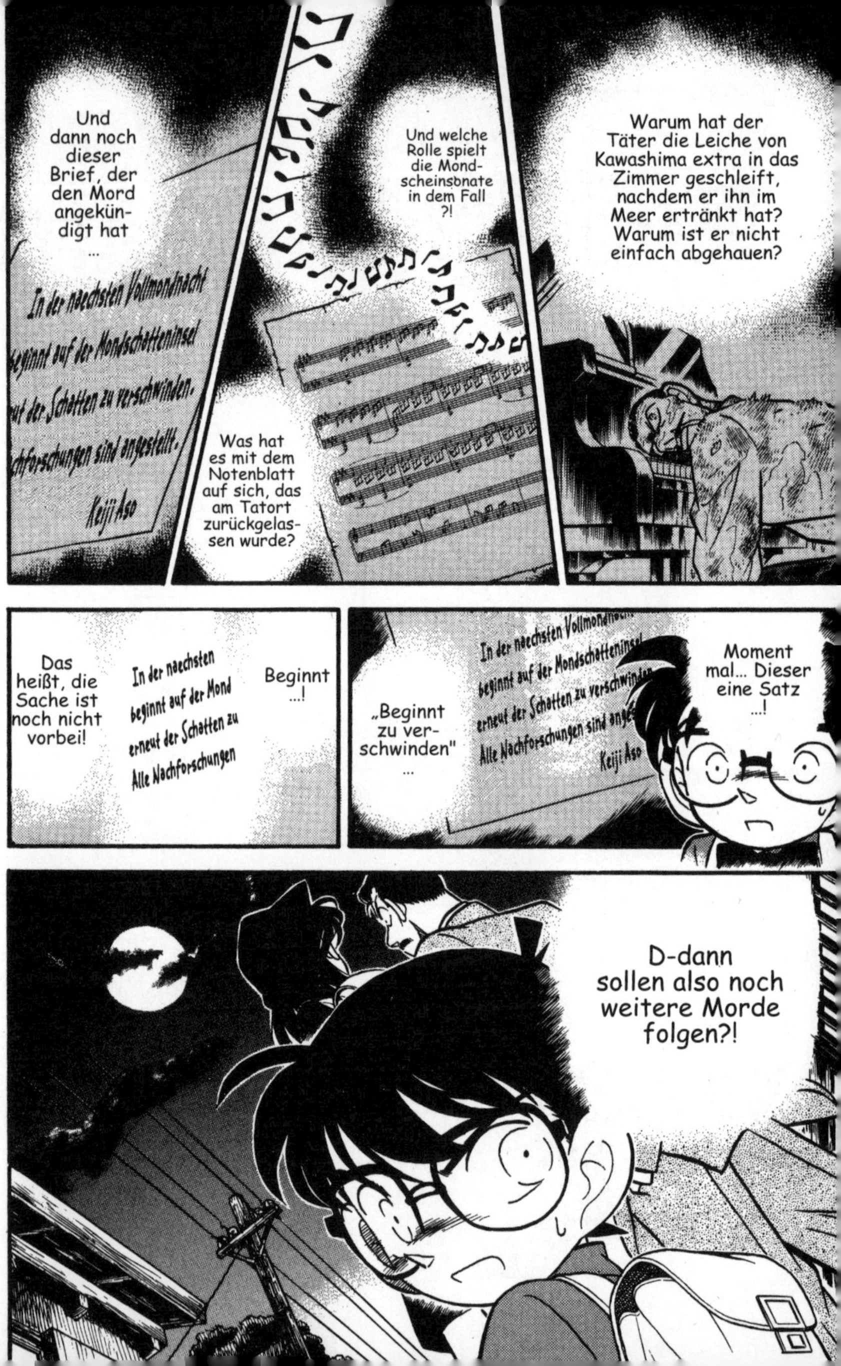
Warum hat der Täter die Leiche von Kawashima extra in das Zimmer geschleift, nachdem er ihn im Meer ertränkt hat? Warum ist er nicht einfach abgehauen?
Und welche Rolle spielt die Mondscheinsonate in dem Fall ?!
Was hat es mit dem Notenblatt auf sich, das am Tatort zurückgelassen wurde?
Und dann noch dieser Brief, der den Mord angekündigt hat ...
In der naechsten Vollmondnacht
beginnt auf der Mondschatteninsel
der Schatten zu verschwinden.
chforschungen sind angestellt.
Keiji Aso
Moment mal... Dieser eine Satz ...!
In der naechsten Vollmond
beginnt auf der Mondschatteninsel
erneut der Schatten zu verschwinden
Alle Nachforschungen sind ange
Keiji Aso
„Beginnt zu verschwinden" ...
Beginnt ...!
In der naechsten
beginnt auf der Mond
erneut der Schatten zu
Alle Nachforschungen
Das heißt, die Sache ist noch nicht vorbei!
D-dann sollen also noch weitere Morde folgen?!

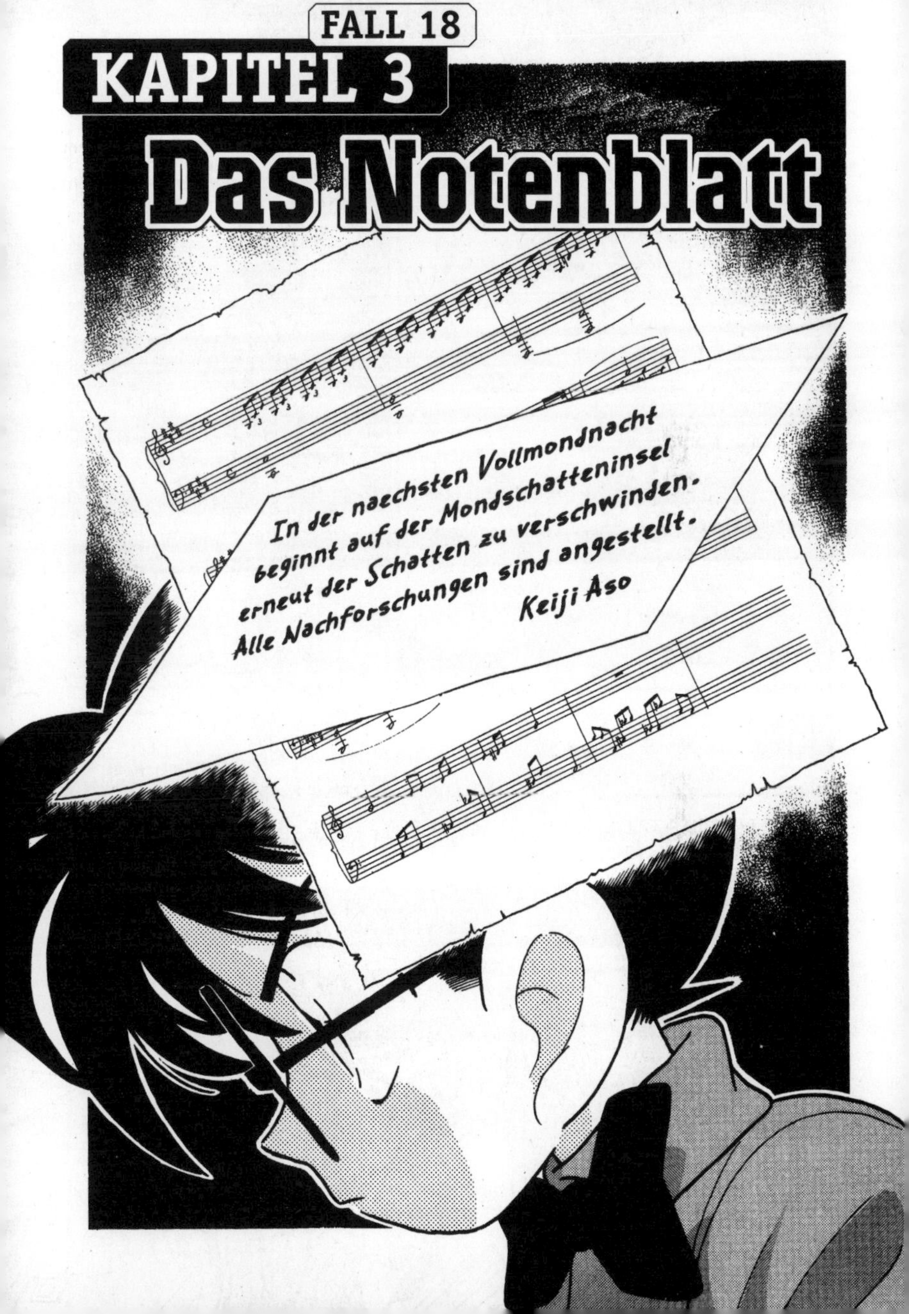
FALL 18
KAPITEL 3
Das Notenblatt
In der naechsten Vollmondnacht
beginnt auf der Mondschatteninsel
erneut der Schatten zu verschwinden.
Alle Nachforschungen sind angestellt.
Keiji Aso

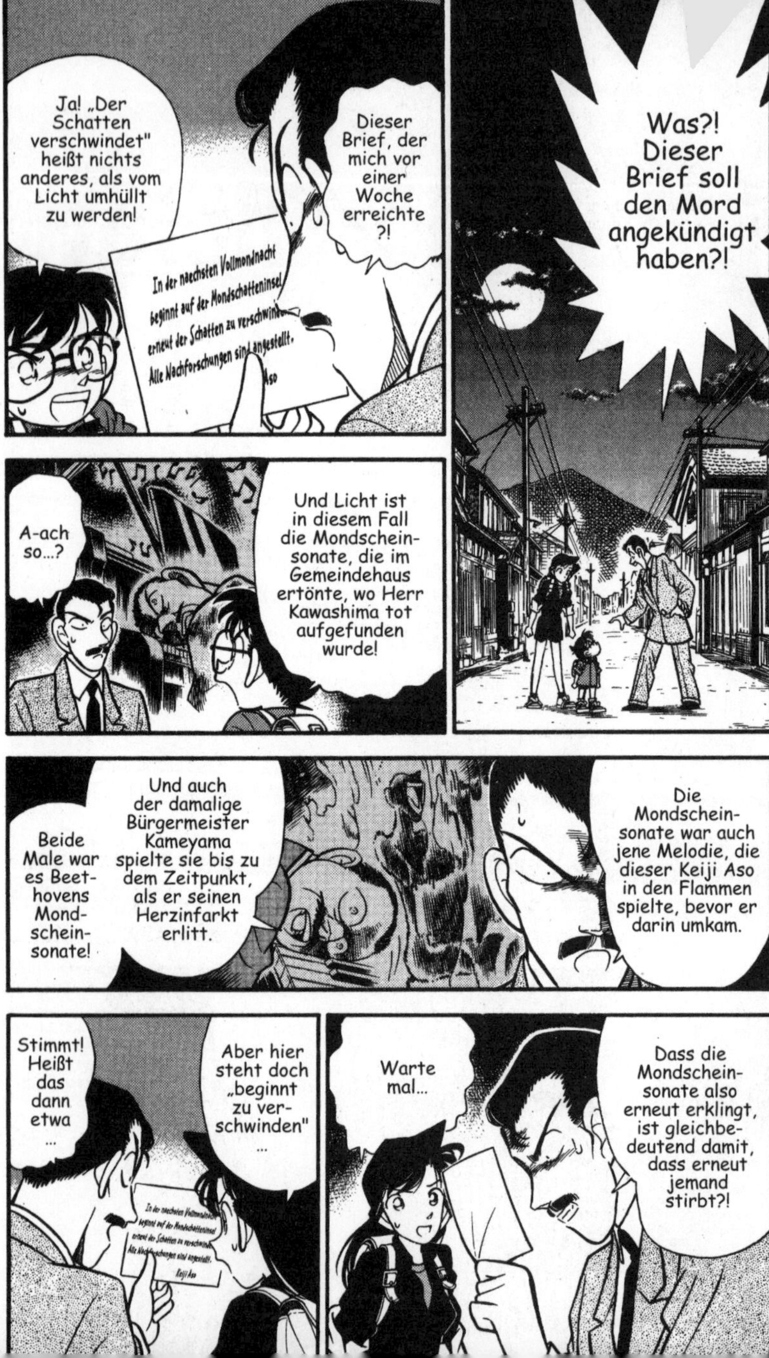
Was?! Dieser Brief soll den Mord angekündigt haben?!
Dieser Brief, der mich vor einer Woche erreichte ?!
Ja! „Der Schatten verschwindet" heißt nichts anderes, als vom Licht umhüllt zu werden!
In der naechsten Vollmondnacht beginnt auf der Mondschatteninsel erneut der Schatten zu verschwind
Alle Nachforschungen sind angestellt.
Aso
Und Licht ist in diesem Fall die Mondscheinsonate, die im Gemeindehaus ertönte, wo Herr Kawashima tot aufgefunden wurde!
A-ach so...?
Die Mondscheinsonate war auch jene Melodie, die dieser Keiji Aso in den Flammen spielte, bevor er darin umkam.
Und auch der damalige Bürgermeister Kameyama spielte sie bis zu dem Zeitpunkt, als er seinen Herzinfarkt erlitt.
Beide Male war es Beethovens Mondscheinsonate!
Dass die Mondscheinsonate also erneut erklingt, ist gleichbedeutend damit, dass erneut jemand stirbt?!
Warte mal...
Aber hier steht doch „beginnt zu verschwinden" ...
Stimmt! Heißt das dann etwa ...

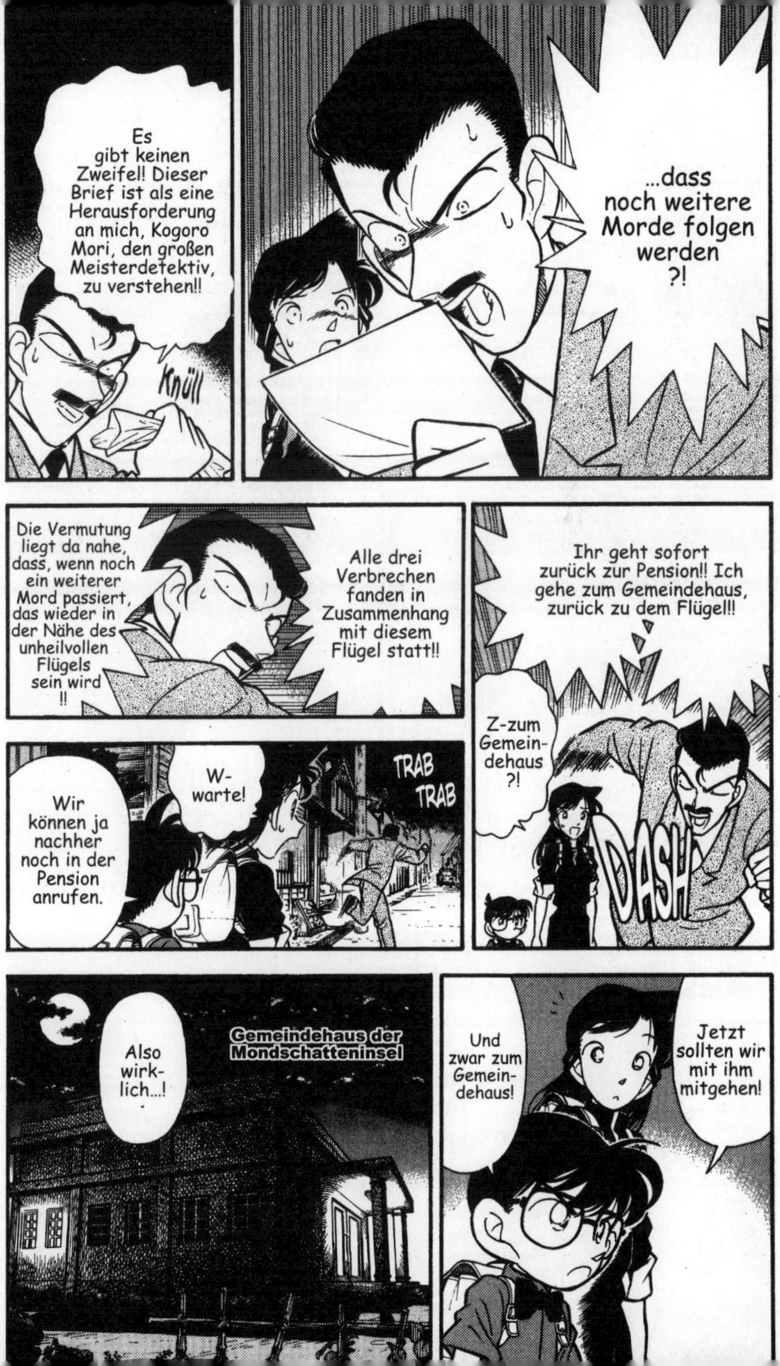

...dass noch weitere Morde folgen werden ?!
Es gibt keinen Zweifel! Dieser Brief ist als eine Herausforderung an mich, Kogoro Mori, den großen Meisterdetektiv, zu verstehen!!
Knüll
Alle drei Verbrechen fanden in Zusammenhang mit diesem Flügel statt!!
Die Vermutung liegt da nahe, dass, wenn noch ein weiterer Mord passiert, das wieder in der Nähe des unheilvollen Flügels sein wird !!
Ihr geht sofort zurück zur Pension!! Ich gehe zum Gemeindehaus, zurück zu dem Flügel!!
Z-zum Gemeindehaus ?!
DASH
TRAB TRAB
W-warte!
Wir können ja nachher noch in der Pension anrufen.
Jetzt sollten wir mit ihm mitgehen!
Und zwar zum Gemeindehaus!
Gemeindehaus der Mondschatteninsel
Also wirklich...!

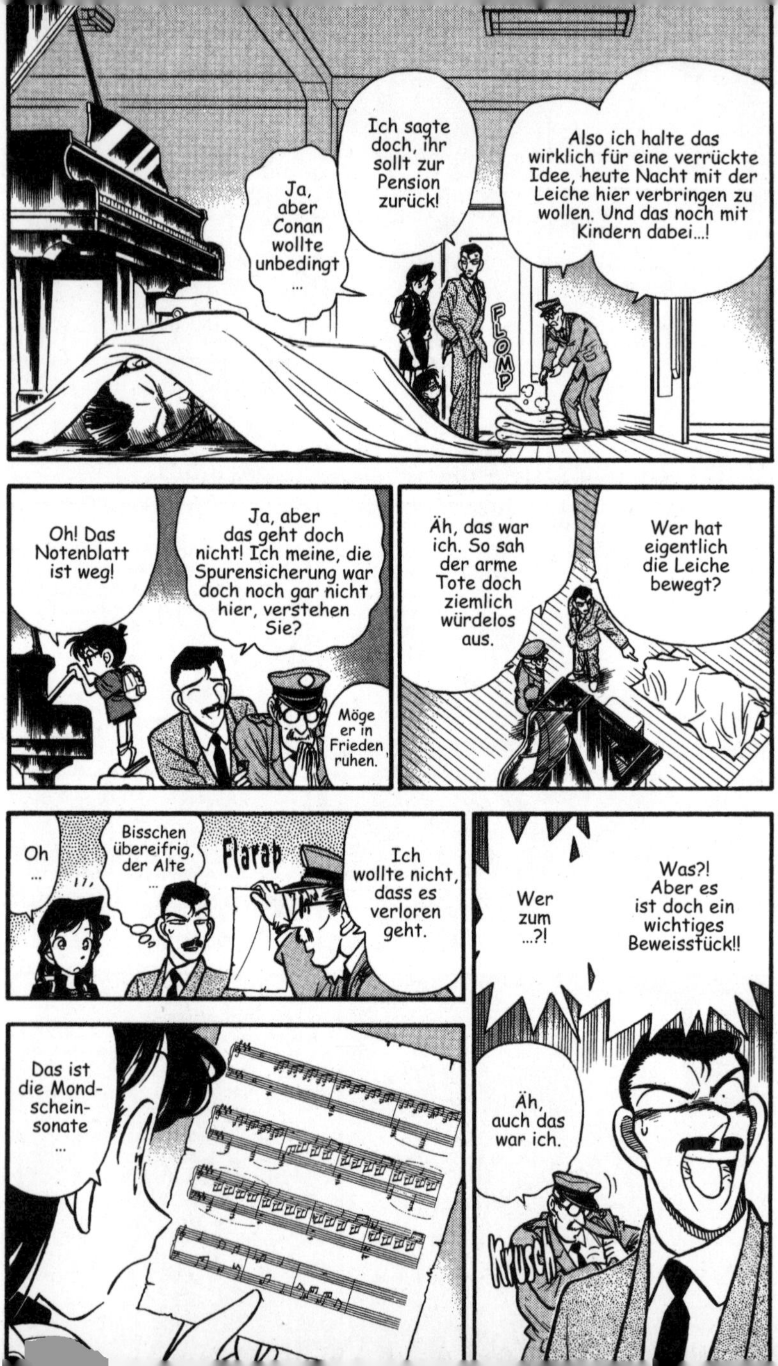
Also ich halte das wirklich für eine verrückte Idee, heute Nacht mit der Leiche hier verbringen zu wollen. Und das noch mit Kindern dabei...!
FLOMP
Ich sagte doch, ihr sollt zur Pension zurück!
Ja, aber Conan wollte unbedingt ...
Wer hat eigentlich die Leiche bewegt?
Äh, das war ich. So sah der arme Tote doch ziemlich würdelos aus.
Ja, aber das geht doch nicht! Ich meine, die Spurensicherung war doch noch gar nicht hier, verstehen Sie?
Möge er in Frieden ruhen.
Oh! Das Notenblatt ist weg!
Was?! Aber es ist doch ein wichtiges Beweisstück!!
Wer zum ...?!
Äh, auch das war ich.
Krusch
Ich wollte nicht, dass es verloren geht.
Flarap
Bisschen übereifrig, der Alte ...
Oh ...
Das ist die Mondscheinsonate ...

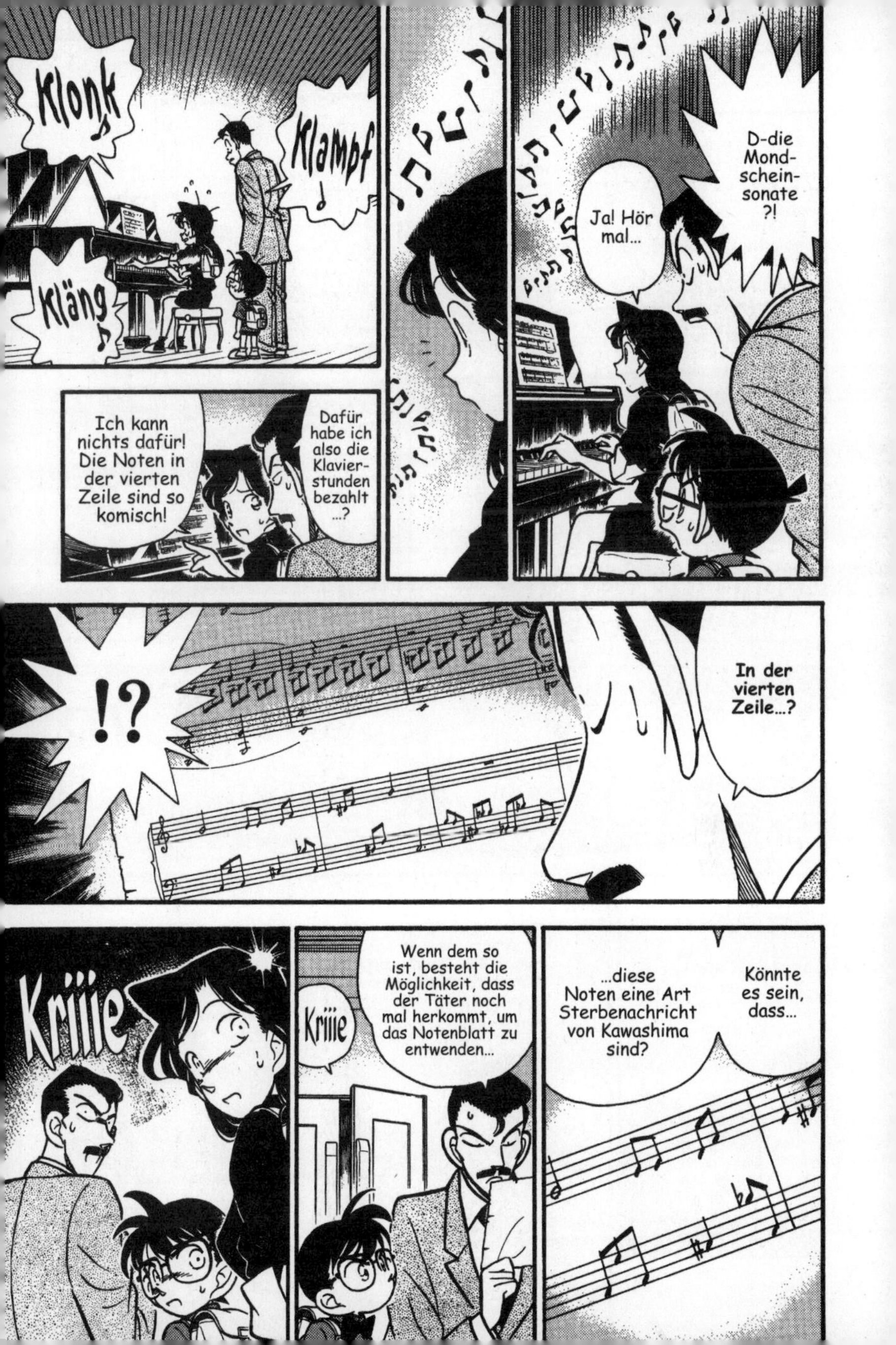
D-die Mondscheinsonate?!
Ja! Hör mal...
Klampf
Klonk
Kläng
Dafür habe ich also die Klavierstunden bezahlt ...?
Ich kann nichts dafür! Die Noten in der vierten Zeile sind so komisch!
In der vierten Zeile...?
!?
Könnte es sein, dass...
...diese Noten eine Art Sterbenachricht von Kawashima sind?
Wenn dem so ist, besteht die Möglichkeit, dass der Täter noch mal herkommt, um das Notenblatt zu entwenden...
Kriiie
Kriiie

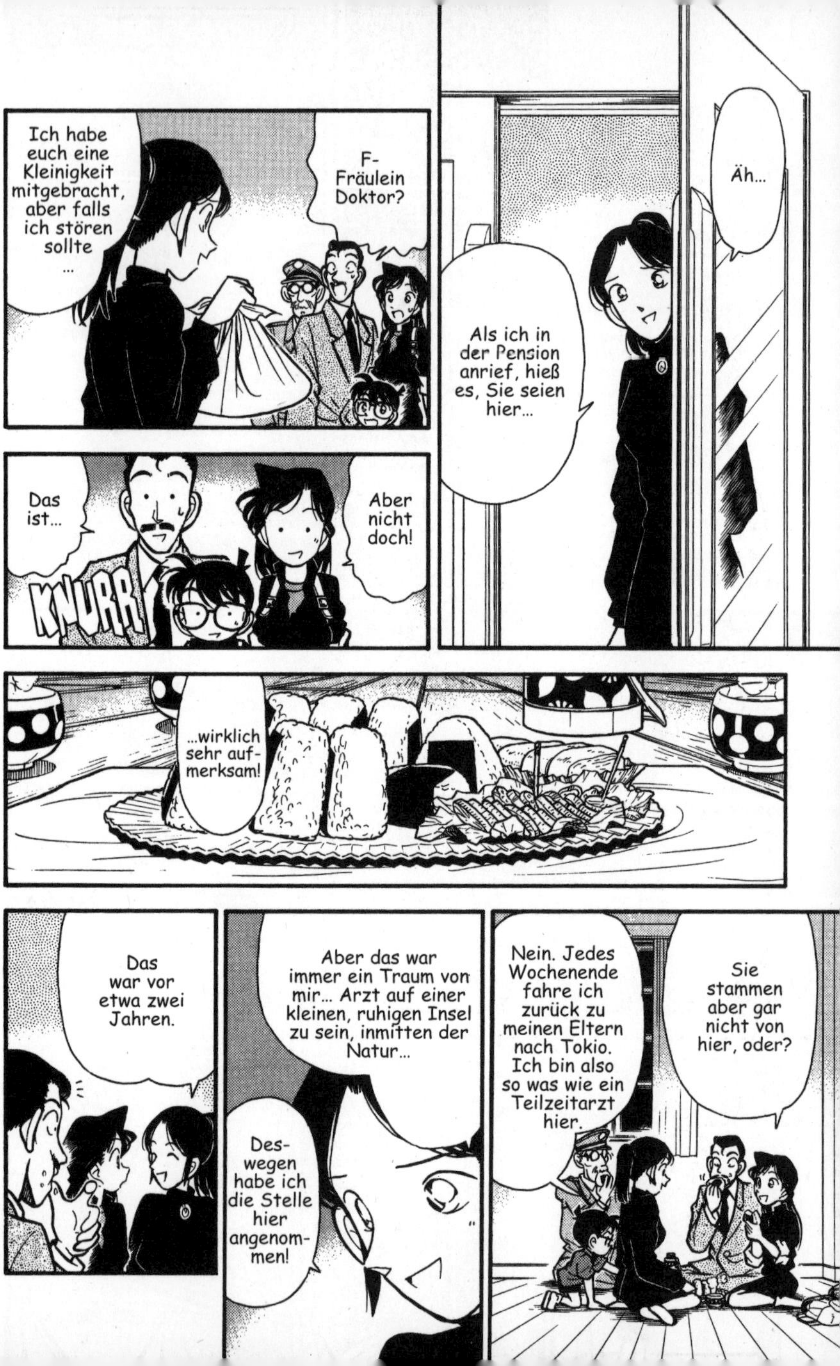

Äh...
Als ich in der Pension anrief, hieß es, Sie seien hier...
F- Fräulein Doktor?
Ich habe euch eine Kleinigkeit mitgebracht, aber falls ich stören sollte ...
Aber nicht doch!
Das ist...
KNURR
...wirklich sehr auf- merksam!
Sie stammen aber gar nicht von hier, oder?
Nein. Jedes Wochenende fahre ich zurück zu meinen Eltern nach Tokio. Ich bin also so was wie ein Teilzeitarzt hier.
Aber das war immer ein Traum von mir... Arzt auf einer kleinen, ruhigen Insel zu sein, inmitten der Natur...
Des- wegen habe ich die Stelle hier angenom- men!
Das war vor etwa zwei Jahren.

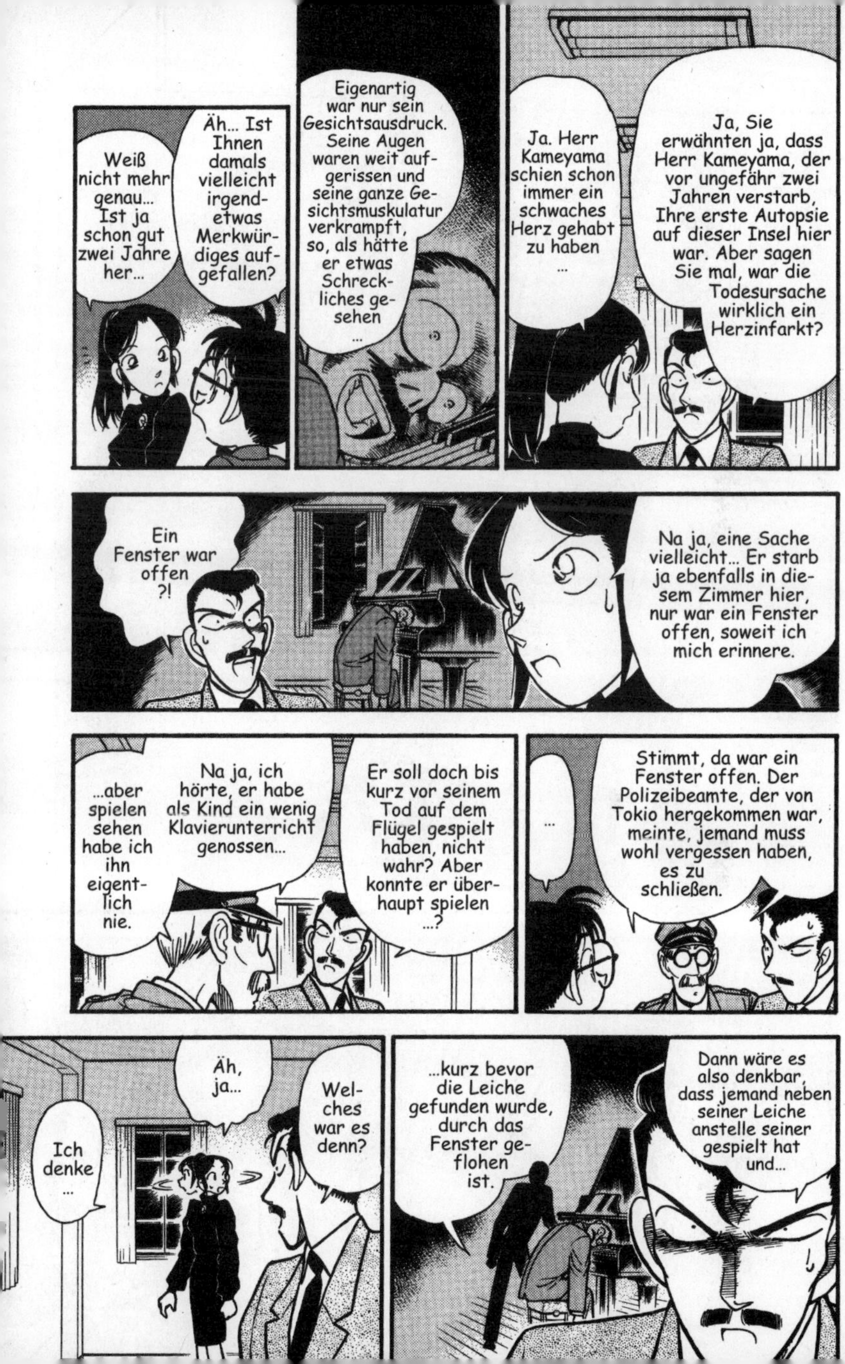
Ja, Sie erwähnten ja, dass Herr Kameyama, der vor ungefähr zwei Jahren verstarb, Ihre erste Autopsie auf dieser Insel hier war. Aber sagen Sie mal, war die Todesursache wirklich ein Herzinfarkt?
Ja. Herr Kameyama schien schon immer ein schwaches Herz gehabt zu haben ...
Eigenartig war nur sein Gesichtsausdruck. Seine Augen waren weit aufgerissen und seine ganze Gesichtsmuskulatur verkrampft, so, als hätte er etwas Schreckliches gesehen ...
Äh... Ist Ihnen damals vielleicht irgendetwas Merkwürdiges aufgefallen?
Weiß nicht mehr genau... Ist ja schon gut zwei Jahre her...
Na ja, eine Sache vielleicht... Er starb ja ebenfalls in diesem Zimmer hier, nur war ein Fenster offen, soweit ich mich erinnere.
Ein Fenster war offen ?!
Stimmt, da war ein Fenster offen. Der Polizeibeamte, der von Tokio hergekommen war, meinte, jemand muss wohl vergessen haben, es zu schließen.
...
Er soll doch bis kurz vor seinem Tod auf dem Flügel gespielt haben, nicht wahr? Aber konnte er überhaupt spielen ...?
Na ja, ich hörte, er habe als Kind ein wenig Klavierunterricht genossen...
...aber spielen sehen habe ich ihn eigentlich nie.
Dann wäre es also denkbar, dass jemand neben seiner Leiche anstelle seiner gespielt hat und...
...kurz bevor die Leiche gefunden wurde, durch das Fenster geflohen ist.
Welches war es denn?
Äh, ja...
Ich denke ...

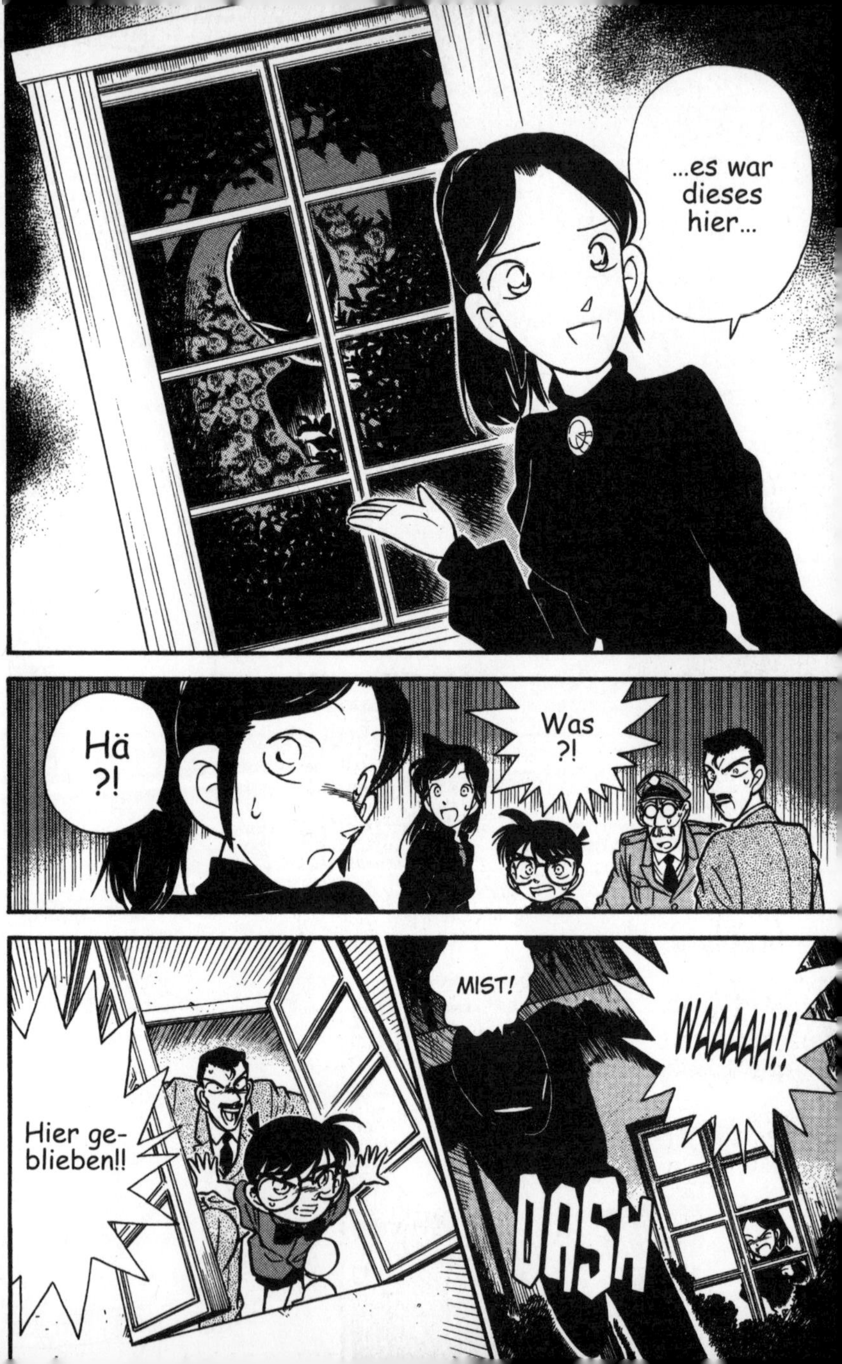
...es war dieses hier...
Was ?!
Hä ?!
WAAAAH!!
MIST!
DASH
Hier geblieben!!

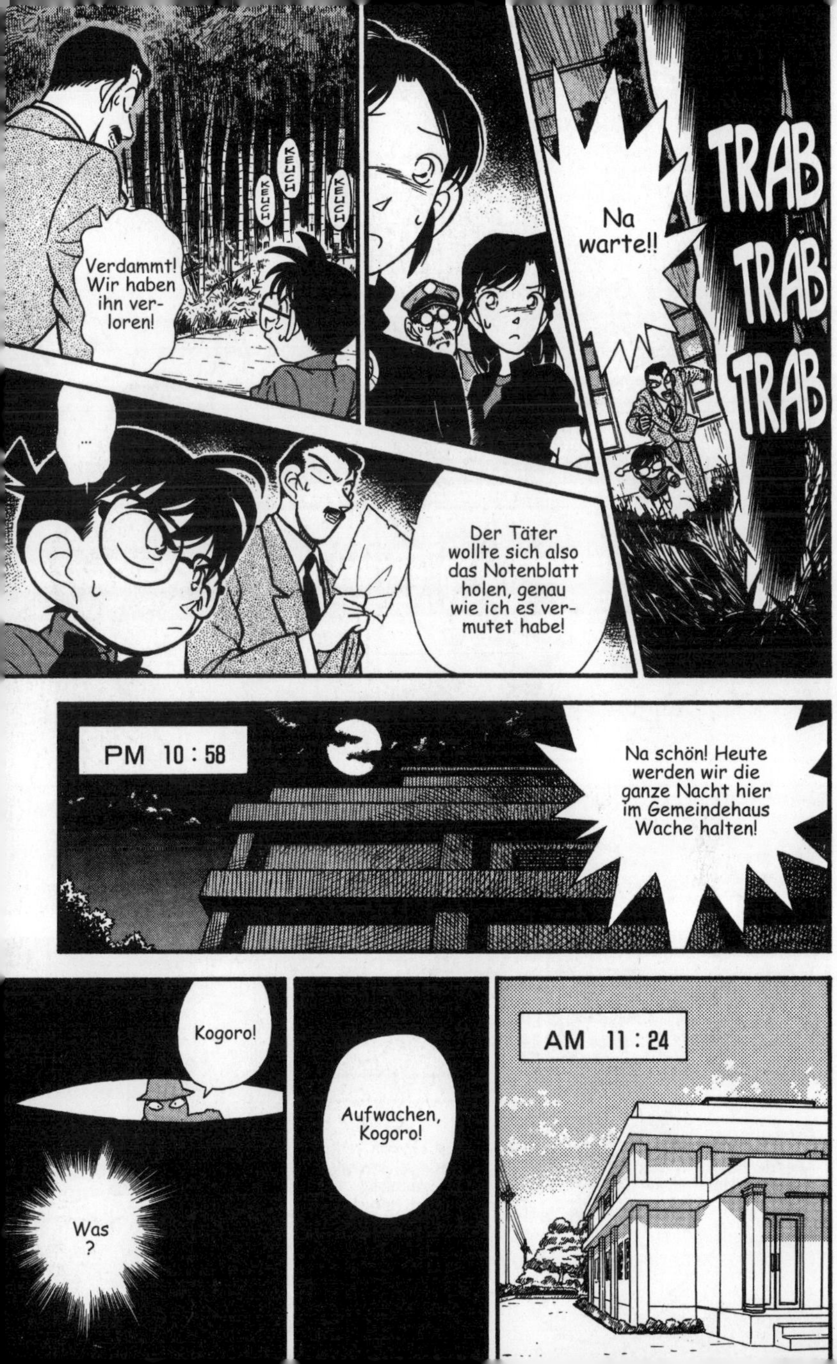

Na warte!!
TRAB
TRAB
TRAB
KEUCH
KEUCH
KEUCH
Verdammt! Wir haben ihn verloren!
Der Täter wollte sich also das Notenblatt holen, genau wie ich es vermutet habe!
...
PM 10 : 58
Na schön! Heute werden wir die ganze Nacht hier im Gemeindehaus Wache halten!
AM 11 : 24
Aufwachen, Kogoro!
Kogoro!
Was?

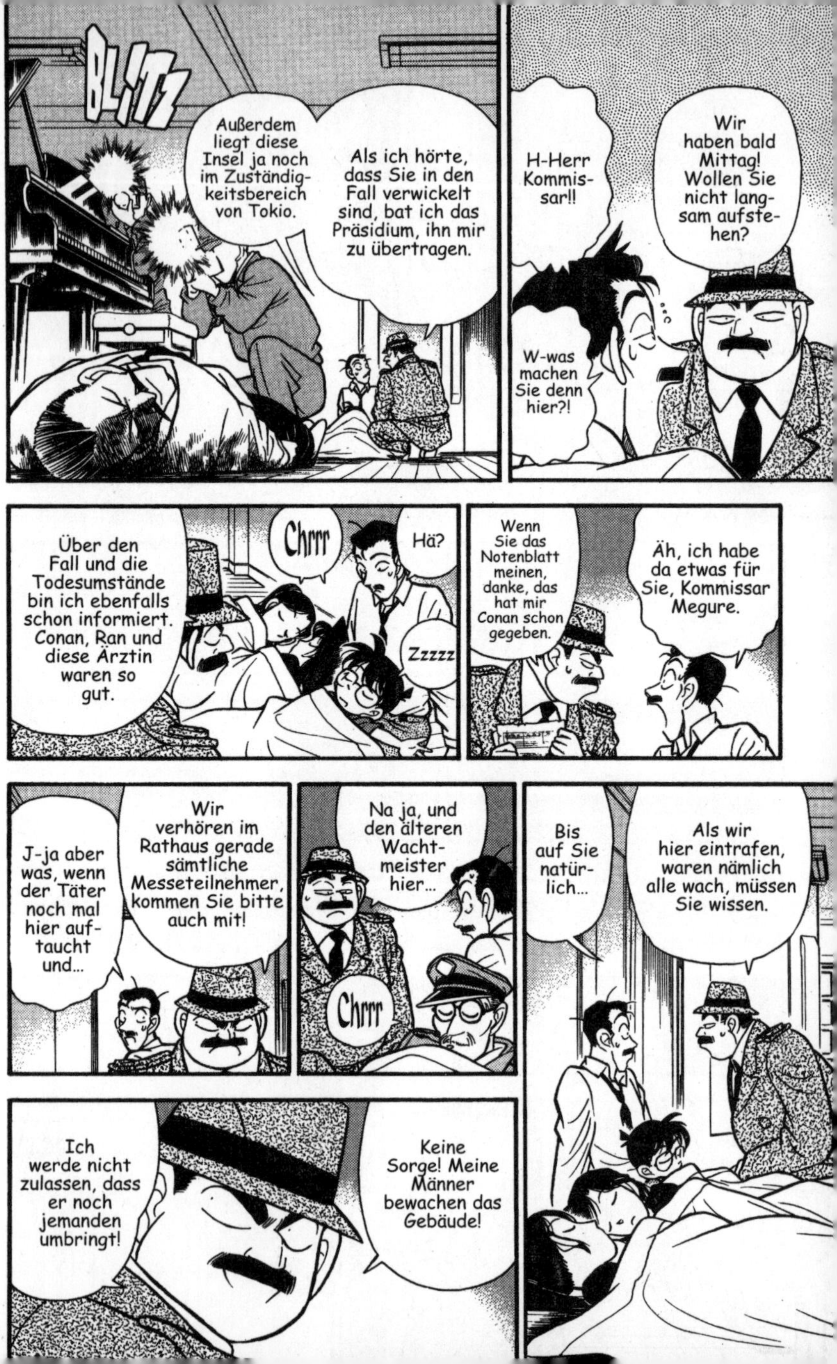

Wir haben bald Mittag! Wollen Sie nicht langsam aufstehen?
H-Herr Kommissar!!
W-was machen Sie denn hier?!
Als ich hörte, dass Sie in den Fall verwickelt sind, bat ich das Präsidium, ihn mir zu übertragen.
Außerdem liegt diese Insel ja noch im Zuständigkeitsbereich von Tokio.
BLITZ
Äh, ich habe da etwas für Sie, Kommissar Megure.
Wenn Sie das Notenblatt meinen, danke, das hat mir Conan schon gegeben.
Hä?
Chrrr
Zzzzz
Über den Fall und die Todesumstände bin ich ebenfalls schon informiert. Conan, Ran und diese Ärztin waren so gut.
Als wir hier eintrafen, waren nämlich alle wach, müssen Sie wissen.
Bis auf Sie natürlich...
Na ja, und den älteren Wachtmeister hier...
Chrrr
Wir verhören im Rathaus gerade sämtliche Messeteilnehmer, kommen Sie bitte auch mit!
J-ja aber was, wenn der Täter noch mal hier auftaucht und...
Keine Sorge! Meine Männer bewachen das Gebäude!
Ich werde nicht zulassen, dass er noch jemanden umbringt!

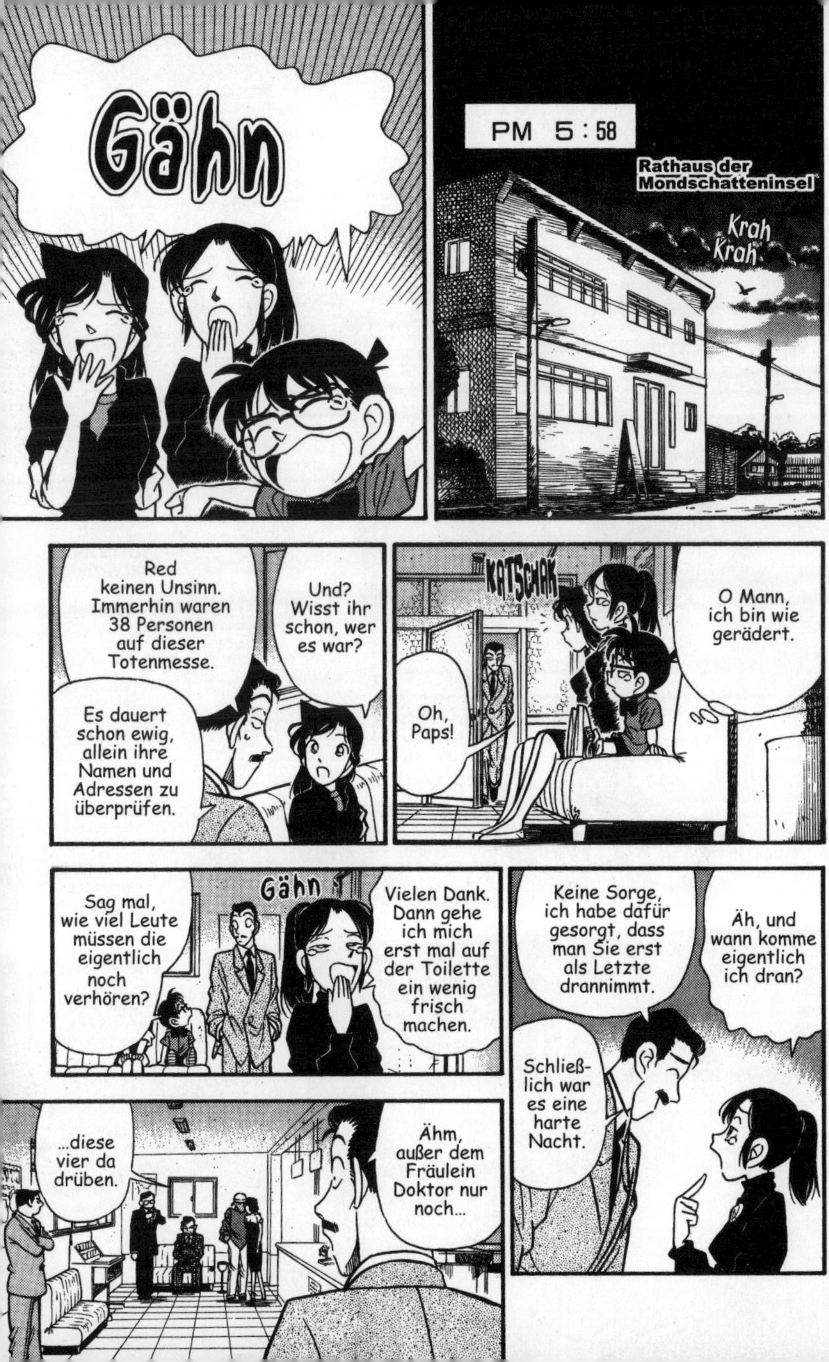
PM 5:58
Rathaus der Mondschatteninsel
Krah Krah
Gähn
O Mann, ich bin wie gerädert.
KATSCHAK
Oh, Paps!
Und? Wisst ihr schon, wer es war?
Red keinen Unsinn. Immerhin waren 38 Personen auf dieser Totenmesse.
Es dauert schon ewig, allein ihre Namen und Adressen zu überprüfen.
Äh, und wann komme eigentlich ich dran?
Keine Sorge, ich habe dafür gesorgt, dass man Sie erst als Letzte drannimmt.
Schließ-lich war es eine harte Nacht.
Vielen Dank. Dann gehe ich mich erst mal auf der Toilette ein wenig frisch machen.
Gähn
Sag mal, wie viel Leute müssen die eigentlich noch verhören?
Ähm, außer dem Fräulein Doktor nur noch...
...diese vier da drüben.

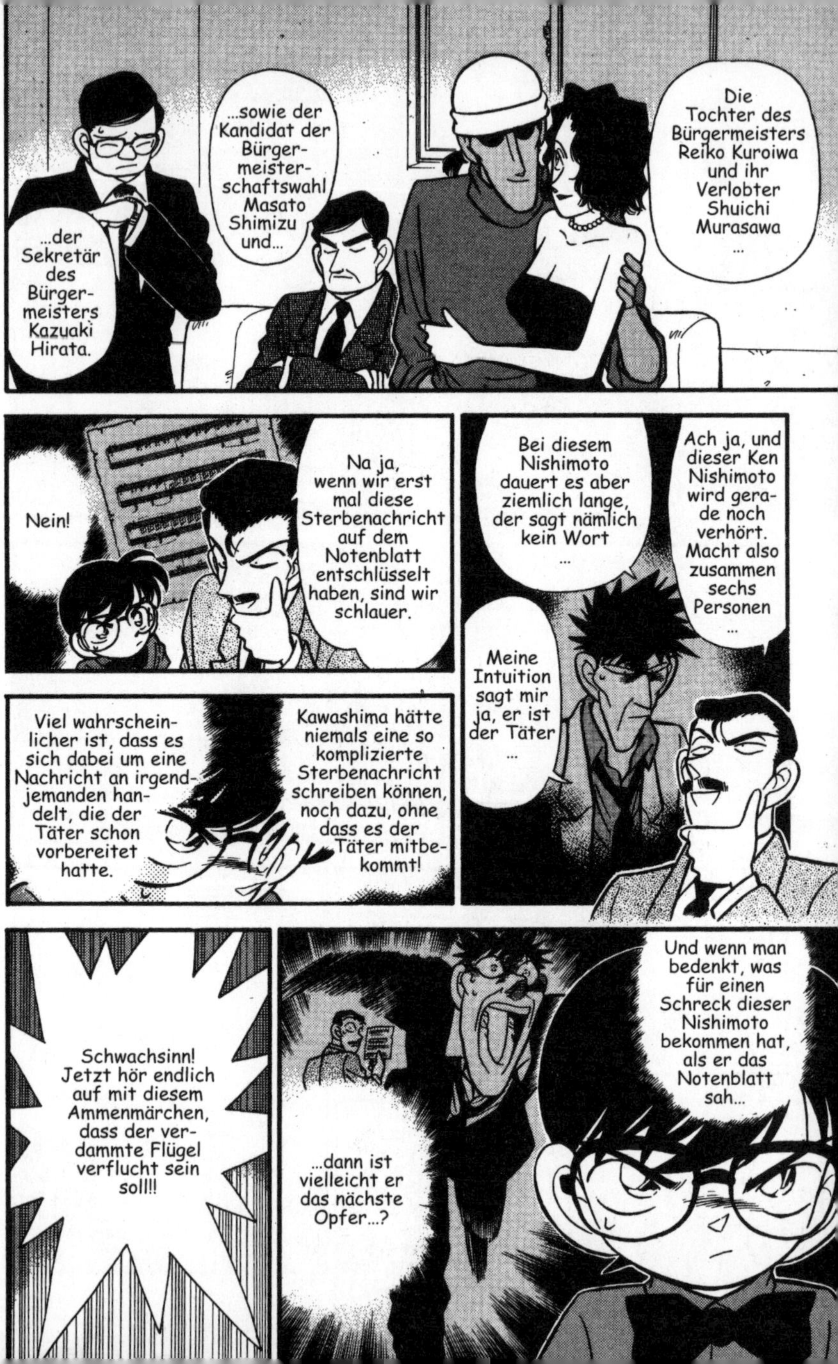
Die Tochter des Bürgermeisters Reiko Kuroiwa und ihr Verlobter Shuichi Murasawa ...
...sowie der Kandidat der Bürgermeisterschaftswahl Masato Shimizu und...
...der Sekretär des Bürgermeisters Kazuaki Hirata.
Ach ja, und dieser Ken Nishimoto wird gerade noch verhört. Macht also zusammen sechs Personen ...
Bei diesem Nishimoto dauert es aber ziemlich lange, der sagt nämlich kein Wort ...
Meine Intuition sagt mir ja, er ist der Täter ...
Na ja, wenn wir erst mal diese Sterbenachricht auf dem Notenblatt entschlüsselt haben, sind wir schlauer.
Nein!
Kawashima hätte niemals eine so komplizierte Sterbenachricht schreiben können, noch dazu, ohne dass es der Täter mitbekommt!
Viel wahrscheinlicher ist, dass es sich dabei um eine Nachricht an irgendjemanden handelt, die der Täter schon vorbereitet hatte.
Und wenn man bedenkt, was für einen Schreck dieser Nishimoto bekommen hat, als er das Notenblatt sah...
...dann ist vielleicht er das nächste Opfer...?
Schwachsinn! Jetzt hör endlich auf mit diesem Ammenmärchen, dass der verdammte Flügel verflucht sein soll!!

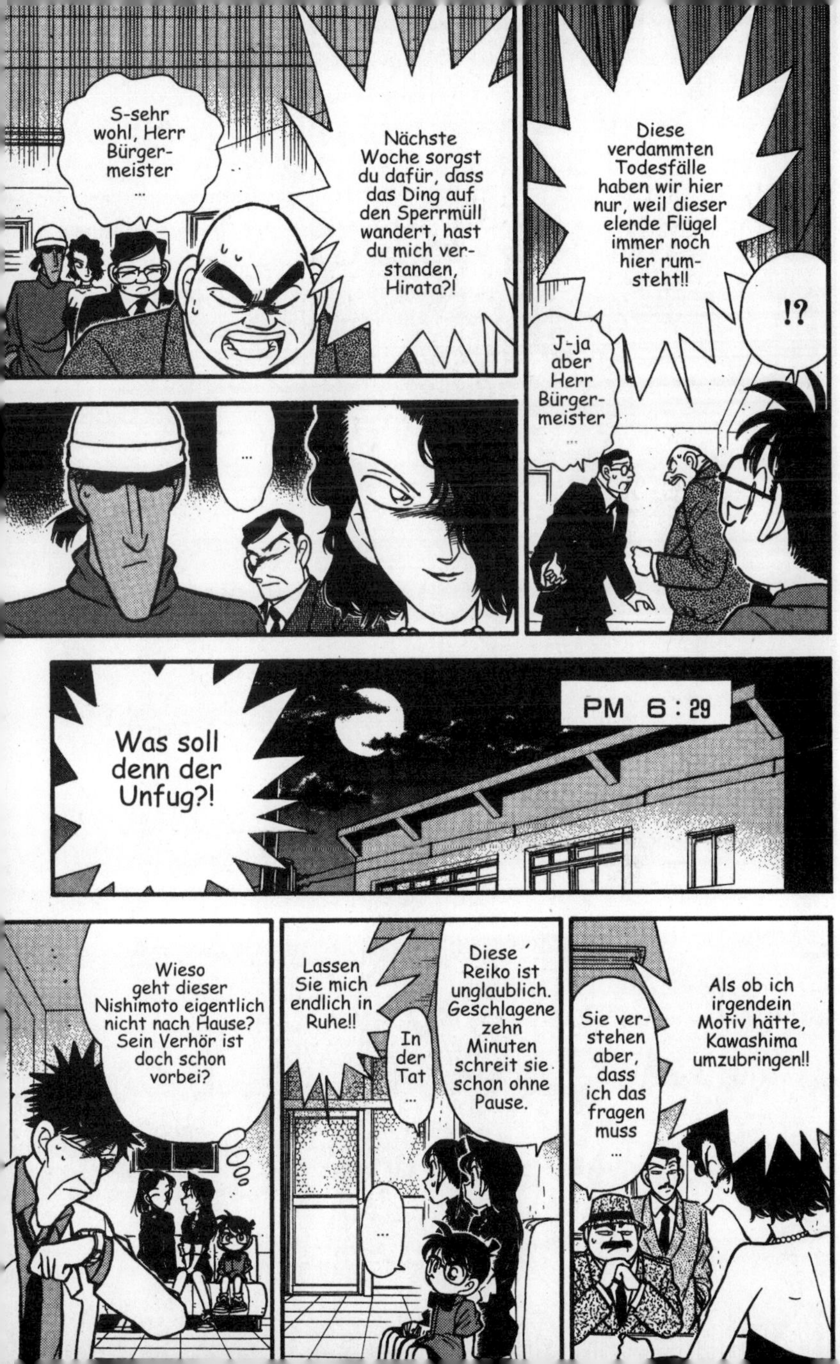
Diese verdammten Todesfälle haben wir hier nur, weil dieser elende Flügel immer noch hier rumsteht!!
!?
J-ja aber Herr Bürgermeister ...
Nächste Woche sorgst du dafür, dass das Ding auf den Sperrmüll wandert, hast du mich verstanden, Hirata?!
S-sehr wohl, Herr Bürgermeister ...
...
PM 6:29
Was soll denn der Unfug?!
Als ob ich irgendein Motiv hätte, Kawashima umzubringen!!
Sie verstehen aber, dass ich das fragen muss ...
Diese Reiko ist unglaublich. Geschlagene zehn Minuten schreit sie schon ohne Pause.
Lassen Sie mich endlich in Ruhe!!
In der Tat ...
...
Wieso geht dieser Nishimoto eigentlich nicht nach Hause? Sein Verhör ist doch schon vorbei?

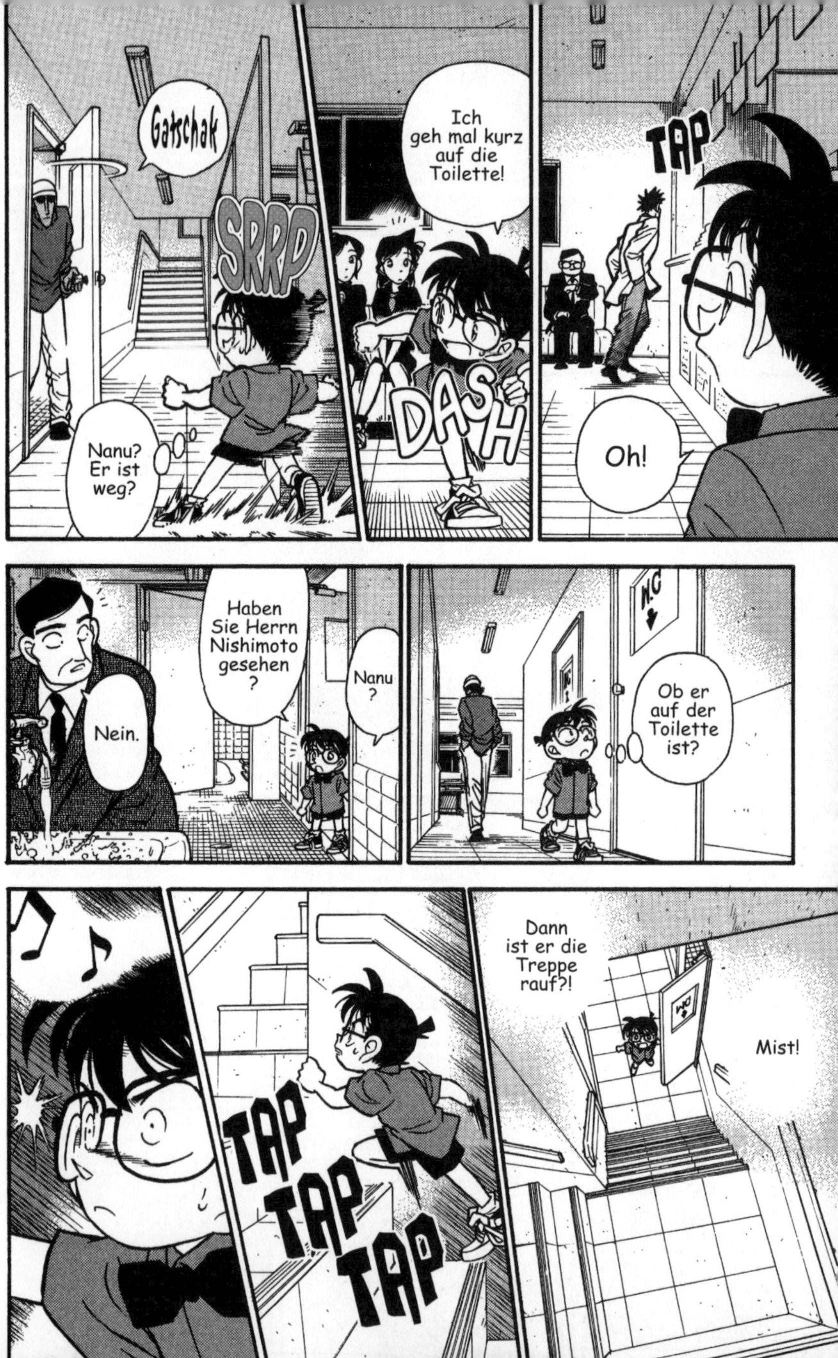
TAP
Oh!
Ich geh mal kurz auf die Toilette!
DASH
Gatschak
SRRP
Nanu? Er ist weg?
W.C
Ob er auf der Toilette ist?
Nanu?
Haben Sie Herrn Nishimoto gesehen?
Nein.
Dann ist er die Treppe rauf?!
Mist!
TAP TAP TAP

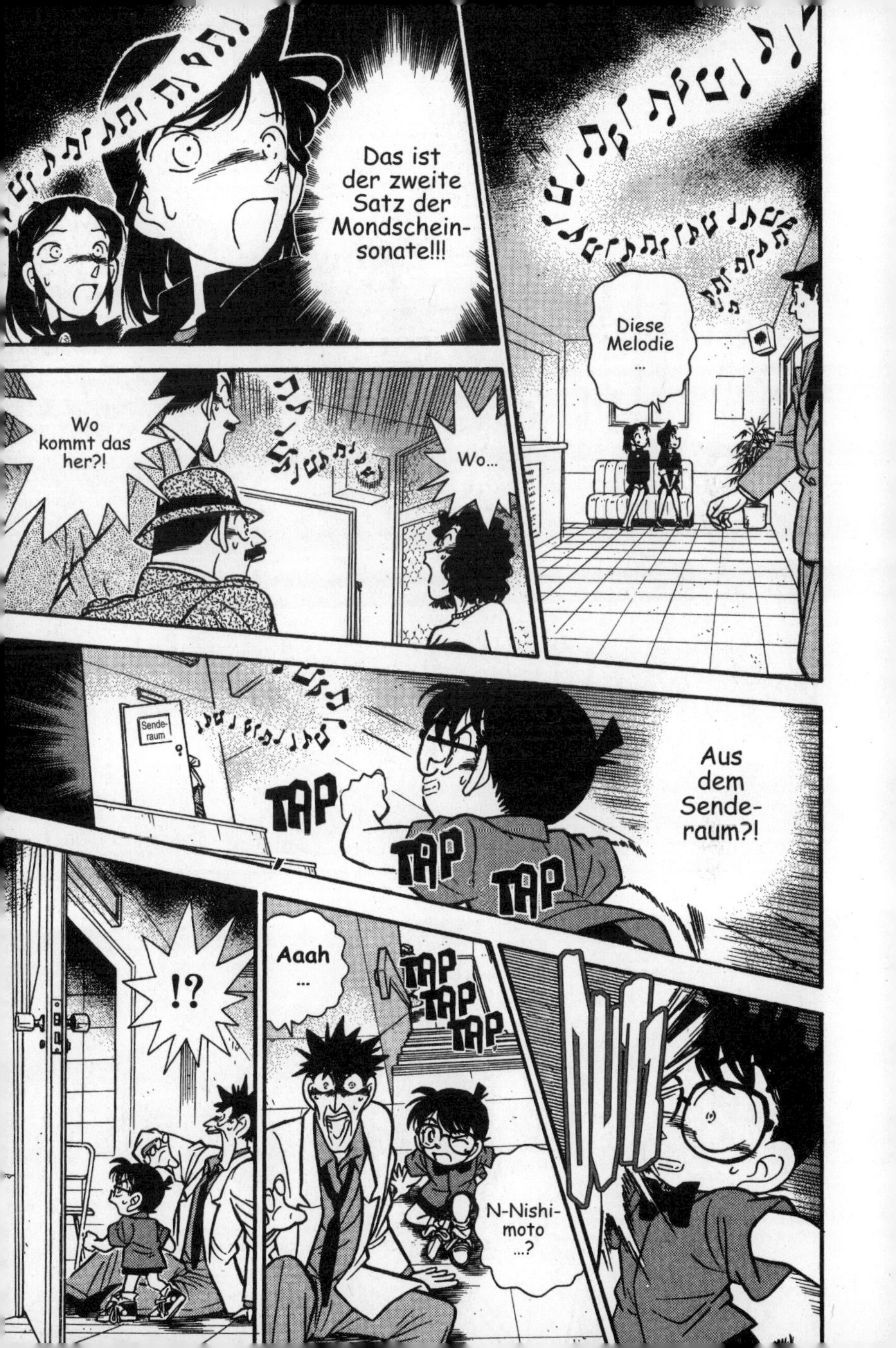

Das ist der zweite Satz der Mondschein-sonate!!!
Diese Melodie ...
Wo...
Wo kommt das her?!
Aus dem Sende-raum?!
Sende-raum
TAP
TAP
TAP
N-Nishi-moto ...?
TAP TAP TAP
Aaah ...
!?

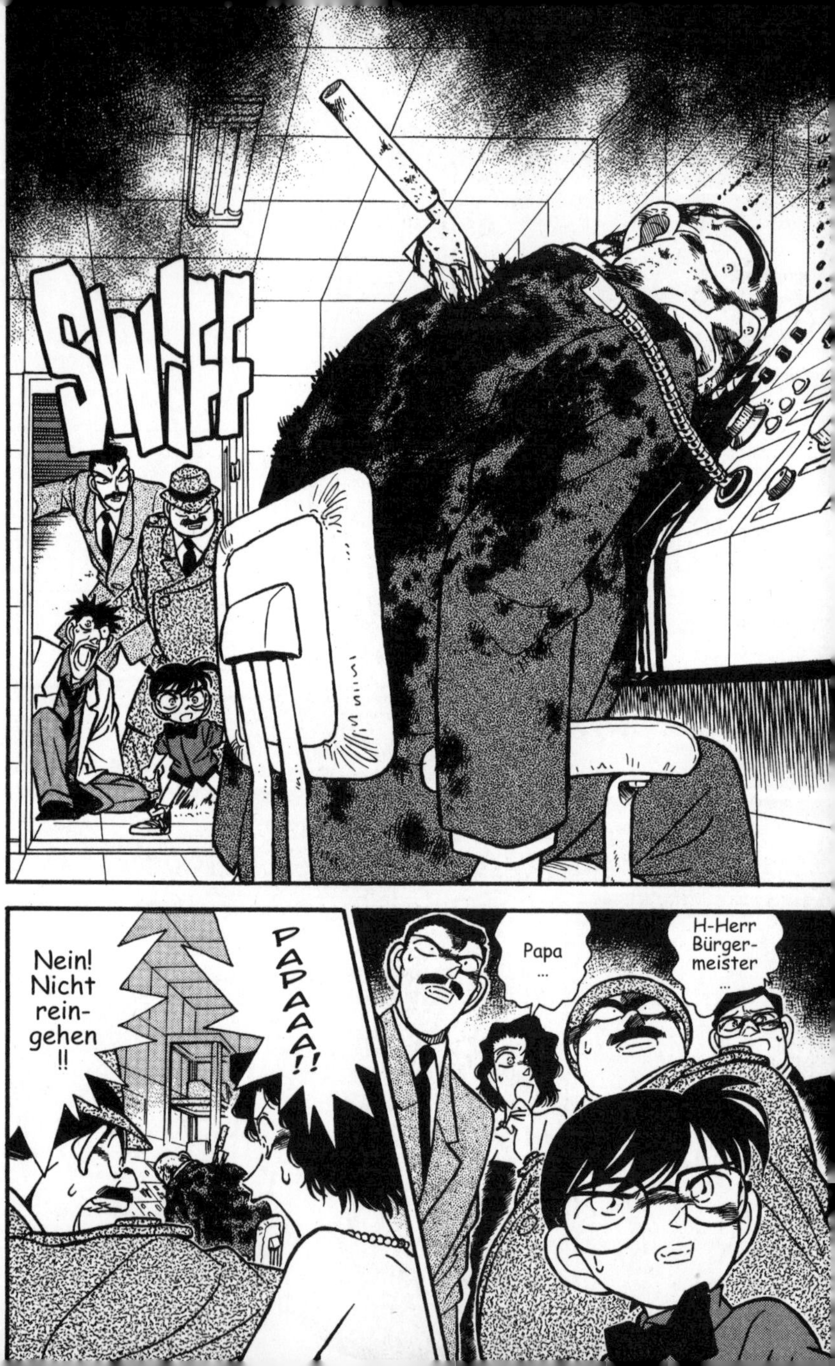
SNIFF
H-Herr Bürgermeister ...
Papa ...
PAPAAA!!
Nein! Nicht reingehen !!

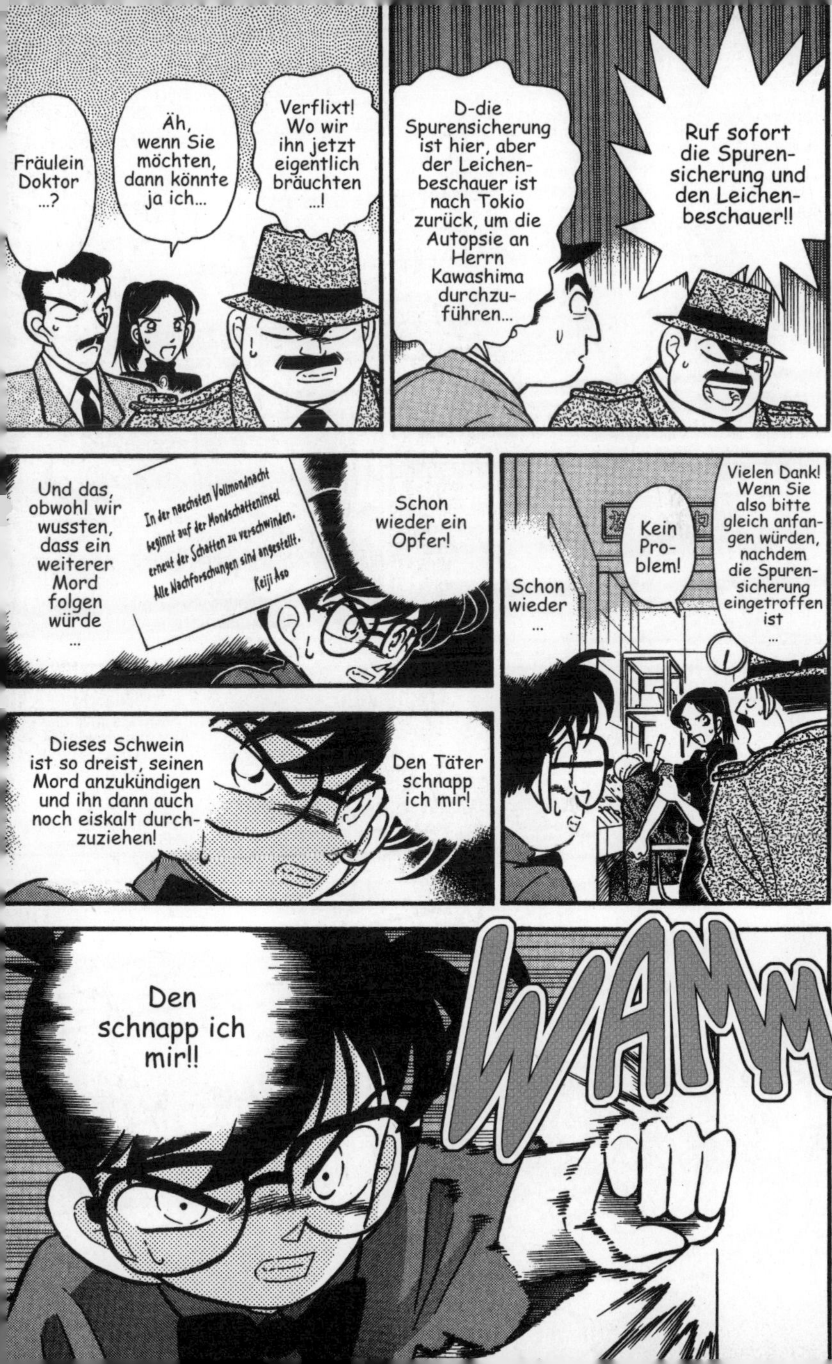

Ruf sofort die Spurensicherung und den Leichenbeschauer!!
D-die Spurensicherung ist hier, aber der Leichenbeschauer ist nach Tokio zurück, um die Autopsie an Herrn Kawashima durchzuführen...
Verflixt! Wo wir ihn jetzt eigentlich bräuchten ...!
Fräulein Doktor ...?
Äh, wenn Sie möchten, dann könnte ja ich...
Vielen Dank! Wenn Sie also bitte gleich anfangen würden, nachdem die Spurensicherung eingetroffen ist ...
Kein Problem!
Schon wieder ...
Schon wieder ein Opfer!
In der naechsten Vollmondnacht beginnt auf der Mondschatteninsel erneut der Schatten zu verschwinden. Alle Nachforschungen sind angestellt.
Keiji Aso
Und das, obwohl wir wussten, dass ein weiterer Mord folgen würde ...
Den Täter schnapp ich mir!
Dieses Schwein ist so dreist, seinen Mord anzukündigen und ihn dann auch noch eiskalt durchzuziehen!
WAMM
Den schnapp ich mir!!

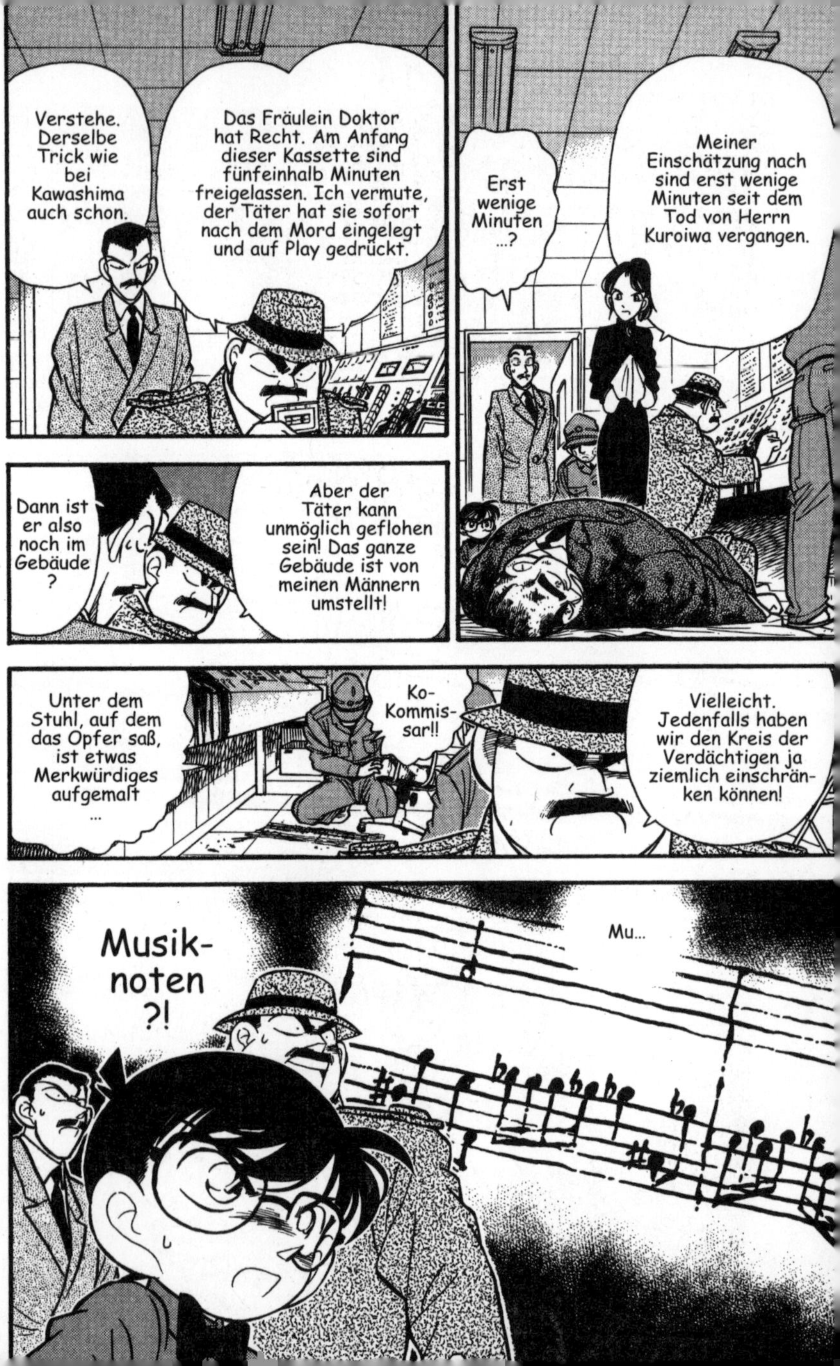
Meiner Einschätzung nach sind erst wenige Minuten seit dem Tod von Herrn Kuroiwa vergangen.
Erst wenige Minuten ...?
Das Fräulein Doktor hat Recht. Am Anfang dieser Kassette sind fünfeinhalb Minuten freigelassen. Ich vermute, der Täter hat sie sofort nach dem Mord eingelegt und auf Play gedrückt.
Verstehe. Derselbe Trick wie bei Kawashima auch schon.
Aber der Täter kann unmöglich geflohen sein! Das ganze Gebäude ist von meinen Männern umstellt!
Dann ist er also noch im Gebäude ?
Vielleicht. Jedenfalls haben wir den Kreis der Verdächtigen ja ziemlich einschränken können!
Ko-Kommissar!!
Unter dem Stuhl, auf dem das Opfer saß, ist etwas Merkwürdiges aufgemalt ...
Mu...
Musiknoten ?!

FALL 18

KAPITEL 4

Das Geheimnis des Feuers

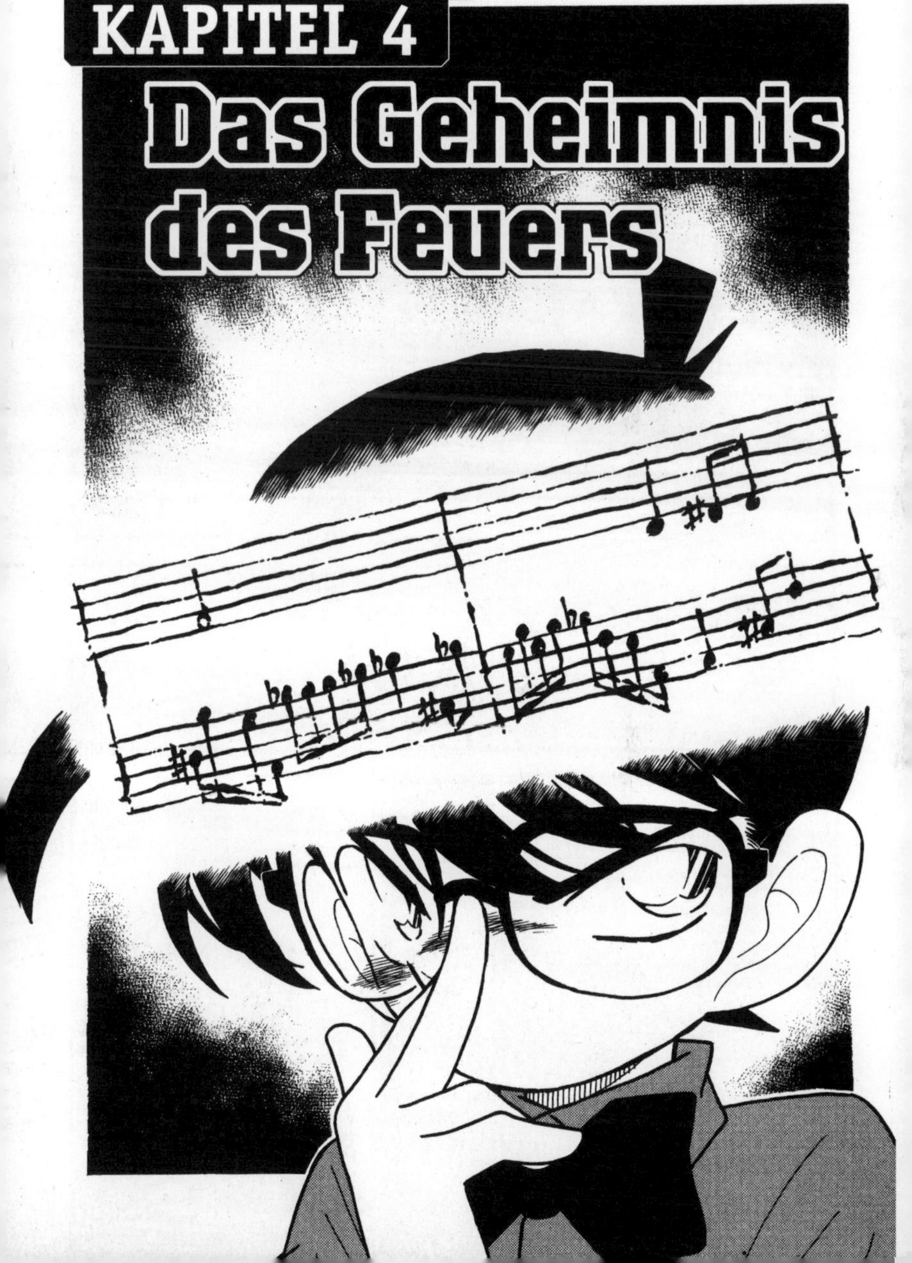

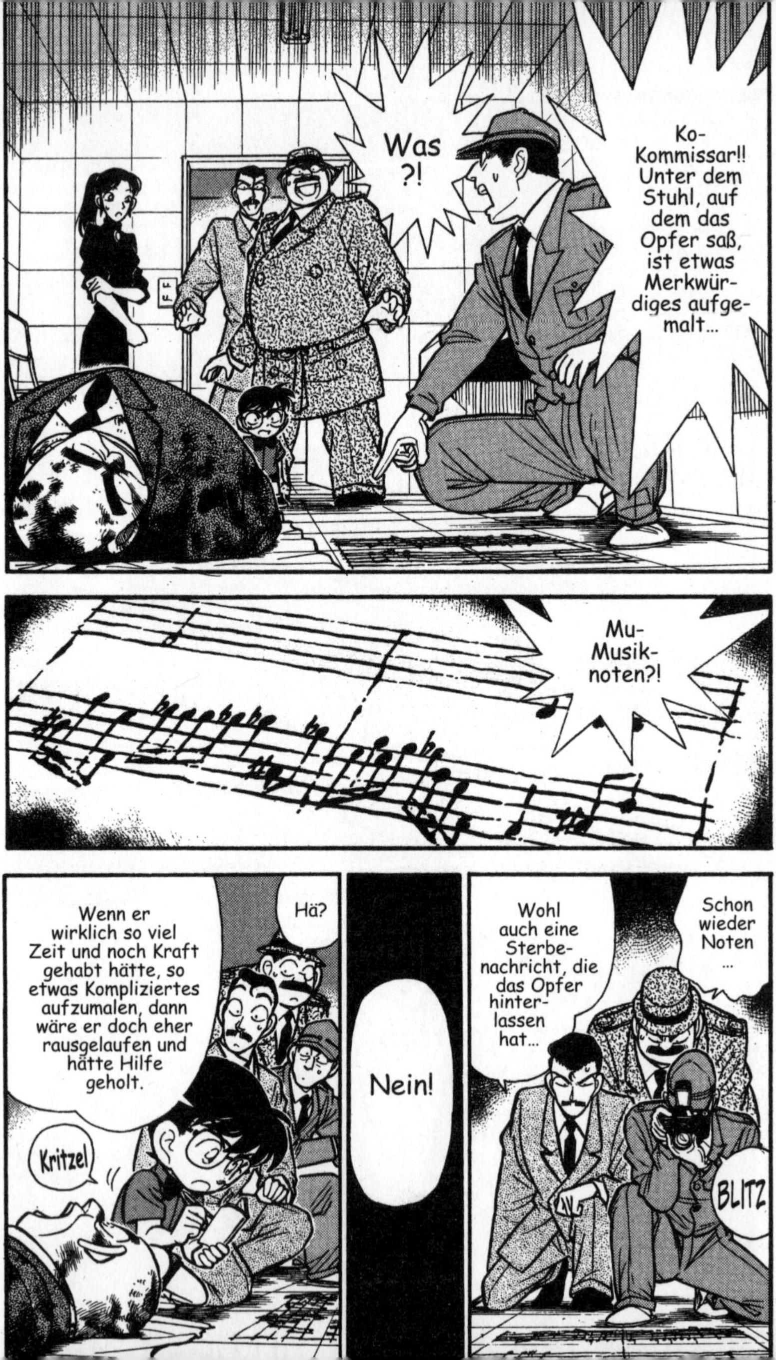
Ko-Kommissar!! Unter dem Stuhl, auf dem das Opfer saß, ist etwas Merkwürdiges aufgemalt...
Was ?!
Mu-Musiknoten?!
Schon wieder Noten ...
Wohl auch eine Sterbenachricht, die das Opfer hinterlassen hat...
BLITZ
Nein!
Hä?
Wenn er wirklich so viel Zeit und noch Kraft gehabt hätte, so etwas Kompliziertes aufzumalen, dann wäre er doch eher rausgelaufen und hätte Hilfe geholt.
Kritzel

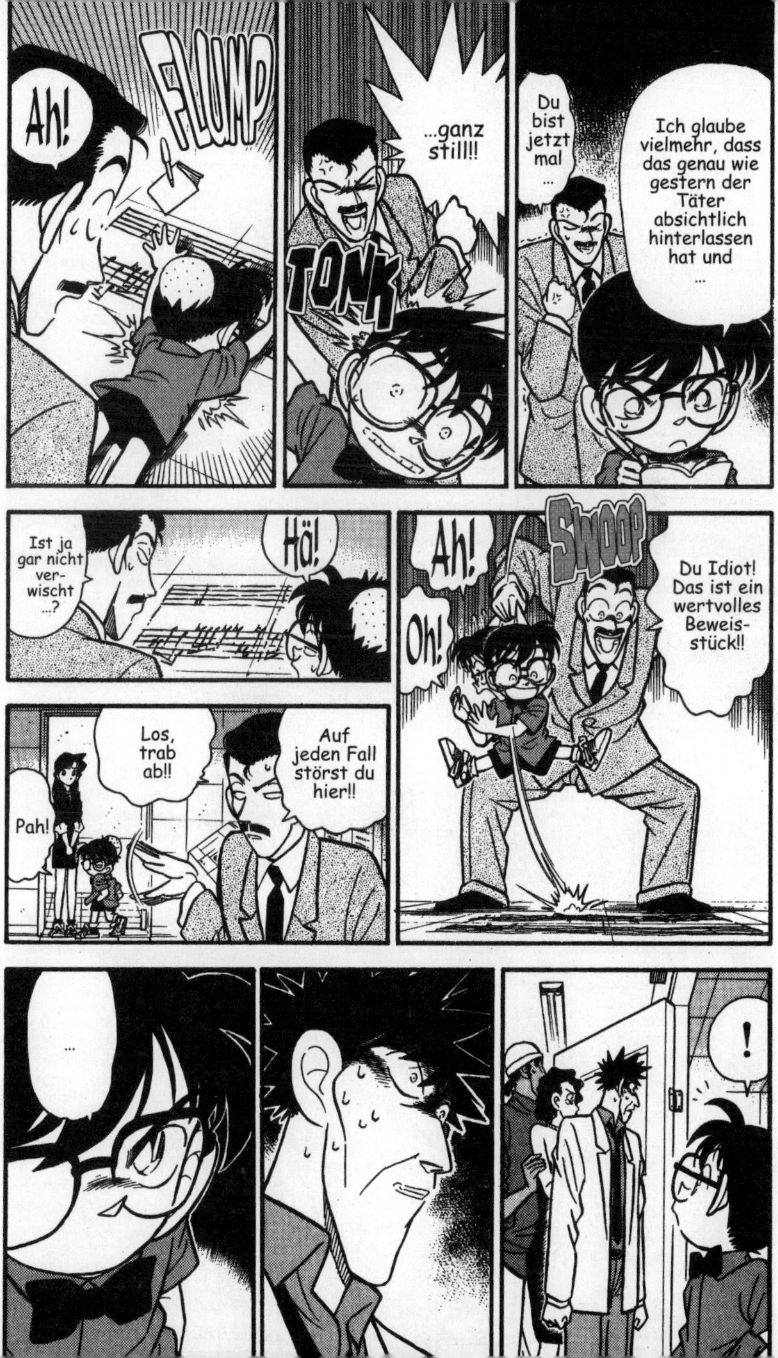
Ah!
FLUMP
...ganz still!!
TONK
Du bist jetzt mal ...
Ich glaube vielmehr, dass das genau wie gestern der Täter absichtlich hinterlassen hat und ...
Ist ja gar nicht verwischt ...?
Hä!
Ah!
Oh!
SWOOP
Du Idiot! Das ist ein wertvolles Beweisstück!!
Pah!
Los, trab ab!!
Auf jeden Fall störst du hier!!
...
!

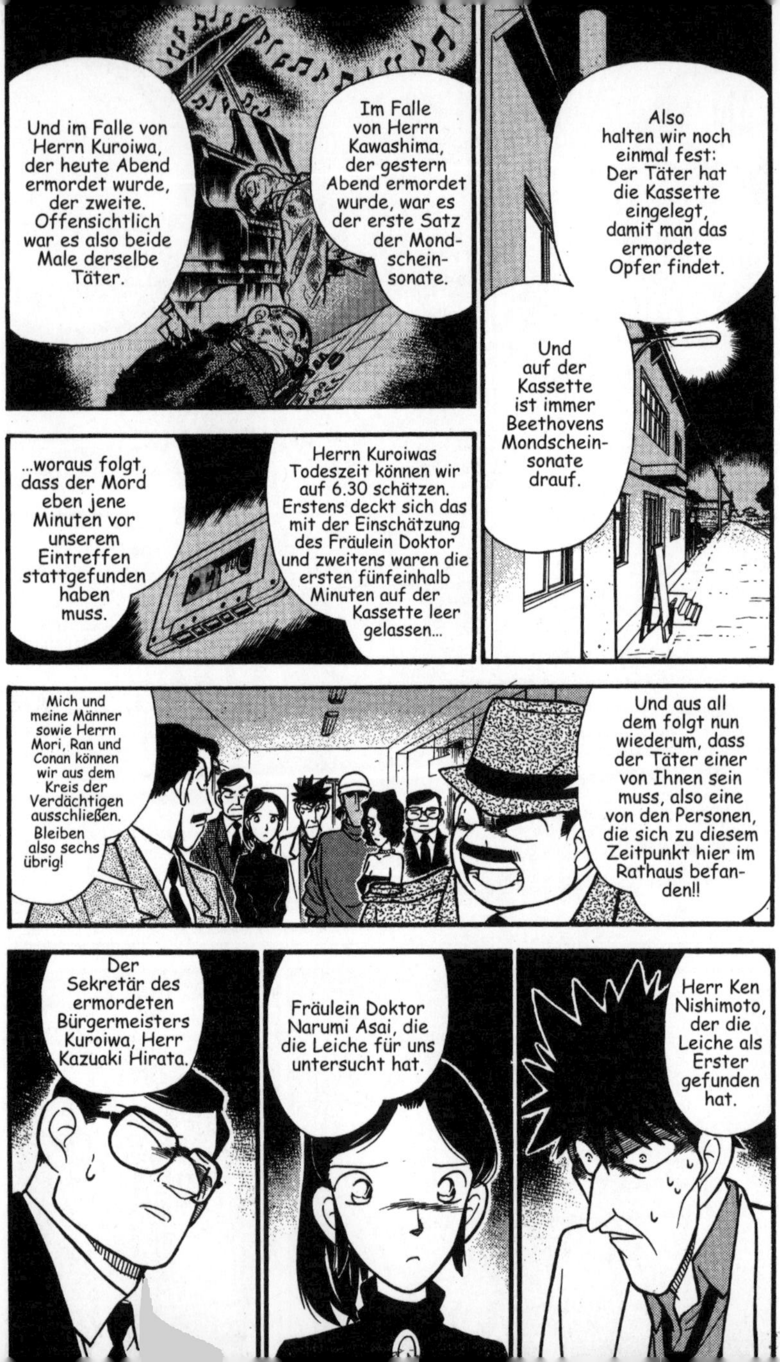
Also halten wir noch einmal fest: Der Täter hat die Kassette eingelegt, damit man das ermordete Opfer findet.
Und auf der Kassette ist immer Beethovens Mondscheinsonate drauf.
Im Falle von Herrn Kawashima, der gestern Abend ermordet wurde, war es der erste Satz der Mondscheinsonate.
Und im Falle von Herrn Kuroiwa, der heute Abend ermordet wurde, der zweite. Offensichtlich war es also beide Male derselbe Täter.
Herrn Kuroiwas Todeszeit können wir auf 6.30 schätzen. Erstens deckt sich das mit der Einschätzung des Fräulein Doktor und zweitens waren die ersten fünfeinhalb Minuten auf der Kassette leer gelassen...
...woraus folgt, dass der Mord eben jene Minuten vor unserem Eintreffen stattgefunden haben muss.
Und aus all dem folgt nun wiederum, dass der Täter einer von Ihnen sein muss, also eine von den Personen, die sich zu diesem Zeitpunkt hier im Rathaus befanden!!
Mich und meine Männer sowie Herrn Mori, Ran und Conan können wir aus dem Kreis der Verdächtigen ausschließen. Bleiben also sechs übrig!
Herr Ken Nishimoto, der die Leiche als Erster gefunden hat.
Fräulein Doktor Narumi Asai, die die Leiche für uns untersucht hat.
Der Sekretär des ermordeten Bürgermeisters Kuroiwa, Herr Kazuaki Hirata.

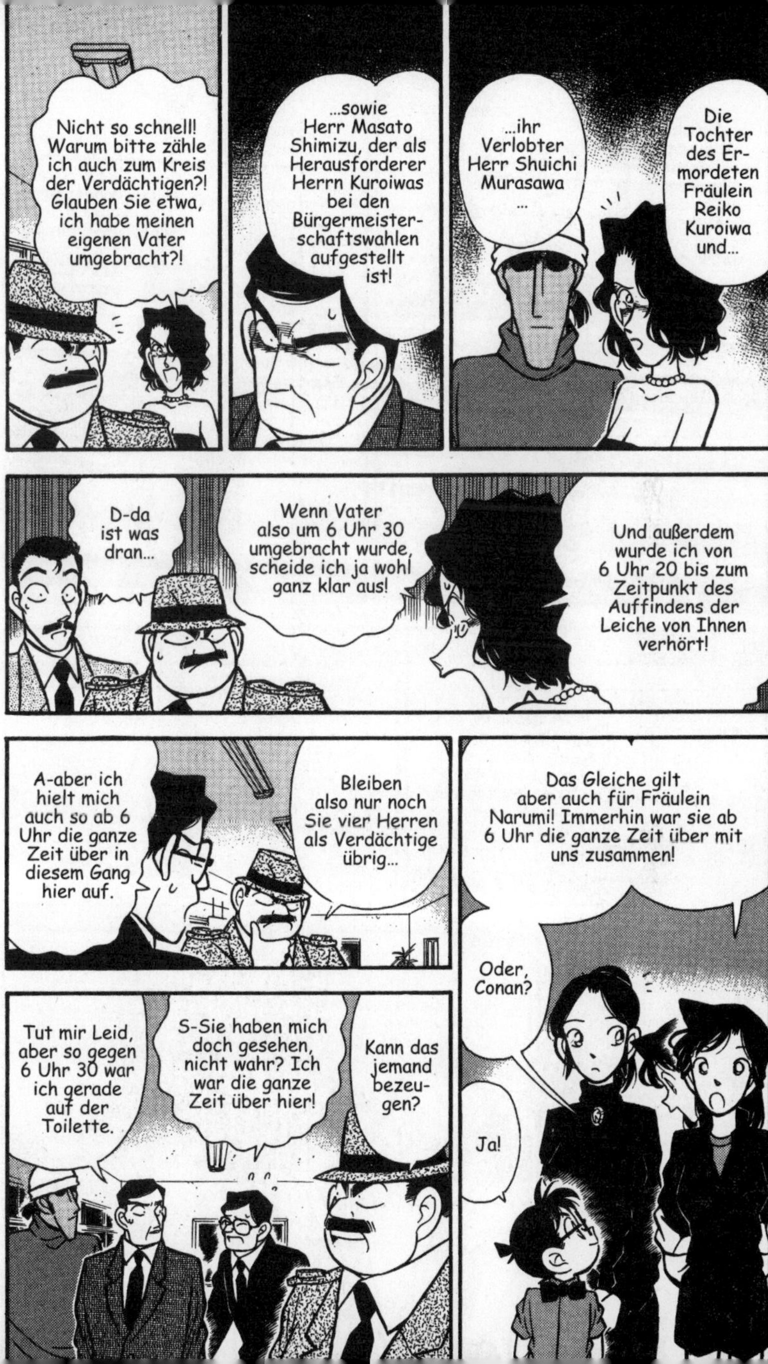
Die Tochter des Ermordeten Fräulein Reiko Kuroiwa und...
...ihr Verlobter Herr Shuichi Murasawa ...
...sowie Herr Masato Shimizu, der als Herausforderer Herrn Kuroiwas bei den Bürgermeisterschaftswahlen aufgestellt ist!
Nicht so schnell! Warum bitte zähle ich auch zum Kreis der Verdächtigen?! Glauben Sie etwa, ich habe meinen eigenen Vater umgebracht?!
Wenn Vater also um 6 Uhr 30 umgebracht wurde, scheide ich ja wohl ganz klar aus!
Und außerdem wurde ich von 6 Uhr 20 bis zum Zeitpunkt des Auffindens der Leiche von Ihnen verhört!
D-da ist was dran...
Das Gleiche gilt aber auch für Fräulein Narumi! Immerhin war sie ab 6 Uhr die ganze Zeit über mit uns zusammen!
Oder, Conan?
Ja!
Bleiben also nur noch Sie vier Herren als Verdächtige übrig...
A-aber ich hielt mich auch so ab 6 Uhr die ganze Zeit über in diesem Gang hier auf.
Kann das jemand bezeugen?
S-Sie haben mich doch gesehen, nicht wahr? Ich war die ganze Zeit über hier!
Tut mir Leid, aber so gegen 6 Uhr 30 war ich gerade auf der Toilette.

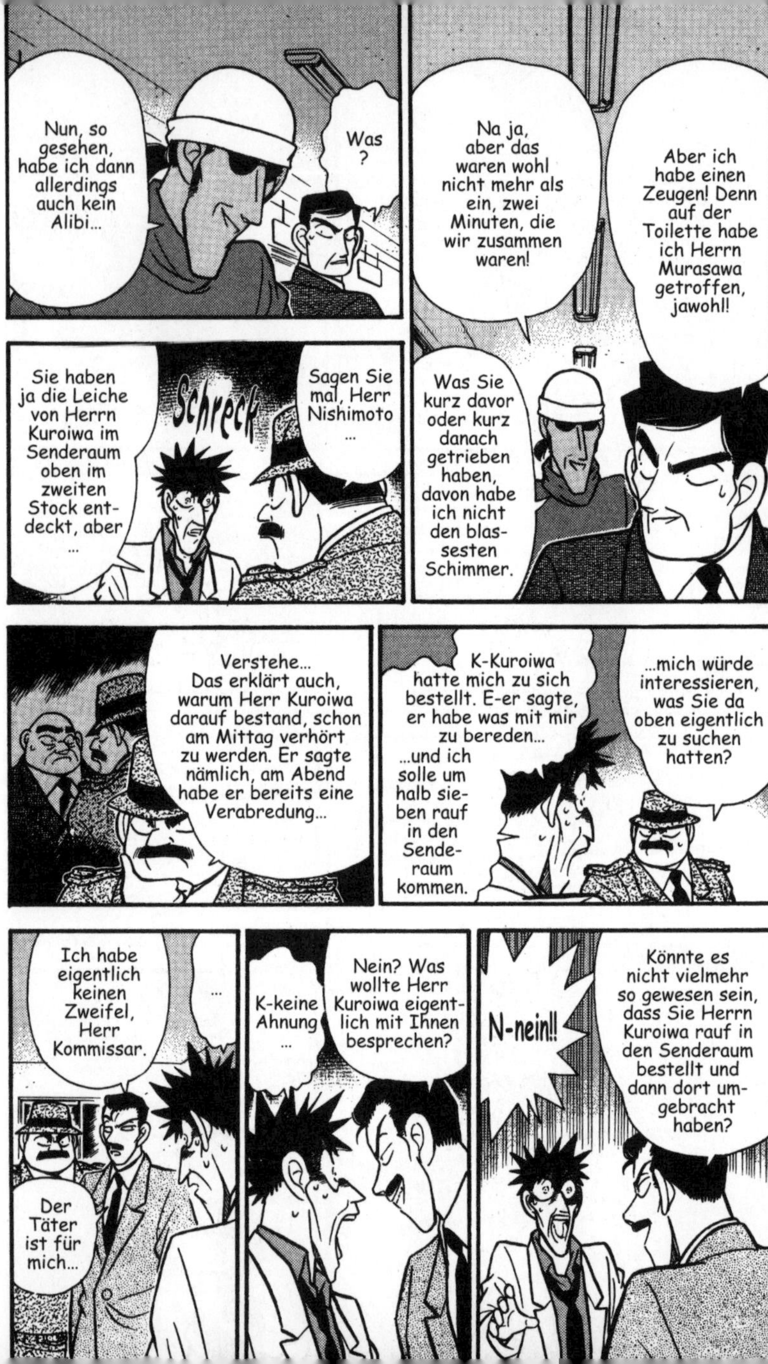

Aber ich habe einen Zeugen! Denn auf der Toilette habe ich Herrn Murasawa getroffen, jawohl!
Na ja, aber das waren wohl nicht mehr als ein, zwei Minuten, die wir zusammen waren!
Was Sie kurz davor oder kurz danach getrieben haben, davon habe ich nicht den blassesten Schimmer.
Was ?
Nun, so gesehen, habe ich dann allerdings auch kein Alibi...
Sagen Sie mal, Herr Nishimoto ...
Schreck
Sie haben ja die Leiche von Herrn Kuroiwa im Senderaum oben im zweiten Stock entdeckt, aber ...
...mich würde interessieren, was Sie da oben eigentlich zu suchen hatten?
K-Kuroiwa hatte mich zu sich bestellt. E-er sagte, er habe was mit mir zu bereden...
...und ich solle um halb sieben rauf in den Senderaum kommen.
Verstehe... Das erklärt auch, warum Herr Kuroiwa darauf bestand, schon am Mittag verhört zu werden. Er sagte nämlich, am Abend habe er bereits eine Verabredung...
Könnte es nicht vielmehr so gewesen sein, dass Sie Herrn Kuroiwa rauf in den Senderaum bestellt und dann dort umgebracht haben?
N-nein!!
Nein? Was wollte Herr Kuroiwa eigentlich mit Ihnen besprechen?
K-keine Ahnung ...
...
Ich habe eigentlich keinen Zweifel, Herr Kommissar.
Der Täter ist für mich...

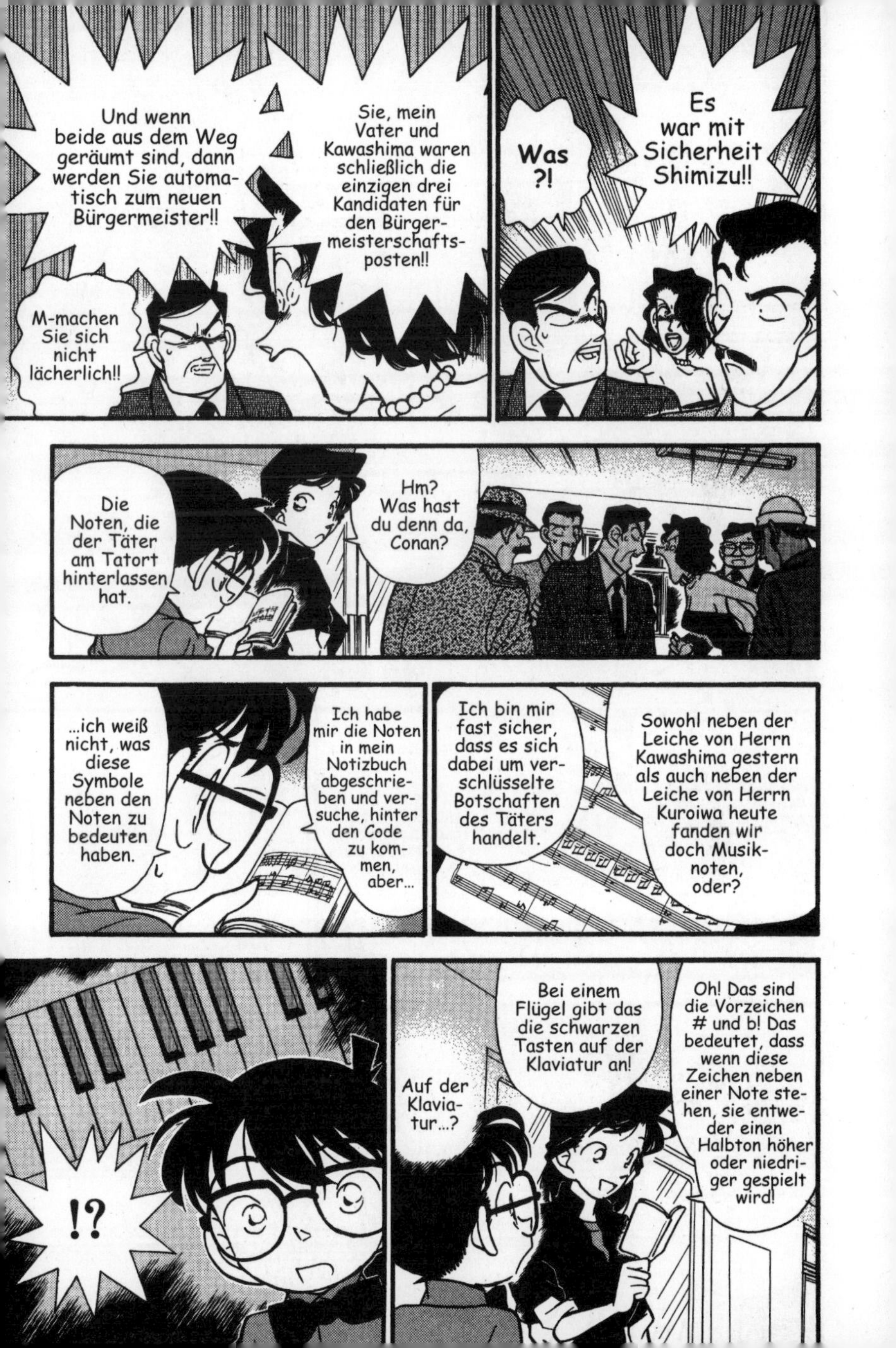

Es war mit Sicherheit Shimizu!!
Was?!
Sie, mein Vater und Kawashima waren schließlich die einzigen drei Kandidaten für den Bürgermeisterschaftsposten!!
Und wenn beide aus dem Weg geräumt sind, dann werden Sie automatisch zum neuen Bürgermeister!!
M-machen Sie sich nicht lächerlich!!
Hm? Was hast du denn da, Conan?
Die Noten, die der Täter am Tatort hinterlassen hat.
Sowohl neben der Leiche von Herrn Kawashima gestern als auch neben der Leiche von Herrn Kuroiwa heute fanden wir doch Musiknoten, oder?
Ich bin mir fast sicher, dass es sich dabei um verschlüsselte Botschaften des Täters handelt.
Ich habe mir die Noten in mein Notizbuch abgeschrieben und versuche, hinter den Code zu kommen, aber...
...ich weiß nicht, was diese Symbole neben den Noten zu bedeuten haben.
Oh! Das sind die Vorzeichen # und b! Das bedeutet, dass wenn diese Zeichen neben einer Note stehen, sie entweder einen Halbton höher oder niedriger gespielt wird!
Bei einem Flügel gibt das die schwarzen Tasten auf der Klaviatur an!
Auf der Klaviatur...?
!?

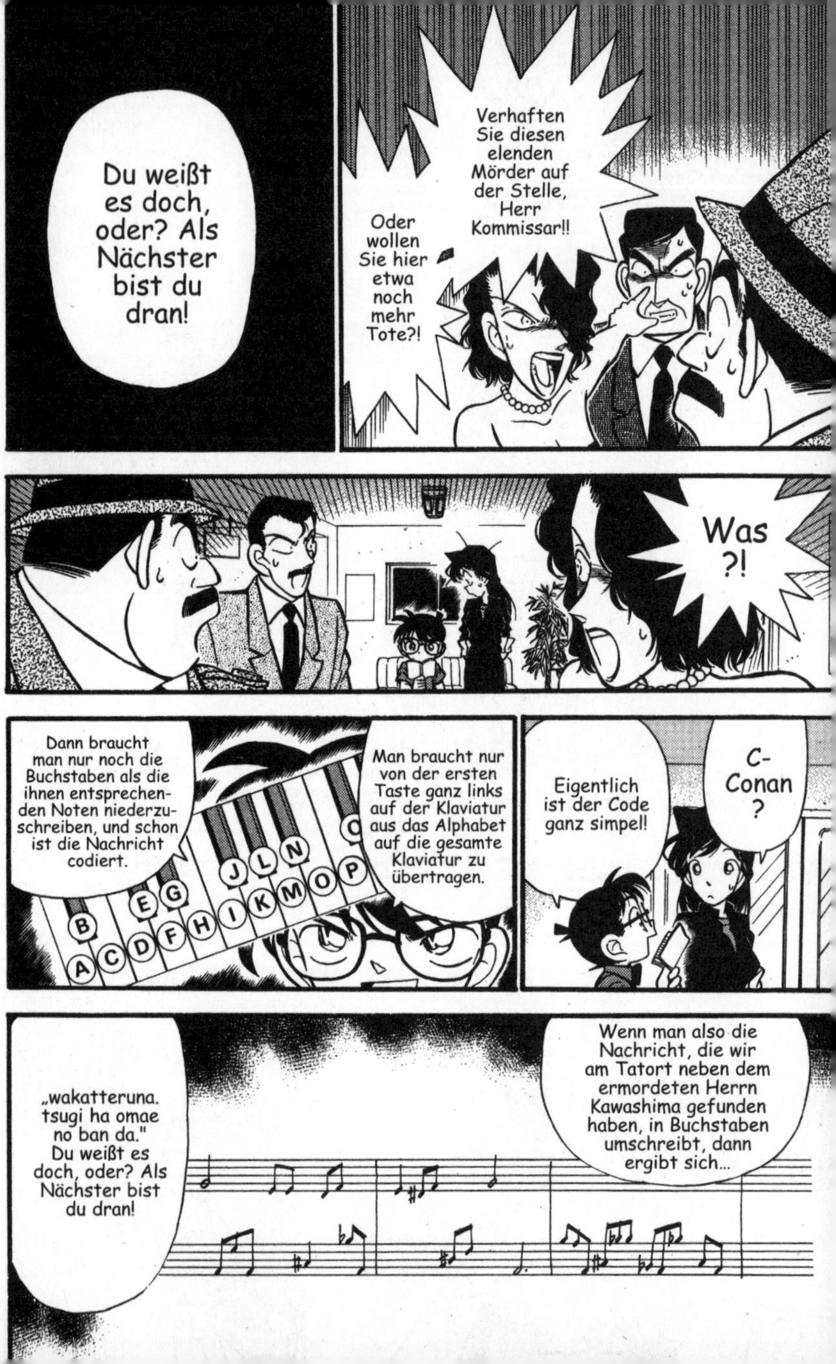

Verhaften Sie diesen elenden Mörder auf der Stelle, Herr Kommissar!!
Oder wollen Sie hier etwa noch mehr Tote?!
Du weißt es doch, oder? Als Nächster bist du dran!
Was ?!
C-Conan ?
Eigentlich ist der Code ganz simpel!
Man braucht nur von der ersten Taste ganz links auf der Klaviatur aus das Alphabet auf die gesamte Klaviatur zu übertragen.
Dann braucht man nur noch die Buchstaben als die ihnen entsprechenden Noten niederzuschreiben, und schon ist die Nachricht codiert.
B E G J L N
A C D F H I K M O P
Wenn man also die Nachricht, die wir am Tatort neben dem ermordeten Herrn Kawashima gefunden haben, in Buchstaben umschreibt, dann ergibt sich...
„wakatteruna. tsugi ha omae no ban da." Du weißt es doch, oder? Als Nächster bist du dran!

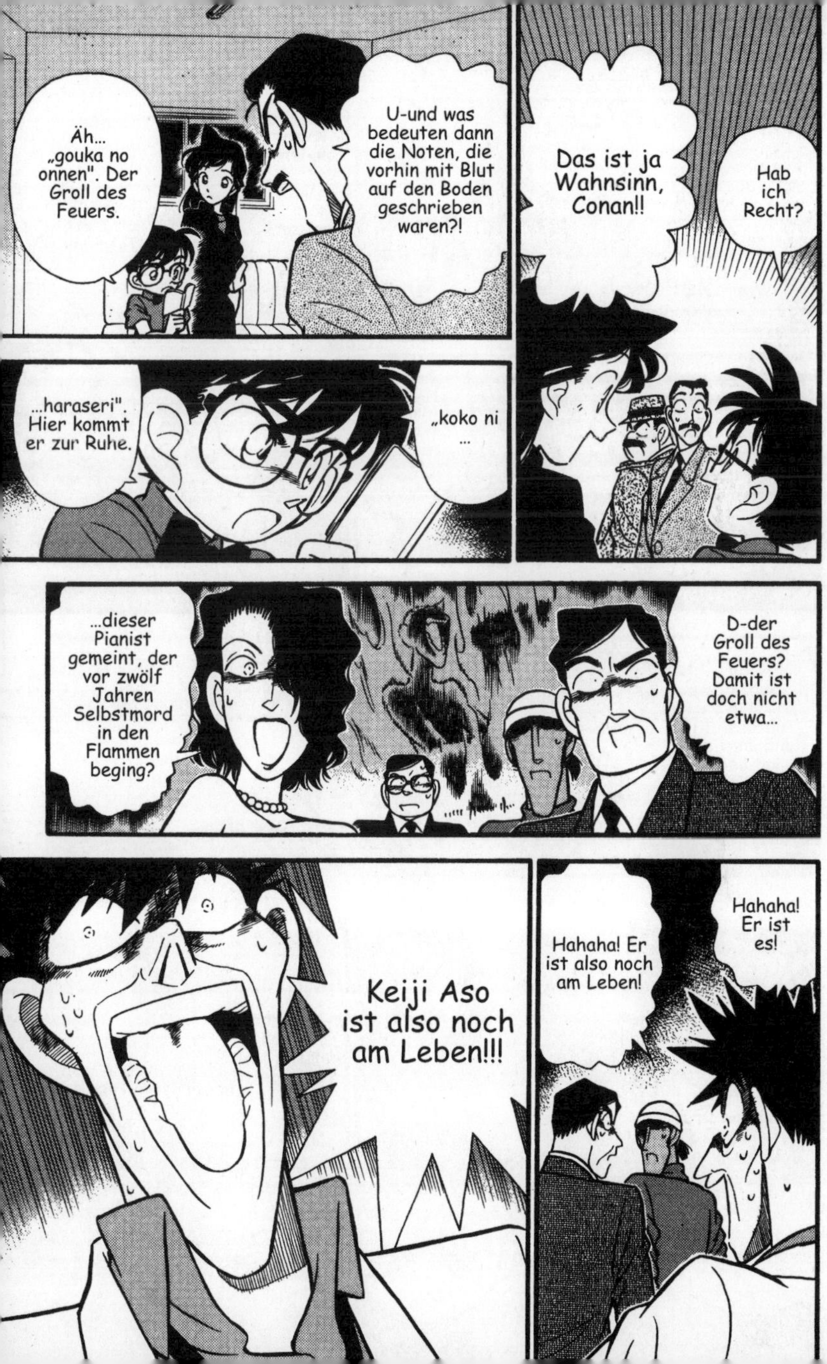
Hab ich Recht?
Das ist ja Wahnsinn, Conan!!
U-und was bedeuten dann die Noten, die vorhin mit Blut auf den Boden geschrieben waren?!
Äh... „gouka no onnen". Der Groll des Feuers.
„koko ni ...
...haraseri". Hier kommt er zur Ruhe.
D-der Groll des Feuers? Damit ist doch nicht etwa...
...dieser Pianist gemeint, der vor zwölf Jahren Selbstmord in den Flammen beging?
Hahaha! Er ist es!
Hahaha! Er ist also noch am Leben!
Keiji Aso ist also noch am Leben!!!

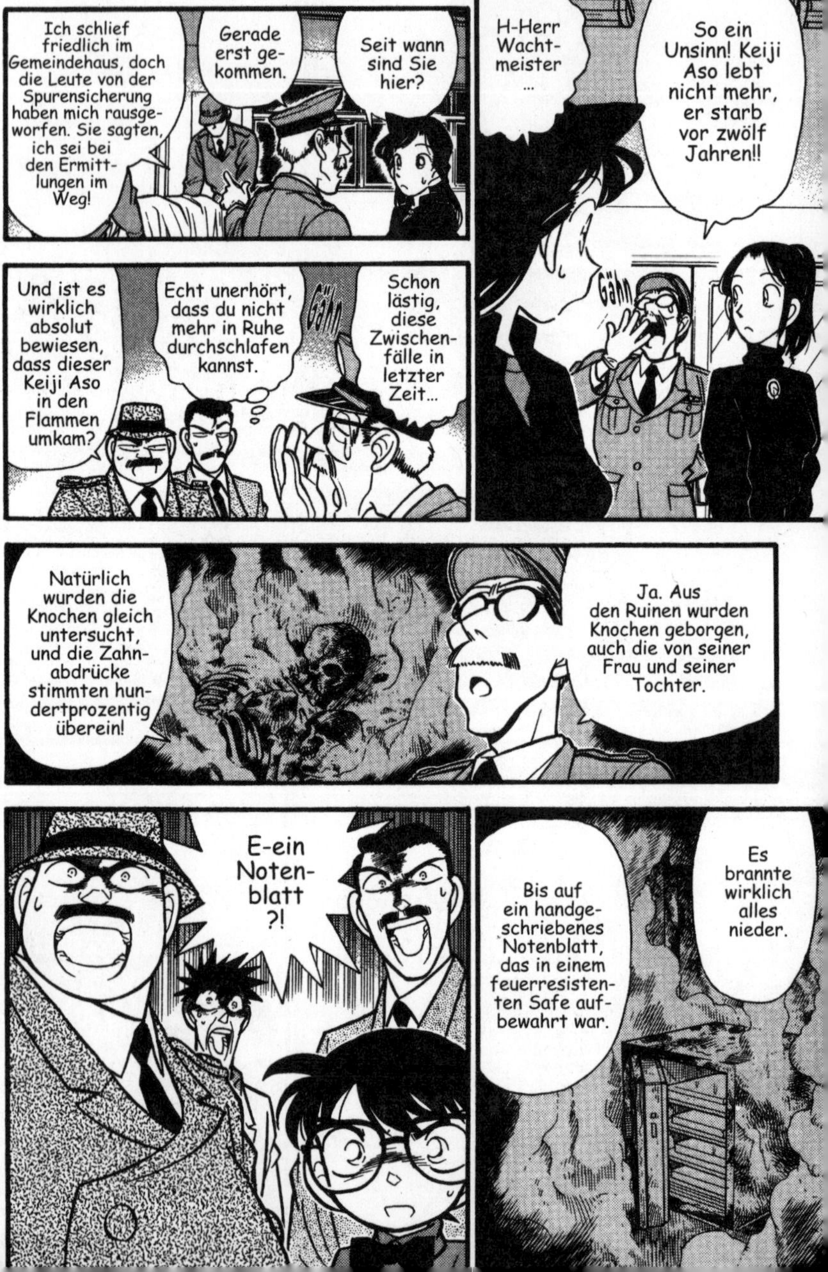
So ein Unsinn! Keiji Aso lebt nicht mehr, er starb vor zwölf Jahren!!
H-Herr Wachtmeister ...
Gähn
Seit wann sind Sie hier?
Gerade erst gekommen.
Ich schlief friedlich im Gemeindehaus, doch die Leute von der Spurensicherung haben mich rausgeworfen. Sie sagten, ich sei bei den Ermittlungen im Weg!
Schon lästig, diese Zwischenfälle in letzter Zeit...
Gähn
Echt unerhört, dass du nicht mehr in Ruhe durchschlafen kannst.
Und ist es wirklich absolut bewiesen, dass dieser Keiji Aso in den Flammen umkam?
Ja. Aus den Ruinen wurden Knochen geborgen, auch die von seiner Frau und seiner Tochter.
Natürlich wurden die Knochen gleich untersucht, und die Zahnabdrücke stimmten hundertprozentig überein!
Es brannte wirklich alles nieder.
Bis auf ein handgeschriebenes Notenblatt, das in einem feuerresistenten Safe aufbewahrt war.
E-ein Notenblatt ?!

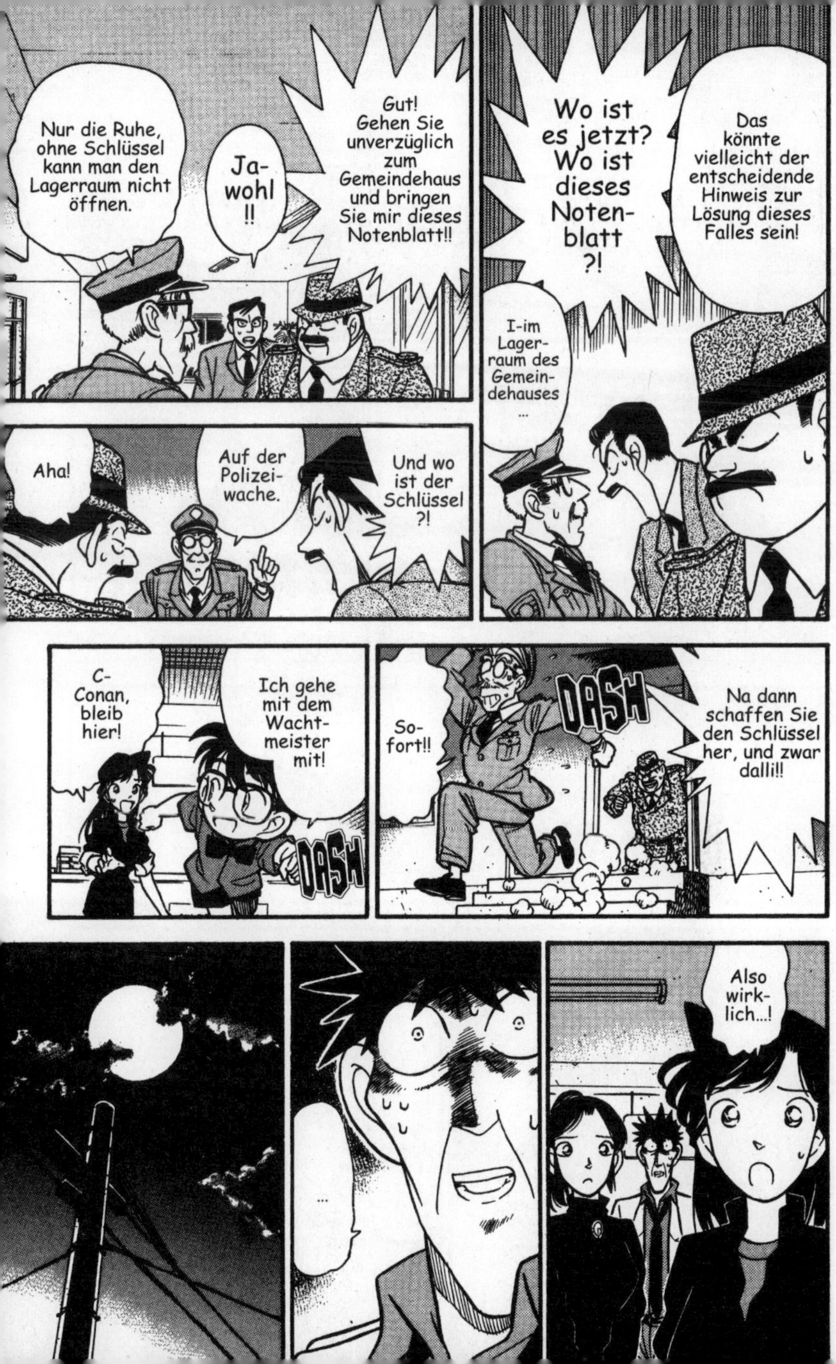
Das könnte vielleicht der entscheidende Hinweis zur Lösung dieses Falles sein!
Wo ist es jetzt? Wo ist dieses Noten-blatt?!
I-im Lager-raum des Gemein-dehauses ...
Gut! Gehen Sie unverzüglich zum Gemeindehaus und bringen Sie mir dieses Notenblatt!!
Ja-wohl!!
Nur die Ruhe, ohne Schlüssel kann man den Lagerraum nicht öffnen.
Und wo ist der Schlüssel?!
Auf der Polizei-wache.
Aha!
Na dann schaffen Sie den Schlüssel her, und zwar dalli!!
DASH
So-fort!!
Ich gehe mit dem Wacht-meister mit!
C-Conan, bleib hier!
DASH
Also wirk-lich...!
...

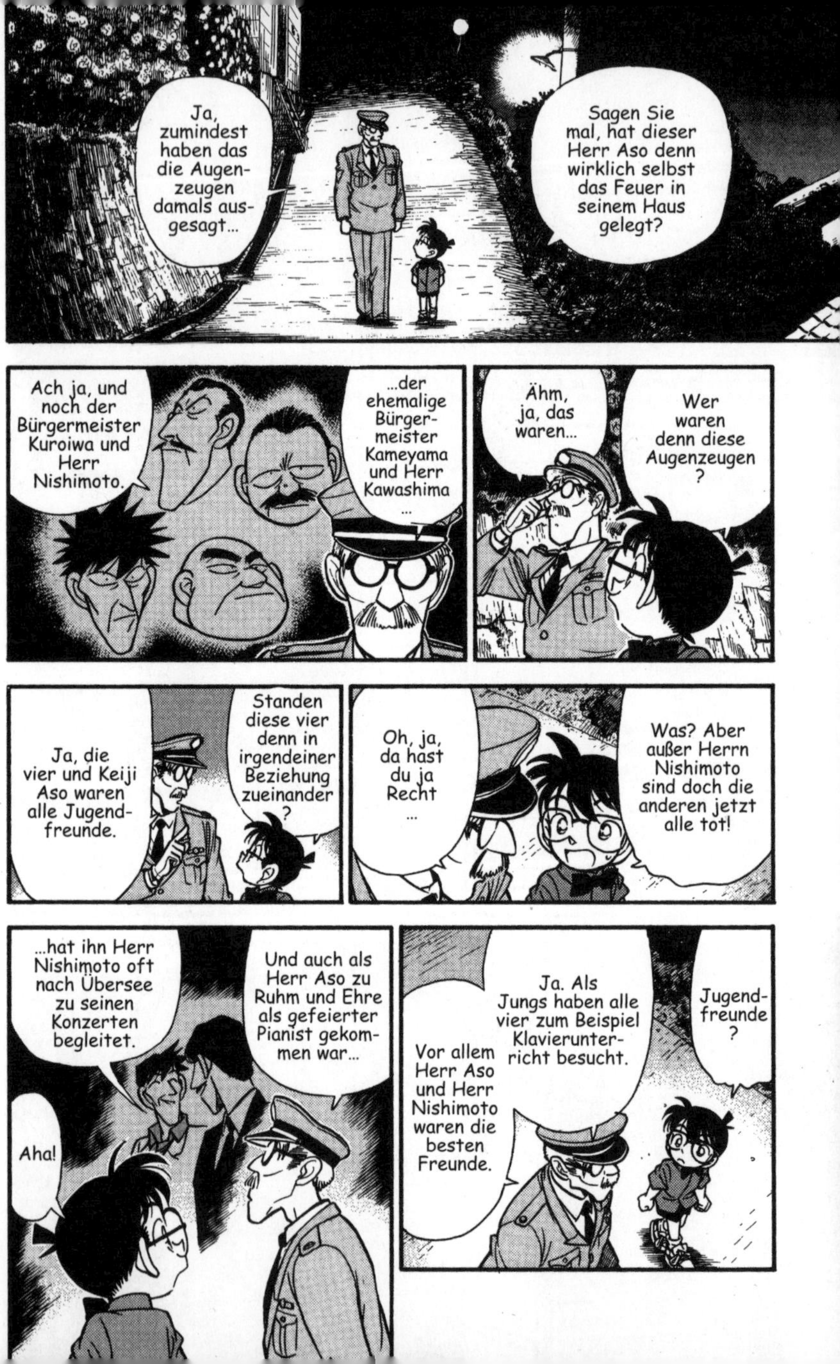

Sagen Sie mal, hat dieser Herr Aso denn wirklich selbst das Feuer in seinem Haus gelegt?
Ja, zumindest haben das die Augenzeugen damals ausgesagt...
Wer waren denn diese Augenzeugen ?
Ähm, ja, das waren...
...der ehemalige Bürgermeister Kameyama und Herr Kawashima ...
Ach ja, und noch der Bürgermeister Kuroiwa und Herr Nishimoto.
Was? Aber außer Herrn Nishimoto sind doch die anderen jetzt alle tot!
Oh, ja, da hast du ja Recht ...
Standen diese vier denn in irgendeiner Beziehung zueinander ?
Ja, die vier und Keiji Aso waren alle Jugendfreunde.
Jugendfreunde ?
Ja. Als Jungs haben alle vier zum Beispiel Klavierunterricht besucht.
Vor allem Herr Aso und Herr Nishimoto waren die besten Freunde.
Und auch als Herr Aso zu Ruhm und Ehre als gefeierter Pianist gekommen war...
...hat ihn Herr Nishimoto oft nach Übersee zu seinen Konzerten begleitet.
Aha!

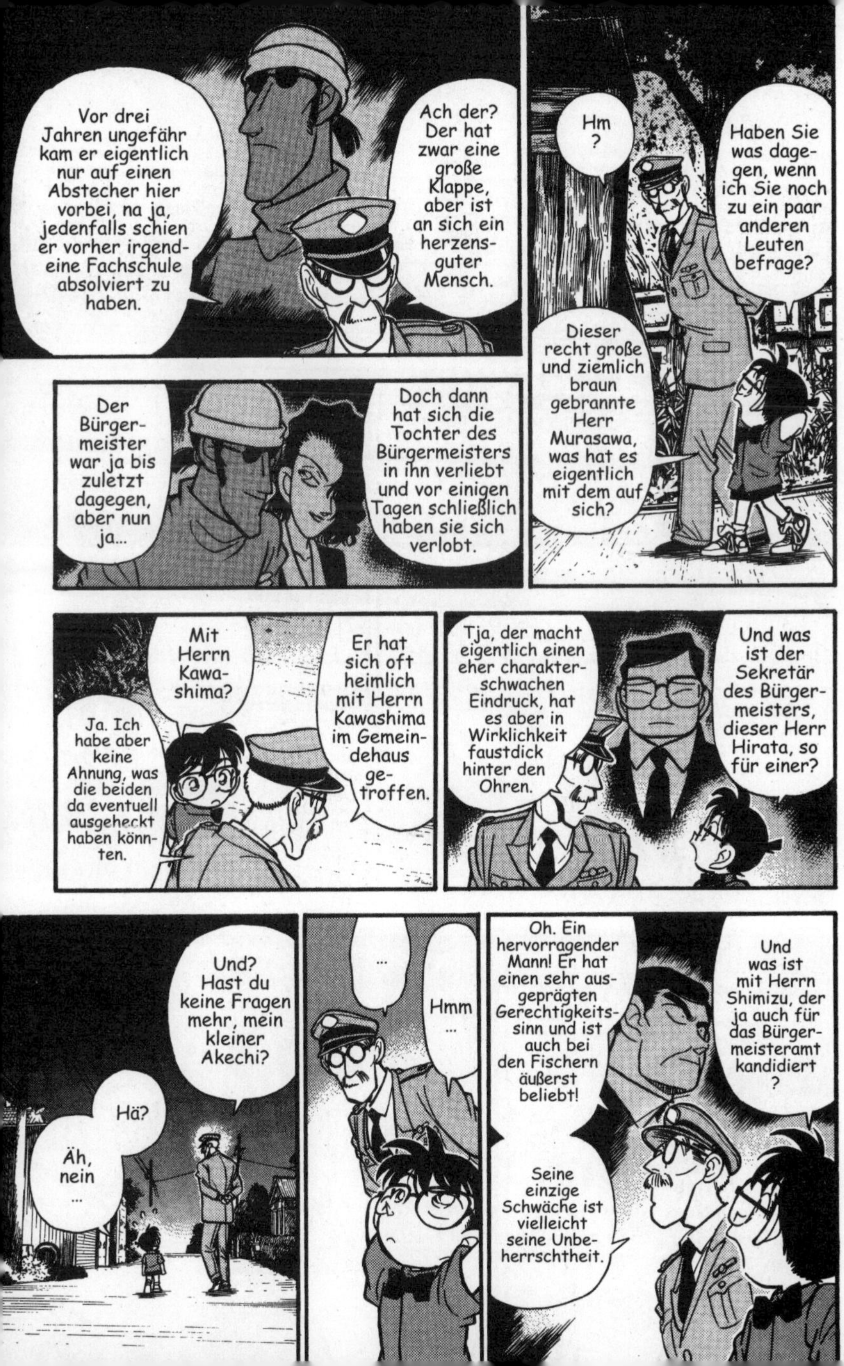

Haben Sie was dagegen, wenn ich Sie noch zu ein paar anderen Leuten befrage?
Hm?
Dieser recht große und ziemlich braun gebrannte Herr Murasawa, was hat es eigentlich mit dem auf sich?
Ach der? Der hat zwar eine große Klappe, aber ist an sich ein herzensguter Mensch.
Vor drei Jahren ungefähr kam er eigentlich nur auf einen Abstecher hier vorbei, na ja, jedenfalls schien er vorher irgendeine Fachschule absolviert zu haben.
Doch dann hat sich die Tochter des Bürgermeisters in ihn verliebt und vor einigen Tagen schließlich haben sie sich verlobt.
Der Bürgermeister war ja bis zuletzt dagegen, aber nun ja...
Und was ist der Sekretär des Bürgermeisters, dieser Herr Hirata, so für einer?
Tja, der macht eigentlich einen eher charakterschwachen Eindruck, hat es aber in Wirklichkeit faustdick hinter den Ohren.
Er hat sich oft heimlich mit Herrn Kawashima im Gemeindehaus getroffen.
Mit Herrn Kawashima?
Ja. Ich habe aber keine Ahnung, was die beiden da eventuell ausgeheckt haben könnten.
Und was ist mit Herrn Shimizu, der ja auch für das Bürgermeisteramt kandidiert?
Oh. Ein hervorragender Mann! Er hat einen sehr ausgeprägten Gerechtigkeitssinn und ist auch bei den Fischern äußerst beliebt!
Seine einzige Schwäche ist vielleicht seine Unbeherrschtheit.
...
Hmm ...
Und? Hast du keine Fragen mehr, mein kleiner Akechi?
Hä?
Äh, nein ...

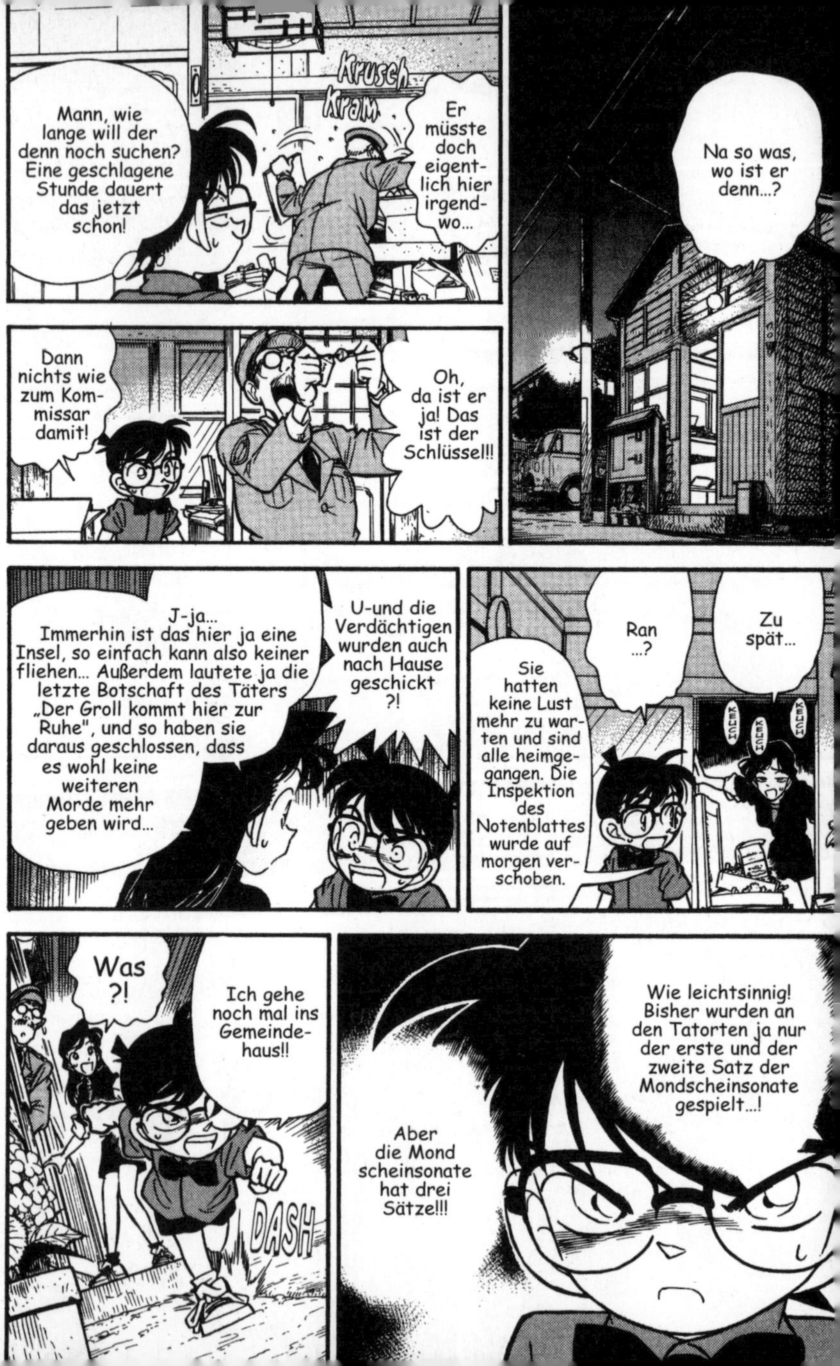
Na so was, wo ist er denn...?
Krusch Kram
Er müsste doch eigentlich hier irgendwo...
Mann, wie lange will der denn noch suchen? Eine geschlagene Stunde dauert das jetzt schon!
Oh, da ist er ja! Das ist der Schlüssel!!
Dann nichts wie zum Kommissar damit!
Zu spät...
KEUCH KEUCH KEUCH
Ran ...?
Sie hatten keine Lust mehr zu warten und sind alle heimgegangen. Die Inspektion des Notenblattes wurde auf morgen verschoben.
U-und die Verdächtigen wurden auch nach Hause geschickt ?!
J-ja... Immerhin ist das hier ja eine Insel, so einfach kann also keiner fliehen... Außerdem lautete ja die letzte Botschaft des Täters „Der Groll kommt hier zur Ruhe", und so haben sie daraus geschlossen, dass es wohl keine weiteren Morde mehr geben wird...
Wie leichtsinnig! Bisher wurden an den Tatorten ja nur der erste und der zweite Satz der Mondscheinsonate gespielt...!
Aber die Mond scheinsonate hat drei Sätze!!!
Ich gehe noch mal ins Gemeindehaus!!
Was ?!
DASH

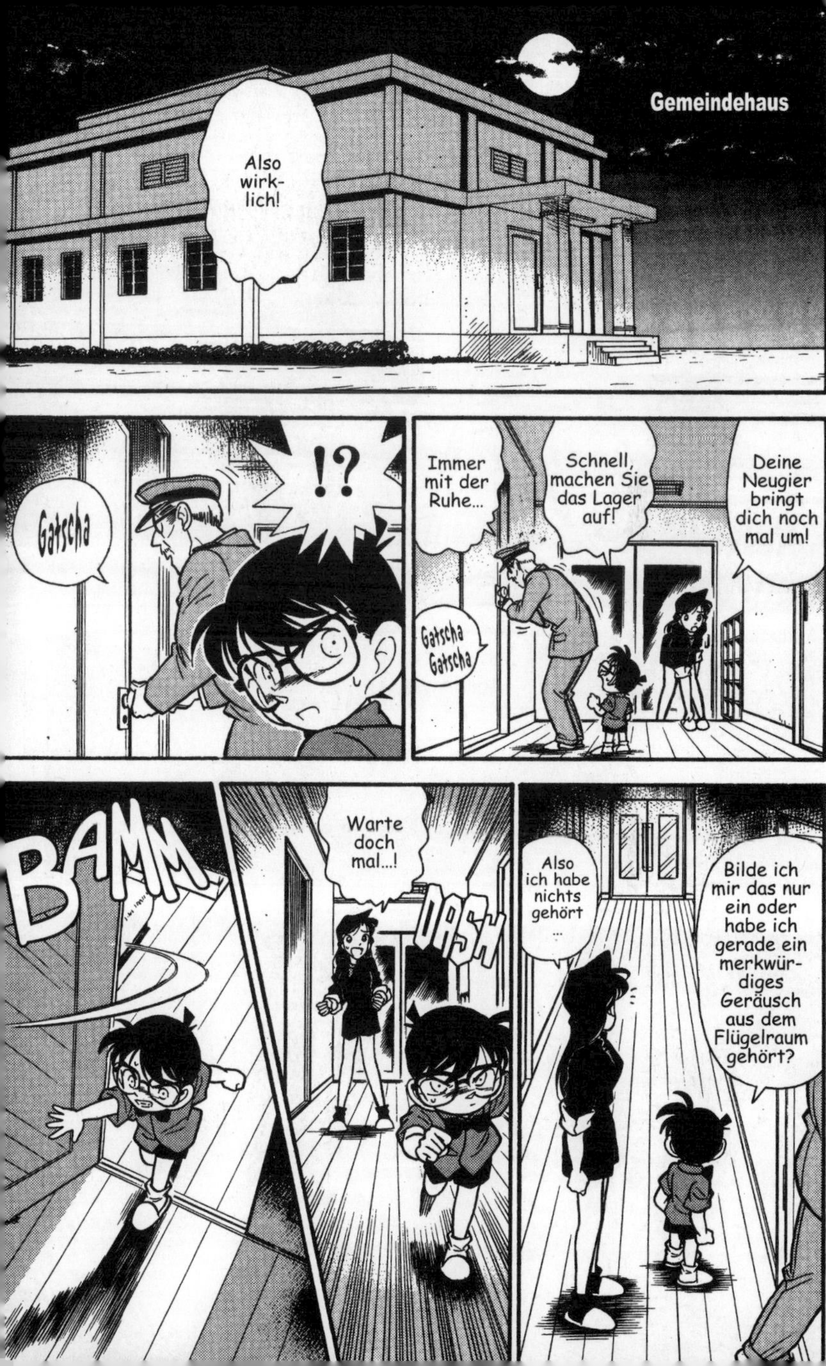

Gemeindehaus
Also wirklich!
Deine Neugier bringt dich noch mal um!
Schnell, machen Sie das Lager auf!
Immer mit der Ruhe...
Gatscha Gatscha
Gatscha
!?
Bilde ich mir das nur ein oder habe ich gerade ein merkwürdiges Geräusch aus dem Flügelraum gehört?
Also ich habe nichts gehört ...
Warte doch mal...!
DASH
BAMM

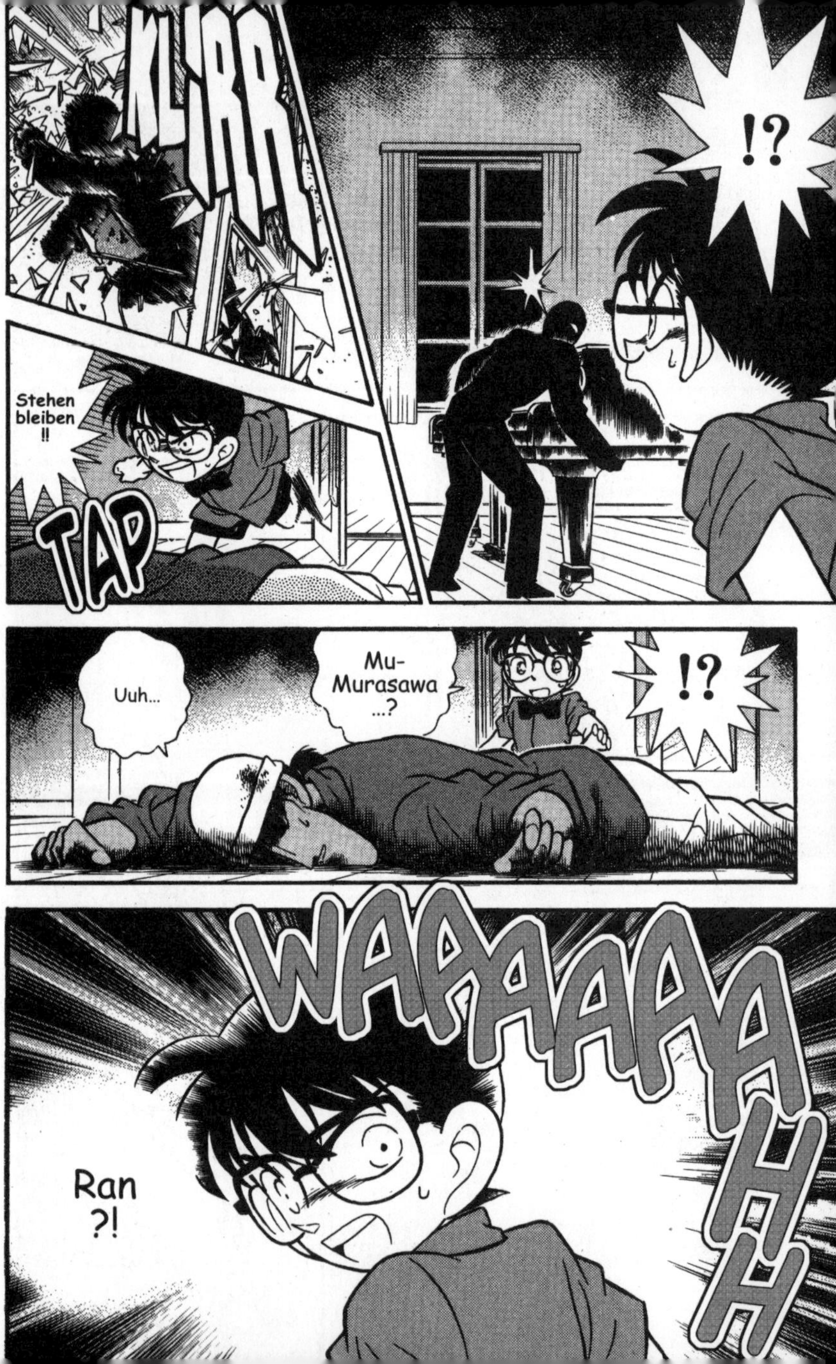
!?
KLIRR
Stehen bleiben !!
TAP
!?
Mu- Murasawa ...?
Uuh...
WAAAAAAHHH
Ran ?!

KAPITEL 5

FALL 18

Der blutverschmierte Knopf

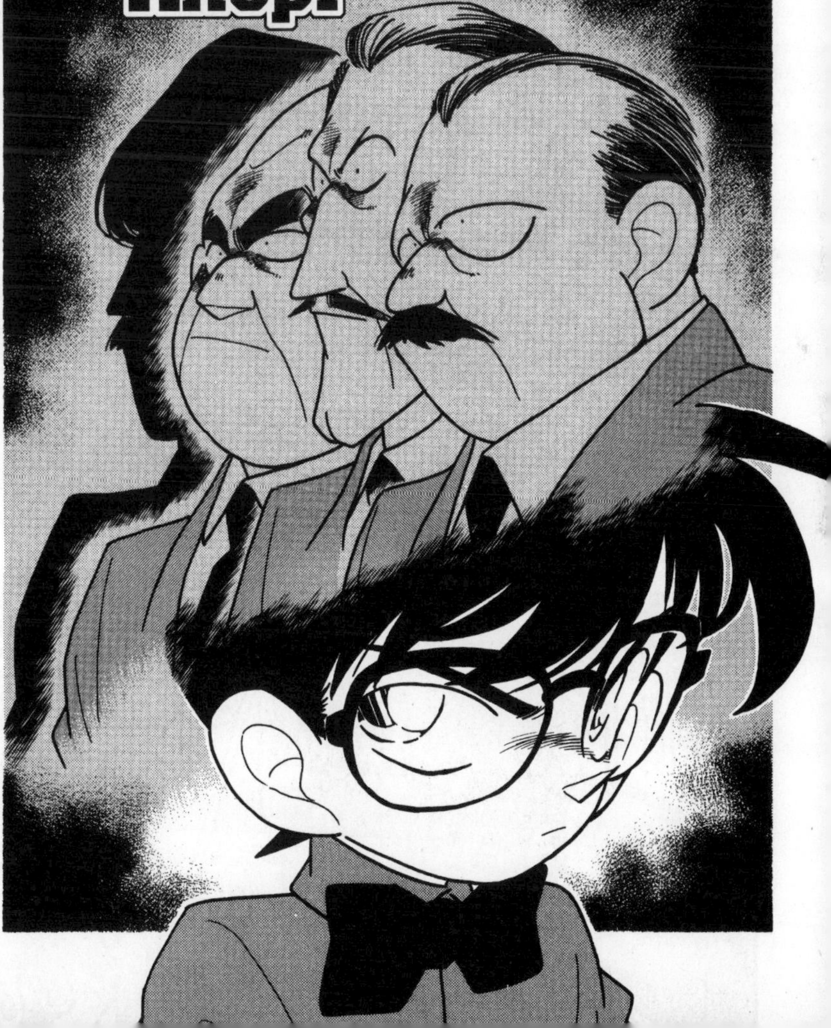

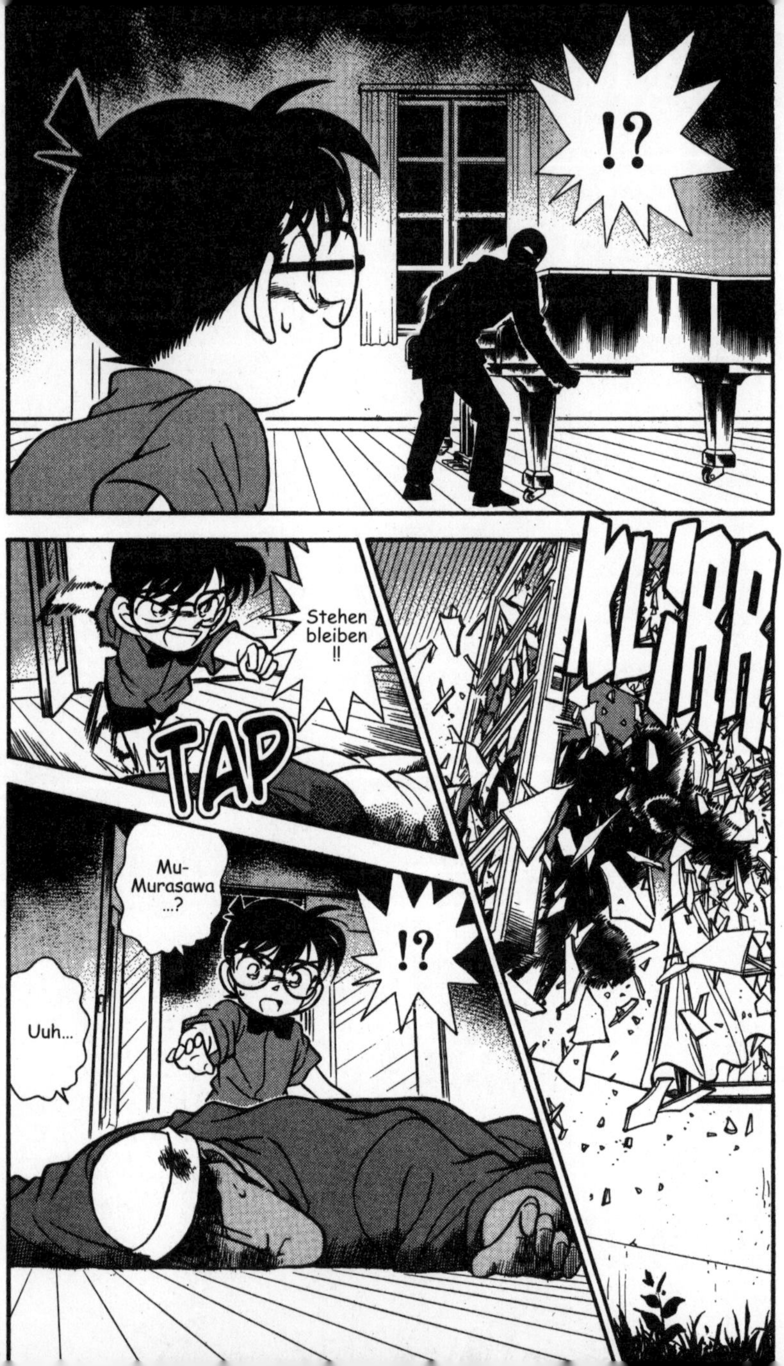

!?
KLIRR
Stehen bleiben !!
TAP
!?
Mu-Murasawa ...?
Uuh...

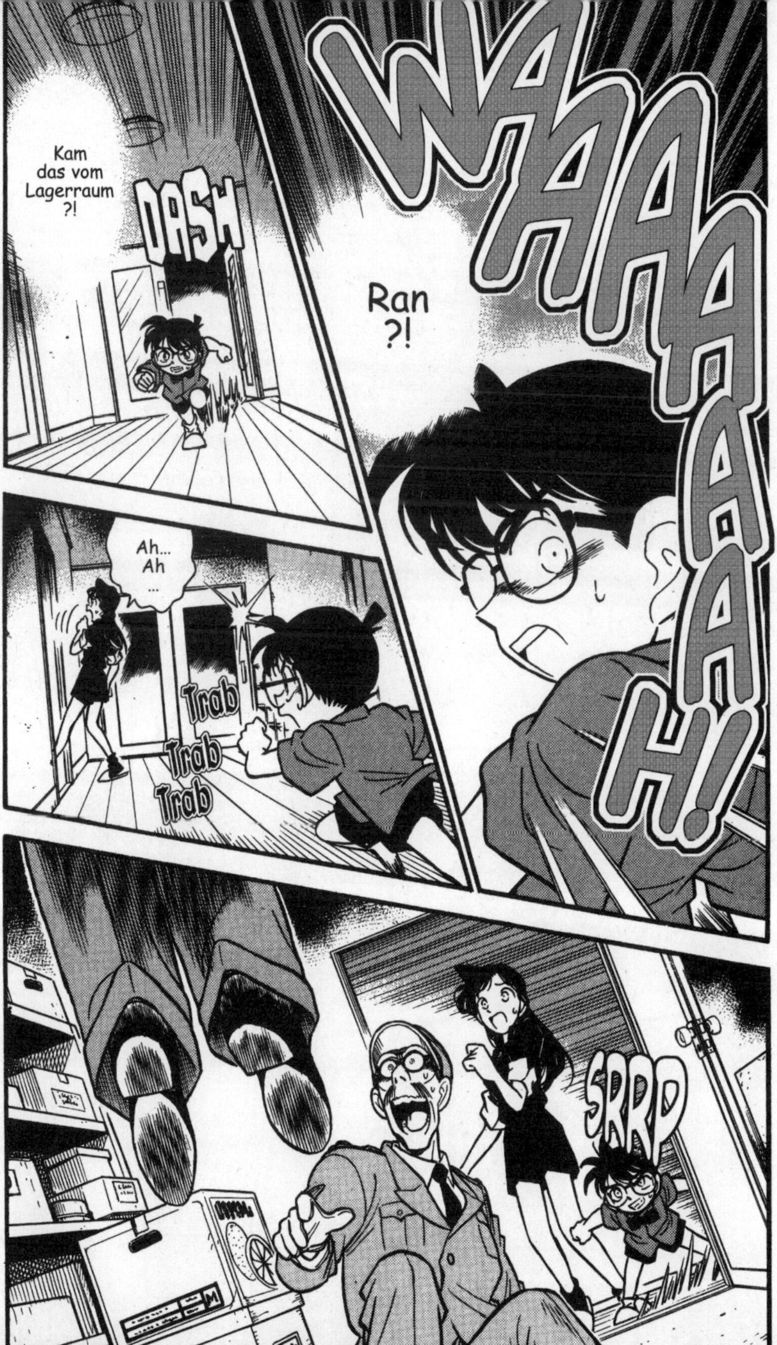
WAAAAAAAH!
Ran?!
Kam das vom Lagerraum?!
DASH
Ah... Ah ...
Trab
Trab
Trab
SRRD

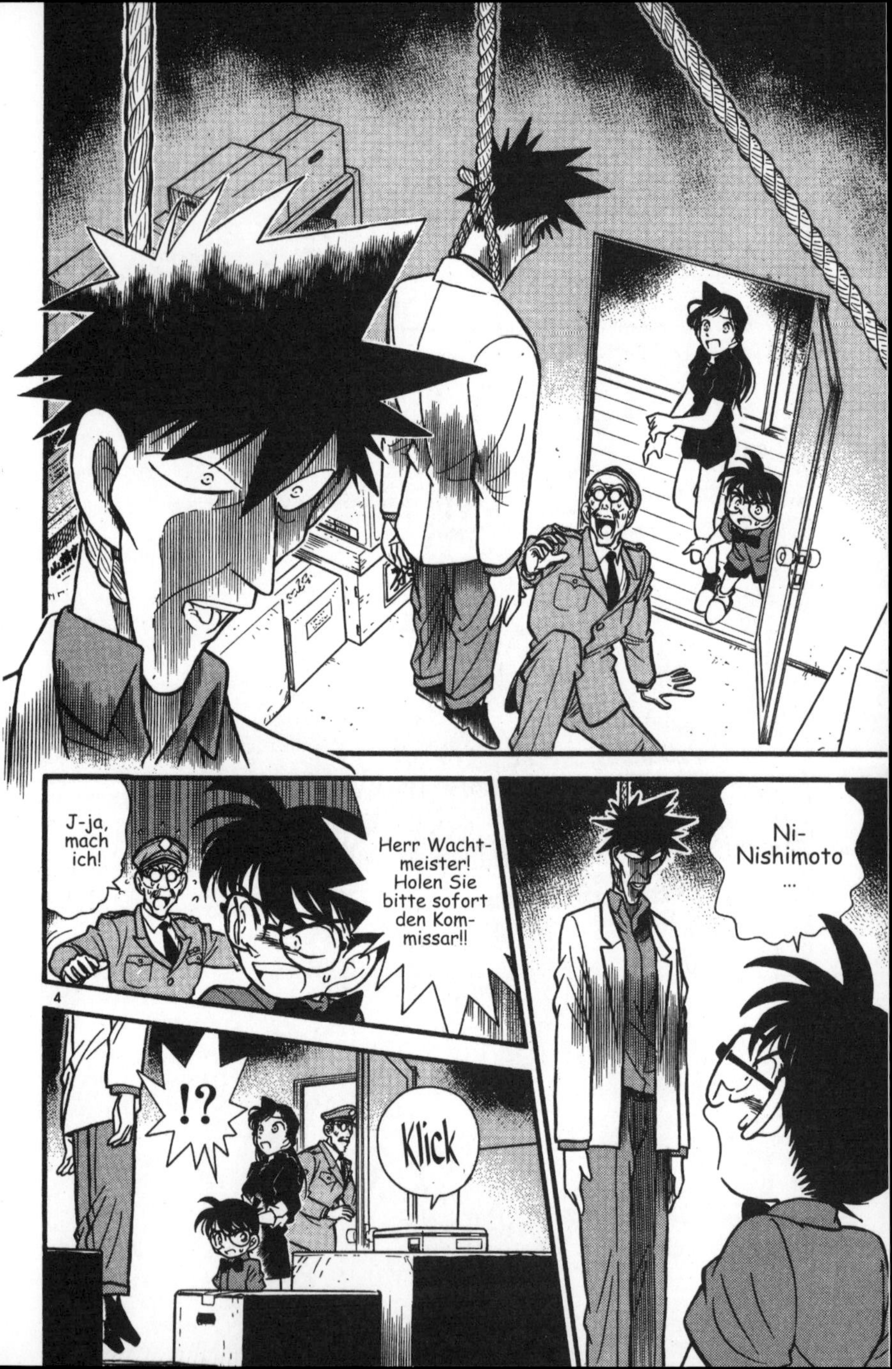
Ni-Nishimoto ...
Herr Wachtmeister! Holen Sie bitte sofort den Kommissar!!
J-ja, mach ich!
Klick
!?

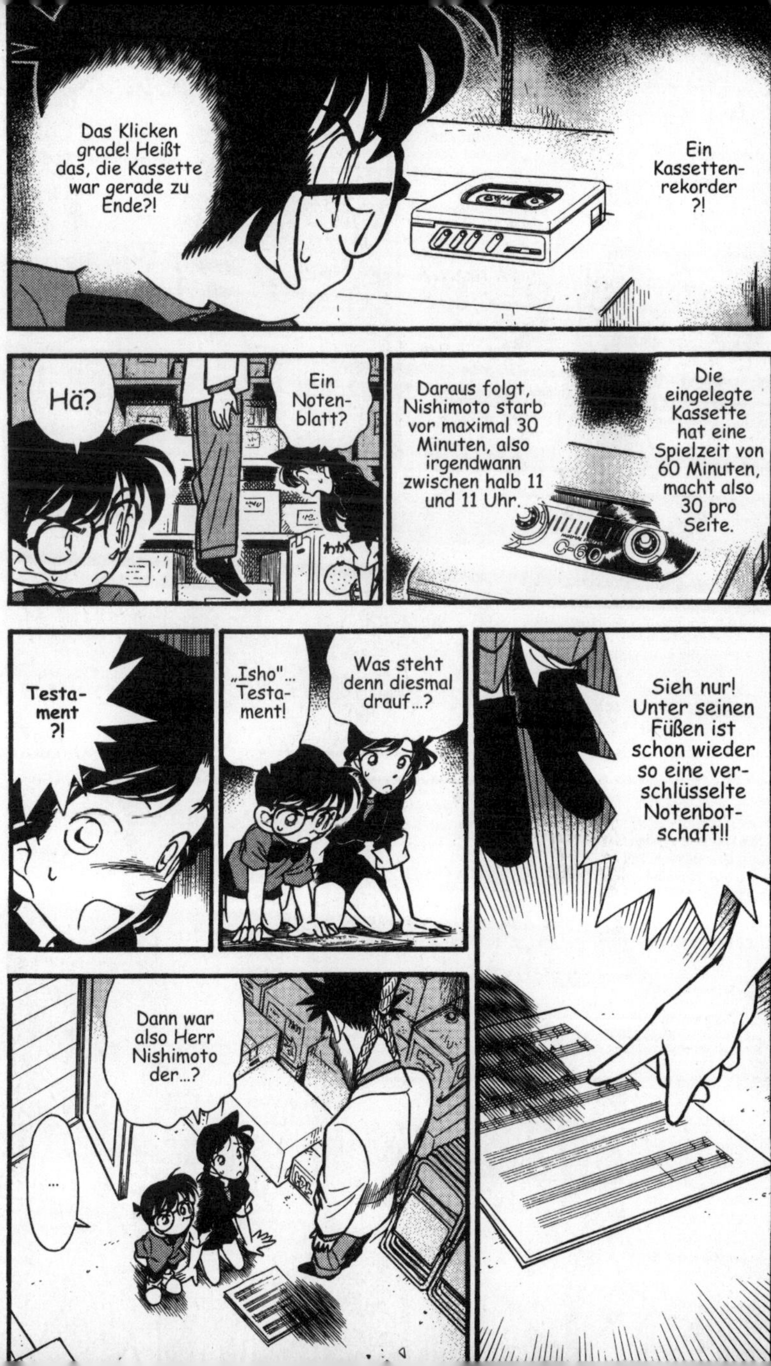
Ein Kassetten-rekorder ?!
Das Klicken grade! Heißt das, die Kassette war gerade zu Ende?!
Die eingelegte Kassette hat eine Spielzeit von 60 Minuten, macht also 30 pro Seite.
C-60
Daraus folgt, Nishimoto starb vor maximal 30 Minuten, also irgendwann zwischen halb 11 und 11 Uhr.
Ein Notenblatt?
Hä?
Sieh nur! Unter seinen Füßen ist schon wieder so eine verschlüsselte Notenbotschaft!!
Was steht denn diesmal drauf...?
„Isho"... Testament!
Testament ?!
Dann war also Herr Nishimoto der...?
...

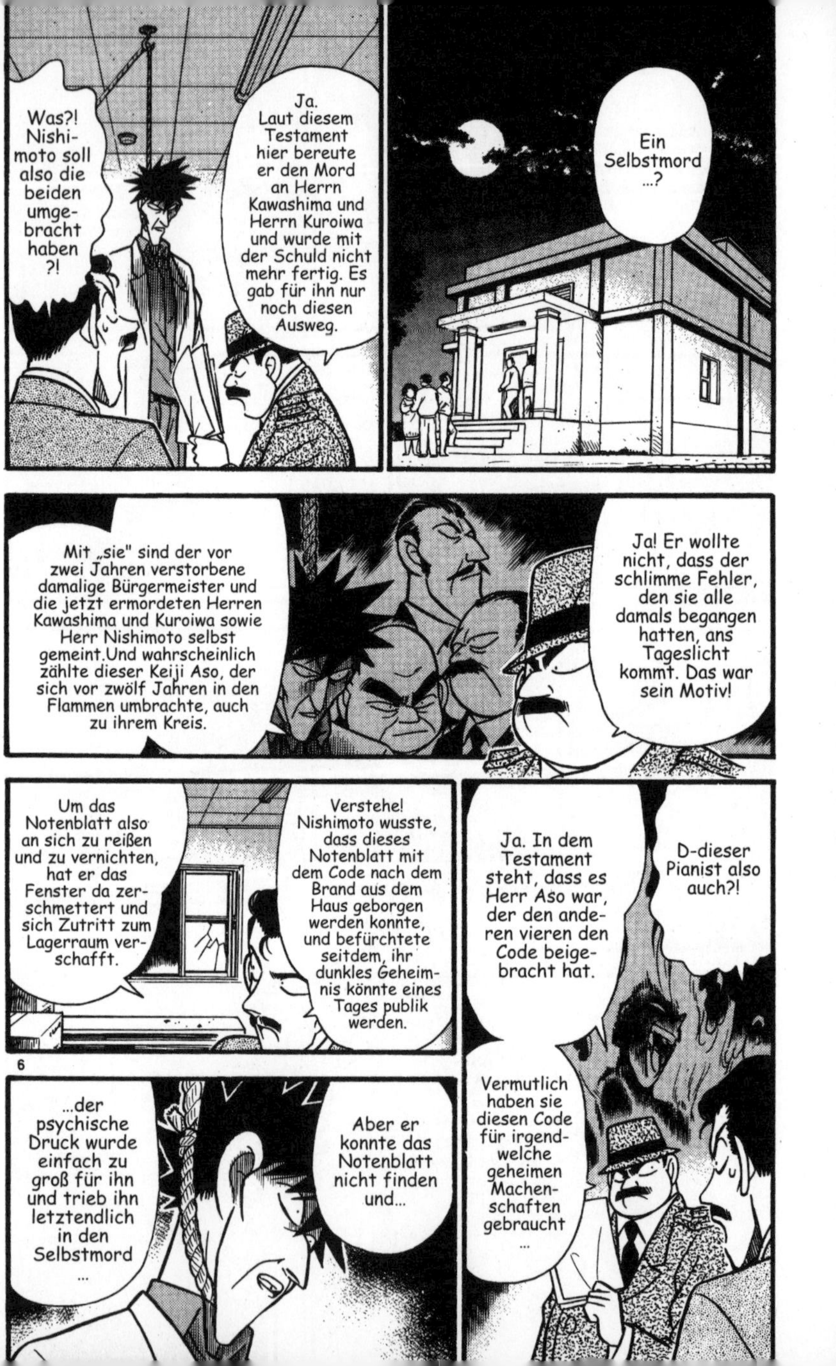
Ein Selbstmord ...?
Ja. Laut diesem Testament hier bereute er den Mord an Herrn Kawashima und Herrn Kuroiwa und wurde mit der Schuld nicht mehr fertig. Es gab für ihn nur noch diesen Ausweg.
Was?! Nishimoto soll also die beiden umgebracht haben ?!
Ja! Er wollte nicht, dass der schlimme Fehler, den sie alle damals begangen hatten, ans Tageslicht kommt. Das war sein Motiv!
Mit „sie" sind der vor zwei Jahren verstorbene damalige Bürgermeister und die jetzt ermordeten Herren Kawashima und Kuroiwa sowie Herr Nishimoto selbst gemeint.Und wahrscheinlich zählte dieser Keiji Aso, der sich vor zwölf Jahren in den Flammen umbrachte, auch zu ihrem Kreis.
D-dieser Pianist also auch?!
Ja. In dem Testament steht, dass es Herr Aso war, der den anderen vieren den Code beigebracht hat.
Verstehe! Nishimoto wusste, dass dieses Notenblatt mit dem Code nach dem Brand aus dem Haus geborgen werden konnte, und befürchtete seitdem, ihr dunkles Geheimnis könnte eines Tages publik werden.
Um das Notenblatt also an sich zu reißen und zu vernichten, hat er das Fenster da zerschmettert und sich Zutritt zum Lagerraum verschafft.
Vermutlich haben sie diesen Code für irgendwelche geheimen Machenschaften gebraucht ...
Aber er konnte das Notenblatt nicht finden und...
...der psychische Druck wurde einfach zu groß für ihn und trieb ihn letztendlich in den Selbstmord ...

6

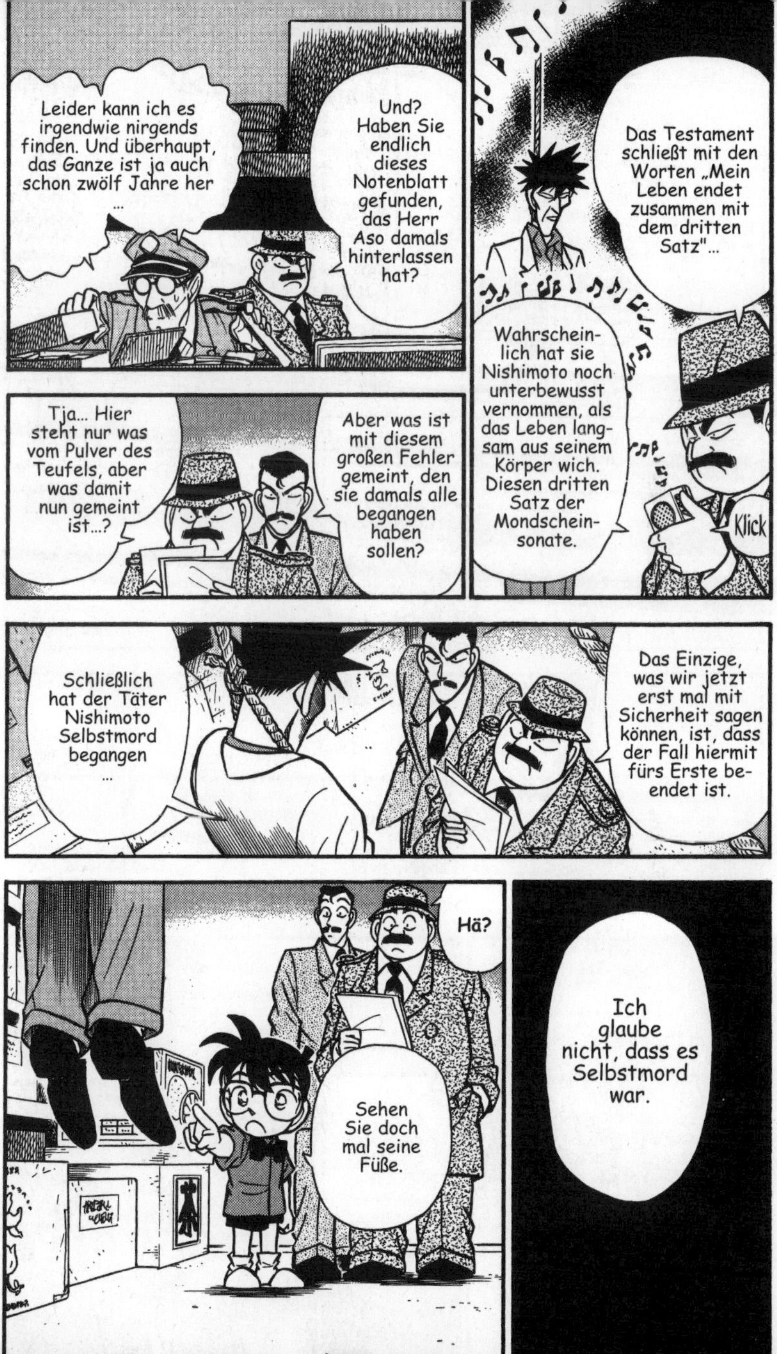
Das Testament schließt mit den Worten „Mein Leben endet zusammen mit dem dritten Satz"...
Wahrscheinlich hat sie Nishimoto noch unterbewusst vernommen, als das Leben langsam aus seinem Körper wich. Diesen dritten Satz der Mondscheinsonate.
Klick
Und? Haben Sie endlich dieses Notenblatt gefunden, das Herr Aso damals hinterlassen hat?
Leider kann ich es irgendwie nirgends finden. Und überhaupt, das Ganze ist ja auch schon zwölf Jahre her ...
Aber was ist mit diesem großen Fehler gemeint, den sie damals alle begangen haben sollen?
Tja... Hier steht nur was vom Pulver des Teufels, aber was damit nun gemeint ist...?
Das Einzige, was wir jetzt erst mal mit Sicherheit sagen können, ist, dass der Fall hiermit fürs Erste beendet ist.
Schließlich hat der Täter Nishimoto Selbstmord begangen ...
Ich glaube nicht, dass es Selbstmord war.
Hä?
Sehen Sie doch mal seine Füße.

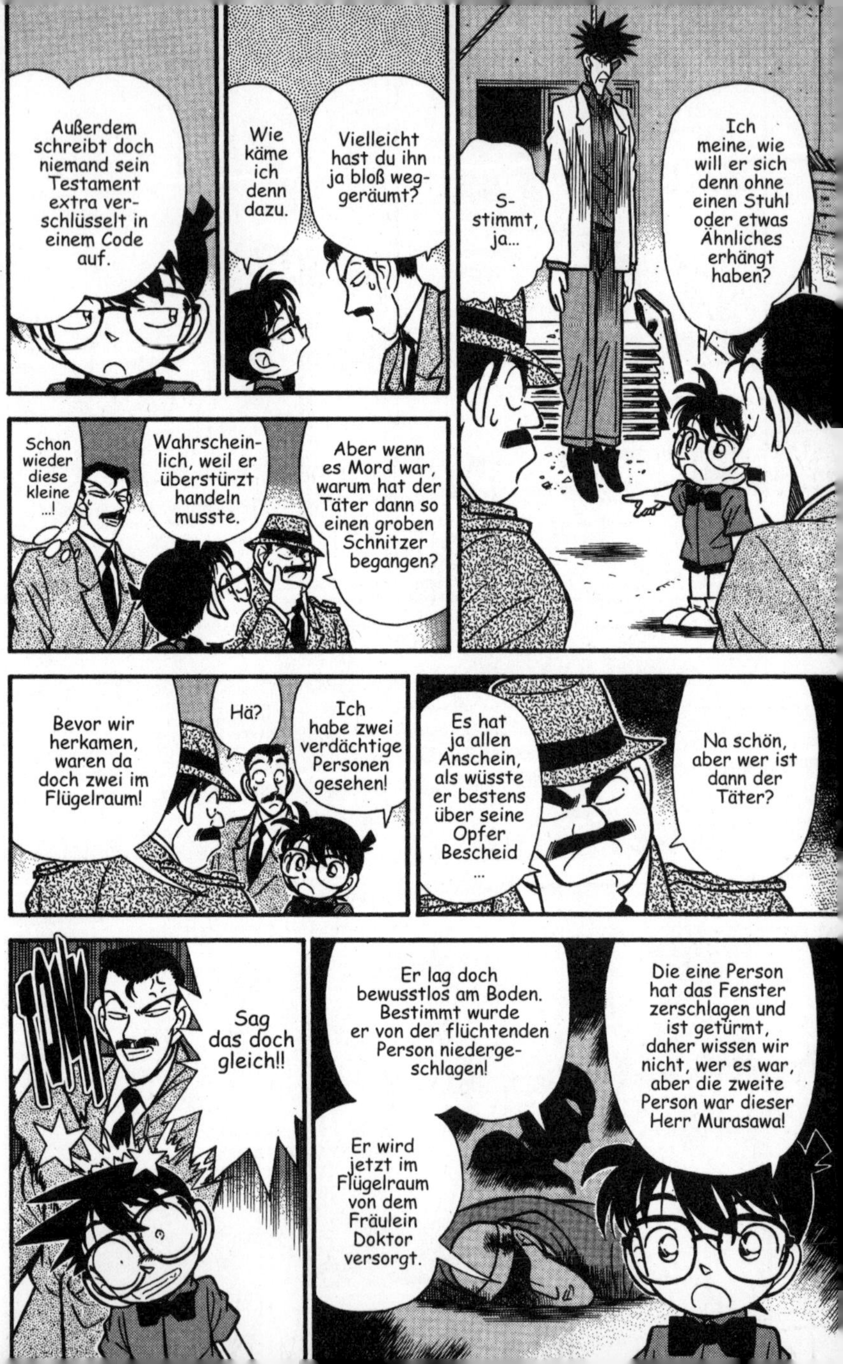
Ich meine, wie will er sich denn ohne einen Stuhl oder etwas Ähnliches erhängt haben?
S-stimmt, ja...
Vielleicht hast du ihn ja bloß weggeräumt?
Wie käme ich denn dazu.
Außerdem schreibt doch niemand sein Testament extra verschlüsselt in einem Code auf.
Aber wenn es Mord war, warum hat der Täter dann so einen groben Schnitzer begangen?
Wahrscheinlich, weil er überstürzt handeln musste.
Schon wieder diese kleine ...!
Na schön, aber wer ist dann der Täter?
Es hat ja allen Anschein, als wüsste er bestens über seine Opfer Bescheid ...
Ich habe zwei verdächtige Personen gesehen!
Hä?
Bevor wir herkamen, waren da doch zwei im Flügelraum!
Die eine Person hat das Fenster zerschlagen und ist getürmt, daher wissen wir nicht, wer es war, aber die zweite Person war dieser Herr Murasawa!
Er lag doch bewusstlos am Boden. Bestimmt wurde er von der flüchtenden Person niedergeschlagen!
Er wird jetzt im Flügelraum von dem Fräulein Doktor versorgt.
Sag das doch gleich!!

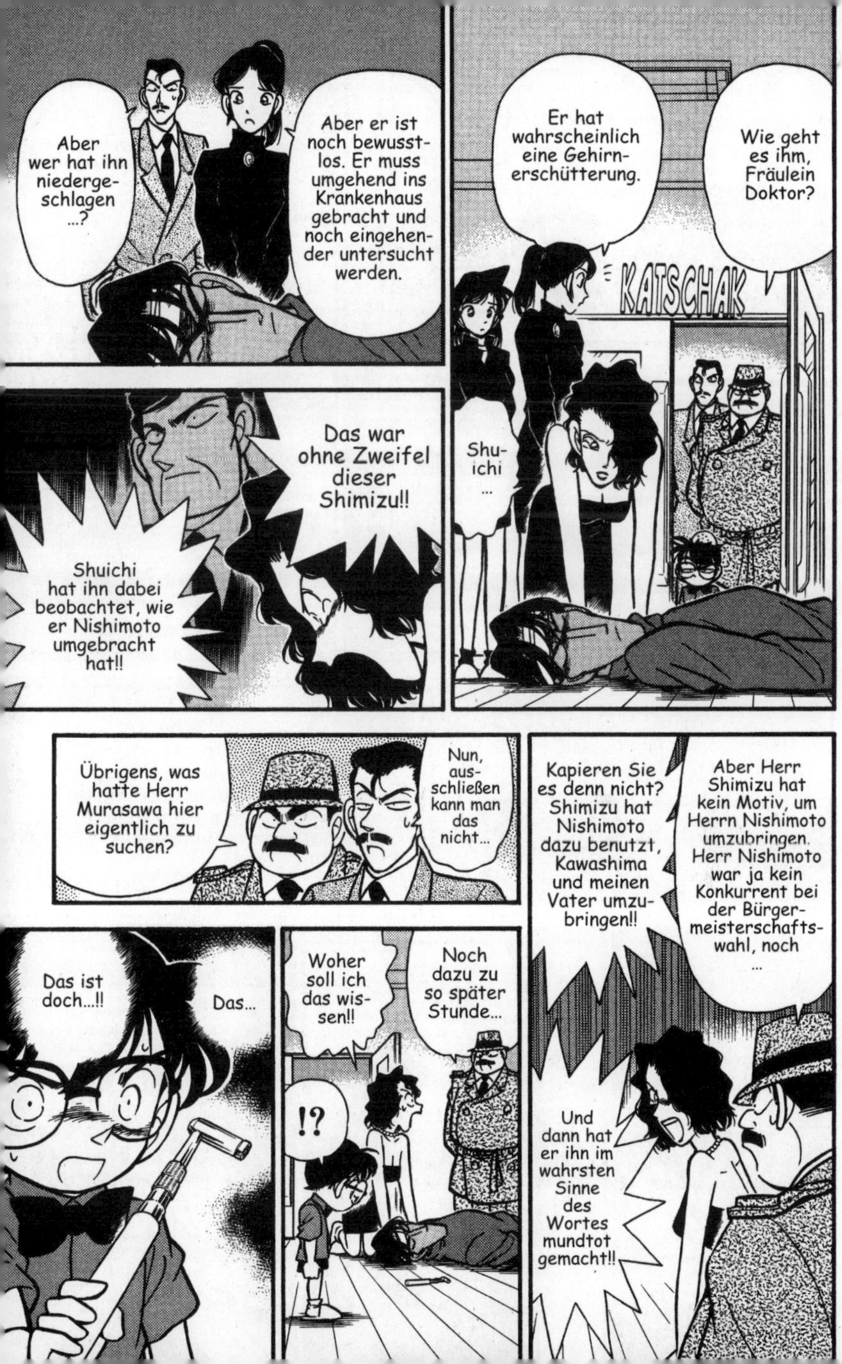
Wie geht es ihm, Fräulein Doktor?
Er hat wahrscheinlich eine Gehirnerschütterung.
KATSCHAK
Shuichi ...
Aber er ist noch bewusstlos. Er muss umgehend ins Krankenhaus gebracht und noch eingehender untersucht werden.
Aber wer hat ihn niedergeschlagen ...?
Das war ohne Zweifel dieser Shimizu!!
Shuichi hat ihn dabei beobachtet, wie er Nishimoto umgebracht hat!!
Aber Herr Shimizu hat kein Motiv, um Herrn Nishimoto umzubringen. Herr Nishimoto war ja kein Konkurrent bei der Bürgermeisterschaftswahl, noch ...
Kapieren Sie es denn nicht? Shimizu hat Nishimoto dazu benutzt, Kawashima und meinen Vater umzubringen!!
Und dann hat er ihn im wahrsten Sinne des Wortes mundtot gemacht!!
Nun, ausschließen kann man das nicht...
Übrigens, was hatte Herr Murasawa hier eigentlich zu suchen?
Noch dazu zu so später Stunde...
Woher soll ich das wissen!!
!?
Das...
Das ist doch...!!

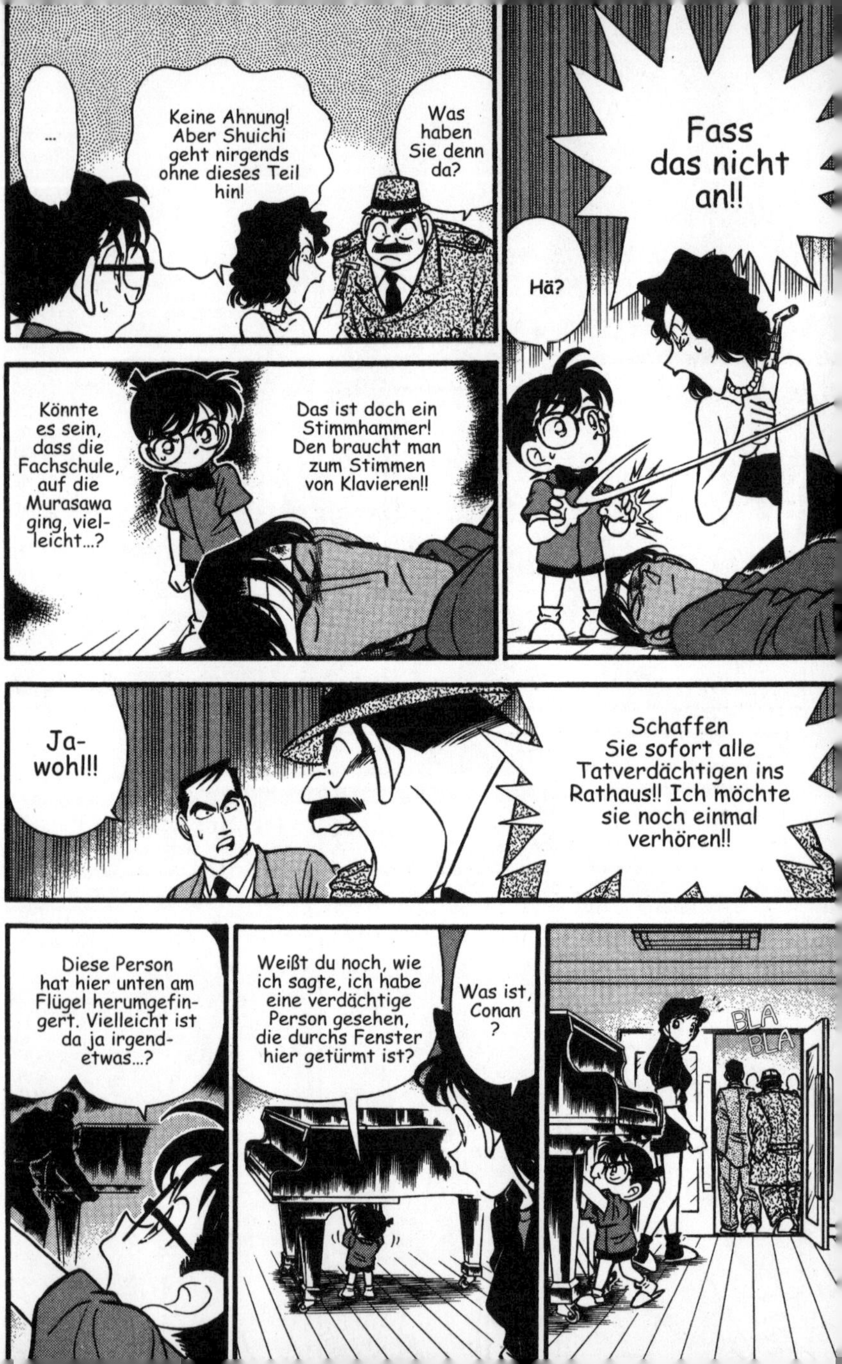

Fass das nicht an!!
Hä?
Was haben Sie denn da?
Keine Ahnung! Aber Shuichi geht nirgends ohne dieses Teil hin!
...
Das ist doch ein Stimmhammer! Den braucht man zum Stimmen von Klavieren!!
Könnte es sein, dass die Fachschule, auf die Murasawa ging, vielleicht...?
Schaffen Sie sofort alle Tatverdächtigen ins Rathaus!! Ich möchte sie noch einmal verhören!!
Ja-wohl!!
BLA BLA
Was ist, Conan?
Weißt du noch, wie ich sagte, ich habe eine verdächtige Person gesehen, die durchs Fenster hier getürmt ist?
Diese Person hat hier unten am Flügel herumgefingert. Vielleicht ist da ja irgendetwas...?

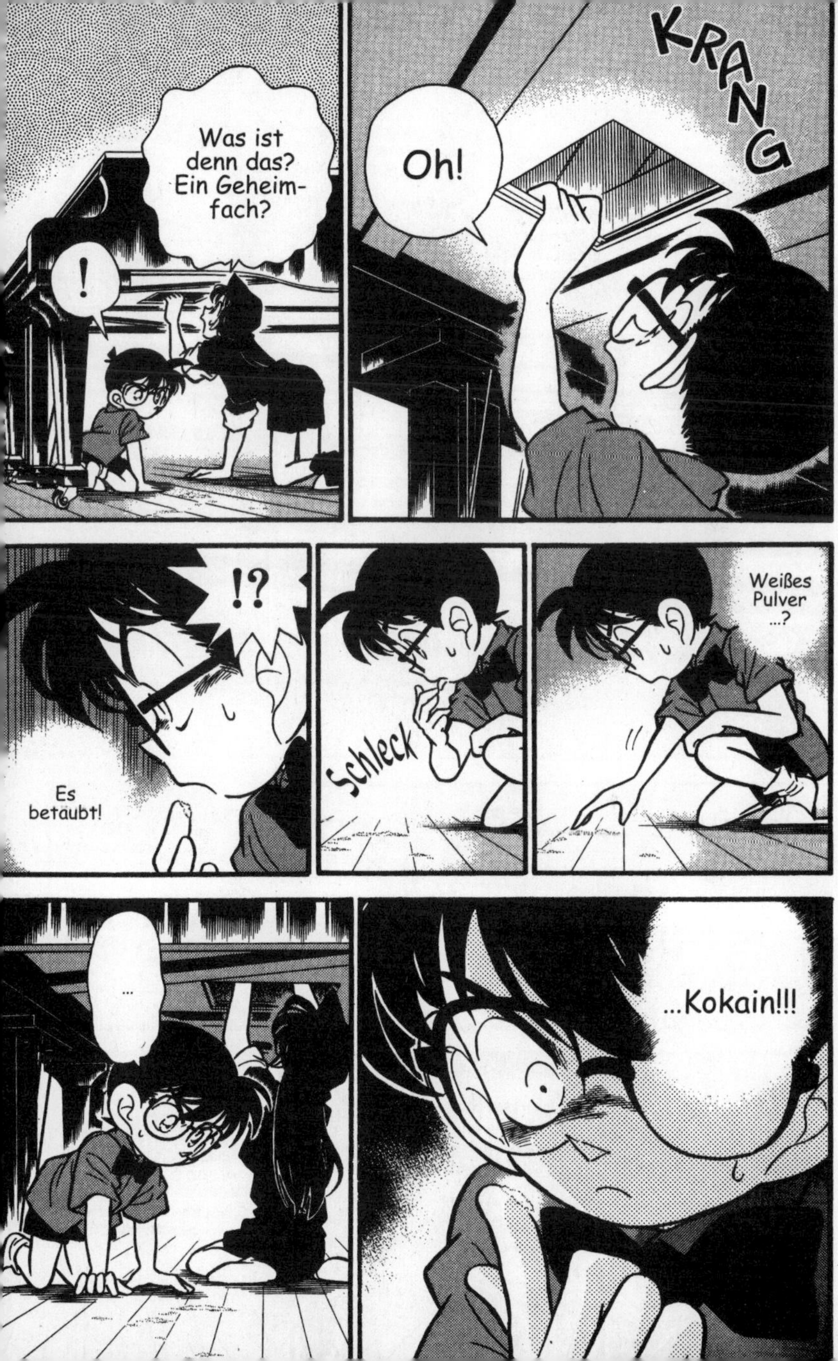
KRANG
Oh!
!
Was ist denn das? Ein Geheimfach?
Weißes Pulver ...?
Schleck
!?
Es betäubt!
...Kokain!!!
...

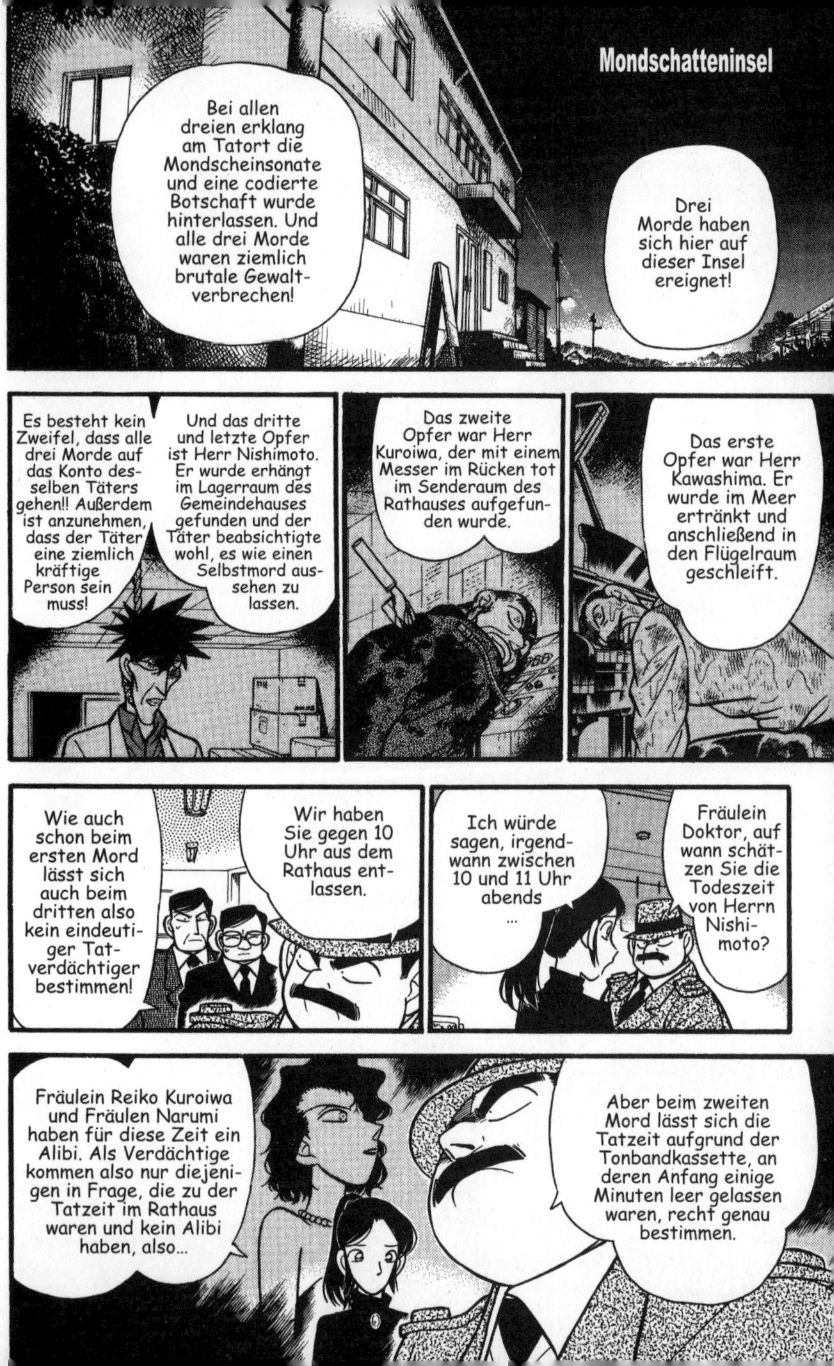
Drei Morde haben sich hier auf dieser Insel ereignet!
Bei allen dreien erklang am Tatort die Mondscheinsonate und eine codierte Botschaft wurde hinterlassen. Und alle drei Morde waren ziemlich brutale Gewaltverbrechen!
Das erste Opfer war Herr Kawashima. Er wurde im Meer ertränkt und anschließend in den Flügelraum geschleift.
Das zweite Opfer war Herr Kuroiwa, der mit einem Messer im Rücken tot im Senderaum des Rathauses aufgefunden wurde.
Und das dritte und letzte Opfer ist Herr Nishimoto. Er wurde erhängt im Lagerraum des Gemeindehauses gefunden und der Täter beabsichtigte wohl, es wie einen Selbstmord aussehen zu lassen.
Es besteht kein Zweifel, dass alle drei Morde auf das Konto desselben Täters gehen!! Außerdem ist anzunehmen, dass der Täter eine ziemlich kräftige Person sein muss!
Fräulein Doktor, auf wann schätzen Sie die Todeszeit von Herrn Nishimoto?
Ich würde sagen, irgendwann zwischen 10 und 11 Uhr abends ...
Wir haben Sie gegen 10 Uhr aus dem Rathaus entlassen.
Wie auch schon beim ersten Mord lässt sich auch beim dritten also kein eindeutiger Tatverdächtiger bestimmen!
Aber beim zweiten Mord lässt sich die Tatzeit aufgrund der Tonbandkassette, an deren Anfang einige Minuten leer gelassen waren, recht genau bestimmen.
Fräulein Reiko Kuroiwa und Fräulen Narumi haben für diese Zeit ein Alibi. Als Verdächtige kommen also nur diejenigen in Frage, die zu der Tatzeit im Rathaus waren und kein Alibi haben, also...

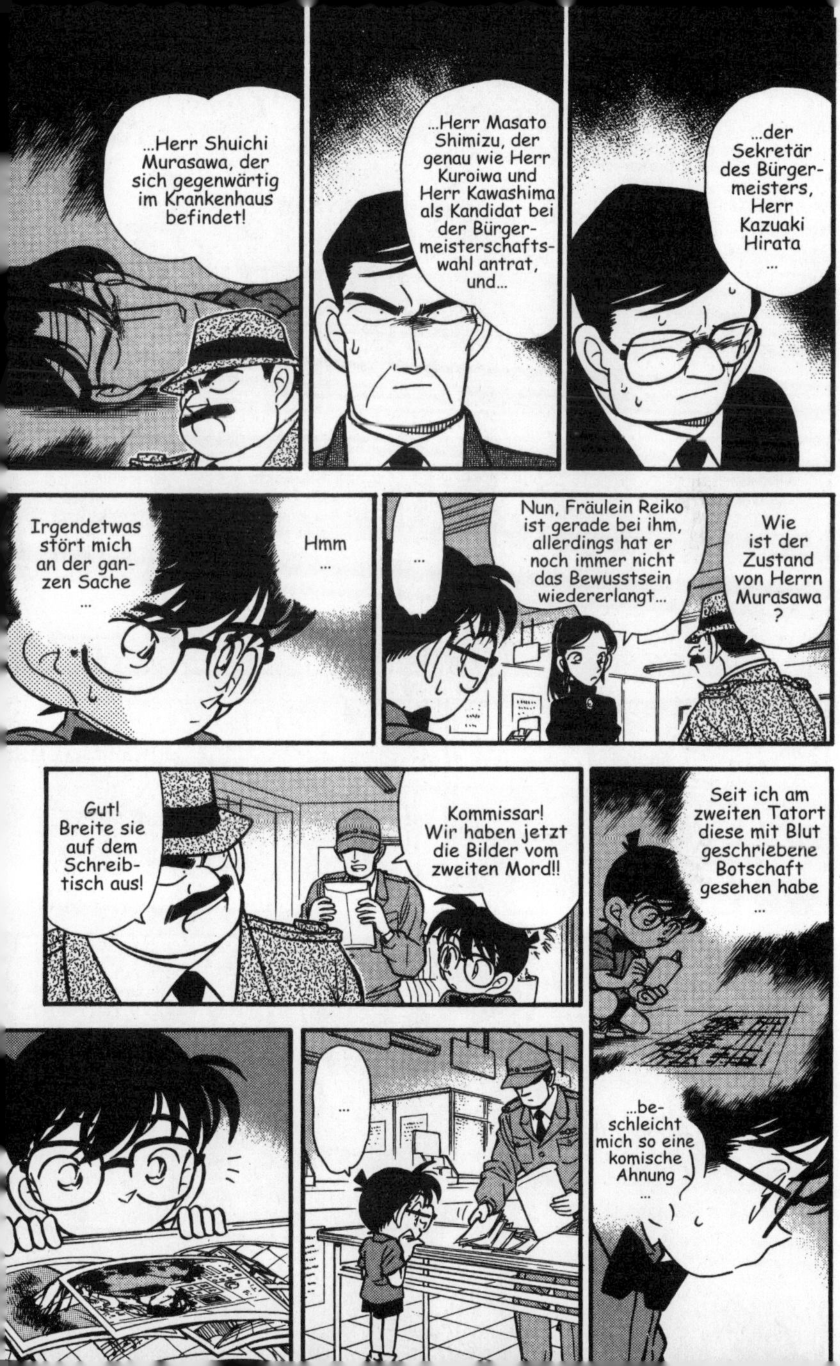
...der Sekretär des Bürgermeisters, Herr Kazuaki Hirata ...
...Herr Masato Shimizu, der genau wie Herr Kuroiwa und Herr Kawashima als Kandidat bei der Bürgermeisterschaftswahl antrat, und...
...Herr Shuichi Murasawa, der sich gegenwärtig im Krankenhaus befindet!
Wie ist der Zustand von Herrn Murasawa ?
Nun, Fräulein Reiko ist gerade bei ihm, allerdings hat er noch immer nicht das Bewusstsein wiedererlangt...
...
Hmm ...
Irgendetwas stört mich an der ganzen Sache ...
Seit ich am zweiten Tatort diese mit Blut geschriebene Botschaft gesehen habe ...
...beschleicht mich so eine komische Ahnung ...
Kommissar! Wir haben jetzt die Bilder vom zweiten Mord!!
Gut! Breite sie auf dem Schreibtisch aus!
...

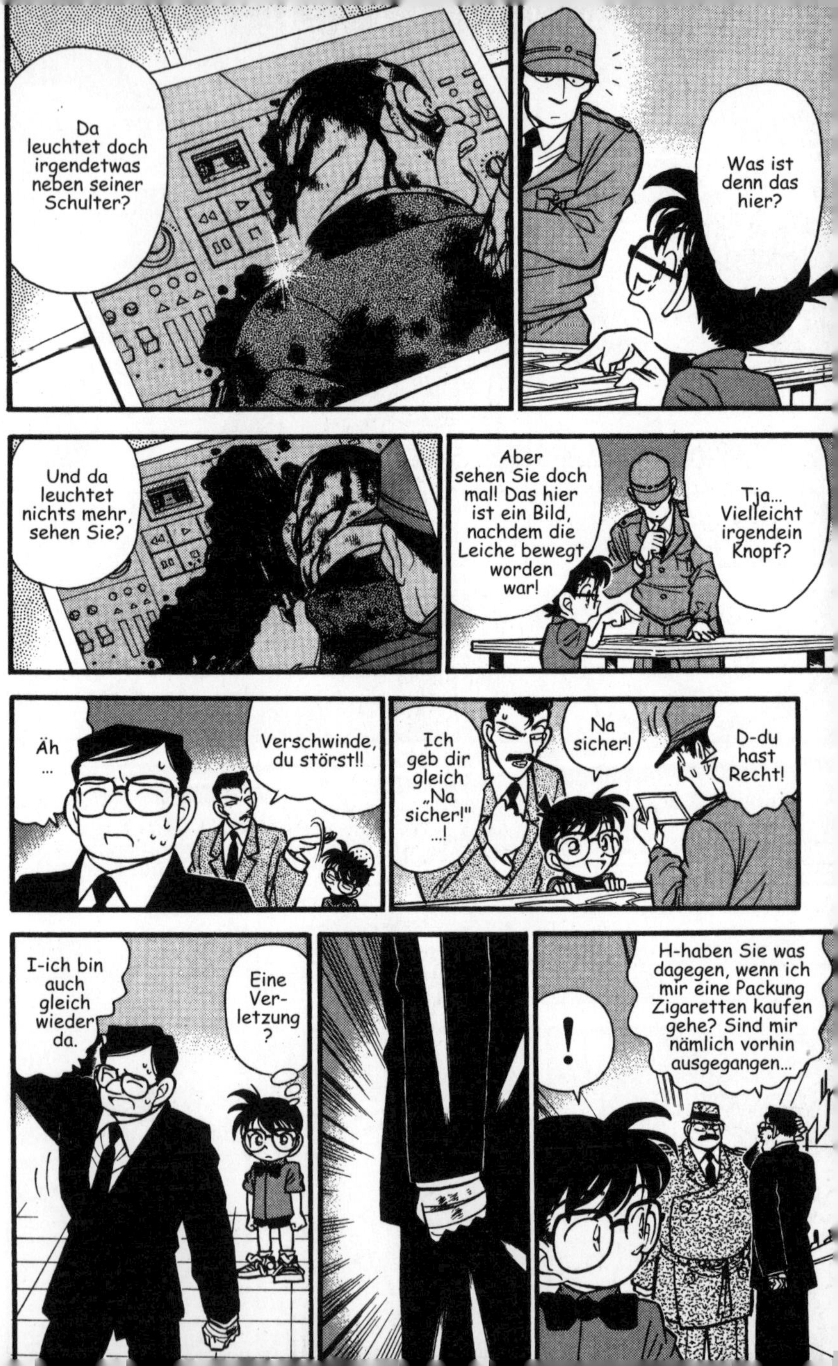

Was ist denn das hier?
Da leuchtet doch irgendetwas neben seiner Schulter?
Tja... Vielleicht irgendein Knopf?
Aber sehen Sie doch mal! Das hier ist ein Bild, nachdem die Leiche bewegt worden war!
Und da leuchtet nichts mehr, sehen Sie?
D-du hast Recht!
Na sicher!
Ich geb dir gleich „Na sicher!" ...!
Verschwinde, du störst!!
Äh ...
H-haben Sie was dagegen, wenn ich mir eine Packung Zigaretten kaufen gehe? Sind mir nämlich vorhin ausgegangen...
!
I-ich bin auch gleich wieder da.
Eine Verletzung?

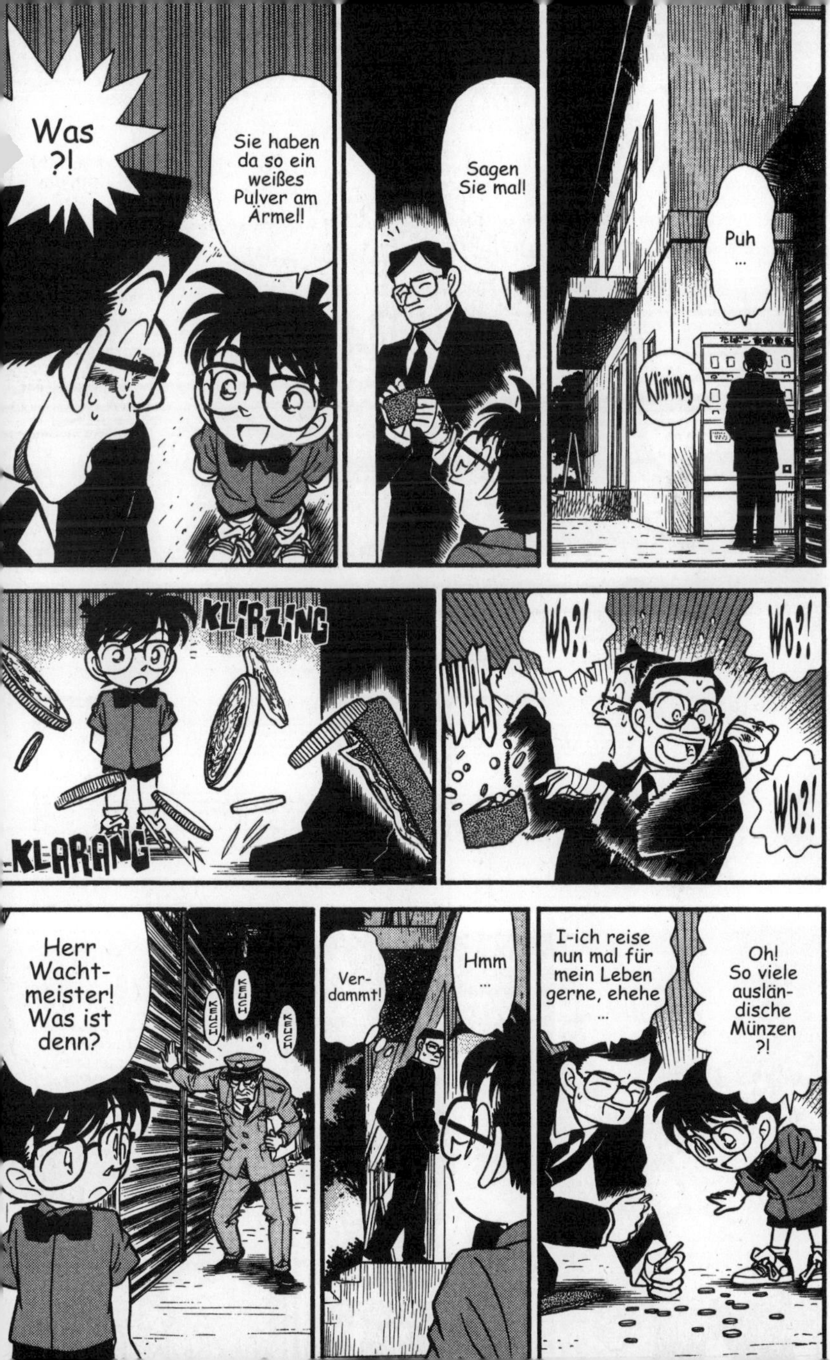
Puh ...
Kliring
Sagen Sie mal!
Sie haben da so ein weißes Pulver am Ärmel!
Was ?!
Wo?!
Wo?!
Wo?!
KLIRZING
KLARANG
Oh! So viele ausländische Münzen ?!
I-ich reise nun mal für mein Leben gerne, ehehe ...
Hmm ...
Verdammt!
Herr Wachtmeister! Was ist denn?
KEUCH
KEUCH
KEUCH

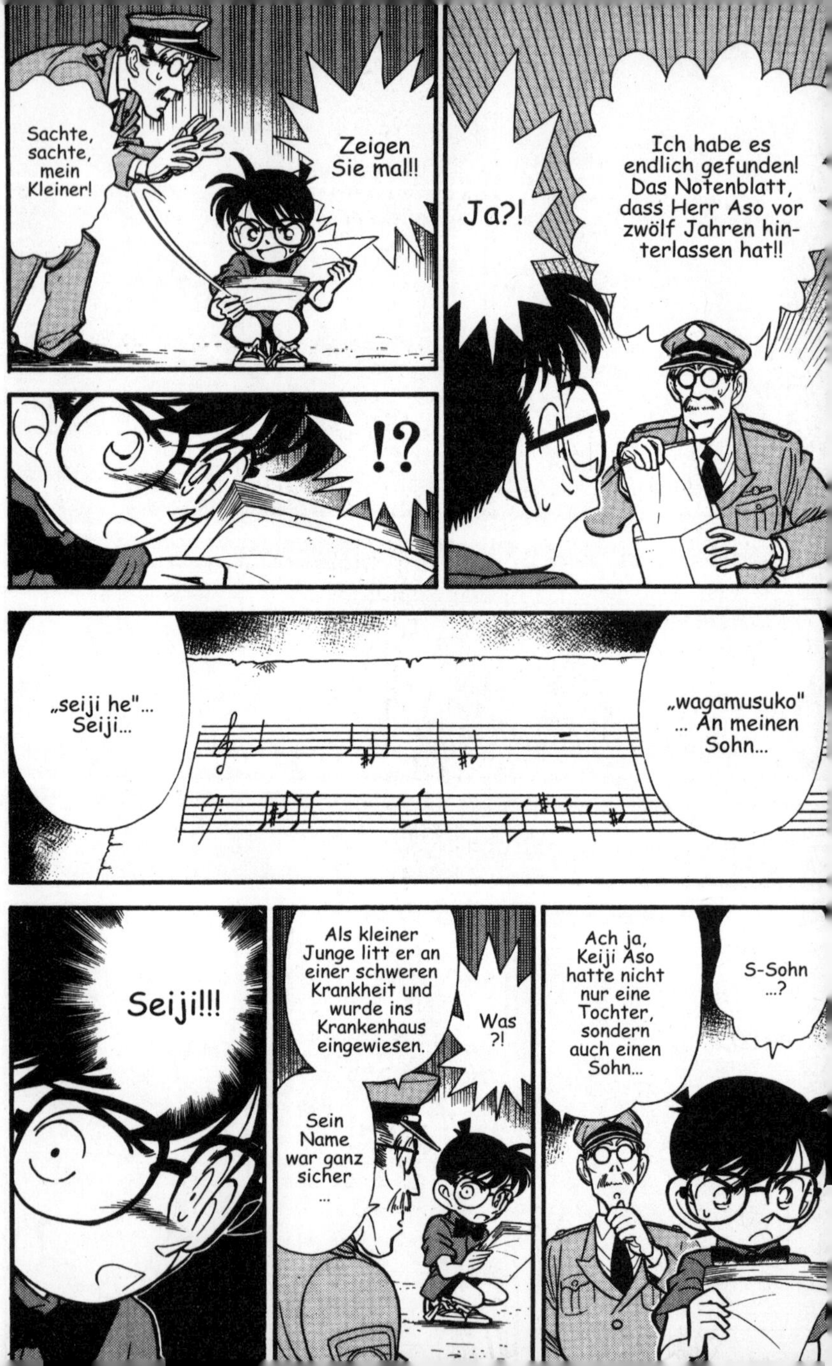

Ich habe es endlich gefunden! Das Notenblatt, dass Herr Aso vor zwölf Jahren hinterlassen hat!!
Ja?!
Zeigen Sie mal!!
Sachte, sachte, mein Kleiner!
!?
„wagamusuko" ... An meinen Sohn...
„seiji he"... Seiji...
S-Sohn ...?
Ach ja, Keiji Aso hatte nicht nur eine Tochter, sondern auch einen Sohn...
Als kleiner Junge litt er an einer schweren Krankheit und wurde ins Krankenhaus eingewiesen.
Was ?!
Sein Name war ganz sicher ...
Seiji!!!

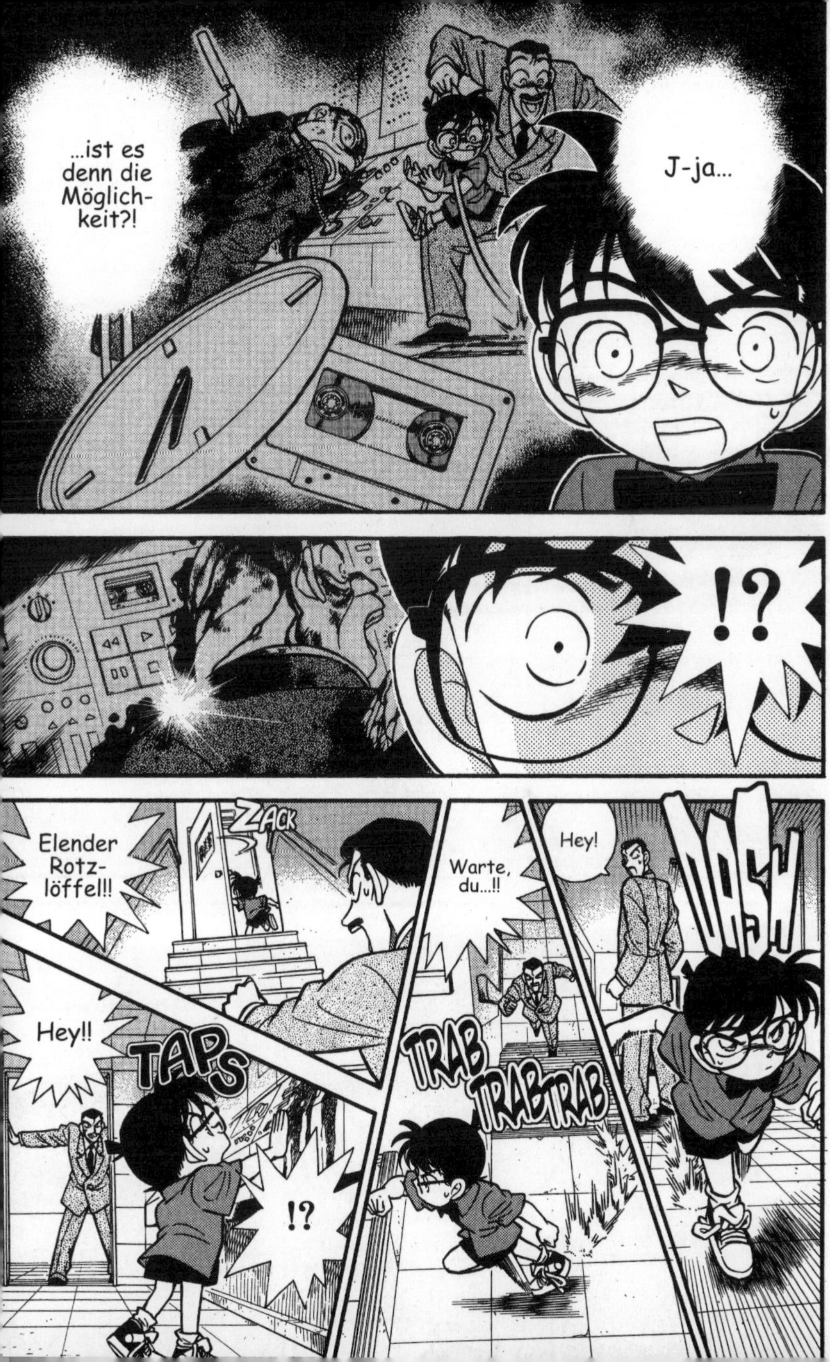

J-ja...
...ist es denn die Möglich-keit?!
!?
DASH
Hey!
Warte, du...!!
TRAB TRAB TRAB
ZACK
Elender Rotz-löffel!!
Hey!!
TAPS
!?

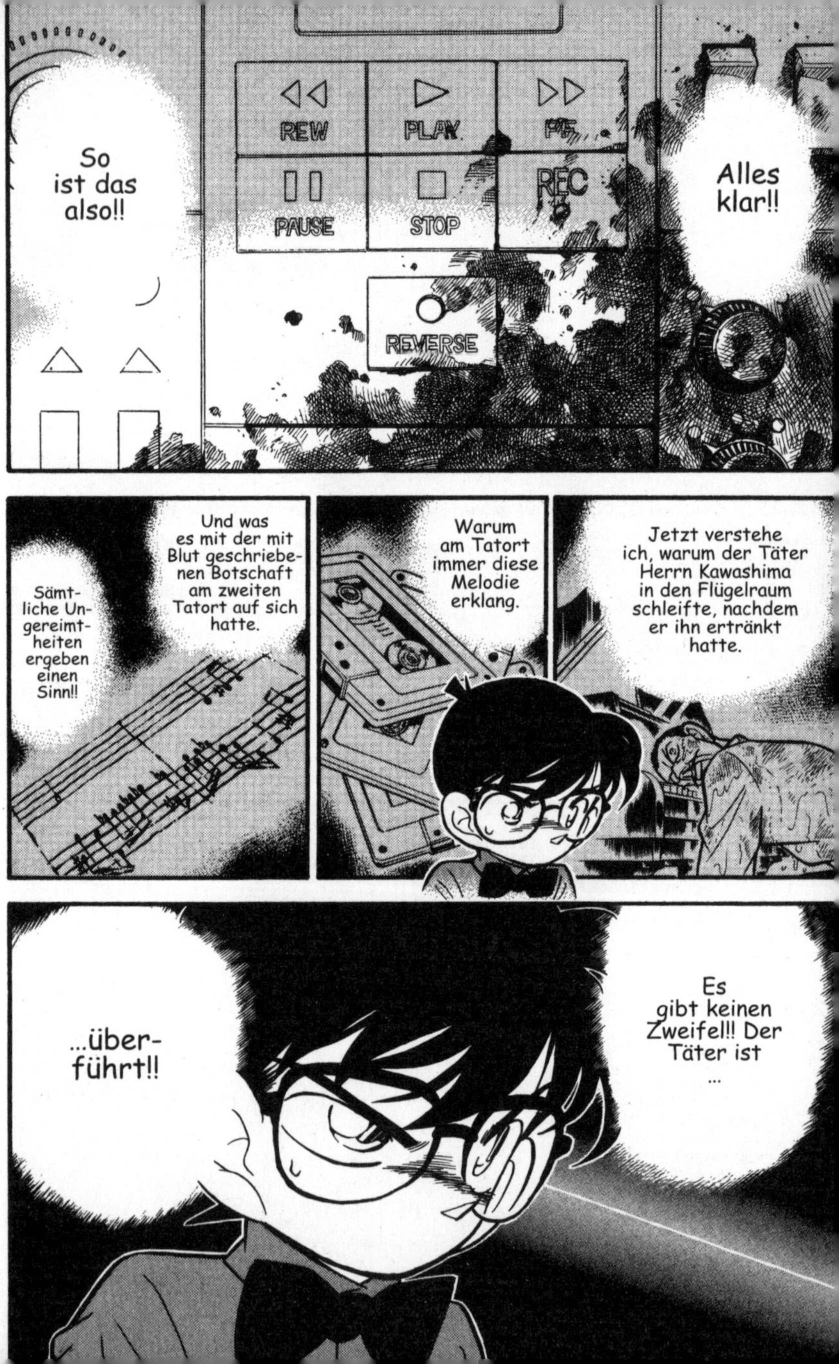
REW
PLAY
FF
PAUSE
STOP
REC
REVERSE
Alles klar!!
So ist das also!!
Jetzt verstehe ich, warum der Täter Herrn Kawashima in den Flügelraum schleifte, nachdem er ihn ertränkt hatte.
Warum am Tatort immer diese Melodie erklang.
Und was es mit der mit Blut geschriebenen Botschaft am zweiten Tatort auf sich hatte.
Sämtliche Ungereimtheiten ergeben einen Sinn!!
Es gibt keinen Zweifel!! Der Täter ist ...
...überführt!!

FALL 18
KAPITEL 6

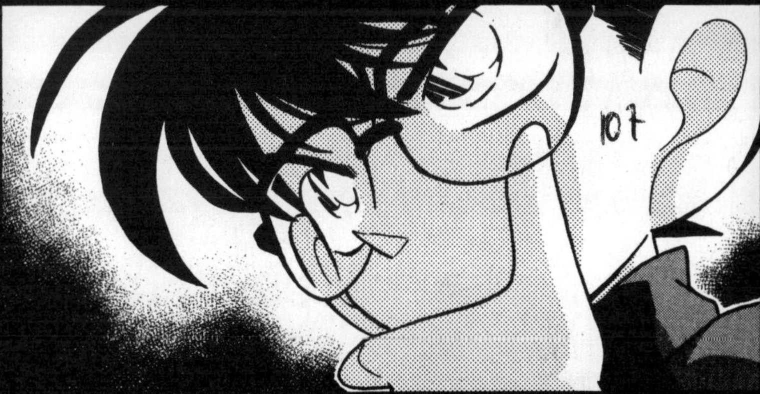

Das Geheimnis hinter dem Namen

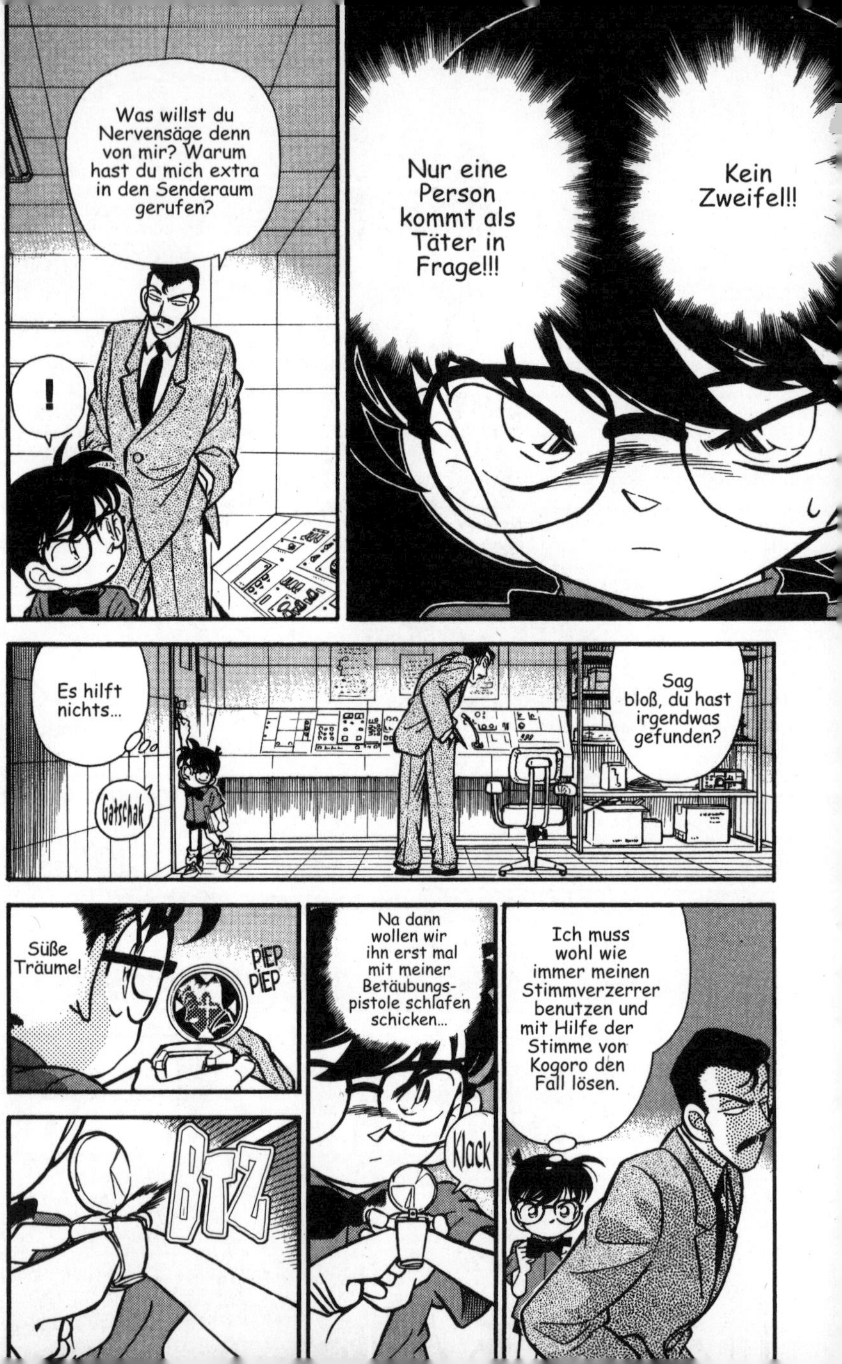

Kein Zweifel!!
Nur eine Person kommt als Täter in Frage!!!
!
Was willst du Nervensäge denn von mir? Warum hast du mich extra in den Senderaum gerufen?
Sag bloß, du hast irgendwas gefunden?
Es hilft nichts...
Gatschak
Ich muss wohl wie immer meinen Stimmverzerrer benutzen und mit Hilfe der Stimme von Kogoro den Fall lösen.
Na dann wollen wir ihn erst mal mit meiner Betäubungs-pistole schlafen schicken...
Klack
Süße Träume!
PIEP PIEP
BTZ

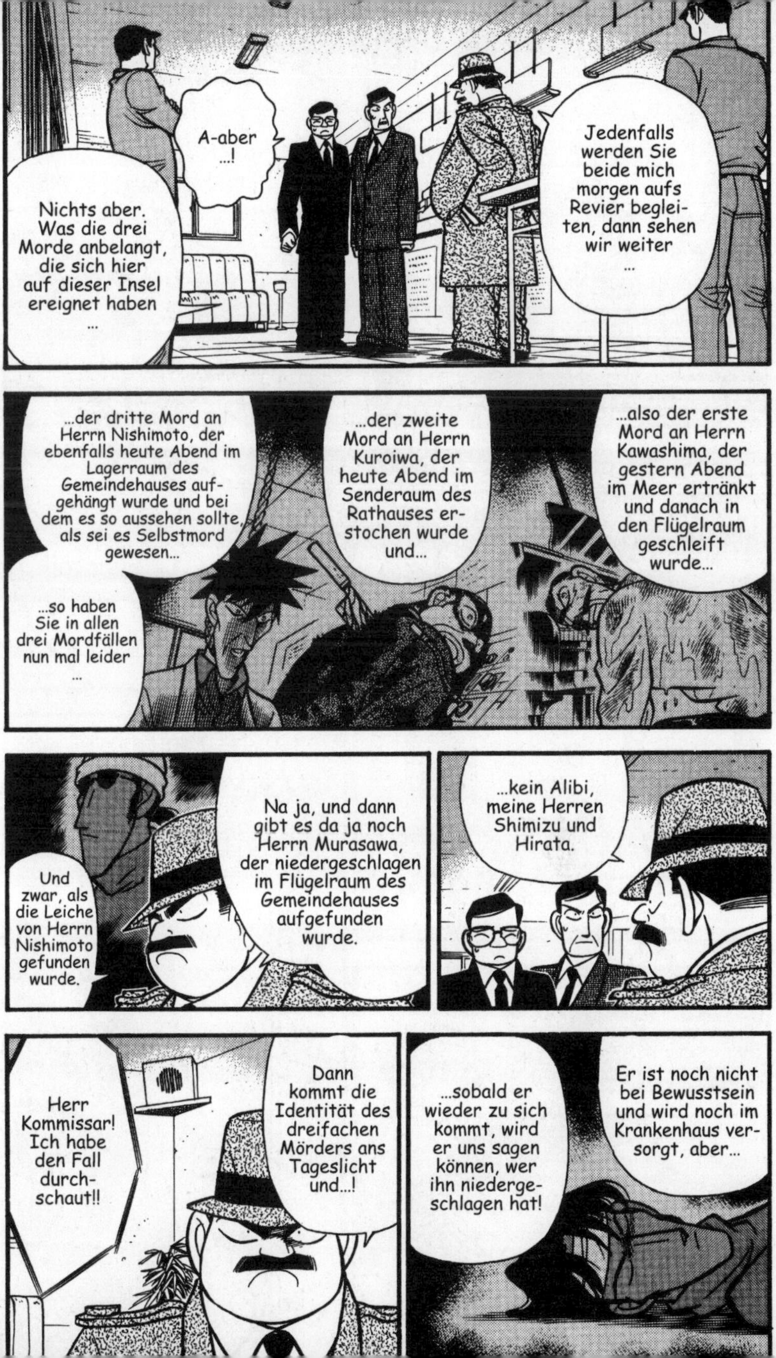
Jedenfalls werden Sie beide mich morgen aufs Revier beglei-ten, dann sehen wir weiter ...
A-aber ...!
Nichts aber. Was die drei Morde anbelangt, die sich hier auf dieser Insel ereignet haben ...
...also der erste Mord an Herrn Kawashima, der gestern Abend im Meer ertränkt und danach in den Flügelraum geschleift wurde...
...der zweite Mord an Herrn Kuroiwa, der heute Abend im Senderaum des Rathauses er-stochen wurde und...
...der dritte Mord an Herrn Nishimoto, der ebenfalls heute Abend im Lagerraum des Gemeindehauses auf-gehängt wurde und bei dem es so aussehen sollte, als sei es Selbstmord gewesen...
...so haben Sie in allen drei Mordfällen nun mal leider ...
...kein Alibi, meine Herren Shimizu und Hirata.
Na ja, und dann gibt es da ja noch Herrn Murasawa, der niedergeschlagen im Flügelraum des Gemeindehauses aufgefunden wurde.
Und zwar, als die Leiche von Herrn Nishimoto gefunden wurde.
Er ist noch nicht bei Bewusstsein und wird noch im Krankenhaus ver-sorgt, aber...
...sobald er wieder zu sich kommt, wird er uns sagen können, wer ihn niederge-schlagen hat!
Dann kommt die Identität des dreifachen Mörders ans Tageslicht und...!
Herr Kommissar! Ich habe den Fall durch-schaut!!

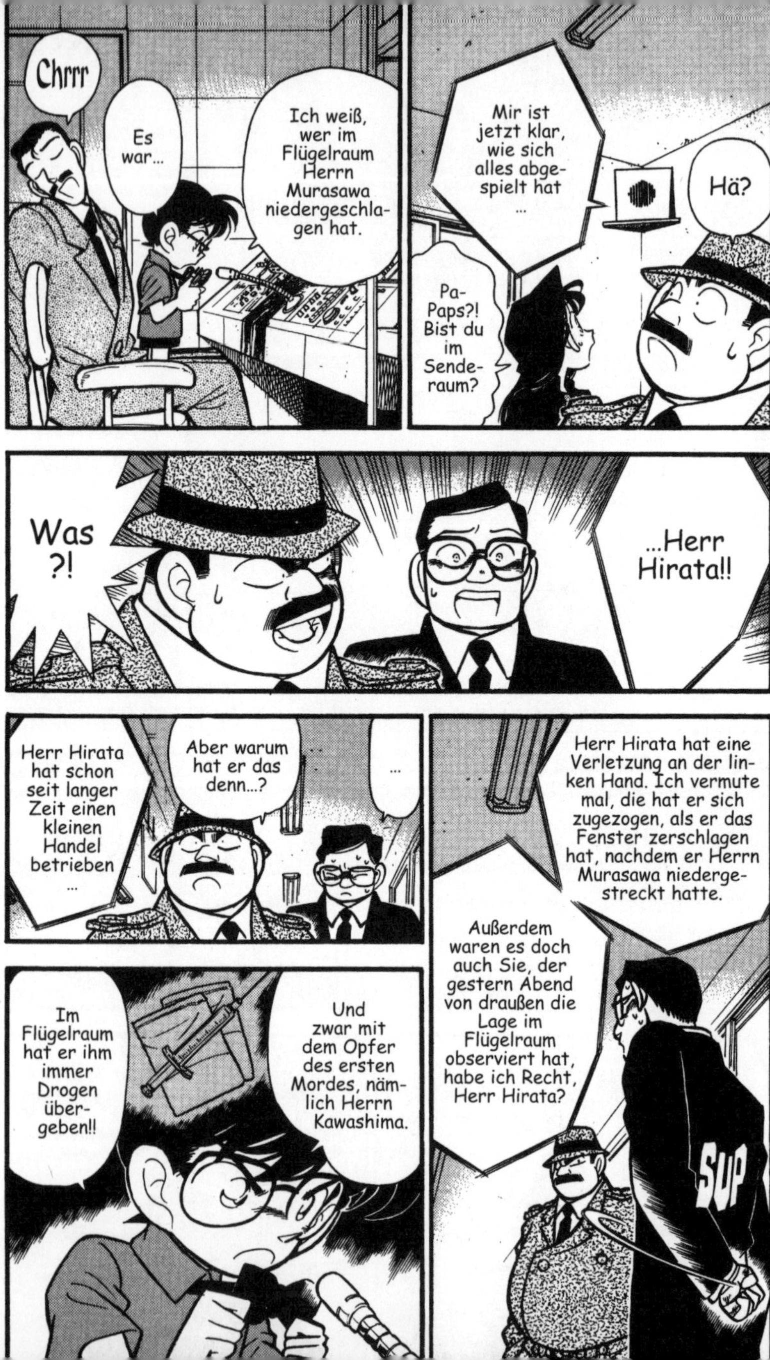
Mir ist jetzt klar, wie sich alles abgespielt hat ...
Hä?
Pa-Paps?! Bist du im Senderaum?
Ich weiß, wer im Flügelraum Herrn Murasawa niedergeschlagen hat.
Es war...
Chrrr
...Herr Hirata!!
Was ?!
Herr Hirata hat eine Verletzung an der linken Hand. Ich vermute mal, die hat er sich zugezogen, als er das Fenster zerschlagen hat, nachdem er Herrn Murasawa niedergestreckt hatte.
...
Aber warum hat er das denn...?
Herr Hirata hat schon seit langer Zeit einen kleinen Handel betrieben ...
Außerdem waren es doch auch Sie, der gestern Abend von draußen die Lage im Flügelraum observiert hat, habe ich Recht, Herr Hirata?
SUP
Und zwar mit dem Opfer des ersten Mordes, nämlich Herrn Kawashima.
Im Flügelraum hat er ihm immer Drogen übergeben!!

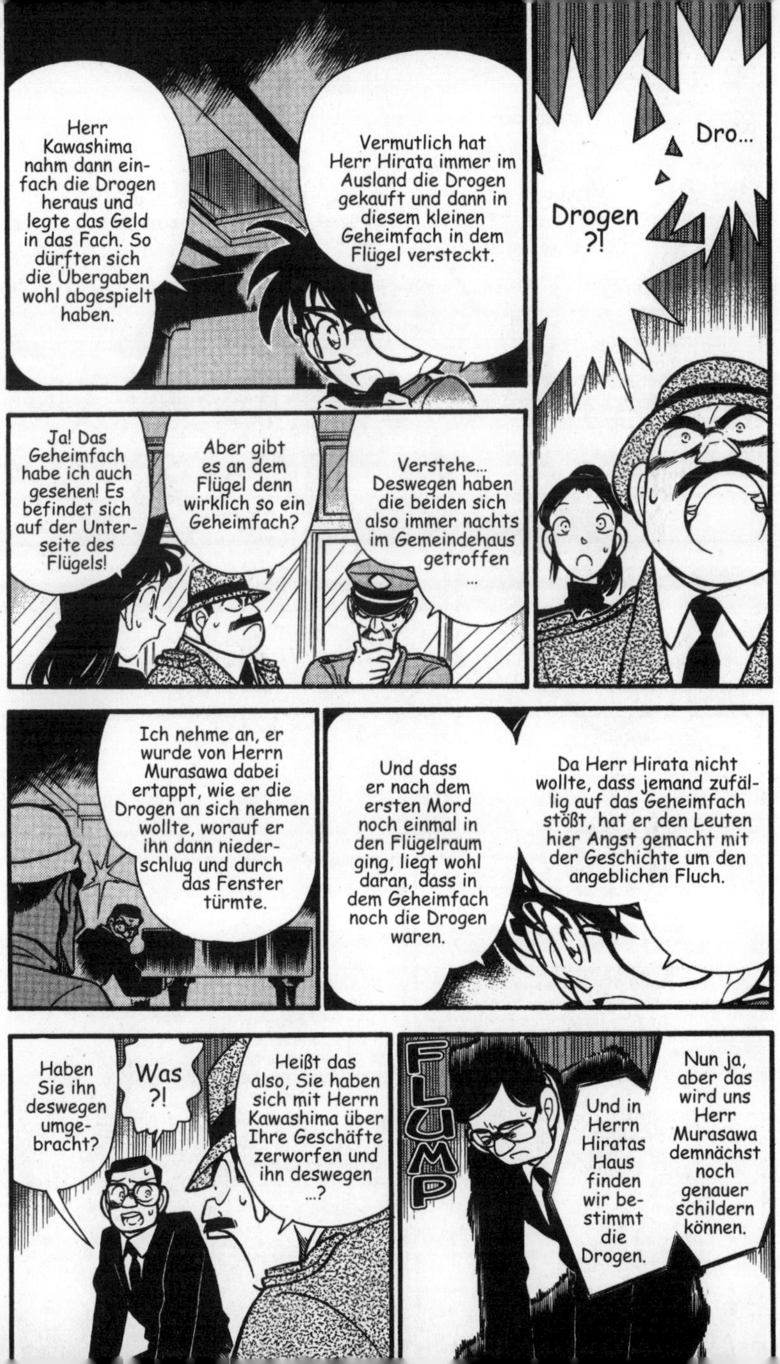

Vermutlich hat Herr Hirata immer im Ausland die Drogen gekauft und dann in diesem kleinen Geheimfach in dem Flügel versteckt.
Herr Kawashima nahm dann einfach die Drogen heraus und legte das Geld in das Fach. So dürften sich die Übergaben wohl abgespielt haben.
Dro...
Drogen ?!
Verstehe... Deswegen haben die beiden sich also immer nachts im Gemeindehaus getroffen ...
Aber gibt es an dem Flügel denn wirklich so ein Geheimfach?
Ja! Das Geheimfach habe ich auch gesehen! Es befindet sich auf der Unterseite des Flügels!
Da Herr Hirata nicht wollte, dass jemand zufällig auf das Geheimfach stößt, hat er den Leuten hier Angst gemacht mit der Geschichte um den angeblichen Fluch.
Und dass er nach dem ersten Mord noch einmal in den Flügelraum ging, liegt wohl daran, dass in dem Geheimfach noch die Drogen waren.
Ich nehme an, er wurde von Herrn Murasawa dabei ertappt, wie er die Drogen an sich nehmen wollte, worauf er ihn dann niederschlug und durch das Fenster türmte.
Nun ja, aber das wird uns Herr Murasawa demnächst noch genauer schildern können.
Und in Herrn Hiratas Haus finden wir bestimmt die Drogen.
FLUMP
Heißt das also, Sie haben sich mit Herrn Kawashima über Ihre Geschäfte zerworfen und ihn deswegen ...?
Was ?!
Haben Sie ihn deswegen umgebracht?

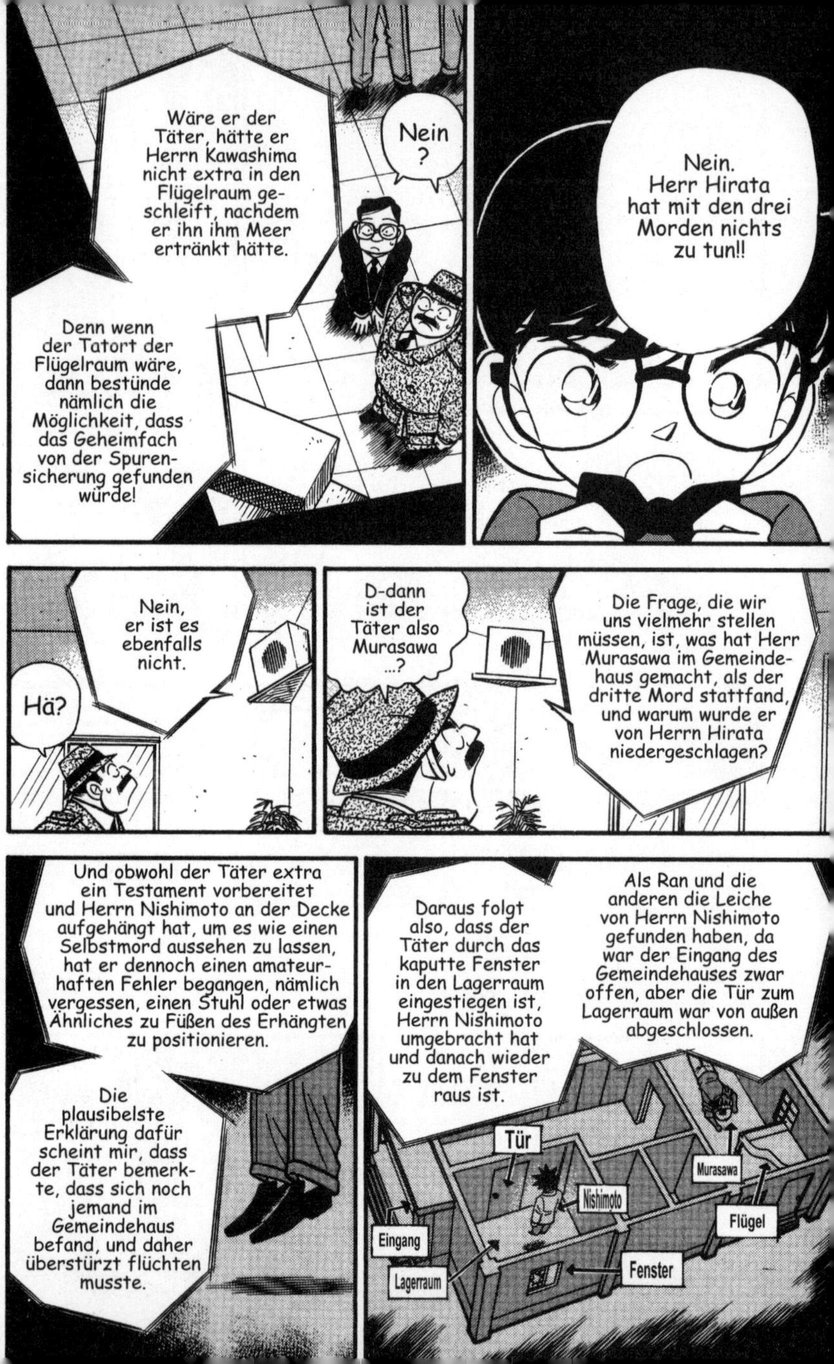
Nein.
Herr Hirata hat mit den drei Morden nichts zu tun!!
Nein?
Wäre er der Täter, hätte er Herrn Kawashima nicht extra in den Flügelraum geschleift, nachdem er ihn ihm Meer ertränkt hätte.
Denn wenn der Tatort der Flügelraum wäre, dann bestünde nämlich die Möglichkeit, dass das Geheimfach von der Spurensicherung gefunden würde!
D-dann ist der Täter also Murasawa ...?
Nein, er ist es ebenfalls nicht.
Hä?
Die Frage, die wir uns vielmehr stellen müssen, ist, was hat Herr Murasawa im Gemeindehaus gemacht, als der dritte Mord stattfand, und warum wurde er von Herrn Hirata niedergeschlagen?
Als Ran und die anderen die Leiche von Herrn Nishimoto gefunden haben, da war der Eingang des Gemeindehauses zwar offen, aber die Tür zum Lagerraum war von außen abgeschlossen.
Daraus folgt also, dass der Täter durch das kaputte Fenster in den Lagerraum eingestiegen ist, Herrn Nishimoto umgebracht hat und danach wieder zu dem Fenster raus ist.
Tür
Murasawa
Nishimoto
Flügel
Eingang
Lagerraum
Fenster
Und obwohl der Täter extra ein Testament vorbereitet und Herrn Nishimoto an der Decke aufgehängt hat, um es wie einen Selbstmord aussehen zu lassen, hat er dennoch einen amateurhaften Fehler begangen, nämlich vergessen, einen Stuhl oder etwas Ähnliches zu Füßen des Erhängten zu positionieren.
Die plausibelste Erklärung dafür scheint mir, dass der Täter bemerkte, dass sich noch jemand im Gemeindehaus befand, und daher überstürzt flüchten musste.

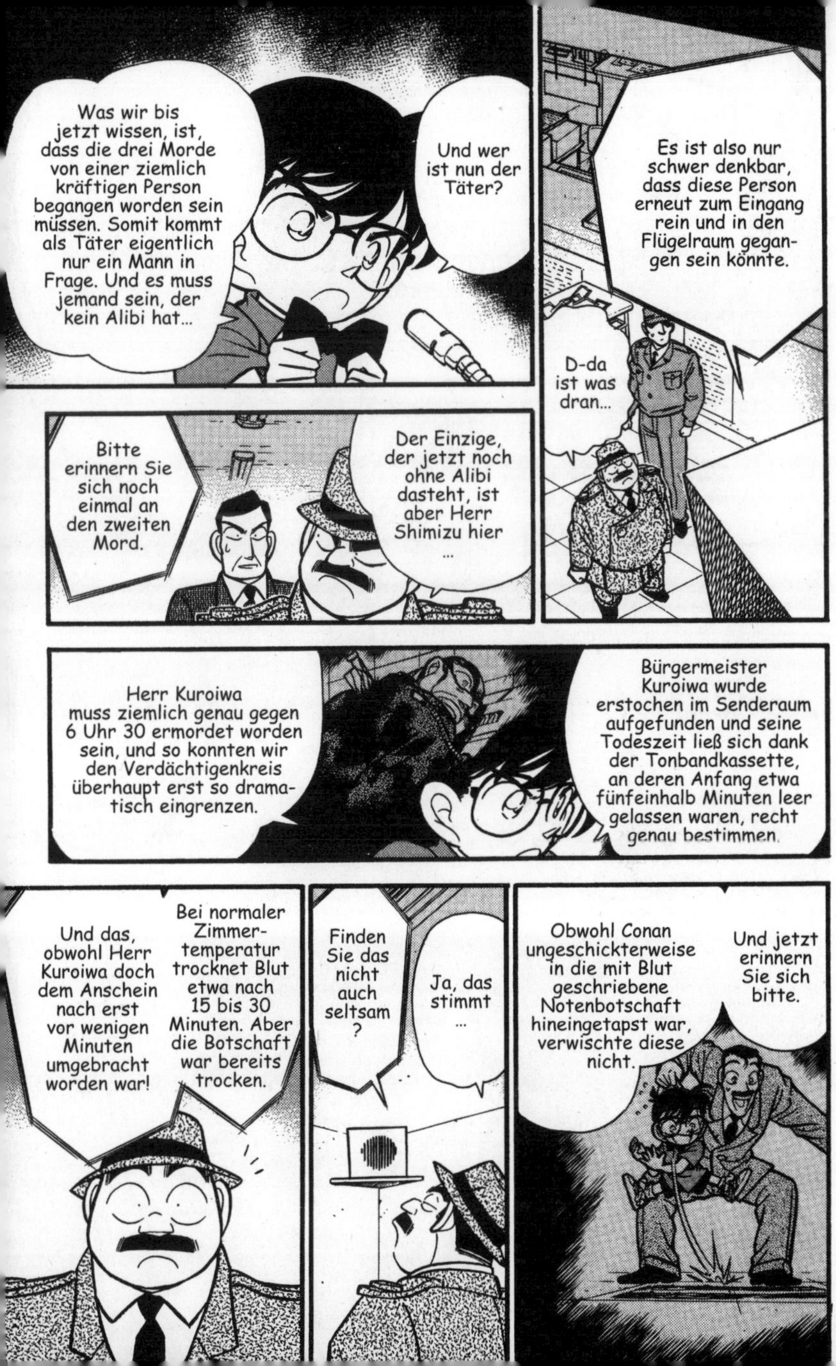
Es ist also nur schwer denkbar, dass diese Person erneut zum Eingang rein und in den Flügelraum gegangen sein könnte.
D-da ist was dran...
Und wer ist nun der Täter?
Was wir bis jetzt wissen, ist, dass die drei Morde von einer ziemlich kräftigen Person begangen worden sein müssen. Somit kommt als Täter eigentlich nur ein Mann in Frage. Und es muss jemand sein, der kein Alibi hat...
Der Einzige, der jetzt noch ohne Alibi dasteht, ist aber Herr Shimizu hier ...
Bitte erinnern Sie sich noch einmal an den zweiten Mord.
Bürgermeister Kuroiwa wurde erstochen im Senderaum aufgefunden und seine Todeszeit ließ sich dank der Tonbandkassette, an deren Anfang etwa fünfeinhalb Minuten leer gelassen waren, recht genau bestimmen.
Herr Kuroiwa muss ziemlich genau gegen 6 Uhr 30 ermordet worden sein, und so konnten wir den Verdächtigenkreis überhaupt erst so dramatisch eingrenzen.
Und jetzt erinnern Sie sich bitte.
Obwohl Conan ungeschickterweise in die mit Blut geschriebene Notenbotschaft hineingetapst war, verwischte diese nicht.
Finden Sie das nicht auch seltsam?
Ja, das stimmt ...
Bei normaler Zimmertemperatur trocknet Blut etwa nach 15 bis 30 Minuten. Aber die Botschaft war bereits trocken.
Und das, obwohl Herr Kuroiwa doch dem Anschein nach erst vor wenigen Minuten umgebracht worden war!

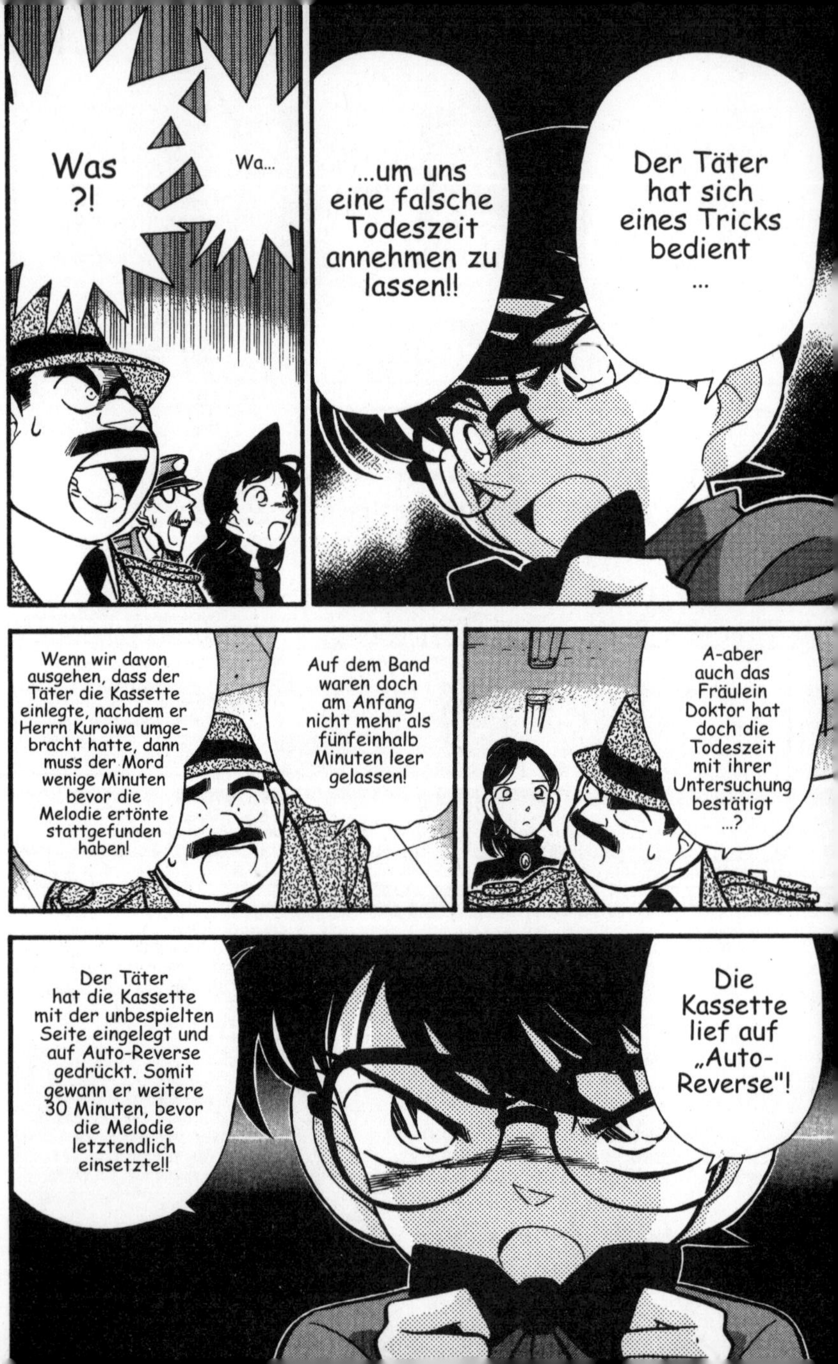
Der Täter hat sich eines Tricks bedient ...
...um uns eine falsche Todeszeit annehmen zu lassen!!
Wa...
Was ?!
Auf dem Band waren doch am Anfang nicht mehr als fünfeinhalb Minuten leer gelassen!
Wenn wir davon ausgehen, dass der Täter die Kassette einlegte, nachdem er Herrn Kuroiwa umgebracht hatte, dann muss der Mord wenige Minuten bevor die Melodie ertönte stattgefunden haben!
A-aber auch das Fräulein Doktor hat doch die Todeszeit mit ihrer Untersuchung bestätigt ...?
Die Kassette lief auf „Auto-Reverse"!
Der Täter hat die Kassette mit der unbespielten Seite eingelegt und auf Auto-Reverse gedrückt. Somit gewann er weitere 30 Minuten, bevor die Melodie letztendlich einsetzte!!

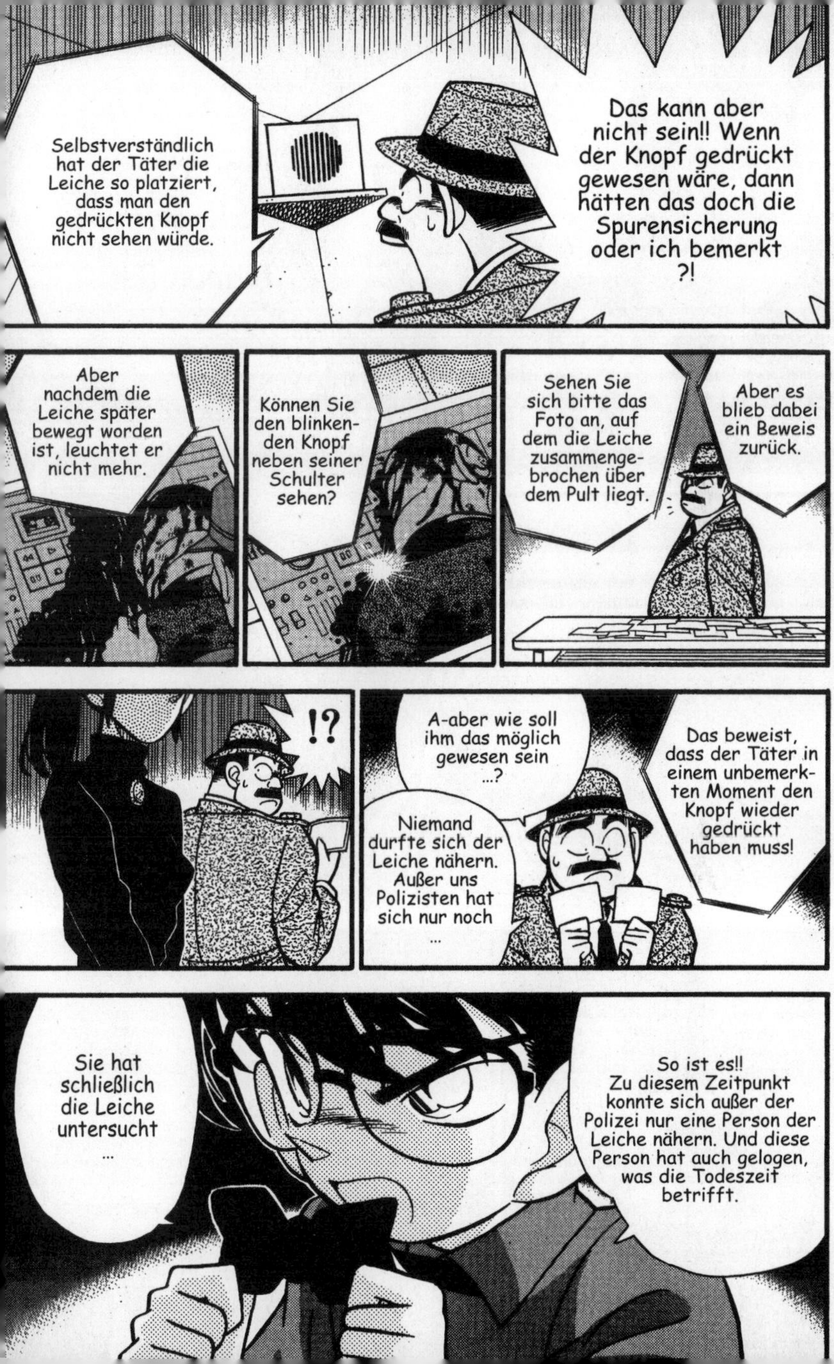
Das kann aber nicht sein!! Wenn der Knopf gedrückt gewesen wäre, dann hätten das doch die Spurensicherung oder ich bemerkt ?!
Selbstverständlich hat der Täter die Leiche so platziert, dass man den gedrückten Knopf nicht sehen würde.
Aber es blieb dabei ein Beweis zurück.
Sehen Sie sich bitte das Foto an, auf dem die Leiche zusammengebrochen über dem Pult liegt.
Können Sie den blinkenden Knopf neben seiner Schulter sehen?
Aber nachdem die Leiche später bewegt worden ist, leuchtet er nicht mehr.
Das beweist, dass der Täter in einem unbemerkten Moment den Knopf wieder gedrückt haben muss!
A-aber wie soll ihm das möglich gewesen sein ...?
Niemand durfte sich der Leiche nähern. Außer uns Polizisten hat sich nur noch ...
!?
So ist es!! Zu diesem Zeitpunkt konnte sich außer der Polizei nur eine Person der Leiche nähern. Und diese Person hat auch gelogen, was die Todeszeit betrifft.
Sie hat schließlich die Leiche untersucht ...

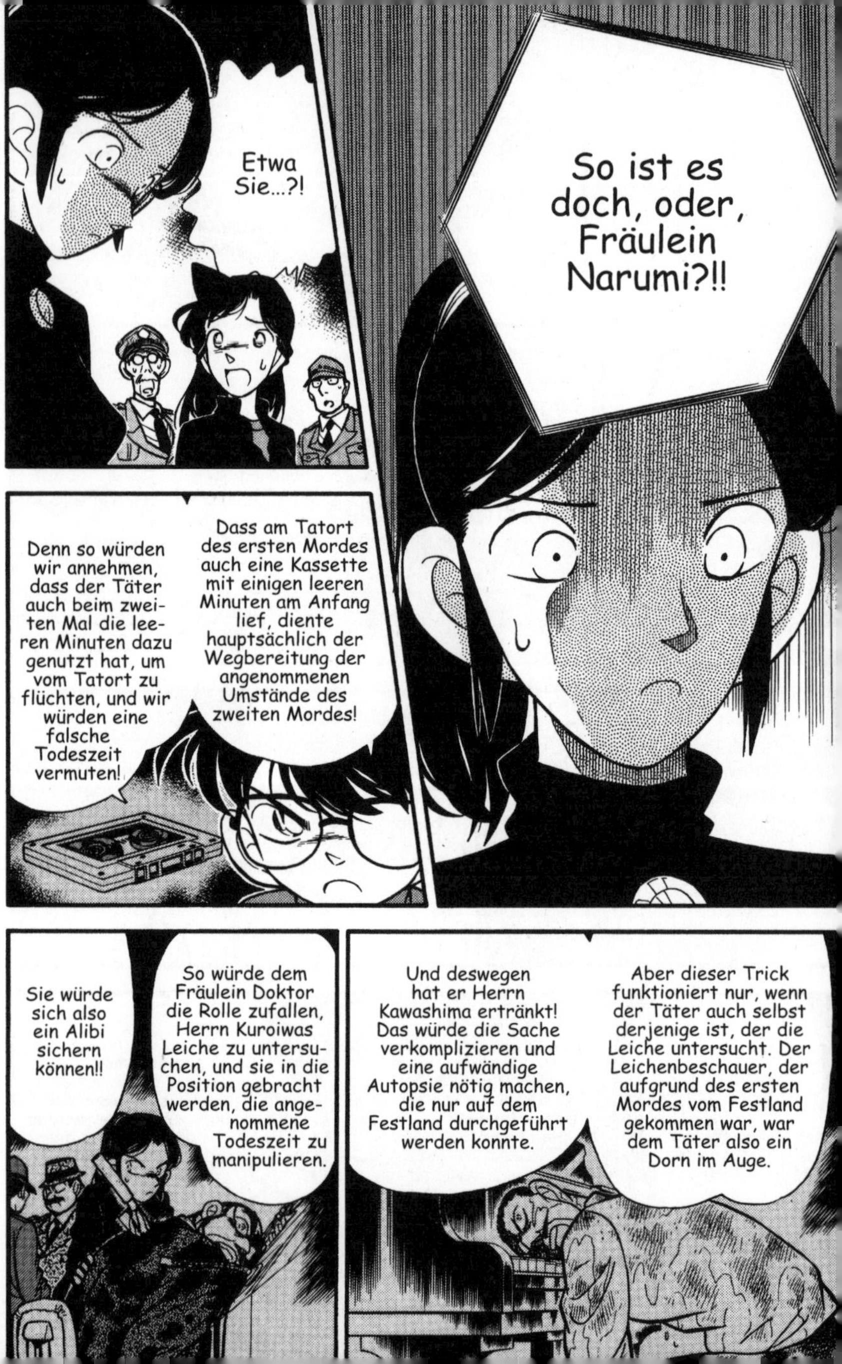
So ist es doch, oder, Fräulein Narumi?!!
Etwa Sie...?!
Dass am Tatort des ersten Mordes auch eine Kassette mit einigen leeren Minuten am Anfang lief, diente hauptsächlich der Wegbereitung der angenommenen Umstände des zweiten Mordes!
Denn so würden wir annehmen, dass der Täter auch beim zweiten Mal die leeren Minuten dazu genutzt hat, um vom Tatort zu flüchten, und wir würden eine falsche Todeszeit vermuten!
Aber dieser Trick funktioniert nur, wenn der Täter auch selbst derjenige ist, der die Leiche untersucht. Der Leichenbeschauer, der aufgrund des ersten Mordes vom Festland gekommen war, war dem Täter also ein Dorn im Auge.
Und deswegen hat er Herrn Kawashima ertränkt! Das würde die Sache verkomplizieren und eine aufwändige Autopsie nötig machen, die nur auf dem Festland durchgeführt werden konnte.
So würde dem Fräulein Doktor die Rolle zufallen, Herrn Kuroiwas Leiche zu untersuchen, und sie in die Position gebracht werden, die angenommene Todeszeit zu manipulieren.
Sie würde sich also ein Alibi sichern können!!

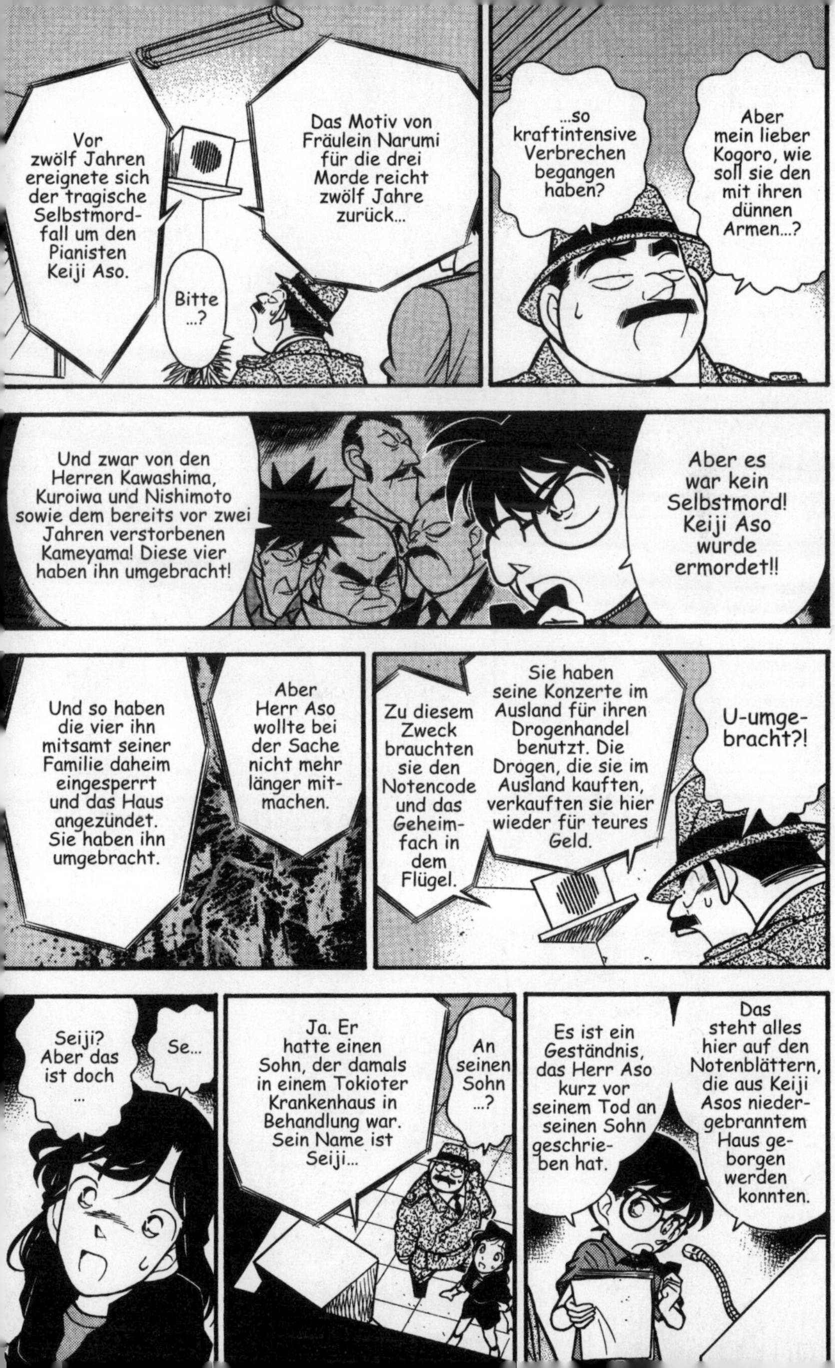

Aber mein lieber Kogoro, wie soll sie den mit ihren dünnen Armen...?
...so kraftintensive Verbrechen begangen haben?
Das Motiv von Fräulein Narumi für die drei Morde reicht zwölf Jahre zurück...
Bitte ...?
Vor zwölf Jahren ereignete sich der tragische Selbstmord-fall um den Pianisten Keiji Aso.
Aber es war kein Selbstmord! Keiji Aso wurde ermordet!!
Und zwar von den Herren Kawashima, Kuroiwa und Nishimoto sowie dem bereits vor zwei Jahren verstorbenen Kameyama! Diese vier haben ihn umgebracht!
U-umge-bracht?!
Sie haben seine Konzerte im Ausland für ihren Drogenhandel benutzt. Die Drogen, die sie im Ausland kauften, verkauften sie hier wieder für teures Geld.
Zu diesem Zweck brauchten sie den Notencode und das Geheim-fach in dem Flügel.
Aber Herr Aso wollte bei der Sache nicht mehr länger mit-machen.
Und so haben die vier ihn mitsamt seiner Familie daheim eingesperrt und das Haus angezündet. Sie haben ihn umgebracht.
Das steht alles hier auf den Notenblättern, die aus Keiji Asos nieder-gebranntem Haus ge-borgen werden konnten.
Es ist ein Geständnis, das Herr Aso kurz vor seinem Tod an seinen Sohn geschrie-ben hat.
An seinen Sohn ...?
Ja. Er hatte einen Sohn, der damals in einem Tokioter Krankenhaus in Behandlung war. Sein Name ist Seiji...
Se...
Seiji? Aber das ist doch ...

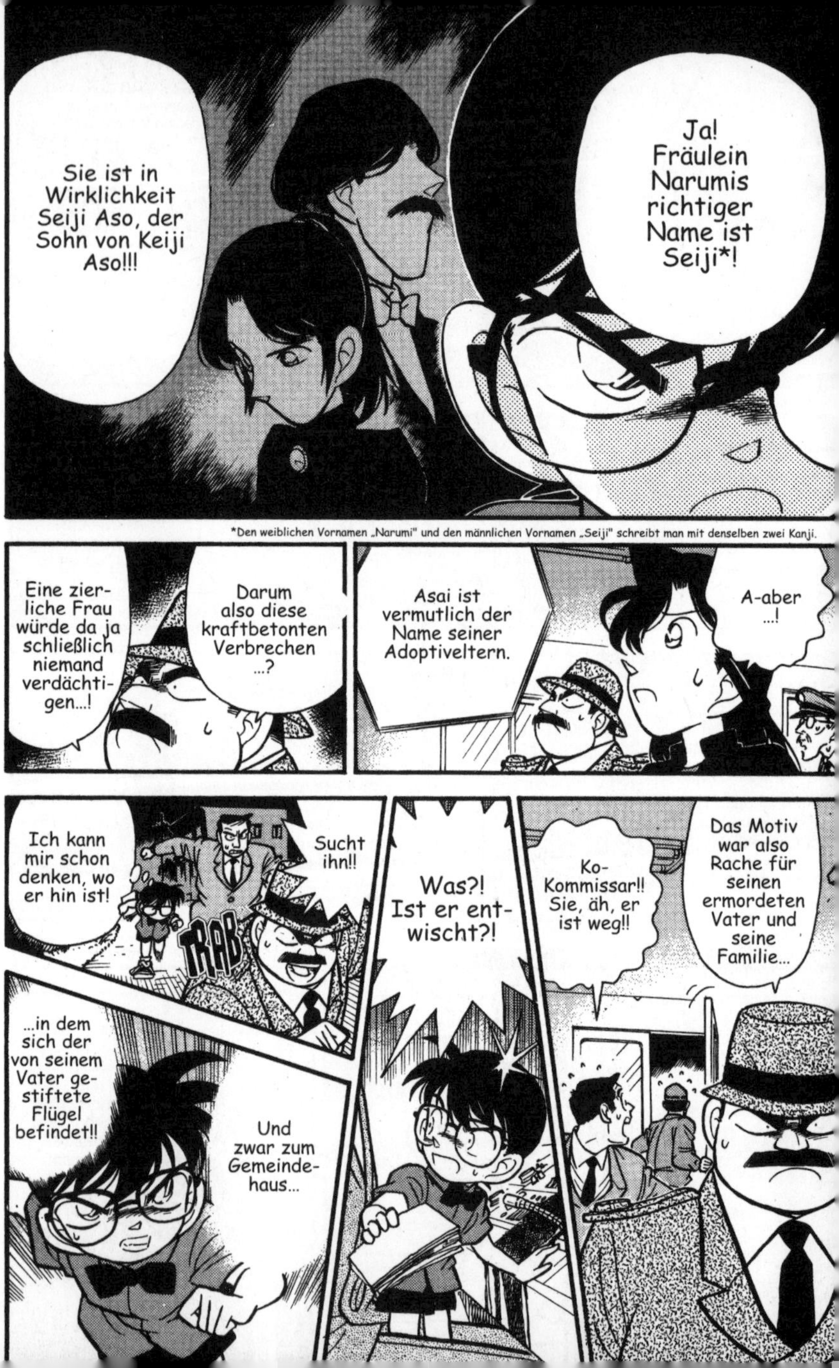

*Den weiblichen Vornamen „Narumi" und den männlichen Vornamen „Seiji" schreibt man mit denselben zwei Kanji.

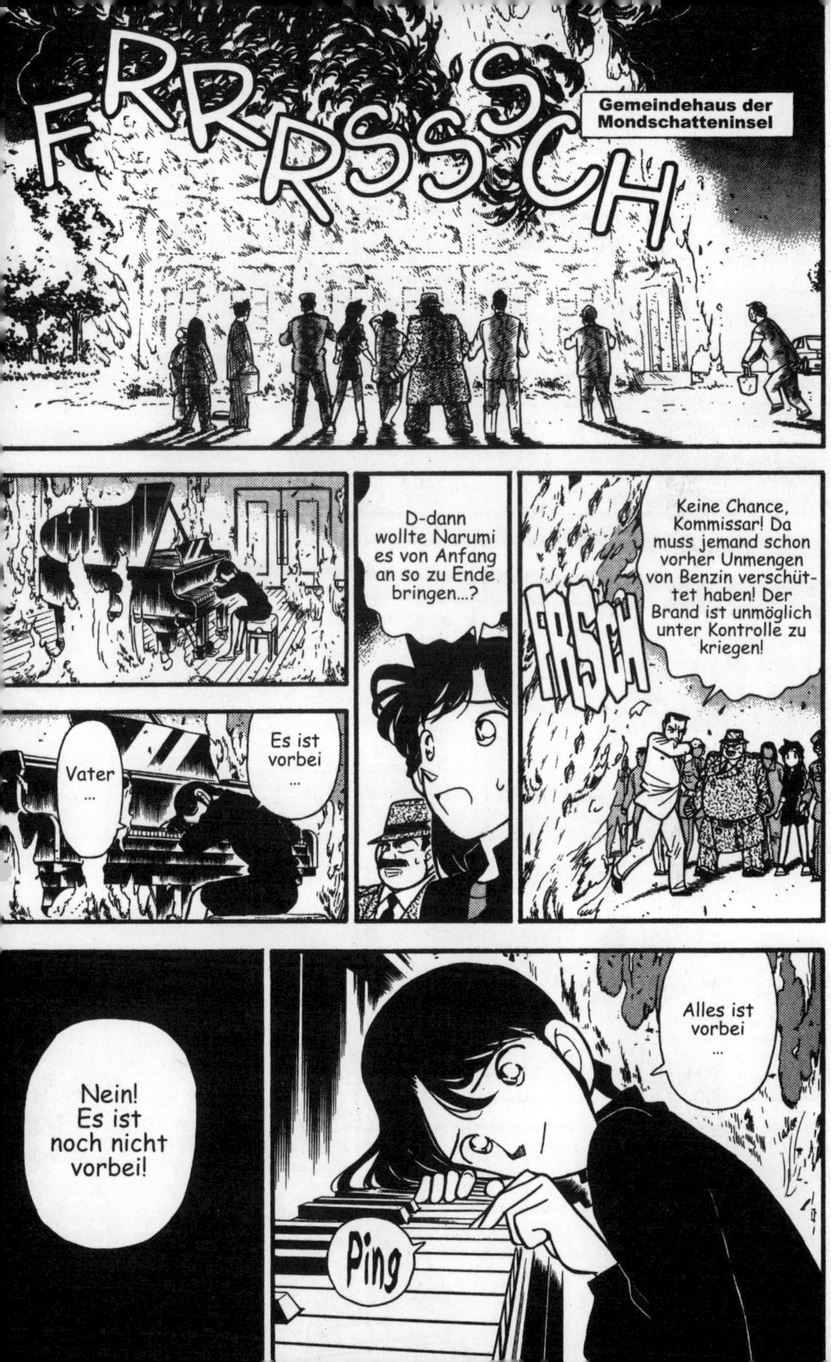
FRRRSSSCH
Gemeindehaus der Mondschatteninsel
Keine Chance, Kommissar! Da muss jemand schon vorher Unmengen von Benzin verschüttet haben! Der Brand ist unmöglich unter Kontrolle zu kriegen!
FRSCH
D-dann wollte Narumi es von Anfang an so zu Ende bringen...?
Es ist vorbei ...
Vater ...
Alles ist vorbei ...
Ping
Nein! Es ist noch nicht vorbei!

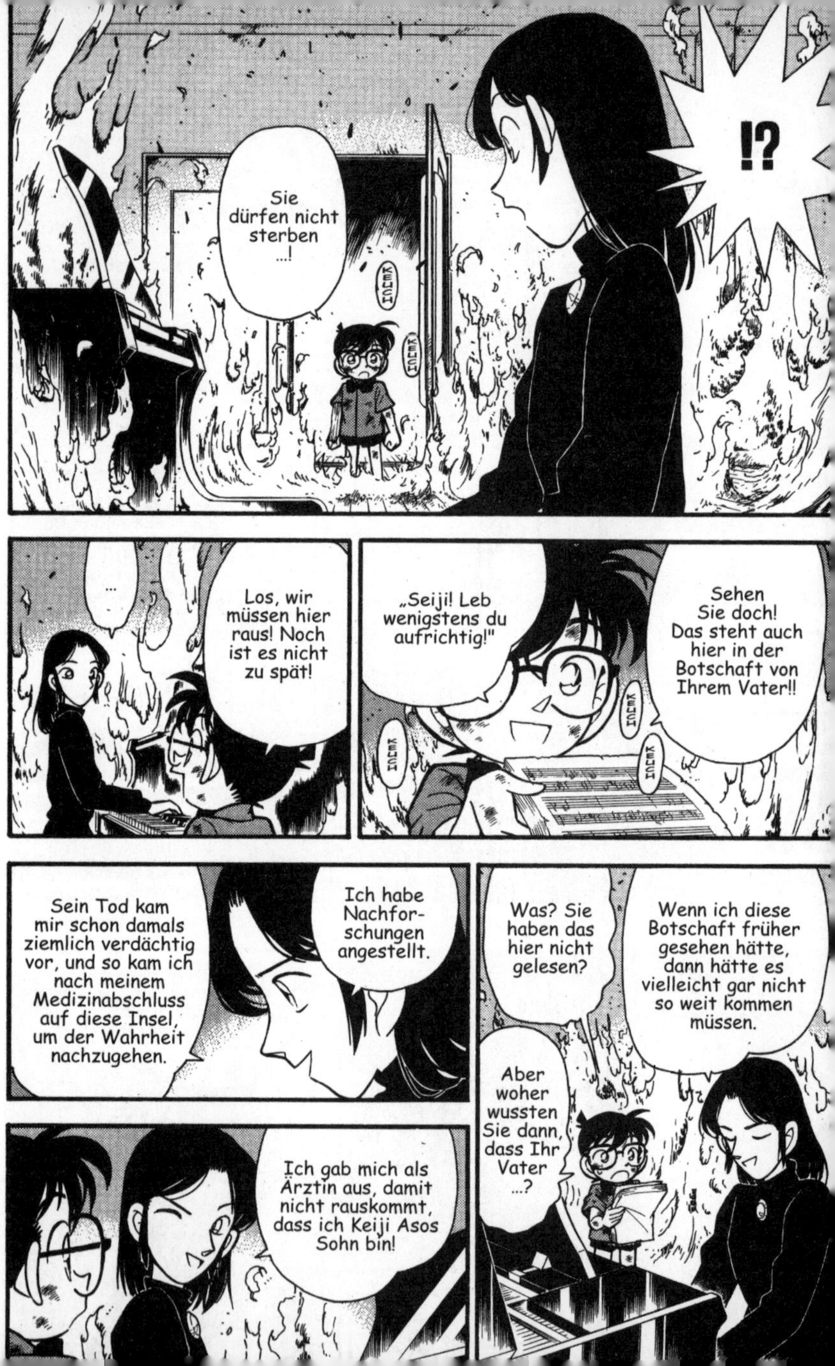
!?
Sie dürfen nicht sterben ...!
KEUCH
KEUCH
Sehen Sie doch! Das steht auch hier in der Botschaft von Ihrem Vater!!
„Seiji! Leb wenigstens du aufrichtig!"
KEUCH
KEUCH
KEUCH
Los, wir müssen hier raus! Noch ist es nicht zu spät!
...
Wenn ich diese Botschaft früher gesehen hätte, dann hätte es vielleicht gar nicht so weit kommen müssen.
Was? Sie haben das hier nicht gelesen?
Ich habe Nachforschungen angestellt.
Sein Tod kam mir schon damals ziemlich verdächtig vor, und so kam ich nach meinem Medizinabschluss auf diese Insel, um der Wahrheit nachzugehen.
Aber woher wussten Sie dann, dass Ihr Vater ...?
Ich gab mich als Ärztin aus, damit nicht rauskommt, dass ich Keiji Asos Sohn bin!

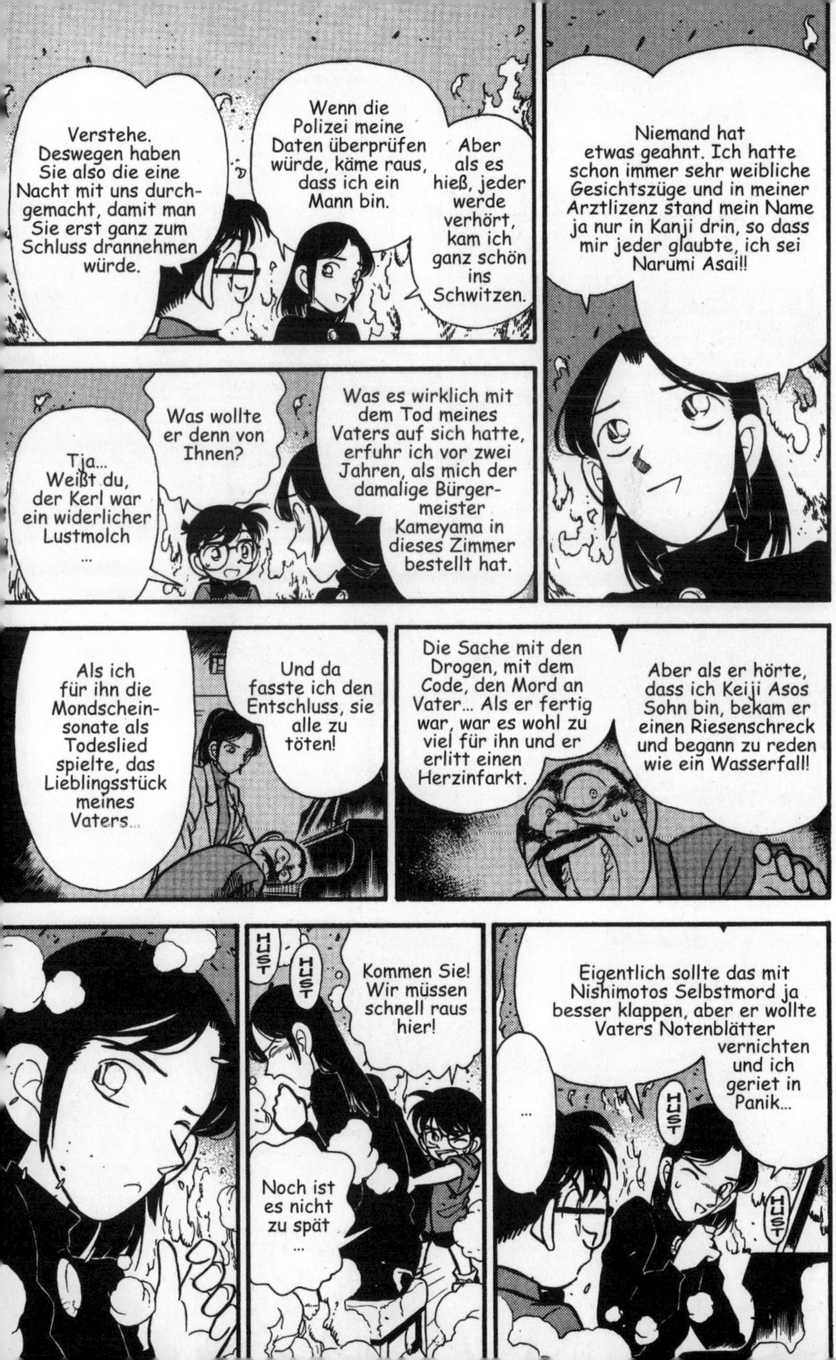
Niemand hat etwas geahnt. Ich hatte schon immer sehr weibliche Gesichtszüge und in meiner Arztlizenz stand mein Name ja nur in Kanji drin, so dass mir jeder glaubte, ich sei Narumi Asai!!
Wenn die Polizei meine Daten überprüfen würde, käme raus, dass ich ein Mann bin.
Aber als es hieß, jeder werde verhört, kam ich ganz schön ins Schwitzen.
Verstehe. Deswegen haben Sie also die eine Nacht mit uns durchgemacht, damit man Sie erst ganz zum Schluss drannehmen würde.
Was es wirklich mit dem Tod meines Vaters auf sich hatte, erfuhr ich vor zwei Jahren, als mich der damalige Bürgermeister Kameyama in dieses Zimmer bestellt hat.
Was wollte er denn von Ihnen?
Tja... Weißt du, der Kerl war ein widerlicher Lustmolch ...
Aber als er hörte, dass ich Keiji Asos Sohn bin, bekam er einen Riesenschreck und begann zu reden wie ein Wasserfall!
Die Sache mit den Drogen, mit dem Code, den Mord an Vater... Als er fertig war, war es wohl zu viel für ihn und er erlitt einen Herzinfarkt.
Und da fasste ich den Entschluss, sie alle zu töten!
Als ich für ihn die Mondscheinsonate als Todeslied spielte, das Lieblingsstück meines Vaters...
Eigentlich sollte das mit Nishimotos Selbstmord ja besser klappen, aber er wollte Vaters Notenblätter vernichten und ich geriet in Panik...
HUST
HUST
...
Kommen Sie! Wir müssen schnell raus hier!
HUST
HUST
Noch ist es nicht zu spät ...

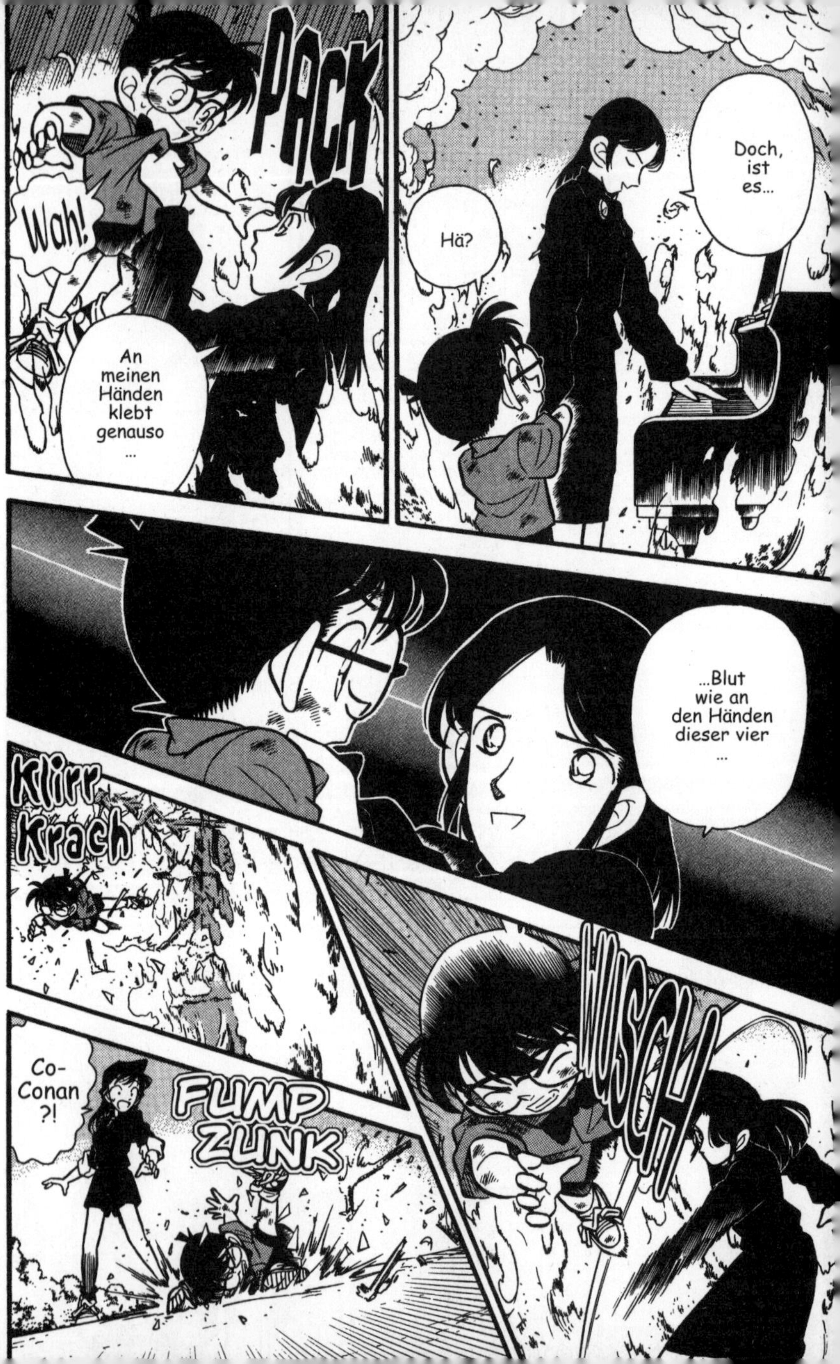
Doch, ist es...
Hä?
PACK
Wah!
An meinen Händen klebt genauso ...
...Blut wie an den Händen dieser vier ...
Klirr Krach
WUSCH
Co-Conan ?!
FUMP ZUNK

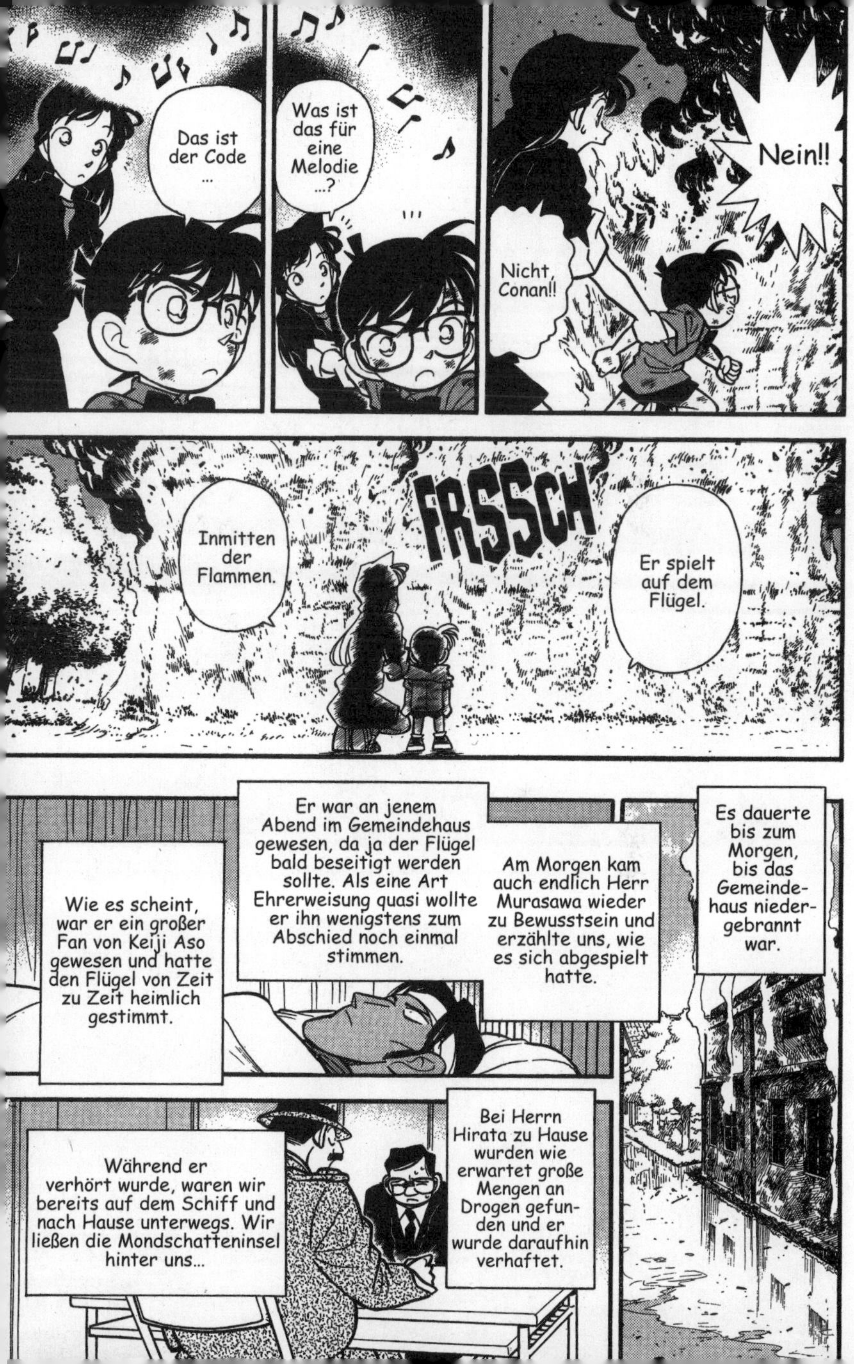

Nein!!
Nicht, Conan!!
Was ist das für eine Melodie ...?
Das ist der Code ...
FRSSCH
Er spielt auf dem Flügel.
Inmitten der Flammen.
Es dauerte bis zum Morgen, bis das Gemeinde-haus nieder-gebrannt war.
Am Morgen kam auch endlich Herr Murasawa wieder zu Bewusstsein und erzählte uns, wie es sich abgespielt hatte.
Wie es scheint, war er ein großer Fan von Keiji Aso gewesen und hatte den Flügel von Zeit zu Zeit heimlich gestimmt.
Er war an jenem Abend im Gemeindehaus gewesen, da ja der Flügel bald beseitigt werden sollte. Als eine Art Ehrerweisung quasi wollte er ihn wenigstens zum Abschied noch einmal stimmen.
Bei Herrn Hirata zu Hause wurden wie erwartet große Mengen an Drogen gefun-den und er wurde daraufhin verhaftet.
Während er verhört wurde, waren wir bereits auf dem Schiff und nach Hause unterwegs. Wir ließen die Mondschatteninsel hinter uns...

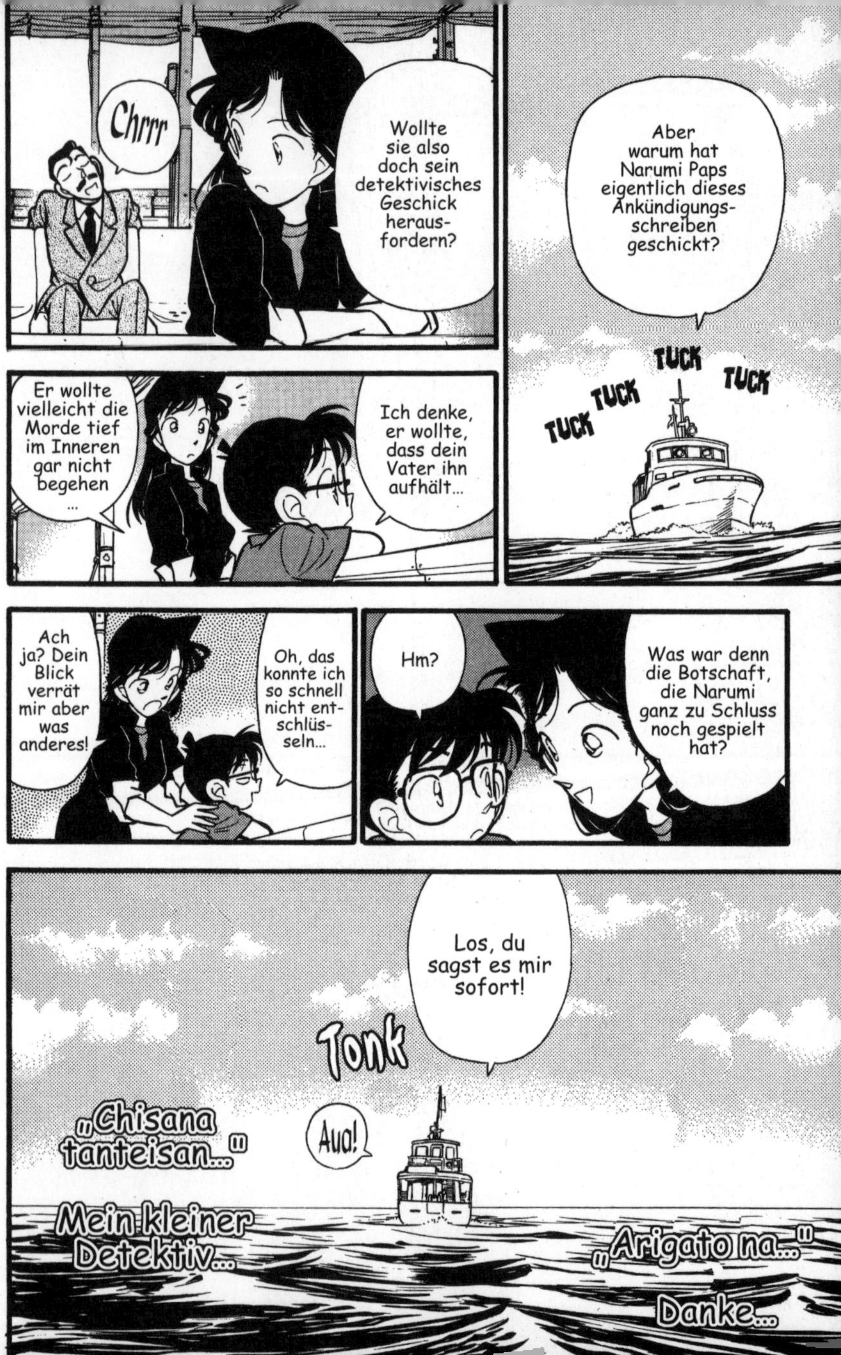

Aber warum hat Narumi Paps eigentlich dieses Ankündigungs-schreiben geschickt?
TUCK TUCK TUCK TUCK
Wollte sie also doch sein detektivisches Geschick heraus-fordern?
Chrrr
Ich denke, er wollte, dass dein Vater ihn aufhält...
Er wollte vielleicht die Morde tief im Inneren gar nicht begehen ...
Was war denn die Botschaft, die Narumi ganz zu Schluss noch gespielt hat?
Hm?
Oh, das konnte ich so schnell nicht ent-schlüs-seln...
Ach ja? Dein Blick verrät mir aber was anderes!
Los, du sagst es mir sofort!
Tonk
Aua!
„Arigato na..."
Danke...
„Chisana tanteisan..."
Mein kleiner Detektiv...

PLATZ 2:
MORD BEI MONDSCHEIN

6,9 %
eurer Stimmen!

Und so verstummt euer zweitliebster Fall!

Schon in Japan wurde „Mord bei Mondschein" – einer der wohl musikalischsten Fälle Conans – auf offiziellen Kanälen als „legendär" und sogar „göttlich" betitelt. Nachdem die beiden zugehörigen Anime-Episoden erstmals 1996 ausgestrahlt wurden, erhielten sie mit den Episoden 1000 und 1001 im Jahr 2021 ein spektakuläres Remake – als Teil der Feierlichkeiten zum 25. Jubiläum des Detektiv-Conan-Animes und wegen der besonderen Bedeutung des Falls.

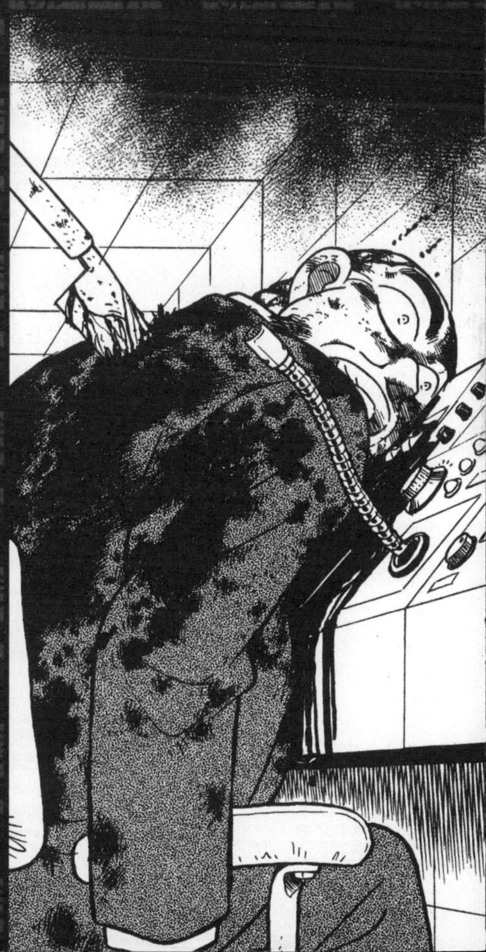

GOSHO AOYAMA

DETEKTIV CONAN

FAN EDITION

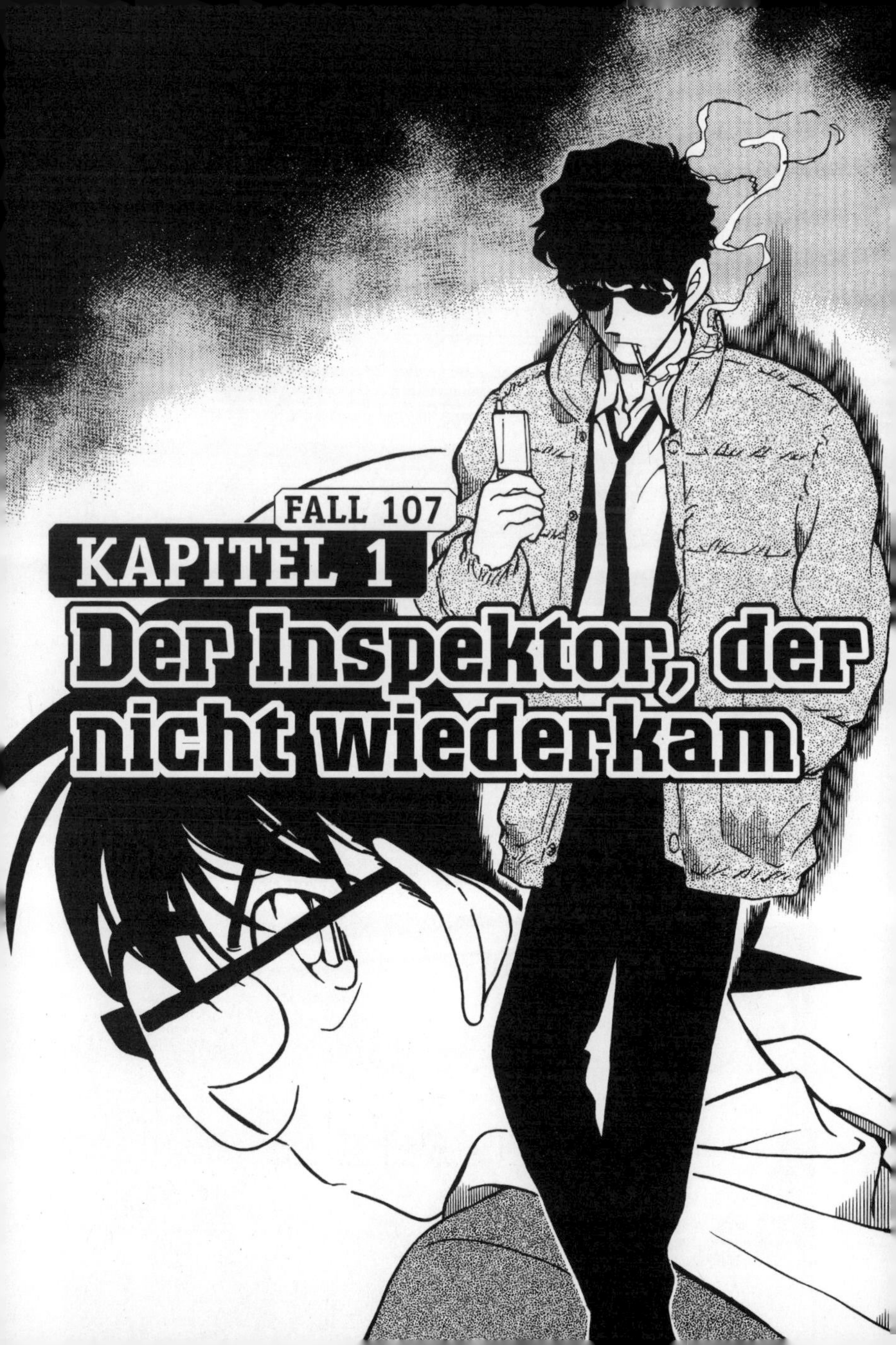
FALL 107
KAPITEL 1
Der Inspektor, der nicht wiederkam

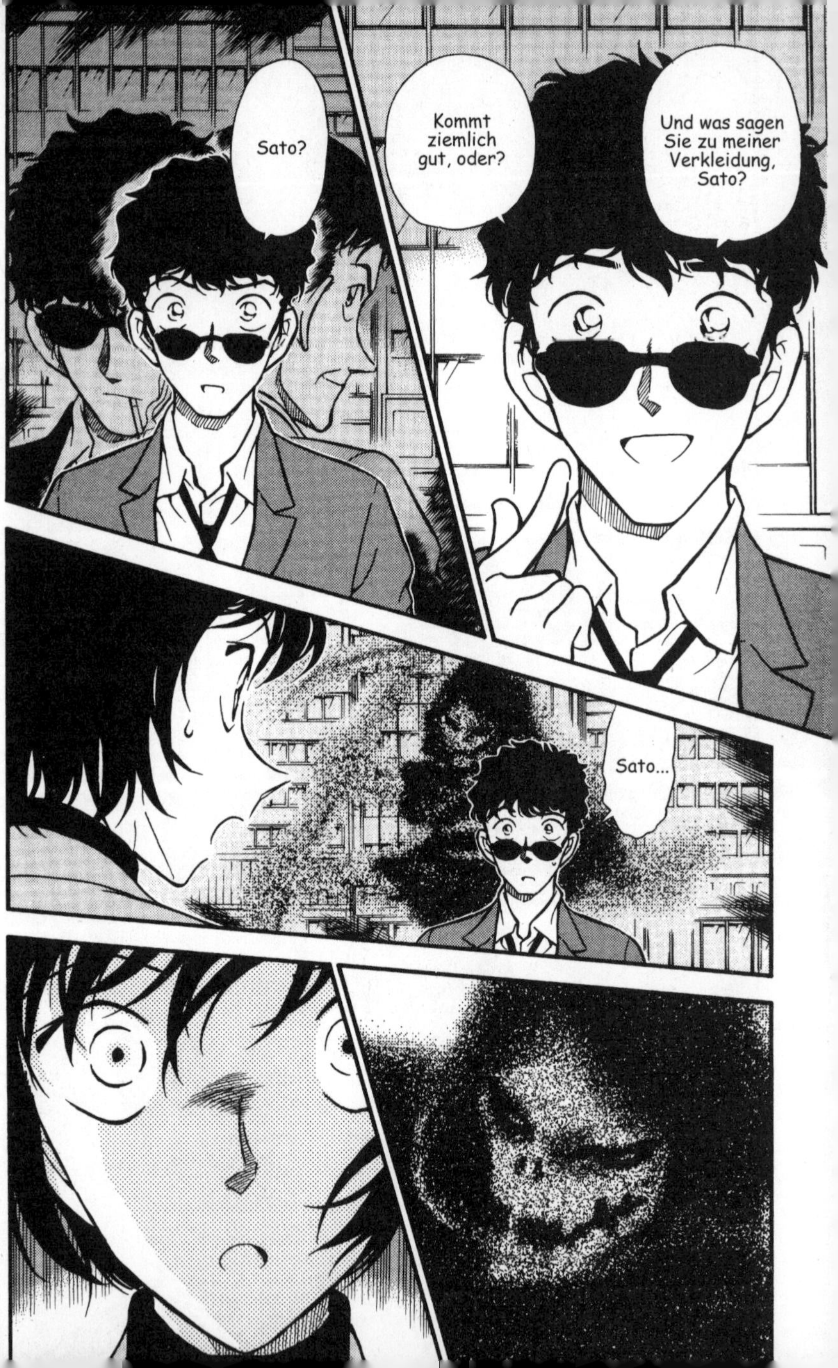
Und was sagen Sie zu meiner Verkleidung, Sato?
Kommt ziemlich gut, oder?
Sato?
Sato...

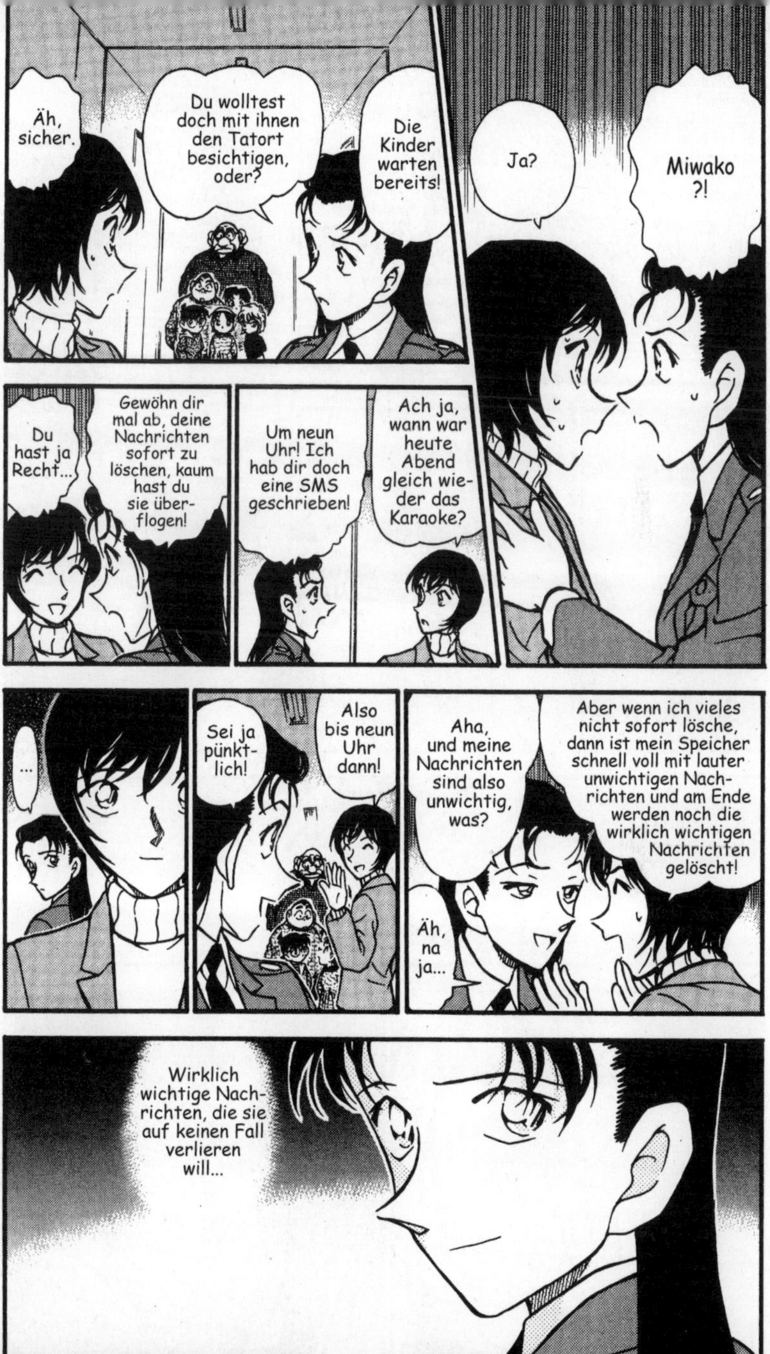
Miwako ?!
Ja?
Die Kinder warten bereits!
Du wolltest doch mit ihnen den Tatort besichtigen, oder?
Äh, sicher.
Ach ja, wann war heute Abend gleich wieder das Karaoke?
Um neun Uhr! Ich hab dir doch eine SMS geschrieben!
Gewöhn dir mal ab, deine Nachrichten sofort zu löschen, kaum hast du sie überflogen!
Du hast ja Recht...
Aber wenn ich vieles nicht sofort lösche, dann ist mein Speicher schnell voll mit lauter unwichtigen Nachrichten und am Ende werden noch die wirklich wichtigen Nachrichten gelöscht!
Aha, und meine Nachrichten sind also unwichtig, was?
Äh, na ja...
Also bis neun Uhr dann!
Sei ja pünktlich!
...
Wirklich wichtige Nachrichten, die sie auf keinen Fall verlieren will...

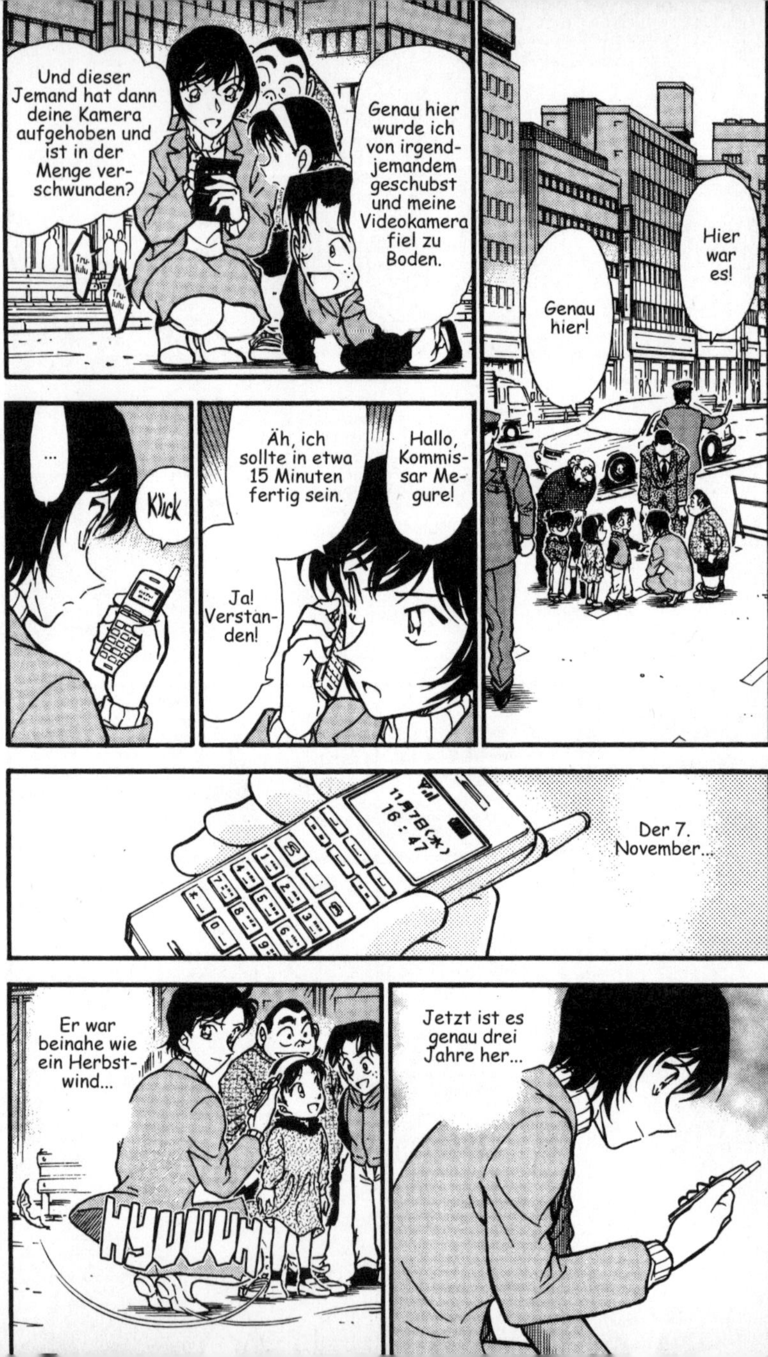
Hier war es!
Genau hier!
Genau hier wurde ich von irgendjemandem geschubst und meine Videokamera fiel zu Boden.
Und dieser Jemand hat dann deine Kamera aufgehoben und ist in der Menge verschwunden?
Tru-lulu
Tru-lulu
Hallo, Kommissar Megure!
Äh, ich sollte in etwa 15 Minuten fertig sein.
Ja! Verstanden!
...
Klick
11月7日(水)
16 : 47
Der 7. November...
Jetzt ist es genau drei Jahre her...
Er war beinahe wie ein Herbstwind...
HYUUUH

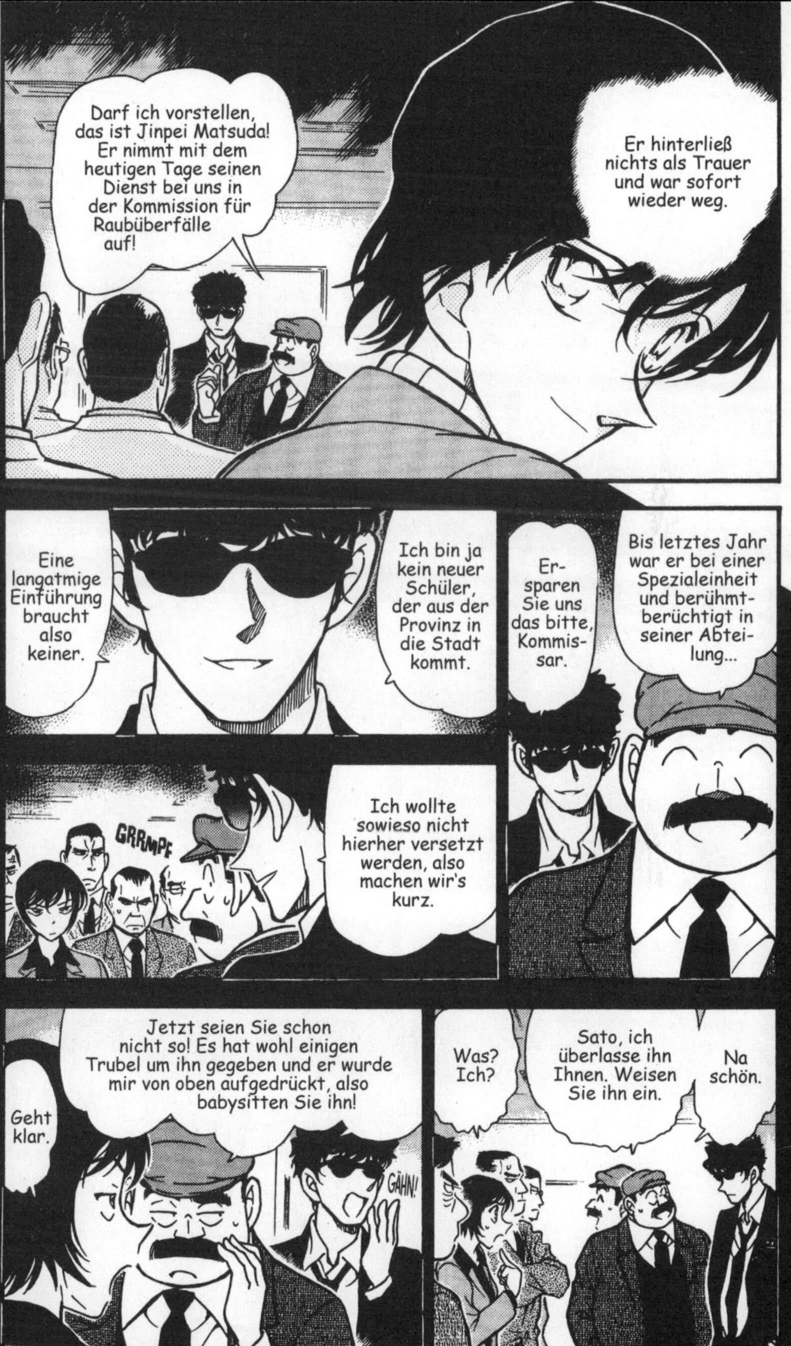
Er hinterließ nichts als Trauer und war sofort wieder weg.
Darf ich vorstellen, das ist Jinpei Matsuda! Er nimmt mit dem heutigen Tage seinen Dienst bei uns in der Kommission für Raubüberfälle auf!
Bis letztes Jahr war er bei einer Spezialeinheit und berühmt-berüchtigt in seiner Abteilung...
Ersparen Sie uns das bitte, Kommissar.
Ich bin ja kein neuer Schüler, der aus der Provinz in die Stadt kommt.
Eine langatmige Einführung braucht also keiner.
Ich wollte sowieso nicht hierher versetzt werden, also machen wir's kurz.
GRRMPF
Na schön.
Sato, ich überlasse ihn Ihnen. Weisen Sie ihn ein.
Was? Ich?
Jetzt seien Sie schon nicht so! Es hat wohl einigen Trubel um ihn gegeben und er wurde mir von oben aufgedrückt, also babysitten Sie ihn!
GÄHN!
Geht klar.

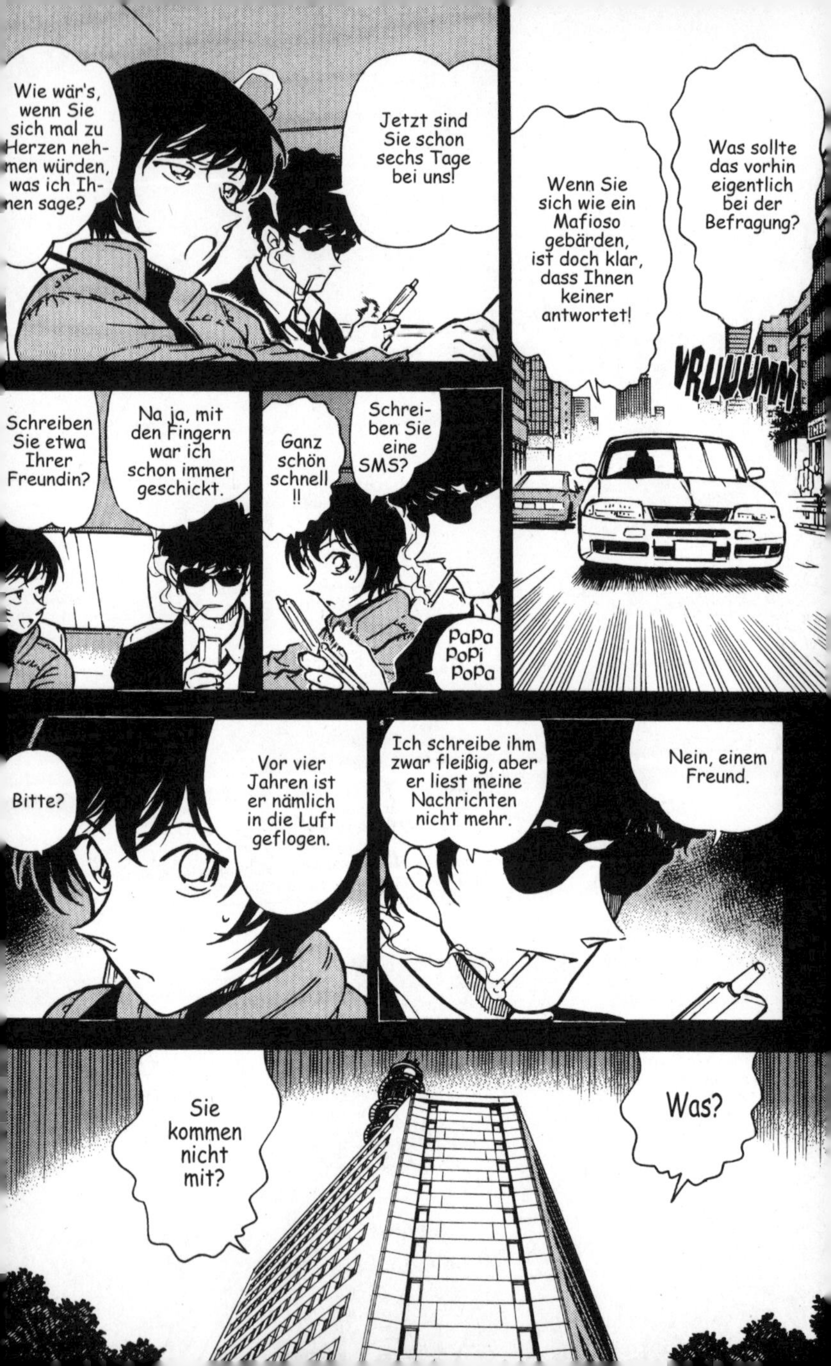
Was sollte das vorhin eigentlich bei der Befragung?
Wenn Sie sich wie ein Mafioso gebärden, ist doch klar, dass Ihnen keiner antwortet!
VRUUUMM
Jetzt sind Sie schon sechs Tage bei uns!
Wie wär's, wenn Sie sich mal zu Herzen nehmen würden, was ich Ihnen sage?
PaPa PoPi PoPa
Schreiben Sie eine SMS?
Ganz schön schnell !!
Na ja, mit den Fingern war ich schon immer geschickt.
Schreiben Sie etwa Ihrer Freundin?
Nein, einem Freund.
Ich schreibe ihm zwar fleißig, aber er liest meine Nachrichten nicht mehr.
Vor vier Jahren ist er nämlich in die Luft geflogen.
Bitte?
Was?
Sie kommen nicht mit?

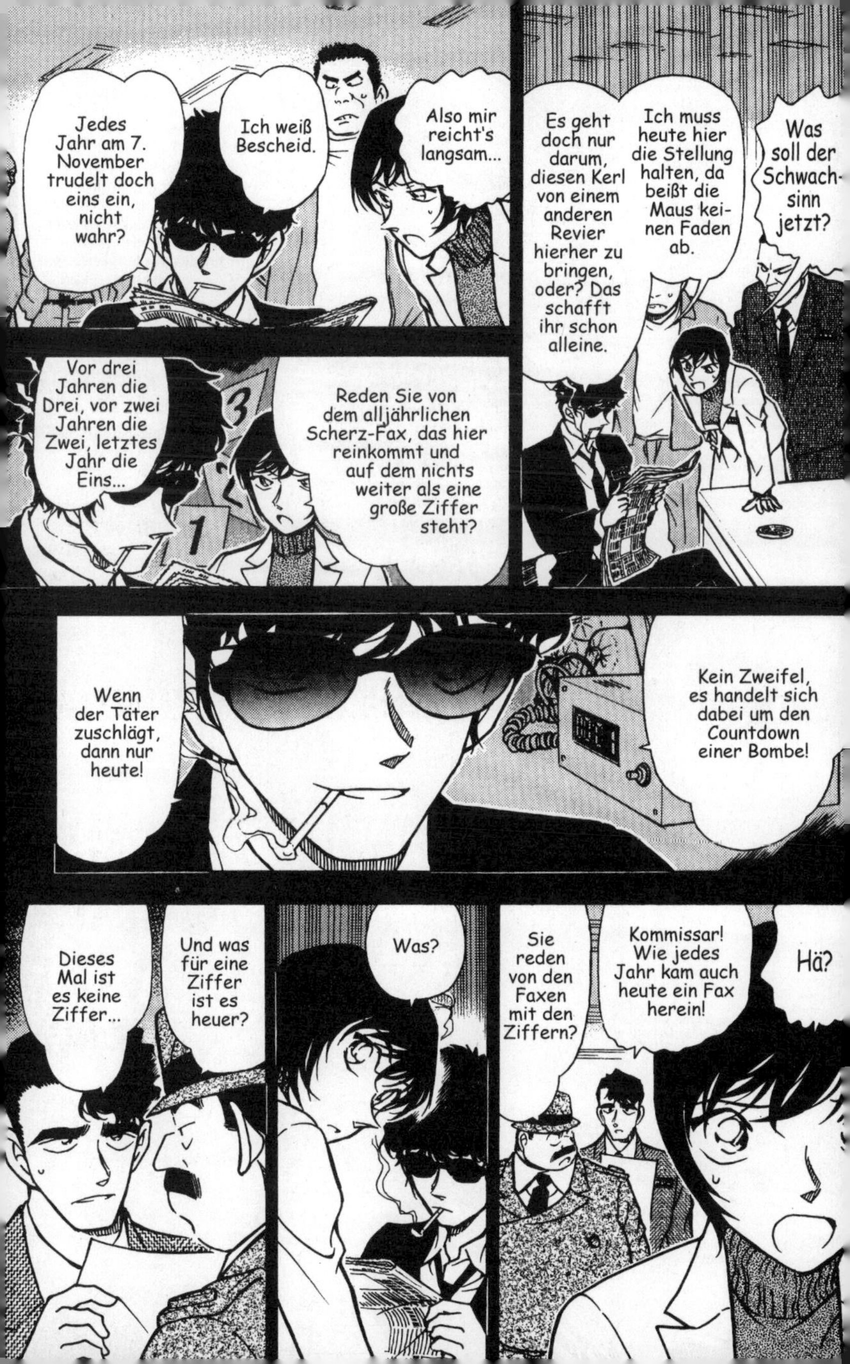
Was soll der Schwachsinn jetzt?
Ich muss heute hier die Stellung halten, da beißt die Maus keinen Faden ab.
Es geht doch nur darum, diesen Kerl von einem anderen Revier hierher zu bringen, oder? Das schafft ihr schon alleine.
Also mir reicht's langsam...
Ich weiß Bescheid.
Jedes Jahr am 7. November trudelt doch eins ein, nicht wahr?
Reden Sie von dem alljährlichen Scherz-Fax, das hier reinkommt und auf dem nichts weiter als eine große Ziffer steht?
Vor drei Jahren die Drei, vor zwei Jahren die Zwei, letztes Jahr die Eins...
Kein Zweifel, es handelt sich dabei um den Countdown einer Bombe!
Wenn der Täter zuschlägt, dann nur heute!
Hä?
Kommissar! Wie jedes Jahr kam auch heute ein Fax herein!
Sie reden von den Faxen mit den Ziffern?
Was?
Und was für eine Ziffer ist es heuer?
Dieses Mal ist es keine Ziffer...

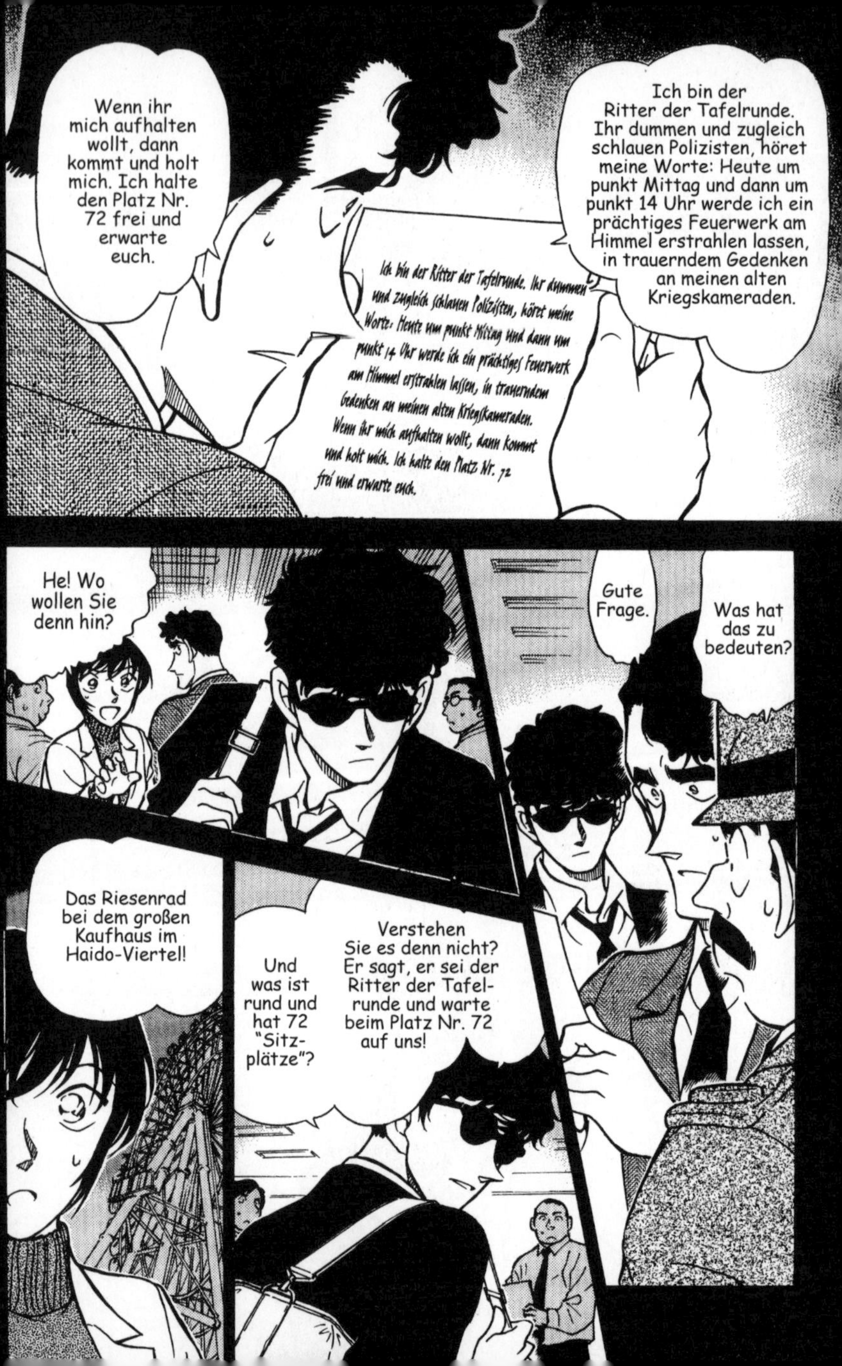
Ich bin der Ritter der Tafelrunde. Ihr dummen und zugleich schlauen Polizisten, höret meine Worte: Heute um punkt Mittag und dann um punkt 14 Uhr werde ich ein prächtiges Feuerwerk am Himmel erstrahlen lassen, in trauerndem Gedenken an meinen alten Kriegskameraden.
Wenn ihr mich aufhalten wollt, dann kommt und holt mich. Ich halte den Platz Nr. 72 frei und erwarte euch.
Ich bin der Ritter der Tafelrunde. Ihr dummen und zugleich schlauen Polizisten, höret meine Worte: Heute um punkt Mittag und dann um punkt 14 Uhr werde ich ein prächtiges Feuerwerk am Himmel erstrahlen lassen, in trauerndem Gedenken an meinen alten Kriegskameraden. Wenn ihr mich aufhalten wollt, dann kommt und holt mich. Ich halte den Platz Nr. 72 frei und erwarte euch.
Was hat das zu bedeuten?
Gute Frage.
He! Wo wollen Sie denn hin?
Verstehen Sie es denn nicht? Er sagt, er sei der Ritter der Tafelrunde und warte beim Platz Nr. 72 auf uns!
Und was ist rund und hat 72 "Sitzplätze"?
Das Riesenrad bei dem großen Kaufhaus im Haido-Viertel!

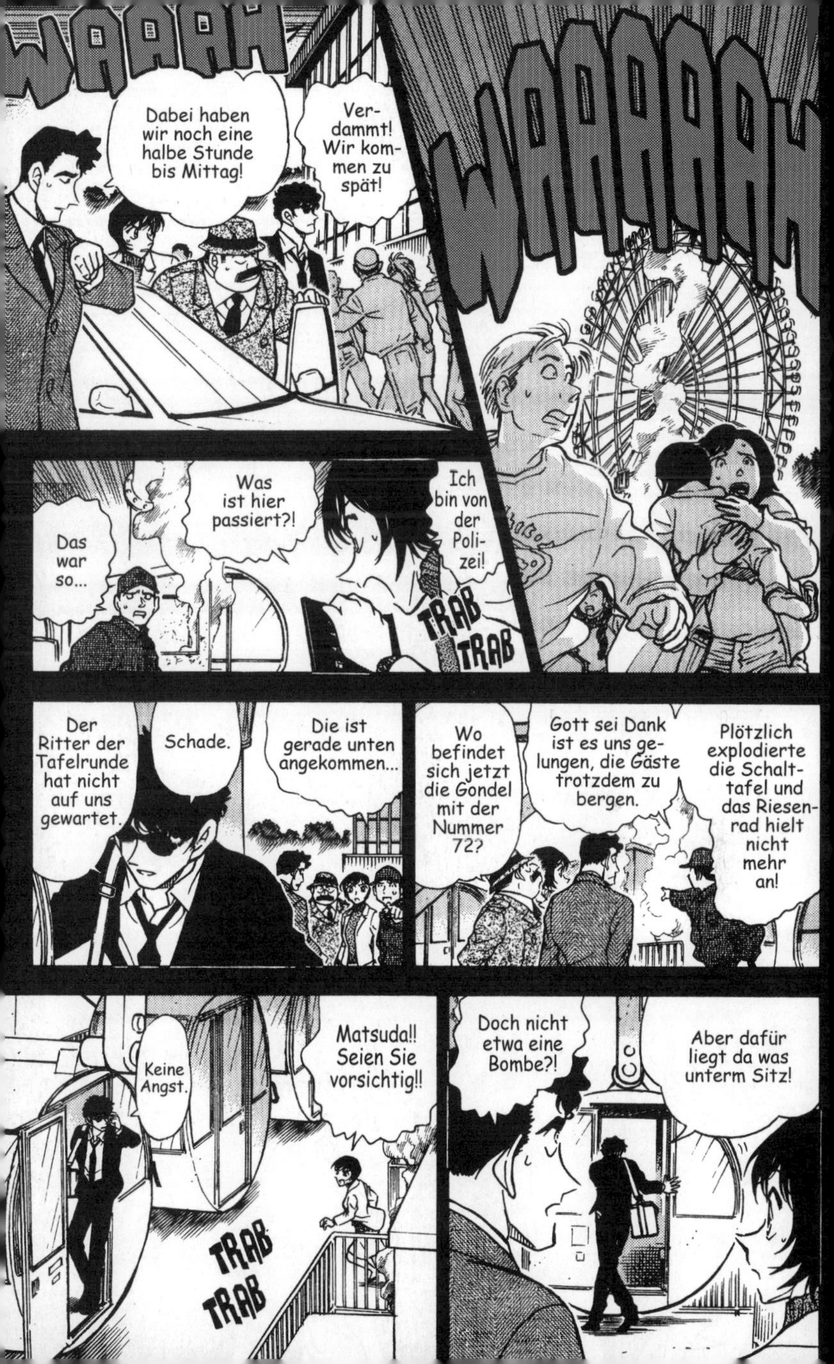
WAAAAAH
WAAAH
Verdammt! Wir kommen zu spät!
Dabei haben wir noch eine halbe Stunde bis Mittag!
Ich bin von der Polizei!
TRAB TRAB
Was ist hier passiert?!
Das war so...
Plötzlich explodierte die Schalttafel und das Riesenrad hielt nicht mehr an!
Gott sei Dank ist es uns gelungen, die Gäste trotzdem zu bergen.
Wo befindet sich jetzt die Gondel mit der Nummer 72?
Die ist gerade unten angekommen...
Schade.
Der Ritter der Tafelrunde hat nicht auf uns gewartet.
Aber dafür liegt da was unterm Sitz!
Doch nicht etwa eine Bombe?!
Matsuda!! Seien Sie vorsichtig!!
Keine Angst.
TRAB TRAB

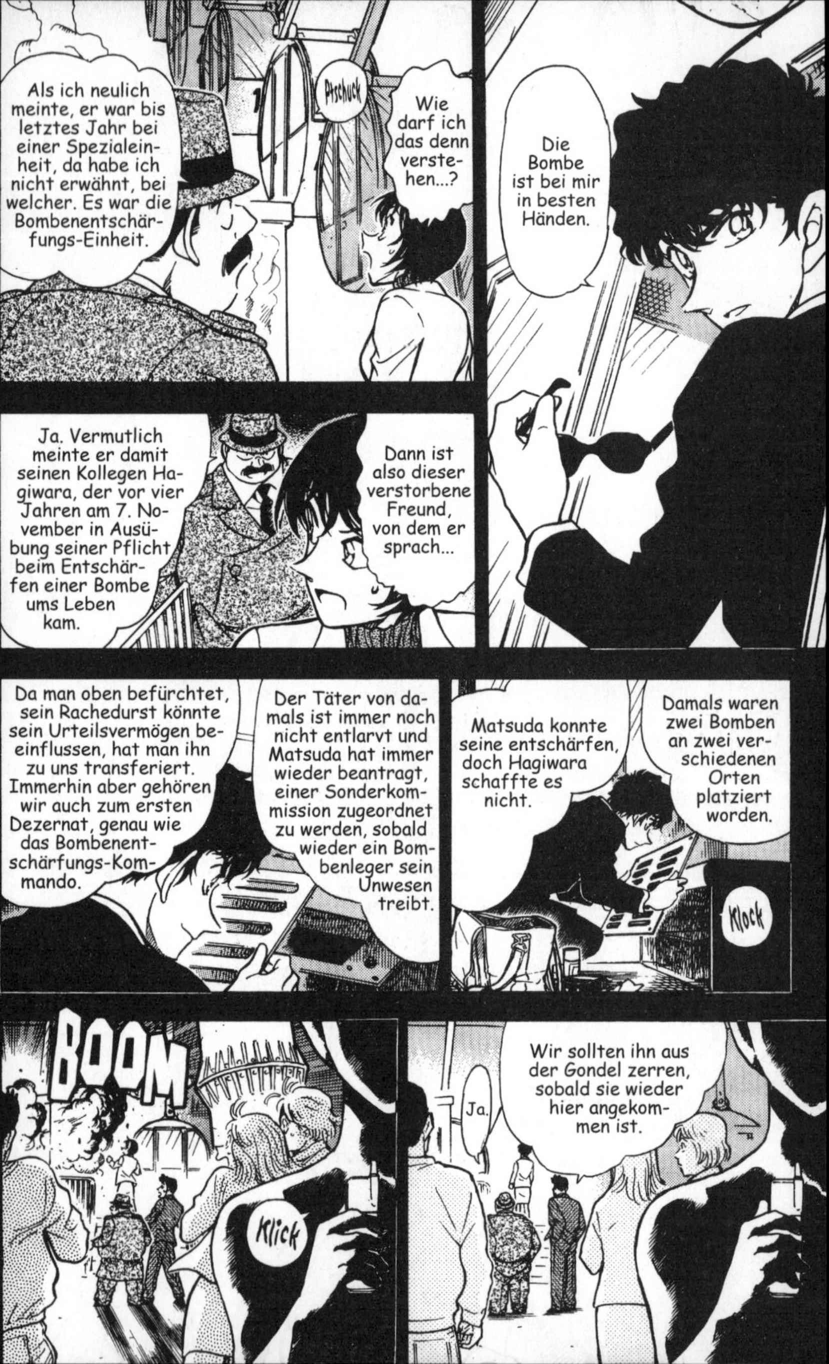
Die Bombe ist bei mir in besten Händen.
Wie darf ich das denn verstehen...?
Ptschuck
Als ich neulich meinte, er war bis letztes Jahr bei einer Spezialeinheit, da habe ich nicht erwähnt, bei welcher. Es war die Bombenentschärfungs-Einheit.
Dann ist also dieser verstorbene Freund, von dem er sprach...
Ja. Vermutlich meinte er damit seinen Kollegen Hagiwara, der vor vier Jahren am 7. November in Ausübung seiner Pflicht beim Entschärfen einer Bombe ums Leben kam.
Damals waren zwei Bomben an zwei verschiedenen Orten platziert worden.
Matsuda konnte seine entschärfen, doch Hagiwara schaffte es nicht.
Klock
Der Täter von damals ist immer noch nicht entlarvt und Matsuda hat immer wieder beantragt, einer Sonderkommission zugeordnet zu werden, sobald wieder ein Bombenleger sein Unwesen treibt.
Da man oben befürchtet, sein Rachedurst könnte sein Urteilsvermögen beeinflussen, hat man ihn zu uns transferiert. Immerhin aber gehören wir auch zum ersten Dezernat, genau wie das Bombenentschärfungs-Kommando.
Wir sollten ihn aus der Gondel zerren, sobald sie wieder hier angekommen ist.
Ja.
BOOM
Klick

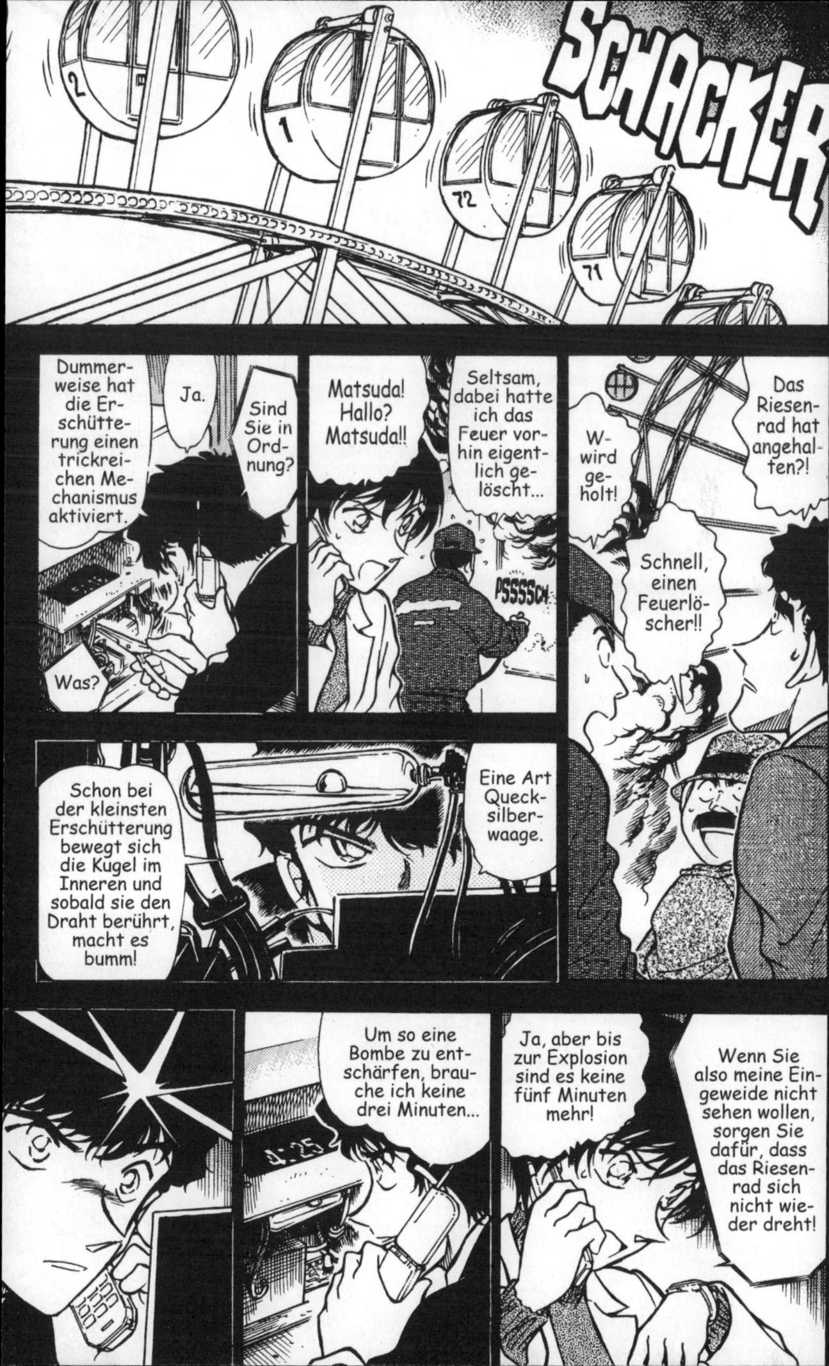

SCHACKER
Das Riesenrad hat angehalten?!
W-wird geholt!
Schnell, einen Feuerlöscher!!
Seltsam, dabei hatte ich das Feuer vorhin eigentlich gelöscht...
PSSSSCH
Matsuda! Hallo? Matsuda!!
Sind Sie in Ordnung?
Ja.
Dummerweise hat die Erschütterung einen trickreichen Mechanismus aktiviert.
Was?
Eine Art Quecksilberwaage.
Schon bei der kleinsten Erschütterung bewegt sich die Kugel im Inneren und sobald sie den Draht berührt, macht es bumm!
Wenn Sie also meine Eingeweide nicht sehen wollen, sorgen Sie dafür, dass das Riesenrad sich nicht wieder dreht!
Ja, aber bis zur Explosion sind es keine fünf Minuten mehr!
Um so eine Bombe zu entschärfen, brauche ich keine drei Minuten...

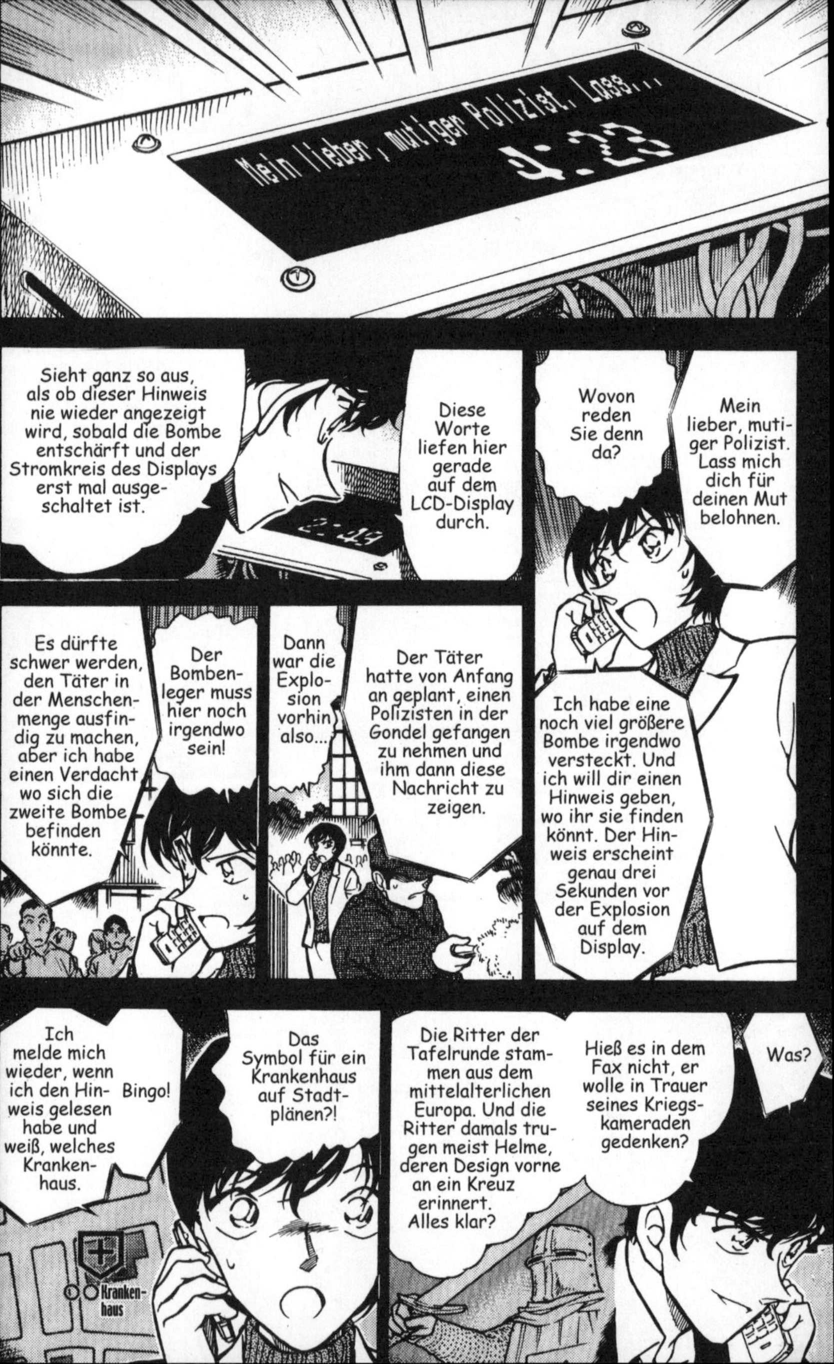

Mein lieber, mutiger Polizist. Lass...
Mein lieber, mutiger Polizist. Lass mich dich für deinen Mut belohnen.
Wovon reden Sie denn da?
Diese Worte liefen hier gerade auf dem LCD-Display durch.
Sieht ganz so aus, als ob dieser Hinweis nie wieder angezeigt wird, sobald die Bombe entschärft und der Stromkreis des Displays erst mal ausgeschaltet ist.
Ich habe eine noch viel größere Bombe irgendwo versteckt. Und ich will dir einen Hinweis geben, wo ihr sie finden könnt. Der Hinweis erscheint genau drei Sekunden vor der Explosion auf dem Display.
Der Täter hatte von Anfang an geplant, einen Polizisten in der Gondel gefangen zu nehmen und ihm dann diese Nachricht zu zeigen.
Dann war die Explosion vorhin also...
Der Bombenleger muss hier noch irgendwo sein!
Es dürfte schwer werden, den Täter in der Menschenmenge ausfindig zu machen, aber ich habe einen Verdacht, wo sich die zweite Bombe befinden könnte.
Was?
Hieß es in dem Fax nicht, er wolle in Trauer seines Kriegskameraden gedenken?
Die Ritter der Tafelrunde stammen aus dem mittelalterlichen Europa. Und die Ritter damals trugen meist Helme, deren Design vorne an ein Kreuz erinnert. Alles klar?
Das Symbol für ein Krankenhaus auf Stadtplänen?!
Bingo!
Ich melde mich wieder, wenn ich den Hinweis gelesen habe und weiß, welches Krankenhaus.
Krankenhaus

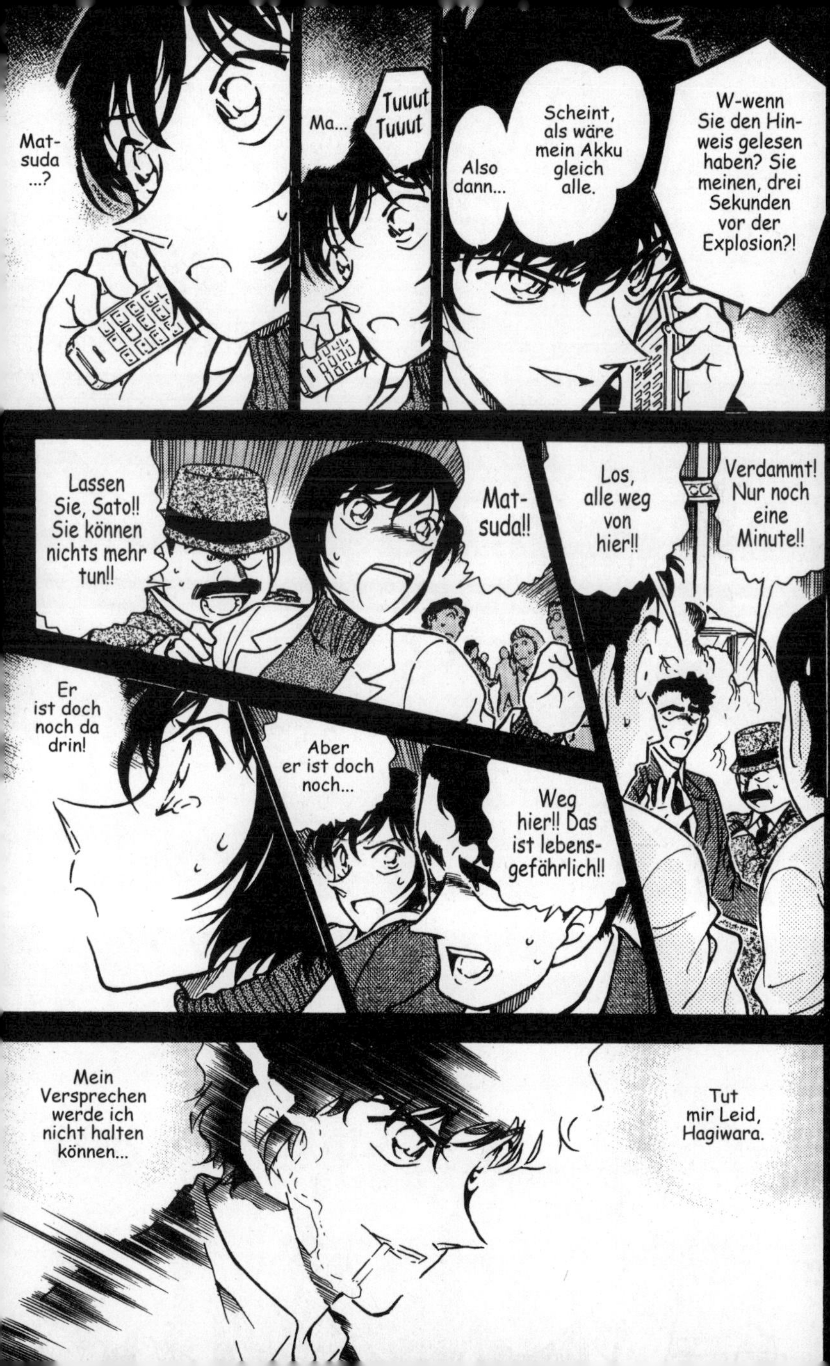
W-wenn Sie den Hinweis gelesen haben? Sie meinen, drei Sekunden vor der Explosion?!
Scheint, als wäre mein Akku gleich alle.
Also dann...
Tuuut Tuuut
Ma...
Mat-suda ...?
Verdammt! Nur noch eine Minute!!
Los, alle weg von hier!!
Mat-suda!!
Lassen Sie, Sato!! Sie können nichts mehr tun!!
Weg hier!! Das ist lebensgefährlich!!
Aber er ist doch noch...
Er ist doch noch da drin!
Tut mir Leid, Hagiwara.
Mein Versprechen werde ich nicht halten können...

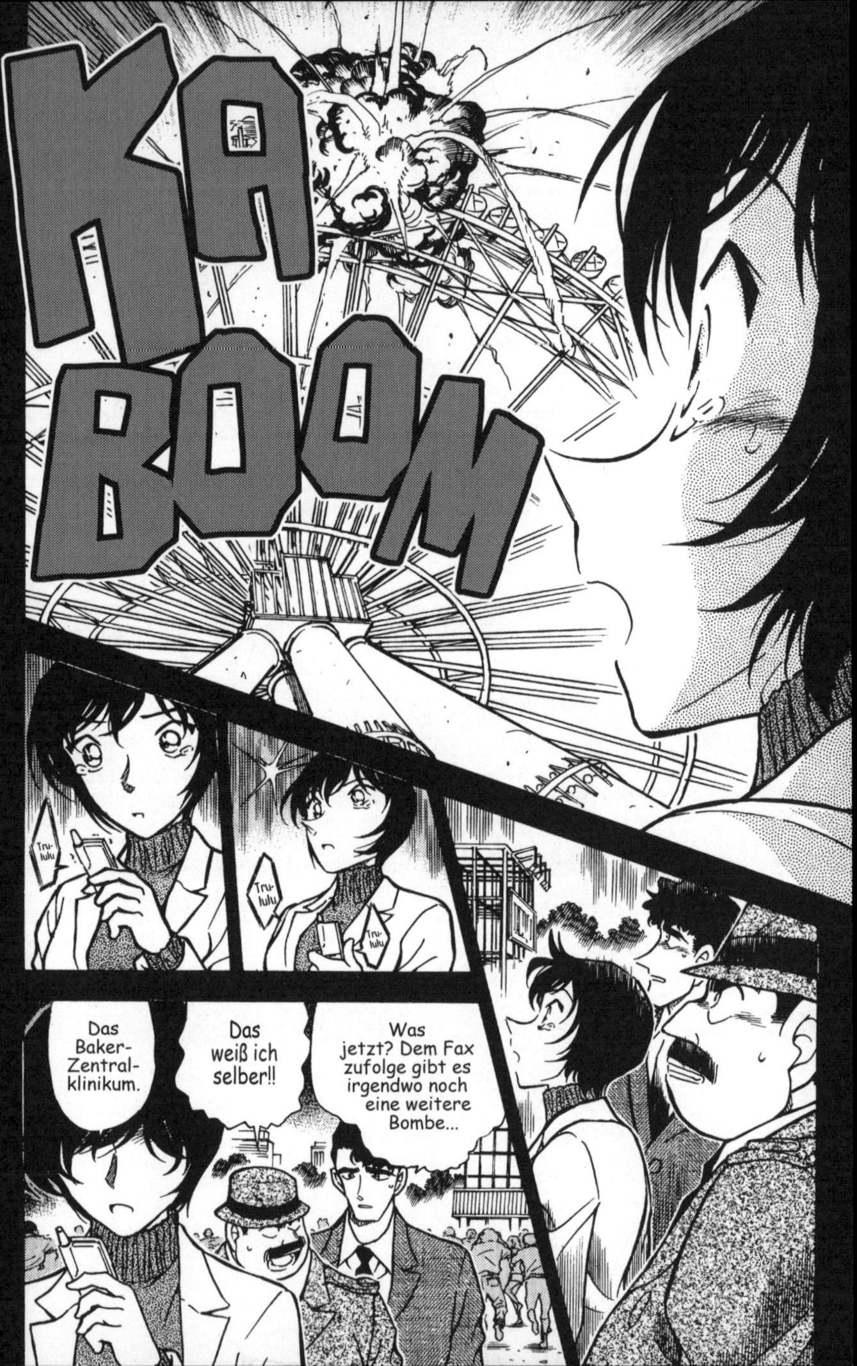

KA BOOM
Tru-lulu
Tru-lulu
Tru-lulu
Was jetzt? Dem Fax zufolge gibt es irgendwo noch eine weitere Bombe...
Das weiß ich selber!!
Das Baker-Zentral-klinikum.

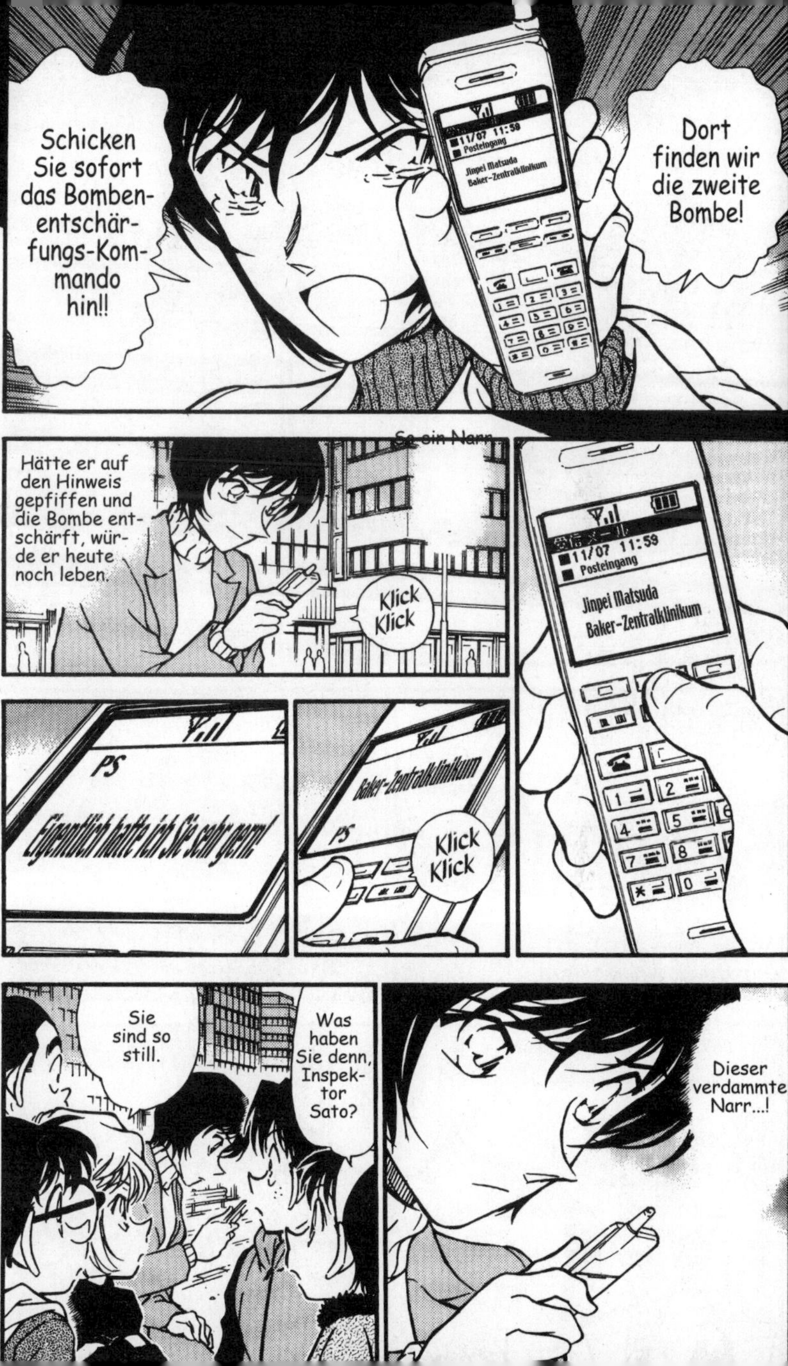
Dort finden wir die zweite Bombe!
11/07 11:59
Posteingang
Jinpei Matsuda
Baker-Zentralklinikum
Schicken Sie sofort das Bomben-entschärfungs-Kommando hin!!
So ein Narr
受信メール
11/07 11:59
Posteingang
Jinpei Matsuda
Baker-Zentralklinikum
Klick Klick
Hätte er auf den Hinweis gepfiffen und die Bombe entschärft, würde er heute noch leben.
Baker-Zentralklinikum
PS
Klick Klick
PS
Eigentlich hatte ich Sie sehr gern!
Dieser verdammte Narr...!
Was haben Sie denn, Inspektor Sato?
Sie sind so still.

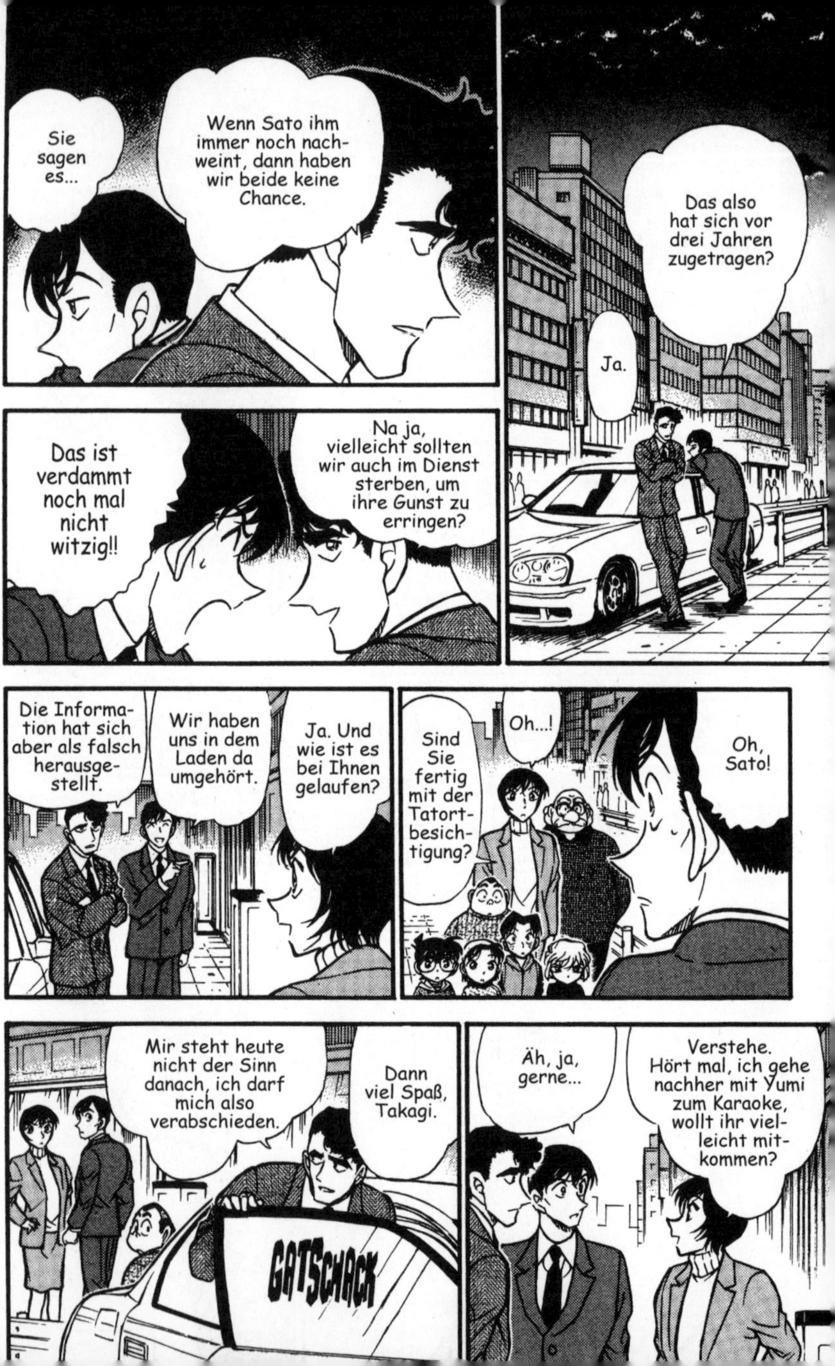
Das also hat sich vor drei Jahren zugetragen?
Ja.
Wenn Sato ihm immer noch nachweint, dann haben wir beide keine Chance.
Sie sagen es...
Na ja, vielleicht sollten wir auch im Dienst sterben, um ihre Gunst zu erringen?
Das ist verdammt noch mal nicht witzig!!
Oh, Sato!
Oh...!
Sind Sie fertig mit der Tatortbesichtigung?
Ja. Und wie ist es bei Ihnen gelaufen?
Wir haben uns in dem Laden da umgehört.
Die Information hat sich aber als falsch herausgestellt.
Verstehe. Hört mal, ich gehe nachher mit Yumi zum Karaoke, wollt ihr vielleicht mitkommen?
Äh, ja, gerne...
Dann viel Spaß, Takagi.
Mir steht heute nicht der Sinn danach, ich darf mich also verabschieden.
GATSCHACK

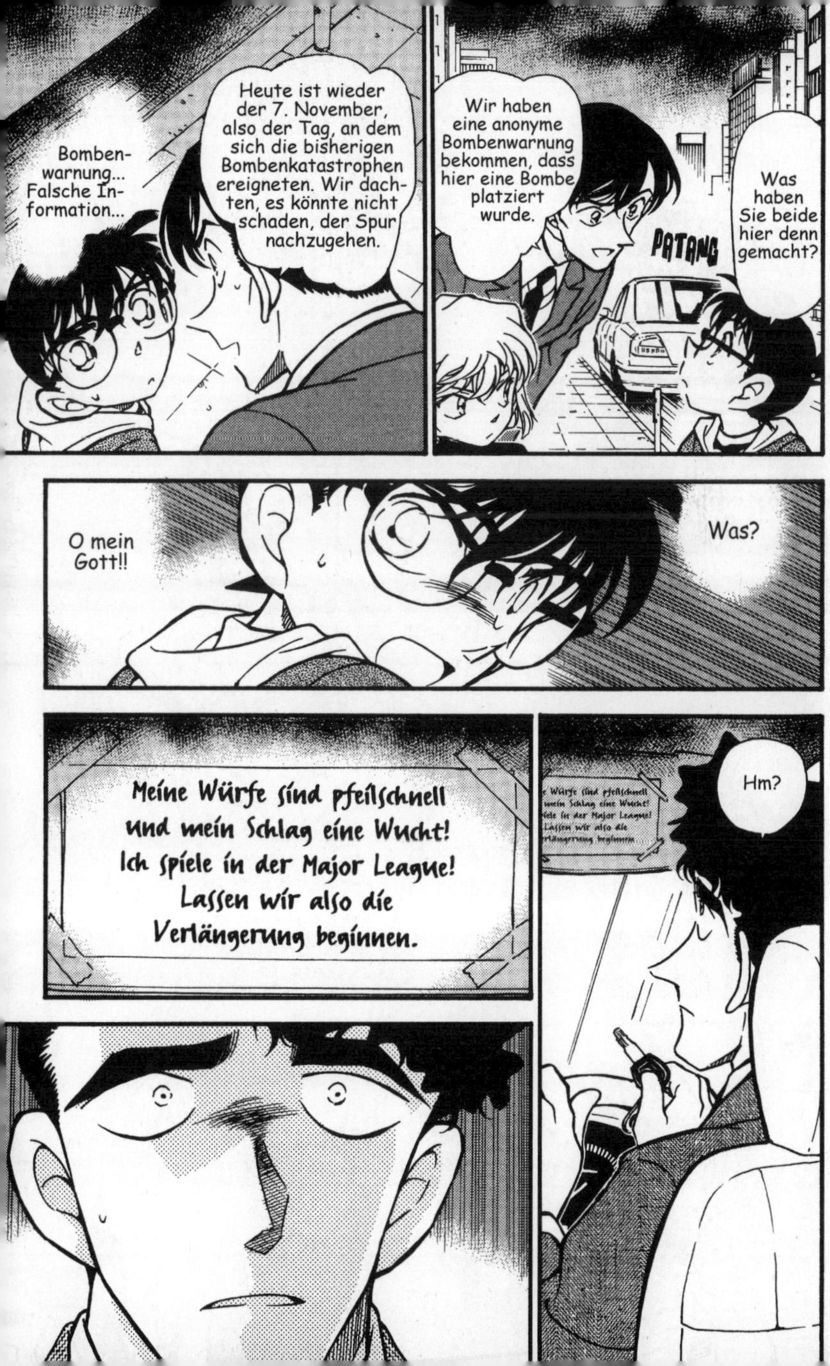

Was haben Sie beide hier denn gemacht?
PATANG
Wir haben eine anonyme Bombenwarnung bekommen, dass hier eine Bombe platziert wurde.
Heute ist wieder der 7. November, also der Tag, an dem sich die bisherigen Bombenkatastrophen ereigneten. Wir dachten, es könnte nicht schaden, der Spur nachzugehen.
Bombenwarnung... Falsche Information...
Was?
O mein Gott!!
Hm?
Meine Würfe sind pfeilschnell und mein Schlag eine Wucht! Ich spiele in der Major League! Lassen wir also die Verlängerung beginnen.

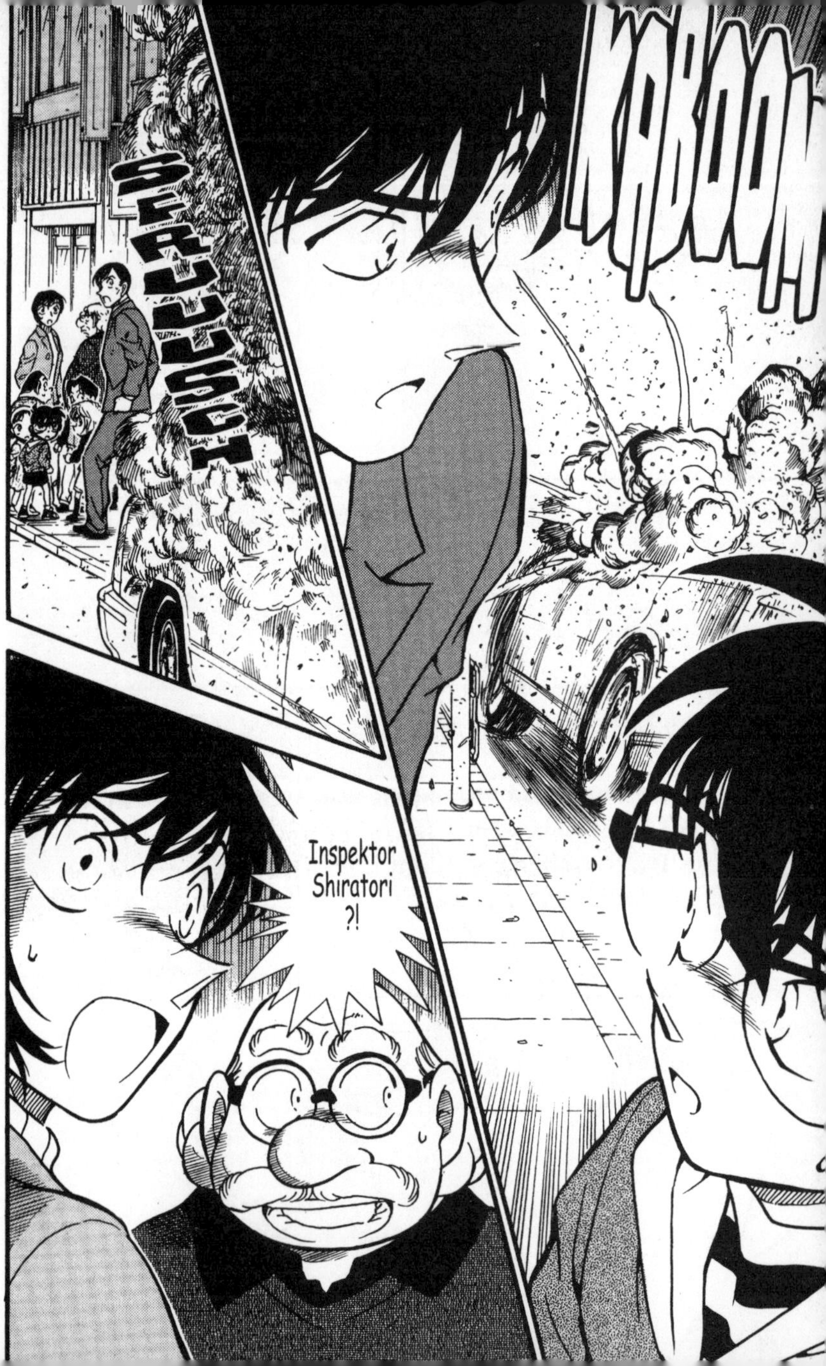
KABOOM
SCHRUUSCH
Inspektor Shiratori ?!

FALL 107

KAPITEL 2
Unauslöschliche Erinnerungen

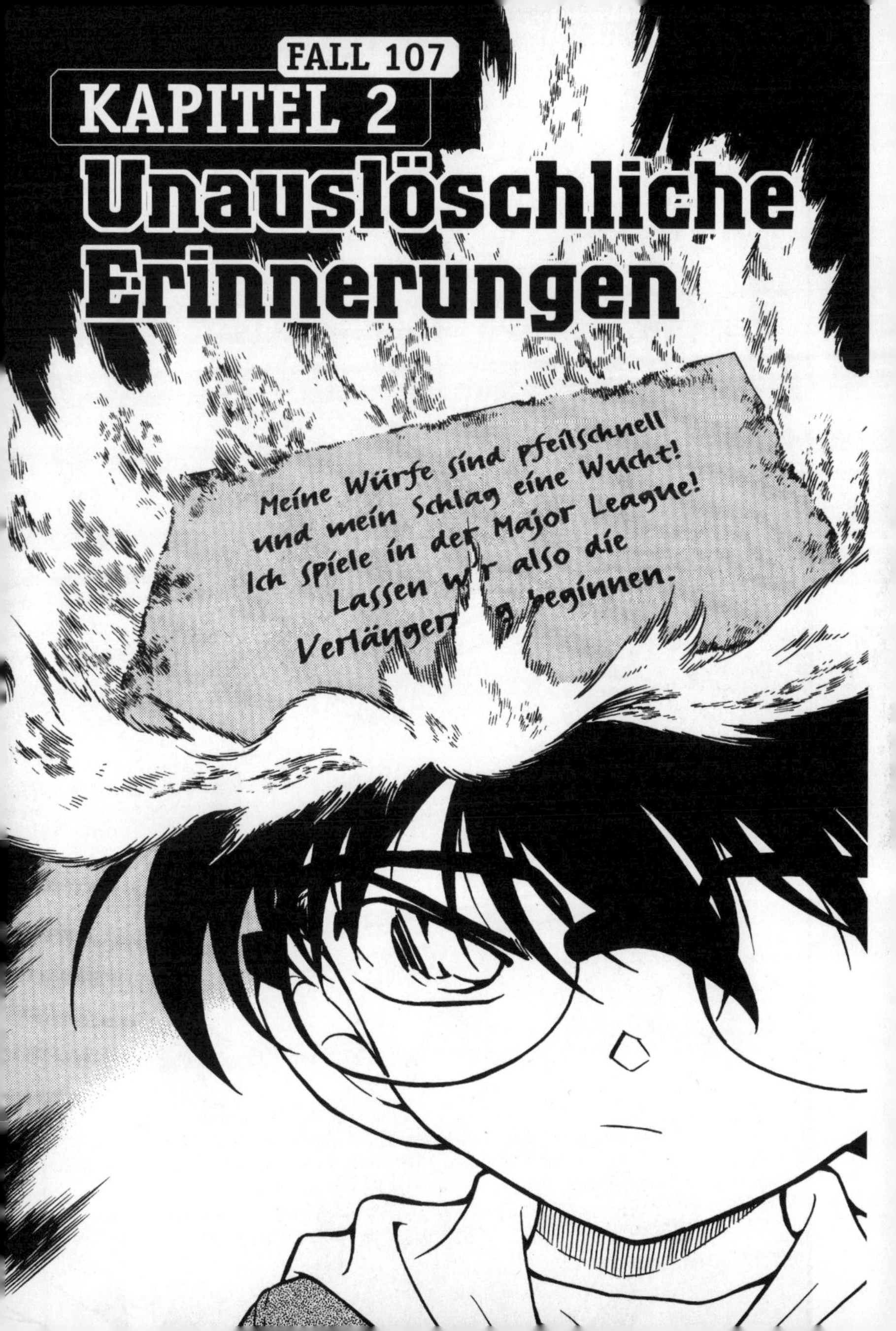

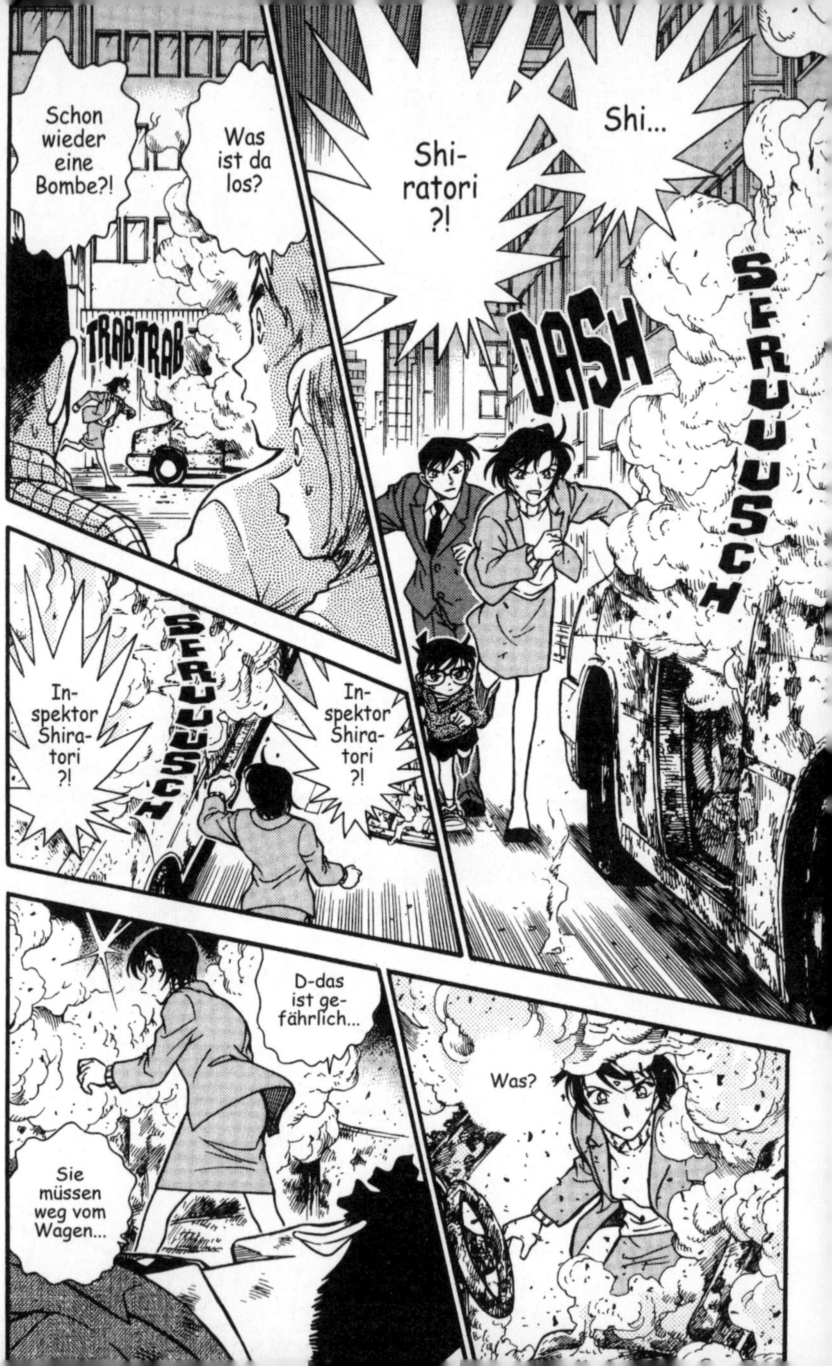
Shi...
Shiratori?!
DASH
SFRUUUSCH
Was ist da los?
Schon wieder eine Bombe?!
TRABTRAB
Inspektor Shiratori?!
SFRUUUSCH
Inspektor Shiratori?!
Was?
D-das ist gefährlich...
Sie müssen weg vom Wagen...

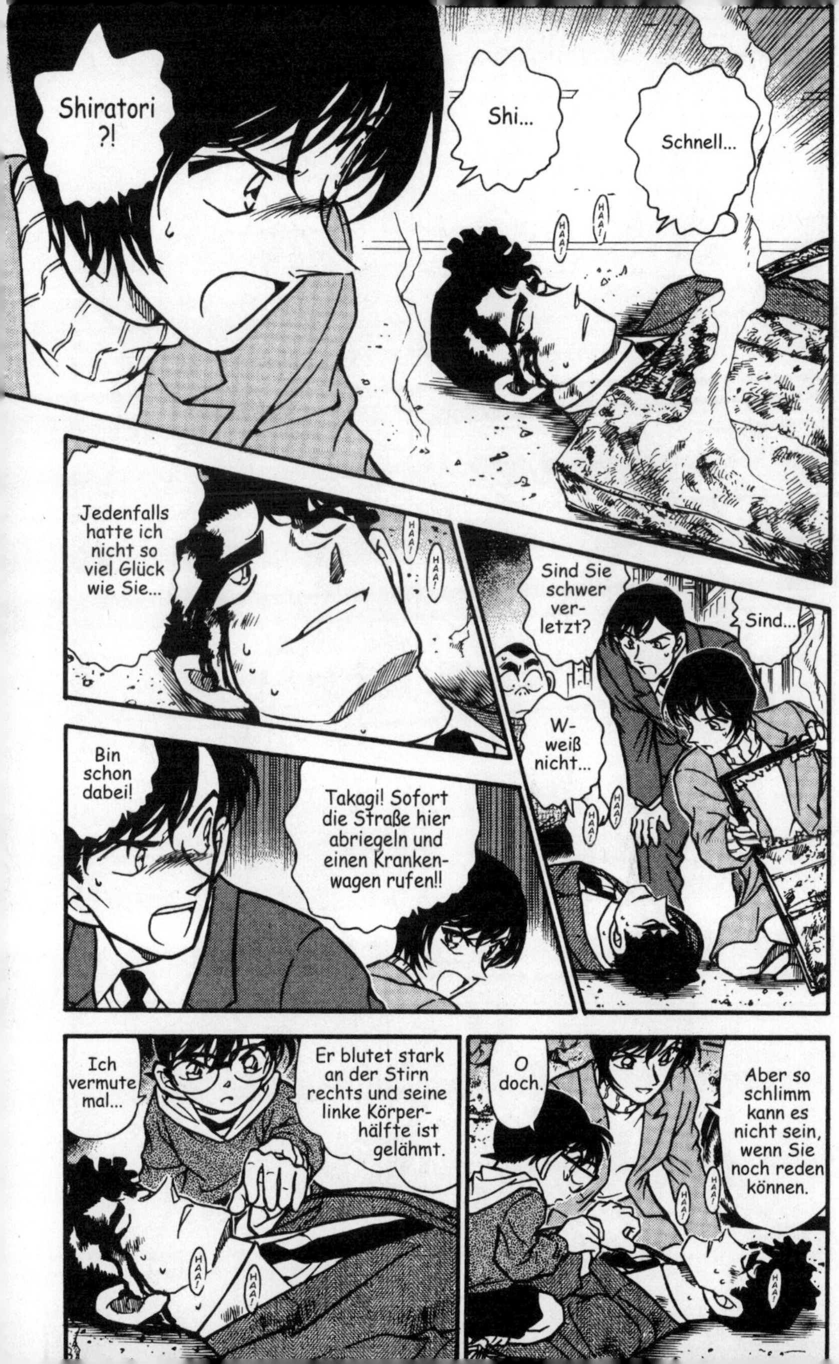
Schnell...
HAA!
HAA!
Shi...
Shiratori ?!
Sind...
Sind Sie schwer ver-letzt?
W-weiß nicht...
HAA!
HAA!
HAA!
Jedenfalls hatte ich nicht so viel Glück wie Sie...
HAA!
HAA!
Takagi! Sofort die Straße hier abriegeln und einen Krankenwagen rufen!!
Bin schon dabei!
Aber so schlimm kann es nicht sein, wenn Sie noch reden können.
O doch.
HAA!
HAA!
HAA!
Er blutet stark an der Stirn rechts und seine linke Körperhälfte ist gelähmt.
Ich vermute mal...
HAA!
HAA!

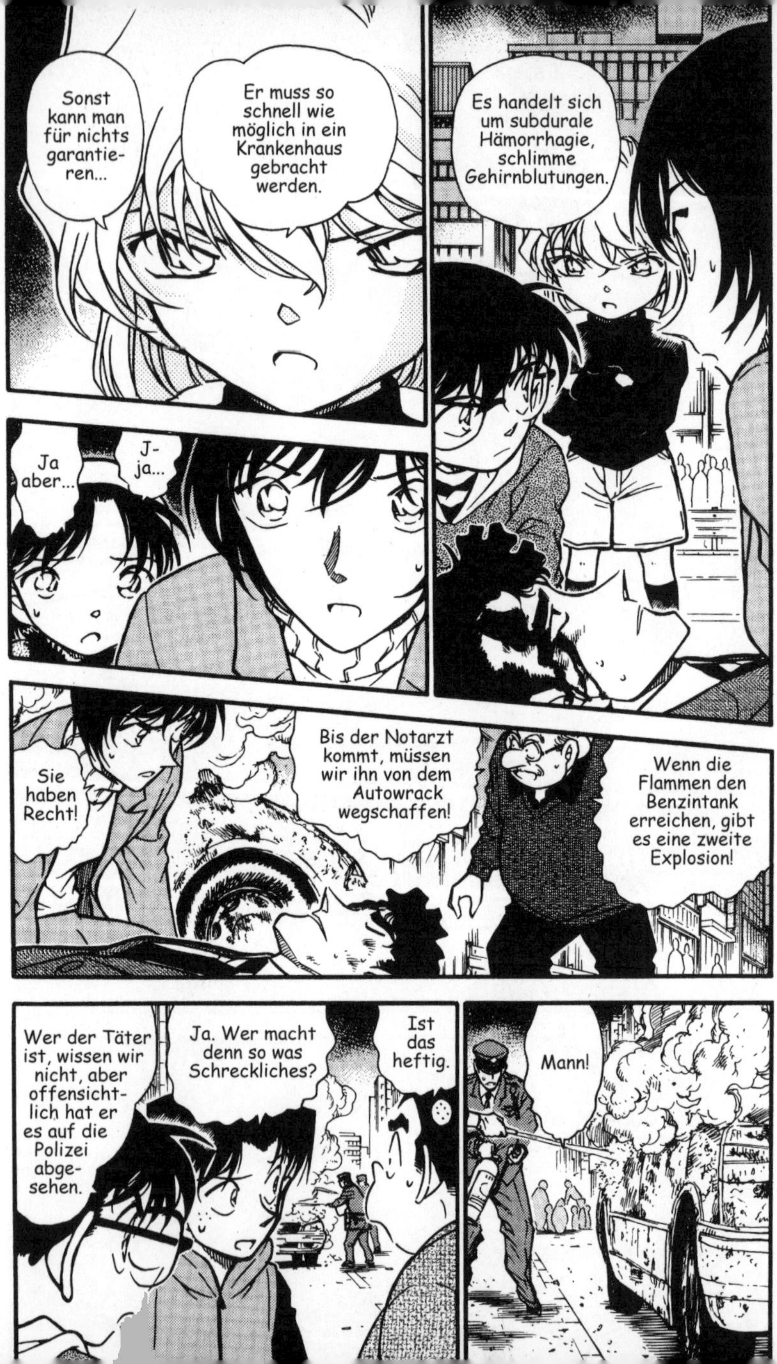
Es handelt sich um subdurale Hämorrhagie, schlimme Gehirnblutungen.
Er muss so schnell wie möglich in ein Krankenhaus gebracht werden.
Sonst kann man für nichts garantieren...
J-ja...
Ja aber...
Wenn die Flammen den Benzintank erreichen, gibt es eine zweite Explosion!
Bis der Notarzt kommt, müssen wir ihn von dem Autowrack wegschaffen!
Sie haben Recht!
Mann!
Ist das heftig.
Ja. Wer macht denn so was Schreckliches?
Wer der Täter ist, wissen wir nicht, aber offensichtlich hat er es auf die Polizei abgesehen.

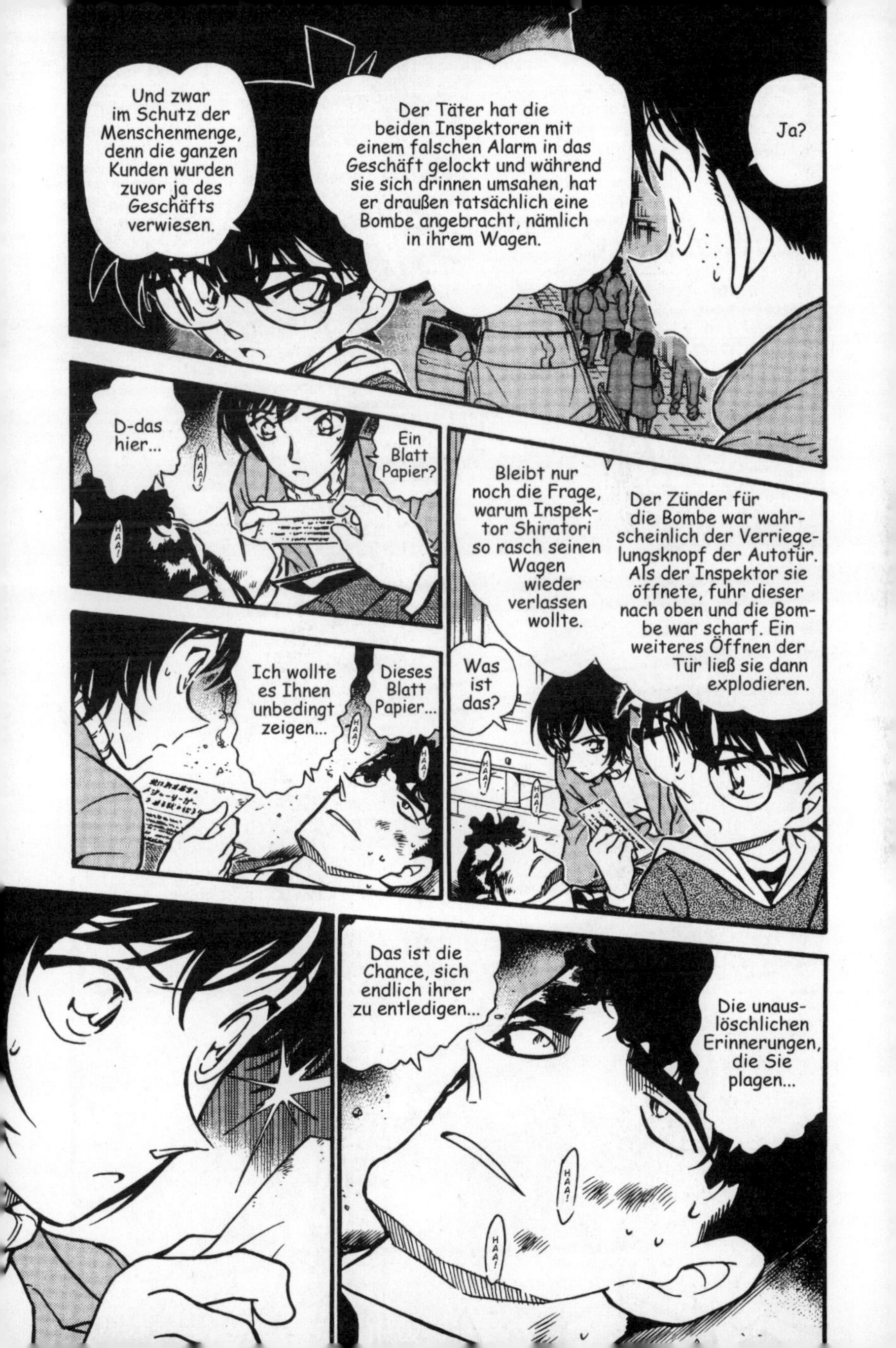

Ja?
Der Täter hat die beiden Inspektoren mit einem falschen Alarm in das Geschäft gelockt und während sie sich drinnen umsahen, hat er draußen tatsächlich eine Bombe angebracht, nämlich in ihrem Wagen.
Und zwar im Schutz der Menschenmenge, denn die ganzen Kunden wurden zuvor ja des Geschäfts verwiesen.
Der Zünder für die Bombe war wahrscheinlich der Verriegelungsknopf der Autotür. Als der Inspektor sie öffnete, fuhr dieser nach oben und die Bombe war scharf. Ein weiteres Öffnen der Tür ließ sie dann explodieren.
Bleibt nur noch die Frage, warum Inspektor Shiratori so rasch seinen Wagen wieder verlassen wollte.
Was ist das?
HAA!
HAA!
Ein Blatt Papier?
D-das hier...
HAA!
HAA!
Dieses Blatt Papier...
Ich wollte es Ihnen unbedingt zeigen...
HAA!
HAA!
Die unauslöschlichen Erinnerungen, die Sie plagen...
Das ist die Chance, sich endlich ihrer zu entledigen...
HAA!
HAA!

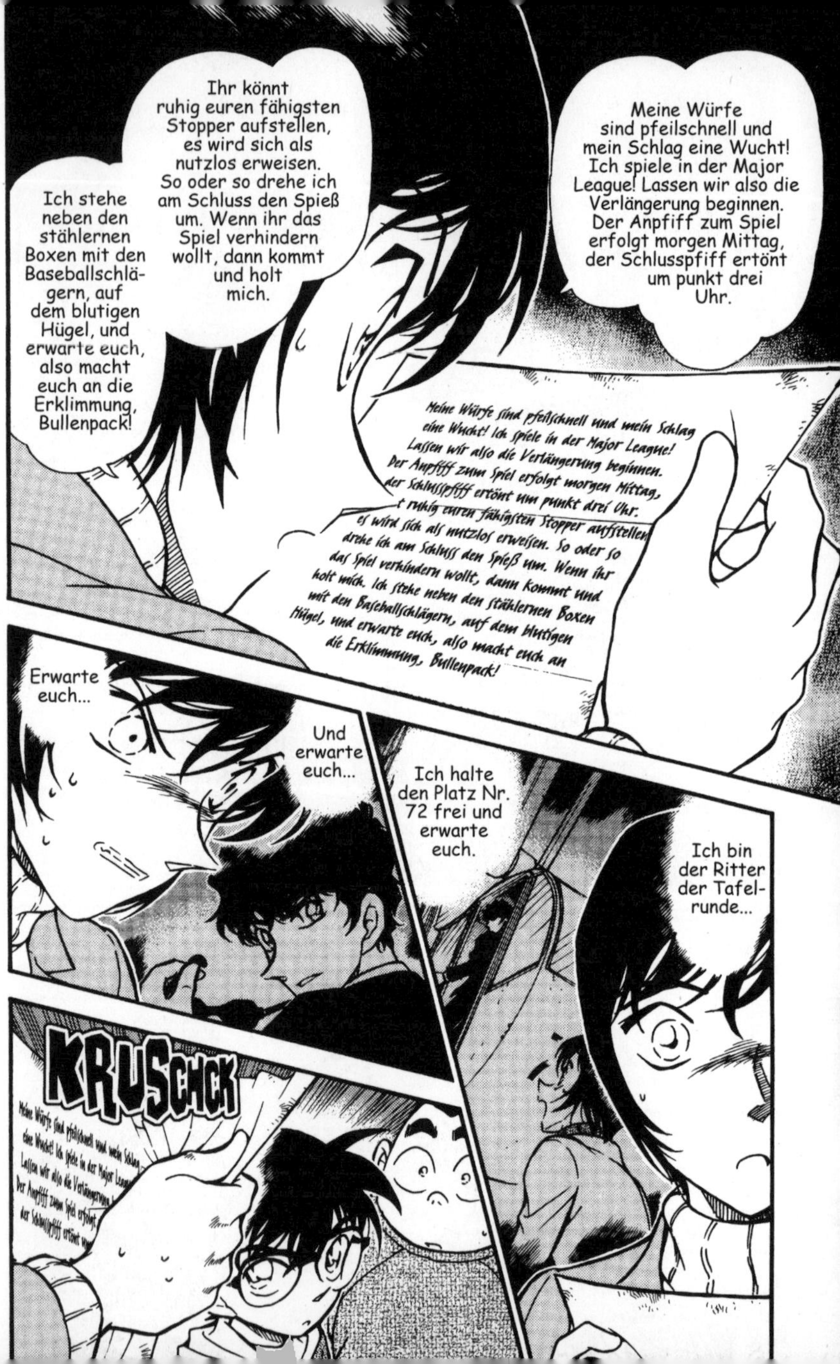
Meine Würfe sind pfeilschnell und mein Schlag eine Wucht! Ich spiele in der Major League! Lassen wir also die Verlängerung beginnen. Der Anpfiff zum Spiel erfolgt morgen Mittag, der Schlusspfiff ertönt um punkt drei Uhr.
Ihr könnt ruhig euren fähigsten Stopper aufstellen, es wird sich als nutzlos erweisen. So oder so drehe ich am Schluss den Spieß um. Wenn ihr das Spiel verhindern wollt, dann kommt und holt mich.
Ich stehe neben den stählernen Boxen mit den Baseballschlägern, auf dem blutigen Hügel, und erwarte euch, also macht euch an die Erklimmung, Bullenpack!
Ich bin der Ritter der Tafelrunde...
Ich halte den Platz Nr. 72 frei und erwarte euch.
Und erwarte euch...
Erwarte euch...
KRUSCHCK

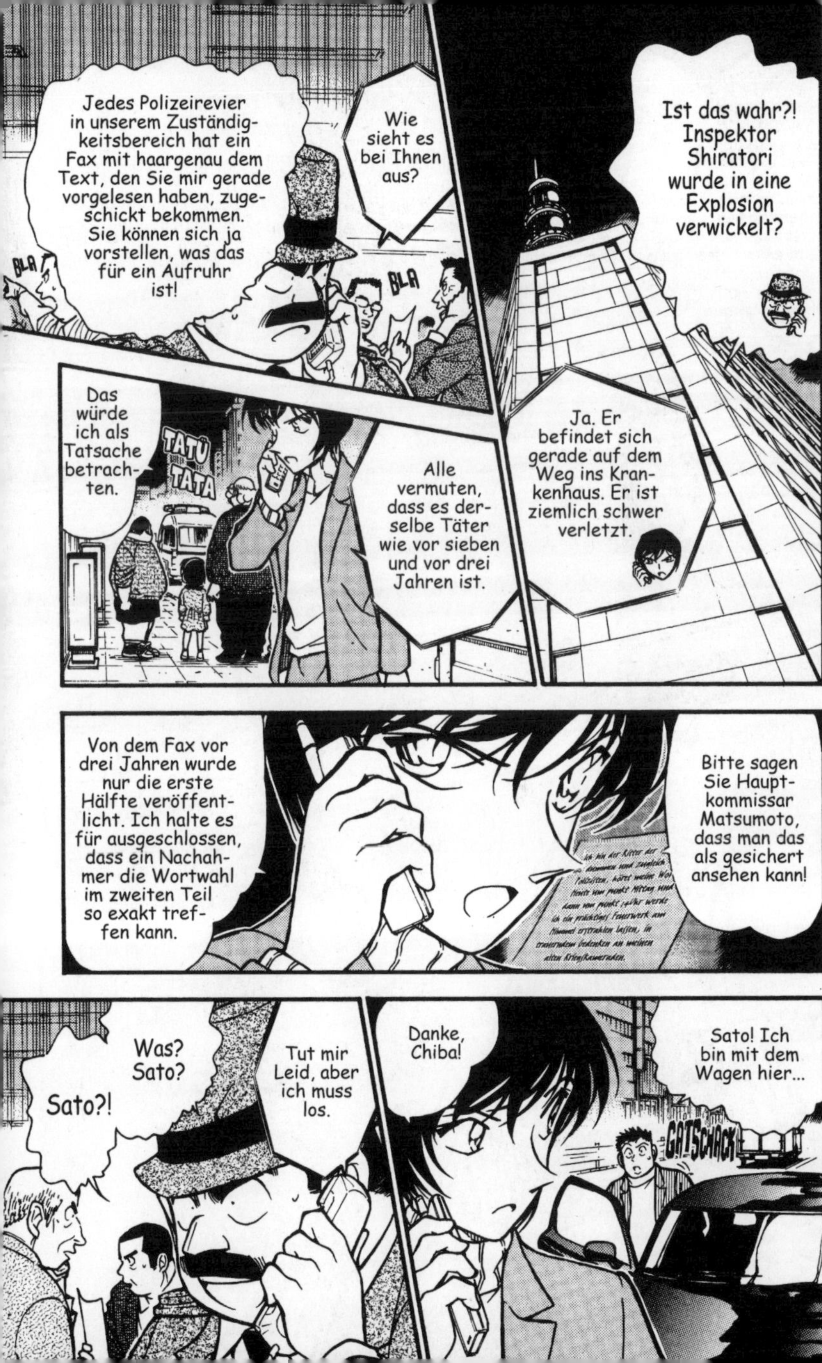
Ist das wahr?! Inspektor Shiratori wurde in eine Explosion verwickelt?
Ja. Er befindet sich gerade auf dem Weg ins Krankenhaus. Er ist ziemlich schwer verletzt.
Jedes Polizeirevier in unserem Zuständigkeitsbereich hat ein Fax mit haargenau dem Text, den Sie mir gerade vorgelesen haben, zugeschickt bekommen. Sie können sich ja vorstellen, was das für ein Aufruhr ist!
BLA
BLA
Wie sieht es bei Ihnen aus?
Alle vermuten, dass es derselbe Täter wie vor sieben und vor drei Jahren ist.
TATÜ TATA
Das würde ich als Tatsache betrachten.
Von dem Fax vor drei Jahren wurde nur die erste Hälfte veröffentlicht. Ich halte es für ausgeschlossen, dass ein Nachahmer die Wortwahl im zweiten Teil so exakt treffen kann.
Bitte sagen Sie Hauptkommissar Matsumoto, dass man das als gesichert ansehen kann!
Sato! Ich bin mit dem Wagen hier...
GATSCHACK
Danke, Chiba!
Tut mir Leid, aber ich muss los.
Was? Sato?
Sato?!

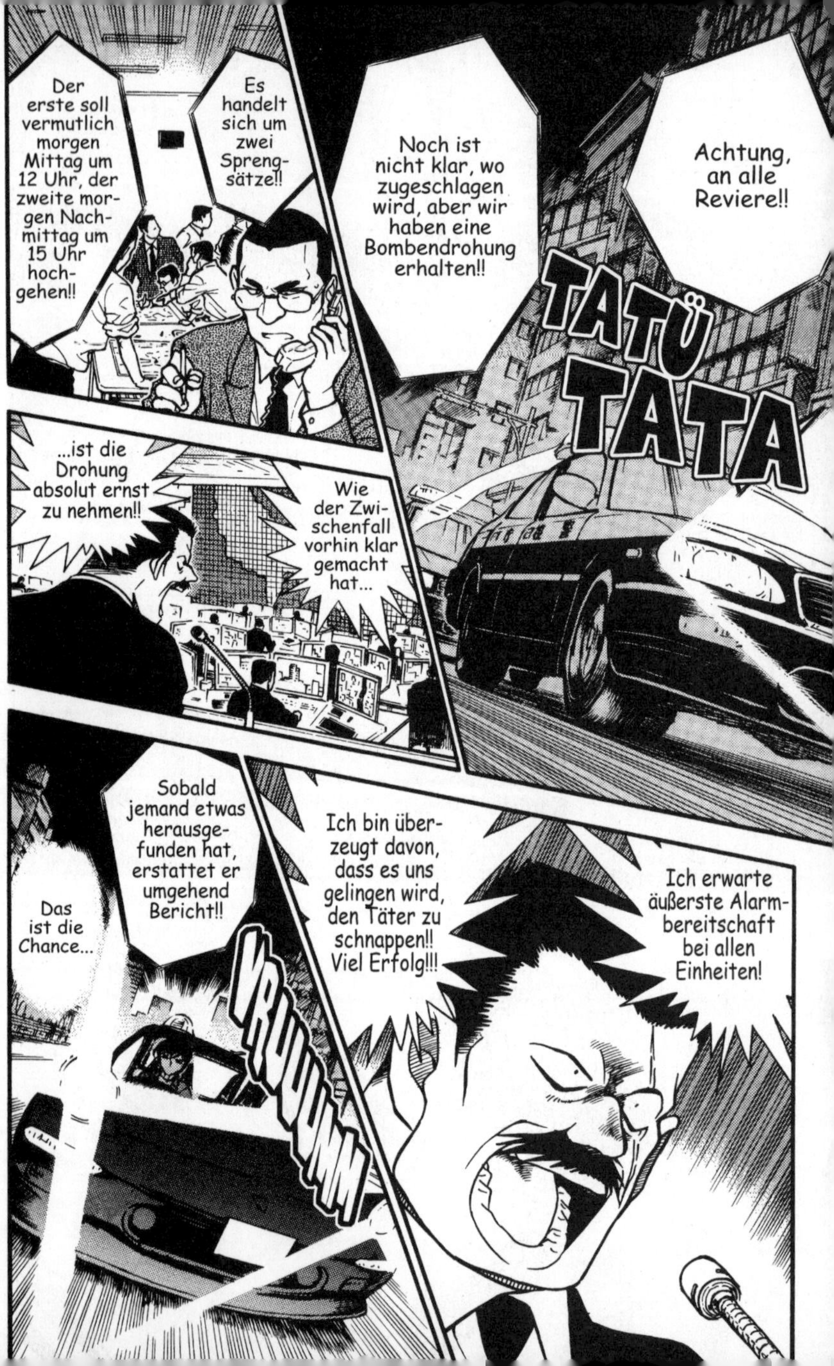

Achtung, an alle Reviere!!
TATÜ TATA
Noch ist nicht klar, wo zugeschlagen wird, aber wir haben eine Bombendrohung erhalten!!
Es handelt sich um zwei Sprengsätze!!
Der erste soll vermutlich morgen Mittag um 12 Uhr, der zweite morgen Nachmittag um 15 Uhr hochgehen!!
Wie der Zwischenfall vorhin klar gemacht hat...
...ist die Drohung absolut ernst zu nehmen!!
Ich erwarte äußerste Alarmbereitschaft bei allen Einheiten!
Ich bin überzeugt davon, dass es uns gelingen wird, den Täter zu schnappen!! Viel Erfolg!!!
Sobald jemand etwas herausgefunden hat, erstattet er umgehend Bericht!!
VRUUUMM
Das ist die Chance...

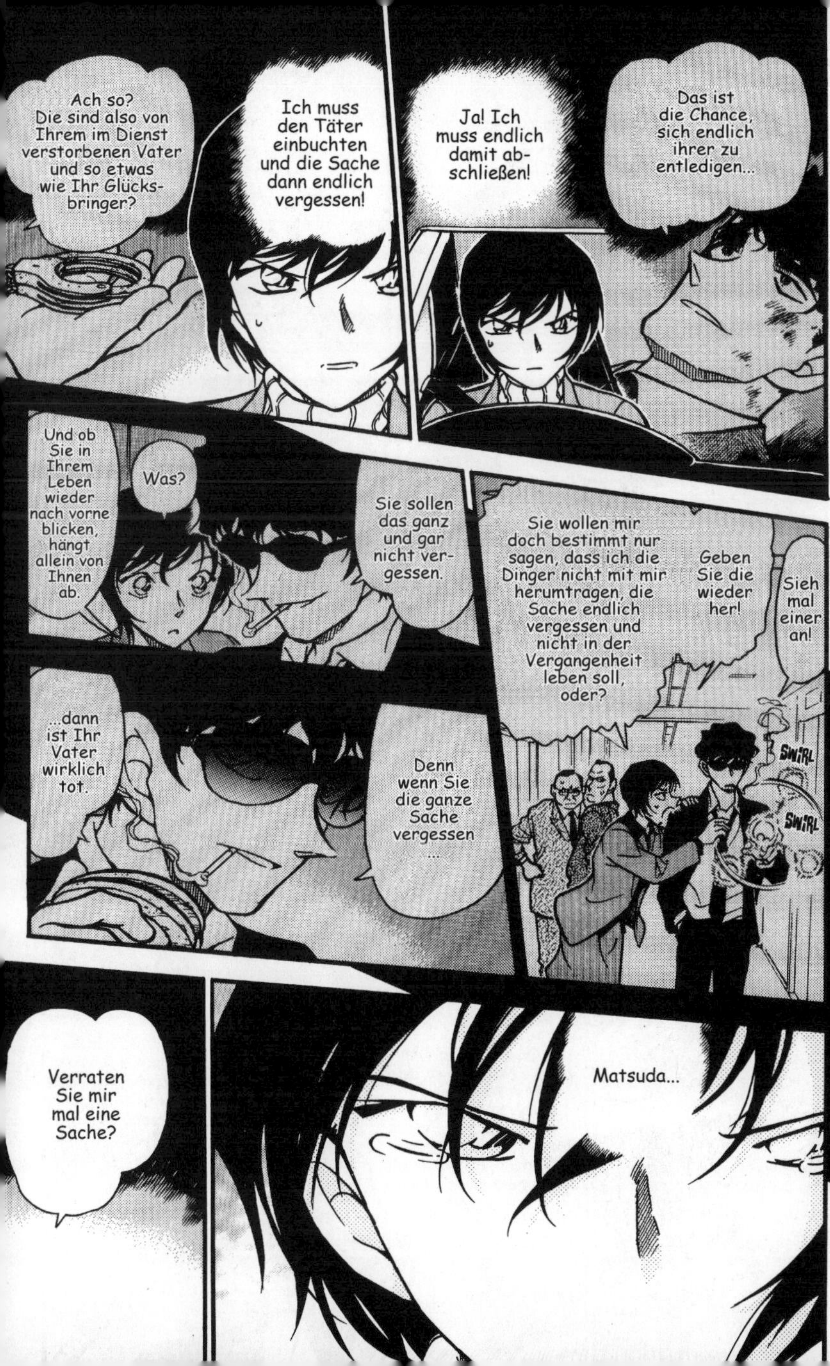

Das ist die Chance, sich endlich ihrer zu entledigen...
Ja! Ich muss endlich damit abschließen!
Ich muss den Täter einbuchten und die Sache dann endlich vergessen!
Ach so? Die sind also von Ihrem im Dienst verstorbenen Vater und so etwas wie Ihr Glücksbringer?
Sieh mal einer an!
Geben Sie die wieder her!
Sie wollen mir doch bestimmt nur sagen, dass ich die Dinger nicht mit mir herumtragen, die Sache endlich vergessen und nicht in der Vergangenheit leben soll, oder?
SWIRL
SWIRL
Sie sollen das ganz und gar nicht vergessen.
Was?
Und ob Sie in Ihrem Leben wieder nach vorne blicken, hängt allein von Ihnen ab.
Denn wenn Sie die ganze Sache vergessen ...
...dann ist Ihr Vater wirklich tot.
Matsuda...
Verraten Sie mir mal eine Sache?

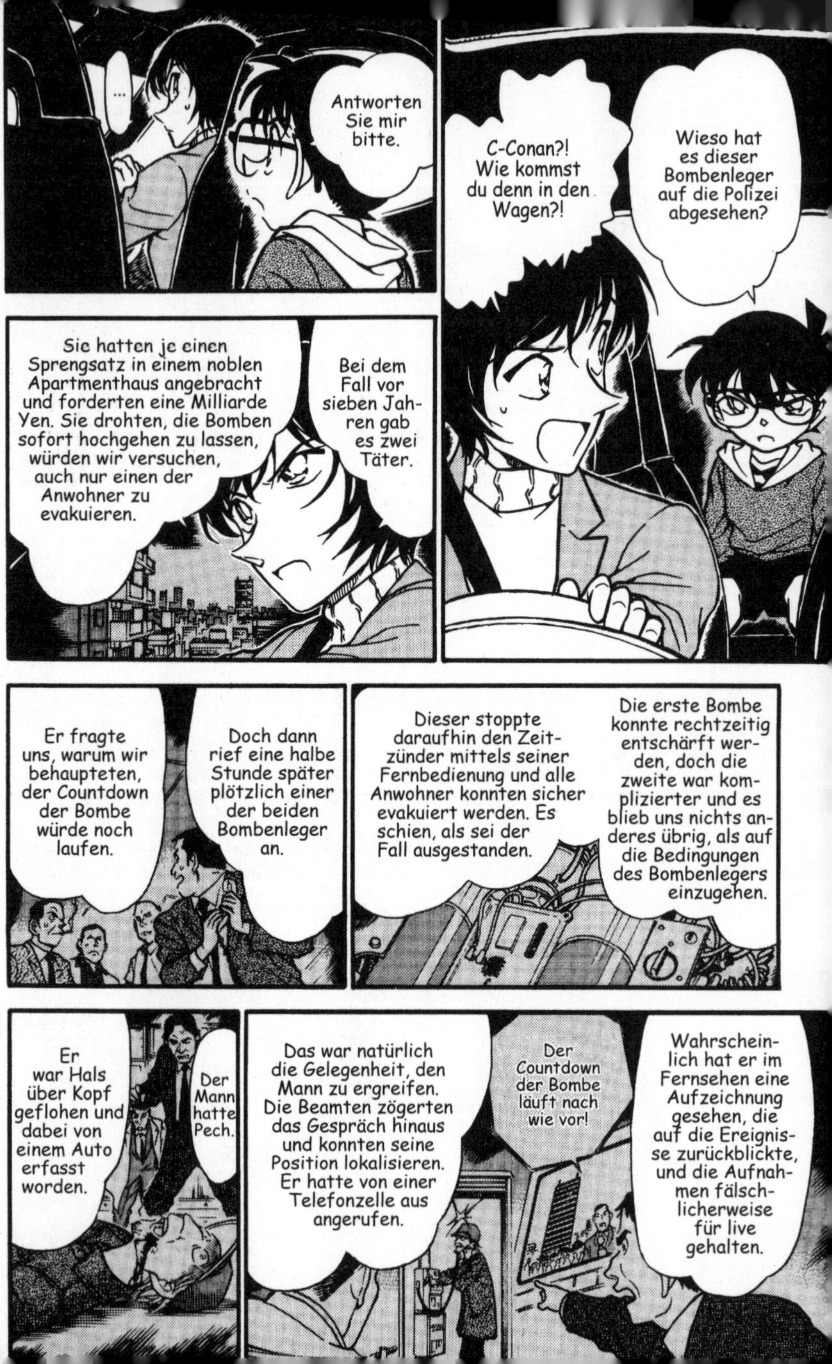

Wieso hat es dieser Bombenleger auf die Polizei abgesehen?
C-Conan?! Wie kommst du denn in den Wagen?!
Antworten Sie mir bitte.
...
Bei dem Fall vor sieben Jahren gab es zwei Täter.
Sie hatten je einen Sprengsatz in einem noblen Apartmenthaus angebracht und forderten eine Milliarde Yen. Sie drohten, die Bomben sofort hochgehen zu lassen, würden wir versuchen, auch nur einen der Anwohner zu evakuieren.
Die erste Bombe konnte rechtzeitig entschärft werden, doch die zweite war komplizierter und es blieb uns nichts anderes übrig, als auf die Bedingungen des Bombenlegers einzugehen.
Dieser stoppte daraufhin den Zeitzünder mittels seiner Fernbedienung und alle Anwohner konnten sicher evakuiert werden. Es schien, als sei der Fall ausgestanden.
Doch dann rief eine halbe Stunde später plötzlich einer der beiden Bombenleger an.
Er fragte uns, warum wir behaupteten, der Countdown der Bombe würde noch laufen.
Wahrscheinlich hat er im Fernsehen eine Aufzeichnung gesehen, die auf die Ereignisse zurückblickte, und die Aufnahmen fälschlicherweise für live gehalten.
Der Countdown der Bombe läuft nach wie vor!
Das war natürlich die Gelegenheit, den Mann zu ergreifen. Die Beamten zögerten das Gespräch hinaus und konnten seine Position lokalisieren. Er hatte von einer Telefonzelle aus angerufen.
Der Mann hatte Pech.
Er war Hals über Kopf geflohen und dabei von einem Auto erfasst worden.

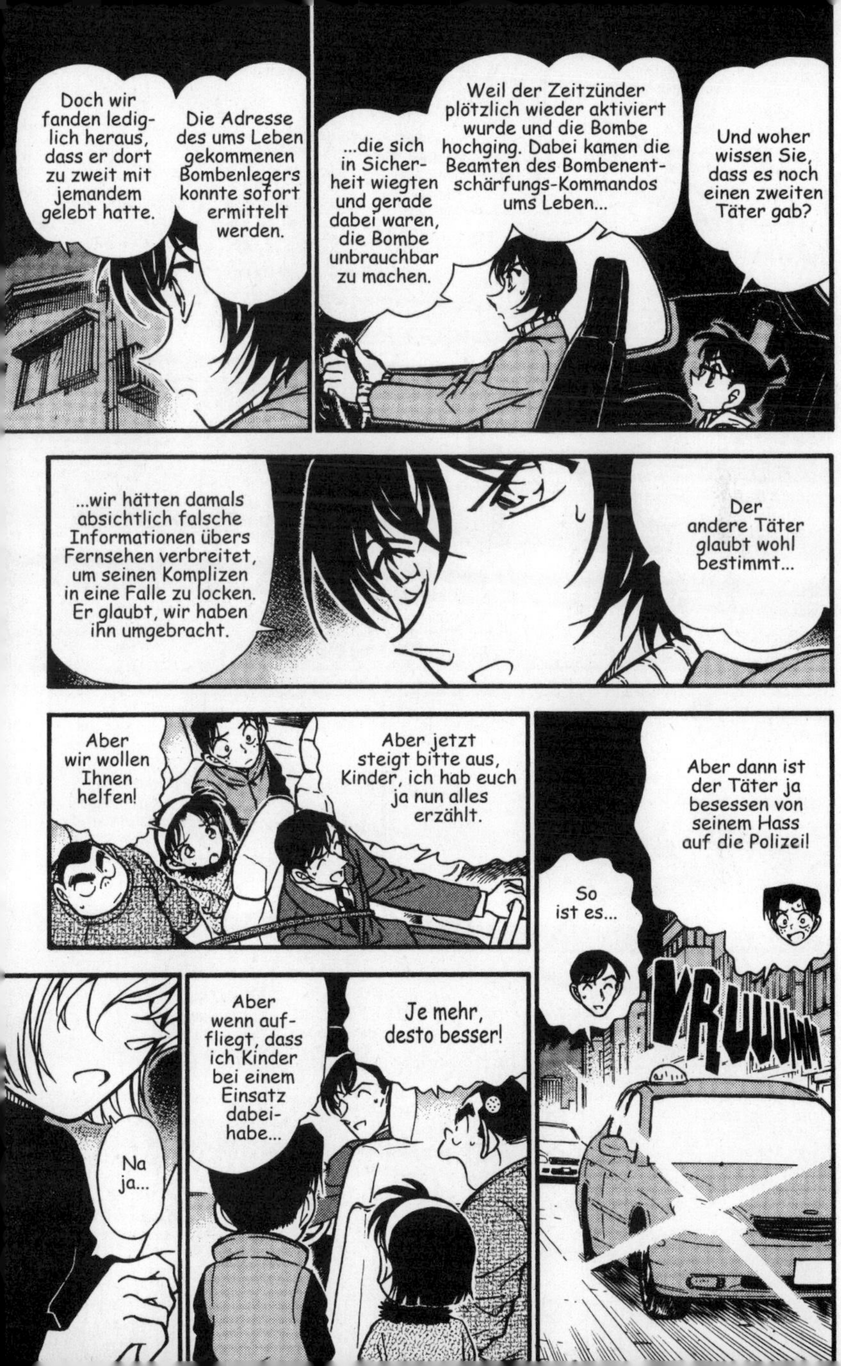

Und woher wissen Sie, dass es noch einen zweiten Täter gab?
Weil der Zeitzünder plötzlich wieder aktiviert wurde und die Bombe hochging. Dabei kamen die Beamten des Bombenentschärfungs-Kommandos ums Leben...
...die sich in Sicherheit wiegten und gerade dabei waren, die Bombe unbrauchbar zu machen.
Die Adresse des ums Leben gekommenen Bombenlegers konnte sofort ermittelt werden.
Doch wir fanden lediglich heraus, dass er dort zu zweit mit jemandem gelebt hatte.
Der andere Täter glaubt wohl bestimmt...
...wir hätten damals absichtlich falsche Informationen übers Fernsehen verbreitet, um seinen Komplizen in eine Falle zu locken. Er glaubt, wir haben ihn umgebracht.
Aber dann ist der Täter ja besessen von seinem Hass auf die Polizei!
So ist es...
Aber jetzt steigt bitte aus, Kinder, ich hab euch ja nun alles erzählt.
Aber wir wollen Ihnen helfen!
VRUUUMM
Je mehr, desto besser!
Aber wenn auffliegt, dass ich Kinder bei einem Einsatz dabeihabe...
Na ja...

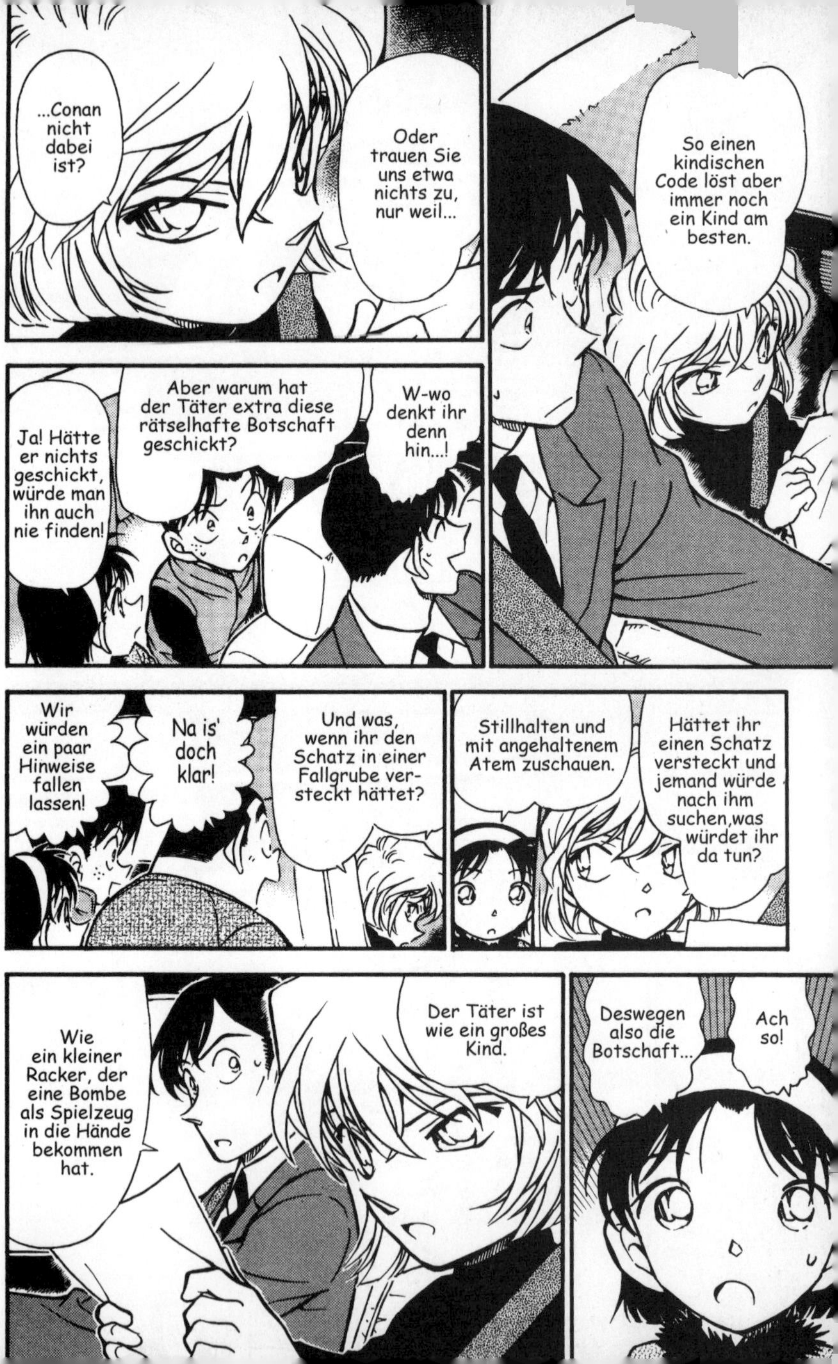
So einen kindischen Code löst aber immer noch ein Kind am besten.
Oder trauen Sie uns etwa nichts zu, nur weil...
...Conan nicht dabei ist?
W-wo denkt ihr denn hin...!
Aber warum hat der Täter extra diese rätselhafte Botschaft geschickt?
Ja! Hätte er nichts geschickt, würde man ihn auch nie finden!
Hättet ihr einen Schatz versteckt und jemand würde nach ihm suchen,was würdet ihr da tun?
Stillhalten und mit angehaltenem Atem zuschauen.
Und was, wenn ihr den Schatz in einer Fallgrube ver-steckt hättet?
Na is' doch klar!
Wir würden ein paar Hinweise fallen lassen!
Ach so!
Deswegen also die Botschaft...
Der Täter ist wie ein großes Kind.
Wie ein kleiner Racker, der eine Bombe als Spielzeug in die Hände bekommen hat.

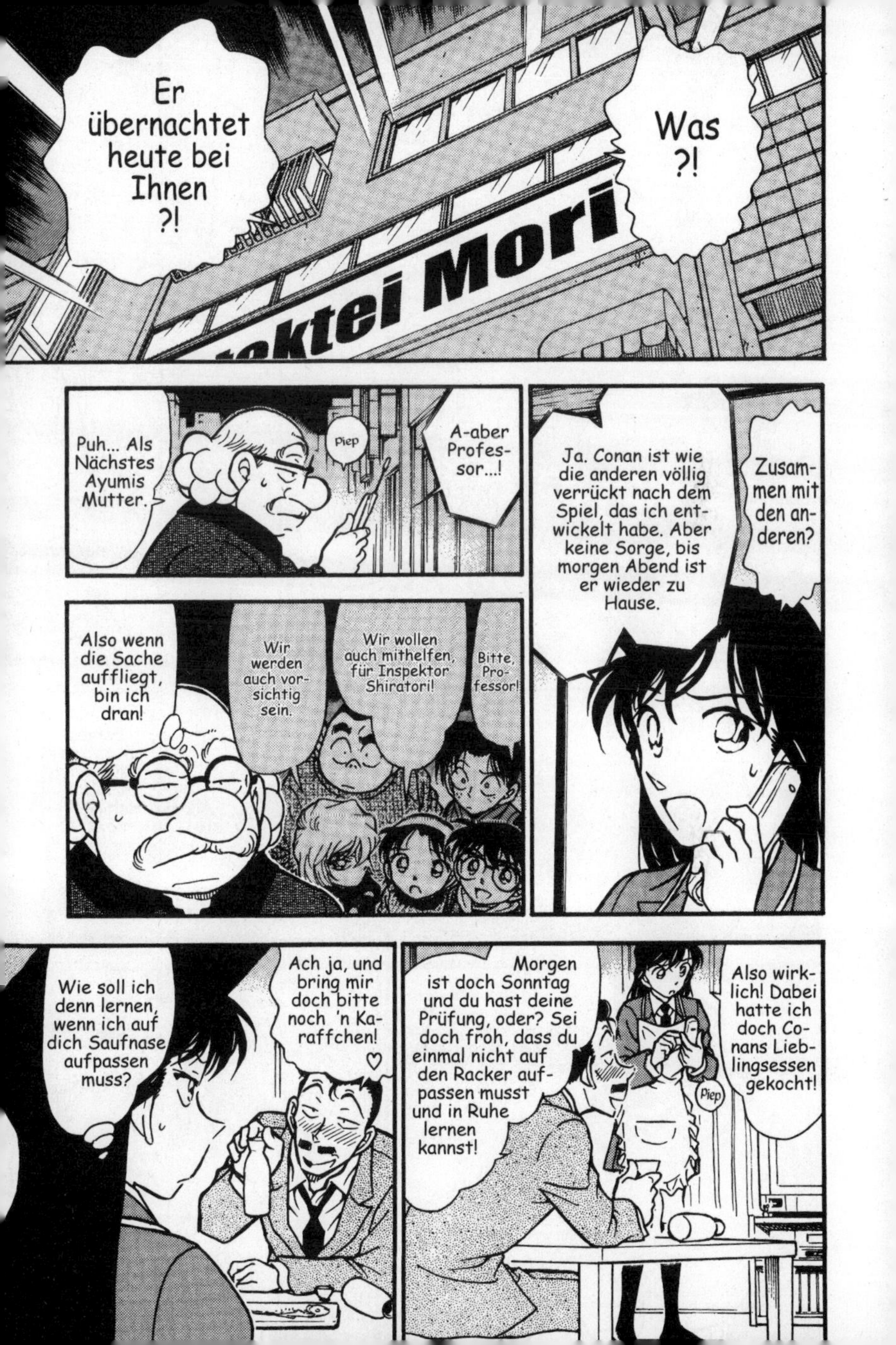
Was ?!
Er übernachtet heute bei Ihnen ?!
Zusammen mit den anderen?
Ja. Conan ist wie die anderen völlig verrückt nach dem Spiel, das ich entwickelt habe. Aber keine Sorge, bis morgen Abend ist er wieder zu Hause.
A-aber Professor...!
Piep
Puh... Als Nächstes Ayumis Mutter.
Bitte, Professor!
Wir wollen auch mithelfen, für Inspektor Shiratori!
Wir werden auch vorsichtig sein.
Also wenn die Sache auffliegt, bin ich dran!
Also wirklich! Dabei hatte ich doch Conans Lieblingsessen gekocht!
Piep
Morgen ist doch Sonntag und du hast deine Prüfung, oder? Sei doch froh, dass du einmal nicht auf den Racker aufpassen musst und in Ruhe lernen kannst!
Ach ja, und bring mir doch bitte noch 'n Karaffchen! ♡
Wie soll ich denn lernen, wenn ich auf dich Saufnase aufpassen muss?

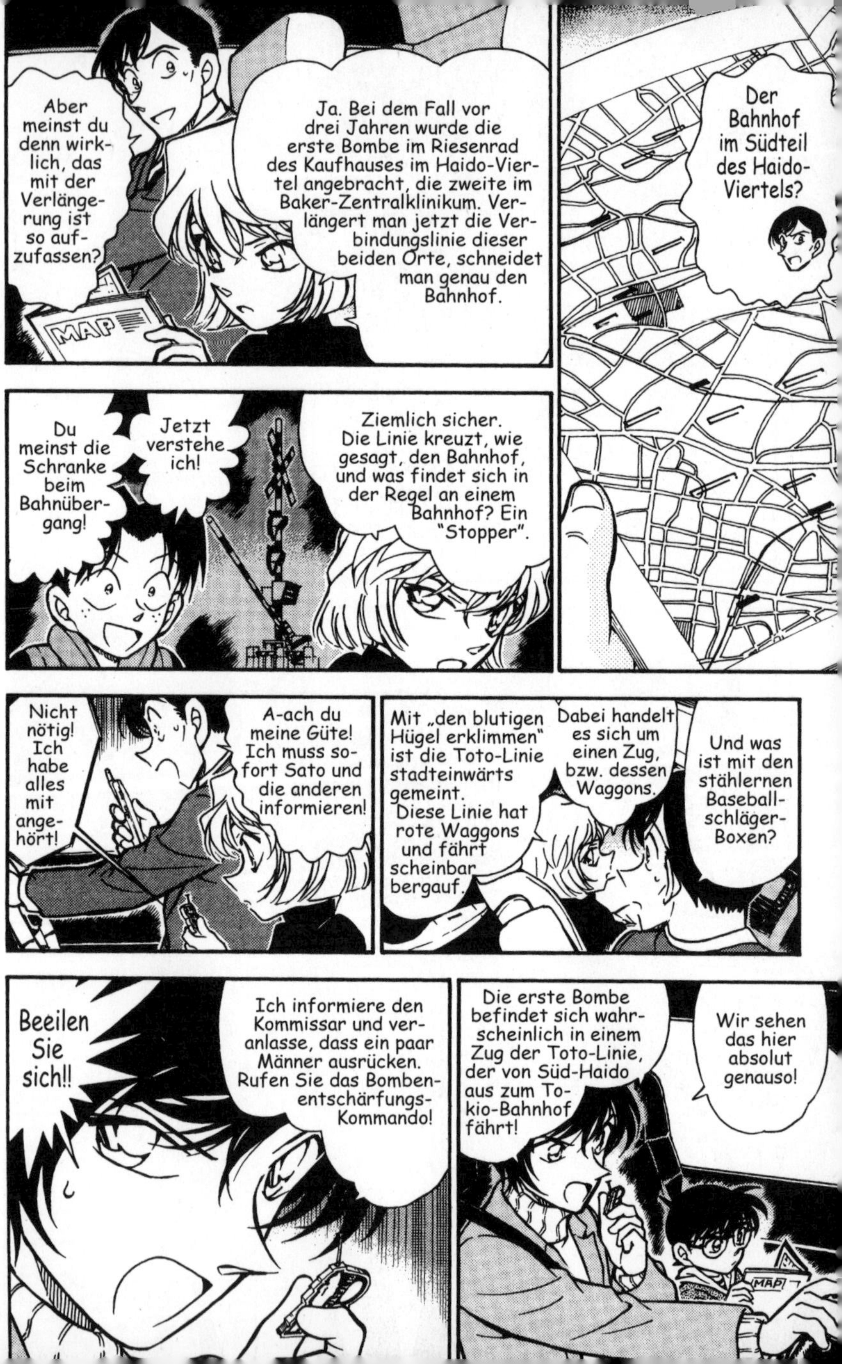
Der Bahnhof im Südteil des Haido-Viertels?
Ja. Bei dem Fall vor drei Jahren wurde die erste Bombe im Riesenrad des Kaufhauses im Haido-Viertel angebracht, die zweite im Baker-Zentralklinikum. Verlängert man jetzt die Verbindungslinie dieser beiden Orte, schneidet man genau den Bahnhof.
Aber meinst du denn wirklich, das mit der Verlängerung ist so aufzufassen?
MAP
Ziemlich sicher. Die Linie kreuzt, wie gesagt, den Bahnhof, und was findet sich in der Regel an einem Bahnhof? Ein "Stopper".
Jetzt verstehe ich!
Du meinst die Schranke beim Bahnübergang!
Und was ist mit den stählernen Baseballschläger-Boxen?
Dabei handelt es sich um einen Zug, bzw. dessen Waggons.
Mit „den blutigen Hügel erklimmen“ ist die Toto-Linie stadteinwärts gemeint. Diese Linie hat rote Waggons und fährt scheinbar bergauf.
A-ach du meine Güte! Ich muss sofort Sato und die anderen informieren!
Nicht nötig! Ich habe alles mit angehört!
Wir sehen das hier absolut genauso!
Die erste Bombe befindet sich wahrscheinlich in einem Zug der Toto-Linie, der von Süd-Haido aus zum Tokio-Bahnhof fährt!
MAP
Ich informiere den Kommissar und veranlasse, dass ein paar Männer ausrücken. Rufen Sie das Bombenentschärfungs-Kommando!
Beeilen Sie sich!!

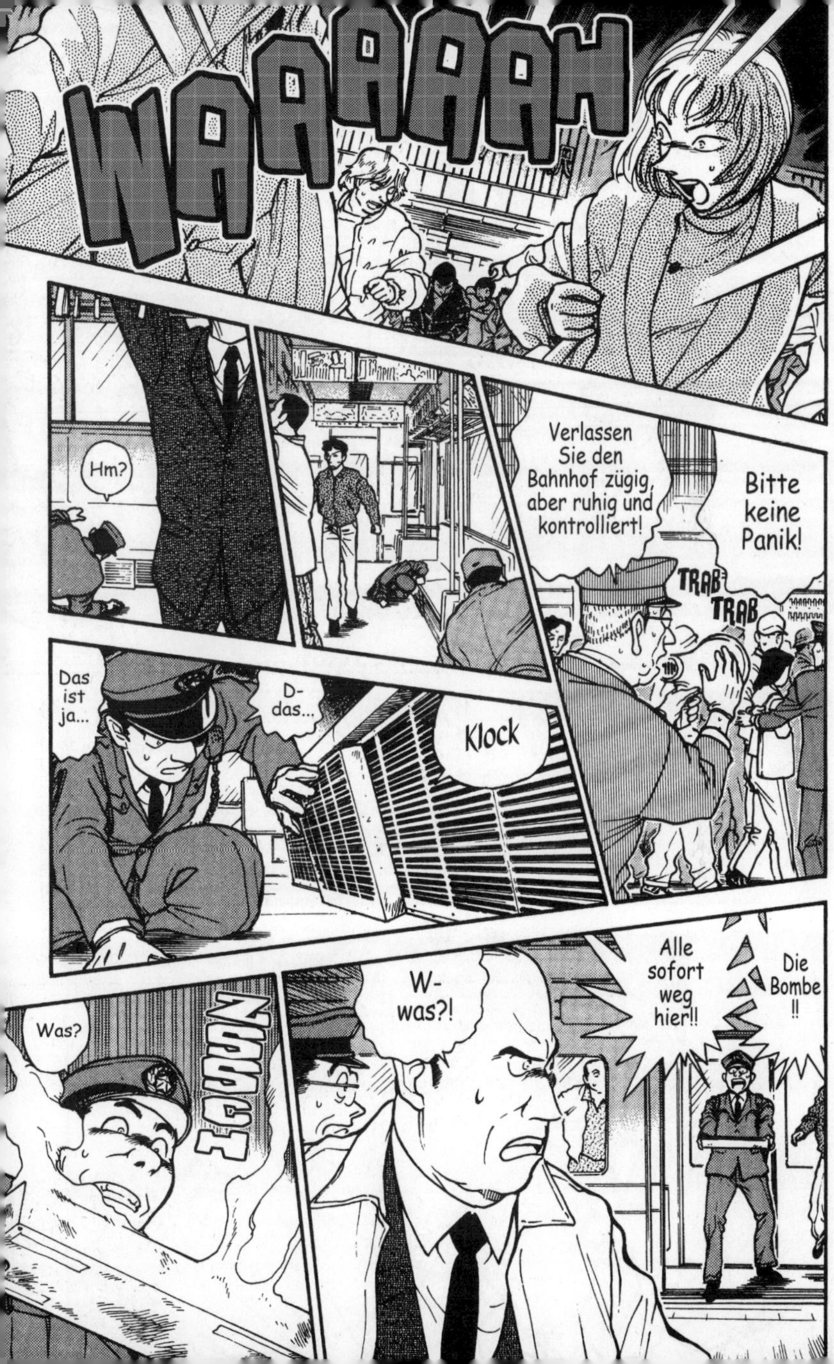
WAAAAAH
Bitte keine Panik!
Verlassen Sie den Bahnhof zügig, aber ruhig und kontrolliert!
TRAB TRAB
Hm?
Klock
D-das...
Das ist ja...
Die Bombe!!
Alle sofort weg hier!!
W-was?!
ZISCH
Was?

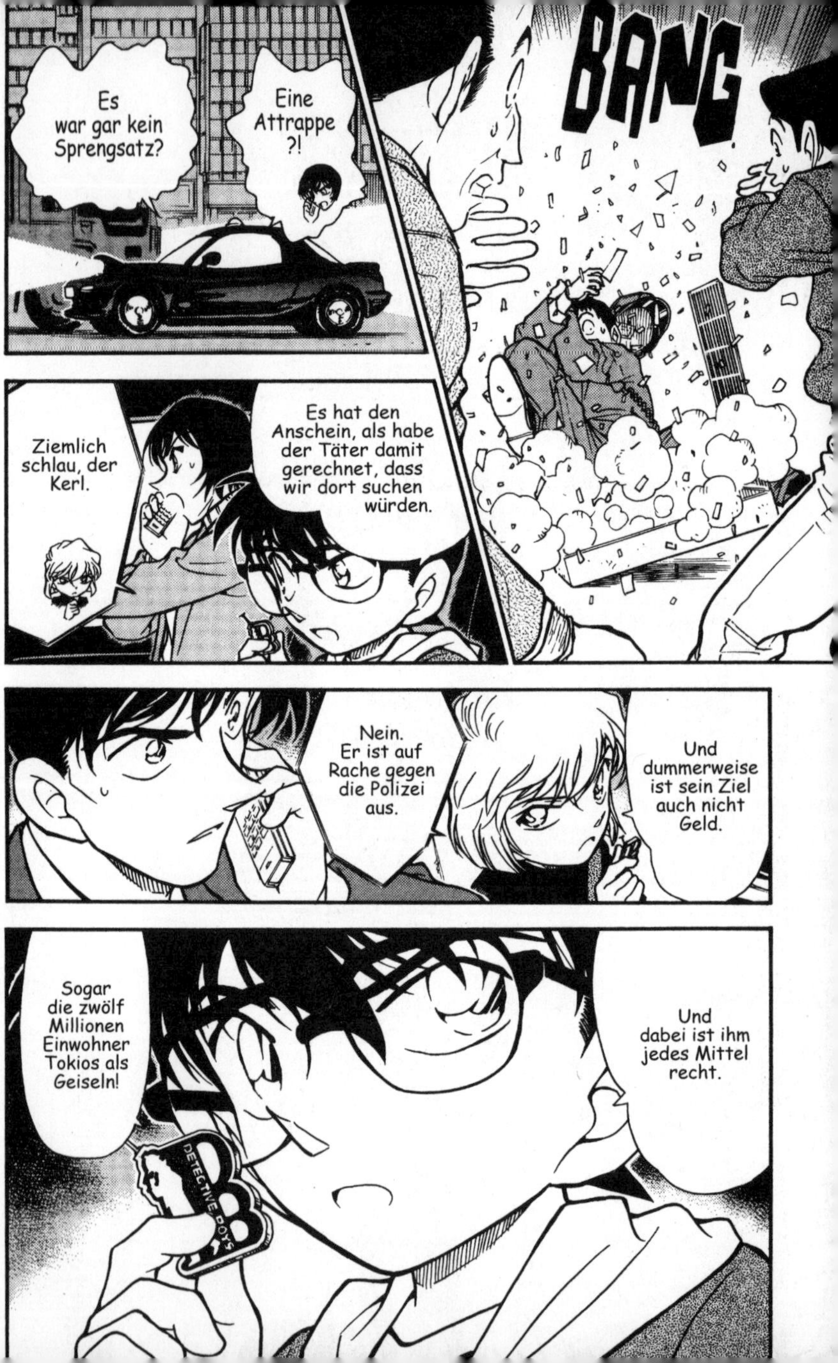
BANG
Eine Attrappe ?!
Es war gar kein Sprengsatz?
Es hat den Anschein, als habe der Täter damit gerechnet, dass wir dort suchen würden.
Ziemlich schlau, der Kerl.
Und dummerweise ist sein Ziel auch nicht Geld.
Nein. Er ist auf Rache gegen die Polizei aus.
Und dabei ist ihm jedes Mittel recht.
Sogar die zwölf Millionen Einwohner Tokios als Geiseln!
DETECTIVE BOYS

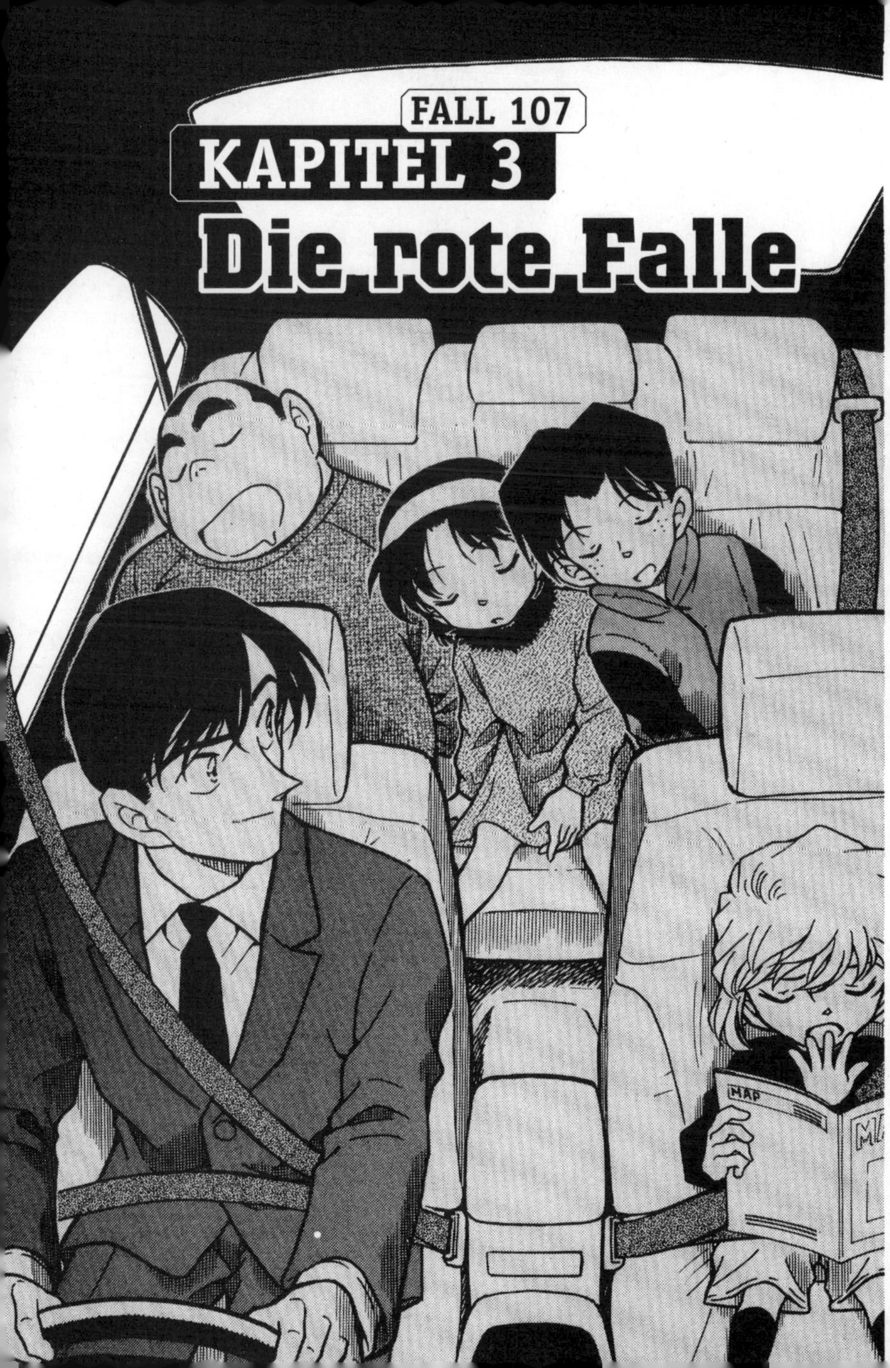
FALL 107
KAPITEL 3
Die rote Falle
MAP

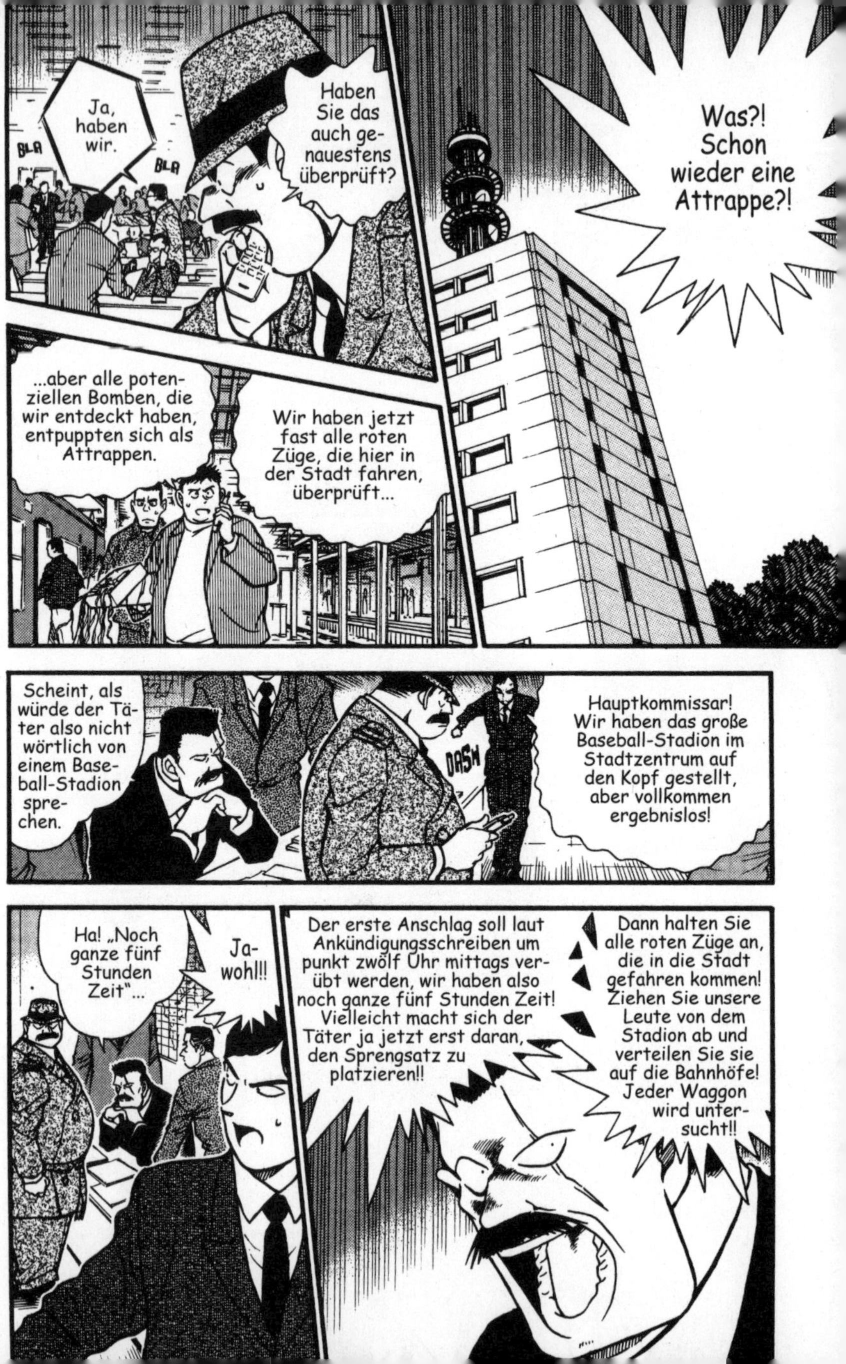
Was?! Schon wieder eine Attrappe?!
Haben Sie das auch genauestens überprüft?
Ja, haben wir.
BLA
BLA
Wir haben jetzt fast alle roten Züge, die hier in der Stadt fahren, überprüft...
...aber alle potenziellen Bomben, die wir entdeckt haben, entpuppten sich als Attrappen.
Hauptkommissar! Wir haben das große Baseball-Stadion im Stadtzentrum auf den Kopf gestellt, aber vollkommen ergebnislos!
DASH
Scheint, als würde der Täter also nicht wörtlich von einem Baseball-Stadion sprechen.
Dann halten Sie alle roten Züge an, die in die Stadt gefahren kommen! Ziehen Sie unsere Leute von dem Stadion ab und verteilen Sie sie auf die Bahnhöfe! Jeder Waggon wird untersucht!!
Der erste Anschlag soll laut Ankündigungsschreiben um punkt zwölf Uhr mittags verübt werden, wir haben also noch ganze fünf Stunden Zeit! Vielleicht macht sich der Täter ja jetzt erst daran, den Sprengsatz zu platzieren!!
Jawohl!!
Ha! „Noch ganze fünf Stunden Zeit"...

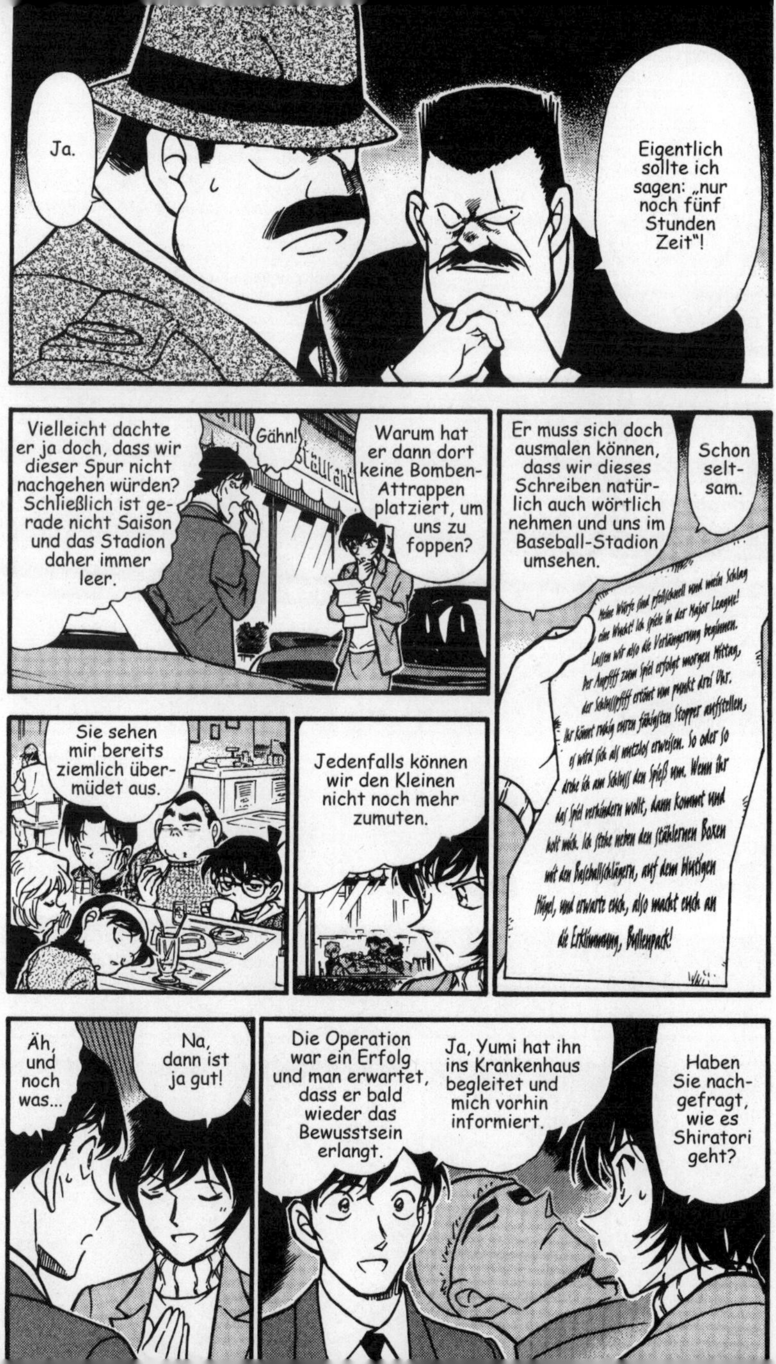
Eigentlich sollte ich sagen: „nur noch fünf Stunden Zeit"!
Ja.
Schon seltsam.
Er muss sich doch ausmalen können, dass wir dieses Schreiben natürlich auch wörtlich nehmen und uns im Baseball-Stadion umsehen.
Meine Würfe sind pfeilschnell und mein Schlag eine Wucht! Ich spiele in der Major League! Lassen wir also die Verlängerung beginnen. Der Anpfiff zum Spiel erfolgt morgen Mittag, der Schlusspfiff ertönt um punkt drei Uhr. Ihr könnt ruhig euren fähigsten Stopper aufstellen, es wird sich als nutzlos erweisen. So oder so drehe ich am Schluss den Spieß um. Wenn ihr das Spiel verhindern wollt, dann kommt und holt mich. Ich stehe neben den stählernen Boxen mit den Baseballschlägern, auf dem blutigen Hügel, und erwarte euch, also macht euch an die Erklimmung, Bullenpack!
Warum hat er dann dort keine Bomben-Attrappen platziert, um uns zu foppen?
Gähn!
Vielleicht dachte er ja doch, dass wir dieser Spur nicht nachgehen würden? Schließlich ist gerade nicht Saison und das Stadion daher immer leer.
Jedenfalls können wir den Kleinen nicht noch mehr zumuten.
Sie sehen mir bereits ziemlich übermüdet aus.
Haben Sie nachgefragt, wie es Shiratori geht?
Ja, Yumi hat ihn ins Krankenhaus begleitet und mich vorhin informiert.
Die Operation war ein Erfolg und man erwartet, dass er bald wieder das Bewusstsein erlangt.
Na, dann ist ja gut!
Äh, und noch was...

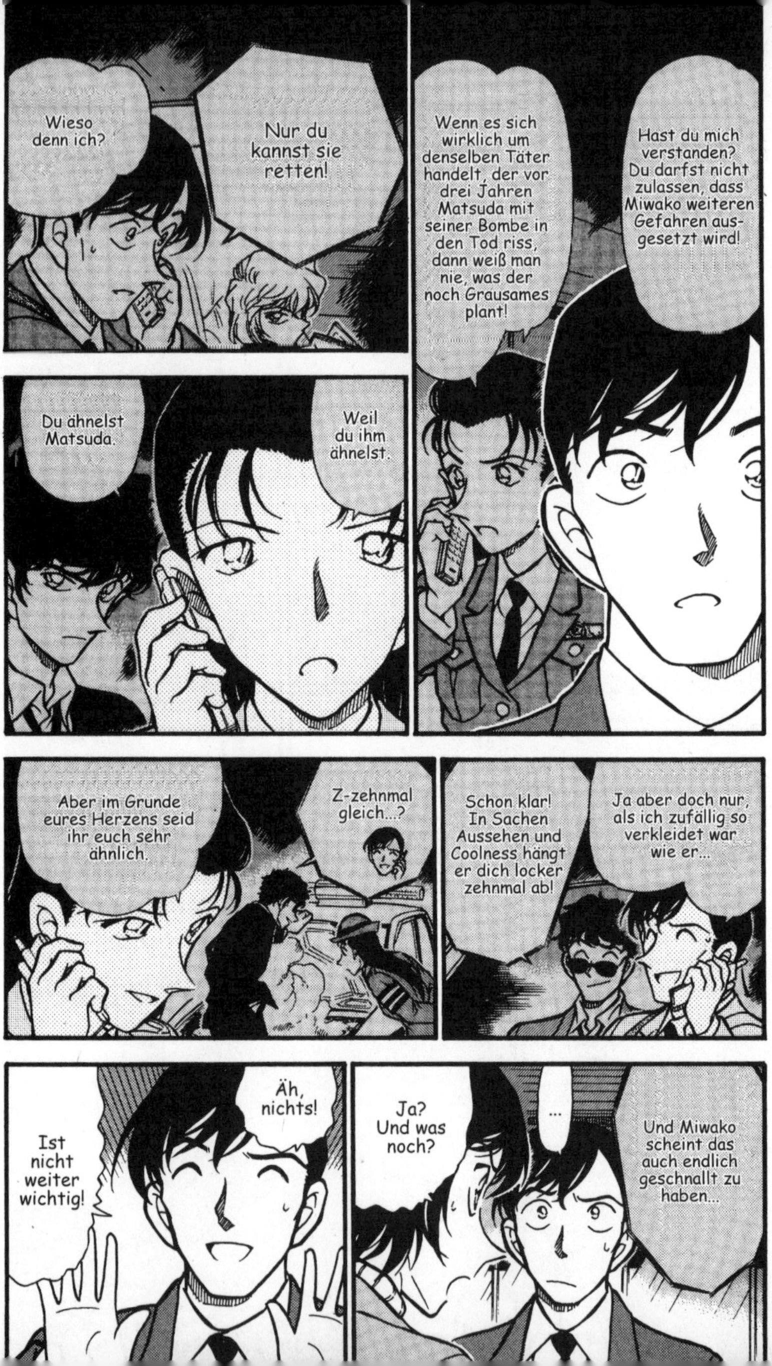
Hast du mich verstanden? Du darfst nicht zulassen, dass Miwako weiteren Gefahren ausgesetzt wird!
Wenn es sich wirklich um denselben Täter handelt, der vor drei Jahren Matsuda mit seiner Bombe in den Tod riss, dann weiß man nie, was der noch Grausames plant!
Nur du kannst sie retten!
Wieso denn ich?
Weil du ihm ähnelst.
Du ähnelst Matsuda.
Ja aber doch nur, als ich zufällig so verkleidet war wie er...
Schon klar! In Sachen Aussehen und Coolness hängt er dich locker zehnmal ab!
Z-zehnmal gleich...?
Aber im Grunde eures Herzens seid ihr euch sehr ähnlich.
Und Miwako scheint das auch endlich geschnallt zu haben...
...
Ja? Und was noch?
Äh, nichts!
Ist nicht weiter wichtig!

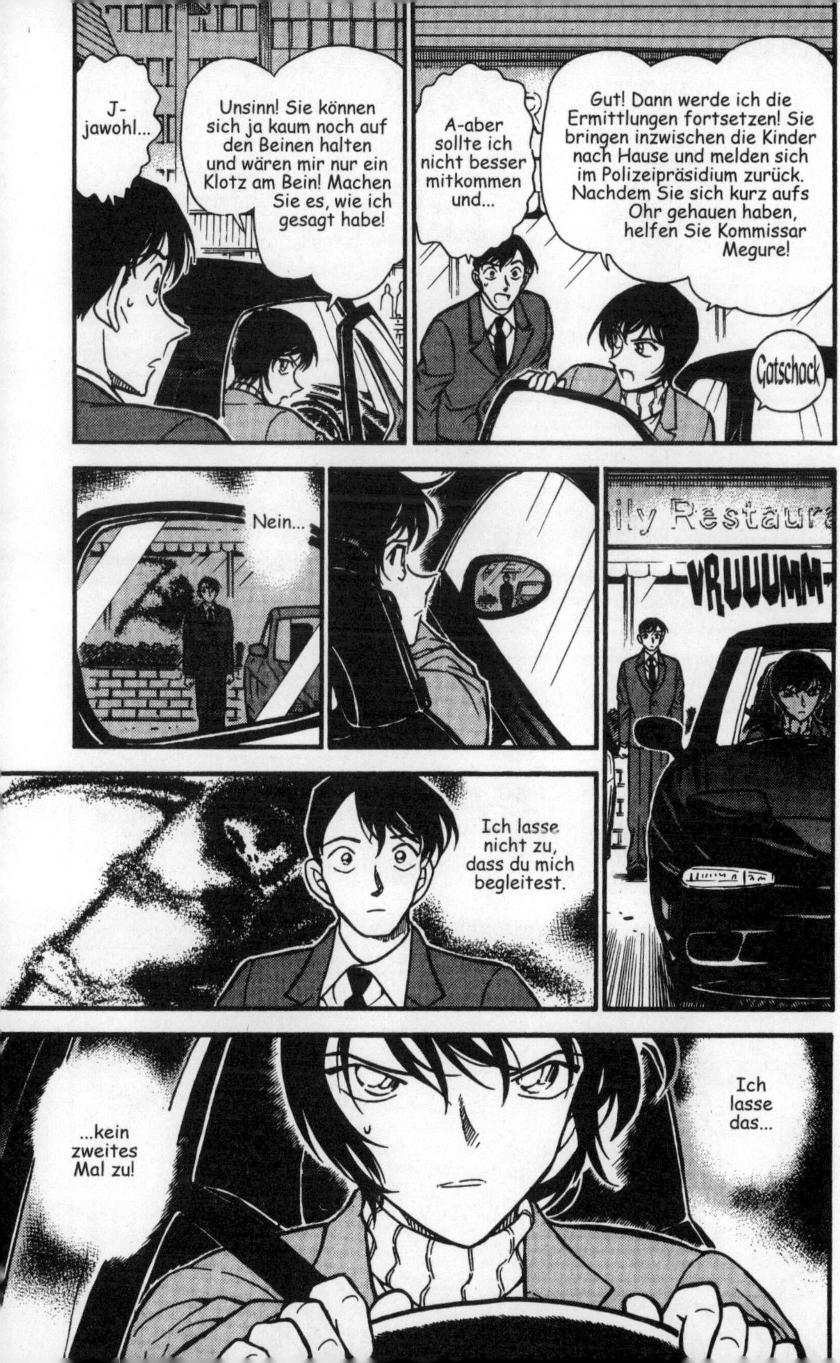
Gut! Dann werde ich die Ermittlungen fortsetzen! Sie bringen inzwischen die Kinder nach Hause und melden sich im Polizeipräsidium zurück. Nachdem Sie sich kurz aufs Ohr gehauen haben, helfen Sie Kommissar Megure!
Gatschack
A-aber sollte ich nicht besser mitkommen und...
Unsinn! Sie können sich ja kaum noch auf den Beinen halten und wären mir nur ein Klotz am Bein! Machen Sie es, wie ich gesagt habe!
J-jawohl...
ily Restaura
VRUUUMM-
Nein...
Ich lasse nicht zu, dass du mich begleitest.
Ich lasse das...
...kein zweites Mal zu!

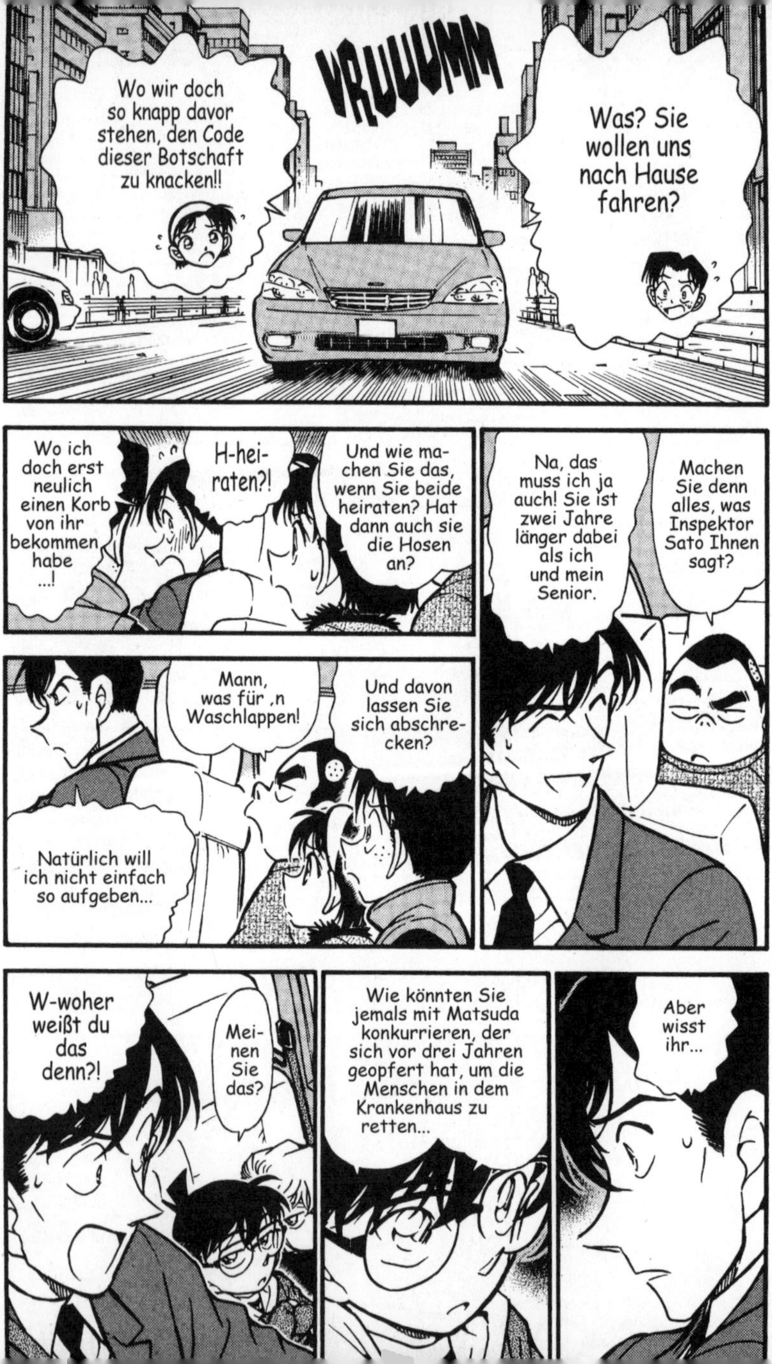

VRUUUMM
Was? Sie wollen uns nach Hause fahren?
Wo wir doch so knapp davor stehen, den Code dieser Botschaft zu knacken!!
Machen Sie denn alles, was Inspektor Sato Ihnen sagt?
Na, das muss ich ja auch! Sie ist zwei Jahre länger dabei als ich und mein Senior.
Und wie machen Sie das, wenn Sie beide heiraten? Hat dann auch sie die Hosen an?
H-heiraten?!
Wo ich doch erst neulich einen Korb von ihr bekommen habe ...!
Und davon lassen Sie sich abschrecken?
Mann, was für ,n Waschlappen!
Natürlich will ich nicht einfach so aufgeben...
Aber wisst ihr...
Wie könnten Sie jemals mit Matsuda konkurrieren, der sich vor drei Jahren geopfert hat, um die Menschen in dem Krankenhaus zu retten...
Meinen Sie das?
W-woher weißt du das denn?!

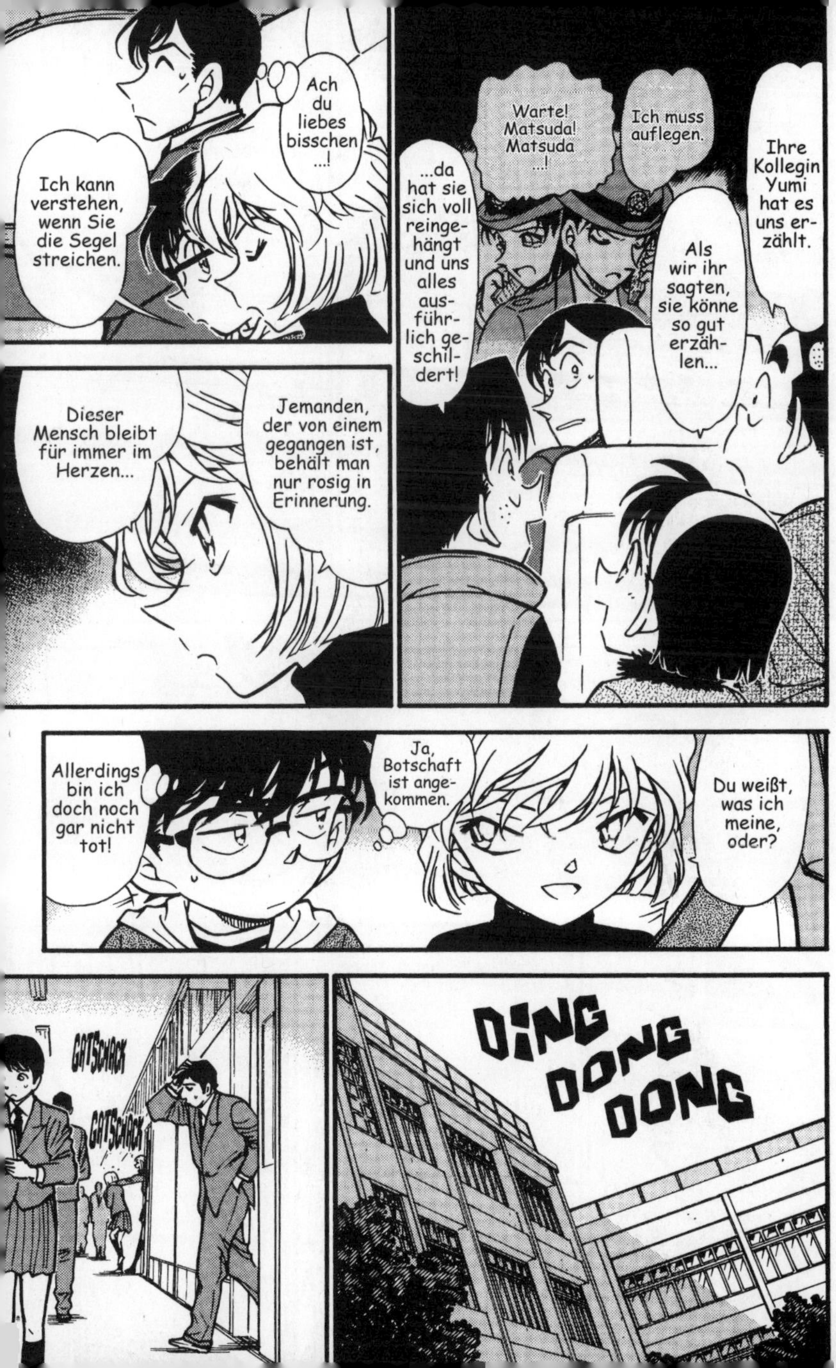

Ihre Kollegin Yumi hat es uns erzählt.
Als wir ihr sagten, sie könne so gut erzählen...
Ich muss auflegen.
Warte! Matsuda! Matsuda ...!
...da hat sie sich voll reingehängt und uns alles ausführlich geschildert!
Ach du liebes bisschen ...!
Ich kann verstehen, wenn Sie die Segel streichen.
Jemanden, der von einem gegangen ist, behält man nur rosig in Erinnerung.
Dieser Mensch bleibt für immer im Herzen...
Du weißt, was ich meine, oder?
Ja, Botschaft ist angekommen.
Allerdings bin ich doch noch gar nicht tot!
DING DONG DONG
GATSCHACK
GATSCHACK

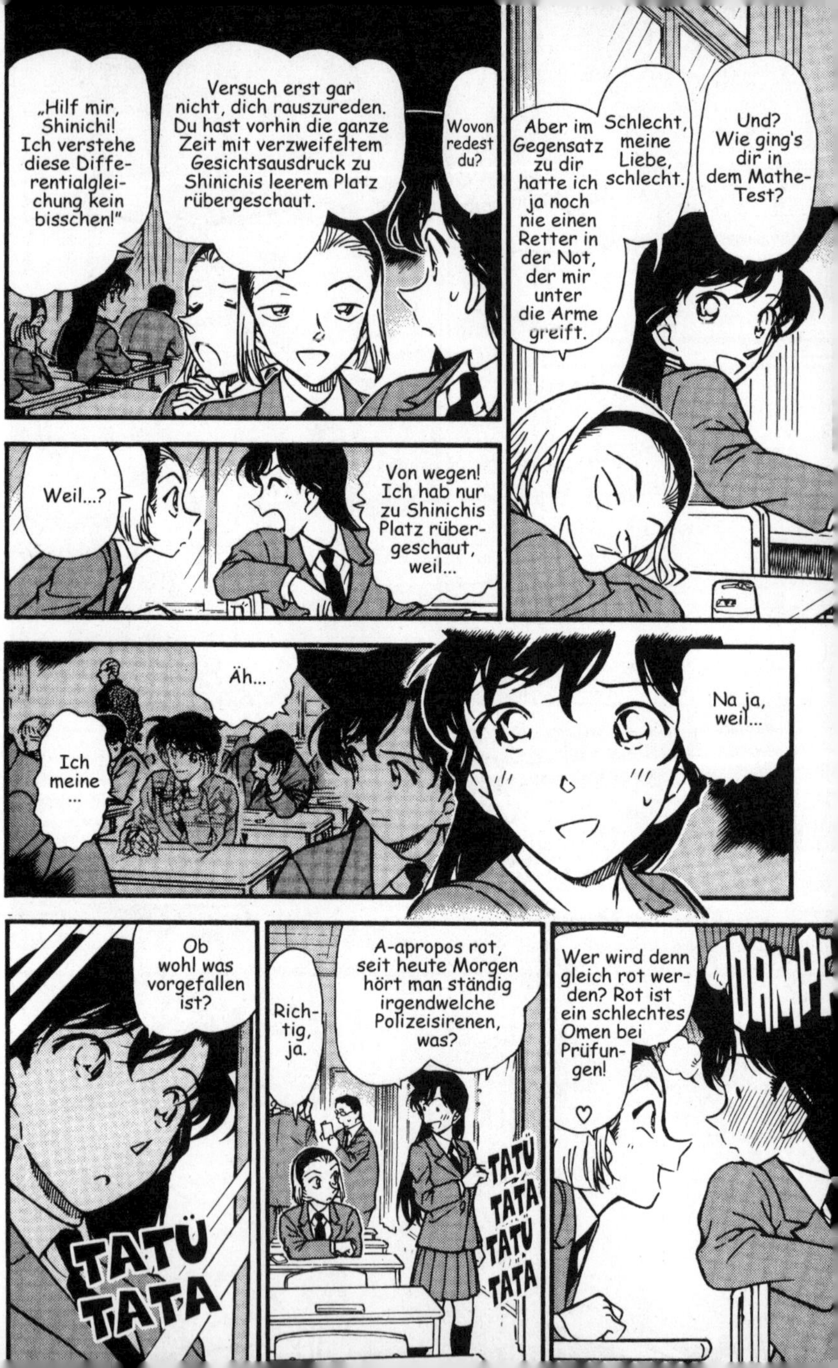
Und? Wie ging's dir in dem Mathe-Test?
Schlecht, meine Liebe, schlecht.
Aber im Gegensatz zu dir hatte ich ja noch nie einen Retter in der Not, der mir unter die Arme greift.
Wovon redest du?
Versuch erst gar nicht, dich rauszureden. Du hast vorhin die ganze Zeit mit verzweifeltem Gesichtsausdruck zu Shinichis leerem Platz rübergeschaut.
„Hilf mir, Shinichi! Ich verstehe diese Differentialgleichung kein bisschen!"
Von wegen! Ich hab nur zu Shinichis Platz rübergeschaut, weil...
Weil...?
Na ja, weil...
Äh...
Ich meine ...
DAMP
Wer wird denn gleich rot werden? Rot ist ein schlechtes Omen bei Prüfungen!
A-apropos rot, seit heute Morgen hört man ständig irgendwelche Polizeisirenen, was?
Richtig, ja.
TATÜ TATA TATÜ TATA
Ob wohl was vorgefallen ist?
TATÜ TATA

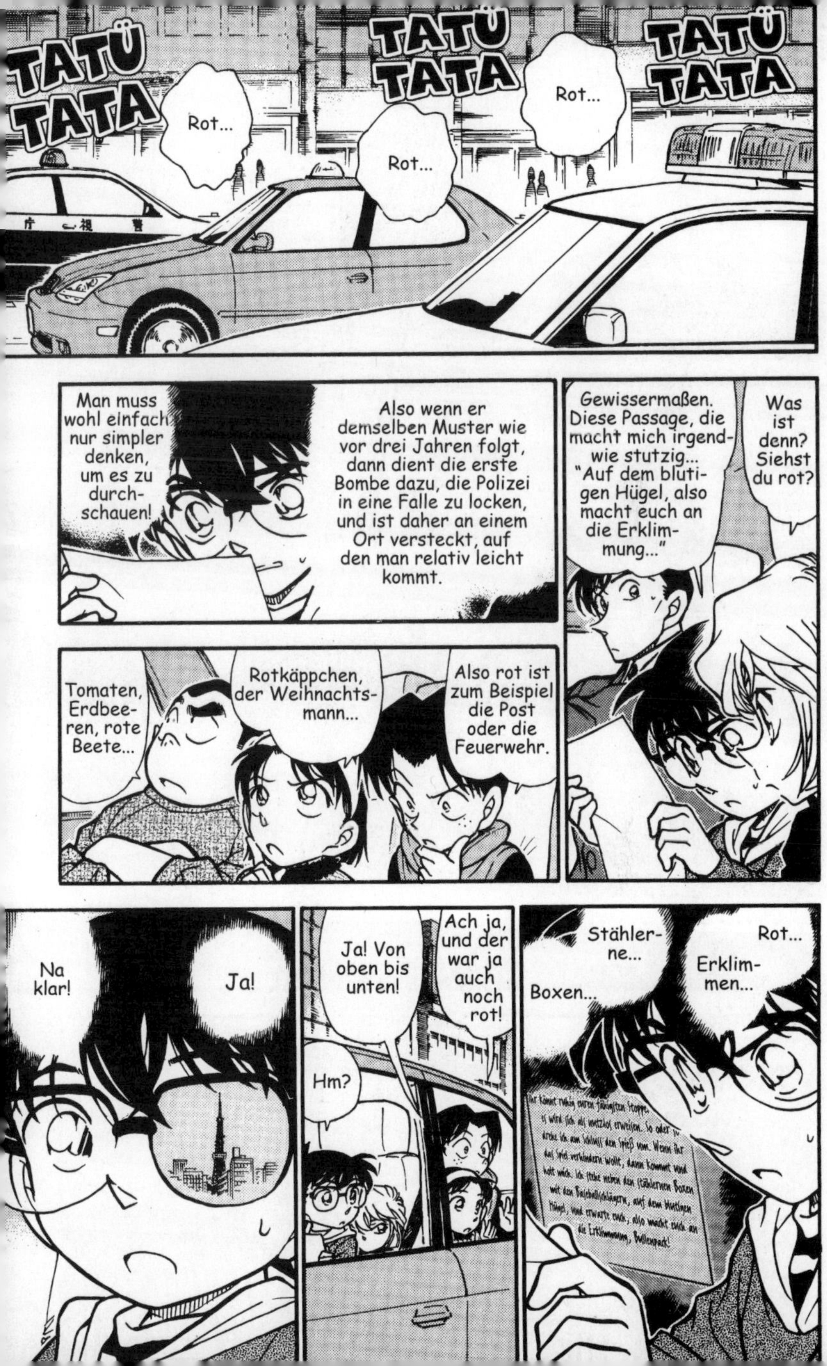
TATÜ TATA
Rot...
TATÜ TATA
Rot...
Rot...
TATÜ TATA
Was ist denn? Siehst du rot?
Gewissermaßen. Diese Passage, die macht mich irgendwie stutzig... "Auf dem blutigen Hügel, also macht euch an die Erklimmung..."
Also wenn er demselben Muster wie vor drei Jahren folgt, dann dient die erste Bombe dazu, die Polizei in eine Falle zu locken, und ist daher an einem Ort versteckt, auf den man relativ leicht kommt.
Man muss wohl einfach nur simpler denken, um es zu durchschauen!
Also rot ist zum Beispiel die Post oder die Feuerwehr.
Rotkäppchen, der Weihnachtsmann...
Tomaten, Erdbeeren, rote Beete...
Rot... Erklimmen...
Stählerne... Boxen...
Ach ja, und der war ja auch noch rot!
Ja! Von oben bis unten!
Hm?
Ja!
Na klar!

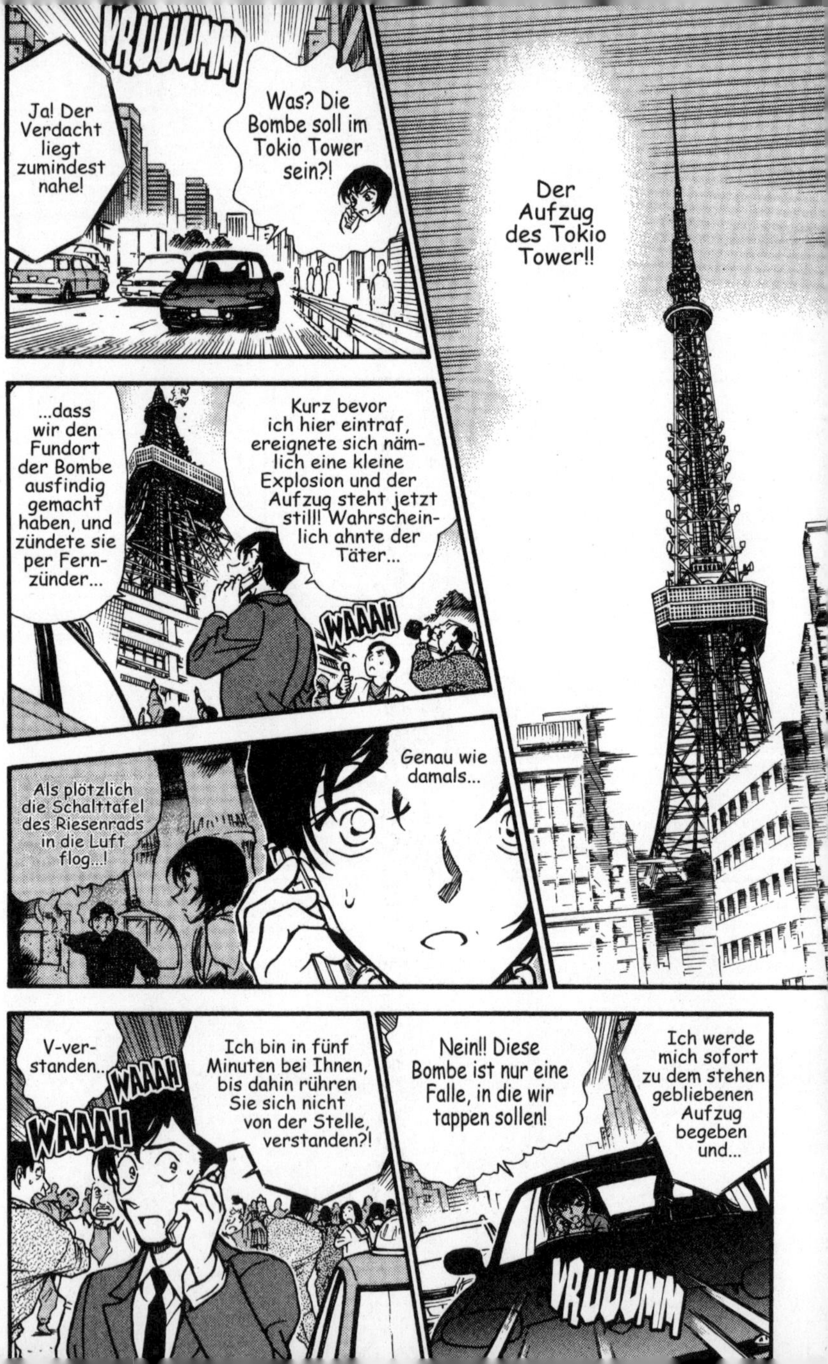
VRUUUMM
Was? Die Bombe soll im Tokio Tower sein?!
Ja! Der Verdacht liegt zumindest nahe!
Der Aufzug des Tokio Tower!!
Kurz bevor ich hier eintraf, ereignete sich nämlich eine kleine Explosion und der Aufzug steht jetzt still! Wahrscheinlich ahnte der Täter...
...dass wir den Fundort der Bombe ausfindig gemacht haben, und zündete sie per Fernzünder...
WAAAH
Genau wie damals...
Als plötzlich die Schalttafel des Riesenrads in die Luft flog...!
Ich werde mich sofort zu dem stehen gebliebenen Aufzug begeben und...
Nein!! Diese Bombe ist nur eine Falle, in die wir tappen sollen!
VRUUUMM
Ich bin in fünf Minuten bei Ihnen, bis dahin rühren Sie sich nicht von der Stelle, verstanden?!
V-verstanden...
WAAAH
WAAAH

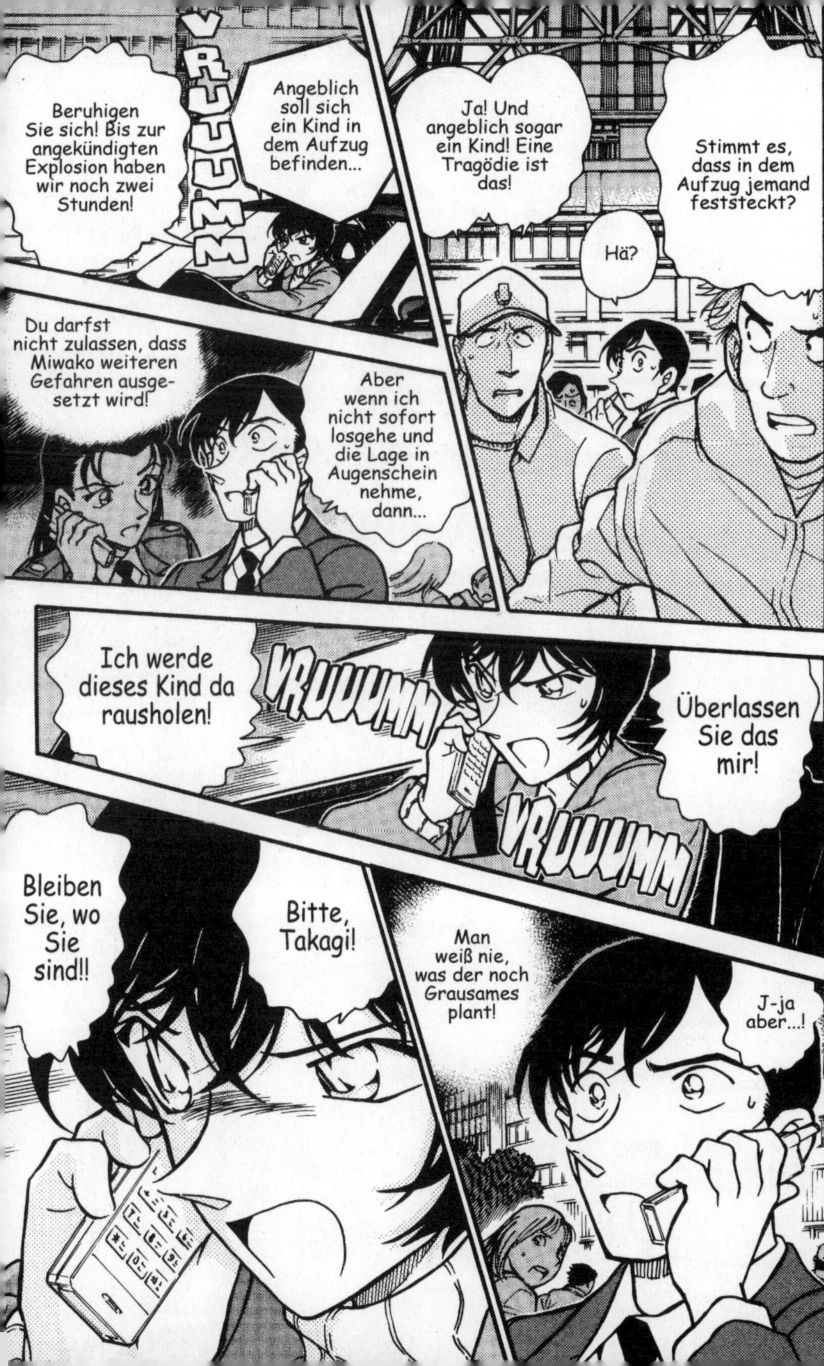

Stimmt es, dass in dem Aufzug jemand feststeckt?
Hä?
Ja! Und angeblich sogar ein Kind! Eine Tragödie ist das!
Angeblich soll sich ein Kind in dem Aufzug befinden...
VRUUMM
Beruhigen Sie sich! Bis zur angekündigten Explosion haben wir noch zwei Stunden!
Aber wenn ich nicht sofort losgehe und die Lage in Augenschein nehme, dann...
Du darfst nicht zulassen, dass Miwako weiteren Gefahren ausgesetzt wird!
Überlassen Sie das mir!
VRUUUMM
VRUUUMM
Ich werde dieses Kind da rausholen!
J-ja aber...!
Man weiß nie, was der noch Grausames plant!
Bitte, Takagi!
Bleiben Sie, wo Sie sind!!

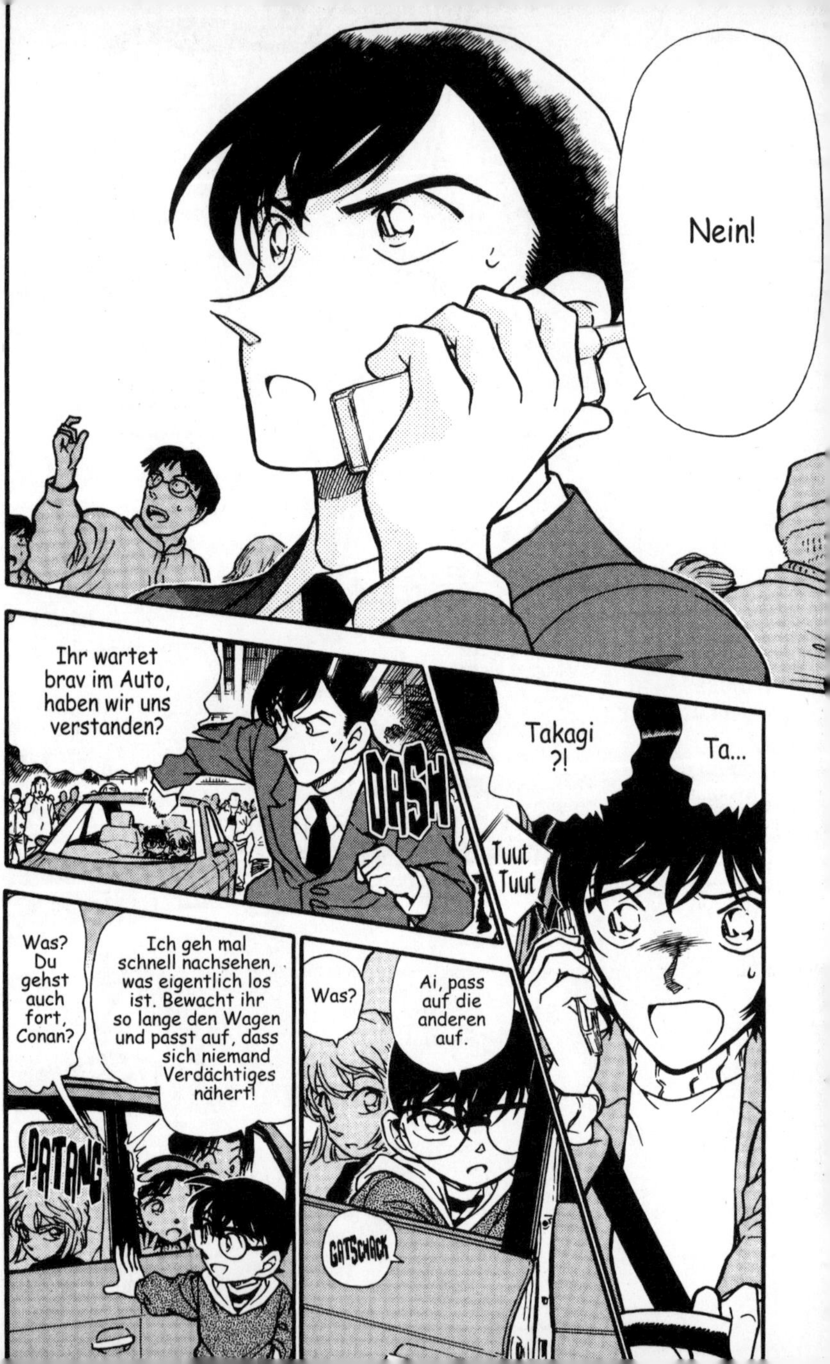
Nein!
Ihr wartet brav im Auto, haben wir uns verstanden?
DASH
Ta...
Takagi ?!
Tuut Tuut
Ai, pass auf die anderen auf.
Was?
GATSCHACK
Ich geh mal schnell nachsehen, was eigentlich los ist. Bewacht ihr so lange den Wagen und passt auf, dass sich niemand Verdächtiges nähert!
Was? Du gehst auch fort, Conan?
PATANG

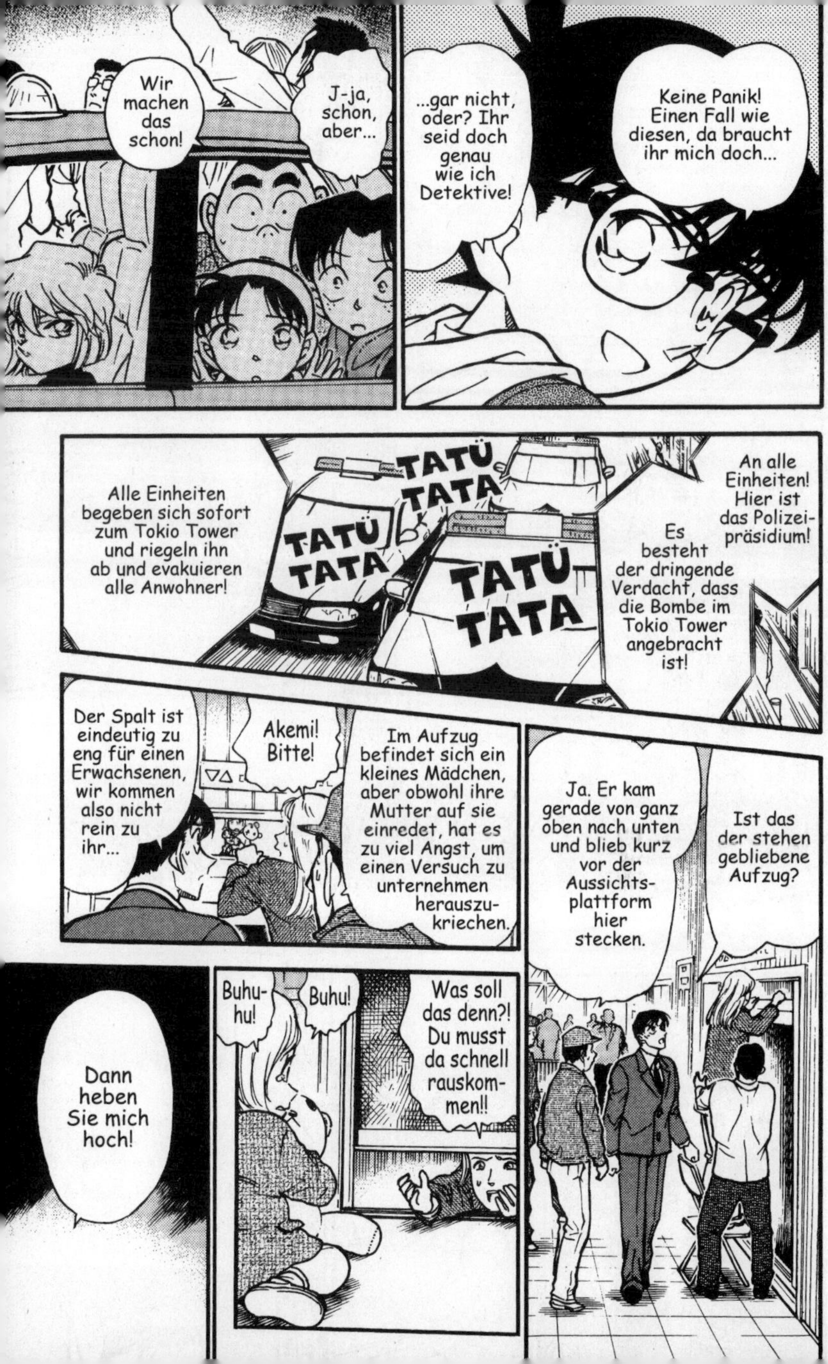

Keine Panik! Einen Fall wie diesen, da braucht ihr mich doch...
...gar nicht, oder? Ihr seid doch genau wie ich Detektive!
J-ja, schon, aber...
Wir machen das schon!
An alle Einheiten! Hier ist das Polizeipräsidium!
Es besteht der dringende Verdacht, dass die Bombe im Tokio Tower angebracht ist!
TATÜ TATA
TATÜ TATA
TATÜ TATA
TATÜ TATA
Alle Einheiten begeben sich sofort zum Tokio Tower und riegeln ihn ab und evakuieren alle Anwohner!
Ist das der stehen gebliebene Aufzug?
Ja. Er kam gerade von ganz oben nach unten und blieb kurz vor der Aussichtsplattform hier stecken.
Im Aufzug befindet sich ein kleines Mädchen, aber obwohl ihre Mutter auf sie einredet, hat es zu viel Angst, um einen Versuch zu unternehmen herauszukriechen.
Akemi! Bitte!
Der Spalt ist eindeutig zu eng für einen Erwachsenen, wir kommen also nicht rein zu ihr...
Was soll das denn?! Du musst da schnell rauskommen!!
Buhu!
Buhu-hu!
Dann heben Sie mich hoch!

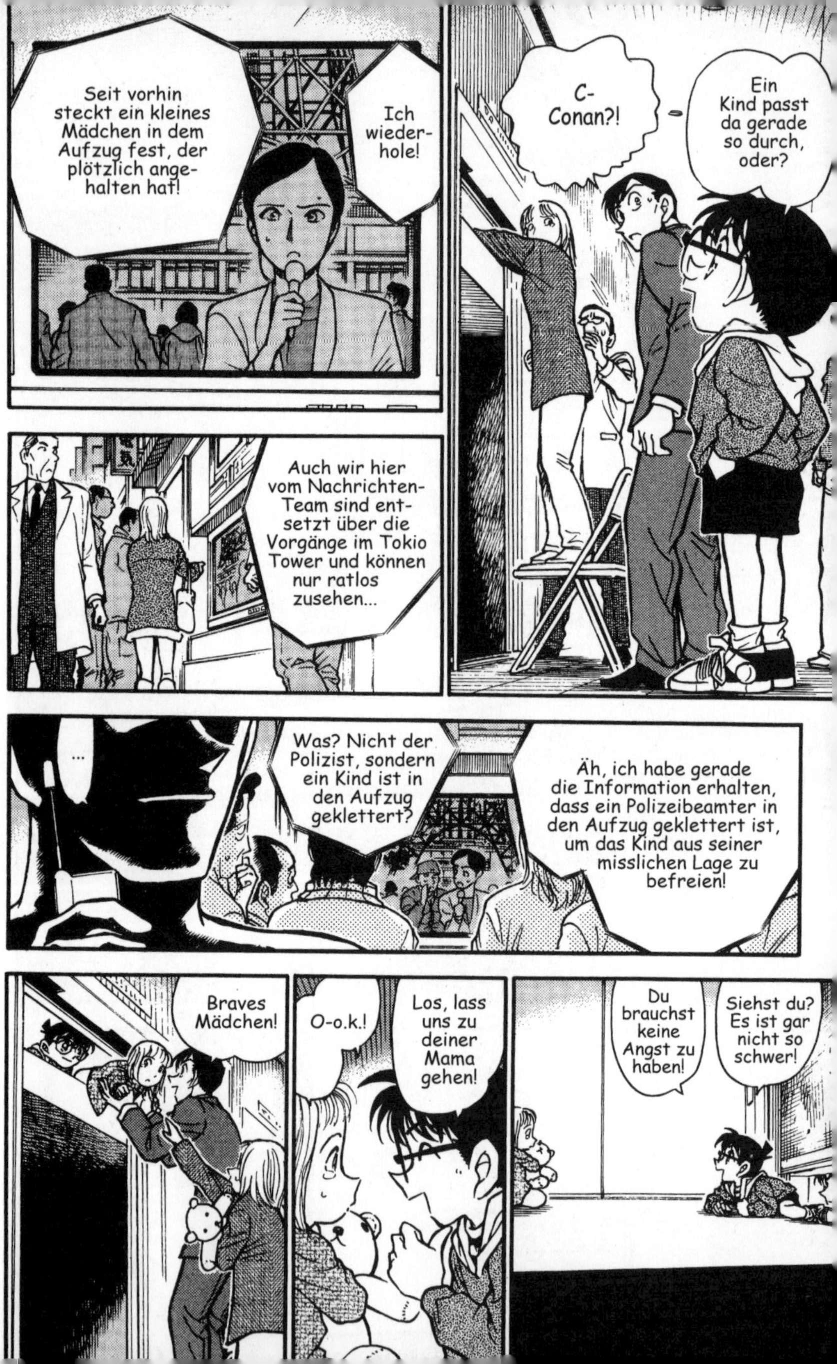
Ein Kind passt da gerade so durch, oder?
C-Conan?!
Ich wiederhole!
Seit vorhin steckt ein kleines Mädchen in dem Aufzug fest, der plötzlich angehalten hat!
Auch wir hier vom Nachrichten-Team sind entsetzt über die Vorgänge im Tokio Tower und können nur ratlos zusehen...
Äh, ich habe gerade die Information erhalten, dass ein Polizeibeamter in den Aufzug geklettert ist, um das Kind aus seiner misslichen Lage zu befreien!
Was? Nicht der Polizist, sondern ein Kind ist in den Aufzug geklettert?
...
Siehst du? Es ist gar nicht so schwer!
Du brauchst keine Angst zu haben!
Los, lass uns zu deiner Mama gehen!
O-o.k.!
Braves Mädchen!

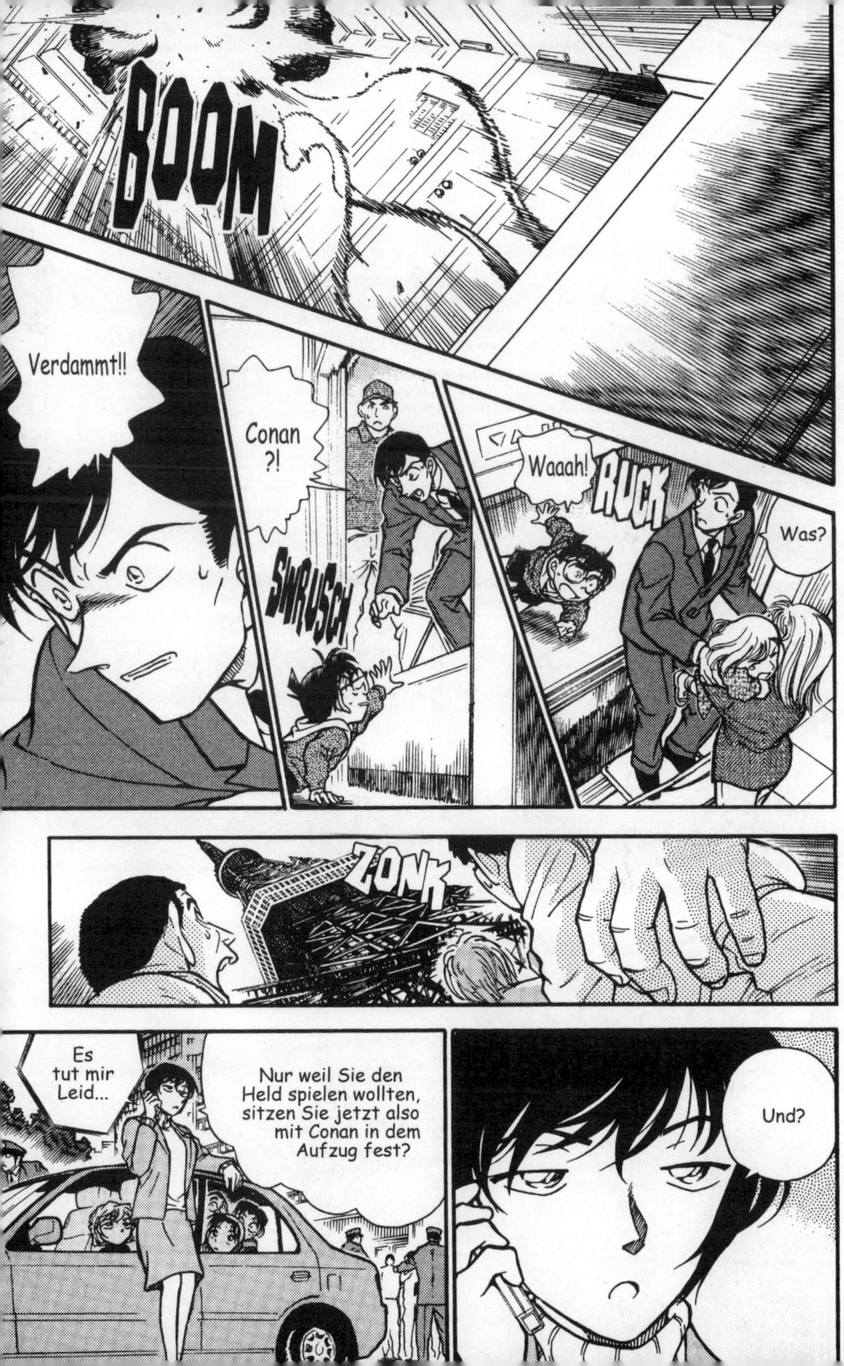
BOOM
Verdammt!!
Conan ?!
SWRUSCH
Was?
RUCK
Waaah!
ZONK
Und?
Nur weil Sie den Held spielen wollten, sitzen Sie jetzt also mit Conan in dem Aufzug fest?
Es tut mir Leid...

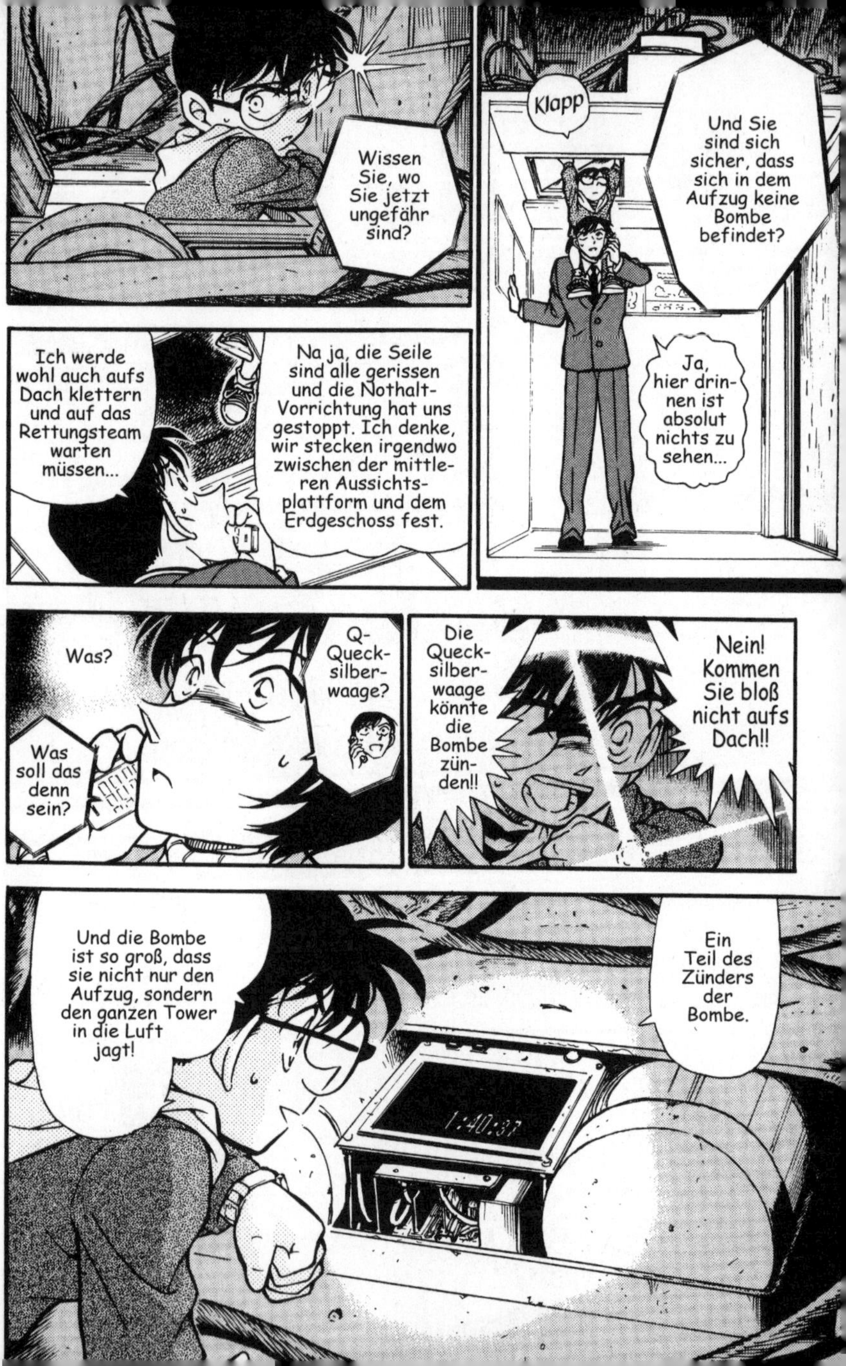
Klapp
Und Sie sind sich sicher, dass sich in dem Aufzug keine Bombe befindet?
Ja, hier drinnen ist absolut nichts zu sehen...
Wissen Sie, wo Sie jetzt ungefähr sind?
Na ja, die Seile sind alle gerissen und die Nothalt-Vorrichtung hat uns gestoppt. Ich denke, wir stecken irgendwo zwischen der mittleren Aussichtsplattform und dem Erdgeschoss fest.
Ich werde wohl auch aufs Dach klettern und auf das Rettungsteam warten müssen...
Nein! Kommen Sie bloß nicht aufs Dach!!
Die Quecksilberwaage könnte die Bombe zünden!!
Q-Quecksilberwaage?
Was?
Was soll das denn sein?
Ein Teil des Zünders der Bombe.
Und die Bombe ist so groß, dass sie nicht nur den Aufzug, sondern den ganzen Tower in die Luft jagt!
1:40:37

KAPITEL 4 FALL 107

Die wichtigste Person der Welt

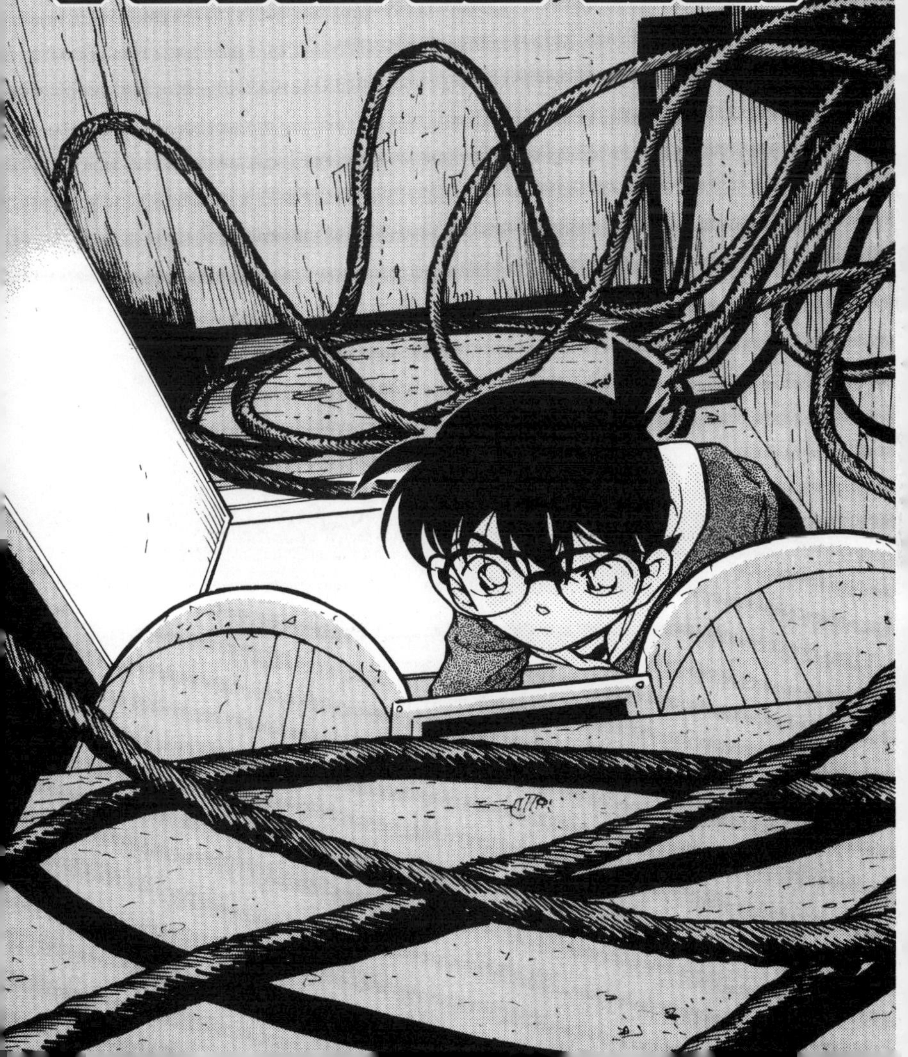

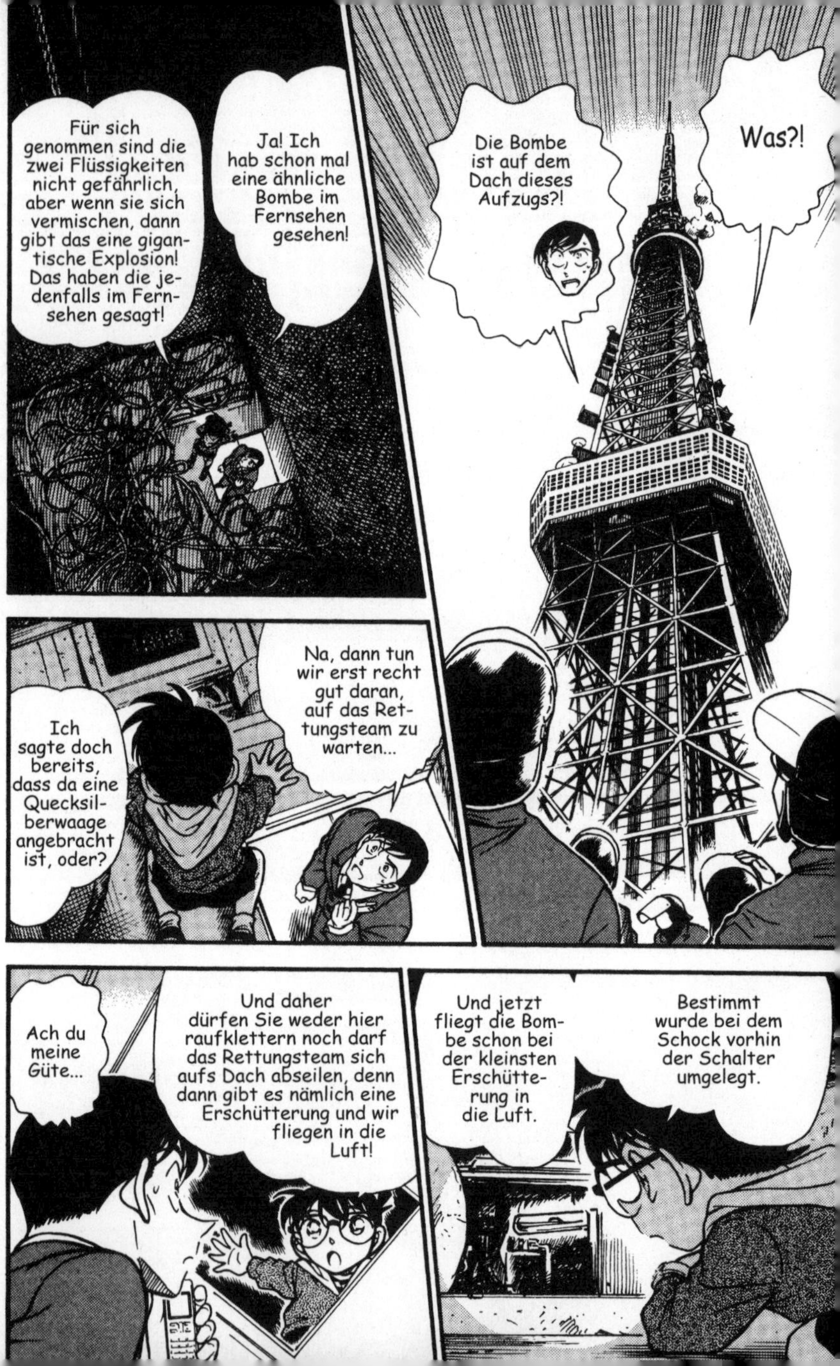

Was?!
Die Bombe ist auf dem Dach dieses Aufzugs?!
Ja! Ich hab schon mal eine ähnliche Bombe im Fernsehen gesehen!
Für sich genommen sind die zwei Flüssigkeiten nicht gefährlich, aber wenn sie sich vermischen, dann gibt das eine gigantische Explosion! Das haben die jedenfalls im Fernsehen gesagt!
Na, dann tun wir erst recht gut daran, auf das Rettungsteam zu warten...
Ich sagte doch bereits, dass da eine Quecksilberwaage angebracht ist, oder?
Bestimmt wurde bei dem Schock vorhin der Schalter umgelegt.
Und jetzt fliegt die Bombe schon bei der kleinsten Erschütterung in die Luft.
Und daher dürfen Sie weder hier raufklettern noch darf das Rettungsteam sich aufs Dach abseilen, denn dann gibt es nämlich eine Erschütterung und wir fliegen in die Luft!
Ach du meine Güte...

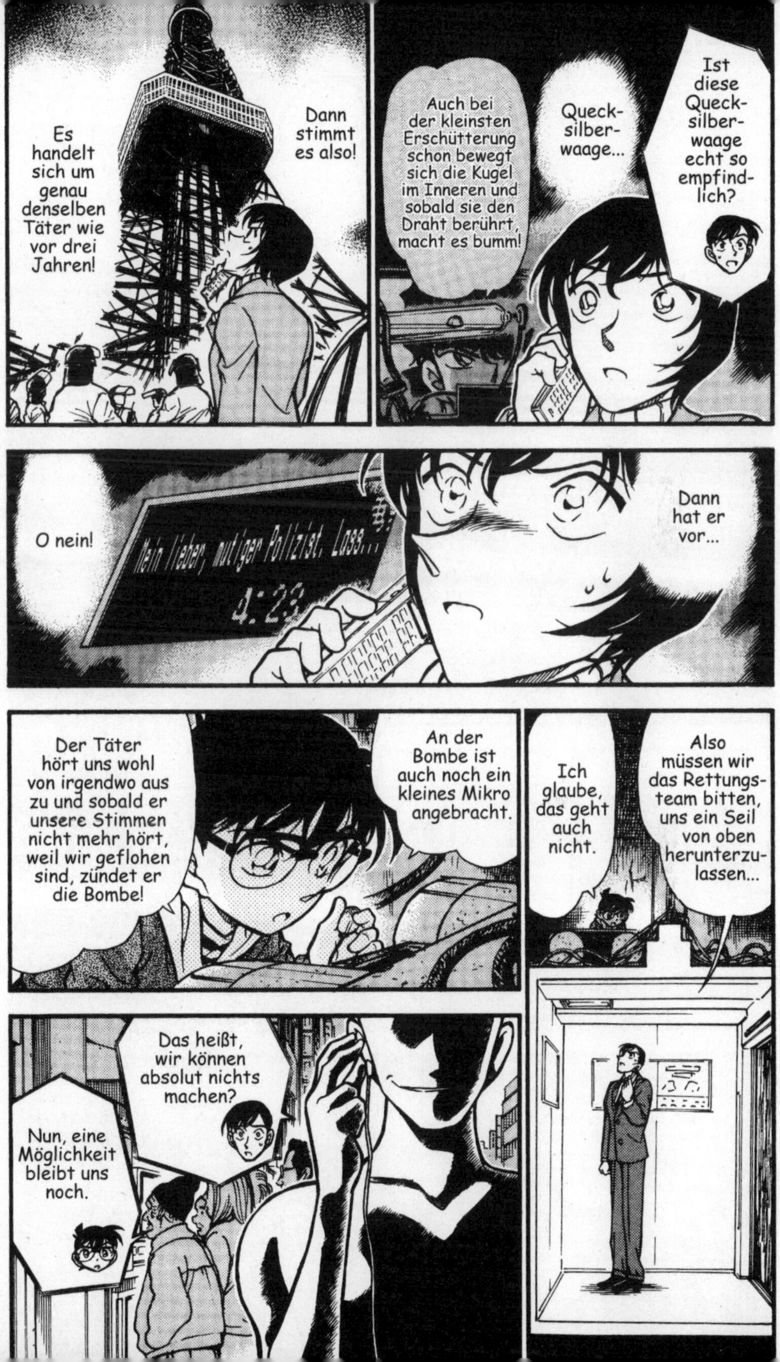

Ist diese Quecksilberwaage echt so empfindlich?
Quecksilberwaage...
Auch bei der kleinsten Erschütterung schon bewegt sich die Kugel im Inneren und sobald sie den Draht berührt, macht es bumm!
Dann stimmt es also!
Es handelt sich um genau denselben Täter wie vor drei Jahren!
Dann hat er vor...
Mein lieber, mutiger Polizist. Lass...
4:23
O nein!
Also müssen wir das Rettungsteam bitten, uns ein Seil von oben herunterzulassen...
Ich glaube, das geht auch nicht.
An der Bombe ist auch noch ein kleines Mikro angebracht.
Der Täter hört uns wohl von irgendwo aus zu und sobald er unsere Stimmen nicht mehr hört, weil wir geflohen sind, zündet er die Bombe!
Das heißt, wir können absolut nichts machen?
Nun, eine Möglichkeit bleibt uns noch.

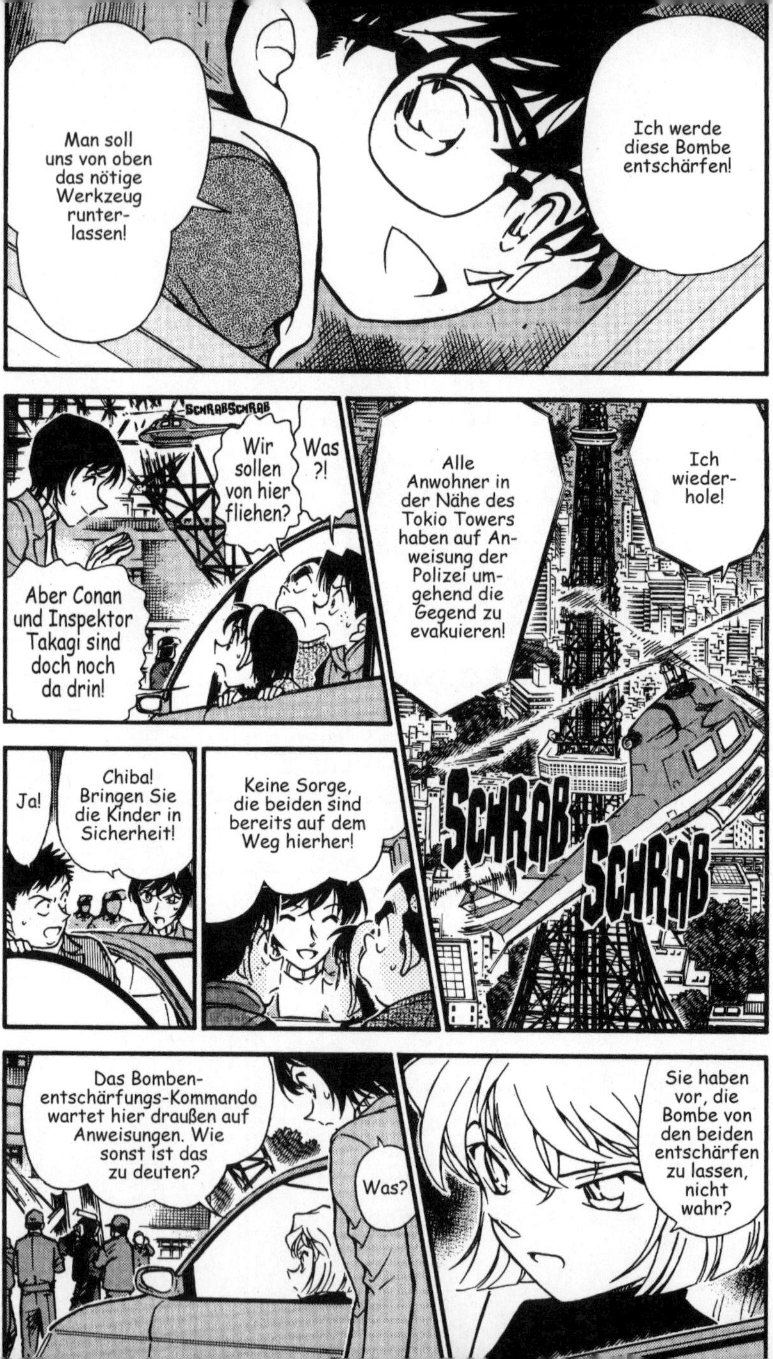
Ich werde diese Bombe entschärfen!
Man soll uns von oben das nötige Werkzeug runter-lassen!
Ich wieder-hole!
Alle Anwohner in der Nähe des Tokio Towers haben auf Anweisung der Polizei umgehend die Gegend zu evakuieren!
SCHRAB SCHRAB
SCHRABSCHRAB
Was ?!
Wir sollen von hier fliehen?
Aber Conan und Inspektor Takagi sind doch noch da drin!
Keine Sorge, die beiden sind bereits auf dem Weg hierher!
Chiba! Bringen Sie die Kinder in Sicherheit!
Ja!
Sie haben vor, die Bombe von den beiden entschärfen zu lassen, nicht wahr?
Was?
Das Bomben-entschärfungs-Kommando wartet hier draußen auf Anweisungen. Wie sonst ist das zu deuten?

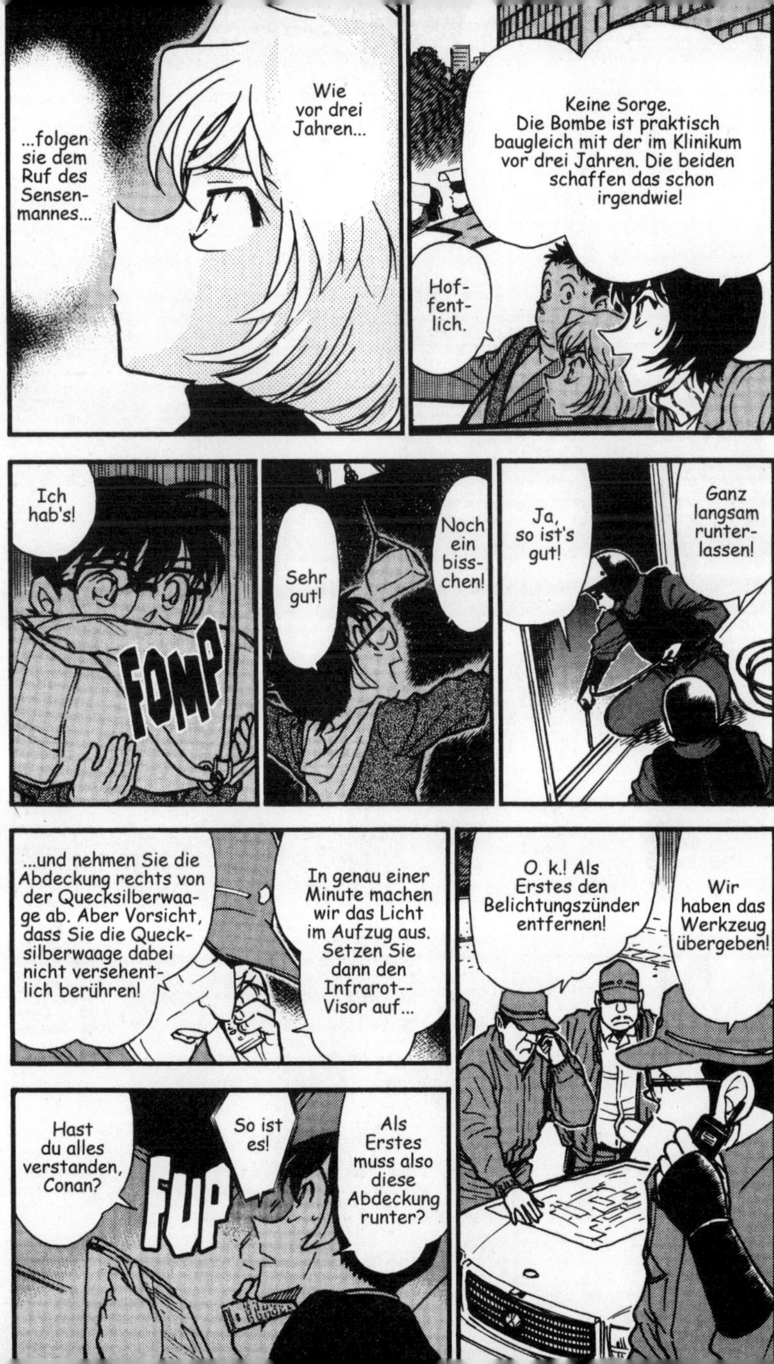

Keine Sorge. Die Bombe ist praktisch baugleich mit der im Klinikum vor drei Jahren. Die beiden schaffen das schon irgendwie!
Hof-fent-lich.
Wie vor drei Jahren...
...folgen sie dem Ruf des Sensen-mannes...
Ganz langsam runter-lassen!
Ja, so ist's gut!
Noch ein biss-chen!
Sehr gut!
Ich hab's!
FOMP
Wir haben das Werkzeug übergeben!
O. k.! Als Erstes den Belichtungszünder entfernen!
In genau einer Minute machen wir das Licht im Aufzug aus. Setzen Sie dann den Infrarot--Visor auf...
...und nehmen Sie die Abdeckung rechts von der Quecksilberwaa-ge ab. Aber Vorsicht, dass Sie die Queck-silberwaage dabei nicht versehent-lich berühren!
Als Erstes muss also diese Abdeckung runter?
So ist es!
FUP
Hast du alles verstanden, Conan?

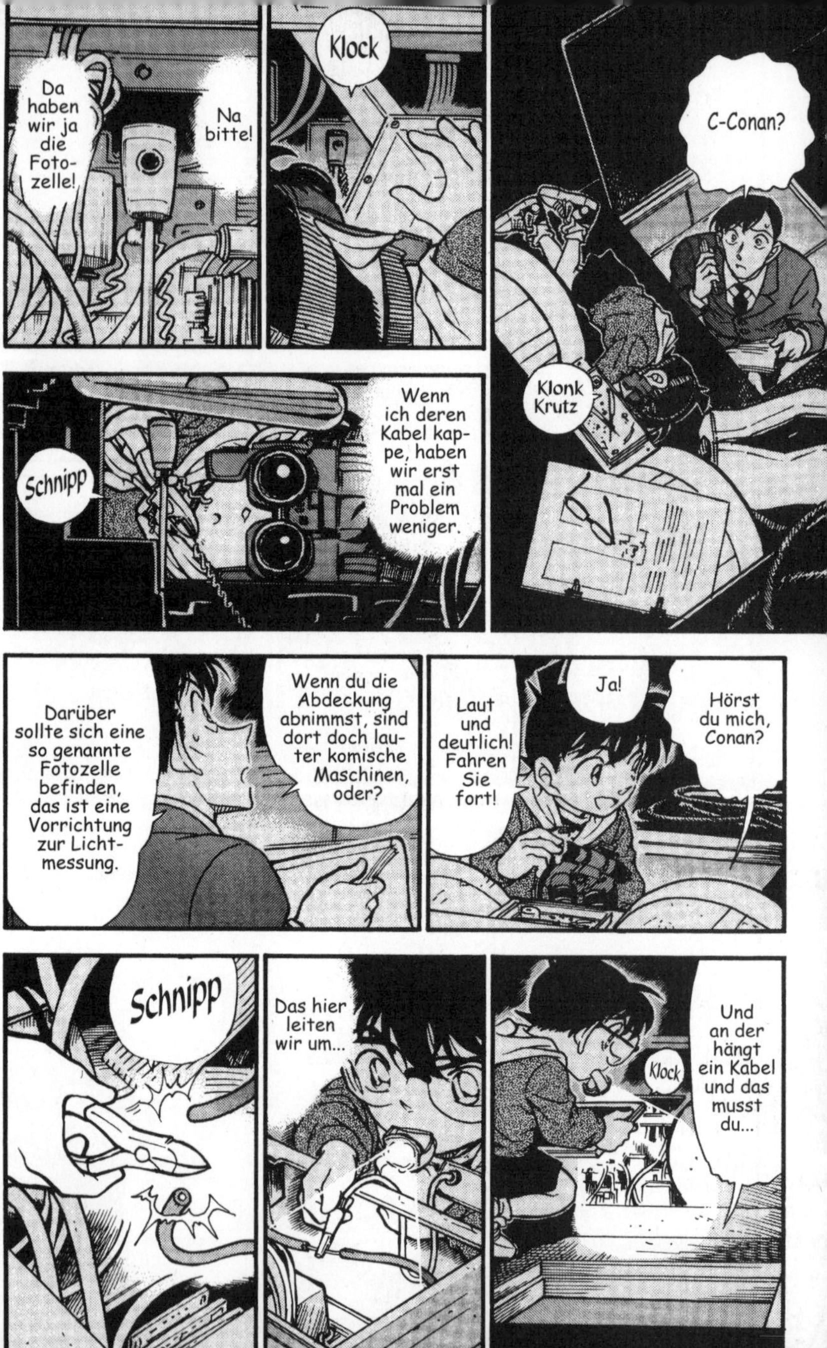
C-Conan?
Klonk Krutz
Klock
Na bitte!
Da haben wir ja die Fotozelle!
Wenn ich deren Kabel kappe, haben wir erst mal ein Problem weniger.
Schnipp
Hörst du mich, Conan?
Ja!
Laut und deutlich! Fahren Sie fort!
Wenn du die Abdeckung abnimmst, sind dort doch lauter komische Maschinen, oder?
Darüber sollte sich eine so genannte Fotozelle befinden, das ist eine Vorrichtung zur Lichtmessung.
Und an der hängt ein Kabel und das musst du...
Klock
Das hier leiten wir um...
Schnipp

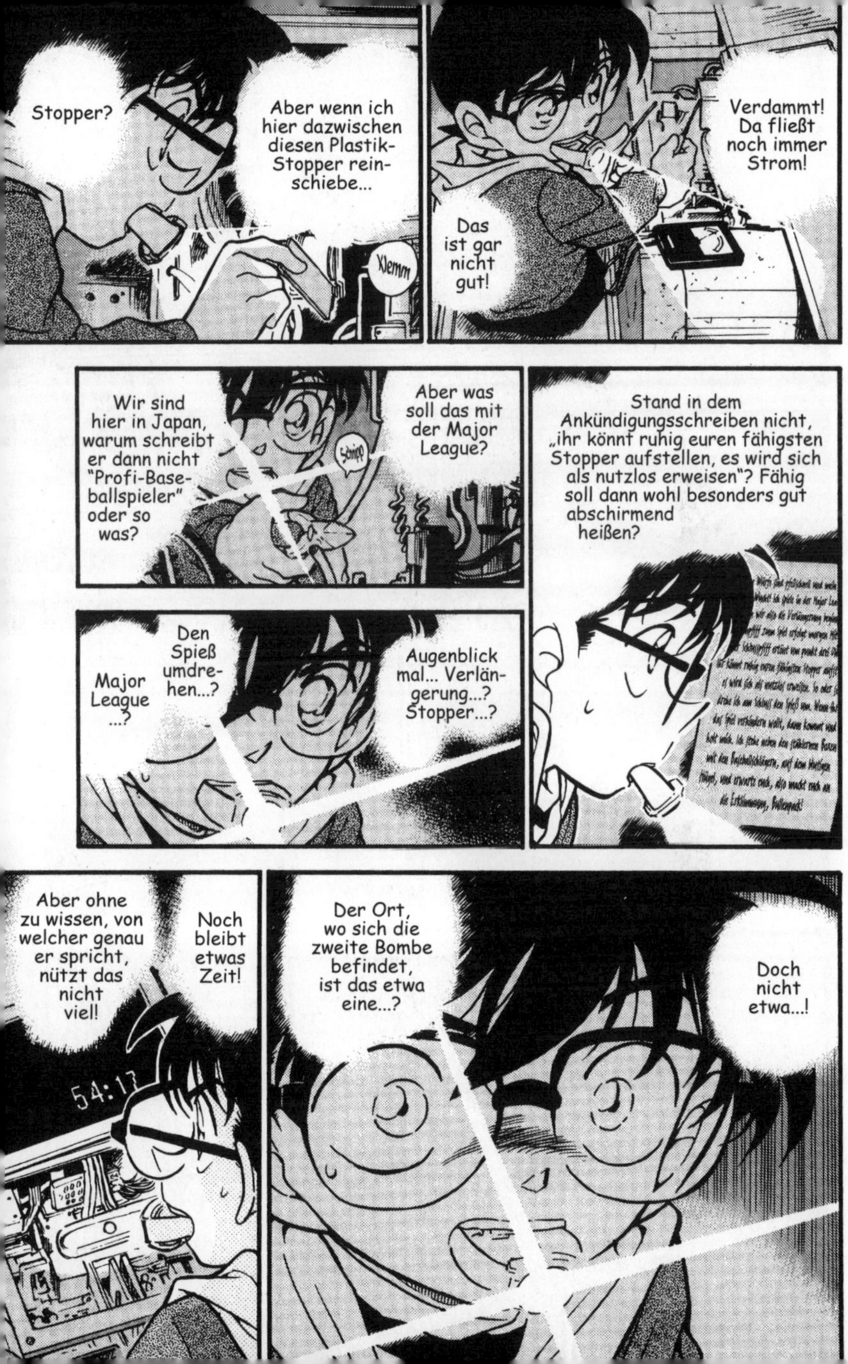

Verdammt! Da fließt noch immer Strom!
Das ist gar nicht gut!
Aber wenn ich hier dazwischen diesen Plastik-Stopper reinschiebe...
Klemm
Stopper?
Stand in dem Ankündigungsschreiben nicht, „ihr könnt ruhig euren fähigsten Stopper aufstellen, es wird sich als nutzlos erweisen"? Fähig soll dann wohl besonders gut abschirmend heißen?
Aber was soll das mit der Major League?
Schnipp
Wir sind hier in Japan, warum schreibt er dann nicht "Profi-Baseballspieler" oder so was?
Augenblick mal... Verlängerung...? Stopper...?
Den Spieß umdrehen...?
Major League ...?
Doch nicht etwa...!
Der Ort, wo sich die zweite Bombe befindet, ist das etwa eine...?
Noch bleibt etwas Zeit!
Aber ohne zu wissen, von welcher genau er spricht, nützt das nicht viel!
54:17

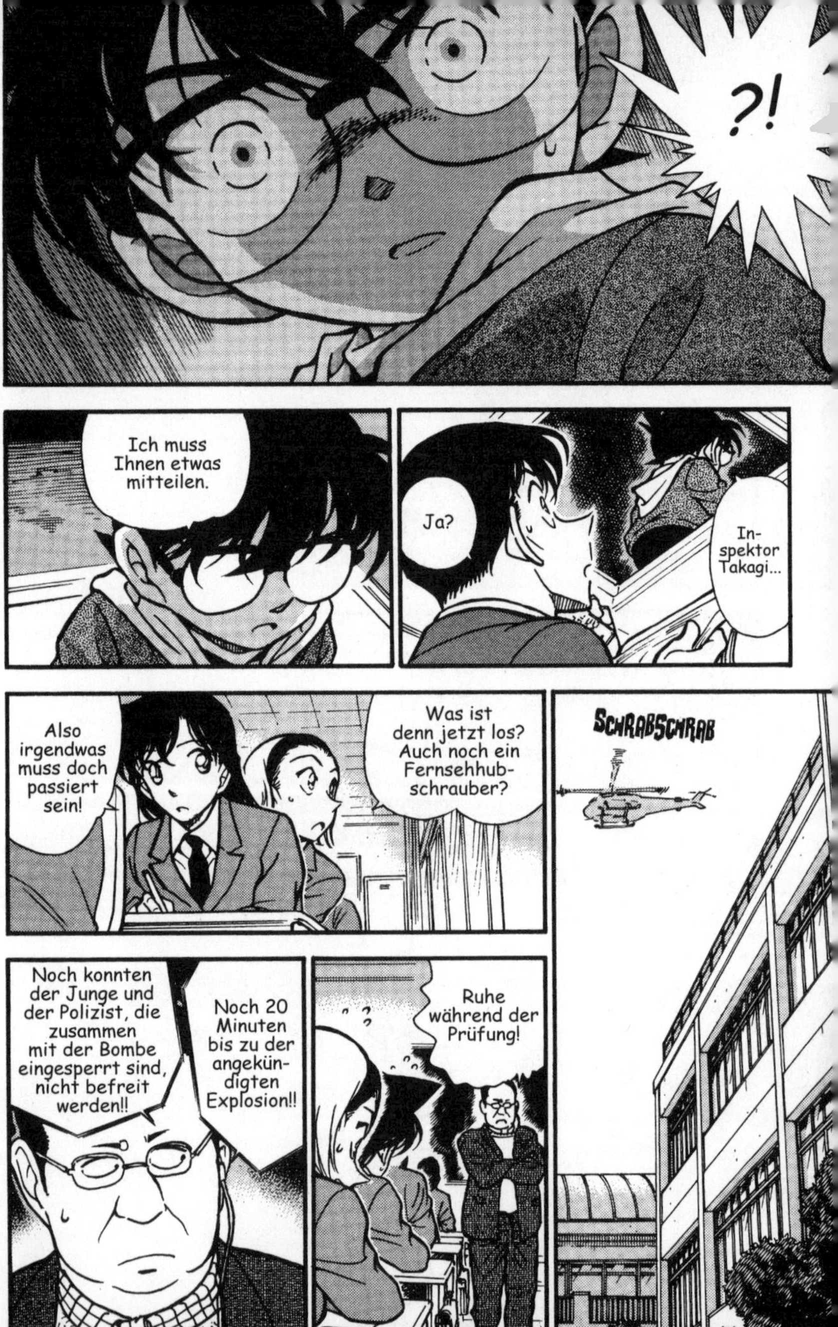
?!
Inspektor Takagi...
Ja?
Ich muss Ihnen etwas mitteilen.
SCHRABSCHRAB
Was ist denn jetzt los? Auch noch ein Fernsehhubschrauber?
Also irgendwas muss doch passiert sein!
Ruhe während der Prüfung!
Noch 20 Minuten bis zu der angekündigten Explosion!!
Noch konnten der Junge und der Polizist, die zusammen mit der Bombe eingesperrt sind, nicht befreit werden!!

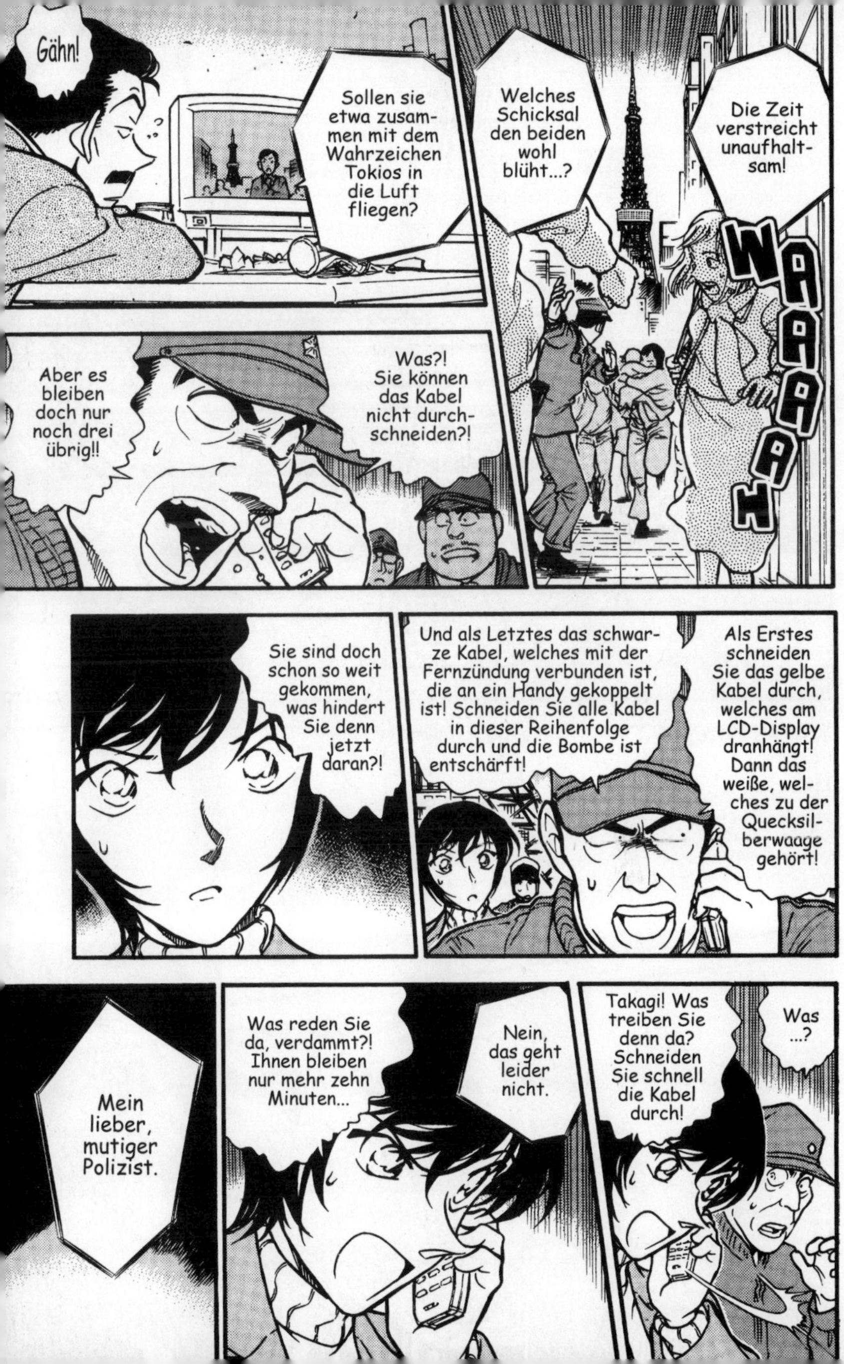

Die Zeit verstreicht unaufhaltsam!
Welches Schicksal den beiden wohl blüht...?
WAAAAAH
Sollen sie etwa zusammen mit dem Wahrzeichen Tokios in die Luft fliegen?
Gähn!
Was?! Sie können das Kabel nicht durchschneiden?!
Aber es bleiben doch nur noch drei übrig!!
Als Erstes schneiden Sie das gelbe Kabel durch, welches am LCD-Display dranhängt! Dann das weiße, welches zu der Quecksilberwaage gehört!
Und als Letztes das schwarze Kabel, welches mit der Fernzündung verbunden ist, die an ein Handy gekoppelt ist! Schneiden Sie alle Kabel in dieser Reihenfolge durch und die Bombe ist entschärft!
Sie sind doch schon so weit gekommen, was hindert Sie denn jetzt daran?!
Was ...?
Takagi! Was treiben Sie denn da? Schneiden Sie schnell die Kabel durch!
Nein, das geht leider nicht.
Was reden Sie da, verdammt?! Ihnen bleiben nur mehr zehn Minuten...
Mein lieber, mutiger Polizist.

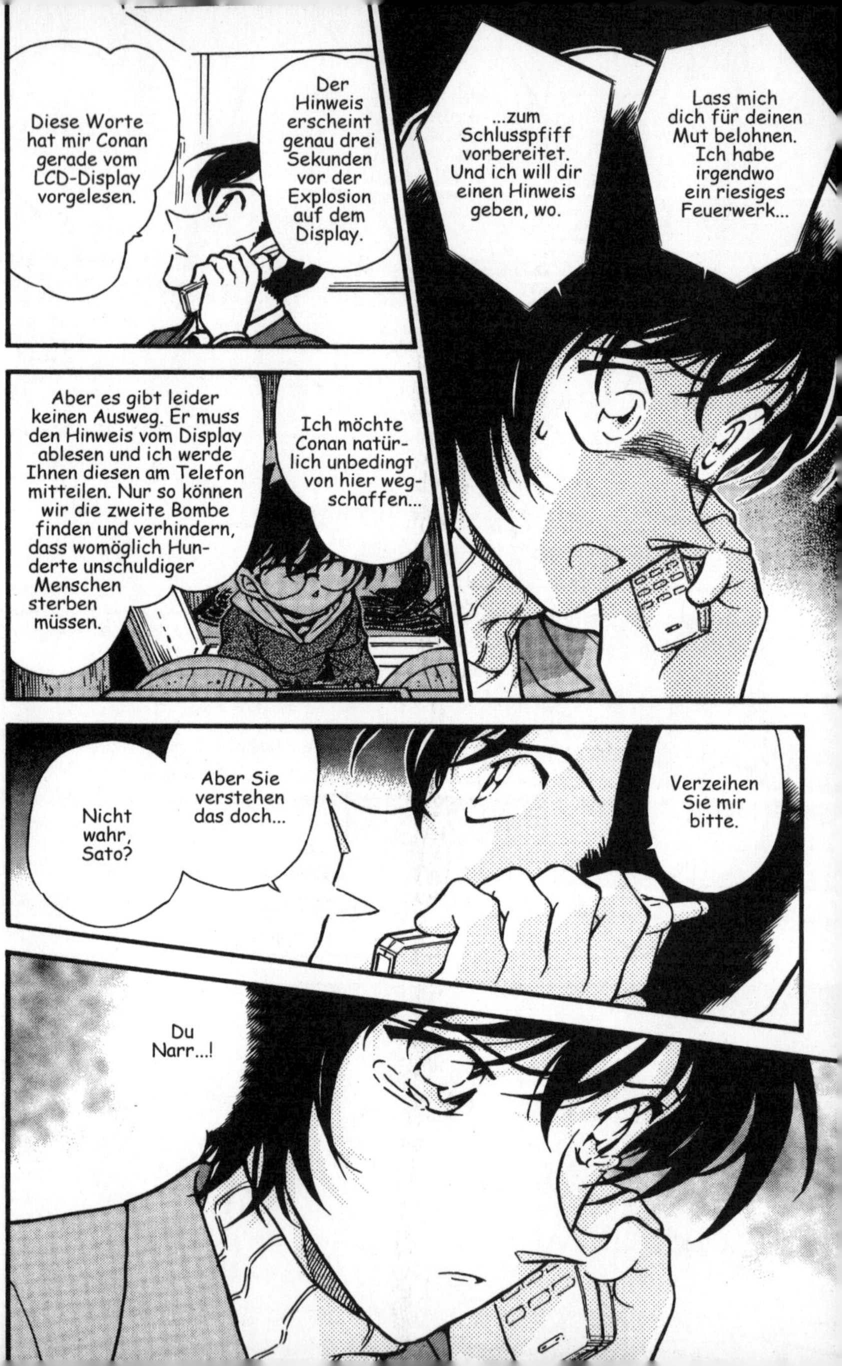
Lass mich dich für deinen Mut belohnen. Ich habe irgendwo ein riesiges Feuerwerk...
...zum Schlusspfiff vorbereitet. Und ich will dir einen Hinweis geben, wo.
Der Hinweis erscheint genau drei Sekunden vor der Explosion auf dem Display.
Diese Worte hat mir Conan gerade vom LCD-Display vorgelesen.
Ich möchte Conan natürlich unbedingt von hier wegschaffen...
Aber es gibt leider keinen Ausweg. Er muss den Hinweis vom Display ablesen und ich werde Ihnen diesen am Telefon mitteilen. Nur so können wir die zweite Bombe finden und verhindern, dass womöglich Hunderte unschuldiger Menschen sterben müssen.
Verzeihen Sie mir bitte.
Aber Sie verstehen das doch...
Nicht wahr, Sato?
Du Narr...!

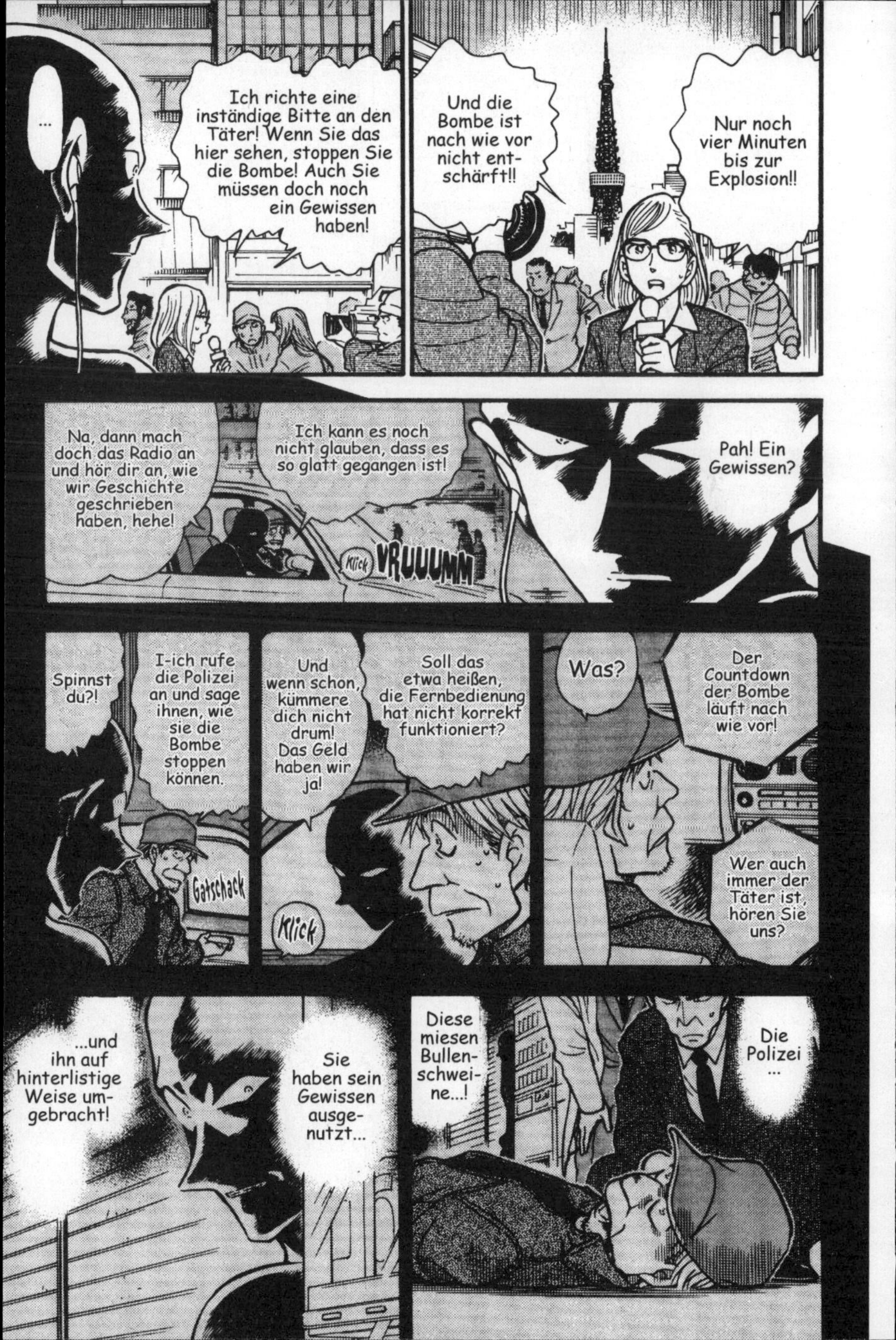
Nur noch vier Minuten bis zur Explosion!!
Und die Bombe ist nach wie vor nicht entschärft!!
Ich richte eine inständige Bitte an den Täter! Wenn Sie das hier sehen, stoppen Sie die Bombe! Auch Sie müssen doch noch ein Gewissen haben!
...
Pah! Ein Gewissen?
Ich kann es noch nicht glauben, dass es so glatt gegangen ist!
Na, dann mach doch das Radio an und hör dir an, wie wir Geschichte geschrieben haben, hehe!
Klick
VRUUUMM
Der Countdown der Bombe läuft nach wie vor!
Was?
Wer auch immer der Täter ist, hören Sie uns?
Soll das etwa heißen, die Fernbedienung hat nicht korrekt funktioniert?
Und wenn schon, kümmere dich nicht drum! Das Geld haben wir ja!
Klick
I-ich rufe die Polizei an und sage ihnen, wie sie die Bombe stoppen können.
Spinnst du?!
Gatschack
Die Polizei ...
Diese miesen Bullenschweine...!
Sie haben sein Gewissen ausgenutzt...
...und ihn auf hinterlistige Weise umgebracht!

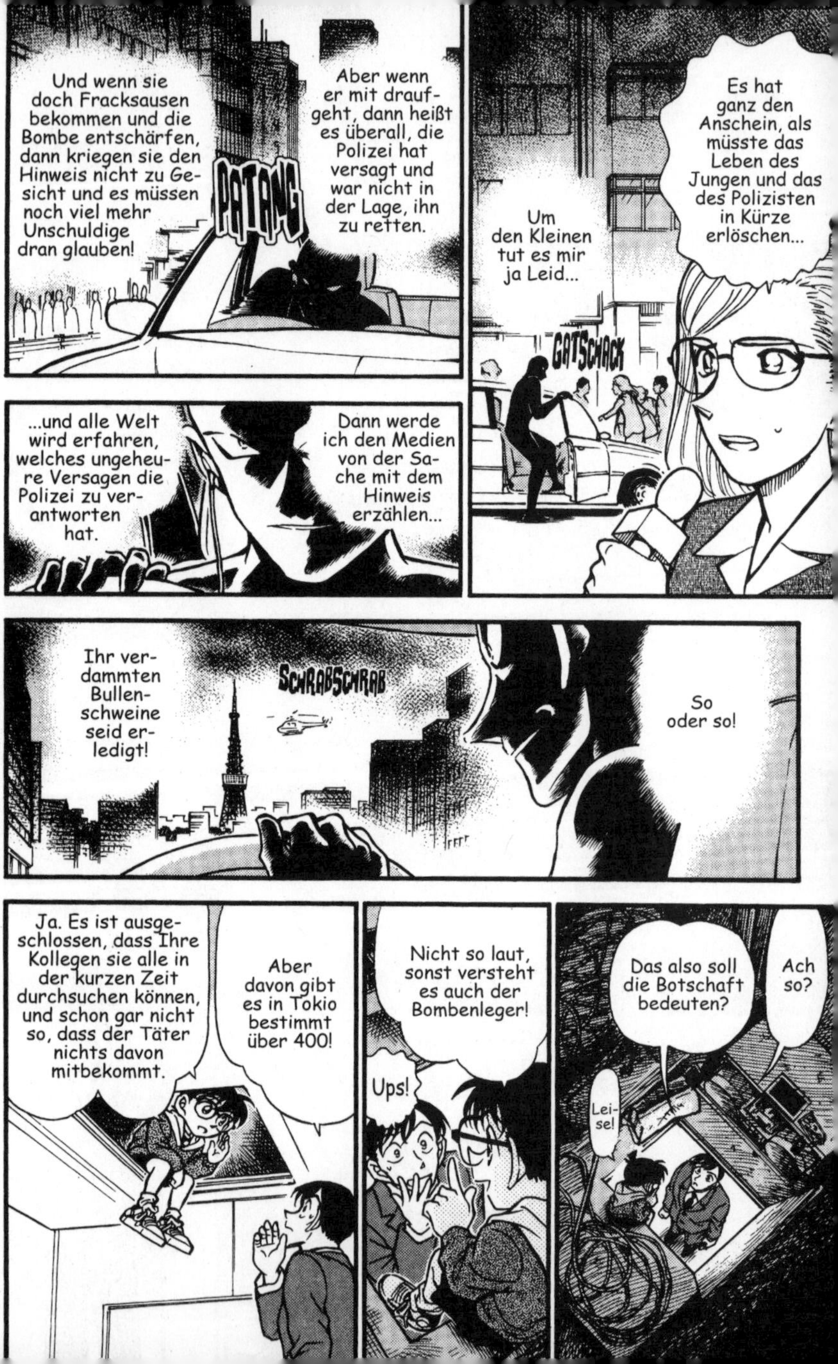

Es hat ganz den Anschein, als müsste das Leben des Jungen und das des Polizisten in Kürze erlöschen...
Um den Kleinen tut es mir ja Leid...
GATSCHACK
Aber wenn er mit draufgeht, dann heißt es überall, die Polizei hat versagt und war nicht in der Lage, ihn zu retten.
Und wenn sie doch Fracksausen bekommen und die Bombe entschärfen, dann kriegen sie den Hinweis nicht zu Gesicht und es müssen noch viel mehr Unschuldige dran glauben!
PATANG
Dann werde ich den Medien von der Sache mit dem Hinweis erzählen...
...und alle Welt wird erfahren, welches ungeheure Versagen die Polizei zu verantworten hat.
So oder so!
SCHRABSCHRAB
Ihr verdammten Bullenschweine seid erledigt!
Ach so?
Das also soll die Botschaft bedeuten?
Leise!
Nicht so laut, sonst versteht es auch der Bombenleger!
Ups!
Aber davon gibt es in Tokio bestimmt über 400!
Ja. Es ist ausgeschlossen, dass Ihre Kollegen sie alle in der kurzen Zeit durchsuchen können, und schon gar nicht so, dass der Täter nichts davon mitbekommt.

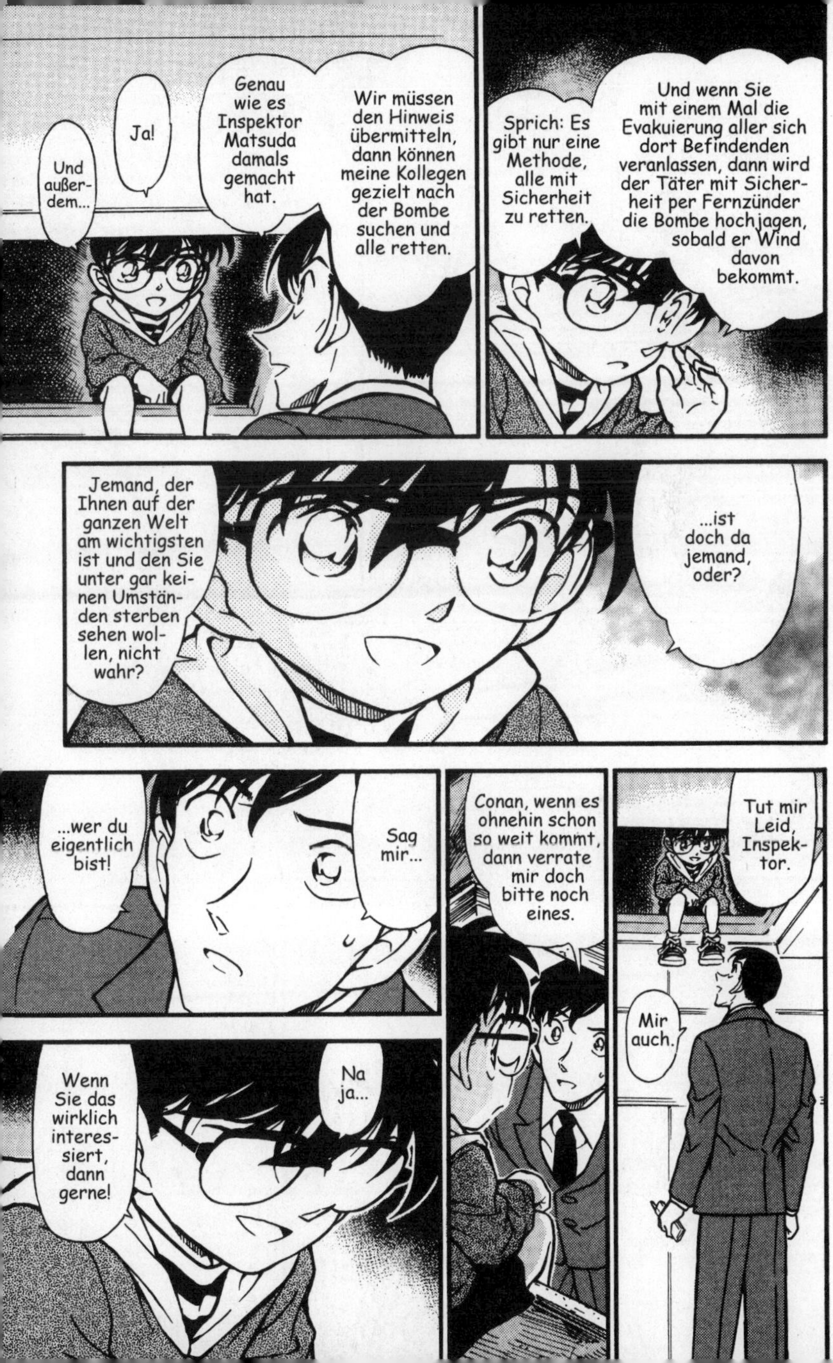

Und wenn Sie mit einem Mal die Evakuierung aller sich dort Befindenden veranlassen, dann wird der Täter mit Sicherheit per Fernzünder die Bombe hochjagen, sobald er Wind davon bekommt.
Sprich: Es gibt nur eine Methode, alle mit Sicherheit zu retten.
Wir müssen den Hinweis übermitteln, dann können meine Kollegen gezielt nach der Bombe suchen und alle retten.
Genau wie es Inspektor Matsuda damals gemacht hat.
Ja!
Und außerdem...
Jemand, der Ihnen auf der ganzen Welt am wichtigsten ist und den Sie unter gar keinen Umständen sterben sehen wollen, nicht wahr?
...ist doch da jemand, oder?
Tut mir Leid, Inspektor.
Mir auch.
Conan, wenn es ohnehin schon so weit kommt, dann verrate mir doch bitte noch eines.
Sag mir...
...wer du eigentlich bist!
Na ja...
Wenn Sie das wirklich interessiert, dann gerne!

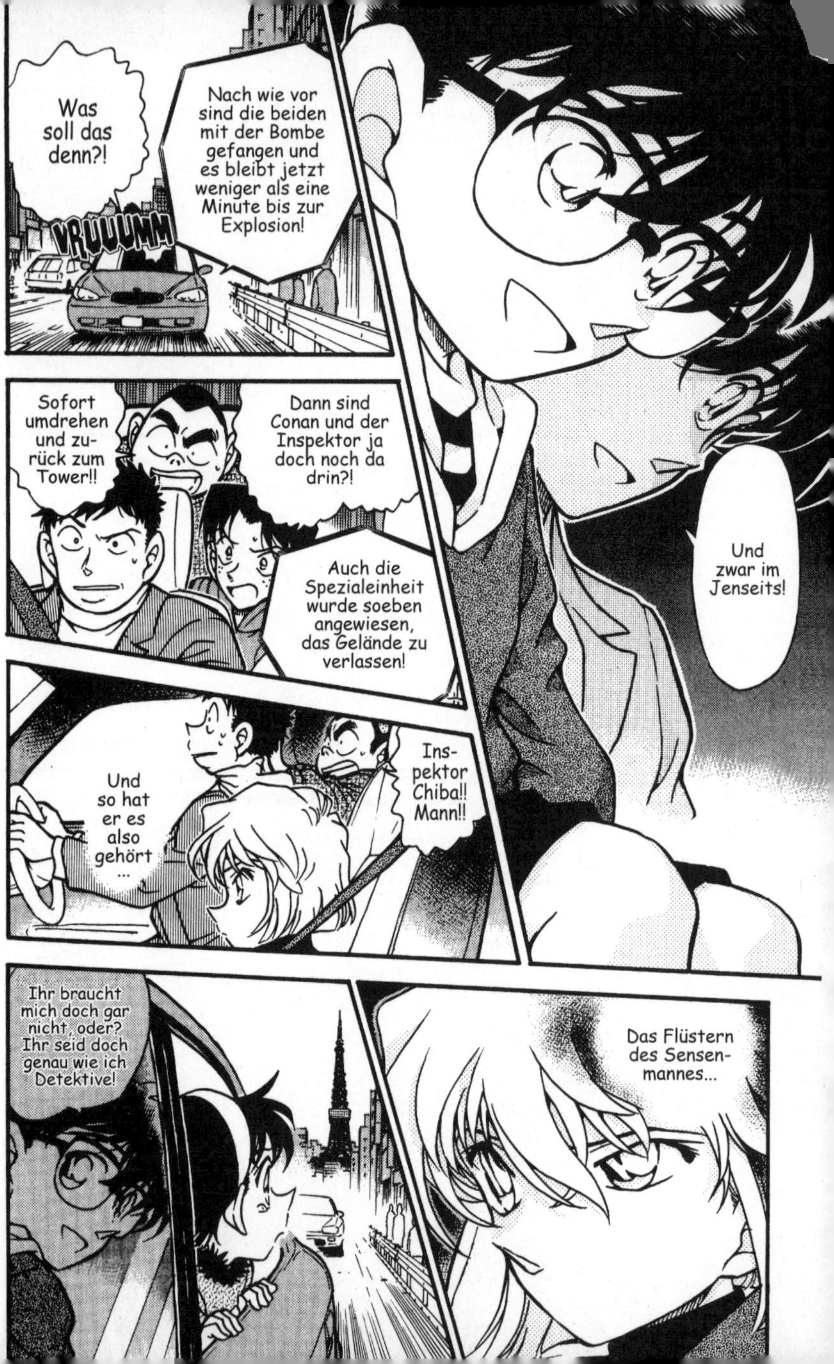

Und zwar im Jenseits!
Nach wie vor sind die beiden mit der Bombe gefangen und es bleibt jetzt weniger als eine Minute bis zur Explosion!
Was soll das denn?!
VRUUUMM
Dann sind Conan und der Inspektor ja doch noch da drin?!
Sofort umdrehen und zurück zum Tower!!
Auch die Spezialeinheit wurde soeben angewiesen, das Gelände zu verlassen!
Inspektor Chiba!! Mann!!
Und so hat er es also gehört ...
Das Flüstern des Sensenmannes...
Ihr braucht mich doch gar nicht, oder? Ihr seid doch genau wie ich Detektive!

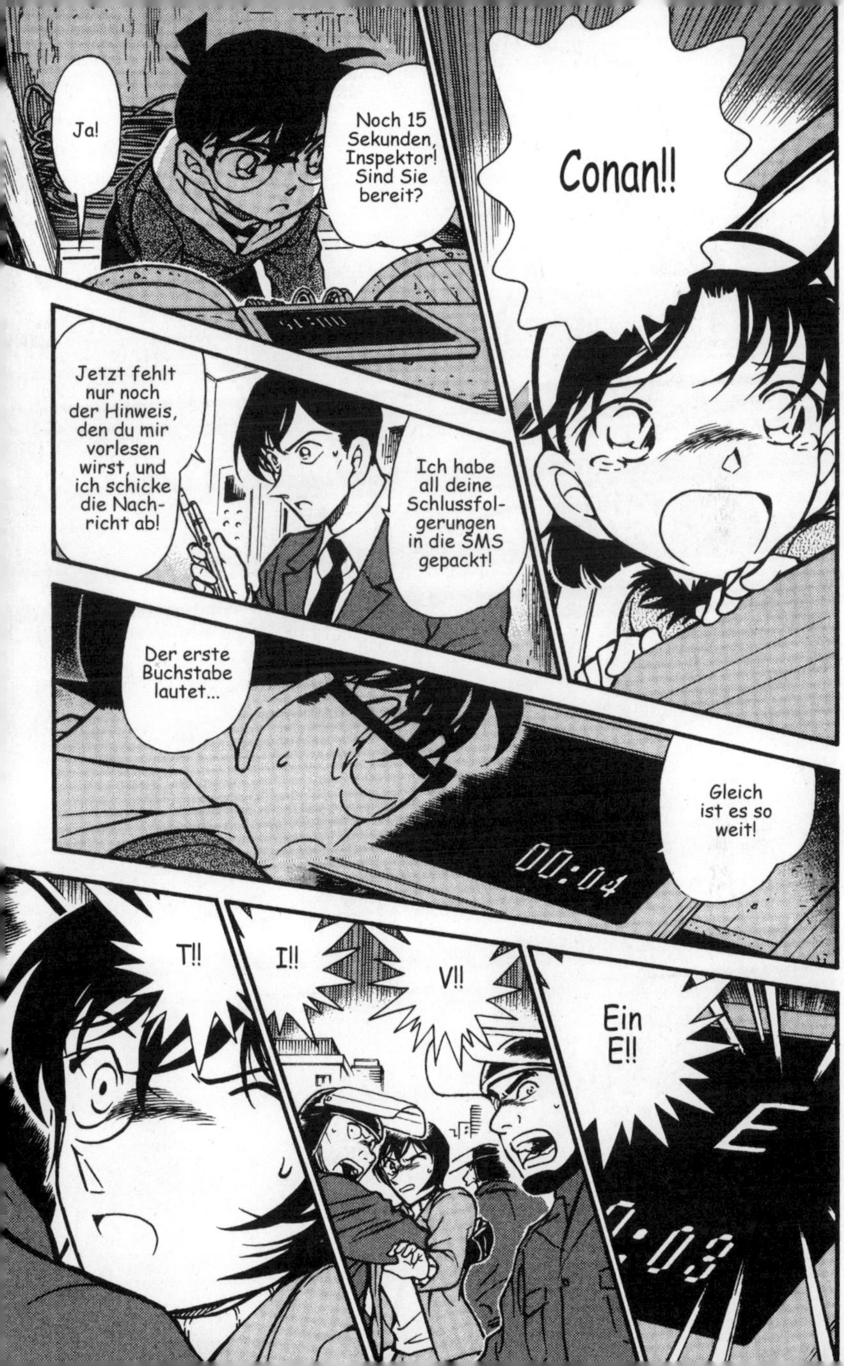
Conan!!
Noch 15 Sekunden, Inspektor! Sind Sie bereit?
Ja!
Ich habe all deine Schlussfolgerungen in die SMS gepackt!
Jetzt fehlt nur noch der Hinweis, den du mir vorlesen wirst, und ich schicke die Nachricht ab!
Gleich ist es so weit!
Der erste Buchstabe lautet...
00:04
Ein E!!
V!!
I!!
T!!

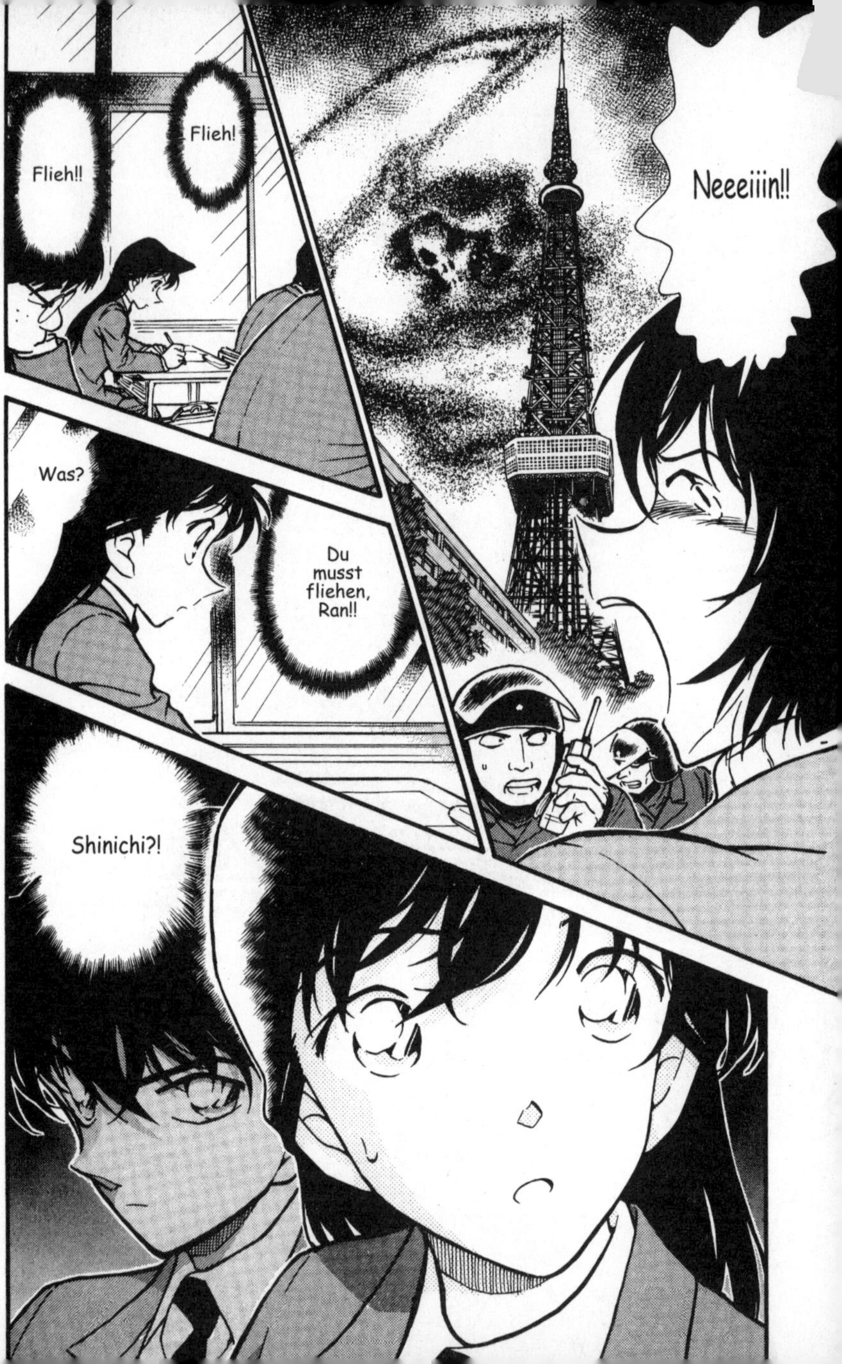
Neeeiiin!!
Flieh!
Flieh!!
Du musst fliehen, Ran!!
Was?
Shinichi?!

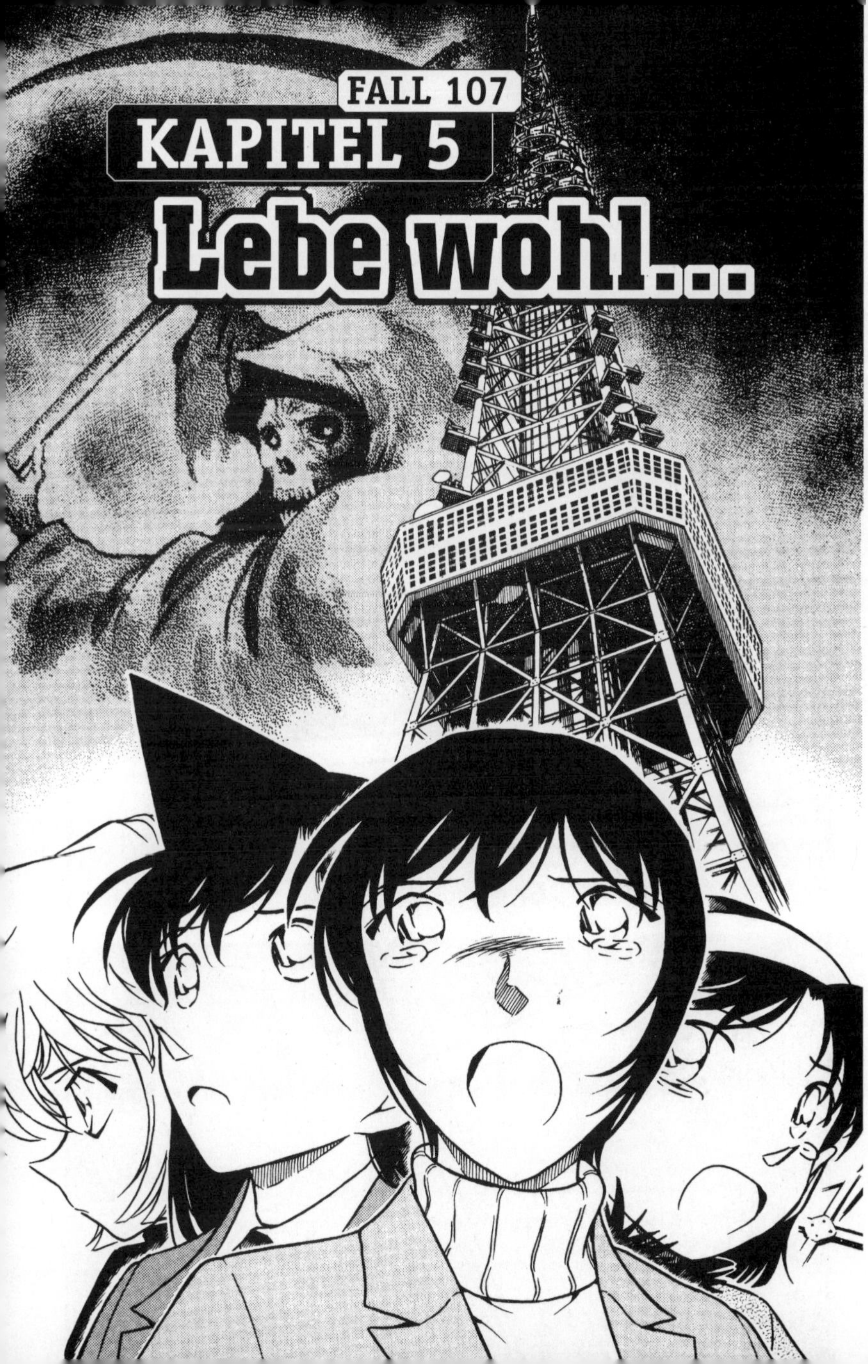
FALL 107
KAPITEL 5
Lebe wohl...

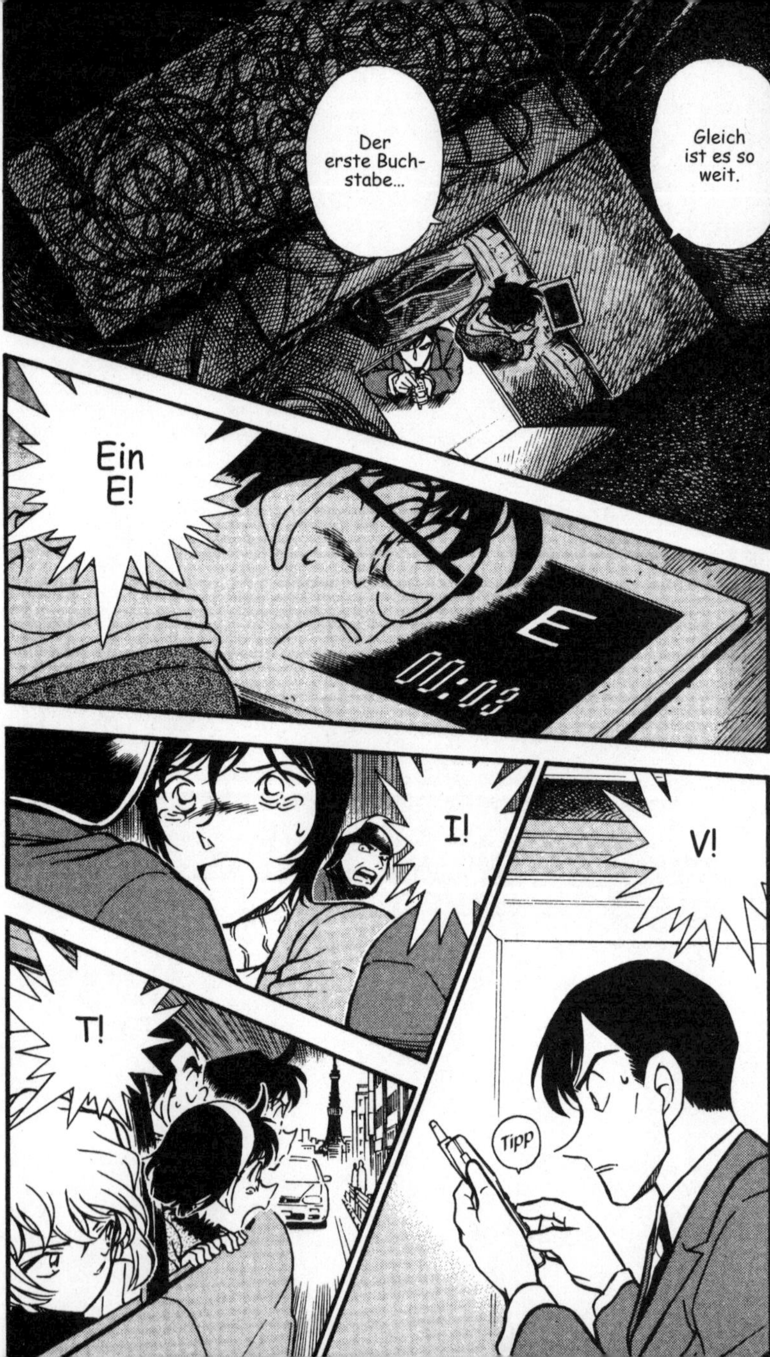
Gleich ist es so weit.
Der erste Buchstabe...
Ein E!
V!
Tipp
I!
T!

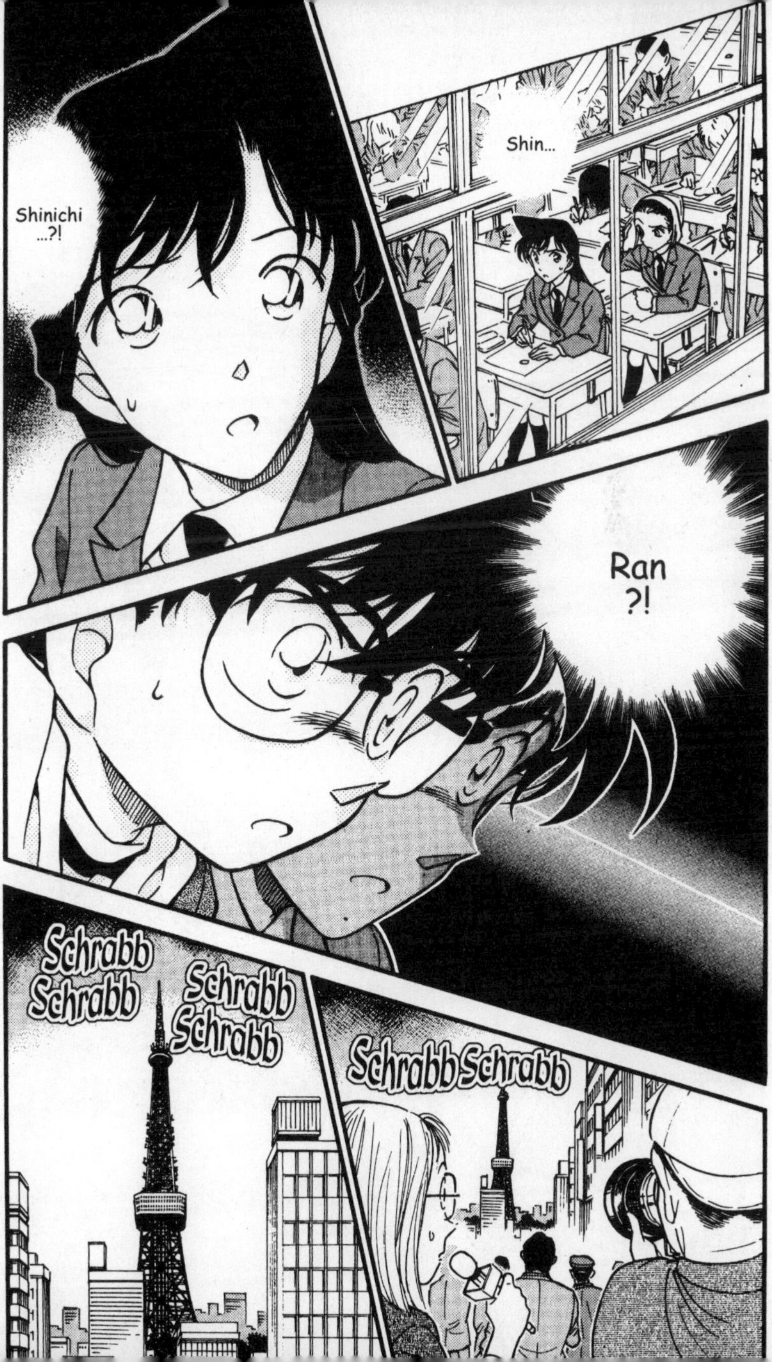
Shin...
Shinichi ...?!
Ran ?!
Schrabb Schrabb
Schrabb Schrabb
Schrabb Schrabb

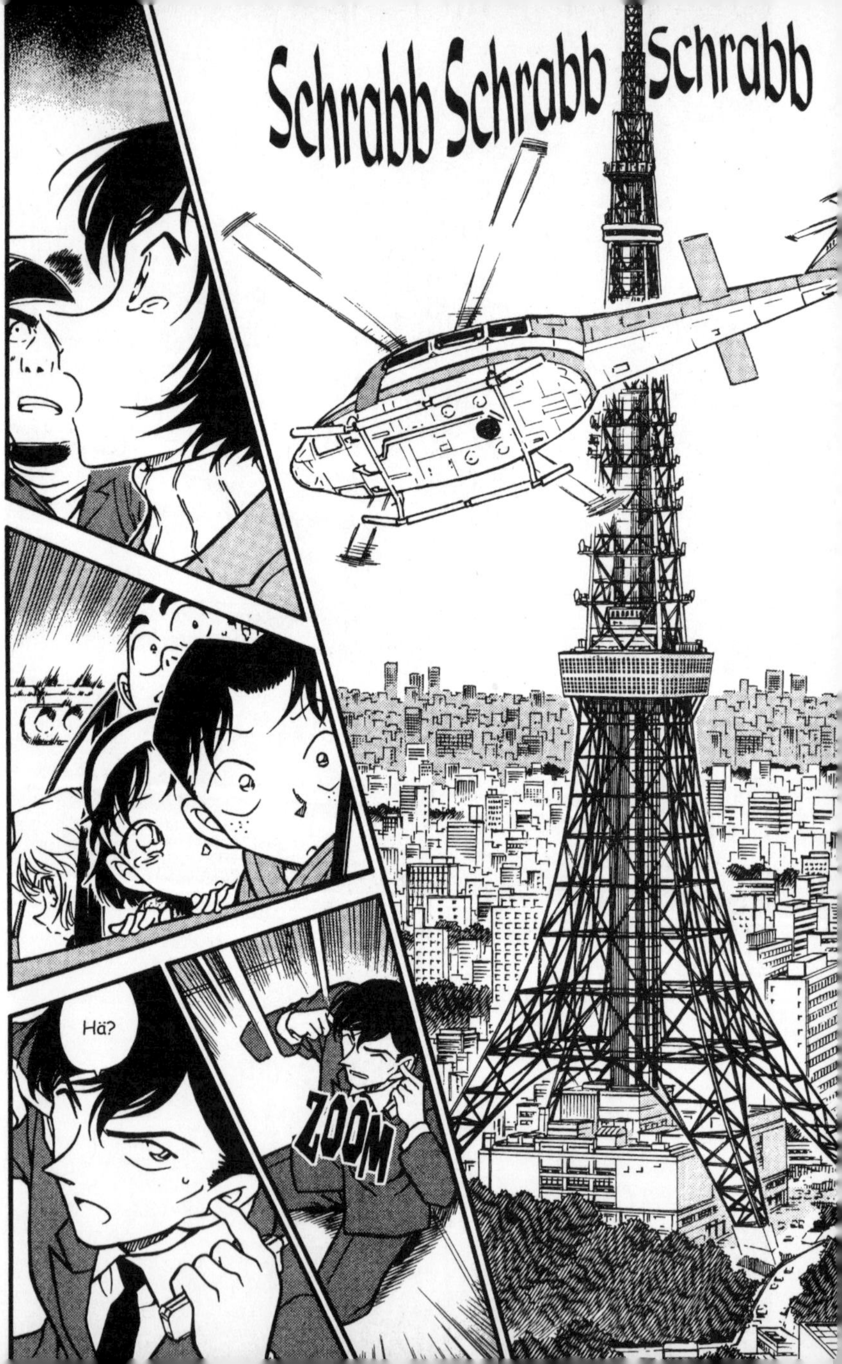
Schrabb Schrabb Schrabb
Hä?
ZOOM

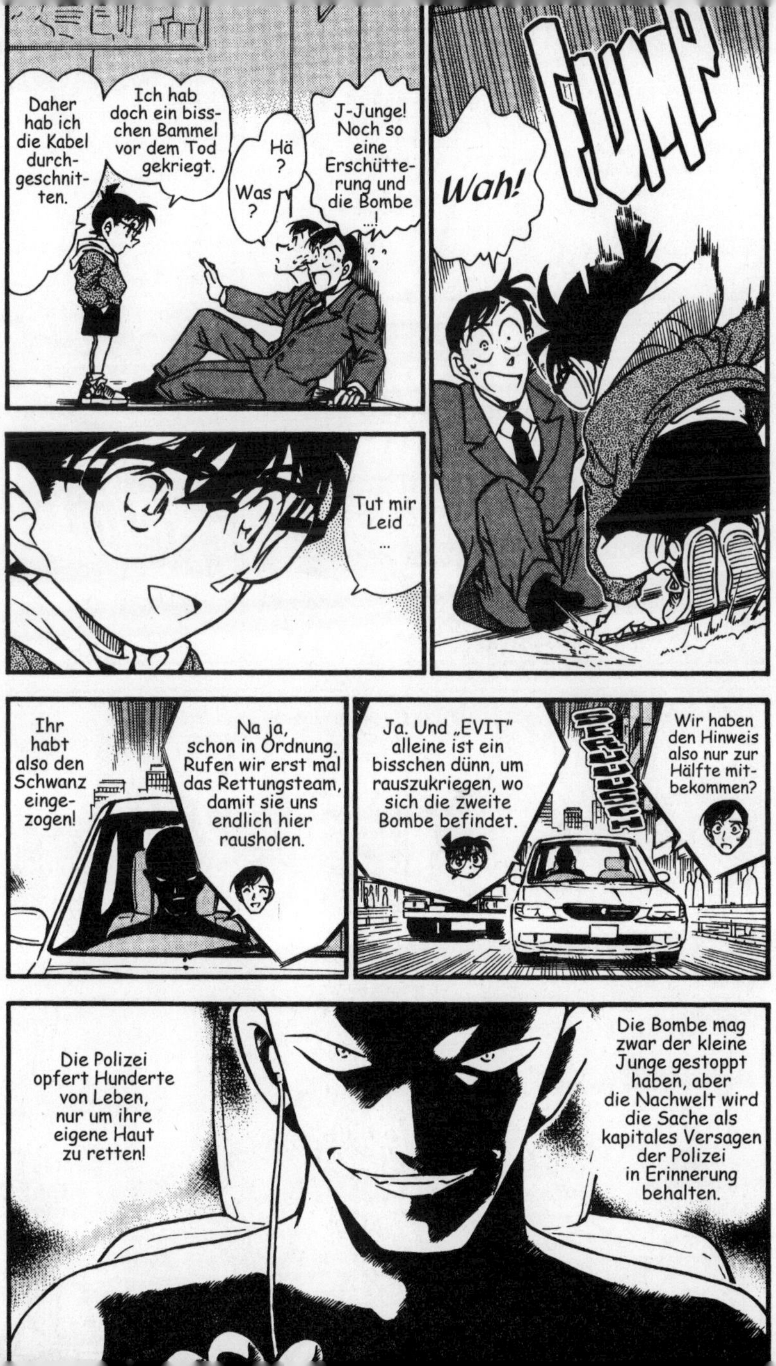
FUMP
Wah!
J-Junge! Noch so eine Erschütterung und die Bombe ...!
Hä? Was?
Ich hab doch ein bisschen Bammel vor dem Tod gekriegt.
Daher hab ich die Kabel durchgeschnitten.
Tut mir Leid ...
Wir haben den Hinweis also nur zur Hälfte mitbekommen?
Ja. Und „EVIT" alleine ist ein bisschen dünn, um rauszukriegen, wo sich die zweite Bombe befindet.
Na ja, schon in Ordnung. Rufen wir erst mal das Rettungsteam, damit sie uns endlich hier rausholen.
Ihr habt also den Schwanz eingezogen!
Die Bombe mag zwar der kleine Junge gestoppt haben, aber die Nachwelt wird die Sache als kapitales Versagen der Polizei in Erinnerung behalten.
Die Polizei opfert Hunderte von Leben, nur um ihre eigene Haut zu retten!

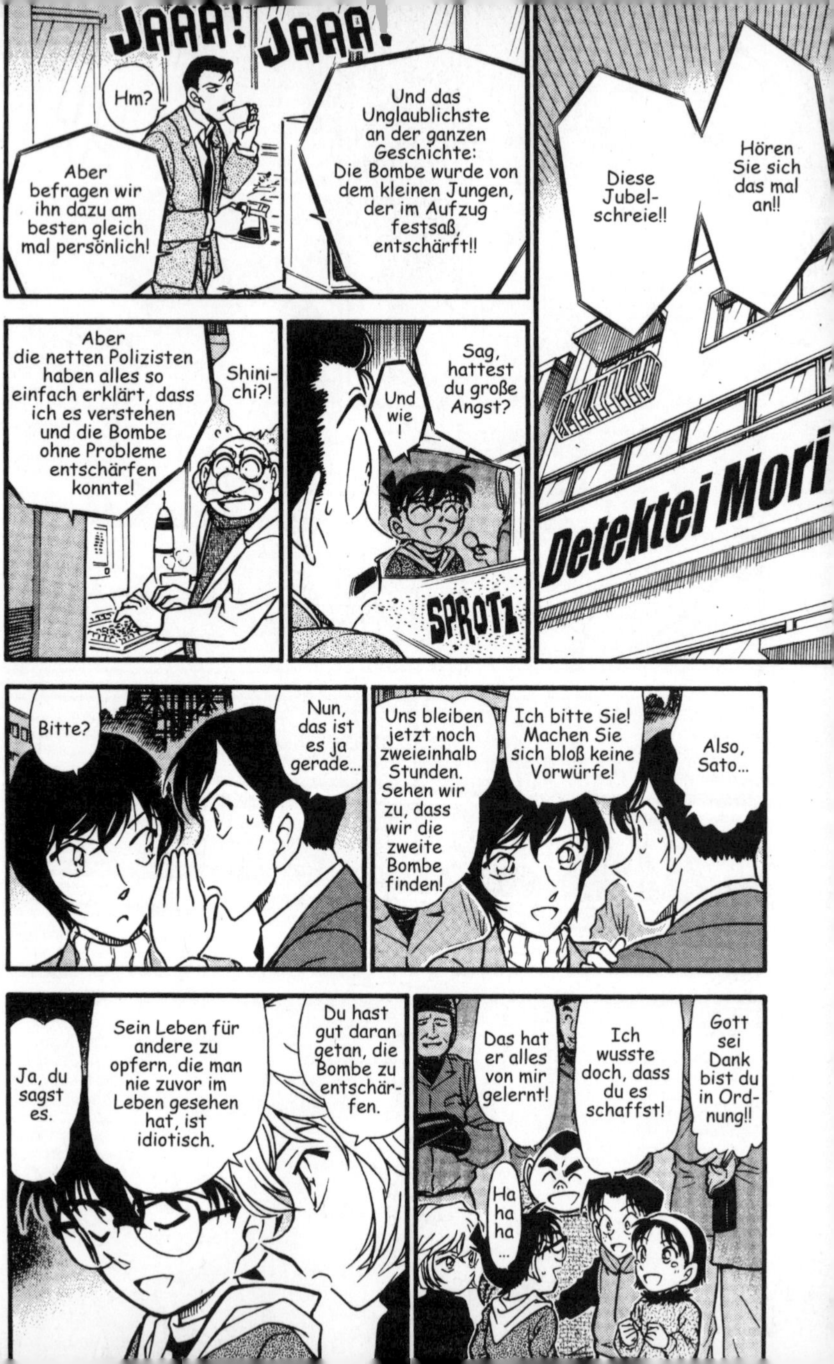
Hören Sie sich das mal an!!
Diese Jubelschreie!!
Detektei Mori
JAAA! JAAA!
Und das Unglaublichste an der ganzen Geschichte: Die Bombe wurde von dem kleinen Jungen, der im Aufzug festsaß, entschärft!!
Hm?
Aber befragen wir ihn dazu am besten gleich mal persönlich!
Sag, hattest du große Angst?
Und wie!
SPROTZ
Shinichi?!
Aber die netten Polizisten haben alles so einfach erklärt, dass ich es verstehen und die Bombe ohne Probleme entschärfen konnte!
Also, Sato...
Ich bitte Sie! Machen Sie sich bloß keine Vorwürfe!
Uns bleiben jetzt noch zweieinhalb Stunden. Sehen wir zu, dass wir die zweite Bombe finden!
Nun, das ist es ja gerade...
Bitte?
Gott sei Dank bist du in Ordnung!!
Ich wusste doch, dass du es schaffst!
Das hat er alles von mir gelernt!
Ha ha ha ...
Du hast gut daran getan, die Bombe zu entschärfen.
Sein Leben für andere zu opfern, die man nie zuvor im Leben gesehen hat, ist idiotisch.
Ja, du sagst es.

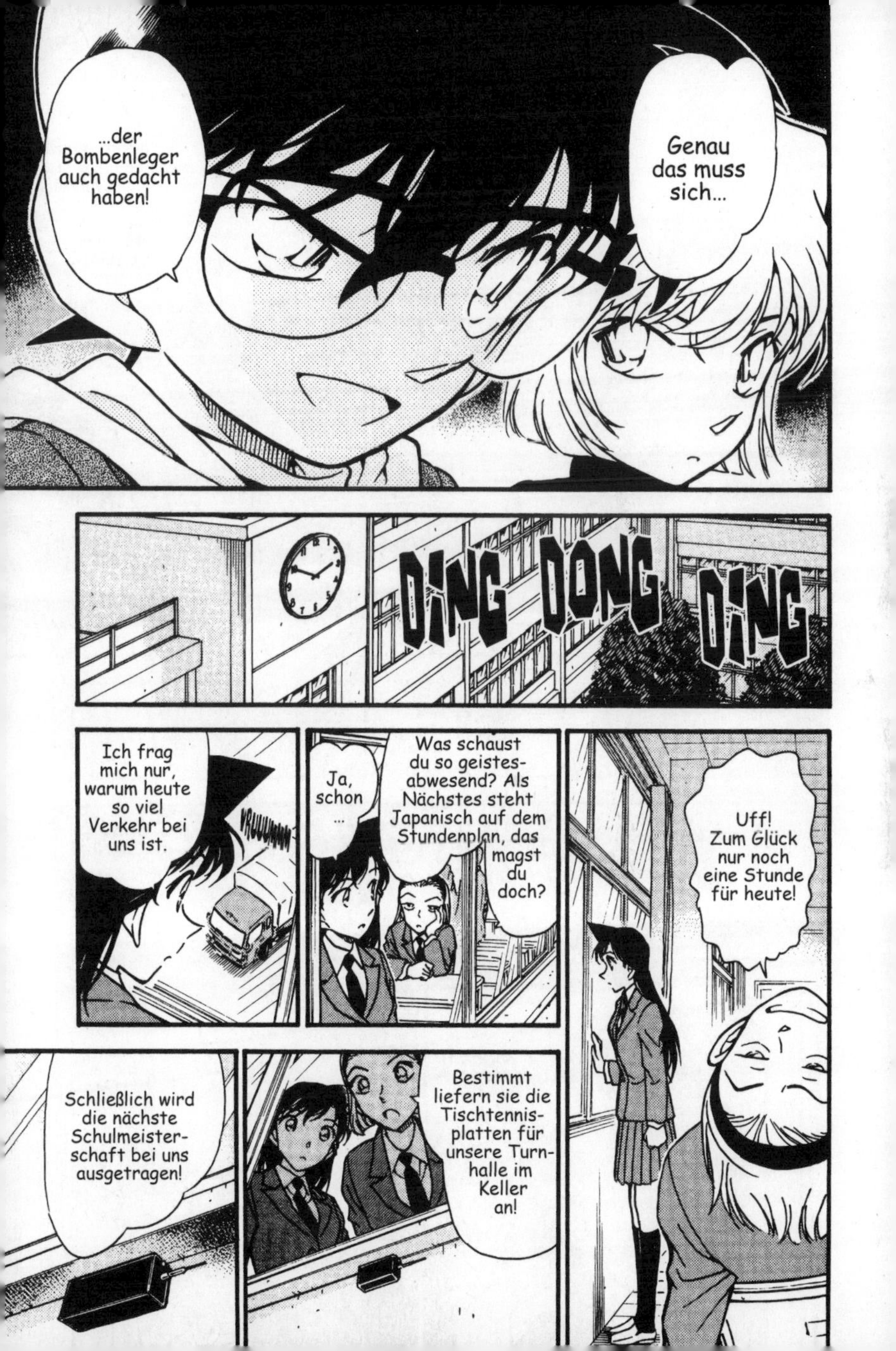
Genau das muss sich...
...der Bombenleger auch gedacht haben!
DING DONG DING
Uff! Zum Glück nur noch eine Stunde für heute!
Was schaust du so geistesabwesend? Als Nächstes steht Japanisch auf dem Stundenplan, das magst du doch?
Ja, schon ...
Ich frag mich nur, warum heute so viel Verkehr bei uns ist.
VRUUUMMM
Bestimmt liefern sie die Tischtennisplatten für unsere Turnhalle im Keller an!
Schließlich wird die nächste Schulmeisterschaft bei uns ausgetragen!

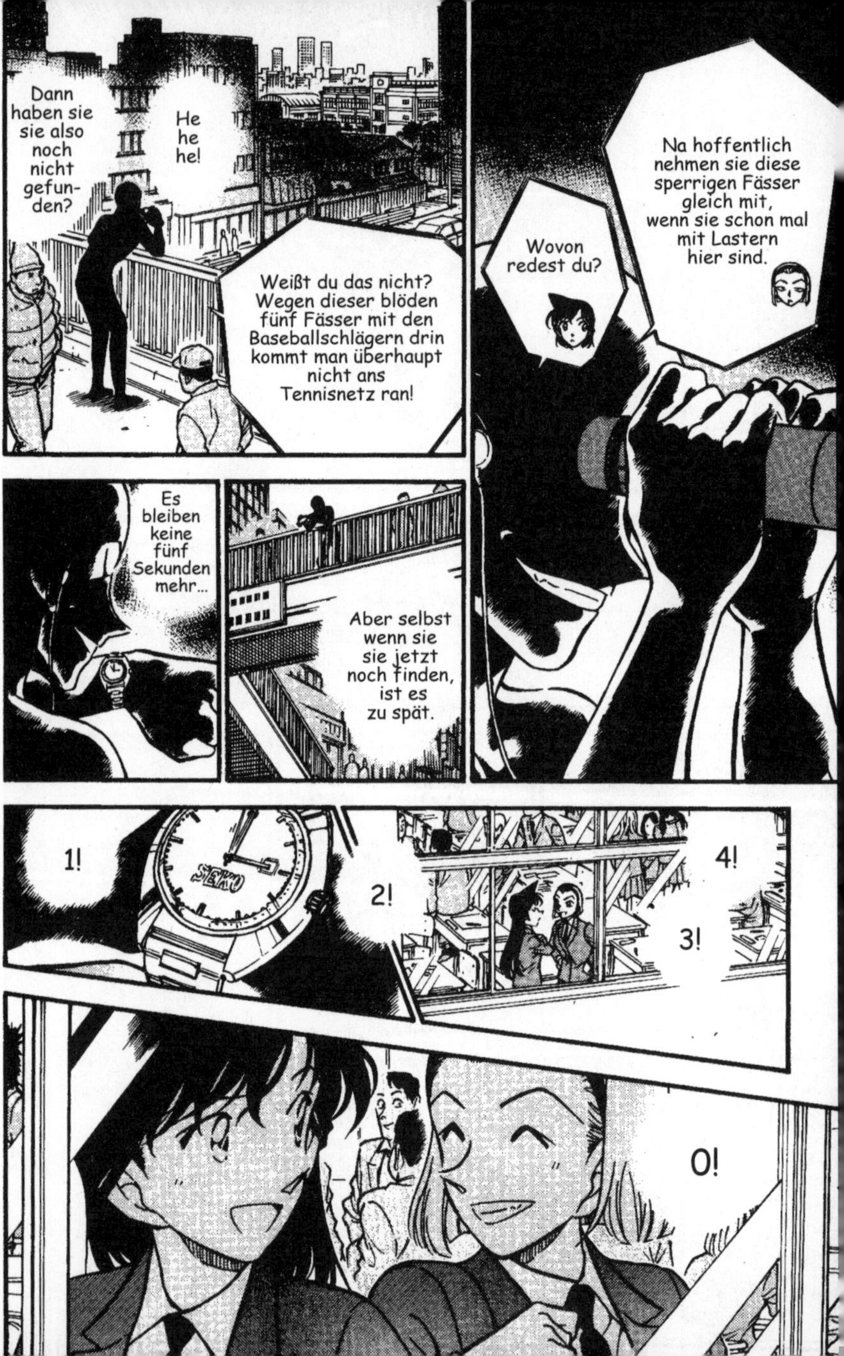
Na hoffentlich nehmen sie diese sperrigen Fässer gleich mit, wenn sie schon mal mit Lastern hier sind.
Wovon redest du?
Weißt du das nicht? Wegen dieser blöden fünf Fässer mit den Baseballschlägern drin kommt man überhaupt nicht ans Tennisnetz ran!
He he he!
Dann haben sie sie also noch nicht gefunden?
Aber selbst wenn sie sie jetzt noch finden, ist es zu spät.
Es bleiben keine fünf Sekunden mehr...
4!
3!
2!
1!
0!

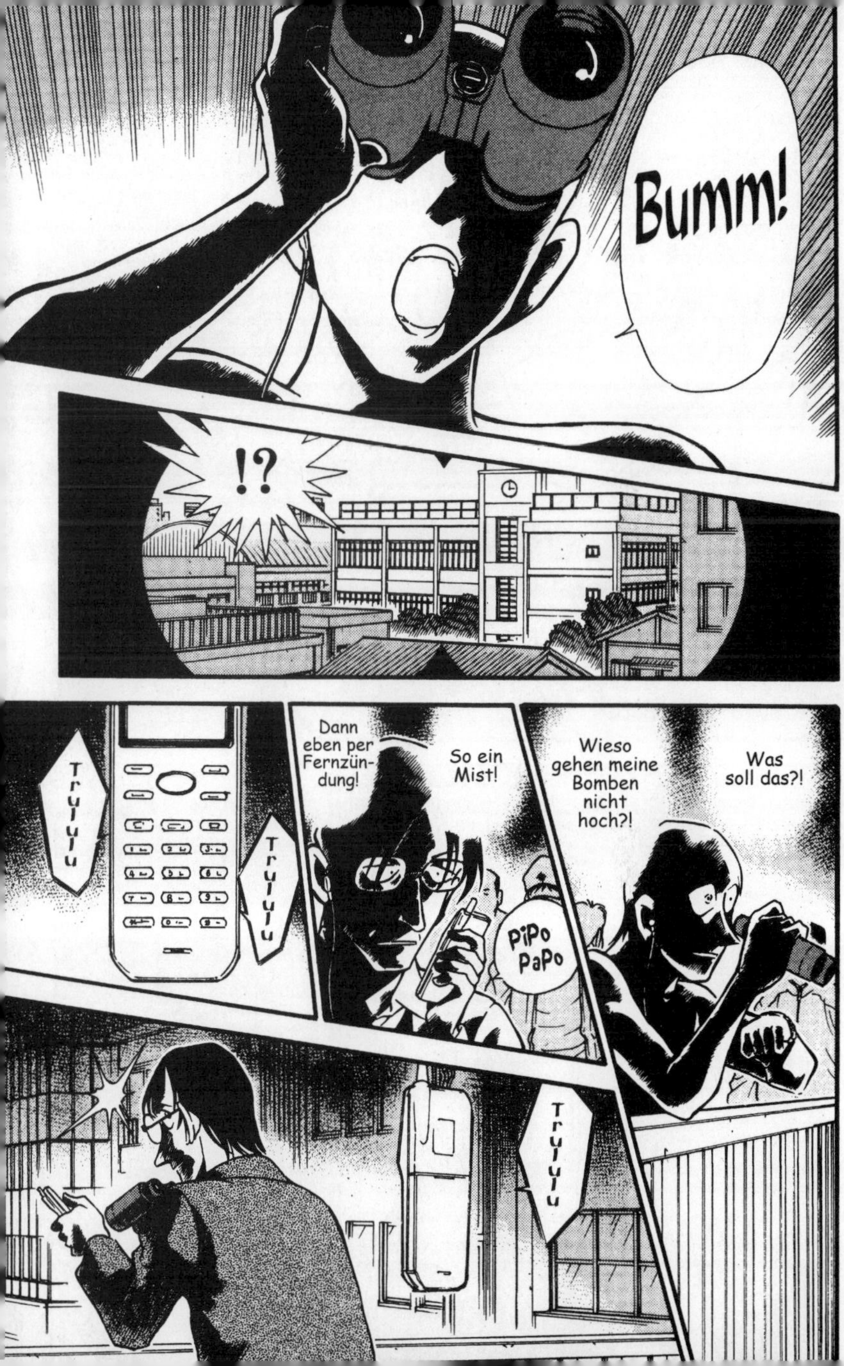

Bumm!
!?
Was soll das?!
Wieso gehen meine Bomben nicht hoch?!
So ein Mist!
Dann eben per Fernzündung!
PiPo PaPo
Trululu
Trululu
Trululu

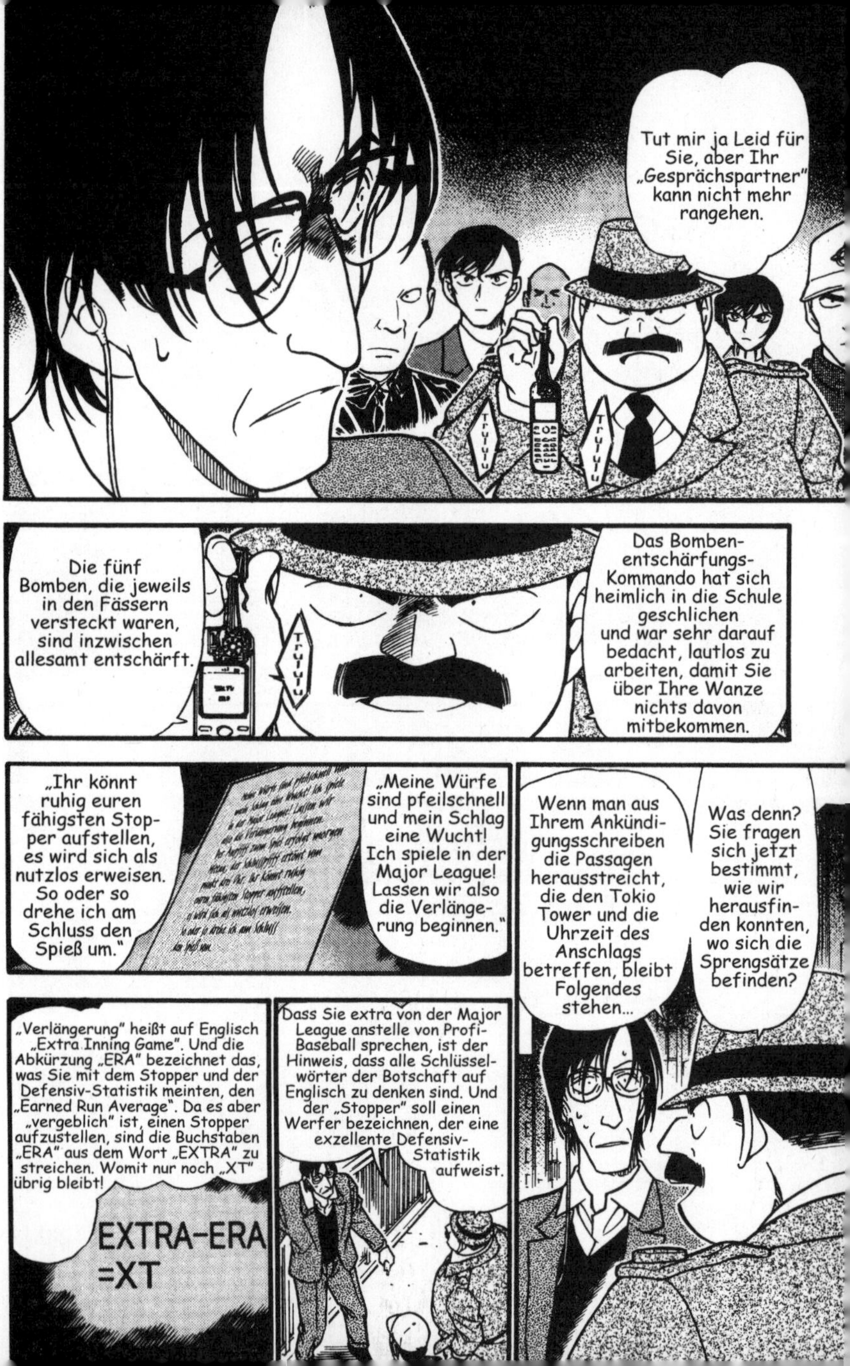

Tut mir ja Leid für Sie, aber Ihr „Gesprächspartner" kann nicht mehr rangehen.
Trululu
Trululu
Das Bomben-entschärfungs-Kommando hat sich heimlich in die Schule geschlichen und war sehr darauf bedacht, lautlos zu arbeiten, damit Sie über Ihre Wanze nichts davon mitbekommen.
Trululu
Die fünf Bomben, die jeweils in den Fässern versteckt waren, sind inzwischen allesamt entschärft.
Was denn? Sie fragen sich jetzt bestimmt, wie wir herausfinden konnten, wo sich die Sprengsätze befinden?
Wenn man aus Ihrem Ankündigungsschreiben die Passagen herausstreicht, die den Tokio Tower und die Uhrzeit des Anschlags betreffen, bleibt Folgendes stehen...
„Meine Würfe sind pfeilschnell und mein Schlag eine Wucht! Ich spiele in der Major League! Lassen wir also die Verlängerung beginnen."
„Ihr könnt ruhig euren fähigsten Stopper aufstellen, es wird sich als nutzlos erweisen. So oder so drehe ich am Schluss den Spieß um."
Dass Sie extra von der Major League anstelle von Profi-Baseball sprechen, ist der Hinweis, dass alle Schlüsselwörter der Botschaft auf Englisch zu denken sind. Und der „Stopper" soll einen Werfer bezeichnen, der eine exzellente Defensiv-Statistik aufweist.
„Verlängerung" heißt auf Englisch „Extra Inning Game". Und die Abkürzung „ERA" bezeichnet das, was Sie mit dem Stopper und der Defensiv-Statistik meinten, den „Earned Run Average". Da es aber „vergeblich" ist, einen Stopper aufzustellen, sind die Buchstaben „ERA" aus dem Wort „EXTRA" zu streichen. Womit nur noch „XT" übrig bleibt!
EXTRA–ERA =XT

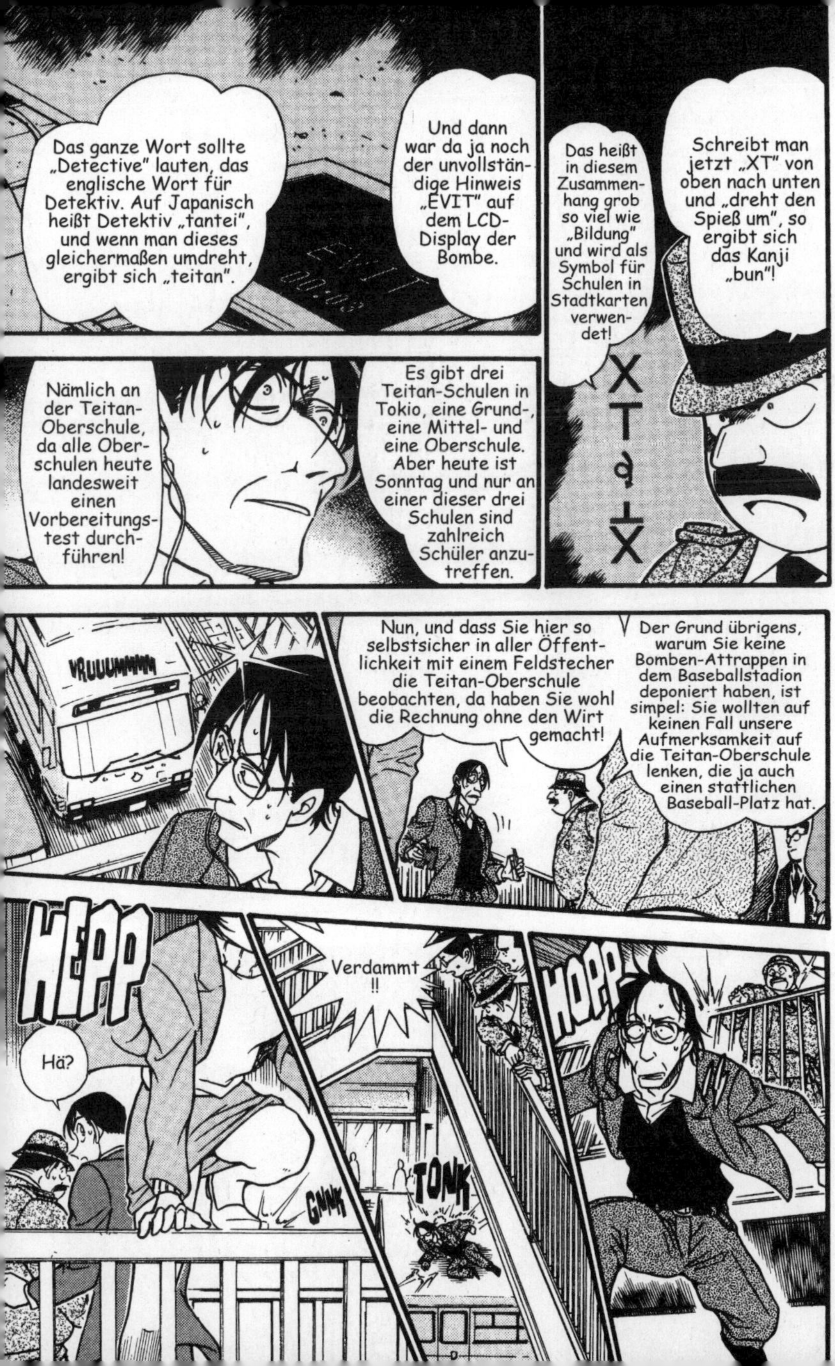

Schreibt man jetzt „XT" von oben nach unten und „dreht den Spieß um", so ergibt sich das Kanji „bun"!
Das heißt in diesem Zusammenhang grob so viel wie „Bildung" und wird als Symbol für Schulen in Stadtkarten verwendet!
Und dann war da ja noch der unvollständige Hinweis „EVIT" auf dem LCD-Display der Bombe.
Das ganze Wort sollte „Detective" lauten, das englische Wort für Detektiv. Auf Japanisch heißt Detektiv „tantei", und wenn man dieses gleichermaßen umdreht, ergibt sich „teitan".
Es gibt drei Teitan-Schulen in Tokio, eine Grund-, eine Mittel- und eine Oberschule. Aber heute ist Sonntag und nur an einer dieser drei Schulen sind zahlreich Schüler anzutreffen.
Nämlich an der Teitan-Oberschule, da alle Oberschulen heute landesweit einen Vorbereitungstest durchführen!
Der Grund übrigens, warum Sie keine Bomben-Attrappen in dem Baseballstadion deponiert haben, ist simpel: Sie wollten auf keinen Fall unsere Aufmerksamkeit auf die Teitan-Oberschule lenken, die ja auch einen stattlichen Baseball-Platz hat.
Nun, und dass Sie hier so selbstsicher in aller Öffentlichkeit mit einem Feldstecher die Teitan-Oberschule beobachten, da haben Sie wohl die Rechnung ohne den Wirt gemacht!
VRUUUMMM
HOPP
Verdammt !!
HEPP
Hä?
TONK
GNNK

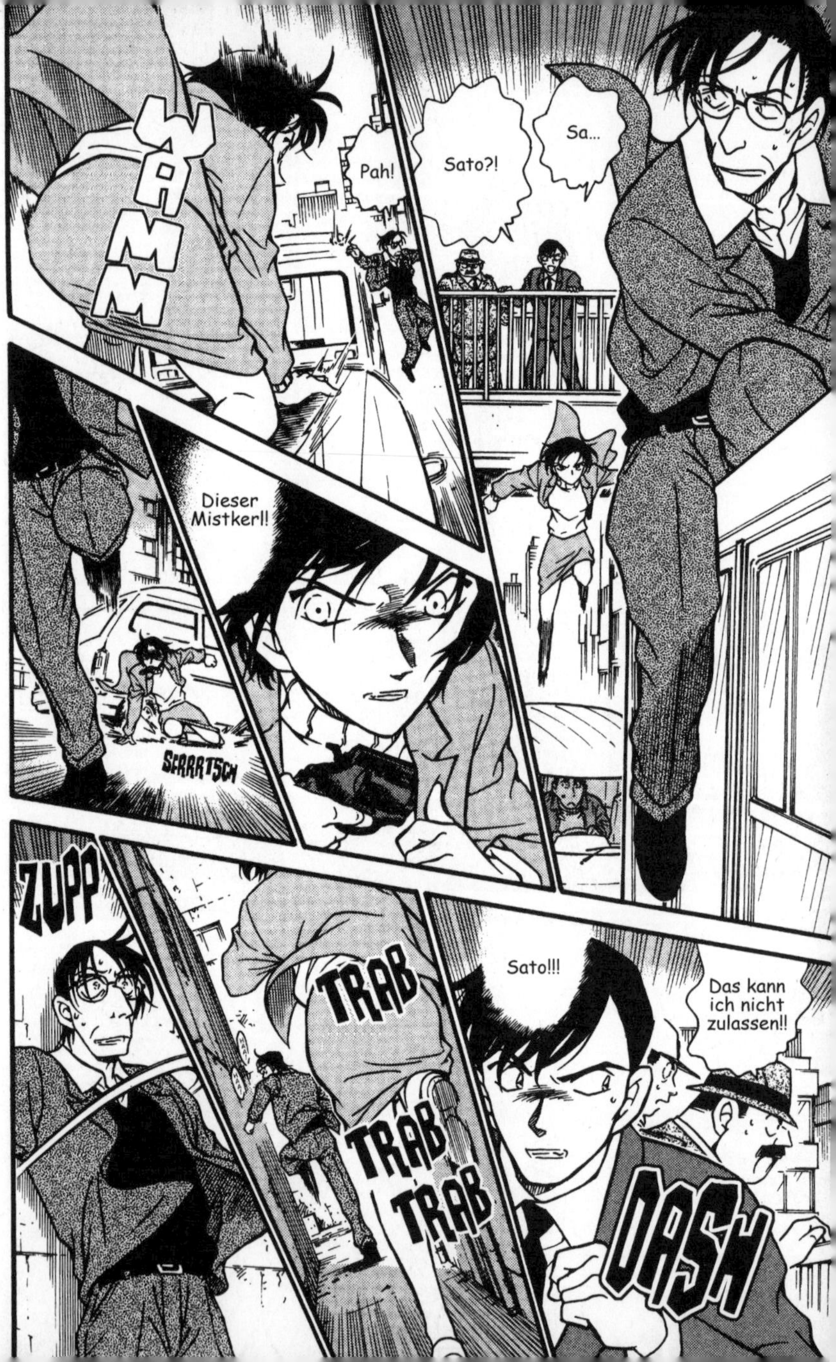
Sa...
Sato?!
Pah!
WAMMM
Dieser Mistkerl!
SRRRTSCH
Das kann ich nicht zulassen!!
Sato!!!
DASH
TRAB
TRAB
TRAB
ZUPP

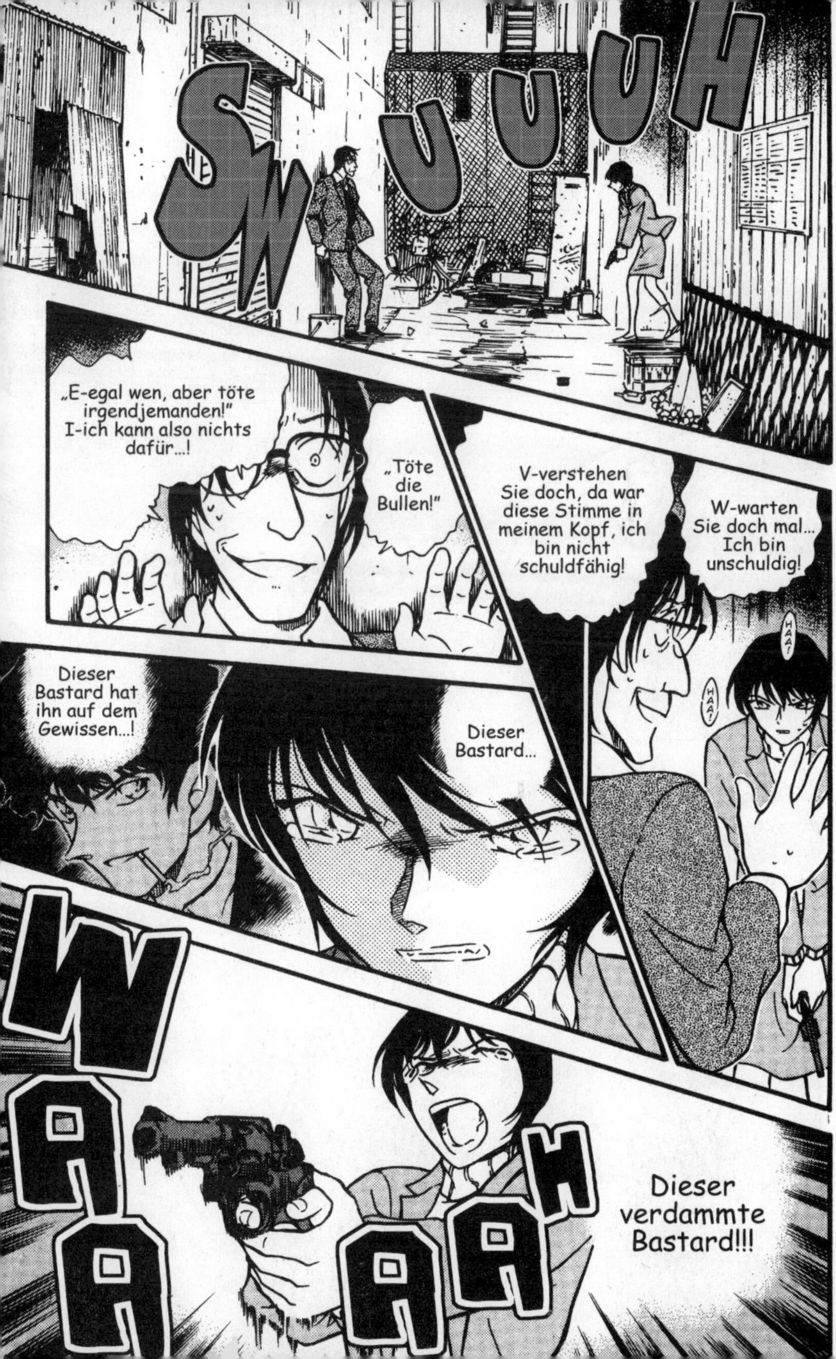
SWUUUH
W-warten Sie doch mal... Ich bin unschuldig!
HAA!
HAA!
V-verstehen Sie doch, da war diese Stimme in meinem Kopf, ich bin nicht schuldfähig!
„Töte die Bullen!"
„E-egal wen, aber töte irgendjemanden!" I-ich kann also nichts dafür...!
Dieser Bastard...
Dieser Bastard hat ihn auf dem Gewissen...!
Dieser verdammte Bastard!!!
WAAAAAAH

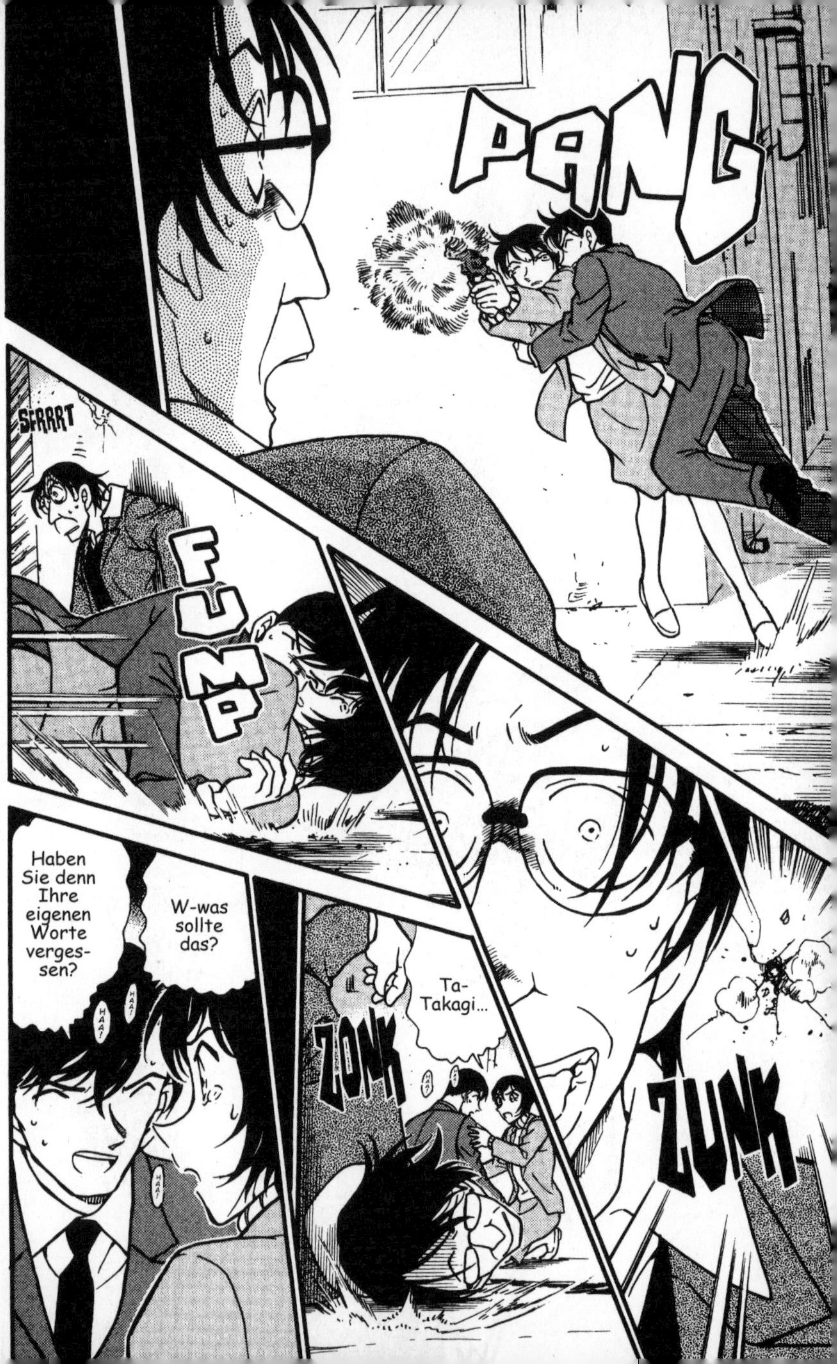
PANG
SCRRRT
FUMP
ZUNK
Ta-Takagi...
ZONK
W-was sollte das?
Haben Sie denn Ihre eigenen Worte vergessen?

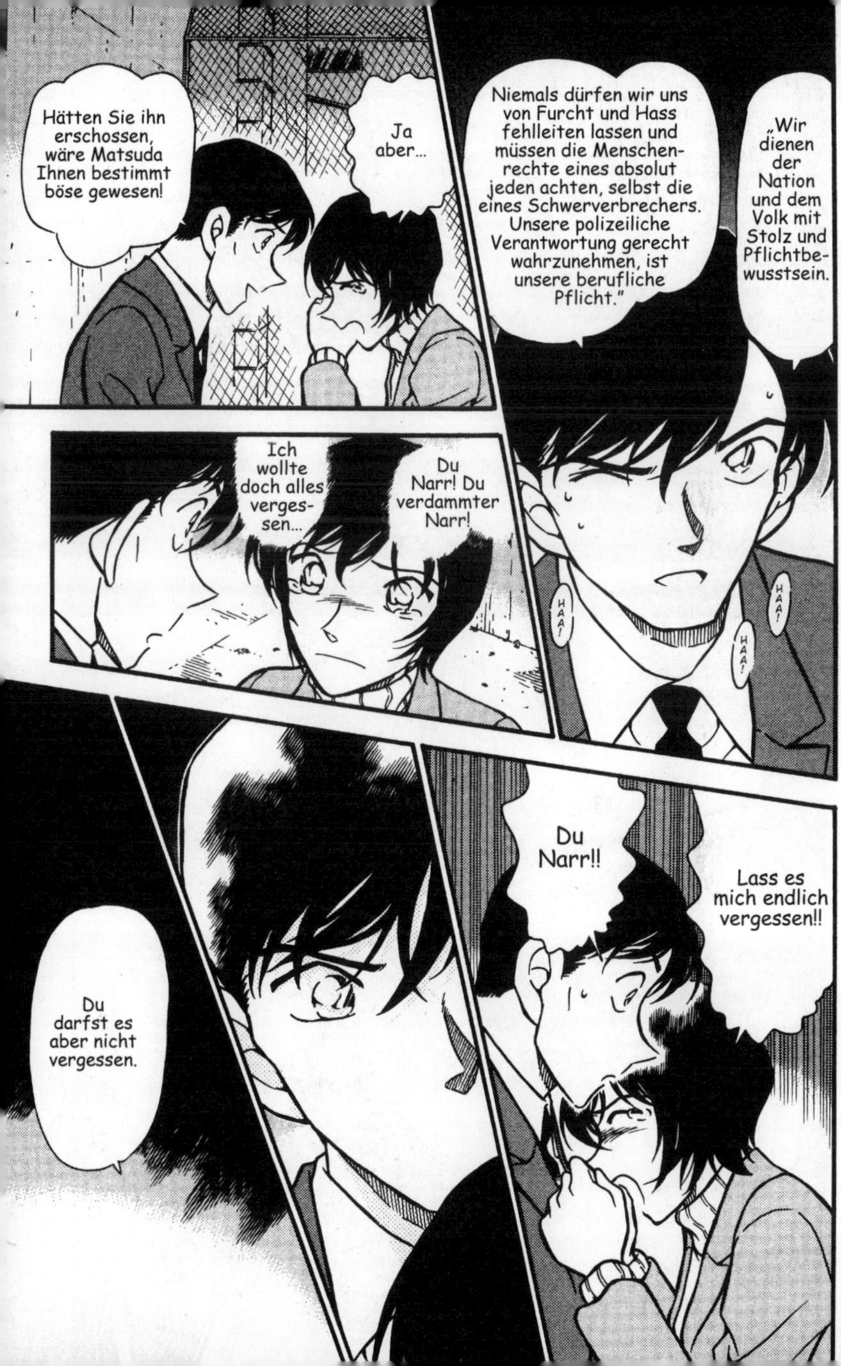
„Wir dienen der Nation und dem Volk mit Stolz und Pflichtbewusstsein.
Niemals dürfen wir uns von Furcht und Hass fehlleiten lassen und müssen die Menschenrechte eines absolut jeden achten, selbst die eines Schwerverbrechers. Unsere polizeiliche Verantwortung gerecht wahrzunehmen, ist unsere berufliche Pflicht."
Ja aber...
Hätten Sie ihn erschossen, wäre Matsuda Ihnen bestimmt böse gewesen!
HAA!
HAA!
HAA!
Du Narr! Du verdammter Narr!
Ich wollte doch alles vergessen...
Lass es mich endlich vergessen!!
Du Narr!!
Du darfst es aber nicht vergessen.

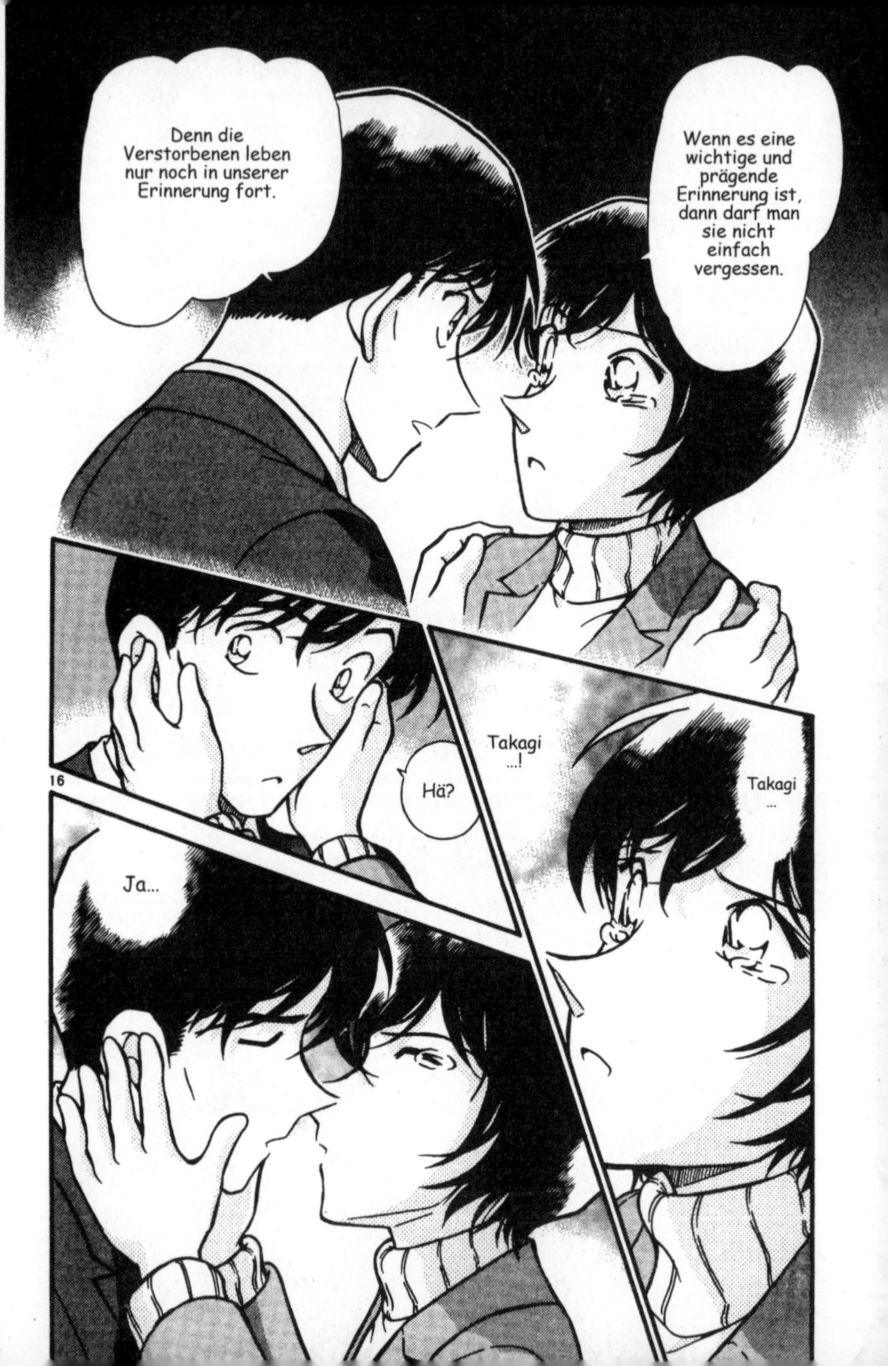
Wenn es eine wichtige und prägende Erinnerung ist, dann darf man sie nicht einfach vergessen.
Denn die Verstorbenen leben nur noch in unserer Erinnerung fort.
Takagi ...
Takagi ...!
Hä?
Ja...

16

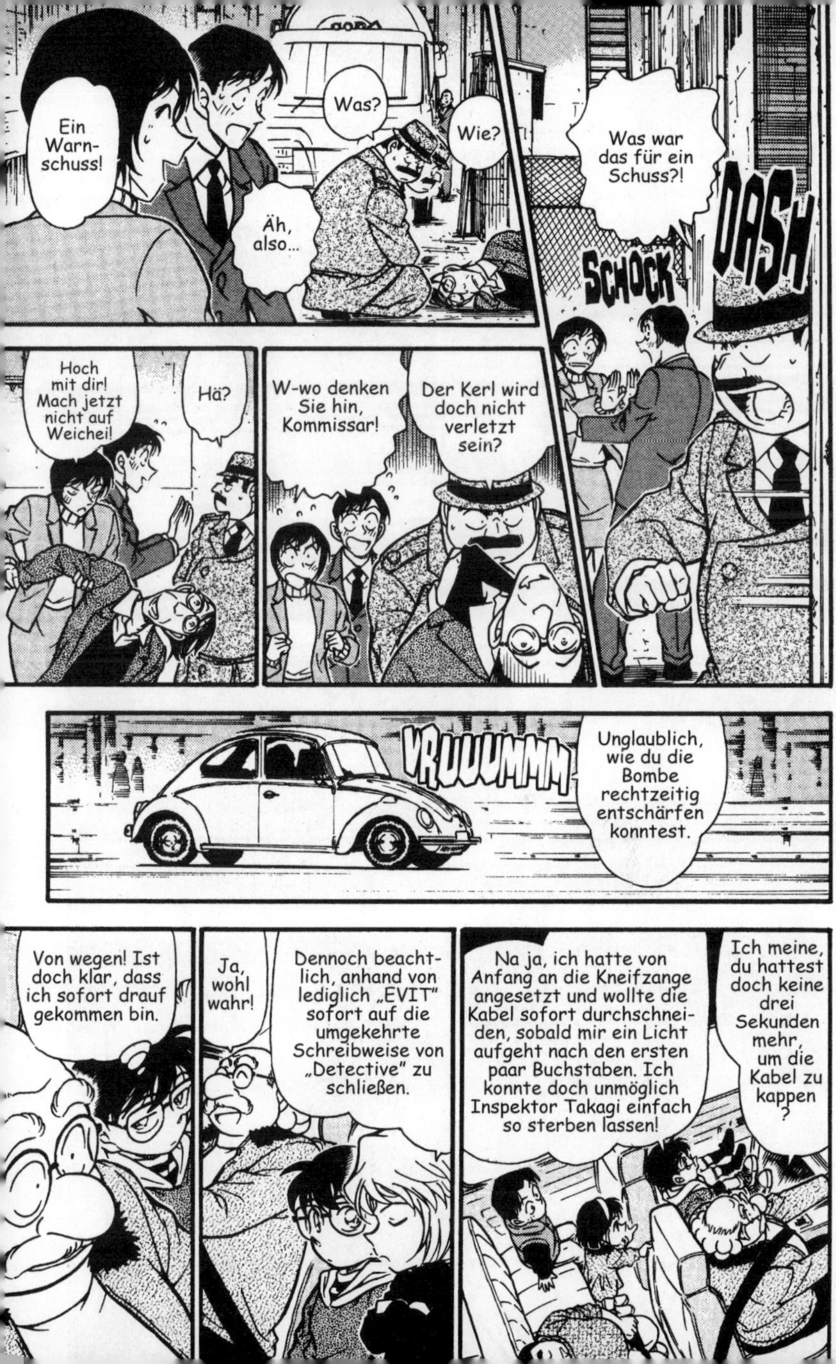
Wie?
Was?
Ein Warnschuss!
Äh, also...
Was war das für ein Schuss?!
SCHOCK
DASH
Der Kerl wird doch nicht verletzt sein?
W-wo denken Sie hin, Kommissar!
Hä?
Hoch mit dir! Mach jetzt nicht auf Weichei!
Unglaublich, wie du die Bombe rechtzeitig entschärfen konntest.
VRUUUMMM
Ich meine, du hattest doch keine drei Sekunden mehr, um die Kabel zu kappen?
Na ja, ich hatte von Anfang an die Kneifzange angesetzt und wollte die Kabel sofort durchschneiden, sobald mir ein Licht aufgeht nach den ersten paar Buchstaben. Ich konnte doch unmöglich Inspektor Takagi einfach so sterben lassen!
Dennoch beachtlich, anhand von lediglich „EVIT“ sofort auf die umgekehrte Schreibweise von „Detective“ zu schließen.
Ja, wohl wahr!
Von wegen! Ist doch klar, dass ich sofort drauf gekommen bin.

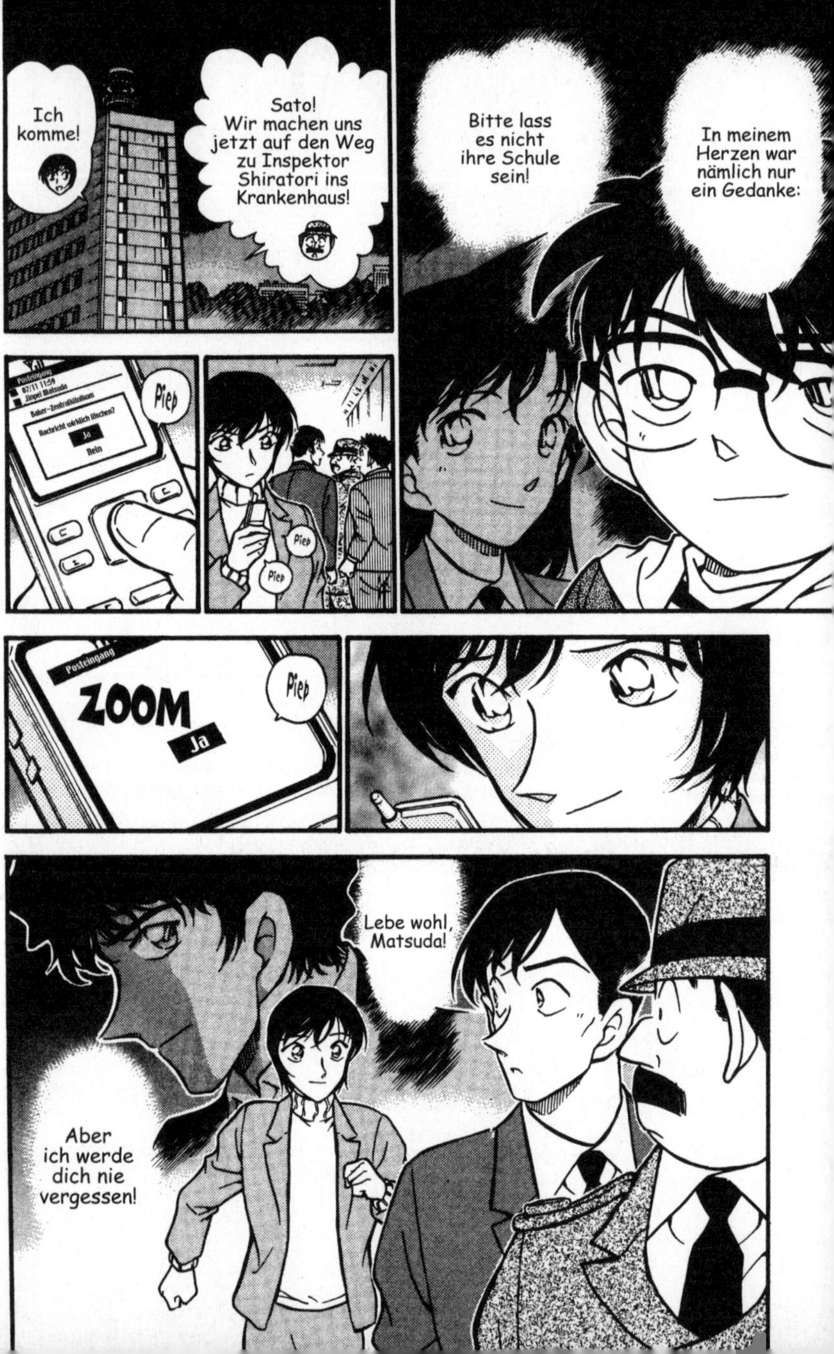
In meinem Herzen war nämlich nur ein Gedanke:
Bitte lass es nicht ihre Schule sein!
Sato! Wir machen uns jetzt auf den Weg zu Inspektor Shiratori ins Krankenhaus!
Ich komme!
Piep
Piep
Posteingang
07/11 11:58
Jinpei Matsuda
Baker-Zentralklinikum
Nachricht wirklich löschen?
Ja
Nein
Piep
Posteingang
ZOOM
Ja
Piep
Lebe wohl, Matsuda!
Aber ich werde dich nie vergessen!

PLATZ 3:
EINE STADT ALS GEISEL

2,8 %
eurer Stimmen!

Endlich befreit: die drittplatzierte Stadt als Geisel!

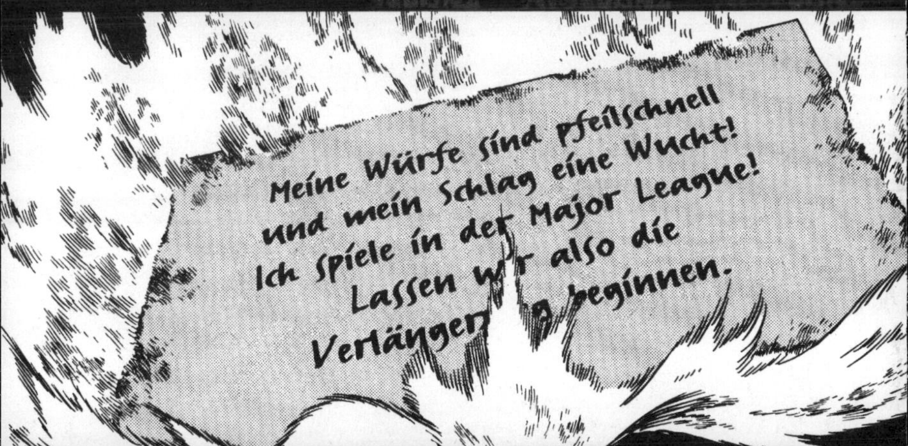

Ein weiterer Fall, der auch bei den japanischen Fans in Sachen Beliebtheit bis heute wie eine Bombe einschlägt. Nicht nur, dass er regelmäßig zu den absoluten Lieblingsfällen der Fans aus Übersee gewählt wird … er ist sogar der Lieblingsfall von Gosho Aoyama höchstpersönlich, wie er 2011 in einem Interview mit dem Magazin „Otona Fami“ enthüllte! Die deutschen Leser*innen sind also gar nicht so weit vom Geschmack des Großmeisters entfernt!

GOSHO AOYAMA

DETEKTIV CONAN

FAN EDITION

Fall 1: Der Holmes der Neuzeit

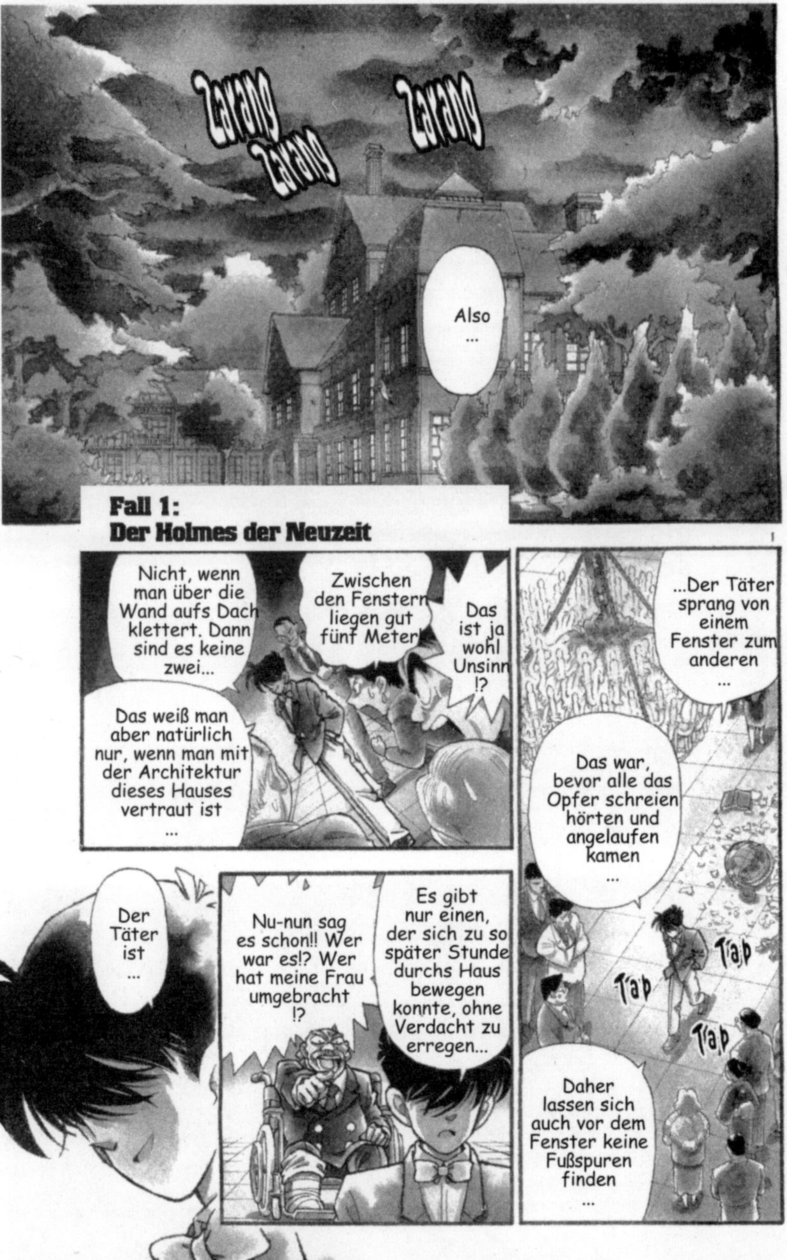

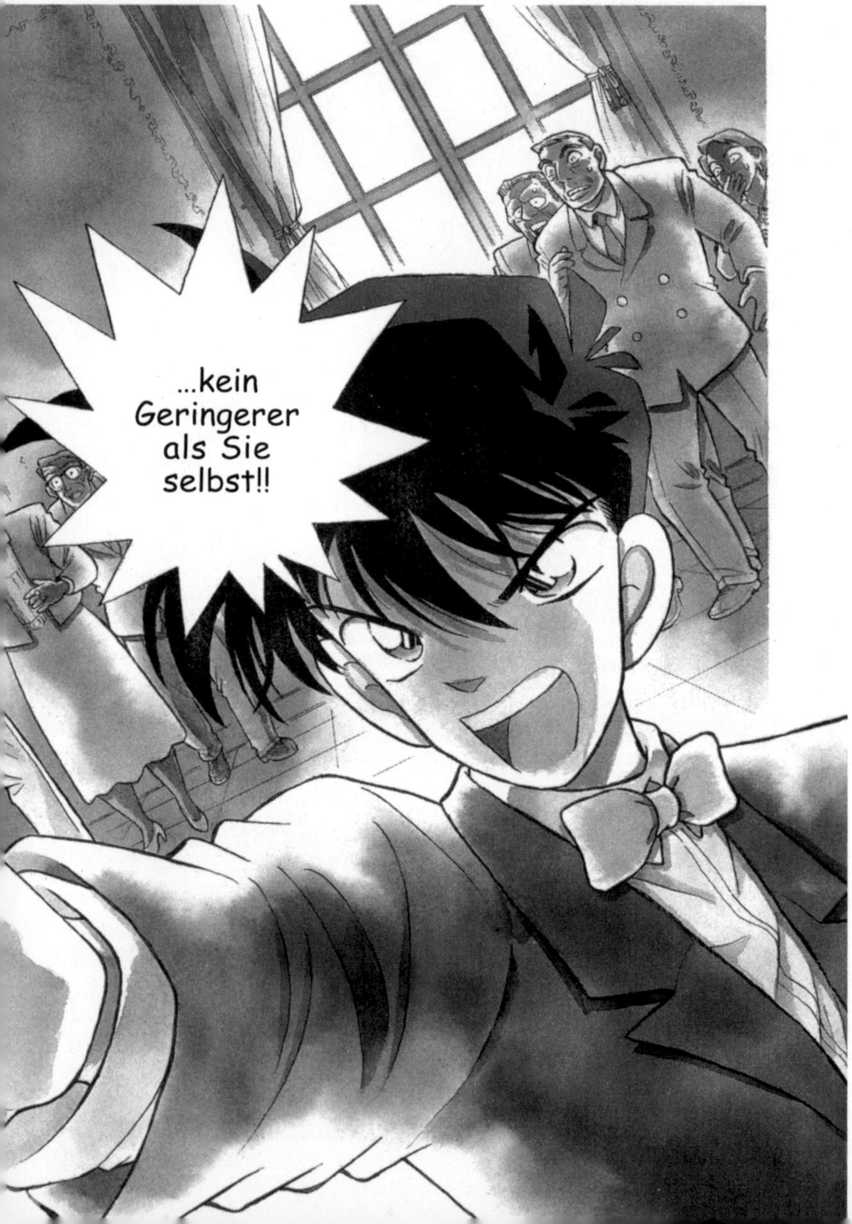
...kein Geringerer als Sie selbst!!

FALL 1

KAPITEL 1

Der Holmes der Neuzeit

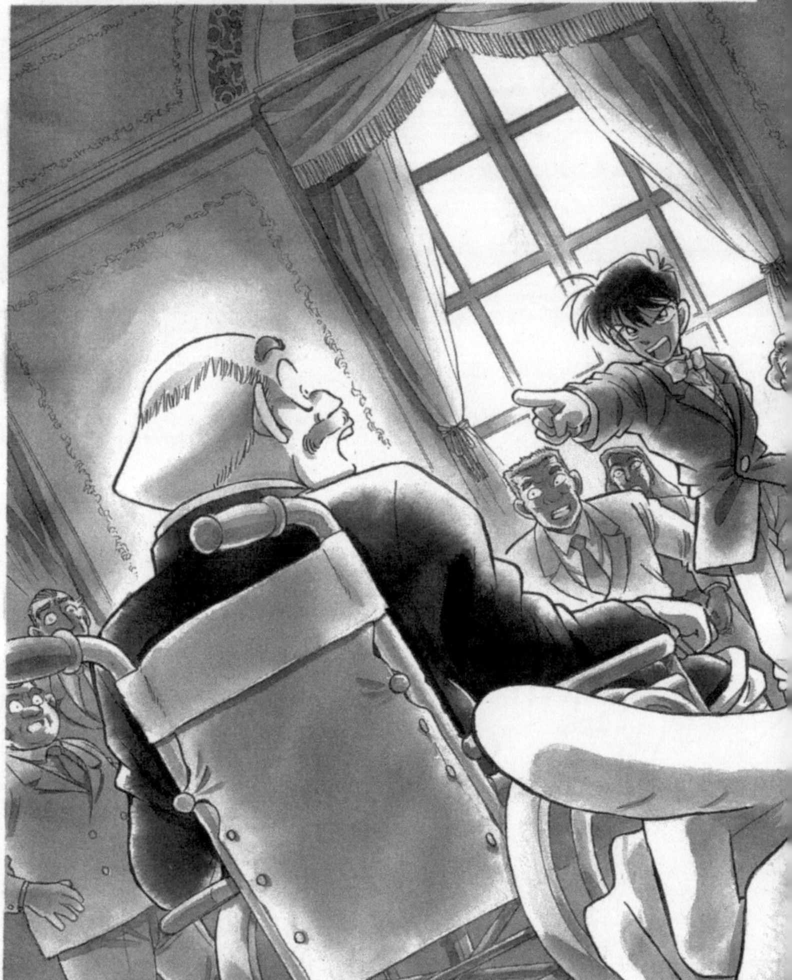

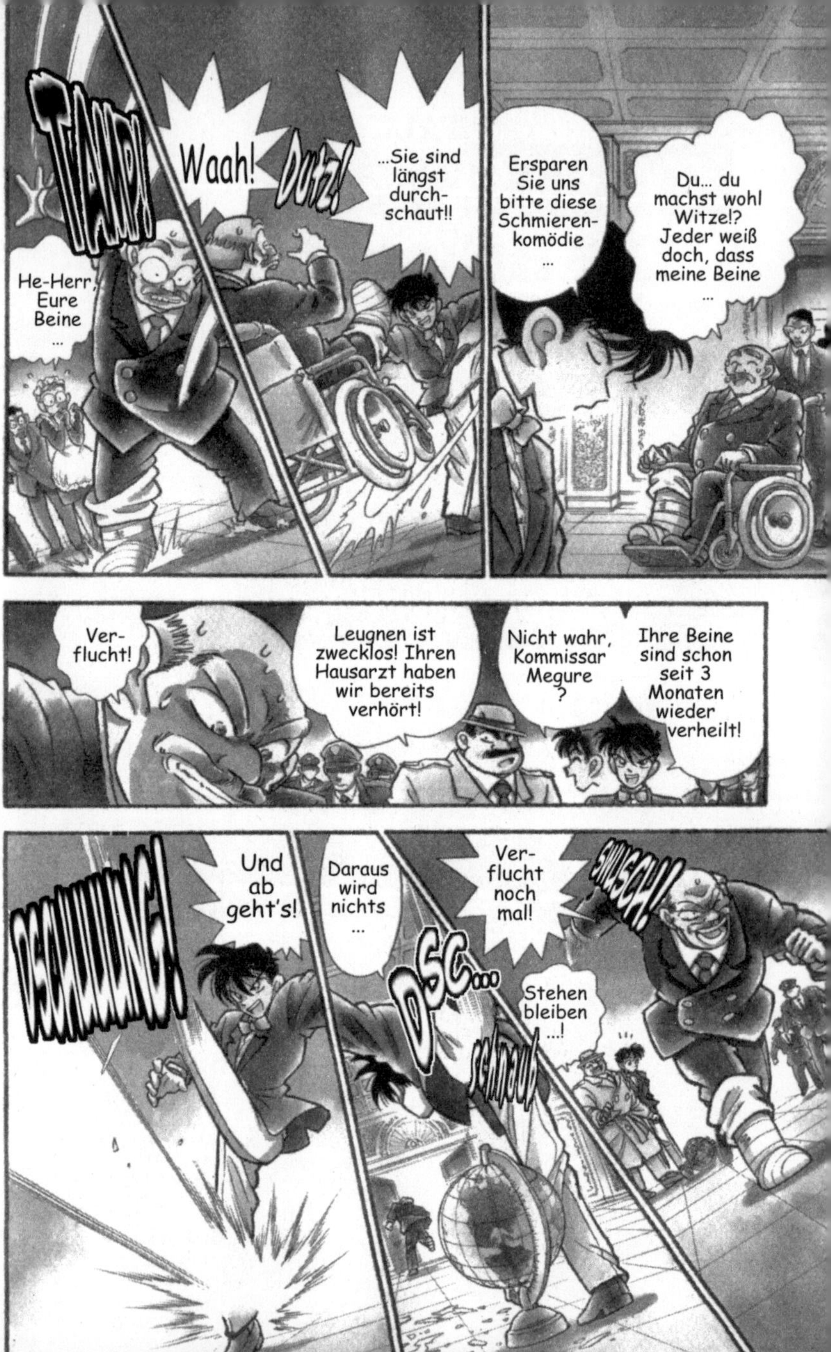
Du... du machst wohl Witze!? Jeder weiß doch, dass meine Beine ...
Ersparen Sie uns bitte diese Schmierenkomödie ...
...Sie sind längst durchschaut!!
Dutz!
Waah!
He-Herr, Eure Beine ...
Ihre Beine sind schon seit 3 Monaten wieder verheilt!
Nicht wahr, Kommissar Megure ?
Leugnen ist zwecklos! Ihren Hausarzt haben wir bereits verhört!
Verflucht!
Verflucht noch mal!
Stehen bleiben ...!
DSC...
Daraus wird nichts ...
Und ab geht's!

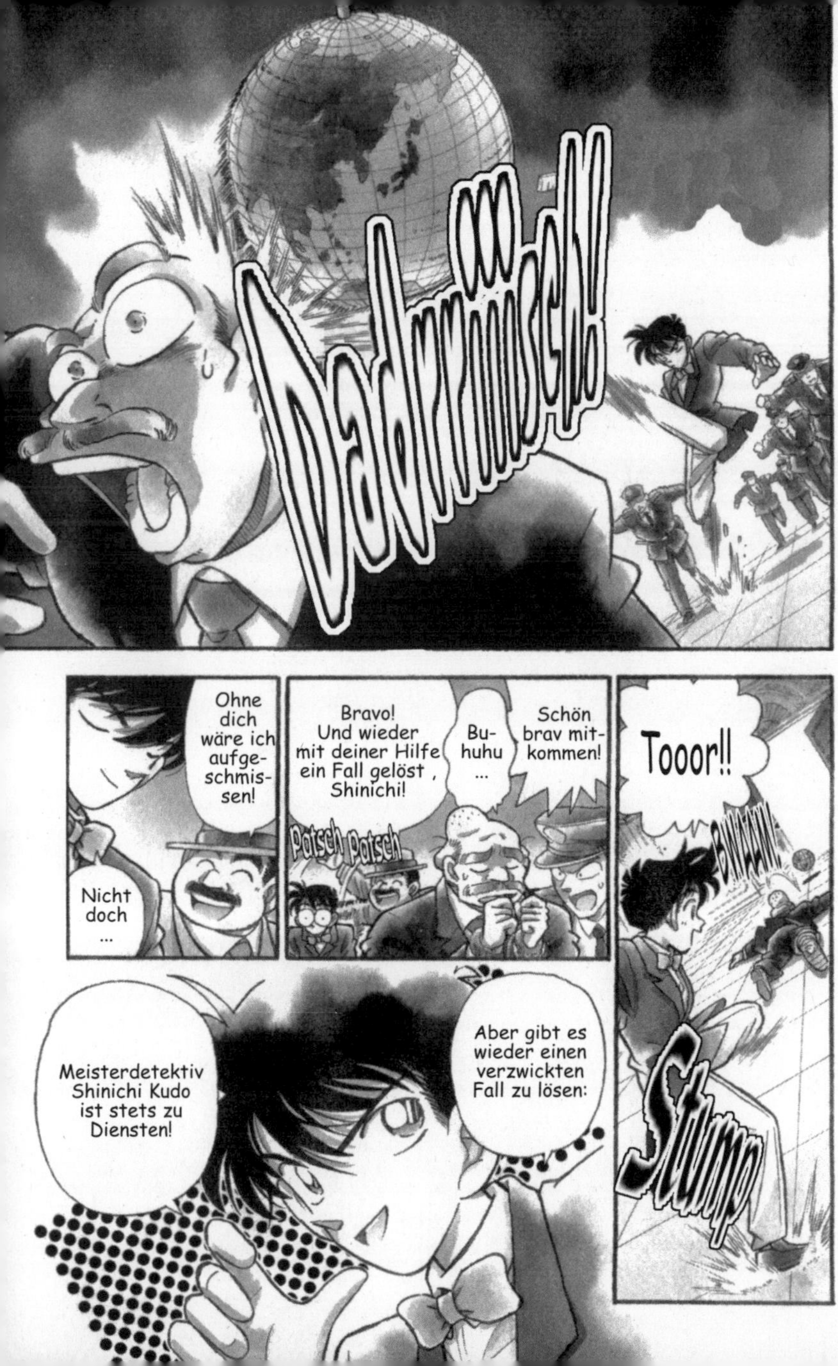

Tooor!!
Stump
Schön brav mit-kommen!
Bu-huhu ...
Bravo! Und wieder mit deiner Hilfe ein Fall gelöst , Shinichi!
Patsch Patsch
Ohne dich wäre ich aufge-schmis-sen!
Nicht doch ...
Aber gibt es wieder einen verzwickten Fall zu lösen:
Meisterdetektiv Shinichi Kudo ist stets zu Diensten!

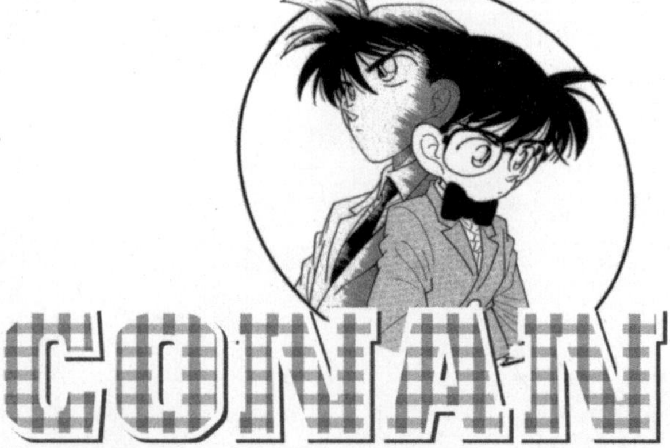
CONAN

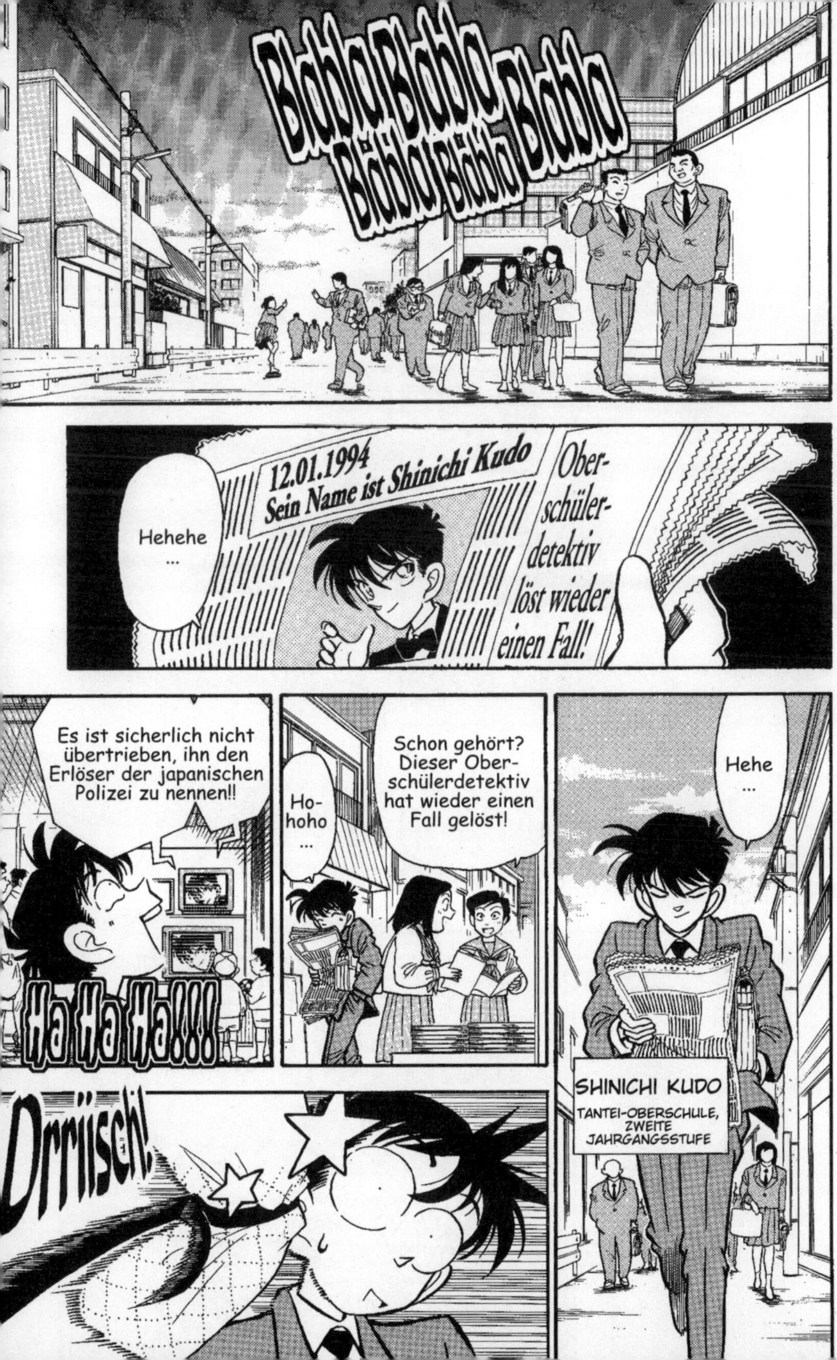

Blabla Blabla Blabla
Blabla Blabla Blabla
12.01.1994
Sein Name ist Shinichi Kudo
Oberschülerdetektiv löst wieder einen Fall!
Hehehe ...
Hehe ...
SHINICHI KUDO
TANTEI-OBERSCHULE, ZWEITE JAHRGANGSSTUFE
Schon gehört? Dieser Oberschülerdetektiv hat wieder einen Fall gelöst!
Hohoho ...
Es ist sicherlich nicht übertrieben, ihn den Erlöser der japanischen Polizei zu nennen!!
Ha Ha Ha!!!
Drrüsch!

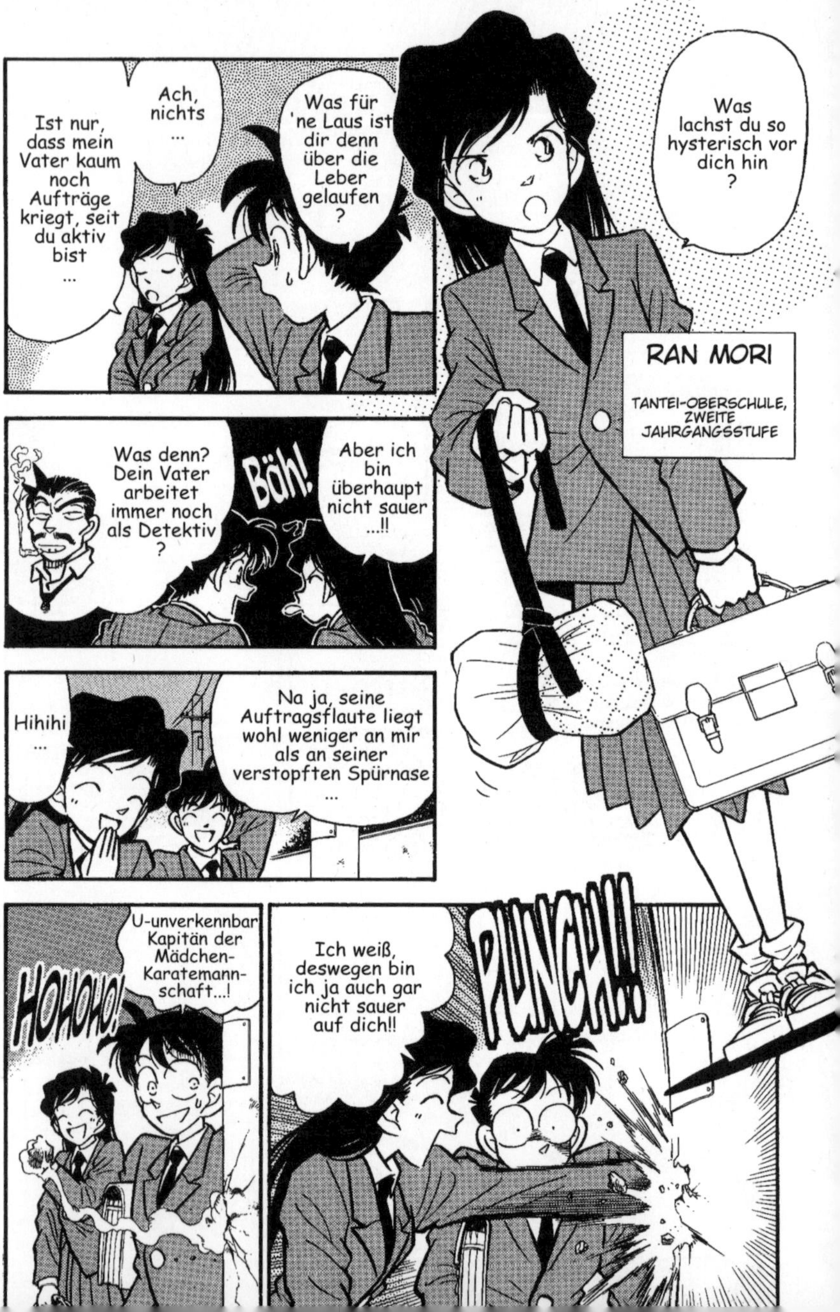

Was lachst du so hysterisch vor dich hin?
RAN MORI
TANTEI-OBERSCHULE, ZWEITE JAHRGANGSSTUFE
Was für 'ne Laus ist dir denn über die Leber gelaufen?
Ach, nichts ...
Ist nur, dass mein Vater kaum noch Aufträge kriegt, seit du aktiv bist ...
Aber ich bin überhaupt nicht sauer ...!!
Bäh!
Was denn? Dein Vater arbeitet immer noch als Detektiv?
Na ja, seine Auftragsflaute liegt wohl weniger an mir als an seiner verstopften Spürnase ...
Hihihi ...
PUNCH!!!
Ich weiß, deswegen bin ich ja auch gar nicht sauer auf dich!!
U-unverkennbar Kapitän der Mädchen-Karatemannschaft...!
HOHOHO!

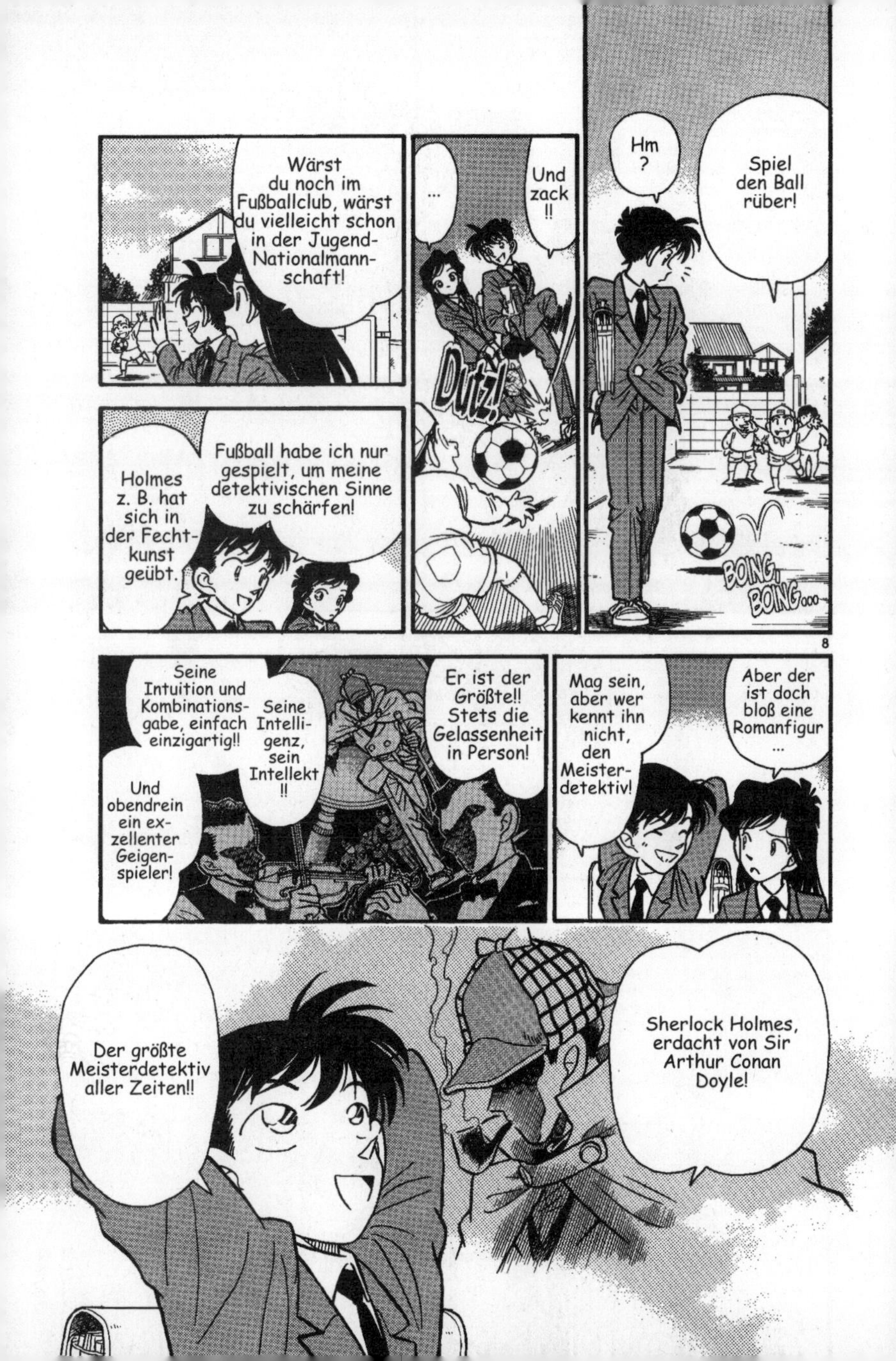
Spiel den Ball rüber!
Hm ?
BOING, BOING...
Und zack !!
...
Dutz!
Wärst du noch im Fußballclub, wärst du vielleicht schon in der Jugend-Nationalmannschaft!
Fußball habe ich nur gespielt, um meine detektivischen Sinne zu schärfen!
Holmes z. B. hat sich in der Fechtkunst geübt.
Aber der ist doch bloß eine Romanfigur ...
Mag sein, aber wer kennt ihn nicht, den Meisterdetektiv!
Er ist der Größte!! Stets die Gelassenheit in Person!
Seine Intelligenz, sein Intellekt !!
Seine Intuition und Kombinationsgabe, einfach einzigartig!!
Und obendrein ein exzellenter Geigenspieler!
Sherlock Holmes, erdacht von Sir Arthur Conan Doyle!
Der größte Meisterdetektiv aller Zeiten!!
8

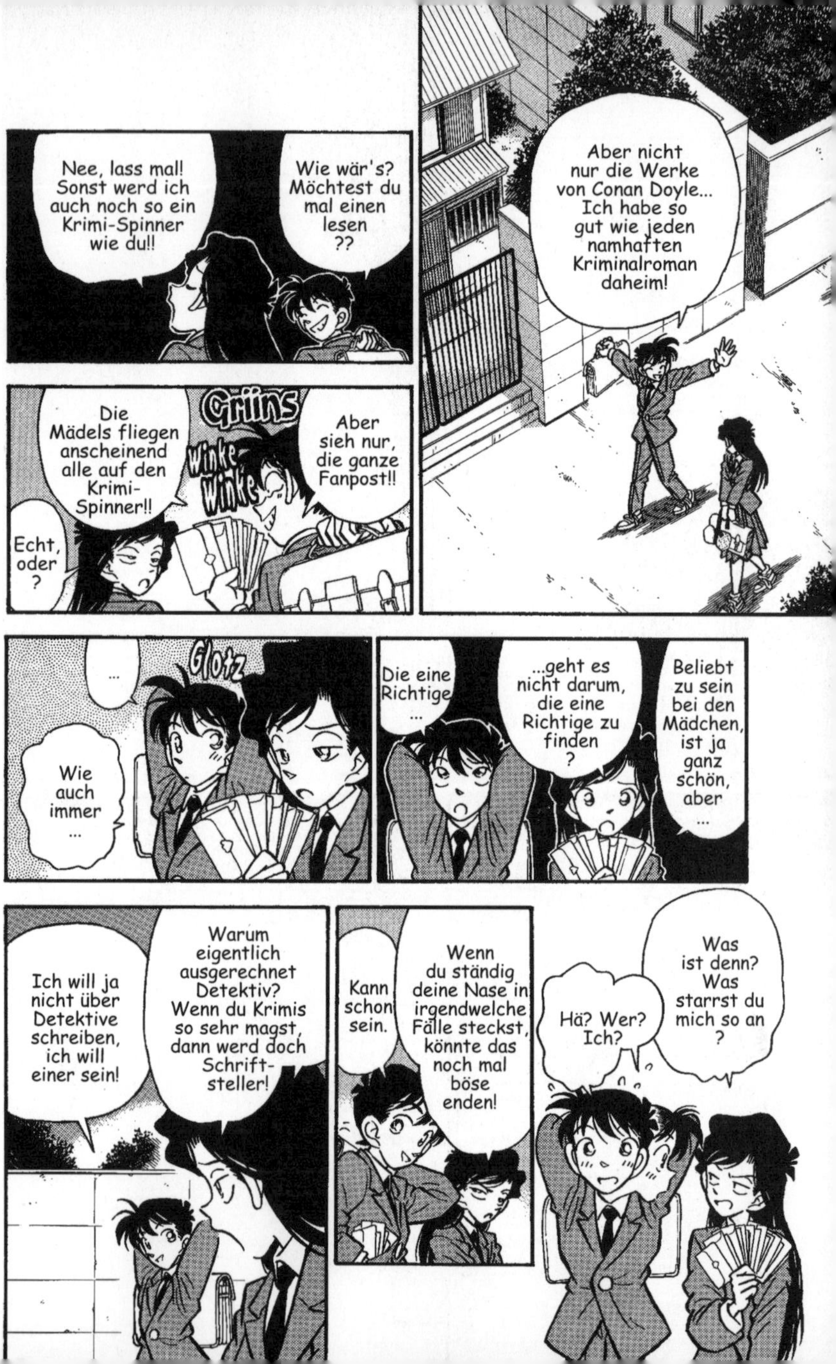
Aber nicht nur die Werke von Conan Doyle... Ich habe so gut wie jeden namhaften Kriminalroman daheim!
Wie wär's? Möchtest du mal einen lesen ??
Nee, lass mal! Sonst werd ich auch noch so ein Krimi-Spinner wie du!!
Aber sieh nur, die ganze Fanpost!!
Griins
Winke winke
Die Mädels fliegen anscheinend alle auf den Krimi-Spinner!!
Echt, oder ?
Beliebt zu sein bei den Mädchen, ist ja ganz schön, aber ...
...geht es nicht darum, die eine Richtige zu finden ?
Die eine Richtige ...
Glotz
...
Wie auch immer ...
Was ist denn? Was starrst du mich so an ?
Hä? Wer? Ich?
Wenn du ständig deine Nase in irgendwelche Fälle steckst, könnte das noch mal böse enden!
Kann schon sein.
Warum eigentlich ausgerechnet Detektiv? Wenn du Krimis so sehr magst, dann werd doch Schrift-steller!
Ich will ja nicht über Detektive schreiben, ich will einer sein!

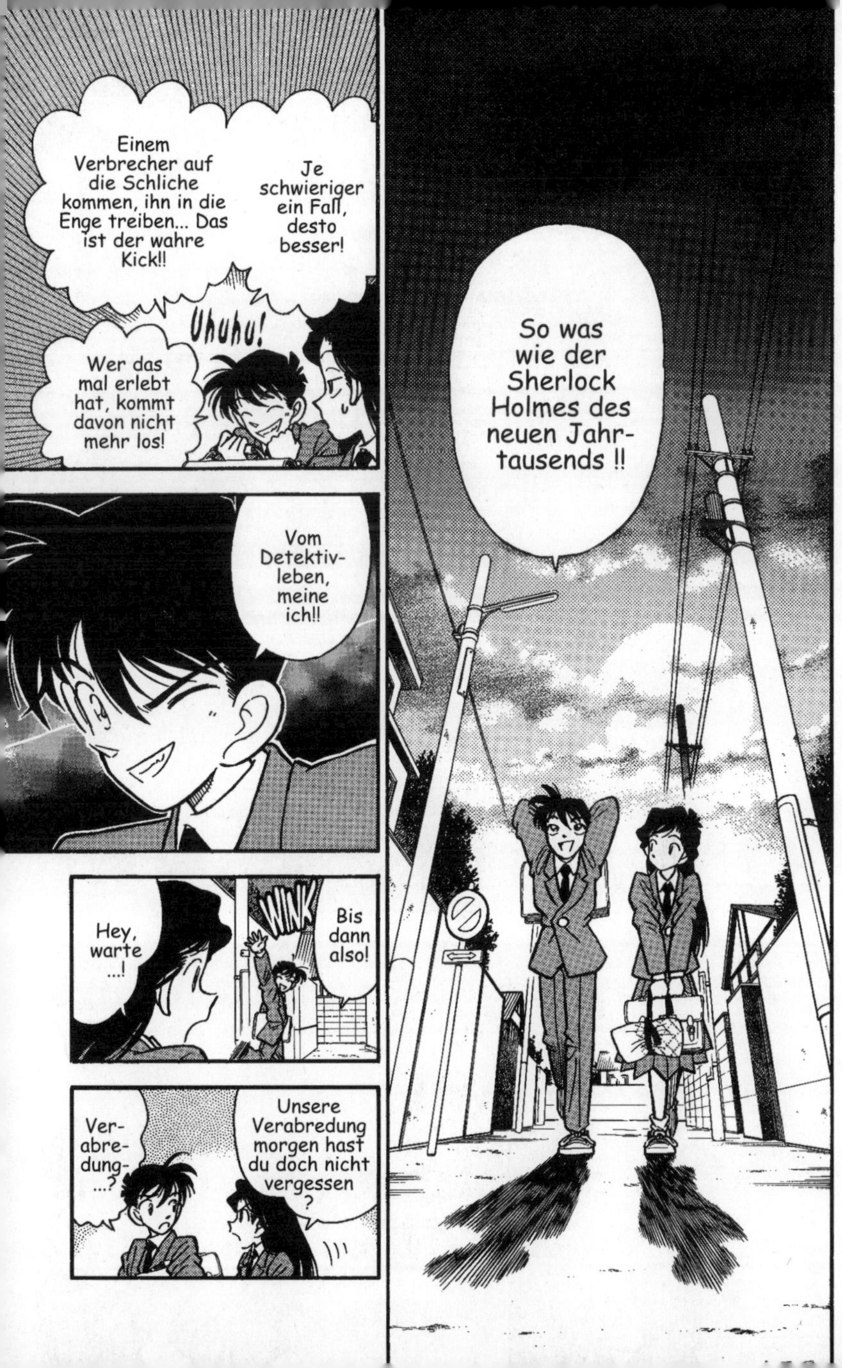
So was wie der Sherlock Holmes des neuen Jahrtausends !!
Je schwieriger ein Fall, desto besser!
Einem Verbrecher auf die Schliche kommen, ihn in die Enge treiben... Das ist der wahre Kick!!
Uhuhu!
Wer das mal erlebt hat, kommt davon nicht mehr los!
Vom Detektivleben, meine ich!!
Bis dann also!
WINK
Hey, warte ...!
Unsere Verabredung morgen hast du doch nicht vergessen ?
Ver-abre-dung-...?

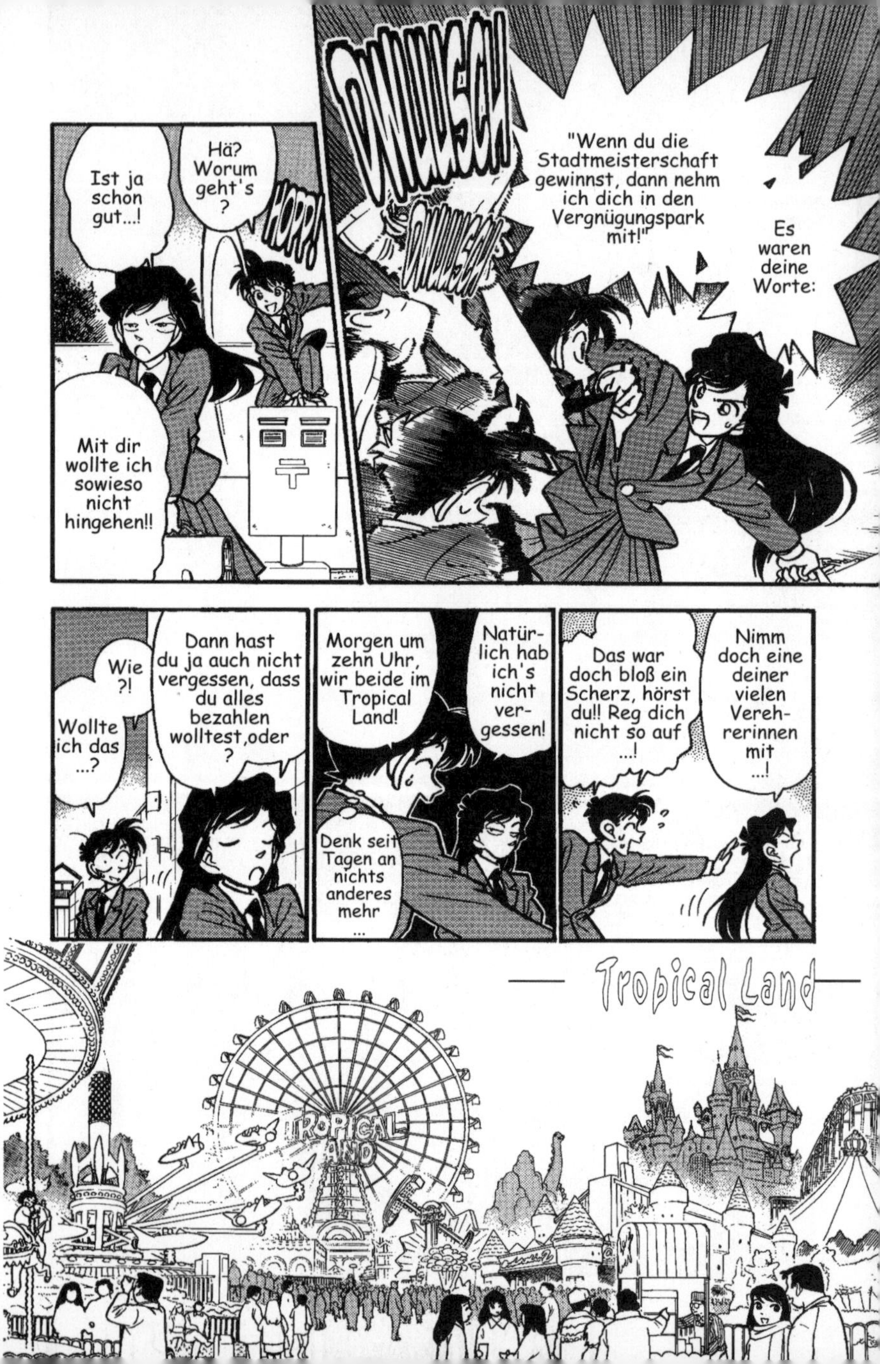
Es waren deine Worte:
"Wenn du die Stadtmeisterschaft gewinnst, dann nehm ich dich in den Vergnügungspark mit!"
HOPP!
Hä? Worum geht's ?
Ist ja schon gut...!
Mit dir wollte ich sowieso nicht hingehen!!
Nimm doch eine deiner vielen Verehrerinnen mit ...!
Das war doch bloß ein Scherz, hörst du!! Reg dich nicht so auf ...!
Natürlich hab ich's nicht vergessen!
Morgen um zehn Uhr, wir beide im Tropical Land!
Denk seit Tagen an nichts anderes mehr ...
Dann hast du ja auch nicht vergessen, dass du alles bezahlen wolltest,oder ?
Wie ?!
Wollte ich das ...?
—— Tropical Land ——
TROPICAL LAND

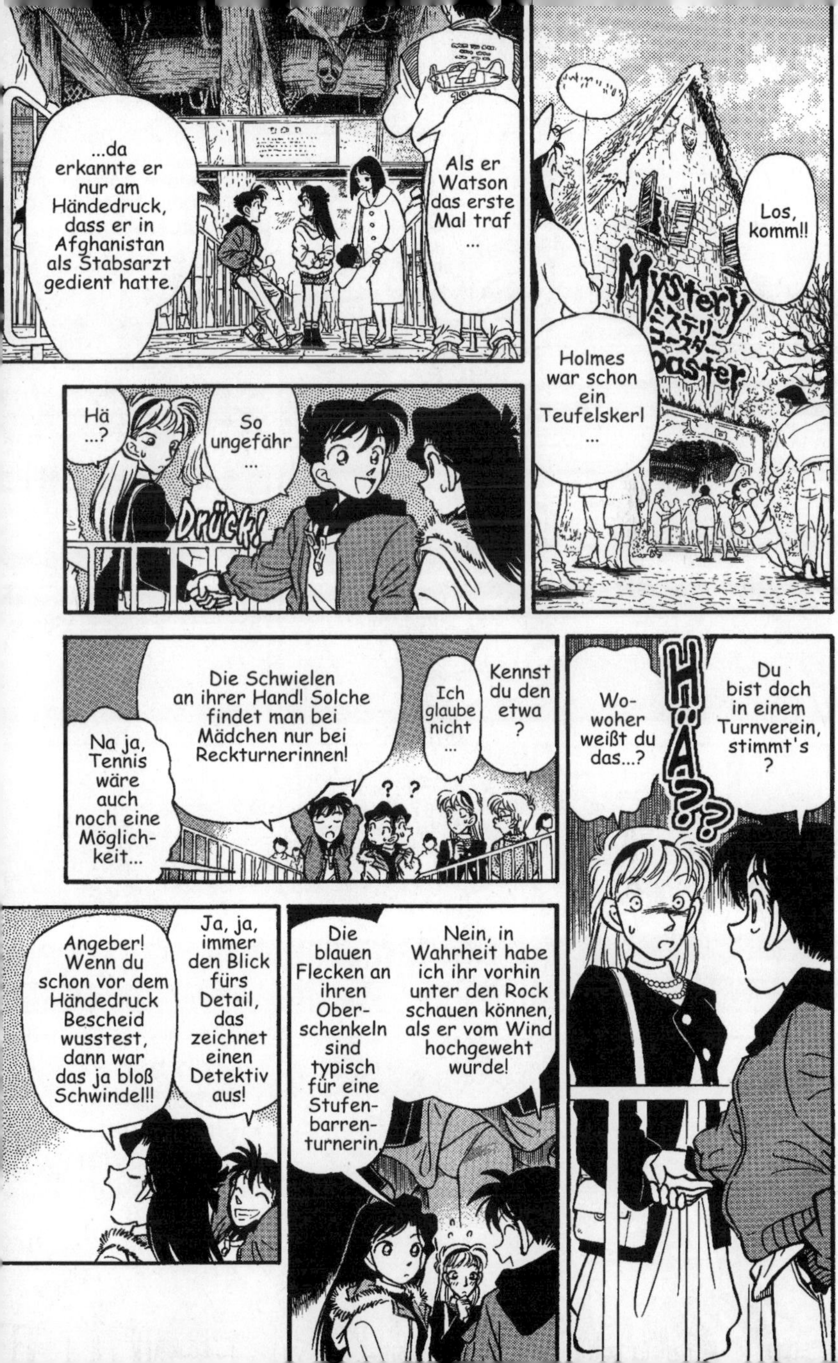

Los, komm!!
Holmes war schon ein Teufelskerl ...
Als er Watson das erste Mal traf ...
...da erkannte er nur am Händedruck, dass er in Afghanistan als Stabsarzt gedient hatte.
So ungefähr ...
Drück!
Hä ...?
Du bist doch in einem Turnverein, stimmt's?
HÄÄ??
Wo-woher weißt du das...?
Kennst du den etwa?
Ich glaube nicht ...
Die Schwielen an ihrer Hand! Solche findet man bei Mädchen nur bei Reckturnerinnen!
Na ja, Tennis wäre auch noch eine Möglichkeit...
Nein, in Wahrheit habe ich ihr vorhin unter den Rock schauen können, als er vom Wind hochgeweht wurde!
Die blauen Flecken an ihren Oberschenkeln sind typisch für eine Stufenbarrenturnerin.
Ja, ja, immer den Blick fürs Detail, das zeichnet einen Detektiv aus!
Angeber! Wenn du schon vor dem Händedruck Bescheid wusstest, dann war das ja bloß Schwindel!!

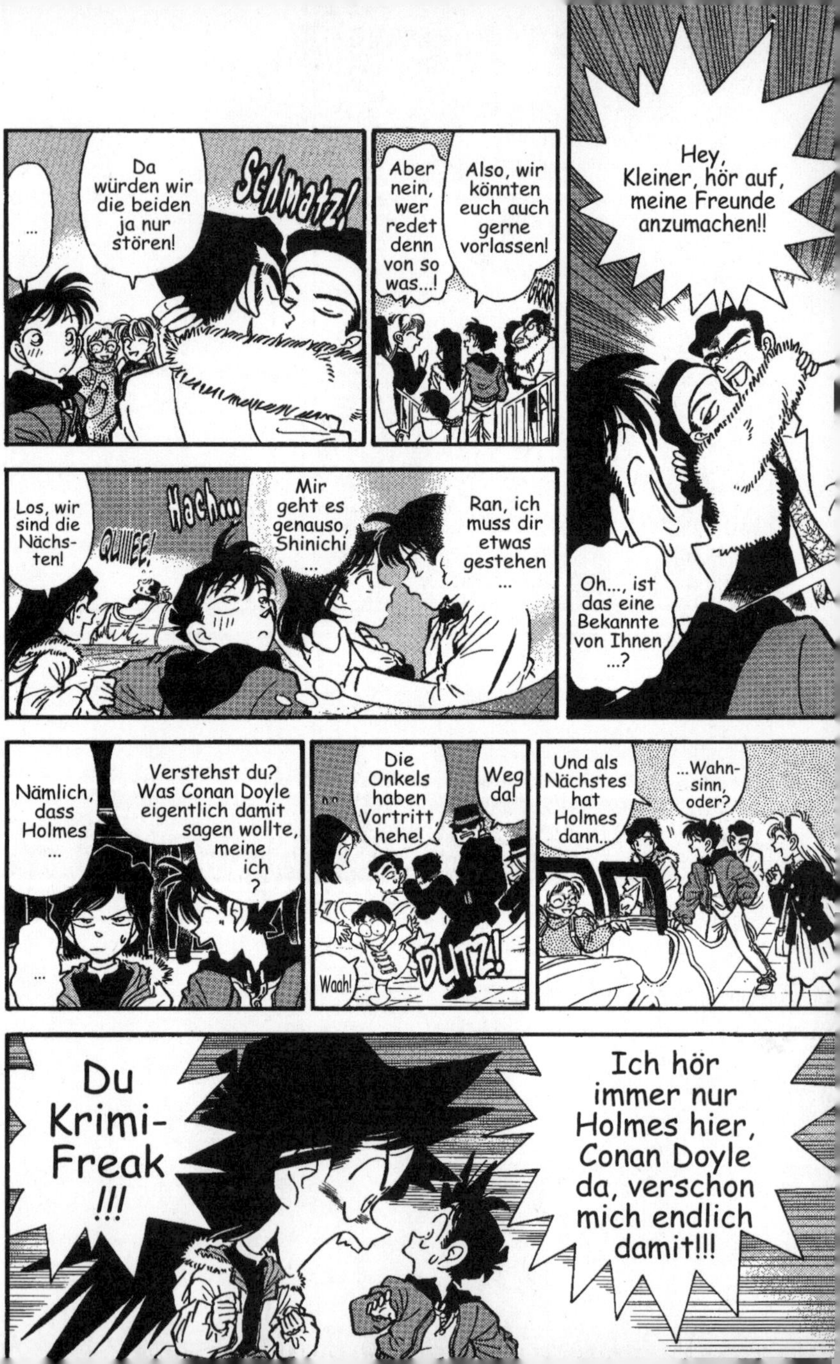
Hey, Kleiner, hör auf, meine Freunde anzumachen!!
Oh..., ist das eine Bekannte von Ihnen ...?
Also, wir könnten euch auch gerne vorlassen!
Aber nein, wer redet denn von so was...!
GRRR
Schmatz!
Da würden wir die beiden ja nur stören!
...
Ran, ich muss dir etwas gestehen ...
Mir geht es genauso, Shinichi ...
Hach...
QUIIEE!
Los, wir sind die Nächsten!
...Wahnsinn, oder?
Und als Nächstes hat Holmes dann...
Weg da!
Die Onkels haben Vortritt, hehe!
DUTZ!
Waah!
Verstehst du? Was Conan Doyle eigentlich damit sagen wollte, meine ich?
Nämlich, dass Holmes ...
...
Ich hör immer nur Holmes hier, Conan Doyle da, verschon mich endlich damit!!!
Du Krimi-Freak!!!

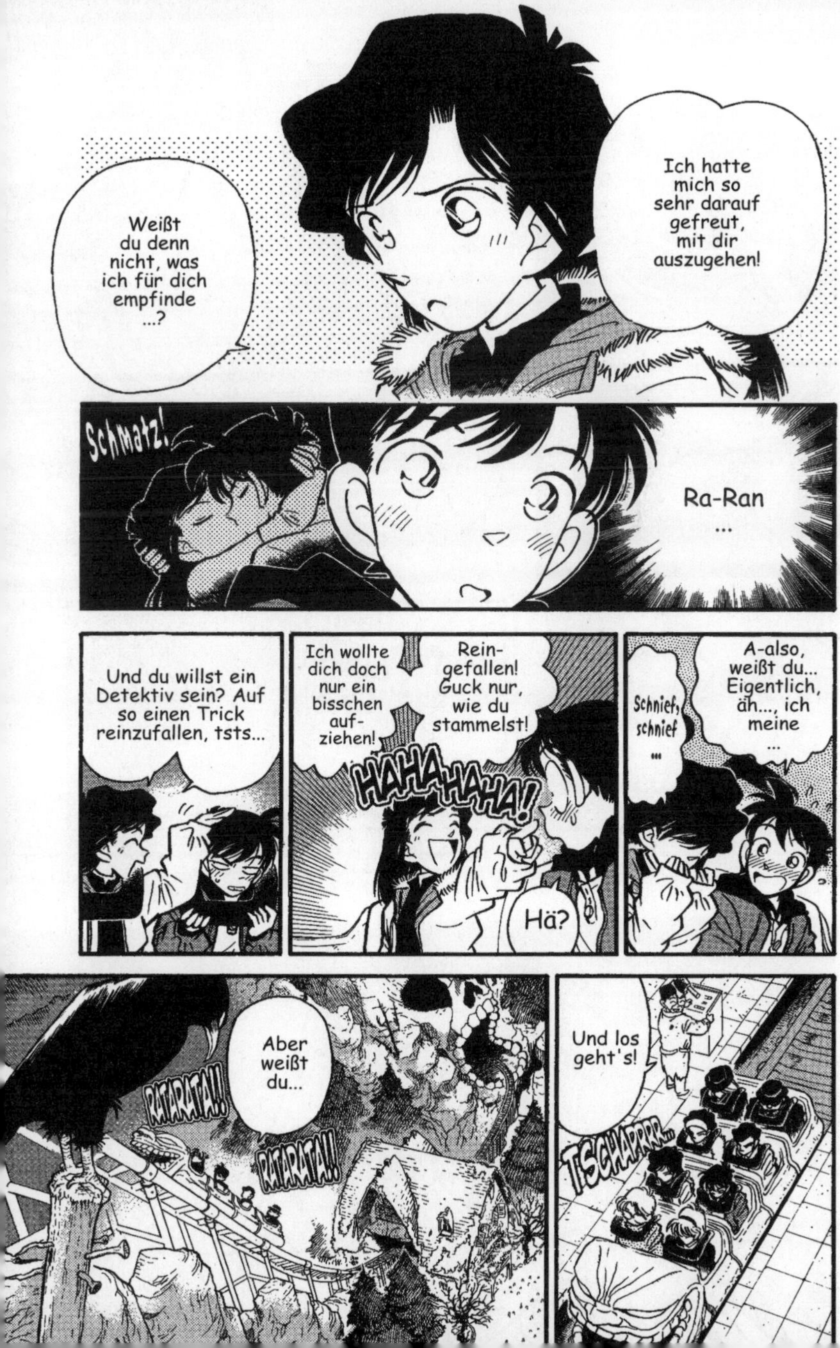
Ich hatte mich so sehr darauf gefreut, mit dir auszugehen!
Weißt du denn nicht, was ich für dich empfinde ...?
Ra-Ran ...
Schmatz!
A-also, weißt du... Eigentlich, äh..., ich meine ...
Schnief, schnief ...
Rein-gefallen! Guck nur, wie du stammelst!
Ich wollte dich doch nur ein bisschen auf-ziehen!
HAHA HAHA!
Hä?
Und du willst ein Detektiv sein? Auf so einen Trick reinzufallen, tsts...
Und los geht's!
TSCHAPRRR...
Aber weißt du...
RATARATA!!
RATARATA!!

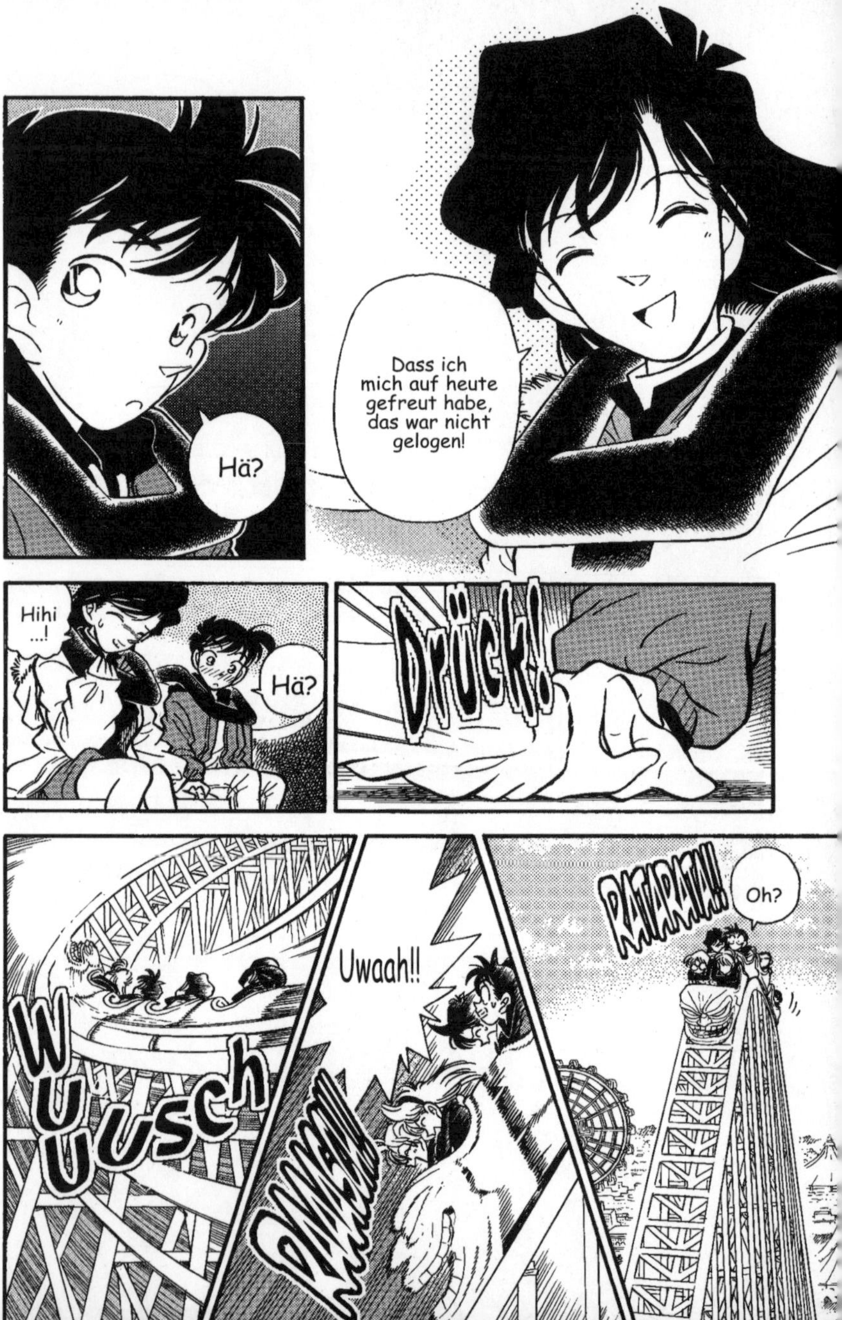
Dass ich mich auf heute gefreut habe, das war nicht gelogen!
Hä?
Drück!
Hä?
Hihi ...!
RATARATA!!
Oh?
Uwaah!!
Wuuusch

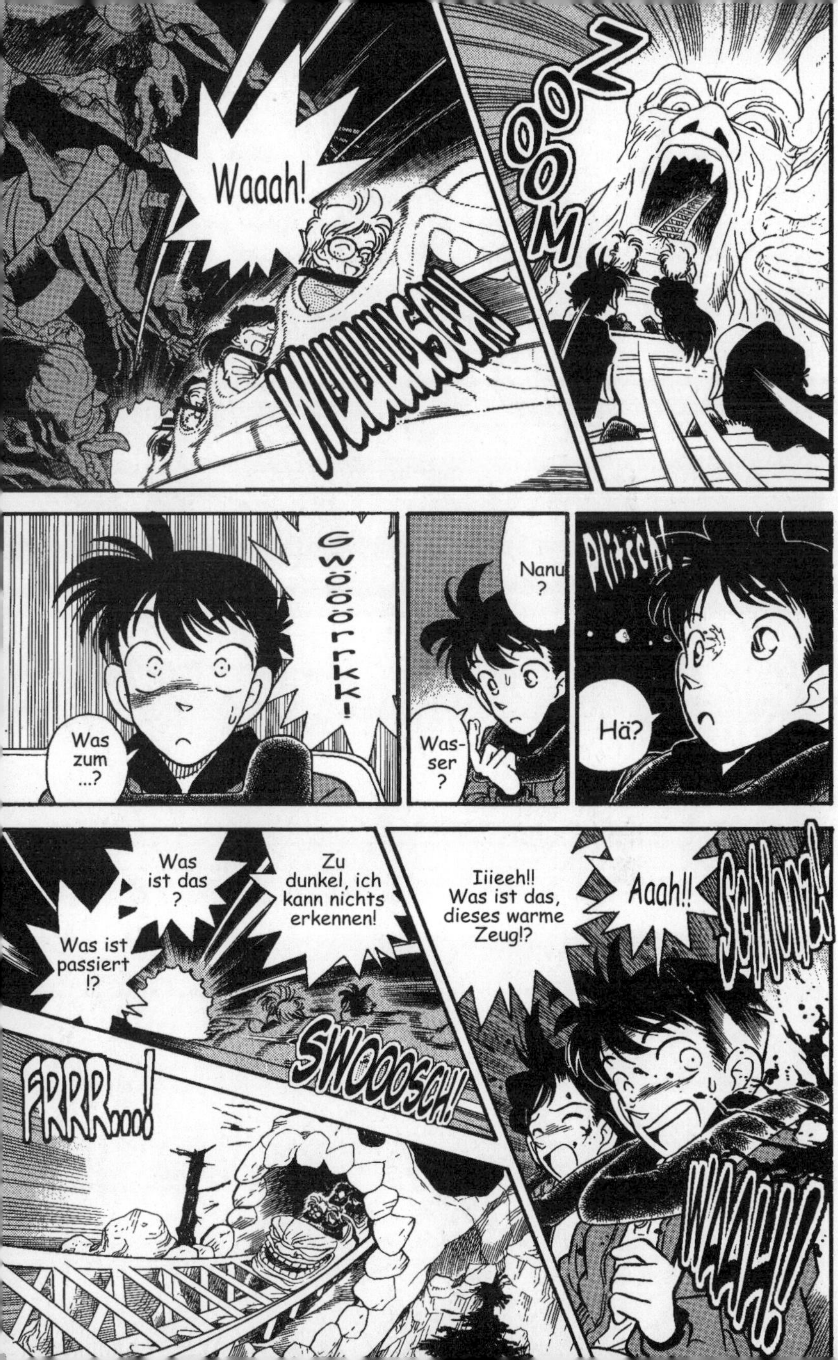
ZOOOOM
Waaah!
Plitsch!
Hä?
Nanu?
Was-ser?
Gwööörrkk!
Was zum ...?
Aaah!!
Iiieeh!! Was ist das, dieses warme Zeug!?
Zu dunkel, ich kann nichts erkennen!
Was ist das?
Was ist passiert!?
SWOOOSCH!
FRRR...!

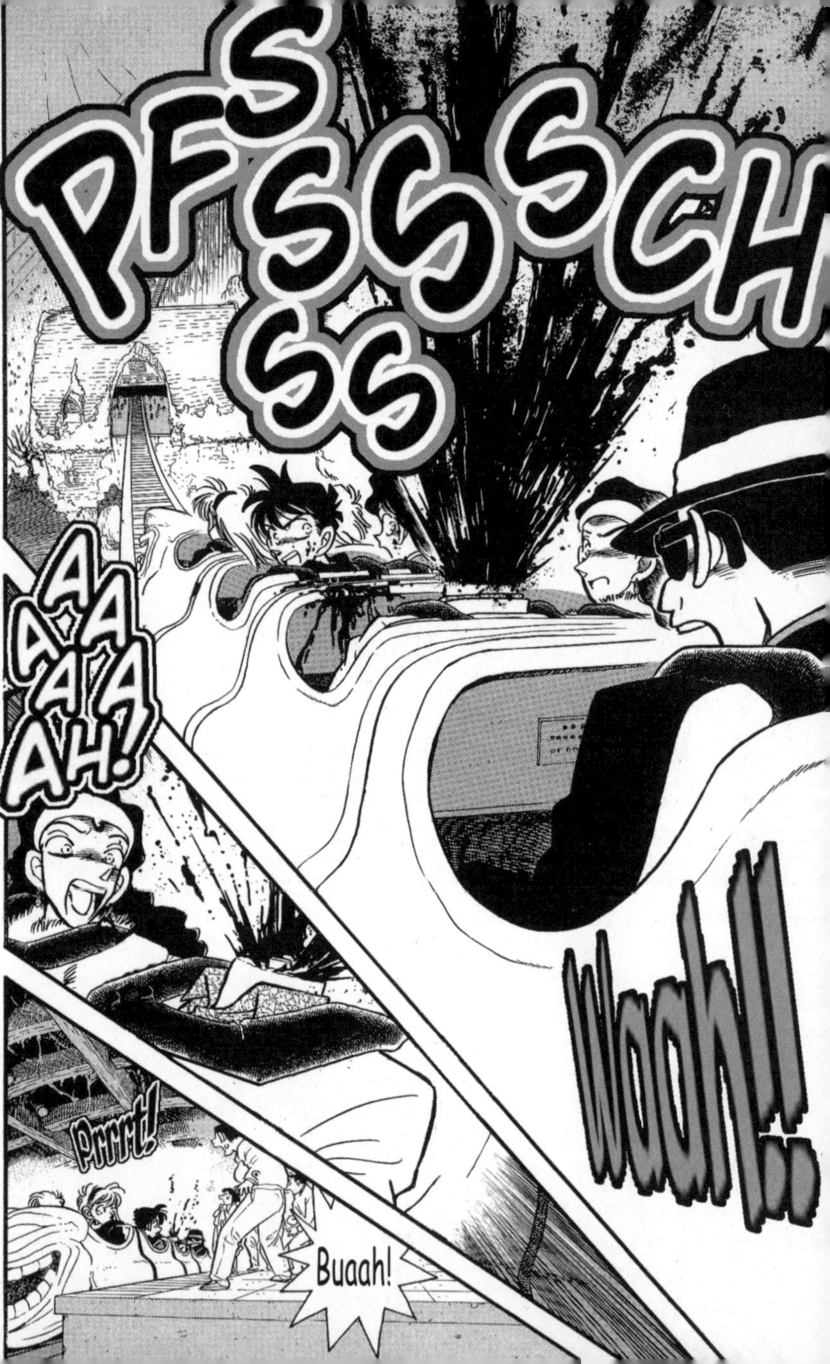
PFSSSSCHSS
AAAAAAH!
Waah!!
Prrrt!
Buaah!

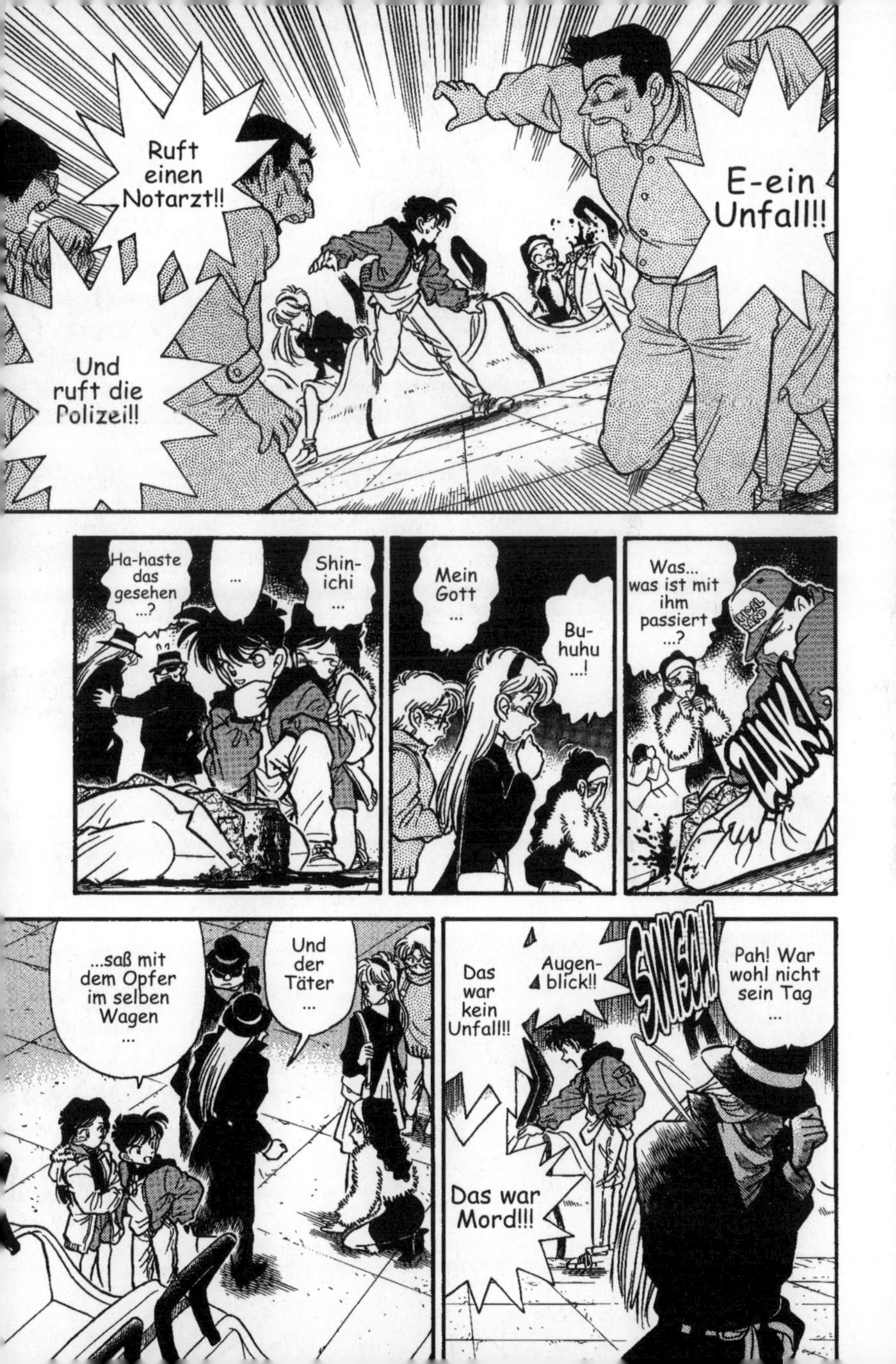
E-ein Unfall!!!
Ruft einen Notarzt!!
Und ruft die Polizei!!
Was... was ist mit ihm passiert ...?
Mein Gott ...
Bu-huhu ...!
Shin-ichi ...
...
Ha-haste das gesehen ...?
Pah! War wohl nicht sein Tag ...
Augen-blick!!
Das war kein Unfall!!!
Das war Mord!!!
Und der Täter ...
...saß mit dem Opfer im selben Wagen ...

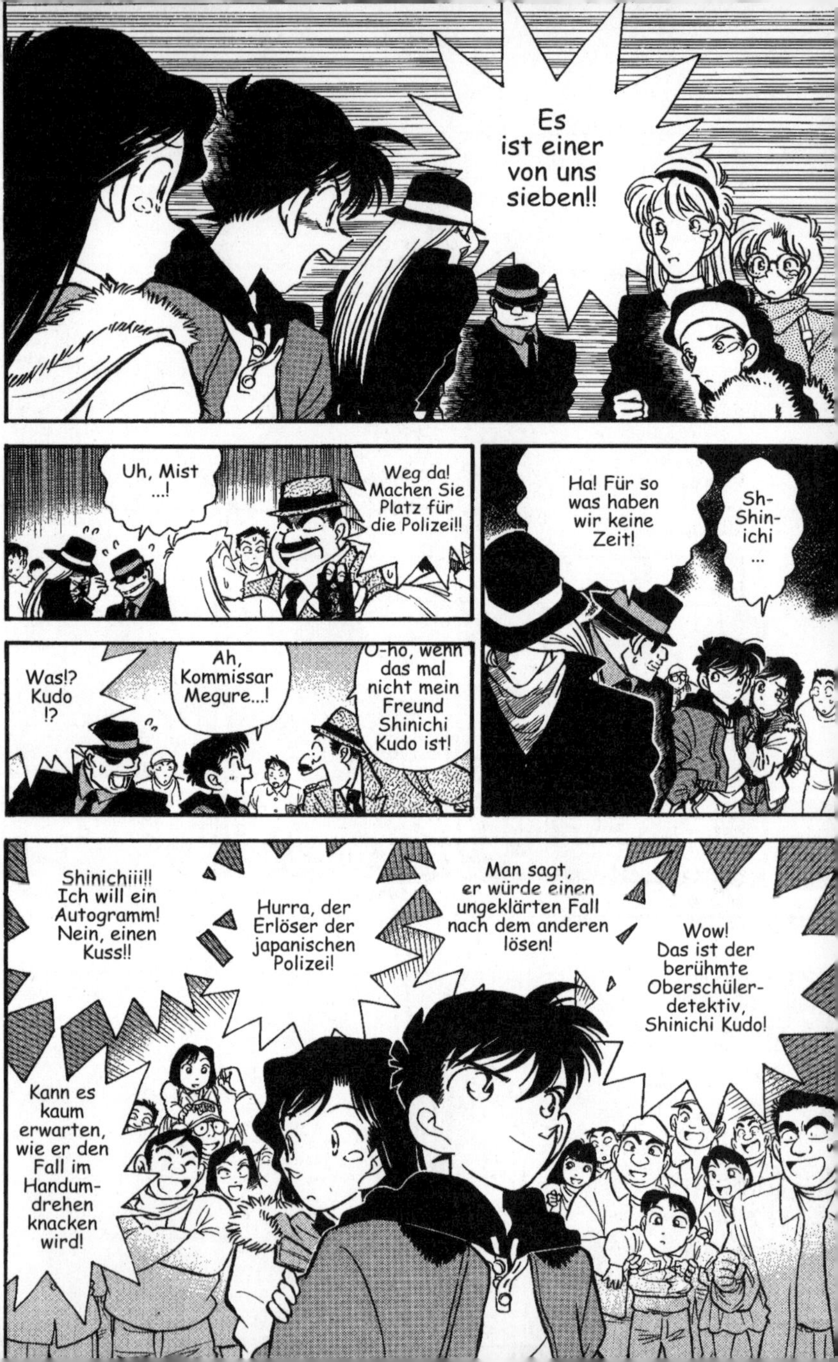
Es ist einer von uns sieben!!
Sh-Shin-ichi ...
Ha! Für so was haben wir keine Zeit!
Weg da! Machen Sie Platz für die Polizei!!
Uh, Mist ...!
O-ho, wenn das mal nicht mein Freund Shinichi Kudo ist!
Ah, Kommissar Megure...!
Was!? Kudo !?
Wow! Das ist der berühmte Oberschüler-detektiv, Shinichi Kudo!
Man sagt, er würde einen ungeklärten Fall nach dem anderen lösen!
Hurra, der Erlöser der japanischen Polizei!
Shinichiii!! Ich will ein Autogramm! Nein, einen Kuss!!
Kann es kaum erwarten, wie er den Fall im Handum-drehen knacken wird!

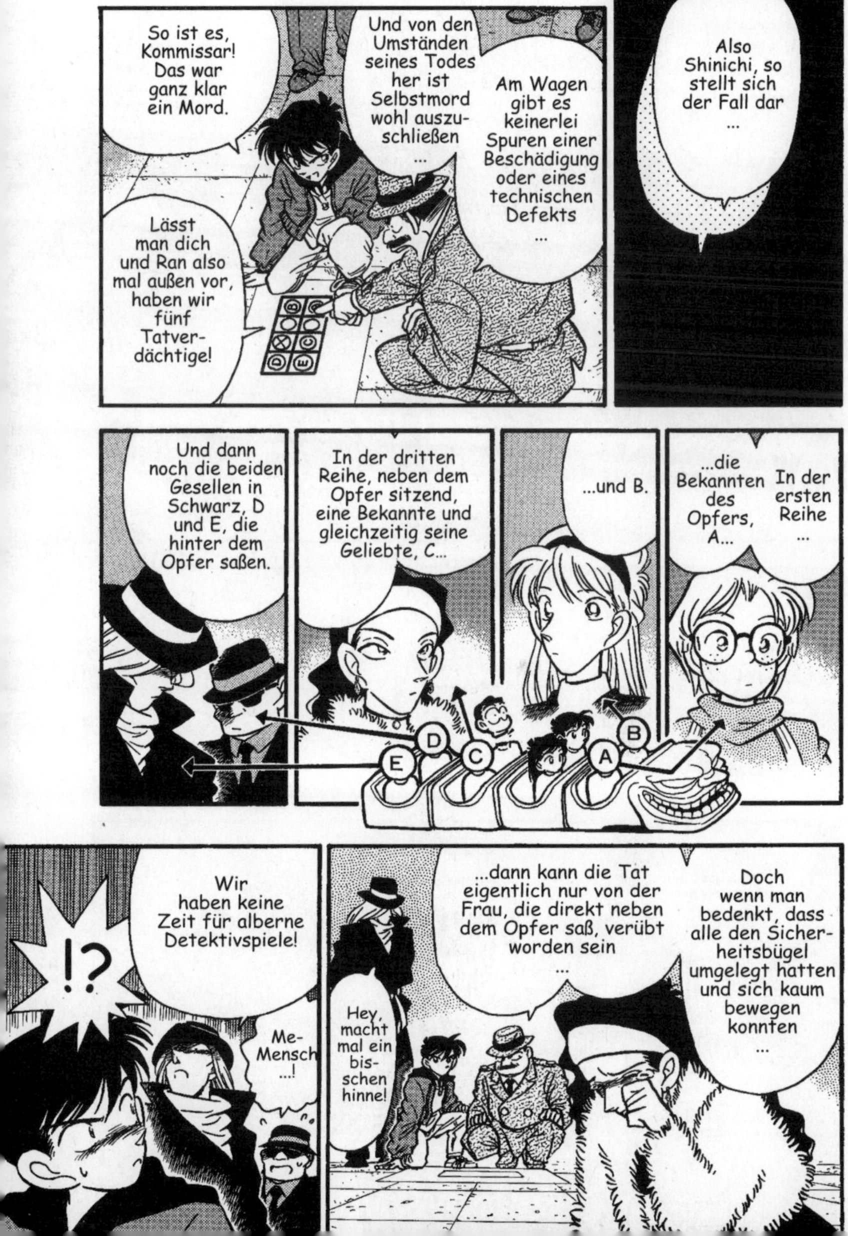
Also Shinichi, so stellt sich der Fall dar ...
Am Wagen gibt es keinerlei Spuren einer Beschädigung oder eines technischen Defekts ...
Und von den Umständen seines Todes her ist Selbstmord wohl auszuschließen ...
So ist es, Kommissar! Das war ganz klar ein Mord.
Lässt man dich und Ran also mal außen vor, haben wir fünf Tatverdächtige!
In der ersten Reihe ...
...die Bekannten des Opfers, A...
...und B.
In der dritten Reihe, neben dem Opfer sitzend, eine Bekannte und gleichzeitig seine Geliebte, C...
Und dann noch die beiden Gesellen in Schwarz, D und E, die hinter dem Opfer saßen.
A
B
C
D
E
Doch wenn man bedenkt, dass alle den Sicherheitsbügel umgelegt hatten und sich kaum bewegen konnten ...
...dann kann die Tat eigentlich nur von der Frau, die direkt neben dem Opfer saß, verübt worden sein ...
Hey, macht mal ein bischen hinne!
Wir haben keine Zeit für alberne Detektivspiele!
!?
Me- Mensch ...!

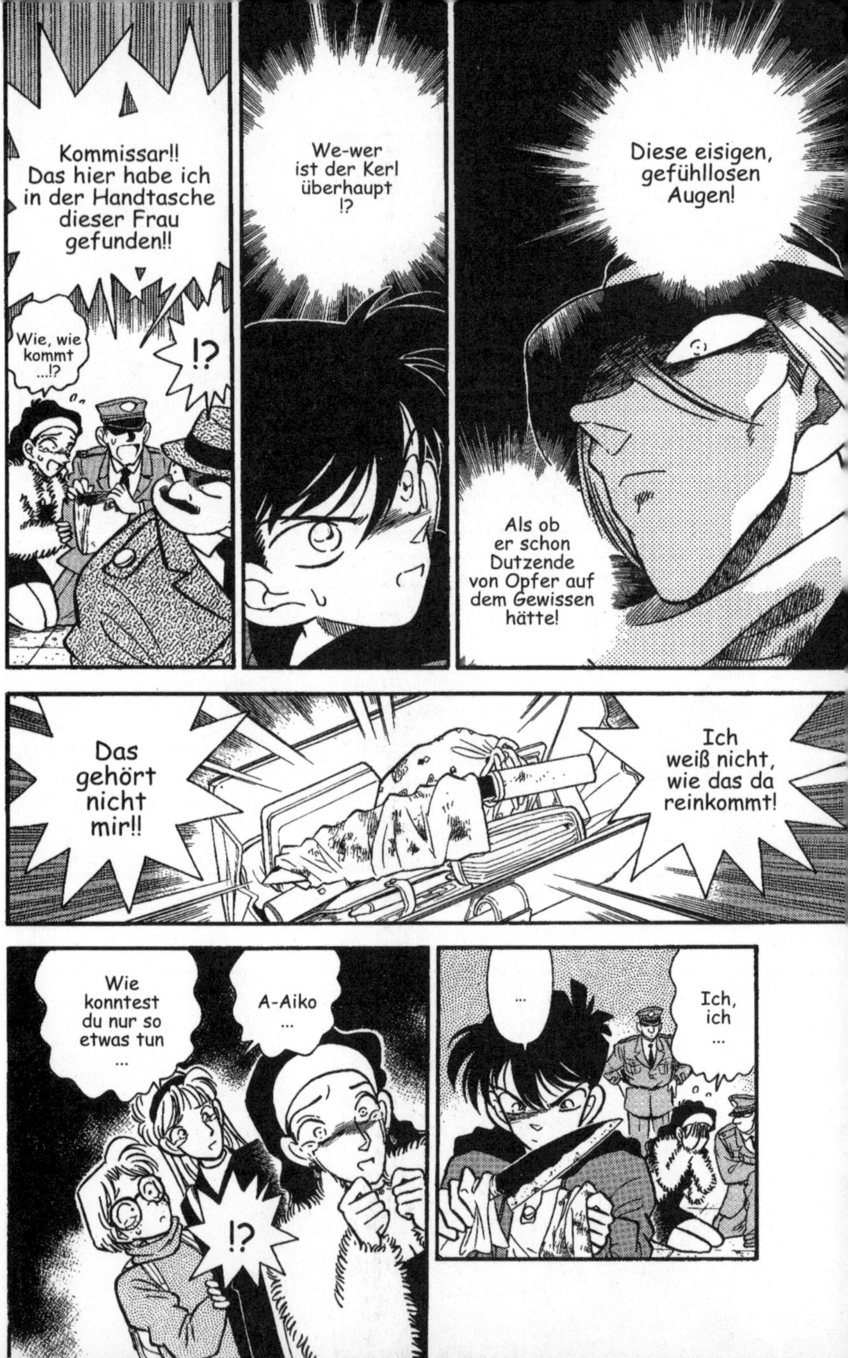
Diese eisigen, gefühllosen Augen!
Als ob er schon Dutzende von Opfer auf dem Gewissen hätte!
We-wer ist der Kerl überhaupt !?
Kommissar!! Das hier habe ich in der Handtasche dieser Frau gefunden!!
!?
Wie, wie kommt ...!?
Ich weiß nicht, wie das da reinkommt!
Das gehört nicht mir!!
Ich, ich ...
...
A-Aiko ...
Wie konntest du nur so etwas tun ...
!?

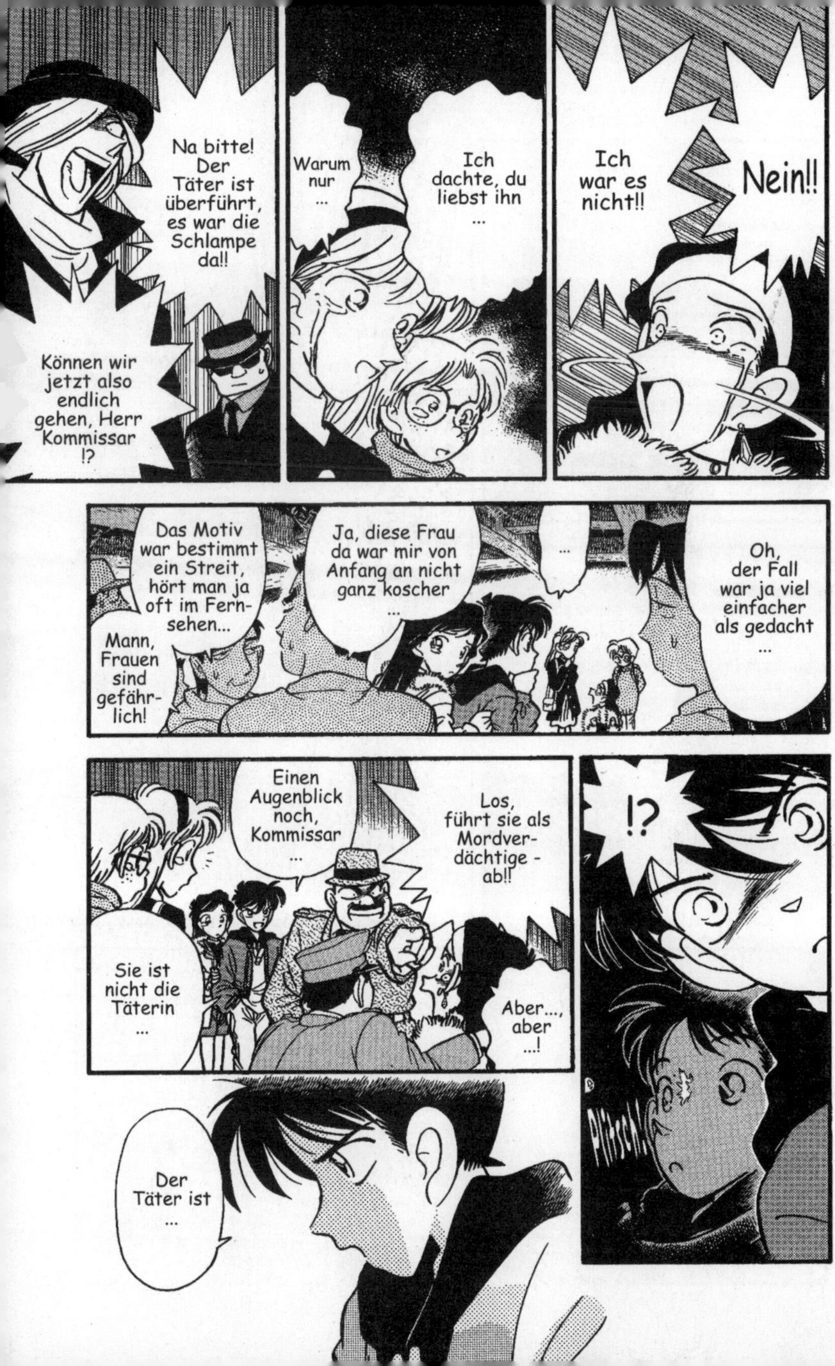
Nein!!
Ich war es nicht!!
Ich dachte, du liebst ihn ...
Warum nur ...
Na bitte! Der Täter ist überführt, es war die Schlampe da!!
Können wir jetzt also endlich gehen, Herr Kommissar!?
Oh, der Fall war ja viel einfacher als gedacht ...
...
Ja, diese Frau da war mir von Anfang an nicht ganz koscher ...
Das Motiv war bestimmt ein Streit, hört man ja oft im Fernsehen...
Mann, Frauen sind gefährlich!
Los, führt sie als Mordverdächtige ab!!
Aber..., aber ...!
Einen Augenblick noch, Kommissar ...
Sie ist nicht die Täterin ...
!?
Plitsch!
Der Täter ist ...

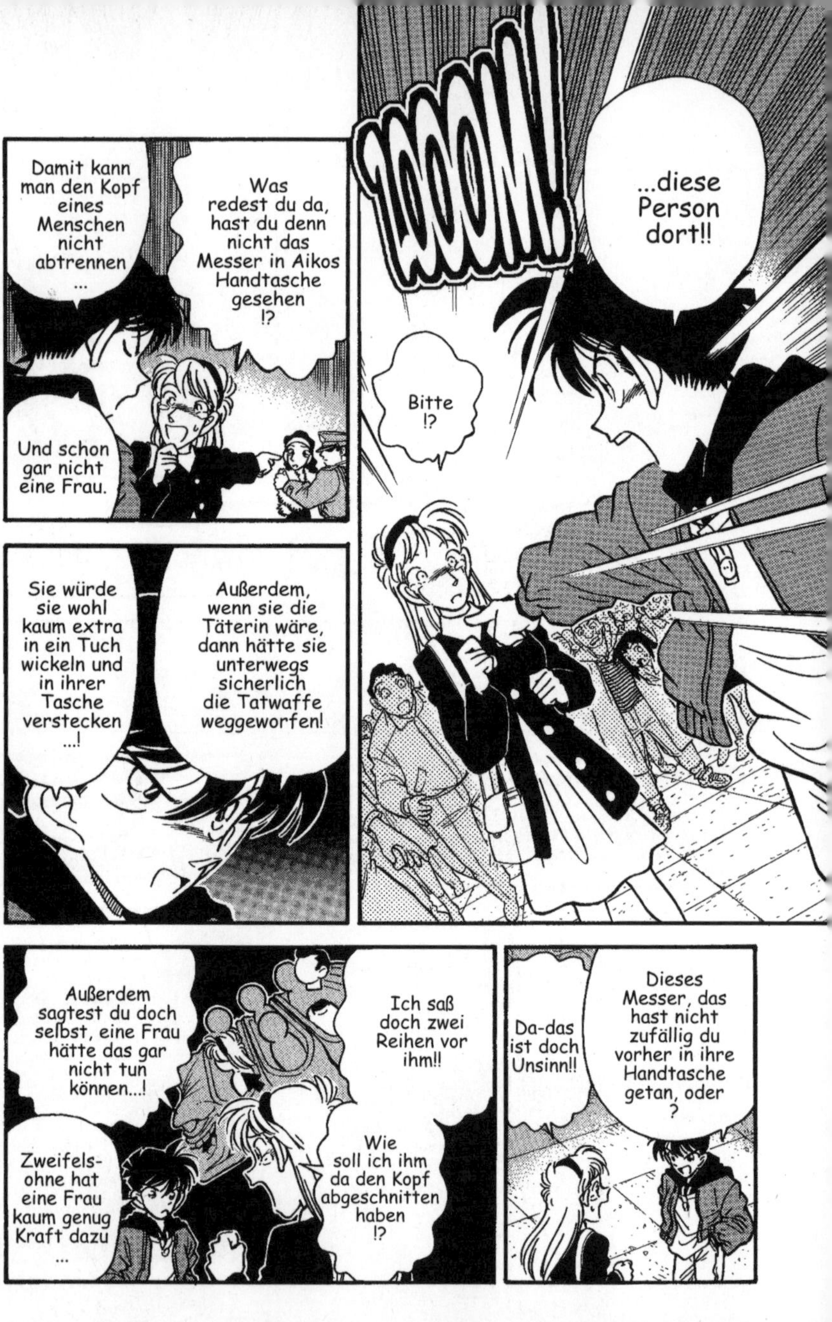

ZOOOM!!
...diese Person dort!!
Bitte !?
Was redest du da, hast du denn nicht das Messer in Aikos Handtasche gesehen !?
Damit kann man den Kopf eines Menschen nicht abtrennen ...
Und schon gar nicht eine Frau.
Außerdem, wenn sie die Täterin wäre, dann hätte sie unterwegs sicherlich die Tatwaffe weggeworfen!
Sie würde sie wohl kaum extra in ein Tuch wickeln und in ihrer Tasche verstecken ...!
Dieses Messer, das hast nicht zufällig du vorher in ihre Handtasche getan, oder ?
Da-das ist doch Unsinn!!
Ich saß doch zwei Reihen vor ihm!!
Außerdem sagtest du doch selbst, eine Frau hätte das gar nicht tun können...!
Wie soll ich ihm da den Kopf abgeschnitten haben !?
Zweifelsohne hat eine Frau kaum genug Kraft dazu ...

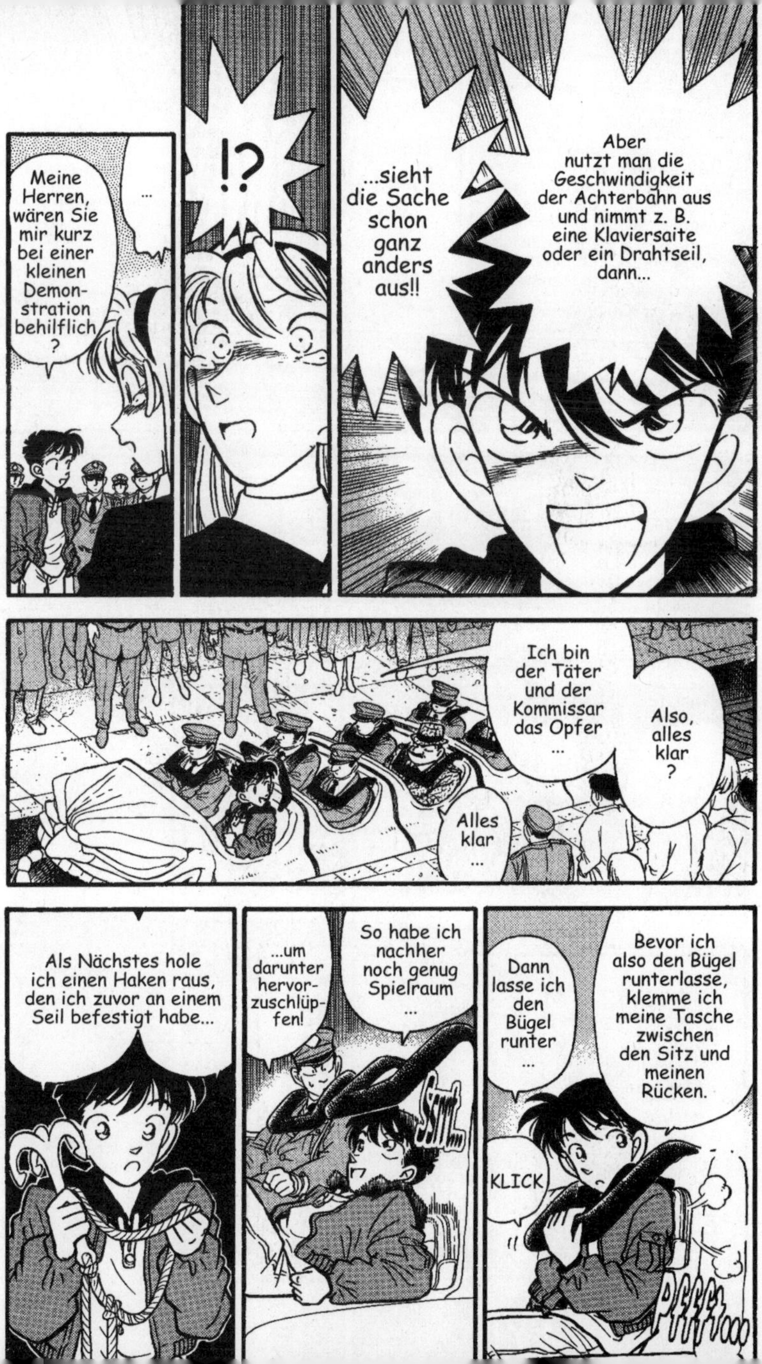

Aber nutzt man die Geschwindigkeit der Achterbahn aus und nimmt z. B. eine Klaviersaite oder ein Drahtseil, dann...
...sieht die Sache schon ganz anders aus!!
!?
...
Meine Herren, wären Sie mir kurz bei einer kleinen Demonstration behilflich ?
Ich bin der Täter und der Kommissar das Opfer ...
Also, alles klar ?
Alles klar ...
Bevor ich also den Bügel runterlasse, klemme ich meine Tasche zwischen den Sitz und meinen Rücken.
Dann lasse ich den Bügel runter ...
KLICK
So habe ich nachher noch genug Spielraum ...
...um darunter hervorzuschlüpfen!
Als Nächstes hole ich einen Haken raus, den ich zuvor an einem Seil befestigt habe...

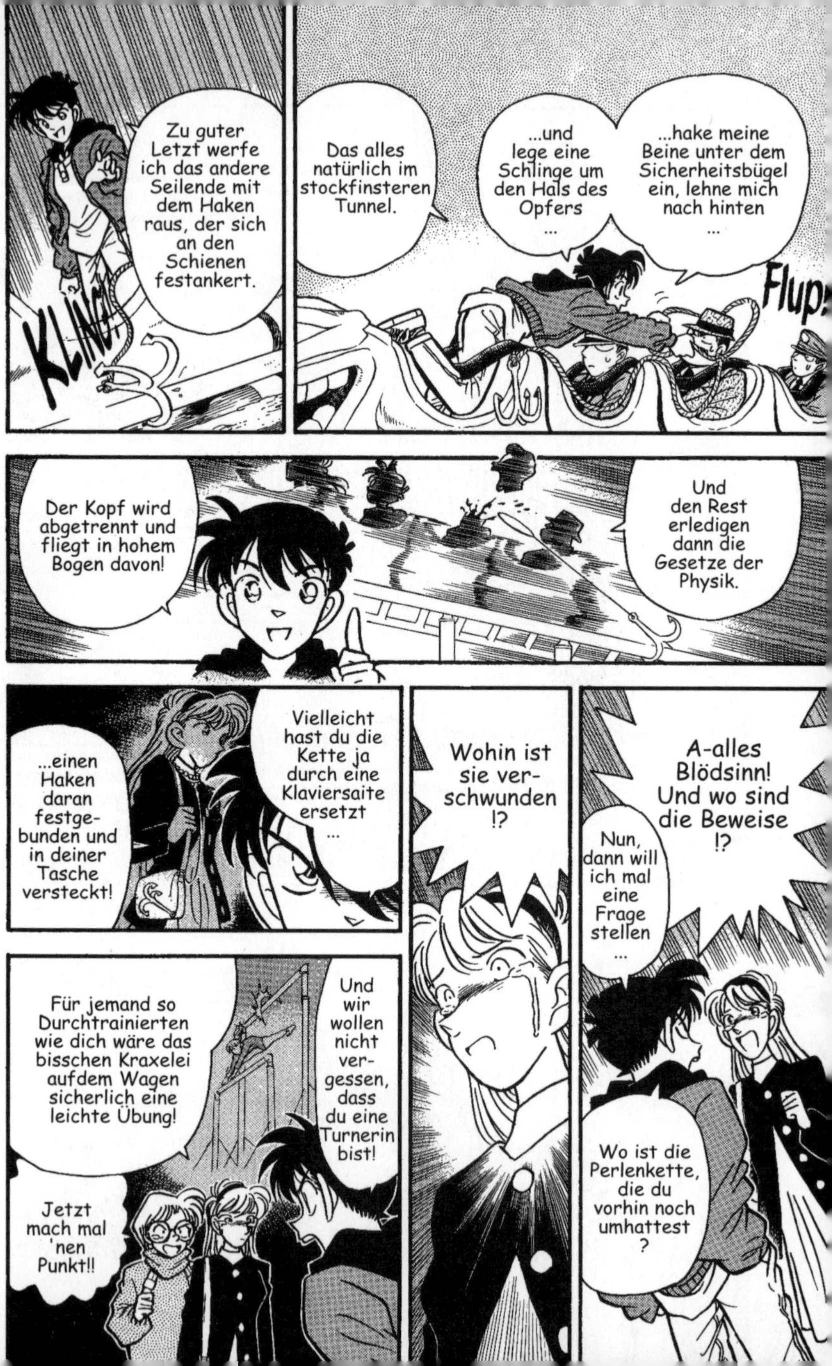

...hake meine Beine unter dem Sicherheitsbügel ein, lehne mich nach hinten ...
...und lege eine Schlinge um den Hals des Opfers ...
Flup
Das alles natürlich im stockfinsteren Tunnel.
Zu guter Letzt werfe ich das andere Seilende mit dem Haken raus, der sich an den Schienen festankert.
KLING
Und den Rest erledigen dann die Gesetze der Physik.
Der Kopf wird abgetrennt und fliegt in hohem Bogen davon!
A-alles Blödsinn! Und wo sind die Beweise !?
Nun, dann will ich mal eine Frage stellen ...
Wo ist die Perlenkette, die du vorhin noch umhattest ?
Wohin ist sie verschwunden !?
Vielleicht hast du die Kette ja durch eine Klaviersaite ersetzt ...
...einen Haken daran festgebunden und in deiner Tasche versteckt!
Und wir wollen nicht vergessen, dass du eine Turnerin bist!
Für jemand so Durchtrainierten wie dich wäre das bisschen Kraxelei aufdem Wagen sicherlich eine leichte Übung!
Jetzt mach mal 'nen Punkt!!

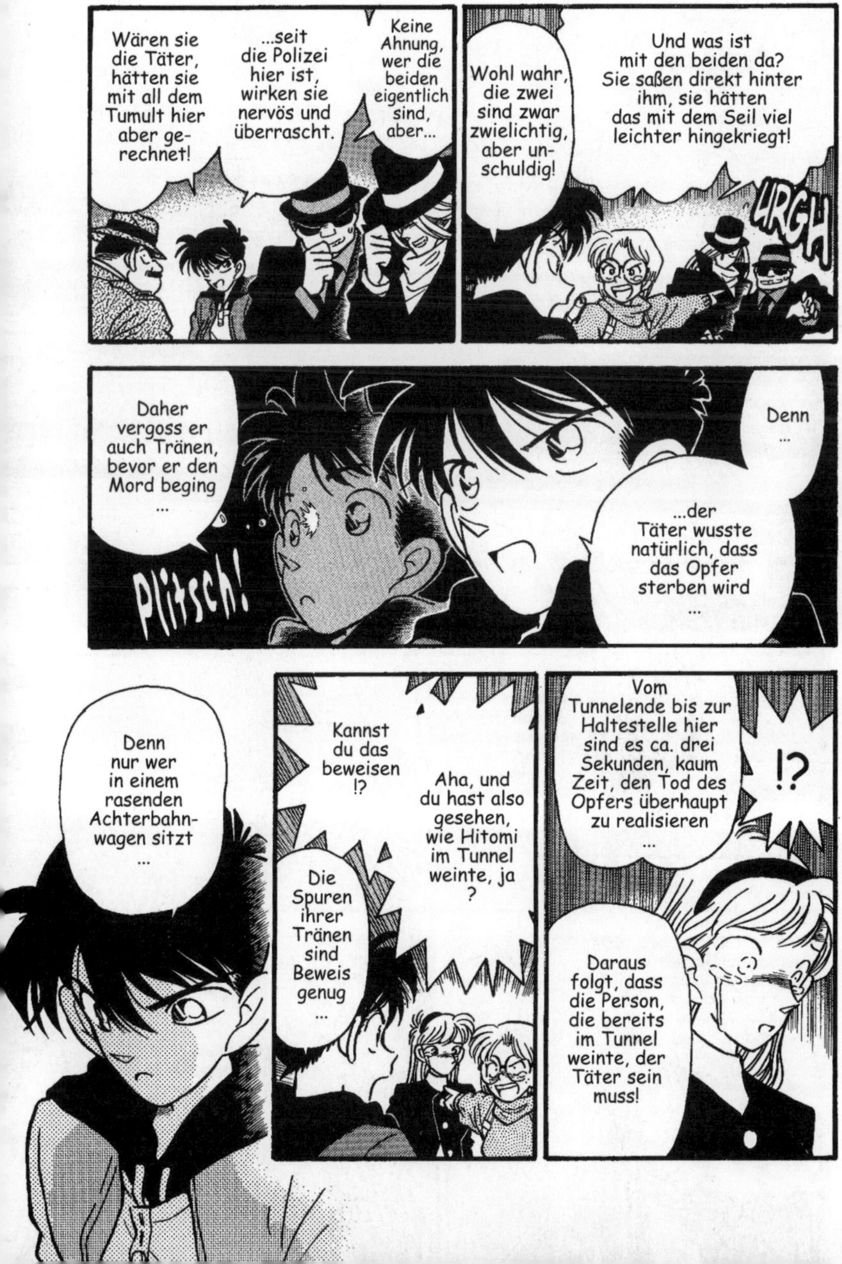
Und was ist mit den beiden da? Sie saßen direkt hinter ihm, sie hätten das mit dem Seil viel leichter hingekriegt!
URGH
Wohl wahr, die zwei sind zwar zwielichtig, aber unschuldig!
Keine Ahnung, wer die beiden eigentlich sind, aber...
...seit die Polizei hier ist, wirken sie nervös und überrascht.
Wären sie die Täter, hätten sie mit all dem Tumult hier aber gerechnet!
Denn ...
...der Täter wusste natürlich, dass das Opfer sterben wird ...
Daher vergoss er auch Tränen, bevor er den Mord beging ...
Plitsch!
Vom Tunnelende bis zur Haltestelle hier sind es ca. drei Sekunden, kaum Zeit, den Tod des Opfers überhaupt zu realisieren ...
!?
Daraus folgt, dass die Person, die bereits im Tunnel weinte, der Täter sein muss!
Aha, und du hast also gesehen, wie Hitomi im Tunnel weinte, ja ?
Kannst du das beweisen !?
Die Spuren ihrer Tränen sind Beweis genug ...
Denn nur wer in einem rasenden Achterbahnwagen sitzt ...

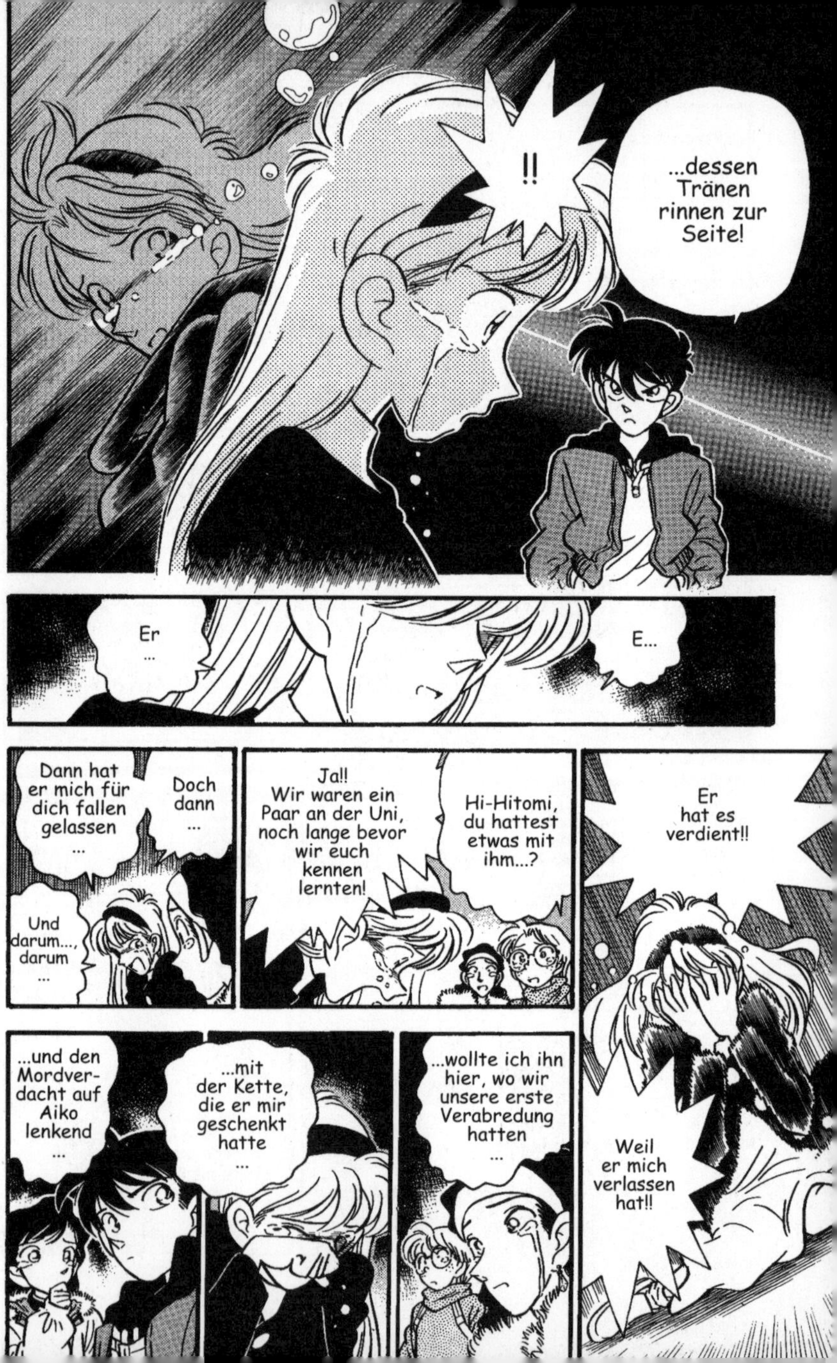
...dessen Tränen rinnen zur Seite!
!!
E...
Er ...
Er hat es verdient!!
Hi-Hitomi, du hattest etwas mit ihm...?
Ja!! Wir waren ein Paar an der Uni, noch lange bevor wir euch kennen lernten!
Doch dann ...
Dann hat er mich für dich fallen gelassen ...
Und darum..., darum ...
Weil er mich verlassen hat!!
...wollte ich ihn hier, wo wir unsere erste Verabredung hatten ...
...mit der Kette, die er mir geschenkt hatte ...
...und den Mordverdacht auf Aiko lenkend ...

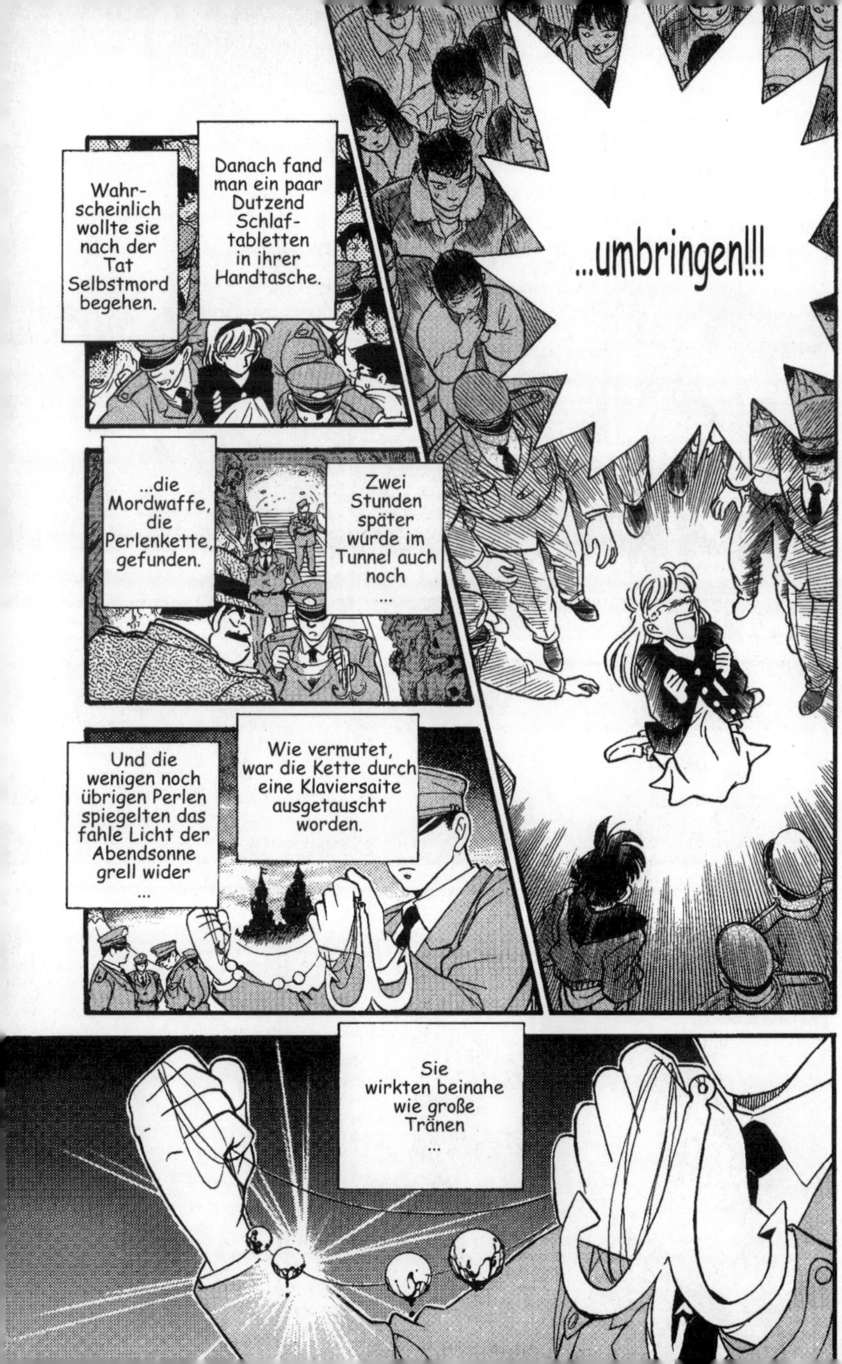
...umbringen!!!
Danach fand man ein paar Dutzend Schlaf-tabletten in ihrer Handtasche.
Wahr-scheinlich wollte sie nach der Tat Selbstmord begehen.
Zwei Stunden später wurde im Tunnel auch noch ...
...die Mordwaffe, die Perlenkette, gefunden.
Wie vermutet, war die Kette durch eine Klaviersaite ausgetauscht worden.
Und die wenigen noch übrigen Perlen spiegelten das fahle Licht der Abendsonne grell wider ...
Sie wirkten beinahe wie große Tränen ...

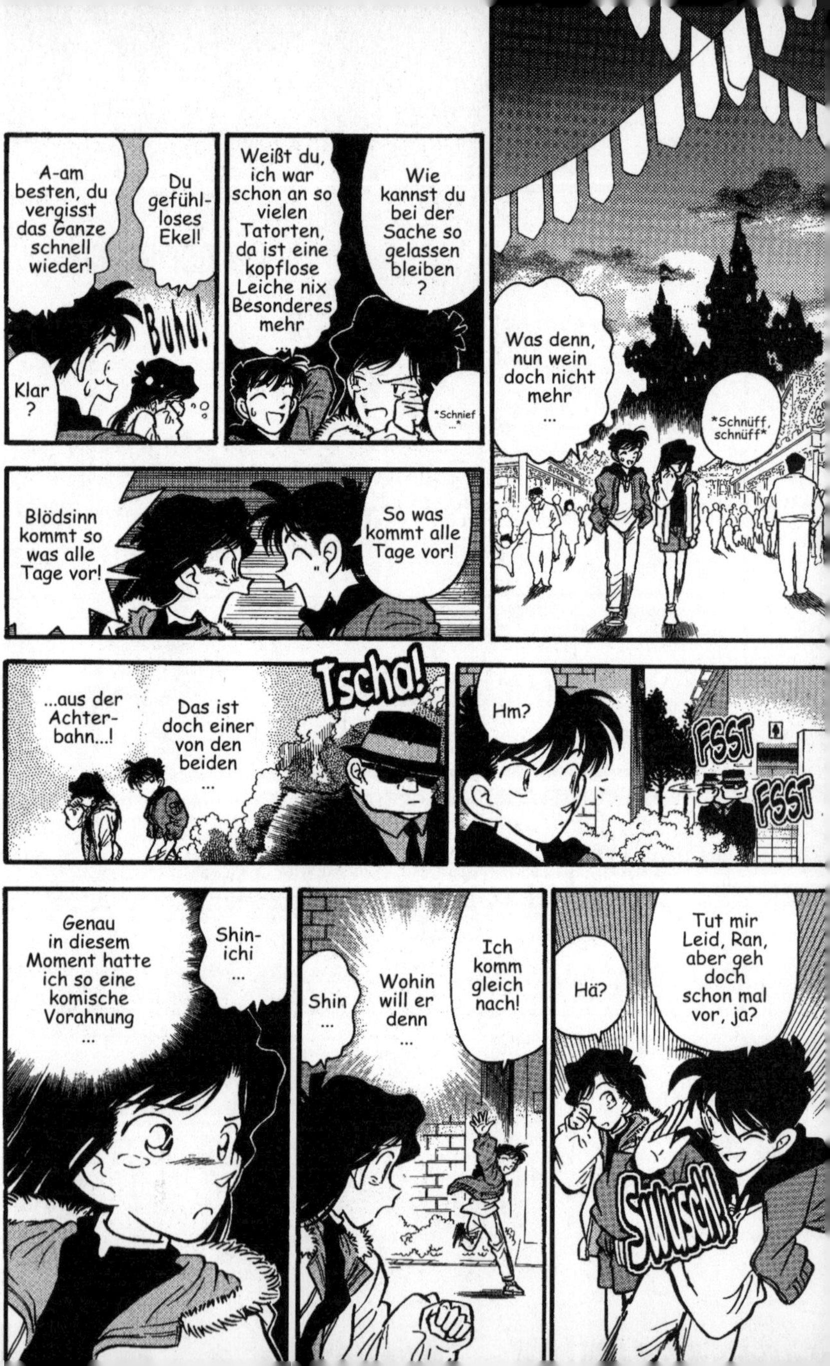
Was denn, nun wein doch nicht mehr ...
Schnüff, schnüff
Wie kannst du bei der Sache so gelassen bleiben?
Weißt du, ich war schon an so vielen Tatorten, da ist eine kopflose Leiche nix Besonderes mehr ...
Schnief
Du gefühlloses Ekel!
Buhu!
A-am besten, du vergisst das Ganze schnell wieder!
Klar?
So was kommt alle Tage vor!
Blödsinn kommt so was alle Tage vor!
Hm?
FSST
FSST
Tscha!
Das ist doch einer von den beiden ...
...aus der Achterbahn...!
Tut mir Leid, Ran, aber geh doch schon mal vor, ja?
Hä?
Swusch!
Ich komm gleich nach!
Wohin will er denn ...
Shin ...
Shin-ichi ...
Genau in diesem Moment hatte ich so eine komische Vorahnung ...

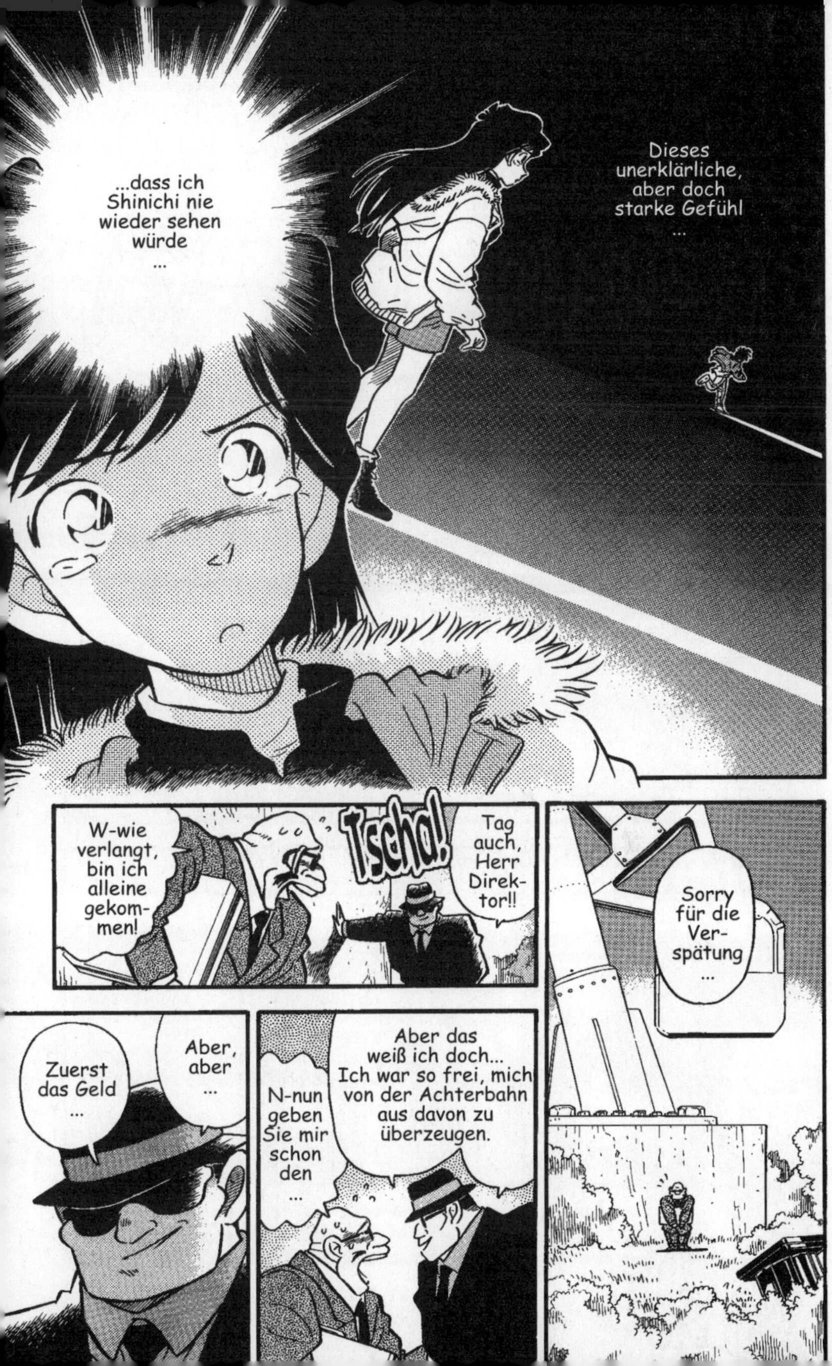

Dieses unerklärliche, aber doch starke Gefühl ...
...dass ich Shinichi nie wieder sehen würde ...
Sorry für die Verspätung ...
Tag auch, Herr Direktor!!
Tscha!
W-wie verlangt, bin ich alleine gekommen!
Aber das weiß ich doch... Ich war so frei, mich von der Achterbahn aus davon zu überzeugen.
N-nun geben Sie mir schon den ...
Aber, aber ...
Zuerst das Geld ...

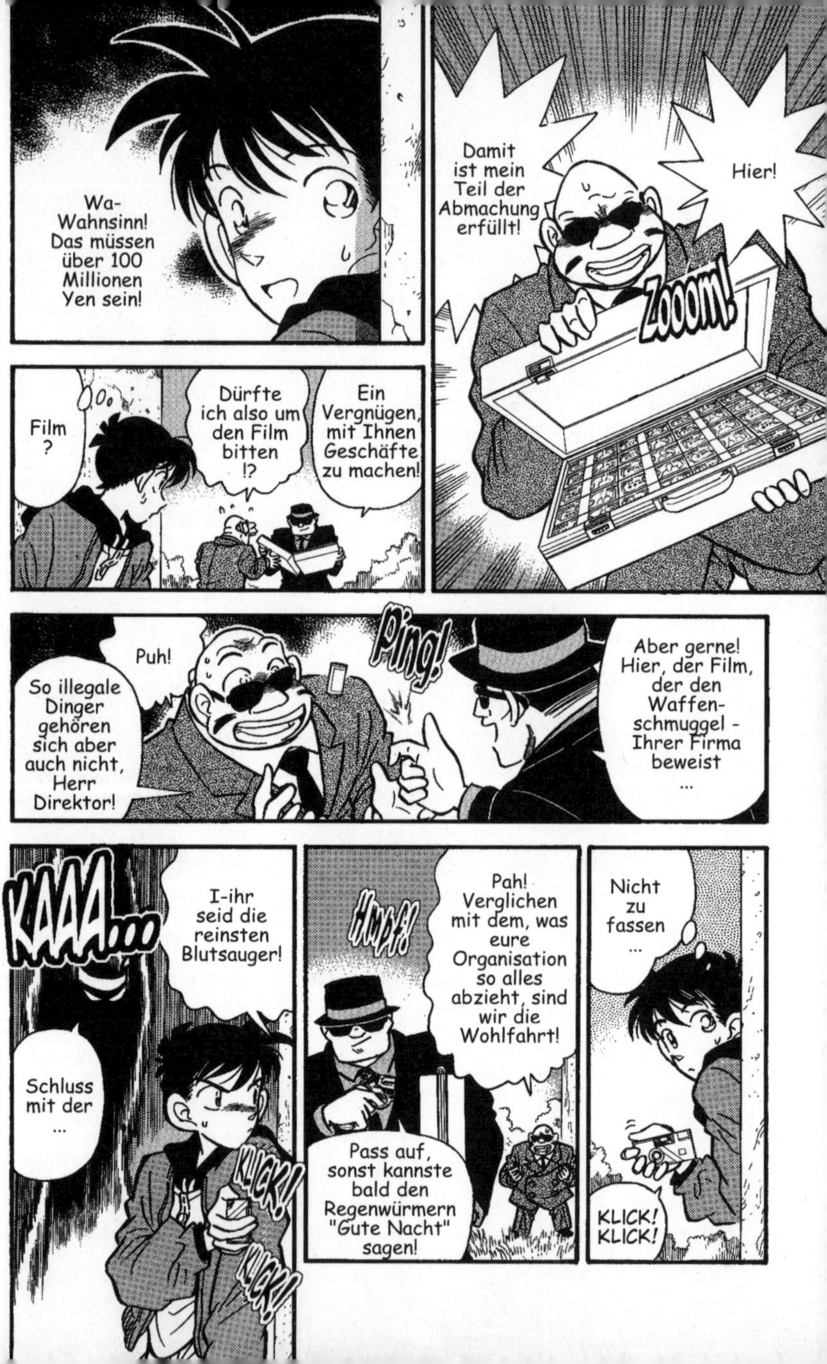
Hier!
Damit ist mein Teil der Abmachung erfüllt!
Zooom!
Wa-Wahnsinn! Das müssen über 100 Millionen Yen sein!
Ein Vergnügen, mit Ihnen Geschäfte zu machen!
Dürfte ich also um den Film bitten !?
Film ?
Aber gerne! Hier, der Film, der den Waffenschmuggel - Ihrer Firma beweist ...
Ping!
Puh!
So illegale Dinger gehören sich aber auch nicht, Herr Direktor!
Nicht zu fassen ...
KLICK! KLICK!
Pah! Verglichen mit dem, was eure Organisation so alles abzieht, sind wir die Wohlfahrt!
Hmpf!
Pass auf, sonst kannste bald den Regenwürmern "Gute Nacht" sagen!
I-ihr seid die reinsten Blutsauger!
KAAA...
Schluss mit der ...
KLICK!!
KLICK!!

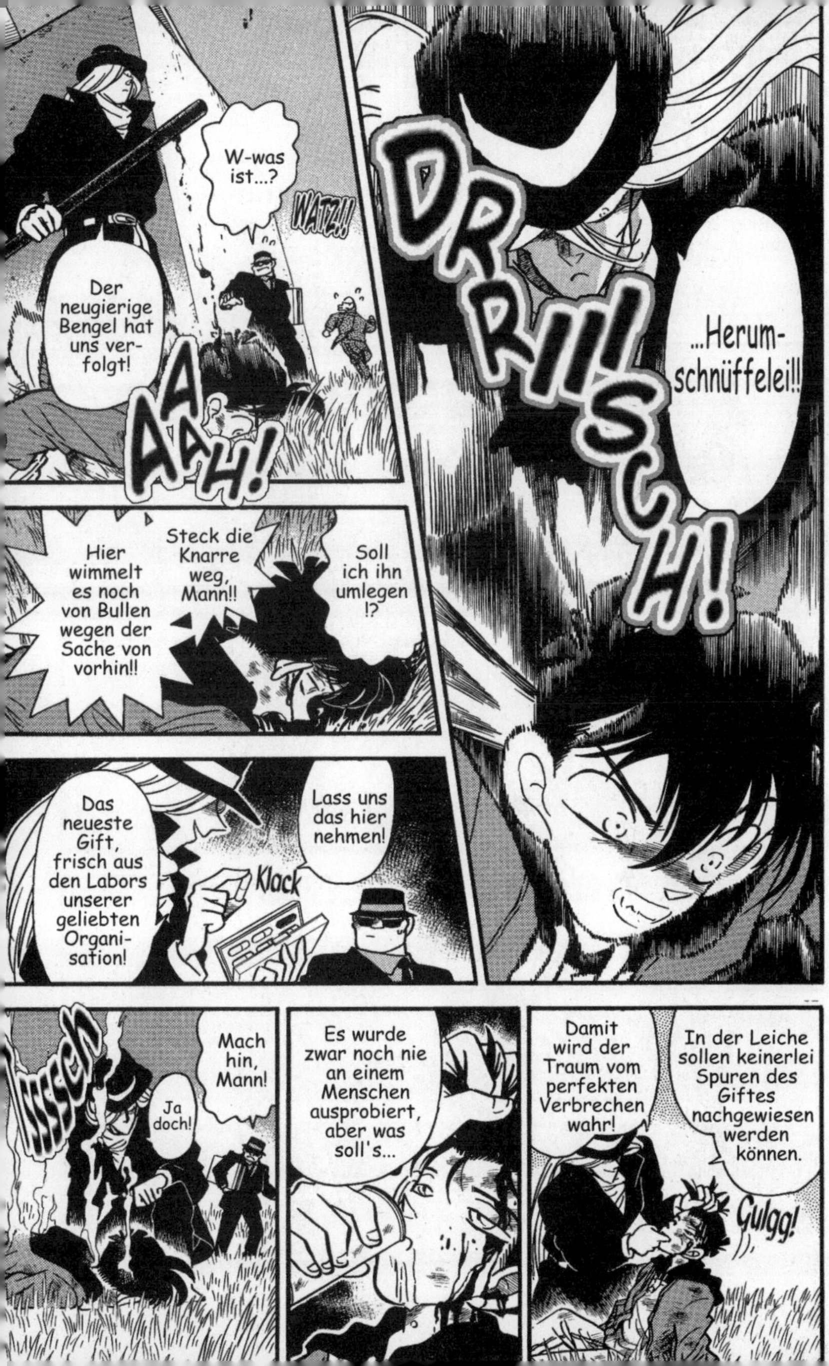
DRIIISCH!
...Herum-schnüffelei!!
W-was ist...?
WATZ!!
Der neugierige Bengel hat uns verfolgt!
AAAH!
Soll ich ihn umlegen!?
Steck die Knarre weg, Mann!!
Hier wimmelt es noch von Bullen wegen der Sache von vorhin!!
Lass uns das hier nehmen!
Klack
Das neueste Gift, frisch aus den Labors unserer geliebten Organisation!
In der Leiche sollen keinerlei Spuren des Giftes nachgewiesen werden können.
Damit wird der Traum vom perfekten Verbrechen wahr!
Gulgg!
Es wurde zwar noch nie an einem Menschen ausprobiert, aber was soll's...
Mach hin, Mann!
Ja doch!

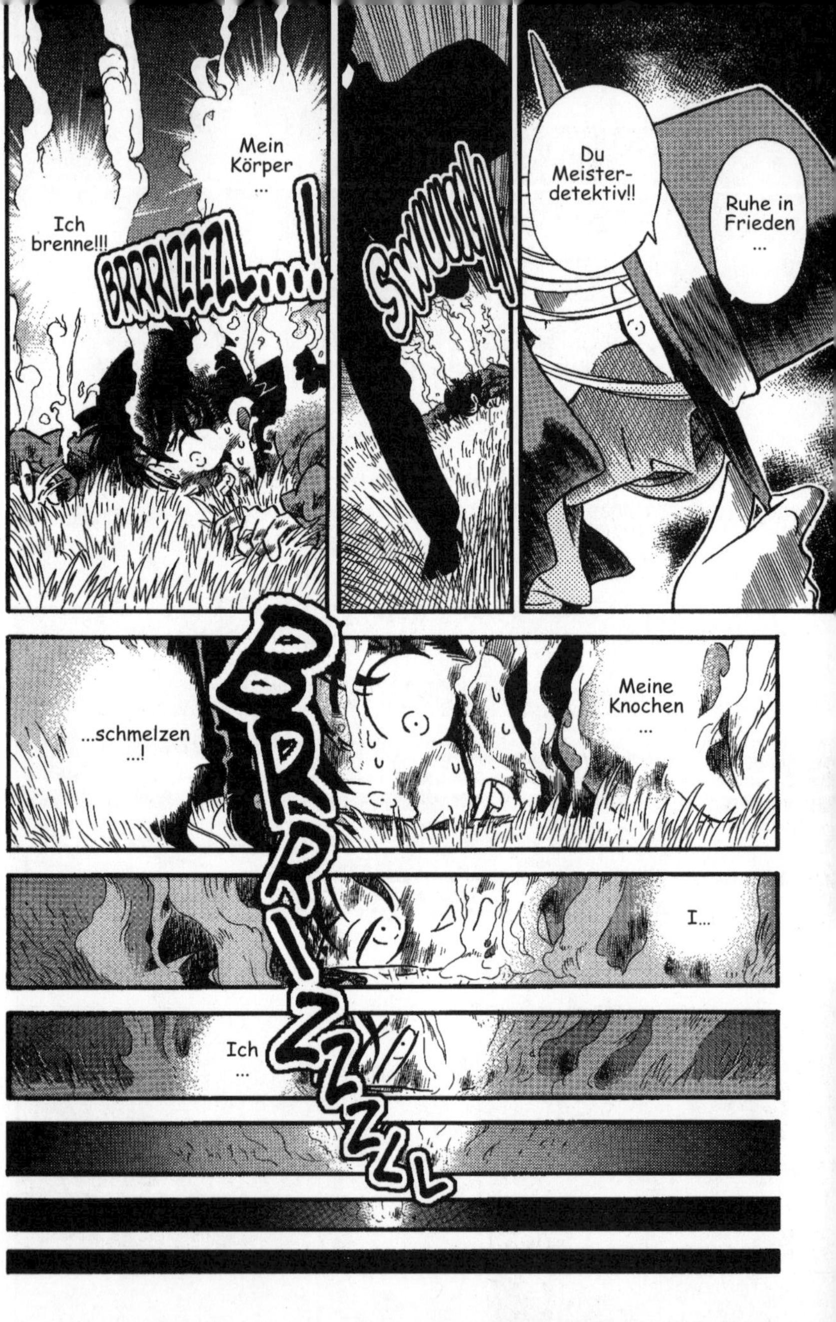
Ruhe in Frieden ...
Du Meister-detektiv!!
Mein Körper ...
Ich brenne!!!
Meine Knochen ...
...schmelzen ...!
I...
Ich ...

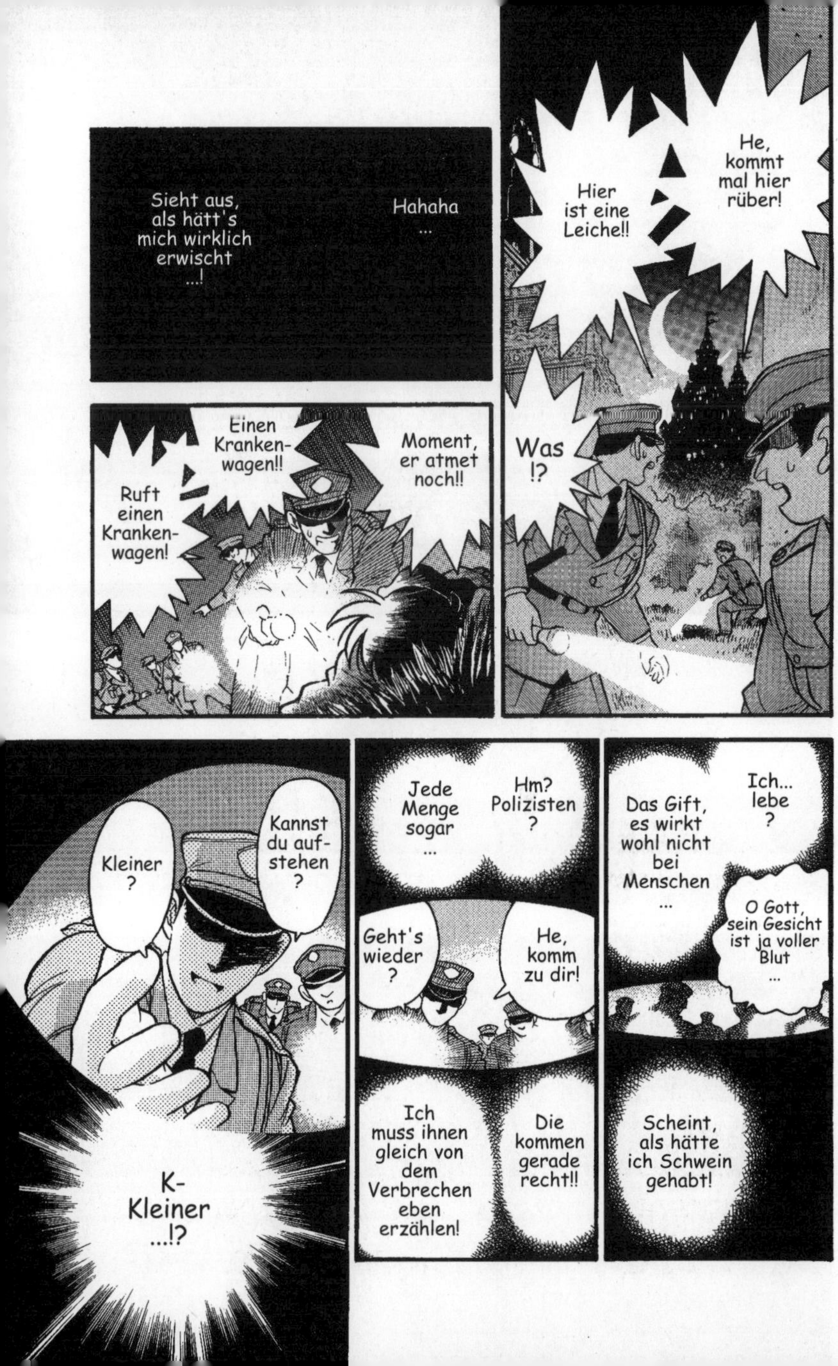
He, kommt mal hier rüber!
Hier ist eine Leiche!!
Was !?
Hahaha ...
Sieht aus, als hätt's mich wirklich erwischt ...!
Moment, er atmet noch!!
Einen Kranken-wagen!!
Ruft einen Kranken-wagen!
Ich... lebe ?
Das Gift, es wirkt wohl nicht bei Menschen ...
O Gott, sein Gesicht ist ja voller Blut ...
Scheint, als hätte ich Schwein gehabt!
Hm? Polizisten ?
Jede Menge sogar ...
He, komm zu dir!
Geht's wieder ?
Die kommen gerade recht!!
Ich muss ihnen gleich von dem Verbrechen eben erzählen!
Kannst du auf-stehen ?
Kleiner ?
K-Kleiner ...!?

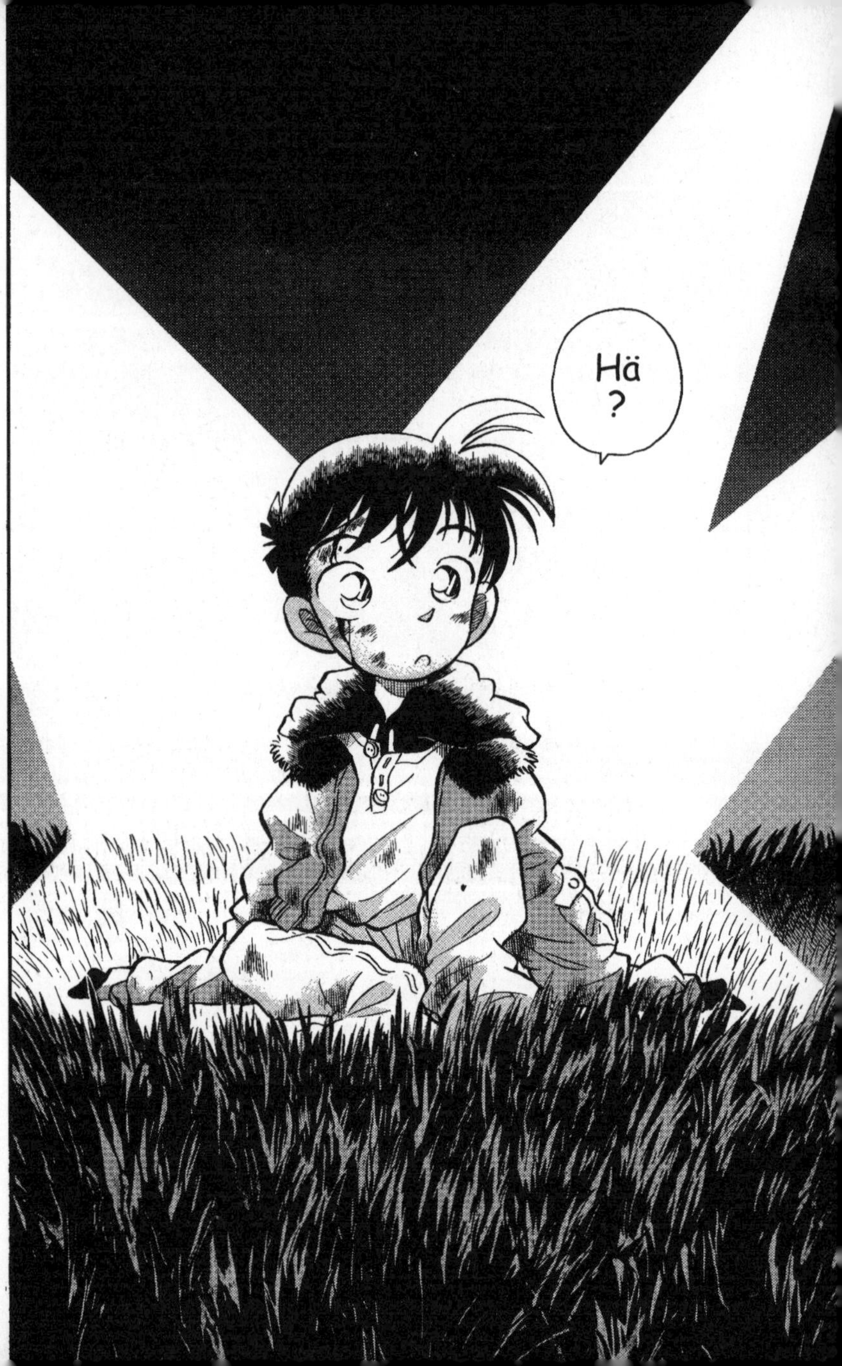
Hä
?

PLATZ 4:

DER HOLMES DER NEUZEIT

2,4 %
eurer Stimmen!

Auf dem vierten Platz der erste Fall!

Eigentlich braucht es für das erste und mit 35 Seiten zugleich längste Kapitel gar keine großen Erklärungen, oder? Selbst wenn man von den beiden legendären Mordfällen absieht: Die Einleitung rund um Shinichis Besuch mit Ran im Tropical Land, dem Beobachten eines verdächtigen Deals sowie der darauffolgenden Schrumpfkur haben Kultstatus, sogar innerhalb der Filmreihe. Zum 20-jährigen Jubiläum des Detektiv-Conan-Anime wurde der ersten Episode mit „Episode ONE – Der geschrumpfte Meisterdetektiv“ sogar eine Neuauflage in Form eines TV-Specials gewidmet, die darüber hinaus viele weitere zusätzliche Ergänzungen beinhaltet.

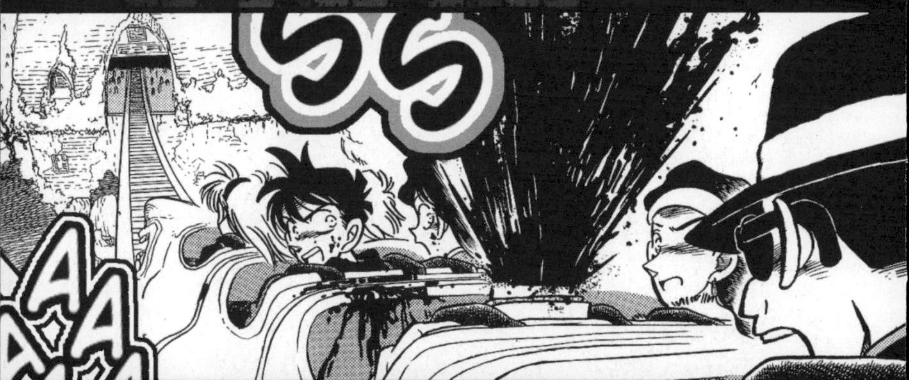

GOSHO AOYAMA

DETEKTIV

CONAN

FAN EDITION

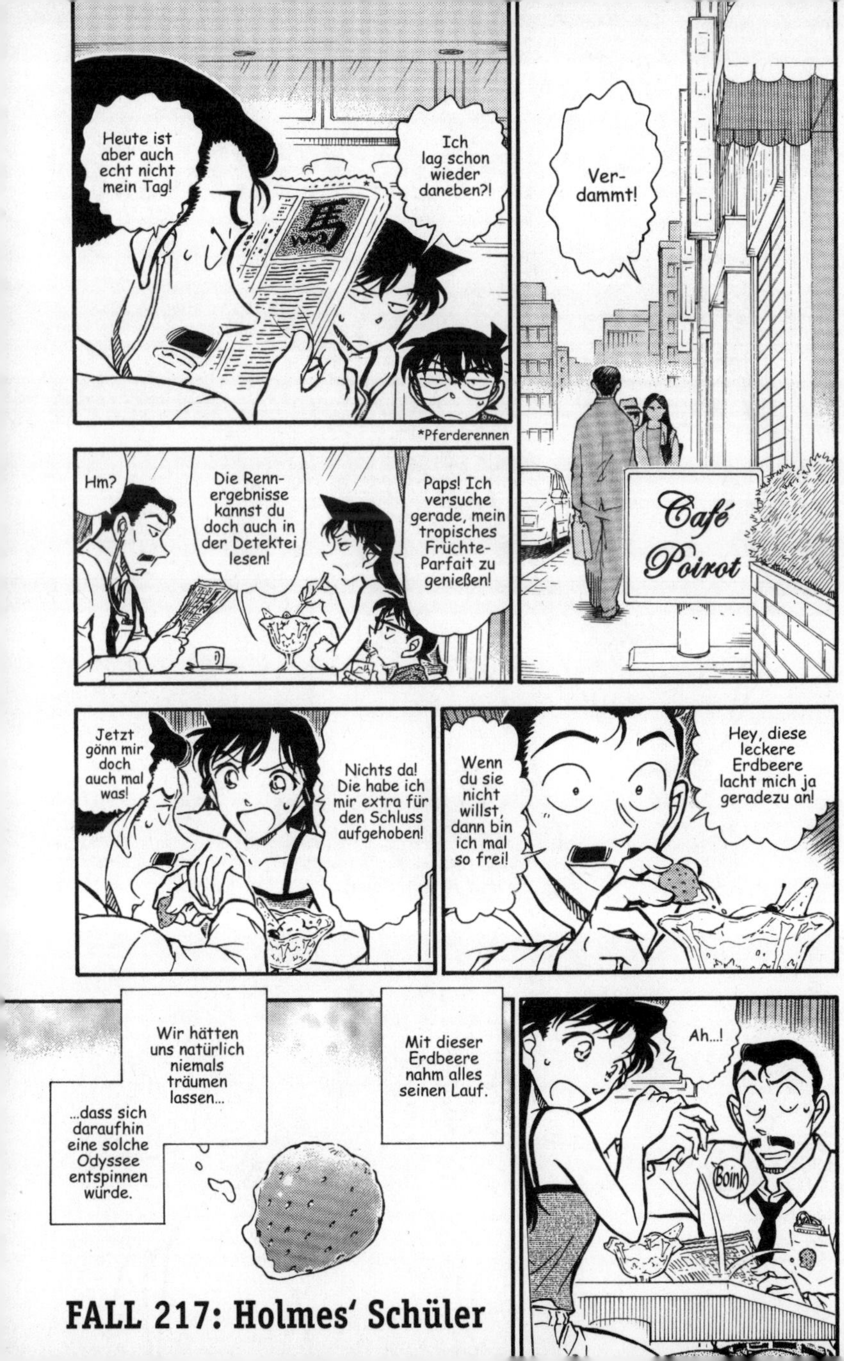

FALL 217: Holmes' Schüler

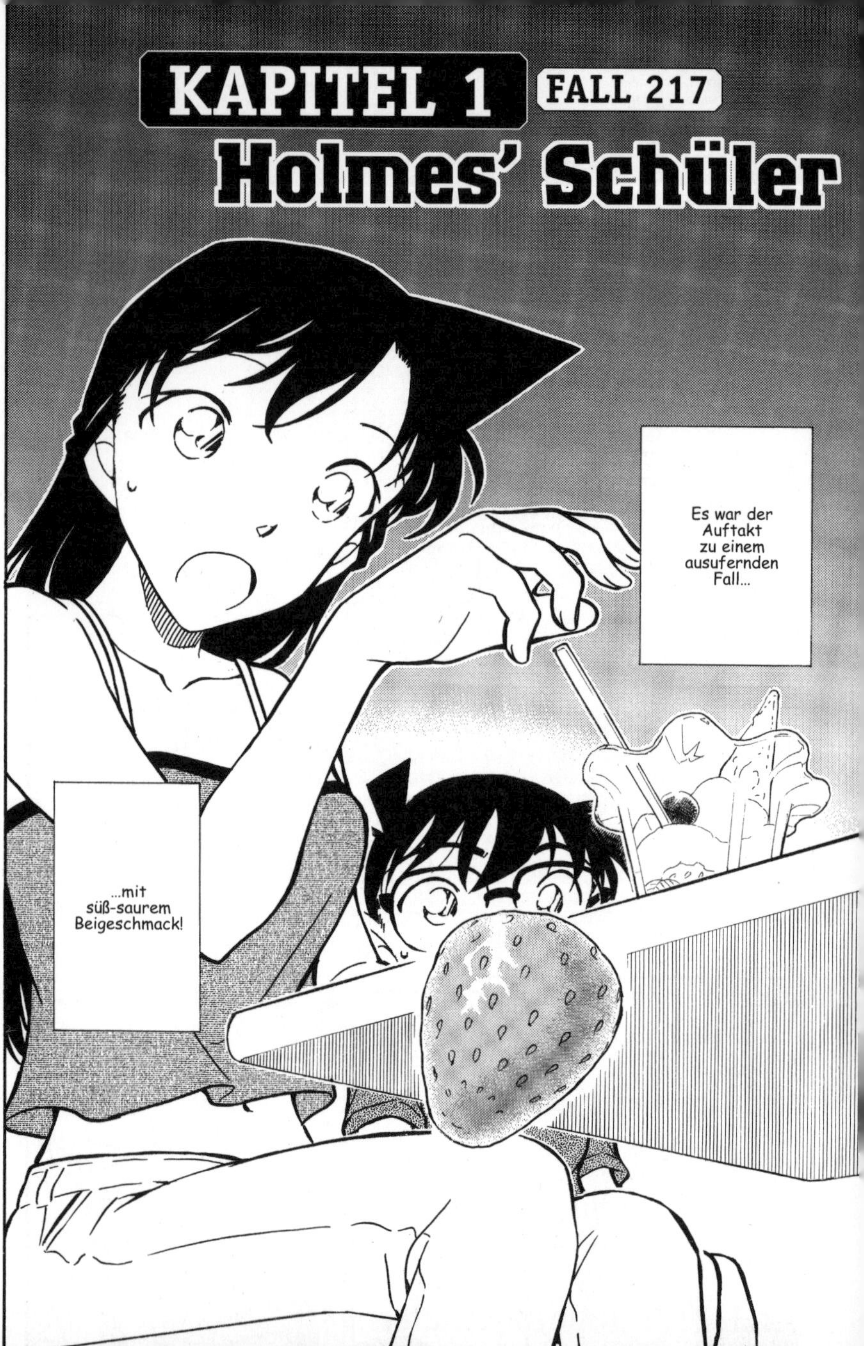
KAPITEL 1
FALL 217
Holmes' Schüler
Es war der Auftakt zu einem ausufernden Fall...
...mit süß-saurem Beigeschmack!

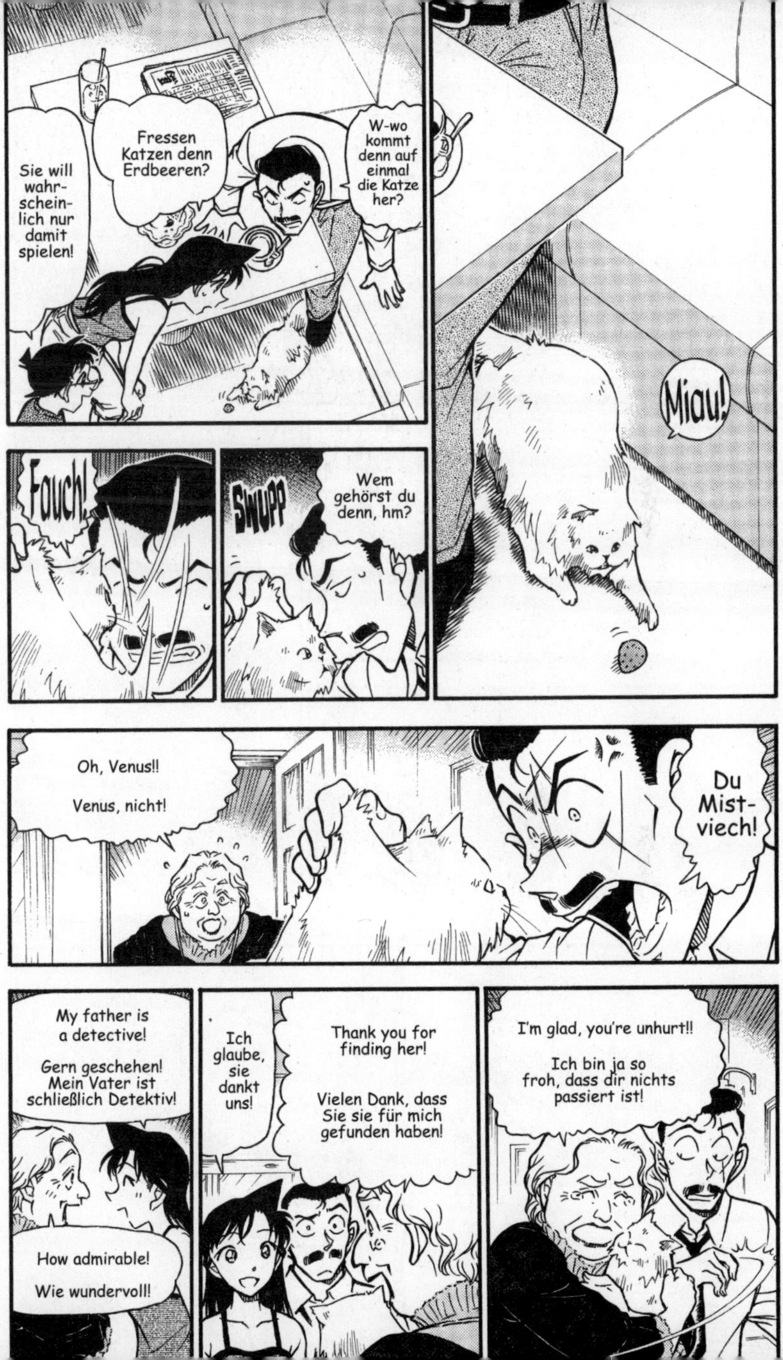

W-wo kommt denn auf einmal die Katze her?
Fressen Katzen denn Erdbeeren?
Sie will wahrscheinlich nur damit spielen!
Miau!
Wem gehörst du denn, hm?
SWUPP
Fauch!
Du Mistviech!
Oh, Venus!!
Venus, nicht!
I'm glad, you're unhurt!!
Ich bin ja so froh, dass dir nichts passiert ist!
Thank you for finding her!
Vielen Dank, dass Sie sie für mich gefunden haben!
Ich glaube, sie dankt uns!
My father is a detective!
Gern geschehen! Mein Vater ist schließlich Detektiv!
How admirable!
Wie wundervoll!

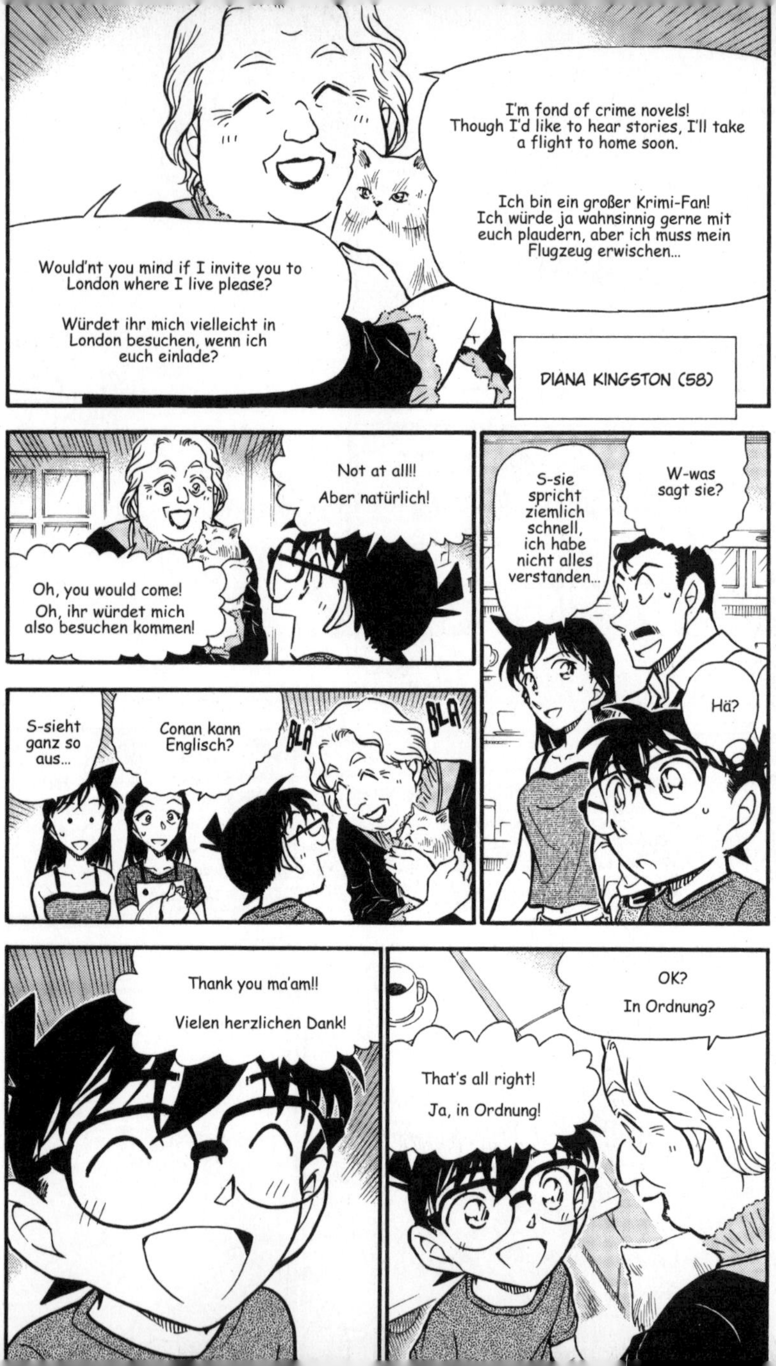
I'm fond of crime novels!
Though I'd like to hear stories, I'll take a flight to home soon.
Ich bin ein großer Krimi-Fan!
Ich würde ja wahnsinnig gerne mit euch plaudern, aber ich muss mein Flugzeug erwischen...
Would'nt you mind if I invite you to London where I live please?
Würdet ihr mich vielleicht in London besuchen, wenn ich euch einlade?
DIANA KINGSTON (58)
W-was sagt sie?
S-sie spricht ziemlich schnell, ich habe nicht alles verstanden...
Hä?
Not at all!!
Aber natürlich!
Oh, you would come!
Oh, ihr würdet mich also besuchen kommen!
BLA
BLA
Conan kann Englisch?
S-sieht ganz so aus...
OK?
In Ordnung?
That's all right!
Ja, in Ordnung!
Thank you ma'am!!
Vielen herzlichen Dank!

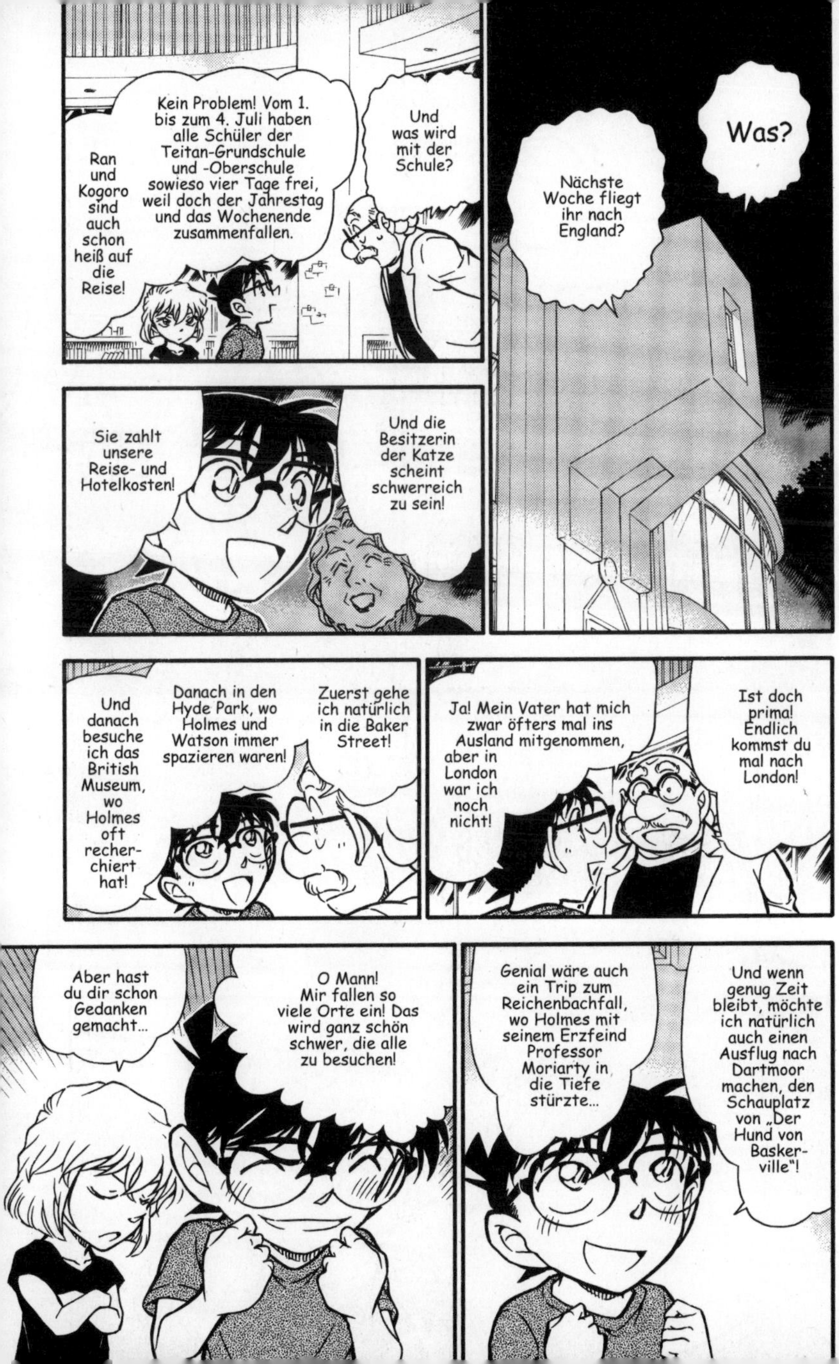
Was?
Nächste Woche fliegt ihr nach England?
Und was wird mit der Schule?
Kein Problem! Vom 1. bis zum 4. Juli haben alle Schüler der Teitan-Grundschule und -Oberschule sowieso vier Tage frei, weil doch der Jahrestag und das Wochenende zusammenfallen.
Ran und Kogoro sind auch schon heiß auf die Reise!
Und die Besitzerin der Katze scheint schwerreich zu sein!
Sie zahlt unsere Reise- und Hotelkosten!
Ist doch prima! Endlich kommst du mal nach London!
Ja! Mein Vater hat mich zwar öfters mal ins Ausland mitgenommen, aber in London war ich noch nicht!
Zuerst gehe ich natürlich in die Baker Street!
Danach in den Hyde Park, wo Holmes und Watson immer spazieren waren!
Und danach besuche ich das British Museum, wo Holmes oft recherchiert hat!
Und wenn genug Zeit bleibt, möchte ich natürlich auch einen Ausflug nach Dartmoor machen, den Schauplatz von „Der Hund von Baskerville"!
Genial wäre auch ein Trip zum Reichenbachfall, wo Holmes mit seinem Erzfeind Professor Moriarty in die Tiefe stürzte...
O Mann! Mir fallen so viele Orte ein! Das wird ganz schön schwer, die alle zu besuchen!
Aber hast du dir schon Gedanken gemacht...

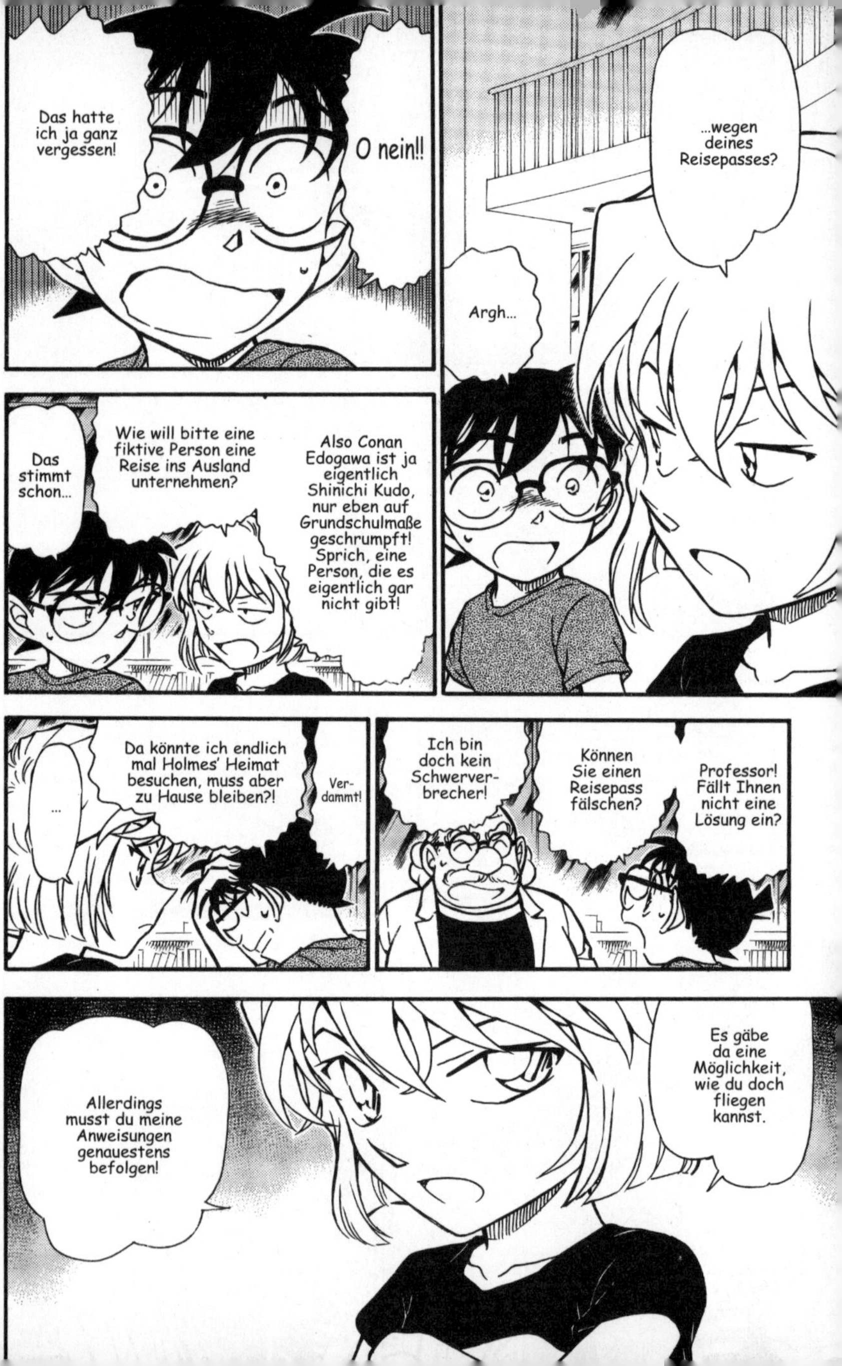
...wegen deines Reisepasses?
Argh...
O nein!!
Das hatte ich ja ganz vergessen!
Also Conan Edogawa ist ja eigentlich Shinichi Kudo, nur eben auf Grundschulmaße geschrumpft! Sprich, eine Person, die es eigentlich gar nicht gibt!
Wie will bitte eine fiktive Person eine Reise ins Ausland unternehmen?
Das stimmt schon...
Professor! Fällt Ihnen nicht eine Lösung ein?
Können Sie einen Reisepass fälschen?
Ich bin doch kein Schwerverbrecher!
Verdammt!
Da könnte ich endlich mal Holmes' Heimat besuchen, muss aber zu Hause bleiben?!
...
Es gäbe da eine Möglichkeit, wie du doch fliegen kannst.
Allerdings musst du meine Anweisungen genauestens befolgen!

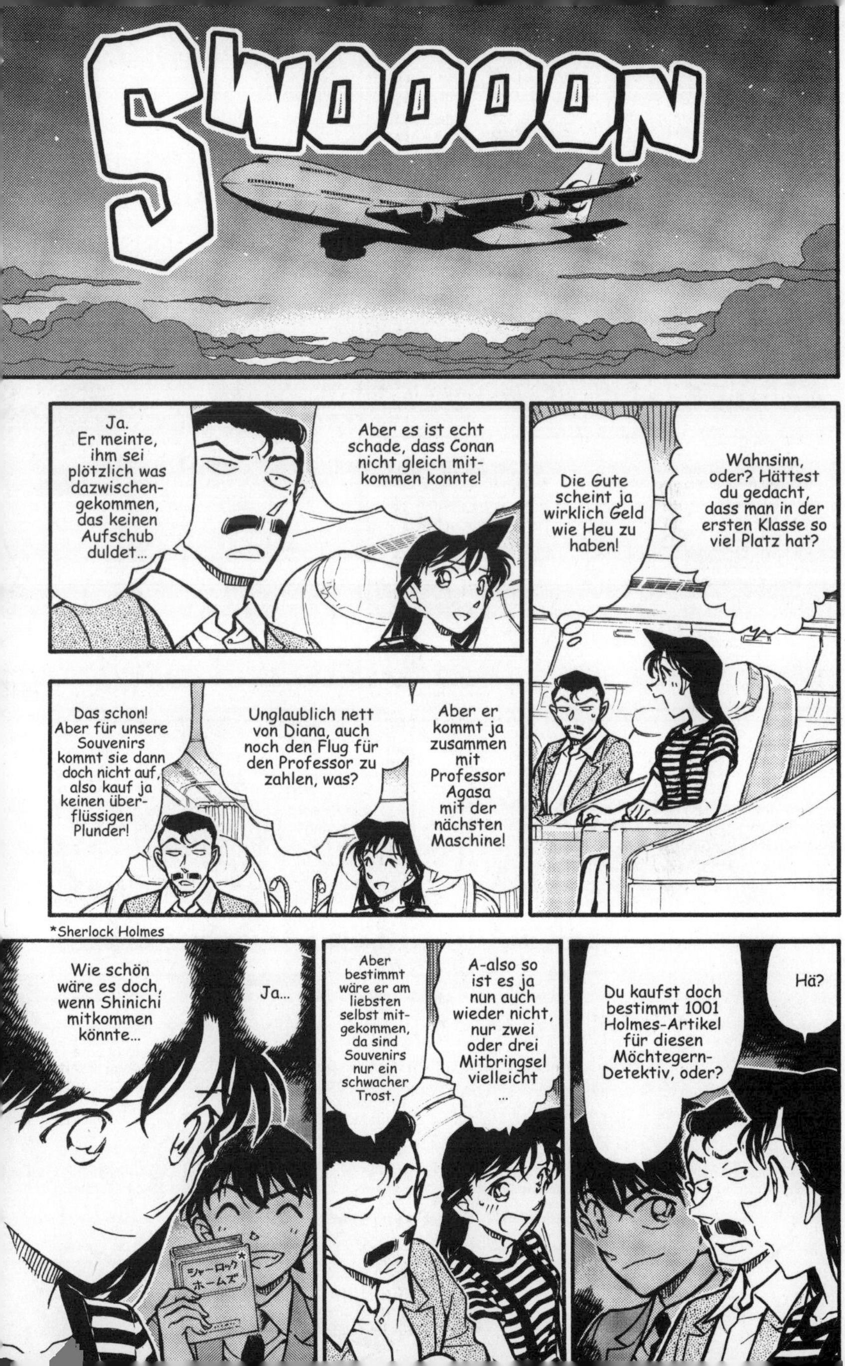

*Sherlock Holmes

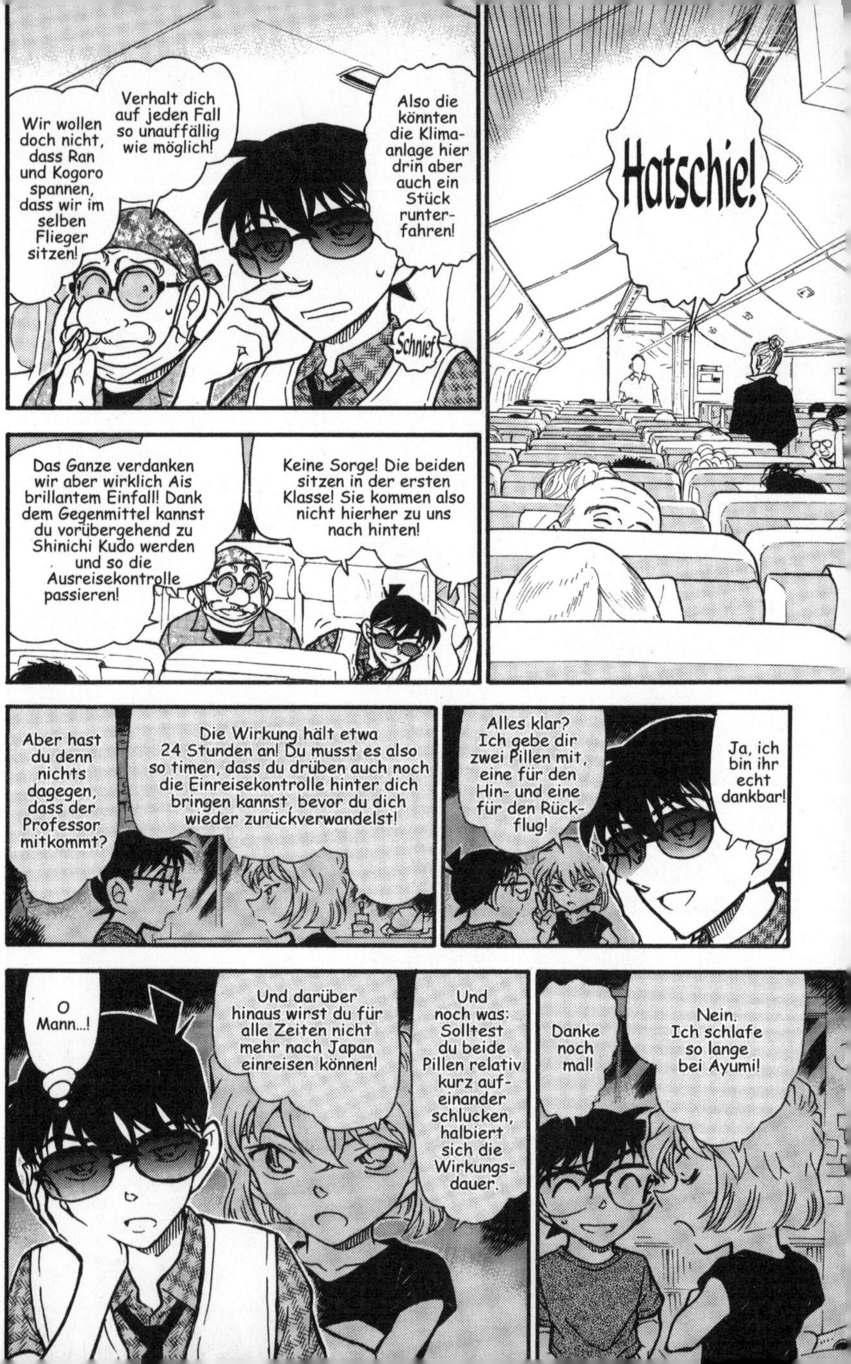

Hatschie!
Also die könnten die Klimaanlage hier drin aber auch ein Stück runterfahren!
Verhalt dich auf jeden Fall so unauffällig wie möglich!
Wir wollen doch nicht, dass Ran und Kogoro spannen, dass wir im selben Flieger sitzen!
Schnief
Keine Sorge! Die beiden sitzen in der ersten Klasse! Sie kommen also nicht hierher zu uns nach hinten!
Das Ganze verdanken wir aber wirklich Ais brillantem Einfall! Dank dem Gegenmittel kannst du vorübergehend zu Shinichi Kudo werden und so die Ausreisekontrolle passieren!
Ja, ich bin ihr echt dankbar!
Alles klar? Ich gebe dir zwei Pillen mit, eine für den Hin- und eine für den Rückflug!
Die Wirkung hält etwa 24 Stunden an! Du musst es also so timen, dass du drüben auch noch die Einreisekontrolle hinter dich bringen kannst, bevor du dich wieder zurückverwandelst!
Aber hast du denn nichts dagegen, dass der Professor mitkommt?
Nein. Ich schlafe so lange bei Ayumi!
Danke noch mal!
Und noch was: Solltest du beide Pillen relativ kurz aufeinander schlucken, halbiert sich die Wirkungsdauer.
Und darüber hinaus wirst du für alle Zeiten nicht mehr nach Japan einreisen können!
O Mann...!

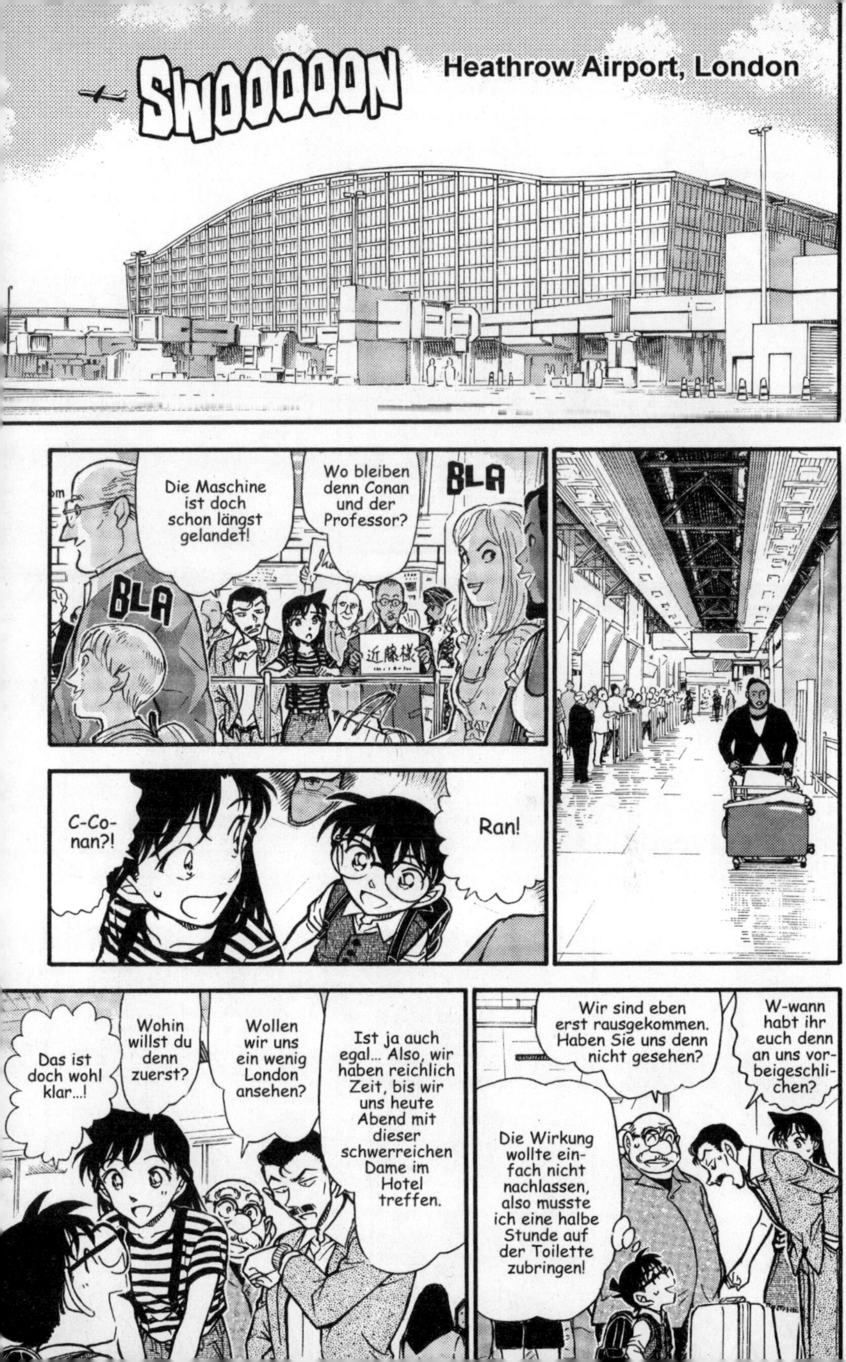
Heathrow Airport, London
SWOOOOON
BLA
Wo bleiben denn Conan und der Professor?
Die Maschine ist doch schon längst gelandet!
BLA
近藤様
Ran!
C-Co-nan?!
W-wann habt ihr euch denn an uns vorbeigeschlichen?
Wir sind eben erst rausgekommen. Haben Sie uns denn nicht gesehen?
Die Wirkung wollte einfach nicht nachlassen, also musste ich eine halbe Stunde auf der Toilette zubringen!
Ist ja auch egal... Also, wir haben reichlich Zeit, bis wir uns heute Abend mit dieser schwerreichen Dame im Hotel treffen.
Wollen wir uns ein wenig London ansehen?
Wohin willst du denn zuerst?
Das ist doch wohl klar...!

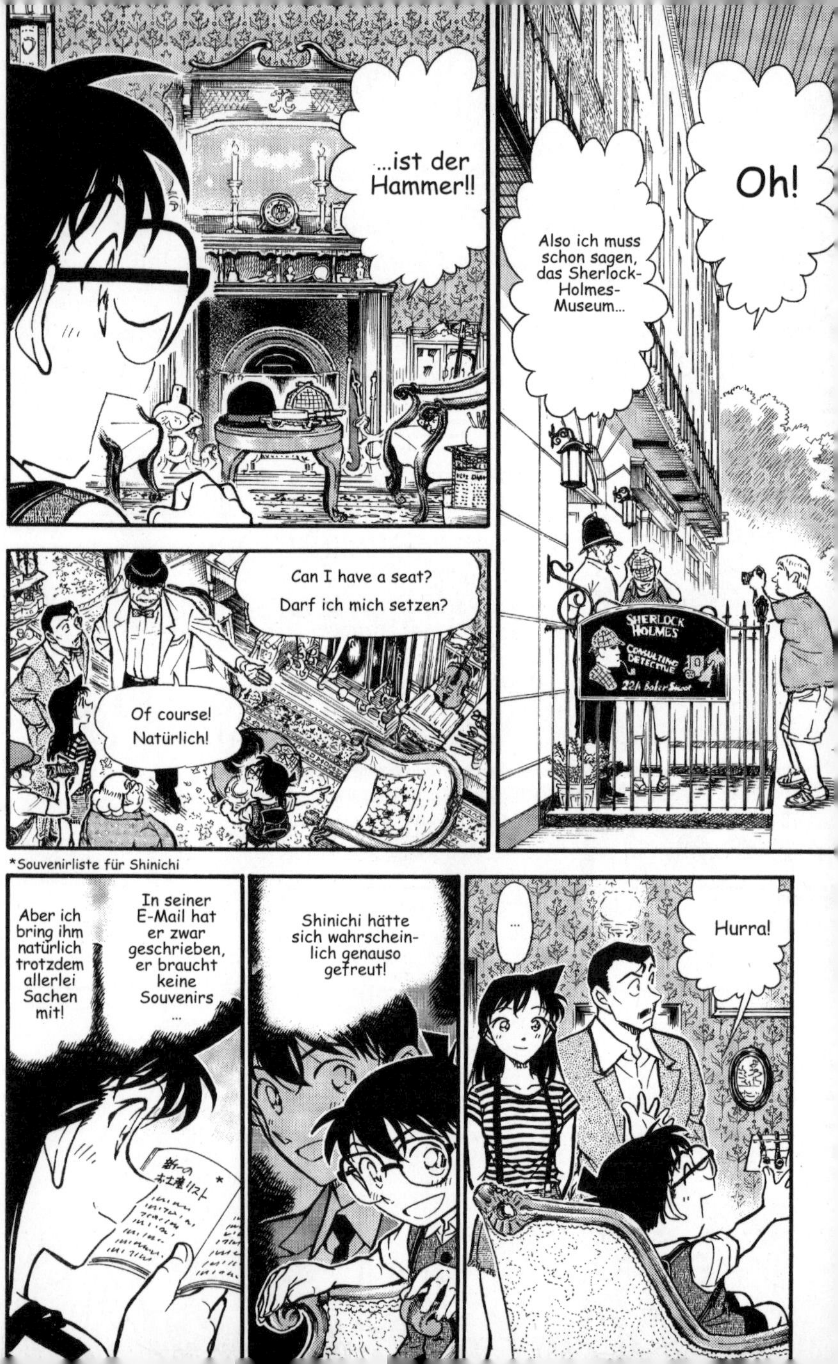
Oh!
Also ich muss schon sagen, das Sherlock-Holmes-Museum...
...ist der Hammer!!
SHERLOCK HOLMES
CONSULTING DETECTIVE
Can I have a seat?
Darf ich mich setzen?
Of course!
Natürlich!
*Souvenirliste für Shinichi
Hurra!
...
Shinichi hätte sich wahrscheinlich genauso gefreut!
In seiner E-Mail hat er zwar geschrieben, er braucht keine Souvenirs ...
Aber ich bring ihm natürlich trotzdem allerlei Sachen mit!

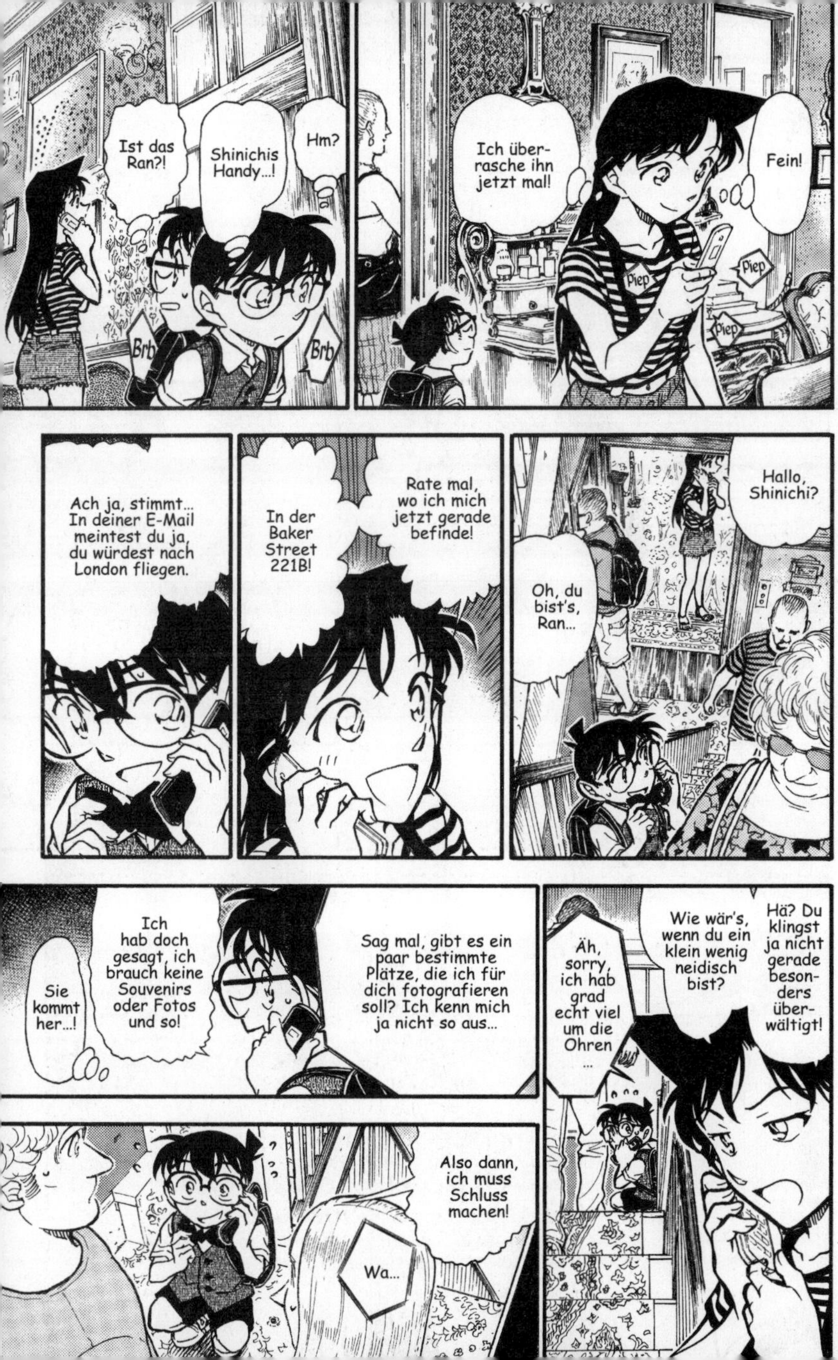

Fein!
Piep
Piep
Piep
Ich überrasche ihn jetzt mal!
Hm?
Shinichis Handy...!
Ist das Ran?!
Brb
Brb
Hallo, Shinichi?
Oh, du bist's, Ran...
Rate mal, wo ich mich jetzt gerade befinde!
In der Baker Street 221B!
Ach ja, stimmt... In deiner E-Mail meintest du ja, du würdest nach London fliegen.
Hä? Du klingst ja nicht gerade besonders überwältigt!
Wie wär's, wenn du ein klein wenig neidisch bist?
Äh, sorry, ich hab grad echt viel um die Ohren ...
Sag mal, gibt es ein paar bestimmte Plätze, die ich für dich fotografieren soll? Ich kenn mich ja nicht so aus...
Ich hab doch gesagt, ich brauch keine Souvenirs oder Fotos und so!
Sie kommt her...!
Also dann, ich muss Schluss machen!
Wa...

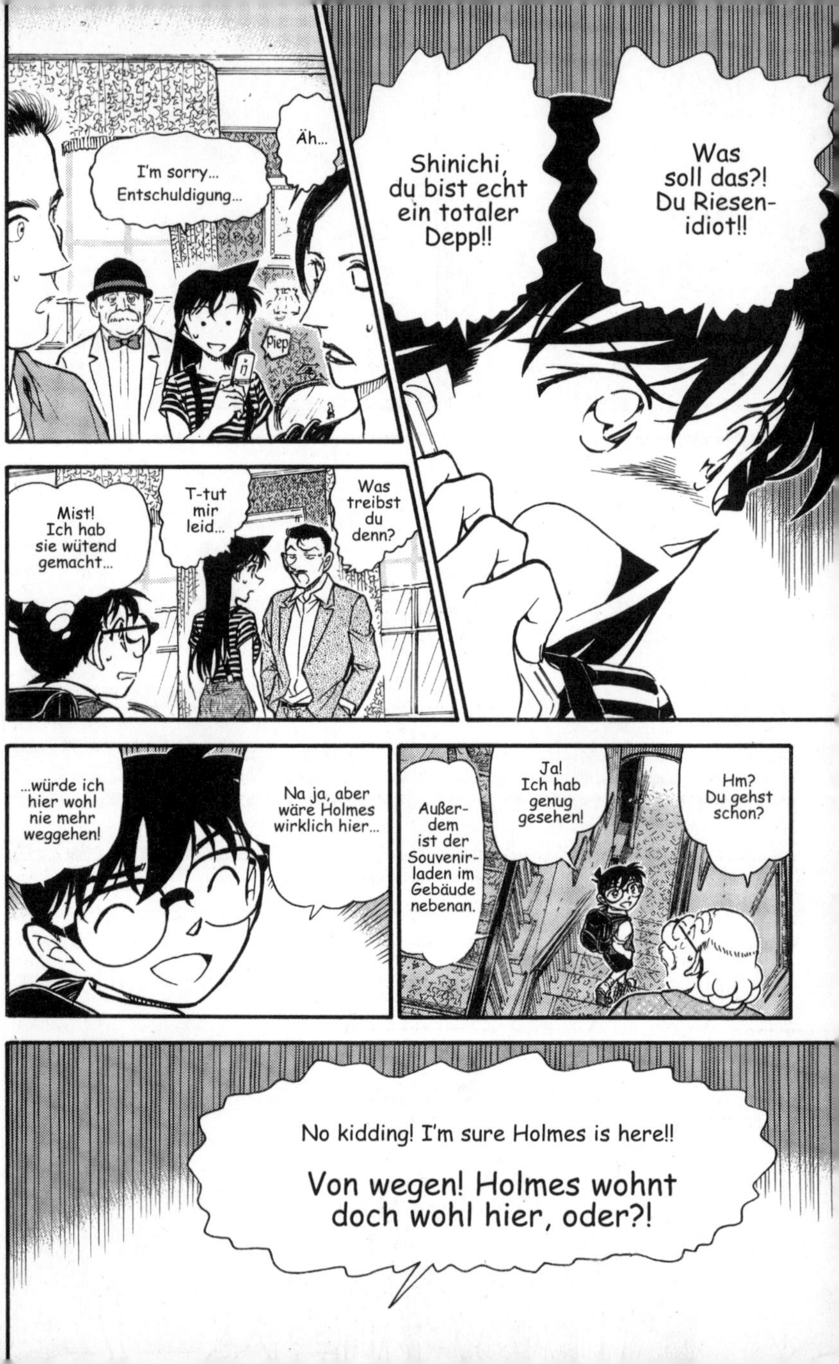

Was soll das?! Du Riesen-idiot!!
Shinichi, du bist echt ein totaler Depp!!
Äh...
Piep
I'm sorry... Entschuldigung...
Was treibst du denn?
T-tut mir leid...
Mist! Ich hab sie wütend gemacht...
Hm? Du gehst schon?
Ja! Ich hab genug gesehen!
Außer-dem ist der Souvenir-laden im Gebäude nebenan.
Na ja, aber wäre Holmes wirklich hier...
...würde ich hier wohl nie mehr weggehen!
No kidding! I'm sure Holmes is here!!
Von wegen! Holmes wohnt doch wohl hier, oder?!

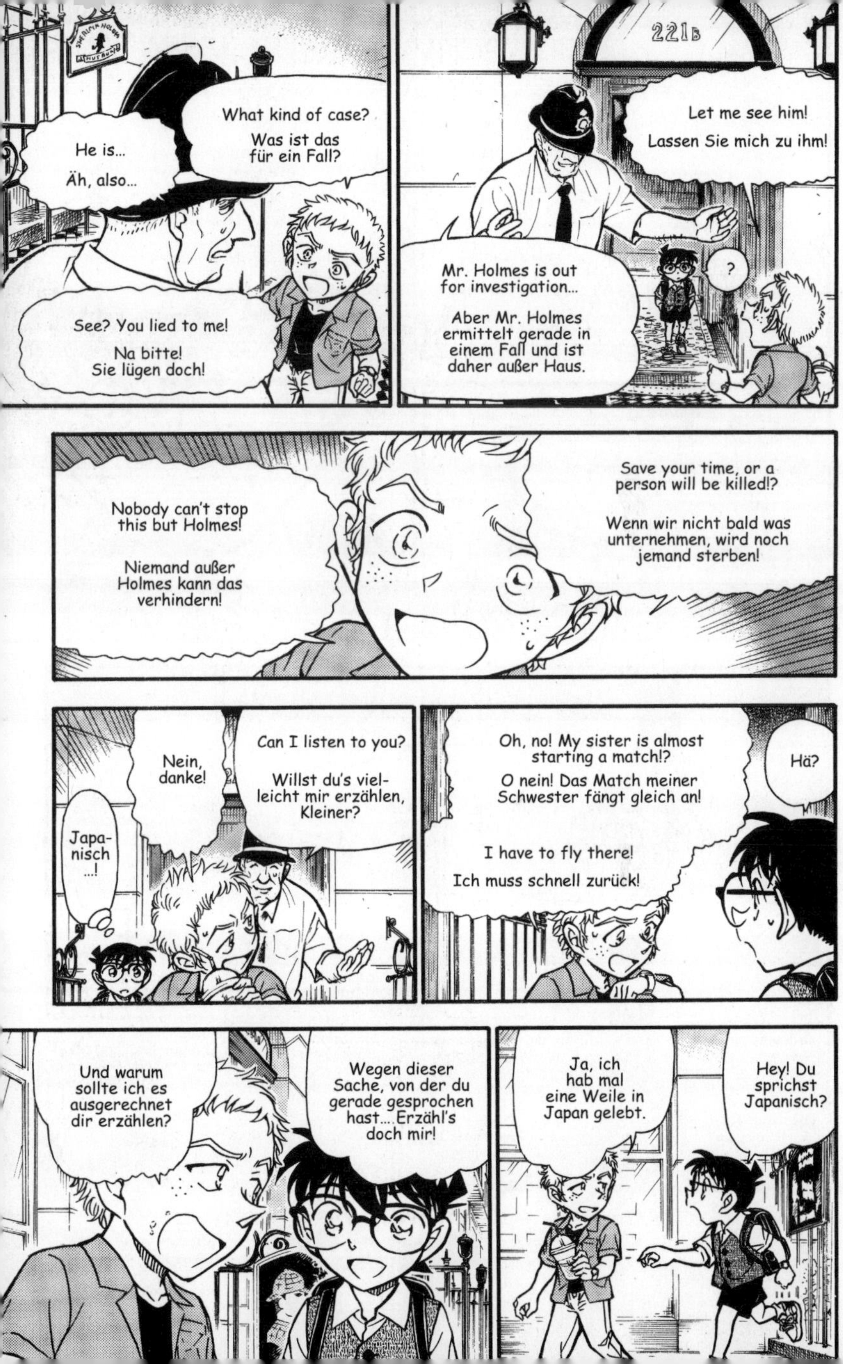
Let me see him! Lassen Sie mich zu ihm!
Mr. Holmes is out for investigation... Aber Mr. Holmes ermittelt gerade in einem Fall und ist daher außer Haus.
?
What kind of case? Was ist das für ein Fall?
He is... Äh, also...
See? You lied to me! Na bitte! Sie lügen doch!
Save your time, or a person will be killed!? Wenn wir nicht bald was unternehmen, wird noch jemand sterben!
Nobody can't stop this but Holmes! Niemand außer Holmes kann das verhindern!
Hä?
Oh, no! My sister is almost starting a match!? O nein! Das Match meiner Schwester fängt gleich an!
I have to fly there! Ich muss schnell zurück!
Can I listen to you? Willst du's vielleicht mir erzählen, Kleiner?
Nein, danke!
Japanisch ...!
Hey! Du sprichst Japanisch?
Ja, ich hab mal eine Weile in Japan gelebt.
Wegen dieser Sache, von der du gerade gesprochen hast.... Erzähl's doch mir!
Und warum sollte ich es ausgerechnet dir erzählen?

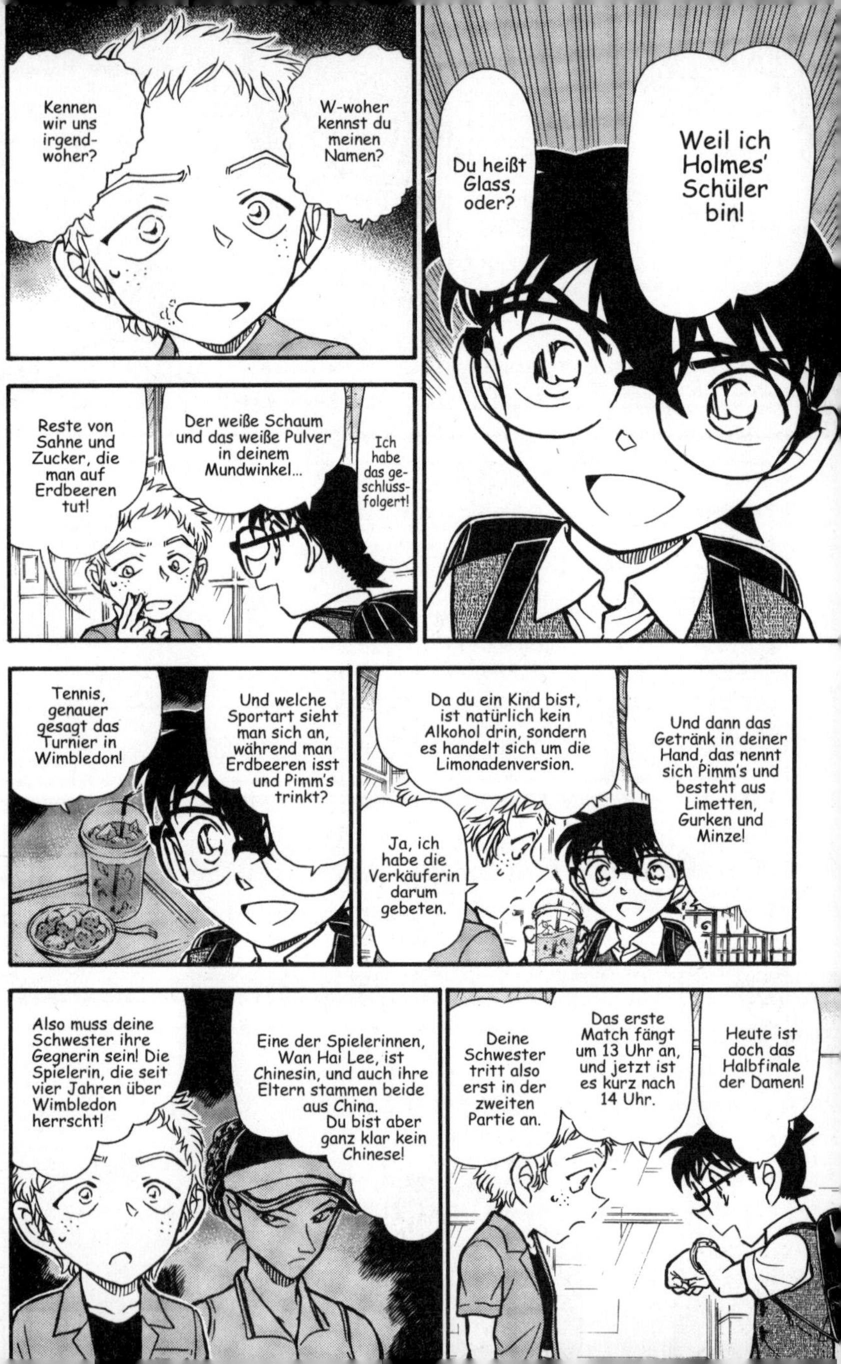

Weil ich Holmes' Schüler bin!
Du heißt Glass, oder?
W-woher kennst du meinen Namen?
Kennen wir uns irgendwoher?
Ich habe das geschlussfolgert!
Der weiße Schaum und das weiße Pulver in deinem Mundwinkel...
Reste von Sahne und Zucker, die man auf Erdbeeren tut!
Und dann das Getränk in deiner Hand, das nennt sich Pimm's und besteht aus Limetten, Gurken und Minze!
Da du ein Kind bist, ist natürlich kein Alkohol drin, sondern es handelt sich um die Limonadenversion.
Ja, ich habe die Verkäuferin darum gebeten.
Und welche Sportart sieht man sich an, während man Erdbeeren isst und Pimm's trinkt?
Tennis, genauer gesagt das Turnier in Wimbledon!
Heute ist doch das Halbfinale der Damen!
Das erste Match fängt um 13 Uhr an, und jetzt ist es kurz nach 14 Uhr.
Deine Schwester tritt also erst in der zweiten Partie an.
Eine der Spielerinnen, Wan Hai Lee, ist Chinesin, und auch ihre Eltern stammen beide aus China. Du bist aber ganz klar kein Chinese!
Also muss deine Schwester ihre Gegnerin sein! Die Spielerin, die seit vier Jahren über Wimbledon herrscht!

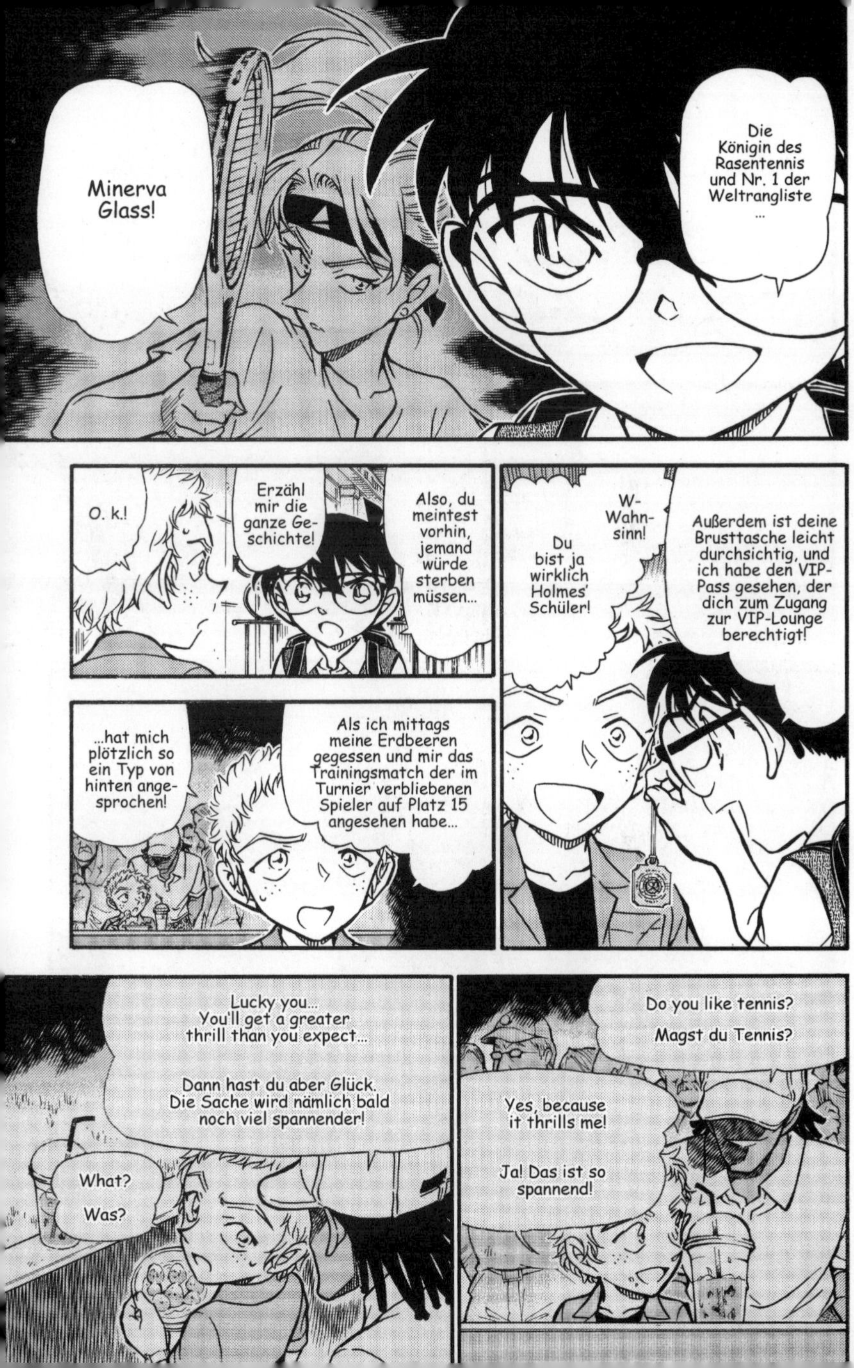
Die Königin des Rasentennis und Nr. 1 der Weltrangliste ...
Minerva Glass!
Außerdem ist deine Brusttasche leicht durchsichtig, und ich habe den VIP-Pass gesehen, der dich zum Zugang zur VIP-Lounge berechtigt!
W-Wahnsinn!
Du bist ja wirklich Holmes' Schüler!
Also, du meintest vorhin, jemand würde sterben müssen...
Erzähl mir die ganze Geschichte!
O. k.!
Als ich mittags meine Erdbeeren gegessen und mir das Trainingsmatch der im Turnier verbliebenen Spieler auf Platz 15 angesehen habe...
...hat mich plötzlich so ein Typ von hinten angesprochen!
Do you like tennis?
Magst du Tennis?
Yes, because it thrills me!
Ja! Das ist so spannend!
Lucky you... You'll get a greater thrill than you expect...
Dann hast du aber Glück. Die Sache wird nämlich bald noch viel spannender!
What?
Was?

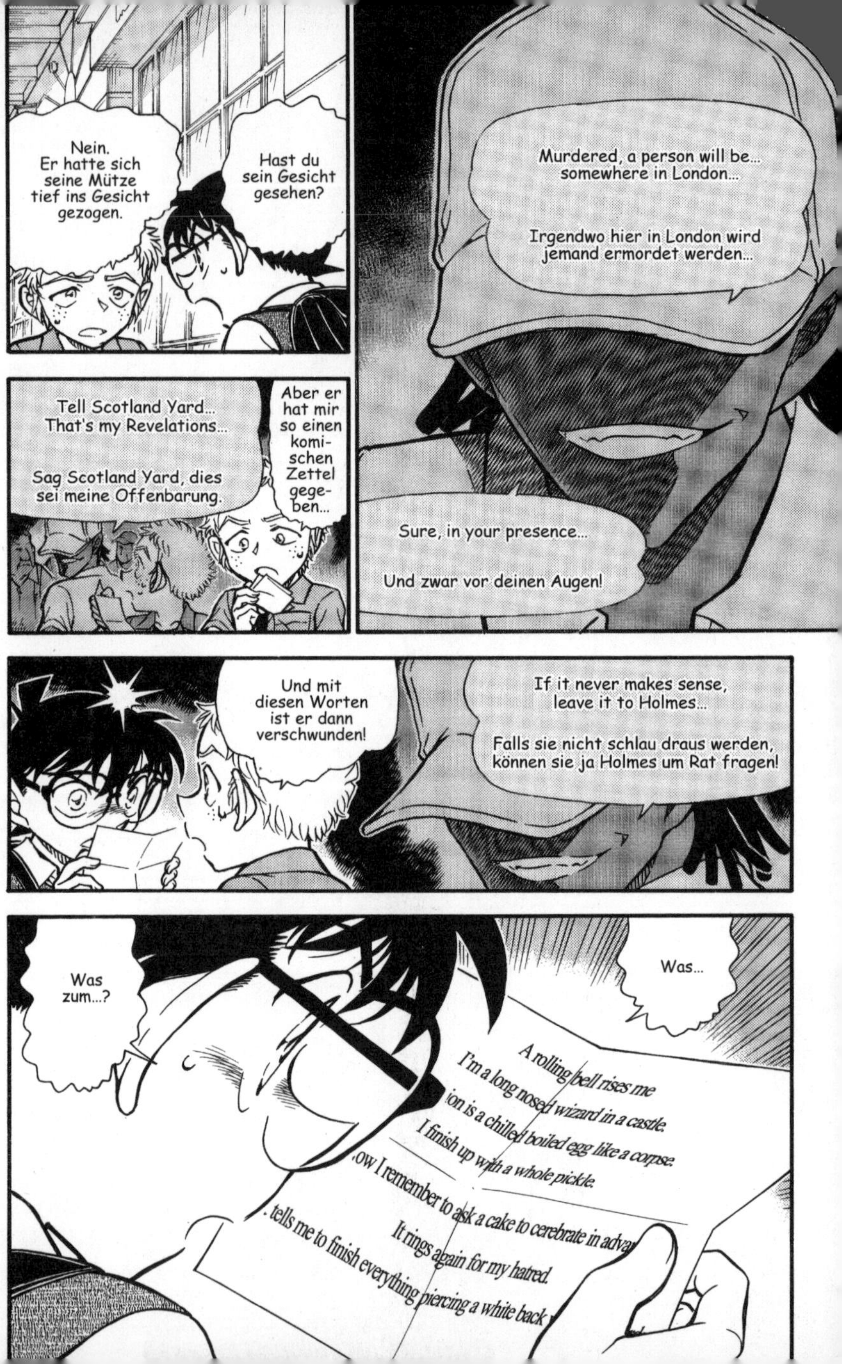
Hast du sein Gesicht gesehen?
Nein. Er hatte sich seine Mütze tief ins Gesicht gezogen.
Aber er hat mir so einen komischen Zettel gegeben...
Tell Scotland Yard... That's my Revelations...
Sag Scotland Yard, dies sei meine Offenbarung.
Murdered, a person will be... somewhere in London...
Irgendwo hier in London wird jemand ermordet werden...
Sure, in your presence...
Und zwar vor deinen Augen!
If it never makes sense, leave it to Holmes...
Falls sie nicht schlau draus werden, können sie ja Holmes um Rat fragen!
Und mit diesen Worten ist er dann verschwunden!
Was...
Was zum...?
A rolling bell rises me
I'm a long nosed wizard in a castle.
ion is a chilled boiled egg like a corpse.
I finish up with a whole pickle.
ow I remember to ask a cake to cerebrate in advan
It rings again for my hatred.
. tells me to finish everything piercing a white back

KAPITEL 2 FALL 217

Die Offenbarung

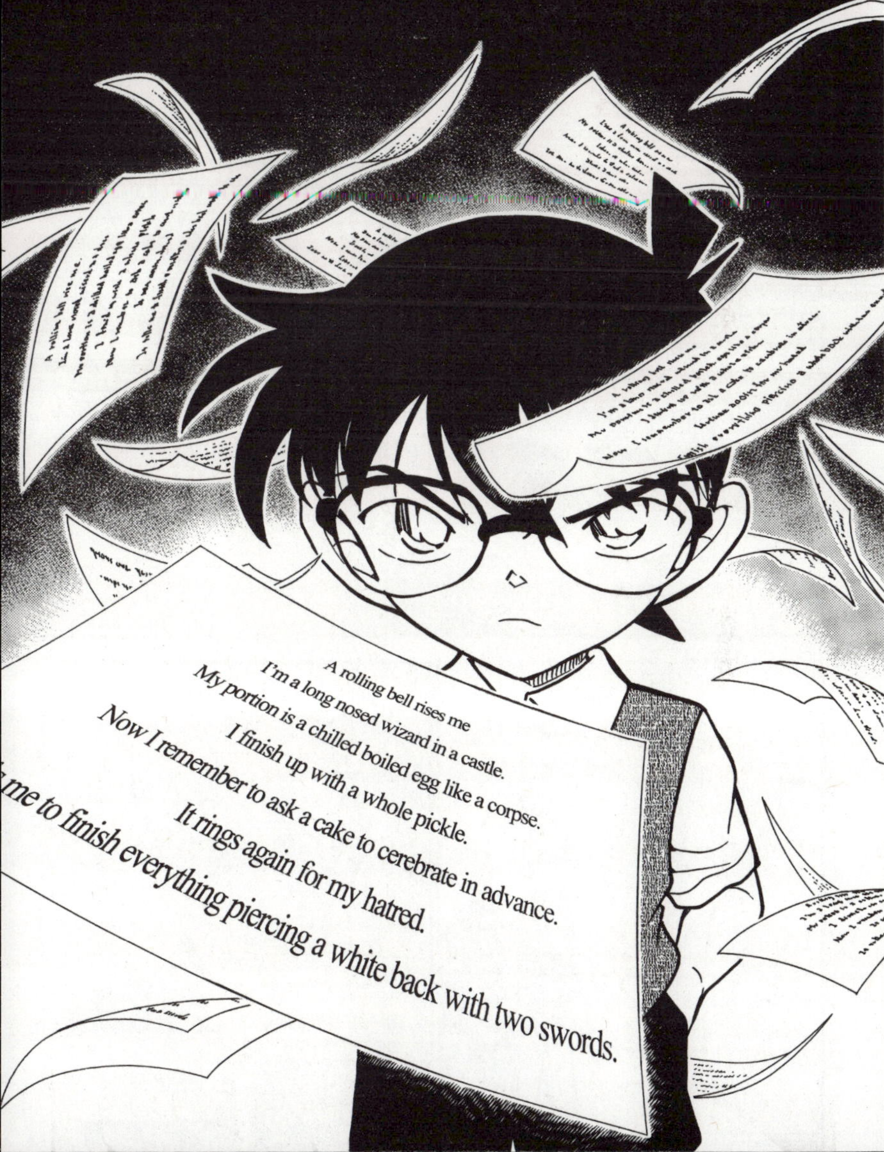

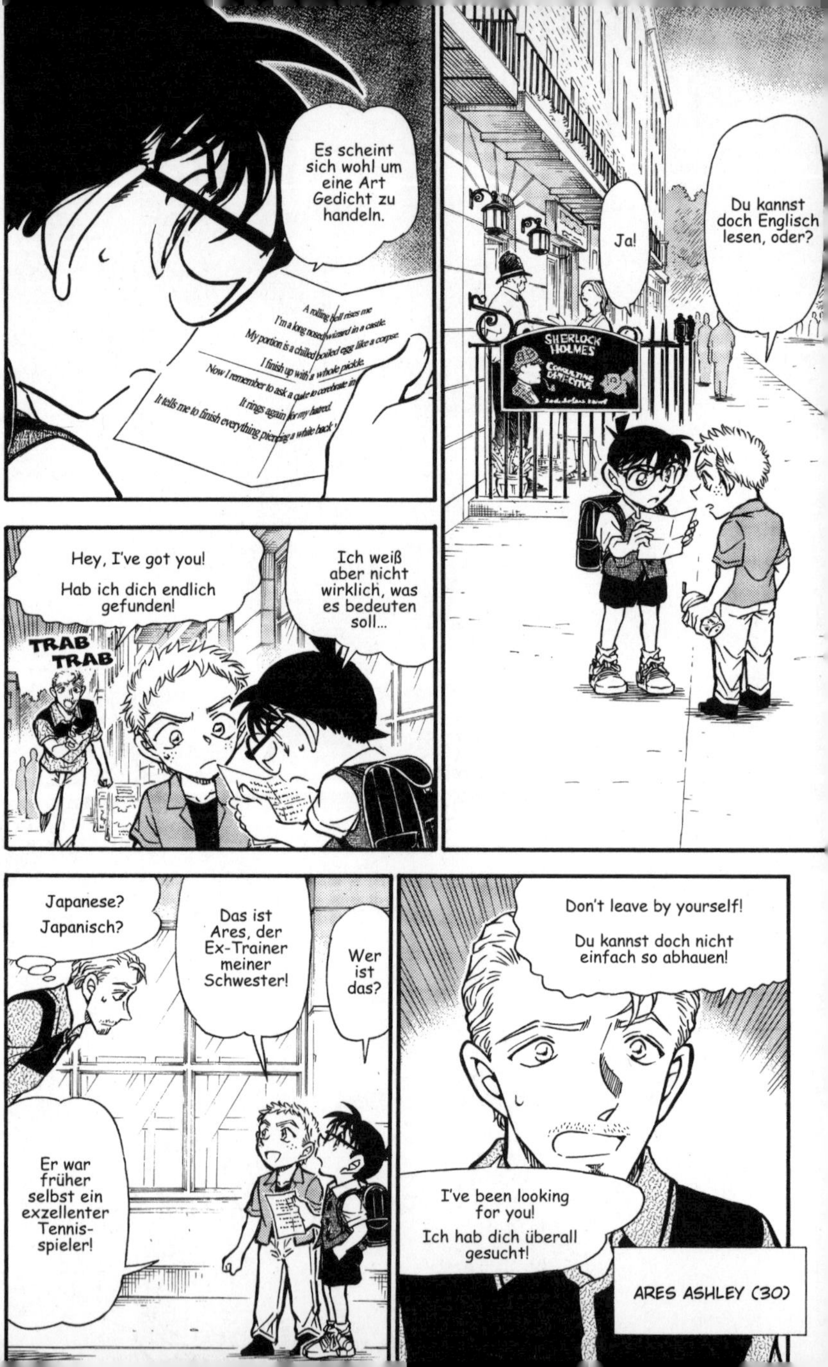
Du kannst doch Englisch lesen, oder?
Ja!
SHERLOCK HOLMES
Es scheint sich wohl um eine Art Gedicht zu handeln.
A rolling bell rises me
I'm a long nosed wizard in a castle.
My portion is a chilled boiled egg like a corpse.
I finish up with a whole pickle.
Now I remember to ask a castle to cerebrate in
It rings again for my hatred.
It tells me to finish everything piercing a white back
Ich weiß aber nicht wirklich, was es bedeuten soll...
Hey, I've got you!
Hab ich dich endlich gefunden!
TRAB TRAB
Don't leave by yourself!
Du kannst doch nicht einfach so abhauen!
I've been looking for you!
Ich hab dich überall gesucht!
ARES ASHLEY (30)
Wer ist das?
Das ist Ares, der Ex-Trainer meiner Schwester!
Japanese?
Japanisch?
Er war früher selbst ein exzellenter Tennis-spieler!

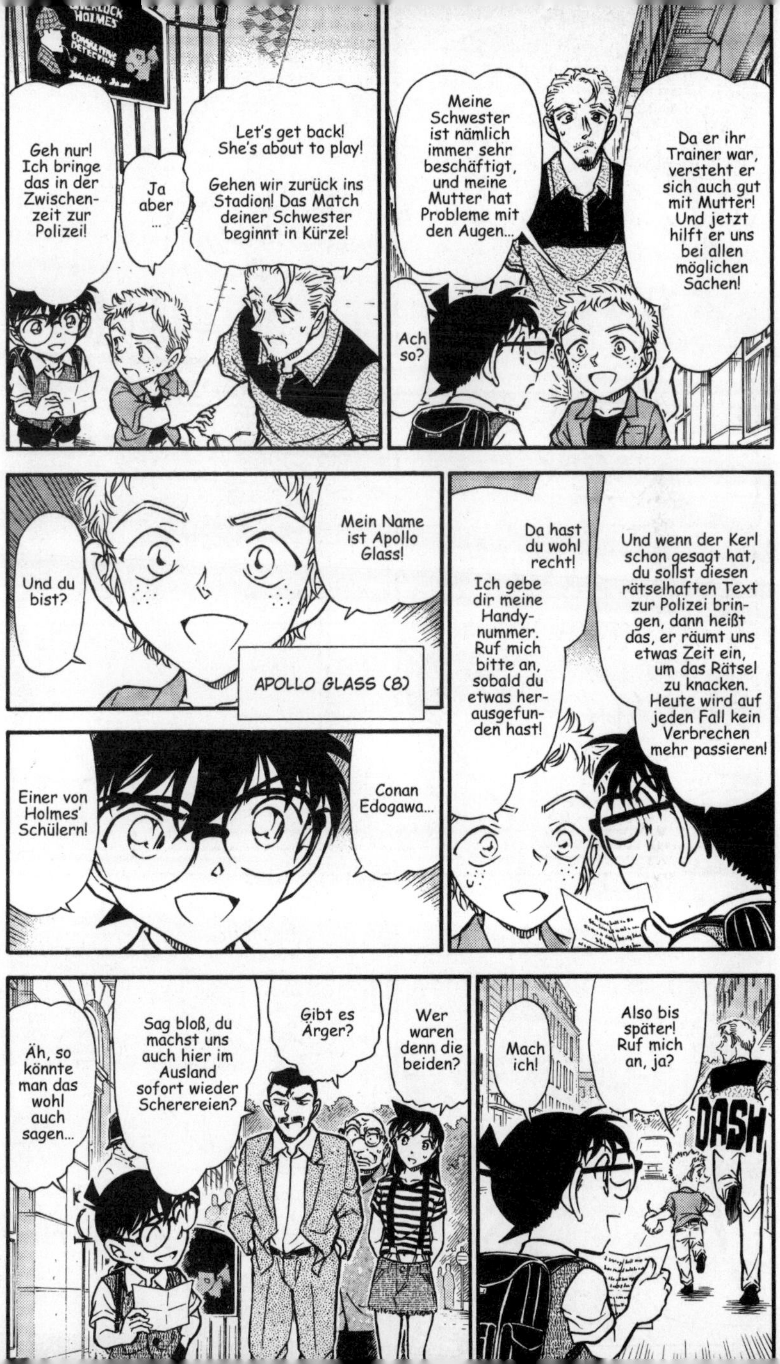

Da er ihr Trainer war, versteht er sich auch gut mit Mutter! Und jetzt hilft er uns bei allen möglichen Sachen!
Meine Schwester ist nämlich immer sehr beschäftigt, und meine Mutter hat Probleme mit den Augen...
Ach so?
Let's get back! She's about to play!
Gehen wir zurück ins Stadion! Das Match deiner Schwester beginnt in Kürze!
Ja aber ...
Geh nur! Ich bringe das in der Zwischenzeit zur Polizei!
Und wenn der Kerl schon gesagt hat, du sollst diesen rätselhaften Text zur Polizei bringen, dann heißt das, er räumt uns etwas Zeit ein, um das Rätsel zu knacken. Heute wird auf jeden Fall kein Verbrechen mehr passieren!
Da hast du wohl recht!
Ich gebe dir meine Handynummer. Ruf mich bitte an, sobald du etwas herausgefunden hast!
Mein Name ist Apollo Glass!
Und du bist?
APOLLO GLASS (8)
Conan Edogawa...
Einer von Holmes' Schülern!
Also bis später! Ruf mich an, ja?
Mach ich!
DASH
Wer waren denn die beiden?
Gibt es Ärger?
Sag bloß, du machst uns auch hier im Ausland sofort wieder Scherereien?
Äh, so könnte man das wohl auch sagen...

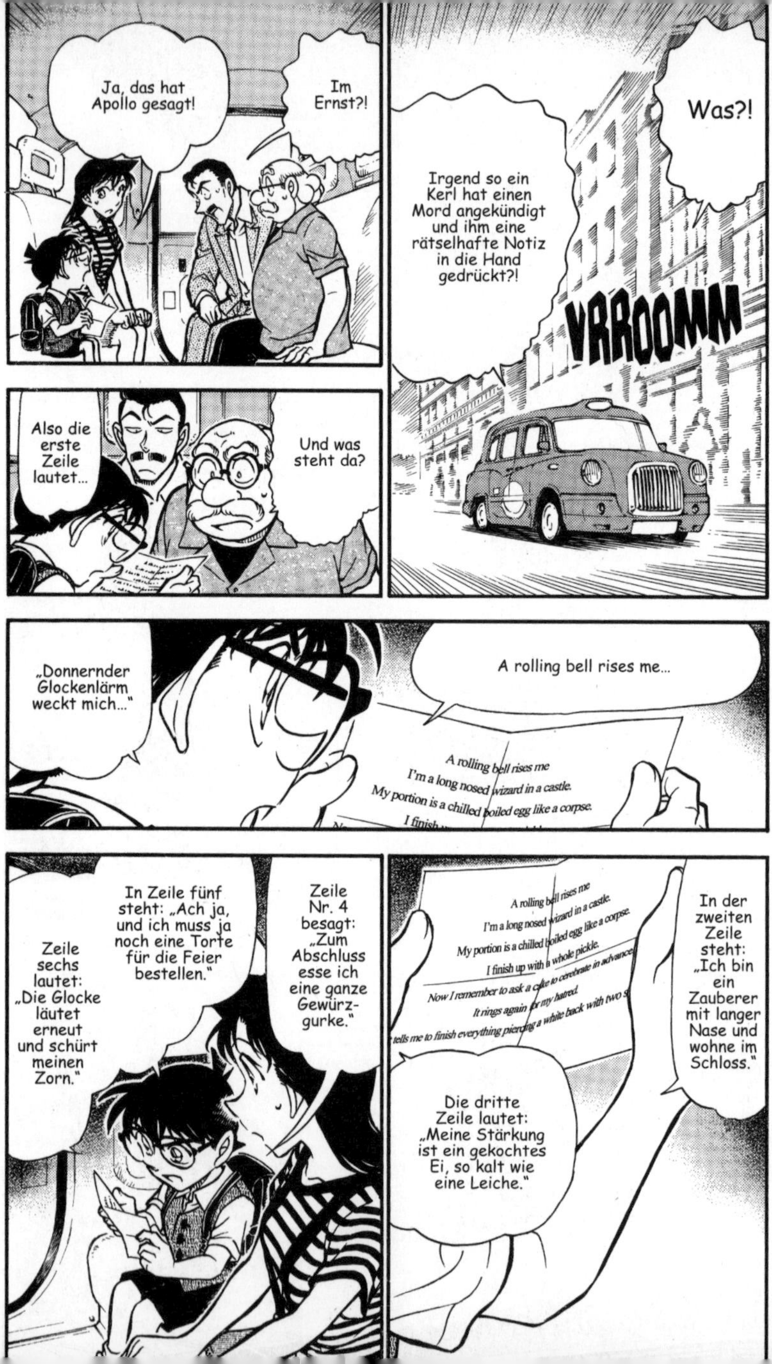
Was?!
Irgend so ein Kerl hat einen Mord angekündigt und ihm eine rätselhafte Notiz in die Hand gedrückt?!
VRROOMM
Im Ernst?!
Ja, das hat Apollo gesagt!
Und was steht da?
Also die erste Zeile lautet...
A rolling bell rises me...
„Donnernder Glockenlärm weckt mich..."
A rolling bell rises me
I'm a long nosed wizard in a castle.
My portion is a chilled boiled egg like a corpse.
In der zweiten Zeile steht: „Ich bin ein Zauberer mit langer Nase und wohne im Schloss."
Die dritte Zeile lautet: „Meine Stärkung ist ein gekochtes Ei, so kalt wie eine Leiche."
A rolling bell rises me
I'm a long nosed wizard in a castle.
My portion is a chilled boiled egg like a corpse.
I finish up with a whole pickle.
Now I remember to ask a cake to cerebrate in advance.
It rings again for my hatred.
Zeile Nr. 4 besagt: „Zum Abschluss esse ich eine ganze Gewürzgurke."
In Zeile fünf steht: „Ach ja, und ich muss ja noch eine Torte für die Feier bestellen."
Zeile sechs lautet: „Die Glocke läutet erneut und schürt meinen Zorn."

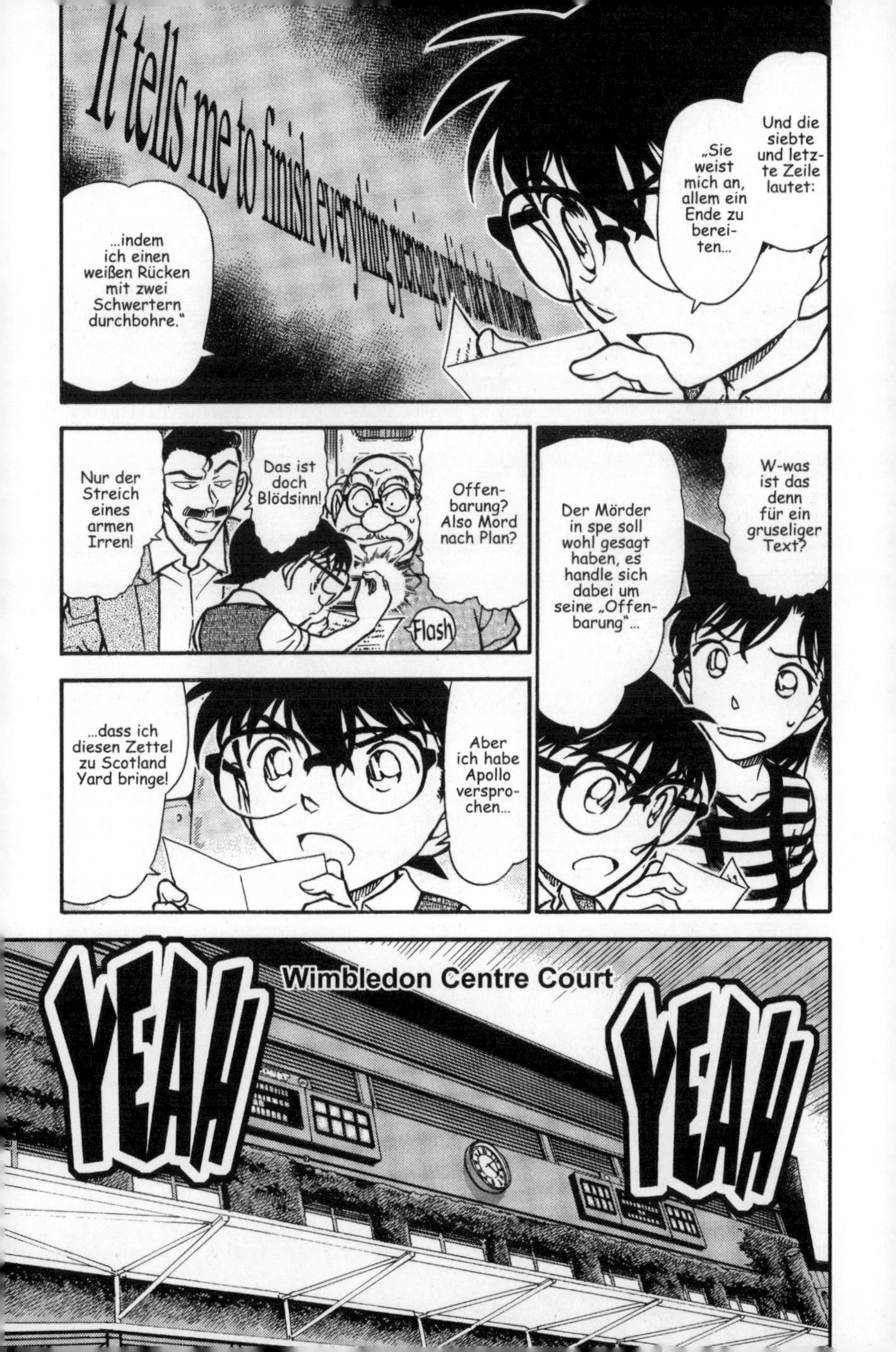
Und die siebte und letzte Zeile lautet:
„Sie weist mich an, allem ein Ende zu bereiten...
It tells me to finish everything
...indem ich einen weißen Rücken mit zwei Schwertern durchbohre.“
W-was ist das denn für ein gruseliger Text?
Der Mörder in spe soll wohl gesagt haben, es handle sich dabei um seine „Offenbarung“...
Offenbarung? Also Mord nach Plan?
Das ist doch Blödsinn!
Nur der Streich eines armen Irren!
Flash
Aber ich habe Apollo versprochen...
...dass ich diesen Zettel zu Scotland Yard bringe!
YEAH
Wimbledon Centre Court
YEAH

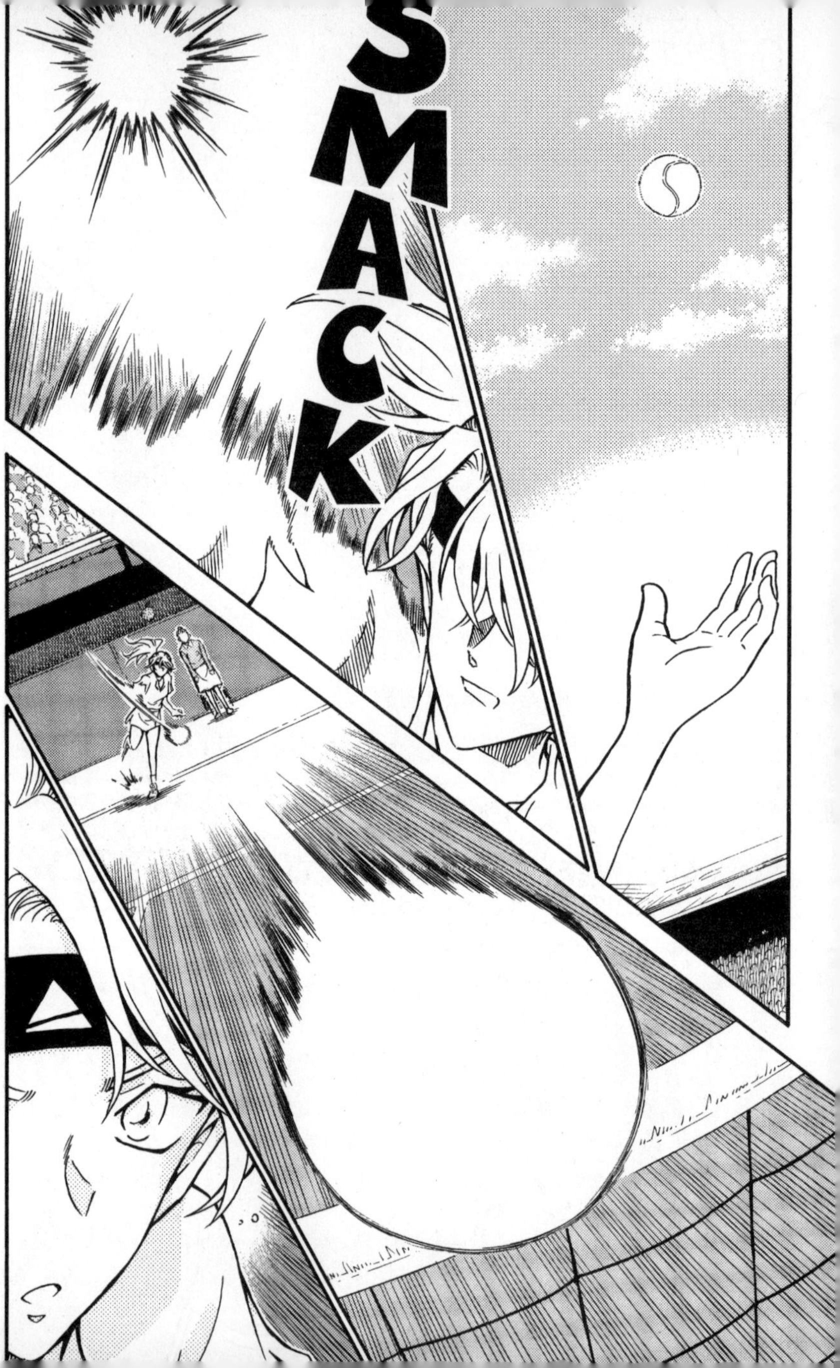
SMACK!

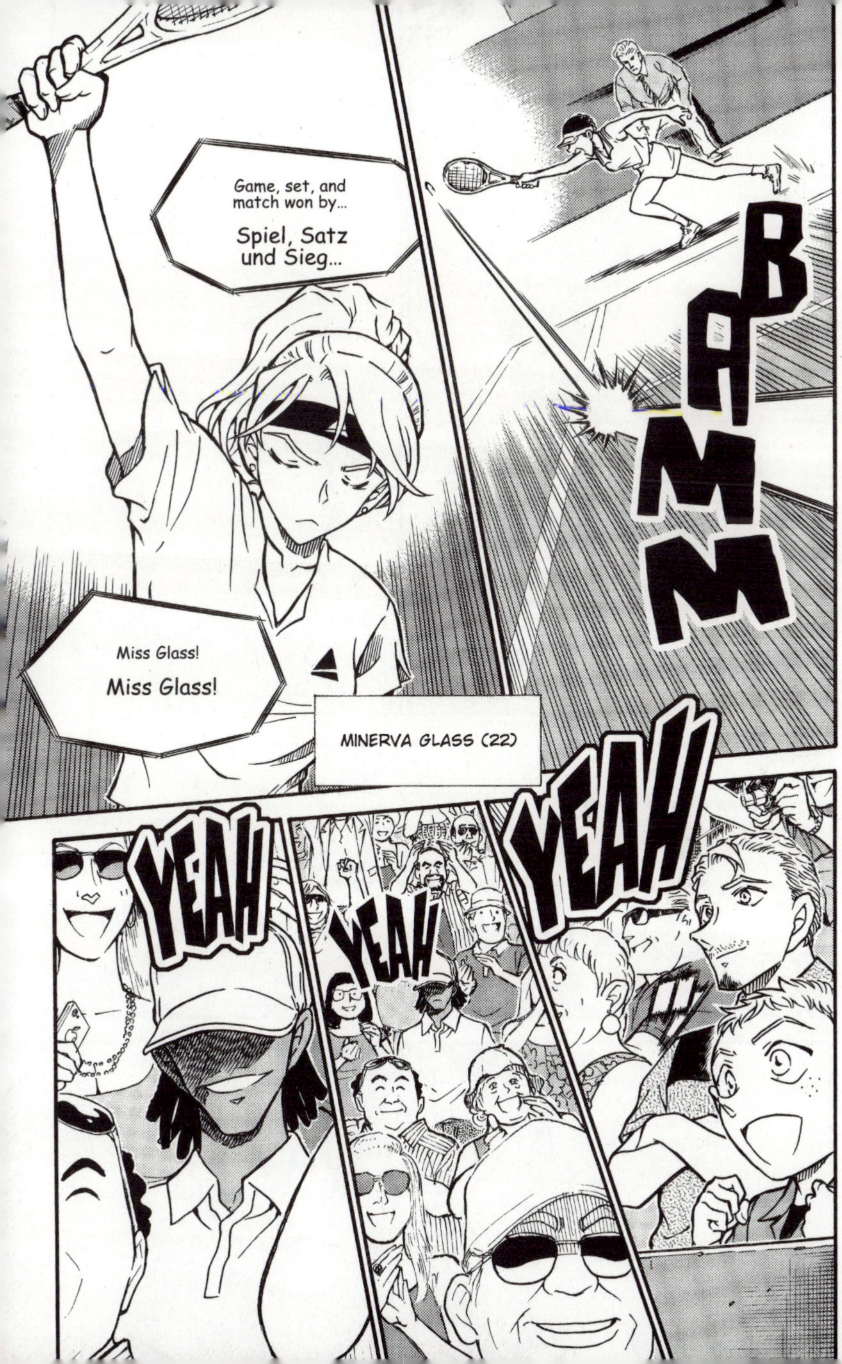

BAMM
Game, set, and match won by...
Spiel, Satz und Sieg...
Miss Glass!
Miss Glass!
MINERVA GLASS (22)
YEAH
YEAH
YEAH

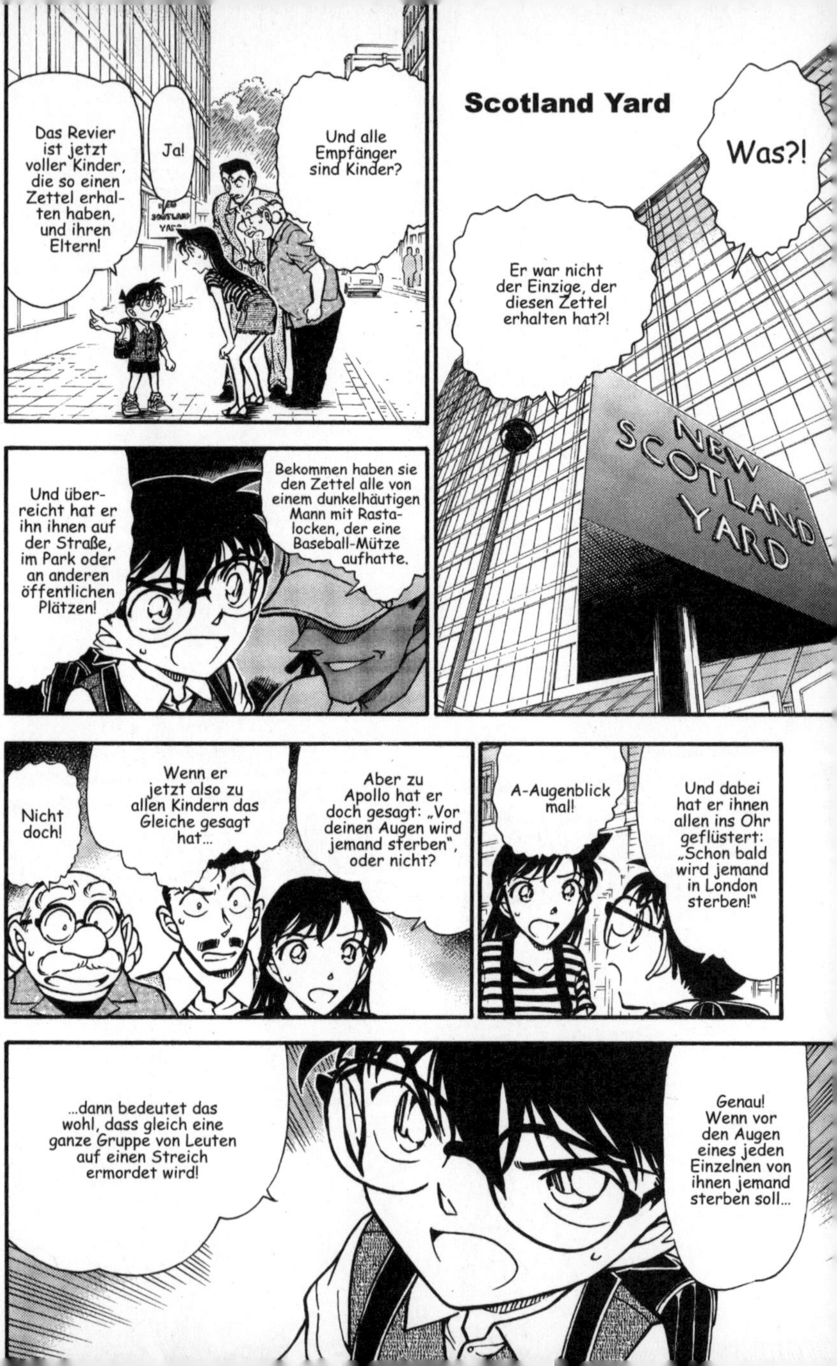
Scotland Yard
Was?!
Er war nicht der Einzige, der diesen Zettel erhalten hat?!
NEW SCOTLAND YARD
Und alle Empfänger sind Kinder?
Ja!
Das Revier ist jetzt voller Kinder, die so einen Zettel erhalten haben, und ihren Eltern!
Bekommen haben sie den Zettel alle von einem dunkelhäutigen Mann mit Rastalocken, der eine Baseball-Mütze aufhatte.
Und überreicht hat er ihn ihnen auf der Straße, im Park oder an anderen öffentlichen Plätzen!
Und dabei hat er ihnen allen ins Ohr geflüstert: „Schon bald wird jemand in London sterben!"
A-Augenblick mal!
Aber zu Apollo hat er doch gesagt: „Vor deinen Augen wird jemand sterben", oder nicht?
Wenn er jetzt also zu allen Kindern das Gleiche gesagt hat...
Nicht doch!
Genau! Wenn vor den Augen eines jeden Einzelnen von ihnen jemand sterben soll...
...dann bedeutet das wohl, dass gleich eine ganze Gruppe von Leuten auf einen Streich ermordet wird!

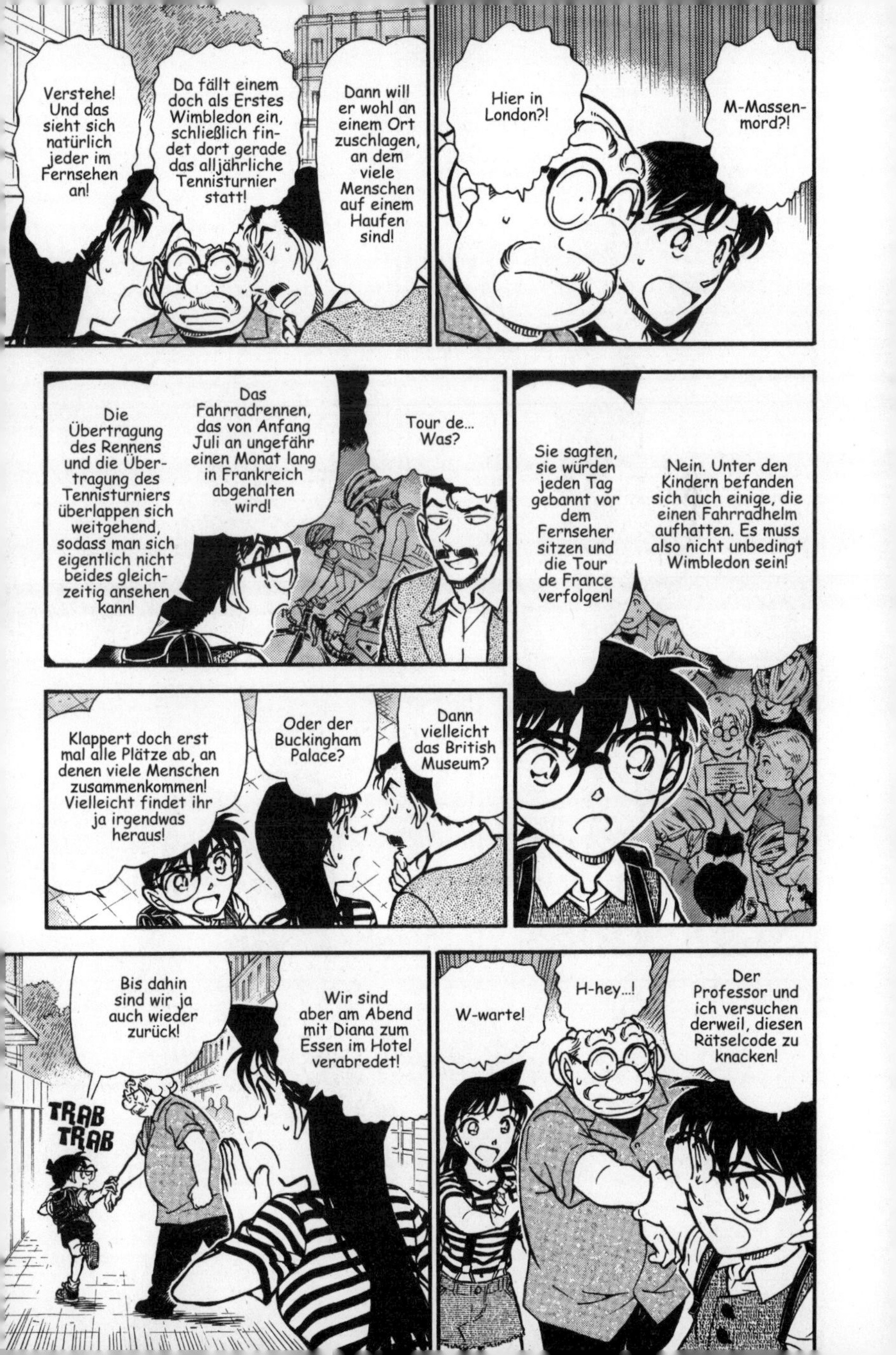
M-Massenmord?!
Hier in London?!
Dann will er wohl an einem Ort zuschlagen, an dem viele Menschen auf einem Haufen sind!
Da fällt einem doch als Erstes Wimbledon ein, schließlich findet dort gerade das alljährliche Tennisturnier statt!
Verstehe! Und das sieht sich natürlich jeder im Fernsehen an!
Nein. Unter den Kindern befanden sich auch einige, die einen Fahrradhelm aufhatten. Es muss also nicht unbedingt Wimbledon sein!
Sie sagten, sie würden jeden Tag gebannt vor dem Fernseher sitzen und die Tour de France verfolgen!
Tour de... Was?
Das Fahrradrennen, das von Anfang Juli an ungefähr einen Monat lang in Frankreich abgehalten wird!
Die Übertragung des Rennens und die Übertragung des Tennisturniers überlappen sich weitgehend, sodass man sich eigentlich nicht beides gleichzeitig ansehen kann!
Dann vielleicht das British Museum?
Oder der Buckingham Palace?
Klappert doch erst mal alle Plätze ab, an denen viele Menschen zusammenkommen! Vielleicht findet ihr ja irgendwas heraus!
Der Professor und ich versuchen derweil, diesen Rätselcode zu knacken!
H-hey...!
W-warte!
Wir sind aber am Abend mit Diana zum Essen im Hotel verabredet!
Bis dahin sind wir ja auch wieder zurück!
TRAB TRAB

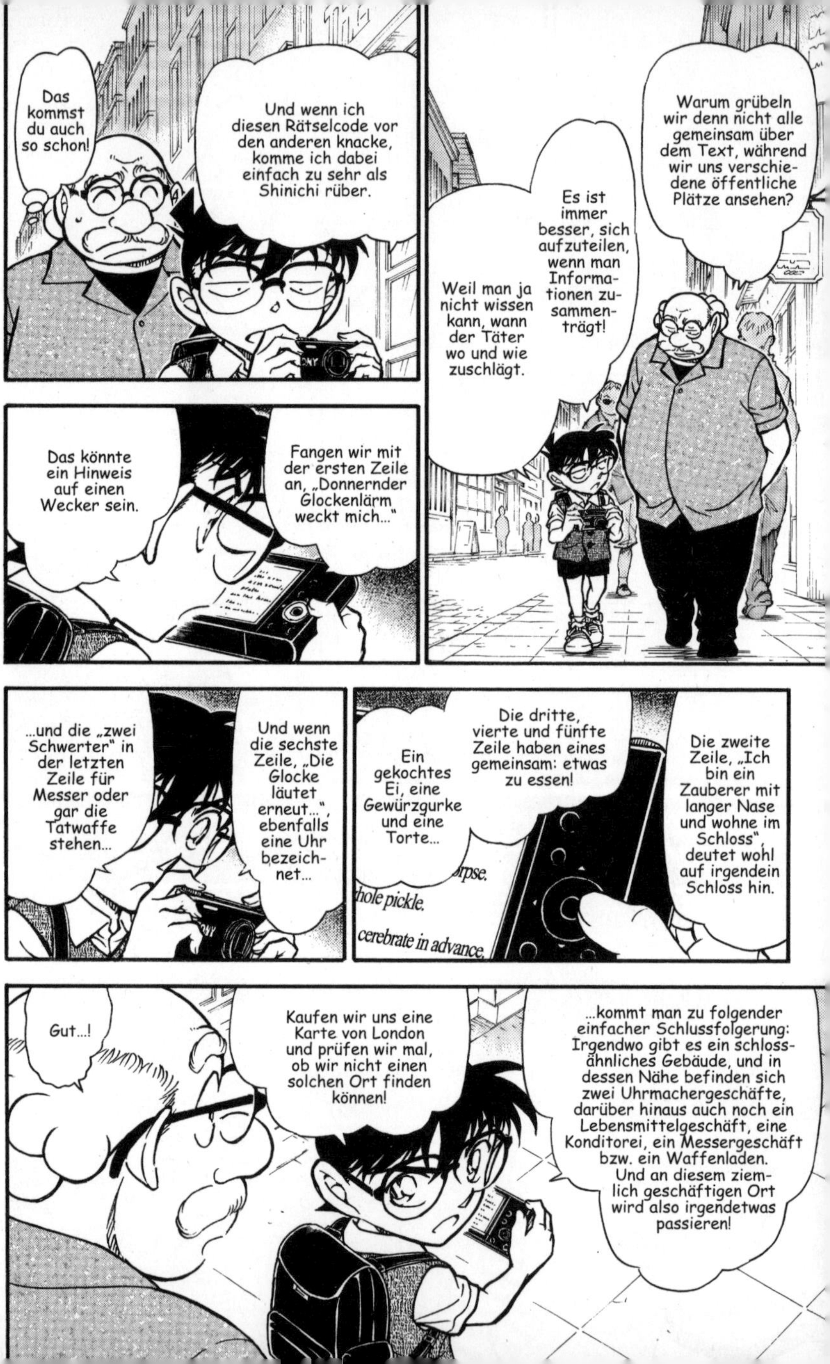
Warum grübeln wir denn nicht alle gemeinsam über dem Text, während wir uns verschiedene öffentliche Plätze ansehen?
Es ist immer besser, sich aufzuteilen, wenn man Informationen zusammenträgt!
Weil man ja nicht wissen kann, wann der Täter wo und wie zuschlägt.
Und wenn ich diesen Rätselcode vor den anderen knacke, komme ich dabei einfach zu sehr als Shinichi rüber.
Das kommst du auch so schon!
Fangen wir mit der ersten Zeile an, „Donnernder Glockenlärm weckt mich...“
Das könnte ein Hinweis auf einen Wecker sein.
Die zweite Zeile, „Ich bin ein Zauberer mit langer Nase und wohne im Schloss“, deutet wohl auf irgendein Schloss hin.
Die dritte, vierte und fünfte Zeile haben eines gemeinsam: etwas zu essen!
Ein gekochtes Ei, eine Gewürzgurke und eine Torte...
orpse.
hole pickle.
cerebrate in advance.
Und wenn die sechste Zeile, „Die Glocke läutet erneut...“, ebenfalls eine Uhr bezeichnet...
...und die „zwei Schwerter“ in der letzten Zeile für Messer oder gar die Tatwaffe stehen...
...kommt man zu folgender einfacher Schlussfolgerung: Irgendwo gibt es ein schlossähnliches Gebäude, und in dessen Nähe befinden sich zwei Uhrmachergeschäfte, darüber hinaus auch noch ein Lebensmittelgeschäft, eine Konditorei, ein Messergeschäft bzw. ein Waffenladen. Und an diesem ziemlich geschäftigen Ort wird also irgendetwas passieren!
Kaufen wir uns eine Karte von London und prüfen wir mal, ob wir nicht einen solchen Ort finden können!
Gut...!

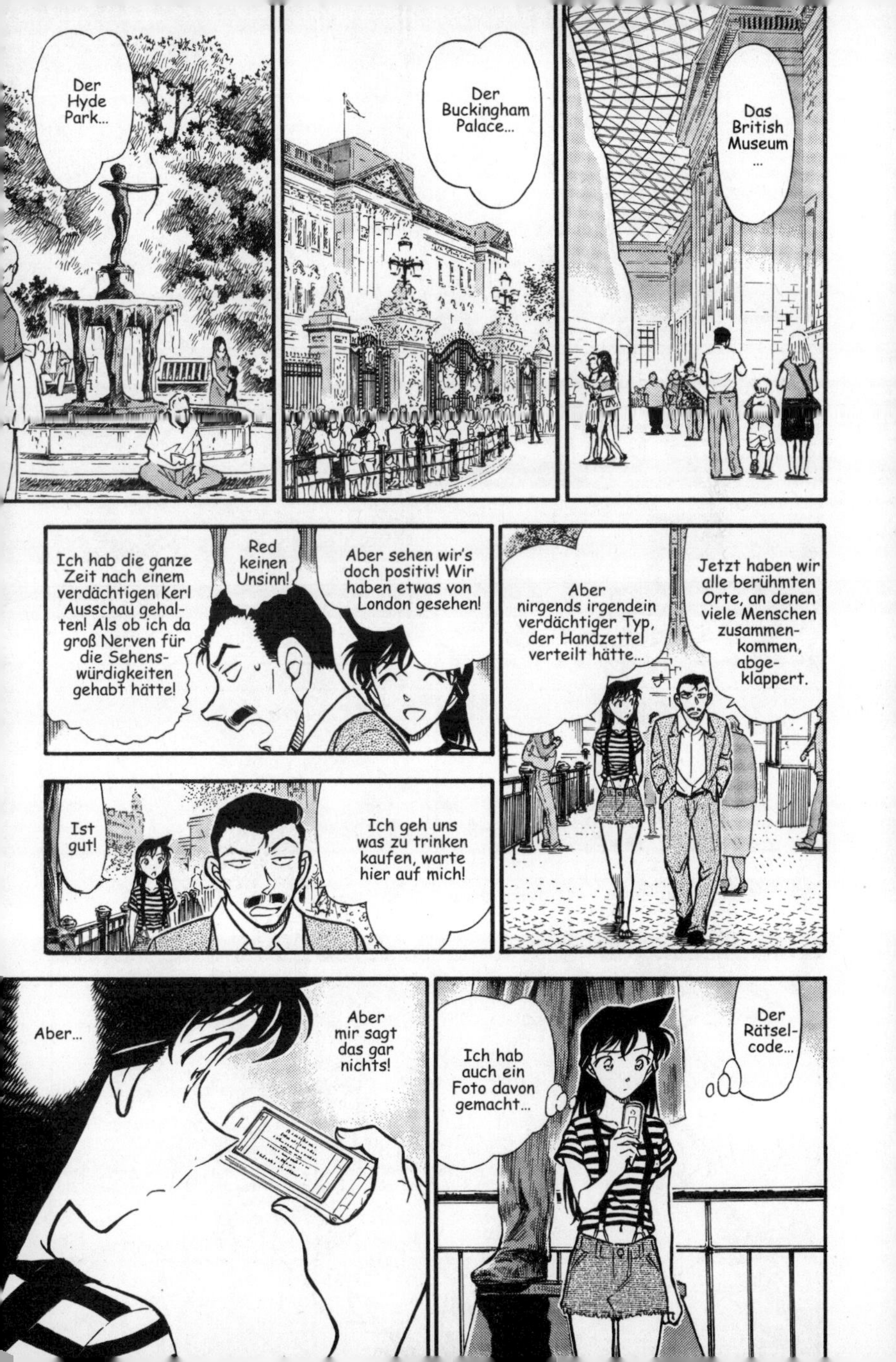

Das British Museum ...
Der Buckingham Palace...
Der Hyde Park...
Jetzt haben wir alle berühmten Orte, an denen viele Menschen zusammenkommen, abgeklappert.
Aber nirgends irgendein verdächtiger Typ, der Handzettel verteilt hätte...
Aber sehen wir's doch positiv! Wir haben etwas von London gesehen!
Red keinen Unsinn!
Ich hab die ganze Zeit nach einem verdächtigen Kerl Ausschau gehalten! Als ob ich da groß Nerven für die Sehenswürdigkeiten gehabt hätte!
Ich geh uns was zu trinken kaufen, warte hier auf mich!
Ist gut!
Der Rätselcode...
Ich hab auch ein Foto davon gemacht...
Aber mir sagt das gar nichts!
Aber...

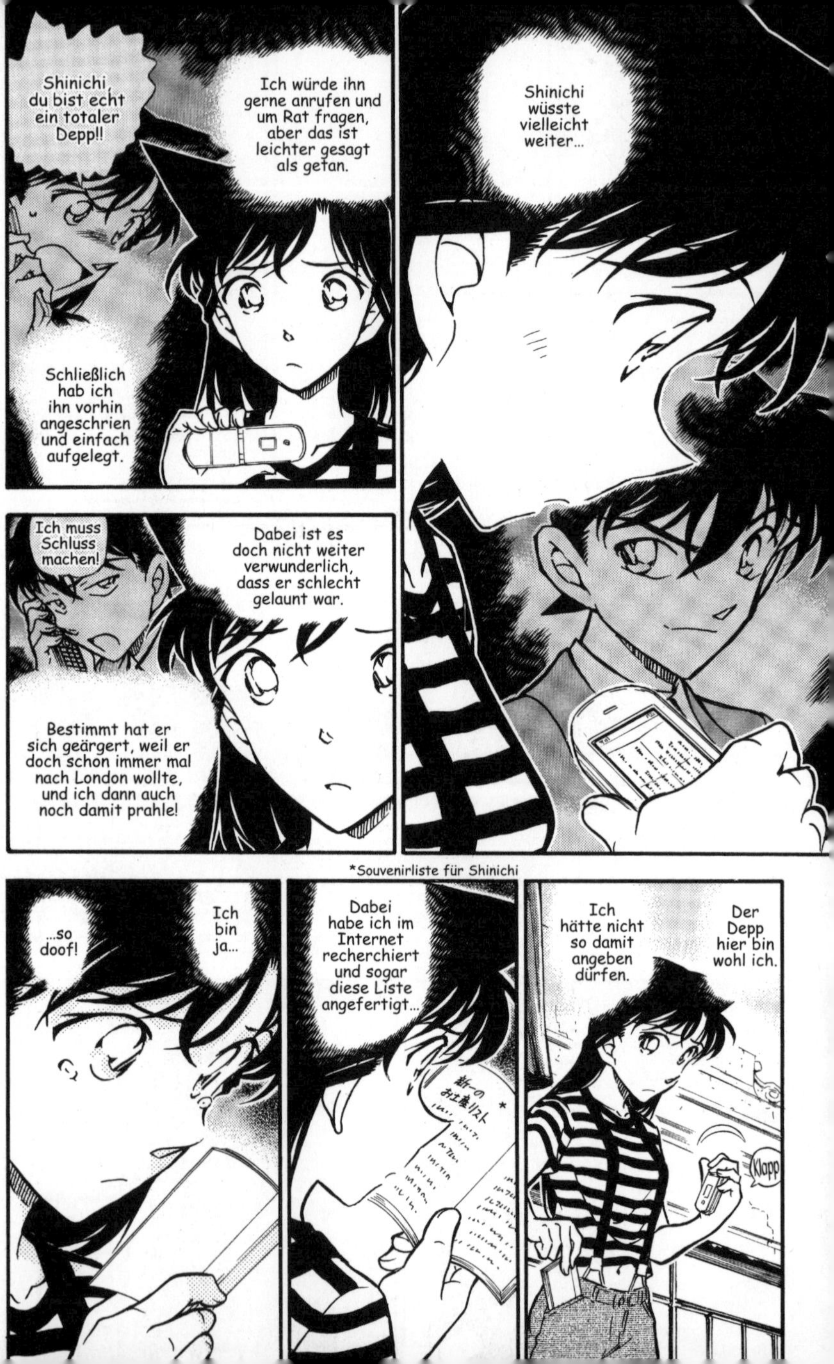

*Souvenirliste für Shinichi

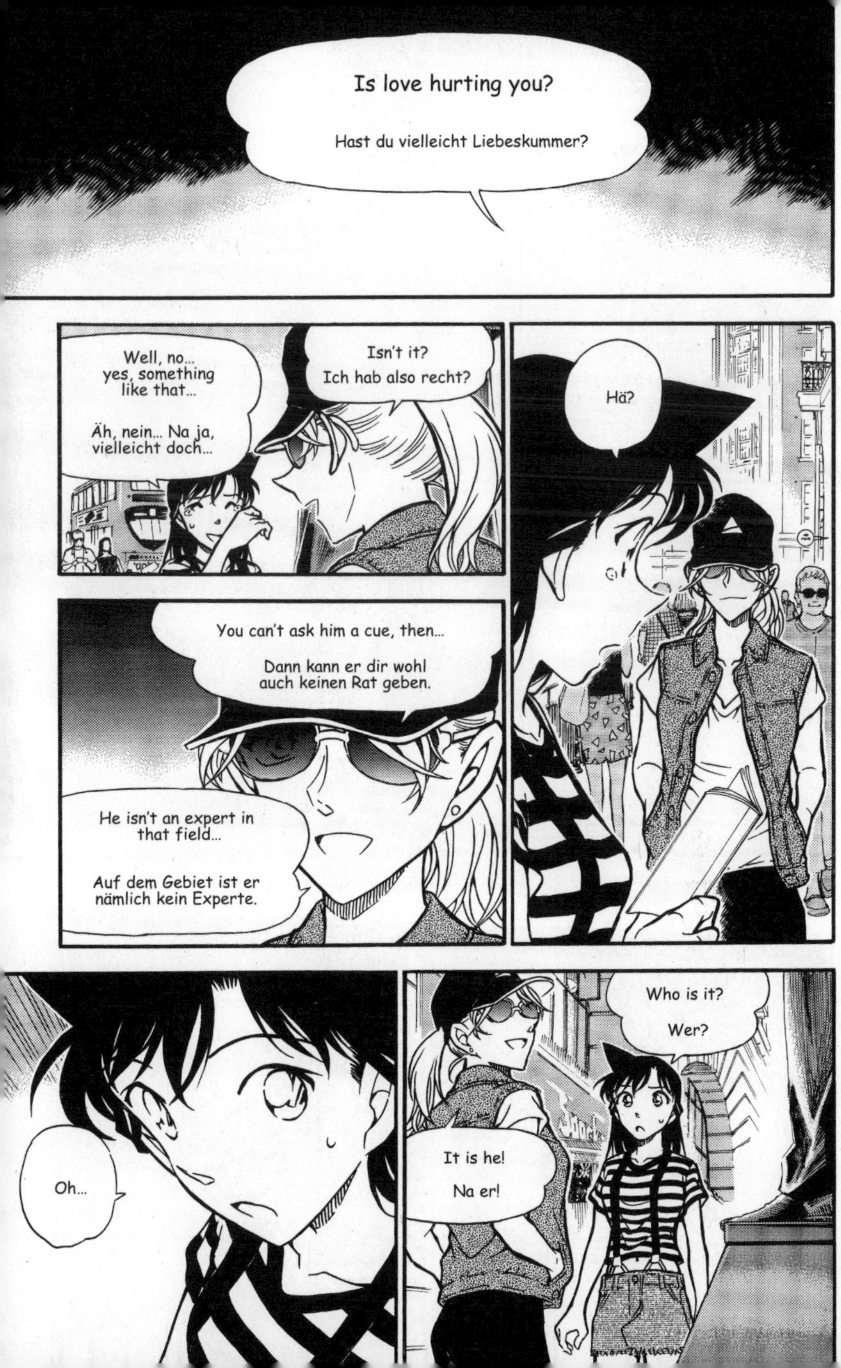
Is love hurting you?
Hast du vielleicht Liebeskummer?
Hä?
Isn't it?
Ich hab also recht?
Well, no... yes, something like that...
Äh, nein... Na ja, vielleicht doch...
You can't ask him a cue, then...
Dann kann er dir wohl auch keinen Rat geben.
He isn't an expert in that field...
Auf dem Gebiet ist er nämlich kein Experte.
Who is it?
Wer?
It is he!
Na er!
Oh...

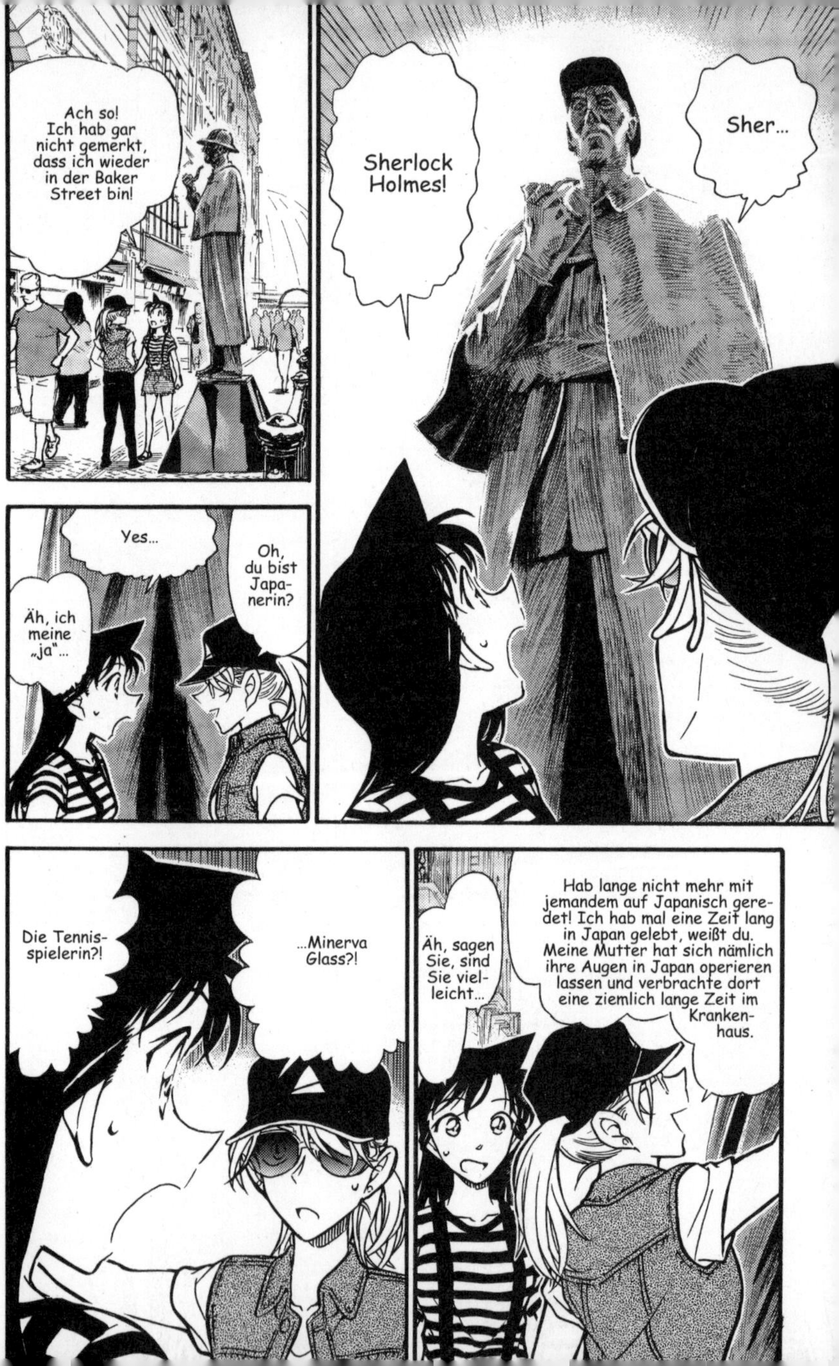

Sher...
Sherlock Holmes!
Ach so! Ich hab gar nicht gemerkt, dass ich wieder in der Baker Street bin!
Oh, du bist Japanerin?
Yes...
Äh, ich meine „ja“...
Hab lange nicht mehr mit jemandem auf Japanisch geredet! Ich hab mal eine Zeit lang in Japan gelebt, weißt du. Meine Mutter hat sich nämlich ihre Augen in Japan operieren lassen und verbrachte dort eine ziemlich lange Zeit im Krankenhaus.
Äh, sagen Sie, sind Sie vielleicht...
...Minerva Glass?!
Die Tennisspielerin?!

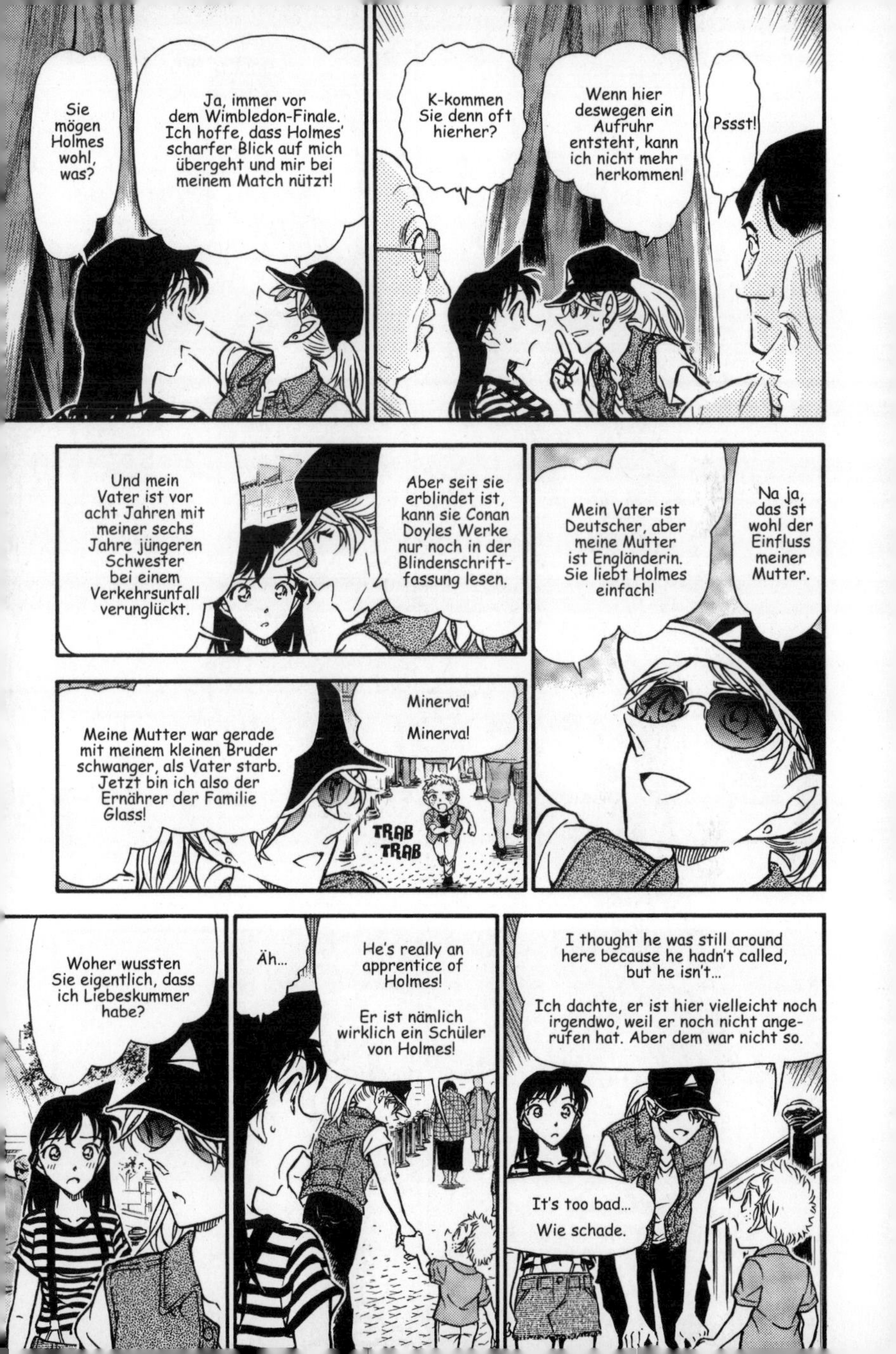
Pssst!
Wenn hier deswegen ein Aufruhr entsteht, kann ich nicht mehr herkommen!
K-kommen Sie denn oft hierher?
Ja, immer vor dem Wimbledon-Finale. Ich hoffe, dass Holmes' scharfer Blick auf mich übergeht und mir bei meinem Match nützt!
Sie mögen Holmes wohl, was?
Na ja, das ist wohl der Einfluss meiner Mutter.
Mein Vater ist Deutscher, aber meine Mutter ist Engländerin. Sie liebt Holmes einfach!
Aber seit sie erblindet ist, kann sie Conan Doyles Werke nur noch in der Blindenschrift-fassung lesen.
Und mein Vater ist vor acht Jahren mit meiner sechs Jahre jüngeren Schwester bei einem Verkehrsunfall verunglückt.
Minerva!
Minerva!
TRAB TRAB
Meine Mutter war gerade mit meinem kleinen Bruder schwanger, als Vater starb. Jetzt bin ich also der Ernährer der Familie Glass!
I thought he was still around here because he hadn't called, but he isn't...
Ich dachte, er ist hier vielleicht noch irgendwo, weil er noch nicht angerufen hat. Aber dem war nicht so.
It's too bad...
Wie schade.
He's really an apprentice of Holmes!
Er ist nämlich wirklich ein Schüler von Holmes!
Äh...
Woher wussten Sie eigentlich, dass ich Liebeskummer habe?

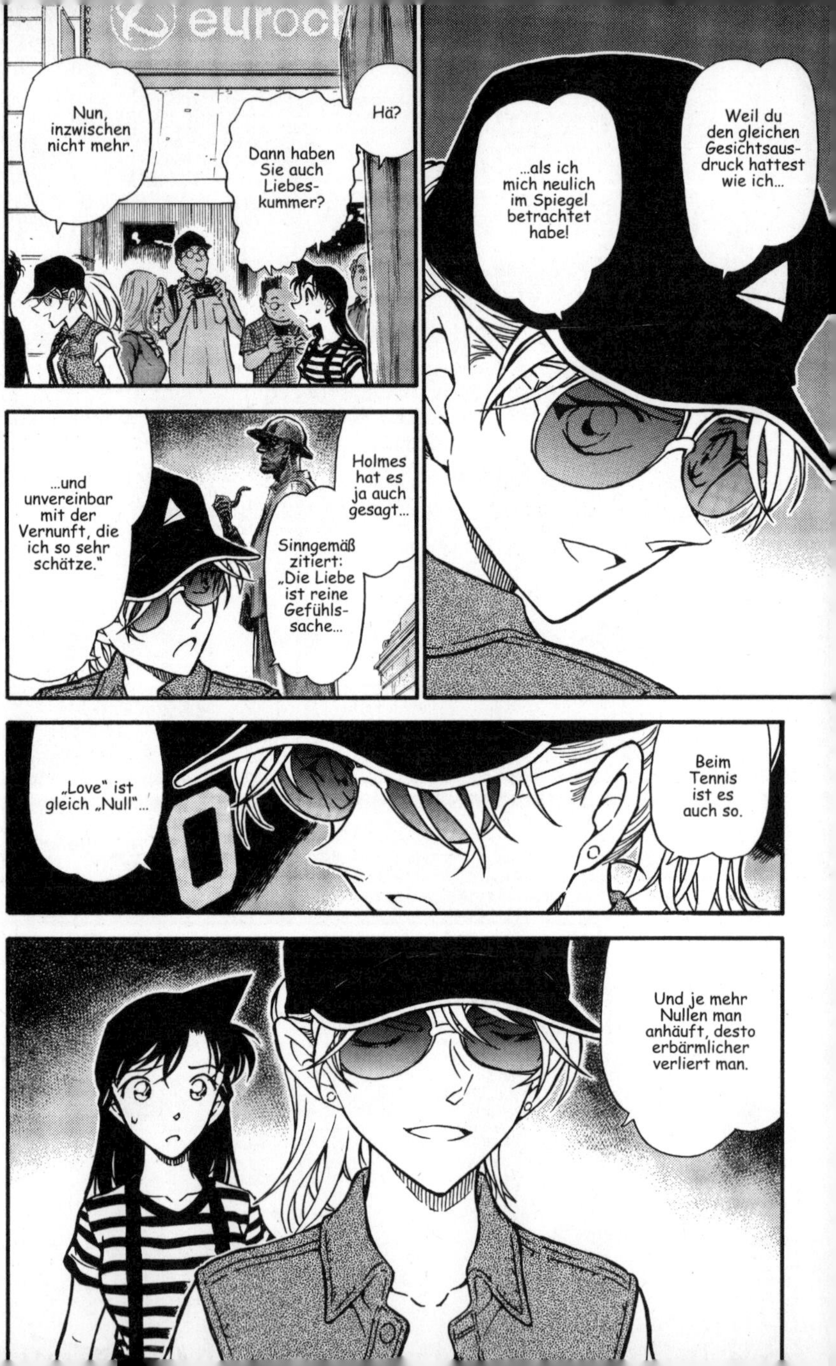
Weil du den gleichen Gesichtsausdruck hattest wie ich...
...als ich mich neulich im Spiegel betrachtet habe!
Hä?
Dann haben Sie auch Liebeskummer?
Nun, inzwischen nicht mehr.
Holmes hat es ja auch gesagt...
Sinngemäß zitiert: „Die Liebe ist reine Gefühlssache...
...und unvereinbar mit der Vernunft, die ich so sehr schätze.“
Beim Tennis ist es auch so.
„Love“ ist gleich „Null“...
Und je mehr Nullen man anhäuft, desto erbärmlicher verliert man.

KAPITEL 3 FALL 217

Love = 0

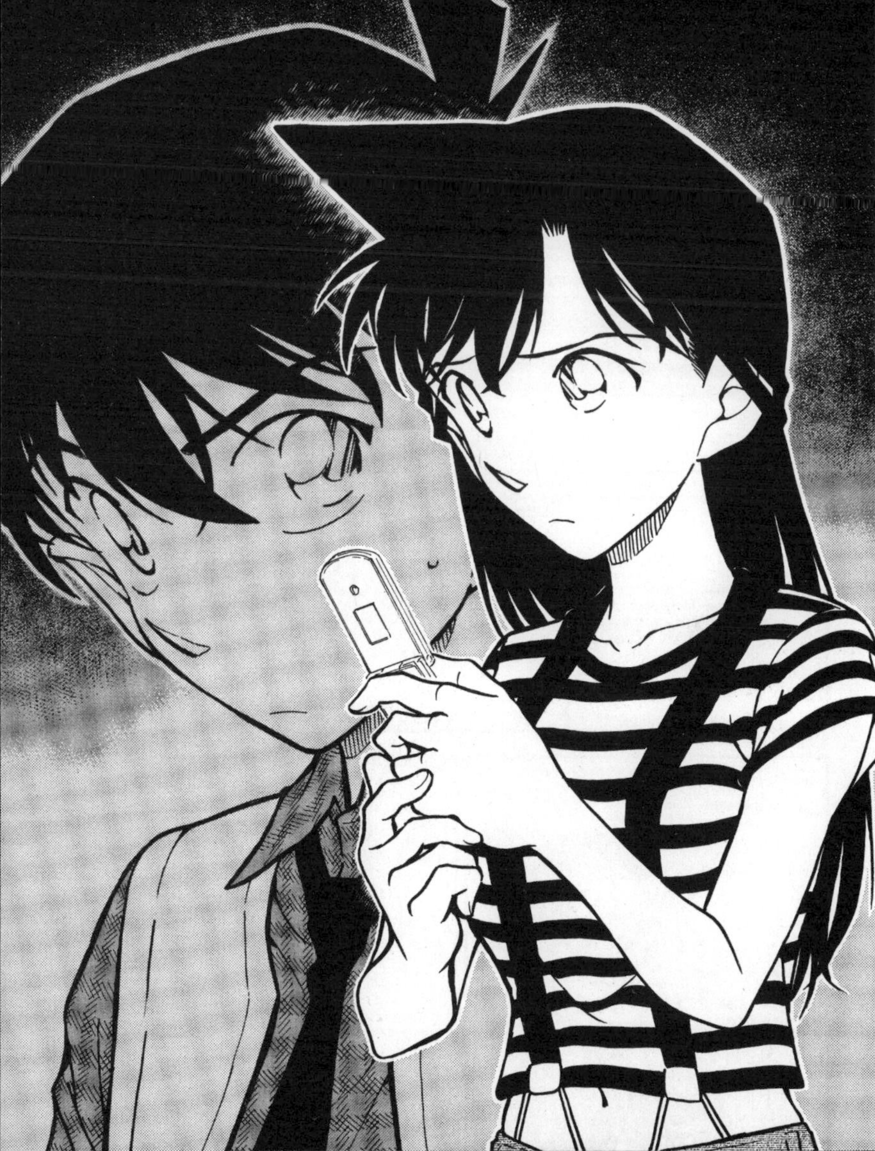

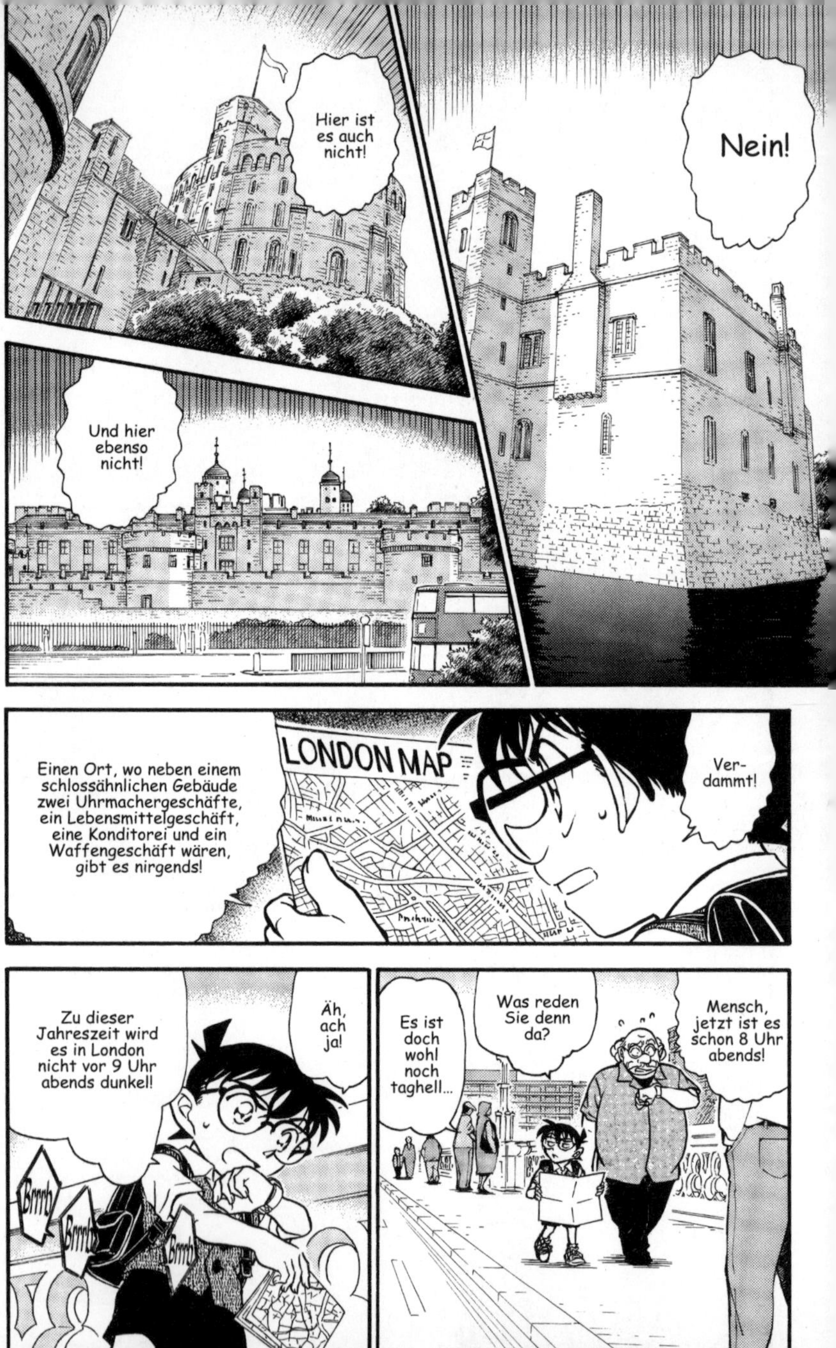
Nein!
Hier ist es auch nicht!
Und hier ebenso nicht!
LONDON MAP
Ver-dammt!
Einen Ort, wo neben einem schlossähnlichen Gebäude zwei Uhrmachergeschäfte, ein Lebensmittelgeschäft, eine Konditorei und ein Waffengeschäft wären, gibt es nirgends!
Mensch, jetzt ist es schon 8 Uhr abends!
Was reden Sie denn da?
Es ist doch wohl noch taghell...
Äh, ach ja!
Zu dieser Jahreszeit wird es in London nicht vor 9 Uhr abends dunkel!
Brrrh
Brrrh
Brrrh

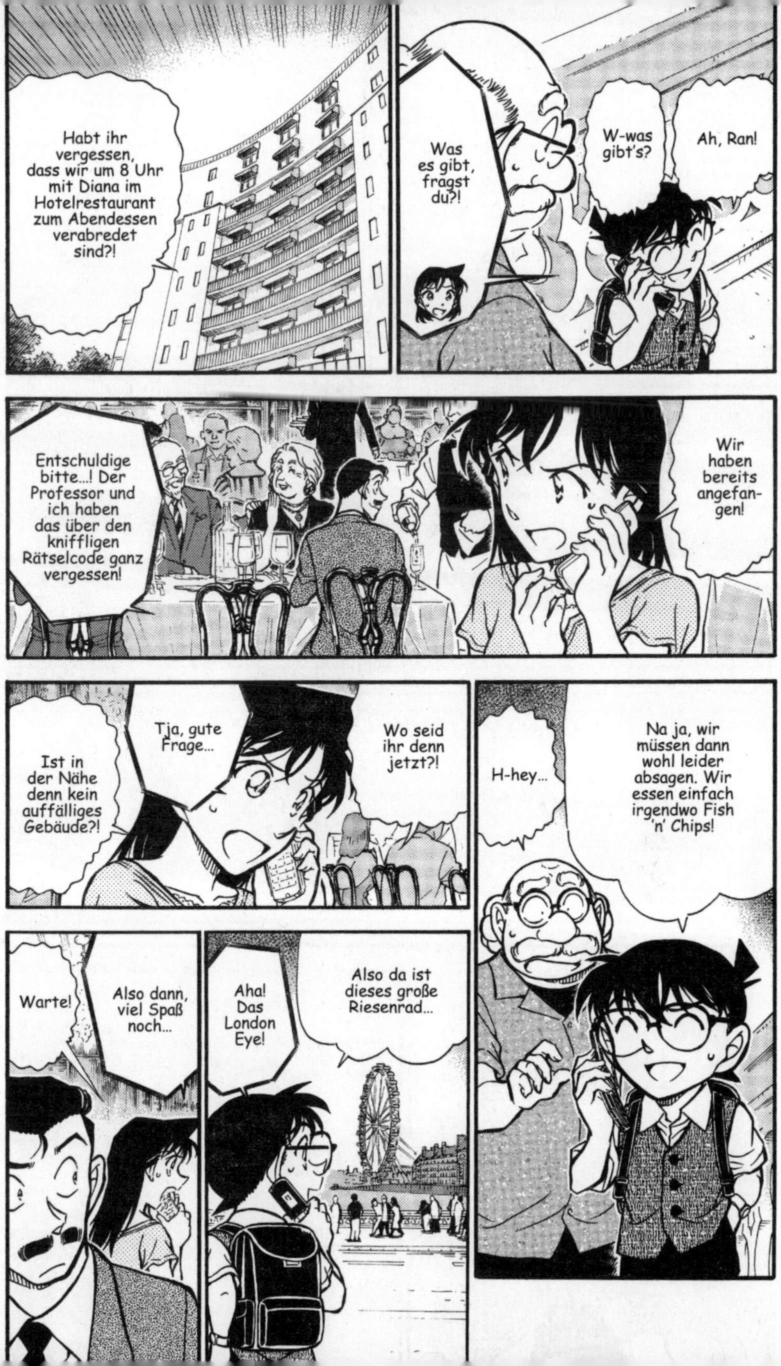

Ah, Ran!
W-was gibt's?
Was es gibt, fragst du?!
Habt ihr vergessen, dass wir um 8 Uhr mit Diana im Hotelrestaurant zum Abendessen verabredet sind?!
Wir haben bereits angefangen!
Entschuldige bitte...! Der Professor und ich haben das über den kniffligen Rätselcode ganz vergessen!
Na ja, wir müssen dann wohl leider absagen. Wir essen einfach irgendwo Fish 'n' Chips!
H-hey...
Wo seid ihr denn jetzt?!
Tja, gute Frage...
Ist in der Nähe denn kein auffälliges Gebäude?!
Also da ist dieses große Riesenrad...
Aha! Das London Eye!
Also dann, viel Spaß noch...
Warte!

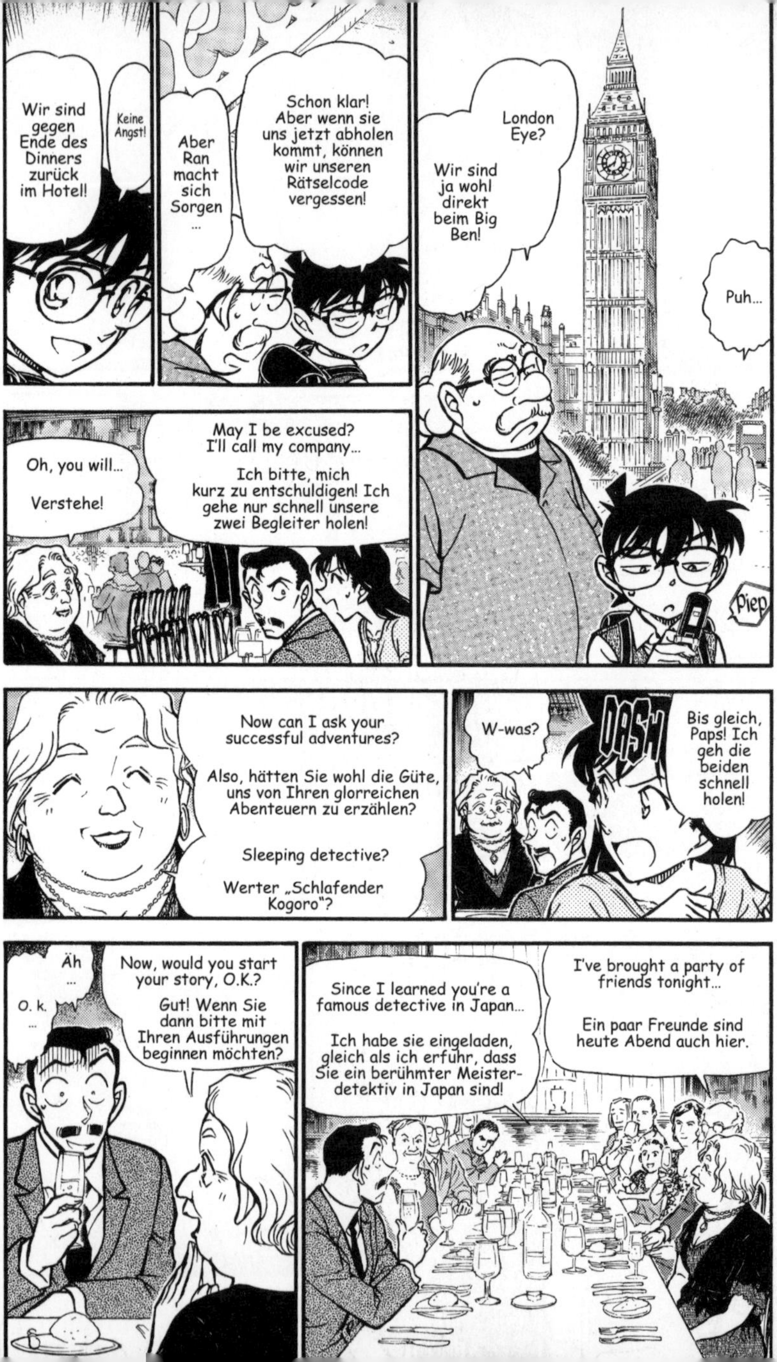
Puh...
London Eye? Wir sind ja wohl direkt beim Big Ben!
Piep
Schon klar! Aber wenn sie uns jetzt abholen kommt, können wir unseren Rätselcode vergessen!
Aber Ran macht sich Sorgen ...
Keine Angst!
Wir sind gegen Ende des Dinners zurück im Hotel!
May I be excused? I'll call my company...
Ich bitte, mich kurz zu entschuldigen! Ich gehe nur schnell unsere zwei Begleiter holen!
Oh, you will...
Verstehe!
Bis gleich, Paps! Ich geh die beiden schnell holen!
DASH
W-was?
Now can I ask your successful adventures?
Also, hätten Sie wohl die Güte, uns von Ihren glorreichen Abenteuern zu erzählen?
Sleeping detective?
Werter „Schlafender Kogoro"?
I've brought a party of friends tonight...
Ein paar Freunde sind heute Abend auch hier.
Since I learned you're a famous detective in Japan...
Ich habe sie eingeladen, gleich als ich erfuhr, dass Sie ein berühmter Meisterdetektiv in Japan sind!
Now, would you start your story, O.K.?
Gut! Wenn Sie dann bitte mit Ihren Ausführungen beginnen möchten?
Äh ...
O. k. ...

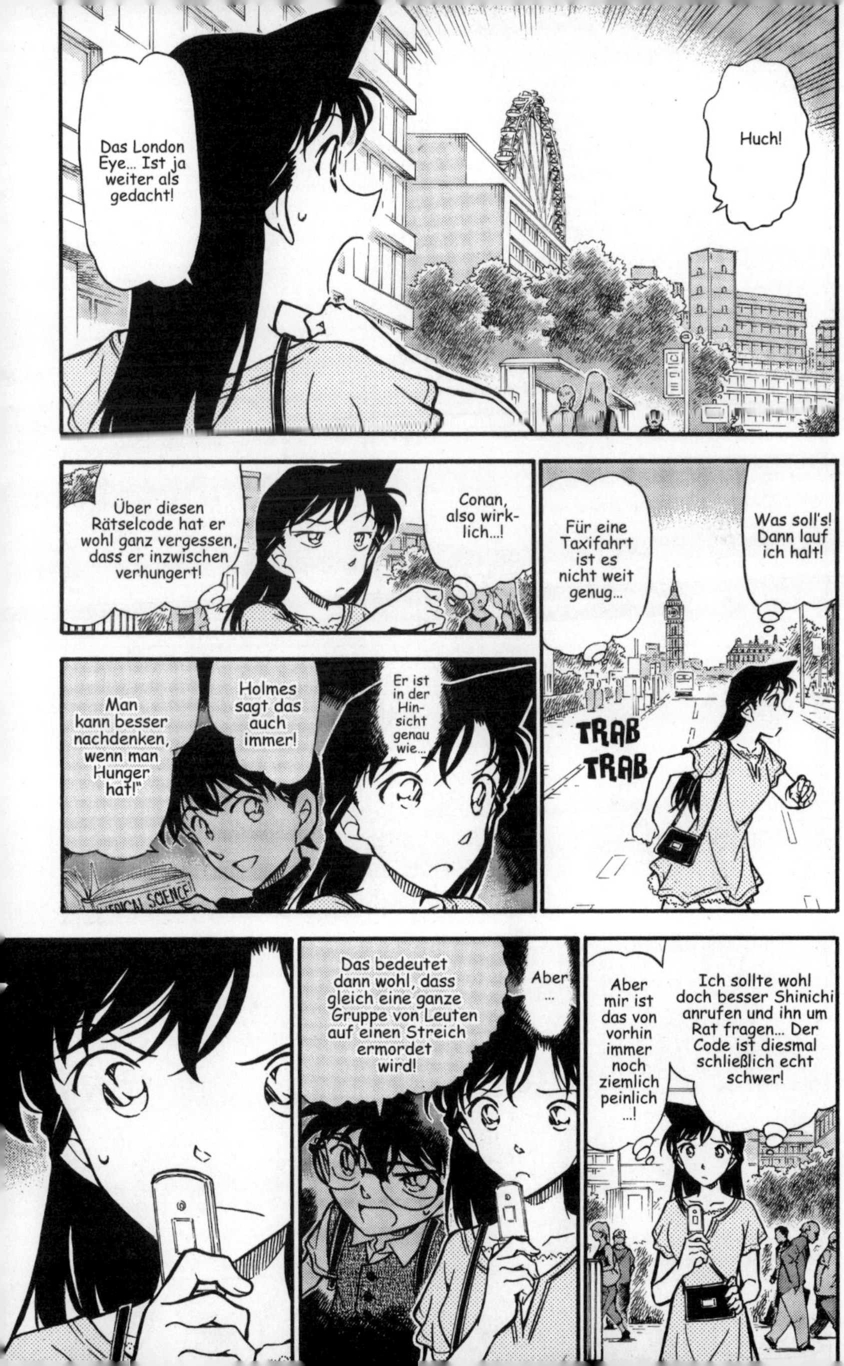
Huch!
Das London Eye... Ist ja weiter als gedacht!
Was soll's! Dann lauf ich halt!
Für eine Taxifahrt ist es nicht weit genug...
TRAB TRAB
Conan, also wirklich...!
Über diesen Rätselcode hat er wohl ganz vergessen, dass er inzwischen verhungert!
Er ist in der Hinsicht genau wie...
Holmes sagt das auch immer!
Man kann besser nachdenken, wenn man Hunger hat!"
Ich sollte wohl doch besser Shinichi anrufen und ihn um Rat fragen... Der Code ist diesmal schließlich echt schwer!
Aber mir ist das von vorhin immer noch ziemlich peinlich ...!
Aber ...
Das bedeutet dann wohl, dass gleich eine ganze Gruppe von Leuten auf einen Streich ermordet wird!

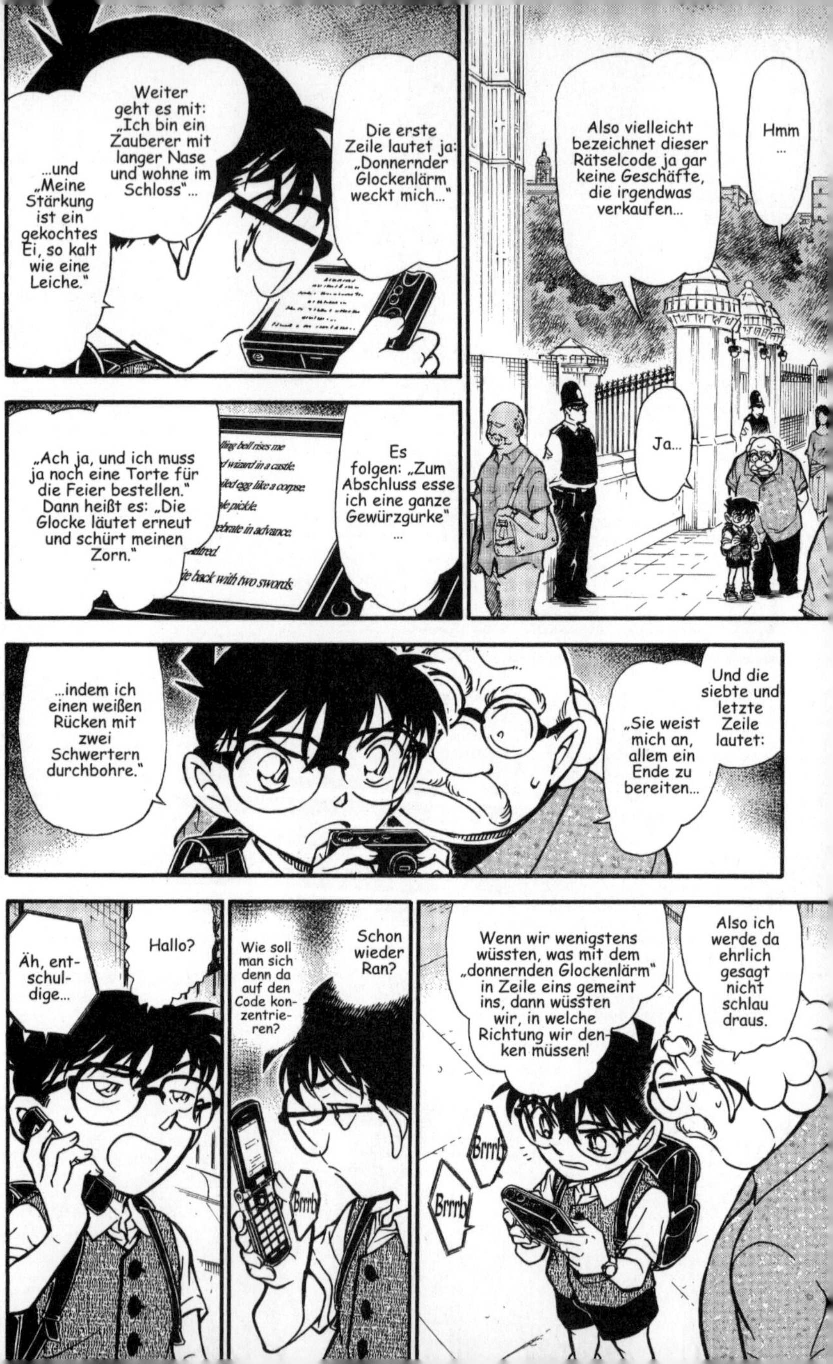
Hmm ...
Also vielleicht bezeichnet dieser Rätselcode ja gar keine Geschäfte, die irgendwas verkaufen...
Ja...
Die erste Zeile lautet ja: „Donnernder Glockenlärm weckt mich...“
Weiter geht es mit: „Ich bin ein Zauberer mit langer Nase und wohne im Schloss“...
...und „Meine Stärkung ist ein gekochtes Ei, so kalt wie eine Leiche.“
Es folgen: „Zum Abschluss esse ich eine ganze Gewürzgurke“ ...
„Ach ja, und ich muss ja noch eine Torte für die Feier bestellen.“ Dann heißt es: „Die Glocke läutet erneut und schürt meinen Zorn.“
lling bell rises me
d wizard in a castle.
iled egg like a corpse.
le pickle.
lebrate in advance.
hatred.
ke back with two swords.
Und die siebte und letzte Zeile lautet:
„Sie weist mich an, allem ein Ende zu bereiten...
...indem ich einen weißen Rücken mit zwei Schwertern durchbohre.“
Also ich werde da ehrlich gesagt nicht schlau draus.
Wenn wir wenigstens wüssten, was mit dem „donnernden Glockenlärm“ in Zeile eins gemeint ins, dann wüssten wir, in welche Richtung wir denken müssen!
Brrrb
Brrrb
Schon wieder Ran?
Wie soll man sich denn da auf den Code konzentrieren?
Brrrb
Hallo?
Äh, entschuldige...

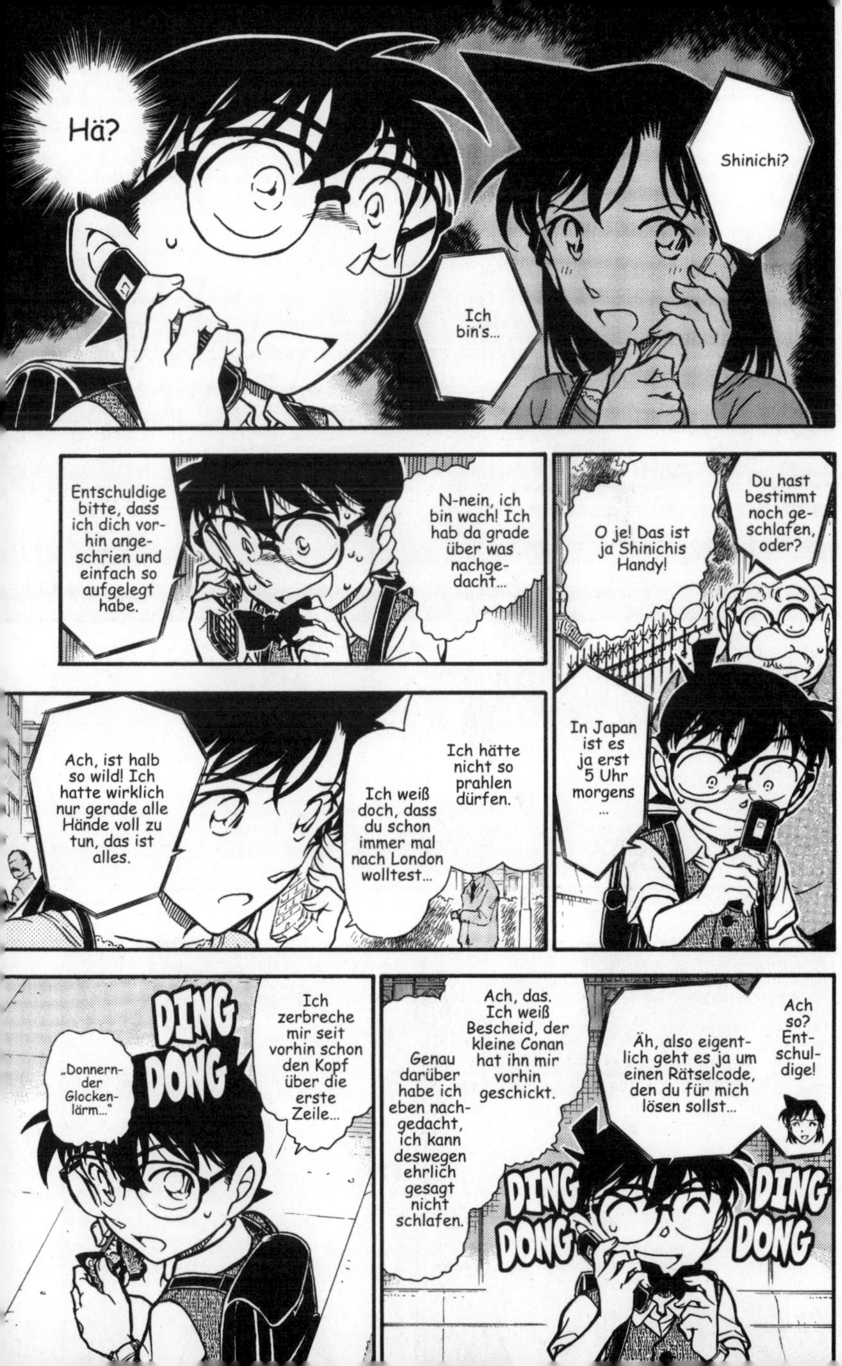
Shinichi?
Ich bin's...
Hä?
Du hast bestimmt noch geschlafen, oder?
O je! Das ist ja Shinichis Handy!
N-nein, ich bin wach! Ich hab da grade über was nachgedacht...
Entschuldige bitte, dass ich dich vorhin angeschrien und einfach so aufgelegt habe.
In Japan ist es ja erst 5 Uhr morgens ...
Ich hätte nicht so prahlen dürfen.
Ich weiß doch, dass du schon immer mal nach London wolltest...
Ach, ist halb so wild! Ich hatte wirklich nur gerade alle Hände voll zu tun, das ist alles.
Ach so? Entschuldige!
Äh, also eigentlich geht es ja um einen Rätselcode, den du für mich lösen sollst...
Ach, das. Ich weiß Bescheid, der kleine Conan hat ihn mir vorhin geschickt.
Genau darüber habe ich eben nachgedacht, ich kann deswegen ehrlich gesagt nicht schlafen.
DING DONG
DING DONG
DING DONG
Ich zerbreche mir seit vorhin schon den Kopf über die erste Zeile...
„Donnernder Glockenlärm..."

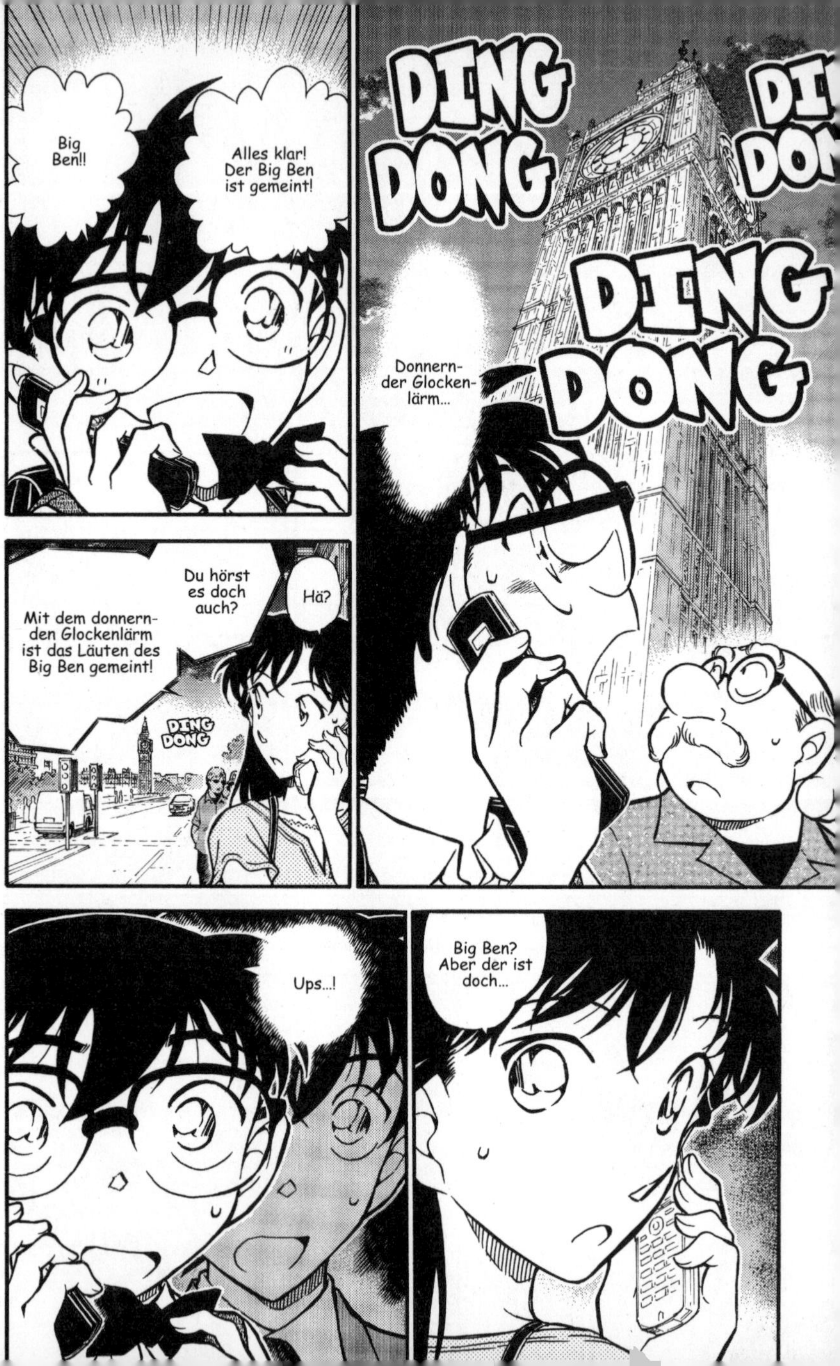
DING DONG
DING DONG
DING DONG
Donnern-der Glocken-lärm...
Alles klar! Der Big Ben ist gemeint!
Big Ben!!
Hä?
Du hörst es doch auch?
Mit dem donnern-den Glockenlärm ist das Läuten des Big Ben gemeint!
DING DONG
Big Ben? Aber der ist doch...
Ups...!

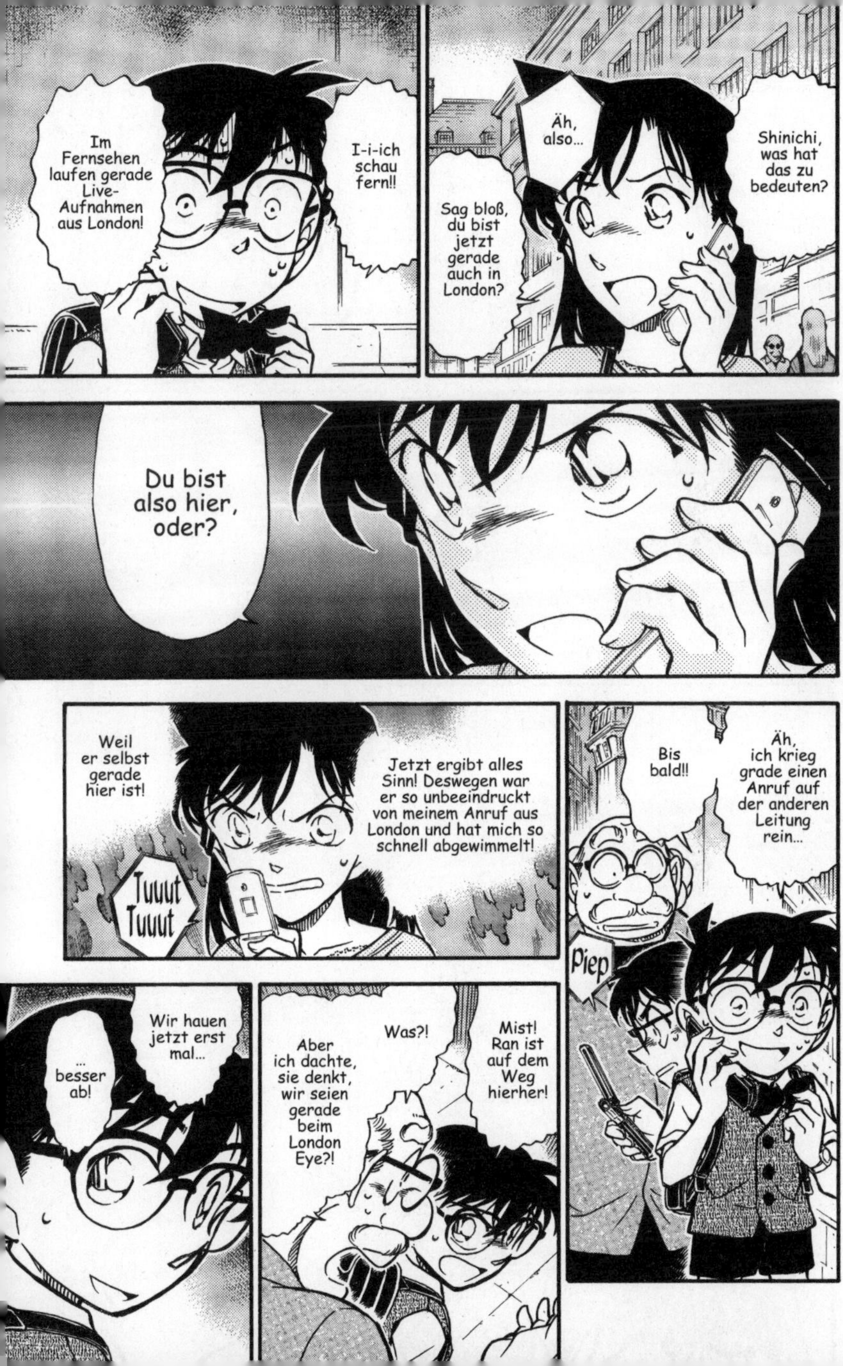

Shinichi, was hat das zu bedeuten?
Äh, also...
Sag bloß, du bist jetzt gerade auch in London?
I-i-ich schau fern!!
Im Fernsehen laufen gerade Live-Aufnahmen aus London!
Du bist also hier, oder?
Äh, ich krieg grade einen Anruf auf der anderen Leitung rein...
Bis bald!!
Piep
Tuuut Tuuut
Jetzt ergibt alles Sinn! Deswegen war er so unbeeindruckt von meinem Anruf aus London und hat mich so schnell abgewimmelt!
Weil er selbst gerade hier ist!
Mist! Ran ist auf dem Weg hierher!
Was?!
Aber ich dachte, sie denkt, wir seien gerade beim London Eye?!
Wir hauen jetzt erst mal...
... besser ab!

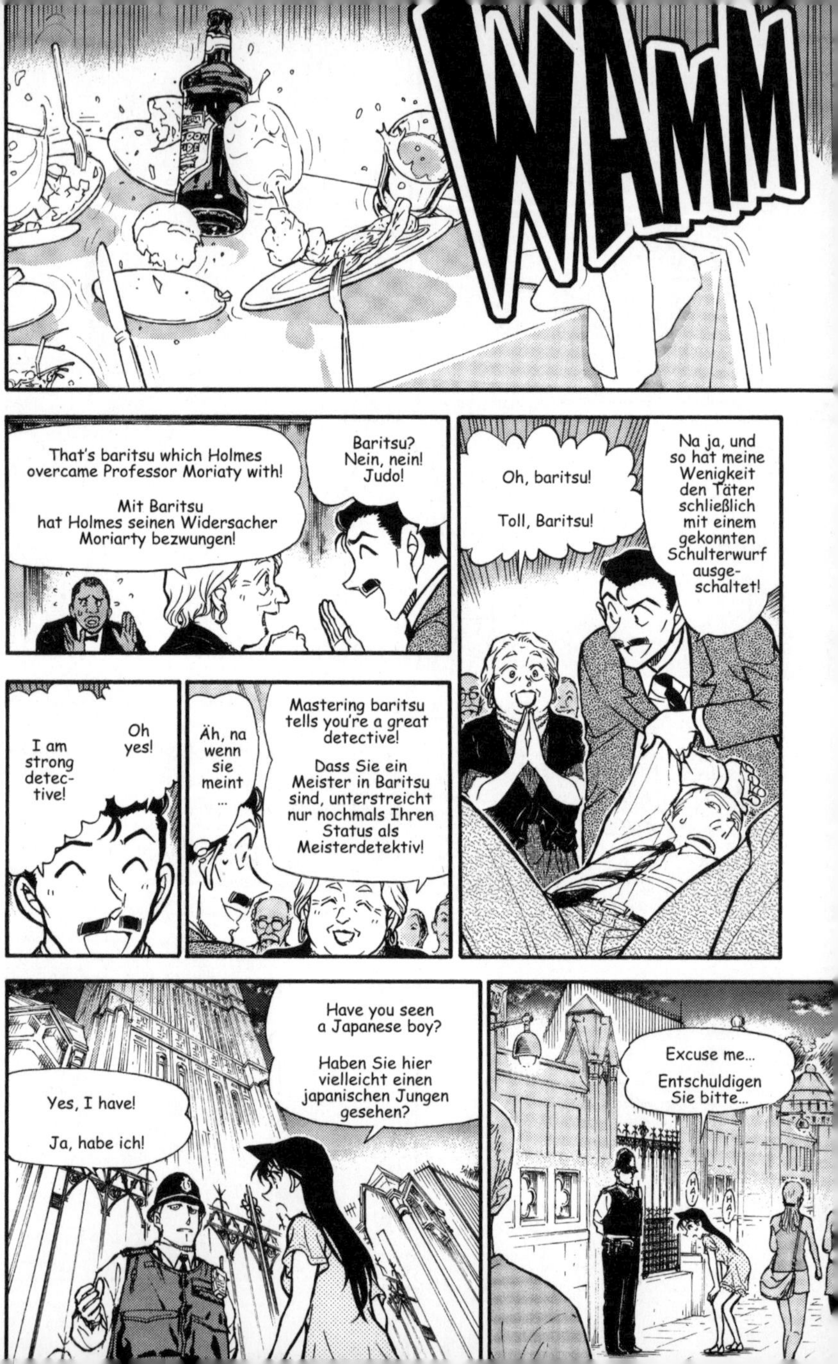
WAMM
Na ja, und so hat meine Wenigkeit den Täter schließlich mit einem gekonnten Schulterwurf ausgeschaltet!
Oh, baritsu!
Toll, Baritsu!
Baritsu? Nein, nein! Judo!
That's baritsu which Holmes overcame Professor Moriaty with!
Mit Baritsu hat Holmes seinen Widersacher Moriarty bezwungen!
Mastering baritsu tells you're a great detective!
Dass Sie ein Meister in Baritsu sind, unterstreicht nur nochmals Ihren Status als Meisterdetektiv!
Äh, na wenn sie meint ...
Oh yes!
I am strong detective!
Excuse me...
Entschuldigen Sie bitte...
Have you seen a Japanese boy?
Haben Sie hier vielleicht einen japanischen Jungen gesehen?
Yes, I have!
Ja, habe ich!

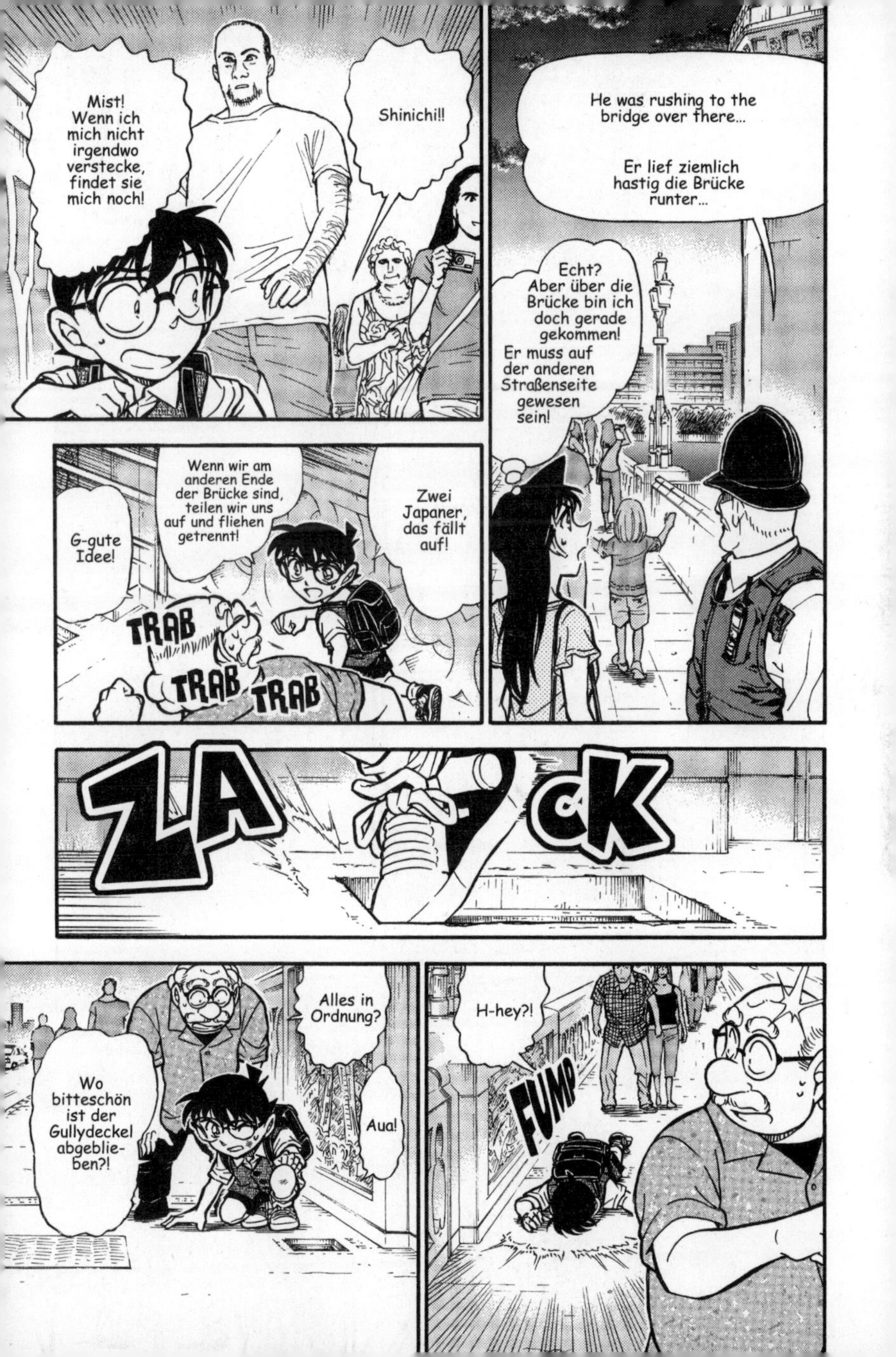

He was rushing to the bridge over there...
Er lief ziemlich hastig die Brücke runter...
Echt? Aber über die Brücke bin ich doch gerade gekommen!
Er muss auf der anderen Straßenseite gewesen sein!
Shinichi!!
Mist! Wenn ich mich nicht irgendwo verstecke, findet sie mich noch!
Zwei Japaner, das fällt auf!
Wenn wir am anderen Ende der Brücke sind, teilen wir uns auf und fliehen getrennt!
G-gute Idee!
TRAB
TRAB
TRAB
ZACK
H-hey?!
FUMP
Alles in Ordnung?
Aua!
Wo bitteschön ist der Gullydeckel abgeblieben?!

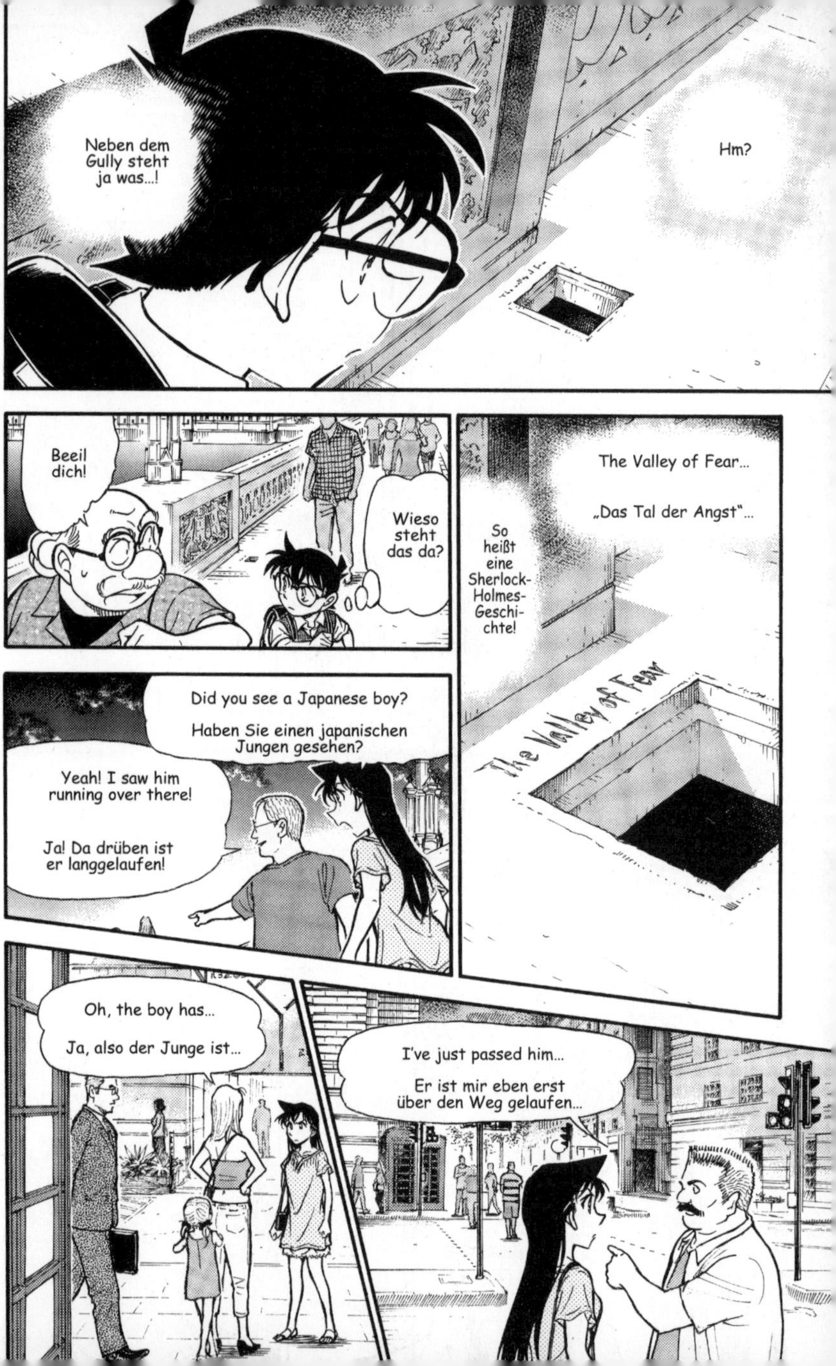
Hm?
Neben dem Gully steht ja was...!
The Valley of Fear...
„Das Tal der Angst"...
So heißt eine Sherlock-Holmes-Geschichte!
The Valley of Fear
Wieso steht das da?
Beeil dich!
Did you see a Japanese boy?
Haben Sie einen japanischen Jungen gesehen?
Yeah! I saw him running over there!
Ja! Da drüben ist er langgelaufen!
I've just passed him...
Er ist mir eben erst über den Weg gelaufen...
Oh, the boy has...
Ja, also der Junge ist...

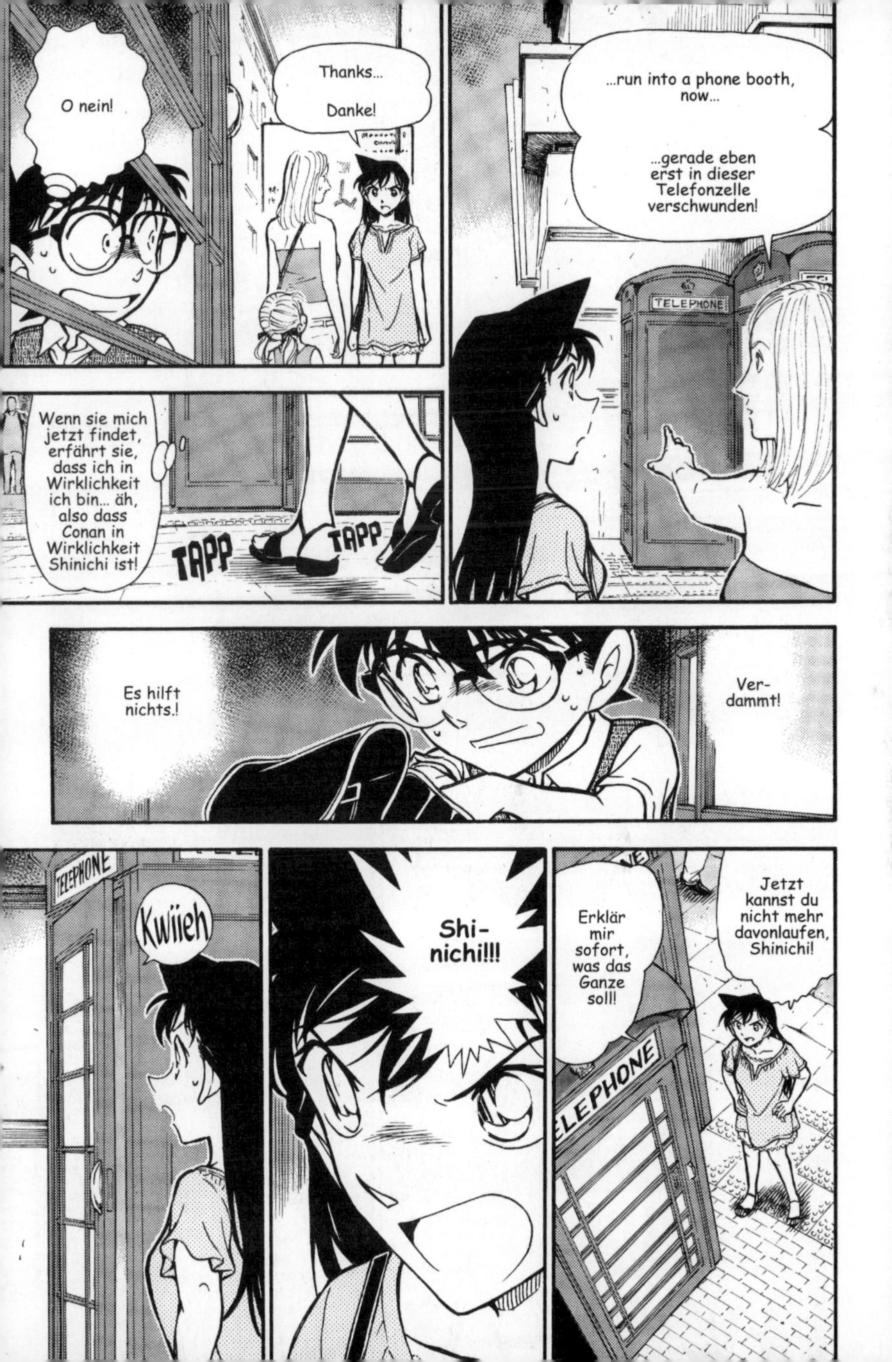
O nein!
Thanks...
Danke!
...run into a phone booth, now...
...gerade eben erst in dieser Telefonzelle verschwunden!
TELEPHONE
Wenn sie mich jetzt findet, erfährt sie, dass ich in Wirklichkeit ich bin... äh, also dass Conan in Wirklichkeit Shinichi ist!
TAPP
TAPP
Es hilft nichts.!
Ver-dammt!
TELEPHONE
Kwiieh
Shi-nichi!!!
Erklär mir sofort, was das Ganze soll!
Jetzt kannst du nicht mehr davonlaufen, Shinichi!
TELEPHONE

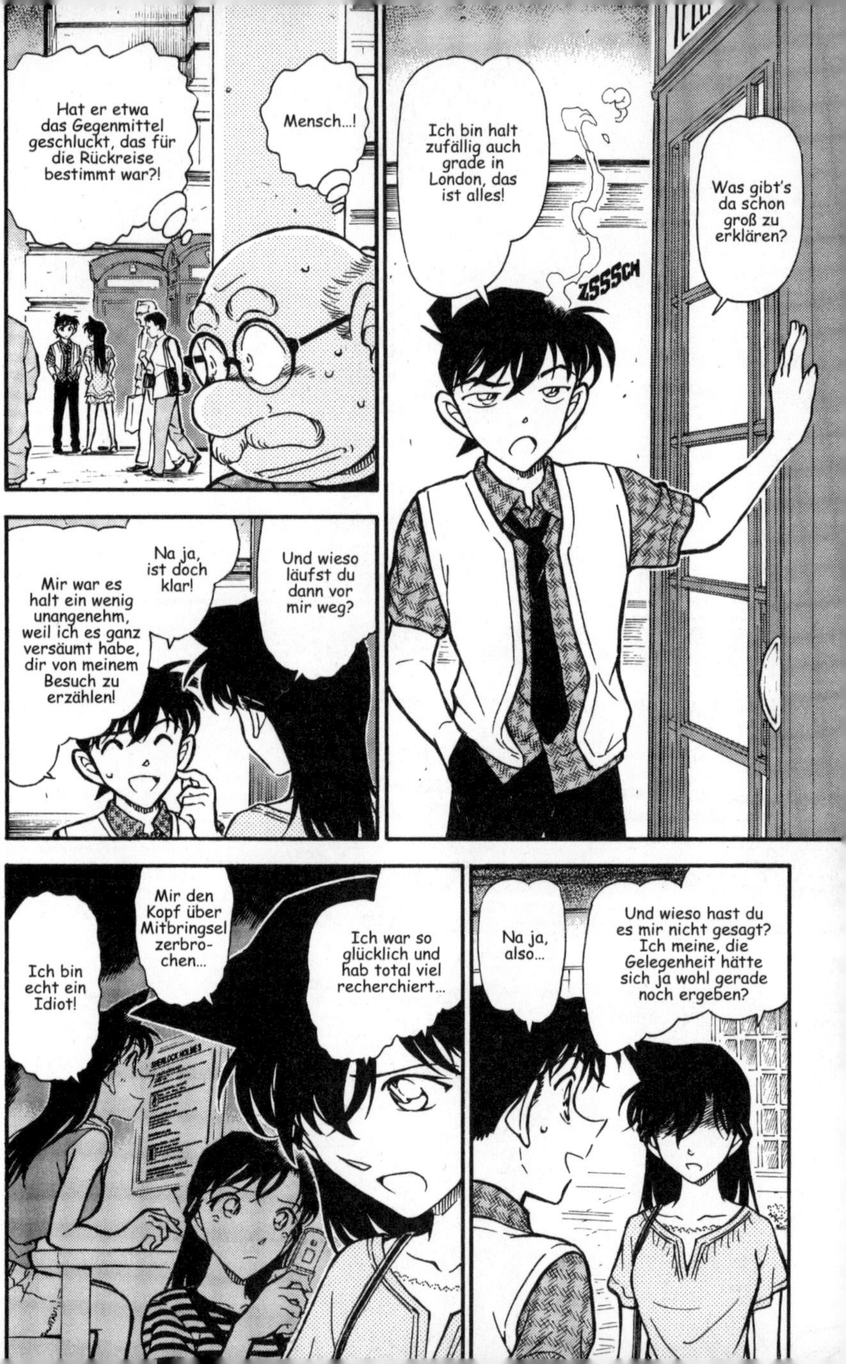
Was gibt's da schon groß zu erklären?
Ich bin halt zufällig auch grade in London, das ist alles!
ZSSSCH
Mensch...!
Hat er etwa das Gegenmittel geschluckt, das für die Rückreise bestimmt war?!
Und wieso läufst du dann vor mir weg?
Na ja, ist doch klar!
Mir war es halt ein wenig unangenehm, weil ich es ganz versäumt habe, dir von meinem Besuch zu erzählen!
Und wieso hast du es mir nicht gesagt? Ich meine, die Gelegenheit hätte sich ja wohl gerade noch ergeben?
Na ja, also...
Ich war so glücklich und hab total viel recherchiert...
Mir den Kopf über Mitbringsel zerbrochen...
Ich bin echt ein Idiot!

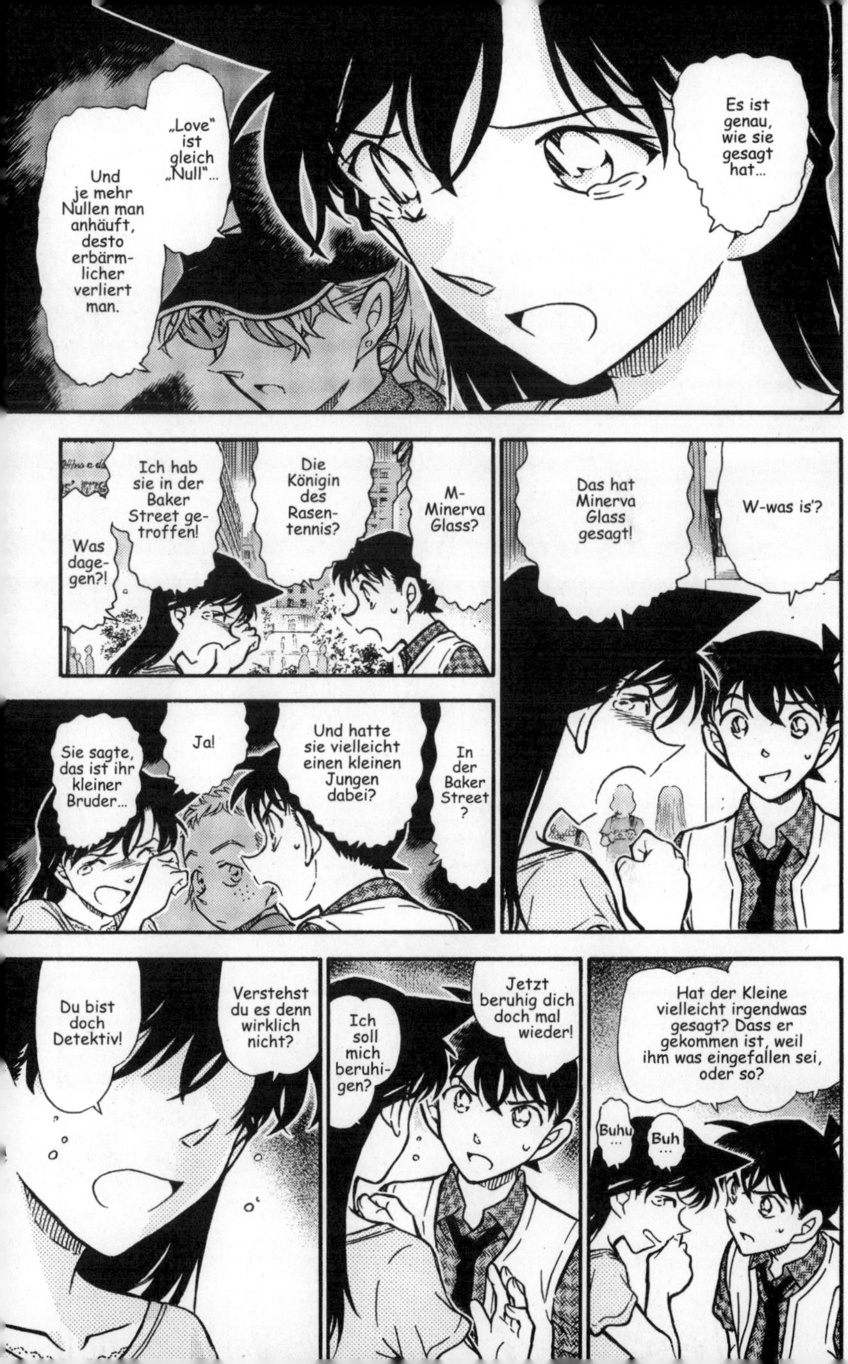
Es ist genau, wie sie gesagt hat…
„Love“ ist gleich „Null“…
Und je mehr Nullen man anhäuft, desto erbärmlicher verliert man.
W-was is'?
Das hat Minerva Glass gesagt!
M-Minerva Glass?
Die Königin des Rasentennis?
Ich hab sie in der Baker Street getroffen!
Was dagegen?!
In der Baker Street?
Und hatte sie vielleicht einen kleinen Jungen dabei?
Ja!
Sie sagte, das ist ihr kleiner Bruder…
Hat der Kleine vielleicht irgendwas gesagt? Dass er gekommen ist, weil ihm was eingefallen sei, oder so?
Buh …
Buhu …
Jetzt beruhig dich doch mal wieder!
Ich soll mich beruhigen?
Verstehst du es denn wirklich nicht?
Du bist doch Detektiv!

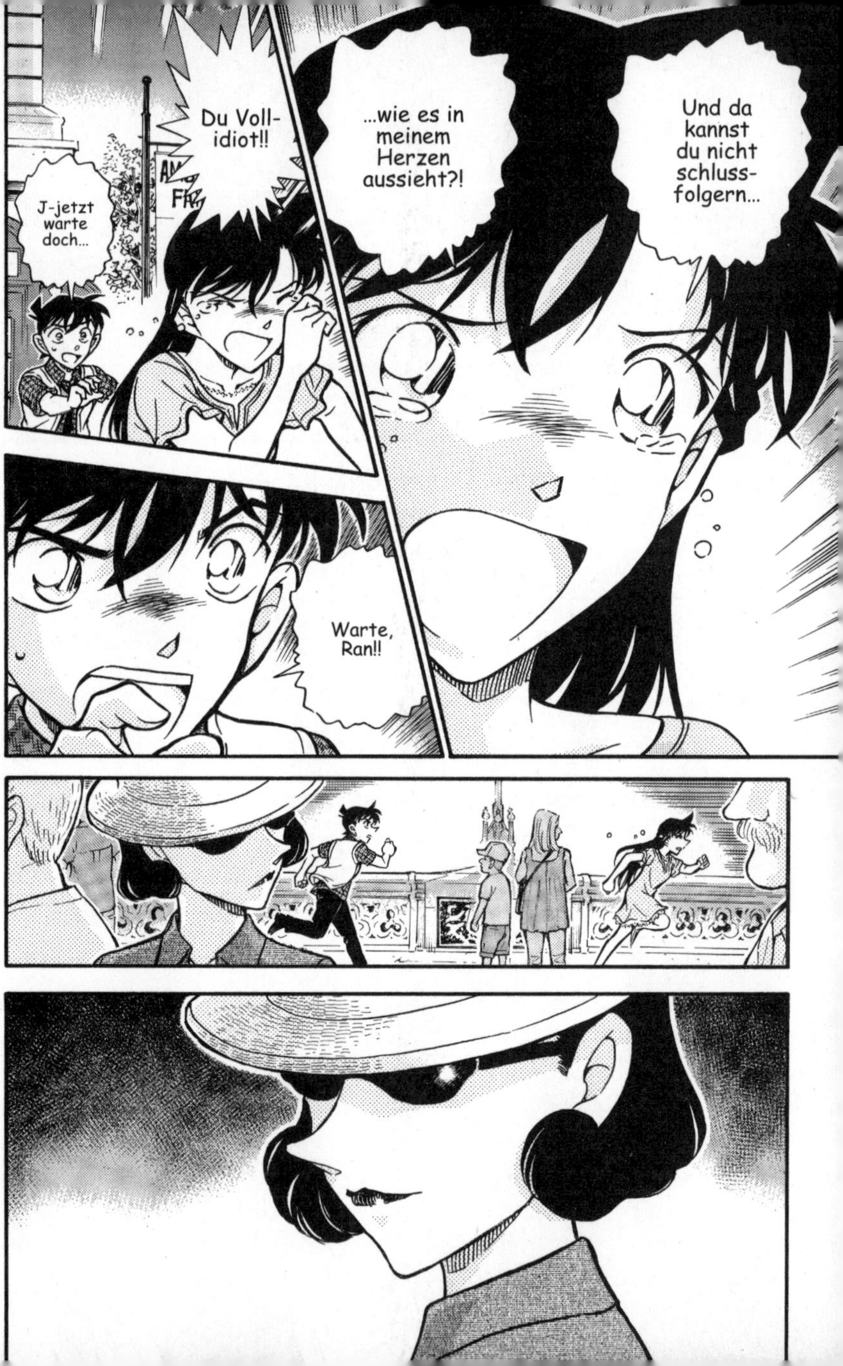
Und da kannst du nicht schluss-folgern...
...wie es in meinem Herzen aussieht?!
Du Voll-idiot!!
J-jetzt warte doch...
Warte, Ran!!

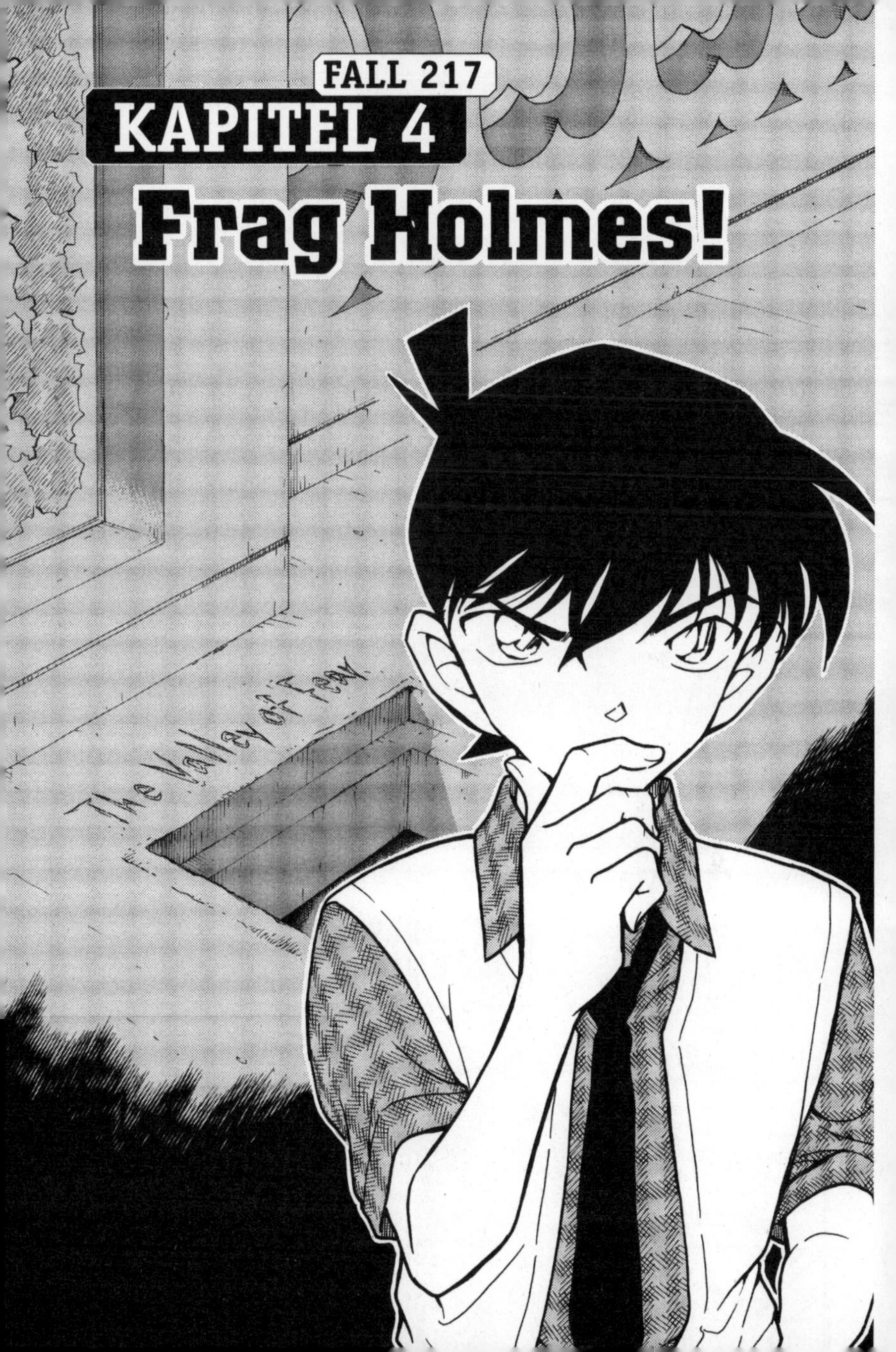
FALL 217
KAPITEL 4
Frag Holmes!
The Valley of Fear

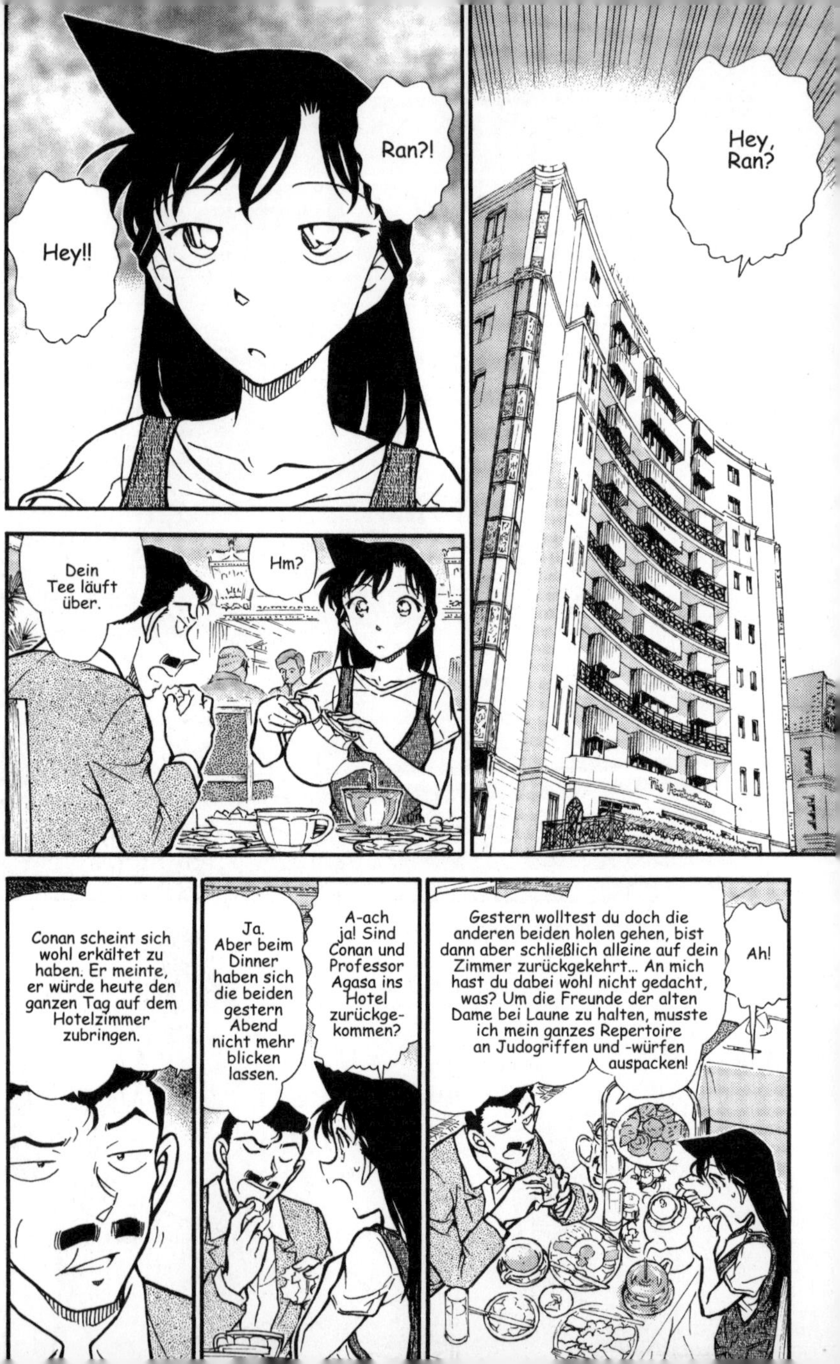
Hey, Ran?
Ran?!
Hey!!
Dein Tee läuft über.
Hm?
Gestern wolltest du doch die anderen beiden holen gehen, bist dann aber schließlich alleine auf dein Zimmer zurückgekehrt... An mich hast du dabei wohl nicht gedacht, was? Um die Freunde der alten Dame bei Laune zu halten, musste ich mein ganzes Repertoire an Judogriffen und -würfen auspacken!
Ah!
A-ach ja! Sind Conan und Professor Agasa ins Hotel zurückgekommen?
Ja. Aber beim Dinner haben sich die beiden gestern Abend nicht mehr blicken lassen.
Conan scheint sich wohl erkältet zu haben. Er meinte, er würde heute den ganzen Tag auf dem Hotelzimmer zubringen.

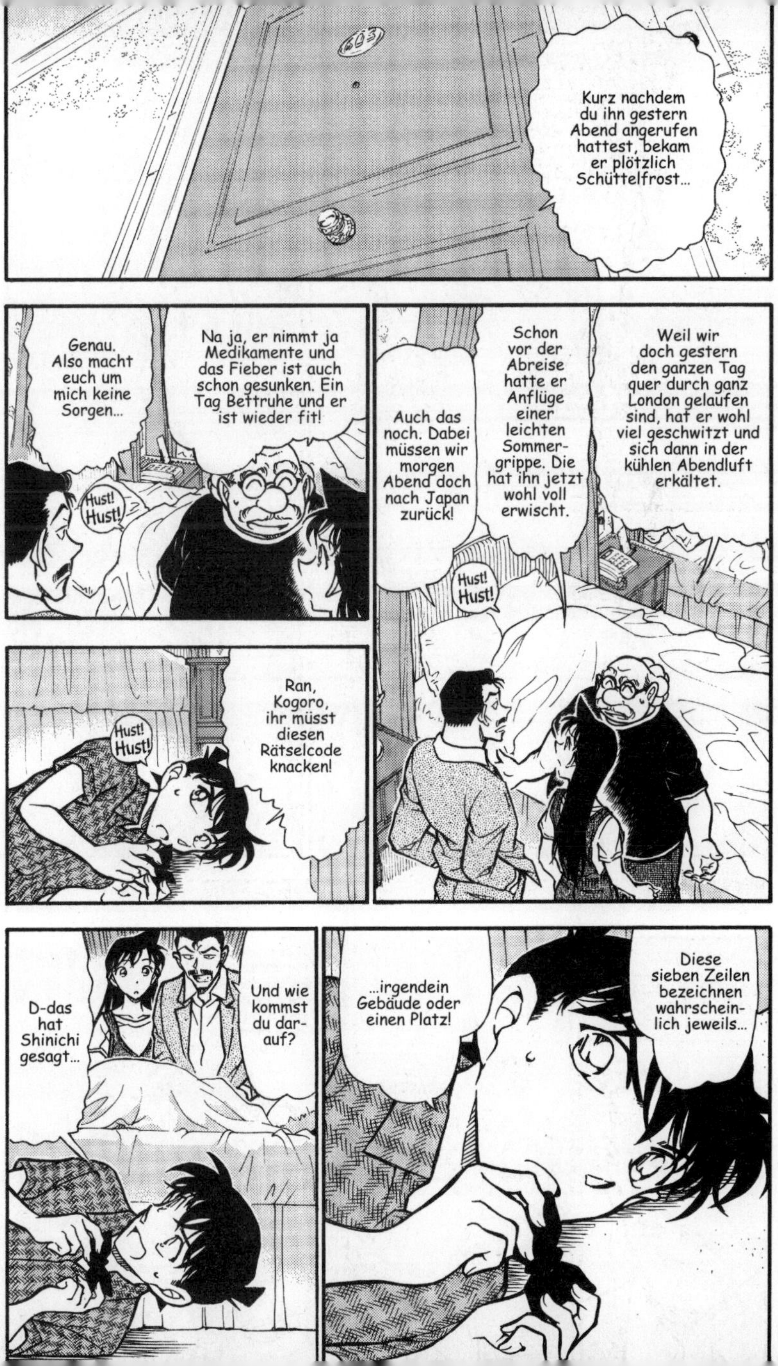
Kurz nachdem du ihn gestern Abend angerufen hattest, bekam er plötzlich Schüttelfrost...
Weil wir doch gestern den ganzen Tag quer durch ganz London gelaufen sind, hat er wohl viel geschwitzt und sich dann in der kühlen Abendluft erkältet.
Schon vor der Abreise hatte er Anflüge einer leichten Sommergrippe. Die hat ihn jetzt wohl voll erwischt.
Auch das noch. Dabei müssen wir morgen Abend doch nach Japan zurück!
Hust! Hust!
Na ja, er nimmt ja Medikamente und das Fieber ist auch schon gesunken. Ein Tag Bettruhe und er ist wieder fit!
Genau. Also macht euch um mich keine Sorgen...
Hust! Hust!
Ran, Kogoro, ihr müsst diesen Rätselcode knacken!
Hust! Hust!
Diese sieben Zeilen bezeichnen wahrscheinlich jeweils...
...irgendein Gebäude oder einen Platz!
Und wie kommst du darauf?
D-das hat Shinichi gesagt...

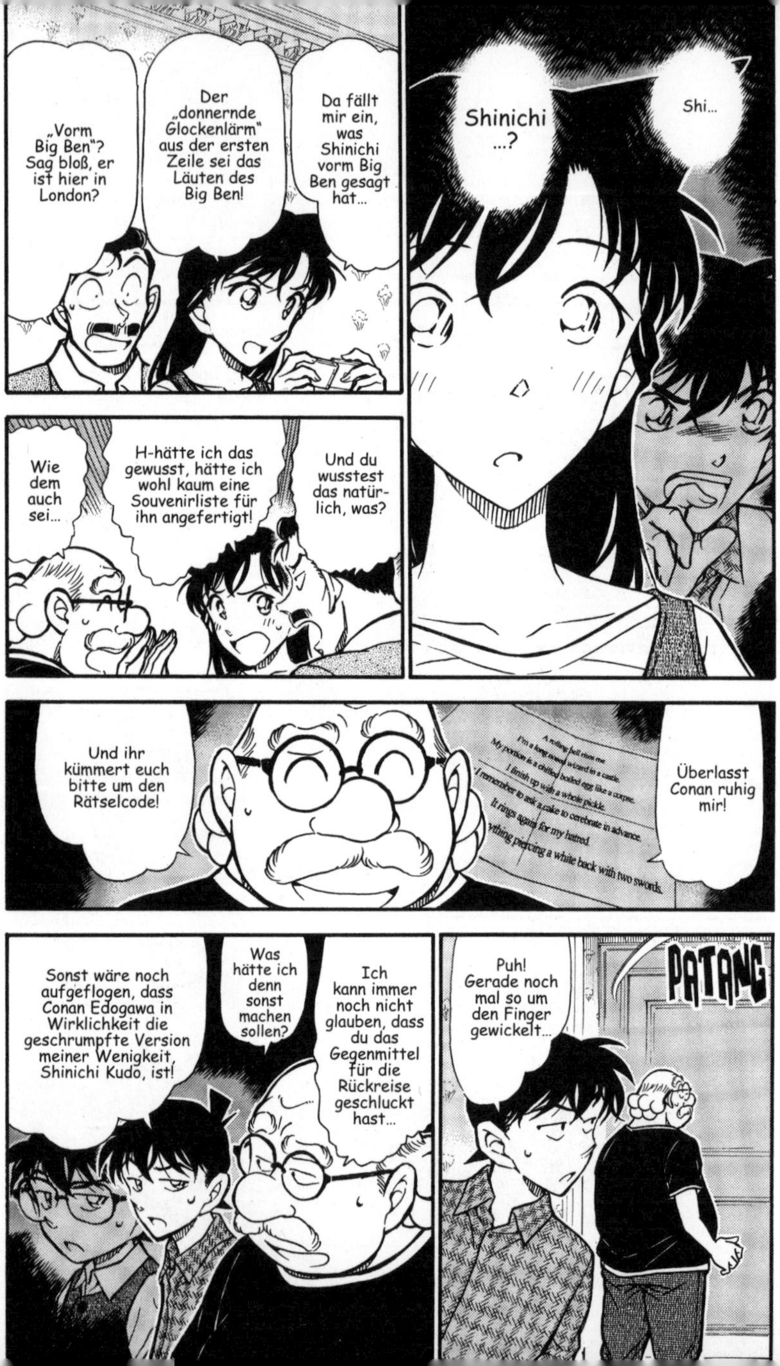
Shi...
Shinichi ...?
Da fällt mir ein, was Shinichi vorm Big Ben gesagt hat...
Der „donnernde Glockenlärm“ aus der ersten Zeile sei das Läuten des Big Ben!
„Vorm Big Ben“? Sag bloß, er ist hier in London?
Und du wusstest das natürlich, was?
H-hätte ich das gewusst, hätte ich wohl kaum eine Souvenirliste für ihn angefertigt!
Wie dem auch sei...
Überlasst Conan ruhig mir!
I'm a long nosed wizard in a castle.
My portion is a chilled boiled egg like a corpse.
I finish up with a whole pickle.
I remember to ask a cake to cerebrate in advance.
It rings again for my hatred.
Und ihr kümmert euch bitte um den Rätselcode!
PATANG
Puh! Gerade noch mal so um den Finger gewickelt...
Ich kann immer noch nicht glauben, dass du das Gegenmittel für die Rückreise geschluckt hast...
Was hätte ich denn sonst machen sollen?
Sonst wäre noch aufgeflogen, dass Conan Edogawa in Wirklichkeit die geschrumpfte Version meiner Wenigkeit, Shinichi Kudo, ist!

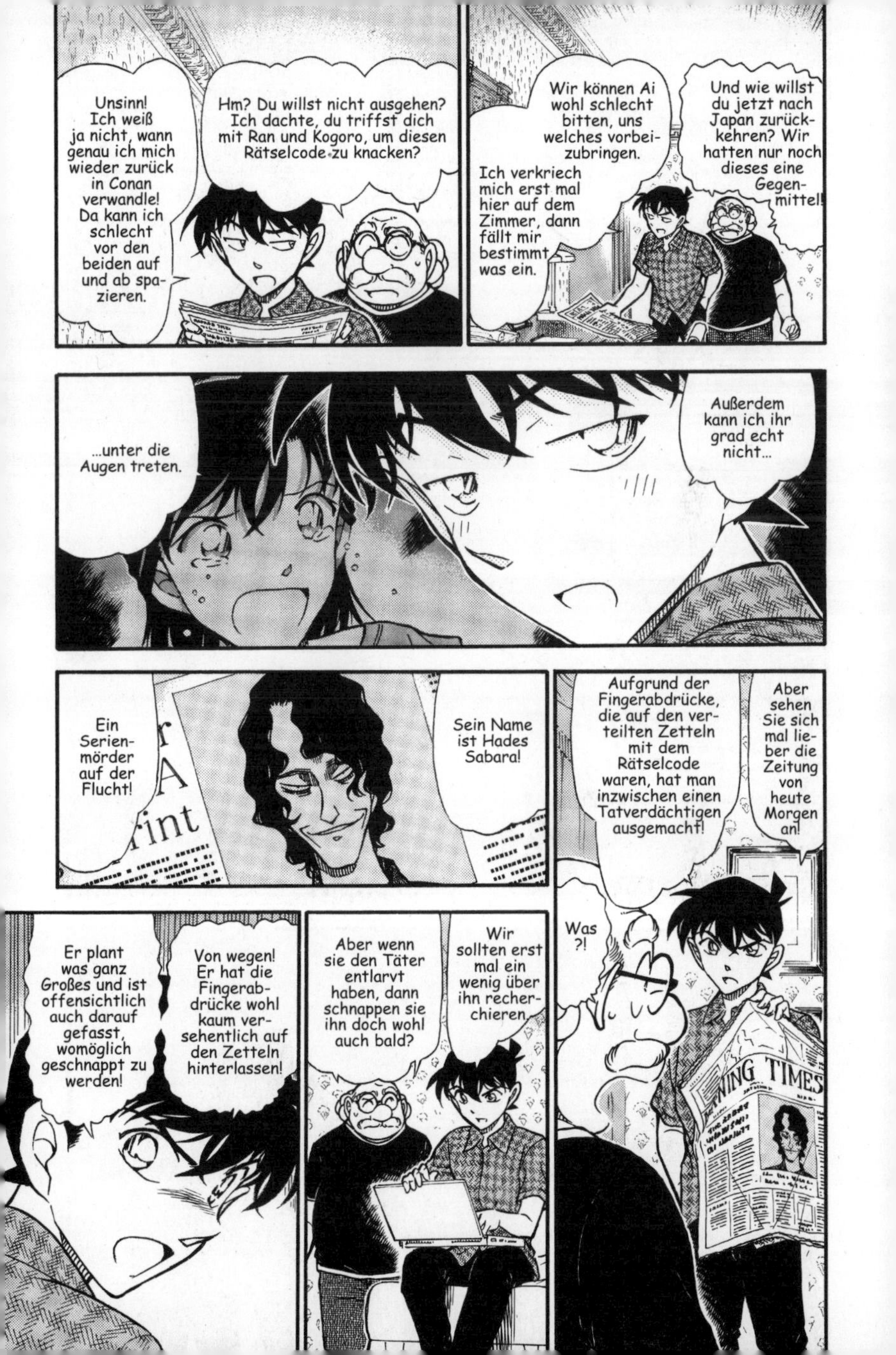
Und wie willst du jetzt nach Japan zurückkehren? Wir hatten nur noch dieses eine Gegenmittel!
Wir können Ai wohl schlecht bitten, uns welches vorbeizubringen.
Ich verkriech mich erst mal hier auf dem Zimmer, dann fällt mir bestimmt was ein.
Hm? Du willst nicht ausgehen? Ich dachte, du triffst dich mit Ran und Kogoro, um diesen Rätselcode zu knacken?
Unsinn! Ich weiß ja nicht, wann genau ich mich wieder zurück in Conan verwandle! Da kann ich schlecht vor den beiden auf und ab spazieren.
Außerdem kann ich ihr grad echt nicht...
...unter die Augen treten.
Aber sehen Sie sich mal lieber die Zeitung von heute Morgen an!
Aufgrund der Fingerabdrücke, die auf den verteilten Zetteln mit dem Rätselcode waren, hat man inzwischen einen Tatverdächtigen ausgemacht!
Was?!
Sein Name ist Hades Sabara!
Ein Serienmörder auf der Flucht!
Wir sollten erst mal ein wenig über ihn recherchieren.
Aber wenn sie den Täter entlarvt haben, dann schnappen sie ihn doch wohl auch bald?
Von wegen! Er hat die Fingerabdrücke wohl kaum versehentlich auf den Zetteln hinterlassen!
Er plant was ganz Großes und ist offensichtlich auch darauf gefasst, womöglich geschnappt zu werden!

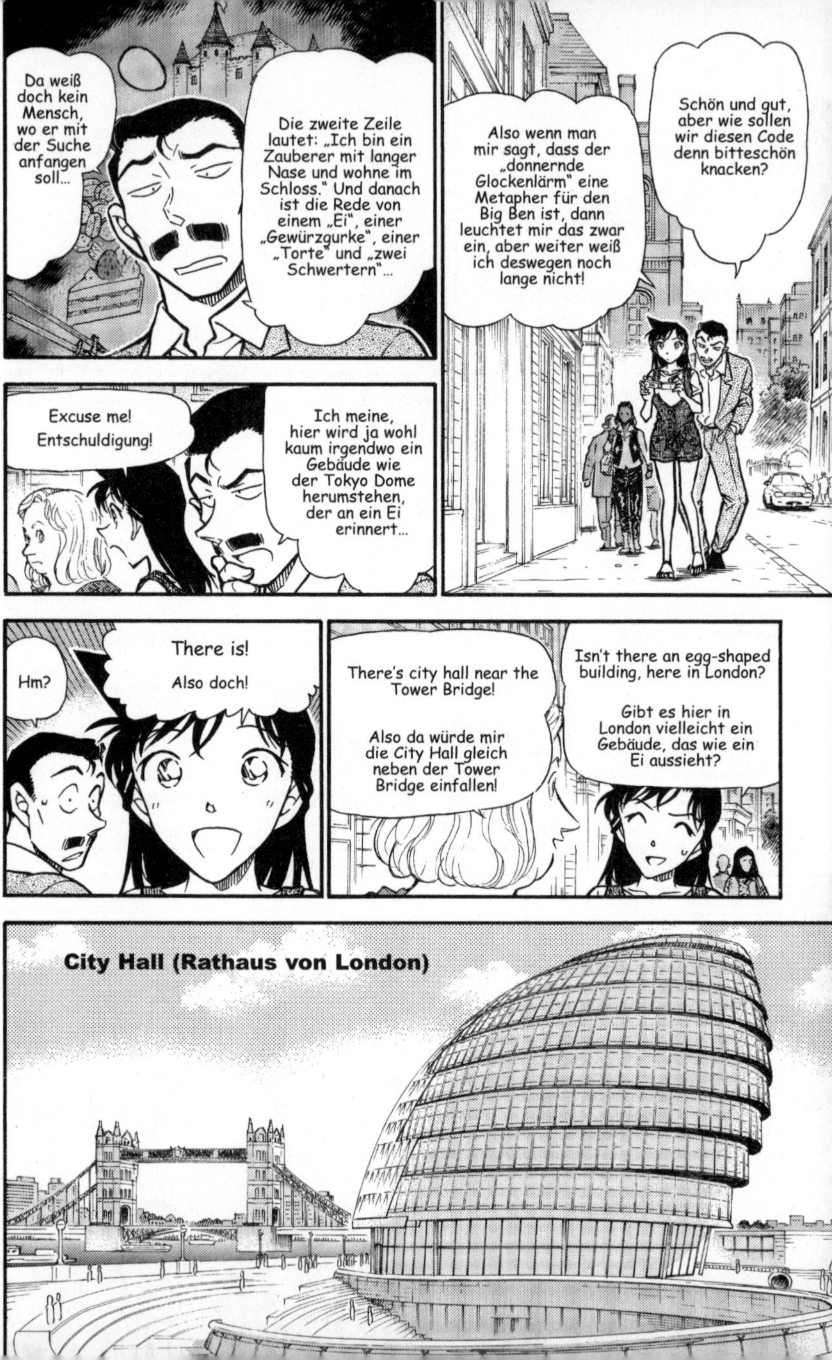
Schön und gut, aber wie sollen wir diesen Code denn bitteschön knacken?
Also wenn man mir sagt, dass der „donnernde Glockenlärm“ eine Metapher für den Big Ben ist, dann leuchtet mir das zwar ein, aber weiter weiß ich deswegen noch lange nicht!
Die zweite Zeile lautet: „Ich bin ein Zauberer mit langer Nase und wohne im Schloss.“ Und danach ist die Rede von einem „Ei“, einer „Gewürzgurke“, einer „Torte“ und „zwei Schwertern“...
Da weiß doch kein Mensch, wo er mit der Suche anfangen soll...
Ich meine, hier wird ja wohl kaum irgendwo ein Gebäude wie der Tokyo Dome herumstehen, der an ein Ei erinnert...
Excuse me!
Entschuldigung!
Isn't there an egg-shaped building, here in London?
Gibt es hier in London vielleicht ein Gebäude, das wie ein Ei aussieht?
There's city hall near the Tower Bridge!
Also da würde mir die City Hall gleich neben der Tower Bridge einfallen!
There is!
Also doch!
Hm?
City Hall (Rathaus von London)

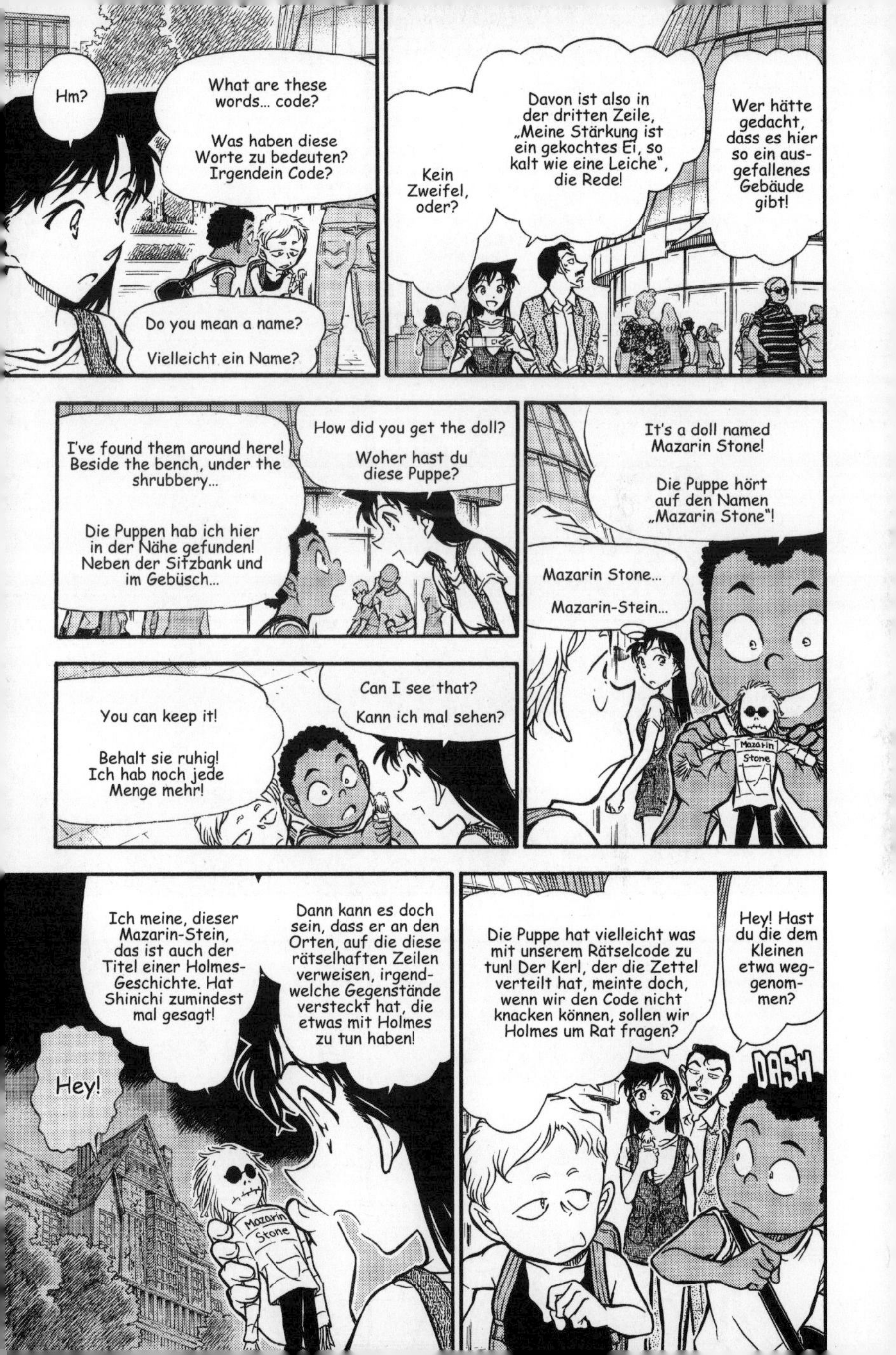

Hm?
What are these words... code?
Was haben diese Worte zu bedeuten? Irgendein Code?
Do you mean a name?
Vielleicht ein Name?
Kein Zweifel, oder?
Davon ist also in der dritten Zeile, „Meine Stärkung ist ein gekochtes Ei, so kalt wie eine Leiche", die Rede!
Wer hätte gedacht, dass es hier so ein ausgefallenes Gebäude gibt!
I've found them around here! Beside the bench, under the shrubbery...
Die Puppen hab ich hier in der Nähe gefunden! Neben der Sitzbank und im Gebüsch...
How did you get the doll?
Woher hast du diese Puppe?
It's a doll named Mazarin Stone!
Die Puppe hört auf den Namen „Mazarin Stone"!
Mazarin Stone...
Mazarin-Stein...
Mazarin Stone
You can keep it!
Behalt sie ruhig! Ich hab noch jede Menge mehr!
Can I see that?
Kann ich mal sehen?
Ich meine, dieser Mazarin-Stein, das ist auch der Titel einer Holmes-Geschichte. Hat Shinichi zumindest mal gesagt!
Dann kann es doch sein, dass er an den Orten, auf die diese rätselhaften Zeilen verweisen, irgendwelche Gegenstände versteckt hat, die etwas mit Holmes zu tun haben!
Hey!
Mazarin Stone
Die Puppe hat vielleicht was mit unserem Rätselcode zu tun! Der Kerl, der die Zettel verteilt hat, meinte doch, wenn wir den Code nicht knacken können, sollen wir Holmes um Rat fragen?
Hey! Hast du die dem Kleinen etwa weggenommen?
DASH

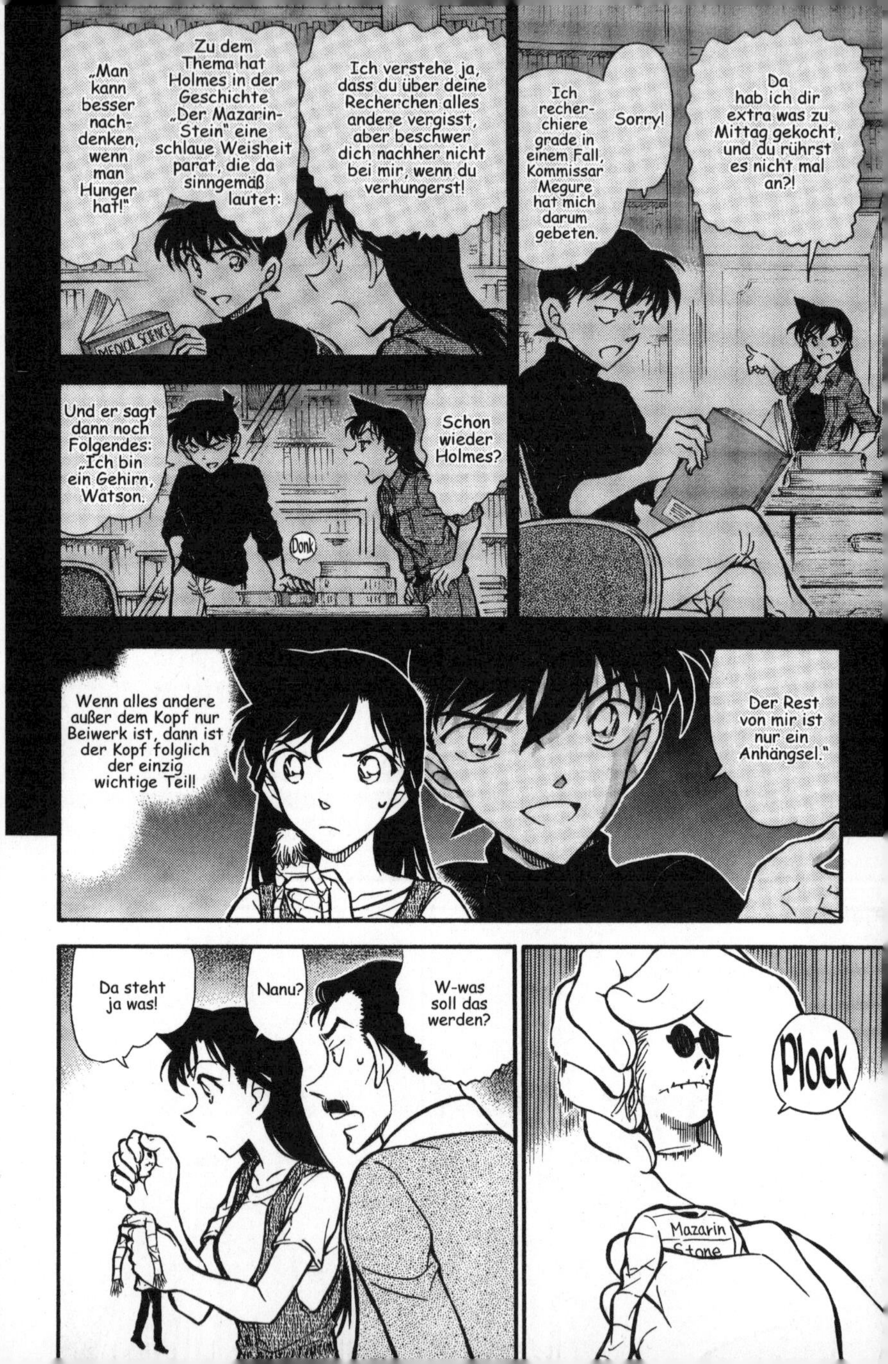
Da hab ich dir extra was zu Mittag gekocht, und du rührst es nicht mal an?!
Sorry!
Ich recherchiere grade in einem Fall, Kommissar Megure hat mich darum gebeten.
Ich verstehe ja, dass du über deine Recherchen alles andere vergisst, aber beschwer dich nachher nicht bei mir, wenn du verhungerst!
Zu dem Thema hat Holmes in der Geschichte „Der Mazarin-Stein“ eine schlaue Weisheit parat, die da sinngemäß lautet:
„Man kann besser nach-denken, wenn man Hunger hat!“
MEDICAL SCIENCE
Schon wieder Holmes?
Und er sagt dann noch Folgendes: „Ich bin ein Gehirn, Watson.
Donk
Der Rest von mir ist nur ein Anhängsel.“
Wenn alles andere außer dem Kopf nur Beiwerk ist, dann ist der Kopf folglich der einzig wichtige Teil!
Plock
Mazarin Stone
W-was soll das werden?
Nanu?
Da steht ja was!

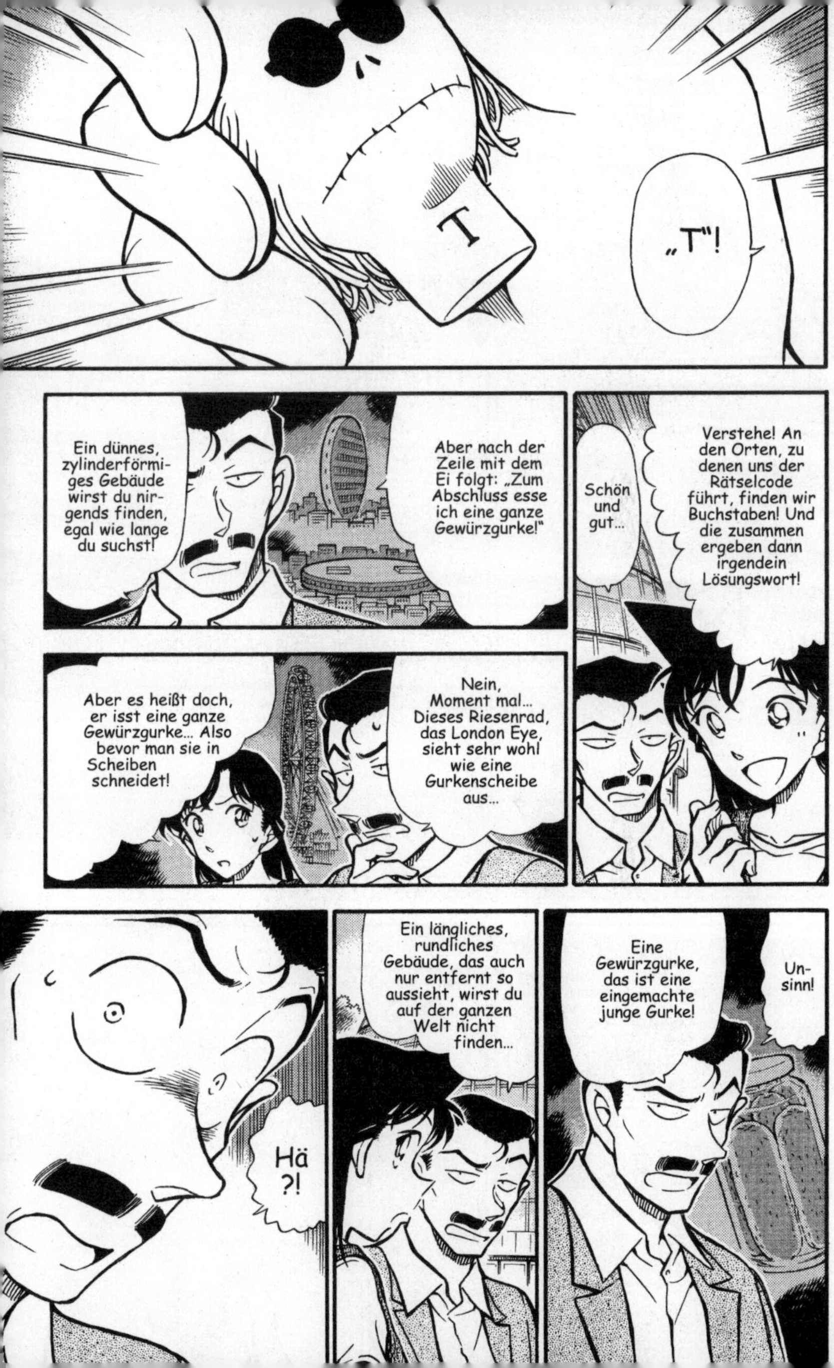
„T"!
Verstehe! An den Orten, zu denen uns der Rätselcode führt, finden wir Buchstaben! Und die zusammen ergeben dann irgendein Lösungswort!
Schön und gut...
Aber nach der Zeile mit dem Ei folgt: „Zum Abschluss esse ich eine ganze Gewürzgurke!"
Ein dünnes, zylinderförmiges Gebäude wirst du nirgends finden, egal wie lange du suchst!
Nein, Moment mal... Dieses Riesenrad, das London Eye, sieht sehr wohl wie eine Gurkenscheibe aus...
Aber es heißt doch, er isst eine ganze Gewürzgurke... Also bevor man sie in Scheiben schneidet!
Un-sinn!
Eine Gewürzgurke, das ist eine eingemachte junge Gurke!
Ein längliches, rundliches Gebäude, das auch nur entfernt so aussieht, wirst du auf der ganzen Welt nicht finden...
Hä?!

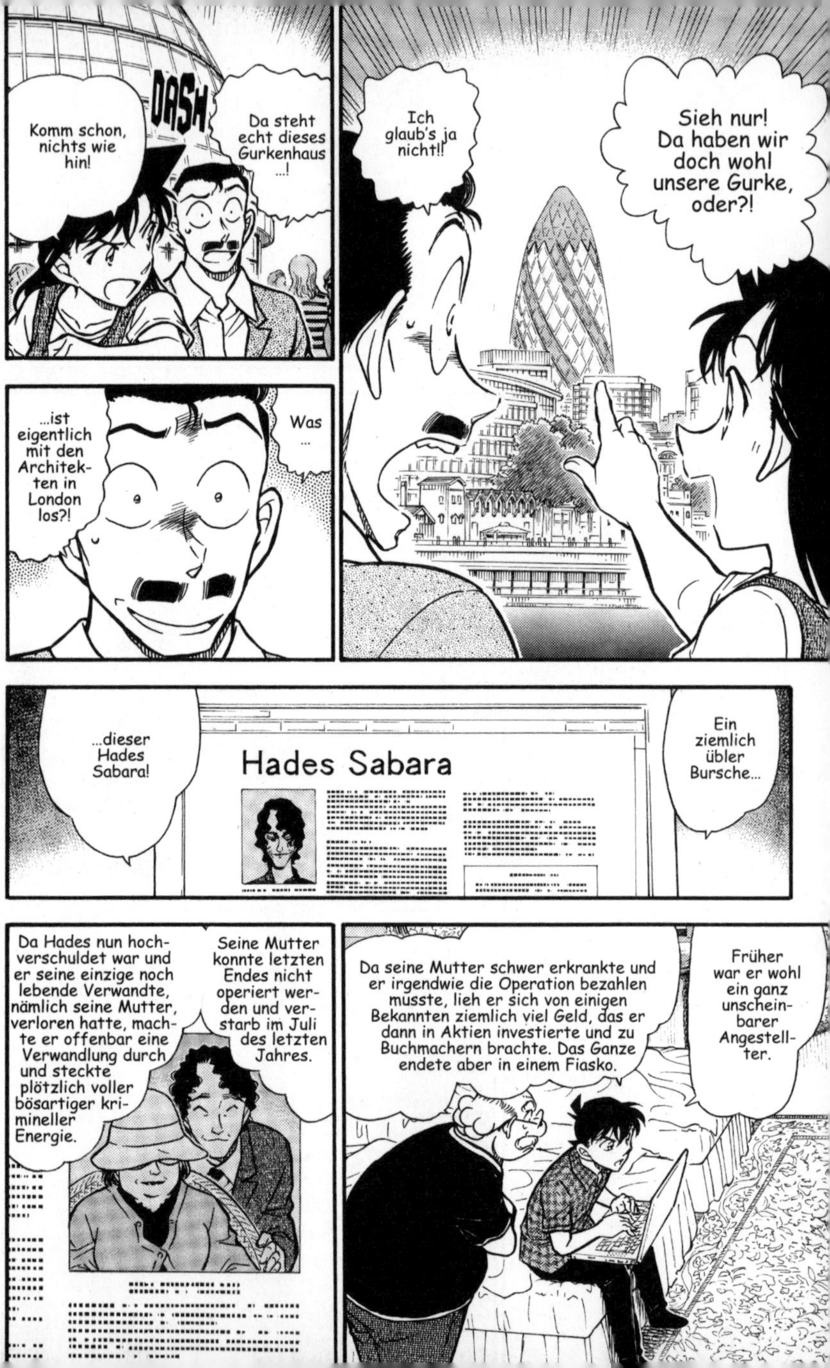
Sieh nur! Da haben wir doch wohl unsere Gurke, oder?!
Ich glaub's ja nicht!!
Da steht echt dieses Gurkenhaus ...!
DASH
Komm schon, nichts wie hin!
Was ...
...ist eigentlich mit den Architekten in London los?!
Ein ziemlich übler Bursche...
...dieser Hades Sabara!
Hades Sabara
Früher war er wohl ein ganz unscheinbarer Angestellter.
Da seine Mutter schwer erkrankte und er irgendwie die Operation bezahlen musste, lieh er sich von einigen Bekannten ziemlich viel Geld, das er dann in Aktien investierte und zu Buchmachern brachte. Das Ganze endete aber in einem Fiasko.
Seine Mutter konnte letzten Endes nicht operiert werden und verstarb im Juli des letzten Jahres.
Da Hades nun hochverschuldet war und er seine einzige noch lebende Verwandte, nämlich seine Mutter, verloren hatte, machte er offenbar eine Verwandlung durch und steckte plötzlich voller bösartiger krimineller Energie.

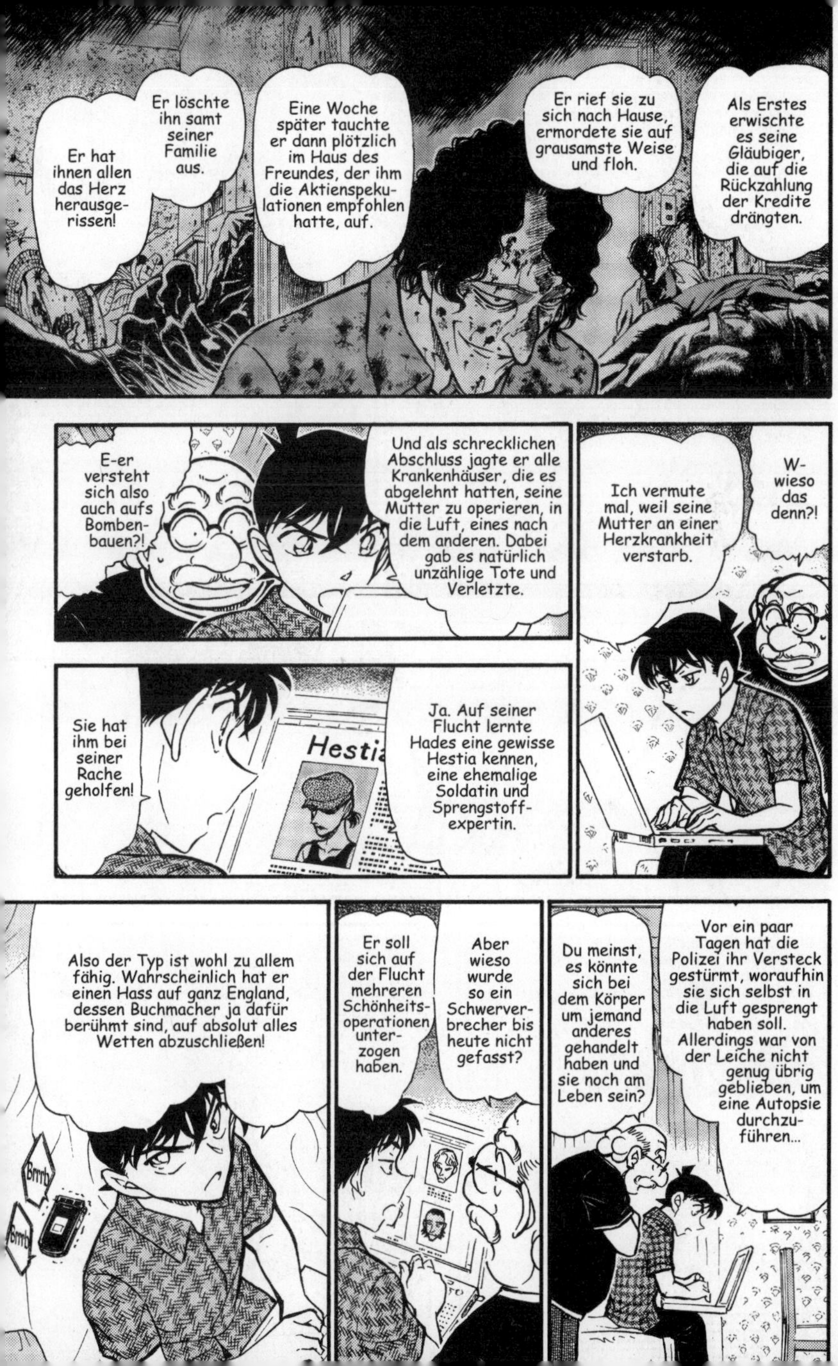

Als Erstes erwischte es seine Gläubiger, die auf die Rückzahlung der Kredite drängten.
Er rief sie zu sich nach Hause, ermordete sie auf grausamste Weise und floh.
Eine Woche später tauchte er dann plötzlich im Haus des Freundes, der ihm die Aktienspekulationen empfohlen hatte, auf.
Er löschte ihn samt seiner Familie aus.
Er hat ihnen allen das Herz herausgerissen!
W-wieso das denn?!
Ich vermute mal, weil seine Mutter an einer Herzkrankheit verstarb.
Und als schrecklichen Abschluss jagte er alle Krankenhäuser, die es abgelehnt hatten, seine Mutter zu operieren, in die Luft, eines nach dem anderen. Dabei gab es natürlich unzählige Tote und Verletzte.
E-er versteht sich also auch aufs Bombenbauen?!
Ja. Auf seiner Flucht lernte Hades eine gewisse Hestia kennen, eine ehemalige Soldatin und Sprengstoffexpertin.
Hestia
Sie hat ihm bei seiner Rache geholfen!
Vor ein paar Tagen hat die Polizei ihr Versteck gestürmt, woraufhin sie sich selbst in die Luft gesprengt haben soll. Allerdings war von der Leiche nicht genug übrig geblieben, um eine Autopsie durchzuführen...
Du meinst, es könnte sich bei dem Körper um jemand anderes gehandelt haben und sie noch am Leben sein?
Aber wieso wurde so ein Schwerverbrecher bis heute nicht gefasst?
Er soll sich auf der Flucht mehreren Schönheitsoperationen unterzogen haben.
Also der Typ ist wohl zu allem fähig. Wahrscheinlich hat er einen Hass auf ganz England, dessen Buchmacher ja dafür berühmt sind, auf absolut alles Wetten abzuschließen!
Brrrb
Brrrb

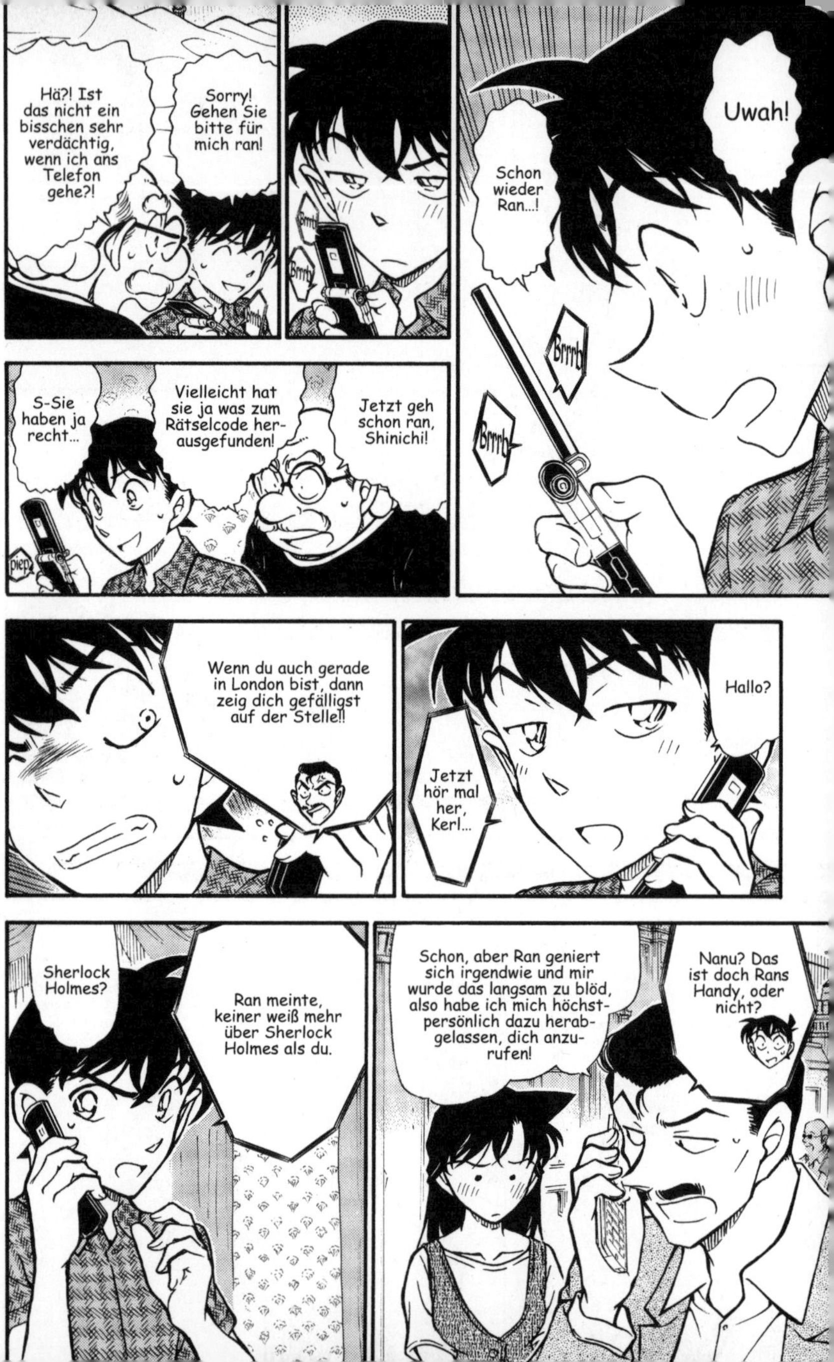

Uwah!
Schon wieder Ran...!
Brrrb
Brrrb
Brrrb
Brrrb
Sorry! Gehen Sie bitte für mich ran!
Hä?! Ist das nicht ein bisschen sehr verdächtig, wenn ich ans Telefon gehe?!
Brrrb
Jetzt geh schon ran, Shinichi!
Vielleicht hat sie ja was zum Rätselcode herausgefunden!
S-Sie haben ja recht...
piep
Hallo?
Jetzt hör mal her, Kerl...
Wenn du auch gerade in London bist, dann zeig dich gefälligst auf der Stelle!!
Nanu? Das ist doch Rans Handy, oder nicht?
Schon, aber Ran geniert sich irgendwie und mir wurde das langsam zu blöd, also habe ich mich höchstpersönlich dazu herabgelassen, dich anzurufen!
Ran meinte, keiner weiß mehr über Sherlock Holmes als du.
Sherlock Holmes?

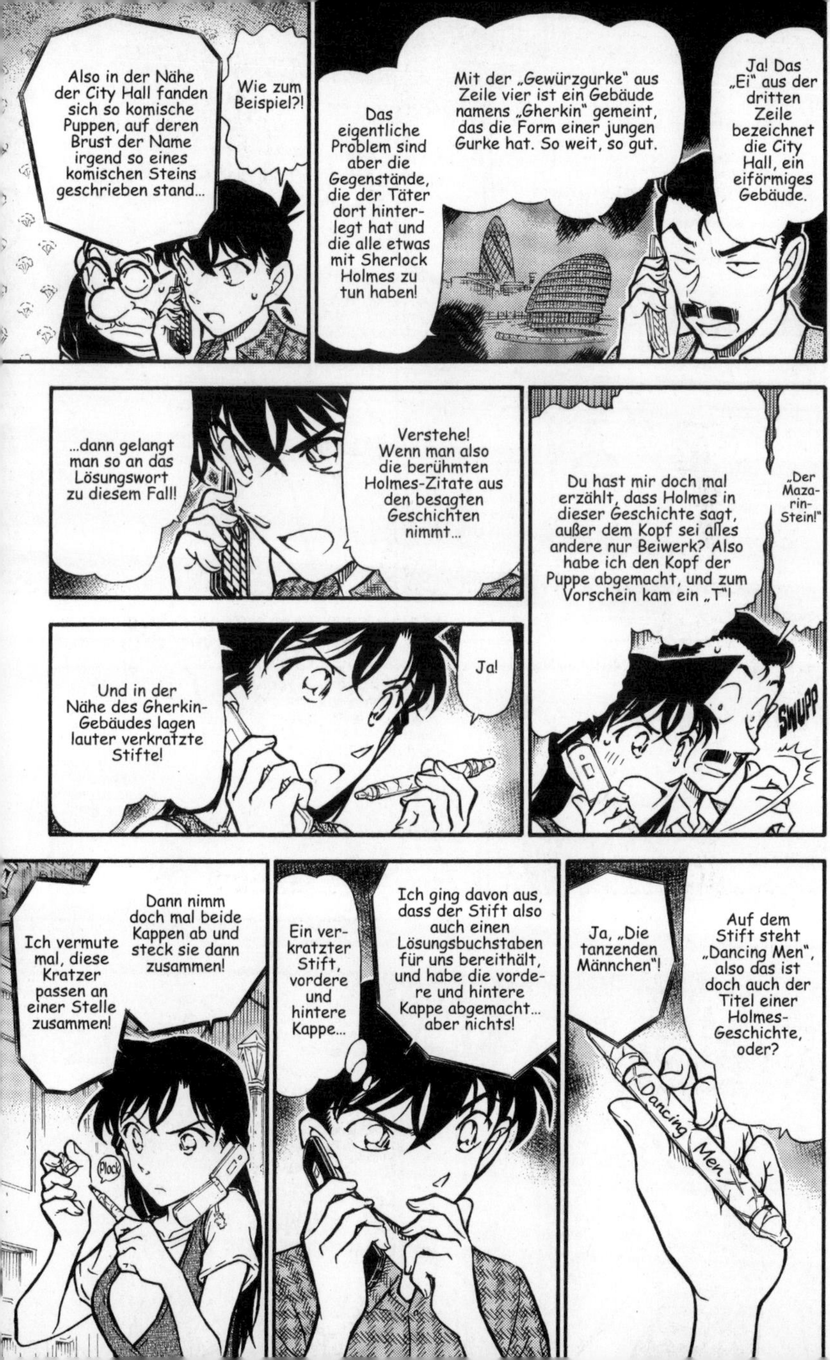

Ja! Das „Ei" aus der dritten Zeile bezeichnet die City Hall, ein eiförmiges Gebäude.
Mit der „Gewürzgurke" aus Zeile vier ist ein Gebäude namens „Gherkin" gemeint, das die Form einer jungen Gurke hat. So weit, so gut.
Das eigentliche Problem sind aber die Gegenstände, die der Täter dort hinterlegt hat und die alle etwas mit Sherlock Holmes zu tun haben!
Wie zum Beispiel?!
Also in der Nähe der City Hall fanden sich so komische Puppen, auf deren Brust der Name irgend so eines komischen Steins geschrieben stand...
„Der Mazarin-Stein!"
Du hast mir doch mal erzählt, dass Holmes in dieser Geschichte sagt, außer dem Kopf sei alles andere nur Beiwerk? Also habe ich den Kopf der Puppe abgemacht, und zum Vorschein kam ein „T"!
SWUPP
Verstehe! Wenn man also die berühmten Holmes-Zitate aus den besagten Geschichten nimmt...
...dann gelangt man so an das Lösungswort zu diesem Fall!
Ja!
Und in der Nähe des Gherkin-Gebäudes lagen lauter verkratzte Stifte!
Auf dem Stift steht „Dancing Men", also das ist doch auch der Titel einer Holmes-Geschichte, oder?
Ja, „Die tanzenden Männchen"!
Dancing Men
Ich ging davon aus, dass der Stift also auch einen Lösungsbuchstaben für uns bereithält, und habe die vordere und hintere Kappe abgemacht... aber nichts!
Ein verkratzter Stift, vordere und hintere Kappe...
Dann nimm doch mal beide Kappen ab und steck sie dann zusammen!
Ich vermute mal, diese Kratzer passen an einer Stelle zusammen!
Plock

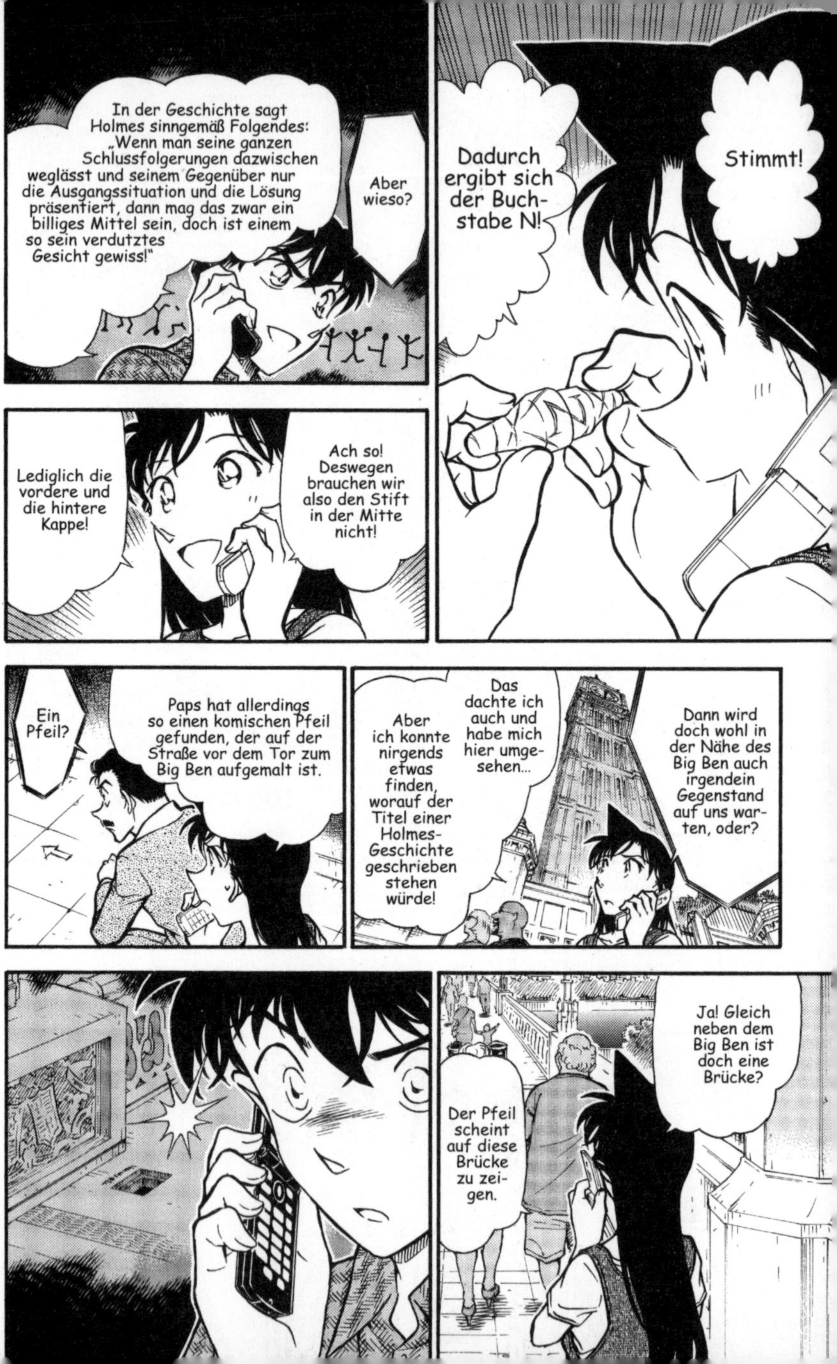

Stimmt!
Dadurch ergibt sich der Buchstabe N!
Aber wieso?
In der Geschichte sagt Holmes sinngemäß Folgendes: „Wenn man seine ganzen Schlussfolgerungen dazwischen weglässt und seinem Gegenüber nur die Ausgangssituation und die Lösung präsentiert, dann mag das zwar ein billiges Mittel sein, doch ist einem so sein verdutztes Gesicht gewiss!"
Ach so! Deswegen brauchen wir also den Stift in der Mitte nicht!
Lediglich die vordere und die hintere Kappe!
Dann wird doch wohl in der Nähe des Big Ben auch irgendein Gegenstand auf uns warten, oder?
Das dachte ich auch und habe mich hier umgesehen...
Aber ich konnte nirgends etwas finden, worauf der Titel einer Holmes-Geschichte geschrieben stehen würde!
Paps hat allerdings so einen komischen Pfeil gefunden, der auf der Straße vor dem Tor zum Big Ben aufgemalt ist.
Ein Pfeil?
Ja! Gleich neben dem Big Ben ist doch eine Brücke?
Der Pfeil scheint auf diese Brücke zu zeigen.

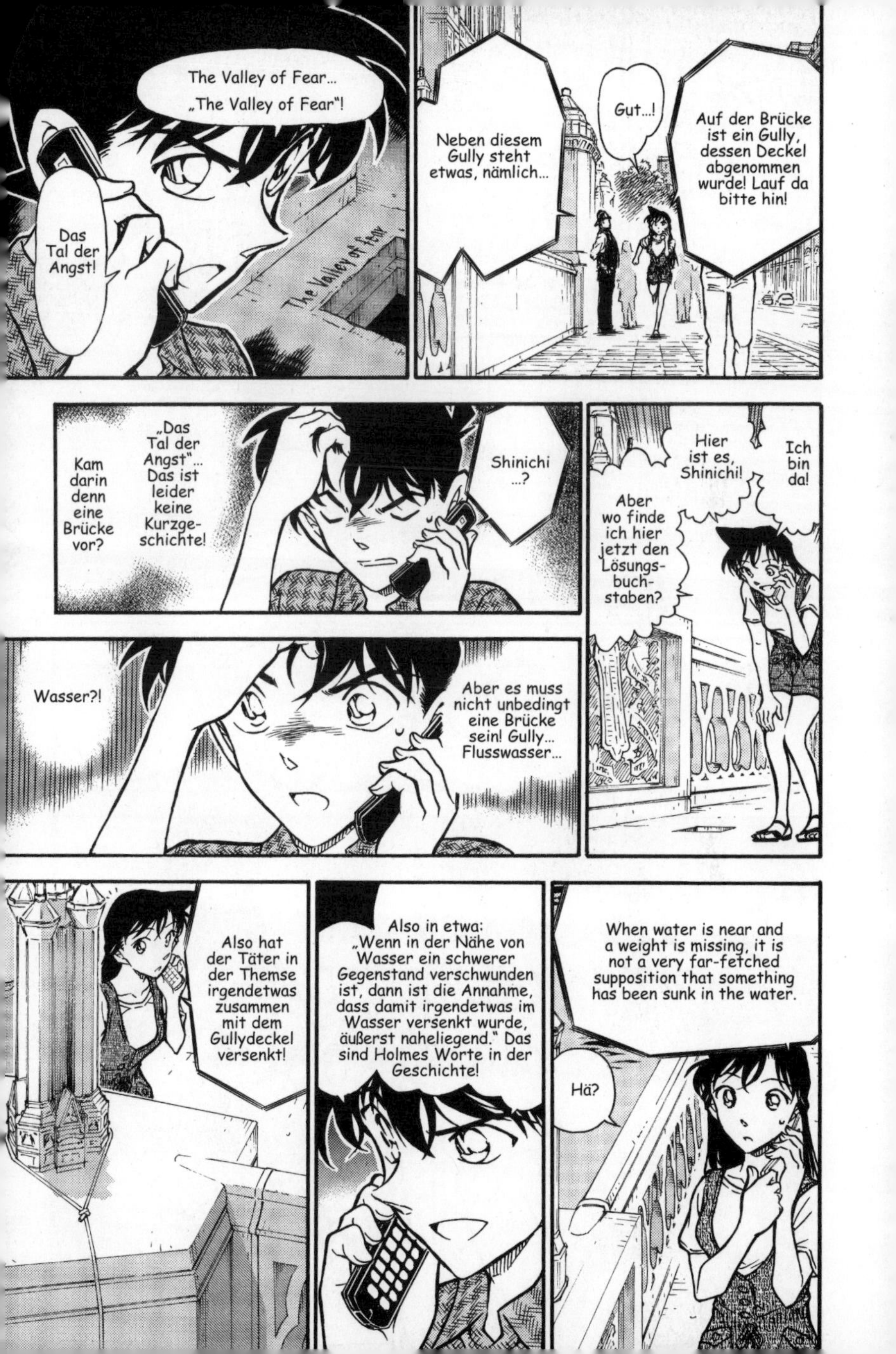
Auf der Brücke ist ein Gully, dessen Deckel abgenommen wurde! Lauf da bitte hin!
Gut...!
Neben diesem Gully steht etwas, nämlich...
The Valley of Fear...
„The Valley of Fear"!
Das Tal der Angst!
The Valley of Fear
Ich bin da!
Hier ist es, Shinichi!
Aber wo finde ich hier jetzt den Lösungsbuchstaben?
Shinichi ...?
„Das Tal der Angst"... Das ist leider keine Kurzgeschichte!
Kam darin denn eine Brücke vor?
Aber es muss nicht unbedingt eine Brücke sein! Gully... Flusswasser...
Wasser?!
When water is near and a weight is missing, it is not a very far-fetched supposition that something has been sunk in the water.
Hä?
Also in etwa: „Wenn in der Nähe von Wasser ein schwerer Gegenstand verschwunden ist, dann ist die Annahme, dass damit irgendetwas im Wasser versenkt wurde, äußerst naheliegend." Das sind Holmes Worte in der Geschichte!
Also hat der Täter in der Themse irgendetwas zusammen mit dem Gullydeckel versenkt!

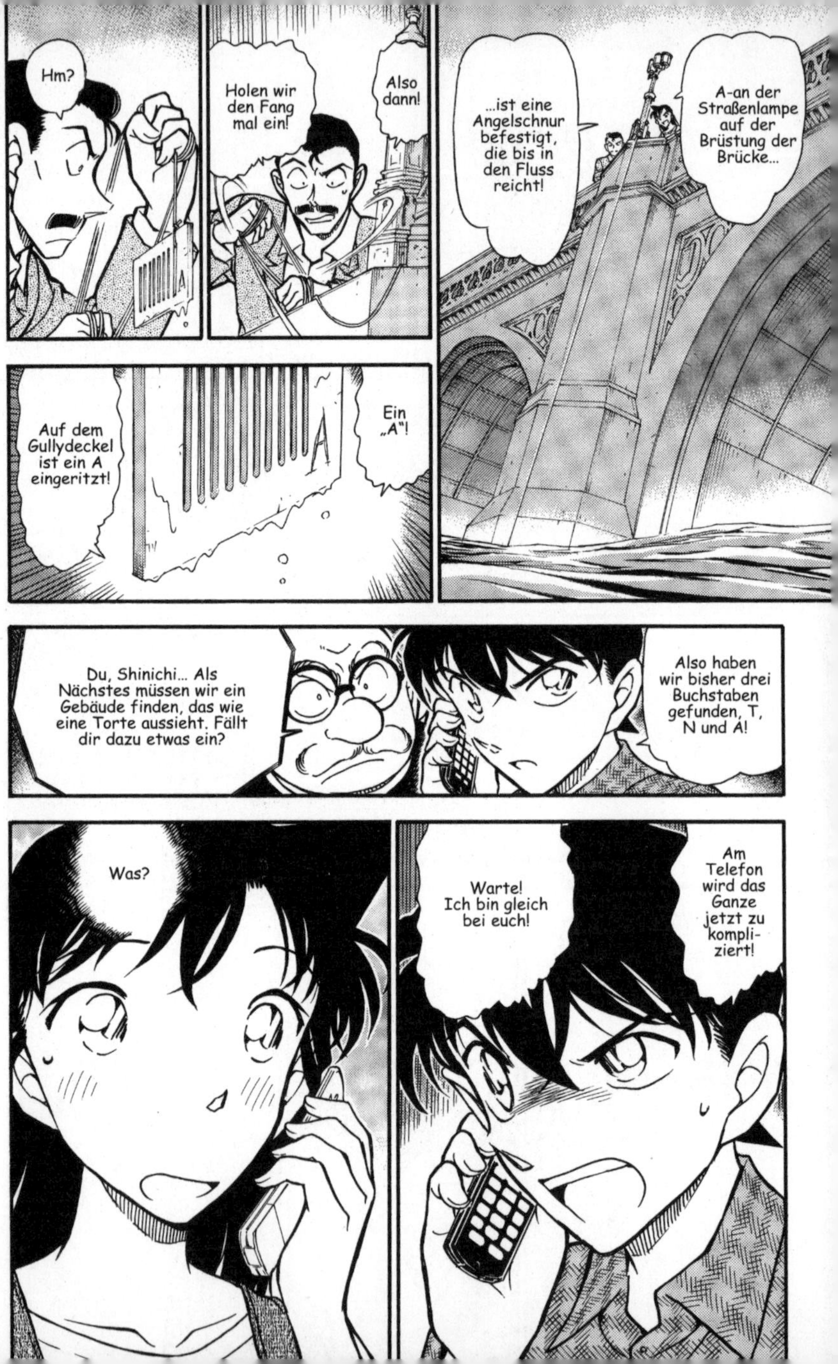

A-an der Straßenlampe auf der Brüstung der Brücke...
...ist eine Angelschnur befestigt, die bis in den Fluss reicht!
Also dann!
Holen wir den Fang mal ein!
Hm?
Ein „A"!
Auf dem Gullydeckel ist ein A eingeritzt!
Also haben wir bisher drei Buchstaben gefunden, T, N und A!
Du, Shinichi... Als Nächstes müssen wir ein Gebäude finden, das wie eine Torte aussieht. Fällt dir dazu etwas ein?
Am Telefon wird das Ganze jetzt zu kompli-ziert!
Warte! Ich bin gleich bei euch!
Was?

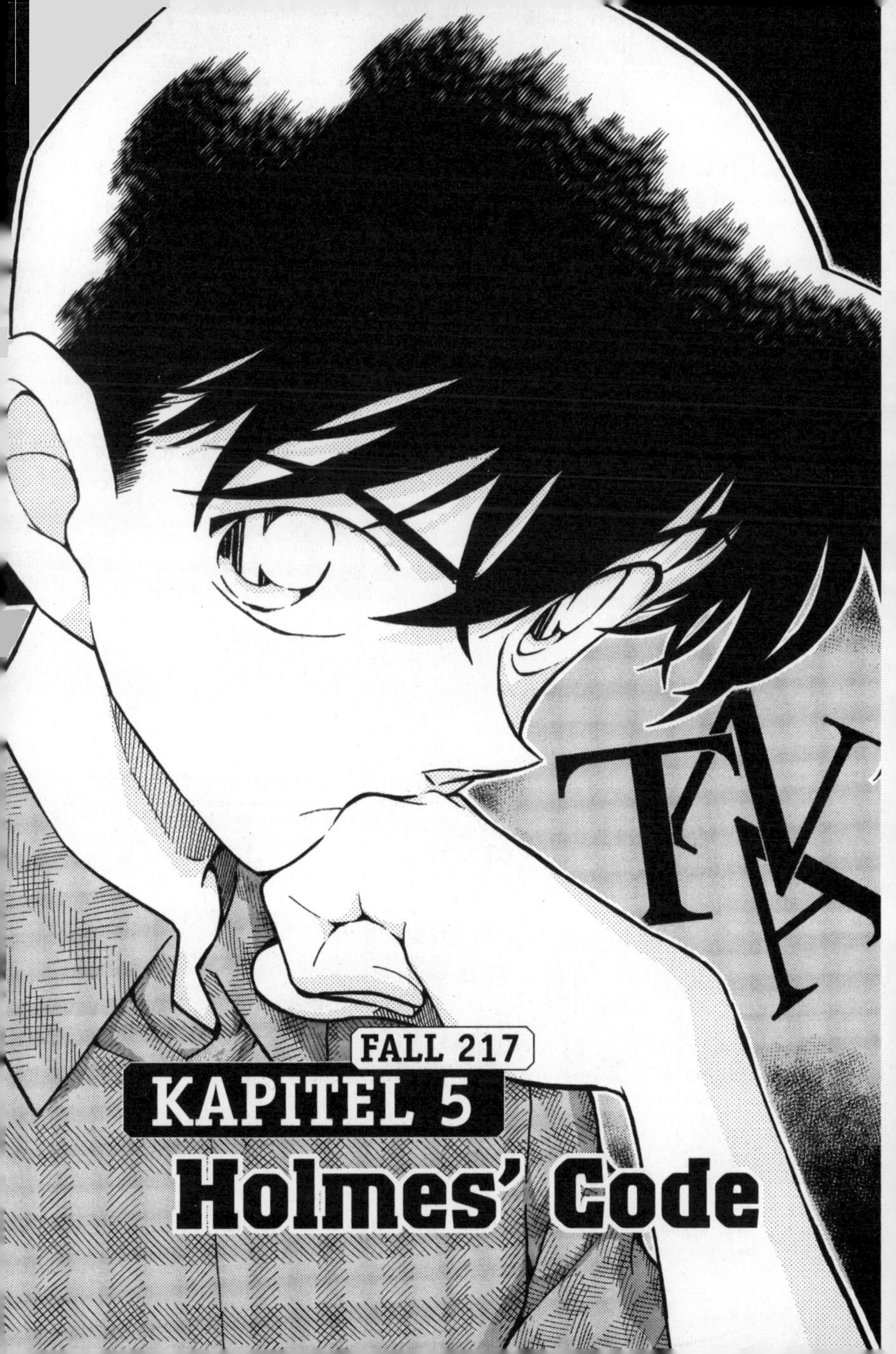
FALL 217
KAPITEL 5
Holmes' Code

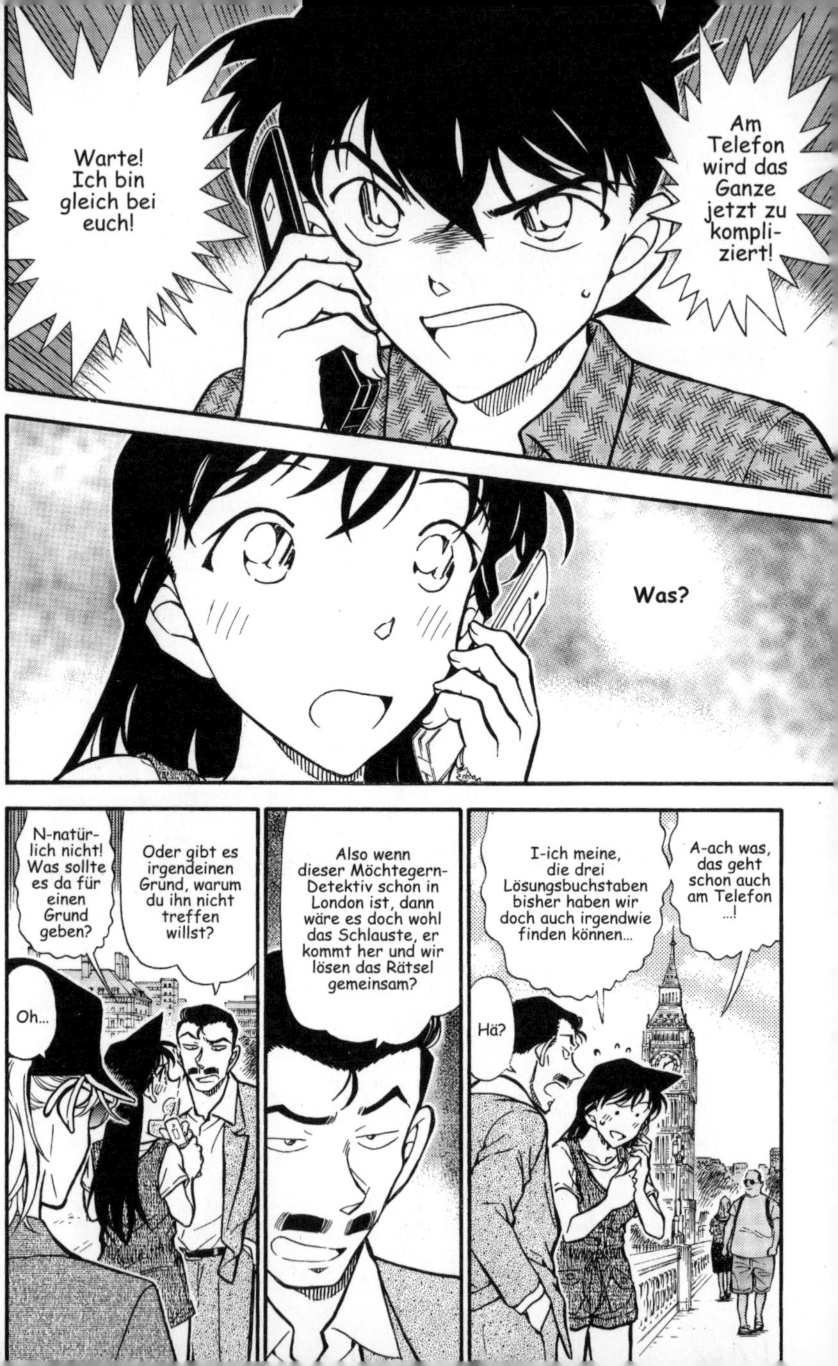
Am Telefon wird das Ganze jetzt zu kompliziert!
Warte! Ich bin gleich bei euch!
Was?
A-ach was, das geht schon auch am Telefon ...!
I-ich meine, die drei Lösungsbuchstaben bisher haben wir doch auch irgendwie finden können...
Hä?
Also wenn dieser Möchtegern-Detektiv schon in London ist, dann wäre es doch wohl das Schlauste, er kommt her und wir lösen das Rätsel gemeinsam?
Oder gibt es irgendeinen Grund, warum du ihn nicht treffen willst?
N-natürlich nicht! Was sollte es da für einen Grund geben?
Oh...

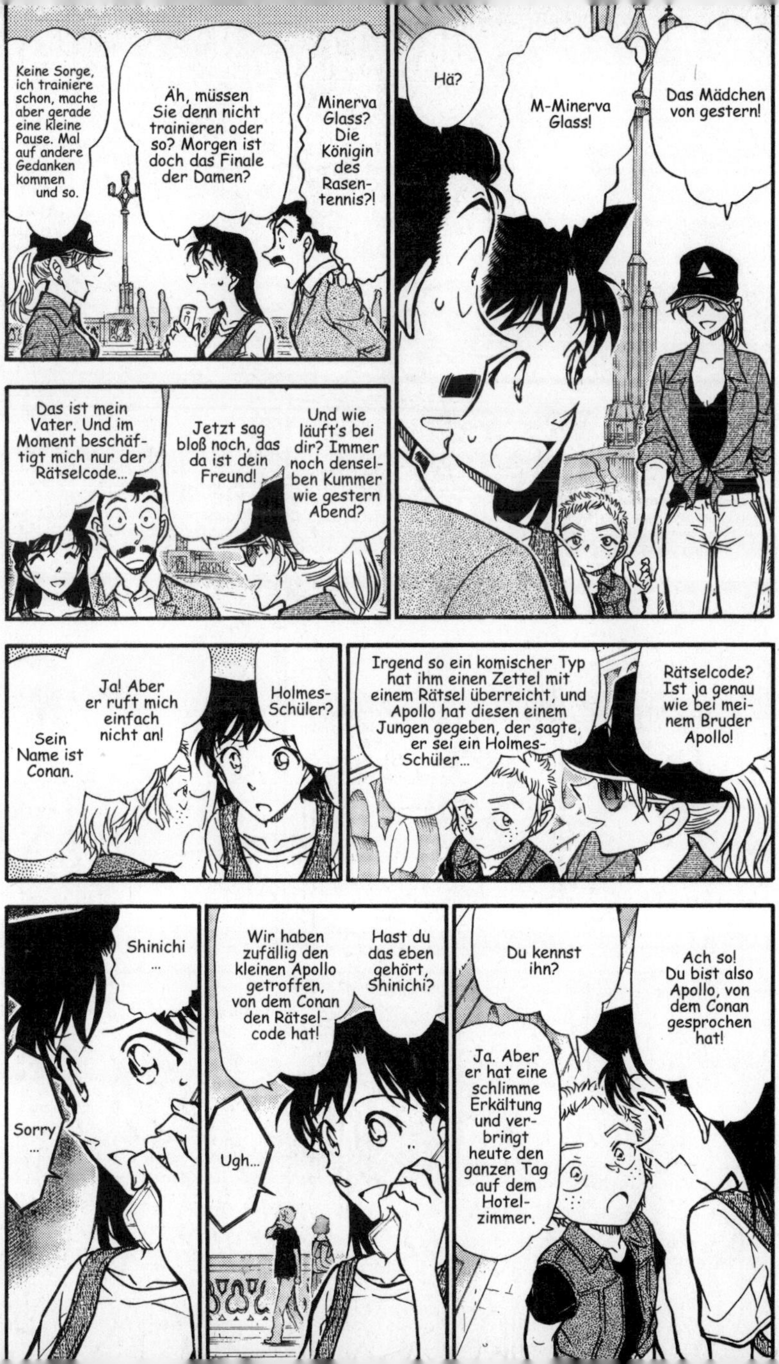

Das Mädchen von gestern!
M-Minerva Glass!
Hä?
Minerva Glass? Die Königin des Rasentennis?!
Äh, müssen Sie denn nicht trainieren oder so? Morgen ist doch das Finale der Damen?
Keine Sorge, ich trainiere schon, mache aber gerade eine kleine Pause. Mal auf andere Gedanken kommen und so.
Und wie läuft's bei dir? Immer noch denselben Kummer wie gestern Abend?
Jetzt sag bloß noch, das da ist dein Freund!
Das ist mein Vater. Und im Moment beschäftigt mich nur der Rätselcode...
Rätselcode? Ist ja genau wie bei meinem Bruder Apollo!
Irgend so ein komischer Typ hat ihm einen Zettel mit einem Rätsel überreicht, und Apollo hat diesen einem Jungen gegeben, der sagte, er sei ein Holmes-Schüler...
Holmes-Schüler?
Ja! Aber er ruft mich einfach nicht an!
Sein Name ist Conan.
Ach so! Du bist also Apollo, von dem Conan gesprochen hat!
Du kennst ihn?
Ja. Aber er hat eine schlimme Erkältung und verbringt heute den ganzen Tag auf dem Hotelzimmer.
Hast du das eben gehört, Shinichi?
Wir haben zufällig den kleinen Apollo getroffen, von dem Conan den Rätselcode hat!
Ugh...
Shinichi ...
Sorry ...

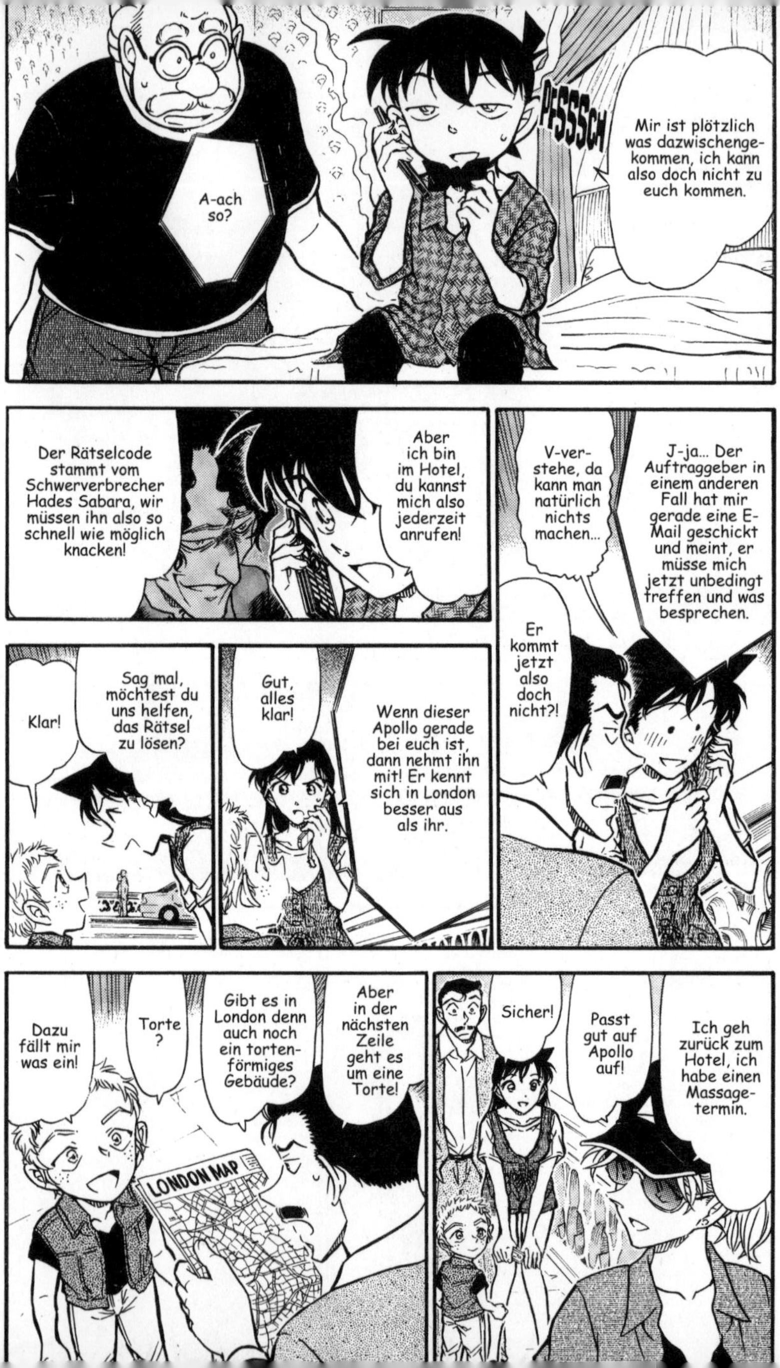
Mir ist plötzlich was dazwischengekommen, ich kann also doch nicht zu euch kommen.
PFSSSCH
A-ach so?
J-ja… Der Auftraggeber in einem anderen Fall hat mir gerade eine E-Mail geschickt und meint, er müsse mich jetzt unbedingt treffen und was besprechen.
V-verstehe, da kann man natürlich nichts machen…
Er kommt jetzt also doch nicht?!
Aber ich bin im Hotel, du kannst mich also jederzeit anrufen!
Der Rätselcode stammt vom Schwerverbrecher Hades Sabara, wir müssen ihn also so schnell wie möglich knacken!
Wenn dieser Apollo gerade bei euch ist, dann nehmt ihn mit! Er kennt sich in London besser aus als ihr.
Gut, alles klar!
Sag mal, möchtest du uns helfen, das Rätsel zu lösen?
Klar!
Ich geh zurück zum Hotel, ich habe einen Massagetermin.
Passt gut auf Apollo auf!
Sicher!
Aber in der nächsten Zeile geht es um eine Torte!
Gibt es in London denn auch noch ein tortenförmiges Gebäude?
Torte ?
Dazu fällt mir was ein!
LONDON MAP

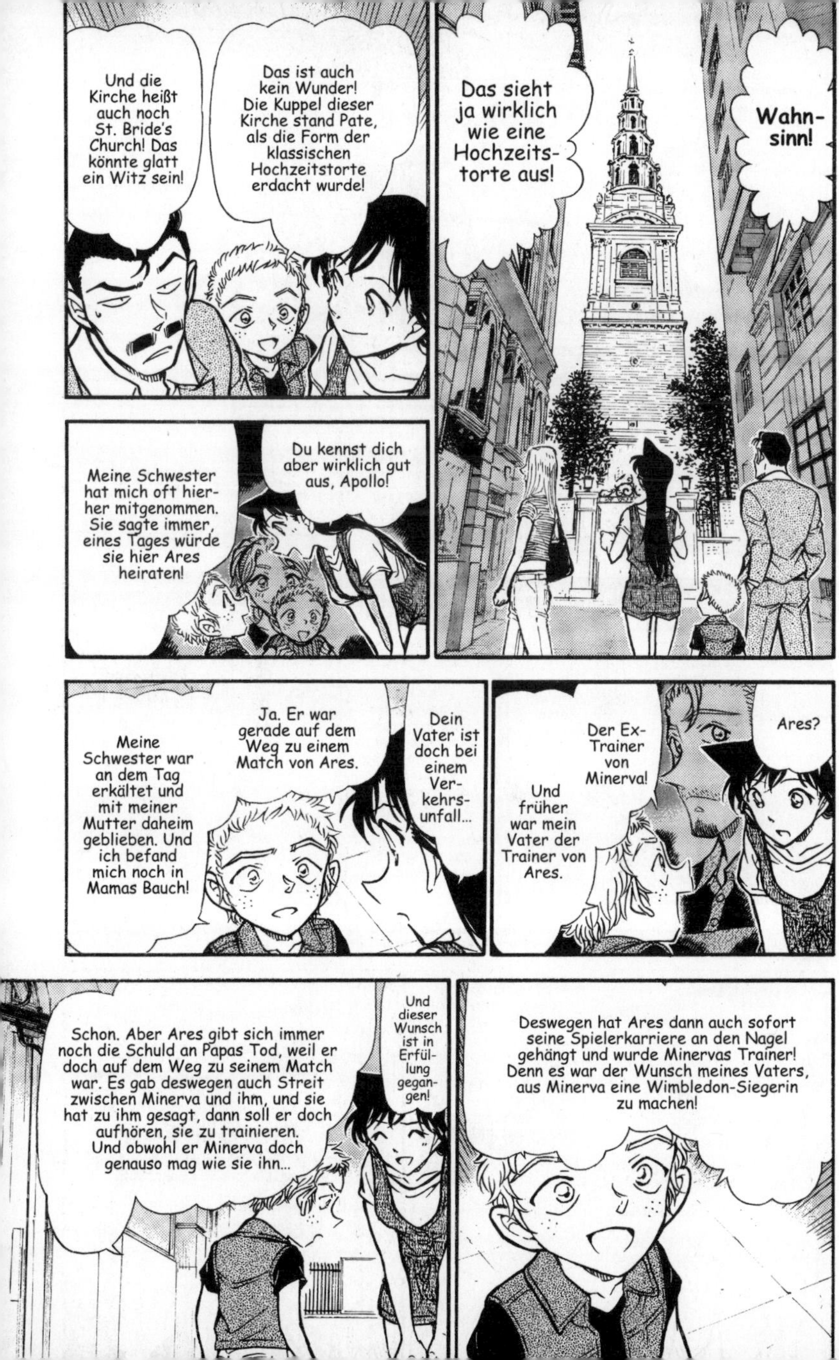
Wahnsinn!
Das sieht ja wirklich wie eine Hochzeitstorte aus!
Das ist auch kein Wunder! Die Kuppel dieser Kirche stand Pate, als die Form der klassischen Hochzeitstorte erdacht wurde!
Und die Kirche heißt auch noch St. Bride's Church! Das könnte glatt ein Witz sein!
Du kennst dich aber wirklich gut aus, Apollo!
Meine Schwester hat mich oft hierher mitgenommen. Sie sagte immer, eines Tages würde sie hier Ares heiraten!
Ares?
Der Ex-Trainer von Minerva!
Und früher war mein Vater der Trainer von Ares.
Dein Vater ist doch bei einem Verkehrsunfall...
Ja. Er war gerade auf dem Weg zu einem Match von Ares.
Meine Schwester war an dem Tag erkältet und mit meiner Mutter daheim geblieben. Und ich befand mich noch in Mamas Bauch!
Deswegen hat Ares dann auch sofort seine Spielerkarriere an den Nagel gehängt und wurde Minervas Trainer! Denn es war der Wunsch meines Vaters, aus Minerva eine Wimbledon-Siegerin zu machen!
Und dieser Wunsch ist in Erfüllung gegangen!
Schon. Aber Ares gibt sich immer noch die Schuld an Papas Tod, weil er doch auf dem Weg zu seinem Match war. Es gab deswegen auch Streit zwischen Minerva und ihm, und sie hat zu ihm gesagt, dann soll er doch aufhören, sie zu trainieren. Und obwohl er Minerva doch genauso mag wie sie ihn...

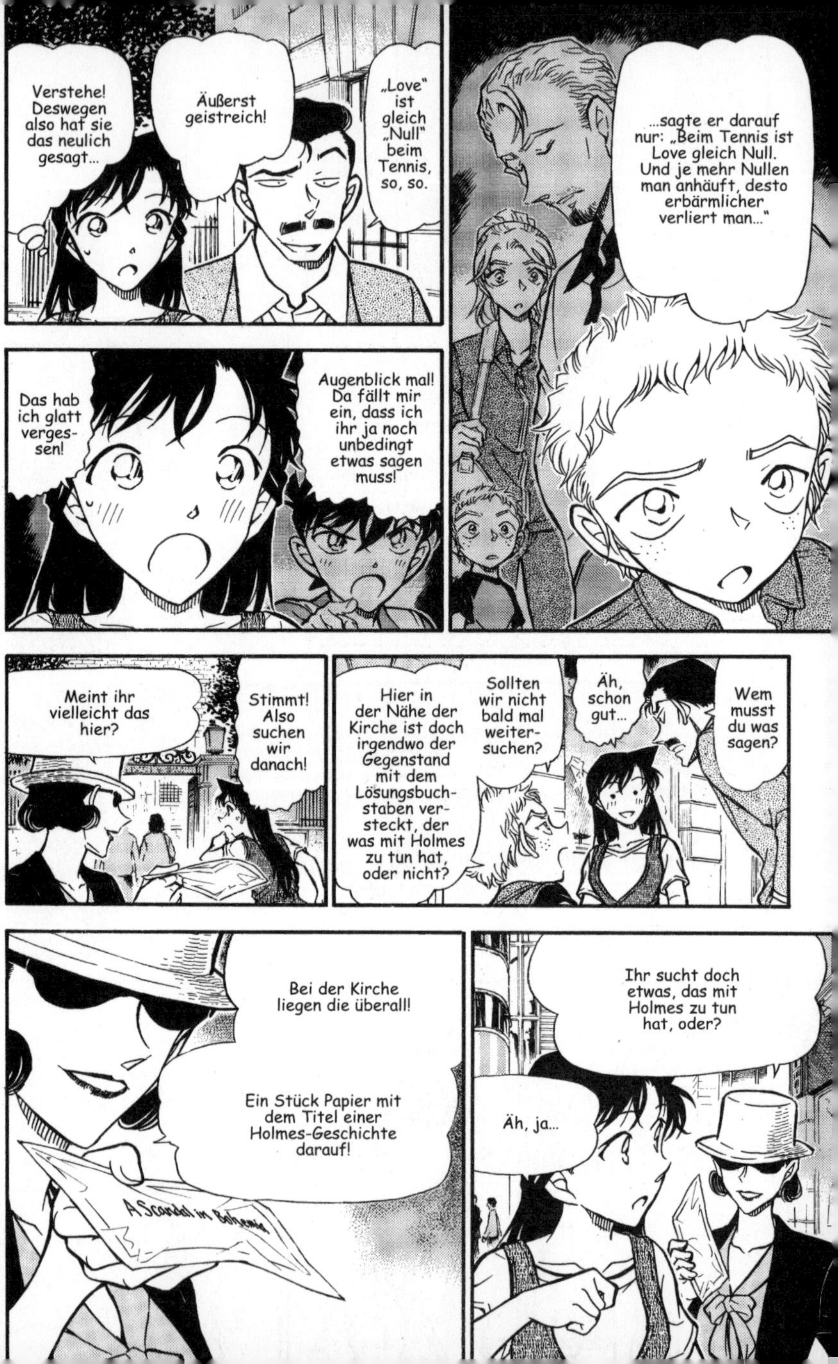
...sagte er darauf nur: „Beim Tennis ist Love gleich Null. Und je mehr Nullen man anhäuft, desto erbärmlicher verliert man..."
„Love" ist gleich „Null" beim Tennis, so, so.
Äußerst geistreich!
Verstehe! Deswegen also hat sie das neulich gesagt...
Augenblick mal! Da fällt mir ein, dass ich ihr ja noch unbedingt etwas sagen muss!
Das hab ich glatt verges-sen!
Wem musst du was sagen?
Äh, schon gut...
Sollten wir nicht bald mal weiter-suchen?
Hier in der Nähe der Kirche ist doch irgendwo der Gegenstand mit dem Lösungsbuch-staben ver-steckt, der was mit Holmes zu tun hat, oder nicht?
Stimmt! Also suchen wir danach!
Meint ihr vielleicht das hier?
Ihr sucht doch etwas, das mit Holmes zu tun hat, oder?
Äh, ja...
Bei der Kirche liegen die überall!
Ein Stück Papier mit dem Titel einer Holmes-Geschichte darauf!
A Scandal in Bohemia

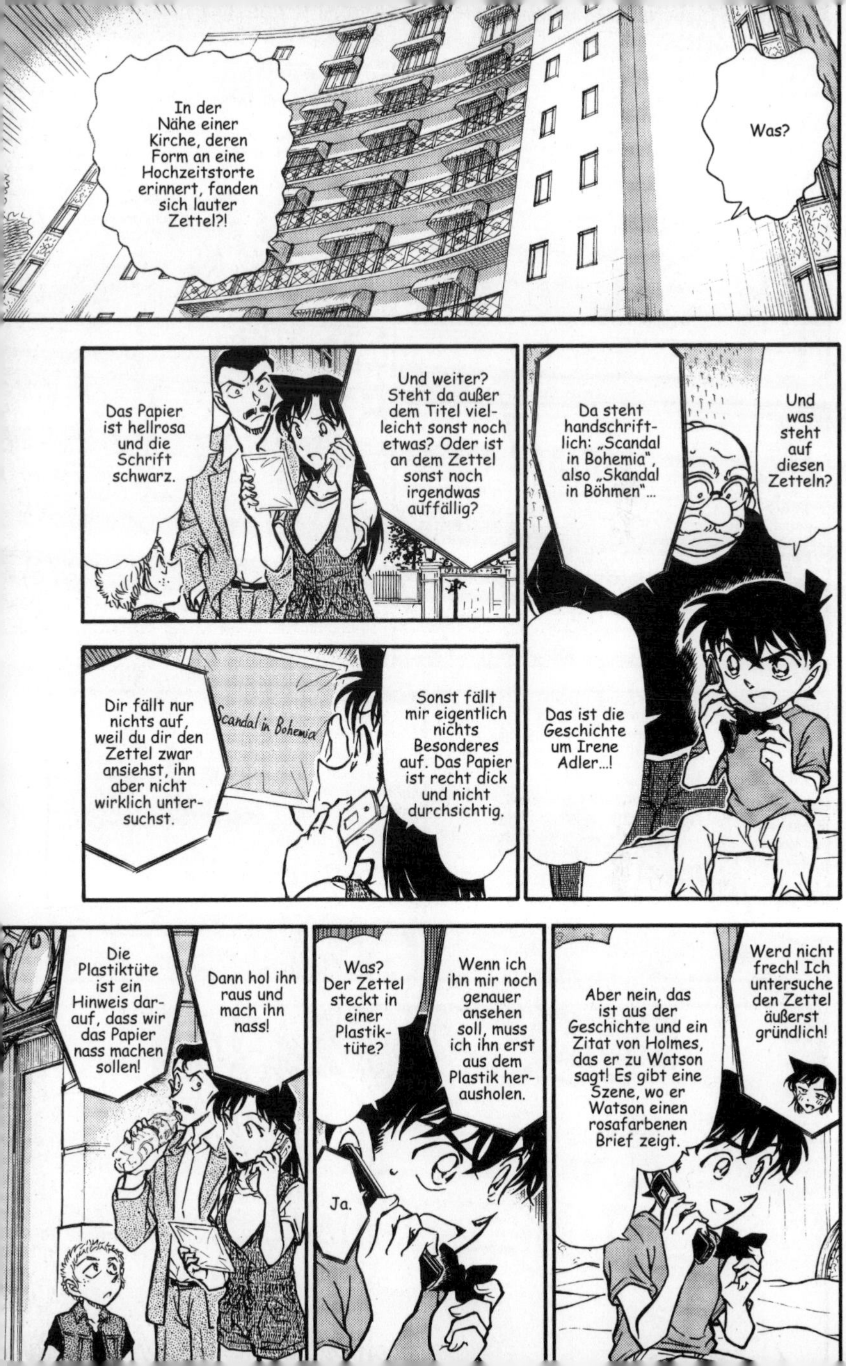

Was?
In der Nähe einer Kirche, deren Form an eine Hochzeitstorte erinnert, fanden sich lauter Zettel?!
Und was steht auf diesen Zetteln?
Da steht handschriftlich: „Scandal in Bohemia“, also „Skandal in Böhmen“...
Und weiter? Steht da außer dem Titel vielleicht sonst noch etwas? Oder ist an dem Zettel sonst noch irgendwas auffällig?
Das Papier ist hellrosa und die Schrift schwarz.
Das ist die Geschichte um Irene Adler...!
Sonst fällt mir eigentlich nichts Besonderes auf. Das Papier ist recht dick und nicht durchsichtig.
Scandal in Bohemia
Dir fällt nur nichts auf, weil du dir den Zettel zwar ansiehst, ihn aber nicht wirklich untersuchst.
Werd nicht frech! Ich untersuche den Zettel äußerst gründlich!
Aber nein, das ist aus der Geschichte und ein Zitat von Holmes, das er zu Watson sagt! Es gibt eine Szene, wo er Watson einen rosafarbenen Brief zeigt.
Wenn ich ihn mir noch genauer ansehen soll, muss ich ihn erst aus dem Plastik herausholen.
Was? Der Zettel steckt in einer Plastiktüte?
Ja.
Dann hol ihn raus und mach ihn nass!
Die Plastiktüte ist ein Hinweis darauf, dass wir das Papier nass machen sollen!

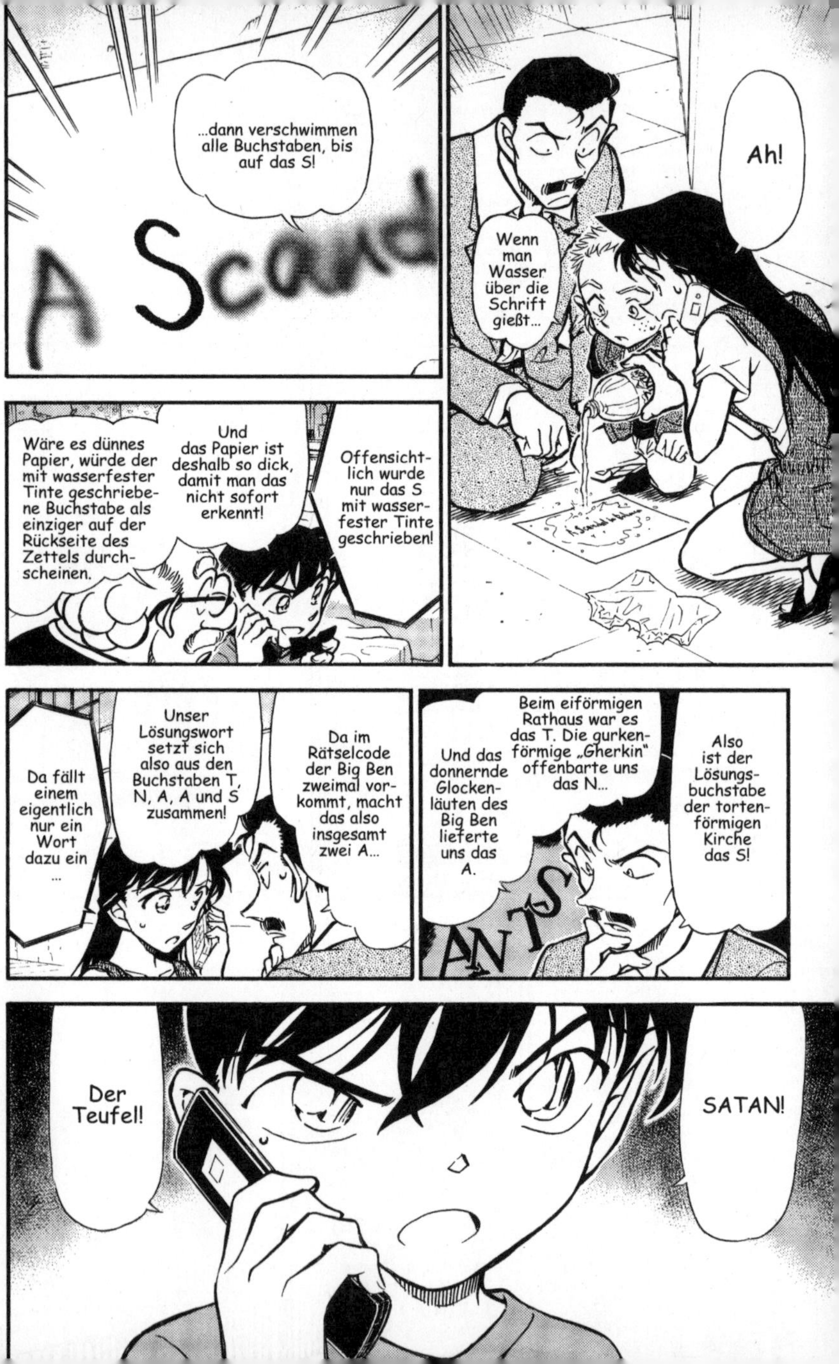
Ah!
Wenn man Wasser über die Schrift gießt...
...dann verschwimmen alle Buchstaben, bis auf das S!
A Scand
Offensichtlich wurde nur das S mit wasserfester Tinte geschrieben!
Und das Papier ist deshalb so dick, damit man das nicht sofort erkennt!
Wäre es dünnes Papier, würde der mit wasserfester Tinte geschriebene Buchstabe als einziger auf der Rückseite des Zettels durchscheinen.
Also ist der Lösungsbuchstabe der tortenförmigen Kirche das S!
Beim eiförmigen Rathaus war es das T. Die gurkenförmige „Gherkin" offenbarte uns das N...
Und das donnernde Glockenläuten des Big Ben lieferte uns das A.
ANTS
Da im Rätselcode der Big Ben zweimal vorkommt, macht das also insgesamt zwei A...
Unser Lösungswort setzt sich also aus den Buchstaben T, N, A, A und S zusammen!
Da fällt einem eigentlich nur ein Wort dazu ein ...
SATAN!
Der Teufel!

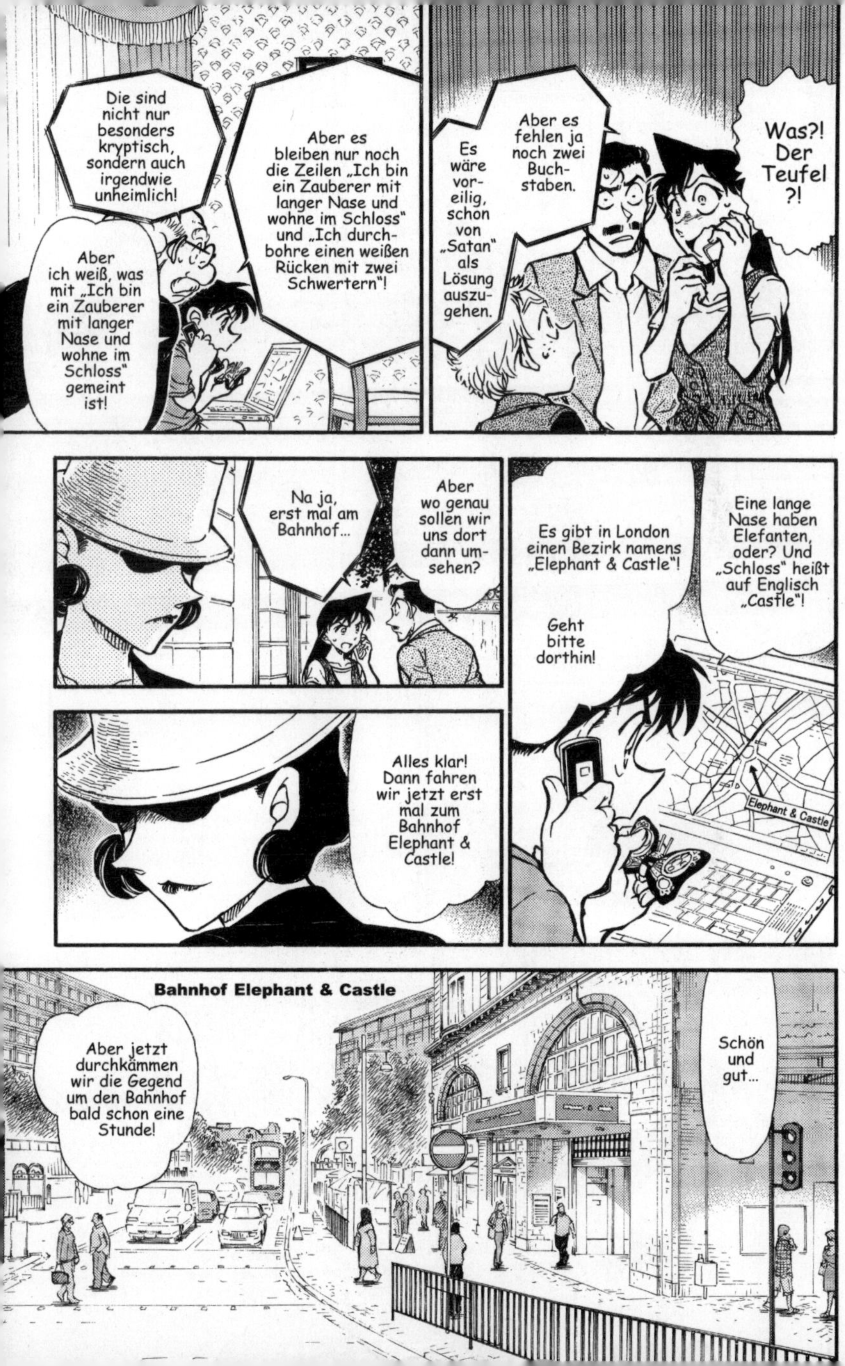
Was?! Der Teufel ?!
Aber es fehlen ja noch zwei Buchstaben.
Es wäre voreilig, schon von „Satan" als Lösung auszugehen.
Aber es bleiben nur noch die Zeilen „Ich bin ein Zauberer mit langer Nase und wohne im Schloss" und „Ich durchbohre einen weißen Rücken mit zwei Schwertern"!
Die sind nicht nur besonders kryptisch, sondern auch irgendwie unheimlich!
Aber ich weiß, was mit „Ich bin ein Zauberer mit langer Nase und wohne im Schloss" gemeint ist!
Eine lange Nase haben Elefanten, oder? Und „Schloss" heißt auf Englisch „Castle"!
Es gibt in London einen Bezirk namens „Elephant & Castle"!
Geht bitte dorthin!
Aber wo genau sollen wir uns dort dann umsehen?
Na ja, erst mal am Bahnhof...
Elephant & Castle
Alles klar! Dann fahren wir jetzt erst mal zum Bahnhof Elephant & Castle!
Bahnhof Elephant & Castle
Schön und gut...
Aber jetzt durchkämmen wir die Gegend um den Bahnhof bald schon eine Stunde!

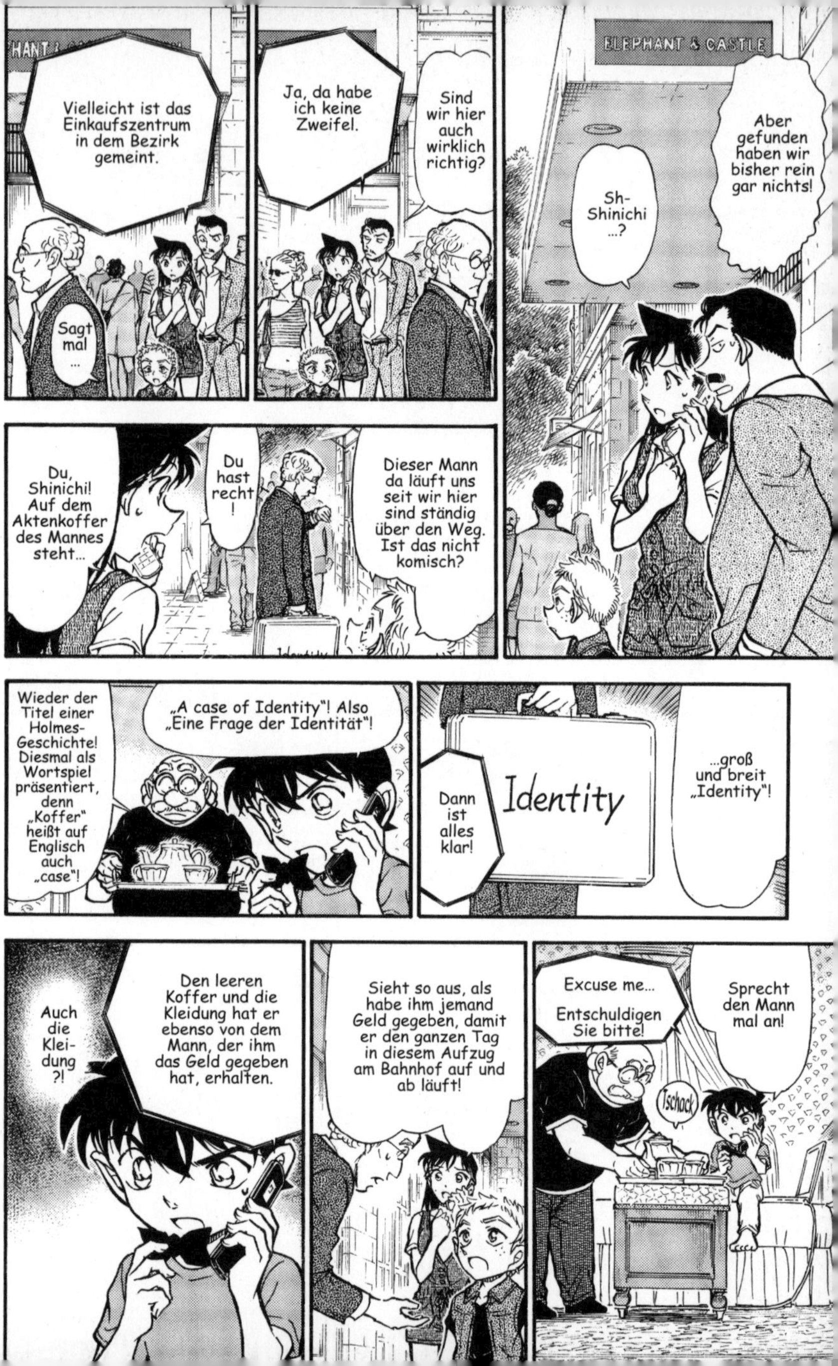
ELEPHANT & CASTLE
Aber gefunden haben wir bisher rein gar nichts!
Sh-Shinichi ...?
Sind wir hier auch wirklich richtig?
Ja, da habe ich keine Zweifel.
Vielleicht ist das Einkaufszentrum in dem Bezirk gemeint.
Sagt mal ...
Dieser Mann da läuft uns seit wir hier sind ständig über den Weg. Ist das nicht komisch?
Du hast recht!
Du, Shinichi! Auf dem Aktenkoffer des Mannes steht...
...groß und breit „Identity“!
Identity
Dann ist alles klar!
„A case of Identity“! Also „Eine Frage der Identität“!
Wieder der Titel einer Holmes-Geschichte! Diesmal als Wortspiel präsentiert, denn „Koffer“ heißt auf Englisch auch „case“!
Sprecht den Mann mal an!
Excuse me...
Entschuldigen Sie bitte!
Tschack
Sieht so aus, als habe ihm jemand Geld gegeben, damit er den ganzen Tag in diesem Aufzug am Bahnhof auf und ab läuft!
Den leeren Koffer und die Kleidung hat er ebenso von dem Mann, der ihm das Geld gegeben hat, erhalten.
Auch die Kleidung ?!

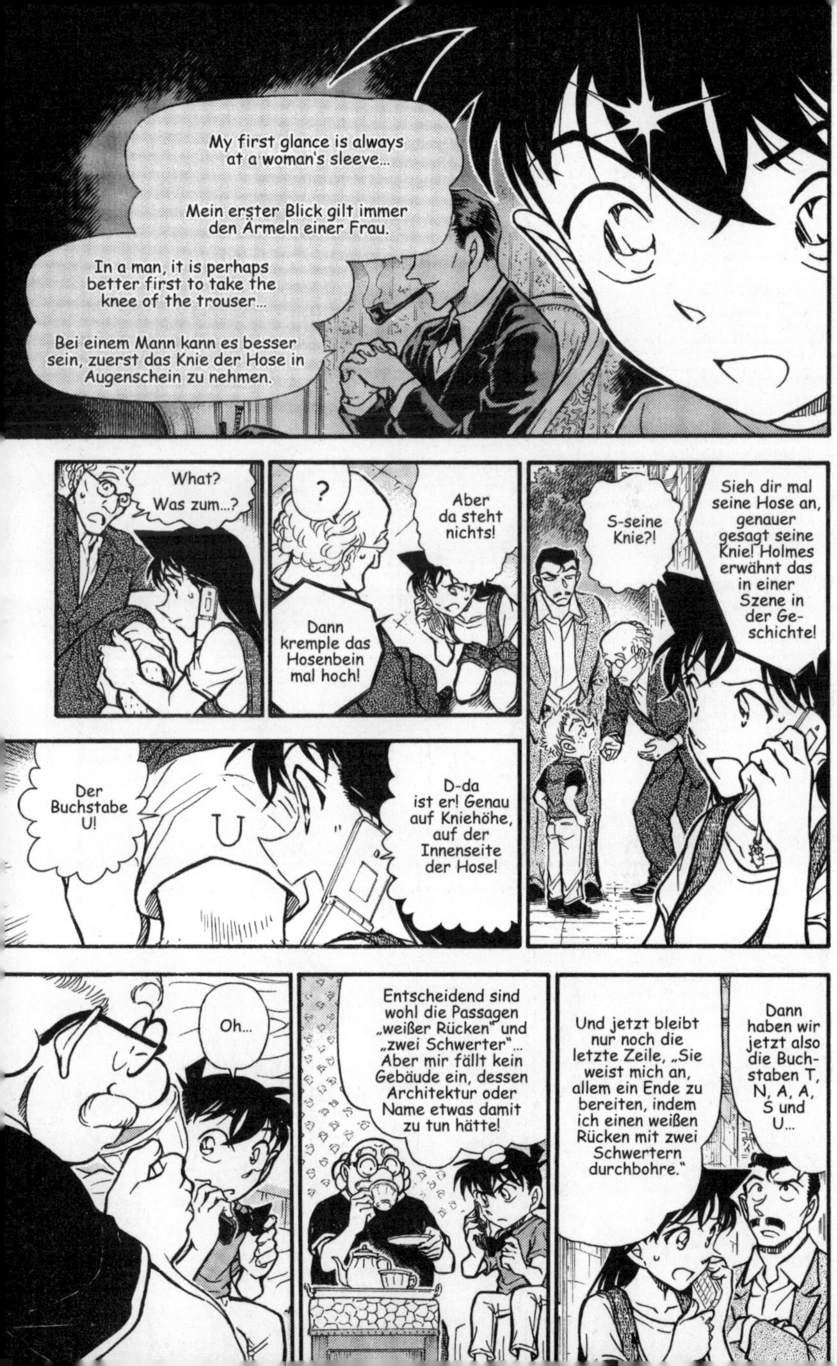

My first glance is always at a woman's sleeve...
Mein erster Blick gilt immer den Ärmeln einer Frau.
In a man, it is perhaps better first to take the knee of the trouser...
Bei einem Mann kann es besser sein, zuerst das Knie der Hose in Augenschein zu nehmen.
Sieh dir mal seine Hose an, genauer gesagt seine Knie! Holmes erwähnt das in einer Szene in der Geschichte!
S-seine Knie?!
Aber da steht nichts!
?
Dann kremple das Hosenbein mal hoch!
What?
Was zum...?
D-da ist er! Genau auf Kniehöhe, auf der Innenseite der Hose!
U
Der Buchstabe U!
Dann haben wir jetzt also die Buchstaben T, N, A, A, S und U...
Und jetzt bleibt nur noch die letzte Zeile, „Sie weist mich an, allem ein Ende zu bereiten, indem ich einen weißen Rücken mit zwei Schwertern durchbohre."
Entscheidend sind wohl die Passagen „weißer Rücken" und „zwei Schwerter"... Aber mir fällt kein Gebäude ein, dessen Architektur oder Name etwas damit zu tun hätte!
Oh...

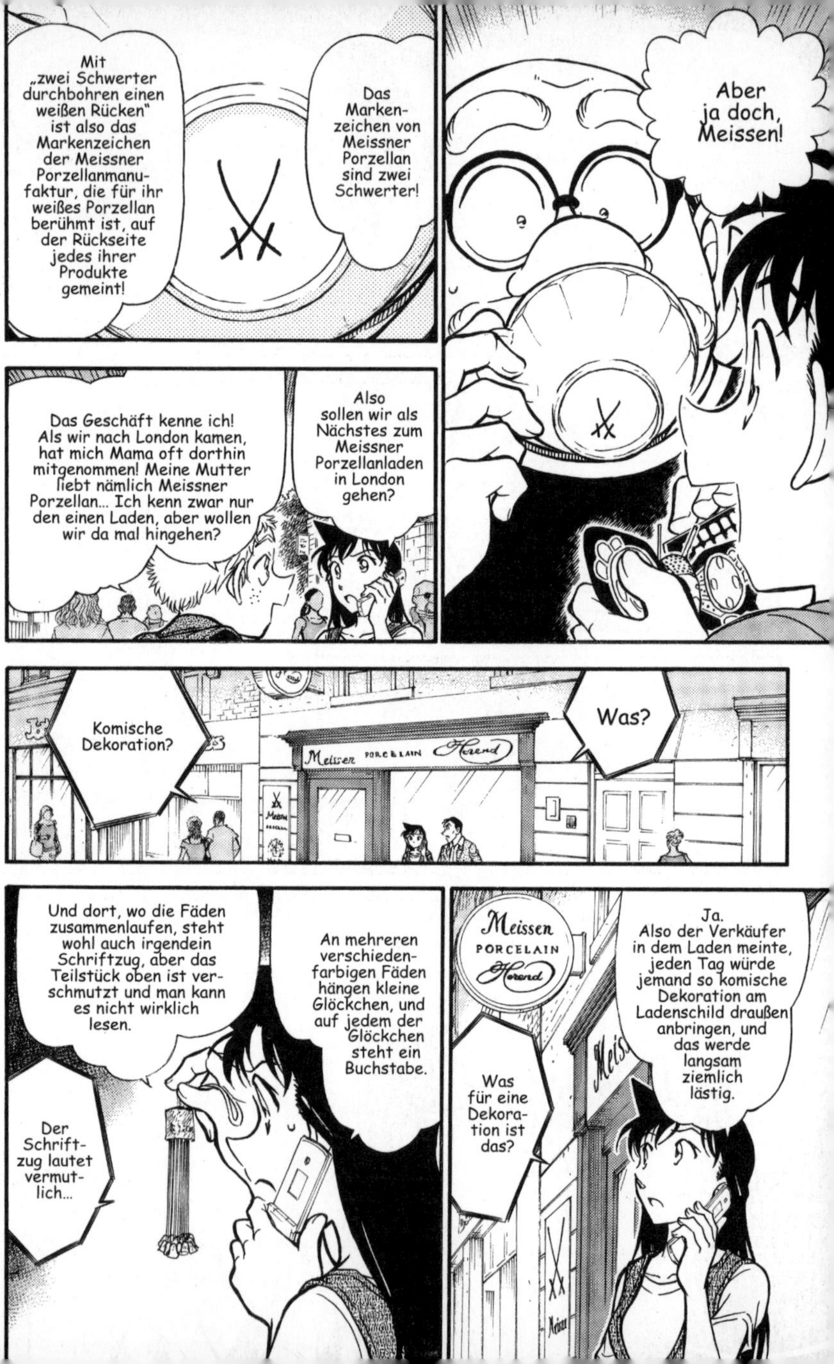

Aber ja doch, Meissen!
Das Marken-zeichen von Meissner Porzellan sind zwei Schwerter!
Mit „zwei Schwerter durchbohren einen weißen Rücken“ ist also das Markenzeichen der Meissner Porzellanmanu-faktur, die für ihr weißes Porzellan berühmt ist, auf der Rückseite jedes ihrer Produkte gemeint!
Also sollen wir als Nächstes zum Meissner Porzellanladen in London gehen?
Das Geschäft kenne ich! Als wir nach London kamen, hat mich Mama oft dorthin mitgenommen! Meine Mutter liebt nämlich Meissner Porzellan... Ich kenn zwar nur den einen Laden, aber wollen wir da mal hingehen?
Was?
Meissen PORCELAIN Herend
Komische Dekoration?
Meissen PORCELAIN Herend
Ja. Also der Verkäufer in dem Laden meinte, jeden Tag würde jemand so komische Dekoration am Ladenschild draußen anbringen, und das werde langsam ziemlich lästig.
Was für eine Dekora-tion ist das?
An mehreren verschieden-farbigen Fäden hängen kleine Glöckchen, und auf jedem der Glöckchen steht ein Buchstabe.
Und dort, wo die Fäden zusammenlaufen, steht wohl auch irgendein Schriftzug, aber das Teilstück oben ist ver-schmutzt und man kann es nicht wirklich lesen.
Der Schrift-zug lautet vermut-lich...

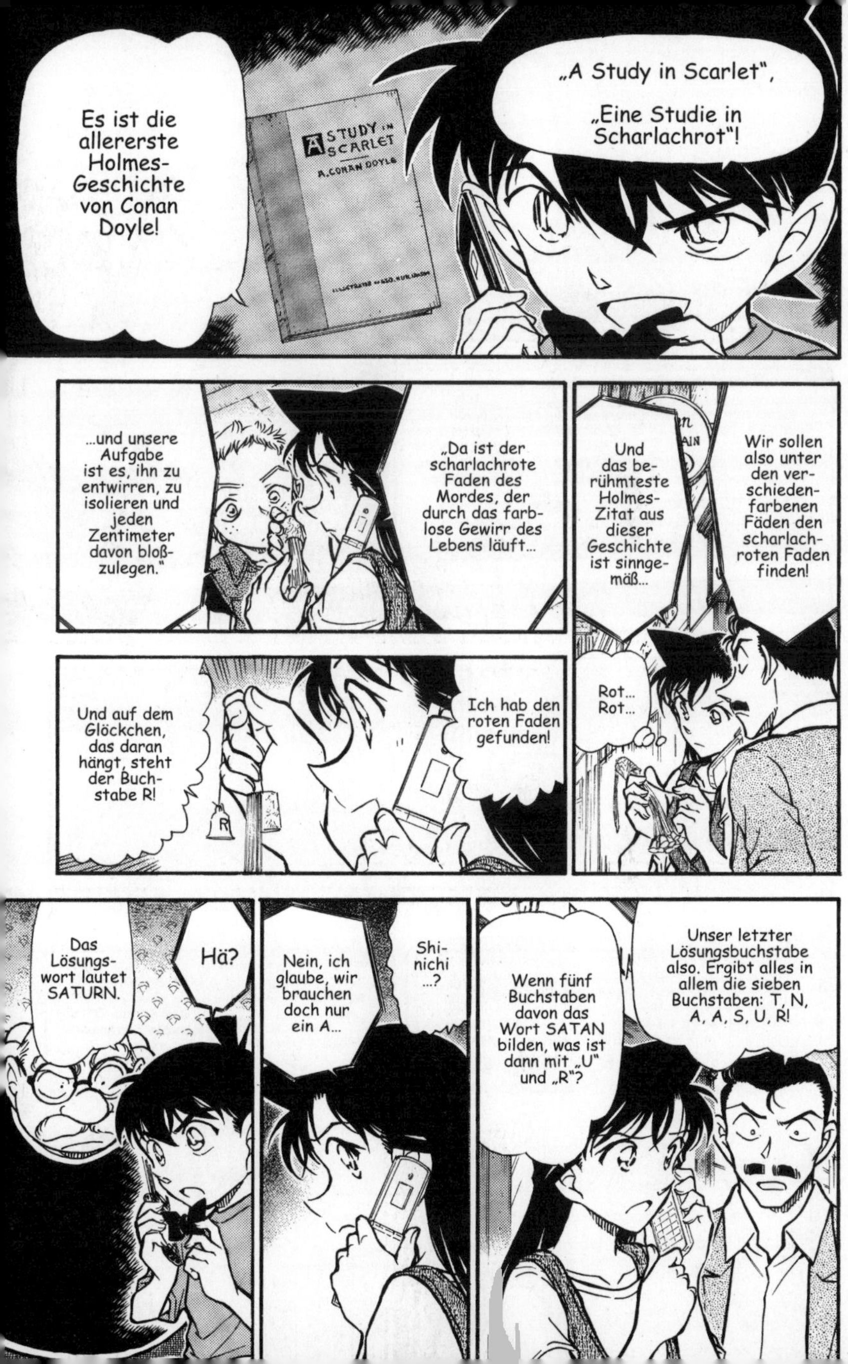
„A Study in Scarlet",
„Eine Studie in Scharlachrot"!
Es ist die allererste Holmes-Geschichte von Conan Doyle!
Wir sollen also unter den verschiedenfarbenen Fäden den scharlachroten Faden finden!
Und das berühmteste Holmes-Zitat aus dieser Geschichte ist sinngemäß...
„Da ist der scharlachrote Faden des Mordes, der durch das farblose Gewirr des Lebens läuft...
...und unsere Aufgabe ist es, ihn zu entwirren, zu isolieren und jeden Zentimeter davon bloßzulegen."
Rot... Rot...
Ich hab den roten Faden gefunden!
Und auf dem Glöckchen, das daran hängt, steht der Buchstabe R!
Unser letzter Lösungsbuchstabe also. Ergibt alles in allem die sieben Buchstaben: T, N, A, A, S, U, R!
Wenn fünf Buchstaben davon das Wort SATAN bilden, was ist dann mit „U" und „R"?
Shi-nichi ...?
Nein, ich glaube, wir brauchen doch nur ein A...
Hä?
Das Lösungswort lautet SATURN.

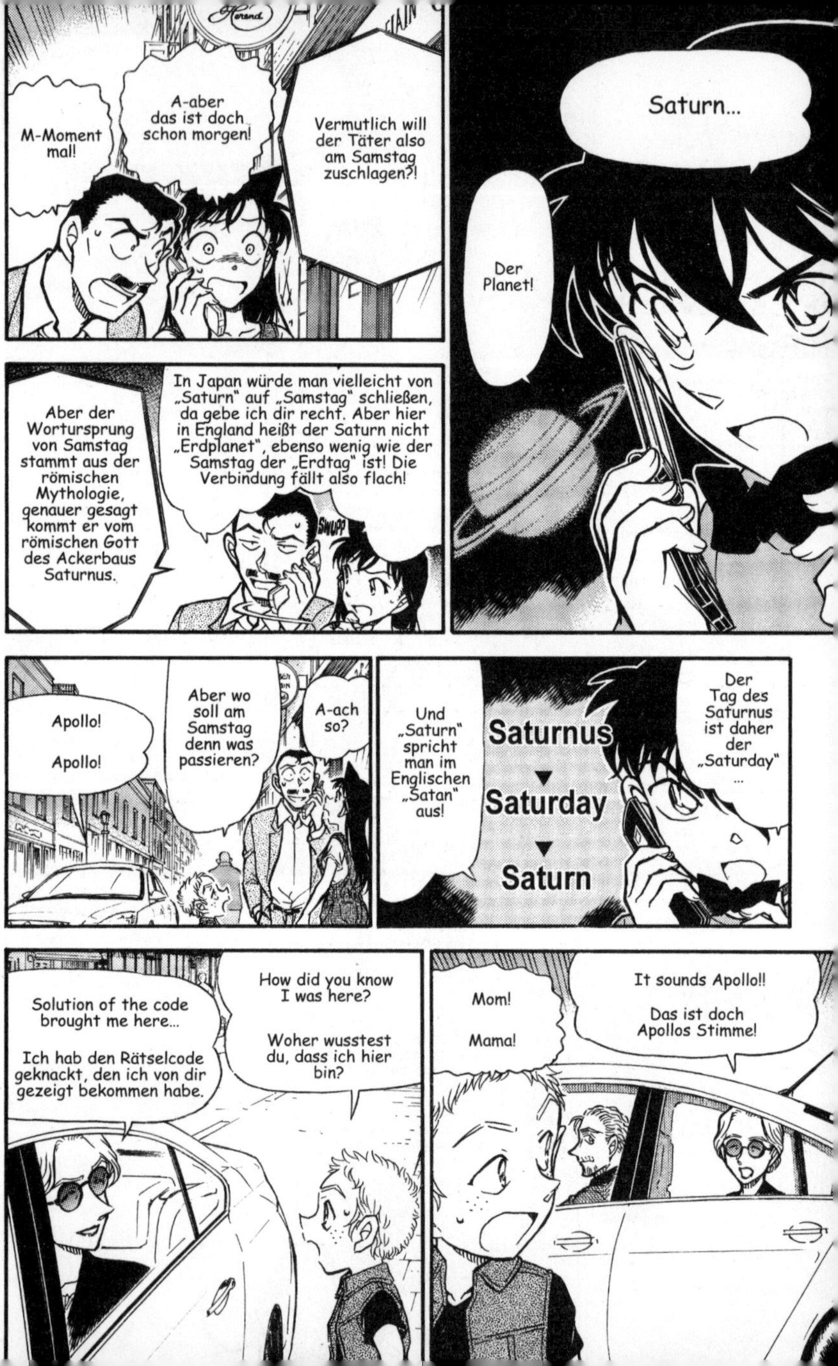
Saturn...
Der Planet!
Vermutlich will der Täter also am Samstag zuschlagen?!
A-aber das ist doch schon morgen!
M-Moment mal!
In Japan würde man vielleicht von „Saturn“ auf „Samstag“ schließen, da gebe ich dir recht. Aber hier in England heißt der Saturn nicht „Erdplanet“, ebenso wenig wie der Samstag der „Erdtag“ ist! Die Verbindung fällt also flach!
Aber der Wortursprung von Samstag stammt aus der römischen Mythologie, genauer gesagt kommt er vom römischen Gott des Ackerbaus Saturnus.
SWUPP
Der Tag des Saturnus ist daher der „Saturday“ ...
Saturnus
▼
Saturday
▼
Saturn
Und „Saturn“ spricht man im Englischen „Satan“ aus!
A-ach so?
Aber wo soll am Samstag denn was passieren?
Apollo!
Apollo!
It sounds Apollo!!
Das ist doch Apollos Stimme!
Mom!
Mama!
How did you know I was here?
Woher wusstest du, dass ich hier bin?
Solution of the code brought me here...
Ich hab den Rätselcode geknackt, den ich von dir gezeigt bekommen habe.

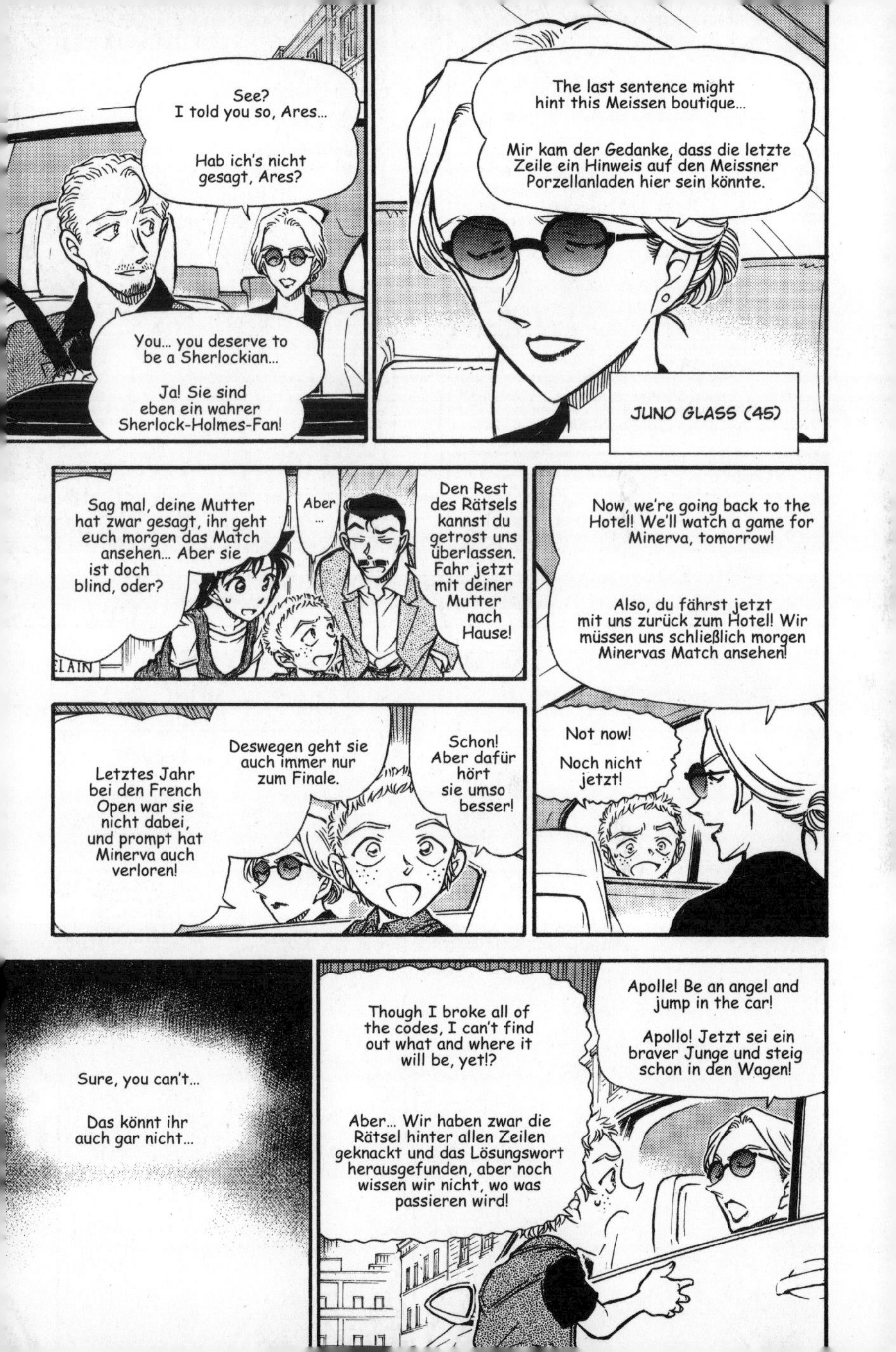
The last sentence might hint this Meissen boutique...
Mir kam der Gedanke, dass die letzte Zeile ein Hinweis auf den Meissner Porzellanladen hier sein könnte.
JUNO GLASS (45)
See? I told you so, Ares...
Hab ich's nicht gesagt, Ares?
You... you deserve to be a Sherlockian...
Ja! Sie sind eben ein wahrer Sherlock-Holmes-Fan!
Now, we're going back to the Hotel! We'll watch a game for Minerva, tomorrow!
Also, du fährst jetzt mit uns zurück zum Hotel! Wir müssen uns schließlich morgen Minervas Match ansehen!
Den Rest des Rätsels kannst du getrost uns überlassen. Fahr jetzt mit deiner Mutter nach Hause!
Aber ...
Sag mal, deine Mutter hat zwar gesagt, ihr geht euch morgen das Match ansehen... Aber sie ist doch blind, oder?
Not now!
Noch nicht jetzt!
Schon! Aber dafür hört sie umso besser!
Deswegen geht sie auch immer nur zum Finale.
Letztes Jahr bei den French Open war sie nicht dabei, und prompt hat Minerva auch verloren!
Apolle! Be an angel and jump in the car!
Apollo! Jetzt sei ein braver Junge und steig schon in den Wagen!
Though I broke all of the codes, I can't find out what and where it will be, yet!?
Aber... Wir haben zwar die Rätsel hinter allen Zeilen geknackt und das Lösungswort herausgefunden, aber noch wissen wir nicht, wo was passieren wird!
Sure, you can't...
Das könnt ihr auch gar nicht...

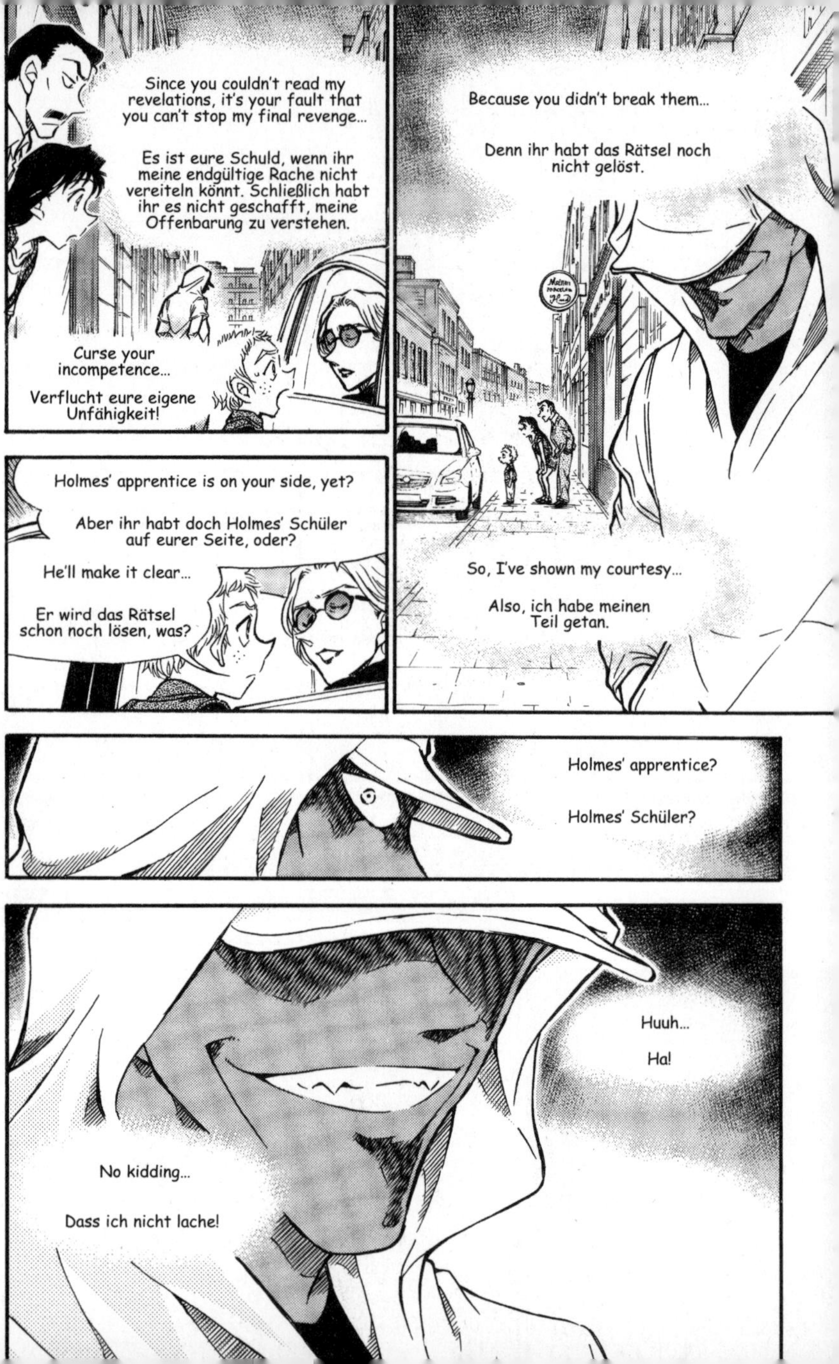
Since you couldn't read my revelations, it's your fault that you can't stop my final revenge...
Es ist eure Schuld, wenn ihr meine endgültige Rache nicht vereiteln könnt. Schließlich habt ihr es nicht geschafft, meine Offenbarung zu verstehen.
Curse your incompetence...
Verflucht eure eigene Unfähigkeit!
Because you didn't break them...
Denn ihr habt das Rätsel noch nicht gelöst.
So, I've shown my courtesy...
Also, ich habe meinen Teil getan.
Holmes' apprentice is on your side, yet?
Aber ihr habt doch Holmes' Schüler auf eurer Seite, oder?
He'll make it clear...
Er wird das Rätsel schon noch lösen, was?
Holmes' apprentice?
Holmes' Schüler?
Huuh...
Ha!
No kidding...
Dass ich nicht lache!

FALL 217

KAPITEL 6

Ein „A“ zu viel

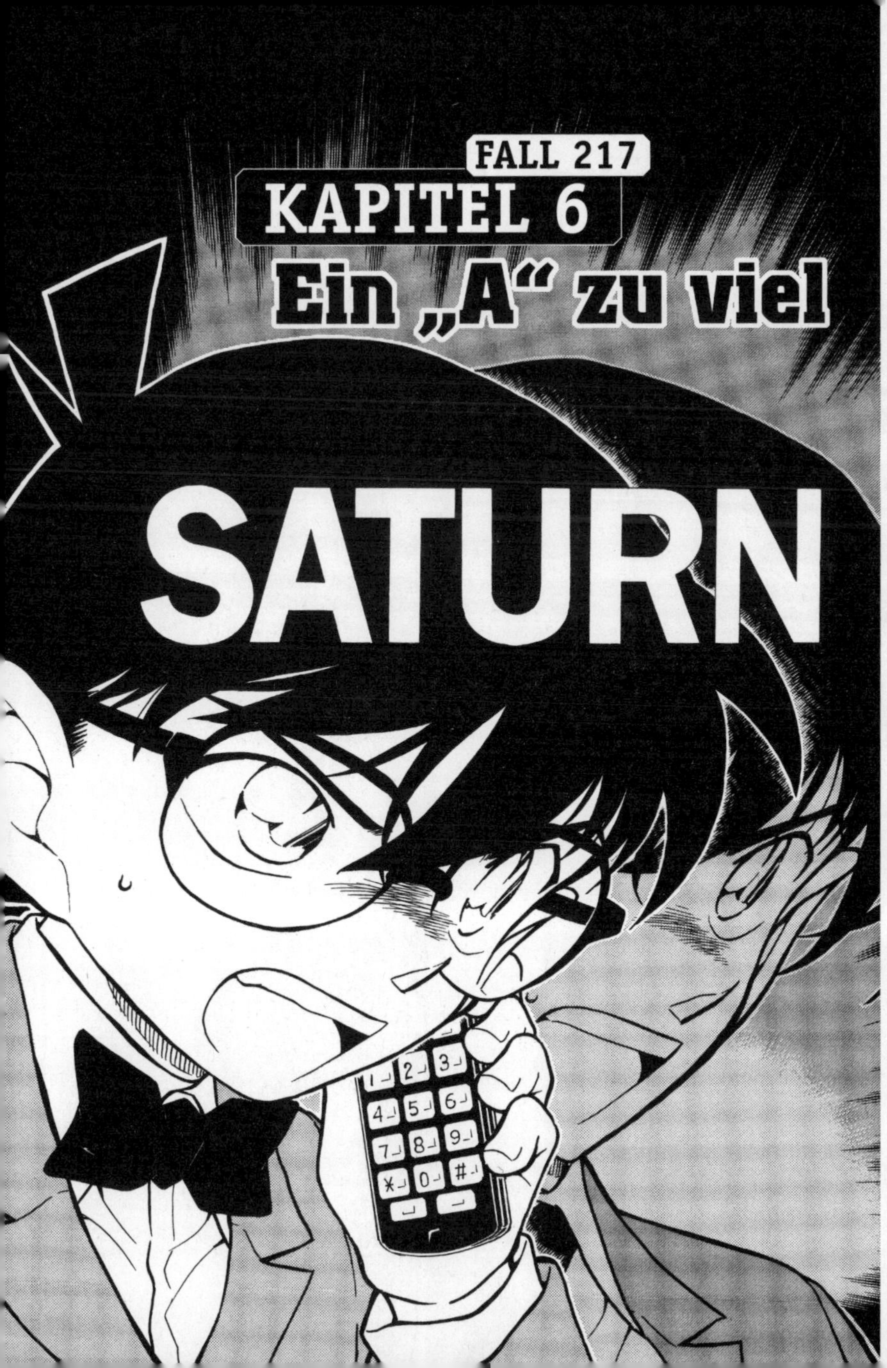

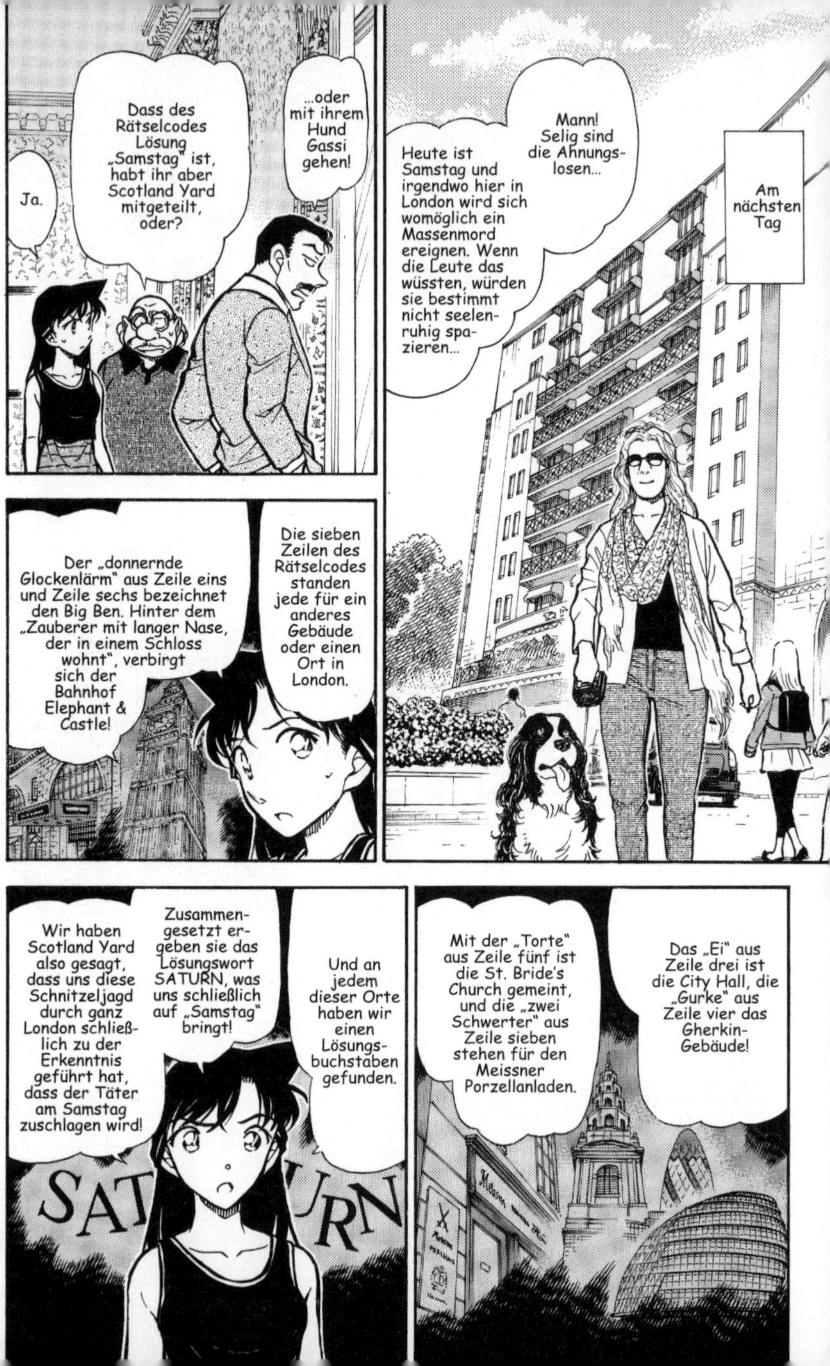
Am nächsten Tag
Mann! Selig sind die Ahnungslosen...
Heute ist Samstag und irgendwo hier in London wird sich womöglich ein Massenmord ereignen. Wenn die Leute das wüssten, würden sie bestimmt nicht seelenruhig spazieren...
...oder mit ihrem Hund Gassi gehen!
Dass des Rätselcodes Lösung „Samstag" ist, habt ihr aber Scotland Yard mitgeteilt, oder?
Ja.
Die sieben Zeilen des Rätselcodes standen jede für ein anderes Gebäude oder einen Ort in London.
Der „donnernde Glockenlärm" aus Zeile eins und Zeile sechs bezeichnet den Big Ben. Hinter dem „Zauberer mit langer Nase, der in einem Schloss wohnt", verbirgt sich der Bahnhof Elephant & Castle!
Das „Ei" aus Zeile drei ist die City Hall, die „Gurke" aus Zeile vier das Gherkin-Gebäude!
Mit der „Torte" aus Zeile fünf ist die St. Bride's Church gemeint, und die „zwei Schwerter" aus Zeile sieben stehen für den Meissner Porzellanladen.
Und an jedem dieser Orte haben wir einen Lösungsbuchstaben gefunden.
Zusammengesetzt ergeben sie das Lösungswort SATURN, was uns schließlich auf „Samstag" bringt!
Wir haben Scotland Yard also gesagt, dass uns diese Schnitzeljagd durch ganz London schließlich zu der Erkenntnis geführt hat, dass der Täter am Samstag zuschlagen wird!
SATURN

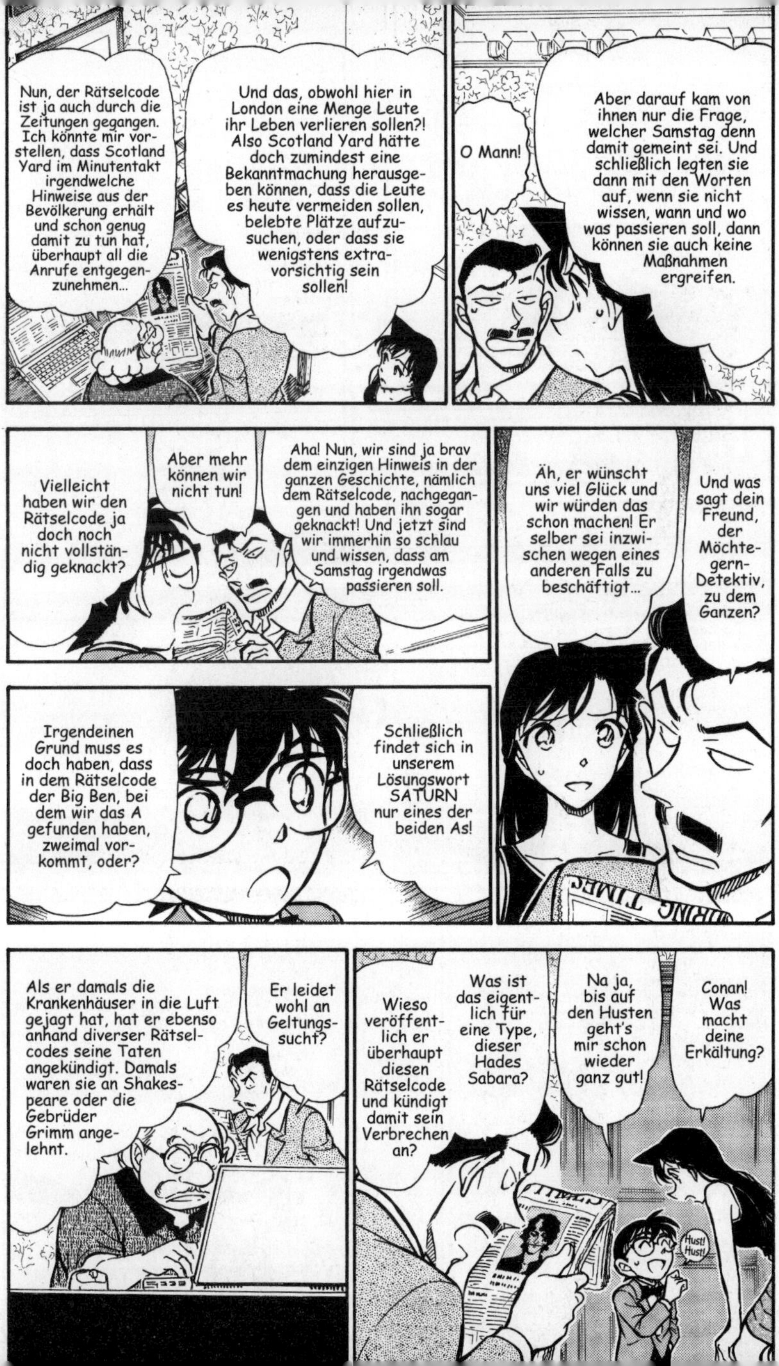

Aber darauf kam von ihnen nur die Frage, welcher Samstag denn damit gemeint sei. Und schließlich legten sie dann mit den Worten auf, wenn sie nicht wissen, wann und wo was passieren soll, dann können sie auch keine Maßnahmen ergreifen.
O Mann!
Und das, obwohl hier in London eine Menge Leute ihr Leben verlieren sollen?! Also Scotland Yard hätte doch zumindest eine Bekanntmachung herausgeben können, dass die Leute es heute vermeiden sollen, belebte Plätze aufzusuchen, oder dass sie wenigstens extravorsichtig sein sollen!
Nun, der Rätselcode ist ja auch durch die Zeitungen gegangen. Ich könnte mir vorstellen, dass Scotland Yard im Minutentakt irgendwelche Hinweise aus der Bevölkerung erhält und schon genug damit zu tun hat, überhaupt all die Anrufe entgegenzunehmen...
Und was sagt dein Freund, der Möchtegern-Detektiv, zu dem Ganzen?
Äh, er wünscht uns viel Glück und wir würden das schon machen! Er selber sei inzwischen wegen eines anderen Falls zu beschäftigt...
Aha! Nun, wir sind ja brav dem einzigen Hinweis in der ganzen Geschichte, nämlich dem Rätselcode, nachgegangen und haben ihn sogar geknackt! Und jetzt sind wir immerhin so schlau und wissen, dass am Samstag irgendwas passieren soll.
Aber mehr können wir nicht tun!
Vielleicht haben wir den Rätselcode ja doch noch nicht vollständig geknackt?
Schließlich findet sich in unserem Lösungswort SATURN nur eines der beiden As!
Irgendeinen Grund muss es doch haben, dass in dem Rätselcode der Big Ben, bei dem wir das A gefunden haben, zweimal vorkommt, oder?
Conan! Was macht deine Erkältung?
Na ja, bis auf den Husten geht's mir schon wieder ganz gut!
Hust! Hust!
Was ist das eigentlich für eine Type, dieser Hades Sabara?
Wieso veröffentlich er überhaupt diesen Rätselcode und kündigt damit sein Verbrechen an?
Er leidet wohl an Geltungssucht?
Als er damals die Krankenhäuser in die Luft gejagt hat, hat er ebenso anhand diverser Rätselcodes seine Taten angekündigt. Damals waren sie an Shakespeare oder die Gebrüder Grimm angelehnt.

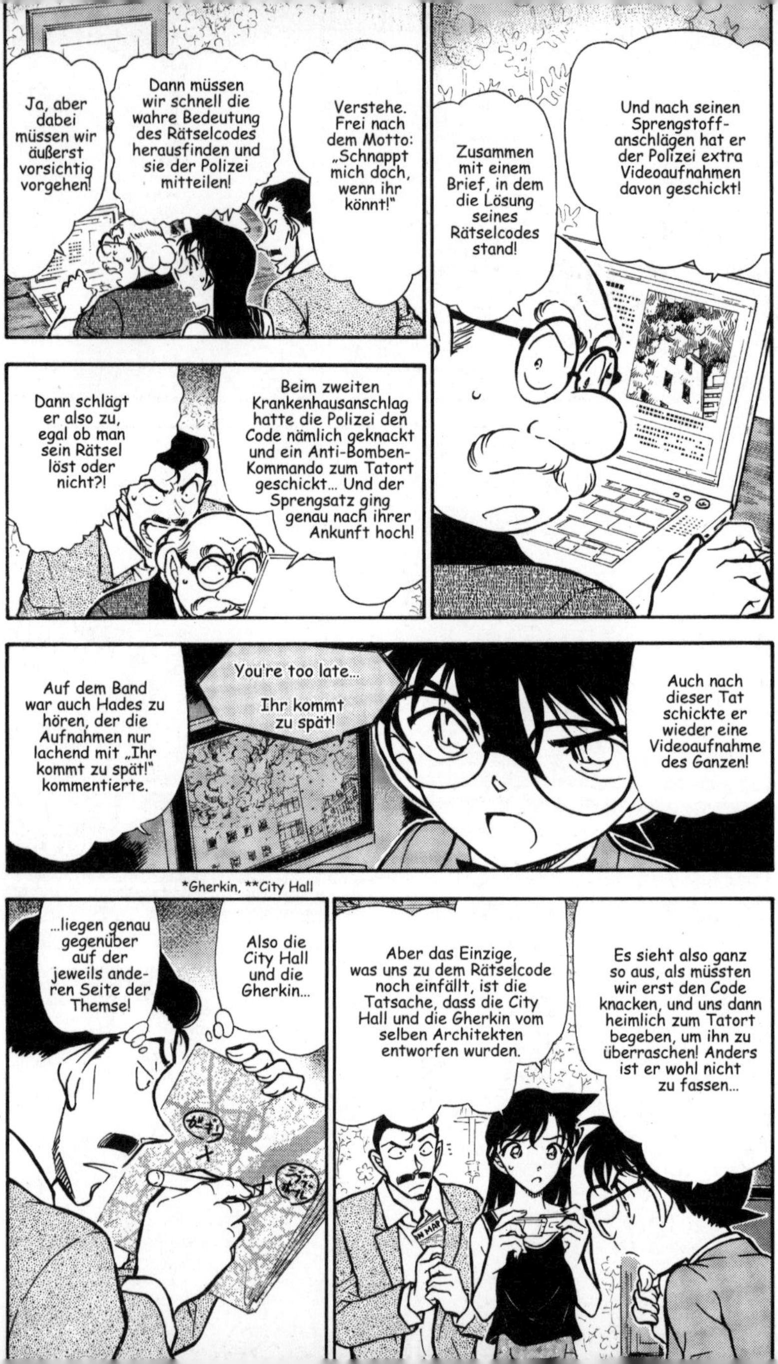

*Gherkin, **City Hall

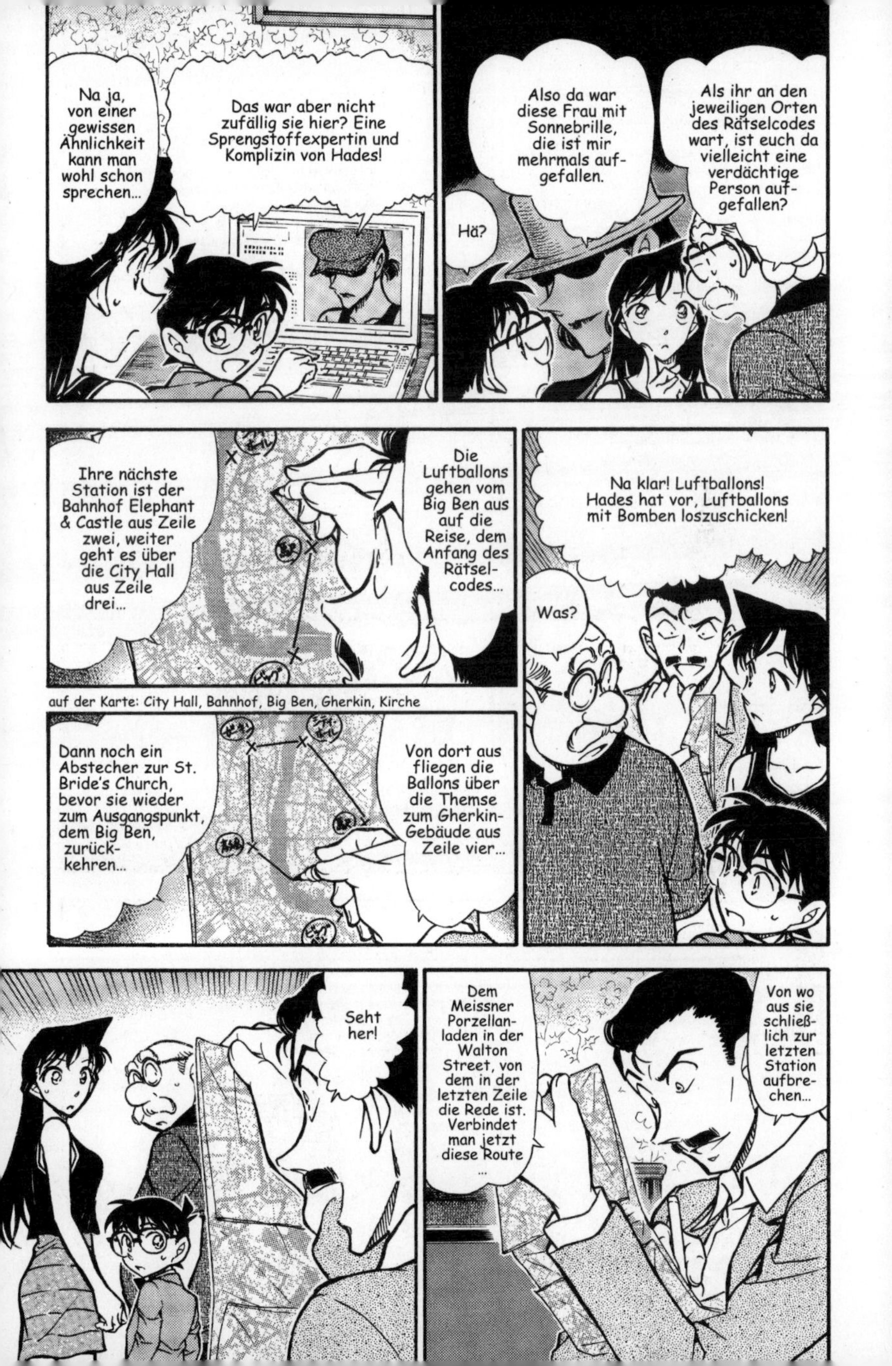
Als ihr an den jeweiligen Orten des Rätselcodes wart, ist euch da vielleicht eine verdächtige Person aufgefallen?
Hä?
Also da war diese Frau mit Sonnebrille, die ist mir mehrmals aufgefallen.
Das war aber nicht zufällig sie hier? Eine Sprengstoffexpertin und Komplizin von Hades!
Na ja, von einer gewissen Ähnlichkeit kann man wohl schon sprechen...
Na klar! Luftballons! Hades hat vor, Luftballons mit Bomben loszuschicken!
Was?
Die Luftballons gehen vom Big Ben aus auf die Reise, dem Anfang des Rätselcodes...
Ihre nächste Station ist der Bahnhof Elephant & Castle aus Zeile zwei, weiter geht es über die City Hall aus Zeile drei...
auf der Karte: City Hall, Bahnhof, Big Ben, Gherkin, Kirche
Von dort aus fliegen die Ballons über die Themse zum Gherkin-Gebäude aus Zeile vier...
Dann noch ein Abstecher zur St. Bride's Church, bevor sie wieder zum Ausgangspunkt, dem Big Ben, zurückkehren...
Von wo aus sie schließlich zur letzten Station aufbrechen...
Dem Meissner Porzellanladen in der Walton Street, von dem in der letzten Zeile die Rede ist. Verbindet man jetzt diese Route ...
Seht her!

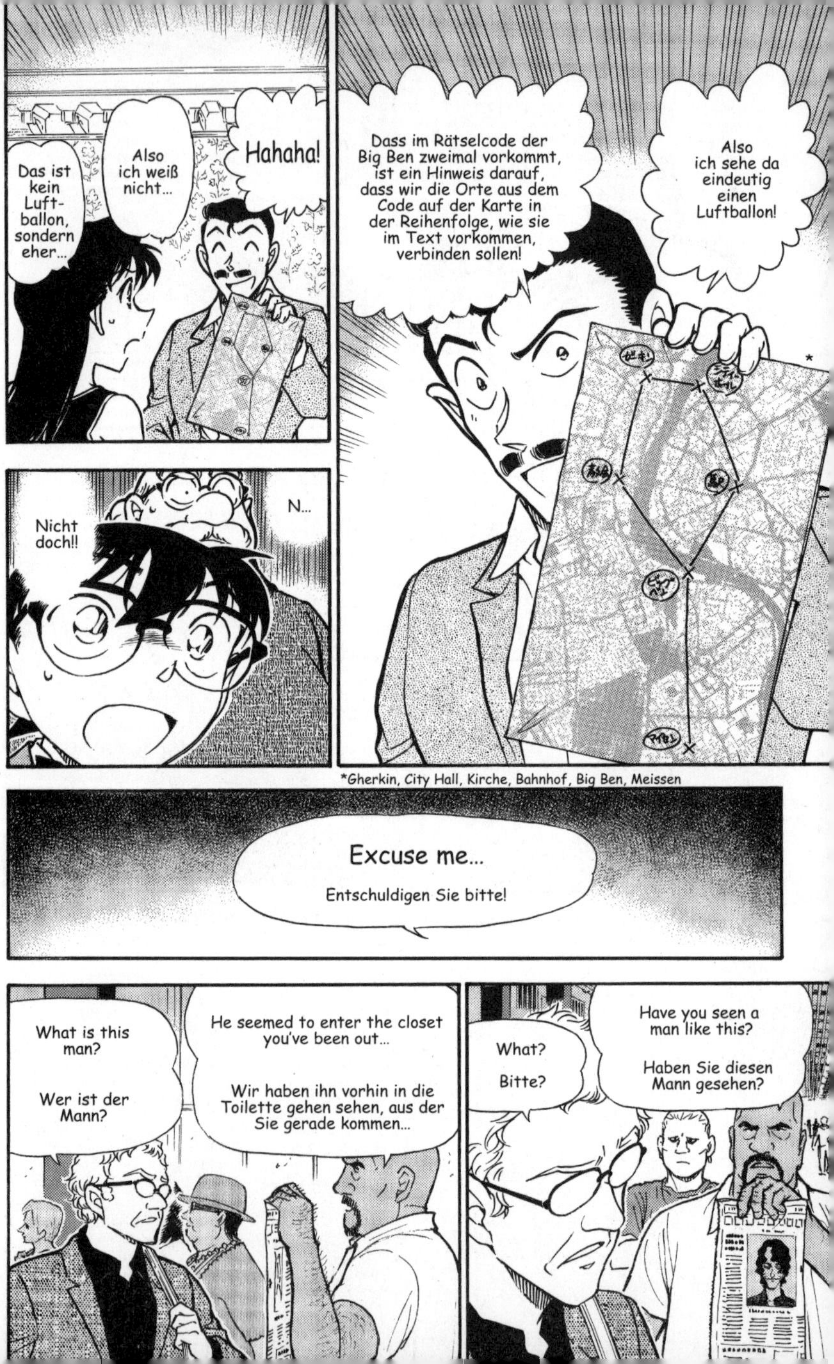
Also ich sehe da eindeutig einen Luftballon!
Dass im Rätselcode der Big Ben zweimal vorkommt, ist ein Hinweis darauf, dass wir die Orte aus dem Code auf der Karte in der Reihenfolge, wie sie im Text vorkommen, verbinden sollen!
Hahaha!
Also ich weiß nicht...
Das ist kein Luft-ballon, sondern eher...
N...
Nicht doch!!
*Gherkin, City Hall, Kirche, Bahnhof, Big Ben, Meissen
Excuse me...
Entschuldigen Sie bitte!
Have you seen a man like this?
Haben Sie diesen Mann gesehen?
What?
Bitte?
He seemed to enter the closet you've been out...
Wir haben ihn vorhin in die Toilette gehen sehen, aus der Sie gerade kommen...
What is this man?
Wer ist der Mann?

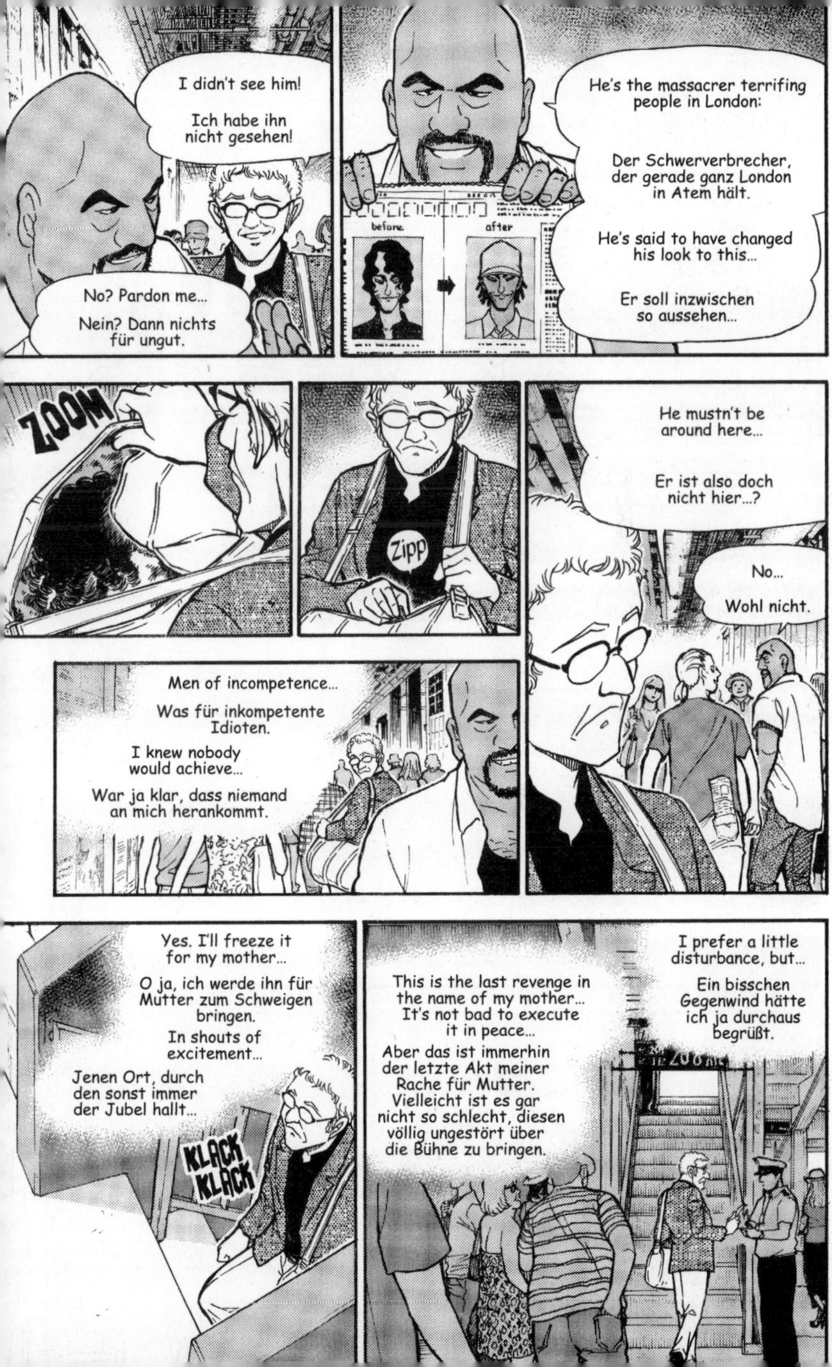
He's the massacrer terrifing people in London:
Der Schwerverbrecher, der gerade ganz London in Atem hält.
He's said to have changed his look to this...
Er soll inzwischen so aussehen...
before
after
I didn't see him!
Ich habe ihn nicht gesehen!
No? Pardon me...
Nein? Dann nichts für ungut.
He mustn't be around here...
Er ist also doch nicht hier...?
No...
Wohl nicht.
Zipp
ZOOM
Men of incompetence...
Was für inkompetente Idioten.
I knew nobody would achieve...
War ja klar, dass niemand an mich herankommt.
I prefer a little disturbance, but...
Ein bisschen Gegenwind hätte ich ja durchaus begrüßt.
This is the last revenge in the name of my mother... It's not bad to execute it in peace...
Aber das ist immerhin der letzte Akt meiner Rache für Mutter. Vielleicht ist es gar nicht so schlecht, diesen völlig ungestört über die Bühne zu bringen.
Yes. I'll freeze it for my mother...
O ja, ich werde ihn für Mutter zum Schweigen bringen.
In shouts of excitement...
Jenen Ort, durch den sonst immer der Jubel hallt...
KLACK KLACK

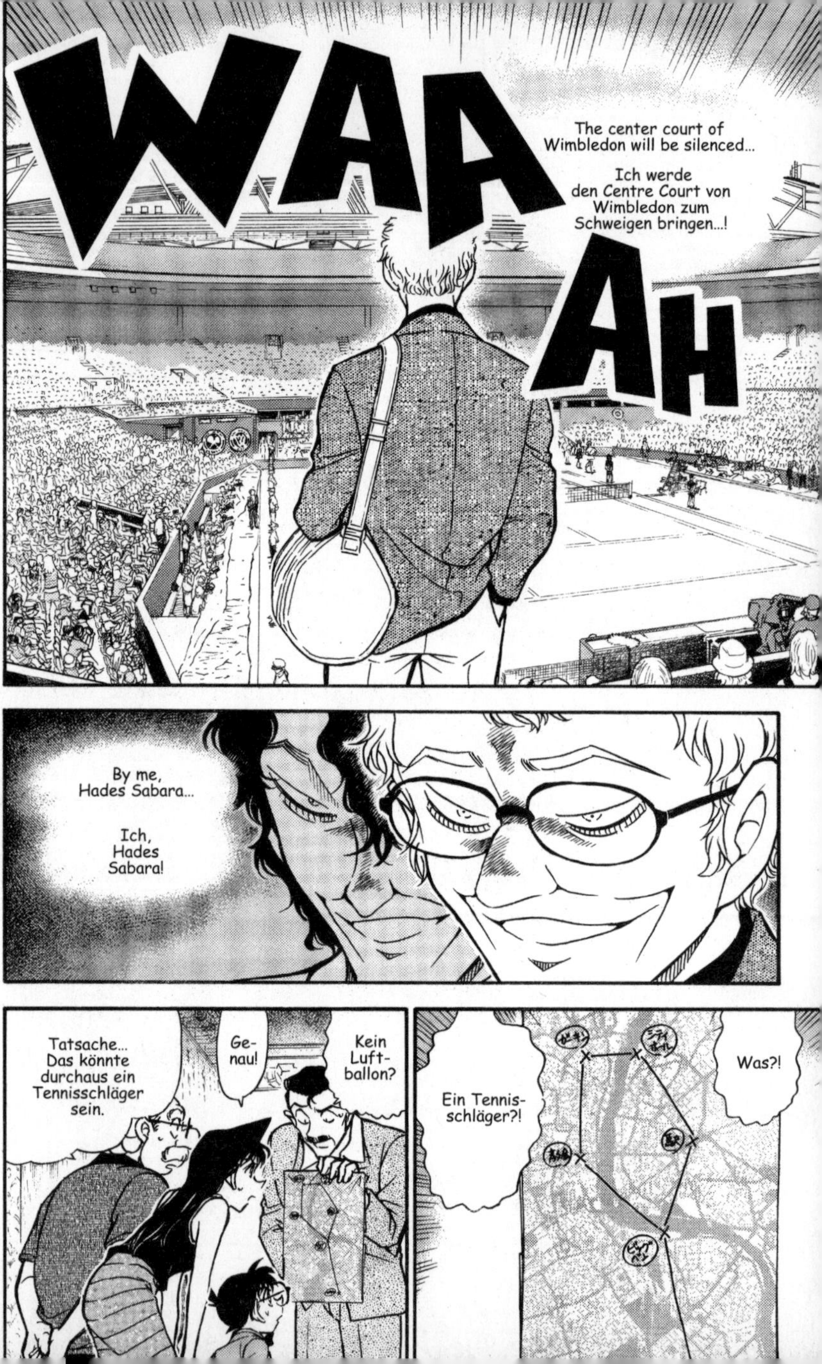
WAAAH
The center court of Wimbledon will be silenced...
Ich werde den Centre Court von Wimbledon zum Schweigen bringen...!
By me, Hades Sabara...
Ich, Hades Sabara!
Was?!
Ein Tennis-schläger?!
Kein Luft-ballon?
Ge-nau!
Tatsache... Das könnte durchaus ein Tennisschläger sein.

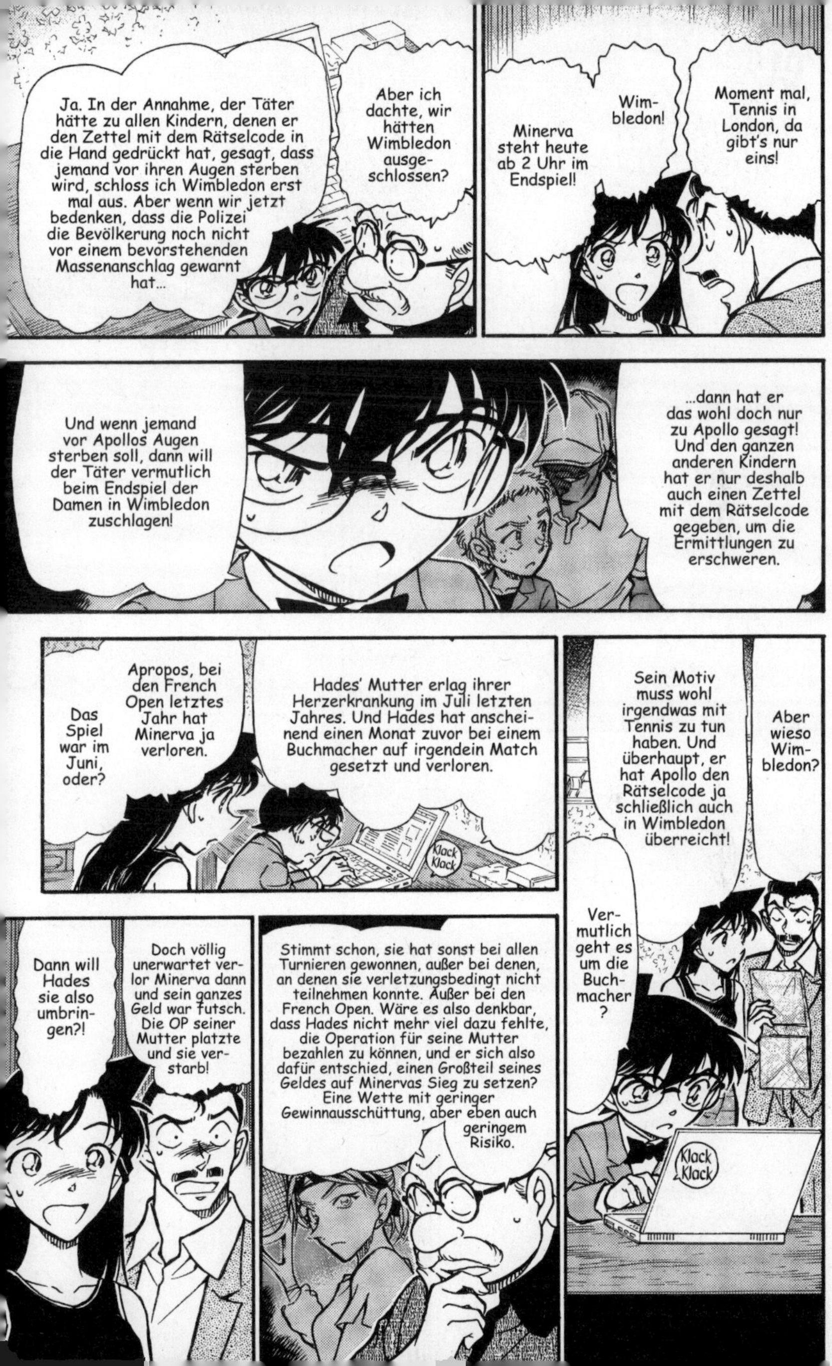

Moment mal, Tennis in London, da gibt's nur eins!
Wimbledon!
Minerva steht heute ab 2 Uhr im Endspiel!
Aber ich dachte, wir hätten Wimbledon ausgeschlossen?
Ja. In der Annahme, der Täter hätte zu allen Kindern, denen er den Zettel mit dem Rätselcode in die Hand gedrückt hat, gesagt, dass jemand vor ihren Augen sterben wird, schloss ich Wimbledon erst mal aus. Aber wenn wir jetzt bedenken, dass die Polizei die Bevölkerung noch nicht vor einem bevorstehenden Massenanschlag gewarnt hat...
...dann hat er das wohl doch nur zu Apollo gesagt! Und den ganzen anderen Kindern hat er nur deshalb auch einen Zettel mit dem Rätselcode gegeben, um die Ermittlungen zu erschweren.
Und wenn jemand vor Apollos Augen sterben soll, dann will der Täter vermutlich beim Endspiel der Damen in Wimbledon zuschlagen!
Aber wieso Wimbledon?
Sein Motiv muss wohl irgendwas mit Tennis zu tun haben. Und überhaupt, er hat Apollo den Rätselcode ja schließlich auch in Wimbledon überreicht!
Vermutlich geht es um die Buchmacher?
Klack Klack
Hades' Mutter erlag ihrer Herzerkrankung im Juli letzten Jahres. Und Hades hat anscheinend einen Monat zuvor bei einem Buchmacher auf irgendein Match gesetzt und verloren.
Klack Klack
Apropos, bei den French Open letztes Jahr hat Minerva ja verloren.
Das Spiel war im Juni, oder?
Stimmt schon, sie hat sonst bei allen Turnieren gewonnen, außer bei denen, an denen sie verletzungsbedingt nicht teilnehmen konnte. Außer bei den French Open. Wäre es also denkbar, dass Hades nicht mehr viel dazu fehlte, die Operation für seine Mutter bezahlen zu können, und er sich also dafür entschied, einen Großteil seines Geldes auf Minervas Sieg zu setzen? Eine Wette mit geringer Gewinnausschüttung, aber eben auch geringem Risiko.
Doch völlig unerwartet verlor Minerva dann und sein ganzes Geld war futsch. Die OP seiner Mutter platzte und sie verstarb!
Dann will Hades sie also umbringen?!

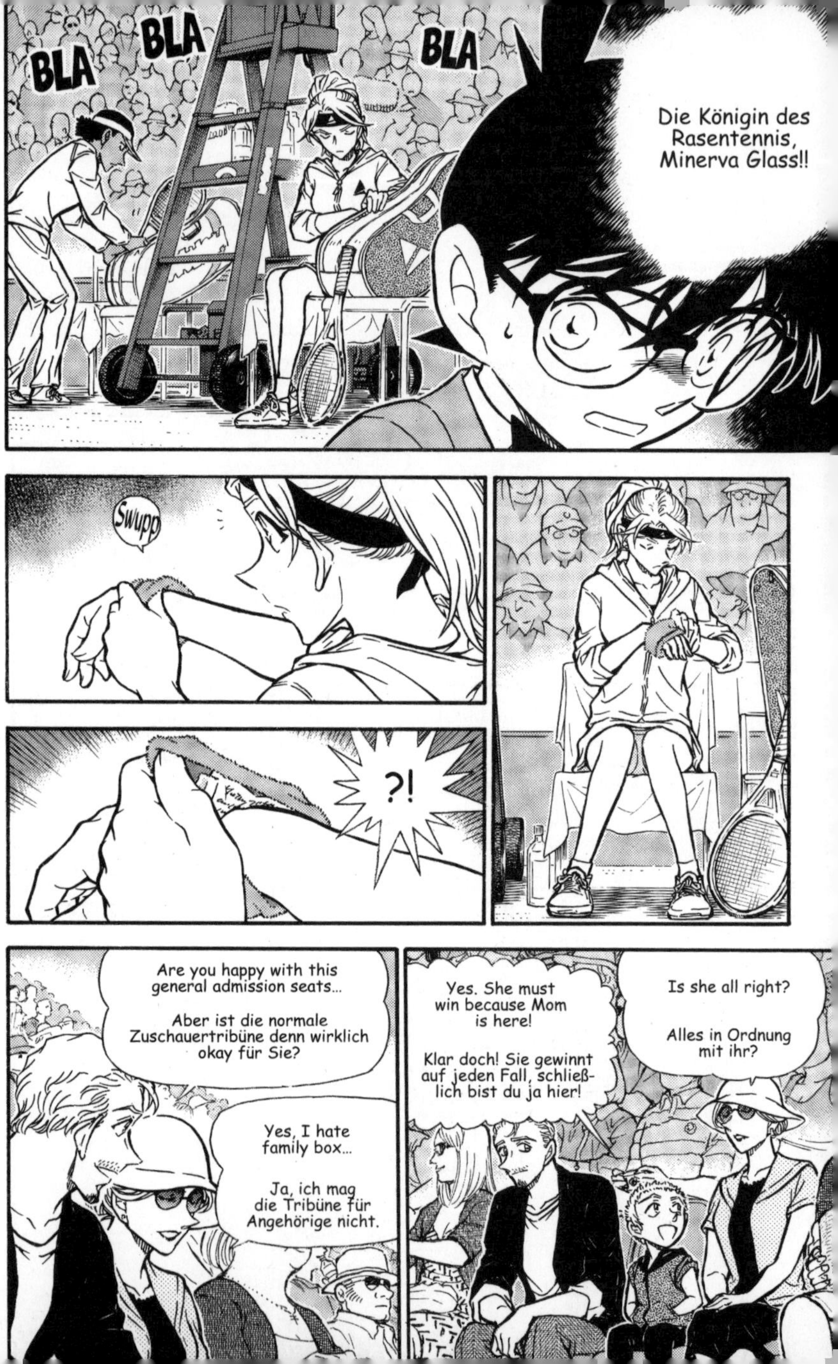
BLA
BLA
BLA
Die Königin des Rasentennis, Minerva Glass!!
Swupp
?!
Is she all right?
Alles in Ordnung mit ihr?
Yes. She must win because Mom is here!
Klar doch! Sie gewinnt auf jeden Fall, schließlich bist du ja hier!
Are you happy with this general admission seats...
Aber ist die normale Zuschauertribüne denn wirklich okay für Sie?
Yes, I hate family box...
Ja, ich mag die Tribüne für Angehörige nicht.

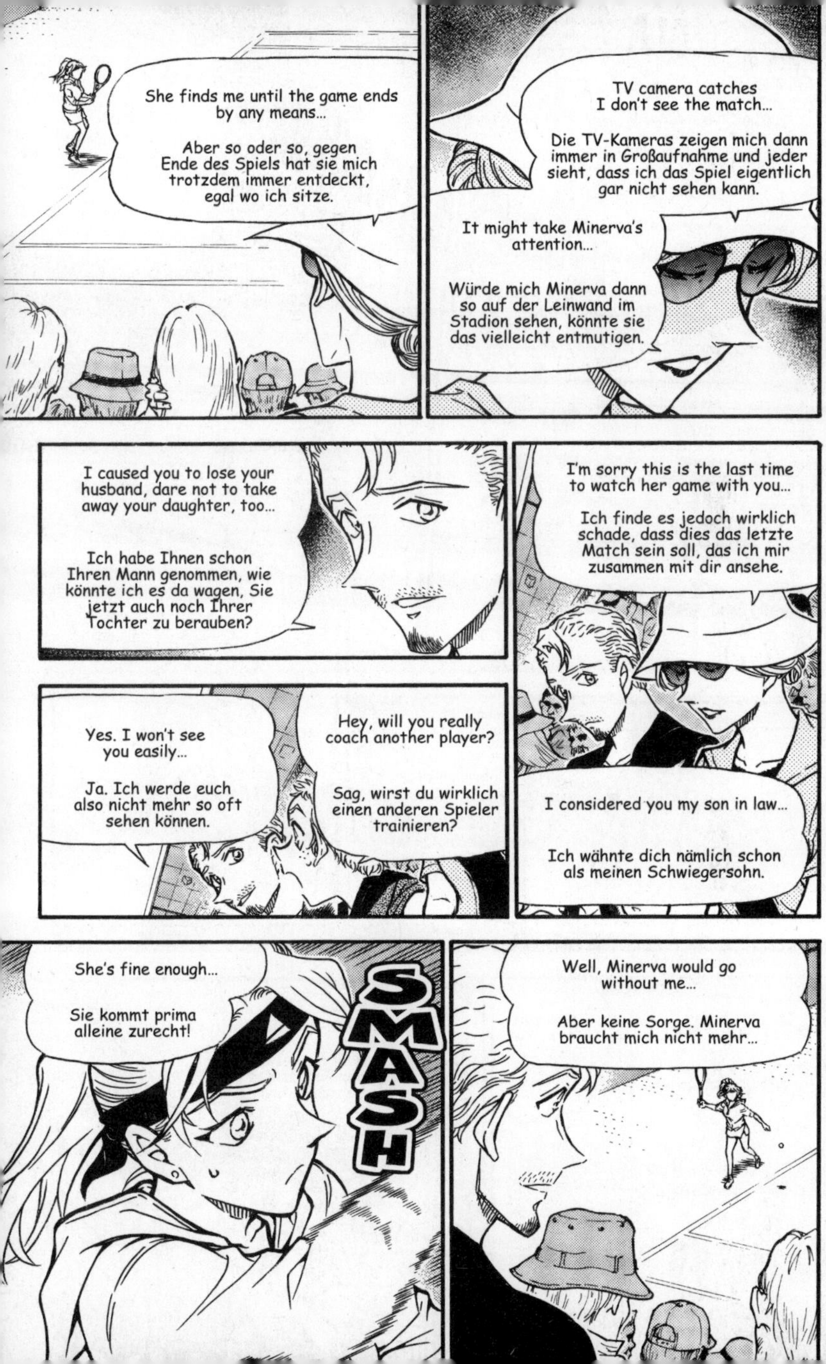
She finds me until the game ends by any means...
Aber so oder so, gegen Ende des Spiels hat sie mich trotzdem immer entdeckt, egal wo ich sitze.
TV camera catches I don't see the match...
Die TV-Kameras zeigen mich dann immer in Großaufnahme und jeder sieht, dass ich das Spiel eigentlich gar nicht sehen kann.
It might take Minerva's attention...
Würde mich Minerva dann so auf der Leinwand im Stadion sehen, könnte sie das vielleicht entmutigen.
I caused you to lose your husband, dare not to take away your daughter, too...
Ich habe Ihnen schon Ihren Mann genommen, wie könnte ich es da wagen, Sie jetzt auch noch Ihrer Tochter zu berauben?
I'm sorry this is the last time to watch her game with you...
Ich finde es jedoch wirklich schade, dass dies das letzte Match sein soll, das ich mir zusammen mit dir ansehe.
Yes. I won't see you easily...
Ja. Ich werde euch also nicht mehr so oft sehen können.
Hey, will you really coach another player?
Sag, wirst du wirklich einen anderen Spieler trainieren?
I considered you my son in law...
Ich wähnte dich nämlich schon als meinen Schwiegersohn.
She's fine enough...
Sie kommt prima alleine zurecht!
SMASH
Well, Minerva would go without me...
Aber keine Sorge. Minerva braucht mich nicht mehr...

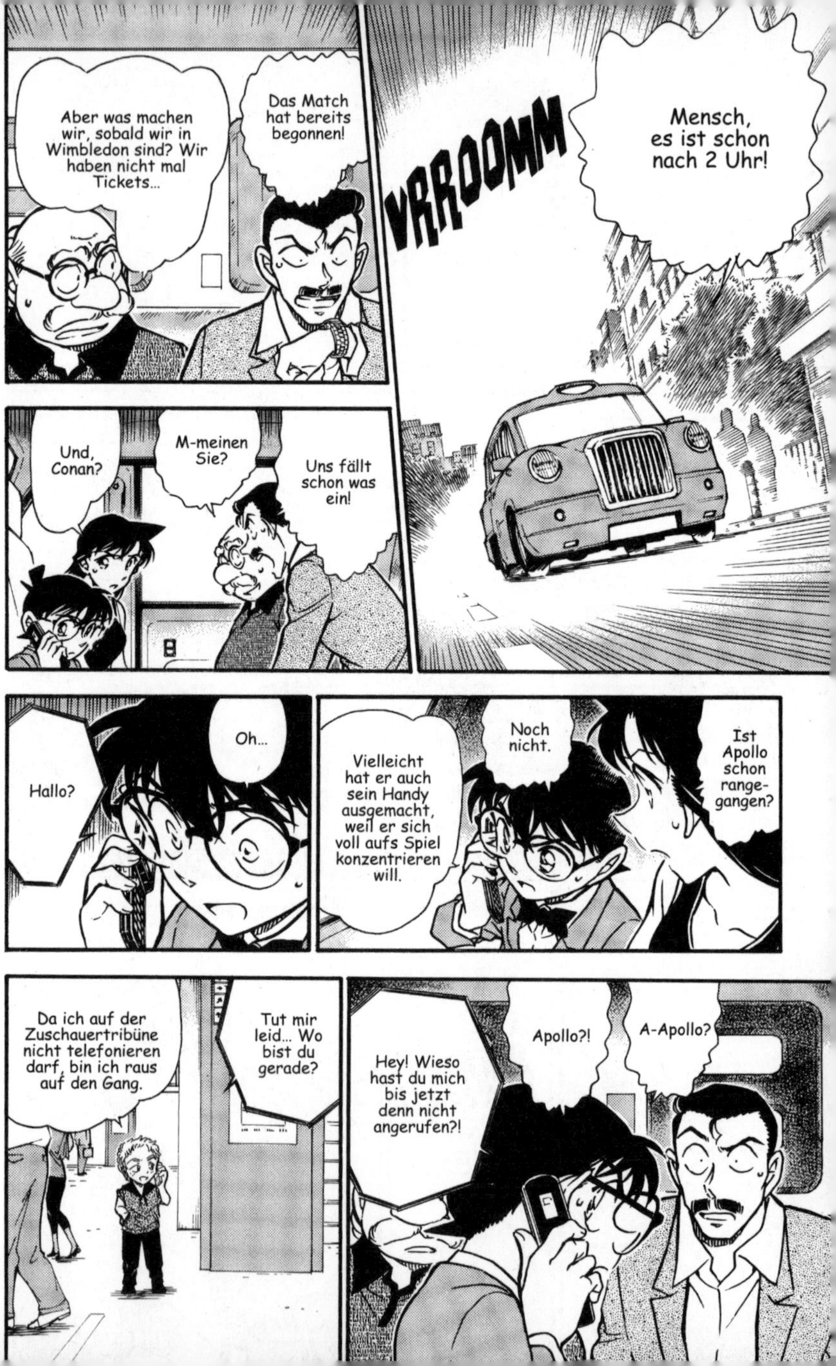
Mensch, es ist schon nach 2 Uhr!
VRROOMM
Das Match hat bereits begonnen!
Aber was machen wir, sobald wir in Wimbledon sind? Wir haben nicht mal Tickets...
Uns fällt schon was ein!
M-meinen Sie?
Und, Conan?
Ist Apollo schon rangegangen?
Noch nicht.
Vielleicht hat er auch sein Handy ausgemacht, weil er sich voll aufs Spiel konzentrieren will.
Oh...
Hallo?
A-Apollo?
Apollo?!
Hey! Wieso hast du mich bis jetzt denn nicht angerufen?!
Tut mir leid... Wo bist du gerade?
Da ich auf der Zuschauertribüne nicht telefonieren darf, bin ich raus auf den Gang.

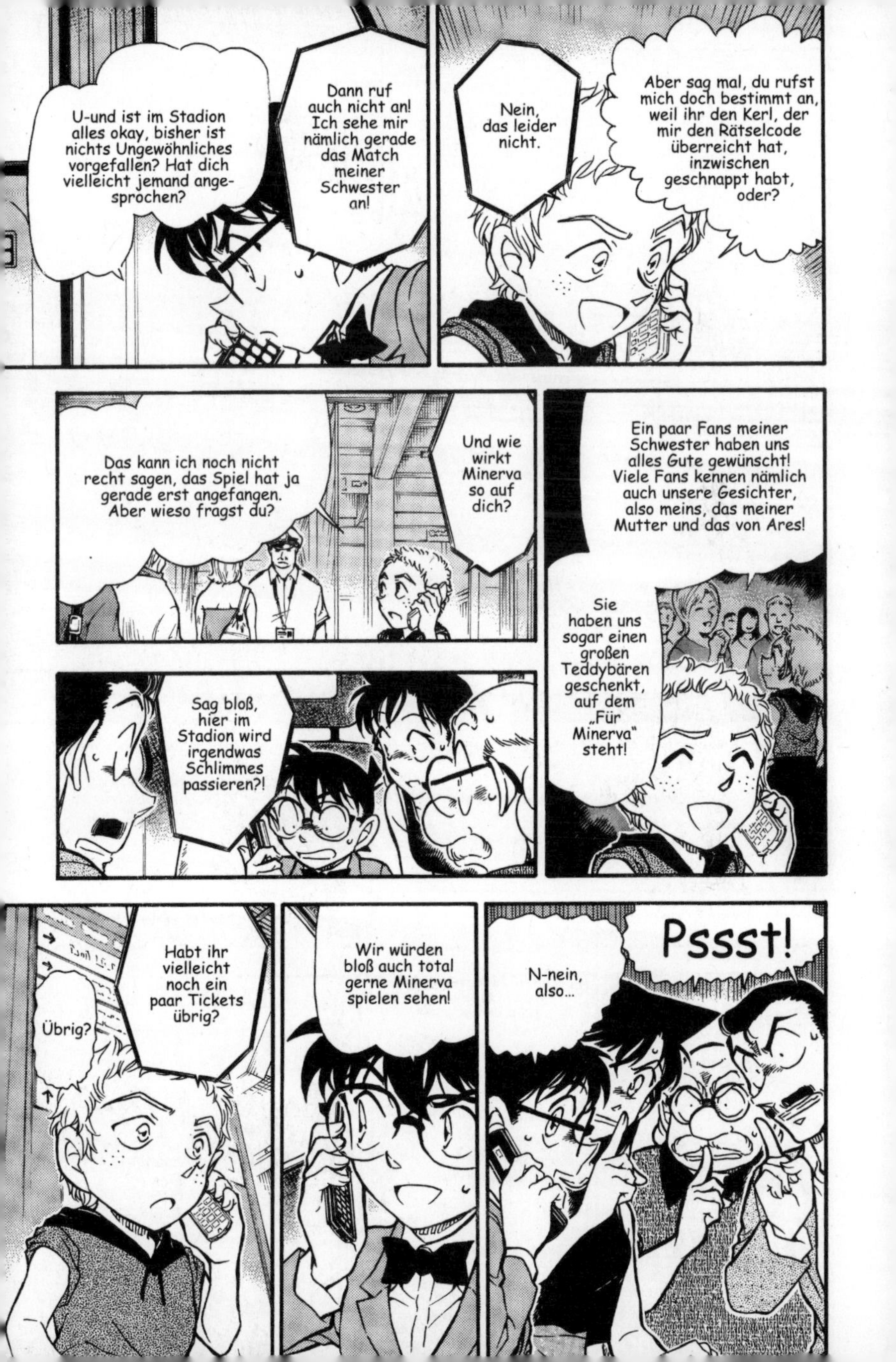

Aber sag mal, du rufst mich doch bestimmt an, weil ihr den Kerl, der mir den Rätselcode überreicht hat, inzwischen geschnappt habt, oder?
Nein, das leider nicht.
Dann ruf auch nicht an! Ich sehe mir nämlich gerade das Match meiner Schwester an!
U-und ist im Stadion alles okay, bisher ist nichts Ungewöhnliches vorgefallen? Hat dich vielleicht jemand ange-sprochen?
Ein paar Fans meiner Schwester haben uns alles Gute gewünscht! Viele Fans kennen nämlich auch unsere Gesichter, also meins, das meiner Mutter und das von Ares!
Sie haben uns sogar einen großen Teddybären geschenkt, auf dem „Für Minerva“ steht!
Und wie wirkt Minerva so auf dich?
Das kann ich noch nicht recht sagen, das Spiel hat ja gerade erst angefangen. Aber wieso fragst du?
Sag bloß, hier im Stadion wird irgendwas Schlimmes passieren?!
N-nein, also...
Pssst!
Wir würden bloß auch total gerne Minerva spielen sehen!
Habt ihr vielleicht noch ein paar Tickets übrig?
Übrig?

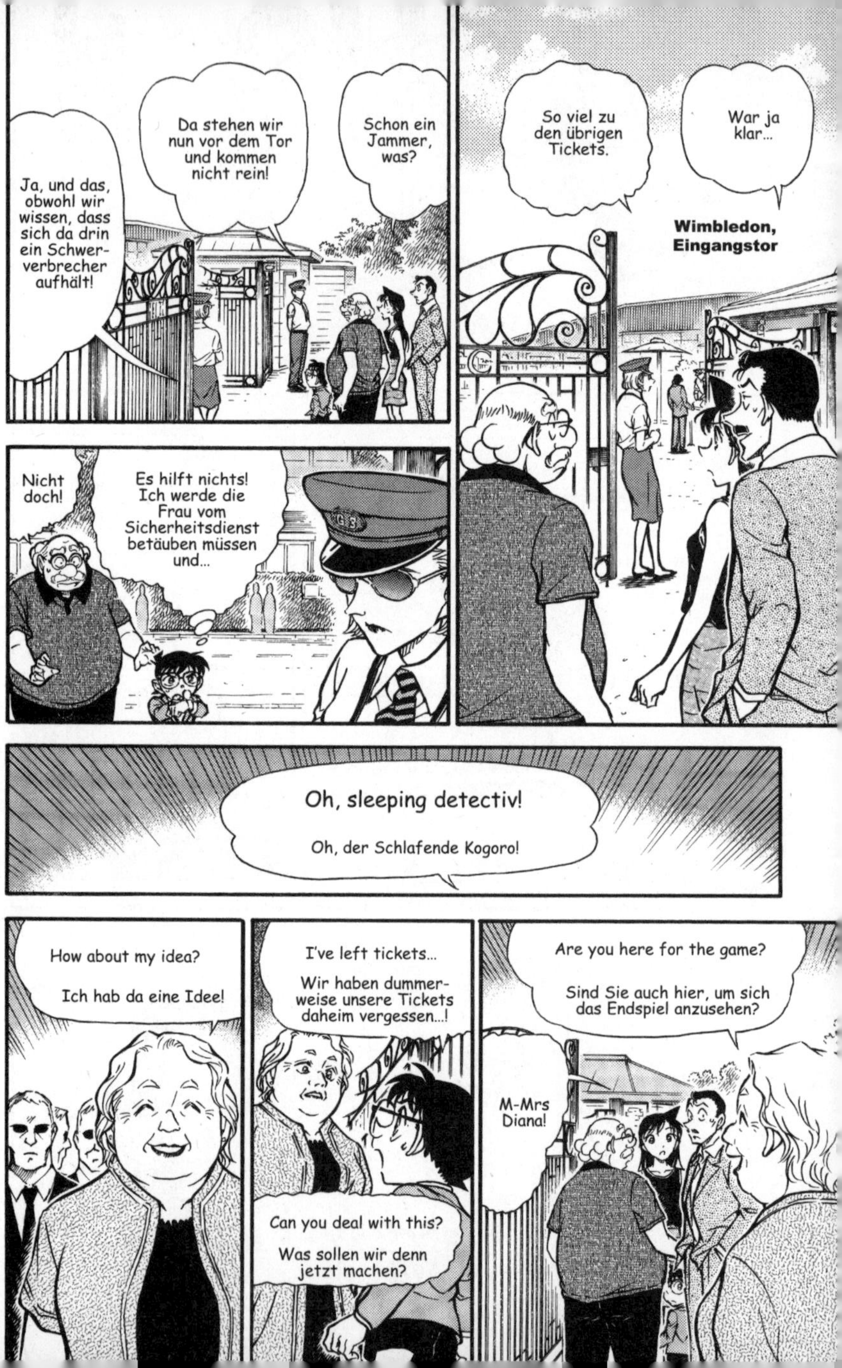
War ja klar...
So viel zu den übrigen Tickets.
Wimbledon, Eingangstor
Schon ein Jammer, was?
Da stehen wir nun vor dem Tor und kommen nicht rein!
Ja, und das, obwohl wir wissen, dass sich da drin ein Schwerverbrecher aufhält!
Es hilft nichts! Ich werde die Frau vom Sicherheitsdienst betäuben müssen und...
Nicht doch!
Oh, sleeping detectiv! Oh, der Schlafende Kogoro!
Are you here for the game? Sind Sie auch hier, um sich das Endspiel anzusehen?
M-Mrs Diana!
I've left tickets... Wir haben dummerweise unsere Tickets daheim vergessen...!
Can you deal with this? Was sollen wir denn jetzt machen?
How about my idea? Ich hab da eine Idee!

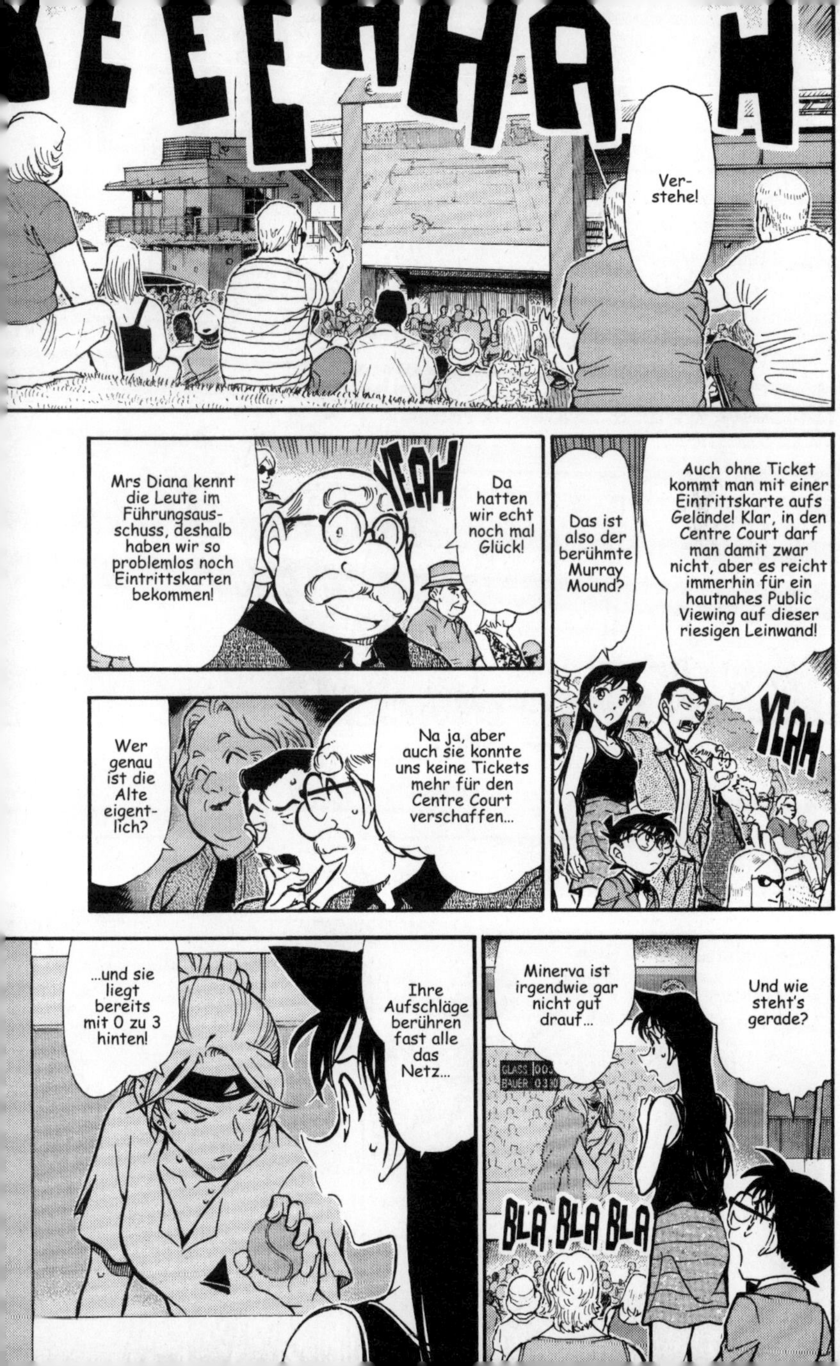

Ver-
stehe!
Auch ohne Ticket kommt man mit einer Eintrittskarte aufs Gelände! Klar, in den Centre Court darf man damit zwar nicht, aber es reicht immerhin für ein hautnahes Public Viewing auf dieser riesigen Leinwand!
Das ist also der berühmte Murray Mound?
YEAH
Da hatten wir echt noch mal Glück!
YEAH
Mrs Diana kennt die Leute im Führungsausschuss, deshalb haben wir so problemlos noch Eintrittskarten bekommen!
Na ja, aber auch sie konnte uns keine Tickets mehr für den Centre Court verschaffen...
Wer genau ist die Alte eigentlich?
Und wie steht's gerade?
Minerva ist irgendwie gar nicht gut drauf...
BLA BLA BLA
Ihre Aufschläge berühren fast alle das Netz...
...und sie liegt bereits mit 0 zu 3 hinten!

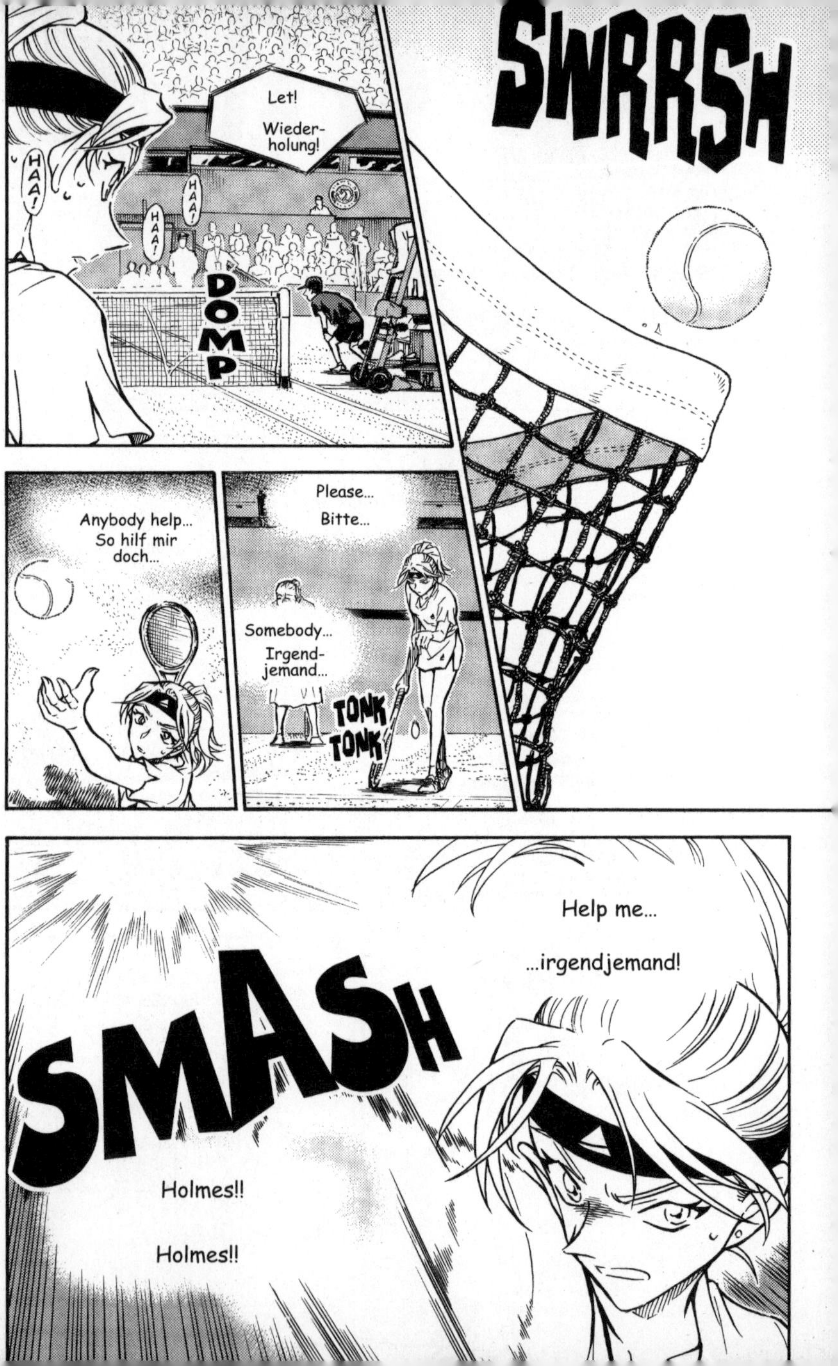
SWRRSH
Let!
Wieder-holung!
HAA!
HAA!
HAA!
DOMP
Please...
Bitte...
Somebody...
Irgend-jemand...
TONK TONK
Anybody help...
So hilf mir doch...
Help me...
...irgendjemand!
SMASH
Holmes!!
Holmes!!

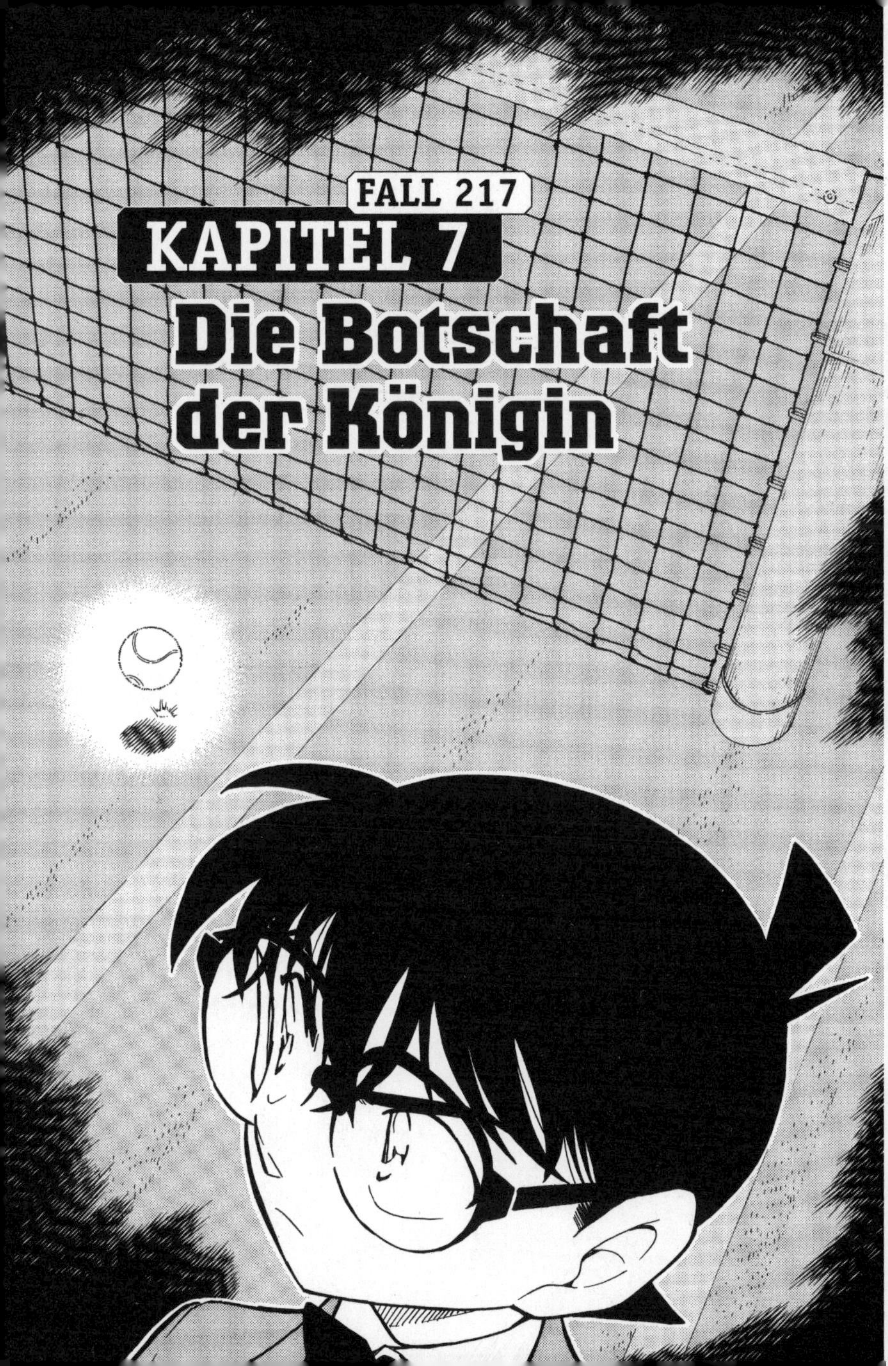
FALL 217
KAPITEL 7
Die Botschaft der Königin

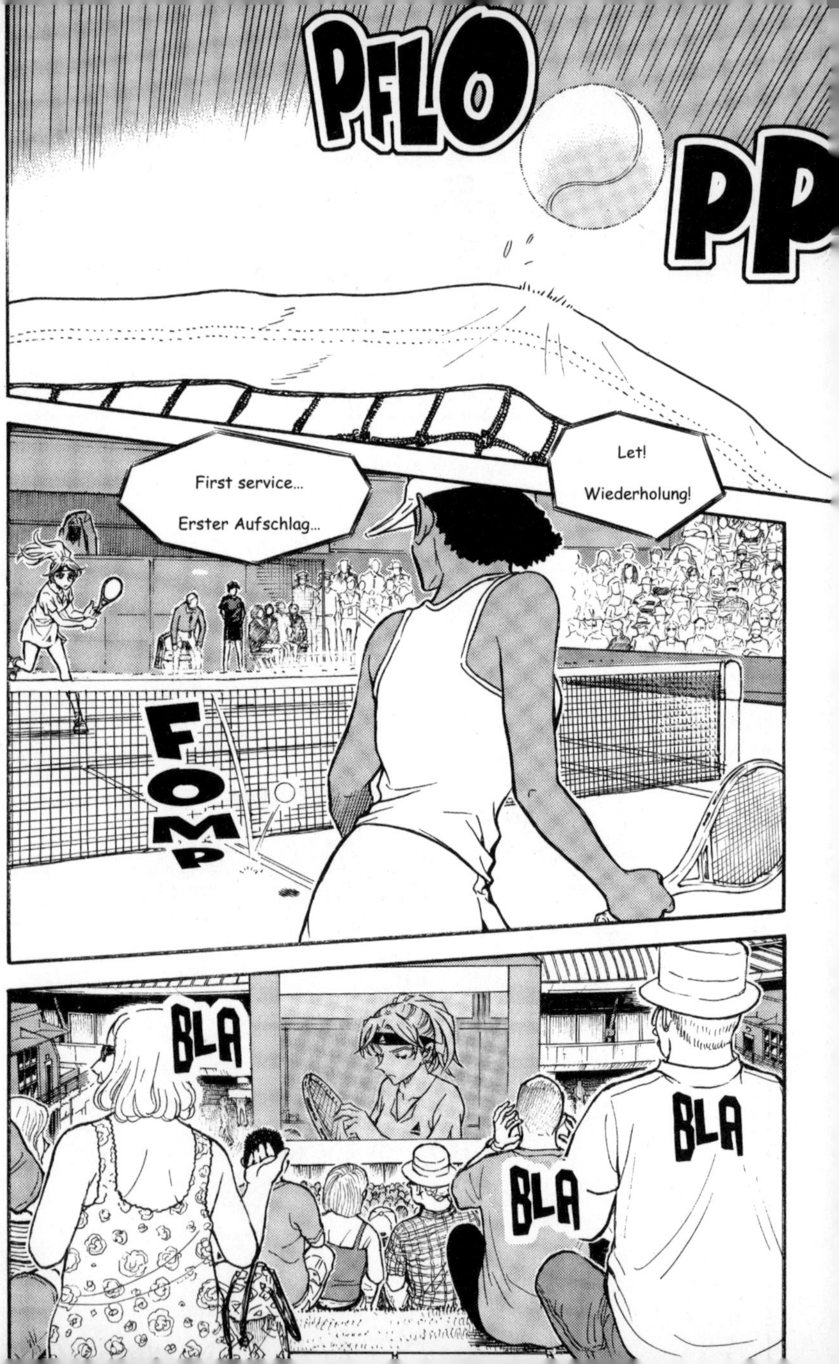
PFLOPP
First service...
Erster Aufschlag...
Let!
Wiederholung!
FOMP
BLA
BLA
BLA

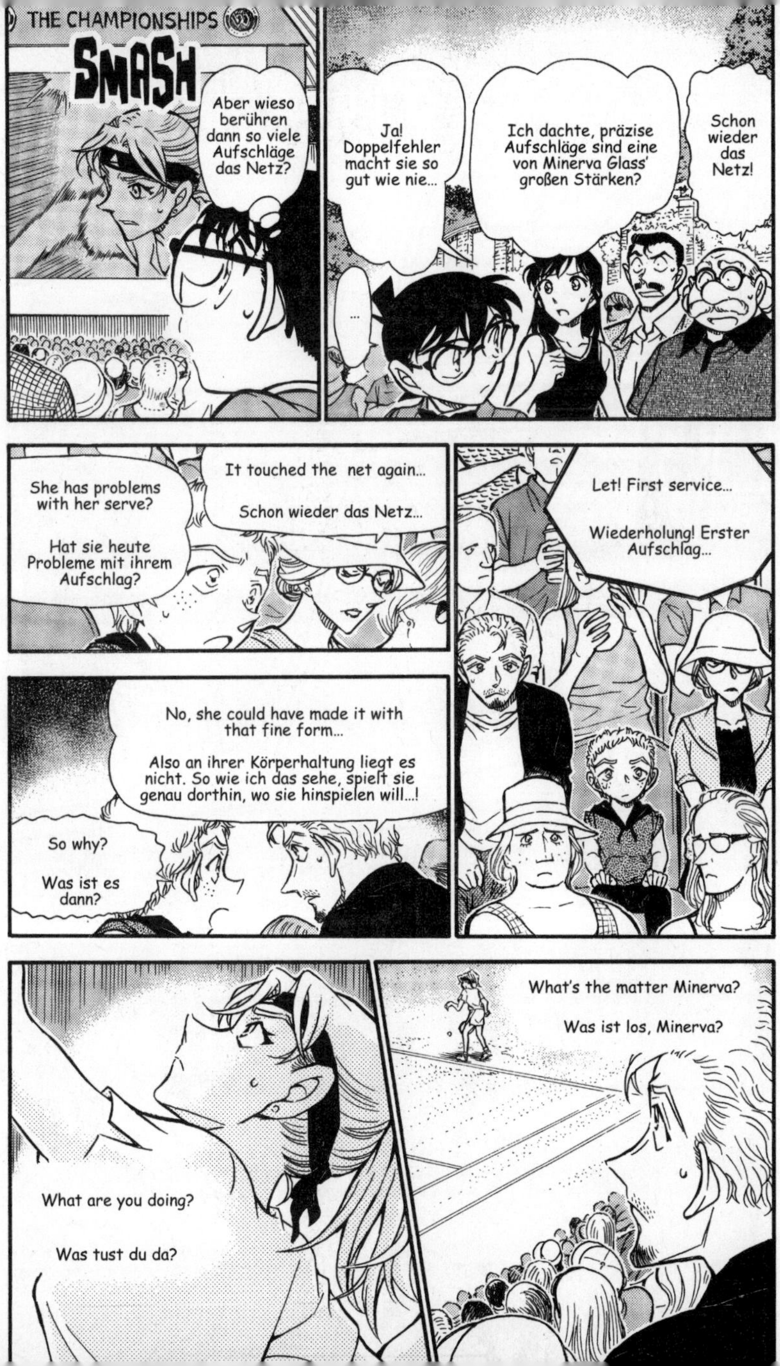
THE CHAMPIONSHIPS
SMASH
Aber wieso berühren dann so viele Aufschläge das Netz?
...
Ja! Doppelfehler macht sie so gut wie nie...
Ich dachte, präzise Aufschläge sind eine von Minerva Glass' großen Stärken?
Schon wieder das Netz!
It touched the net again... Schon wieder das Netz...
She has problems with her serve? Hat sie heute Probleme mit ihrem Aufschlag?
Let! First service... Wiederholung! Erster Aufschlag...
No, she could have made it with that fine form... Also an ihrer Körperhaltung liegt es nicht. So wie ich das sehe, spielt sie genau dorthin, wo sie hinspielen will...!
So why? Was ist es dann?
What's the matter Minerva? Was ist los, Minerva?
What are you doing? Was tust du da?

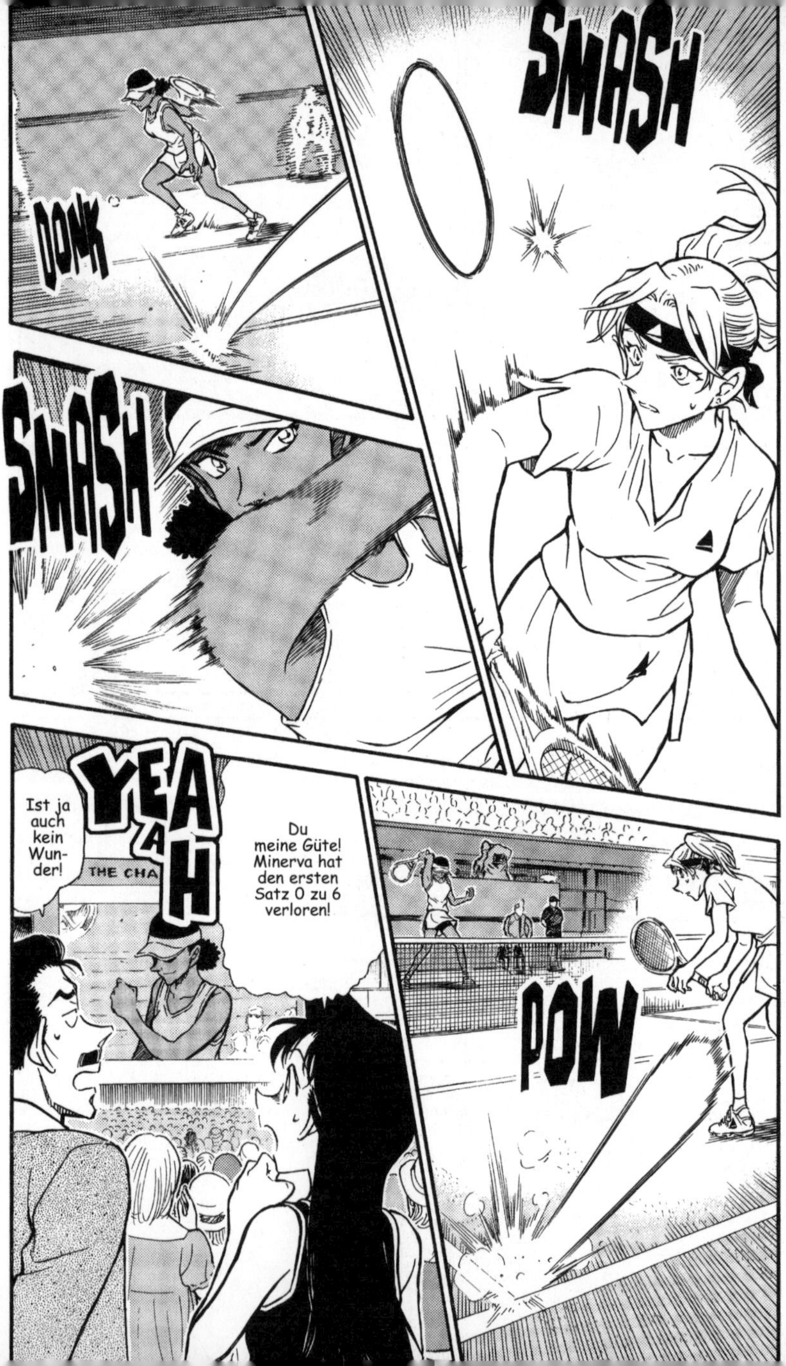
SMASH
DONK
SMASH
YEAAH
THE CHA
Du meine Güte! Minerva hat den ersten Satz 0 zu 6 verloren!
Ist ja auch kein Wunder!
POW

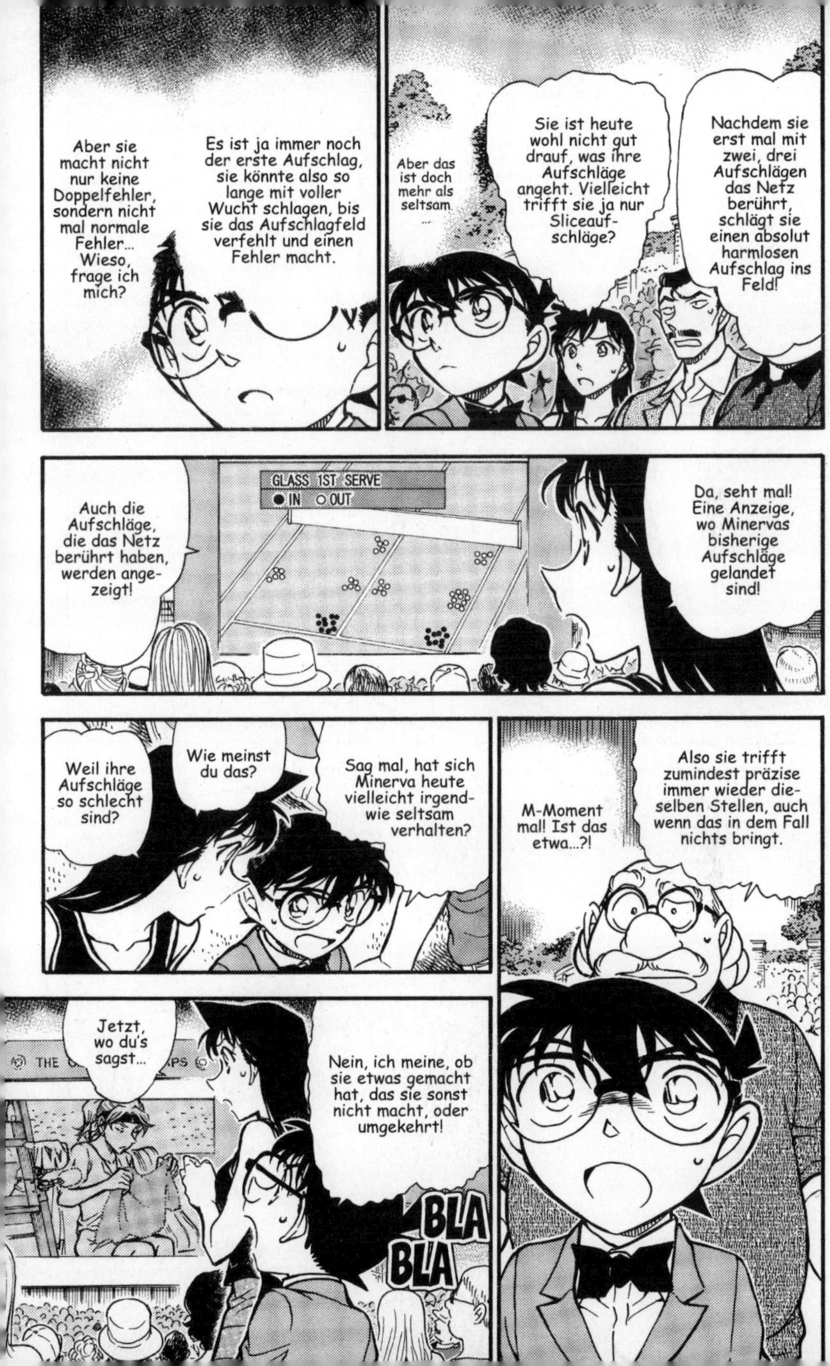
Nachdem sie erst mal mit zwei, drei Aufschlägen das Netz berührt, schlägt sie einen absolut harmlosen Aufschlag ins Feld!
Sie ist heute wohl nicht gut drauf, was ihre Aufschläge angeht. Vielleicht trifft sie ja nur Sliceaufschläge?
Aber das ist doch mehr als seltsam ...
Es ist ja immer noch der erste Aufschlag, sie könnte also so lange mit voller Wucht schlagen, bis sie das Aufschlagfeld verfehlt und einen Fehler macht.
Aber sie macht nicht nur keine Doppelfehler, sondern nicht mal normale Fehler... Wieso, frage ich mich?
Da, seht mal! Eine Anzeige, wo Minervas bisherige Aufschläge gelandet sind!
GLASS 1ST SERVE
IN
OUT
Auch die Aufschläge, die das Netz berührt haben, werden angezeigt!
Also sie trifft zumindest präzise immer wieder dieselben Stellen, auch wenn das in dem Fall nichts bringt.
M-Moment mal! Ist das etwa...?!
Sag mal, hat sich Minerva heute vielleicht irgendwie seltsam verhalten?
Wie meinst du das?
Weil ihre Aufschläge so schlecht sind?
Nein, ich meine, ob sie etwas gemacht hat, das sie sonst nicht macht, oder umgekehrt!
Jetzt, wo du's sagst...
BLA
BLA

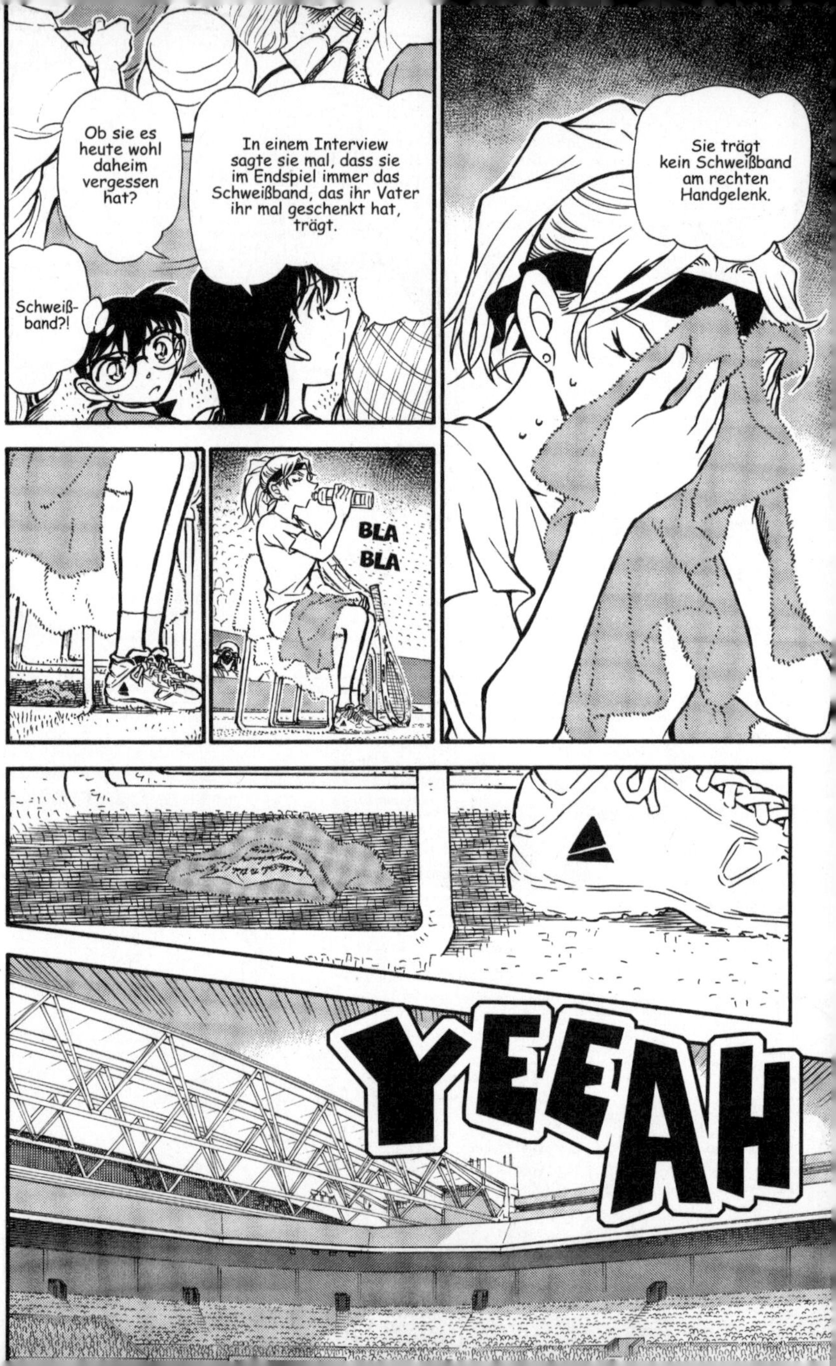
Sie trägt kein Schweißband am rechten Handgelenk.
In einem Interview sagte sie mal, dass sie im Endspiel immer das Schweißband, das ihr Vater ihr mal geschenkt hat, trägt.
Ob sie es heute wohl daheim vergessen hat?
Schweiß-band?!
BLA BLA
YEEAH

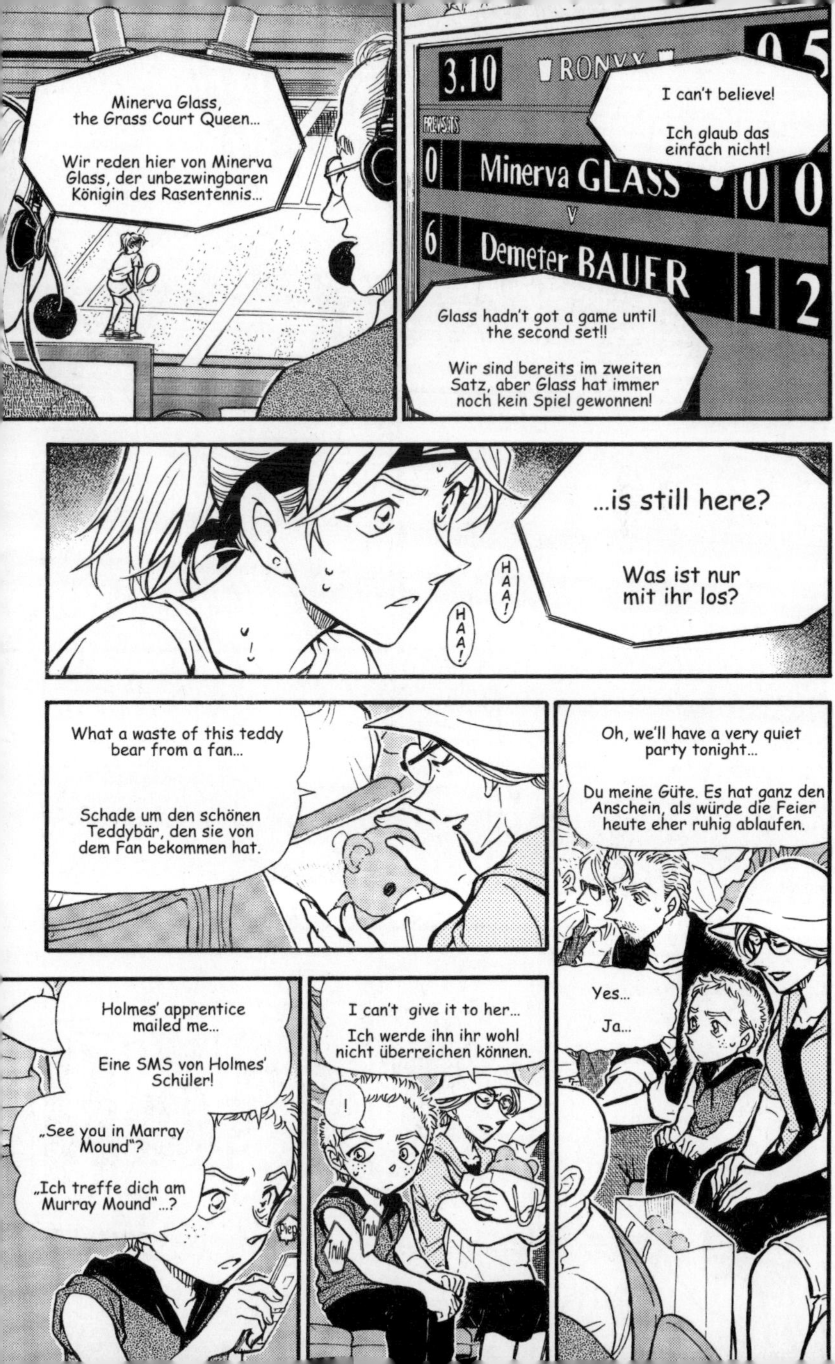
I can't believe!
Ich glaub das einfach nicht!
Glass hadn't got a game until the second set!!
Wir sind bereits im zweiten Satz, aber Glass hat immer noch kein Spiel gewonnen!
Minerva Glass, the Grass Court Queen...
Wir reden hier von Minerva Glass, der unbezwingbaren Königin des Rasentennis...
3.10
RONYX
Minerva GLASS
Demeter BAUER
...is still here?
Was ist nur mit ihr los?
HAA!
HAA!
Oh, we'll have a very quiet party tonight...
Du meine Güte. Es hat ganz den Anschein, als würde die Feier heute eher ruhig ablaufen.
What a waste of this teddy bear from a fan...
Schade um den schönen Teddybär, den sie von dem Fan bekommen hat.
Yes...
Ja...
I can't give it to her...
Ich werde ihn ihr wohl nicht überreichen können.
!
Trulu
Trulu
Holmes' apprentice mailed me...
Eine SMS von Holmes' Schüler!
„See you in Marray Mound"?
„Ich treffe dich am Murray Mound"...?
Piep

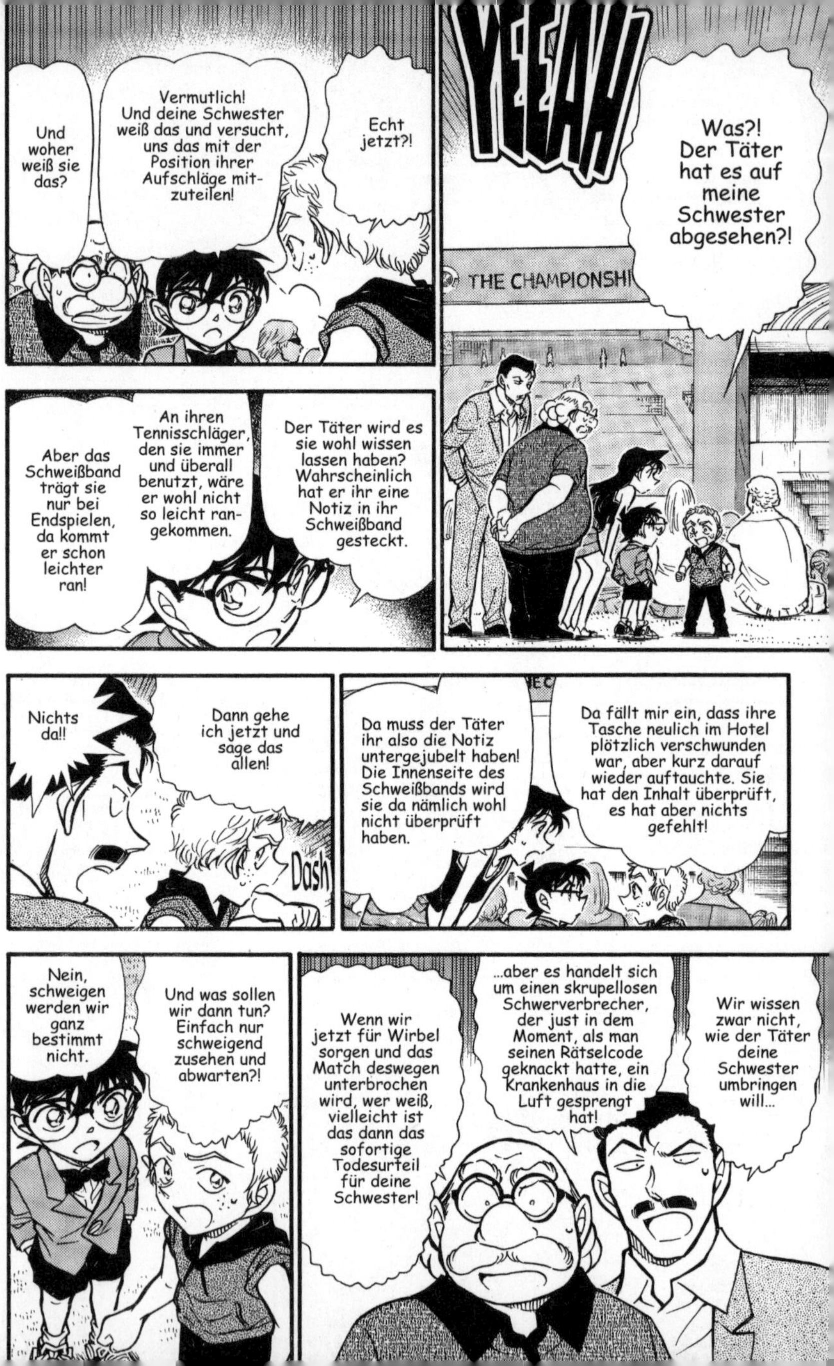
YEAH
Was?! Der Täter hat es auf meine Schwester abgesehen?!
THE CHAMPIONSHI
Echt jetzt?!
Vermutlich! Und deine Schwester weiß das und versucht, uns das mit der Position ihrer Aufschläge mitzuteilen!
Und woher weiß sie das?
Der Täter wird es sie wohl wissen lassen haben? Wahrscheinlich hat er ihr eine Notiz in ihr Schweißband gesteckt.
An ihren Tennisschläger, den sie immer und überall benutzt, wäre er wohl nicht so leicht rangekommen.
Aber das Schweißband trägt sie nur bei Endspielen, da kommt er schon leichter ran!
Da fällt mir ein, dass ihre Tasche neulich im Hotel plötzlich verschwunden war, aber kurz darauf wieder auftauchte. Sie hat den Inhalt überprüft, es hat aber nichts gefehlt!
Da muss der Täter ihr also die Notiz untergejubelt haben! Die Innenseite des Schweißbands wird sie da nämlich wohl nicht überprüft haben.
Dann gehe ich jetzt und sage das allen!
Dash
Nichts da!!
Wir wissen zwar nicht, wie der Täter deine Schwester umbringen will...
...aber es handelt sich um einen skrupellosen Schwerverbrecher, der just in dem Moment, als man seinen Rätselcode geknackt hatte, ein Krankenhaus in die Luft gesprengt hat!
Wenn wir jetzt für Wirbel sorgen und das Match deswegen unterbrochen wird, wer weiß, vielleicht ist das dann das sofortige Todesurteil für deine Schwester!
Und was sollen wir dann tun? Einfach nur schweigend zusehen und abwarten?!
Nein, schweigen werden wir ganz bestimmt nicht.

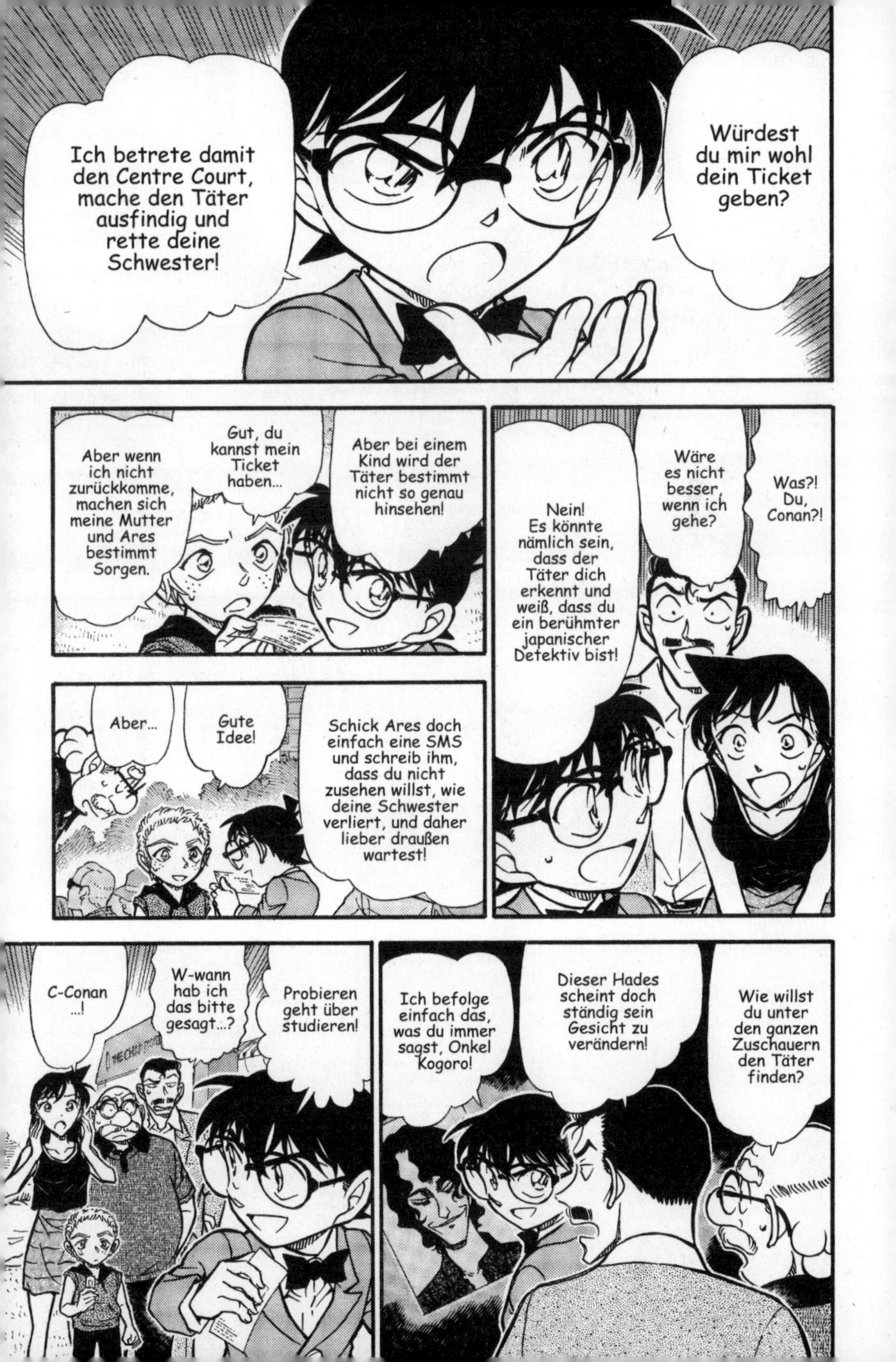

Würdest du mir wohl dein Ticket geben?
Ich betrete damit den Centre Court, mache den Täter ausfindig und rette deine Schwester!
Was?! Du, Conan?!
Wäre es nicht besser, wenn ich gehe?
Nein! Es könnte nämlich sein, dass der Täter dich erkennt und weiß, dass du ein berühmter japanischer Detektiv bist!
Aber bei einem Kind wird der Täter bestimmt nicht so genau hinsehen!
Gut, du kannst mein Ticket haben...
Aber wenn ich nicht zurückkomme, machen sich meine Mutter und Ares bestimmt Sorgen.
Schick Ares doch einfach eine SMS und schreib ihm, dass du nicht zusehen willst, wie deine Schwester verliert, und daher lieber draußen wartest!
Gute Idee!
Aber...
Wie willst du unter den ganzen Zuschauern den Täter finden?
Dieser Hades scheint doch ständig sein Gesicht zu verändern!
Ich befolge einfach das, was du immer sagst, Onkel Kogoro!
Probieren geht über studieren!
W-wann hab ich das bitte gesagt...?
C-Conan ...!

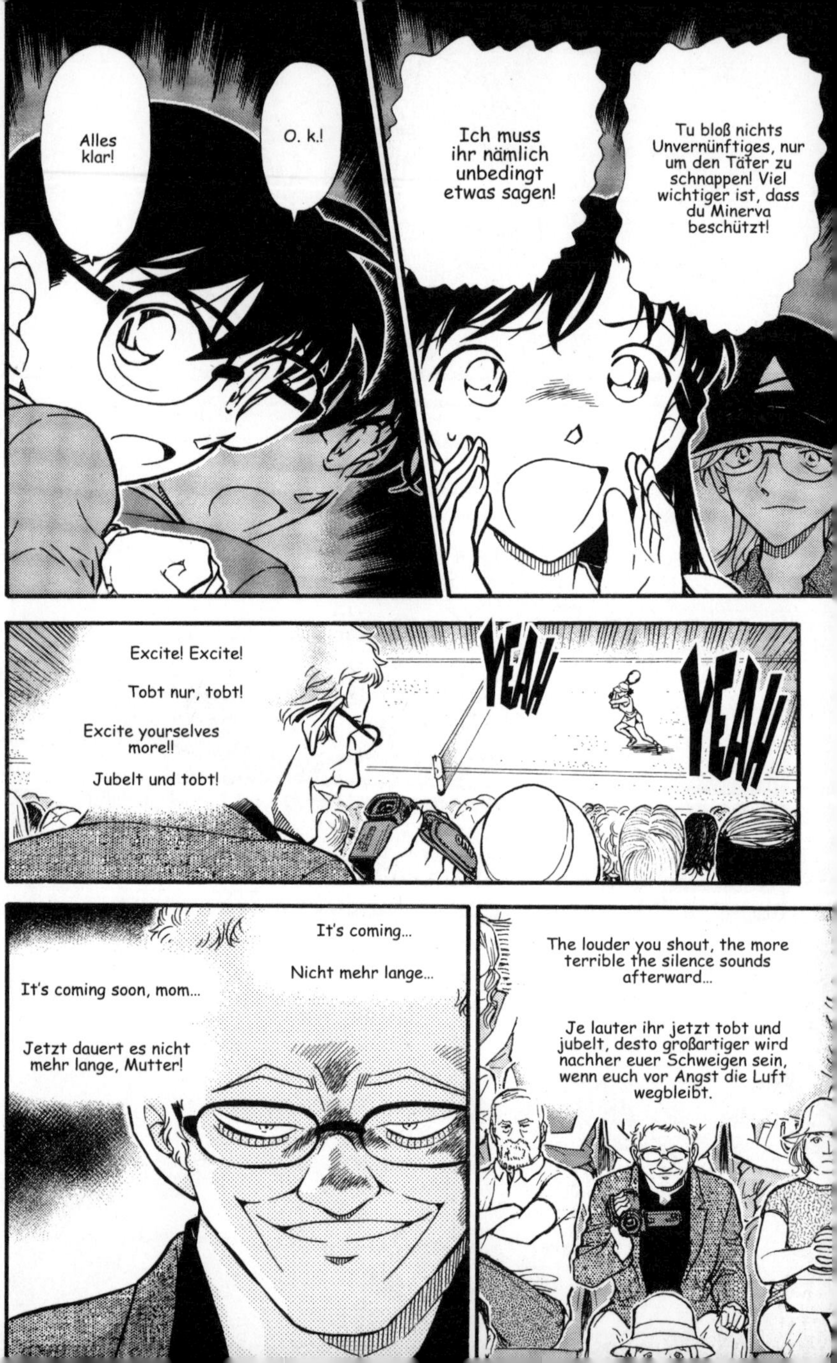
Tu bloß nichts Unvernünftiges, nur um den Täter zu schnappen! Viel wichtiger ist, dass du Minerva beschützt!
Ich muss ihr nämlich unbedingt etwas sagen!
O. k.!
Alles klar!
YEAH
YEAH
Excite! Excite!
Tobt nur, tobt!
Excite yourselves more!!
Jubelt und tobt!
The louder you shout, the more terrible the silence sounds afterward...
Je lauter ihr jetzt tobt und jubelt, desto großartiger wird nachher euer Schweigen sein, wenn euch vor Angst die Luft wegbleibt.
It's coming...
Nicht mehr lange...
It's coming soon, mom...
Jetzt dauert es nicht mehr lange, Mutter!

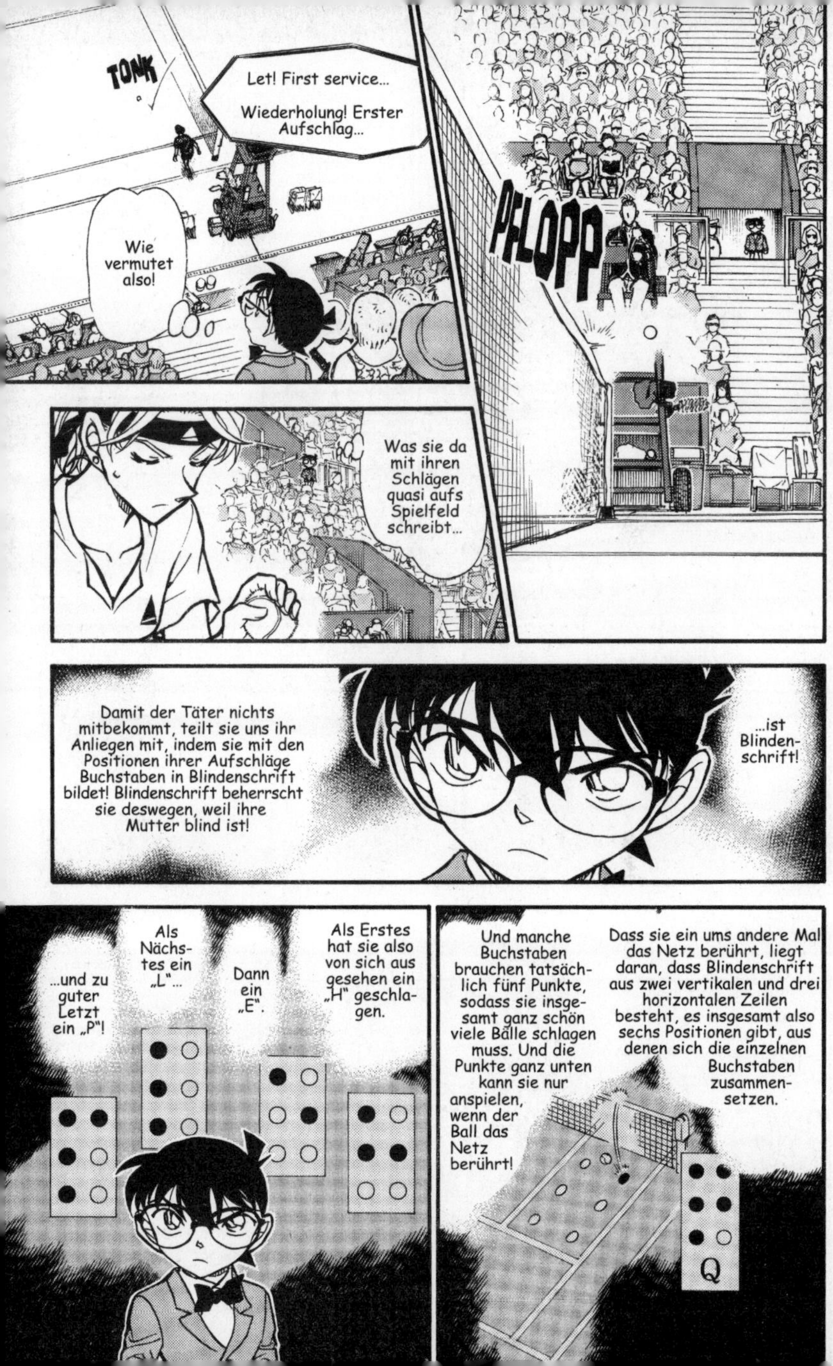
PFLOPP
TONK
Let! First service...
Wiederholung! Erster Aufschlag...
Wie vermutet also!
Was sie da mit ihren Schlägen quasi aufs Spielfeld schreibt...
...ist Blindenschrift!
Damit der Täter nichts mitbekommt, teilt sie uns ihr Anliegen mit, indem sie mit den Positionen ihrer Aufschläge Buchstaben in Blindenschrift bildet! Blindenschrift beherrscht sie deswegen, weil ihre Mutter blind ist!
Dass sie ein ums andere Mal das Netz berührt, liegt daran, dass Blindenschrift aus zwei vertikalen und drei horizontalen Zeilen besteht, es insgesamt also sechs Positionen gibt, aus denen sich die einzelnen Buchstaben zusammensetzen.
Und manche Buchstaben brauchen tatsächlich fünf Punkte, sodass sie insgesamt ganz schön viele Bälle schlagen muss. Und die Punkte ganz unten kann sie nur anspielen, wenn der Ball das Netz berührt!
Q
Als Erstes hat sie also von sich aus gesehen ein „H" geschlagen.
Dann ein „E".
Als Nächstes ein „L"...
...und zu guter Letzt ein „P"!

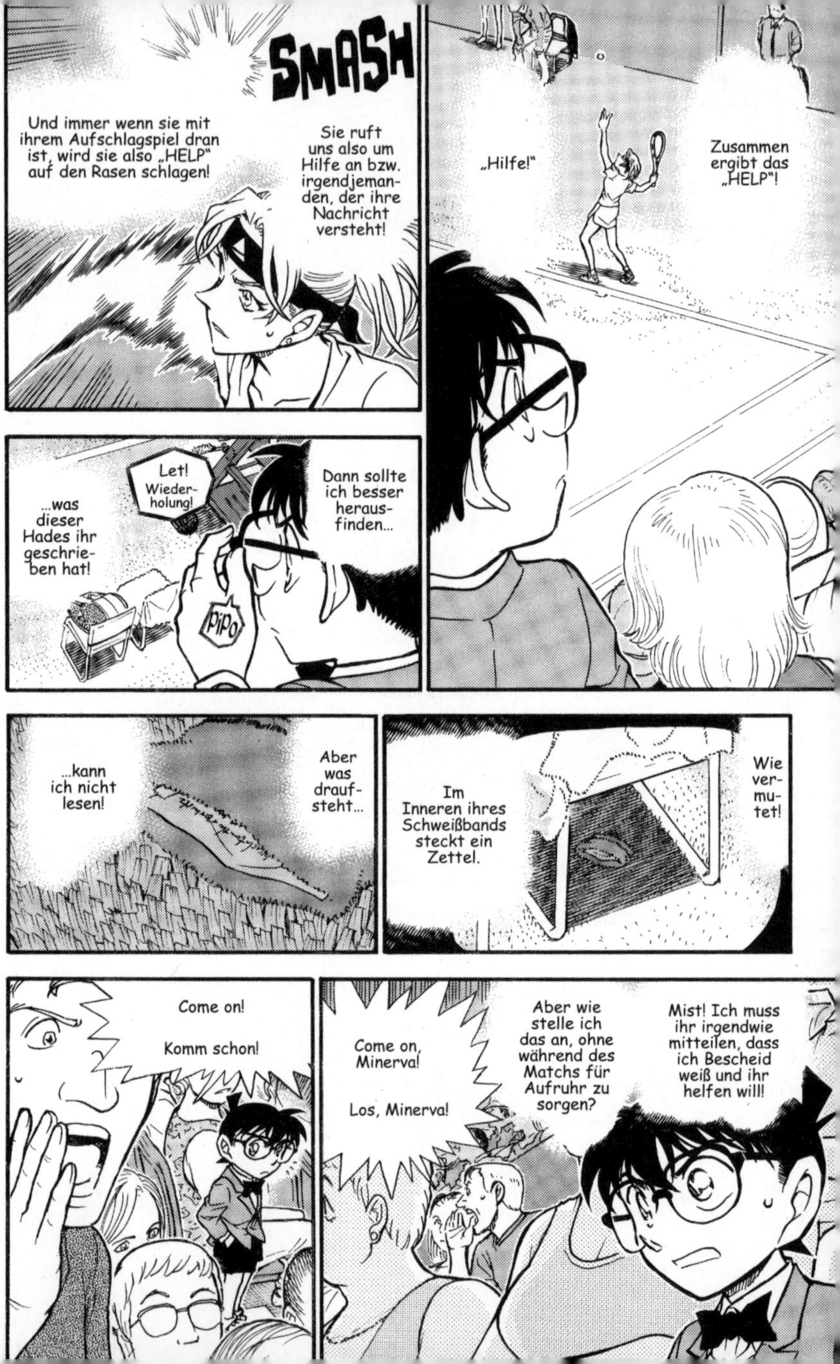
Zusammen ergibt das „HELP“!
„Hilfe!“
SMASH
Sie ruft uns also um Hilfe an bzw. irgendjemanden, der ihre Nachricht versteht!
Und immer wenn sie mit ihrem Aufschlagspiel dran ist, wird sie also „HELP“ auf den Rasen schlagen!
Dann sollte ich besser herausfinden...
Let! Wiederholung!
...was dieser Hades ihr geschrieben hat!
PiPo
Wie vermutet!
Im Inneren ihres Schweißbands steckt ein Zettel.
Aber was draufsteht...
...kann ich nicht lesen!
Mist! Ich muss ihr irgendwie mitteilen, dass ich Bescheid weiß und ihr helfen will!
Aber wie stelle ich das an, ohne während des Matchs für Aufruhr zu sorgen?
Come on, Minerva!
Los, Minerva!
Come on!
Komm schon!

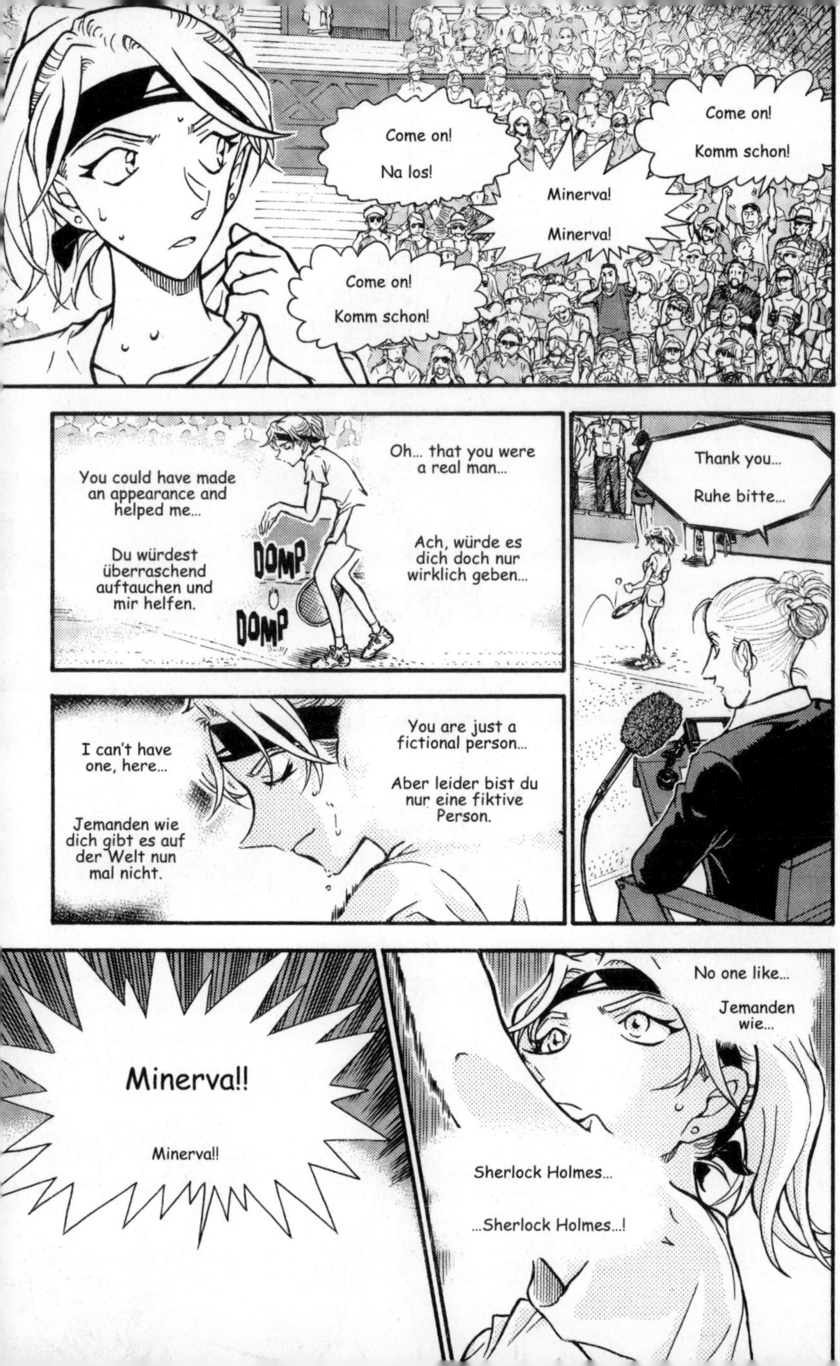
Come on!
Komm schon!
Minerva!
Minerva!
Come on!
Na los!
Come on!
Komm schon!
Thank you...
Ruhe bitte...
Oh... that you were a real man...
Ach, würde es dich doch nur wirklich geben...
You could have made an appearance and helped me...
Du würdest überraschend auftauchen und mir helfen.
DOMP
DOMP
You are just a fictional person...
Aber leider bist du nur eine fiktive Person.
I can't have one, here...
Jemanden wie dich gibt es auf der Welt nun mal nicht.
No one like...
Jemanden wie...
Sherlock Holmes...
...Sherlock Holmes...!
Minerva!!
Minerva!!

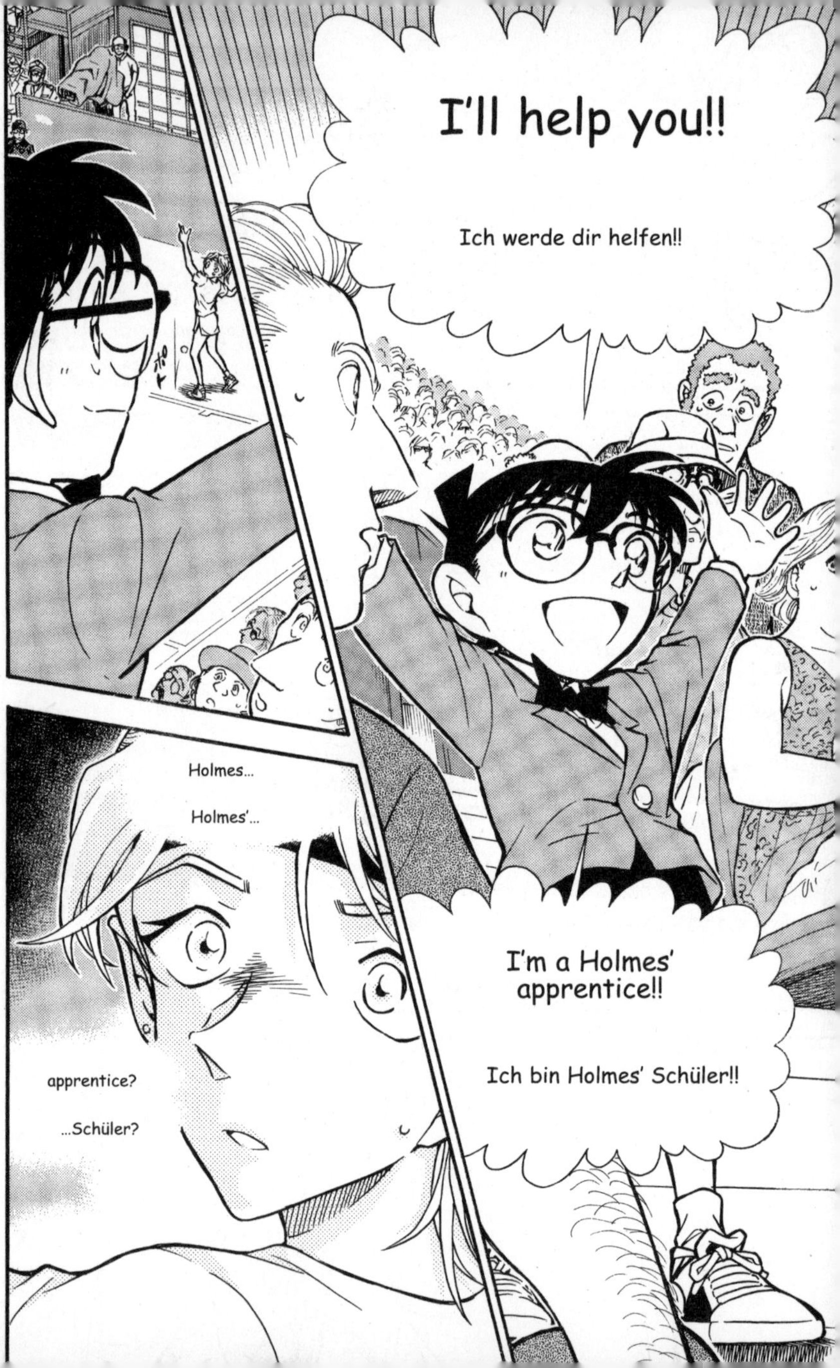
I'll help you!!
Ich werde dir helfen!!
Holmes...
Holmes'...
I'm a Holmes' apprentice!!
Ich bin Holmes' Schüler!!
apprentice?
...Schüler?

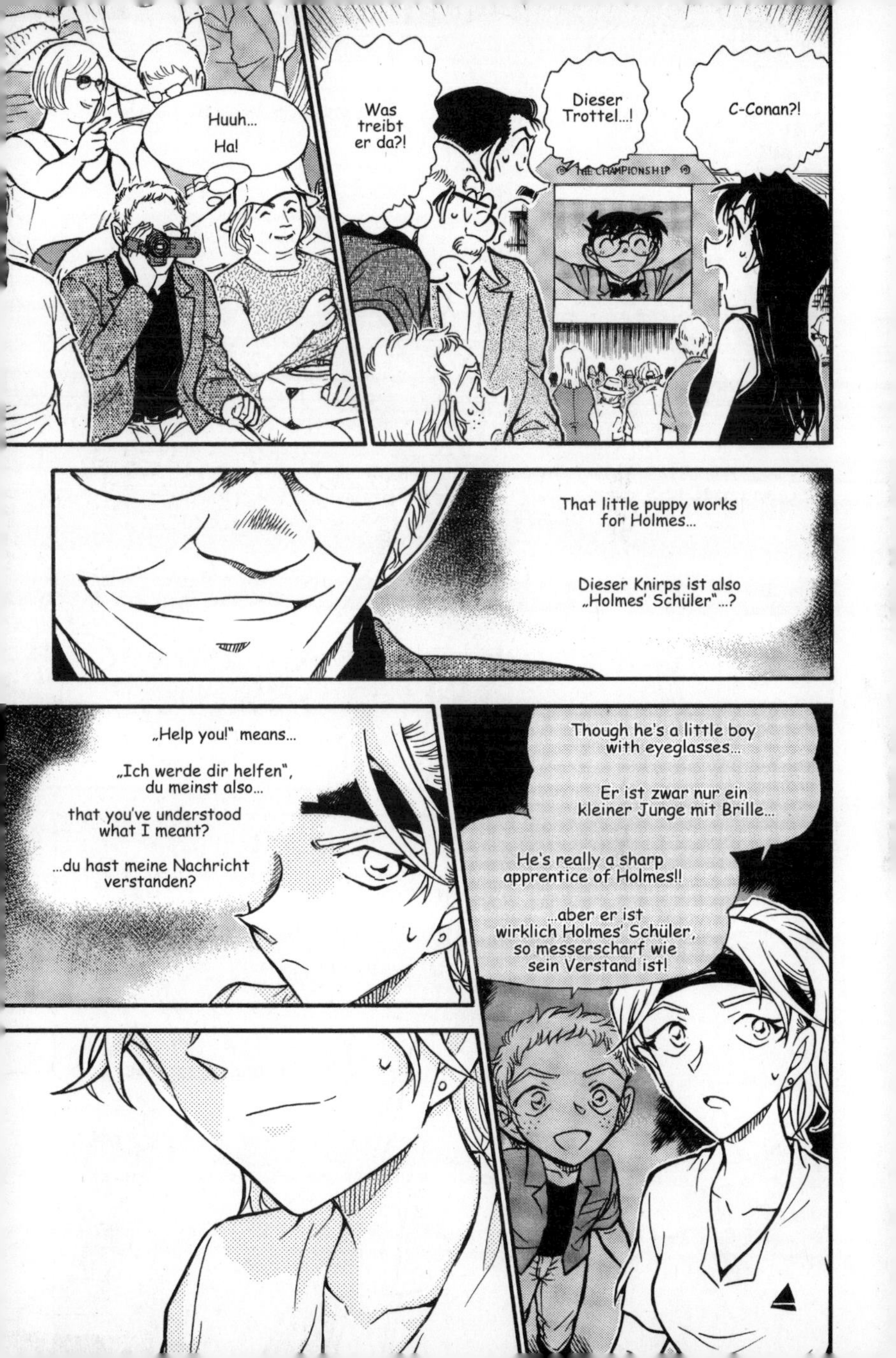
C-Conan?!
Dieser Trottel...!
Was treibt er da?!
Huuh... Ha!
THE CHAMPIONSHIP
That little puppy works for Holmes...
Dieser Knirps ist also „Holmes' Schüler"...?
Though he's a little boy with eyeglasses...
Er ist zwar nur ein kleiner Junge mit Brille...
He's really a sharp apprentice of Holmes!!
...aber er ist wirklich Holmes' Schüler, so messerscharf wie sein Verstand ist!
„Help you!" means...
„Ich werde dir helfen", du meinst also...
that you've understood what I meant?
...du hast meine Nachricht verstanden?

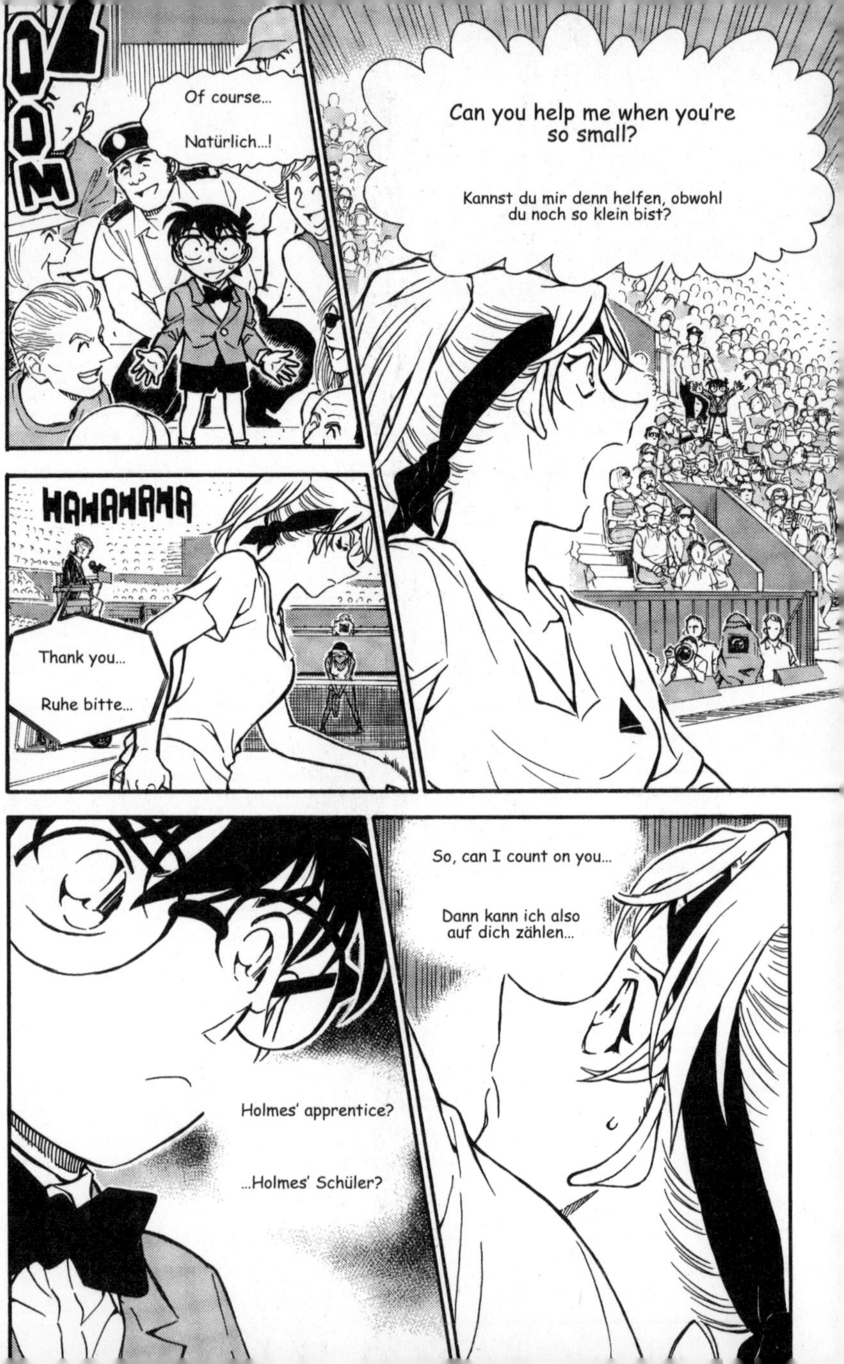
WOOM
Of course...
Natürlich...!
Can you help me when you're so small?
Kannst du mir denn helfen, obwohl du noch so klein bist?
HAHAHAHA
Thank you...
Ruhe bitte...
So, can I count on you...
Dann kann ich also auf dich zählen...
Holmes' apprentice?
...Holmes' Schüler?

FALL 217

KAPITEL 8

Die wahre Zielperson

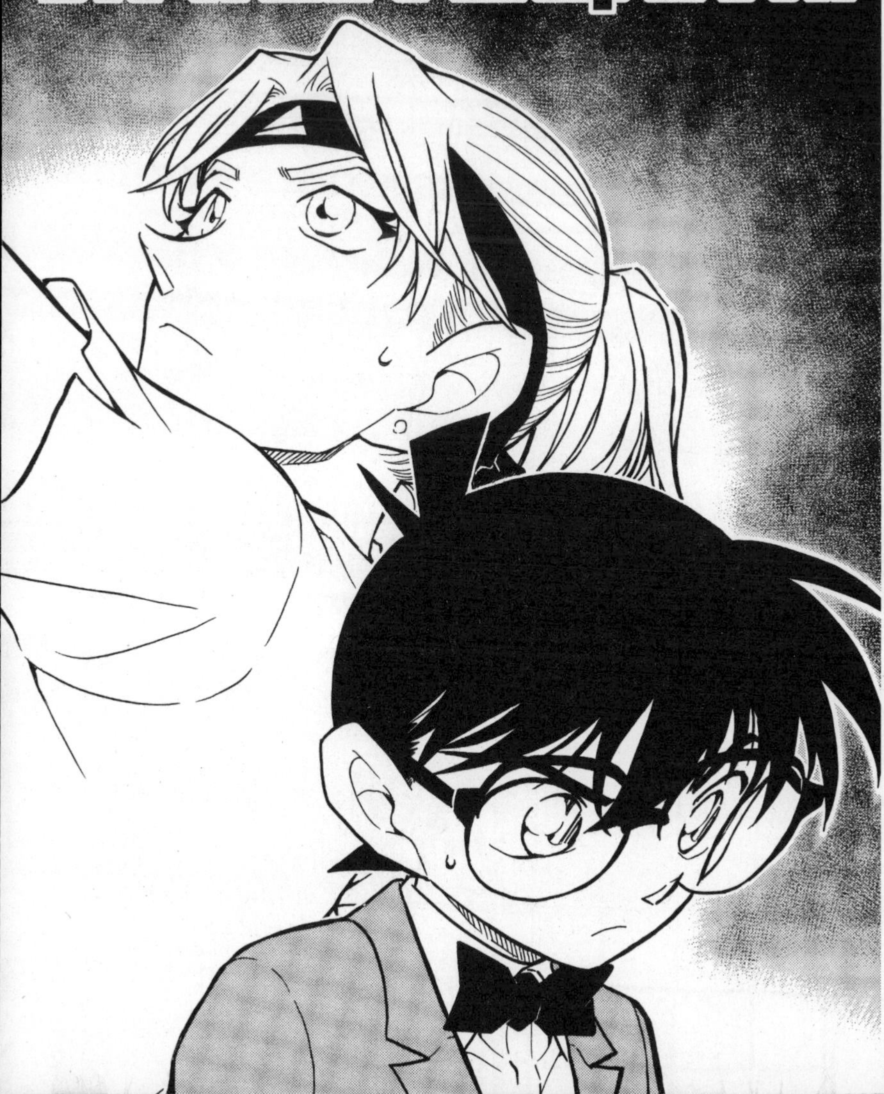

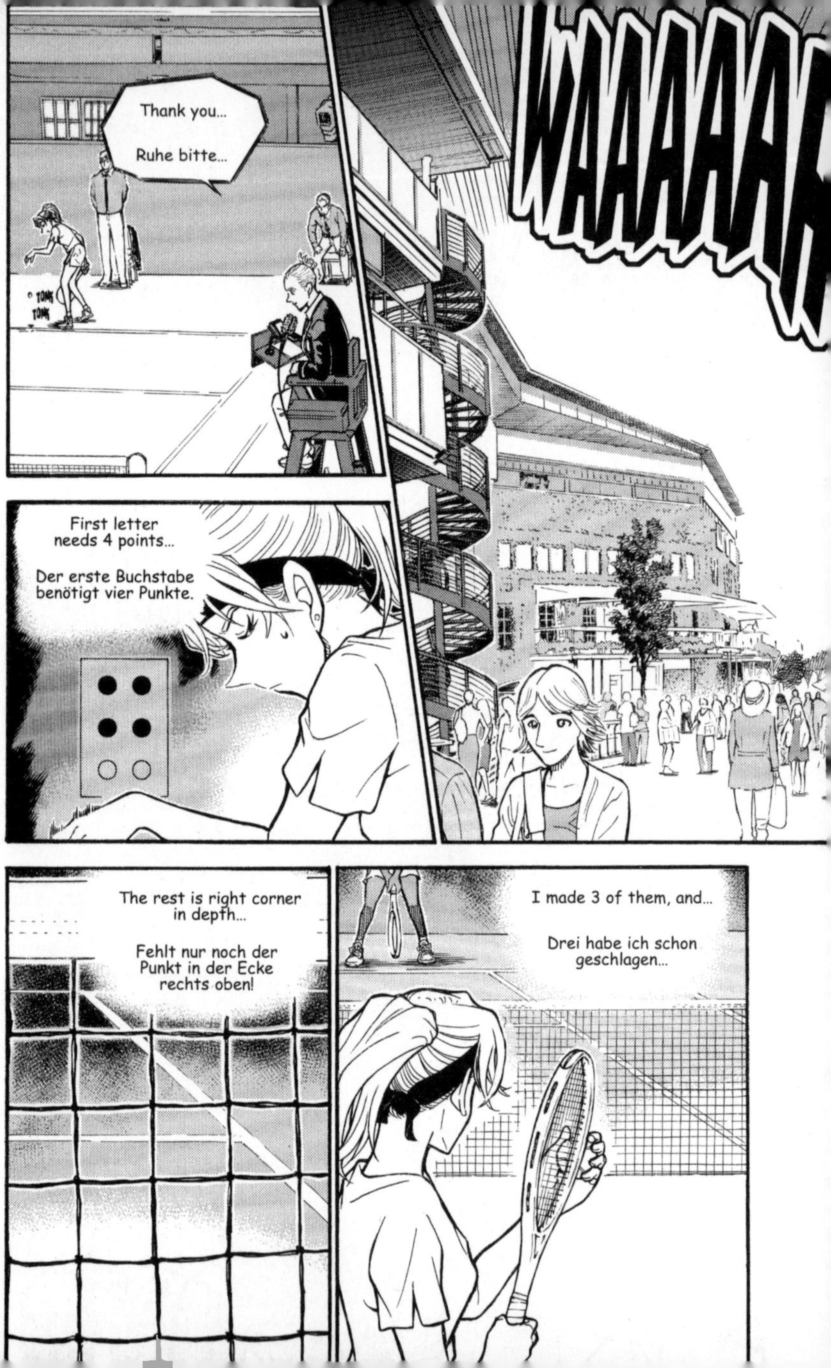
Thank you...
Ruhe bitte...
TONK TONK
WAAAAA
First letter needs 4 points...
Der erste Buchstabe benötigt vier Punkte.
The rest is right corner in depth...
Fehlt nur noch der Punkt in der Ecke rechts oben!
I made 3 of them, and...
Drei habe ich schon geschlagen...

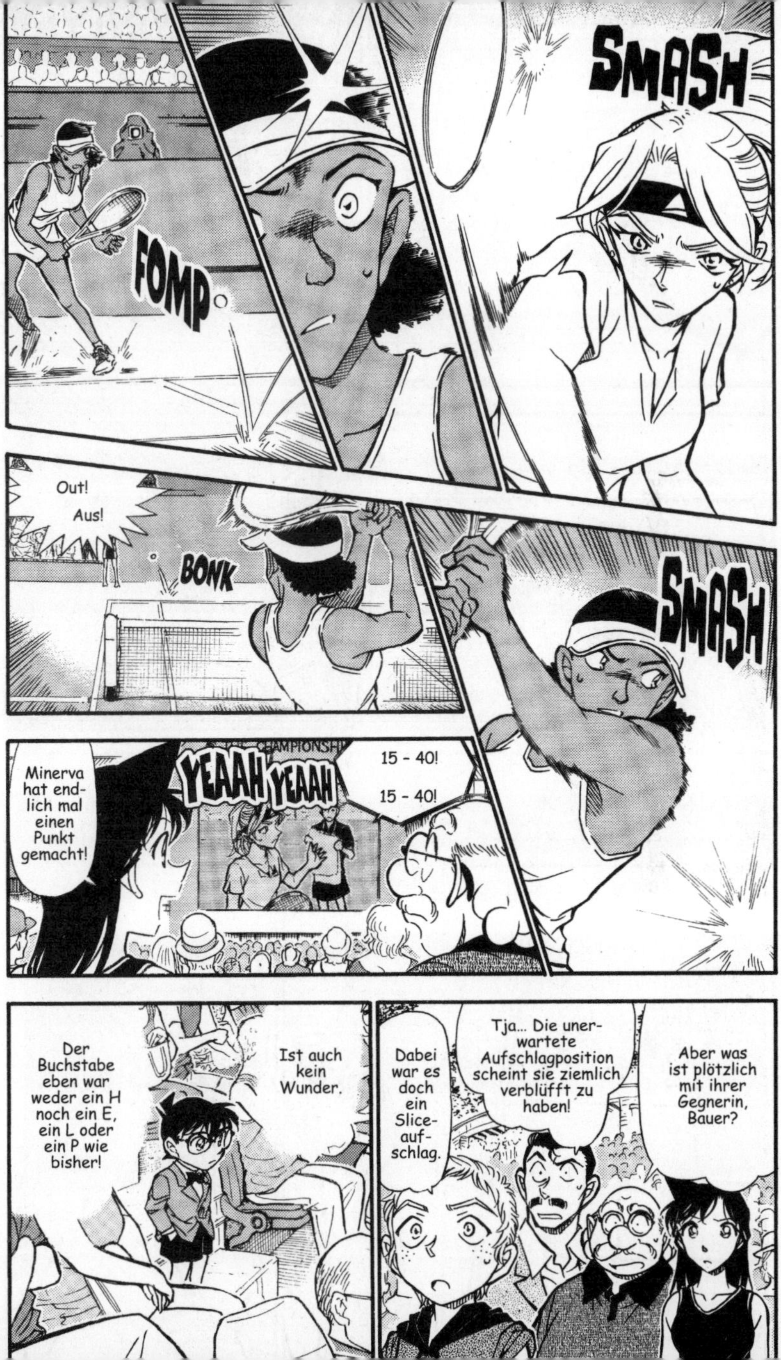
SMASH
FOMP
Out!
Aus!
BONK
SMASH
15 - 40!
15 - 40!
YEAAH YEAAH
Minerva hat endlich mal einen Punkt gemacht!
Aber was ist plötzlich mit ihrer Gegnerin, Bauer?
Tja... Die unerwartete Aufschlagposition scheint sie ziemlich verblüfft zu haben!
Dabei war es doch ein Sliceaufschlag.
Ist auch kein Wunder.
Der Buchstabe eben war weder ein H noch ein E, ein L oder ein P wie bisher!

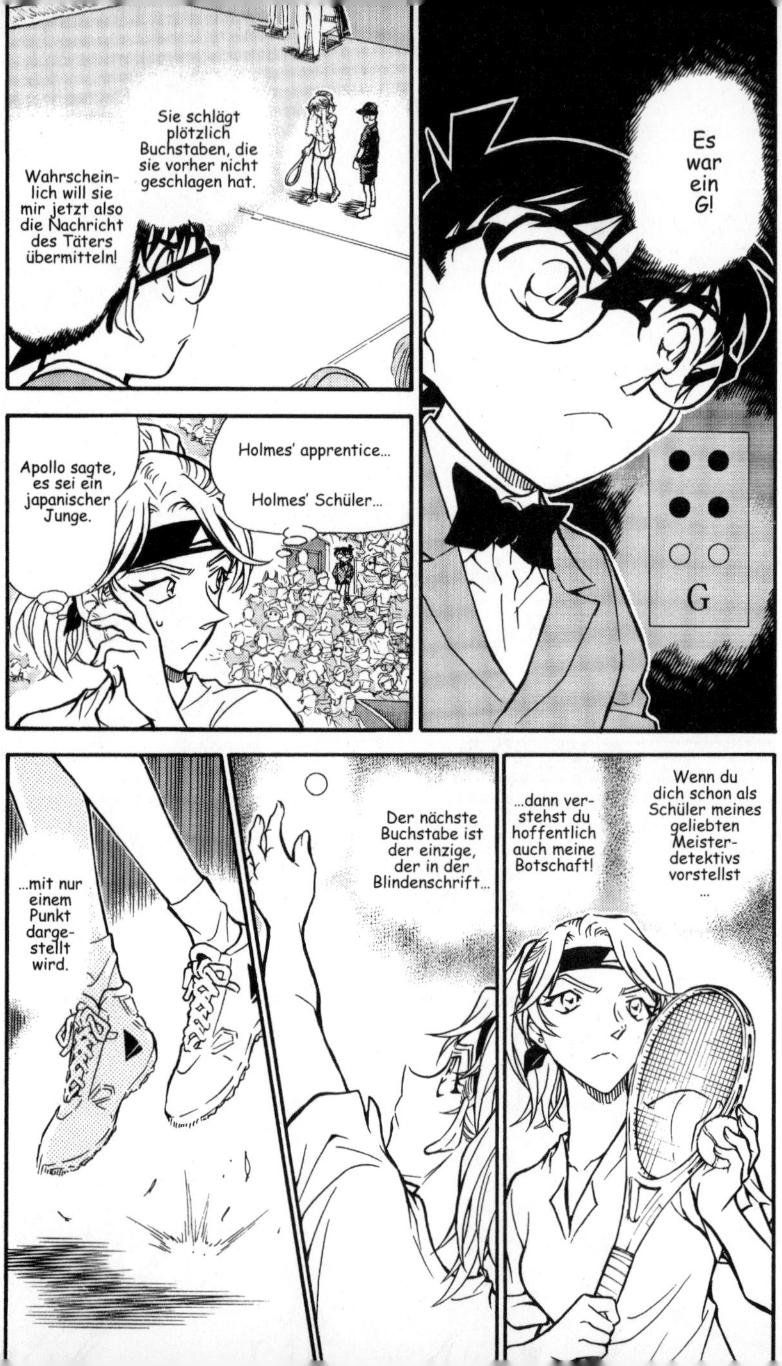

Es war ein G!
G
Sie schlägt plötzlich Buchstaben, die sie vorher nicht geschlagen hat.
Wahrscheinlich will sie mir jetzt also die Nachricht des Täters übermitteln!
Holmes' apprentice...
Holmes' Schüler...
Apollo sagte, es sei ein japanischer Junge.
Wenn du dich schon als Schüler meines geliebten Meisterdetektivs vorstellst ...
...dann verstehst du hoffentlich auch meine Botschaft!
Der nächste Buchstabe ist der einzige, der in der Blindenschrift...
...mit nur einem Punkt dargestellt wird.

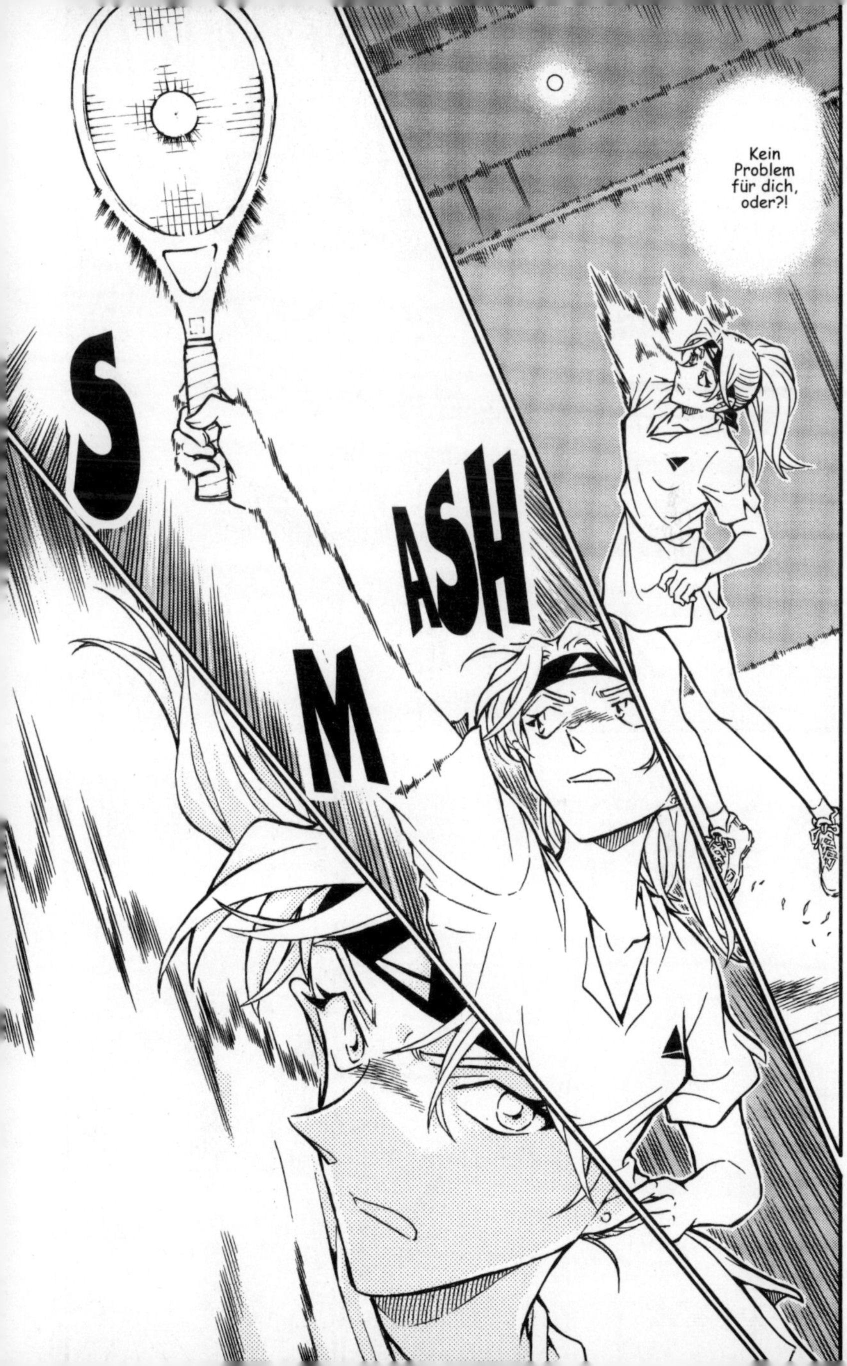
Kein Problem für dich, oder?!
SMASH

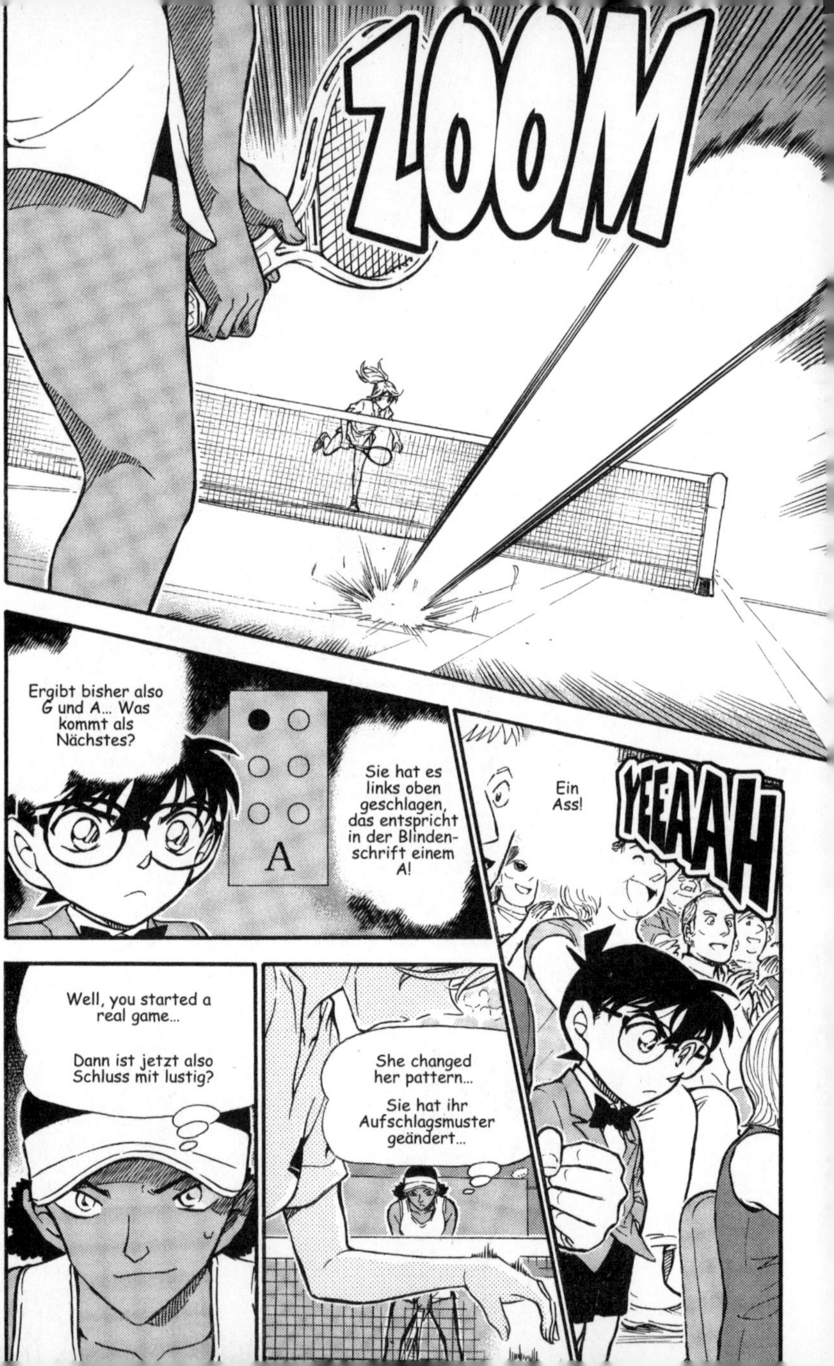
ZOOM
YEEAAH
Ein Ass!
Sie hat es links oben geschlagen, das entspricht in der Blindenschrift einem A!
A
Ergibt bisher also G und A... Was kommt als Nächstes?
She changed her pattern...
Sie hat ihr Aufschlagsmuster geändert...
Well, you started a real game...
Dann ist jetzt also Schluss mit lustig?

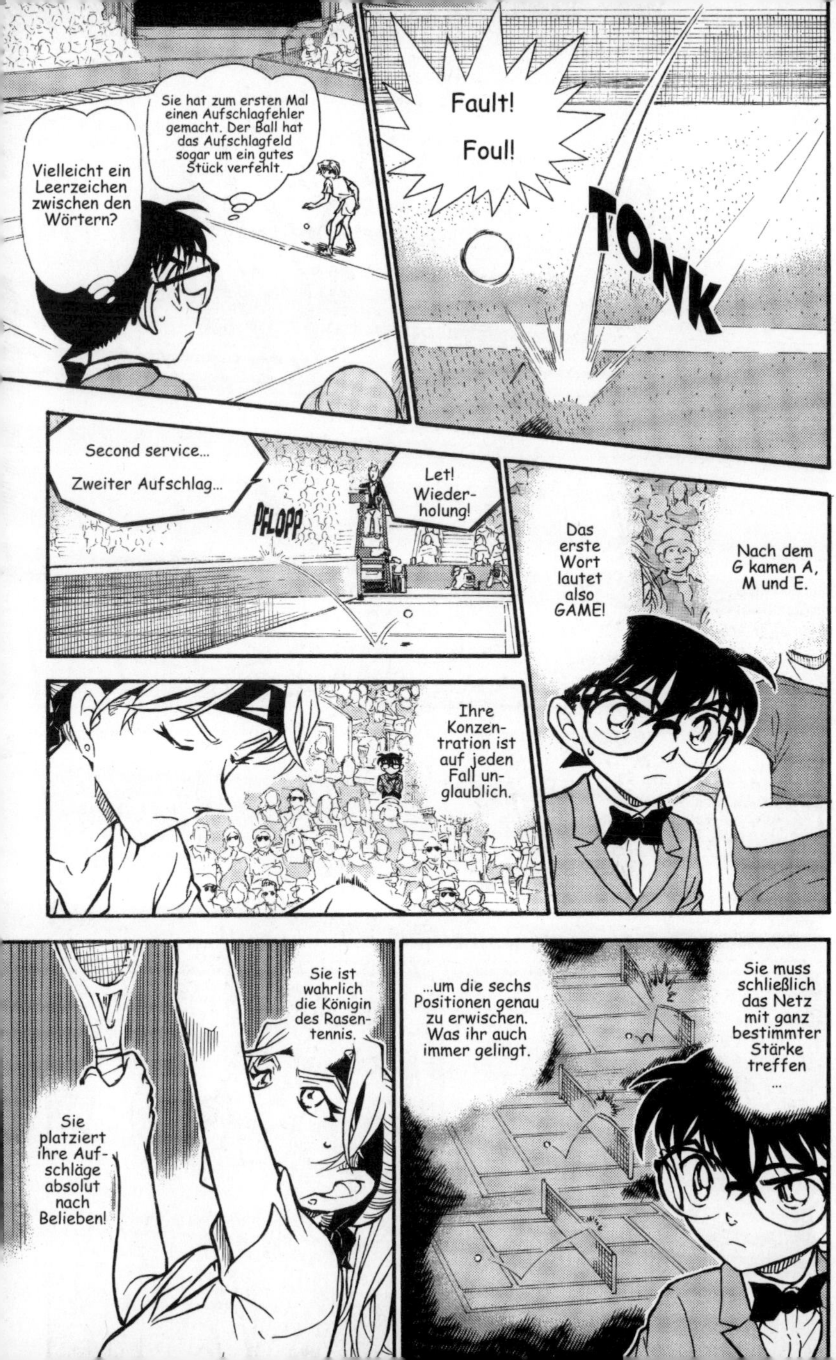
Fault!
Foul!
TONK
Sie hat zum ersten Mal einen Aufschlagfehler gemacht. Der Ball hat das Aufschlagfeld sogar um ein gutes Stück verfehlt.
Vielleicht ein Leerzeichen zwischen den Wörtern?
Nach dem G kamen A, M und E.
Das erste Wort lautet also GAME!
Let! Wiederholung!
PFLOPP
Second service...
Zweiter Aufschlag...
Ihre Konzentration ist auf jeden Fall unglaublich.
Sie muss schließlich das Netz mit ganz bestimmter Stärke treffen ...
...um die sechs Positionen genau zu erwischen. Was ihr auch immer gelingt.
Sie ist wahrlich die Königin des Rasentennis.
Sie platziert ihre Aufschläge absolut nach Belieben!

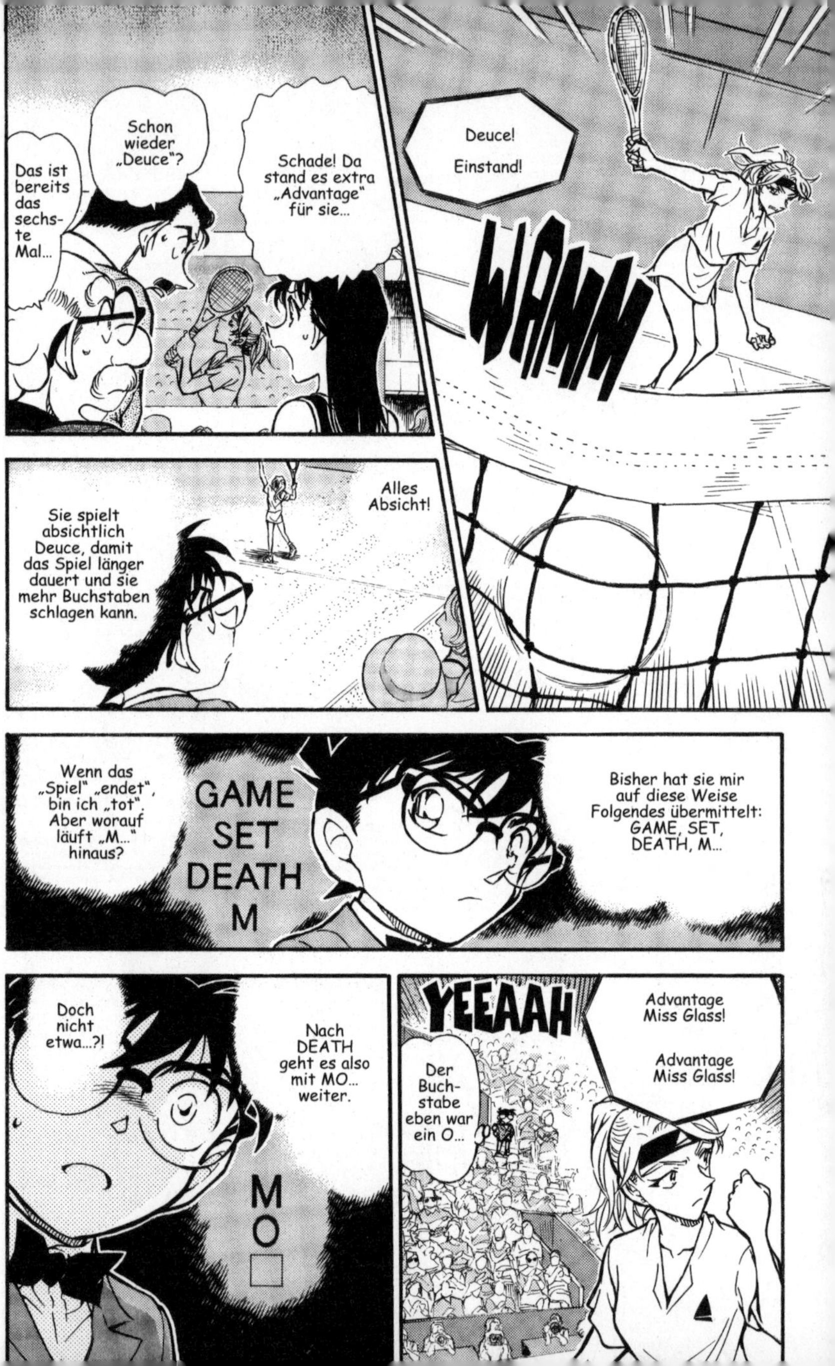
Deuce!
Einstand!
WAMM
Schade! Da stand es extra „Advantage“ für sie...
Schon wieder „Deuce“?
Das ist bereits das sechste Mal...
Alles Absicht!
Sie spielt absichtlich Deuce, damit das Spiel länger dauert und sie mehr Buchstaben schlagen kann.
Bisher hat sie mir auf diese Weise Folgendes übermittelt: GAME, SET, DEATH, M...
GAME SET DEATH M
Wenn das „Spiel“ „endet“, bin ich „tot“. Aber worauf läuft „M...“ hinaus?
YEEAAH
Advantage Miss Glass!
Advantage Miss Glass!
Der Buchstabe eben war ein O...
Nach DEATH geht es also mit MO... weiter.
MO□
Doch nicht etwa...?!

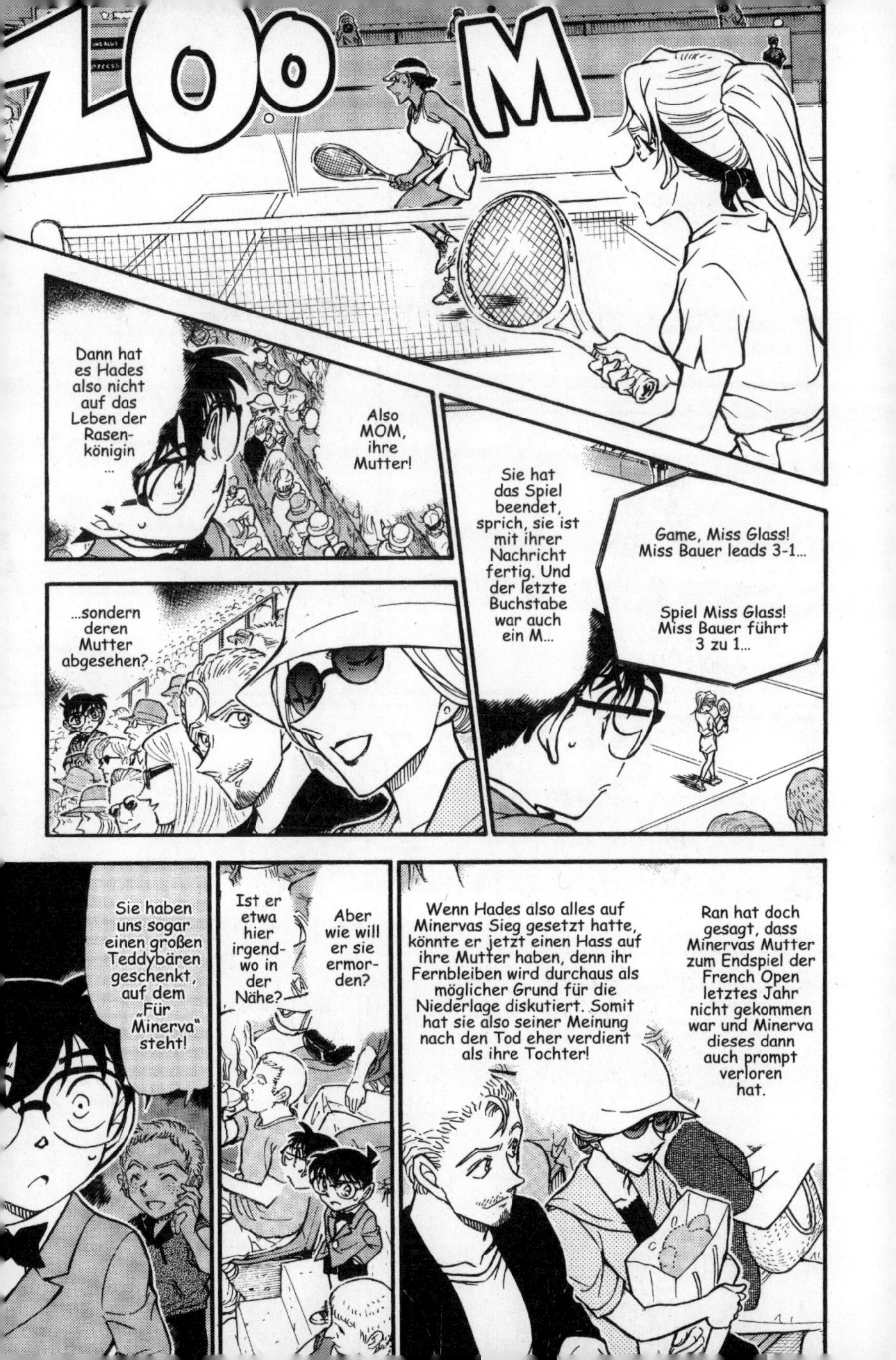
ZOOOM
Game, Miss Glass! Miss Bauer leads 3-1...
Spiel Miss Glass! Miss Bauer führt 3 zu 1...
Sie hat das Spiel beendet, sprich, sie ist mit ihrer Nachricht fertig. Und der letzte Buchstabe war auch ein M...
Also MOM, ihre Mutter!
Dann hat es Hades also nicht auf das Leben der Rasen-königin ...
...sondern deren Mutter abgesehen?
Ran hat doch gesagt, dass Minervas Mutter zum Endspiel der French Open letztes Jahr nicht gekommen war und Minerva dieses dann auch prompt verloren hat.
Wenn Hades also alles auf Minervas Sieg gesetzt hatte, könnte er jetzt einen Hass auf ihre Mutter haben, denn ihr Fernbleiben wird durchaus als möglicher Grund für die Niederlage diskutiert. Somit hat sie also seiner Meinung nach den Tod eher verdient als ihre Tochter!
Aber wie will er sie ermor-den?
Ist er etwa hier irgend-wo in der Nähe?
Sie haben uns sogar einen großen Teddybären geschenkt, auf dem „Für Minerva“ steht!

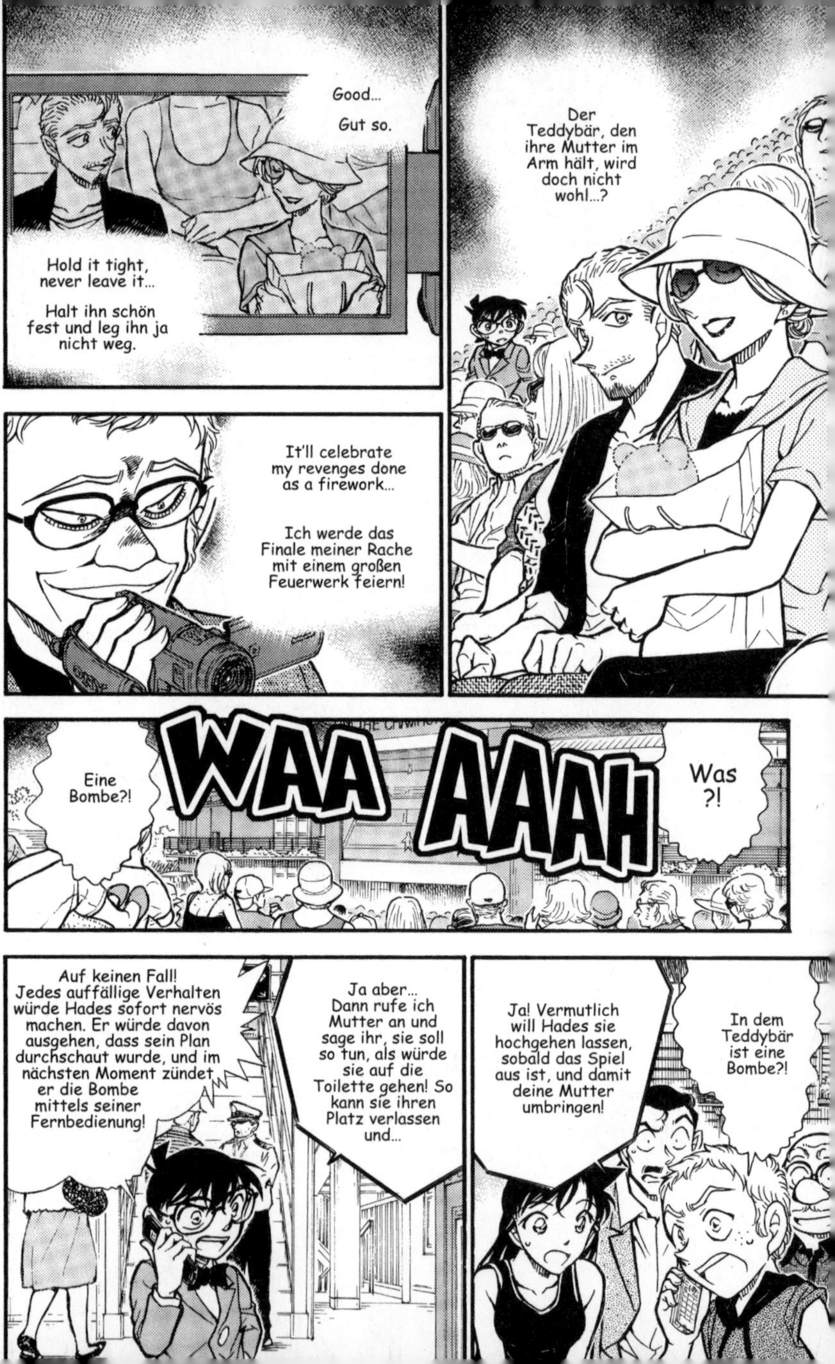
Der Teddybär, den ihre Mutter im Arm hält, wird doch nicht wohl...?
Good...
Gut so.
Hold it tight, never leave it...
Halt ihn schön fest und leg ihn ja nicht weg.
It'll celebrate my revenges done as a firework...
Ich werde das Finale meiner Rache mit einem großen Feuerwerk feiern!
Was?!
WAA AAAH
Eine Bombe?!
In dem Teddybär ist eine Bombe?!
Ja! Vermutlich will Hades sie hochgehen lassen, sobald das Spiel aus ist, und damit deine Mutter umbringen!
Ja aber... Dann rufe ich Mutter an und sage ihr, sie soll so tun, als würde sie auf die Toilette gehen! So kann sie ihren Platz verlassen und...
Auf keinen Fall! Jedes auffällige Verhalten würde Hades sofort nervös machen. Er würde davon ausgehen, dass sein Plan durchschaut wurde, und im nächsten Moment zündet er die Bombe mittels seiner Fernbedienung!

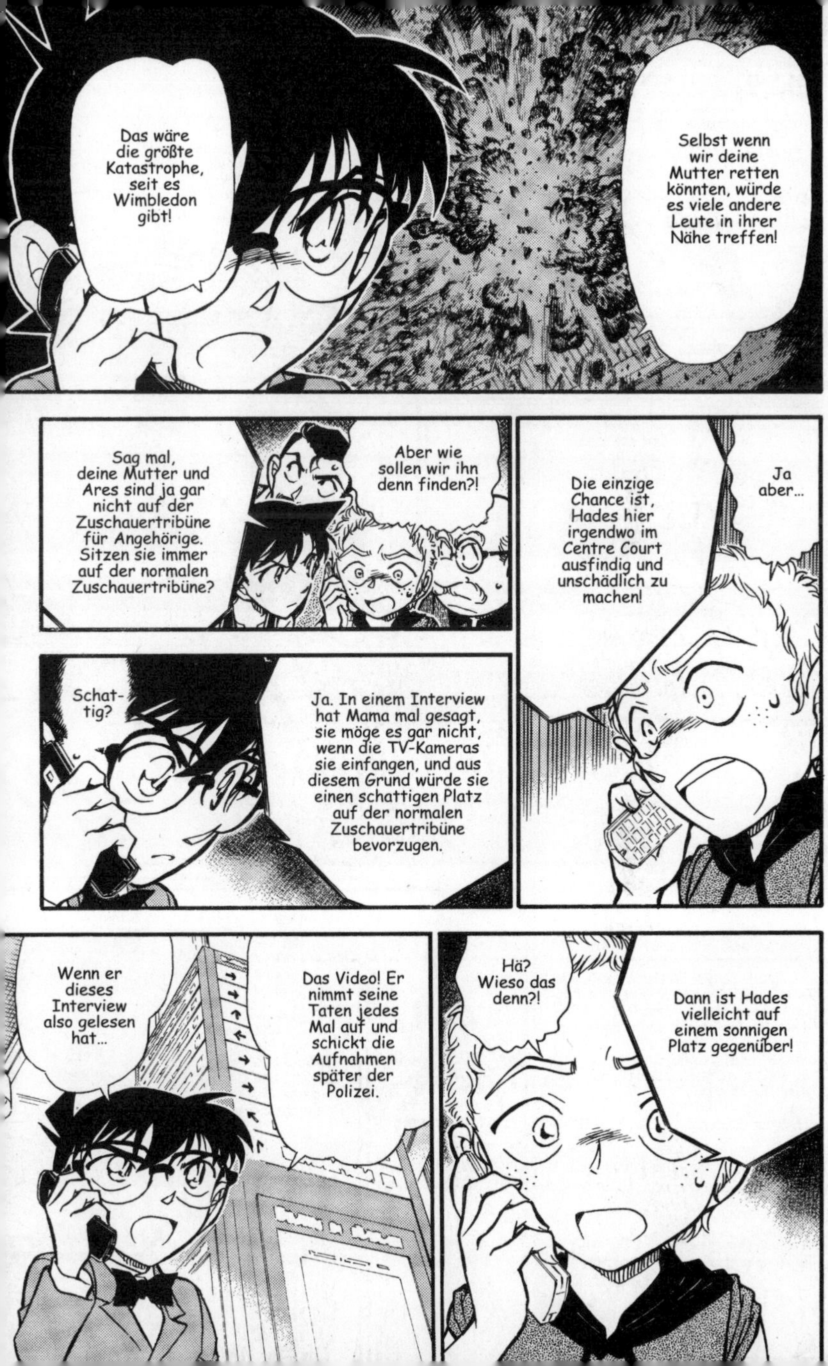

Selbst wenn wir deine Mutter retten könnten, würde es viele andere Leute in ihrer Nähe treffen!
Das wäre die größte Katastrophe, seit es Wimbledon gibt!
Ja aber...
Die einzige Chance ist, Hades hier irgendwo im Centre Court ausfindig und unschädlich zu machen!
Aber wie sollen wir ihn denn finden?!
Sag mal, deine Mutter und Ares sind ja gar nicht auf der Zuschauertribüne für Angehörige. Sitzen sie immer auf der normalen Zuschauertribüne?
Ja. In einem Interview hat Mama mal gesagt, sie möge es gar nicht, wenn die TV-Kameras sie einfangen, und aus diesem Grund würde sie einen schattigen Platz auf der normalen Zuschauertribüne bevorzugen.
Schat-tig?
Dann ist Hades vielleicht auf einem sonnigen Platz gegenüber!
Hä? Wieso das denn?!
Das Video! Er nimmt seine Taten jedes Mal auf und schickt die Aufnahmen später der Polizei.
Wenn er dieses Interview also gelesen hat...

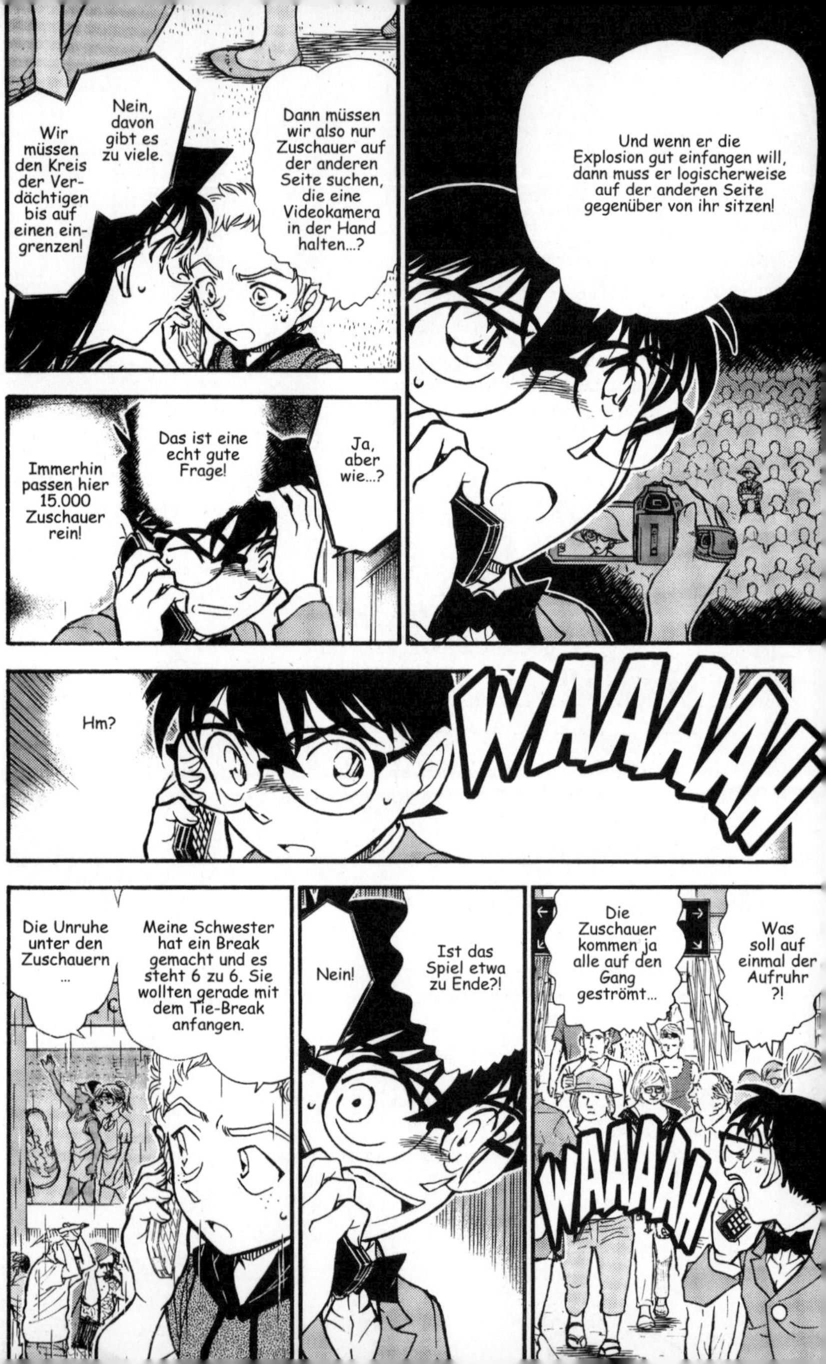
Und wenn er die Explosion gut einfangen will, dann muss er logischerweise auf der anderen Seite gegenüber von ihr sitzen!
Dann müssen wir also nur Zuschauer auf der anderen Seite suchen, die eine Videokamera in der Hand halten...?
Nein, davon gibt es zu viele.
Wir müssen den Kreis der Verdächtigen bis auf einen eingrenzen!
Ja, aber wie...?
Das ist eine echt gute Frage!
Immerhin passen hier 15.000 Zuschauer rein!
WAAAAH
Hm?
Was soll auf einmal der Aufruhr ?!
Die Zuschauer kommen ja alle auf den Gang geströmt...
WAAAAH
Ist das Spiel etwa zu Ende?!
Nein!
Meine Schwester hat ein Break gemacht und es steht 6 zu 6. Sie wollten gerade mit dem Tie-Break anfangen.
Die Unruhe unter den Zuschauern ...

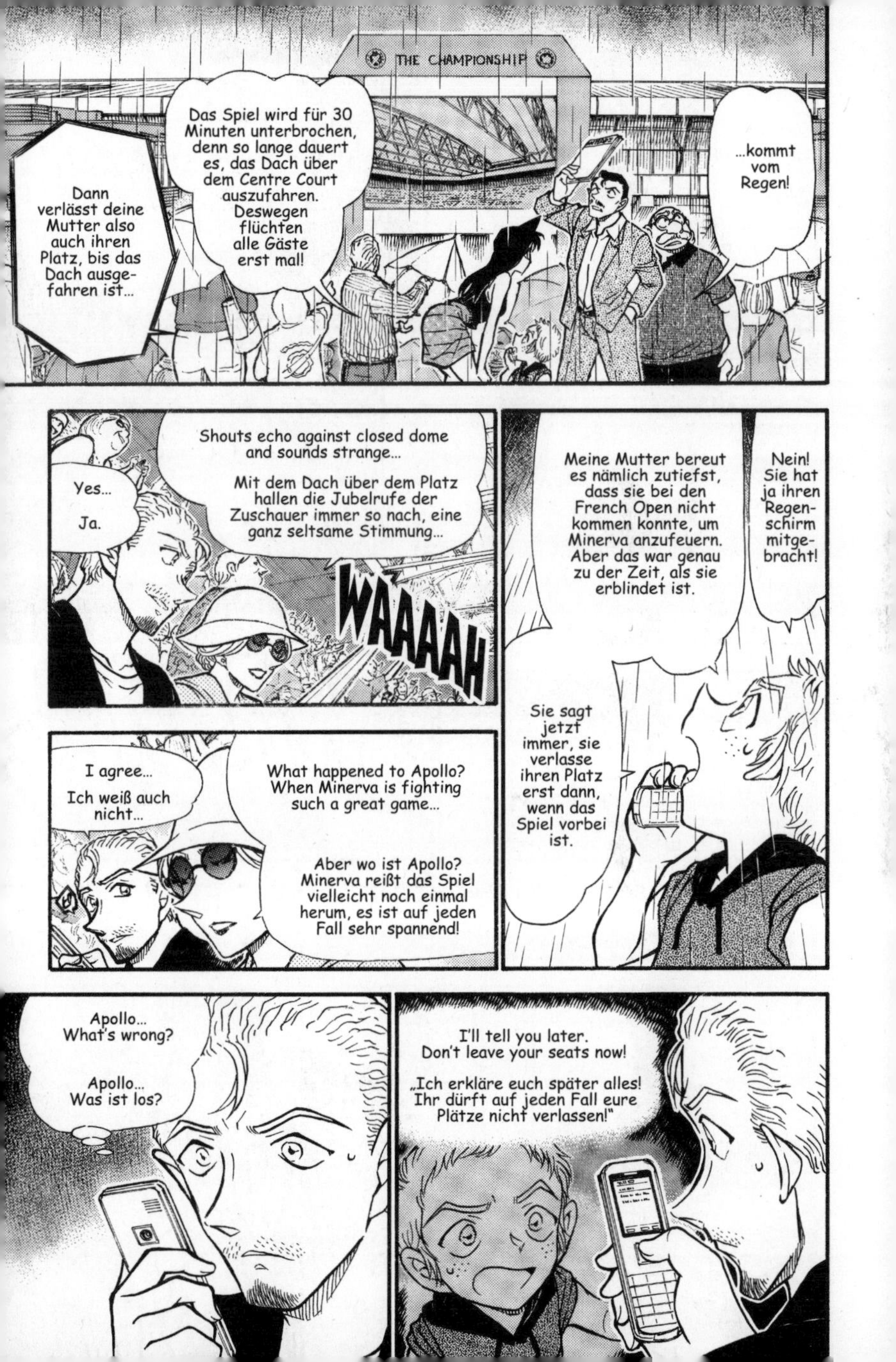

THE CHAMPIONSHIP
...kommt vom Regen!
Das Spiel wird für 30 Minuten unterbrochen, denn so lange dauert es, das Dach über dem Centre Court auszufahren. Deswegen flüchten alle Gäste erst mal!
Dann verlässt deine Mutter also auch ihren Platz, bis das Dach ausgefahren ist...
Nein! Sie hat ja ihren Regenschirm mitgebracht!
Meine Mutter bereut es nämlich zutiefst, dass sie bei den French Open nicht kommen konnte, um Minerva anzufeuern. Aber das war genau zu der Zeit, als sie erblindet ist.
Sie sagt jetzt immer, sie verlasse ihren Platz erst dann, wenn das Spiel vorbei ist.
Shouts echo against closed dome and sounds strange...
Mit dem Dach über dem Platz hallen die Jubelrufe der Zuschauer immer so nach, eine ganz seltsame Stimmung...
Yes...
Ja.
WAAAAH
What happened to Apollo? When Minerva is fighting such a great game...
Aber wo ist Apollo? Minerva reißt das Spiel vielleicht noch einmal herum, es ist auf jeden Fall sehr spannend!
I agree...
Ich weiß auch nicht...
I'll tell you later. Don't leave your seats now!
„Ich erkläre euch später alles! Ihr dürft auf jeden Fall eure Plätze nicht verlassen!"
Apollo... What's wrong?
Apollo... Was ist los?

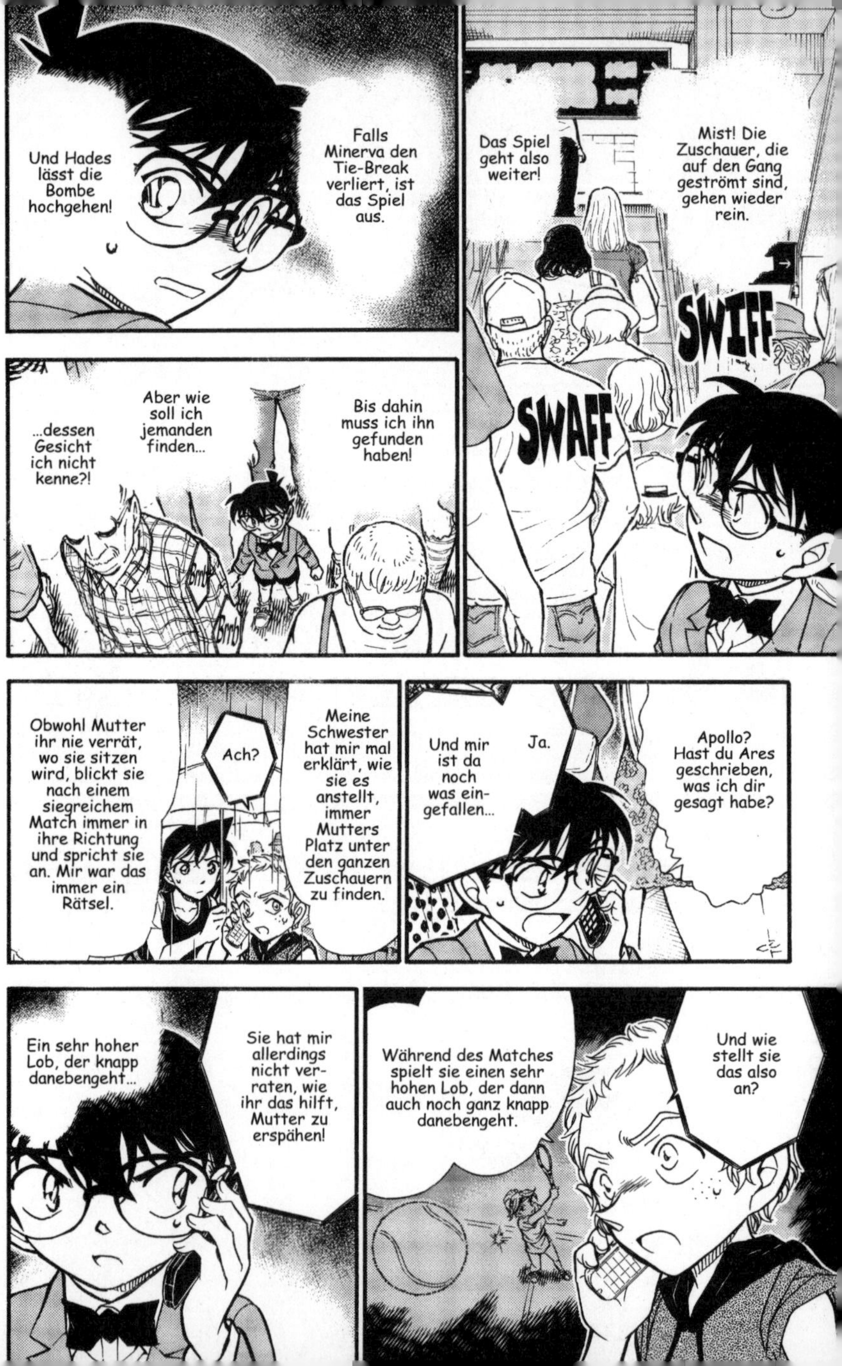
Mist! Die Zuschauer, die auf den Gang geströmt sind, gehen wieder rein.
Das Spiel geht also weiter!
SWIFF
SWAFF
Falls Minerva den Tie-Break verliert, ist das Spiel aus.
Und Hades lässt die Bombe hochgehen!
Bis dahin muss ich ihn gefunden haben!
Aber wie soll ich jemanden finden...
...dessen Gesicht ich nicht kenne?!
Apollo? Hast du Ares geschrieben, was ich dir gesagt habe?
Ja.
Und mir ist da noch was ein-gefallen...
Meine Schwester hat mir mal erklärt, wie sie es anstellt, immer Mutters Platz unter den ganzen Zuschauern zu finden.
Ach?
Obwohl Mutter ihr nie verrät, wo sie sitzen wird, blickt sie nach einem siegreichem Match immer in ihre Richtung und spricht sie an. Mir war das immer ein Rätsel.
Und wie stellt sie das also an?
Während des Matches spielt sie einen sehr hohen Lob, der dann auch noch ganz knapp danebengeht.
Sie hat mir allerdings nicht ver-raten, wie ihr das hilft, Mutter zu erspähen!
Ein sehr hoher Lob, der knapp danebengeht...

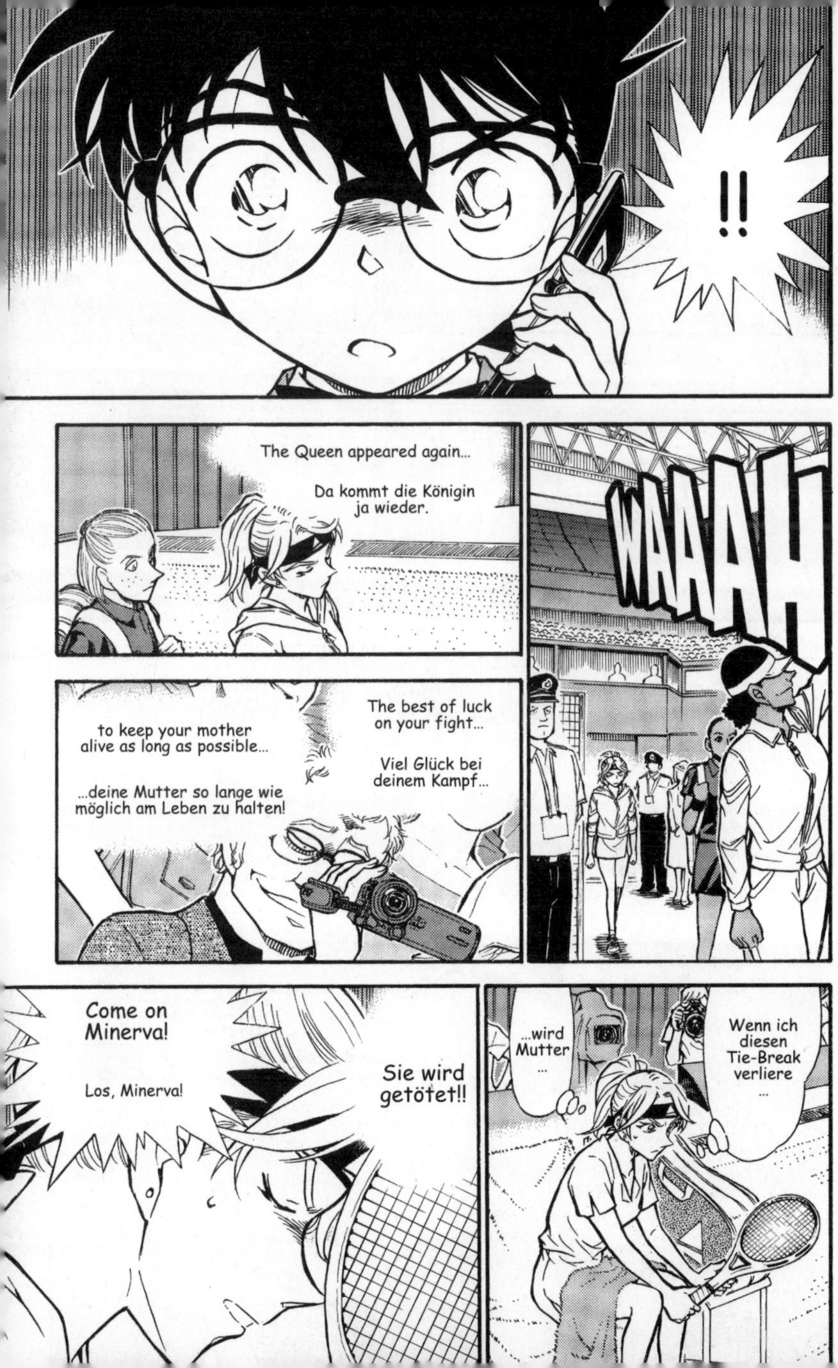
!!
WAAAH
The Queen appeared again...
Da kommt die Königin ja wieder.
The best of luck on your fight...
Viel Glück bei deinem Kampf...
to keep your mother alive as long as possible...
...deine Mutter so lange wie möglich am Leben zu halten!
Wenn ich diesen Tie-Break verliere ...
...wird Mutter ...
Sie wird getötet!!
Come on Minerva!
Los, Minerva!

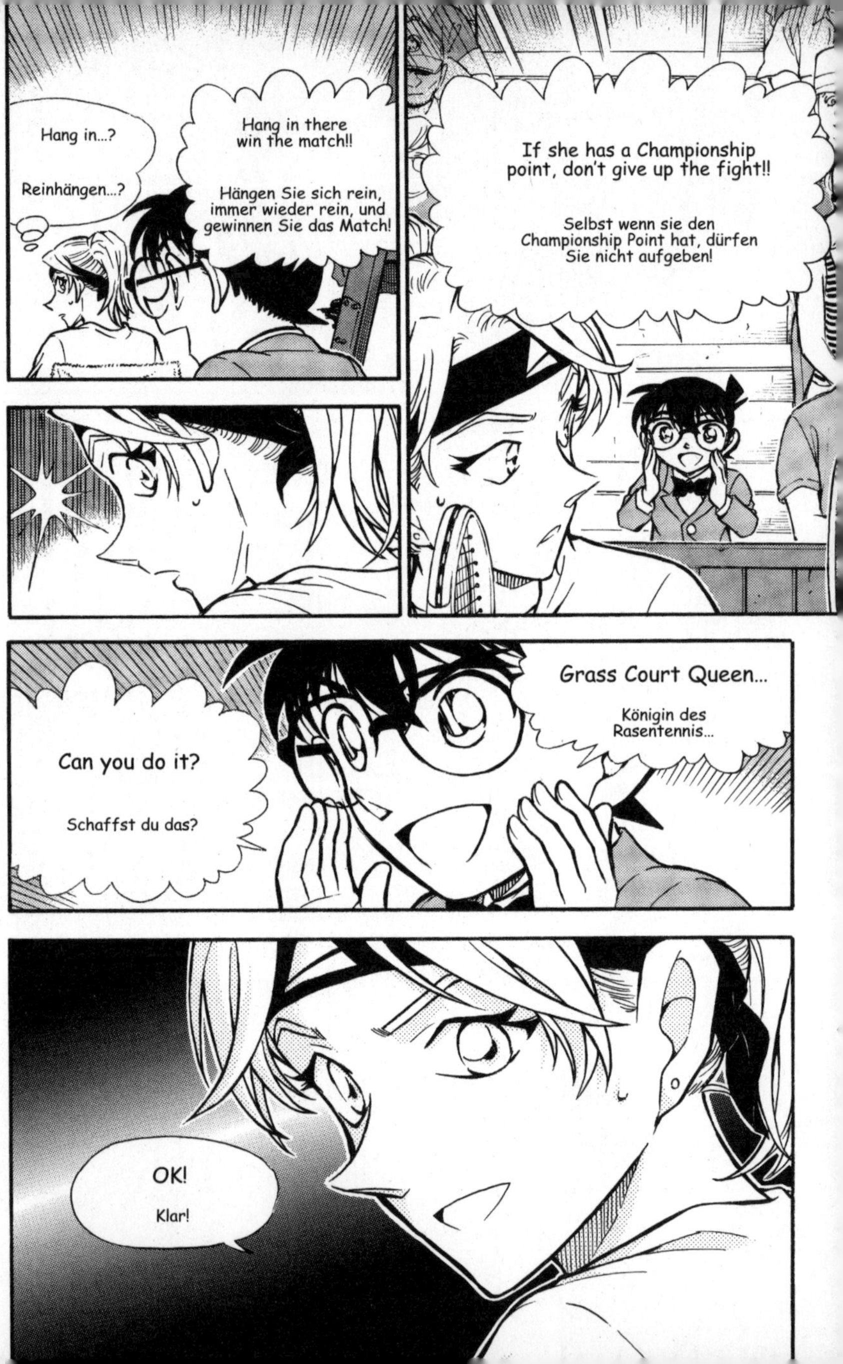
If she has a Championship point, don't give up the fight!!
Selbst wenn sie den Championship Point hat, dürfen Sie nicht aufgeben!
Hang in there win the match!!
Hängen Sie sich rein, immer wieder rein, und gewinnen Sie das Match!
Hang in...?
Reinhängen...?
Grass Court Queen...
Königin des Rasentennis...
Can you do it?
Schaffst du das?
OK!
Klar!

KAPITEL 9 FALL 217

Die Königin hängt sich rein

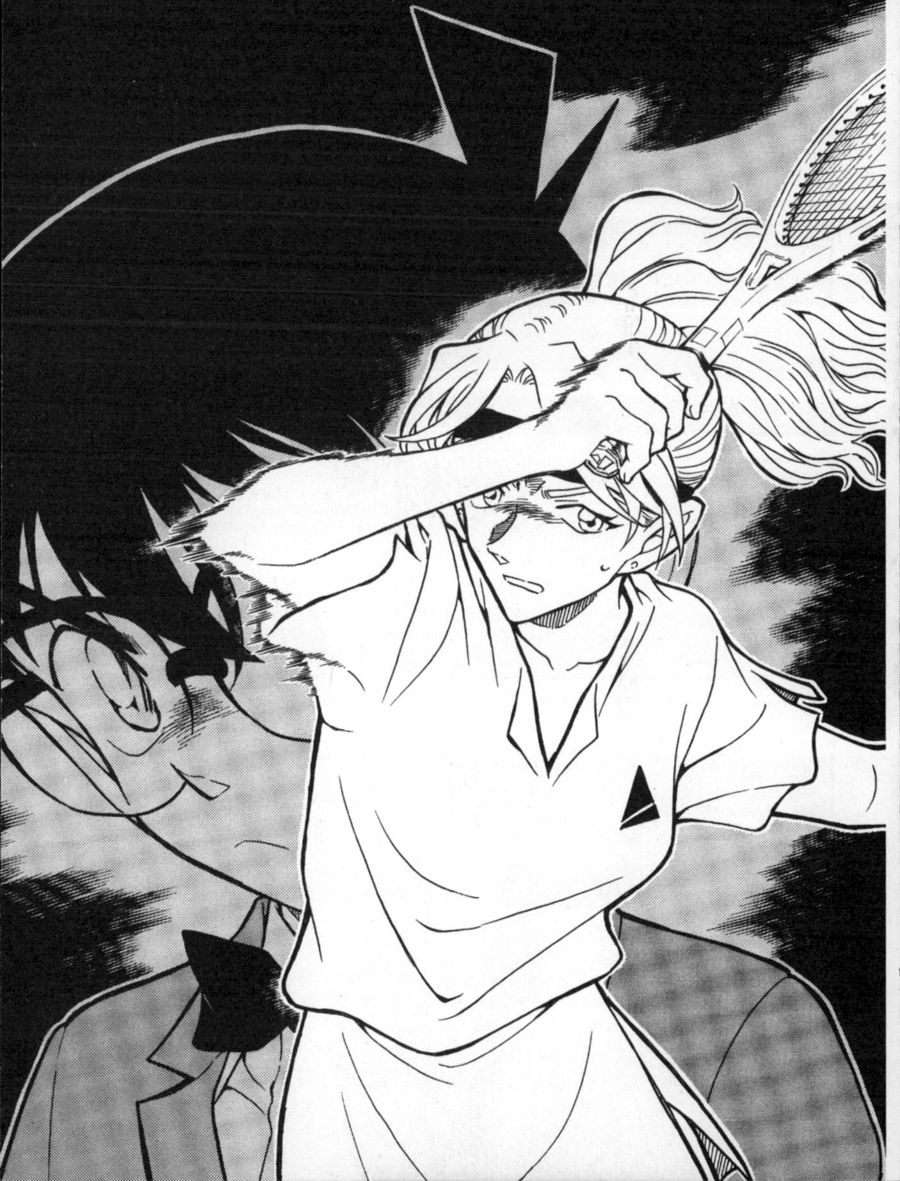

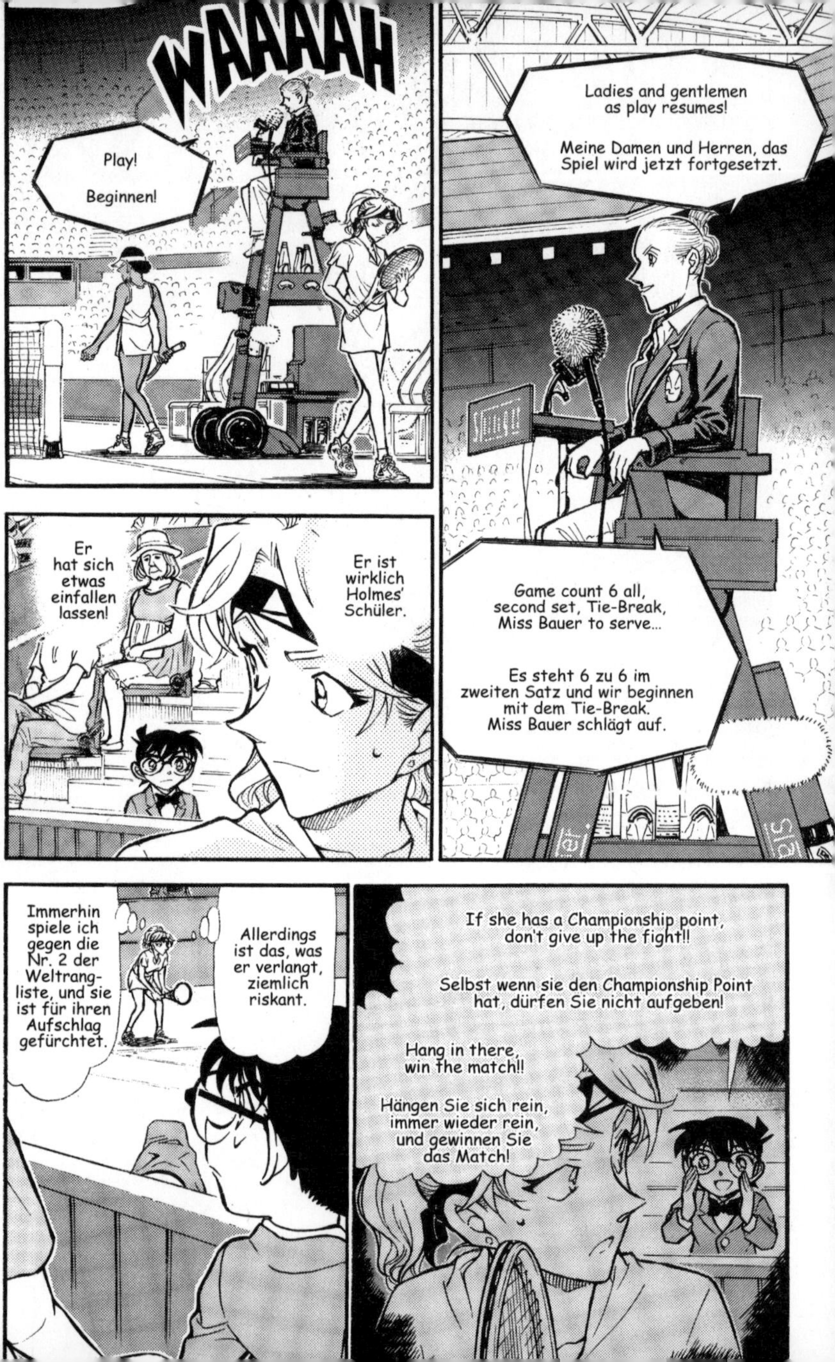
Ladies and gentlemen as play resumes!
Meine Damen und Herren, das Spiel wird jetzt fortgesetzt.
Game count 6 all, second set, Tie-Break, Miss Bauer to serve...
Es steht 6 zu 6 im zweiten Satz und wir beginnen mit dem Tie-Break. Miss Bauer schlägt auf.
WAAAAH
Play!
Beginnen!
Er ist wirklich Holmes' Schüler.
Er hat sich etwas einfallen lassen!
If she has a Championship point, don't give up the fight!!
Selbst wenn sie den Championship Point hat, dürfen Sie nicht aufgeben!
Hang in there, win the match!!
Hängen Sie sich rein, immer wieder rein, und gewinnen Sie das Match!
Allerdings ist das, was er verlangt, ziemlich riskant.
Immerhin spiele ich gegen die Nr. 2 der Weltrangliste, und sie ist für ihren Aufschlag gefürchtet.

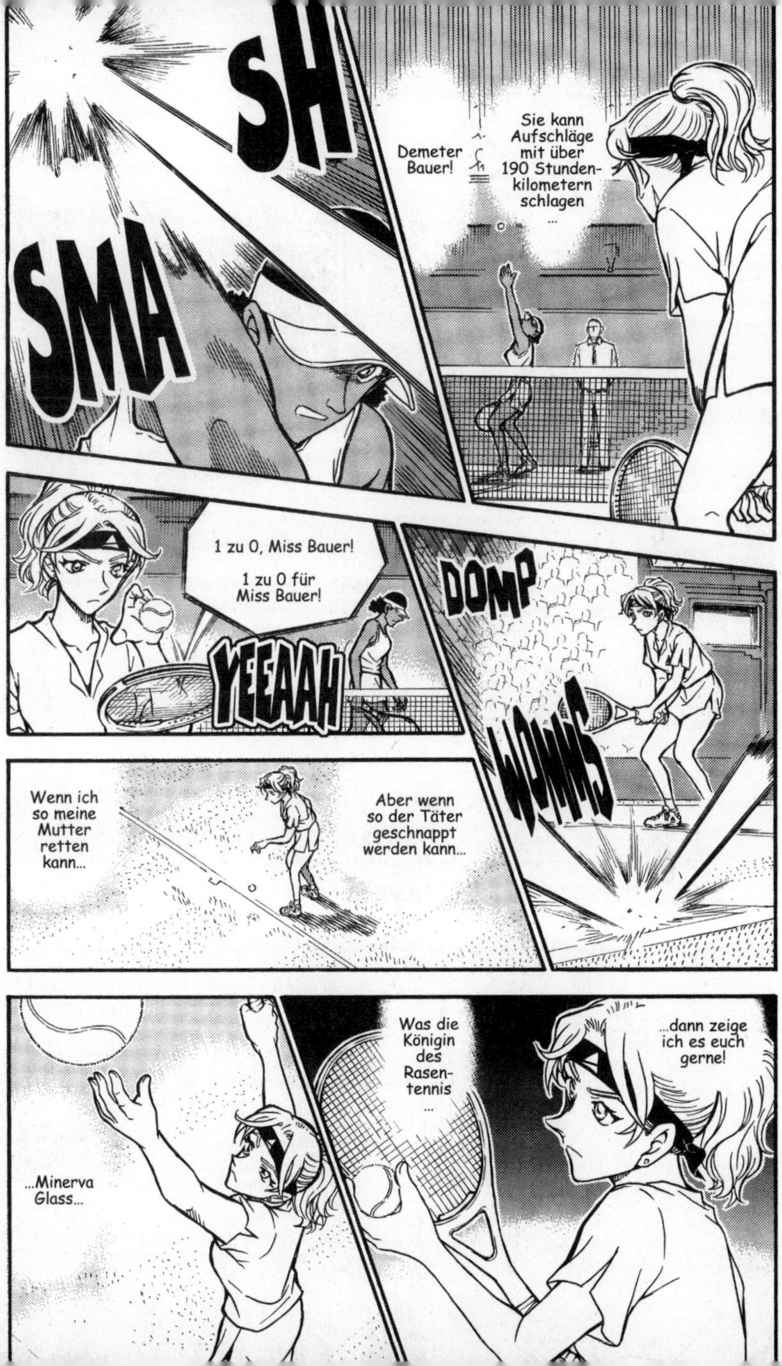

Sie kann Aufschläge mit über 190 Stunden-kilometern schlagen ...
Demeter Bauer!
SH
SMA
DOMP
WUMMS
1 zu 0, Miss Bauer!
1 zu 0 für Miss Bauer!
YEEAAH
Aber wenn so der Täter geschnappt werden kann...
Wenn ich so meine Mutter retten kann...
Was die Königin des Rasen-tennis ...
...Minerva Glass...
...dann zeige ich es euch gerne!

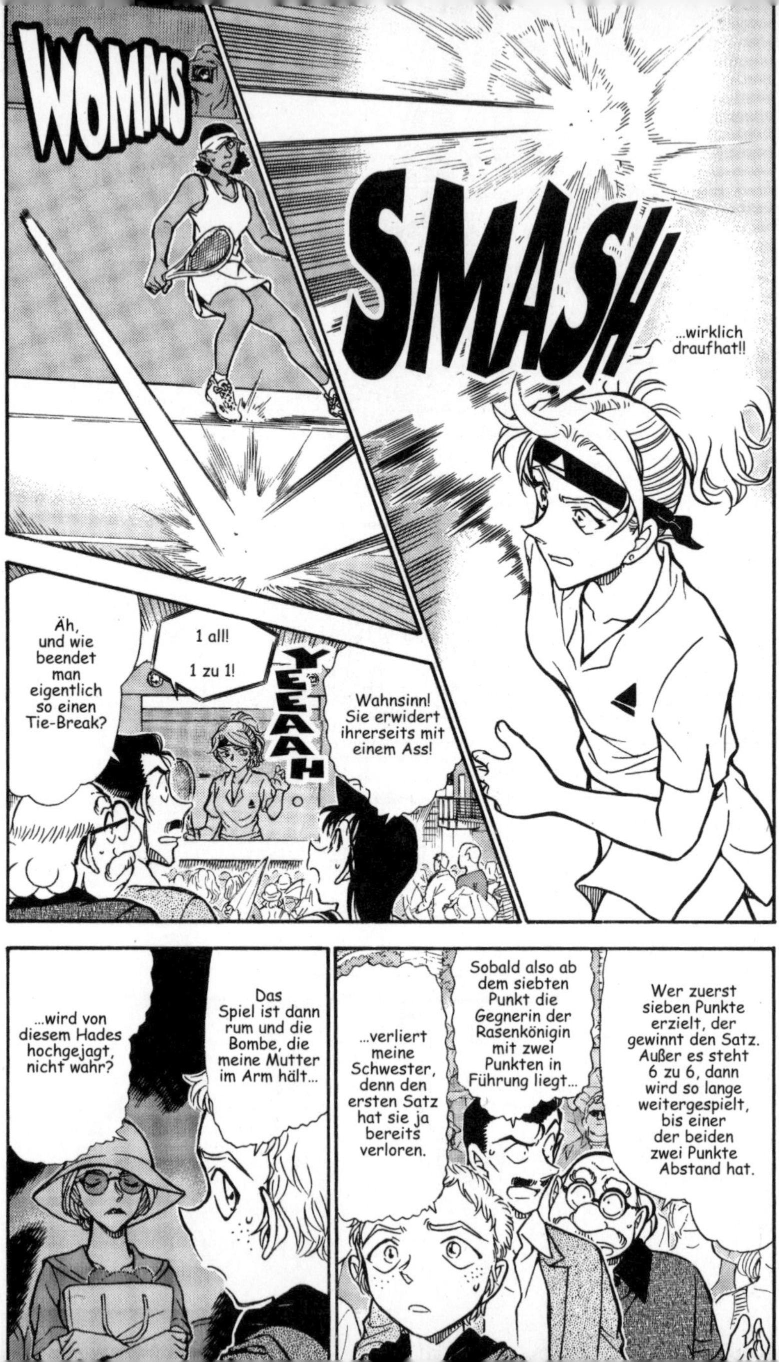
SMASH
...wirklich draufhat!!
WOMMS
Wahnsinn! Sie erwidert ihrerseits mit einem Ass!
YEEAAAH
1 all!
1 zu 1!
Äh, und wie beendet man eigentlich so einen Tie-Break?
Wer zuerst sieben Punkte erzielt, der gewinnt den Satz. Außer es steht 6 zu 6, dann wird so lange weitergespielt, bis einer der beiden zwei Punkte Abstand hat.
Sobald also ab dem siebten Punkt die Gegnerin der Rasenkönigin mit zwei Punkten in Führung liegt...
...verliert meine Schwester, denn den ersten Satz hat sie ja bereits verloren.
Das Spiel ist dann rum und die Bombe, die meine Mutter im Arm hält...
...wird von diesem Hades hochgejagt, nicht wahr?

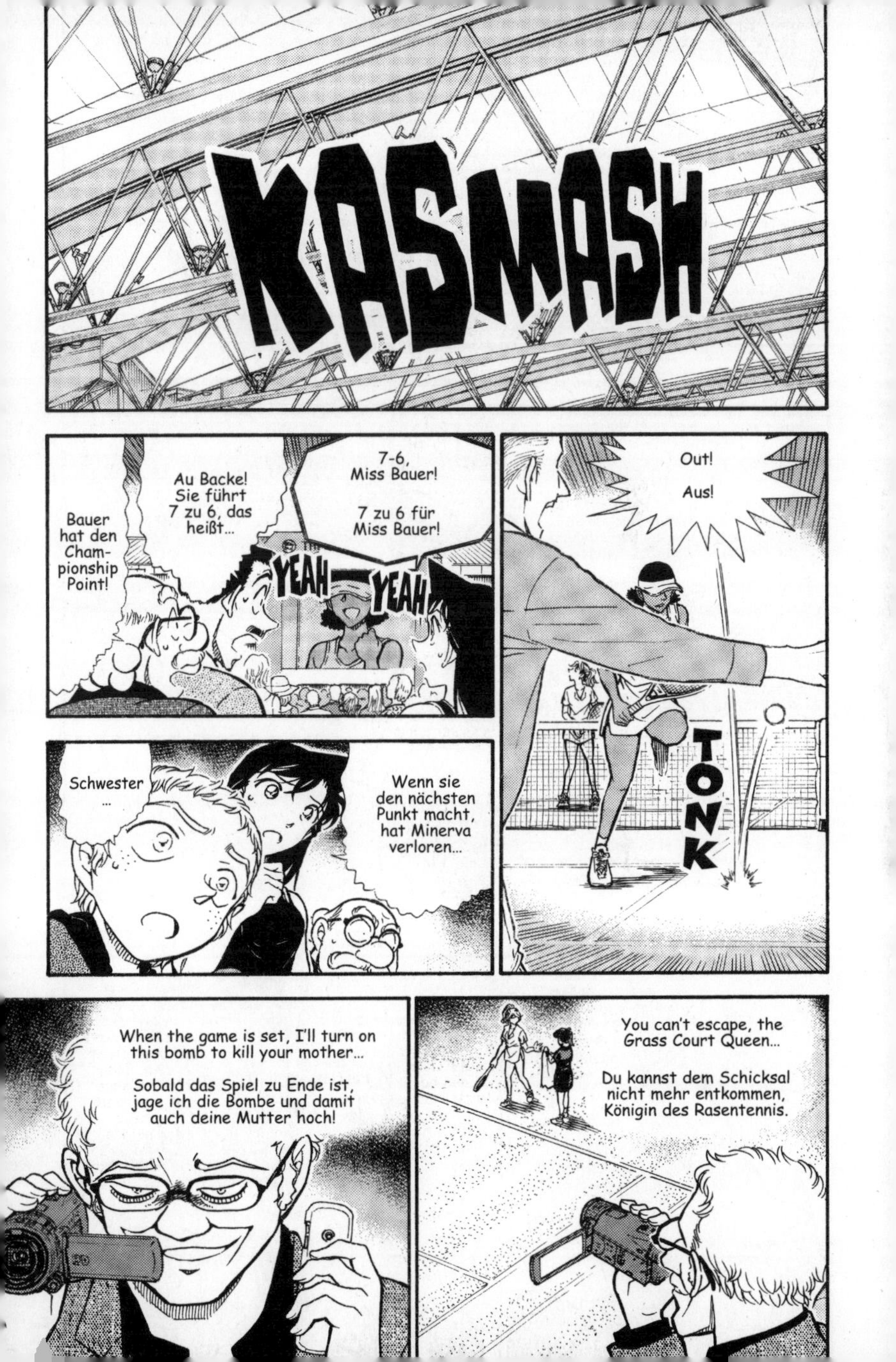
KASMASH
Out!
Aus!
TONK
7-6, Miss Bauer!
7 zu 6 für Miss Bauer!
Au Backe! Sie führt 7 zu 6, das heißt...
Bauer hat den Championship Point!
YEAH
YEAH
Wenn sie den nächsten Punkt macht, hat Minerva verloren...
Schwester ...
You can't escape, the Grass Court Queen...
Du kannst dem Schicksal nicht mehr entkommen, Königin des Rasentennis.
When the game is set, I'll turn on this bomb to kill your mother...
Sobald das Spiel zu Ende ist, jage ich die Bombe und damit auch deine Mutter hoch!

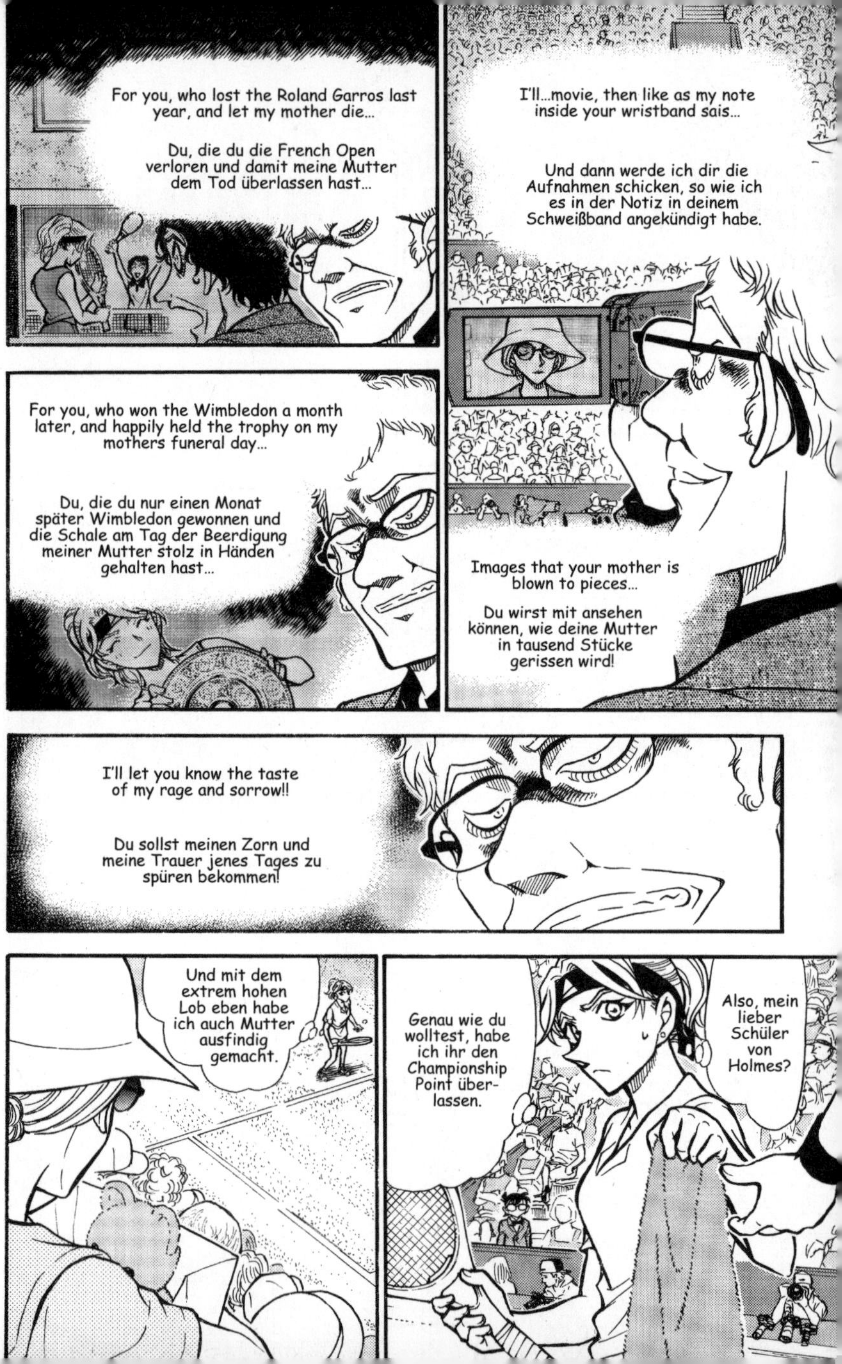
For you, who lost the Roland Garros last year, and let my mother die...
Du, die du die French Open verloren und damit meine Mutter dem Tod überlassen hast...
For you, who won the Wimbledon a month later, and happily held the trophy on my mothers funeral day...
Du, die du nur einen Monat später Wimbledon gewonnen und die Schale am Tag der Beerdigung meiner Mutter stolz in Händen gehalten hast...
I'll...movie, then like as my note inside your wristband sais...
Und dann werde ich dir die Aufnahmen schicken, so wie ich es in der Notiz in deinem Schweißband angekündigt habe.
Images that your mother is blown to pieces...
Du wirst mit ansehen können, wie deine Mutter in tausend Stücke gerissen wird!
I'll let you know the taste of my rage and sorrow!!
Du sollst meinen Zorn und meine Trauer jenes Tages zu spüren bekommen!
Und mit dem extrem hohen Lob eben habe ich auch Mutter ausfindig gemacht.
Genau wie du wolltest, habe ich ihr den Championship Point überlassen.
Also, mein lieber Schüler von Holmes?

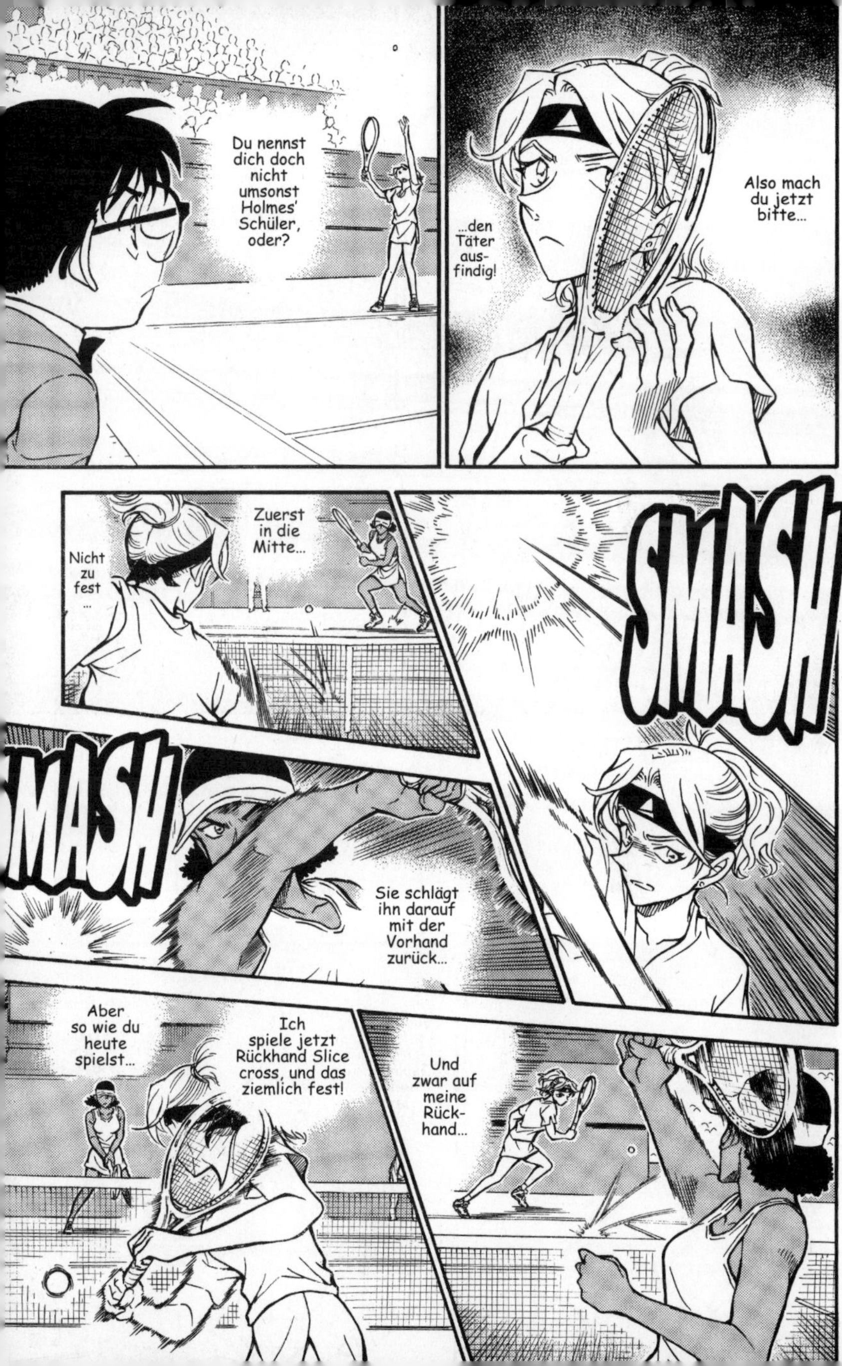
Also mach du jetzt bitte...
...den Täter aus-findig!
Du nennst dich doch nicht umsonst Holmes' Schüler, oder?
SMASH
Zuerst in die Mitte...
Nicht zu fest ...
Sie schlägt ihn darauf mit der Vorhand zurück...
SMASH
Und zwar auf meine Rück-hand...
Ich spiele jetzt Rückhand Slice cross, und das ziemlich fest!
Aber so wie du heute spielst...

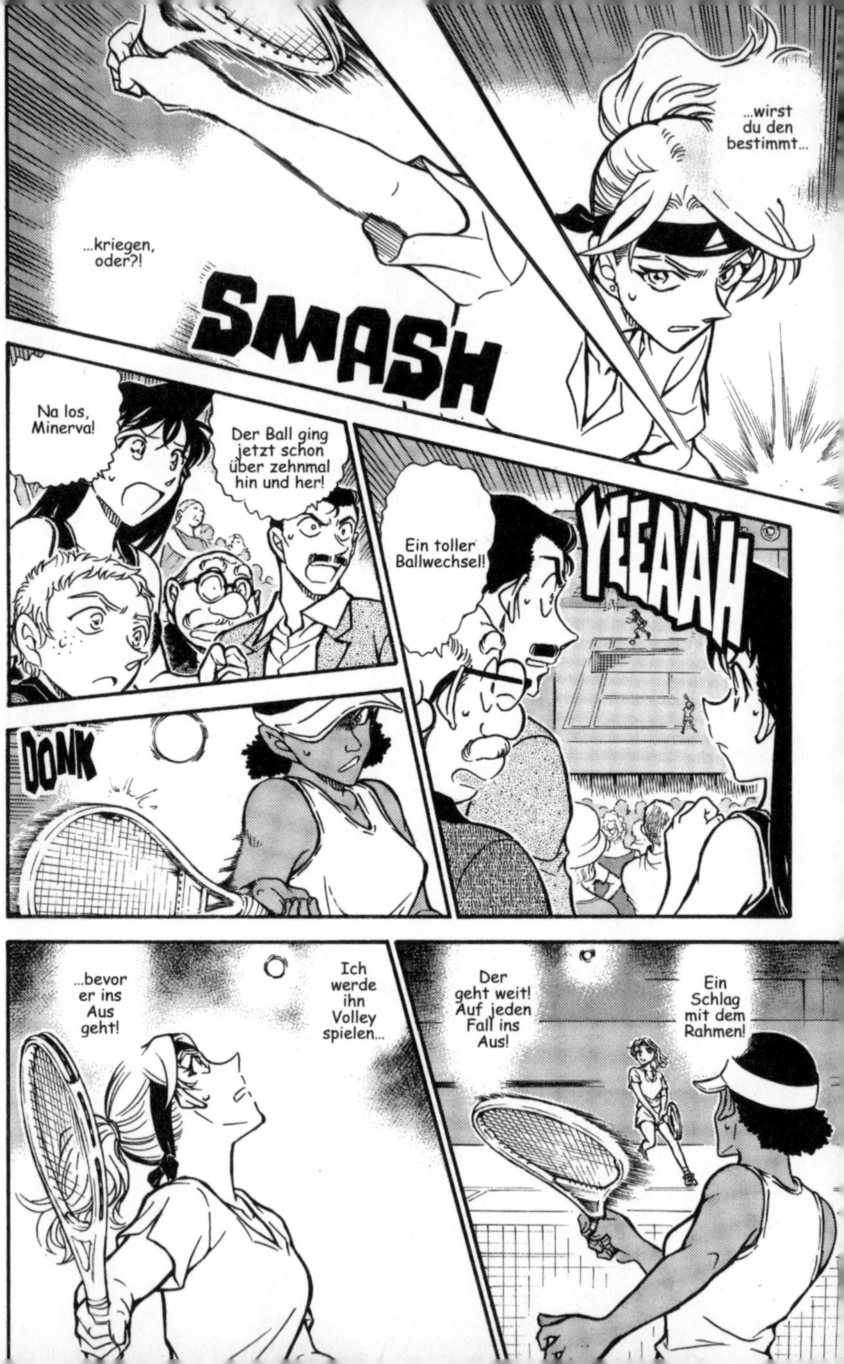
...wirst du den bestimmt...
...kriegen, oder?!
SMASH
YEEAAH
Ein toller Ballwechsel!
Der Ball ging jetzt schon über zehnmal hin und her!
Na los, Minerva!
DONK
Ein Schlag mit dem Rahmen!
Der geht weit! Auf jeden Fall ins Aus!
Ich werde ihn Volley spielen...
...bevor er ins Aus geht!

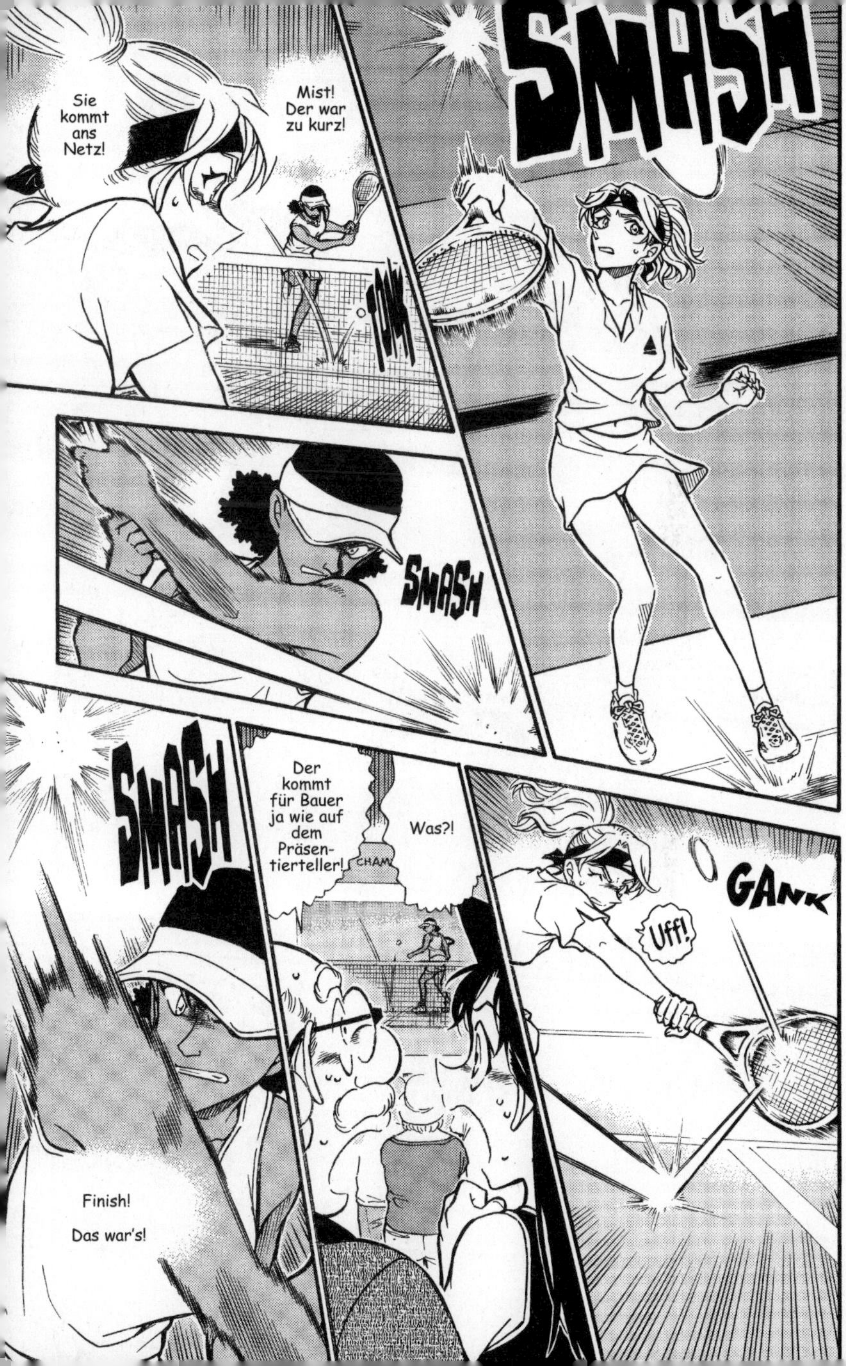
SMASH
Mist! Der war zu kurz!
Sie kommt ans Netz!
TOM
SMASH
GANK
Uff!
Was?!
Der kommt für Bauer ja wie auf dem Präsentierteller!
SMASH
Finish!
Das war's!

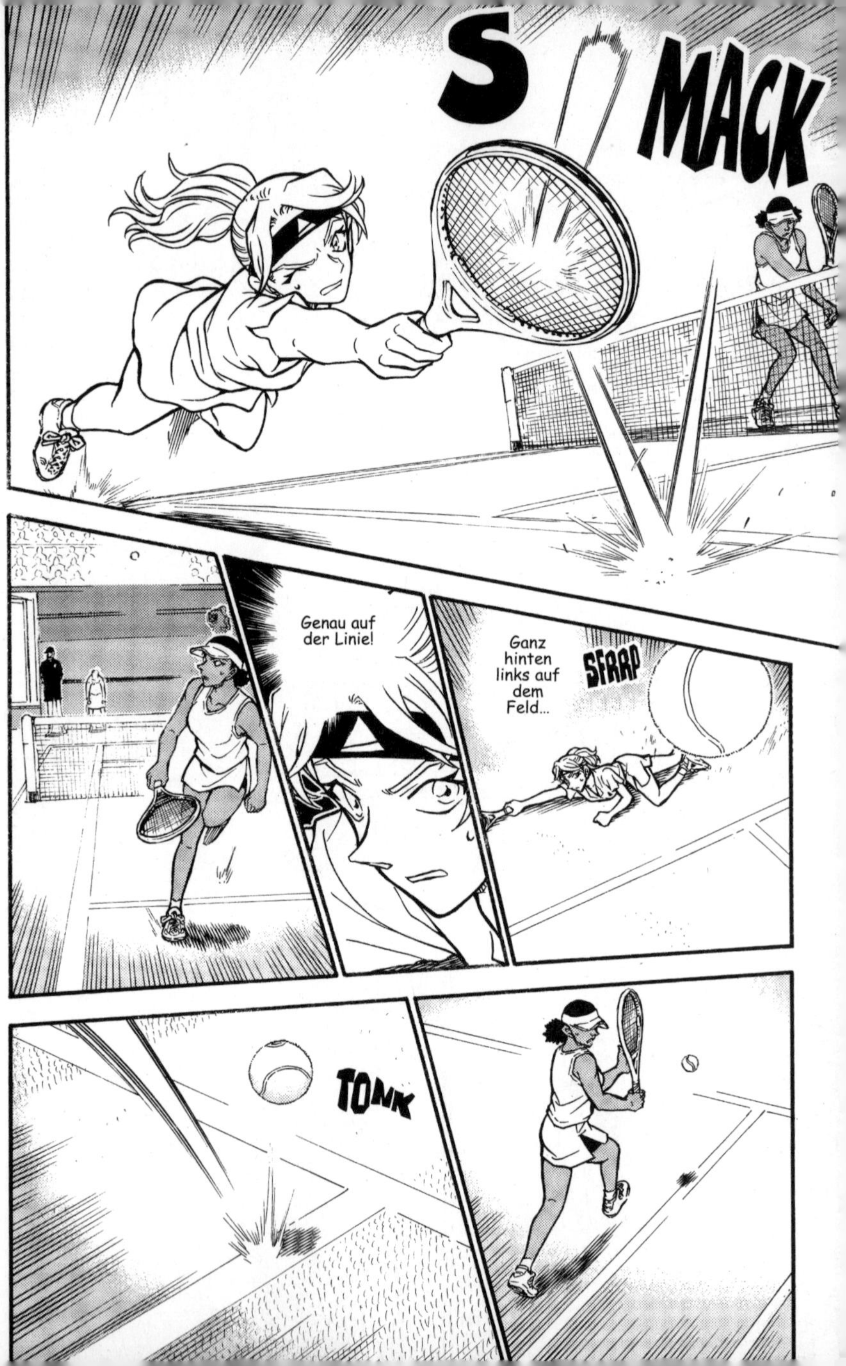

S MACK
Genau auf der Linie!
Ganz hinten links auf dem Feld...
SFRRP
TONK

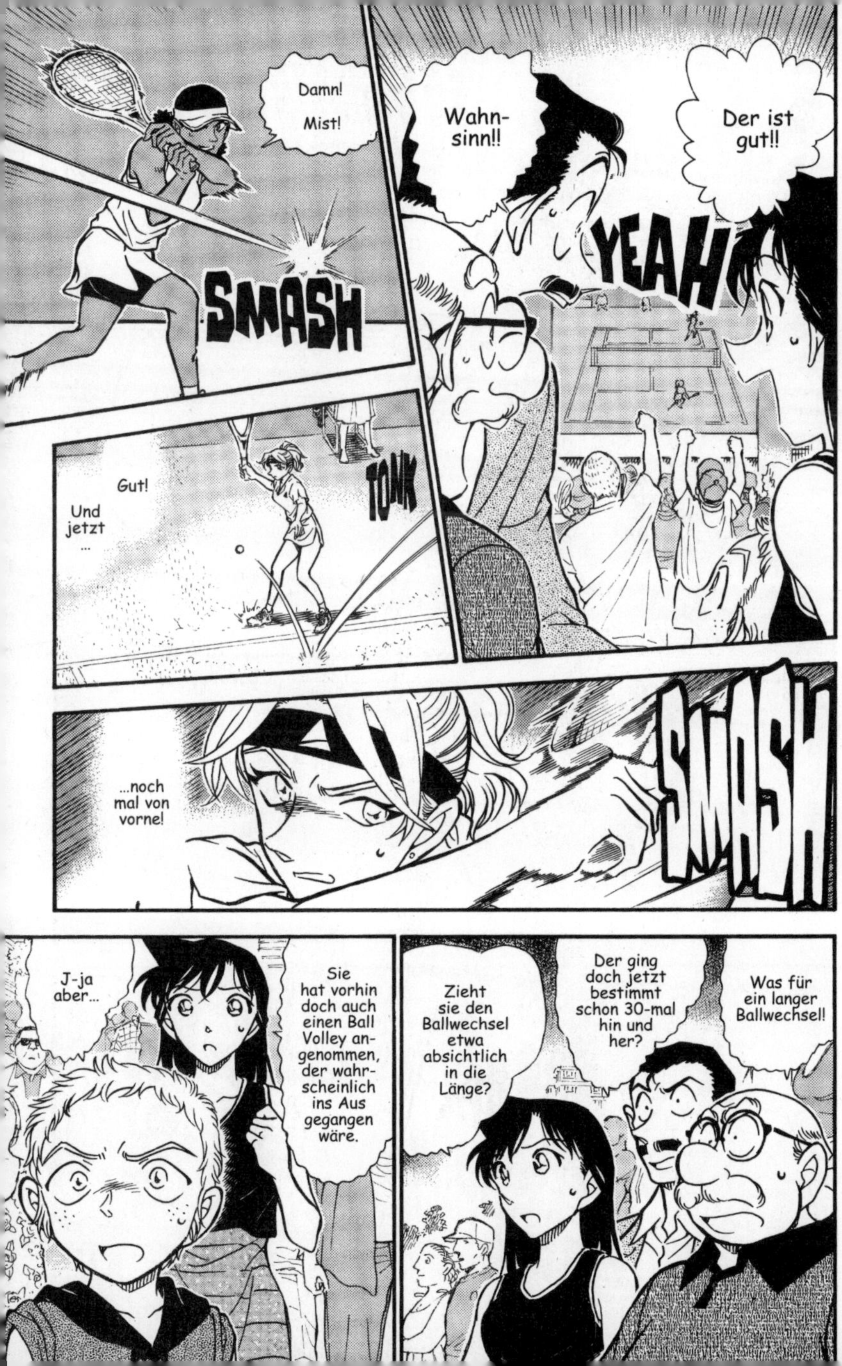
Der ist gut!!
Wahn-sinn!!
YEAH
Damn!
Mist!
SMASH
Gut!
Und jetzt ...
TONK
...noch mal von vorne!
SMASH
Was für ein langer Ballwechsel!
Der ging doch jetzt bestimmt schon 30-mal hin und her?
Zieht sie den Ballwechsel etwa absichtlich in die Länge?
Sie hat vorhin doch auch einen Ball Volley an-genommen, der wahr-scheinlich ins Aus gegangen wäre.
J-ja aber...

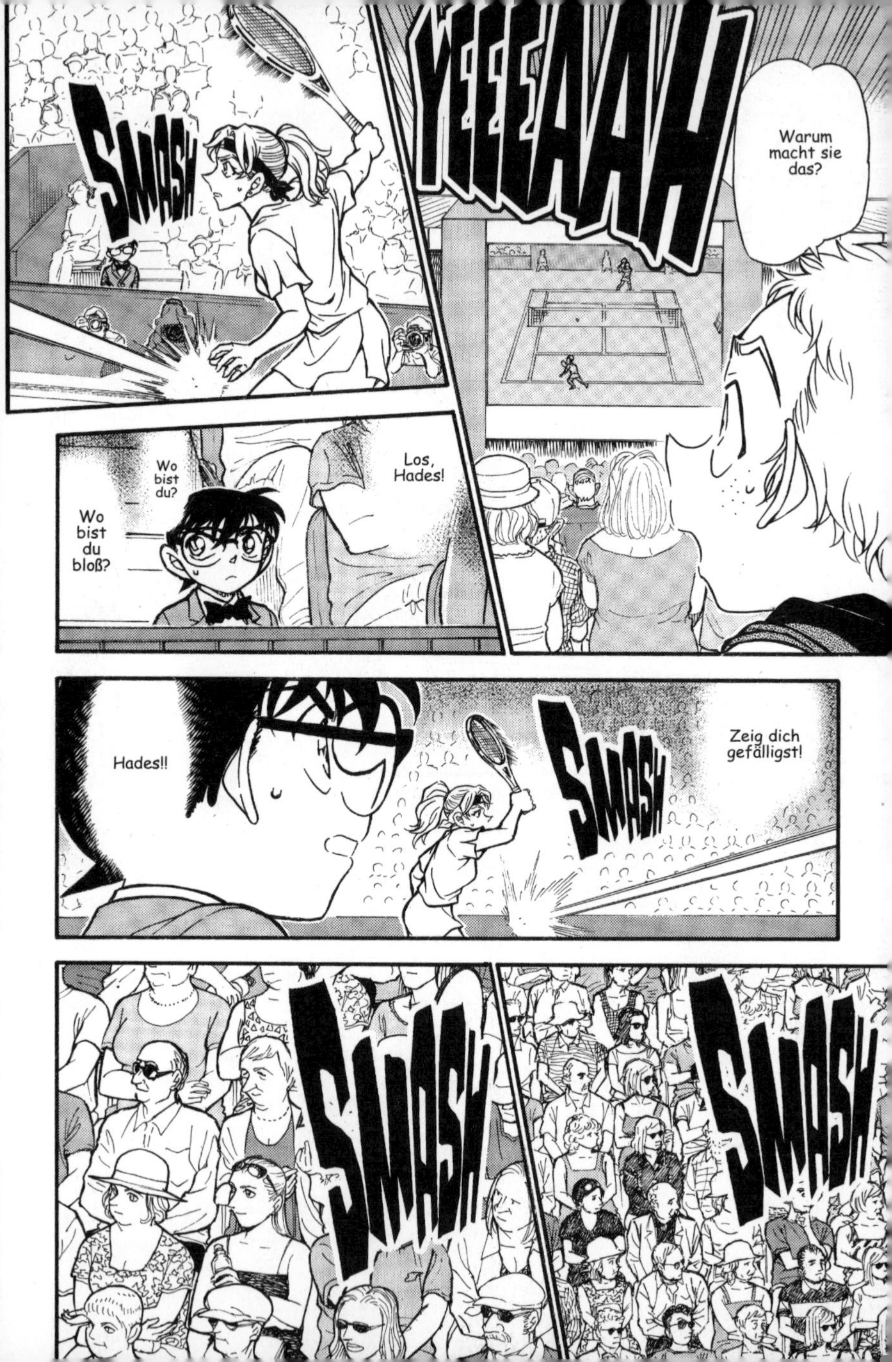

Warum macht sie das?
YEEEAAH
SMASH
Los, Hades!
Wo bist du?
Wo bist du bloß?
Zeig dich gefälligst!
SMASH
Hades!!
SMASH
SMASH

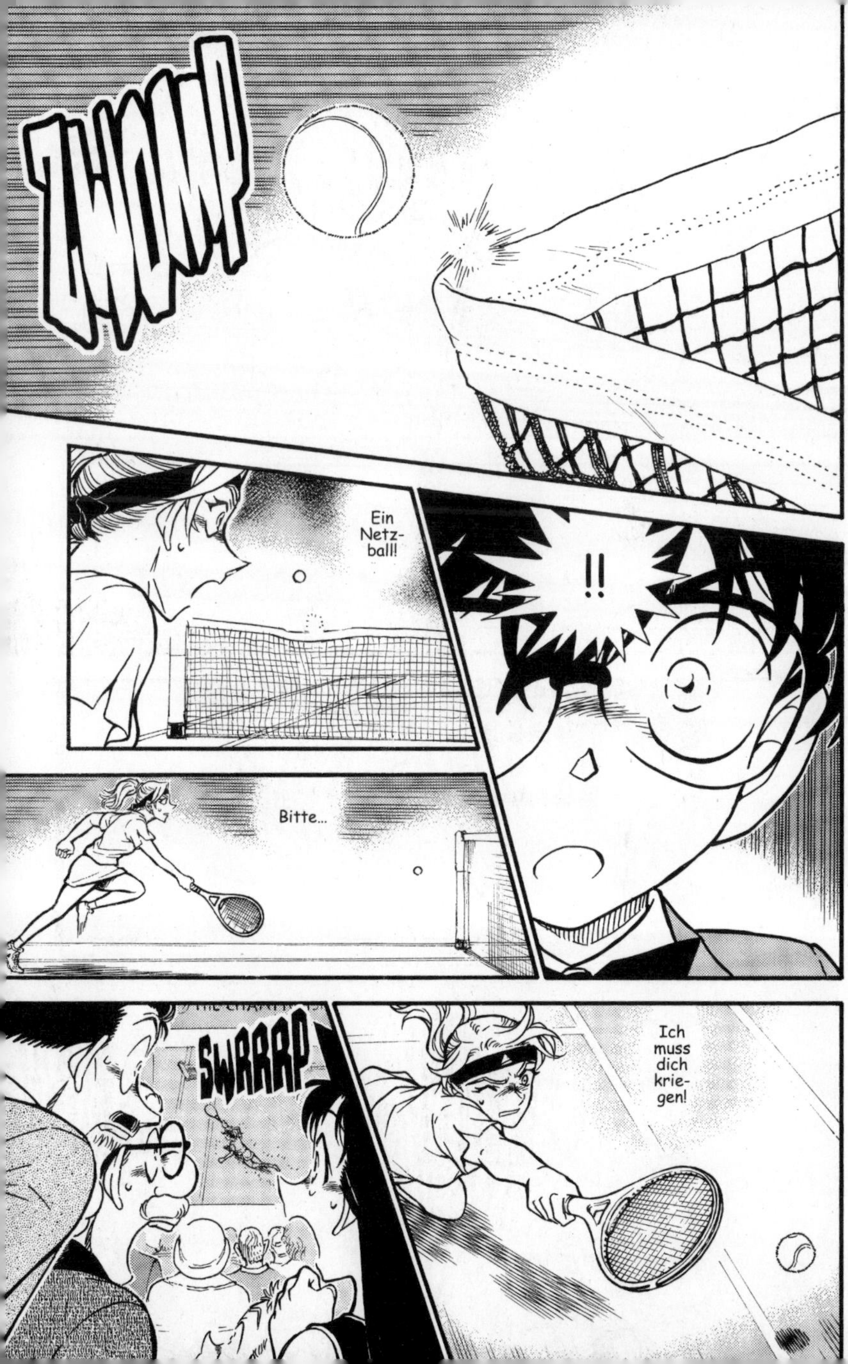
ZWOMP
!!
Ein Netzball!
Bitte...
Ich muss dich kriegen!
SWRRRP

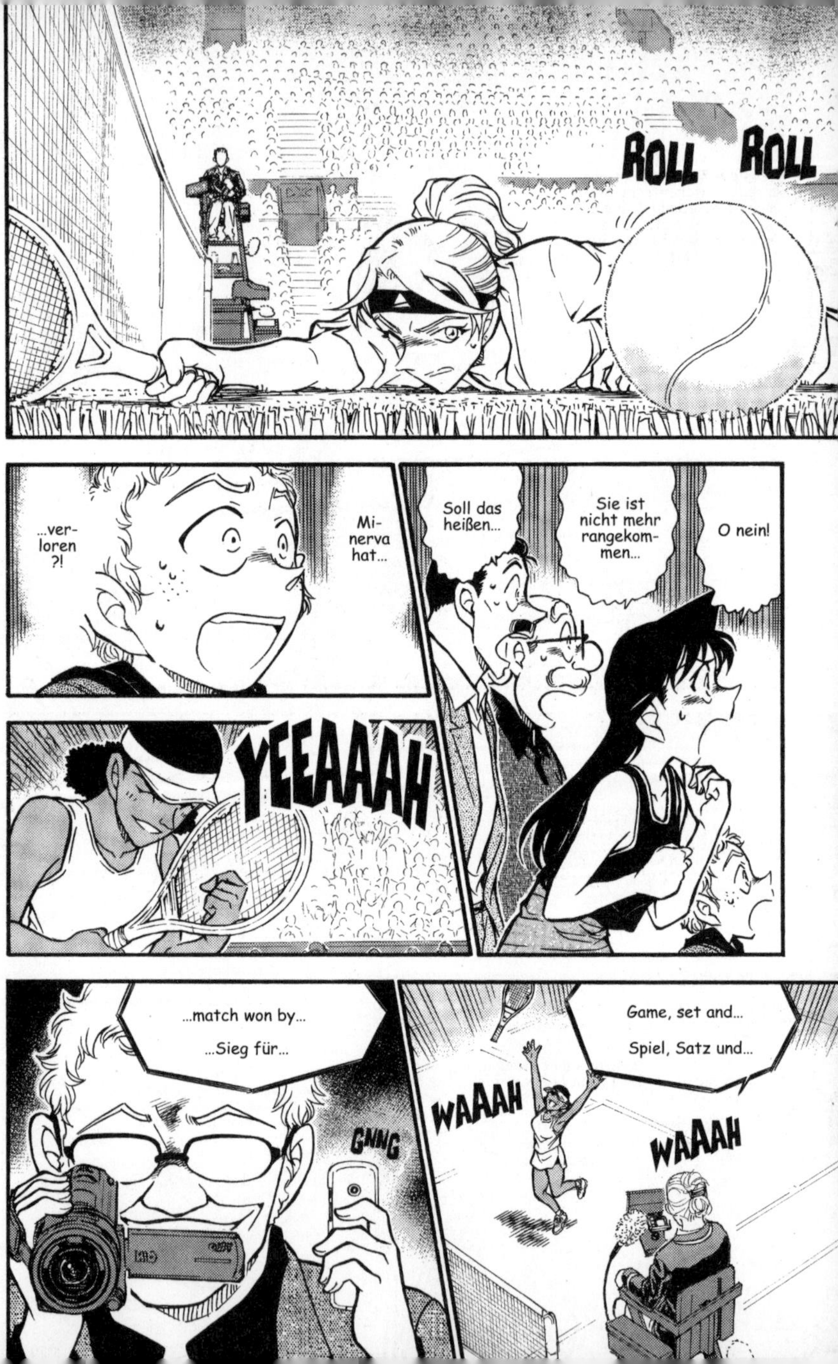

ROLL ROLL
O nein!
Sie ist nicht mehr rangekommen...
Soll das heißen...
Minerva hat...
...verloren ?!
YEEAAAH
Game, set and...
Spiel, Satz und...
WAAAH
WAAAH
...match won by...
...Sieg für...
GNNG

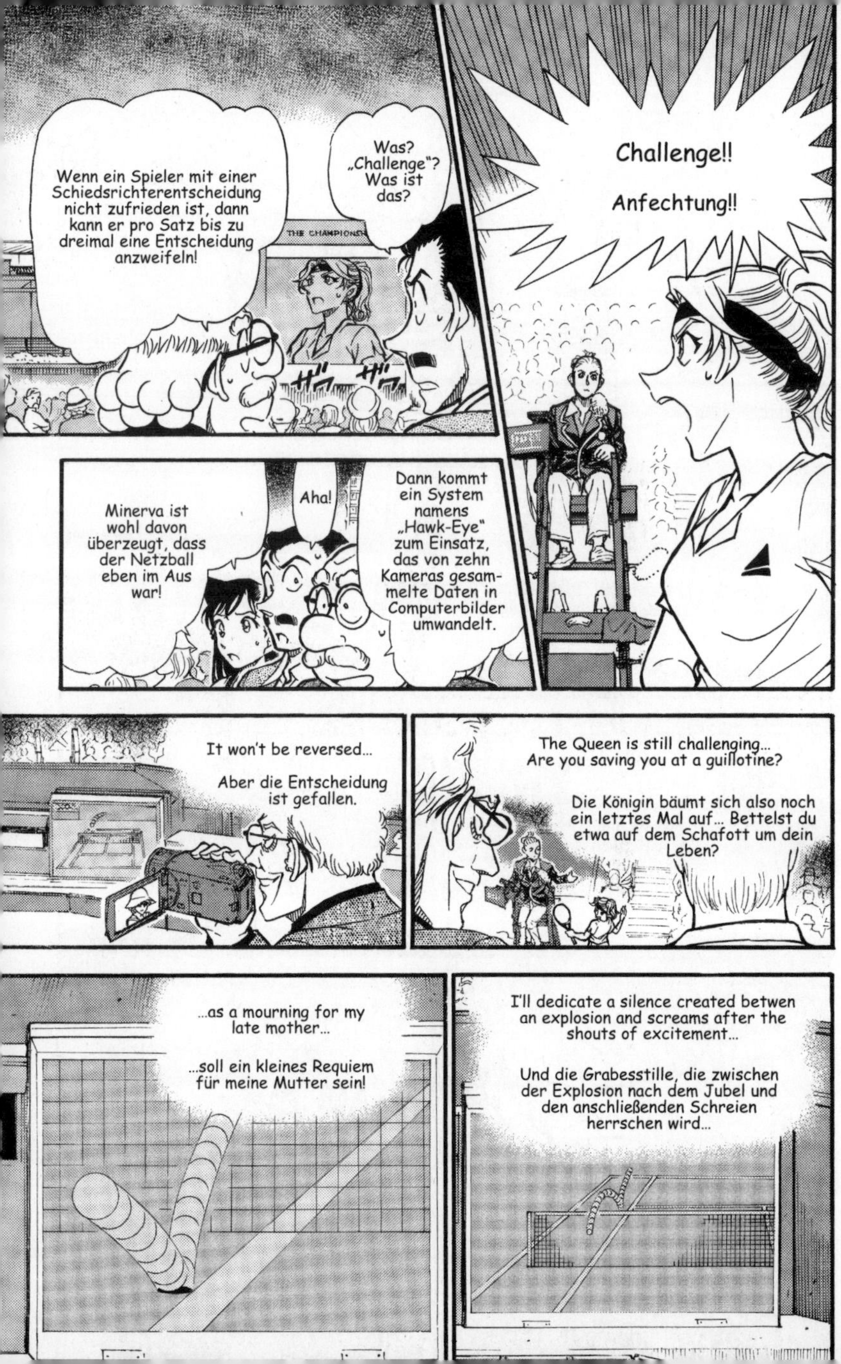
Challenge!!
Anfechtung!!
Was? „Challenge"? Was ist das?
Wenn ein Spieler mit einer Schiedsrichterentscheidung nicht zufrieden ist, dann kann er pro Satz bis zu dreimal eine Entscheidung anzweifeln!
Dann kommt ein System namens „Hawk-Eye" zum Einsatz, das von zehn Kameras gesammelte Daten in Computerbilder umwandelt.
Aha!
Minerva ist wohl davon überzeugt, dass der Netzball eben im Aus war!
The Queen is still challenging... Are you saving you at a guillotine?
Die Königin bäumt sich also noch ein letztes Mal auf... Bettelst du etwa auf dem Schafott um dein Leben?
It won't be reversed...
Aber die Entscheidung ist gefallen.
I'll dedicate a silence created betwen an explosion and screams after the shouts of excitement...
Und die Grabesstille, die zwischen der Explosion nach dem Jubel und den anschließenden Schreien herrschen wird...
...as a mourning for my late mother...
...soll ein kleines Requiem für meine Mutter sein!

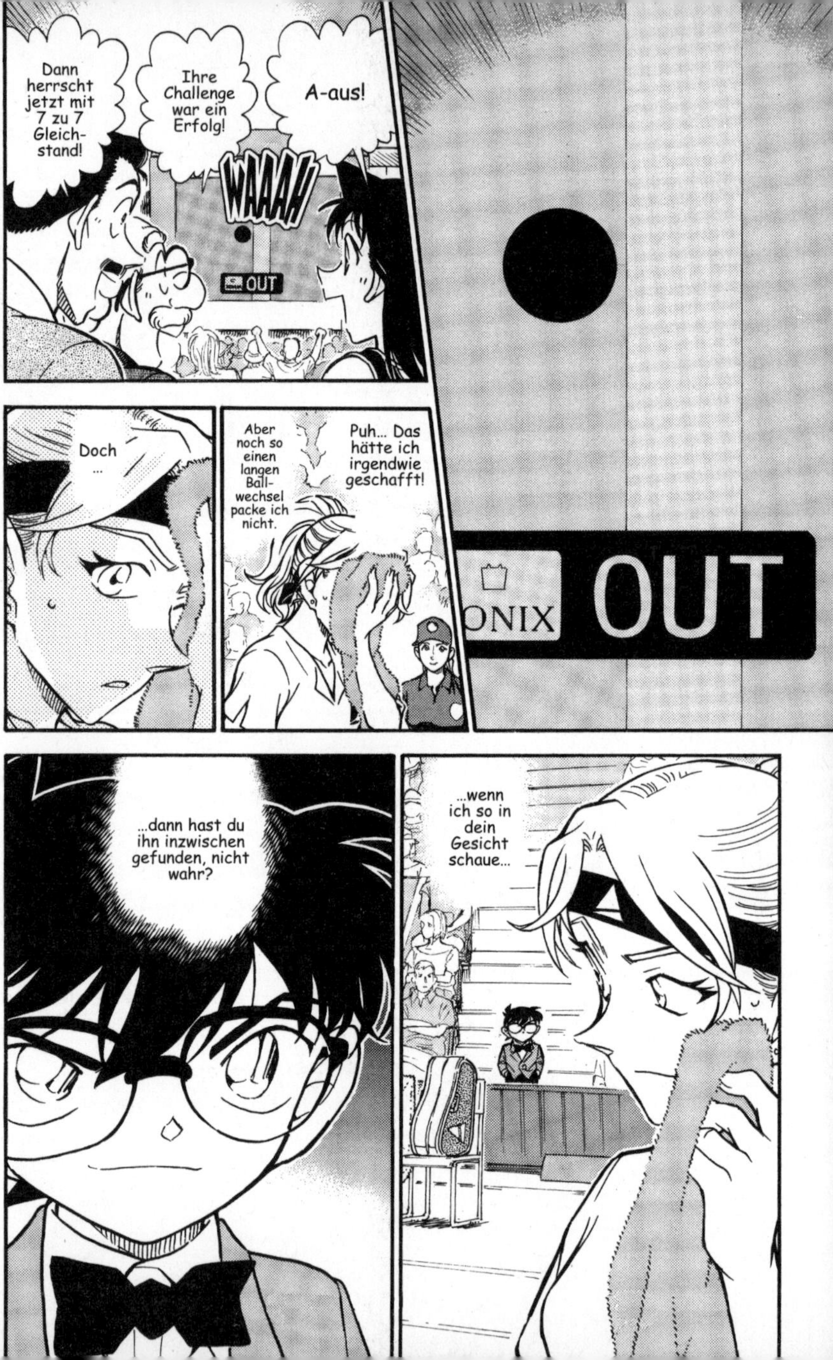
ONIX OUT
A-aus!
Ihre Challenge war ein Erfolg!
Dann herrscht jetzt mit 7 zu 7 Gleichstand!
WAAAH
OUT
Puh... Das hätte ich irgendwie geschafft!
Aber noch so einen langen Ballwechsel packe ich nicht.
Doch ...
...wenn ich so in dein Gesicht schaue...
...dann hast du ihn inzwischen gefunden, nicht wahr?

KAPITEL 10 FALL 217

Ein verdammt kniffliger Fall

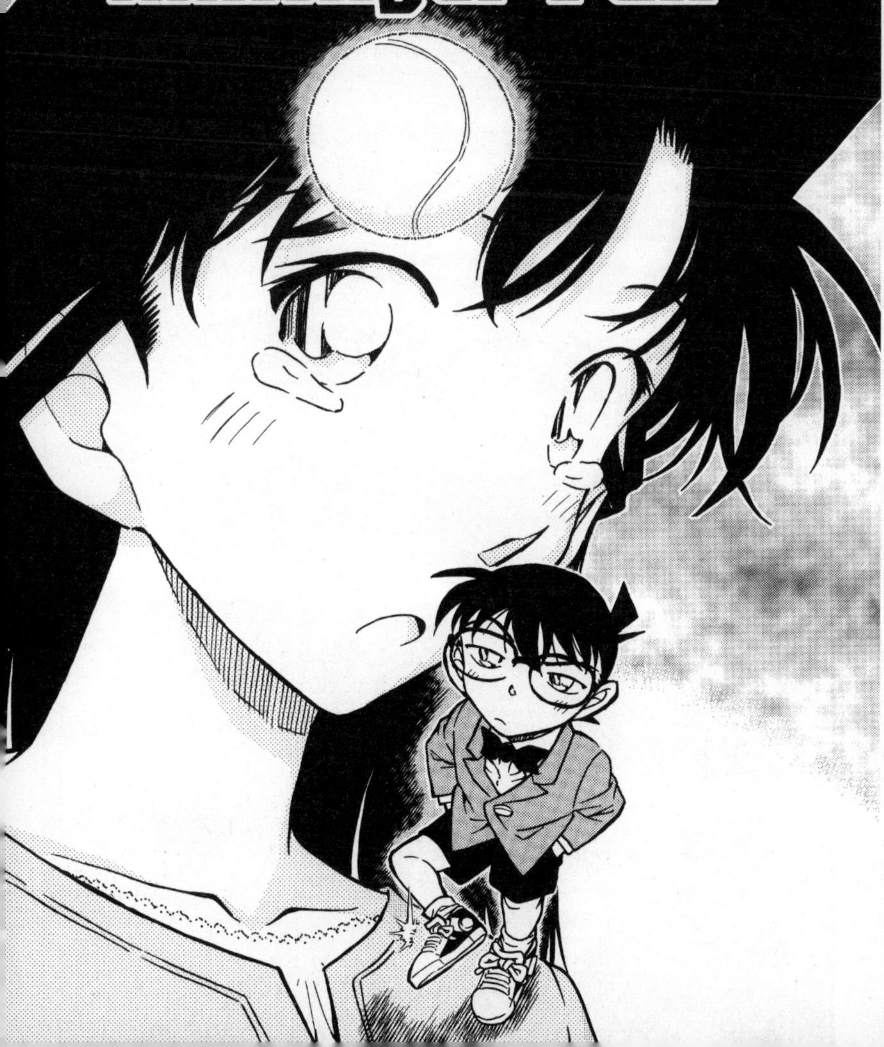

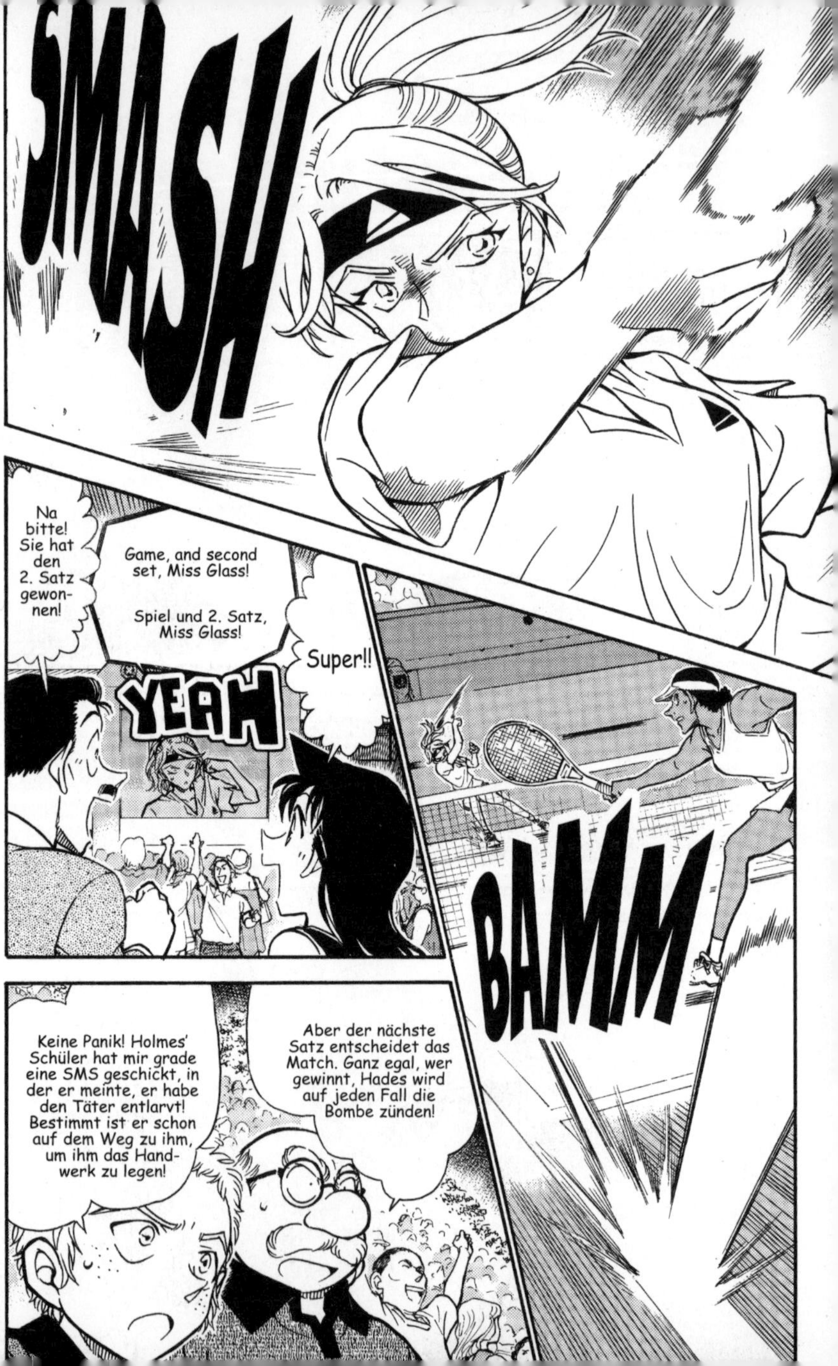
SMASH
Game, and second set, Miss Glass!
Spiel und 2. Satz, Miss Glass!
BAMM
Super!!
YEAH
Na bitte! Sie hat den 2. Satz gewonnen!
Aber der nächste Satz entscheidet das Match. Ganz egal, wer gewinnt, Hades wird auf jeden Fall die Bombe zünden!
Keine Panik! Holmes' Schüler hat mir grade eine SMS geschickt, in der er meinte, er habe den Täter entlarvt! Bestimmt ist er schon auf dem Weg zu ihm, um ihm das Handwerk zu legen!

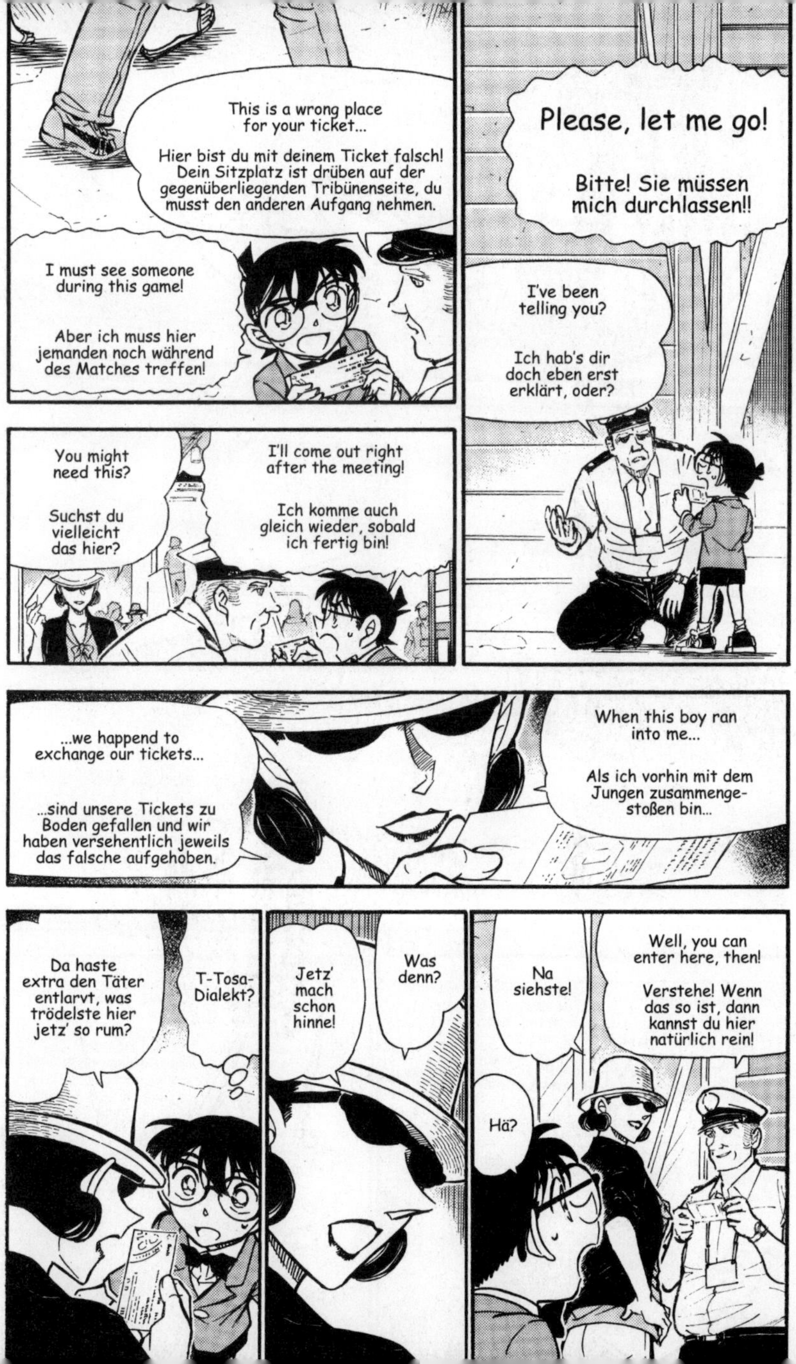

This is a wrong place for your ticket...
Hier bist du mit deinem Ticket falsch! Dein Sitzplatz ist drüben auf der gegenüberliegenden Tribünenseite, du musst den anderen Aufgang nehmen.
I must see someone during this game!
Aber ich muss hier jemanden noch während des Matches treffen!
Please, let me go!
Bitte! Sie müssen mich durchlassen!!
I've been telling you?
Ich hab's dir doch eben erst erklärt, oder?
I'll come out right after the meeting!
Ich komme auch gleich wieder, sobald ich fertig bin!
You might need this?
Suchst du vielleicht das hier?
When this boy ran into me...
Als ich vorhin mit dem Jungen zusammengestoßen bin...
...we happend to exchange our tickets...
...sind unsere Tickets zu Boden gefallen und wir haben versehentlich jeweils das falsche aufgehoben.
Well, you can enter here, then!
Verstehe! Wenn das so ist, dann kannst du hier natürlich rein!
Na siehste!
Hä?
Was denn?
Jetz' mach schon hinne!
Da haste extra den Täter entlarvt, was trödelste hier jetz' so rum?
T-Tosa-Dialekt?

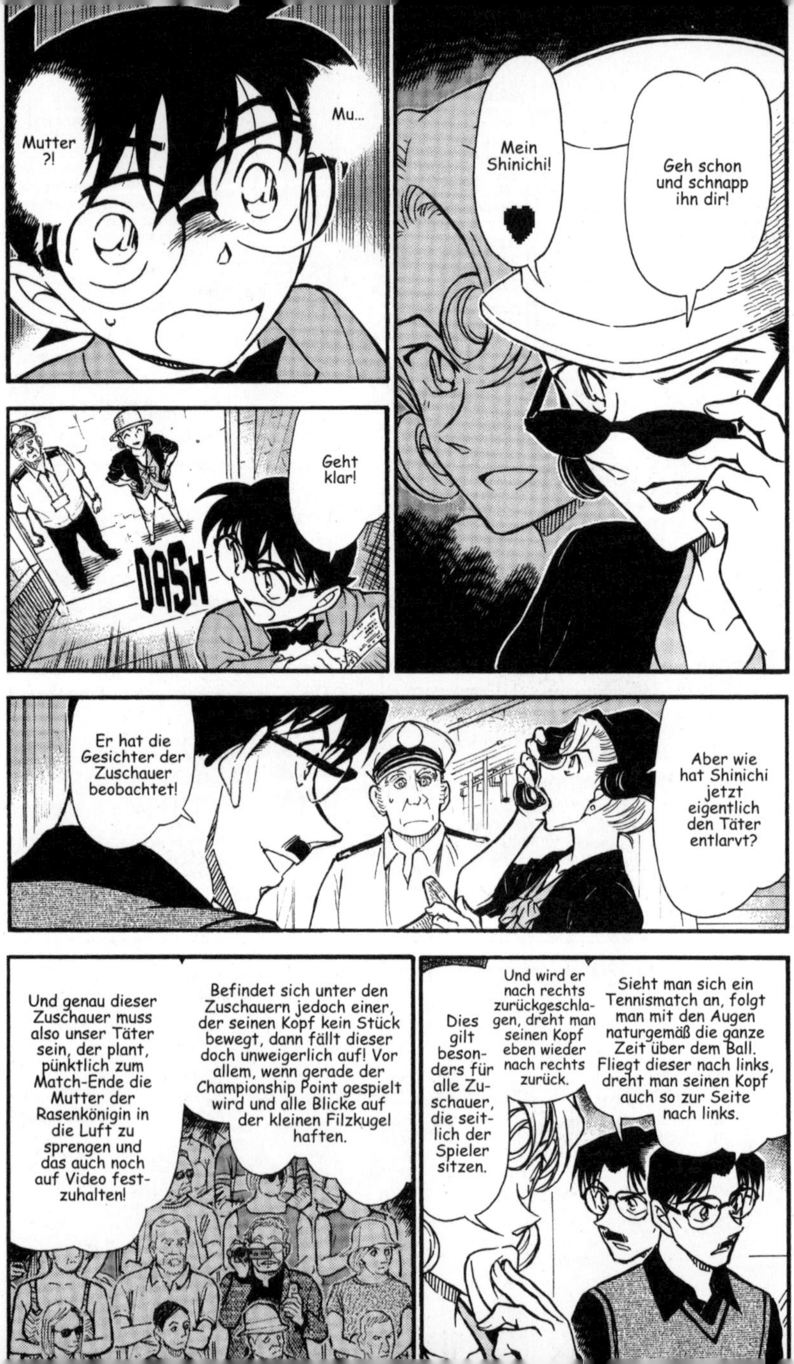
Geh schon und schnapp ihn dir!
Mein Shinichi!
Mu...
Mutter ?!
Geht klar!
DASH
Aber wie hat Shinichi jetzt eigentlich den Täter entlarvt?
Er hat die Gesichter der Zuschauer beobachtet!
Sieht man sich ein Tennismatch an, folgt man mit den Augen naturgemäß die ganze Zeit über dem Ball. Fliegt dieser nach links, dreht man seinen Kopf auch so zur Seite nach links.
Und wird er nach rechts zurückgeschlagen, dreht man seinen Kopf eben wieder nach rechts zurück.
Dies gilt besonders für alle Zuschauer, die seitlich der Spieler sitzen.
Befindet sich unter den Zuschauern jedoch einer, der seinen Kopf kein Stück bewegt, dann fällt dieser doch unweigerlich auf! Vor allem, wenn gerade der Championship Point gespielt wird und alle Blicke auf der kleinen Filzkugel haften.
Und genau dieser Zuschauer muss also unser Täter sein, der plant, pünktlich zum Match-Ende die Mutter der Rasenkönigin in die Luft zu sprengen und das auch noch auf Video festzuhalten!

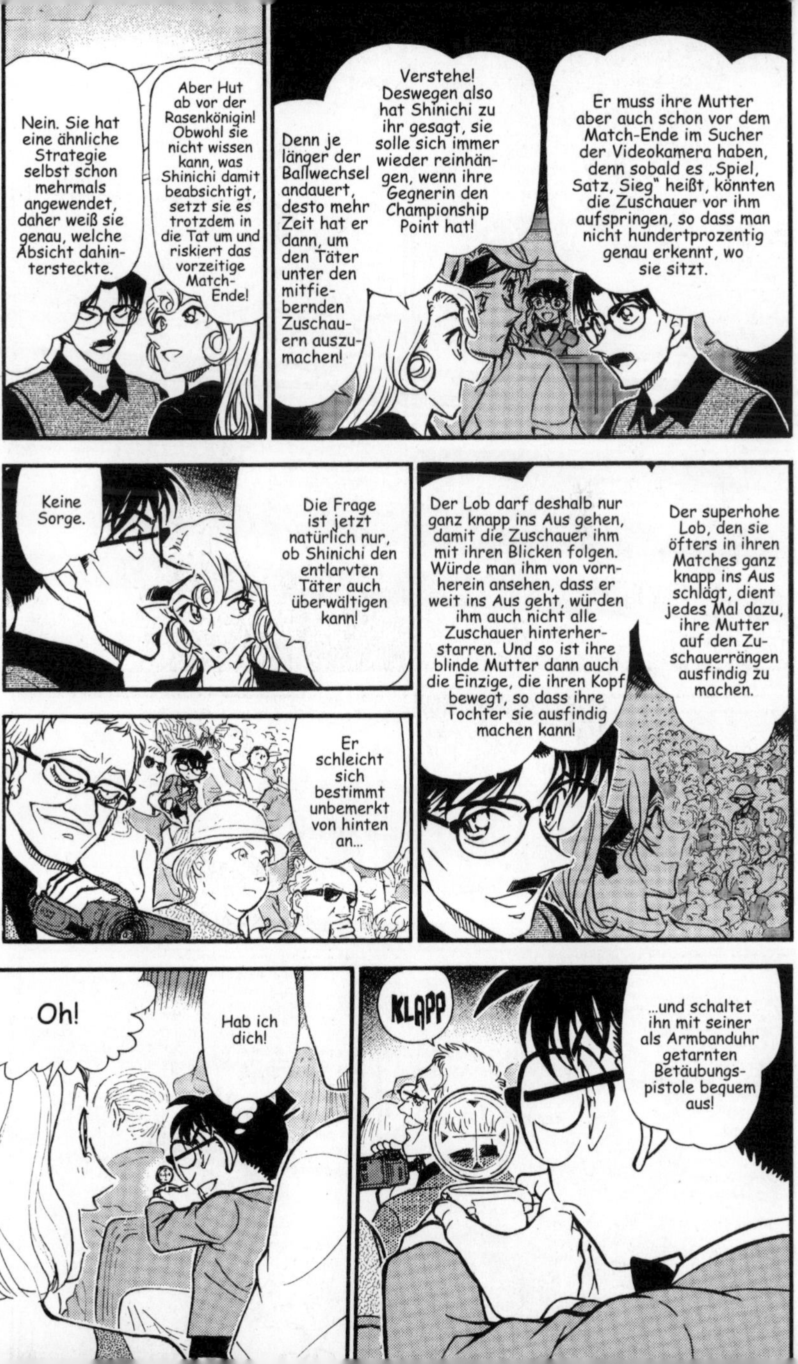
Er muss ihre Mutter aber auch schon vor dem Match-Ende im Sucher der Videokamera haben, denn sobald es „Spiel, Satz, Sieg“ heißt, könnten die Zuschauer vor ihm aufspringen, so dass man nicht hundertprozentig genau erkennt, wo sie sitzt.
Verstehe! Deswegen also hat Shinichi zu ihr gesagt, sie solle sich immer wieder reinhängen, wenn ihre Gegnerin den Championship Point hat!
Denn je länger der Ballwechsel andauert, desto mehr Zeit hat er dann, um den Täter unter den mitfiebernden Zuschauern auszumachen!
Aber Hut ab vor der Rasenkönigin! Obwohl sie nicht wissen kann, was Shinichi damit beabsichtigt, setzt sie es trotzdem in die Tat um und riskiert das vorzeitige Match-Ende!
Nein. Sie hat eine ähnliche Strategie selbst schon mehrmals angewendet, daher weiß sie genau, welche Absicht dahintersteckte.
Der superhohe Lob, den sie öfters in ihren Matches ganz knapp ins Aus schlägt, dient jedes Mal dazu, ihre Mutter auf den Zuschauerrängen ausfindig zu machen.
Der Lob darf deshalb nur ganz knapp ins Aus gehen, damit die Zuschauer ihm mit ihren Blicken folgen. Würde man ihm von vornherein ansehen, dass er weit ins Aus geht, würden ihm auch nicht alle Zuschauer hinterherstarren. Und so ist ihre blinde Mutter dann auch die Einzige, die ihren Kopf bewegt, so dass ihre Tochter sie ausfindig machen kann!
Die Frage ist jetzt natürlich nur, ob Shinichi den entlarvten Täter auch überwältigen kann!
Keine Sorge.
Er schleicht sich bestimmt unbemerkt von hinten an...
...und schaltet ihn mit seiner als Armbanduhr getarnten Betäubungspistole bequem aus!
KLAPP
Hab ich dich!
Oh!

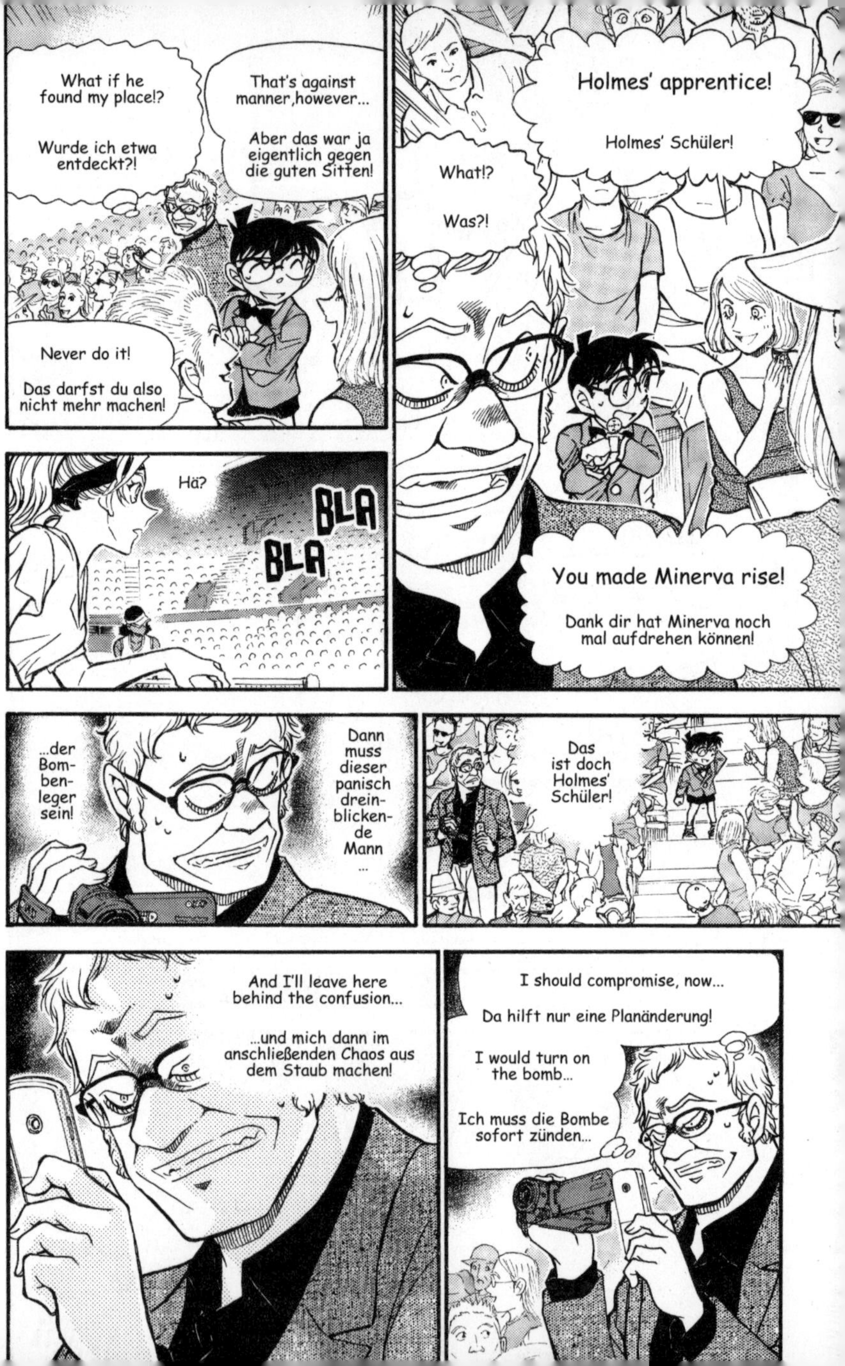

Holmes' apprentice!
Holmes' Schüler!
What!?
Was?!
You made Minerva rise!
Dank dir hat Minerva noch mal aufdrehen können!
That's against manner,however...
Aber das war ja eigentlich gegen die guten Sitten!
Never do it!
Das darfst du also nicht mehr machen!
What if he found my place!?
Wurde ich etwa entdeckt?!
Hä?
BLA
BLA
Das ist doch Holmes' Schüler!
Dann muss dieser panisch dreinblickende Mann ...
...der Bombenleger sein!
I should compromise, now...
Da hilft nur eine Planänderung!
I would turn on the bomb...
Ich muss die Bombe sofort zünden...
And I'll leave here behind the confusion...
...und mich dann im anschließenden Chaos aus dem Staub machen!

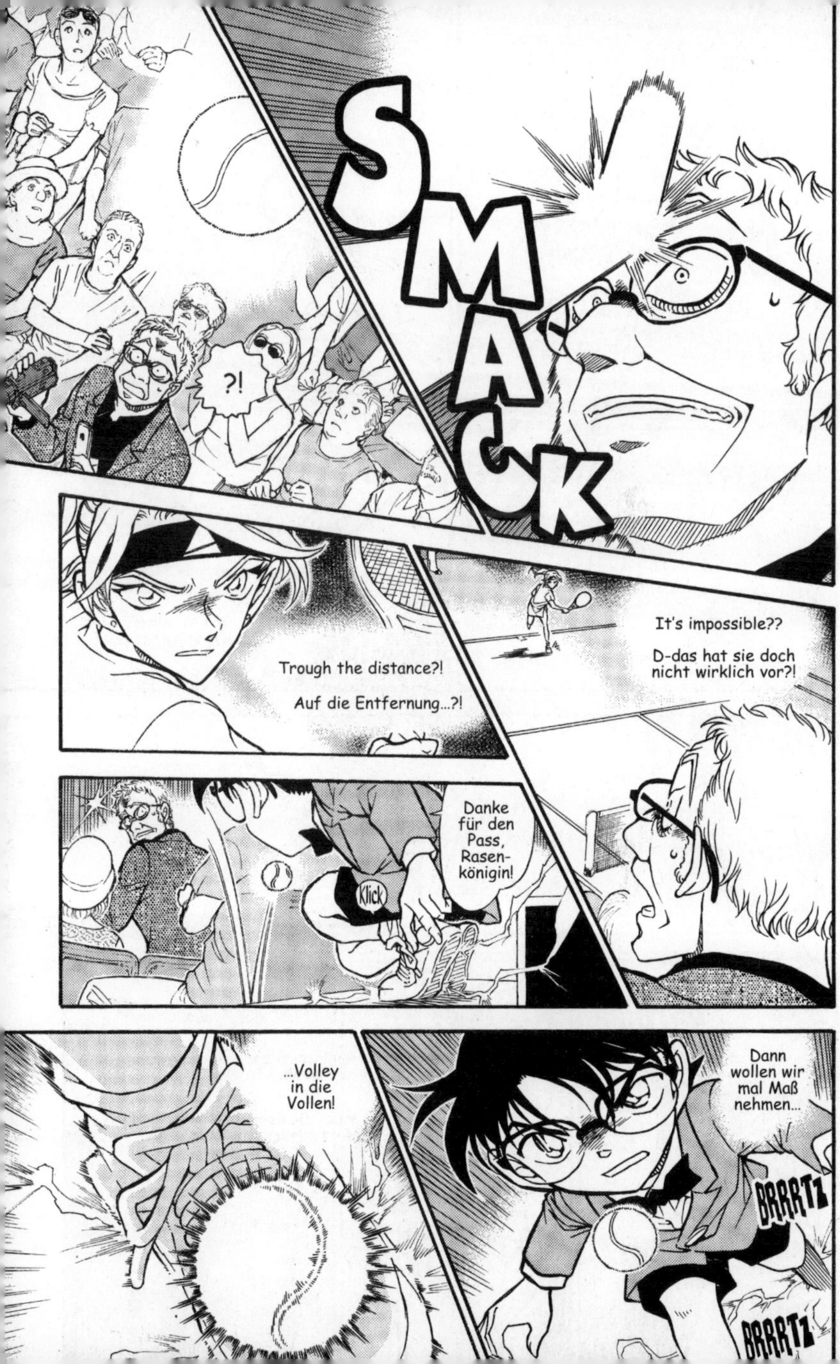
SMACK
?!
It's impossible??
D-das hat sie doch nicht wirklich vor?!
Trough the distance?!
Auf die Entfernung...?!
Danke für den Pass, Rasen-königin!
Klick
Dann wollen wir mal Maß nehmen...
BRRRTZ
BRRRTZ
...Volley in die Vollen!

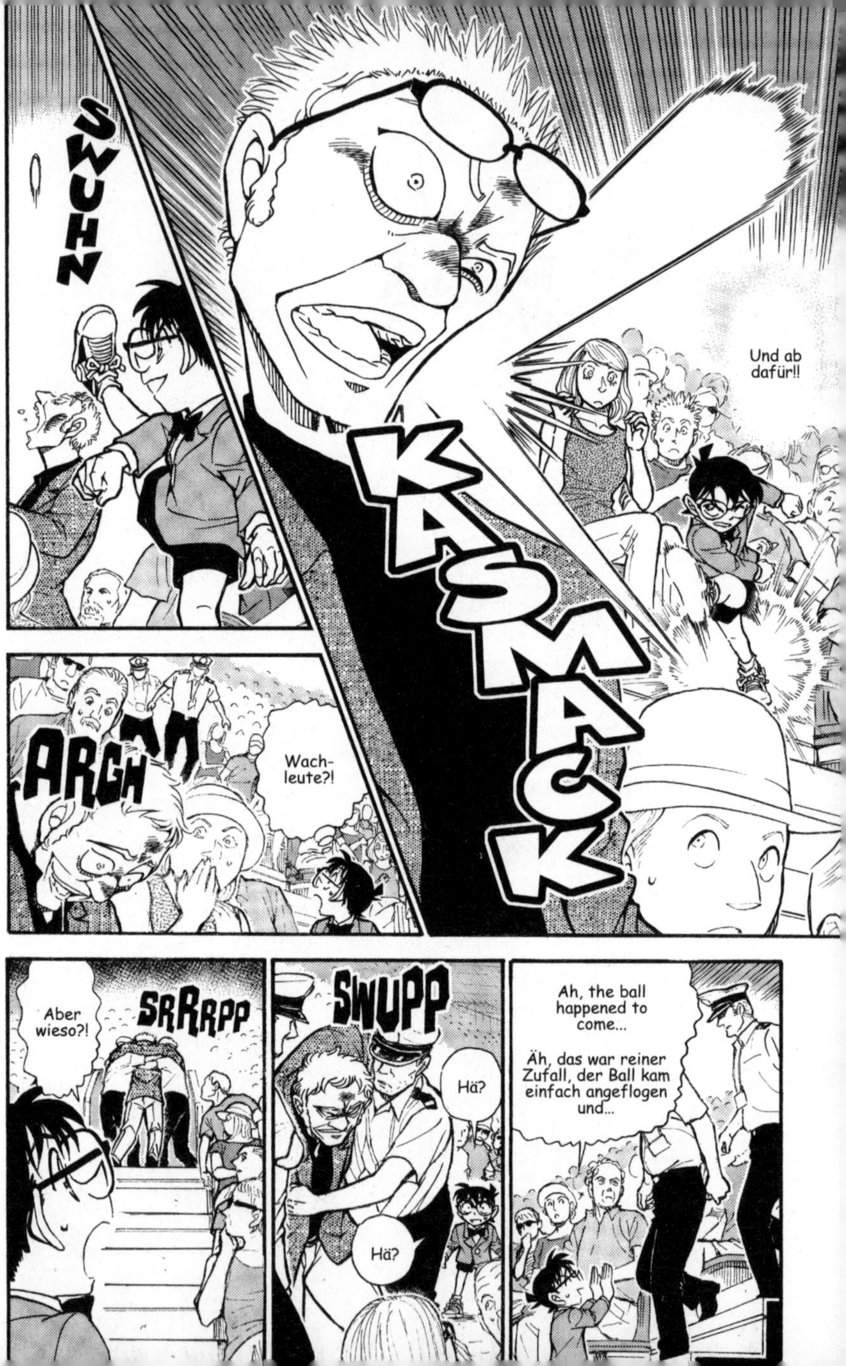
Und ab dafür!!
KASMACK
SWUHN
Wach-leute?!
ARGH
Ah, the ball happened to come...
Äh, das war reiner Zufall, der Ball kam einfach angeflogen und...
Hä?
Hä?
SWUPP
SRRRPP
Aber wieso?!

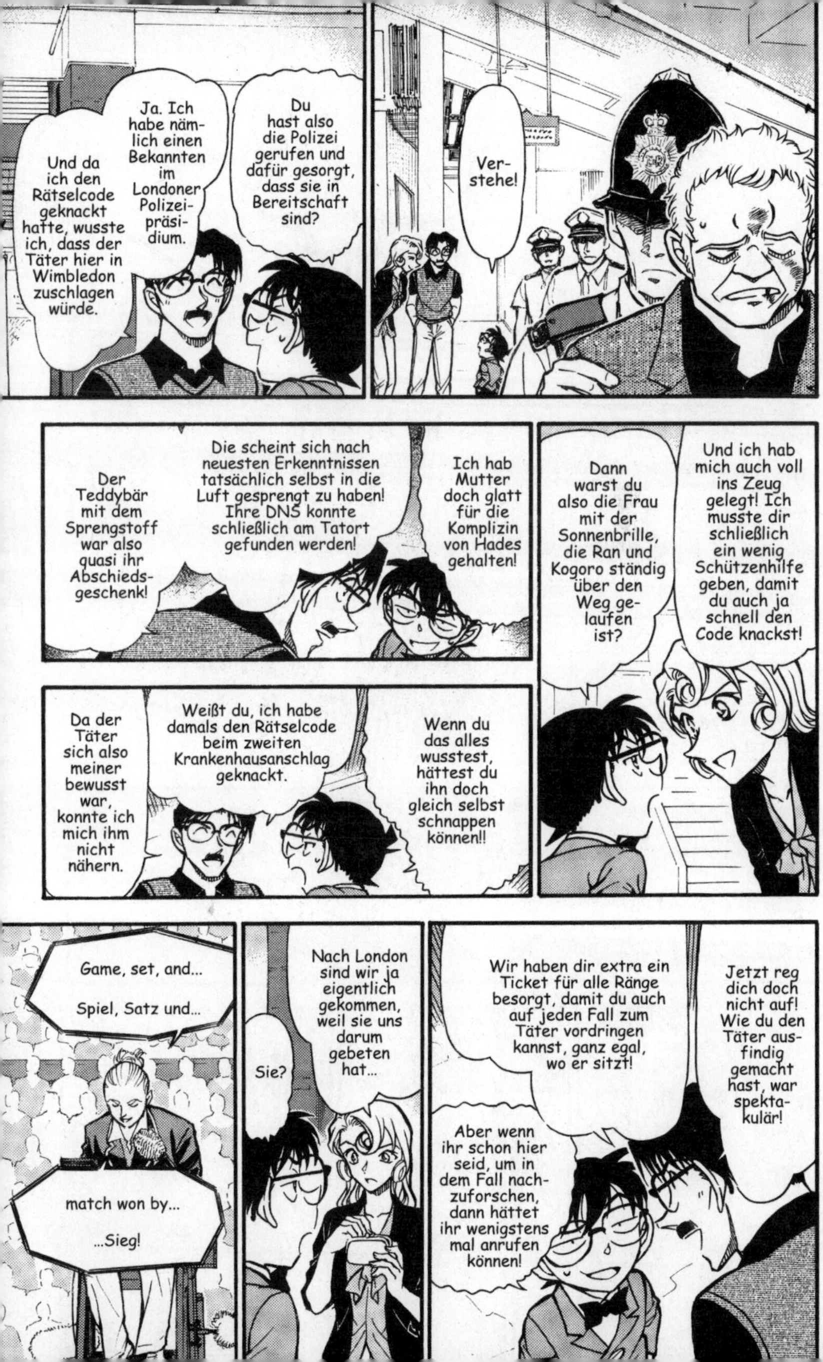

Verstehe!
Du hast also die Polizei gerufen und dafür gesorgt, dass sie in Bereitschaft sind?
Ja. Ich habe nämlich einen Bekannten im Londoner Polizeipräsidium.
Und da ich den Rätselcode geknackt hatte, wusste ich, dass der Täter hier in Wimbledon zuschlagen würde.
Und ich hab mich auch voll ins Zeug gelegt! Ich musste dir schließlich ein wenig Schützenhilfe geben, damit du auch ja schnell den Code knackst!
Dann warst du also die Frau mit der Sonnenbrille, die Ran und Kogoro ständig über den Weg gelaufen ist?
Ich hab Mutter doch glatt für die Komplizin von Hades gehalten!
Die scheint sich nach neuesten Erkenntnissen tatsächlich selbst in die Luft gesprengt zu haben! Ihre DNS konnte schließlich am Tatort gefunden werden!
Der Teddybär mit dem Sprengstoff war also quasi ihr Abschiedsgeschenk!
Wenn du das alles wusstest, hättest du ihn doch gleich selbst schnappen können!!
Weißt du, ich habe damals den Rätselcode beim zweiten Krankenhausanschlag geknackt.
Da der Täter sich also meiner bewusst war, konnte ich mich ihm nicht nähern.
Jetzt reg dich doch nicht auf! Wie du den Täter ausfindig gemacht hast, war spektakulär!
Wir haben dir extra ein Ticket für alle Ränge besorgt, damit du auch auf jeden Fall zum Täter vordringen kannst, ganz egal, wo er sitzt!
Aber wenn ihr schon hier seid, um in dem Fall nachzuforschen, dann hättet ihr wenigstens mal anrufen können!
Nach London sind wir ja eigentlich gekommen, weil sie uns darum gebeten hat...
Sie?
Game, set, and...
Spiel, Satz und...
match won by...
...Sieg!

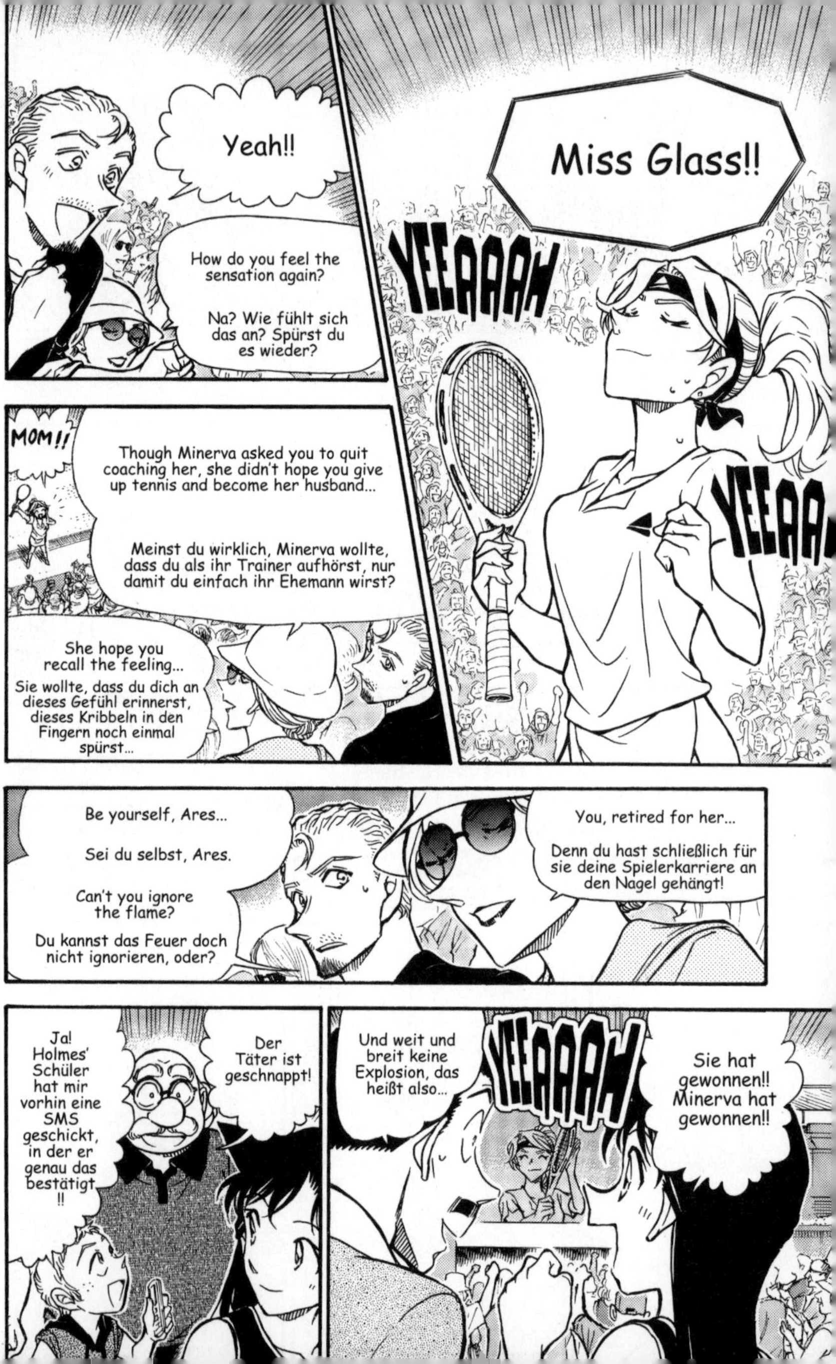

Miss Glass!!
YEEAAAH
YEEAA
Yeah!!
How do you feel the sensation again?
Na? Wie fühlt sich das an? Spürst du es wieder?
Though Minerva asked you to quit coaching her, she didn't hope you give up tennis and become her husband...
Meinst du wirklich, Minerva wollte, dass du als ihr Trainer aufhörst, nur damit du einfach ihr Ehemann wirst?
MOM!!
She hope you recall the feeling...
Sie wollte, dass du dich an dieses Gefühl erinnerst, dieses Kribbeln in den Fingern noch einmal spürst...
You, retired for her...
Denn du hast schließlich für sie deine Spielerkarriere an den Nagel gehängt!
Be yourself, Ares...
Sei du selbst, Ares.
Can't you ignore the flame?
Du kannst das Feuer doch nicht ignorieren, oder?
Sie hat gewonnen!! Minerva hat gewonnen!!
YEEAAAH
Und weit und breit keine Explosion, das heißt also...
Der Täter ist geschnappt!
Ja! Holmes' Schüler hat mir vorhin eine SMS geschickt, in der er genau das bestätigt!!

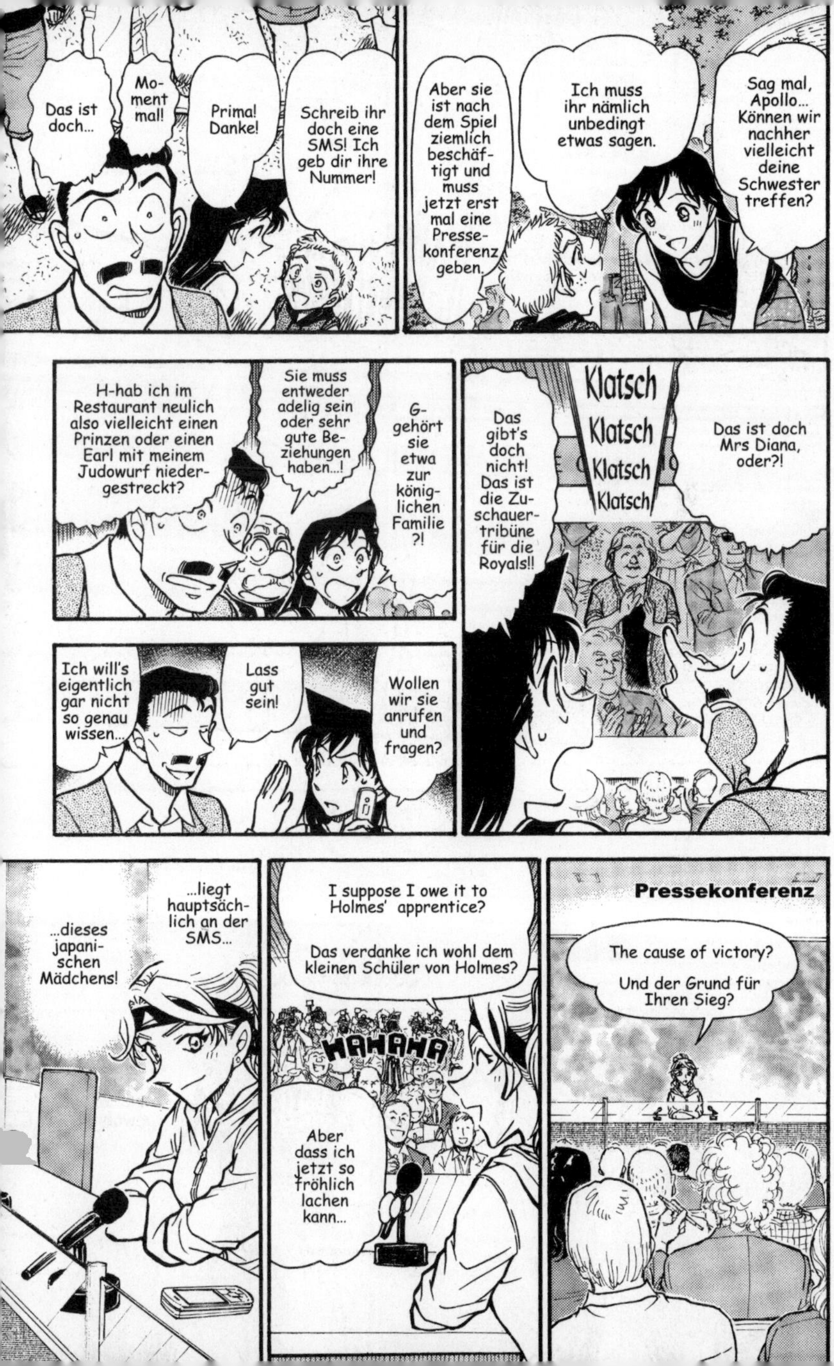

Sag mal, Apollo... Können wir nachher vielleicht deine Schwester treffen?
Ich muss ihr nämlich unbedingt etwas sagen.
Aber sie ist nach dem Spiel ziemlich beschäftigt und muss jetzt erst mal eine Pressekonferenz geben.
Schreib ihr doch eine SMS! Ich geb dir ihre Nummer!
Prima! Danke!
Moment mal!
Das ist doch...
Das ist doch Mrs Diana, oder?!
Klatsch
Klatsch
Klatsch
Klatsch
Das gibt's doch nicht! Das ist die Zuschauertribüne für die Royals!!
G-gehört sie etwa zur königlichen Familie?!
Sie muss entweder adelig sein oder sehr gute Beziehungen haben...!
H-hab ich im Restaurant neulich also vielleicht einen Prinzen oder einen Earl mit meinem Judowurf niedergestreckt?
Wollen wir sie anrufen und fragen?
Lass gut sein!
Ich will's eigentlich gar nicht so genau wissen...
Pressekonferenz
The cause of victory?
Und der Grund für Ihren Sieg?
I suppose I owe it to Holmes' apprentice?
Das verdanke ich wohl dem kleinen Schüler von Holmes?
HAHAHA
Aber dass ich jetzt so fröhlich lachen kann...
...liegt hauptsächlich an der SMS...
...dieses japanischen Mädchens!

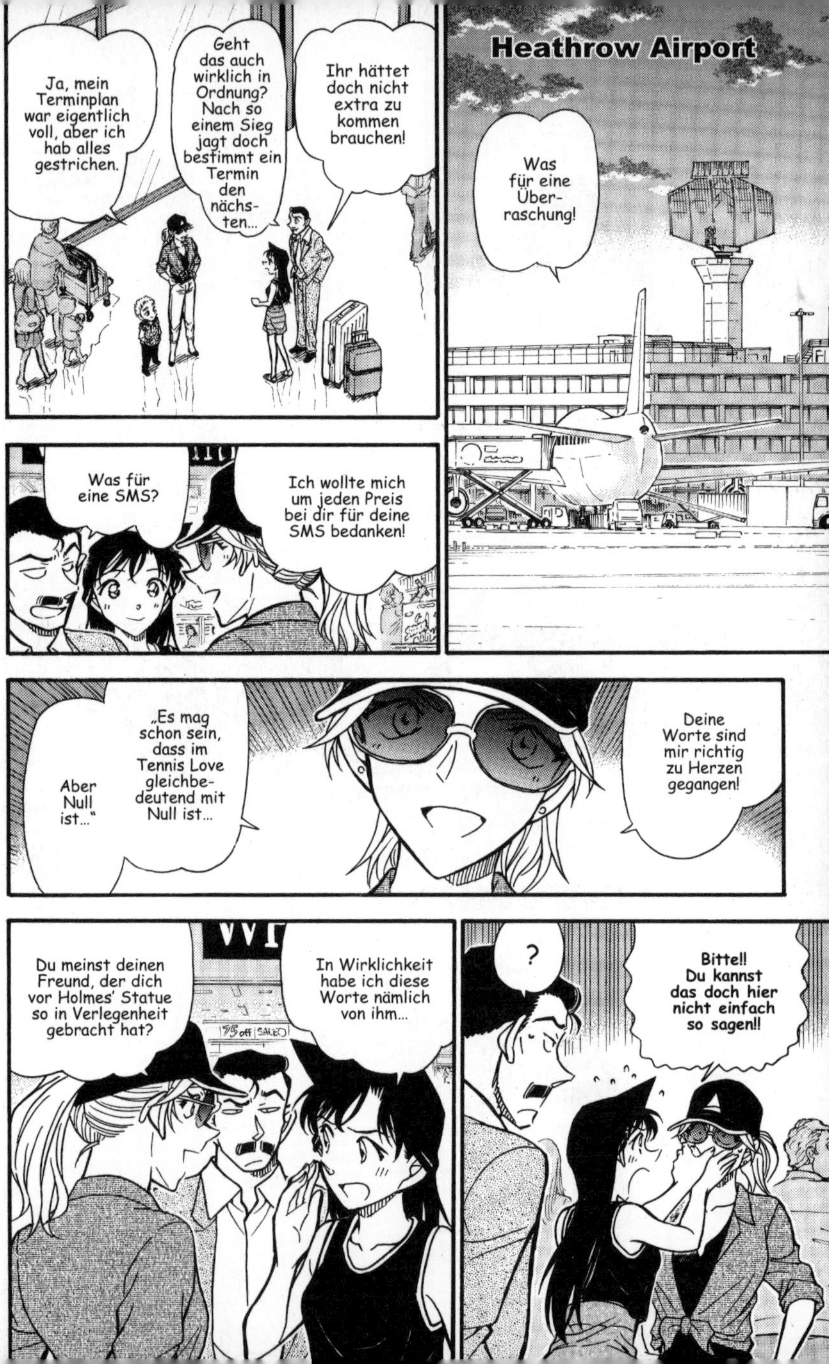

Heathrow Airport
Was für eine Überraschung!
Ihr hättet doch nicht extra zu kommen brauchen!
Geht das auch wirklich in Ordnung? Nach so einem Sieg jagt doch bestimmt ein Termin den nächsten...
Ja, mein Terminplan war eigentlich voll, aber ich hab alles gestrichen.
Ich wollte mich um jeden Preis bei dir für deine SMS bedanken!
Was für eine SMS?
Deine Worte sind mir richtig zu Herzen gegangen!
„Es mag schon sein, dass im Tennis Love gleichbedeutend mit Null ist...
Aber Null ist...“
?
Bitte!! Du kannst das doch hier nicht einfach so sagen!!
In Wirklichkeit habe ich diese Worte nämlich von ihm...
Du meinst deinen Freund, der dich vor Holmes' Statue so in Verlegenheit gebracht hat?

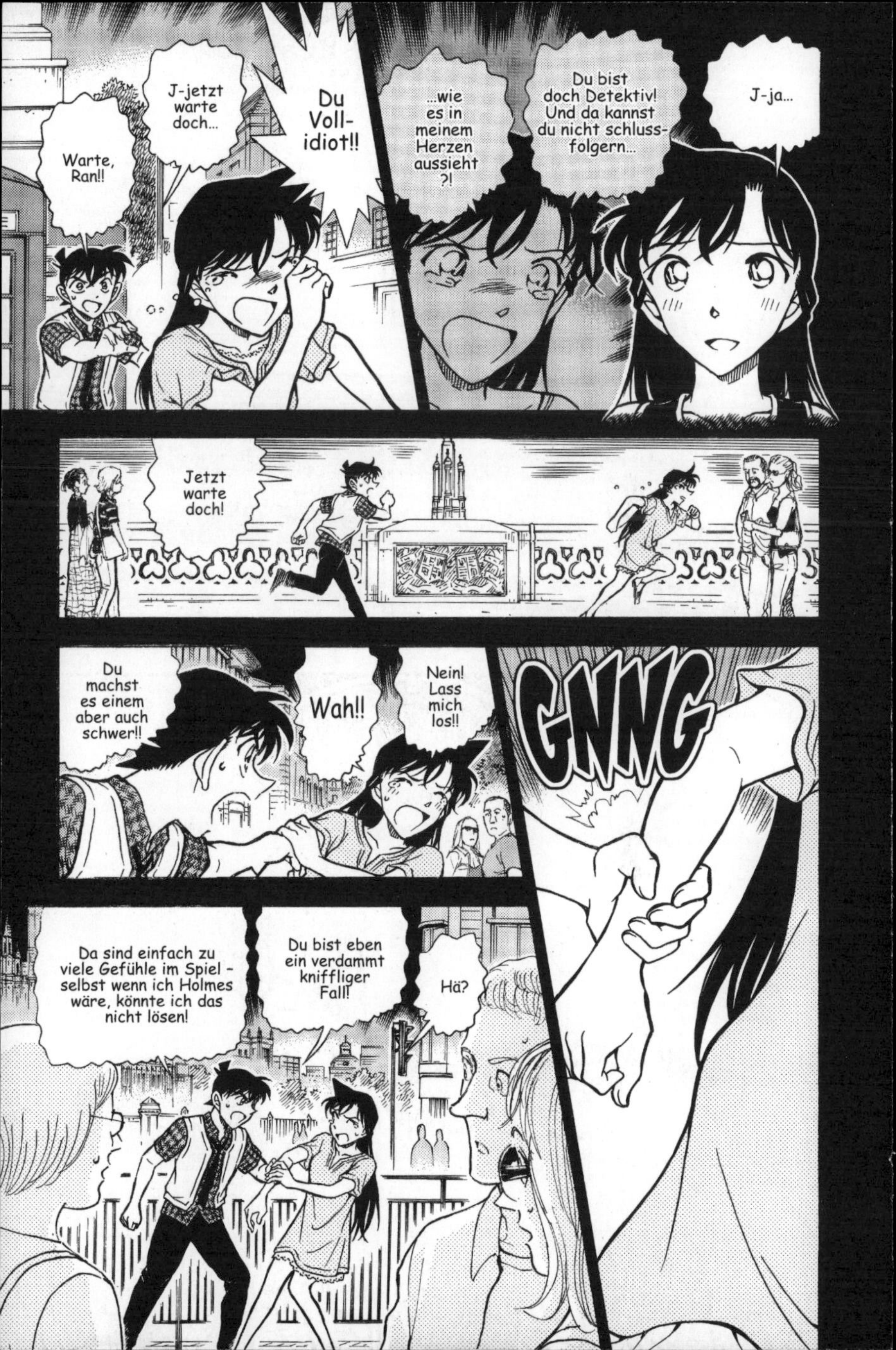
J-ja...
Du bist doch Detektiv! Und da kannst du nicht schlussfolgern...
...wie es in meinem Herzen aussieht?!
Du Voll-idiot!!
J-jetzt warte doch...
Warte, Ran!!
Jetzt warte doch!
GNNG
Nein! Lass mich los!!
Wah!!
Du machst es einem aber auch schwer!!
Hä?
Du bist eben ein verdammt kniffliger Fall!
Da sind einfach zu viele Gefühle im Spiel - selbst wenn ich Holmes wäre, könnte ich das nicht lösen!

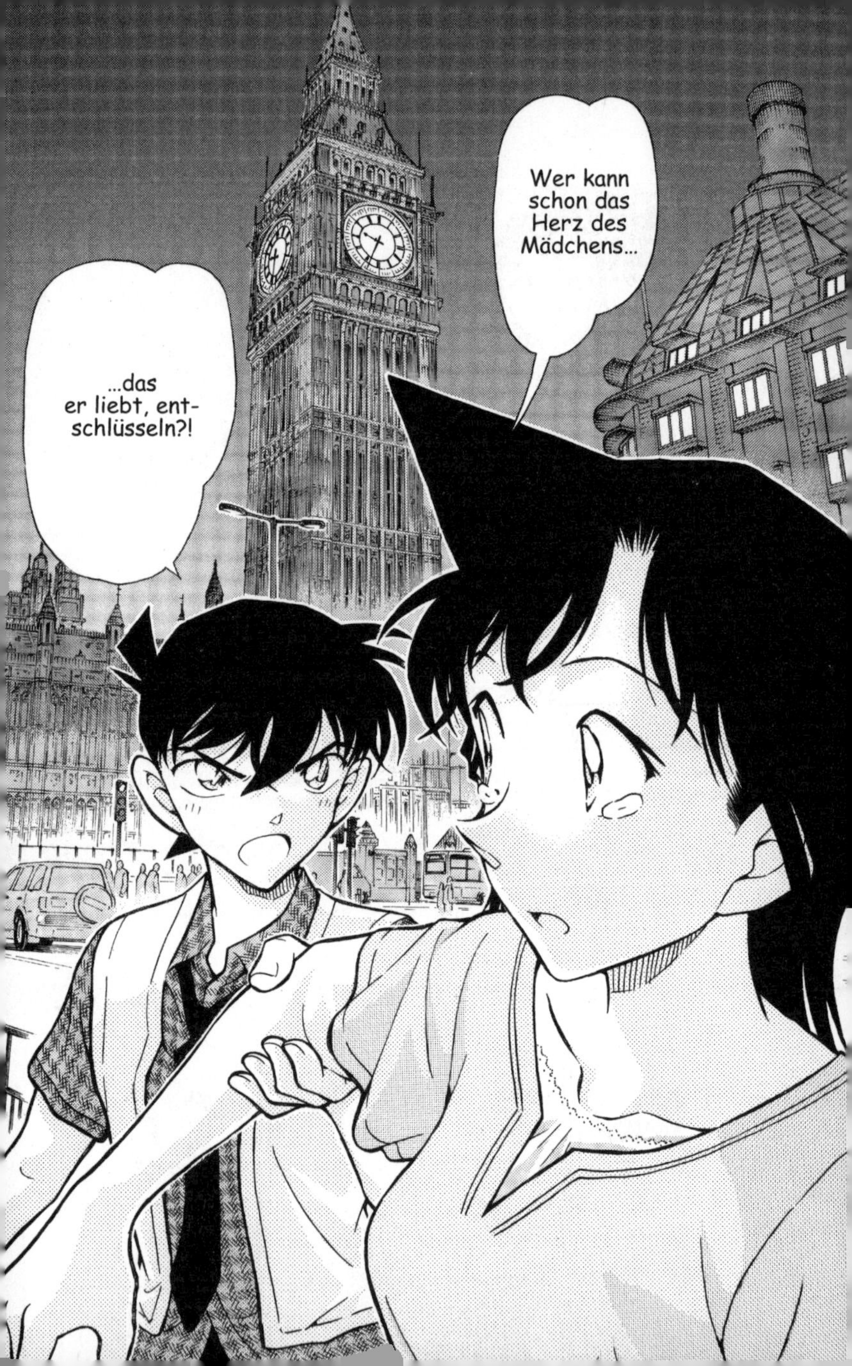
Wer kann schon das Herz des Mädchens...
...das er liebt, ent-schlüsseln?!

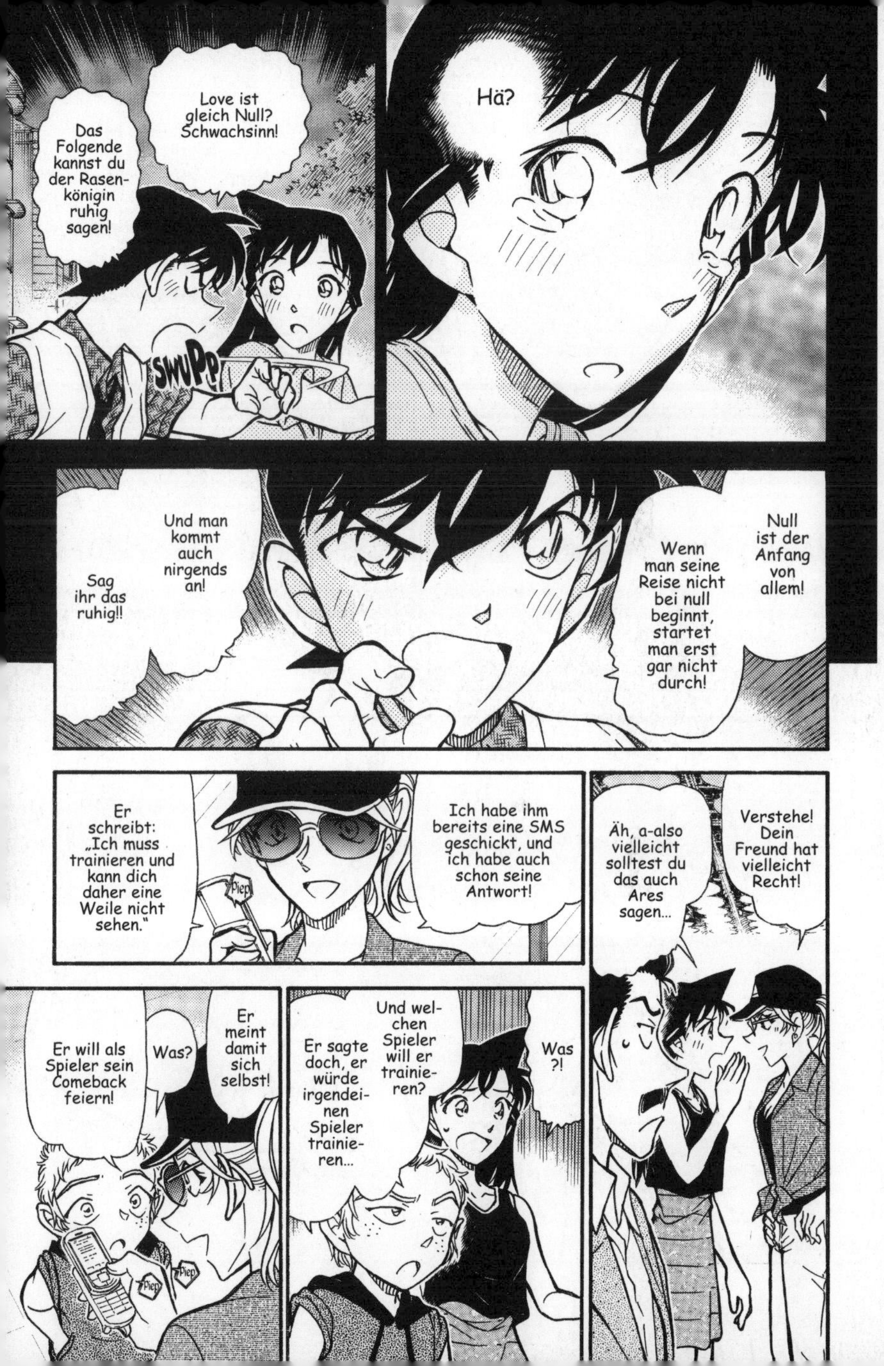

Hä?
Love ist gleich Null? Schwachsinn!
Das Folgende kannst du der Rasenkönigin ruhig sagen!
SWUPP
Null ist der Anfang von allem!
Wenn man seine Reise nicht bei null beginnt, startet man erst gar nicht durch!
Und man kommt auch nirgends an!
Sag ihr das ruhig!!
Verstehe! Dein Freund hat vielleicht Recht!
Äh, a-also vielleicht solltest du das auch Ares sagen...
Ich habe ihm bereits eine SMS geschickt, und ich habe auch schon seine Antwort!
Piep
Er schreibt: „Ich muss trainieren und kann dich daher eine Weile nicht sehen."
Was ?!
Und welchen Spieler will er trainieren?
Er sagte doch, er würde irgendeinen Spieler trainieren...
Er meint damit sich selbst!
Was?
Er will als Spieler sein Comeback feiern!
Piep
Piep

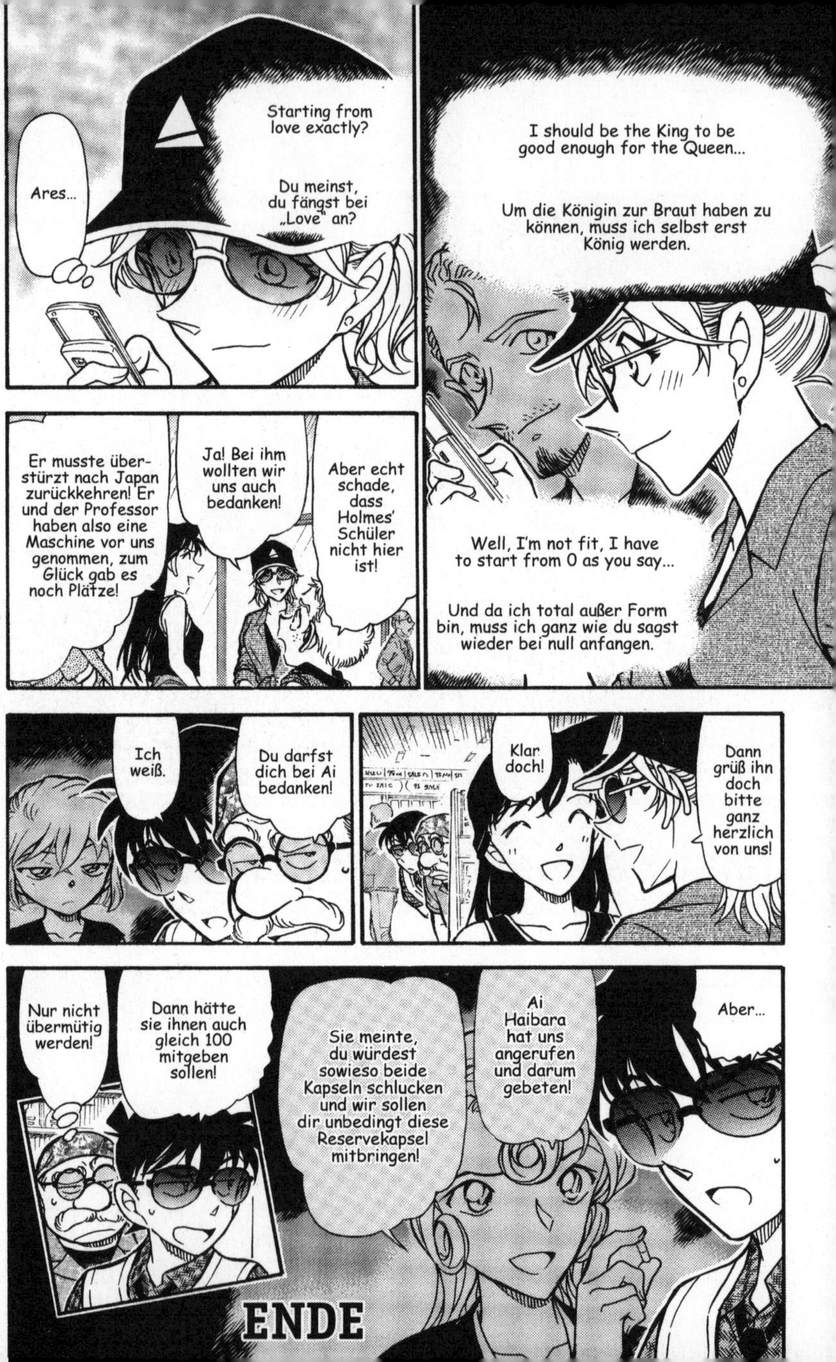
I should be the King to be good enough for the Queen...
Um die Königin zur Braut haben zu können, muss ich selbst erst König werden.
Well, I'm not fit, I have to start from 0 as you say...
Und da ich total außer Form bin, muss ich ganz wie du sagst wieder bei null anfangen.
Starting from love exactly?
Du meinst, du fängst bei „Love" an?
Ares...
Aber echt schade, dass Holmes' Schüler nicht hier ist!
Ja! Bei ihm wollten wir uns auch bedanken!
Er musste über-stürzt nach Japan zurückkehren! Er und der Professor haben also eine Maschine vor uns genommen, zum Glück gab es noch Plätze!
Dann grüß ihn doch bitte ganz herzlich von uns!
Klar doch!
Du darfst dich bei Ai bedanken!
Ich weiß.
Aber...
Ai Haibara hat uns angerufen und darum gebeten!
Sie meinte, du würdest sowieso beide Kapseln schlucken und wir sollen dir unbedingt diese Reservekapsel mitbringen!
Dann hätte sie ihnen auch gleich 100 mitgeben sollen!
Nur nicht übermütig werden!
ENDE

PLATZ 5:
HOLMES' OFFENBARUNG

2,4 %
eurer Stimmen!

Der bisher längste Fall aller Zeiten landet auf Platz fünf!

Passenderweise ist „Holmes' Offenbarung" auch der fünftliebste Fall von Gosho Aoyama! Sage und schreibe zehn Kapitel ist er lang. Damit lässt er alle anderen Fälle weit hinter sich, denn es gibt derzeit keinen einzigen, der auch nur acht oder neun Kapitel umfassen würde. Zudem ist es der einzige Fall, in dem Conan nach Europa reist! Ebenfalls nach Europa gereist ist Aoyama-sensei selbst: In London hat er für den Fall recherchiert und Sehenswürdigkeiten aufgesucht. Minerva Glass hat übrigens Steffi Graf zum Vorbild, eine der erfolgreichsten Tennisspielerinnen aller Zeiten! Schlagfertigkeit bewies sie nicht nur auf dem Platz, sondern auch 1996 beim Halbfinale in Wimbledon: Während eines Matches verpasste sie einem Fan, der ihr von den Zuschauerrängen einen Heiratsantrag entgegenschrie, gekonnt eine Abfuhr. Die Szene, in der Conan Minerva sein Hilfsangebot zuruft, ist die entsprechende Hommage!

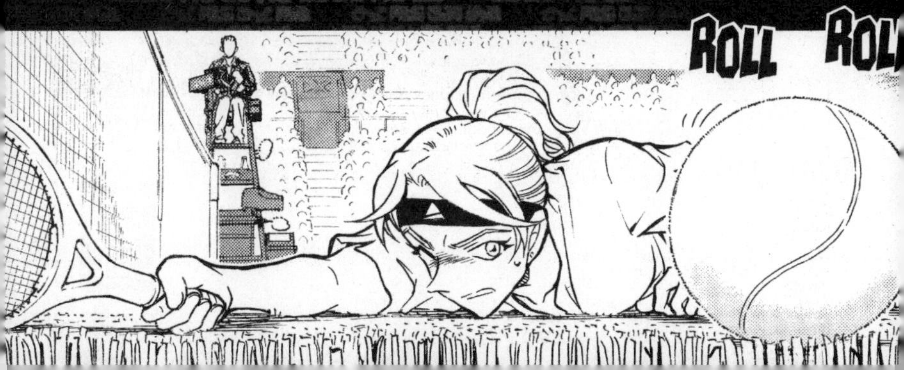

Comedy

Negi Haruba

THE QUINTESSENTIAL QUINTUPLETS

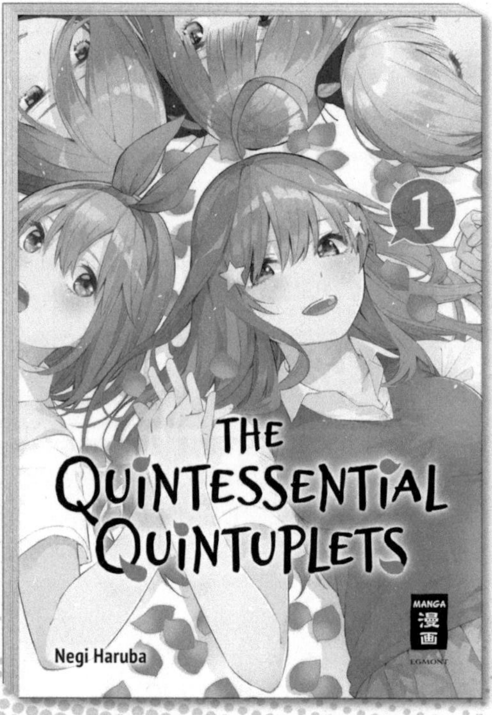

Futaro ist ein Musterschüler... und ständig pleite – bis ihm ein mysteriöser, aber gut bezahlter Job als Nachhilfelehrer angeboten wird. Schnell stellt sich heraus, dass er ausgerechnet die gerade an die Schule gewechselten Fünflinge unterrichten soll – und die halten weder besonders viel vom Lernen noch von Futaro selbst!

The Quintessential Quintuplets

Band 1 ISBN 978-3-7704-2682-9
€ 7,00 [D], € 7,20 [A]

Spezialpreis bis 31.07.2020:
€ 5,00 [D], € 5,20 [A]

MANGA 漫画 EGMONT

www.egmont-manga.de

Mystery

Douman Seiman

DAS VOYNICH HOTEL

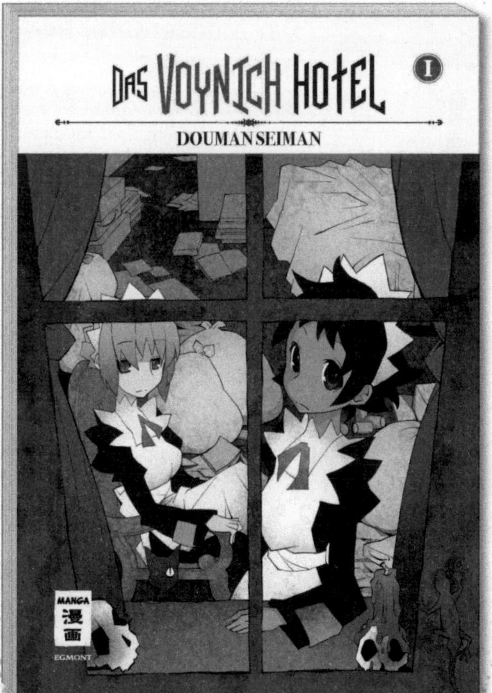

Taizo will endlich seine dunkle Vergangenheit hinter sich lassen – und mal wieder richtig entspannen. Er landet im Voynich Hotel, auf der entlegenen Insel Blefuscu. Doch sein Aufenthalt beginnt mit Fieberträumen und zwei äußerst merkwürdigen Zimmermädchen. Bald stellt er fest: Die ganze Insel ist bevölkert von Auftragsmördern, Drogendealern und allerhand seltsamen Kreaturen! Entspannung? Von wegen...

Das Voynich Hotel 01

ISBN 978-3-7704-2884-7

€ 7,50 [D]

MANGA 漫画

EGMONT

www.egmont-manga.de

Romance

CLAMP
CHOBITS - LUXURY EDITION

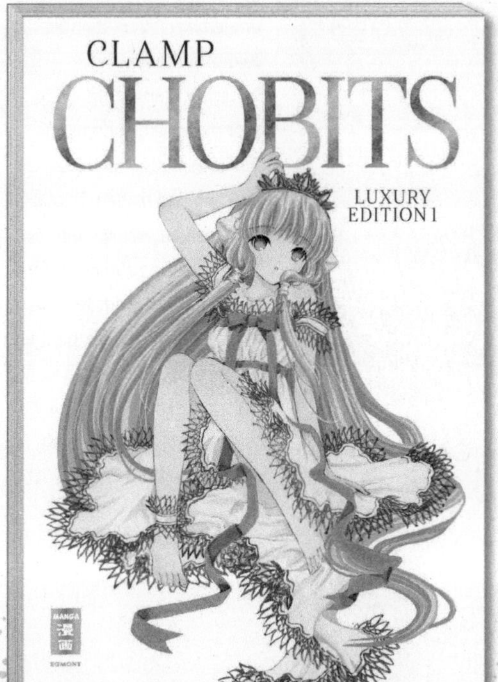

Hideki traut seinen Augen kaum: Liegt da wirklich ein Computer auf dem Müll? Seine Skepsis ist berechtigt. Schließlich kosten Computer in seiner Welt ein kleines Vermögen, denn sie können fast alles und haben eine menschliche Gestalt! Überglücklich trägt er das schwere Gerät in Form eines jungen Mädchens nach Hause. Nur übersieht er dabei, dass eine kleine Disc zurückbleibt…

Chobits - Luxury Edition

Band 1 ISBN 978-3-7704-5933-9
€ 30,00 [D]

MANGA 漫画

www.egmont-manga.de

EGMONT

MYSTERY

Sango Harukawa, Kafka Asagiri

Bungo Stray Dogs

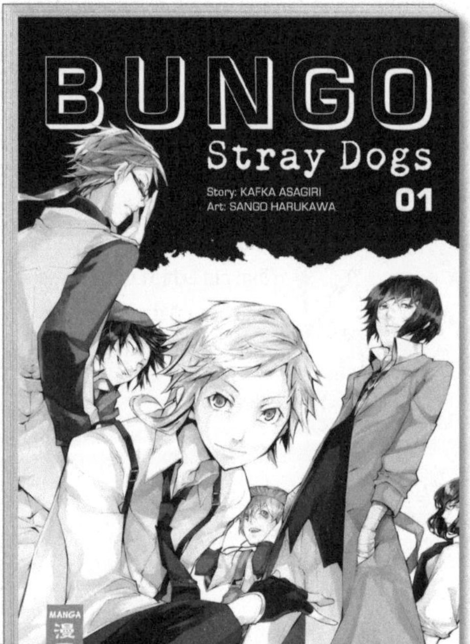

Ihr Fachgebiet sind brutale Fälle. Sie tragen feine Anzüge. Und sie haben alle eine Schraube locker. Das Büro der wehrhaften Detektive beschäftigt ausnahmslos Sonderlinge. Sie kümmern sich um Fälle, mit denen die normale Polizei nicht fertig wird. Wenn zum Beispiel ein Typ auftaucht, dessen Mantel sich in eine mordlustige Bestie verwandelt, oder ein weißer Tiger durch die Straßen streift, der größer als ein Kleinlaster ist...
Klar, dass sich Atsushi - Waisenjunge mit dunkler Vergangenheit - bei den Detektiven gleich wohl fühlt!

Bungo Stray Dogs

Band 1 ISBN 978-3-7704-9561-0
€ 7,50 [D] € 7,80 [A]

MANGA 漫画 EGMONT

www.egmont-manga.de

„Detektiv Conan – Fan Edition“ von Gosho AOYAMA
Aus dem Japanischen von Josef Shanel & Matthias Wissnet

verlegt durch Egmont Verlagsgesellschaften mbH,
Ritterstraße 26, 10969 Berlin

4. Auflage 2024
Verantwortlicher Redakteur: Marco Walz
Redaktioneller Beitrag: Kevin Damske
Gestaltung: Claudia V. Villhauer & MOX
Koordination: Angelika Schönhuber
Printed in the EU
ISBN 978-3-7704-4269-0

SUTOPPU!

**Koko wa kono manga no owari dayo.
Hantaigawa kara yomihajimete ne!
Dewa omatase shimashita!
Tanoshii hitotoki wo dozo!**

EMA-Manga Chiimu

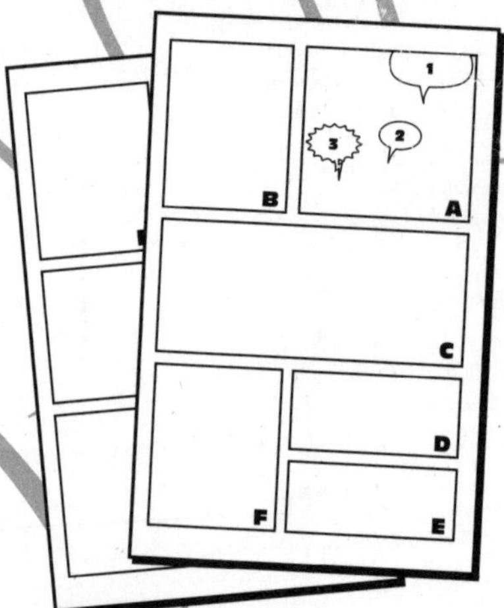

STOPP!

**Das ist der Schluss des Mangas.
Fangt bitte am anderen Ende an!
Und nun genug der Vorrede,
viel Spaß beim Lesen!**

Euer EMA-Manga-Team